2024

法律法规全书系列

中华人民共和国

工程建设

法律法规全书

（含规章及文书范本）

中国法制出版社

CHINA LEGAL PUBLISHING HOUSE

出 版 说 明

随着中国特色社会主义法律体系的建成，中国的立法进入了"修法时代"。在这一时期，为了使法律体系进一步保持内部的科学、和谐、统一，会频繁出现对法律各层级文件的适时清理。目前，清理工作已经全面展开且取得了阶段性的成果，但这一清理过程在未来几年仍将持续。这对于读者如何了解最新法律修改信息、如何准确适用法律带来了使用上的不便。基于这一考虑，我们精心编辑出版了本书，一方面重在向读者展示我国立法的成果与现状，另一方面旨在帮助读者在法律文件修改频率较高的时代准确适用法律。

本书独具以下四重价值：

1. **文本权威，内容全面**。本书涵盖工程建设领域相关的常用法律、行政法规、国务院文件、部门规章、规范性文件、司法解释，及最高人民法院公布的典型案例、示范文本，独家梳理和收录人大代表建议的答复；书中收录文件均为经过清理修改的现行有效文本，方便读者及时掌握最新法律文件。

2. **查找方便，附录实用**。全书法律文件按照紧密程度排列，方便读者对某一类问题的集中查找；重点法律附加条旨，指引读者快速找到目标条文；附录相关典型案例、文书范本，其中案例具有指引"同案同判"的作用。同时，本书采用可平摊使用的独特开本，避免因书籍太厚难以摊开使用的弊端。

3. **免费增补，动态更新**。为保持本书与新法的同步更新，避免读者因部分法律的修改而反复购买同类图书，我们为读者专门设置了以下服务：(1) 扫码添加书后"法规编辑部"公众号→点击菜单栏→进入资料下载栏→选择法律法规全书资料项→点击网址或扫码下载，即可获取本书每次改版修订内容的电子版文件；(2) 通过"法规编辑部"公众号，及时了解最新立法信息，并可线上留言，编辑团队会就图书相关疑问动态解答。

4. **目录赠送，配套使用**。赠送本书目录的电子版，与纸书配套，立体化、电子化使用，便于检索、快速定位；同时实现将本书装进电脑，随时随地查。

修 订 说 明

　　《中华人民共和国工程建设法律法规全书》自出版以来，深受广大读者的欢迎和好评。本书在上一版的基础之上，根据国家法律、行政法规、部门规章、司法解释等相关文件的制定和修改情况，进行了相应的增删和修订。修订情况如下：

　　根据近年国家立法的变化，更新了相应的法律文件共计 12 件：《中华人民共和国无障碍环境建设法》《住房城乡建设部关于进一步加强建设工程企业资质审批管理工作的通知》《最高人民法院关于适用〈中华人民共和国民法典〉合同编通则若干问题的解释》《最高人民法院关于商品房消费者权利保护问题的批复》《建设工程质量检测管理办法》《建设工程质量检测机构资质标准》《关于完善建设工程价款结算有关办法的通知》《安全生产严重失信主体名单管理办法》《最高人民法院、最高人民检察院关于办理危害生产安全刑事案件适用法律若干问题的解释（二）》《生产建设项目水土保持方案管理办法》《城镇污水排入排水管网许可管理办法》《建设工程消防设计审查验收管理暂行规定》《固定资产投资项目节能审查办法》。

总 目 录

目　录*

一、综　合

二、建设用地规划与审批

---

* 编者按：本目录中的时间为法律文件的公布时间或最后一次修正、修订公布时间。

三、资质管理

四、工程招投标

五、勘察设计

六、工程发承包

七、工程施工

八、工程监理

九、竣工验收

十、执法监督

十一、人大代表建议答复

一、综　合

中华人民共和国建筑法

· 1997 年 11 月 1 日第八届全国人民代表大会常务委员会第二十八次会议通过
· 根据 2011 年 4 月 22 日第十一届全国人民代表大会常务委员会第二十次会议《关于修改〈中华人民共和国建筑法〉的决定》第一次修正
· 根据 2019 年 4 月 23 日第十三届全国人民代表大会常务委员会第十次会议《关于修改〈中华人民共和国建筑法〉等八部法律的决定》第二次修正

第一章　总　则

第一条　【立法目的】* 为了加强对建筑活动的监督管理,维护建筑市场秩序,保证建筑工程的质量和安全,促进建筑业健康发展,制定本法。

第二条　【适用范围】在中华人民共和国境内从事建筑活动,实施对建筑活动的监督管理,应当遵守本法。

本法所称建筑活动,是指各类房屋建筑及其附属设施的建造和与其配套的线路、管道、设备的安装活动。

第三条　【建设活动要求】建筑活动应当确保建筑工程质量和安全,符合国家的建筑工程安全标准。

第四条　【国家扶持】国家扶持建筑业的发展,支持建筑科学技术研究,提高房屋建筑设计水平,鼓励节约能源和保护环境,提倡采用先进技术、先进设备、先进工艺、新型建筑材料和现代管理方式。

第五条　【从业要求】从事建筑活动应当遵守法律、法规,不得损害社会公共利益和他人的合法权益。

任何单位和个人都不得妨碍和阻挠依法进行的建筑活动。

第六条　【管理部门】国务院建设行政主管部门对全国的建筑活动实施统一监督管理。

第二章　建筑许可

第一节　建筑工程施工许可

第七条　【许可证的领取】建筑工程开工前,建设单位应当按照国家有关规定向工程所在地县级以上人民政府建设行政主管部门申请领取施工许可证;但是,国务院建设行政主管部门确定的限额以下的小型工程除外。

按照国务院规定的权限和程序批准开工报告的建筑工程,不再领取施工许可证。

第八条　【申领条件】申请领取施工许可证,应当具备下列条件:

(一)已经办理该建筑工程用地批准手续;

(二)依法应当办理建设工程规划许可证的,已经取得建设工程规划许可证;

(三)需要拆迁的,其拆迁进度符合施工要求;

(四)已经确定建筑施工企业;

(五)有满足施工需要的资金安排、施工图纸及技术资料;

(六)有保证工程质量和安全的具体措施。

建设行政主管部门应当自收到申请之日起七日内,对符合条件的申请颁发施工许可证。

第九条　【开工期限】建设单位应当自领取施工许可证之日起三个月内开工。因故不能按期开工的,应当向发证机关申请延期;延期以两次为限,每次不超过三个月。既不开工又不申请延期或者超过延期时限的,施工许可证自行废止。

第十条　【施工中止与恢复】在建的建筑工程因故中止施工的,建设单位应当自中止施工之日起一个月内,向发证机关报告,并按照规定做好建筑工程的维护管理工作。

建筑工程恢复施工时,应当向发证机关报告;中止施工满一年的工程恢复施工前,建设单位应当报发证机关核验施工许可证。

第十一条　【不能按期施工处理】按照国务院有关规定批准开工报告的建筑工程,因故不能按期开工或者中止施工的,应当及时向批准机关报告情况。因故不能按期开工超过六个月的,应当重新办理开工报告的批准手续。

---

*　条文主旨为编者所加,下同。

第二节 从业资格

第十二条 【从业条件】从事建筑活动的建筑施工企业、勘察单位、设计单位和工程监理单位,应当具备下列条件:

(一)有符合国家规定的注册资本;

(二)有与其从事的建筑活动相适应的具有法定执业资格的专业技术人员;

(三)有从事相关建筑活动所应有的技术装备;

(四)法律、行政法规规定的其他条件。

第十三条 【资质等级】从事建筑活动的建筑施工企业、勘察单位、设计单位和工程监理单位,按照其拥有的注册资本、专业技术人员、技术装备和已完成的建筑工程业绩等资质条件,划分为不同的资质等级,经资质审查合格,取得相应等级的资质证书后,方可在其资质等级许可的范围内从事建筑活动。

第十四条 【执业资格的取得】从事建筑活动的专业技术人员,应当依法取得相应的执业资格证书,并在执业资格证书许可的范围内从事建筑活动。

第三章 建筑工程发包与承包

第一节 一般规定

第十五条 【承包合同】建筑工程的发包单位与承包单位应当依法订立书面合同,明确双方的权利和义务。

发包单位和承包单位应当全面履行合同约定的义务。不按照合同约定履行义务的,依法承担违约责任。

第十六条 【活动原则】建筑工程发包与承包的招标投标活动,应当遵循公开、公正、平等竞争的原则,择优选择承包单位。

建筑工程的招标投标,本法没有规定的,适用有关招标投标法律的规定。

第十七条 【禁止行贿、索贿】发包单位及其工作人员在建筑工程发包中不得收受贿赂、回扣或者索取其他好处。

承包单位及其工作人员不得利用向发包单位及其工作人员行贿、提供回扣或者给予其他好处等不正当手段承揽工程。

第十八条 【造价约定】建筑工程造价应当按照国家有关规定,由发包单位与承包单位在合同中约定。公开招标发包的,其造价的约定,须遵守招标投标法律的规定。

发包单位应当按照合同的约定,及时拨付工程款项。

第二节 发包

第十九条 【发包方式】建筑工程依法实行招标发包,对不适于招标发包的可以直接发包。

第二十条 【公开招标、开标方式】建筑工程实行公开招标的,发包单位应当依照法定程序和方式,发布招标公告,提供载有招标工程的主要技术要求、主要的合同条款、评标的标准和方法以及开标、评标、定标的程序等内容的招标文件。

开标应当在招标文件规定的时间、地点公开进行。开标后应当按照招标文件规定的评标标准和程序对标书进行评价、比较,在具备相应资质条件的投标者中,择优选定中标者。

第二十一条 【招标组织和监督】建筑工程招标的开标、评标、定标由建设单位依法组织实施,并接受有关行政主管部门的监督。

第二十二条 【发包约束】建筑工程实行招标发包的,发包单位应当将建筑工程发包给依法中标的承包单位。建筑工程实行直接发包的,发包单位应当将建筑工程发包给具有相应资质条件的承包单位。

第二十三条 【禁止限定发包】政府及其所属部门不得滥用行政权力,限定发包单位将招标发包的建筑工程发包给指定的承包单位。

第二十四条 【总承包原则】提倡对建筑工程实行总承包,禁止将建筑工程肢解发包。

建筑工程的发包单位可以将建筑工程的勘察、设计、施工、设备采购一并发包给一个工程总承包单位,也可以将建筑工程勘察、设计、施工、设备采购的一项或者多项发包给一个工程总承包单位;但是,不得将应当由一个承包单位完成的建筑工程肢解成若干部分发包给几个承包单位。

第二十五条 【建筑材料采购】按照合同约定,建筑材料、建筑构配件和设备由工程承包单位采购的,发包单位不得指定承包单位购入用于工程的建筑材料、建筑构配件和设备或者指定生产厂、供应商。

第三节 承包

第二十六条 【资质等级许可】承包建筑工程的单位应当持有依法取得的资质证书,并在其资质等级许可的业务范围内承揽工程。

禁止建筑施工企业超越本企业资质等级许可的业务范围或者以任何形式用其他建筑施工企业的名义承揽工程。禁止建筑施工企业以任何形式允许其他单位或者个人使用本企业的资质证书、营业执照，以本企业的名义承揽工程。

第二十七条　【共同承包】大型建筑工程或者结构复杂的建筑工程，可以由两个以上的承包单位联合共同承包。共同承包的各方对承包合同的履行承担连带责任。

两个以上不同资质等级的单位实行联合共同承包的，应当按照资质等级低的单位的业务许可范围承揽工程。

第二十八条　【禁止转包、分包】禁止承包单位将其承包的全部建筑工程转包给他人，禁止承包单位将其承包的全部建筑工程肢解以后以分包的名义分别转包给他人。

第二十九条　【分包认可和责任制】建筑工程总承包单位可以将承包工程中的部分工程发包给具有相应资质条件的分包单位；但是，除总承包合同中约定的分包外，必须经建设单位认可。施工总承包的，建筑工程主体结构的施工必须由总承包单位自行完成。

建筑工程总承包单位按照总承包合同的约定对建设单位负责；分包单位按照分包合同的约定对总承包单位负责。总承包单位和分包单位就分包工程对建设单位承担连带责任。

禁止总承包单位将工程分包给不具备相应资质条件的单位。禁止分包单位将其承包的工程再分包。

第四章　建筑工程监理

第三十条　【监理制度推行】国家推行建筑工程监理制度。

国务院可以规定实行强制监理的建筑工程的范围。

第三十一条　【监理委托】实行监理的建筑工程，由建设单位委托具有相应资质条件的工程监理单位监理。建设单位与其委托的工程监理单位应当订立书面委托监理合同。

第三十二条　【监理监督】建筑工程监理应当依照法律、行政法规及有关的技术标准、设计文件和建筑工程承包合同，对承包单位在施工质量、建设工期和建设资金使用等方面，代表建设单位实施监督。

工程监理人员认为工程施工不符合工程设计要求、施工技术标准和合同约定的，有权要求建筑施工企业改正。

工程监理人员发现工程设计不符合建筑工程质量标准或者合同约定的质量要求的，应当报告建设单位要求设计单位改正。

第三十三条　【监理事项通知】实施建筑工程监理前，建设单位应当将委托的工程监理单位、监理的内容及监理权限，书面通知被监理的建筑施工企业。

第三十四条　【监理范围与职责】工程监理单位应当在其资质等级许可的监理范围内，承担工程监理业务。

工程监理单位应当根据建设单位的委托，客观、公正地执行监理任务。

工程监理单位与被监理工程的承包单位以及建筑材料、建筑构配件和设备供应单位不得有隶属关系或者其他利害关系。

工程监理单位不得转让工程监理业务。

第三十五条　【违约责任】工程监理单位不按照委托监理合同的约定履行监理义务，对应当监督检查的项目不检查或者不按照规定检查，给建设单位造成损失的，应当承担相应的赔偿责任。

工程监理单位与承包单位串通，为承包单位谋取非法利益，给建设单位造成损失的，应当与承包单位承担连带赔偿责任。

第五章　建筑安全生产管理

第三十六条　【管理方针、目标】建筑工程安全生产管理必须坚持安全第一、预防为主的方针，建立健全安全生产的责任制度和群防群治制度。

第三十七条　【工程设计要求】建筑工程设计应当符合按照国家规定制定的建筑安全规程和技术规范，保证工程的安全性能。

第三十八条　【安全措施编制】建筑施工企业在编制施工组织设计时，应当根据建筑工程的特点制定相应的安全技术措施；对专业性较强的工程项目，应当编制专项安全施工组织设计，并采取安全技术措施。

第三十九条　【现场安全防范】建筑施工企业应当在施工现场采取维护安全、防范危险、预防火灾等措施；有条件的，应当对施工现场实行封闭管理。

施工现场对毗邻的建筑物、构筑物和特殊作业环境可能造成损害的，建筑施工企业应当采取安全防护措施。

第四十条　【地下管线保护】建设单位应当向建筑施工企业提供与施工现场相关的地下管线资料，建筑施工企业应当采取措施加以保护。

第四十一条　【污染控制】建筑施工企业应当遵守有关环境保护和安全生产的法律、法规的规定，采取控制和处理施工现场的各种粉尘、废气、废水、固体废物以及噪声、振动对环境的污染和危害的措施。

第四十二条　【须审批事项】有下列情形之一的，建设单位应当按照国家有关规定办理申请批准手续：

（一）需要临时占用规划批准范围以外场地的；

（二）可能损坏道路、管线、电力、邮电通讯等公共设施的；

（三）需要临时停水、停电、中断道路交通的；

（四）需要进行爆破作业的；

（五）法律、法规规定需要办理报批手续的其他情形。

第四十三条　【安全生产管理部门】建设行政主管部门负责建筑安全生产的管理，并依法接受劳动行政主管部门对建筑安全生产的指导和监督。

第四十四条　【施工企业安全责任】建筑施工企业必须依法加强对建筑安全生产的管理，执行安全生产责任制度，采取有效措施，防止伤亡和其他安全生产事故的发生。

建筑施工企业的法定代表人对本企业的安全生产负责。

第四十五条　【现场安全责任单位】施工现场安全由建筑施工企业负责。实行施工总承包的，由总承包单位负责。分包单位向总承包单位负责，服从总承包单位对施工现场的安全生产管理。

第四十六条　【安全生产教育培训】建筑施工企业应当建立健全劳动安全生产教育培训制度，加强对职工安全生产的教育培训；未经安全生产教育培训的人员，不得上岗作业。

第四十七条　【施工安全保障】建筑施工企业和作业人员在施工过程中，应当遵守有关安全生产的法律、法规和建筑行业安全规章、规程，不得违章指挥或者违章作业。作业人员有权对影响人身健康的作业程序和作业条件提出改进意见，有权获得安全生产所需的防护用品。作业人员对危及生命安全和人身健康的行为有权提出批评、检举和控告。

第四十八条　【企业承保】建筑施工企业应当依法为职工参加工伤保险缴纳工伤保险费。鼓励企业为从事危险作业的职工办理意外伤害保险，支付保险费。

第四十九条　【变动设计方案】涉及建筑主体和承重结构变动的装修工程，建设单位应当在施工前委托原设计单位或者具有相应资质条件的设计单位提出设计方案；没有设计方案的，不得施工。

第五十条　【房屋拆除安全】房屋拆除应当由具备保证安全条件的建筑施工单位承担，由建筑施工单位负责人对安全负责。

第五十一条　【事故应急处理】施工中发生事故时，建筑施工企业应当采取紧急措施减少人员伤亡和事故损失，并按照国家有关规定及时向有关部门报告。

第六章　建筑工程质量管理

第五十二条　【工程质量管理】建筑工程勘察、设计、施工的质量必须符合国家有关建筑工程安全标准的要求，具体管理办法由国务院规定。

有关建筑工程安全的国家标准不能适应确保建筑安全的要求时，应当及时修订。

第五十三条　【质量体系认证】国家对从事建筑活动的单位推行质量体系认证制度。从事建筑活动的单位根据自愿原则可以向国务院产品质量监督管理部门或者国务院产品质量监督管理部门授权的部门认可的认证机构申请质量体系认证。经认证合格的，由认证机构颁发质量体系认证证书。

第五十四条　【工程质量保证】建设单位不得以任何理由，要求建筑设计单位或者建筑施工企业在工程设计或者施工作业中，违反法律、行政法规和建筑工程质量、安全标准，降低工程质量。

建筑设计单位和建筑施工企业对建设单位违反前款规定提出的降低工程质量的要求，应当予以拒绝。

第五十五条　【工程质量责任制】建筑工程实行总承包的，工程质量由工程总承包单位负责，总承包单位将建筑工程分包给其他单位的，应当对分包工程的质量与分包单位承担连带责任。分包单位应当接受总承包单位的质量管理。

第五十六条　【工程勘察、设计职责】建筑工程的勘察、设计单位必须对其勘察、设计的质量负责。勘察、设计文件应当符合有关法律、行政法规的规定和建筑工程质量、安全标准、建筑工程勘察、设计技术规范以及合同的约定。设计文件选用的建筑材料、建筑构配件和设备，应当注明其规格、型号、性能等技术指标，其质量要求必须符合国家规定的标准。

第五十七条　【建筑材料供给】建筑设计单位对设计文件选用的建筑材料、建筑构配件和设备，不得指定生产厂、供应商。

第五十八条　【施工质量责任制】建筑施工企业对工程的施工质量负责。

建筑施工企业必须按照工程设计图纸和施工技术标准施工，不得偷工减料。工程设计的修改由原设计单位负责，建筑施工企业不得擅自修改工程设计。

第五十九条　【建设材料设备检验】建筑施工企业

必须按照工程设计要求、施工技术标准和合同的约定，对建筑材料、建筑构配件和设备进行检验，不合格的不得使用。

第六十条　【地基和主体结构质量保证】建筑物在合理使用寿命内，必须确保地基基础工程和主体结构的质量。

建筑工程竣工时，屋顶、墙面不得留有渗漏、开裂等质量缺陷；对已发现的质量缺陷，建筑施工企业应当修复。

第六十一条　【工程验收】交付竣工验收的建筑工程，必须符合规定的建筑工程质量标准，有完整的工程技术经济资料和经签署的工程保修书，并具备国家规定的其他竣工条件。

建筑工程竣工经验收合格后，方可交付使用；未经验收或者验收不合格的，不得交付使用。

第六十二条　【工程质量保修】建筑工程实行质量保修制度。

建筑工程的保修范围应当包括地基基础工程、主体结构工程、屋面防水工程和其他土建工程，以及电气管线、上下水管线的安装工程，供热、供冷系统工程等项目；保修的期限应当按照保证建筑物合理寿命年限内正常使用，维护使用者合法权益的原则确定。具体的保修范围和最低保修期限由国务院规定。

第六十三条　【质量投诉】任何单位和个人对建筑工程的质量事故、质量缺陷都有权向建设行政主管部门或者其他有关部门进行检举、控告、投诉。

第七章　法律责任

第六十四条　【擅自施工处罚】违反本法规定，未取得施工许可证或者开工报告未经批准擅自施工的，责令改正，对不符合开工条件的责令停止施工，可以处以罚款。

第六十五条　【非法发包、承揽处罚】发包单位将工程发包给不具有相应资质条件的承包单位的，或者违反本法规定将建筑工程肢解发包的，责令改正，处以罚款。

超越本单位资质等级承揽工程的，责令停止违法行为，处以罚款，可以责令停业整顿，降低资质等级；情节严重的，吊销资质证书；有违法所得的，予以没收。

未取得资质证书承揽工程的，予以取缔，并处罚款；有违法所得的，予以没收。

以欺骗手段取得资质证书的，吊销资质证书，处以罚款；构成犯罪的，依法追究刑事责任。

第六十六条　【非法转让承揽工程处罚】建筑施工企业转让、出借资质证书或者以其他方式允许他人以本企业的名义承揽工程的，责令改正，没收违法所得，并处罚款，可以责令停业整顿，降低资质等级；情节严重的，吊销资质证书。对因该项承揽工程不符合规定的质量标准造成的损失，建筑施工企业与使用本企业名义的单位或者个人承担连带赔偿责任。

第六十七条　【转包处罚】承包单位将承包的工程转包的，或者违反本法规定进行分包的，责令改正，没收违法所得，并处罚款，可以责令停业整顿，降低资质等级；情节严重的，吊销资质证书。

承包单位有前款规定的违法行为的，对因转包工程或者违法分包的工程不符合规定的质量标准造成的损失，与接受转包或者分包的单位承担连带赔偿责任。

第六十八条　【行贿、索贿刑事责任】在工程发包与承包中索贿、受贿、行贿，构成犯罪的，依法追究刑事责任；不构成犯罪的，分别处以罚款，没收贿赂的财物，对直接负责的主管人员和其他直接责任人员给予处分。

对在工程承包中行贿的承包单位，除依照前款规定处罚外，可以责令停业整顿，降低资质等级或者吊销资质证书。

第六十九条　【非法监理处罚】工程监理单位与建设单位或者建筑施工企业串通，弄虚作假、降低工程质量的，责令改正，处以罚款，降低资质等级或者吊销资质证书；有违法所得的，予以没收；造成损失的，承担连带赔偿责任；构成犯罪的，依法追究刑事责任。

工程监理单位转让监理业务的，责令改正，没收违法所得，可以责令停业整顿，降低资质等级；情节严重的，吊销资质证书。

第七十条　【擅自变动施工处罚】违反本法规定，涉及建筑主体或者承重结构变动的装修工程擅自施工的，责令改正，处以罚款；造成损失的，承担赔偿责任；构成犯罪的，依法追究刑事责任。

第七十一条　【安全事故处罚】建筑施工企业违反本法规定，对建筑安全事故隐患不采取措施予以消除的，责令改正，可以处以罚款；情节严重的，责令停业整顿，降低资质等级或者吊销资质证书；构成犯罪的，依法追究刑事责任。

建筑施工企业的管理人员违章指挥、强令职工冒险作业，因而发生重大伤亡事故或者造成其他严重后果的，依法追究刑事责任。

第七十二条　【质量降低处罚】建设单位违反本法规定，要求建筑设计单位或者建筑施工企业违反建筑工质量、安全标准，降低工程质量的，责令改正，可以处以罚款；构成犯罪的，依法追究刑事责任。

第七十三条　【非法设计处罚】建筑设计单位不按照建筑工程质量、安全标准进行设计的，责令改正，处以罚款；造成工程质量事故的，责令停业整顿，降低资质等级或者吊销资质证书，没收违法所得，并处罚款；造成损失的，承担赔偿责任；构成犯罪的，依法追究刑事责任。

第七十四条　【非法施工处罚】建筑施工企业在施工中偷工减料的，使用不合格的建筑材料、建筑构配件和设备的，或者有其他不按照工程设计图纸或者施工技术标准施工的行为的，责令改正，处以罚款；情节严重的，责令停业整顿，降低资质等级或者吊销资质证书；造成建筑工程质量不符合规定的质量标准的，负责返工、修理，并赔偿因此造成的损失；构成犯罪的，依法追究刑事责任。

第七十五条　【不保修处罚及赔偿】建筑施工企业违反本法规定，不履行保修义务或者拖延履行保修义务的，责令改正，可以处以罚款，并对在保修期内因屋顶、墙面渗漏、开裂等质量缺陷造成的损失，承担赔偿责任。

第七十六条　【行政处罚机关】本法规定的责令停业整顿、降低资质等级和吊销资质证书的行政处罚，由颁发资质证书的机关决定；其他行政处罚，由建设行政主管部门或者有关部门依照法律和国务院规定的职权范围决定。

依照本法规定被吊销资质证书的，由工商行政管理部门吊销其营业执照。

第七十七条　【非法颁证处罚】违反本法规定，对不具备相应资质等级条件的单位颁发该等级资质证书的，由其上级机关责令收回所发的资质证书，对直接负责的主管人员和其他直接责任人员给予行政处分；构成犯罪的，依法追究刑事责任。

第七十八条　【限包处罚】政府及其所属部门的工作人员违反本法规定，限定发包单位将招标发包的工程发包给指定的承包单位的，由上级机关责令改正；构成犯罪的，依法追究刑事责任。

第七十九条　【非法颁证、验收处罚】负责颁发建筑工程施工许可证的部门及其工作人员对不符合施工条件的建筑工程颁发施工许可证的，负责工程质量监督检查或者竣工验收的部门及其工作人员对不合格的建筑工程出具质量合格文件或者按合格工程验收的，由上级机关责令改正，对责任人员给予行政处分；构成犯罪的，依法追究刑事责任；造成损失的，由该部门承担相应的赔偿责任。

第八十条　【损害赔偿】在建筑物的合理使用寿命内，因建筑工程质量不合格受到损害的，有权向责任者要求赔偿。

第八章　附　则

第八十一条　【适用范围补充】本法关于施工许可、建筑施工企业资质审查和建筑工程发包、承包、禁止转包，以及建筑工程监理、建筑工程安全和质量管理的规定，适用于其他专业建筑工程的建筑活动，具体办法由国务院规定。

第八十二条　【监管收费】建设行政主管部门和其他有关部门在对建筑活动实施监督管理中，除按照国务院有关规定收取费用外，不得收取其他费用。

第八十三条　【适用范围特别规定】省、自治区、直辖市人民政府确定的小型房屋建筑工程的建筑活动，参照本法执行。

依法核定作为文物保护的纪念建筑物和古建筑等的修缮，依照文物保护的有关法律规定执行。

抢险救灾及其他临时性房屋建筑和农民自建低层住宅的建筑活动，不适用本法。

第八十四条　【军用工程特别规定】军用房屋建筑工程建筑活动的具体管理办法，由国务院、中央军事委员会依据本法制定。

第八十五条　【施行日期】本法自 1998 年 3 月 1 日起施行。

中华人民共和国城市房地产管理法

- 1994 年 7 月 5 日第八届全国人民代表大会常务委员会第八次会议通过
- 根据 2007 年 8 月 30 日第十届全国人民代表大会常务委员会第二十九次会议《关于修改〈中华人民共和国城市房地产管理法〉的决定》第一次修正
- 根据 2009 年 8 月 27 日第十一届全国人民代表大会常务委员会第十次会议《关于修改部分法律的决定》第二次修正
- 根据 2019 年 8 月 26 日第十三届全国人民代表大会常务委员会第十二次会议《关于修改〈中华人民共和国土地管理法〉、〈中华人民共和国城市房地产管理法〉的决定》第三次修正

第一章　总　则

第一条　【立法宗旨】为了加强对城市房地产的管理，维护房地产市场秩序，保障房地产权利人的合法权益，促进房地产业的健康发展，制定本法。

第二条　【适用范围】在中华人民共和国城市规划区国有土地（以下简称国有土地）范围内取得房地产开

发用地的土地使用权,从事房地产开发、房地产交易,实施房地产管理,应当遵守本法。

本法所称房屋,是指土地上的房屋等建筑物及构筑物。

本法所称房地产开发,是指在依据本法取得国有土地使用权的土地上进行基础设施、房屋建设的行为。

本法所称房地产交易,包括房地产转让、房地产抵押和房屋租赁。

第三条　【国有土地有偿、有限期使用制度】国家依法实行国有土地有偿、有限期使用制度。但是,国家在本法规定的范围内划拨国有土地使用权的除外。

第四条　【国家扶持居民住宅建设】国家根据社会、经济发展水平,扶持发展居民住宅建设,逐步改善居民的居住条件。

第五条　【房地产权利人的义务和权益】房地产权利人应当遵守法律和行政法规,依法纳税。房地产权利人的合法权益受法律保护,任何单位和个人不得侵犯。

第六条　【房屋征收】为了公共利益的需要,国家可以征收国有土地上单位和个人的房屋,并依法给予拆迁补偿,维护被征收人的合法权益;征收个人住宅的,还应当保障被征收人的居住条件。具体办法由国务院规定。

第七条　【房地产管理机构设置】国务院建设行政主管部门、土地管理部门依照国务院规定的职权划分,各司其职,密切配合,管理全国房地产工作。

县级以上地方人民政府房产管理、土地管理部门的机构设置及其职权由省、自治区、直辖市人民政府确定。

第二章　房地产开发用地
第一节　土地使用权出让

第八条　【土地使用权出让的定义】土地使用权出让,是指国家将国有土地使用权(以下简称土地使用权)在一定年限内出让给土地使用者,由土地使用者向国家支付土地使用权出让金的行为。

第九条　【集体所有土地征收与出让】城市规划区内的集体所有的土地,经依法征收转为国有土地后,该嘱国有土地的使用权方可有偿出让,但法律另有规定的除外。

第十条　【土地使用权出让宏观管理】土地使用权出让,必须符合土地利用总体规划、城市规划和年度建设用地计划。

第十一条　【年度出让土地使用权总量控制】县级以上地方人民政府出让土地使用权用于房地产开发的,须根据省级以上人民政府下达的控制指标拟订年度出让土地使用权总面积方案,按照国务院规定,报国务院或者省级

人民政府批准。

第十二条　【土地使用权出让主体】土地使用权出让,由市、县人民政府有计划、有步骤地进行。出让的每幅地块、用途、年限和其他条件,由市、县人民政府土地管理部门会同城市规划、建设、房产管理部门共同拟定方案,按照国务院规定,报经有批准权的人民政府批准后,由市、县人民政府土地管理部门实施。

直辖市的县人民政府及其有关部门行使前款规定的权限,由直辖市人民政府规定。

第十三条　【土地使用权出让方式】土地使用权出让,可以采取拍卖、招标或者双方协议的方式。

商业、旅游、娱乐和豪华住宅用地,有条件的,必须采取拍卖、招标方式;没有条件,不能采取拍卖、招标方式的,可以采取双方协议的方式。

采取双方协议方式出让土地使用权的出让金不得低于按国家规定所确定的最低价。

第十四条　【土地使用权出让最高年限】土地使用权出让最高年限由国务院规定。

第十五条　【土地使用权出让合同】土地使用权出让,应当签订书面出让合同。

土地使用权出让合同由市、县人民政府土地管理部门与土地使用者签订。

第十六条　【支付出让金】土地使用者必须按照出让合同约定,支付土地使用权出让金;未按照出让合同约定支付土地使用权出让金的,土地管理部门有权解除合同,并可以请求违约赔偿。

第十七条　【提供出让土地】土地使用者按照出让合同约定支付土地使用权出让金的,市、县人民政府土地管理部门必须按照出让合同约定,提供出让的土地;未按照出让合同约定提供出让的土地的,土地使用者有权解除合同,由土地管理部门返还土地使用权出让金,土地使用者并可以请求违约赔偿。

第十八条　【土地用途的变更】土地使用者需要改变土地使用权出让合同约定的土地用途的,必须取得出让方和市、县人民政府城市规划行政主管部门的同意,签订土地使用权出让合同变更协议或者重新签订土地使用权出让合同,相应调整土地使用权出让金。

第十九条　【土地使用权出让金的管理】土地使用权出让金应当全部上缴财政,列入预算,用于城市基础设施建设和土地开发。土地使用权出让金上缴和使用的具体办法由国务院规定。

第二十条　【出让土地使用权的提前收回】国家对

土地使用者依法取得的土地使用权,在出让合同约定的使用年限届满前不收回;在特殊情况下,根据社会公共利益的需要,可以依照法律程序提前收回,并根据土地使用者使用土地的实际年限和开发土地的实际情况给予相应的补偿。

第二十一条　【土地使用权终止】土地使用权因土地灭失而终止。

第二十二条　【土地使用权出让年限届满】土地使用权出让合同约定的使用年限届满,土地使用者需要继续使用土地的,应当至迟于届满前一年申请续期,除根据社会公共利益需要收回该幅土地的,应当予以批准。经批准准予续期的,应当重新签订土地使用权出让合同,依照规定支付土地使用权出让金。

土地使用权出让合同约定的使用年限届满,土地使用者未申请续期或者虽申请续期但依照前款规定未获批准的,土地使用权由国家无偿收回。

第二节　土地使用权划拨

第二十三条　【土地使用权划拨的定义】土地使用权划拨,是指县级以上人民政府依法批准,在土地使用者缴纳补偿、安置等费用后将该幅土地交付其使用,或者将土地使用权无偿交付给土地使用者使用的行为。

依照本法规定以划拨方式取得土地使用权的,除法律、行政法规另有规定外,没有使用期限的限制。

第二十四条　【土地使用权划拨范围】下列建设用地的土地使用权,确属必需的,可以由县级以上人民政府依法批准划拨:

(一)国家机关用地和军事用地;

(二)城市基础设施用地和公益事业用地;

(三)国家重点扶持的能源、交通、水利等项目用地;

(四)法律、行政法规规定的其他用地。

第三章　房地产开发

第二十五条　【房地产开发基本原则】房地产开发必须严格执行城市规划,按照经济效益、社会效益、环境效益相统一的原则,实行全面规划、合理布局、综合开发、配套建设。

第二十六条　【开发土地期限】以出让方式取得土地使用权进行房地产开发的,必须按照土地使用权出让合同约定的土地用途、动工开发期限开发土地。超过出让合同约定的动工开发日期满一年未动工开发的,可以征收相当于土地使用权出让金百分之二十以下的土地闲置费;满二年未动工开发的,可以无偿收回土地使用权;

但是,因不可抗力或者政府、政府有关部门的行为或者动工开发必需的前期工作造成动工开发迟延的除外。

第二十七条　【房地产开发项目设计、施工和竣工】房地产开发项目的设计、施工,必须符合国家的有关标准和规范。

房地产开发项目竣工,经验收合格后,方可交付使用。

第二十八条　【土地使用权作价】依法取得的土地使用权,可以依照本法和有关法律、行政法规的规定,作价入股,合资、合作开发经营房地产。

第二十九条　【开发居民住宅的鼓励和扶持】国家采取税收等方面的优惠措施鼓励和扶持房地产开发企业开发建设居民住宅。

第三十条　【房地产开发企业的设立】房地产开发企业是以营利为目的,从事房地产开发和经营的企业。设立房地产开发企业,应当具备下列条件:

(一)有自己的名称和组织机构;

(二)有固定的经营场所;

(三)有符合国务院规定的注册资本;

(四)有足够的专业技术人员;

(五)法律、行政法规规定的其他条件。

设立房地产开发企业,应当向工商行政管理部门申请设立登记。工商行政管理部门对符合本法规定条件的,应当予以登记,发给营业执照;对不符合本法规定条件的,不予登记。

设立有限责任公司、股份有限公司,从事房地产开发经营的,还应当执行公司法的有关规定。

房地产开发企业在领取营业执照后的一个月内,应当到登记机关所在地的县级以上地方人民政府规定的部门备案。

第三十一条　【房地产开发企业注册资本与投资总额的比例】房地产开发企业的注册资本与投资总额的比例应当符合国家有关规定。

房地产开发企业分期开发房地产的,分期投资额应当与项目规模相适应,并按照土地使用权出让合同的约定,按期投入资金,用于项目建设。

第四章　房地产交易

第一节　一般规定

第三十二条　【房地产权利主体一致原则】房地产转让、抵押时,房屋的所有权和该房屋占用范围内的土地使用权同时转让、抵押。

第三十三条　【房地产价格管理】基准地价、标定地价和各类房屋的重置价格应当定期确定并公布。具体办法由国务院规定。

第三十四条　【房地产价格评估】国家实行房地产价格评估制度。

房地产价格评估，应当遵循公正、公平、公开的原则，按照国家规定的技术标准和评估程序，以基准地价、标定地价和各类房屋的重置价格为基础，参照当地的市场价格进行评估。

第三十五条　【房地产成交价格申报】国家实行房地产成交价格申报制度。

房地产权利人转让房地产，应当向县级以上地方人民政府规定的部门如实申报成交价，不得瞒报或者作不实的申报。

第三十六条　【房地产权属登记】房地产转让、抵押，当事人应当依照本法第五章的规定办理权属登记。

第二节　房地产转让

第三十七条　【房地产转让的定义】房地产转让，是指房地产权利人通过买卖、赠与或者其他合法方式将其房地产转移给他人的行为。

第三十八条　【房地产不得转让的情形】下列房地产，不得转让：

（一）以出让方式取得土地使用权的，不符合本法第三十九条规定的条件的；

（二）司法机关和行政机关依法裁定、决定查封或者以其他形式限制房地产权利的；

（三）依法收回土地使用权的；

（四）共有房地产，未经其他共有人书面同意的；

（五）权属有争议的；

（六）未依法登记领取权属证书的；

（七）法律、行政法规规定禁止转让的其他情形。

第三十九条　【以出让方式取得土地使用权的房地产转让】以出让方式取得土地使用权的，转让房地产时，应当符合下列条件：

（一）按照出让合同约定已经支付全部土地使用权出让金，并取得土地使用权证书；

（二）按照出让合同约定进行投资开发，属于房屋建设工程的，完成开发投资总额的百分之二十五以上，属于成片开发土地的，形成工业用地或者其他建设用地条件。

转让房地产时房屋已经建成的，还应当持有房屋所有权证书。

第四十条　【以划拨方式取得土地使用权的房地产转让】以划拨方式取得土地使用权的，转让房地产时，应

当按照国务院规定，报有批准权的人民政府审批。有批准权的人民政府准予转让的，应当由受让方办理土地使用权出让手续，并依照国家有关规定缴纳土地使用权出让金。

以划拨方式取得土地使用权的，转让房地产报批时，有批准权的人民政府按照国务院规定决定可以不办理土地使用权出让手续的，转让方应当按照国务院规定将转让房地产所获收益中的土地收益上缴国家或者作其他处理。

第四十一条　【房地产转让合同】房地产转让，应当签订书面转让合同，合同中应当载明土地使用权取得的方式。

第四十二条　【房地产转让合同与土地使用权出让合同的关系】房地产转让时，土地使用权出让合同载明的权利、义务随之转移。

第四十三条　【房地产转让后土地使用权的使用年限】以出让方式取得土地使用权的，转让房地产后，其土地使用权的使用年限为原土地使用权出让合同约定的使用年限减去原土地使用者已经使用年限后的剩余年限。

第四十四条　【房地产转让后土地用途变更】以出让方式取得土地使用权的，转让房地产后，受让人改变原土地使用权出让合同约定的土地用途的，必须取得原出让方和市、县人民政府城市规划行政主管部门的同意，签订土地使用权出让合同变更协议或者重新签订土地使用权出让合同，相应调整土地使用权出让金。

第四十五条　【商品房预售的条件】商品房预售，应当符合下列条件：

（一）已交付全部土地使用权出让金，取得土地使用权证书；

（二）持有建设工程规划许可证；

（三）按提供预售的商品房计算，投入开发建设的资金达到工程建设总投资的百分之二十五以上，并已经确定施工进度和竣工交付日期；

（四）向县级以上人民政府房产管理部门办理预售登记，取得商品房预售许可证明。

商品房预售人应当按照国家有关规定将预售合同报县级以上人民政府房产管理部门和土地管理部门登记备案。

商品房预售所得款项，必须用于有关的工程建设。

第四十六条　【商品房预售后的再行转让】商品房预售的，商品房预购人将购买的未竣工的预售商品房再行转让的问题，由国务院规定。

第三节　房地产抵押

第四十七条　【房地产抵押的定义】房地产抵押，是指抵押人以其合法的房地产以不转移占有的方式向抵押权人提供债务履行担保的行为。债务人不履行债务时，抵押权人有权依法以抵押的房地产拍卖所得的价款优先受偿。

第四十八条　【房地产抵押物的范围】依法取得的房屋所有权连同该房屋占用范围内的土地使用权，可以设定抵押权。

以出让方式取得的土地使用权，可以设定抵押权。

第四十九条　【抵押办理凭证】房地产抵押，应当凭土地使用权证书、房屋所有权证书办理。

第五十条　【房地产抵押合同】房地产抵押，抵押人和抵押权人应当签订书面抵押合同。

第五十一条　【以划拨土地使用权设定的房地产抵押权的实现】设定房地产抵押权的土地使用权是以划拨方式取得的，依法拍卖该房地产后，应当从拍卖所得的价款中缴纳相当于应缴纳的土地使用权出让金的款额后，抵押权人方可优先受偿。

第五十二条　【房地产抵押后土地上的新增房屋问题】房地产抵押合同签订后，土地上新增的房屋不属于抵押财产。需要拍卖该抵押的房地产时，可以依法将土地上新增的房屋与抵押财产一同拍卖，但对拍卖新增房屋所得，抵押权人无权优先受偿。

第四节　房屋租赁

第五十三条　【房屋租赁的定义】房屋租赁，是指房屋所有权人作为出租人将其房屋出租给承租人使用，由承租人向出租人支付租金的行为。

第五十四条　【房屋租赁合同的签订】房屋租赁，出租人和承租人应当签订书面租赁合同，约定租赁期限、租赁用途、租赁价格、修缮责任等条款，以及双方的其他权利和义务，并向房产管理部门登记备案。

第五十五条　【住宅用房和非住宅用房的租赁】住宅用房的租赁，应当执行国家和房屋所在城市人民政府规定的租赁政策。租用房屋从事生产、经营活动的，由租赁双方协商议定租金和其他租赁条款。

第五十六条　【以划拨方式取得的国有土地上的房屋出租的特别规定】以营利为目的，房屋所有权人将以划拨方式取得使用权的国有土地上建成的房屋出租的，应当将租金中所含土地收益上缴国家。具体办法由国务院规定。

第五节　中介服务机构

第五十七条　【房地产中介服务机构】房地产中介服务机构包括房地产咨询机构、房地产价格评估机构、房地产经纪机构等。

第五十八条　【房地产中介服务机构的设立】房地产中介服务机构应当具备下列条件：

（一）有自己的名称和组织机构；

（二）有固定的服务场所；

（三）有必要的财产和经费；

（四）有足够数量的专业人员；

（五）法律、行政法规规定的其他条件。

设立房地产中介服务机构，应当向工商行政管理部门申请设立登记，领取营业执照后，方可开业。

第五十九条　【房地产估价人员资格认证】国家实行房地产价格评估人员资格认证制度。

第五章　房地产权属登记管理

第六十条　【房地产登记发证制度】国家实行土地使用权和房屋所有权登记发证制度。

第六十一条　【房地产权属登记】以出让或者划拨方式取得土地使用权，应当向县级以上地方人民政府土地管理部门申请登记，经县级以上地方人民政府土地管理部门核实，由同级人民政府颁发土地使用权证书。

在依法取得的房地产开发用地上建成房屋的，应当凭土地使用权证书向县级以上地方人民政府房产管理部门申请登记，由县级以上地方人民政府房产管理部门核实并颁发房屋所有权证书。

房地产转让或者变更时，应当向县级以上地方人民政府房产管理部门申请房产变更登记，并凭变更后的房屋所有权证书向同级人民政府土地管理部门申请土地使用权变更登记，经同级人民政府土地管理部门核实，由同级人民政府更换或者更改土地使用权证书。

法律另有规定的，依照有关法律的规定办理。

第六十二条　【房地产抵押登记】房地产抵押时，应当向县级以上地方人民政府规定的部门办理抵押登记。

因处分抵押房地产而取得土地使用权和房屋所有权的，应当依照本章规定办理过户登记。

第六十三条　【房地产权属证书】经省、自治区、直辖市人民政府确定，县级以上地方人民政府由一个部门统一负责房产管理和土地管理工作的，可以制作、颁发统一的房地产权证书，依照本法第六十一条的规定，将房屋的所有权和该房屋占用范围内的土地使用权的确认和变更，分别载入房地产权证书。

第六章　法律责任

第六十四条　【擅自出让或擅自批准出让土地使用

权用于房地产开发的法律责任】违反本法第十一条、第十二条的规定，擅自批准出让或者擅自出让土地使用权用于房地产开发的，由上级机关或者所在单位给予有关责任人员行政处分。

第六十五条　【擅自从事房地产开发的法律责任】违反本法第三十条的规定，未取得营业执照擅自从事房地产开发业务的，由县级以上人民政府工商行政管理部门责令停止房地产开发业务活动，没收违法所得，可以并处罚款。

第六十六条　【非法转让土地使用权的法律责任】违反本法第三十九条第一款的规定转让土地使用权的，由县级以上人民政府土地管理部门没收违法所得，可以并处罚款。

第六十七条　【非法转让划拨土地使用权的房地产的法律责任】违反本法第四十条第一款的规定转让房地产的，由县级以上人民政府土地管理部门责令缴纳土地使用权出让金，没收违法所得，可以并处罚款。

第六十八条　【非法预售商品房的法律责任】违反本法第四十五条第一款的规定预售商品房的，由县级以上人民政府房产管理部门责令停止预售活动，没收违法所得，可以并处罚款。

第六十九条　【擅自从事房地产中介服务业务的法律责任】违反本法第五十八条的规定，未取得营业执照擅自从事房地产中介服务业务的，由县级以上人民政府工商行政管理部门责令停止房地产中介服务业务活动，没收违法所得，可以并处罚款。

第七十条　【向房地产开发企业非法收费的法律责任】没有法律、法规的依据，向房地产开发企业收费的，上级机关应当责令退回所收取的钱款；情节严重的，由上级机关或者所在单位给予直接责任人员行政处分。

第七十一条　【管理部门工作人员玩忽职守、滥用职权、索贿、受贿的法律责任】房产管理部门、土地管理部门工作人员玩忽职守、滥用职权，构成犯罪的，依法追究刑事责任；不构成犯罪的，给予行政处分。

房产管理部门、土地管理部门工作人员利用职务上的便利，索取他人财物，或者非法收受他人财物为他人谋取利益，构成犯罪的，依法追究刑事责任；不构成犯罪的，给予行政处分。

第七章　附　则

第七十二条　【参照本法适用的情形】在城市规划区外的国有土地范围内取得房地产开发用地的土地使用权，从事房地产开发、交易活动以及实施房地产管理，参照本法执行。

第七十三条　【施行时间】本法自 1995 年 1 月 1 日起施行。

中华人民共和国测绘法（节录）

· 1992 年 12 月 28 日第七届全国人民代表大会常务委员会第二十九次会议通过
· 2002 年 8 月 29 日第九届全国人民代表大会常务委员会第二十九次会议第一次修订
· 2017 年 4 月 27 日第十二届全国人民代表大会常务委员会第二十七次会议第二次修订
· 2017 年 4 月 27 日中华人民共和国主席令第 67 号公布
· 自 2017 年 7 月 1 日起施行

……

第二十二条　县级以上人民政府测绘地理信息主管部门应当会同本级人民政府不动产登记主管部门，加强对不动产测绘的管理。

测量土地、建筑物、构筑物和地面其他附着物的权属界址线，应当按照县级以上人民政府确定的权属界线的界址点、界址线或者提供的有关登记资料和附图进行。权属界址线发生变化的，有关当事人应当及时进行变更测绘。

第二十三条　城乡建设领域的工程测量活动，与房屋产权、产籍相关的房屋面积的测量，应当执行由国务院住房城乡建设主管部门、国务院测绘地理信息主管部门组织编制的测量技术规范。

水利、能源、交通、通信、资源开发和其他领域的工程测量活动，应当执行国家有关的工程测量技术规范。

……

中华人民共和国民法典（节录）

· 2020 年 5 月 28 日第十三届全国人民代表大会第三次会议通过
· 2020 年 5 月 28 日中华人民共和国主席令第 45 号公布
· 自 2021 年 1 月 1 日起施行

第一编　总　则
第一章　基本规定

第一条　【立法目的和依据】为了保护民事主体的合法权益，调整民事关系，维护社会和经济秩序，适应中国特色社会主义发展要求，弘扬社会主义核心价值观，根据宪法,制定本法。

第二条　**【调整范围】**民法调整平等主体的自然人、法人和非法人组织之间的人身关系和财产关系。

第三条　**【民事权利及其他合法权益受法律保护】**民事主体的人身权利、财产权利以及其他合法权益受法律保护,任何组织或者个人不得侵犯。

第四条　**【平等原则】**民事主体在民事活动中的法律地位一律平等。

第五条　**【自愿原则】**民事主体从事民事活动,应当遵循自愿原则,按照自己的意思设立、变更、终止民事法律关系。

第六条　**【公平原则】**民事主体从事民事活动,应当遵循公平原则,合理确定各方的权利和义务。

第七条　**【诚信原则】**民事主体从事民事活动,应当遵循诚信原则,秉持诚实,恪守承诺。

第八条　**【守法与公序良俗原则】**民事主体从事民事活动,不得违反法律,不得违背公序良俗。

第九条　**【绿色原则】**民事主体从事民事活动,应当有利于节约资源、保护生态环境。

第十条　**【处理民事纠纷的依据】**处理民事纠纷,应当依照法律;法律没有规定的,可以适用习惯,但是不得违背公序良俗。

第十一条　**【特别法优先】**其他法律对民事关系有特别规定的,依照其规定。

第十二条　**【民法的效力范围】**中华人民共和国领域内的民事活动,适用中华人民共和国法律。法律另有规定的,依照其规定。

第二章　自然人

第一节　民事权利能力和民事行为能力

第十三条　**【自然人民事权利能力的起止时间】**自然人从出生时起到死亡时止,具有民事权利能力,依法享有民事权利,承担民事义务。

第十四条　**【民事权利能力平等】**自然人的民事权利能力一律平等。

第十五条　**【出生和死亡时间的认定】**自然人的出生时间和死亡时间,以出生证明、死亡证明记载的时间为准;没有出生证明、死亡证明的,以户籍登记或者其他有效身份登记记载的时间为准。有其他证据足以推翻以上记载时间的,以该证据证明的时间为准。

第十六条　**【胎儿利益保护】**涉及遗产继承、接受赠与等胎儿利益保护的,胎儿视为具有民事权利能力。但是,胎儿娩出时为死体的,其民事权利能力自始不存在。

第十七条　**【成年时间】**十八周岁以上的自然人为成年人。不满十八周岁的自然人为未成年人。

第十八条　**【完全民事行为能力人】**成年人为完全民事行为能力人,可以独立实施民事法律行为。

十六周岁以上的未成年人,以自己的劳动收入为主要生活来源的,视为完全民事行为能力人。

第十九条　**【限制民事行为能力的未成年人】**八周岁以上的未成年人为限制民事行为能力人,实施民事法律行为由其法定代理人代理或者经其法定代理人同意、追认;但是,可以独立实施纯获利益的民事法律行为或者与其年龄、智力相适应的民事法律行为。

第二十条　**【无民事行为能力的未成年人】**不满八周岁的未成年人为无民事行为能力人,由其法定代理人代理实施民事法律行为。

第二十一条　**【无民事行为能力的成年人】**不能辨认自己行为的成年人为无民事行为能力人,由其法定代理人代理实施民事法律行为。

八周岁以上的未成年人不能辨认自己行为的,适用前款规定。

第二十二条　**【限制民事行为能力的成年人】**不能完全辨认自己行为的成年人为限制民事行为能力人,实施民事法律行为由其法定代理人代理或者经其法定代理人同意、追认;但是,可以独立实施纯获利益的民事法律行为或者与其智力、精神健康状况相适应的民事法律行为。

第二十三条　**【非完全民事行为能力人的法定代理人】**无民事行为能力人、限制民事行为能力人的监护人是其法定代理人。

第二十四条　**【民事行为能力的认定及恢复】**不能辨认或者不能完全辨认自己行为的成年人,其利害关系人或者有关组织,可以向人民法院申请认定该成年人为无民事行为能力人或者限制民事行为能力人。

被人民法院认定为无民事行为能力人或者限制民事行为能力人的,经本人、利害关系人或者有关组织申请,人民法院可以根据其智力、精神健康恢复的状况,认定该成年人恢复为限制民事行为能力人或者完全民事行为能力人。

本条规定的有关组织包括:居民委员会、村民委员会、学校、医疗机构、妇女联合会、残疾人联合会、依法设立的老年人组织、民政部门等。

第二十五条　**【自然人的住所】**自然人以户籍登记

或者其他有效身份登记记载的居所为住所；经常居所与住所不一致的，经常居所视为住所。

第二节　监护

第二十六条　【父母子女之间的法律义务】父母对未成年子女负有抚养、教育和保护的义务。

成年子女对父母负有赡养、扶助和保护的义务。

第二十七条　【未成年人的监护人】父母是未成年子女的监护人。

未成年人的父母已经死亡或者没有监护能力的，由下列有监护能力的人按顺序担任监护人：

（一）祖父母、外祖父母；

（二）兄、姐；

（三）其他愿意担任监护人的个人或者组织，但是须经未成年人住所地的居民委员会、村民委员会或者民政部门同意。

第二十八条　【非完全民事行为能力成年人的监护人】无民事行为能力或者限制民事行为能力的成年人，由下列有监护能力的人按顺序担任监护人：

（一）配偶；

（二）父母、子女；

（三）其他近亲属；

（四）其他愿意担任监护人的个人或者组织，但是须经被监护人住所地的居民委员会、村民委员会或者民政部门同意。

第二十九条　【遗嘱指定监护】被监护人的父母担任监护人的，可以通过遗嘱指定监护人。

第三十条　【协议确定监护人】依法具有监护资格的人之间可以协议确定监护人。协议确定监护人应当尊重被监护人的真实意愿。

第三十一条　【监护争议解决程序】对监护人的确定有争议的，由被监护人住所地的居民委员会、村民委员会或者民政部门指定监护人，有关当事人对指定不服的，可以向人民法院申请指定监护人；有关当事人也可以直接向人民法院申请指定监护人。

居民委员会、村民委员会、民政部门或者人民法院应当尊重被监护人的真实意愿，按照最有利于被监护人的原则在依法具有监护资格的人中指定监护人。

依据本条第一款规定指定监护人前，被监护人的人身权利、财产权利以及其他合法权益处于无人保护状态的，由被监护人住所地的居民委员会、村民委员会、法律规定的有关组织或者民政部门担任临时监护人。

监护人被指定后，不得擅自变更；擅自变更的，不免

除被指定的监护人的责任。

第三十二条　【公职监护人】没有依法具有监护资格的人的，监护人由民政部门担任，也可以由具备履行监护职责条件的被监护人住所地的居民委员会、村民委员会担任。

第三十三条　【意定监护】具有完全民事行为能力的成年人，可以与其近亲属、其他愿意担任监护人的个人或者组织事先协商，以书面形式确定自己的监护人，在自己丧失或者部分丧失民事行为能力时，由该监护人履行监护职责。

第三十四条　【监护职责及临时生活照料】监护人的职责是代理被监护人实施民事法律行为，保护被监护人的人身权利、财产权利以及其他合法权益等。

监护人依法履行监护职责产生的权利，受法律保护。

监护人不履行监护职责或者侵害被监护人合法权益的，应当承担法律责任。

因发生突发事件等紧急情况，监护人暂时无法履行监护职责，被监护人的生活处于无人照料状态的，被监护人住所地的居民委员会、村民委员会或者民政部门应当为被监护人安排必要的临时生活照料措施。

第三十五条　【履行监护职责应遵循的原则】监护人应当按照最有利于被监护人的原则履行监护职责。监护人除为维护被监护人利益外，不得处分被监护人的财产。

未成年人的监护人履行监护职责，在作出与被监护人利益有关的决定时，应当根据被监护人的年龄和智力状况，尊重被监护人的真实意愿。

成年人的监护人履行监护职责，应当最大程度地尊重被监护人的真实意愿，保障并协助被监护人实施与其智力、精神健康状况相适应的民事法律行为。对被监护人有能力独立处理的事务，监护人不得干涉。

第三十六条　【监护人资格的撤销】监护人有下列情形之一的，人民法院根据有关个人或者组织的申请，撤销其监护人资格，安排必要的临时监护措施，并按照最有利于被监护人的原则依法指定监护人：

（一）实施严重损害被监护人身心健康的行为；

（二）怠于履行监护职责，或者无法履行监护职责且拒绝将监护职责部分或者全部委托给他人，导致被监护人处于危困状态；

（三）实施严重侵害被监护人合法权益的其他行为。

本条规定的有关个人、组织包括：其他依法具有监护资格的人，居民委员会、村民委员会、学校、医疗机构、妇

女联合会、残疾人联合会、未成年人保护组织、依法设立的老年人组织、民政部门等。

前款规定的个人和民政部门以外的组织未及时向人民法院申请撤销监护人资格的,民政部门应当向人民法院申请。

第三十七条　【监护人资格撤销后的义务】依法负担被监护人抚养费、赡养费、扶养费的父母、子女、配偶等,被人民法院撤销监护人资格后,应当继续履行负担的义务。

第三十八条　【监护人资格的恢复】被监护人的父母或者子女被人民法院撤销监护人资格后,除对被监护人实施故意犯罪的外,确有悔改表现的,经其申请,人民法院可以在尊重被监护人真实意愿的前提下,视情况恢复其监护人资格,人民法院指定的监护人与被监护人的监护关系同时终止。

第三十九条　【监护关系的终止】有下列情形之一的,监护关系终止:

(一)被监护人取得或者恢复完全民事行为能力;

(二)监护人丧失监护能力;

(三)被监护人或者监护人死亡;

(四)人民法院认定监护关系终止的其他情形。

监护关系终止后,被监护人仍然需要监护的,应当依法另行确定监护人。

第三节　宣告失踪和宣告死亡

第四十条　【宣告失踪】自然人下落不明满二年的,利害关系人可以向人民法院申请宣告该自然人为失踪人。

第四十一条　【下落不明的起算时间】自然人下落不明的时间自其失去音讯之日起计算。战争期间下落不明的,下落不明的时间自战争结束之日或者有关机关确定的下落不明之日起计算。

第四十二条　【财产代管人】失踪人的财产由其配偶、成年子女、父母或者其他愿意担任财产代管人的人代管。

代管有争议,没有前款规定的人,或者前款规定的人无代管能力的,由人民法院指定的人代管。

第四十三条　【财产代管人的职责】财产代管人应当妥善管理失踪人的财产,维护其财产权益。

失踪人所欠税款、债务和应付的其他费用,由财产代管人从失踪人的财产中支付。

财产代管人因故意或者重大过失造成失踪人财产损失的,应当承担赔偿责任。

第四十四条　【财产代管人的变更】财产代管人不履行代管职责、侵害失踪人财产权益或者丧失代管能力的,失踪人的利害关系人可以向人民法院申请变更财产代管人。

财产代管人有正当理由的,可以向人民法院申请变更财产代管人。

人民法院变更财产代管人的,变更后的财产代管人有权请求原财产代管人及时移交有关财产并报告财产代管情况。

第四十五条　【失踪宣告的撤销】失踪人重新出现,经本人或者利害关系人申请,人民法院应当撤销失踪宣告。

失踪人重新出现,有权请求财产代管人及时移交有关财产并报告财产代管情况。

第四十六条　【宣告死亡】自然人有下列情形之一的,利害关系人可以向人民法院申请宣告该自然人死亡:

(一)下落不明满四年;

(二)因意外事件,下落不明满二年。

因意外事件下落不明,经有关机关证明该自然人不可能生存的,申请宣告死亡不受二年时间的限制。

第四十七条　【宣告失踪与宣告死亡申请的竞合】对同一自然人,有的利害关系人申请宣告死亡,有的利害关系人申请宣告失踪,符合本法规定的宣告死亡条件的,人民法院应当宣告死亡。

第四十八条　【死亡日期的确定】被宣告死亡的人,人民法院宣告死亡的判决作出之日视为其死亡的日期;因意外事件下落不明宣告死亡的,意外事件发生之日视为其死亡的日期。

第四十九条　【被宣告死亡人实际生存时的行为效力】自然人被宣告死亡但是并未死亡的,不影响该自然人在被宣告死亡期间实施的民事法律行为的效力。

第五十条　【死亡宣告的撤销】被宣告死亡的人重新出现,经本人或者利害关系人申请,人民法院应当撤销死亡宣告。

第五十一条　【宣告死亡及其撤销后婚姻关系的效力】被宣告死亡的人的婚姻关系,自死亡宣告之日起消除。死亡宣告被撤销的,婚姻关系自撤销死亡宣告之日起自行恢复。但是,其配偶再婚或者向婚姻登记机关书面声明不愿意恢复的除外。

第五十二条　【死亡宣告撤销后子女被收养的效力】被宣告死亡的人在被宣告死亡期间,其子女被他人依法收养的,在死亡宣告被撤销后,不得以未经本人同意为由主张收养行为无效。

第五十三条　【死亡宣告撤销后的财产返还与赔偿责任】被撤销死亡宣告的人有权请求依照本法第六编取得其财产的民事主体返还财产；无法返还的，应当给予适当补偿。

利害关系人隐瞒真实情况，致使他人被宣告死亡而取得其财产的，除应当返还财产外，还应当对由此造成的损失承担赔偿责任。

第四节　个体工商户和农村承包经营户

第五十四条　【个体工商户】自然人从事工商业经营，经依法登记，为个体工商户。个体工商户可以起字号。

第五十五条　【农村承包经营户】农村集体经济组织的成员，依法取得农村土地承包经营权，从事家庭承包经营的，为农村承包经营户。

第五十六条　【"两户"的债务承担】个体工商户的债务，个人经营的，以个人财产承担；家庭经营的，以家庭财产承担；无法区分的，以家庭财产承担。

农村承包经营户的债务，以从事农村土地承包经营的农户财产承担；事实上由农户部分成员经营的，以该部分成员的财产承担。

第三章　法　人

第一节　一般规定

第五十七条　【法人的定义】法人是具有民事权利能力和民事行为能力，依法独立享有民事权利和承担民事义务的组织。

第五十八条　【法人的成立】法人应当依法成立。

法人应当有自己的名称、组织机构、住所、财产或者经费。法人成立的具体条件和程序，依照法律、行政法规的规定。

设立法人，法律、行政法规规定须经有关机关批准的，依照其规定。

第五十九条　【法人的民事权利能力和民事行为能力】法人的民事权利能力和民事行为能力，从法人成立时产生，到法人终止时消灭。

第六十条　【法人的民事责任承担】法人以其全部财产独立承担民事责任。

第六十一条　【法定代表人】依照法律或者法人章程的规定，代表法人从事民事活动的负责人，为法人的法定代表人。

法定代表人以法人名义从事的民事活动，其法律后果由法人承受。

法人章程或者法人权力机构对法定代表人代表权的限制，不得对抗善意相对人。

第六十二条　【法定代表人职务行为的法律责任】法定代表人因执行职务造成他人损害的，由法人承担民事责任。

法人承担民事责任后，依照法律或者法人章程的规定，可以向有过错的法定代表人追偿。

第六十三条　【法人的住所】法人以其主要办事机构所在地为住所。依法需要办理法人登记的，应当将主要办事机构所在地登记为住所。

第六十四条　【法人的变更登记】法人存续期间登记事项发生变化的，应当依法向登记机关申请变更登记。

第六十五条　【法人登记的对抗效力】法人的实际情况与登记的事项不一致的，不得对抗善意相对人。

第六十六条　【法人登记公示制度】登记机关应当依法及时公示法人登记的有关信息。

第六十七条　【法人合并、分立后的权利义务承担】法人合并的，其权利和义务由合并后的法人享有和承担。

法人分立的，其权利和义务由分立后的法人享有连带债权，承担连带债务，但是债权人和债务人另有约定的除外。

第六十八条　【法人的终止】有下列原因之一并依法完成清算、注销登记的，法人终止：

（一）法人解散；

（二）法人被宣告破产；

（三）法律规定的其他原因。

法人终止，法律、行政法规规定须经有关机关批准的，依照其规定。

第六十九条　【法人的解散】有下列情形之一的，法人解散：

（一）法人章程规定的存续期间届满或者法人章程规定的其他解散事由出现；

（二）法人的权力机构决议解散；

（三）因法人合并或者分立需要解散；

（四）法人依法被吊销营业执照、登记证书，被责令关闭或者被撤销；

（五）法律规定的其他情形。

第七十条　【法人解散后的清算】法人解散的，除合并或者分立的情形外，清算义务人应当及时组成清算组进行清算。

法人的董事、理事等执行机构或者决策机构的成员为清算义务人。法律、行政法规另有规定的,依照其规定。

清算义务人未及时履行清算义务,造成损害的,应当承担民事责任;主管机关或者利害关系人可以申请人民法院指定有关人员组成清算组进行清算。

第七十一条 【法人清算的法律适用】法人的清算程序和清算组职权,依照有关法律的规定;没有规定的,参照适用公司法律的有关规定。

第七十二条 【清算的法律效果】清算期间法人存续,但是不得从事与清算无关的活动。

法人清算后的剩余财产,按照法人章程的规定或者法人权力机构的决议处理。法律另有规定的,依照其规定。

清算结束并完成法人注销登记时,法人终止;依法不需要办理法人登记的,清算结束时,法人终止。

第七十三条 【法人因破产而终止】法人被宣告破产的,依法进行破产清算并完成法人注销登记时,法人终止。

第七十四条 【法人的分支机构】法人可以依法设立分支机构。法律、行政法规规定分支机构应当登记的,依照其规定。

分支机构以自己的名义从事民事活动,产生的民事责任由法人承担;也可以先以该分支机构管理的财产承担,不足以承担的,由法人承担。

第七十五条 【法人设立行为的法律后果】设立人为设立法人从事的民事活动,其法律后果由法人承受;法人未成立的,其法律后果由设立人承受,设立人为二人以上的,享有连带债权,承担连带债务。

设立人为设立法人以自己的名义从事民事活动产生的民事责任,第三人有权选择请求法人或者设立人承担。

第二节 营利法人

第七十六条 【营利法人的定义和类型】以取得利润并分配给股东等出资人为目的成立的法人,为营利法人。

营利法人包括有限责任公司、股份有限公司和其他企业法人等。

第七十七条 【营利法人的成立】营利法人经依法登记成立。

第七十八条 【营利法人的营业执照】依法设立的营利法人,由登记机关发给营利法人营业执照。营业执照签发日期为营利法人的成立日期。

第七十九条 【营利法人的章程】设立营利法人应当依法制定法人章程。

第八十条 【营利法人的权力机构】营利法人应当设权力机构。

权力机构行使修改法人章程,选举或者更换执行机构、监督机构成员,以及法人章程规定的其他职权。

第八十一条 【营利法人的执行机构】营利法人应当设执行机构。

执行机构行使召集权力机构会议,决定法人的经营计划和投资方案,决定法人内部管理机构的设置,以及法人章程规定的其他职权。

执行机构为董事会或者执行董事的,董事长、执行董事或者经理按照法人章程的规定担任法定代表人;未设董事会或者执行董事的,法人章程规定的主要负责人为其执行机构和法定代表人。

第八十二条 【营利法人的监督机构】营利法人设监事会或者监事等监督机构的,监督机构依法行使检查法人财务,监督执行机构成员、高级管理人员执行法人职务的行为,以及法人章程规定的其他职权。

第八十三条 【出资人滥用权利的责任承担】营利法人的出资人不得滥用出资人权利损害法人或者其他出资人的利益;滥用出资人权利造成法人或者其他出资人损失的,应当依法承担民事责任。

营利法人的出资人不得滥用法人独立地位和出资人有限责任损害法人债权人的利益;滥用法人独立地位和出资人有限责任,逃避债务,严重损害法人债权人的利益的,应当对法人债务承担连带责任。

第八十四条 【利用关联关系造成损失的赔偿责任】营利法人的控股出资人、实际控制人、董事、监事、高级管理人员不得利用其关联关系损害法人的利益;利用关联关系造成法人损失的,应当承担赔偿责任。

第八十五条 【营利法人出资人对瑕疵决议的撤销权】营利法人的权力机构、执行机构作出决议的会议召集程序、表决方式违反法律、行政法规、法人章程,或者决议内容违反法人章程的,营利法人的出资人可以请求人民法院撤销该决议。但是,营利法人依据该决议与善意相对人形成的民事法律关系不受影响。

第八十六条 【营利法人的社会责任】营利法人从事经营活动,应当遵守商业道德,维护交易安全,接受政府和社会的监督,承担社会责任。

第三节 非营利法人

第八十七条 【非营利法人的定义和范围】为公益目的或者其他非营利目的成立,不向出资人、设立人或者会员分配所取得利润的法人，为非营利法人。

非营利法人包括事业单位、社会团体、基金会、社会服务机构等。

第八十八条　【事业单位法人资格的取得】具备法人条件，为适应经济社会发展需要，提供公益服务设立的事业单位，经依法登记成立，取得事业单位法人资格；依法不需要办理法人登记的，从成立之日起，具有事业单位法人资格。

第八十九条　【事业单位法人的组织机构】事业单位法人设理事会的，除法律另有规定外，理事会为其决策机构。事业单位法人的法定代表人依照法律、行政法规或者法人章程的规定产生。

第九十条　【社会团体法人资格的取得】具备法人条件，基于会员共同意愿，为公益目的或者会员共同利益等非营利目的设立的社会团体，经依法登记成立，取得社会团体法人资格；依法不需要办理法人登记的，从成立之日起，具有社会团体法人资格。

第九十一条　【社会团体法人章程和组织机构】设立社会团体法人应当依法制定法人章程。

社会团体法人应当设会员大会或者会员代表大会等权力机构。

社会团体法人应当设理事会等执行机构。理事长或者会长等负责人按照法人章程的规定担任法定代表人。

第九十二条　【捐助法人】具备法人条件，为公益目的以捐助财产设立的基金会、社会服务机构等，经依法登记成立，取得捐助法人资格。

依法设立的宗教活动场所，具备法人条件的，可以申请法人登记，取得捐助法人资格。法律、行政法规对宗教活动场所有规定的，依照其规定。

第九十三条　【捐助法人章程和组织机构】设立捐助法人应当依法制定法人章程。

捐助法人应当设理事会、民主管理组织等决策机构，并设执行机构。理事长等负责人按照法人章程的规定担任法定代表人。

捐助法人应当设监事会等监督机构。

第九十四条　【捐助人的权利】捐助人有权向捐助法人查询捐助财产的使用、管理情况，并提出意见和建议，捐助法人应当及时、如实答复。

捐助法人的决策机构、执行机构或者法定代表人作出决定的程序违反法律、行政法规、法人章程，或者决定内容违反法人章程的，捐助人等利害关系人或者主管机关可以请求人民法院撤销该决定。但是，捐助法人依据

该决定与善意相对人形成的民事法律关系不受影响。

第九十五条　【公益性非营利法人剩余财产的处理】为公益目的成立的非营利法人终止时，不得向出资人、设立人或者会员分配剩余财产。剩余财产应当按照法人章程的规定或者权力机构的决议用于公益目的；无法按照法人章程的规定或者权力机构的决议处理的，由主管机关主持转给宗旨相同或者相近的法人，并向社会公告。

第四节　特别法人

第九十六条　【特别法人的类型】本节规定的机关法人、农村集体经济组织法人、城镇农村的合作经济组织法人、基层群众性自治组织法人，为特别法人。

第九十七条　【机关法人】有独立经费的机关和承担行政职能的法定机构从成立之日起，具有机关法人资格，可以从事为履行职能所需要的民事活动。

第九十八条　【机关法人的终止】机关法人被撤销的，法人终止，其民事权利和义务由继任的机关法人享有和承担；没有继任的机关法人的，由作出撤销决定的机关法人享有和承担。

第九十九条　【农村集体经济组织法人】农村集体经济组织依法取得法人资格。

法律、行政法规对农村集体经济组织有规定的，依照其规定。

第一百条　【合作经济组织法人】城镇农村的合作经济组织依法取得法人资格。

法律、行政法规对城镇农村的合作经济组织有规定的，依照其规定。

第一百零一条　【基层群众性自治组织法人】居民委员会、村民委员会具有基层群众性自治组织法人资格，可以从事为履行职能所需要的民事活动。

未设立村集体经济组织的，村民委员会可以依法代行村集体经济组织的职能。

第四章　非法人组织

第一百零二条　【非法人组织的定义】非法人组织是不具有法人资格，但是能够依法以自己的名义从事民事活动的组织。

非法人组织包括个人独资企业、合伙企业、不具有法人资格的专业服务机构等。

第一百零三条　【非法人组织的设立程序】非法人组织应当依照法律的规定登记。

设立非法人组织，法律、行政法规规定须经有关机关

批准的,依照其规定。

第一百零四条　【非法人组织的债务承担】 非法人组织的财产不足以清偿债务的,其出资人或者设立人承担无限责任。法律另有规定的,依照其规定。

第一百零五条　【非法人组织的代表人】 非法人组织可以确定一人或者数人代表该组织从事民事活动。

第一百零六条　【非法人组织的解散】 有下列情形之一的,非法人组织解散:

(一)章程规定的存续期间届满或者章程规定的其他解散事由出现;

(二)出资人或者设立人决定解散;

(三)法律规定的其他情形。

第一百零七条　【非法人组织的清算】 非法人组织解散的,应当依法进行清算。

第一百零八条　【非法人组织的参照适用规定】 非法人组织除适用本章规定外,参照适用本编第三章第一节的有关规定。

第五章　民事权利

第一百零九条　【一般人格权】 自然人的人身自由、人格尊严受法律保护。

第一百一十条　【民事主体的人格权】 自然人享有生命权、身体权、健康权、姓名权、肖像权、名誉权、荣誉权、隐私权、婚姻自主权等权利。

法人、非法人组织享有名称权、名誉权和荣誉权。

第一百一十一条　【个人信息受法律保护】 自然人的个人信息受法律保护。任何组织或者个人需要获取他人个人信息的,应当依法取得并确保信息安全,不得非法收集、使用、加工、传输他人个人信息,不得非法买卖、提供或者公开他人个人信息。

第一百一十二条　【婚姻家庭关系等产生的人身权利】 自然人因婚姻家庭关系等产生的人身权利受法律保护。

第一百一十三条　【财产权受法律平等保护】 民事主体的财产权利受法律平等保护。

第一百一十四条　【物权的定义及类型】 民事主体依法享有物权。

物权是权利人依法对特定的物享有直接支配和排他的权利,包括所有权、用益物权和担保物权。

第一百一十五条　【物权的客体】 物包括不动产和动产。法律规定权利作为物权客体的,依照其规定。

第一百一十六条　【物权法定原则】 物权的种类和内容,由法律规定。

第一百一十七条　【征收与征用】 为了公共利益的需要,依照法律规定的权限和程序征收、征用不动产或者动产的,应当给予公平、合理的补偿。

第一百一十八条　【债权的定义】 民事主体依法享有债权。

债权是因合同、侵权行为、无因管理、不当得利以及法律的其他规定,权利人请求特定义务人为或者不为一定行为的权利。

第一百一十九条　【合同之债】 依法成立的合同,对当事人具有法律约束力。

第一百二十条　【侵权之债】 民事权益受到侵害的,被侵权人有权请求侵权人承担侵权责任。

第一百二十一条　【无因管理之债】 没有法定的或者约定的义务,为避免他人利益受损失而进行管理的人,有权请求受益人偿还由此支出的必要费用。

第一百二十二条　【不当得利之债】 因他人没有法律根据,取得不当利益,受损失的人有权请求其返还不当利益。

第一百二十三条　【知识产权及其客体】 民事主体依法享有知识产权。

知识产权是权利人依法就下列客体享有的专有的权利:

(一)作品;

(二)发明、实用新型、外观设计;

(三)商标;

(四)地理标志;

(五)商业秘密;

(六)集成电路布图设计;

(七)植物新品种;

(八)法律规定的其他客体。

第一百二十四条　【继承权及其客体】 自然人依法享有继承权。

自然人合法的私有财产,可以依法继承。

第一百二十五条　【投资性权利】 民事主体依法享有股权和其他投资性权利。

第一百二十六条　【其他民事权益】 民事主体享有法律规定的其他民事权利和利益。

第一百二十七条　【对数据和网络虚拟财产的保护】 法律对数据、网络虚拟财产的保护有规定的,依照其规定。

第一百二十八条　【对弱势群体的特别保护】 法律对未成年人、老年人、残疾人、妇女、消费者等的民事权益保护有特别规定的,依照其规定。

第一百二十九条　【民事权利的取得方式】民事权利可以依据民事法律行为、事实行为、法律规定的事件或者法律规定的其他方式取得。

第一百三十条　【权利行使的自愿原则】民事主体按照自己的意愿依法行使民事权利,不受干涉。

第一百三十一条　【权利人的义务履行】民事主体行使权利时,应当履行法律规定的和当事人约定的义务。

第一百三十二条　【禁止权利滥用】民事主体不得滥用民事权利损害国家利益、社会公共利益或者他人合法权益。

第六章　民事法律行为
第一节　一般规定

第一百三十三条　【民事法律行为的定义】民事法律行为是民事主体通过意思表示设立、变更、终止民事法律关系的行为。

第一百三十四条　【民事法律行为的成立】民事法律行为可以基于双方或者多方的意思表示一致成立,也可以基于单方的意思表示成立。

法人、非法人组织依照法律或者章程规定的议事方式和表决程序作出决议的,该决议行为成立。

第一百三十五条　【民事法律行为的形式】民事法律行为可以采用书面形式、口头形式或者其他形式;法律、行政法规规定或者当事人约定采用特定形式的,应当采用特定形式。

第一百三十六条　【民事法律行为的生效】民事法律行为自成立时生效,但是法律另有规定或者当事人另有约定的除外。

行为人非依法律规定或者未经对方同意,不得擅自变更或者解除民事法律行为。

第二节　意思表示

第一百三十七条　【有相对人的意思表示的生效时间】以对话方式作出的意思表示,相对人知道其内容时生效。

以非对话方式作出的意思表示,到达相对人时生效。以非对话方式作出的采用数据电文形式的意思表示,相对人指定特定系统接收数据电文的,该数据电文进入该特定系统时生效;未指定特定系统的,相对人知道或者应当知道该数据电文进入其系统时生效。当事人对采用数据电文形式的意思表示的生效时间另有约定的,按照其约定。

第一百三十八条　【无相对人的意思表示的生效时间】无相对人的意思表示,表示完成时生效。法律另有规定的,依照其规定。

第一百三十九条　【公告的意思表示的生效时间】以公告方式作出的意思表示,公告发布时生效。

第一百四十条　【意思表示的方式】行为人可以明示或者默示作出意思表示。

沉默只有在有法律规定、当事人约定或者符合当事人之间的交易习惯时,才可以视为意思表示。

第一百四十一条　【意思表示的撤回】行为人可以撤回意思表示。撤回意思表示的通知应当在意思表示到达相对人前或者与意思表示同时到达相对人。

第一百四十二条　【意思表示的解释】有相对人的意思表示的解释,应当按照所使用的词句,结合相关条款、行为的性质和目的、习惯以及诚信原则,确定意思表示的含义。

无相对人的意思表示的解释,不能完全拘泥于所使用的词句,而应当结合相关条款、行为的性质和目的、习惯以及诚信原则,确定行为人的真实意思。

第三节　民事法律行为的效力

第一百四十三条　【民事法律行为的有效条件】具备下列条件的民事法律行为有效:

(一)行为人具有相应的民事行为能力;

(二)意思表示真实;

(三)不违反法律、行政法规的强制性规定,不违背公序良俗。

第一百四十四条　【无民事行为能力人实施的民事法律行为】无民事行为能力人实施的民事法律行为无效。

第一百四十五条　【限制民事行为能力人实施的民事法律行为】限制民事行为能力人实施的纯获利益的民事法律行为或者与其年龄、智力、精神健康状况相适应的民事法律行为有效;实施的其他民事法律行为经法定代理人同意或者追认后有效。

相对人可以催告法定代理人自收到通知之日起三十日内予以追认。法定代理人未作表示的,视为拒绝追认。民事法律行为被追认前,善意相对人有撤销的权利。撤销应当以通知的方式作出。

第一百四十六条　【虚假表示与隐藏行为效力】行为人与相对人以虚假的意思表示实施的民事法律行为无效。

以虚假的意思表示隐藏的民事法律行为的效力,依照有关法律规定处理。

第一百四十七条 【重大误解】基于重大误解实施的民事法律行为,行为人有权请求人民法院或者仲裁机构予以撤销。

第一百四十八条 【欺诈】一方以欺诈手段,使对方在违背真实意思的情况下实施的民事法律行为,受欺诈方有权请求人民法院或者仲裁机构予以撤销。

第一百四十九条 【第三人欺诈】第三人实施欺诈行为,使一方在违背真实意思的情况下实施的民事法律行为,对方知道或者应当知道该欺诈行为的,受欺诈方有权请求人民法院或者仲裁机构予以撤销。

第一百五十条 【胁迫】一方或者第三人以胁迫手段,使对方在违背真实意思的情况下实施的民事法律行为,受胁迫方有权请求人民法院或者仲裁机构予以撤销。

第一百五十一条 【乘人之危导致的显失公平】一方利用对方处于危困状态、缺乏判断能力等情形,致使民事法律行为成立时显失公平的,受损害方有权请求人民法院或者仲裁机构予以撤销。

第一百五十二条 【撤销权的消灭期间】有下列情形之一的,撤销权消灭:

(一)当事人自知道或者应当知道撤销事由之日起一年内、重大误解的当事人自知道或者应当知道撤销事由之日起九十日内没有行使撤销权;

(二)当事人受胁迫,自胁迫行为终止之日起一年内没有行使撤销权;

(三)当事人知道撤销事由后明确表示或者以自己的行为表明放弃撤销权。

当事人自民事法律行为发生之日起五年内没有行使撤销权的,撤销权消灭。

第一百五十三条 【违反强制性规定及违背公序良俗的民事法律行为的效力】违反法律、行政法规的强制性规定的民事法律行为无效。但是,该强制性规定不导致该民事法律行为无效的除外。

违背公序良俗的民事法律行为无效。

第一百五十四条 【恶意串通】行为人与相对人恶意串通,损害他人合法权益的民事法律行为无效。

第一百五十五条 【无效或者被撤销民事法律行为自始无效】无效的或者被撤销的民事法律行为自始没有法律约束力。

第一百五十六条 【民事法律行为部分无效】民事法律行为部分无效,不影响其他部分效力的,其他部分仍然有效。

第一百五十七条 【民事法律行为无效、被撤销、不生效力的法律后果】民事法律行为无效、被撤销或者确定不发生效力后,行为人因该行为取得的财产,应当予以返还;不能返还或者没有必要返还的,应当折价补偿。有过错的一方应当赔偿对方由此所受到的损失;各方都有过错的,应当各自承担相应的责任。法律另有规定的,依照其规定。

第四节　民事法律行为的附条件和附期限

第一百五十八条 【附条件的民事法律行为】民事法律行为可以附条件,但是根据其性质不得附条件的除外。附生效条件的民事法律行为,自条件成就时生效。附解除条件的民事法律行为,自条件成就时失效。

第一百五十九条 【条件成就或不成就的拟制】附条件的民事法律行为,当事人为自己的利益不正当地阻止条件成就的,视为条件已经成就;不正当地促成条件成就的,视为条件不成就。

第一百六十条 【附期限的民事法律行为】民事法律行为可以附期限,但是根据其性质不得附期限的除外。附生效期限的民事法律行为,自期限届至时生效。附终止期限的民事法律行为,自期限届满时失效。

第七章　代　理

第一节　一般规定

第一百六十一条 【代理的适用范围】民事主体可以通过代理人实施民事法律行为。

依照法律规定、当事人约定或者民事法律行为的性质,应当由本人亲自实施的民事法律行为,不得代理。

第一百六十二条 【代理的效力】代理人在代理权限内,以被代理人名义实施的民事法律行为,对被代理人发生效力。

第一百六十三条 【代理的类型】代理包括委托代理和法定代理。

委托代理人按照被代理人的委托行使代理权。法定代理人依照法律的规定行使代理权。

第一百六十四条 【不当代理的民事责任】代理人不履行或者不完全履行职责,造成被代理人损害的,应当承担民事责任。

代理人和相对人恶意串通,损害被代理人合法权益的,代理人和相对人应当承担连带责任。

第二节　委托代理

第一百六十五条 【授权委托书】委托代理授权采用书面形式的,授权委托书应当载明代理人的姓名或者名称、代理事项、权限和期限,并由被代理人签名或者盖章。

第一百六十六条 【共同代理】数人为同一代理事项的代理人的,应当共同行使代理权,但是当事人另有约定的除外。

第一百六十七条 【违法代理的责任承担】代理人知道或者应当知道代理事项违法仍然实施代理行为,或者被代理人知道或者应当知道代理人的代理行为违法未作反对表示的,被代理人和代理人应当承担连带责任。

第一百六十八条 【禁止自己代理和双方代理】代理人不得以被代理人的名义与自己实施民事法律行为,但是被代理人同意或者追认的除外。

代理人不得以被代理人的名义与自己同时代理的其他人实施民事法律行为,但是被代理的双方同意或者追认的除外。

第一百六十九条 【复代理】代理人需要转委托第三人代理的,应当取得被代理人的同意或者追认。

转委托代理经被代理人同意或者追认的,被代理人可以就代理事务直接指示转委托的第三人,代理人仅就第三人的选任以及对第三人的指示承担责任。

转委托代理未经被代理人同意或者追认的,代理人应当对转委托的第三人的行为承担责任;但是,在紧急情况下代理人为了维护被代理人的利益需要转委托第三人代理的除外。

第一百七十条 【职务代理】执行法人或者非法人组织工作任务的人员,就其职权范围内的事项,以法人或者非法人组织的名义实施的民事法律行为,对法人或者非法人组织发生效力。

法人或者非法人组织对执行其工作任务的人员职权范围的限制,不得对抗善意相对人。

第一百七十一条 【无权代理】行为人没有代理权、超越代理权或者代理权终止后,仍然实施代理行为,未经被代理人追认的,对被代理人不发生效力。

相对人可以催告被代理人自收到通知之日起三十日内予以追认。被代理人未作表示的,视为拒绝追认。行为人实施的行为被追认前,善意相对人有撤销的权利。撤销应当以通知的方式作出。

行为人实施的行为未被追认的,善意相对人有权请求行为人履行债务或者就其受到的损害请求行为人赔偿。但是,赔偿的范围不得超过被代理人追认时相对人所能获得的利益。

相对人知道或者应当知道行为人无权代理的,相对

人和行为人按照各自的过错承担责任。

第一百七十二条 【表见代理】行为人没有代理权、超越代理权或者代理权终止后,仍然实施代理行为,相对人有理由相信行为人有代理权的,代理行为有效。

第三节 代理终止

第一百七十三条 【委托代理的终止】有下列情形之一的,委托代理终止:

(一)代理期限届满或者代理事务完成;

(二)被代理人取消委托或者代理人辞去委托;

(三)代理人丧失民事行为能力;

(四)代理人或者被代理人死亡;

(五)作为代理人或者被代理人的法人、非法人组织终止。

第一百七十四条 【委托代理终止的例外】被代理人死亡后,有下列情形之一的,委托代理人实施的代理行为有效:

(一)代理人不知道且不应当知道被代理人死亡;

(二)被代理人的继承人予以承认;

(三)授权中明确代理权在代理事务完成时终止;

(四)被代理人死亡前已经实施,为了被代理人的继承人的利益继续代理。

作为被代理人的法人、非法人组织终止的,参照适用前款规定。

第一百七十五条 【法定代理的终止】有下列情形之一的,法定代理终止:

(一)被代理人取得或者恢复完全民事行为能力;

(二)代理人丧失民事行为能力;

(三)代理人或者被代理人死亡;

(四)法律规定的其他情形。

第八章 民事责任

第一百七十六条 【民事责任】民事主体依照法律规定或者按照当事人约定,履行民事义务,承担民事责任。

第一百七十七条 【按份责任】二人以上依法承担按份责任,能够确定责任大小的,各自承担相应的责任;难以确定责任大小的,平均承担责任。

第一百七十八条 【连带责任】二人以上依法承担连带责任的,权利人有权请求部分或者全部连带责任人承担责任。

连带责任人的责任份额根据各自责任大小确定;难以确定责任大小的,平均承担责任。实际承担责任超过

自己责任份额的连带责任人,有权向其他连带责任人追偿。

连带责任,由法律规定或者当事人约定。

第一百七十九条　【民事责任的承担方式】承担民事责任的方式主要有:

(一)停止侵害;

(二)排除妨碍;

(三)消除危险;

(四)返还财产;

(五)恢复原状;

(六)修理、重作、更换;

(七)继续履行;

(八)赔偿损失;

(九)支付违约金;

(十)消除影响、恢复名誉;

(十一)赔礼道歉。

法律规定惩罚性赔偿的,依照其规定。

本条规定的承担民事责任的方式,可以单独适用,也可以合并适用。

第一百八十条　【不可抗力】因不可抗力不能履行民事义务的,不承担民事责任。法律另有规定的,依照其规定。

不可抗力是不能预见、不能避免且不能克服的客观情况。

第一百八十一条　【正当防卫】因正当防卫造成损害的,不承担民事责任。

正当防卫超过必要的限度,造成不应有的损害的,正当防卫人应当承担适当的民事责任。

第一百八十二条　【紧急避险】因紧急避险造成损害的,由引起险情发生的人承担民事责任。

危险由自然原因引起的,紧急避险人不承担民事责任,可以给予适当补偿。

紧急避险采取措施不当或者超过必要的限度,造成不应有的损害的,紧急避险人应当承担适当的民事责任。

第一百八十三条　【因保护他人民事权益而受损的责任承担】因保护他人民事权益使自己受到损害的,由侵权人承担民事责任,受益人可以给予适当补偿。没有侵权人、侵权人逃逸或者无力承担民事责任,受害人请求补偿的,受益人应当给予适当补偿。

第一百八十四条　【紧急救助的责任豁免】因自愿实施紧急救助行为造成受助人损害的,救助人不承担民事责任。

第一百八十五条　【英雄烈士人格利益的保护】侵害英雄烈士等的姓名、肖像、名誉、荣誉,损害社会公共利益的,应当承担民事责任。

第一百八十六条　【违约责任与侵权责任的竞合】因当事人一方的违约行为,损害对方人身权益、财产权益的,受损害方有权选择请求其承担违约责任或者侵权责任。

第一百八十七条　【民事责任优先】民事主体因同一行为应当承担民事责任、行政责任和刑事责任的,承担行政责任或者刑事责任不影响承担民事责任;民事主体的财产不足以支付的,优先用于承担民事责任。

第九章　诉讼时效

第一百八十八条　【普通诉讼时效】向人民法院请求保护民事权利的诉讼时效期间为三年。法律另有规定的,依照其规定。

诉讼时效期间自权利人知道或者应当知道权利受到损害以及义务人之日起计算。法律另有规定的,依照其规定。但是,自权利受到损害之日起超过二十年的,人民法院不予保护,有特殊情况的,人民法院可以根据权利人的申请决定延长。

第一百八十九条　【分期履行债务诉讼时效的起算】当事人约定同一债务分期履行的,诉讼时效期间自最后一期履行期限届满之日起计算。

第一百九十条　【对法定代理人请求权诉讼时效的起算】无民事行为能力人或者限制民事行为能力人对其法定代理人的请求权的诉讼时效期间,自该法定代理终止之日起计算。

第一百九十一条　【未成年人遭受性侵害的损害赔偿诉讼时效的起算】未成年人遭受性侵害的损害赔偿请求权的诉讼时效期间,自受害人年满十八周岁之日起计算。

第一百九十二条　【诉讼时效届满的法律效果】诉讼时效期间届满的,义务人可以提出不履行义务的抗辩。

诉讼时效期间届满后,义务人同意履行的,不得以诉讼时效期间届满为由抗辩;义务人已经自愿履行的,不得请求返还。

第一百九十三条　【诉讼时效援用】人民法院不得主动适用诉讼时效的规定。

第一百九十四条　【诉讼时效的中止】在诉讼时效期间的最后六个月内,因下列障碍,不能行使请求权的,诉讼时效中止:

(一)不可抗力;

（二）无民事行为能力人或者限制民事行为能力人没有法定代理人，或者法定代理人死亡、丧失民事行为能力、丧失代理权；

（三）继承开始后未确定继承人或者遗产管理人；

（四）权利人被义务人或者其他人控制；

（五）其他导致权利人不能行使请求权的障碍。

自中止时效的原因消除之日起满六个月，诉讼时效期间届满。

第一百九十五条　**【诉讼时效的中断】**有下列情形之一的，诉讼时效中断，从中断、有关程序终结时起，诉讼时效期间重新计算：

（一）权利人向义务人提出履行请求；

（二）义务人同意履行义务；

（三）权利人提起诉讼或者申请仲裁；

（四）与提起诉讼或者申请仲裁具有同等效力的其他情形。

第一百九十六条　**【不适用诉讼时效的情形】**下列请求权不适用诉讼时效的规定：

（一）请求停止侵害、排除妨碍、消除危险；

（二）不动产物权和登记的动产物权的权利人请求返还财产；

（三）请求支付抚养费、赡养费或者扶养费；

（四）依法不适用诉讼时效的其他请求权。

第一百九十七条　**【诉讼时效法定】**诉讼时效的期间、计算方法以及中止、中断的事由由法律规定，当事人约定无效。

当事人对诉讼时效利益的预先放弃无效。

第一百九十八条　**【仲裁时效】**法律对仲裁时效有规定的，依照其规定；没有规定的，适用诉讼时效的规定。

第一百九十九条　**【除斥期间】**法律规定或者当事人约定的撤销权、解除权等权利的存续期间，除法律另有规定外，自权利人知道或者应当知道权利产生之日起计算，不适用有关诉讼时效中止、中断和延长的规定。存续期间届满，撤销权、解除权等权利消灭。

第十章　期间计算

第二百条　**【期间的计算单位】**民法所称的期间按照公历年、月、日、小时计算。

第二百零一条　**【期间的起算】**按照年、月、日计算期间的，开始的当日不计入，自下一日开始计算。

按照小时计算期间的，自法律规定或者当事人约定的时间开始计算。

第二百零二条　**【期间结束】**按照年、月计算期间

的，到期月的对应日为期间的最后一日；没有对应日的，月末日为期间的最后一日。

第二百零三条　**【期间计算的特殊规定】**期间的最后一日是法定休假日的，以法定休假日结束的次日为期间的最后一日。

期间的最后一日的截止时间为二十四时；有业务时间的，停止业务活动的时间为截止时间。

第二百零四条　**【期间法定或约定】**期间的计算方法依照本法的规定，但是法律另有规定或者当事人另有约定的除外。

第二编　物　权

第一分编　通　则

第一章　一般规定

第二百零五条　**【物权编的调整范围】**本编调整因物的归属和利用产生的民事关系。

第二百零六条　**【我国基本经济制度与社会主义市场经济原则】**国家坚持和完善公有制为主体、多种所有制经济共同发展，按劳分配为主体、多种分配方式并存，社会主义市场经济体制等社会主义基本经济制度。

国家巩固和发展公有制经济，鼓励、支持和引导非公有制经济的发展。

国家实行社会主义市场经济，保障一切市场主体的平等法律地位和发展权利。

第二百零七条　**【平等保护原则】**国家、集体、私人的物权和其他权利人的物权受法律平等保护，任何组织或者个人不得侵犯。

第二百零八条　**【物权公示原则】**不动产物权的设立、变更、转让和消灭，应当依照法律规定登记。动产物权的设立和转让，应当依照法律规定交付。

第二章　物权的设立、变更、转让和消灭

第一节　不动产登记

第二百零九条　**【不动产物权的登记生效原则及其例外】**不动产物权的设立、变更、转让和消灭，经依法登记，发生效力；未经登记，不发生效力，但是法律另有规定的除外。

依法属于国家所有的自然资源，所有权可以不登记。

第二百一十条　**【不动产登记机构和不动产统一登记】**不动产登记，由不动产所在地的登记机构办理。

国家对不动产实行统一登记制度。统一登记的范围、登记机构和登记办法，由法律、行政法规规定。

第二百一十一条　【申请不动产登记应提供的必要材料】当事人申请登记,应当根据不同登记事项提供权属证明和不动产界址、面积等必要材料。

第二百一十二条　【不动产登记机构应当履行的职责】登记机构应当履行下列职责:

(一)查验申请人提供的权属证明和其他必要材料;

(二)就有关登记事项询问申请人;

(三)如实、及时登记有关事项;

(四)法律、行政法规规定的其他职责。

申请登记的不动产的有关情况需要进一步证明的,登记机构可以要求申请人补充材料,必要时可以实地查看。

第二百一十三条　【不动产登记机构的禁止行为】登记机构不得有下列行为:

(一)要求对不动产进行评估;

(二)以年检等名义进行重复登记;

(三)超出登记职责范围的其他行为。

第二百一十四条　【不动产物权变动的生效时间】不动产物权的设立、变更、转让和消灭,依照法律规定应当登记的,自记载于不动产登记簿时发生效力。

第二百一十五条　【合同效力和物权效力区分】当事人之间订立有关设立、变更、转让和消灭不动产物权的合同,除法律另有规定或者当事人另有约定外,自合同成立时生效;未办理物权登记的,不影响合同效力。

第二百一十六条　【不动产登记簿效力及管理机构】不动产登记簿是物权归属和内容的根据。

不动产登记簿由登记机构管理。

第二百一十七条　【不动产登记簿与不动产权属证书的关系】不动产权属证书是权利人享有该不动产物权的证明。不动产权属证书记载的事项,应当与不动产登记簿一致;记载不一致的,除有证据证明不动产登记簿确有错误外,以不动产登记簿为准。

第二百一十八条　【不动产登记资料的查询、复制】权利人、利害关系人可以申请查询、复制不动产登记资料,登记机构应当提供。

第二百一十九条　【利害关系人的非法利用不动产登记资料禁止义务】利害关系人不得公开、非法使用权利人的不动产登记资料。

第二百二十条　【更正登记和异议登记】权利人、利害关系人认为不动产登记簿记载的事项错误的,可以申请更正登记。不动产登记簿记载的权利人书面同意更正或者有证据证明登记确有错误的,登记机构应当予以更正。

不动产登记簿记载的权利人不同意更正的,利害关系人可以申请异议登记。登记机构予以异议登记,申请人自异议登记之日起十五日内不提起诉讼的,异议登记失效。异议登记不当,造成权利人损害的,权利人可以向申请人请求损害赔偿。

第二百二十一条　【预告登记】当事人签订买卖房屋的协议或者签订其他不动产物权的协议,为保障将来实现物权,按照约定可以向登记机构申请预告登记。预告登记后,未经预告登记的权利人同意,处分该不动产的,不发生物权效力。

预告登记后,债权消灭或者自能够进行不动产登记之日起九十日内未申请登记的,预告登记失效。

第二百二十二条　【不动产登记错误损害赔偿责任】当事人提供虚假材料申请登记,造成他人损害的,应当承担赔偿责任。

因登记错误,造成他人损害的,登记机构应当承担赔偿责任。登记机构赔偿后,可以向造成登记错误的人追偿。

第二百二十三条　【不动产登记收费标准的确定】不动产登记费按件收取,不得按照不动产的面积、体积或者价款的比例收取。

第二节　动产交付

第二百二十四条　【动产物权变动生效时间】动产物权的设立和转让,自交付时发生效力,但是法律另有规定的除外。

第二百二十五条　【船舶、航空器和机动车物权变动采取登记对抗主义】船舶、航空器和机动车等的物权的设立、变更、转让和消灭,未经登记,不得对抗善意第三人。

第二百二十六条　【简易交付】动产物权设立和转让前,权利人已经占有该动产的,物权自民事法律行为生效时发生效力。

第二百二十七条　【指示交付】动产物权设立和转让前,第三人占有该动产的,负有交付义务的人可以通过转让请求第三人返还原物的权利代替交付。

第二百二十八条　【占有改定】动产物权转让时,当事人又约定由出让人继续占有该动产的,物权自该约定生效时发生效力。

第三节　其他规定

第二百二十九条　【法律文书、征收决定导致物权变动效力发生时间】因人民法院、仲裁机构的法律文书或者人民政府的征收决定等,导致物权设立、变更、转让或者消灭的,自法律文书或者征收决定等生效时发生效力。

第二百三十条 【因继承取得物权的生效时间】因继承取得物权的,自继承开始时发生效力。

第二百三十一条 【因事实行为设立或者消灭物权的生效时间】因合法建造、拆除房屋等事实行为设立或者消灭物权的,自事实行为成就时发生效力。

第二百三十二条 【非依民事法律行为享有的不动产物权变动】处分依照本节规定享有的不动产物权,依照法律规定需要办理登记的,未经登记,不发生物权效力。

第三章 物权的保护

第二百三十三条 【物权保护争讼程序】物权受到侵害的,权利人可以通过和解、调解、仲裁、诉讼等途径解决。

第二百三十四条 【物权确认请求权】因物权的归属、内容发生争议的,利害关系人可以请求确认权利。

第二百三十五条 【返还原物请求权】无权占有不动产或者动产的,权利人可以请求返还原物。

第二百三十六条 【排除妨害、消除危险请求权】妨害物权或者可能妨害物权的,权利人可以请求排除妨害或者消除危险。

第二百三十七条 【修理、重作、更换或者恢复原状请求权】造成不动产或者动产毁损的,权利人可以依法请求修理、重作、更换或者恢复原状。

第二百三十八条 【物权损害赔偿请求权】侵害物权,造成权利人损害的,权利人可以依法请求损害赔偿,也可以依法请求承担其他民事责任。

第二百三十九条 【物权保护方式的单用和并用】本章规定的物权保护方式,可以单独适用,也可以根据权利被侵害的情形合并适用。

第二分编 所有权
第四章 一般规定

第二百四十条 【所有权的定义】所有权人对自己的不动产或者动产,依法享有占有、使用、收益和处分的权利。

第二百四十一条 【所有权人设立他物权】所有权人有权在自己的不动产或者动产上设立用益物权和担保物权。用益物权人、担保物权人行使权利,不得损害所有权人的权益。

第二百四十二条 【国家专有】法律规定专属于国家所有的不动产和动产,任何组织或者个人不能取得所有权。

第二百四十三条 【征收】为了公共利益的需要,依照法律规定的权限和程序可以征收集体所有的土地和组织、个人的房屋以及其他不动产。

征收集体所有的土地,应当依法及时足额支付土地补偿费、安置补助费以及农村村民住宅、其他地上附着物和青苗等的补偿费用,并安排被征地农民的社会保障费用,保障被征地农民的生活,维护被征地农民的合法权益。

征收组织、个人的房屋以及其他不动产,应当依法给予征收补偿,维护被征收人的合法权益;征收个人住宅的,还应当保障被征收人的居住条件。

任何组织或者个人不得贪污、挪用、私分、截留、拖欠征收补偿费等费用。

第二百四十四条 【保护耕地与禁止违法征地】国家对耕地实行特殊保护,严格限制农用地转为建设用地,控制建设用地总量。不得违反法律规定的权限和程序征收集体所有的土地。

第二百四十五条 【征用】因抢险救灾、疫情防控等紧急需要,依照法律规定的权限和程序可以征用组织、个人的不动产或者动产。被征用的不动产或者动产使用后,应当返还被征用人。组织、个人的不动产或者动产被征用或者征用后毁损、灭失的,应当给予补偿。

第五章 国家所有权和集体所有权、私人所有权

第二百四十六条 【国家所有权】法律规定属于国家所有的财产,属于国家所有即全民所有。

国有财产由国务院代表国家行使所有权。法律另有规定的,依照其规定。

第二百四十七条 【矿藏、水流和海域的国家所有权】矿藏、水流、海域属于国家所有。

第二百四十八条 【无居民海岛的国家所有权】无居民海岛属于国家所有,国务院代表国家行使无居民海岛所有权。

第二百四十九条 【国家所有土地的范围】城市的土地,属于国家所有。法律规定属于国家所有的农村和城市郊区的土地,属于国家所有。

第二百五十条 【国家所有的自然资源】森林、山岭、草原、荒地、滩涂等自然资源,属于国家所有,但是法律规定属于集体所有的除外。

第二百五十一条 【国家所有的野生动植物资源】法律规定属于国家所有的野生动植物资源,属于国家所有。

第二百五十二条　【无线电频谱资源的国家所有权】无线电频谱资源属于国家所有。

第二百五十三条　【国家所有的文物的范围】法律规定属于国家所有的文物，属于国家所有。

第二百五十四条　【国防资产、基础设施的国家所有权】国防资产属于国家所有。

铁路、公路、电力设施、电信设施和油气管道等基础设施，依照法律规定为国家所有的，属于国家所有。

第二百五十五条　【国家机关的物权】国家机关对其直接支配的不动产和动产，享有占有、使用以及依照法律和国务院的有关规定处分的权利。

第二百五十六条　【国家举办的事业单位的物权】国家举办的事业单位对其直接支配的不动产和动产，享有占有、使用以及依照法律和国务院的有关规定收益、处分的权利。

第二百五十七条　【国有企业出资人制度】国家出资的企业，由国务院、地方人民政府依照法律、行政法规规定分别代表国家履行出资人职责，享有出资人权益。

第二百五十八条　【国有财产的保护】国家所有的财产受法律保护，禁止任何组织或者个人侵占、哄抢、私分、截留、破坏。

第二百五十九条　【国有财产管理法律责任】履行国有财产管理、监督职责的机构及其工作人员，应当依法加强对国有财产的管理、监督，促进国有财产保值增值，防止国有财产损失；滥用职权，玩忽职守，造成国有财产损失的，应当依法承担法律责任。

违反国有财产管理规定，在企业改制、合并分立、关联交易等过程中，低价转让、合谋私分、擅自担保或者以其他方式造成国有财产损失的，应当依法承担法律责任。

第二百六十条　【集体财产范围】集体所有的不动产和动产包括：

（一）法律规定属于集体所有的土地和森林、山岭、草原、荒地、滩涂；

（二）集体所有的建筑物、生产设施、农田水利设施；

（三）集体所有的教育、科学、文化、卫生、体育等设施；

（四）集体所有的其他不动产和动产。

第二百六十一条　【农民集体所有财产归属及重大事项集体决定】农民集体所有的不动产和动产，属于本集体成员集体所有。

下列事项应当依照法定程序经本集体成员决定：

（一）土地承包方案以及将土地发包给本集体以外的组织或者个人承包；

（二）个别土地承包经营权人之间承包地的调整；

（三）土地补偿费等费用的使用、分配办法；

（四）集体出资的企业的所有权变动等事项；

（五）法律规定的其他事项。

第二百六十二条　【行使集体所有权的主体】对于集体所有的土地和森林、山岭、草原、荒地、滩涂等，依照下列规定行使所有权：

（一）属于村农民集体所有的，由村集体经济组织或者村民委员会依法代表集体行使所有权；

（二）分别属于村内两个以上农民集体所有的，由村内各该集体经济组织或者村民小组依法代表集体行使所有权；

（三）属于乡镇农民集体所有的，由乡镇集体经济组织代表集体行使所有权。

第二百六十三条　【城镇集体财产权利】城镇集体所有的不动产和动产，依照法律、行政法规的规定由本集体享有占有、使用、收益和处分的权利。

第二百六十四条　【集体财产状况的公布】农村集体经济组织或者村民委员会、村民小组应当依照法律、行政法规以及章程、村规民约向本集体成员公布集体财产的状况。集体成员有权查阅、复制相关资料。

第二百六十五条　【集体财产的保护】集体所有的财产受法律保护，禁止任何组织或者个人侵占、哄抢、私分、破坏。

农村集体经济组织、村民委员会或者其负责人作出的决定侵害集体成员合法权益的，受侵害的集体成员可以请求人民法院予以撤销。

第二百六十六条　【私人所有权】私人对其合法的收入、房屋、生活用品、生产工具、原材料等不动产和动产享有所有权。

第二百六十七条　【私有财产的保护】私人的合法财产受法律保护，禁止任何组织或者个人侵占、哄抢、破坏。

第二百六十八条　【企业出资人的权利】国家、集体和私人依法可以出资设立有限责任公司、股份有限公司或者其他企业。国家、集体和私人所有的不动产或者动产投到企业的，由出资人按照约定或者出资比例享有资产收益、重大决策以及选择经营管理者等权利并履行义务。

第二百六十九条　【法人财产权】营利法人对其不动产和动产依照法律、行政法规以及章程享有占有、使用、收益和处分的权利。

营利法人以外的法人，对其不动产和动产的权利，适用有关法律、行政法规以及章程的规定。

第二百七十条　【社会团体法人、捐助法人合法财产的保护】社会团体法人、捐助法人依法所有的不动产和动产，受法律保护。

第六章　业主的建筑物区分所有权

第二百七十一条　【建筑物区分所有权】业主对建筑物内的住宅、经营性用房等专有部分享有所有权，对专有部分以外的共有部分享有共有和共同管理的权利。

第二百七十二条　【业主对专有部分的专有权】业主对其建筑物专有部分享有占有、使用、收益和处分的权利。业主行使权利不得危及建筑物的安全，不得损害其他业主的合法权益。

第二百七十三条　【业主对共有部分的共有权及义务】业主对建筑物专有部分以外的共有部分，享有权利，承担义务；不得以放弃权利为由不履行义务。

业主转让建筑物内的住宅、经营性用房，其共有部分享有的共有和共同管理的权利一并转让。

第二百七十四条　【建筑区划内的道路、绿地等场所和设施属于业主共有财产】建筑区划内的道路，属于业主共有，但是属于城镇公共道路的除外。建筑区划内的绿地，属于业主共有，但是属于城镇公共绿地或者明示属于个人的除外。建筑区划内的其他公共场所、公用设施和物业服务用房，属于业主共有。

第二百七十五条　【车位、车库的归属规则】建筑区划内，规划用于停放汽车的车位、车库的归属，由当事人通过出售、附赠或者出租等方式约定。

占用业主共有的道路或者其他场地用于停放汽车的车位，属于业主共有。

第二百七十六条　【车位、车库优先满足业主需求】建筑区划内，规划用于停放汽车的车位、车库应当首先满足业主的需要。

第二百七十七条　【设立业主大会和选举业主委员会】业主可以设立业主大会，选举业主委员会。业主大会、业主委员会成立的具体条件和程序，依照法律、法规的规定。

地方人民政府有关部门、居民委员会应当对设立业主大会和选举业主委员会给予指导和协助。

第二百七十八条　【由业主共同决定的事项以及表决规则】下列事项由业主共同决定：

（一）制定和修改业主大会议事规则；

（二）制定和修改管理规约；

（三）选举业主委员会或者更换业主委员会成员；

（四）选聘和解聘物业服务企业或者其他管理人；

（五）使用建筑物及其附属设施的维修资金；

（六）筹集建筑物及其附属设施的维修资金；

（七）改建、重建建筑物及其附属设施；

（八）改变共有部分的用途或者利用共有部分从事经营活动；

（九）有关共有和共同管理权利的其他重大事项。

业主共同决定事项，应当由专有部分面积占比三分之二以上的业主且人数占比三分之二以上的业主参与表决。决定前款第六项至第八项规定的事项，应当经参与表决专有部分面积四分之三以上的业主且参与表决人数四分之三以上的业主同意。决定前款其他事项，应当经参与表决专有部分面积过半数的业主且参与表决人数过半数的业主同意。

第二百七十九条　【业主将住宅转变为经营性用房应当遵循的规则】业主不得违反法律、法规以及管理规约，将住宅改变为经营性用房。业主将住宅改变为经营性用房的，除遵守法律、法规以及管理规约外，应当经有利害关系的业主一致同意。

第二百八十条　【业主大会、业主委员会决定的效力】业主大会或者业主委员会的决定，对业主具有法律约束力。

业主大会或者业主委员会作出的决定侵害业主合法权益的，受侵害的业主可以请求人民法院予以撤销。

第二百八十一条　【建筑物及其附属设施维修资金的归属和处分】建筑物及其附属设施的维修资金，属于业主共有。经业主共同决定，可以用于电梯、屋顶、外墙、无障碍设施等共有部分的维修、更新和改造。建筑物及其附属设施的维修资金的筹集、使用情况应当定期公布。

紧急情况下需要维修建筑物及其附属设施的，业主大会或者业主委员会可以依法申请使用建筑物及其附属设施的维修资金。

第二百八十二条　【业主共有部分产生收入的归属】建设单位、物业服务企业或者其他管理人等利用业主的共有部分产生的收入，在扣除合理成本之后，属于业主共有。

第二百八十三条　【建筑物及其附属设施的费用分摊和收益分配确定规则】建筑物及其附属设施的费用分摊、收益分配等事项，有约定的，按照约定；没有约定或者约定不明确的，按照业主专有部分面积所占比例确定。

第二百八十四条 【建筑物及其附属设施的管理】业主可以自行管理建筑物及其附属设施,也可以委托物业服务企业或者其他管理人管理。

对建设单位聘请的物业服务企业或者其他管理人,业主有权依法更换。

第二百八十五条 【物业服务企业或其他接受业主委托的管理人的管理义务】物业服务企业或者其他管理人根据业主的委托,依照本法第三编有关物业服务合同的规定管理建筑区划内的建筑物及其附属设施,接受业主的监督,并及时答复业主对物业服务情况提出的询问。

物业服务企业或者其他管理人应当执行政府依法实施的应急处置措施和其他管理措施,积极配合开展相关工作。

第二百八十六条 【业主守法义务和业主大会与业主委员会职责】业主应当遵守法律、法规以及管理规约,相关行为应当符合节约资源、保护生态环境的要求。对于物业服务企业或者其他管理人执行政府依法实施的应急处置措施和其他管理措施,业主应当依法予以配合。

业主大会或者业主委员会,对任意弃置垃圾、排放污染物或者噪声、违反规定饲养动物、违章搭建、侵占通道、拒付物业费等损害他人合法权益的行为,有权依照法律、法规以及管理规约,请求行为人停止侵害、排除妨碍、消除危险、恢复原状、赔偿损失。

业主或者其他行为人拒不履行相关义务的,有关当事人可以向有关行政主管部门报告或者投诉,有关行政主管部门应当依法处理。

第二百八十七条 【业主请求权】业主对建设单位、物业服务企业或者其他管理人以及其他业主侵害自己合法权益的行为,有权请求其承担民事责任。

第七章　相邻关系

第二百八十八条 【处理相邻关系的原则】不动产的相邻权利人应当按照有利生产、方便生活、团结互助、公平合理的原则,正确处理相邻关系。

第二百八十九条 【处理相邻关系的依据】法律、法规对处理相邻关系有规定的,依照其规定;法律、法规没有规定的,可以按照当地习惯。

第二百九十条 【相邻用水、排水、流水关系】不动产权利人应当为相邻权利人用水、排水提供必要的便利。

对自然流水的利用,应当在不动产的相邻权利人之间合理分配。对自然流水的排放,应当尊重自然流向。

第二百九十一条 【相邻关系中的通行权】不动产权利人对相邻权利人因通行等必须利用其土地的,应当提供必要的便利。

第二百九十二条 【相邻土地的利用】不动产权利人因建造、修缮建筑物以及铺设电线、电缆、水管、暖气和燃气管线等必须利用相邻土地、建筑物的,该土地、建筑物的权利人应当提供必要的便利。

第二百九十三条 【相邻建筑物通风、采光、日照】建造建筑物,不得违反国家有关工程建设标准,不得妨碍相邻建筑物的通风、采光和日照。

第二百九十四条 【相邻不动产之间不得排放、施放污染物】不动产权利人不得违反国家规定弃置固体废物,排放大气污染物、水污染物、土壤污染物、噪声、光辐射、电磁辐射等有害物质。

第二百九十五条 【维护相邻不动产安全】不动产权利人挖掘土地、建造建筑物、铺设管线以及安装设备等,不得危及相邻不动产的安全。

第二百九十六条 【相邻权的限度】不动产权利人因用水、排水、通行、铺设管线等利用相邻不动产的,应当尽量避免对相邻的不动产权利人造成损害。

第八章　共　有

第二百九十七条 【共有及其形式】不动产或者动产可以由两个以上组织、个人共有。共有包括按份共有和共同共有。

第二百九十八条 【按份共有】按份共有人对共有的不动产或者动产按照其份额享有所有权。

第二百九十九条 【共同共有】共同共有人对共有的不动产或者动产共同享有所有权。

第三百条 【共有物的管理】共有人按照约定管理共有的不动产或者动产;没有约定或者约定不明确的,各共有人都有管理的权利和义务。

第三百零一条 【共有人对共有财产重大事项的表决权规则】处分共有的不动产或者动产以及对共有的不动产或者动产作重大修缮、变更性质或者用途的,应当经占份额三分之二以上的按份共有人或者全体共同共有人同意,但是共有人之间另有约定的除外。

第三百零二条 【共有物管理费用的分担规则】共有人对共有物的管理费用以及其他负担,有约定的,按照其约定;没有约定或者约定不明确的,按份共有人按照其份额负担,共同共有人共同负担。

第三百零三条 【共有物的分割规则】共有人约定不得分割共有的不动产或者动产,以维持共有关系的,应当按照约定,但是共有人有重大理由需要分割的,可以请求分割;没有约定或者约定不明确的,按份共有人可以随时请求分割,共同共有人在共有的基础丧失或者有重大理由需要分割时可以请求分割。因分割造成其他共有人损害的,应当给予赔偿。

第三百零四条　【共有物分割的方式】共有人可以协商确定分割方式。达不成协议,共有的不动产或者动产可以分割且不会因分割减损价值的,应当对实物予以分割;难以分割或者因分割会减损价值的,应当对折价或者拍卖、变卖取得的价款予以分割。

共有人分割所得的不动产或者动产有瑕疵的,其他共有人应当分担损失。

第三百零五条　【按份共有人的优先购买权】按份共有人可以转让其享有的共有的不动产或者动产份额。其他共有人在同等条件下享有优先购买的权利。

第三百零六条　【按份共有人行使优先购买权的规则】按份共有人转让其享有的共有的不动产或者动产份额的,应当将转让条件及时通知其他共有人。其他共有人应当在合理期限内行使优先购买权。

两个以上其他共有人主张行使优先购买权的,协商确定各自的购买比例;协商不成的,按照转让时各自的共有份额比例行使优先购买权。

第三百零七条　【因共有产生的债权债务承担规则】因共有的不动产或者动产产生的债权债务,在对外关系上,共有人享有连带债权、承担连带债务,但是法律另有规定或者第三人知道共有人不具有连带债权债务关系的除外;在共有人内部关系上,除共有人另有约定外,按份共有人按照份额享有债权、承担债务,共同共有人共同享有债权、承担债务。偿还债务超过自己应当承担份额的按份共有人,有权向其他共有人追偿。

第三百零八条　【共有关系不明时对共有关系性质的推定】共有人对共有的不动产或者动产没有约定为按份共有或者共同共有,或者约定不明确的,除共有人具有家庭关系等外,视为按份共有。

第三百零九条　【按份共有人份额不明时份额的确定】按份共有人对共有的不动产或者动产享有的份额,没有约定或者约定不明确的,按照出资额确定;不能确定出资额的,视为等额享有。

第三百一十条　【准共有】两个以上组织、个人共同享有用益物权、担保物权的,参照适用本章的有关规定。

第九章　所有权取得的特别规定

第三百一十一条　【善意取得】无处分权人将不动产或者动产转让给受让人的,所有权人有权追回;除法律另有规定外,符合下列情形的,受让人取得该不动产或者动产的所有权:

(一)受让人受让该不动产或者动产时是善意;

(二)以合理的价格转让;

(三)转让的不动产或者动产依照法律规定应当登记的已经登记,不需要登记的已经交付给受让人。

受让人依据前款规定取得不动产或者动产的所有权的,原所有权人有权向无处分权人请求损害赔偿。

当事人善意取得其他物权的,参照适用前两款规定。

第三百一十二条　【遗失物的善意取得】所有权人或者其他权利人有权追回遗失物。该遗失物通过转让被他人占有的,权利人有权向无处分权人请求损害赔偿,或者自知道或者应当知道受让人之日起二年内向受让人请求返还原物;但是,受让人通过拍卖或者向具有经营资格的经营者购得该遗失物的,权利人请求返还原物时应当支付受让人所付的费用。权利人向受让人支付所付费用后,有权向无处分权人追偿。

第三百一十三条　【善意取得的动产上原有的权利负担消灭及其例外】善意受让人取得动产后,该动产上的原有权利消灭。但是,善意受让人在受让时知道或者应当知道该权利的除外。

第三百一十四条　【拾得遗失物的返还】拾得遗失物,应当返还权利人。拾得人应当及时通知权利人领取,或者送交公安等有关部门。

第三百一十五条　【有关部门收到遗失物的处理】有关部门收到遗失物,知道权利人的,应当及时通知其领取;不知道的,应当及时发布招领公告。

第三百一十六条　【遗失物的妥善保管义务】拾得人在遗失物送交有关部门前,有关部门在遗失物被领取前,应当妥善保管遗失物。因故意或者重大过失致使遗失物毁损、灭失的,应当承担民事责任。

第三百一十七条　【权利人领取遗失物时的费用支付义务】权利人领取遗失物时,应当向拾得人或者有关部门支付保管遗失物等支出的必要费用。

权利人悬赏寻找遗失物的,领取遗失物时应当按照承诺履行义务。

拾得人侵占遗失物的,无权请求保管遗失物等支出的费用,也无权请求权利人按照承诺履行义务。

第三百一十八条　【无人认领的遗失物的处理规则】遗失物自发布招领公告之日起一年内无人认领的,归国家所有。

第三百一十九条　【拾得漂流物、埋藏物或者隐藏物】拾得漂流物、发现埋藏物或者隐藏物的,参照适用拾得遗失物的有关规定。法律另有规定的，依照其规定。

第三百二十条　【从物随主物转让规则】主物转让的，从物随主物转让，但是当事人另有约定的除外。

第三百二十一条　【孳息的归属】天然孳息，由所有权人取得；既有所有权人又有用益物权人的，由用益物权人取得。当事人另有约定的，按照其约定。

法定孳息，当事人有约定的，按照约定取得；没有约定或者约定不明确的，按照交易习惯取得。

第三百二十二条　【添附】因加工、附合、混合而产生的物的归属，有约定的，按照约定；没有约定或者约定不明确的，依照法律规定；法律没有规定的，按照充分发挥物的效用以及保护无过错当事人的原则确定。因一方当事人的过错或者确定物的归属造成另一方当事人损害的，应当给予赔偿或者补偿。

第三分编　用益物权
第十章　一般规定

第三百二十三条　【用益物权的定义】用益物权人对他人所有的不动产或者动产，依法享有占有、使用和收益的权利。

第三百二十四条　【国家和集体所有的自然资源的使用规则】国家所有或者国家所有由集体使用以及法律规定属于集体所有的自然资源，组织、个人依法可以占有、使用和收益。

第三百二十五条　【自然资源有偿使用制度】国家实行自然资源有偿使用制度，但是法律另有规定的除外。

第三百二十六条　【用益物权的行使规范】用益物权人行使权利，应当遵守法律有关保护和合理开发利用资源、保护生态环境的规定。所有权人不得干涉用益物权人行使权利。

第三百二十七条　【被征收、征用时用益物权人的补偿请求权】因不动产或者动产被征收、征用致使用益物权消灭或者影响用益物权行使的，用益物权人有权依据本法第二百四十三条、第二百四十五条的规定获得相应补偿。

第三百二十八条　【海域使用权】依法取得的海域使用权受法律保护。

第三百二十九条　【特许物权依法保护】依法取得的探矿权、采矿权、取水权和使用水域、滩涂从事养殖、捕捞的权利受法律保护。

第十一章　土地承包经营权

第三百三十条　【农村土地承包经营】农村集体经济组织实行家庭承包经营为基础、统分结合的双层经营体制。

农民集体所有和国家所有由农民集体使用的耕地、林地、草地以及其他用于农业的土地，依法实行土地承包经营制度。

第三百三十一条　【土地承包经营权内容】土地承包经营权人依法对其承包经营的耕地、林地、草地等享有占有、使用和收益的权利，有权从事种植业、林业、畜牧业等农业生产。

第三百三十二条　【土地的承包期限】耕地的承包期为三十年。草地的承包期为三十年至五十年。林地的承包期为三十年至七十年。

前款规定的承包期限届满，由土地承包经营权人依照农村土地承包的法律规定继续承包。

第三百三十三条　【土地承包经营权的设立与登记】土地承包经营权自土地承包经营权合同生效时设立。

登记机构应当向土地承包经营权人发放土地承包经营权证、林权证等证书，并登记造册，确认土地承包经营权。

第三百三十四条　【土地承包经营权的互换、转让】土地承包经营权人依照法律规定，有权将土地承包经营权互换、转让。未经依法批准，不得将承包地用于非农建设。

第三百三十五条　【土地承包经营权流转的登记对抗主义】土地承包经营权互换、转让的，当事人可以向登记机构申请登记；未经登记，不得对抗善意第三人。

第三百三十六条　【承包地的调整】承包期内发包人不得调整承包地。

因自然灾害严重毁损承包地等特殊情形，需要适当调整承包的耕地和草地的，应当依照农村土地承包的法律规定办理。

第三百三十七条　【承包地的收回】承包期内发包人不得收回承包地。法律另有规定的，依照其规定。

第三百三十八条　【征收承包地的补偿规则】承包地被征收的，土地承包经营权人有权依据本法第二百四十三条的规定获得相应补偿。

第三百三十九条　【土地经营权的流转】土地承包经营权人可以自主决定依法采取出租、入股或者其他方式向他人流转土地经营权。

第三百四十条　【土地经营权人的基本权利】土地经营权人有权在合同约定的期限内占有农村土地，自主开展农业生产经营并取得收益。

第三百四十一条 【土地经营权的设立与登记】流转期限为五年以上的土地经营权,自流转合同生效时设立。当事人可以向登记机构申请土地经营权登记;未经登记,不得对抗善意第三人。

第三百四十二条 【以其他方式承包取得的土地经营权流转】通过招标、拍卖、公开协商等方式承包农村土地,经依法登记取得权属证书的,可以依法采取出租、入股、抵押或者其他方式流转土地经营权。

第三百四十三条 【国有农用地承包经营的法律适用】国家所有的农用地实行承包经营的,参照适用本编的有关规定。

第十二章　建设用地使用权

第三百四十四条 【建设用地使用权的概念】建设用地使用权人依法对国家所有的土地享有占有、使用和收益的权利,有权利用该土地建造建筑物、构筑物及其附属设施。

第三百四十五条 【建设用地使用权的分层设立】建设用地使用权可以在土地的地表、地上或者地下分别设立。

第三百四十六条 【建设用地使用权的设立原则】设立建设用地使用权,应当符合节约资源、保护生态环境的要求,遵守法律、行政法规关于土地用途的规定,不得损害已经设立的用益物权。

第三百四十七条 【建设用地使用权的出让方式】设立建设用地使用权,可以采取出让或者划拨等方式。

工业、商业、旅游、娱乐和商品住宅等经营性用地以及同一土地有两个以上意向用地者的,应当采取招标、拍卖等公开竞价的方式出让。

严格限制以划拨方式设立建设用地使用权。

第三百四十八条 【建设用地使用权出让合同】通过招标、拍卖、协议等出让方式设立建设用地使用权的,当事人应当采用书面形式订立建设用地使用权出让合同。

建设用地使用权出让合同一般包括下列条款:

(一)当事人的名称和住所;

(二)土地界址、面积等;

(三)建筑物、构筑物及其附属设施占用的空间;

(四)土地用途、规划条件;

(五)建设用地使用权期限;

(六)出让金等费用及其支付方式;

(七)解决争议的方法。

第三百四十九条 【建设用地使用权的登记】设立建设用地使用权的,应当向登记机构申请建设用地使用权登记。建设用地使用权自登记时设立。登记机构应当向建设用地使用权人发放权属证书。

第三百五十条 【土地用途限定规则】建设用地使用权人应当合理利用土地,不得改变土地用途;需要改变土地用途的,应当依法经有关行政主管部门批准。

第三百五十一条 【建设用地使用权人支付出让金等费用的义务】建设用地使用权人应当依照法律规定以及合同约定支付出让金等费用。

第三百五十二条 【建设用地使用权人建造的建筑物、构筑物及其附属设施的归属】建设用地使用权人建造的建筑物、构筑物及其附属设施的所有权属于建设用地使用权人,但是有相反证据证明的除外。

第三百五十三条 【建设用地使用权的流转方式】建设用地使用权人有权将建设用地使用权转让、互换、出资、赠与或者抵押,但是法律另有规定的除外。

第三百五十四条 【建设用地使用权流转的合同形式和期限】建设用地使用权转让、互换、出资、赠与或者抵押的,当事人应当采用书面形式订立相应的合同。使用期限由当事人约定,但是不得超过建设用地使用权的剩余期限。

第三百五十五条 【建设用地使用权流转登记】建设用地使用权转让、互换、出资或者赠与的,应当向登记机构申请变更登记。

第三百五十六条 【建设用地使用权流转之房随地走】建设用地使用权转让、互换、出资或者赠与的,附着于该土地上的建筑物、构筑物及其附属设施一并处分。

第三百五十七条 【建设用地使用权流转之地随房走】建筑物、构筑物及其附属设施转让、互换、出资或者赠与的,该建筑物、构筑物及其附属设施占用范围内的建设用地使用权一并处分。

第三百五十八条 【建设用地使用权的提前收回及其补偿】建设用地使用权期限届满前,因公共利益需要提前收回该土地的,应当依据本法第二百四十三条的规定对该土地上的房屋以及其他不动产给予补偿,并退还相应的出让金。

第三百五十九条 【建设用地使用权期限届满的处理规则】住宅建设用地使用权期限届满的,自动续期。续期费用的缴纳或者减免,依照法律、行政法规的规定办理。

非住宅建设用地使用权期限届满后的续期,依照法律规定办理。该土地上的房屋以及其他不动产的归属,有约定的,按照约定;没有约定或者约定不明确的,依照法律、行政法规的规定办理。

第三百六十条　【建设用地使用权注销登记】建设用地使用权消灭的,出让人应当及时办理注销登记。登记机构应当收回权属证书。

第三百六十一条　【集体土地作为建设用地的法律适用】集体所有的土地作为建设用地的,应当依照土地管理的法律规定办理。

第十三章　宅基地使用权

第三百六十二条　【宅基地使用权内容】宅基地使用权人依法对集体所有的土地享有占有和使用的权利,有权依法利用该土地建造住宅及其附属设施。

第三百六十三条　【宅基地使用权的法律适用】宅基地使用权的取得、行使和转让,适用土地管理的法律和国家有关规定。

第三百六十四条　【宅基地灭失后的重新分配】宅基地因自然灾害等原因灭失的,宅基地使用权消灭。对失去宅基地的村民,应当依法重新分配宅基地。

第三百六十五条　【宅基地使用权的变更登记与注销登记】已经登记的宅基地使用权转让或者消灭的,应当及时办理变更登记或者注销登记。

第十四章　居住权

第三百六十六条　【居住权的定义】居住权人有权按照合同约定,对他人的住宅享有占有、使用的用益物权,以满足生活居住的需要。

第三百六十七条　【居住权合同】设立居住权,当事人应当采用书面形式订立居住权合同。

居住权合同一般包括下列条款:

(一)当事人的姓名或者名称和住所;

(二)住宅的位置;

(三)居住的条件和要求;

(四)居住权期限;

(五)解决争议的方法。

第三百六十八条　【居住权的设立】居住权无偿设立,但是当事人另有约定的除外。设立居住权的,应当向登记机构申请居住权登记。居住权自登记时设立。

第三百六十九条　【居住权的限制性规定及例外】居住权不得转让、继承。设立居住权的住宅不得出租,但是当事人另有约定的除外。

第三百七十条　【居住权的消灭】居住权期限届满或者居住权人死亡的,居住权消灭。居住权消灭的,应当及时办理注销登记。

第三百七十一条　【以遗嘱设立居住权的法律适用】以遗嘱方式设立居住权的,参照适用本章的有关规定。

第十五章　地役权

第三百七十二条　【地役权的定义】地役权人有权按照合同约定,利用他人的不动产,以提高自己的不动产的效益。

前款所称他人的不动产为供役地,自己的不动产为需役地。

第三百七十三条　【地役权合同】设立地役权,当事人应当采用书面形式订立地役权合同。

地役权合同一般包括下列条款:

(一)当事人的姓名或者名称和住所;

(二)供役地和需役地的位置;

(三)利用目的和方法;

(四)地役权期限;

(五)费用及其支付方式;

(六)解决争议的方法。

第三百七十四条　【地役权的设立与登记】地役权自地役权合同生效时设立。当事人要求登记的,可以向登记机构申请地役权登记;未经登记,不得对抗善意第三人。

第三百七十五条　【供役地权利人的义务】供役地权利人应当按照合同约定,允许地役权人利用其不动产,不得妨害地役权人行使权利。

第三百七十六条　【地役权人的义务】地役权人应当按照合同约定的利用目的和方法利用供役地,尽量减少对供役地权利人物权的限制。

第三百七十七条　【地役权的期限】地役权期限由当事人约定;但是,不得超过土地承包经营权、建设用地使用权等用益物权的剩余期限。

第三百七十八条　【在享有或者负担地役权的土地上设立用益物权的规则】土地所有权人享有地役权或者负担地役权的,设立土地承包经营权、宅基地使用权等用益物权时,该用益物权人继续享有或者负担已经设立的地役权。

第三百七十九条　【土地所有权人在已设立用益物权的土地上设立地役权的规则】土地上已经设立土地承包经营权、建设用地使用权、宅基地使用权等用益物权的,未经用益物权人同意,土地所有权人不得设立地役权。

第三百八十条　【地役权的转让规则】地役权不得单独转让。土地承包经营权、建设用地使用权等转让的，地役权一并转让，但是合同另有约定的除外。

第三百八十一条　【地役权不得单独抵押】地役权不得单独抵押。土地经营权、建设用地使用权等抵押的，在实现抵押权时，地役权一并转让。

第三百八十二条　【需役地部分转让效果】需役地以及需役地上的土地承包经营权、建设用地使用权等部分转让时，转让部分涉及地役权的，受让人同时享有地役权。

第三百八十三条　【供役地部分转让效果】供役地以及供役地上的土地承包经营权、建设用地使用权等部分转让时，转让部分涉及地役权的，地役权对受让人具有法律约束力。

第三百八十四条　【供役地权利人解除权】地役权人有下列情形之一的，供役地权利人有权解除地役权合同，地役权消灭：

（一）违反法律规定或者合同约定，滥用地役权；

（二）有偿利用供役地，约定的付款期限届满后在合理期限内经两次催告未支付费用。

第三百八十五条　【地役权变动后的登记】已经登记的地役权变更、转让或者消灭的，应当及时办理变更登记或者注销登记。

第四分编　担保物权

第十六章　一般规定

第三百八十六条　【担保物权的定义】担保物权人在债务人不履行到期债务或者发生当事人约定的实现担保物权的情形，依法享有就担保财产优先受偿的权利，但是法律另有规定的除外。

第三百八十七条　【担保物权适用范围及反担保】债权人在借贷、买卖等民事活动中，为保障实现其债权，需要担保的，可以依照本法和其他法律的规定设立担保物权。

第三人为债务人向债权人提供担保的，可以要求债务人提供反担保。反担保适用本法和其他法律的规定。

第三百八十八条　【担保合同及其与主合同的关系】设立担保物权，应当依照本法和其他法律的规定订立担保合同。担保合同包括抵押合同、质押合同和其他具有担保功能的合同。担保合同是主债权债务合同的从合同。主债权债务合同无效的，担保合同无效，但是法律另有规定的除外。

担保合同被确认无效后，债务人、担保人、债权人有过错的，应当根据其过错各自承担相应的民事责任。

第三百八十九条　【担保范围】担保物权的担保范围包括主债权及其利息、违约金、损害赔偿金、保管担保财产和实现担保物权的费用。当事人另有约定的，按照其约定。

第三百九十条　【担保物权的物上代位性】担保期间，担保财产毁损、灭失或者被征收等，担保物权人可以就获得的保险金、赔偿金或者补偿金等优先受偿。被担保债权的履行期限未届满的，也可以提存该保险金、赔偿金或者补偿金等。

第三百九十一条　【债务转让对担保物权的效力】第三人提供担保，未经其书面同意，债权人允许债务人转移全部或者部分债务的，担保人不再承担相应的担保责任。

第三百九十二条　【人保和物保并存时的处理规则】被担保的债权既有物的担保又有人的担保的，债务人不履行到期债务或者发生当事人约定的实现担保物权的情形，债权人应当按照约定实现债权；没有约定或者约定不明确，债务人自己提供物的担保的，债权人应当先就该物的担保实现债权；第三人提供物的担保的，债权人可以就物的担保实现债权，也可以请求保证人承担保证责任。提供担保的第三人承担担保责任后，有权向债务人追偿。

第三百九十三条　【担保物权消灭的情形】有下列情形之一的，担保物权消灭：

（一）主债权消灭；

（二）担保物权实现；

（三）债权人放弃担保物权；

（四）法律规定担保物权消灭的其他情形。

第十七章　抵押权

第一节　一般抵押权

第三百九十四条　【抵押权的定义】为担保债务的履行，债务人或者第三人不转移财产的占有，将该财产抵押给债权人的，债务人不履行到期债务或者发生当事人约定的实现抵押权的情形，债权人有权就该财产优先受偿。

前款规定的债务人或者第三人为抵押人，债权人为抵押权人，提供担保的财产为抵押财产。

第三百九十五条　【可抵押财产的范围】债务人或者第三人有权处分的下列财产可以抵押：

（一）建筑物和其他土地附着物；

（二）建设用地使用权；

（三）海域使用权；

（四）生产设备、原材料、半成品、产品；

（五）正在建造的建筑物、船舶、航空器；

（六）交通运输工具；

（七）法律、行政法规未禁止抵押的其他财产。

抵押人可以将前款所列财产一并抵押。

第三百九十六条　【浮动抵押】企业、个体工商户、农业生产经营者可以将现有的以及将有的生产设备、原材料、半成品、产品抵押，债务人不履行到期债务或者发生当事人约定的实现抵押权的情形，债权人有权就抵押财产确定时的动产优先受偿。

第三百九十七条　【建筑物和相应的建设用地使用权一并抵押规则】以建筑物抵押的，该建筑物占用范围内的建设用地使用权一并抵押。以建设用地使用权抵押的，该土地上的建筑物一并抵押。

抵押人未依据前款规定一并抵押的，未抵押的财产视为一并抵押。

第三百九十八条　【乡镇、村企业的建设用地使用权与房屋一并抵押规则】乡镇、村企业的建设用地使用权不得单独抵押。以乡镇、村企业的厂房等建筑物抵押的，其占用范围内的建设用地使用权一并抵押。

第三百九十九条　【禁止抵押的财产范围】下列财产不得抵押：

（一）土地所有权；

（二）宅基地、自留地、自留山等集体所有土地的使用权，但是法律规定可以抵押的除外；

（三）学校、幼儿园、医疗机构等为公益目的成立的非营利法人的教育设施、医疗卫生设施和其他公益设施；

（四）所有权、使用权不明或者有争议的财产；

（五）依法被查封、扣押、监管的财产；

（六）法律、行政法规规定不得抵押的其他财产。

第四百条　【抵押合同】设立抵押权，当事人应当采用书面形式订立抵押合同。

抵押合同一般包括下列条款：

（一）被担保债权的种类和数额；

（二）债务人履行债务的期限；

（三）抵押财产的名称、数量等情况；

（四）担保的范围。

第四百零一条　【流押条款的效力】抵押权人在债务履行期限届满前，与抵押人约定债务人不履行到期债务时抵押财产归债权人所有的，只能依法就抵押财产优先受偿。

第四百零二条　【不动产抵押登记】以本法第三百九十五条第一款第一项至第三项规定的财产或者第五项规定的正在建造的建筑物抵押的，应当办理抵押登记。抵押权自登记时设立。

第四百零三条　【动产抵押的效力】以动产抵押的，抵押权自抵押合同生效时设立；未经登记，不得对抗善意第三人。

第四百零四条　【动产抵押权对抗效力的限制】以动产抵押的，不得对抗正常经营活动中已经支付合理价款并取得抵押财产的买受人。

第四百零五条　【抵押权和租赁权的关系】抵押权设立前，抵押财产已经出租并转移占有的，原租赁关系不受该抵押权的影响。

第四百零六条　【抵押期间抵押财产转让应当遵循的规则】抵押期间，抵押人可以转让抵押财产。当事人另有约定的，按照其约定。抵押财产转让的，抵押权不受影响。

抵押人转让抵押财产的，应当及时通知抵押权人。抵押权人能够证明抵押财产转让可能损害抵押权的，可以请求抵押人将转让所得的价款向抵押权人提前清偿债务或者提存。转让的价款超过债权数额的部分归抵押人所有，不足部分由债务人清偿。

第四百零七条　【抵押权的从属性】抵押权不得与债权分离而单独转让或者作为其他债权的担保。债权转让的，担保该债权的抵押权一并转让，但是法律另有规定或者当事人另有约定的除外。

第四百零八条　【抵押财产价值减少时抵押权人的保护措施】抵押人的行为足以使抵押财产价值减少的，抵押权人有权请求抵押人停止其行为；抵押财产价值减少的，抵押权人有权请求恢复抵押财产的价值，或者提供与减少的价值相应的担保。抵押人不恢复抵押财产的价值，也不提供担保的，抵押权人有权请求债务人提前清偿债务。

第四百零九条　【抵押权人放弃抵押权或抵押权顺位的法律后果】抵押权人可以放弃抵押权或者抵押权的顺位。抵押权人与抵押人可以协议变更抵押权顺位以及被担保的债权数额等内容。但是，抵押权的变更未经其他抵押权人书面同意的，不得对其他抵押权人产生不利影响。

债务人以自己的财产设定抵押，抵押权人放弃该抵押权、抵押权顺位或者变更抵押权的，其他担保人在抵押权人丧失优先受偿权益的范围内免除担保责任,但是其他担保人承诺仍然提供担保的除外。

第四百一十条　【抵押权实现的方式和程序】债务人不履行到期债务或者发生当事人约定的实现抵押权的情形,抵押权人可以与抵押人协议以抵押财产折价或者以拍卖、变卖该抵押财产所得的价款优先受偿。协议损害其他债权人利益的,其他债权人可以请求人民法院撤销该协议。

抵押权人与抵押人未就抵押权实现方式达成协议的,抵押权人可以请求人民法院拍卖、变卖抵押财产。

抵押财产折价或者变卖的,应当参照市场价格。

第四百一十一条　【浮动抵押财产的确定】依据本法第三百九十六条规定设定抵押的,抵押财产自下列情形之一发生时确定:

（一）债务履行期限届满,债权未实现;

（二）抵押人被宣告破产或者解散;

（三）当事人约定的实现抵押权的情形;

（四）严重影响债权实现的其他情形。

第四百一十二条　【抵押财产孳息归属】债务人不履行到期债务或者发生当事人约定的实现抵押权的情形,致使抵押财产被人民法院依法扣押的,自扣押之日起,抵押权人有权收取该抵押财产的天然孳息或者法定孳息,但是抵押权人未通知应当清偿法定孳息义务人的除外。

前款规定的孳息应当先充抵收取孳息的费用。

第四百一十三条　【抵押财产变价款的归属原则】抵押财产折价或者拍卖、变卖后,其价款超过债权数额的部分归抵押人所有,不足部分由债务人清偿。

第四百一十四条　【同一财产上多个抵押权的效力顺序】同一财产向两个以上债权人抵押的,拍卖、变卖抵押财产所得的价款依照下列规定清偿:

（一）抵押权已经登记的,按照登记的时间先后确定清偿顺序;

（二）抵押权已经登记的先于未登记的受偿;

（三）抵押权未登记的,按照债权比例清偿。

其他可以登记的担保物权,清偿顺序参照适用前款规定。

第四百一十五条　【既有抵押权又有质权的财产的清偿顺序】同一财产既设立抵押权又设立质权的,拍卖、变卖该财产所得的价款按照登记、交付的时间先后确定清偿顺序。

第四百一十六条　【买卖价款抵押权】动产抵押担保的主债权是抵押物的价款,标的物交付后十日内办理抵押登记的,该抵押权人优先于抵押物买受人的其他担保物权人受偿,但是留置权人除外。

第四百一十七条　【抵押权对新增建筑物的效力】建设用地使用权抵押后,该土地上新增的建筑物不属于抵押财产。该建设用地使用权实现抵押权时,应当将该土地上新增的建筑物与建设用地使用权一并处分。但是,新增建筑物所得的价款,抵押权人无权优先受偿。

第四百一十八条　【集体所有土地使用权抵押权的实现效果】以集体所有的土地的使用权依法抵押的,实现抵押权后,未经法定程序,不得改变土地所有权的性质和土地用途。

第四百一十九条　【抵押权的存续期间】抵押权人应当在主债权诉讼时效期间行使抵押权;未行使的,人民法院不予保护。

第二节　最高额抵押权

第四百二十条　【最高额抵押规则】为担保债务的履行,债务人或者第三人对一定期间内将要连续发生的债权提供担保财产的,债务人不履行到期债务或者发生当事人约定的实现抵押权的情形,抵押权人有权在最高债权额限度内就该担保财产优先受偿。

最高额抵押权设立前已经存在的债权,经当事人同意,可以转入最高额抵押担保的债权范围。

第四百二十一条　【最高额抵押权担保的部分债权转让效力】最高额抵押担保的债权确定前,部分债权转让的,最高额抵押权不得转让,但是当事人另有约定的除外。

第四百二十二条　【最高额抵押合同条款变更】最高额抵押担保的债权确定前,抵押权人与抵押人可以通过协议变更债权确定的期间、债权范围以及最高债权额。但是,变更的内容不得对其他抵押权人产生不利影响。

第四百二十三条　【最高额抵押所担保债权的确定事由】有下列情形之一的,抵押权人的债权确定:

（一）约定的债权确定期间届满;

（二）没有约定债权确定期间或者约定不明确,抵押权人或者抵押人自最高额抵押权设立之日起满二年后请求确定债权;

（三）新的债权不可能发生;

（四）抵押权人知道或者应当知道抵押财产被查封、扣押;

（五）债务人、抵押人被宣告破产或者解散;

（六）法律规定债权确定的其他情形。

第四百二十四条 【最高额抵押的法律适用】最高额抵押除适用本节规定外,适用本章第一节的有关规定。

第十八章　质　权
第一节　动产质权

第四百二十五条 【动产质权概念】为担保债务的履行,债务人或者第三人将其动产出质给债权人占有的,债务人不履行到期债务或者发生当事人约定的实现质权的情形,债权人有权就该动产优先受偿。

前款规定的债务人或者第三人为出质人,债权人为质权人,交付的动产为质押财产。

第四百二十六条 【禁止出质的动产范围】法律、行政法规禁止转让的动产不得出质。

第四百二十七条 【质押合同形式及内容】设立质权,当事人应当采用书面形式订立质押合同。

质押合同一般包括下列条款:

(一)被担保债权的种类和数额;

(二)债务人履行债务的期限;

(三)质押财产的名称、数量等情况;

(四)担保的范围;

(五)质押财产交付的时间、方式。

第四百二十八条 【流质条款的效力】质权人在债务履行期限届满前,与出质人约定债务人不履行到期债务时质押财产归债权人所有的,只能依法就质押财产优先受偿。

第四百二十九条 【质权的设立】质权自出质人交付质押财产时设立。

第四百三十条 【质权人的孳息收取权】质权人有权收取质押财产的孳息,但是合同另有约定的除外。

前款规定的孳息应当先充抵收取孳息的费用。

第四百三十一条 【质权人对质押财产处分的限制及其法律责任】质权人在质权存续期间,未经出质人同意,擅自使用、处分质押财产,造成出质人损害的,应当承担赔偿责任。

第四百三十二条 【质物保管义务】质权人负有妥善保管质押财产的义务;因保管不善致使质押财产毁损、灭失的,应当承担赔偿责任。

质权人的行为可能使质押财产毁损、灭失的,出质人可以请求质权人将质押财产提存,或者请求提前清偿债务并返还质押财产。

第四百三十三条 【质押财产保全】因不可归责于质权人的事由可能使质押财产毁损或者价值明显减少,足以危害质权人权利的,质权人有权请求出质人提供相应的担保;出质人不提供的,质权人可以拍卖、变卖质押财产,并与出质人协议将拍卖、变卖所得的价款提前清偿债务或者提存。

第四百三十四条 【转质】质权人在质权存续期间,未经出质人同意转质,造成质押财产毁损、灭失的,应当承担赔偿责任。

第四百三十五条 【放弃质权】质权人可以放弃质权。债务人以自己的财产出质,质权人放弃该质权的,其他担保人在质权人丧失优先受偿权益的范围内免除担保责任,但是其他担保人承诺仍然提供担保的除外。

第四百三十六条 【质物返还与质权实现】债务人履行债务或者出质人提前清偿所担保的债权的,质权人应当返还质押财产。

债务人不履行到期债务或者发生当事人约定的实现质权的情形,质权人可以与出质人协议以质押财产折价,也可以就拍卖、变卖质押财产所得的价款优先受偿。

质押财产折价或者变卖的,应当参照市场价格。

第四百三十七条 【出质人请求质权人及时行使质权】出质人可以请求质权人在债务履行期限届满后及时行使质权;质权人不行使的,出质人可以请求人民法院拍卖、变卖质押财产。

出质人请求质权人及时行使质权,因质权人怠于行使权利造成出质人损害的,由质权人承担赔偿责任。

第四百三十八条 【质押财产变价款归属原则】质押财产折价或者拍卖、变卖后,其价款超过债权数额的部分归出质人所有,不足部分由债务人清偿。

第四百三十九条 【最高额质权】出质人与质权人可以协议设立最高额质权。

最高额质权除适用本节有关规定外,参照适用本编第十七章第二节的有关规定。

第二节　权利质权

第四百四十条 【可出质的权利的范围】债务人或者第三人有权处分的下列权利可以出质:

(一)汇票、本票、支票;

(二)债券、存款单;

(三)仓单、提单;

(四)可以转让的基金份额、股权;

(五)可以转让的注册商标专用权、专利权、著作权等知识产权中的财产权;

(六)现有的以及将有的应收账款;

（七）法律、行政法规规定可以出质的其他财产权利。

第四百四十一条　【有价证券质权】以汇票、本票、支票、债券、存款单、仓单、提单出质的，质权自权利凭证交付质权人时设立；没有权利凭证的，质权自办理出质登记时设立。法律另有规定的，依照其规定。

第四百四十二条　【有价证券质权人行使权利的特别规定】汇票、本票、支票、债券、存款单、仓单、提单的兑现日期或者提货日期先于主债权到期的，质权人可以兑现或者提货，并与出质人协议将兑现的价款或者提取的货物提前清偿债务或者提存。

第四百四十三条　【基金份额质权、股权质权】以基金份额、股权出质的，质权自办理出质登记时设立。

基金份额、股权出质后，不得转让，但是出质人与质权人协商同意的除外。出质人转让基金份额、股权所得的价款，应当向质权人提前清偿债务或者提存。

第四百四十四条　【知识产权质权】以注册商标专用权、专利权、著作权等知识产权中的财产权出质的，质权自办理出质登记时设立。

知识产权中的财产权出质后，出质人不得转让或者许可他人使用，但是出质人与质权人协商同意的除外。出质人转让或者许可他人使用出质的知识产权中的财产权所得的价款，应当向质权人提前清偿债务或者提存。

第四百四十五条　【应收账款质权】以应收账款出质的，质权自办理出质登记时设立。

应收账款出质后，不得转让，但是出质人与质权人协商同意的除外。出质人转让应收账款所得的价款，应当向质权人提前清偿债务或者提存。

第四百四十六条　【权利质权的法律适用】权利质权除适用本节规定外，适用本章第一节的有关规定。

第十九章　留置权

第四百四十七条　【留置权的定义】债务人不履行到期债务，债权人可以留置已经合法占有的债务人的动产，并有权就该动产优先受偿。

前款规定的债权人为留置权人，占有的动产为留置财产。

第四百四十八条　【留置财产与债权的关系】债权人留置的动产，应当与债权属于同一法律关系，但是企业之间留置的除外。

第四百四十九条　【留置权适用范围的限制性规定】法律规定或者当事人约定不得留置的动产，不得留置。

第四百五十条　【可分留置物】留置财产为可分物的，留置财产的价值应当相当于债务的金额。

第四百五十一条　【留置权人保管义务】留置权人负有妥善保管留置财产的义务；因保管不善致使留置财产毁损、灭失的，应当承担赔偿责任。

第四百五十二条　【留置财产的孳息收取】留置权人有权收取留置财产的孳息。

前款规定的孳息应当先充抵收取孳息的费用。

第四百五十三条　【留置权的实现】留置权人与债务人应当约定留置财产后的债务履行期限；没有约定或者约定不明确的，留置权人应当给债务人六十日以上履行债务的期限，但是鲜活易腐等不易保管的动产除外。债务人逾期未履行的，留置权人可以与债务人协议以留置财产折价，也可以就拍卖、变卖留置财产所得的价款优先受偿。

留置财产折价或者变卖的，应当参照市场价格。

第四百五十四条　【债务人请求留置权人行使留置权】债务人可以请求留置权人在债务履行期限届满后行使留置权；留置权人不行使的，债务人可以请求人民法院拍卖、变卖留置财产。

第四百五十五条　【留置权实现方式】留置财产折价或者拍卖、变卖后，其价款超过债权数额的部分归债务人所有，不足部分由债务人清偿。

第四百五十六条　【留置权优先于其他担保物权效力】同一动产上已经设立抵押权或者质权，该动产又被留置的，留置权人优先受偿。

第四百五十七条　【留置权消灭】留置权人对留置财产丧失占有或者留置权人接受债务人另行提供担保的，留置权消灭。

第五分编　占　有

第二十章　占　有

第四百五十八条　【有权占有法律适用】基于合同关系等产生的占有，有关不动产或者动产的使用、收益、违约责任等，按照合同约定；合同没有约定或者约定不明确的，依照有关法律规定。

第四百五十九条　【恶意占有人的损害赔偿责任】占有人因使用占有的不动产或者动产，致使该不动产或者动产受到损害的，恶意占有人应当承担赔偿责任。

第四百六十条　【权利人的返还请求权和占有人的费用求偿权】不动产或者动产被占有人占有的，权利人可以请求返还原物及其孳息；但是，应当支付善意占有人因维护该不动产或者动产支出的必要费用。

第四百六十一条　【占有物毁损或者灭失时占有人的责任】占有的不动产或者动产毁损、灭失，该不动产或者动产的权利人请求赔偿的，占有人应当将因毁损、灭失取得的保险金、赔偿金或者补偿金等返还给权利人；权利人的损害未得到足够弥补的，恶意占有人还应当赔偿损失。

第四百六十二条　【占有保护的方法】占有的不动产或者动产被侵占的，占有人有权请求返还原物；对妨害占有的行为，占有人有权请求排除妨害或者消除危险；因侵占或者妨害造成损害的，占有人有权依法请求损害赔偿。

占有人返还原物的请求权，自侵占发生之日起一年内未行使的，该请求权消灭。

第三编　合　同

第一分编　通　则

第一章　一般规定

第四百六十三条　【合同编的调整范围】本编调整因合同产生的民事关系。

第四百六十四条　【合同的定义及身份关系协议的法律适用】合同是民事主体之间设立、变更、终止民事法律关系的协议。

婚姻、收养、监护等有关身份关系的协议，适用有关该身份关系的法律规定；没有规定的，可以根据其性质参照适用本编规定。

第四百六十五条　【依法成立的合同受法律保护及合同相对性原则】依法成立的合同，受法律保护。

依法成立的合同，仅对当事人具有法律约束力，但是法律另有规定的除外。

第四百六十六条　【合同的解释规则】当事人对合同条款的理解有争议的，应当依据本法第一百四十二条第一款的规定，确定争议条款的含义。

合同文本采用两种以上文字订立并约定具有同等效力的，对各文本使用的词句推定具有相同含义。各文本使用的词句不一致的，应当根据合同的相关条款、性质、目的以及诚信原则等予以解释。

第四百六十七条　【非典型合同及特定涉外合同的法律适用】本法或者其他法律没有明文规定的合同，适用本编通则的规定，并可以参照适用本编或者其他法律最相类似合同的规定。

在中华人民共和国境内履行的中外合资经营企业合同、中外合作经营企业合同、中外合作勘探开发自然资源合同，适用中华人民共和国法律。

第四百六十八条　【非合同之债的法律适用】非因合同产生的债权债务关系，适用有关该债权债务关系的法律规定；没有规定的，适用本编通则的有关规定，但是根据其性质不能适用的除外。

第二章　合同的订立

第四百六十九条　【合同形式】当事人订立合同，可以采用书面形式、口头形式或者其他形式。

书面形式是合同书、信件、电报、电传、传真等可以有形地表现所载内容的形式。

以电子数据交换、电子邮件等方式能够有形地表现所载内容，并可以随时调取查用的数据电文，视为书面形式。

第四百七十条　【合同主要条款及示范文本】合同的内容由当事人约定，一般包括下列条款：

（一）当事人的姓名或者名称和住所；

（二）标的；

（三）数量；

（四）质量；

（五）价款或者报酬；

（六）履行期限、地点和方式；

（七）违约责任；

（八）解决争议的方法。

当事人可以参照各类合同的示范文本订立合同。

第四百七十一条　【订立合同的方式】当事人订立合同，可以采取要约、承诺方式或者其他方式。

第四百七十二条　【要约的定义及其构成】要约是希望与他人订立合同的意思表示，该意思表示应当符合下列条件：

（一）内容具体确定；

（二）表明经受要约人承诺，要约人即受该意思表示约束。

第四百七十三条　【要约邀请】要约邀请是希望他人向自己发出要约的表示。拍卖公告、招标公告、招股说明书、债券募集办法、基金招募说明书、商业广告和宣传、寄送的价目表等为要约邀请。

商业广告和宣传的内容符合要约条件的，构成要约。

第四百七十四条　【要约的生效时间】要约生效的时间适用本法第一百三十七条的规定。

第四百七十五条　【要约的撤回】要约可以撤回。要约的撤回适用本法第一百四十一条的规定。

第四百七十六条 【要约不得撤销情形】要约可以撤销,但是有下列情形之一的除外:

(一)要约人以确定承诺期限或者其他形式明示要约不可撤销;

(二)受要约人有理由认为要约是不可撤销的,并已经为履行合同做了合理准备工作。

第四百七十七条 【要约撤销条件】撤销要约的意思表示以对话方式作出的,该意思表示的内容应当在受要约人作出承诺之前为受要约人所知道;撤销要约的意思表示以非对话方式作出的,应当在受要约人作出承诺之前到达受要约人。

第四百七十八条 【要约失效】有下列情形之一的,要约失效:

(一)要约被拒绝;

(二)要约被依法撤销;

(三)承诺期限届满,受要约人未作出承诺;

(四)受要约人对要约的内容作出实质性变更。

第四百七十九条 【承诺的定义】承诺是受要约人同意要约的意思表示。

第四百八十条 【承诺的方式】承诺应当以通知的方式作出;但是,根据交易习惯或者要约表明可以通过行为作出承诺的除外。

第四百八十一条 【承诺的期限】承诺应当在要约确定的期限内到达要约人。

要约没有确定承诺期限的,承诺应当依照下列规定到达:

(一)要约以对话方式作出的,应当即时作出承诺;

(二)要约以非对话方式作出的,承诺应当在合理期限内到达。

第四百八十二条 【承诺期限的起算】要约以信件或者电报作出的,承诺期限自信件载明的日期或者电报交发之日开始计算。信件未载明日期的,自投寄该信件的邮戳日期开始计算。要约以电话、传真、电子邮件等快速通讯方式作出的,承诺期限自要约到达受约人时开始计算。

第四百八十三条 【合同成立时间】承诺生效时合同成立,但是法律另有规定或者当事人另有约定的除外。

第四百八十四条 【承诺生效时间】以通知方式作出的承诺,生效的时间适用本法第一百三十七条的规定。

承诺不需要通知的,根据交易习惯或者要约的要求作出承诺的行为时生效。

第四百八十五条 【承诺的撤回】承诺可以撤回。承诺的撤回适用本法第一百四十一条的规定。

第四百八十六条 【逾期承诺及效果】受要约人超过承诺期限发出承诺,或者在承诺期限内发出承诺,按照通常情形不能及时到达要约人的,为新要约;但是,要约人及时通知受要约人该承诺有效的除外。

第四百八十七条 【迟到的承诺】受要约人在承诺期限内发出承诺,按照通常情形能够及时到达要约人,但是因其他原因致使承诺到达要约人时超过承诺期限的,除要约人及时通知受要约人因承诺超过期限不接受该承诺外,该承诺有效。

第四百八十八条 【承诺对要约内容的实质性变更】承诺的内容应当与要约的内容一致。受要约人对要约的内容作出实质性变更的,为新要约。有关合同标的、数量、质量、价款或者报酬、履行期限、履行地点和方式、违约责任和解决争议方法等的变更,是对要约内容的实质性变更。

第四百八十九条 【承诺对要约内容的非实质性变更】承诺对要约的内容作出非实质性变更的,除要约人及时表示反对或者要约表明承诺不得对要约的内容作出任何变更外,该承诺有效,合同的内容以承诺的内容为准。

第四百九十条 【采用书面形式订立合同的成立时间】当事人采用合同书形式订立合同的,自当事人均签名、盖章或者按指印时合同成立。在签名、盖章或者按指印之前,当事人一方已经履行主要义务,对方接受时,该合同成立。

法律、行政法规规定或者当事人约定合同应当采用书面形式订立,当事人未采用书面形式但是一方已经履行主要义务,对方接受时,该合同成立。

第四百九十一条 【签订确认书的合同及电子合同成立时间】当事人采用信件、数据电文等形式订立合同要求签订确认书的,签订确认书时合同成立。

当事人一方通过互联网等信息网络发布的商品或者服务信息符合要约条件的,对方选择该商品或者服务并提交订单成功时合同成立,但是当事人另有约定的除外。

第四百九十二条 【合同成立的地点】承诺生效的地点为合同成立的地点。

采用数据电文形式订立合同的,收件人的主营业地为合同成立的地点;没有主营业地的,其住所地为合同成立的地点。当事人另有约定的,按照其约定。

第四百九十三条 【采用合同书订立合同的成立地点】当事人采用合同书形式订立合同的,最后签名、盖章或者按指印的地点为合同成立的地点,但是当事人另有约定的除外。

第四百九十四条　【强制缔约义务】国家根据抢险救灾、疫情防控或者其他需要下达国家订货任务、指令性任务的，有关民事主体之间应当依照有关法律、行政法规规定的权利和义务订立合同。

依照法律、行政法规的规定负有发出要约义务的当事人，应当及时发出合理的要约。

依照法律、行政法规的规定负有作出承诺义务的当事人，不得拒绝对方合理的订立合同要求。

第四百九十五条　【预约合同】当事人约定在将来一定期限内订立合同的认购书、订购书、预订书等，构成预约合同。

当事人一方不履行预约合同约定的订立合同义务的，对方可以请求其承担预约合同的违约责任。

第四百九十六条　【格式条款】格式条款是当事人为了重复使用而预先拟定，并在订立合同时未与对方协商的条款。

采用格式条款订立合同的，提供格式条款的一方应当遵循公平原则确定当事人之间的权利和义务，并采取合理的方式提示对方注意免除或者减轻其责任等与对方有重大利害关系的条款，按照对方的要求，对该条款予以说明。提供格式条款的一方未履行提示或者说明义务，致使对方没有注意或者理解与其有重大利害关系的条款的，对方可以主张该条款不成为合同的内容。

第四百九十七条　【格式条款无效的情形】有下列情形之一的，该格式条款无效：

（一）具有本法第一编第六章第三节和本法第五百零六条规定的无效情形；

（二）提供格式条款一方不合理地免除或者减轻责任、加重对方责任、限制对方主要权利；

（三）提供格式条款一方排除对方主要权利。

第四百九十八条　【格式条款的解释方法】对格式条款的理解发生争议的，应当按照通常理解予以解释。对格式条款有两种以上解释的，应当作出不利于提供格式条款一方的解释。格式条款和非格式条款不一致的，应当采用非格式条款。

第四百九十九条　【悬赏广告】悬赏人以公开方式声明对完成特定行为的人支付报酬的，完成该行为的人可以请求其支付。

第五百条　【缔约过失责任】当事人在订立合同过程中有下列情形之一，造成对方损失的，应当承担赔偿责任：

（一）假借订立合同，恶意进行磋商；

（二）故意隐瞒与订立合同有关的重要事实或者提供虚假情况；

（三）有其他违背诚信原则的行为。

第五百零一条　【合同缔结人的保密义务】当事人在订立合同过程中知悉的商业秘密或者其他应当保密的信息，无论合同是否成立，不得泄露或者不正当地使用；泄露、不正当地使用该商业秘密或者信息，造成对方损失的，应当承担赔偿责任。

第三章　合同的效力

第五百零二条　【合同生效时间及未办理批准手续的处理规则】依法成立的合同，自成立时生效，但是法律另有规定或者当事人另有约定的除外。

依照法律、行政法规的规定，合同应当办理批准等手续的，依照其规定。未办理批准等手续影响合同生效的，不影响合同中履行报批等义务条款以及相关条款的效力。应当办理申请批准等手续的当事人未履行义务的，对方可以请求其承担违反该义务的责任。

依照法律、行政法规的规定，合同的变更、转让、解除等情形应当办理批准等手续的，适用前款规定。

第五百零三条　【被代理人以默示方式追认无权代理】无权代理人以被代理人的名义订立合同，被代理人已经开始履行合同义务或者接受相对人履行的，视为对合同的追认。

第五百零四条　【超越权限订立合同的效力】法人的法定代表人或者非法人组织的负责人超越权限订立的合同，除相对人知道或者应当知道其超越权限外，该代表行为有效，订立的合同对法人或者非法人组织发生效力。

第五百零五条　【超越经营范围订立的合同效力】当事人超越经营范围订立的合同的效力，应当依照本法第一编第六章第三节和本编的有关规定确定，不得仅以超越经营范围确认合同无效。

第五百零六条　【免责条款无效情形】合同中的下列免责条款无效：

（一）造成对方人身损害的；

（二）因故意或者重大过失造成对方财产损失的。

第五百零七条　【争议解决条款的独立性】合同不生效、无效、被撤销或者终止的，不影响合同中有关解决争议方法的条款的效力。

第五百零八条　【合同效力适用指引】本编对合同的效力没有规定的，适用本法第一编第六章的有关规定。

第四章　合同的履行

第五百零九条　【合同履行的原则】当事人应当按照约定全面履行自己的义务。

当事人应当遵循诚信原则,根据合同的性质、目的和交易习惯履行通知、协助、保密等义务。

当事人在履行合同过程中,应当避免浪费资源、污染环境和破坏生态。

第五百一十条　【约定不明时合同内容的确定】合同生效后,当事人就质量、价款或者报酬、履行地点等内容没有约定或者约定不明确的,可以协议补充;不能达成补充协议的,按照合同相关条款或者交易习惯确定。

第五百一十一条　【质量、价款、履行地点等内容的确定】当事人就有关合同内容约定不明确,依据前条规定仍不能确定的,适用下列规定:

(一)质量要求不明确的,按照强制性国家标准履行;没有强制性国家标准的,按照推荐性国家标准履行;没有推荐性国家标准的,按照行业标准履行;没有国家标准、行业标准的,按照通常标准或者符合合同目的的特定标准履行。

(二)价款或者报酬不明确的,按照订立合同时履行地的市场价格履行;依法应当执行政府定价或者政府指导价的,依照规定履行。

(三)履行地点不明确,给付货币的,在接受货币一方所在地履行;交付不动产的,在不动产所在地履行;其他标的,在履行义务一方所在地履行。

(四)履行期限不明确的,债务人可以随时履行,债权人也可以随时请求履行,但是应当给对方必要的准备时间。

(五)履行方式不明确的,按照有利于实现合同目的的方式履行。

(六)履行费用的负担不明确的,由履行义务一方负担;因债权人原因增加的履行费用,由债权人负担。

第五百一十二条　【电子合同交付时间的认定】通过互联网等信息网络订立的电子合同的标的为交付商品并采用快递物流方式交付的,收货人的签收时间为交付时间。电子合同的标的为提供服务的,生成的电子凭证或者实物凭证中载明的时间为提供服务时间;前述凭证没有载明时间或者载明时间与实际提供服务时间不一致的,以实际提供服务的时间为准。

电子合同的标的物为采用在线传输方式交付的,合同标的物进入对方当事人指定的特定系统且能够检索识别的时间为交付时间。

电子合同当事人对交付商品或者提供服务的方式、时间另有约定的,按照其约定。

第五百一十三条　【执行政府定价或指导价的合同价格确定】执行政府定价或者政府指导价的,在合同约定的交付期限内政府价格调整时,按照交付时的价格计价。逾期交付标的物的,遇价格上涨时,按照原价格执行;价格下降时,按照新价格执行。逾期提取标的物或者逾期付款的,遇价格上涨时,按照新价格执行;价格下降时,按照原价格执行。

第五百一十四条　【金钱之债给付货币的确定规则】以支付金钱为内容的债,除法律另有规定或者当事人另有约定外,债权人可以请求债务人以实际履行地的法定货币履行。

第五百一十五条　【选择之债中债务人的选择权】标的有多项而债务人只需履行其中一项的,债务人享有选择权;但是,法律另有规定、当事人另有约定或者另有交易习惯的除外。

享有选择权的当事人在约定期限内或者履行期限届满未作选择,经催告后在合理期限内仍未选择的,选择权转移至对方。

第五百一十六条　【选择权的行使】当事人行使选择权应当及时通知对方,通知到达对方时,标的确定。标的确定后不得变更,但是经对方同意的除外。

可选择的标的发生不能履行情形的,享有选择权的当事人不得选择不能履行的标的,但是该不能履行的情形是由对方造成的除外。

第五百一十七条　【按份债权与按份债务】债权人为二人以上,标的可分,按照份额各自享有债权的,为按份债权;债务人为二人以上,标的可分,按照份额各自负担债务的,为按份债务。

按份债权人或者按份债务人的份额难以确定的,视为份额相同。

第五百一十八条　【连带债权与连带债务】债权人为二人以上,部分或者全部债权人均可以请求债务人履行债务的,为连带债权;债务人为二人以上,债权人可以请求部分或者全部债务人履行全部债务的,为连带债务。

连带债权或者连带债务,由法律规定或者当事人约定。

第五百一十九条　【连带债务份额的确定及追偿】连带债务人之间的份额难以确定的,视为份额相同。

实际承担债务超过自己份额的连带债务人,有权就超出部分在其他连带债务人未履行的份额范围内向其追偿,并相应地享有债权人的权利,但是不得损害债权人的利益。其他连带债务人对债权人的抗辩,可以向该债务人主张。

被追偿的连带债务人不能履行其应分担份额的,其他连带债务人应当在相应范围内按比例分担。

第五百二十条　【连带债务人之一所生事项涉他效力】部分连带债务人履行、抵销债务或者提存标的物的,其他债务人对债权人的债务在相应范围内消灭;该债务人可以依据前条规定向其他债务人追偿。

部分连带债务人的债务被债权人免除的,在该连带债务人应当承担的份额范围内,其他债务人对债权人的债务消灭。

部分连带债务人的债务与债权人的债权同归于一人的,在扣除该债务人应当承担的份额后,债权人对其他债务人的债权继续存在。

债权人对部分连带债务人的给付受领迟延的,对其他连带债务人发生效力。

第五百二十一条　【连带债权内外部关系】连带债权人之间的份额难以确定的,视为份额相同。

实际受领债权的连带债权人,应当按比例向其他连带债权人返还。

连带债权参照适用本章连带债务的有关规定。

第五百二十二条　【向第三人履行】当事人约定由债务人向第三人履行债务,债务人未向第三人履行债务或者履行债务不符合约定的,应当向债权人承担违约责任。

法律规定或者当事人约定第三人可以直接请求债务人向其履行债务,第三人未在合理期限内明确拒绝,债务人未向第三人履行债务或者履行债务不符合约定的,第三人可以请求债务人承担违约责任;债务人对债权人的抗辩,可以向第三人主张。

第五百二十三条　【第三人履行】当事人约定由第三人向债权人履行债务,第三人不履行债务或者履行债务不符合约定的,债务人应当向债权人承担违约责任。

第五百二十四条　【第三人代为履行】债务人不履行债务,第三人对履行该债务具有合法利益的,第三人有权向债权人代为履行;但是,根据债务性质、按照当事人约定或者依照法律规定只能由债务人履行的除外。

债权人接受第三人履行后,其对债务人的债权转让给第三人,但是债务人和第三人另有约定的除外。

第五百二十五条　【同时履行抗辩权】当事人互负债务,没有先后履行顺序的,应当同时履行。一方在对方

履行之前有权拒绝其履行请求。一方在对方履行债务不符合约定时,有权拒绝其相应的履行请求。

第五百二十六条　【后履行抗辩权】当事人互负债务,有先后履行顺序,应当先履行债务一方未履行的,后履行一方有权拒绝其履行请求。先履行一方履行债务不符合约定的,后履行一方有权拒绝其相应的履行请求。

第五百二十七条　【不安抗辩权】应当先履行债务的当事人,有确切证据证明对方有下列情形之一的,可以中止履行:

(一)经营状况严重恶化;

(二)转移财产、抽逃资金,以逃避债务;

(三)丧失商业信誉;

(四)有丧失或者可能丧失履行债务能力的其他情形。

当事人没有确切证据中止履行的,应当承担违约责任。

第五百二十八条　【不安抗辩权的行使】当事人依据前条规定中止履行的,应当及时通知对方。对方提供适当担保的,应当恢复履行。中止履行后,对方在合理期限内未恢复履行能力且未提供适当担保的,视为以自己的行为表明不履行主要债务,中止履行的一方可以解除合同并可以请求对方承担违约责任。

第五百二十九条　【因债权人原因致债务履行困难的处理】债权人分立、合并或者变更住所没有通知债务人,致使履行债务发生困难的,债务人可以中止履行或者将标的物提存。

第五百三十条　【债务人提前履行债务】债权人可以拒绝债务人提前履行债务,但是提前履行不损害债权人利益的除外。

债务人提前履行债务给债权人增加的费用,由债务人负担。

第五百三十一条　【债务人部分履行债务】债权人可以拒绝债务人部分履行债务,但是部分履行不损害债权人利益的除外。

债务人部分履行债务给债权人增加的费用,由债务人负担。

第五百三十二条　【当事人变化不影响合同效力】合同生效后,当事人不得因姓名、名称的变更或者法定代表人、负责人、承办人的变动而不履行合同义务。

第五百三十三条　【情势变更】合同成立后,合同的基础条件发生了当事人在订立合同时无法预见的、不属于商业风险的重大变化,继续履行合同对于当事人一方

明显不公平的，受不利影响的当事人可以与对方重新协商；在合理期限内协商不成的，当事人可以请求人民法院或者仲裁机构变更或者解除合同。

人民法院或者仲裁机构应当结合案件的实际情况，根据公平原则变更或者解除合同。

第五百三十四条　【合同监督】对当事人利用合同实施危害国家利益、社会公共利益行为的，市场监督管理和其他有关行政主管部门依照法律、行政法规的规定负责监督处理。

第五章　合同的保全

第五百三十五条　【债权人代位权】因债务人怠于行使其债权或者与该债权有关的从权利，影响债权人的到期债权实现的，债权人可以向人民法院请求以自己的名义代位行使债务人对相对人的权利，但是该权利专属于债务人自身的除外。

代位权的行使范围以债权人的到期债权为限。债权人行使代位权的必要费用，由债务人负担。

相对人对债务人的抗辩，可以向债权人主张。

第五百三十六条　【保存行为】债权人的债权到期前，债务人的债权或者与该债权有关的从权利存在诉讼时效期间即将届满或者未及时申报破产债权等情形，影响债权人的债权实现的，债权人可以代位向债务人的相对人请求其向债务人履行、向破产管理人申报或者作出其他必要的行为。

第五百三十七条　【代位权行使后的法律效果】人民法院认定代位权成立的，由债务人的相对人向债权人履行义务，债权人接受履行后，债权人与债务人、债务人与相对人之间相应的权利义务终止。债务人对相对人的债权或者与该债权有关的从权利被采取保全、执行措施，或者债务人破产的，依照相关法律的规定处理。

第五百三十八条　【撤销债务人无偿行为】债务人以放弃其债权、放弃债权担保、无偿转让财产等方式无偿处分财产权益，或者恶意延长其到期债权的履行期限，影响债权人的债权实现的，债权人可以请求人民法院撤销债务人的行为。

第五百三十九条　【撤销债务人有偿行为】债务人以明显不合理的低价转让财产、以明显不合理的高价受让他人财产或者为他人的债务提供担保，影响债权人的债权实现，债务人的相对人知道或者应当知道该情形的，债权人可以请求人民法院撤销债务人的行为。

第五百四十条　【撤销权的行使范围】撤销权的行使范围以债权人的债权为限。债权人行使撤销权的必要

费用，由债务人负担。

第五百四十一条　【撤销权的行使期间】撤销权自债权人知道或者应当知道撤销事由之日起一年内行使。自债务人的行为发生之日起五年内没有行使撤销权的，该撤销权消灭。

第五百四十二条　【债务人行为被撤销的法律效果】债务人影响债权人的债权实现的行为被撤销的，自始没有法律约束力。

第六章　合同的变更和转让

第五百四十三条　【协议变更合同】当事人协商一致，可以变更合同。

第五百四十四条　【合同变更不明确推定为未变更】当事人对合同变更的内容约定不明确的，推定为未变更。

第五百四十五条　【债权转让】债权人可以将债权的全部或者部分转让给第三人，但是有下列情形之一的除外：

（一）根据债权性质不得转让；

（二）按照当事人约定不得转让；

（三）依照法律规定不得转让。

当事人约定非金钱债权不得转让的，不得对抗善意第三人。当事人约定金钱债权不得转让的，不得对抗第三人。

第五百四十六条　【债权转让的通知义务】债权人转让债权，未通知债务人的，该转让对债务人不发生效力。

债权转让的通知不得撤销，但是经受让人同意的除外。

第五百四十七条　【债权转让从权利一并转让】债权人转让债权的，受让人取得与债权有关的从权利，但是该从权利专属于债权人自身的除外。

受让人取得从权利不因该从权利未办理转移登记手续或者未转移占有而受到影响。

第五百四十八条　【债权转让中债务人抗辩】债务人接到债权转让通知后，债务人对让与人的抗辩，可以向受让人主张。

第五百四十九条　【债权转让中债务人的抵销权】有下列情形之一的，债务人可以向受让人主张抵销：

（一）债务人接到债权转让通知时，债务人对让与人享有债权，且债务人的债权先于转让的债权到期或者同时到期；

（二）债务人的债权与转让的债权是基于同一合同

产生。

第五百五十条　【债权转让费用的承担】因债权转让增加的履行费用，由让与人负担。

第五百五十一条　【债务转移】债务人将债务的全部或者部分转移给第三人的，应当经债权人同意。

债务人或者第三人可以催告债权人在合理期限内予以同意，债权人未作表示的，视为不同意。

第五百五十二条　【债务加入】第三人与债务人约定加入债务并通知债权人，或者第三人向债权人表示愿意加入债务，债权人未在合理期限内明确拒绝的，债权人可以请求第三人在其愿意承担的债务范围内和债务人承担连带债务。

第五百五十三条　【债务转移时新债务人抗辩】债务人转移债务的，新债务人可以主张原债务人对债权人的抗辩；原债务人对债权人享有债权的，新债务人不得向债权人主张抵销。

第五百五十四条　【从债务随主债务转移】债务人转移债务的，新债务人应当承担与主债务有关的从债务，但是该从债务专属于原债务人自身的除外。

第五百五十五条　【合同权利义务的一并转让】当事人一方经对方同意，可以将自己在合同中的权利和义务一并转让给第三人。

第五百五十六条　【一并转让的法律适用】合同的权利和义务一并转让的，适用债权转让、债务转移的有关规定。

第七章　合同的权利义务终止

第五百五十七条　【债权债务终止的法定情形】有下列情形之一的，债权债务终止：

（一）债务已经履行；

（二）债务相互抵销；

（三）债务人依法将标的物提存；

（四）债权人免除债务；

（五）债权债务同归于一人；

（六）法律规定或者当事人约定终止的其他情形。

合同解除的，该合同的权利义务关系终止。

第五百五十八条　【后合同义务】债权债务终止后，当事人应当遵循诚信等原则，根据交易习惯履行通知、协助、保密、旧物回收等义务。

第五百五十九条　【从权利消灭】债权债务终止时，债权的从权利同时消灭，但是法律另有规定或者当事人另有约定的除外。

第五百六十条　【数项债务的清偿抵充顺序】债务人对同一债权人负担的数项债务种类相同，债务人的给付不足以清偿全部债务的，除当事人另有约定外，由债务人在清偿时指定其履行的债务。

债务人未作指定的，应当优先履行已经到期的债务；数项债务均到期的，优先履行对债权人缺乏担保或者担保最少的债务；均无担保或者担保相等的，优先履行债务人负担较重的债务；负担相同的，按照债务到期的先后顺序履行；到期时间相同的，按照债务比例履行。

第五百六十一条　【费用、利息和主债务的清偿抵充顺序】债务人在履行主债务外还应当支付利息和实现债权的有关费用，其给付不足以清偿全部债务的，除当事人另有约定外，应当按照下列顺序履行：

（一）实现债权的有关费用；

（二）利息；

（三）主债务。

第五百六十二条　【合同的约定解除】当事人协商一致，可以解除合同。

当事人可以约定一方解除合同的事由。解除合同的事由发生时，解除权人可以解除合同。

第五百六十三条　【合同的法定解除】有下列情形之一的，当事人可以解除合同：

（一）因不可抗力致使不能实现合同目的；

（二）在履行期限届满前，当事人一方明确表示或者以自己的行为表明不履行主要债务；

（三）当事人一方迟延履行主要债务，经催告后在合理期限内仍未履行；

（四）当事人一方迟延履行债务或者有其他违约行为致使不能实现合同目的；

（五）法律规定的其他情形。

以持续履行的债务为内容的不定期合同，当事人可以随时解除合同，但是应当在合理期限之前通知对方。

第五百六十四条　【解除权行使期限】法律规定或者当事人约定解除权行使期限，期限届满当事人不行使的，该权利消灭。

法律没有规定或者当事人没有约定解除权行使期限，自解除权人知道或者应当知道解除事由之日起一年内不行使，或者经对方催告后在合理期限内不行使的，该权利消灭。

第五百六十五条　【合同解除权的行使规则】当事人一方依法主张解除合同的，应当通知对方。合同自通知到达对方时解除；通知载明债务人在一定期限内不履行债务则合同自动解除，债务人在该期限内未履行债务的,合同自通知载明的期限届满时解除。对方对解除合同有异议的,任何一方当事人均可以请求人民法院或者仲裁机构确认解除行为的效力。

当事人一方未通知对方,直接以提起诉讼或者申请仲裁的方式依法主张解除合同,人民法院或者仲裁机构确认该主张的,合同自起诉状副本或者仲裁申请书副本送达对方时解除。

第五百六十六条　【合同解除的法律后果】合同解除后,尚未履行的,终止履行;已经履行的,根据履行情况和合同性质,当事人可以请求恢复原状或者采取其他补救措施,并有权请求赔偿损失。

合同因违约解除的,解除权人可以请求违约方承担违约责任,但是当事人另有约定的除外。

主合同解除后,担保人对债务人应当承担的民事责任仍应当承担担保责任,但是担保合同另有约定的除外。

第五百六十七条　【结算、清理条款效力的独立性】合同的权利义务关系终止,不影响合同中结算和清理条款的效力。

第五百六十八条　【法定抵销】当事人互负债务,该债务的标的物种类、品质相同的,任何一方可以将自己的债务与对方的到期债务抵销;但是,根据债务性质、按照当事人约定或者依照法律规定不得抵销的除外。

当事人主张抵销的,应当通知对方。通知自到达对方时生效。抵销不得附条件或者附期限。

第五百六十九条　【约定抵销】当事人互负债务,标的物种类、品质不相同的,经协商一致,也可以抵销。

第五百七十条　【提存的条件】有下列情形之一,难以履行债务的,债务人可以将标的物提存:

(一)债权人无正当理由拒绝受领;

(二)债权人下落不明;

(三)债权人死亡未确定继承人、遗产管理人,或者丧失民事行为能力未确定监护人;

(四)法律规定的其他情形。

标的物不适于提存或者提存费用过高的,债务人依法可以拍卖或者变卖标的物,提存所得的价款。

第五百七十一条　【提存的成立】债务人将标的物或者将标的物依法拍卖、变卖所得价款交付提存部门时,提存成立。

提存成立的,视为债务人在其提存范围内已经交付标的物。

第五百七十二条　【提存的通知】标的物提存后,债务人应当及时通知债权人或者债权人的继承人、遗产管理人、监护人、财产代管人。

第五百七十三条　【提存期间风险、孳息和提存费用负担】标的物提存后,毁损、灭失的风险由债权人承担。提存期间,标的物的孳息归债权人所有。提存费用由债权人负担。

第五百七十四条　【提存物的领取与取回】债权人可以随时领取提存物。但是,债权人对债务人负有到期债务的,在债权人未履行债务或者提供担保之前,提存部门根据债务人的要求应当拒绝其领取提存物。

债权人领取提存物的权利,自提存之日起五年内不行使而消灭,提存物扣除提存费用后归国家所有。但是,债权人未履行对债务人的到期债务,或者债权人向提存部门书面表示放弃领取提存物权利的,债务人负担提存费用后有权取回提存物。

第五百七十五条　【债的免除】债权人免除债务人部分或者全部债务的,债权债务部分或者全部终止,但是债务人在合理期限内拒绝的除外。

第五百七十六条　【债权债务混同的处理】债权和债务同归于一人的,债权债务终止,但是损害第三人利益的除外。

第八章　违约责任

第五百七十七条　【违约责任的种类】当事人一方不履行合同义务或者履行合同义务不符合约定的,应当承担继续履行、采取补救措施或者赔偿损失等违约责任。

第五百七十八条　【预期违约责任】当事人一方明确表示或者以自己的行为表明不履行合同义务的,对方可以在履行期限届满前请求其承担违约责任。

第五百七十九条　【金钱债务的继续履行】当事人一方未支付价款、报酬、租金、利息,或者不履行其他金钱债务的,对方可以请求其支付。

第五百八十条　【非金钱债务的继续履行】当事人一方不履行非金钱债务或者履行非金钱债务不符合约定的,对方可以请求履行,但是有下列情形之一的除外:

(一)法律上或者事实上不能履行;

(二)债务的标的不适于强制履行或者履行费用过高;

(三)债权人在合理期限内未请求履行。

有前款规定的除外情形之一,致使不能实现合同目的的,人民法院或者仲裁机构可以根据当事人的请求终止合同权利义务关系,但是不影响违约责任的承担。

第五百八十一条　【替代履行】当事人一方不履行债务或者履行债务不符合约定,根据债务的性质不得强制履行的,对方可以请求其负担由第三人替代履行的费用。

第五百八十二条　【瑕疵履行违约责任】履行不符合约定的,应当按照当事人的约定承担违约责任。对违约责任没有约定或者约定不明确,依据本法第五百一十条的规定仍不能确定的,受损害方根据标的的性质以及损失的大小,可以合理选择请求对方承担修理、重作、更换、退货、减少价款或者报酬等违约责任。

第五百八十三条　【违约损害赔偿责任】当事人一方不履行合同义务或者履行合同义务不符合约定的,在履行义务或者采取补救措施后,对方还有其他损失的,应当赔偿损失。

第五百八十四条　【法定的违约赔偿损失】当事人一方不履行合同义务或者履行合同义务不符合约定,造成对方损失的,损失赔偿额应当相当于因违约所造成的损失,包括合同履行后可以获得的利益;但是,不得超过违约一方订立合同时预见到或者应当预见到的因违约可能造成的损失。

第五百八十五条　【违约金的约定】当事人可以约定一方违约时应当根据违约情况向对方支付一定数额的违约金,也可以约定因违约产生的损失赔偿额的计算方法。

约定的违约金低于造成的损失的,人民法院或者仲裁机构可以根据当事人的请求予以增加;约定的违约金过分高于造成的损失的,人民法院或者仲裁机构可以根据当事人的请求予以适当减少。

当事人就迟延履行约定违约金的,违约方支付违约金后,还应当履行债务。

第五百八十六条　【定金】当事人可以约定一方向对方给付定金作为债权的担保。定金合同自实际交付定金时成立。

定金的数额由当事人约定;但是,不得超过主合同标的额的百分之二十,超过部分不产生定金的效力。实际交付的定金数额多于或者少于约定数额的,视为变更约定的定金数额。

第五百八十七条　【定金罚则】债务人履行债务的,定金应当抵作价款或者收回。给付定金的一方不履行债务或者履行债务不符合约定,致使不能实现合同目的的,无权请求返还定金;收受定金的一方不履行债务或者履行债务不符合约定,致使不能实现合同目的的,应当双倍返还定金。

第五百八十八条　【违约金与定金竞合选择权】当事人既约定违约金,又约定定金的,一方违约时,对方可以选择适用违约金或者定金条款。

定金不足以弥补一方违约造成的损失的,对方可以请求赔偿超过定金数额的损失。

第五百八十九条　【债权人受领迟延】债务人按照约定履行债务,债权人无正当理由拒绝受领的,债务人可以请求债权人赔偿增加的费用。

在债权人受领迟延期间,债务人无须支付利息。

第五百九十条　【因不可抗力不能履行合同】当事人一方因不可抗力不能履行合同的,根据不可抗力的影响,部分或者全部免除责任,但是法律另有规定的除外。因不可抗力不能履行合同的,应当及时通知对方,以减轻可能给对方造成的损失,并应当在合理期限内提供证明。

当事人迟延履行后发生不可抗力的,不免除其违约责任。

第五百九十一条　【非违约方防止损失扩大义务】当事人一方违约后,对方应当采取适当措施防止损失的扩大;没有采取适当措施致使损失扩大的,不得就扩大的损失请求赔偿。

当事人因防止损失扩大而支出的合理费用,由违约方负担。

第五百九十二条　【双方违约和与有过错规则】当事人都违反合同的,应当各自承担相应的责任。

当事人一方违约造成对方损失,对方对损失的发生有过错的,可以减少相应的损失赔偿额。

第五百九十三条　【因第三人原因造成违约情况下的责任承担】当事人一方因第三人的原因造成违约的,应当依法向对方承担违约责任。当事人一方和第三人之间的纠纷,依照法律规定或者按照约定处理。

第五百九十四条　【国际贸易合同诉讼时效和仲裁时效】因国际货物买卖合同和技术进出口合同争议提起诉讼或者申请仲裁的时效期间为四年。

第二分编　典型合同
第九章　买卖合同

第五百九十五条　【买卖合同的概念】买卖合同是出卖人转移标的物的所有权于买受人,买受人支付价款的合同。

第五百九十六条　【买卖合同条款】买卖合同的内容一般包括标的物的名称、数量、质量、价款、履行期限、履行地点和方式、包装方式、检验标准和方法、结算方式、合同使用的文字及其效力等条款。

第五百九十七条　【无权处分的违约责任】因出卖人未取得处分权致使标的物所有权不能转移的，买受人可以解除合同并请求出卖人承担违约责任。

法律、行政法规禁止或者限制转让的标的物，依照其规定。

第五百九十八条　【出卖人基本义务】出卖人应当履行向买受人交付标的物或者交付提取标的物的单证，并转移标的物所有权的义务。

第五百九十九条　【出卖人义务：交付单证、交付资料】出卖人应当按照约定或者交易习惯向买受人交付提取标的物单证以外的有关单证和资料。

第六百条　【买卖合同知识产权保留条款】出卖具有知识产权的标的物的，除法律另有规定或者当事人另有约定外，该标的物的知识产权不属于买受人。

第六百零一条　【出卖人义务：交付期间】出卖人应当按照约定的时间交付标的物。约定交付期限的，出卖人可以在该交付期限内的任何时间交付。

第六百零二条　【标的物交付期限不明时的处理】当事人没有约定标的物的交付期限或者约定不明确的，适用本法第五百一十条、第五百一十一条第四项的规定。

第六百零三条　【买卖合同标的物的交付地点】出卖人应当按照约定的地点交付标的物。

当事人没有约定交付地点或者约定不明确，依据本法第五百一十条的规定仍不能确定的，适用下列规定：

（一）标的物需要运输的，出卖人应当将标的物交付给第一承运人以运交给买受人；

（二）标的物不需要运输，出卖人和买受人订立合同时知道标的物在某一地点的，出卖人应当在该地点交付标的物；不知道标的物在某一地点的，应当在出卖人订立合同时的营业地交付标的物。

第六百零四条　【标的物的风险承担】标的物毁损、灭失的风险，在标的物交付之前由出卖人承担，交付之后由买受人承担，但是法律另有规定或者当事人另有约定的除外。

第六百零五条　【迟延交付标的物的风险负担】因买受人的原因致使标的物未按照约定的期限交付的，买受人应当自违反约定时起承担标的物毁损、灭失的风险。

第六百零六条　【路货买卖中的标的物风险转移】出卖人出卖交由承运人运输的在途标的物，除当事人另有约定外，毁损、灭失的风险自合同成立时起由买受人承担。

第六百零七条　【需要运输的标的物风险负担】出卖人按照约定将标的物运送至买受人指定地点并交付给承运人后，标的物毁损、灭失的风险由买受人承担。

当事人没有约定交付地点或者约定不明确，依据本法第六百零三条第二款第一项的规定标的物需要运输的，出卖人将标的物交付给第一承运人后，标的物毁损、灭失的风险由买受人承担。

第六百零八条　【买受人不履行接受标的物义务的风险负担】出卖人按照约定或者依据本法第六百零三条第二款第二项的规定将标的物置于交付地点，买受人违反约定没有收取的，标的物毁损、灭失的风险自违反约定时起由买受人承担。

第六百零九条　【未交付单证、资料的风险负担】出卖人按照约定未交付有关标的物的单证和资料的，不影响标的物毁损、灭失风险的转移。

第六百一十条　【根本违约】因标的物不符合质量要求，致使不能实现合同目的的，买受人可以拒绝接受标的物或者解除合同。买受人拒绝接受标的物或者解除合同的，标的物毁损、灭失的风险由出卖人承担。

第六百一十一条　【买受人承担风险与出卖人违约责任关系】标的物毁损、灭失的风险由买受人承担的，不影响因出卖人履行义务不符合约定，买受人请求其承担违约责任的权利。

第六百一十二条　【出卖人的权利瑕疵担保义务】出卖人就交付的标的物，负有保证第三人对该标的物不享有任何权利的义务，但是法律另有规定的除外。

第六百一十三条　【权利瑕疵担保责任之免除】买受人订立合同时知道或者应当知道第三人对买卖的标的物享有权利的，出卖人不承担前条规定的义务。

第六百一十四条　【买受人的中止支付价款权】买受人有确切证据证明第三人对标的物享有权利的，可以中止支付相应的价款，但是出卖人提供适当担保的除外。

第六百一十五条　【买卖标的物的质量瑕疵担保】出卖人应当按照约定的质量要求交付标的物。出卖人提供有关标的物质量说明的，交付的标的物应当符合该说明的质量要求。

第六百一十六条　【标的物法定质量担保义务】当事人对标的物的质量要求没有约定或者约定不明确，依据本法第五百一十条的规定仍不能确定的，适用本法第五百一十一条第一项的规定。

第六百一十七条　【质量瑕疵担保责任】出卖人交付的标的物不符合质量要求的，买受人可以依据本法第五百八十二条至第五百八十四条的规定请求承担违约责任。

第六百一十八条　【标的物瑕疵担保责任减免的特约效力】当事人约定减轻或者免除出卖人对标的物瑕疵承担的责任，因出卖人故意或者重大过失不告知买受人标的物瑕疵的，出卖人无权主张减轻或者免除责任。

第六百一十九条　【标的物的包装方式】出卖人应当按照约定的包装方式交付标的物。对包装方式没有约定或者约定不明确，依据本法第五百一十条的规定仍不能确定的，应当按照通用的方式包装；没有通用方式的，应当采取足以保护标的物且有利于节约资源、保护生态环境的包装方式。

第六百二十条　【买受人的检验义务】买受人收到标的物时应当在约定的检验期限内检验。没有约定检验期限的，应当及时检验。

第六百二十一条　【买受人检验标的物的异议通知】当事人约定检验期限的，买受人应当在检验期限内将标的物的数量或者质量不符合约定的情形通知出卖人。买受人怠于通知的，视为标的物的数量或者质量符合约定。

当事人没有约定检验期限的，买受人应当在发现或者应当发现标的物的数量或者质量不符合约定的合理期限内通知出卖人。买受人在合理期限内未通知或者自收到标的物之日起二年内未通知出卖人的，视为标的物的数量或者质量符合约定；但是，对标的物有质量保证期的，适用质量保证期，不适用该二年的规定。

出卖人知道或者应当知道提供的标的物不符合约定的，买受人不受前两款规定的通知时间的限制。

第六百二十二条　【检验期限或质量保证期过短的处理】当事人约定的检验期限过短，根据标的物的性质和交易习惯，买受人在检验期限内难以完成全面检验的，该期限仅视为买受人对标的物的外观瑕疵提出异议的期限。

约定的检验期限或者质量保证期短于法律、行政法规规定期限的，应当以法律、行政法规规定的期限为准。

第六百二十三条　【标的物数量和外观瑕疵检验】当事人对检验期限未作约定，买受人签收的送货单、确认单等载明标的物数量、型号、规格的，推定买受人已经对数量和外观瑕疵进行检验，但是有相关证据足以推翻的除外。

第六百二十四条　【向第三人履行情形的检验标准】出卖人依照买受人的指示向第三人交付标的物，出卖人和买受人约定的检验标准与买受人和第三人约定的检验标准不一致的，以出卖人和买受人约定的检验标准为准。

第六百二十五条　【出卖人的回收义务】依照法律、行政法规的规定或者按照当事人的约定，标的物在有效使用年限届满后应予回收的，出卖人负有自行或者委托第三人对标的物予以回收的义务。

第六百二十六条　【买受人支付价款及方式】买受人应当按照约定的数额和支付方式支付价款。对价款的数额和支付方式没有约定或者约定不明确的，适用本法第五百一十条、第五百一十一条第二项和第五项的规定。

第六百二十七条　【买受人支付价款的地点】买受人应当按照约定的地点支付价款。对支付地点没有约定或者约定不明确，依据本法第五百一十条的规定仍不能确定的，买受人应当在出卖人的营业地支付；但是，约定支付价款以交付标的物或者交付提取标的物单证为条件的，在交付标的物或者交付提取标的物单证的所在地支付。

第六百二十八条　【买受人支付价款的时间】买受人应当按照约定的时间支付价款。对支付时间没有约定或者约定不明确，依据本法第五百一十条的规定仍不能确定的，买受人应当在收到标的物或者提取标的物单证的同时支付。

第六百二十九条　【出卖人多交标的物的处理】出卖人多交标的物的，买受人可以接收或者拒绝接收多交的部分。买受人接收多交部分的，按照约定的价格支付价款；买受人拒绝接收多交部分的，应当及时通知出卖人。

第六百三十条　【买卖合同标的物孳息的归属】标的物在交付之前产生的孳息，归出卖人所有；交付之后产生的孳息，归买受人所有。但是，当事人另有约定的除外。

第六百三十一条　【主物与从物在解除合同时的效力】因标的物的主物不符合约定而解除合同的，解除合同的效力及于从物。因标的物的从物不符合约定被解除的，解除的效力不及于主物。

第六百三十二条　【数物买卖合同的解除】标的物为数物，其中一物不符合约定的，买受人可以就该物解除。但是，该物与他物分离使标的物的价值显受损害的，买受人可以就数物解除合同。

第六百三十三条　【分批交付标的物的情况下解除合同的情形】出卖人分批交付标的物的，出卖人对其中一批标的物不交付或者交付不符合约定，致使该批标的物不能实现合同目的的，买受人可以就该批标的物解除。

出卖人不交付其中一批标的物或者交付不符合约

定,致使之后其他各批标的物的交付不能实现合同目的的,买受人可以就该批以及之后其他各批标的物解除。

买受人如果就其中一批标的物解除,该批标的物与其他各批标的物相互依存的,可以就已经交付和未交付的各批标的物解除。

第六百三十四条　【分期付款买卖】分期付款的买受人未支付到期价款的数额达到全部价款的五分之一,经催告后在合理期限内仍未支付到期价款的,出卖人可以请求买受人支付全部价款或者解除合同。

出卖人解除合同的,可以向买受人请求支付该标的物的使用费。

第六百三十五条　【凭样品买卖合同】凭样品买卖的当事人应当封存样品,并可以对样品质量予以说明。出卖人交付的标的物应当与样品及其说明的质量相同。

第六百三十六条　【凭样品买卖合同样品存在隐蔽瑕疵的处理】凭样品买卖的买受人不知道样品有隐蔽瑕疵的,即使交付的标的物与样品相同,出卖人交付的标的物的质量仍然应当符合合同种物的通常标准。

第六百三十七条　【试用买卖的试用期限】试用买卖的当事人可以约定标的物的试用期限。对试用期限没有约定或约定不明确,依据本法第五百一十条的规定仍不能确定的,由出卖人确定。

第六百三十八条　【试用买卖合同买受人对标的物购买选择权】试用买卖的买受人在试用期内可以购买标的物,也可以拒绝购买。试用期限届满,买受人对是否购买标的物未作表示的,视为购买。

试用买卖的买受人在试用期内已经支付部分价款或者对标的物实施出卖、出租、设立担保物权等行为的,视为同意购买。

第六百三十九条　【试用买卖使用费】试用买卖的当事人对标的物使用费没有约定或者约定不明确的,出卖人无权请求买受人支付。

第六百四十条　【试用买卖中的风险承担】标的物在试用期内毁损、灭失的风险由出卖人承担。

第六百四十一条　【标的物所有权保留条款】当事人可以在买卖合同中约定买受人未履行支付价款或者其他义务的,标的物的所有权属于出卖人。

出卖人对标的物保留的所有权,未经登记,不得对抗善意第三人。

第六百四十二条　【所有权保留中出卖人的取回权】当事人约定出卖人保留合同标的物的所有权,在标的物所有权转移前,买受人有下列情形之一,造成出卖人损

害的,除当事人另有约定外,出卖人有权取回标的物:

(一)未按照约定支付价款,经催告后在合理期限内仍未支付;

(二)未按照约定完成特定条件;

(三)将标的物出卖、出质或者作出其他不当处分。

出卖人可以与买受人协商取回标的物;协商不成的,可以参照适用担保物权的实现程序。

第六百四十三条　【买受人回赎权及出卖人再出卖权】出卖人依据前条第一款的规定取回标的物后,买受人在双方约定或者出卖人指定的合理回赎期限内,消除出卖人取回标的物的事由的,可以请求回赎标的物。

买受人在回赎期限内没有回赎标的物,出卖人可以以合理价格将标的物出卖给第三人,出卖所得价款扣除买受人未支付的价款以及必要费用后仍有剩余的,应当返还买受人;不足部分由买受人清偿。

第六百四十四条　【招标投标买卖的法律适用】招标投标买卖的当事人的权利和义务以及招标投标程序等,依照有关法律、行政法规的规定。

第六百四十五条　【拍卖的法律适用】拍卖的当事人的权利和义务以及拍卖程序等,依照有关法律、行政法规的规定。

第六百四十六条　【买卖合同准用于有偿合同】法律对其他有偿合同有规定的,依照其规定;没有规定的,参照适用买卖合同的有关规定。

第六百四十七条　【易货交易的法律适用】当事人约定易货交易,转移标的物的所有权的,参照适用买卖合同的有关规定。

第十章　供用电、水、气、热力合同

第六百四十八条　【供用电合同概念及强制缔约义务】供用电合同是供电人向用电人供电,用电人支付电费的合同。

向社会公众供电的供电人,不得拒绝用电人合理的订立合同要求。

第六百四十九条　【供用电合同的内容】供用电合同的内容一般包括供电的方式、质量、时间,用电容量、地址、性质,计量方式,电价、电费的结算方式,供用电设施的维护责任等条款。

第六百五十条　【供用电合同的履行地点】供用电合同的履行地点,按照当事人约定;当事人没有约定或者约定不明确的,供电设施的产权分界处为履行地点。

第六百五十一条　【供电人的安全供电义务】供电人应当按照国家规定的供电质量标准和约定安全供电。

供电人未按照国家规定的供电质量标准和约定安全供电,造成用电人损失的,应当承担赔偿责任。

第六百五十二条　【供电人中断供电时的通知义务】供电人因供电设施计划检修、临时检修、依法限电或者用电人违法用电等原因,需要中断供电时,应当按照国家有关规定事先通知用电人;未事先通知用电人中断供电,造成用电人损失的,应当承担赔偿责任。

第六百五十三条　【供电人抢修义务】因自然灾害等原因断电,供电人应当按照国家有关规定及时抢修;未及时抢修,造成用电人损失的,应当承担赔偿责任。

第六百五十四条　【用电人支付电费的义务】用电人应当按照国家有关规定和当事人的约定及时支付电费。用电人逾期不支付电费的,应当按照约定支付违约金。经催告用电人在合理期限内仍不支付电费和违约金的,供电人可以按照国家规定的程序中止供电。

供电人依据前款规定中止供电的,应当事先通知用电人。

第六百五十五条　【用电人安全用电义务】用电人应当按照国家有关规定和当事人的约定安全、节约和计划用电。用电人未按照国家有关规定和当事人的约定用电,造成供电人损失的,应当承担赔偿责任。

第六百五十六条　【供用水、气、热力合同参照适用供用电合同】供用水、供用气、供用热力合同,参照适用供用电合同的有关规定。

第十一章　赠与合同

第六百五十七条　【赠与合同的概念】赠与合同是赠与人将自己的财产无偿给予受赠人,受赠人表示接受赠与的合同。

第六百五十八条　【赠与的任意撤销及限制】赠与人在赠与财产的权利转移之前可以撤销赠与。

经过公证的赠与合同或者依法不得撤销的具有救灾、扶贫、助残等公益、道德义务性质的赠与合同,不适用前款规定。

第六百五十九条　【赠与特殊财产需要办理有关法律手续】赠与的财产依法需要办理登记或者其他手续的,应当办理有关手续。

第六百六十条　【法定不得撤销赠与的赠与人不交付赠与财产的责任】经过公证的赠与合同或者依法不得撤销的具有救灾、扶贫、助残等公益、道德义务性质的赠与合同,赠与人不交付赠与财产的,受赠人可以请求交付。

依据前款规定应当交付的赠与财产因赠与人故意或者重大过失致使毁损、灭失的,赠与人应当承担赔偿责任。

第六百六十一条　【附义务的赠与合同】赠与可以附义务。

赠与附义务的,受赠人应当按照约定履行义务。

第六百六十二条　【赠与财产的瑕疵担保责任】赠与的财产有瑕疵的,赠与人不承担责任。附义务的赠与,赠与的财产有瑕疵的,赠与人在附义务的限度内承担与出卖人相同的责任。

赠与人故意不告知瑕疵或者保证无瑕疵,造成受赠人损失的,应当承担赔偿责任。

第六百六十三条　【赠与人的法定撤销情形及撤销权行使期间】受赠人有下列情形之一的,赠与人可以撤销赠与:

(一)严重侵害赠与人或者赠与人近亲属的合法权益;

(二)对赠与人有扶养义务而不履行;

(三)不履行赠与合同约定的义务。

赠与人的撤销权,自知道或者应当知道撤销事由之日起一年内行使。

第六百六十四条　【赠与人的继承人或法定代理人的撤销权】因受赠人的违法行为致使赠与人死亡或者丧失民事行为能力的,赠与人的继承人或者法定代理人可以撤销赠与。

赠与人的继承人或者法定代理人的撤销权,自知道或者应当知道撤销事由之日起六个月内行使。

第六百六十五条　【撤销赠与的效力】撤销权人撤销赠与的,可以向受赠人请求返还赠与的财产。

第六百六十六条　【赠与义务的免除】赠与人的经济状况显著恶化,严重影响其生产经营或者家庭生活的,可以不再履行赠与义务。

第十二章　借款合同

第六百六十七条　【借款合同的定义】借款合同是借款人向贷款人借款,到期返还借款并支付利息的合同。

第六百六十八条　【借款合同的形式和内容】借款合同应当采用书面形式,但是自然人之间借款另有约定的除外。

借款合同的内容一般包括借款种类、币种、用途、数额、利率、期限和还款方式等条款。

第六百六十九条　【借款合同借款人的告知义务】订立借款合同,借款人应当按照贷款人的要求提供与借款有关的业务活动和财务状况的真实情况。

第六百七十条　【借款利息不得预先扣除】借款的利息不得预先在本金中扣除。利息预先在本金中扣除的，应当按照实际借款数额返还借款并计算利息。

第六百七十一条 【提供及收取借款迟延责任】贷款人未按照约定的日期、数额提供借款，造成借款人损失的，应当赔偿损失。

借款人未按照约定的日期、数额收取借款的，应当按照约定的日期、数额支付利息。

第六百七十二条 【贷款人对借款使用情况检查、监督的权利】贷款人按照约定可以检查、监督借款的使用情况。借款人应当按照约定向贷款人定期提供有关财务会计报表或者其他资料。

第六百七十三条 【借款人违约使用借款的后果】借款人未按照约定的借款用途使用借款的，贷款人可以停止发放借款、提前收回借款或者解除合同。

第六百七十四条 【借款利息支付期限的确定】借款人应当按照约定的期限支付利息。对支付利息的期限没有约定或者约定不明确，依据本法第五百一十条的规定仍不能确定，借款期间不满一年的，应当在返还借款时一并支付；借款期间一年以上的，应当在每届满一年时支付，剩余期间不满一年的，应当在返还借款时一并支付。

第六百七十五条 【还款期限的确定】借款人应当按照约定的期限返还借款。对借款期限没有约定或者约定不明确，依据本法第五百一十条的规定仍不能确定的，借款人可以随时返还；贷款人可以催告借款人在合理期限内返还。

第六百七十六条 【借款合同违约责任承担】借款人未按照约定的期限返还借款的，应当按照约定或者国家有关规定支付逾期利息。

第六百七十七条 【提前偿还借款】借款人提前返还借款的，除当事人另有约定外，应当按照实际借款的期间计算利息。

第六百七十八条 【借款展期】借款人可以在还款期限届满前向贷款人申请展期；贷款人同意的，可以展期。

第六百七十九条 【自然人之间借款合同的成立】自然人之间的借款合同，自贷款人提供借款时成立。

第六百八十条 【借款利率和利息】禁止高利放贷，借款的利率不得违反国家有关规定。

借款合同对支付利息没有约定的，视为没有利息。

借款合同对支付利息约定不明确，当事人不能达成补充协议的，按照当地或者当事人的交易方式、交易习惯、市场利率等因素确定利息；自然人之间借款的，视为没有利息。

第十三章 保证合同
第一节 一般规定

第六百八十一条 【保证合同的概念】保证合同是为保障债权的实现，保证人和债权人约定，当债务人不履行到期债务或者发生当事人约定的情形时，保证人履行债务或者承担责任的合同。

第六百八十二条 【保证合同的附从性及被确认无效后的责任分配】保证合同是主债权债务合同的从合同。主债权债务合同无效的，保证合同无效，但是法律另有规定的除外。

保证合同被确认无效后，债务人、保证人、债权人有过错的，应当根据其过错各自承担相应的民事责任。

第六百八十三条 【保证人的资格】机关法人不得为保证人，但是经国务院批准为使用外国政府或者国际经济组织贷款进行转贷的除外。

以公益为目的的非营利法人、非法人组织不得为保证人。

第六百八十四条 【保证合同的一般内容】保证合同的内容一般包括被保证的主债权的种类、数额，债务人履行债务的期限，保证的方式、范围和期间等条款。

第六百八十五条 【保证合同的订立】保证合同可以是单独订立的书面合同，也可以是主债权债务合同中的保证条款。

第三人单方以书面形式向债权人作出保证，债权人接收且未提出异议的，保证合同成立。

第六百八十六条 【保证方式】保证的方式包括一般保证和连带责任保证。

当事人在保证合同中对保证方式没有约定或者约定不明确的，按照一般保证承担保证责任。

第六百八十七条 【一般保证及先诉抗辩权】当事人在保证合同中约定，债务人不能履行债务时，由保证人承担保证责任的，为一般保证。

一般保证的保证人在主合同纠纷未经审判或者仲裁，并就债务人财产依法强制执行仍不能履行债务前，有权拒绝向债权人承担保证责任，但是有下列情形之一的除外：

（一）债务人下落不明，且无财产可供执行；

（二）人民法院已经受理债务人破产案件；

（三）债权人有证据证明债务人的财产不足以履行全部债务或者丧失履行债务能力；

（四）保证人书面表示放弃本款规定的权利。

第六百八十八条　【连带责任保证】当事人在保证合同中约定保证人和债务人对债务承担连带责任的,为连带责任保证。

连带责任保证的债务人不履行到期债务或者发生当事人约定的情形时,债权人可以请求债务人履行债务,也可以请求保证人在其保证范围内承担保证责任。

第六百八十九条　【反担保】保证人可以要求债务人提供反担保。

第六百九十条　【最高额保证合同】保证人与债权人可以协商订立最高额保证的合同,约定在最高债权额限度内就一定期间连续发生的债权提供保证。

最高额保证除适用本章规定外,参照适用本法第二编最高额抵押权的有关规定。

第二节　保证责任

第六百九十一条　【保证责任的范围】保证的范围包括主债权及其利息、违约金、损害赔偿金和实现债权的费用。当事人另有约定的,按照其约定。

第六百九十二条　【保证期间】保证期间是确定保证人承担保证责任的期间,不发生中止、中断和延长。

债权人与保证人可以约定保证期间,但是约定的保证期间早于主债务履行期限或者与主债务履行期限同时届满的,视为没有约定;没有约定或者约定不明确的,保证期间为主债务履行期限届满之日起六个月。

债权人与债务人对主债务履行期限没有约定或者约定不明确的,保证期间自债权人请求债务人履行债务的宽限期届满之日起计算。

第六百九十三条　【保证期间届满的法律效果】一般保证的债权人未在保证期间对债务人提起诉讼或者申请仲裁的,保证人不再承担保证责任。

连带责任保证的债权人未在保证期间请求保证人承担保证责任的,保证人不再承担保证责任。

第六百九十四条　【保证债务的诉讼时效】一般保证的债权人在保证期间届满前对债务人提起诉讼或者申请仲裁的,从保证人拒绝承担保证责任的权利消灭之日起,开始计算保证债务的诉讼时效。

连带责任保证的债权人在保证期间届满前请求保证人承担保证责任的,从债权人请求保证人承担保证责任之日起,开始计算保证债务的诉讼时效。

第六百九十五条　【主合同变更对保证责任影响】债权人和债务人未经保证人书面同意,协商变更主债权债务合同内容,减轻债务的,保证人仍对变更后的债务承担保证责任;加重债务的,保证人对加重的部分不承担保证责任。

债权人和债务人变更主债权债务合同的履行期限,未经保证人书面同意的,保证期间不受影响。

第六百九十六条　【债权转让时保证人的保证责任】债权人转让全部或者部分债权,未通知保证人的,该转让对保证人不发生效力。

保证人与债权人约定禁止债权转让,债权人未经保证人书面同意转让债权的,保证人对受让人不再承担保证责任。

第六百九十七条　【债务承担对保证责任的影响】债权人未经保证人书面同意,允许债务人转移全部或者部分债务,保证人对未经其同意转移的债务不再承担保证责任,但是债权人和保证人另有约定的除外。

第三人加入债务的,保证人的保证责任不受影响。

第六百九十八条　【一般保证人免责】一般保证的保证人在主债务履行期限届满后,向债权人提供债务人可供执行财产的真实情况,债权人放弃或者怠于行使权利致使该财产不能被执行的,保证人在其提供可供执行财产的价值范围内不再承担保证责任。

第六百九十九条　【共同保证】同一债务有两个以上保证人的,保证人应当按照保证合同约定的保证份额,承担保证责任;没有约定保证份额的,债权人可以请求任何一个保证人在其保证范围内承担保证责任。

第七百条　【保证人的追偿权】保证人承担保证责任后,除当事人另有约定外,有权在其承担保证责任的范围内向债务人追偿,享有债权人对债务人的权利,但是不得损害债权人的利益。

第七百零一条　【保证人的抗辩权】保证人可以主张债务人对债权人的抗辩。债务人放弃抗辩的,保证人仍有权向债权人主张抗辩。

第七百零二条　【抵销权或撤销权范围内的免责】债务人对债权人享有抵销权或者撤销权的,保证人可以在相应范围内拒绝承担保证责任。

第十四章　租赁合同

第七百零三条　【租赁合同的概念】租赁合同是出租人将租赁物交付承租人使用、收益,承租人支付租金的合同。

第七百零四条　【租赁合同的内容】租赁合同的内容一般包括租赁物的名称、数量、用途、租赁期限、租金及其支付期限和方式、租赁物维修等条款。

第七百零五条　【租赁期限的最高限制】租赁期限不得超过二十年。超过二十年的,超过部分无效。

租赁期限届满,当事人可以续订租赁合同;但是,约定的租赁期限自续订之日起不得超过二十年。

第七百零六条 【租赁合同登记对合同效力影响】当事人未依照法律、行政法规规定办理租赁合同登记备案手续的,不影响合同的效力。

第七百零七条 【租赁合同形式】租赁期限六个月以上的,应当采用书面形式。当事人未采用书面形式,无法确定租赁期限的,视为不定期租赁。

第七百零八条 【出租人义务】出租人应当按照约定将租赁物交付承租人,并在租赁期限内保持租赁物符合约定的用途。

第七百零九条 【承租人义务】承租人应当按照约定的方法使用租赁物。对租赁物的使用方法没有约定或者约定不明确,依据本法第五百一十条的规定仍不能确定的,应当根据租赁物的性质使用。

第七百一十条 【承租人合理使用租赁物的免责】承租人按照约定的方法或者根据租赁物的性质使用租赁物,致使租赁物受到损耗的,不承担赔偿责任。

第七百一十一条 【承租人未合理使用租赁物的责任】承租人未按照约定的方法或者未根据租赁物的性质使用租赁物,致使租赁物受到损失的,出租人可以解除合同并请求赔偿损失。

第七百一十二条 【出租人的维修义务】出租人应当履行租赁物的维修义务,但是当事人另有约定的除外。

第七百一十三条 【租赁物的维修和维修费负担】承租人在租赁物需要维修时可以请求出租人在合理期限内维修。出租人未履行维修义务的,承租人可以自行维修,维修费用由出租人负担。因维修租赁物影响承租人使用的,应当相应减少租金或者延长租期。

因承租人的过错致使租赁物需要维修的,出租人不承担前款规定的维修义务。

第七百一十四条 【承租人的租赁物妥善保管义务】承租人应当妥善保管租赁物,因保管不善造成租赁物毁损、灭失的,应当承担赔偿责任。

第七百一十五条 【承租人对租赁物进行改善或增设他物】承租人经出租人同意,可以对租赁物进行改善或者增设他物。

承租人未经出租人同意,对租赁物进行改善或者增设他物的,出租人可以请求承租人恢复原状或者赔偿损失。

第七百一十六条 【转租】承租人经出租人同意,可以将租赁物转租给第三人。承租人转租的,承租人与出租人之间的租赁合同继续有效;第三人造成租赁物损失的,承租人应当赔偿损失。

承租人未经出租人同意转租的,出租人可以解除合同。

第七百一十七条 【转租期限】承租人经出租人同意将租赁物转租给第三人,转租期限超过承租人剩余租赁期限的,超过部分的约定对出租人不具有法律约束力,但是出租人与承租人另有约定的除外。

第七百一十八条 【出租人同意转租的推定】出租人知道或者应当知道承租人转租,但是在六个月内未提出异议的,视为出租人同意转租。

第七百一十九条 【次承租人的代为清偿权】承租人拖欠租金的,次承租人可以代承租人支付其欠付的租金和违约金,但是转租合同对出租人不具有法律约束力的除外。

次承租人代为支付的租金和违约金,可以充抵次承租人应当向承租人支付的租金;超出其应付的租金数额的,可以向承租人追偿。

第七百二十条 【租赁物的收益归属】在租赁期限内因占有、使用租赁物获得的收益,归承租人所有,但是当事人另有约定的除外。

第七百二十一条 【租金支付期限】承租人应当按照约定的期限支付租金。对支付租金的期限没有约定或者约定不明确,依据本法第五百一十条的规定仍不能确定,租赁期限不满一年的,应当在租赁期限届满时支付;租赁期限一年以上的,应当在每届满一年时支付,剩余期限不满一年的,应当在租赁期限届满时支付。

第七百二十二条 【承租人的租金支付义务】承租人无正当理由未支付或者迟延支付租金的,出租人可以请求承租人在合理期限内支付;承租人逾期不支付的,出租人可以解除合同。

第七百二十三条 【出租人的权利瑕疵担保责任】因第三人主张权利,致使承租人不能对租赁物使用、收益的,承租人可以请求减少租金或者不支付租金。

第三人主张权利的,承租人应当及时通知出租人。

第七百二十四条 【承租人解除合同的法定情形】有下列情形之一,非因承租人原因致使租赁物无法使用的,承租人可以解除合同:

(一)租赁物被司法机关或者行政机关依法查封、扣押;

(二)租赁物权属有争议;

(三)租赁物具有违反法律、行政法规关于使用条件的强制性规定情形。

第七百二十五条　【买卖不破租赁】租赁物在承租人按照租赁合同占有期限内发生所有权变动的，不影响租赁合同的效力。

第七百二十六条　【房屋承租人的优先购买权】出租人出卖租赁房屋的，应当在出卖之前的合理期限内通知承租人，承租人享有以同等条件优先购买的权利；但是，房屋按份共有人行使优先购买权或者出租人将房屋出卖给近亲属的除外。

出租人履行通知义务后，承租人在十五日内未明确表示购买的，视为承租人放弃优先购买权。

第七百二十七条　【承租人对拍卖房屋的优先购买权】出租人委托拍卖人拍卖租赁房屋的，应当在拍卖五日前通知承租人。承租人未参加拍卖的，视为放弃优先购买权。

第七百二十八条　【妨害承租人优先购买权的赔偿责任】出租人未通知承租人或者有其他妨害承租人行使优先购买权情形的，承租人可以请求出租人承担赔偿责任。但是，出租人与第三人订立的房屋买卖合同的效力不受影响。

第七百二十九条　【租赁物毁损、灭失的法律后果】因不可归责于承租人的事由，致使租赁物部分或者全部毁损、灭失的，承租人可以请求减少租金或者不支付租金；因租赁物部分或者全部毁损、灭失，致使不能实现合同目的的，承租人可以解除合同。

第七百三十条　【租期不明的处理】当事人对租赁期限没有约定或者约定不明确，依据本法第五百一十条的规定仍不能确定的，视为不定期租赁；当事人可以随时解除合同，但是应当在合理期限之前通知对方。

第七百三十一条　【租赁物质量不合格时承租人的解除权】租赁物危及承租人的安全或者健康的，即使承租人订立合同时明知该租赁物质量不合格，承租人仍然可以随时解除合同。

第七百三十二条　【房屋承租人死亡时租赁关系的处理】承租人在房屋租赁期限内死亡的，与其生前共同居住的人或者共同经营人可以按照原租赁合同租赁该房屋。

第七百三十三条　【租赁物的返还】租赁期限届满，承租人应当返还租赁物。返还的租赁物应当符合按照约定或者根据租赁物的性质使用后的状态。

第七百三十四条　【租赁期限届满的续租及优先承租权】租赁期限届满，承租人继续使用租赁物，出租人没

有提出异议的，原租赁合同继续有效，但是租赁期限为不定期。

租赁期限届满，房屋承租人享有以同等条件优先承租的权利。

第十五章　融资租赁合同

第七百三十五条　【融资租赁合同的概念】融资租赁合同是出租人根据承租人对出卖人、租赁物的选择，向出卖人购买租赁物，提供给承租人使用，承租人支付租金的合同。

第七百三十六条　【融资租赁合同的内容】融资租赁合同的内容一般包括租赁物的名称、数量、规格、技术性能、检验方法，租赁期限，租金构成及其支付期限和方式、币种，租赁期限届满租赁物的归属等条款。

融资租赁合同应当采用书面形式。

第七百三十七条　【融资租赁通谋虚伪表示】当事人以虚构租赁物方式订立的融资租赁合同无效。

第七百三十八条　【特定租赁物经营许可对合同效力影响】依照法律、行政法规的规定，对于租赁物的经营使用应当取得行政许可的，出租人未取得行政许可不影响融资租赁合同的效力。

第七百三十九条　【融资租赁标的物的交付】出租人根据承租人对出卖人、租赁物的选择订立的买卖合同，出卖人应当按照约定向承租人交付标的物，承租人享有与受领标的物有关的买受人的权利。

第七百四十条　【承租人的拒绝受领】出卖人违反向承租人交付标的物的义务，有下列情形之一的，承租人可以拒绝受领出卖人向其交付的标的物：

（一）标的物严重不符合约定；

（二）未按照约定交付标的物，经承租人或者出租人催告后在合理期限内仍未交付。

承租人拒绝受领标的物的，应当及时通知出租人。

第七百四十一条　【承租人的索赔权】出租人、出卖人、承租人可以约定，出卖人不履行买卖合同义务的，由承租人行使索赔的权利。承租人行使索赔权利的，出租人应当协助。

第七百四十二条　【承租人行使索赔权的租金支付义务】承租人对出卖人行使索赔权利，不影响其履行支付租金的义务。但是，承租人依赖出租人的技能确定租赁物或者出租人干预选择租赁物的，承租人可以请求减免相应租金。

第七百四十三条　【承租人索赔不能的违约责任承担】出租人有下列情形之一，致使承租人对出卖人行使索

赔权利失败的,承租人有权请求出租人承担相应的责任:

(一)明知租赁物有质量瑕疵而不告知承租人;

(二)承租人行使索赔权利时,未及时提供必要协助。

出租人怠于行使只能由其对出卖人行使的索赔权利,造成承租人损失的,承租人有权请求出租人承担赔偿责任。

第七百四十四条　【出租人不得擅自变更买卖合同内容】出租人根据承租人对出卖人、租赁物的选择订立的买卖合同,未经承租人同意,出租人不得变更与承租人有关的合同内容。

第七百四十五条　【租赁物的登记对抗效力】出租人对租赁物享有的所有权,未经登记,不得对抗善意第三人。

第七百四十六条　【租金的确定规则】融资租赁合同的租金,除当事人另有约定外,应当根据购买租赁物的大部分或者全部成本以及出租人的合理利润确定。

第七百四十七条　【租赁物瑕疵担保责任】租赁物不符合约定或者不符合使用目的的,出租人不承担责任。但是,承租人依赖出租人的技能确定租赁物或者出租人干预选择租赁物的除外。

第七百四十八条　【出租人保证承租人占有和使用租赁物】出租人应当保证承租人对租赁物的占有和使用。

出租人有下列情形之一的,承租人有权请求其赔偿损失:

(一)无正当理由收回租赁物;

(二)无正当理由妨碍、干扰承租人对租赁物的占有和使用;

(三)因出租人的原因致使第三人对租赁物主张权利;

(四)不当影响承租人对租赁物占有和使用的其他情形。

第七百四十九条　【租赁物致人损害的责任承担】承租人占有租赁物期间,租赁物造成第三人人身损害或者财产损失的,出租人不承担责任。

第七百五十条　【租赁物的保管、使用、维修】承租人应当妥善保管、使用租赁物。

承租人应当履行占有租赁物期间的维修义务。

第七百五十一条　【承租人占有租赁物毁损、灭失的租金承担】承租人占有租赁物期间,租赁物毁损、灭失的,出租人有权请求承租人继续支付租金,但是法律另有规定或者当事人另有约定的除外。

第七百五十二条　【承租人支付租金的义务】承租人应当按照约定支付租金。承租人经催告后在合理期限内仍不支付租金的,出租人可以请求支付全部租金;也可以解除合同,收回租赁物。

第七百五十三条　【承租人擅自处分租赁物时出租人的解除权】承租人未经出租人同意,将租赁物转让、抵押、质押、投资入股或者以其他方式处分的,出租人可以解除融资租赁合同。

第七百五十四条　【出租人或承租人均可解除融资租赁合同情形】有下列情形之一的,出租人或者承租人可以解除融资租赁合同:

(一)出租人与出卖人订立的买卖合同解除、被确认无效或者被撤销,且未能重新订立买卖合同;

(二)租赁物因不可归责于当事人的原因毁损、灭失,且不能修复或者确定替代物;

(三)因出卖人的原因致使融资租赁合同的目的不能实现。

第七百五十五条　【承租人承担出租人损失赔偿责任情形】融资租赁合同因买卖合同解除、被确认无效或者被撤销而解除,出卖人、租赁物系由承租人选择的,出租人有权请求承租人赔偿相应损失;但是,因出租人原因致使买卖合同解除、被确认无效或者被撤销的除外。

出租人的损失已经在买卖合同解除、被确认无效或者被撤销时获得赔偿的,承租人不再承担相应的赔偿责任。

第七百五十六条　【租赁物意外毁损灭失】融资租赁合同因租赁物交付承租人后意外毁损、灭失等不可归责于当事人的原因解除的,出租人可以请求承租人按照租赁物折旧情况给予补偿。

第七百五十七条　【租赁期满租赁物的归属】出租人和承租人可以约定租赁期限届满租赁物的归属;对租赁物的归属没有约定或者约定不明确,依据本法第五百一十条的规定仍不能确定的,租赁物的所有权归出租人。

第七百五十八条　【承租人请求部分返还租赁物价值】当事人约定租赁期限届满租赁物归承租人所有,承租人已经支付大部分租金,但是无力支付剩余租金,出租人因此解除合同收回租赁物,收回的租赁物的价值超过承租人欠付的租金以及其他费用的,承租人可以请求相应返还。

当事人约定租赁期限届满租赁物归出租人所有,因租赁物毁损、灭失或者附合、混合于他物致使承租人不能返还的,出租人有权请求承租人给予合理补偿。

第七百五十九条 【支付象征性价款时的租赁物归属】当事人约定租赁期限届满，承租人仅需向出租人支付象征性价款的，视为约定的租金义务履行完毕后租赁物的所有权归承租人。

第七百六十条 【融资租赁合同无效时租赁物的归属】融资租赁合同无效，当事人就该情形下租赁物的归属有约定的，按照其约定；没有约定或者约定不明确的，租赁物应当返还出租人。但是，因承租人原因致使合同无效，出租人不请求返还或者返还后会显著降低租赁物效用的，租赁物的所有权归承租人，由承租人给予出租人合理补偿。

第十六章 保理合同

第七百六十一条 【保理合同的概念】保理合同是应收账款债权人将现有的或者将有的应收账款转让给保理人，保理人提供资金融通、应收账款管理或者催收、应收账款债务人付款担保等服务的合同。

第七百六十二条 【保理合同的内容与形式】保理合同的内容一般包括业务类型、服务范围、服务期限、基础交易合同情况、应收账款信息、保理融资款或者服务报酬及其支付方式等条款。

保理合同应当采用书面形式。

第七百六十三条 【虚构应收账款】应收账款债权人与债务人虚构应收账款作为转让标的，与保理人订立保理合同的，应收账款债务人不得以应收账款不存在为由对抗保理人，但是保理人明知虚构的除外。

第七百六十四条 【保理人发出转让通知的表明身份义务】保理人向应收账款债务人发出应收账款转让通知的，应当表明保理人身份并附有必要凭证。

第七百六十五条 【无正当理由变更、终止基础交易合同对保理人的效力】应收账款债务人接到应收账款转让通知后，应收账款债权人与债务人无正当理由协商变更或者终止基础交易合同，对保理人产生不利影响的，对保理人不发生效力。

第七百六十六条 【有追索权保理】当事人约定有追索权保理的，保理人可以向应收账款债权人主张返还保理融资本息或者回购应收账款债权，也可以向应收账款债务人主张应收账款债权。保理人向应收账款债务人主张应收账款债权，在扣除保理融资本息和相关费用后有剩余的，剩余部分应当返还给应收账款债权人。

第七百六十七条 【无追索权保理】当事人约定无追索权保理的，保理人应当向应收账款债务人主张应收账款债权，保理人取得超过保理融资款本息和相关费用

的部分，无需向应收账款债权人返还。

第七百六十八条 【多重保理的清偿顺序】应收账款债权人就同一应收账款订立多个保理合同，致使多个保理人主张权利的，已经登记的先于未登记的取得应收账款；均已经登记的，按照登记时间的先后顺序取得应收账款；均未登记的，由最先到达应收账款债务人的转让通知中载明的保理人取得应收账款；既未登记也未通知的，按照保理融资款或者服务报酬的比例取得应收账款。

第七百六十九条 【参照适用债权转让的规定】本章没有规定的，适用本编第六章债权转让的有关规定。

第十七章 承揽合同

第七百七十条 【承揽合同的定义及类型】承揽合同是承揽人按照定作人的要求完成工作，交付工作成果，定作人支付报酬的合同。

承揽包括加工、定作、修理、复制、测试、检验等工作。

第七百七十一条 【承揽合同的主要条款】承揽合同的内容一般包括承揽的标的、数量、质量、报酬，承揽方式，材料的提供，履行期限，验收标准和方法等条款。

第七百七十二条 【承揽人独立完成主要工作】承揽人应当以自己的设备、技术和劳力，完成主要工作，但是当事人另有约定的除外。

承揽人将其承揽的主要工作交由第三人完成的，应当就该第三人完成的工作成果向定作人负责；未经定作人同意的，定作人也可以解除合同。

第七百七十三条 【承揽人对辅助性工作的责任】承揽人可以将其承揽的辅助工作交由第三人完成。承揽人将其承揽的辅助工作交由第三人完成的，应当就该第三人完成的工作成果向定作人负责。

第七百七十四条 【承揽人提供材料时的主要义务】承揽人提供材料的，应当按照约定选用材料，并接受定作人检验。

第七百七十五条 【定作人提供材料时双方当事人的义务】定作人提供材料的，应当按照约定提供材料。承揽人对定作人提供的材料应当及时检验，发现不符合约定时，应当及时通知定作人更换、补齐或者采取其他补救措施。

承揽人不得擅自更换定作人提供的材料，不得更换不需要修理的零部件。

第七百七十六条 【定作人要求不合理时双方当事人的义务】承揽人发现定作人提供的图纸或者技术要求不合理的，应当及时通知定作人。因定作人怠于答复等原因造成承揽人损失的，应当赔偿损失。

第七百七十七条　【中途变更工作要求的责任】定作人中途变更承揽工作的要求，造成承揽人损失的，应当赔偿损失。

第七百七十八条　【定作人的协作义务】承揽工作需要定作人协助的，定作人有协助的义务。定作人不履行协助义务致使承揽工作不能完成的，承揽人可以催告定作人在合理期限内履行义务，并可以顺延履行期限；定作人逾期不履行的，承揽人可以解除合同。

第七百七十九条　【定作人监督检验承揽工作】承揽人在工作期间，应当接受定作人必要的监督检验。定作人不得因监督检验妨碍承揽人的正常工作。

第七百八十条　【工作成果交付】承揽人完成工作的，应当向定作人交付工作成果，并提交必要的技术资料和有关质量证明。定作人应当验收该工作成果。

第七百八十一条　【工作成果质量不合约定的责任】承揽人交付的工作成果不符合质量要求的，定作人可以合理选择请求承揽人承担修理、重作、减少报酬、赔偿损失等违约责任。

第七百八十二条　【支付报酬期限】定作人应当按照约定的期限支付报酬。对支付报酬的期限没有约定或者约定不明确，依据本法第五百一十条的规定仍不能确定的，定作人应当在承揽人交付工作成果时支付；工作成果部分交付的，定作人应当相应支付。

第七百八十三条　【承揽人的留置权及同时履行抗辩权】定作人未向承揽人支付报酬或者材料费等价款的，承揽人对完成的工作成果享有留置权或者有权拒绝交付，但是当事人另有约定的除外。

第七百八十四条　【承揽人保管义务】承揽人应当妥善保管定作人提供的材料以及完成的工作成果，因保管不善造成毁损、灭失的，应当承担赔偿责任。

第七百八十五条　【承揽人的保密义务】承揽人应当按照定作人的要求保守秘密，未经定作人许可，不得留存复制品或者技术资料。

第七百八十六条　【共同承揽】共同承揽人对定作人承担连带责任，但是当事人另有约定的除外。

第七百八十七条　【定作人的任意解除权】定作人在承揽人完成工作前可以随时解除合同，造成承揽人损失的，应当赔偿损失。

第十八章　建设工程合同

第七百八十八条　【建设工程合同的定义】建设工程合同是承包人进行工程建设，发包人支付价款的合同。

建设工程合同包括工程勘察、设计、施工合同。

第七百八十九条　【建设工程合同形式】建设工程合同应当采用书面形式。

第七百九十条　【工程招标投标】建设工程的招标投标活动，应当依照有关法律的规定公开、公平、公正进行。

第七百九十一条　【总包与分包】发包人可以与总承包人订立建设工程合同，也可以分别与勘察人、设计人、施工人订立勘察、设计、施工承包合同。发包人不得将应当由一个承包人完成的建设工程支解成若干部分发包给数个承包人。

总承包人或者勘察、设计、施工承包人经发包人同意，可以将自己承包的部分工作交由第三人完成。第三人就其完成的工作成果与总承包人或者勘察、设计、施工承包人向发包人承担连带责任。承包人不得将其承包的全部建设工程转包给第三人或者将其承包的全部建设工程支解以后以分包的名义分别转包给第三人。

禁止承包人将工程分包给不具备相应资质条件的单位。禁止分包单位将其承包的工程再分包。建设工程主体结构的施工必须由承包人自行完成。

第七百九十二条　【国家重大建设工程合同的订立】国家重大建设工程合同，应当按照国家规定的程序和国家批准的投资计划、可行性研究报告等文件订立。

第七百九十三条　【建设工程施工合同无效的处理】建设工程施工合同无效，但是建设工程经验收合格的，可以参照合同关于工程价款的约定折价补偿承包人。

建设工程施工合同无效，且建设工程经验收不合格的，按照以下情形处理：

（一）修复后的建设工程经验收合格的，发包人可以请求承包人承担修复费用；

（二）修复后的建设工程经验收不合格的，承包人无权请求参照合同关于工程价款的约定折价补偿。

发包人对因建设工程不合格造成的损失有过错的，应当承担相应的责任。

第七百九十四条　【勘察、设计合同主要内容】勘察、设计合同的内容一般包括提交有关基础资料和概预算等文件的期限、质量要求、费用以及其他协作条件等条款。

第七百九十五条　【施工合同主要内容】施工合同的内容一般包括工程范围、建设工期、中间交工工程的开工和竣工时间、工程质量、工程造价、技术资料交付时间、材料和设备供应责任、拨款和结算、竣工验收、质量保修范围和质量保证期、相互协作等条款。

第七百九十六条　【建设工程监理】建设工程实行监理的，发包人应当与监理人采用书面形式订立委托监理合同。发包人与监理人的权利和义务以及法律责任，应当依照本编委托合同以及其他有关法律、行政法规的规定。

第七百九十七条　【发包人检查权】发包人在不妨碍承包人正常作业的情况下，可以随时对作业进度、质量进行检查。

第七百九十八条　【隐蔽工程】隐蔽工程在隐蔽以前，承包人应当通知发包人检查。发包人没有及时检查的，承包人可以顺延工程日期，并有权请求赔偿停工、窝工等损失。

第七百九十九条　【竣工验收】建设工程竣工后，发包人应当根据施工图纸及说明书、国家颁发的施工验收规范和质量检验标准及时进行验收。验收合格的，发包人应当按照约定支付价款，并接收该建设工程。

建设工程竣工经验收合格后，方可交付使用；未经验收或者验收不合格的，不得交付使用。

第八百条　【勘察、设计人质量责任】勘察、设计的质量不符合要求或者未按照期限提交勘察、设计文件拖延工期，造成发包人损失的，勘察人、设计人应当继续完善勘察、设计，减收或者免收勘察、设计费并赔偿损失。

第八百零一条　【施工人的质量责任】因施工人的原因致使建设工程质量不符合约定的，发包人有权请求施工人在合理期限内无偿修理或者返工、改建。经过修理或者返工、改建后，造成逾期交付的，施工人应当承担违约责任。

第八百零二条　【质量保证责任】因承包人的原因致使建设工程在合理使用期限内造成人身损害和财产损失的，承包人应当承担赔偿责任。

第八百零三条　【发包人违约责任】发包人未按照约定的时间和要求提供原材料、设备、场地、资金、技术资料的，承包人可以顺延工程日期，并有权请求赔偿停工、窝工等损失。

第八百零四条　【发包人原因致工程停建、缓建的责任】因发包人的原因致使工程中途停建、缓建的，发包人应当采取措施弥补或者减少损失，赔偿承包人因此造成的停工、窝工、倒运、机械设备调迁、材料和构件积压等损失和实际费用。

第八百零五条　【发包人原因致勘察、设计返工、停工或修改设计的责任】因发包人变更计划，提供的资料不准确，或者未按照期限提供必需的勘察、设计工作条件而造成勘察、设计的返工、停工或者修改设计，发包人应当按照勘察人、设计人实际消耗的工作量增付费用。

第八百零六条　【建设工程合同的法定解除】承包人将建设工程转包、违法分包的，发包人可以解除合同。

发包人提供的主要建筑材料、建筑构配件和设备不符合强制性标准或者不履行协助义务，致使承包人无法施工，经催告后在合理期限内仍未履行相应义务的，承包人可以解除合同。

合同解除后，已经完成的建设工程质量合格的，发包人应当按照约定支付相应的工程价款；已经完成的建设工程质量不合格的，参照本法第七百九十三条的规定处理。

第八百零七条　【工程价款的支付】发包人未按照约定支付价款的，承包人可以催告发包人在合理期限内支付价款。发包人逾期不支付的，除根据建设工程的性质不宜折价、拍卖外，承包人可以与发包人协议将该工程折价，也可以请求人民法院将该工程依法拍卖。建设工程的价款就该工程折价或者拍卖的价款优先受偿。

第八百零八条　【参照适用承揽合同的规定】本章没有规定的，适用承揽合同的有关规定。

第十九章　运输合同
第一节　一般规定

第八百零九条　【运输合同的定义】运输合同是承运人将旅客或者货物从起运地点运输到约定地点，旅客、托运人或者收货人支付票款或者运输费用的合同。

第八百一十条　【公共运输承运人的强制缔约义务】从事公共运输的承运人不得拒绝旅客、托运人通常、合理的运输要求。

第八百一十一条　【承运人安全运输义务】承运人应当在约定期限或者合理期限内将旅客、货物安全运输到约定地点。

第八百一十二条　【承运人合理运输义务】承运人应当按照约定的或者通常的运输路线将旅客、货物运输到约定地点。

第八百一十三条　【支付票款或运输费用】旅客、托运人或者收货人应当支付票款或者运输费用。承运人未按照约定路线或者通常路线运输增加票款或者运输费用的，旅客、托运人或者收货人可以拒绝支付增加部分的票款或者运输费用。

第二节　客运合同

第八百一十四条　【客运合同的成立】客运合同自承运人向旅客出具客票时成立，但是当事人另有约定或者另有交易习惯的除外。

第八百一十五条　【按有效客票记载内容乘坐义务】旅客应当按照有效客票记载的时间、班次和座位号乘坐。旅客无票乘坐、超程乘坐、越级乘坐或者持不符合减价条件的优惠客票乘坐的，应当补交票款，承运人可以按照规定加收票款；旅客不支付票款的，承运人可以拒绝运输。

实名制客运合同的旅客丢失客票的，可以请求承运人挂失补办，承运人不得再次收取票款和其他不合理费用。

第八百一十六条　【退票与变更】旅客因自己的原因不能按照客票记载的时间乘坐的，应当在约定的期限内办理退票或者变更手续；逾期办理的，承运人可以不退票款，并不再承担运输义务。

第八百一十七条　【按约定携带行李义务】旅客随身携带行李应当符合约定的限量和品类要求；超过限量或者违反品类要求携带行李的，应当办理托运手续。

第八百一十八条　【危险物品或者违禁物品的携带禁止】旅客不得随身携带或者在行李中夹带易燃、易爆、有毒、有腐蚀性、有放射性以及可能危及运输工具上人身和财产安全的危险物品或者违禁物品。

旅客违反前款规定的，承运人可以将危险物品或者违禁物品卸下、销毁或者送交有关部门。旅客坚持携带或者夹带危险物品或者违禁物品的，承运人应当拒绝运输。

第八百一十九条　【承运人告知义务和旅客协助配合义务】承运人应当严格履行安全运输义务，及时告知旅客安全运输应当注意的事项。旅客对承运人为安全运输所作的合理安排应当积极协助和配合。

第八百二十条　【承运人迟延运输或者有其他不能正常运输情形】承运人应当按照有效客票记载的时间、班次和座位号运输旅客。承运人迟延运输或者有其他不能正常运输情形的，应当及时告知和提醒旅客，采取必要的安置措施，并根据旅客的要求安排改乘其他班次或者退票；由此造成旅客损失的，承运人应当承担赔偿责任，但是不可归责于承运人的除外。

第八百二十一条　【承运人变更服务标准的后果】承运人擅自降低服务标准的，应当根据旅客的请求退票或者减收票款；提高服务标准的，不得加收票款。

第八百二十二条　【承运人尽力救助义务】承运人在运输过程中，应当尽力救助患有急病、分娩、遇险的旅客。

第八百二十三条　【旅客伤亡的赔偿责任】承运人应当对运输过程中旅客的伤亡承担赔偿责任；但是，伤亡是旅客自身健康原因造成的或者承运人证明伤亡是旅客故意、重大过失造成的除外。

前款规定适用于按照规定免票、持优待票或者经承运人许可搭乘的无票旅客。

第八百二十四条　【对行李的赔偿责任】在运输过程中旅客随身携带物品毁损、灭失，承运人有过错的，应当承担赔偿责任。

旅客托运的行李毁损、灭失的，适用货物运输的有关规定。

第三节　货运合同

第八百二十五条　【托运人如实申报情况义务】托运人办理货物运输，应当向承运人准确表明收货人的姓名、名称或者凭指示的收货人，货物的名称、性质、重量、数量，收货地点等有关货物运输的必要情况。

因托运人申报不实或者遗漏重要情况，造成承运人损失的，托运人应当承担赔偿责任。

第八百二十六条　【托运人办理审批、检验等手续义务】货物运输需要办理审批、检验等手续的，托运人应当将办理完有关手续的文件提交承运人。

第八百二十七条　【托运人的包装义务】托运人应当按照约定的方式包装货物。对包装方式没有约定或者约定不明确的，适用本法第六百一十九条的规定。

托运人违反前款规定的，承运人可以拒绝运输。

第八百二十八条　【托运人运送危险货物时的义务】托运人托运易燃、易爆、有毒、有腐蚀性、有放射性等危险物品的，应当按照国家有关危险物品运输的规定对危险物品妥善包装，做出危险物品标志和标签，并将有关危险物品的名称、性质和防范措施的书面材料提交承运人。

托运人违反前款规定的，承运人可以拒绝运输，也可以采取相应措施以避免损失的发生，因此产生的费用由托运人负担。

第八百二十九条　【托运人变更或解除的权利】在承运人将货物交付收货人之前，托运人可以要求承运人中止运输、返还货物、变更到达地或者将货物交给其他收货人，但是应当赔偿承运人因此受到的损失。

第八百三十条　【提货】货物运输到达后，承运人知道收货人的，应当及时通知收货人，收货人应当及时提货。收货人逾期提货的，应当向承运人支付保管费等费用。

第八百三十一条　【收货人对货物的检验】收货人

提货时应当按照约定的期限检验货物。对检验货物的期限没有约定或者约定不明确，依据本法第五百一十条的规定仍不能确定的，应当在合理期限内检验货物。收货人在约定的期限或者合理期限内对货物的数量、毁损等未提出异议的，视为承运人已经按照运输单证的记载交付的初步证据。

第八百三十二条　【承运人对货损的赔偿责任】承运人对运输过程中货物的毁损、灭失承担赔偿责任。但是，承运人证明货物的毁损、灭失是因不可抗力、货物本身的自然性质或者合理损耗以及托运人、收货人的过错造成的，不承担赔偿责任。

第八百三十三条　【确定货损额的方法】货物的毁损、灭失的赔偿额，当事人有约定的，按照其约定；没有约定或者约定不明确，依据本法第五百一十条的规定仍不能确定的，按照交付或者应当交付时货物到达地的市场价格计算。法律、行政法规对赔偿额的计算方法和赔偿限额另有规定的，依照其规定。

第八百三十四条　【相继运输的责任承担】两个以上承运人以同一运输方式联运的，与托运人订立合同的承运人应当对全程运输承担责任；损失发生在某一运输区段的，与托运人订立合同的承运人和该区段的承运人承担连带责任。

第八百三十五条　【货物因不可抗力灭失的运费处理】货物在运输过程中因不可抗力灭失，未收取运费的，承运人不得请求支付运费；已经收取运费的，托运人可以请求返还。法律另有规定的，依照其规定。

第八百三十六条　【承运人留置权】托运人或者收货人不支付运费、保管费或者其他费用的，承运人对相应的运输货物享有留置权，但是当事人另有约定的除外。

第八百三十七条　【货物的提存】收货人不明或者收货人无正当理由拒绝受领货物的，承运人依法可以提存货物。

第四节　多式联运合同

第八百三十八条　【多式联运经营人的权利义务】多式联运经营人负责履行或者组织履行多式联运合同，对全程运输享有承运人的权利，承担承运人的义务。

第八百三十九条　【多式联运经营人的责任承担】多式联运经营人可以与参加多式联运的各区段承运人就多式联运合同的各区段运输约定相互之间的责任；但是，该约定不影响多式联运经营人对全程运输承担的义务。

第八百四十条　【多式联运单据】多式联运经营人收到托运人交付的货物时，应当签发多式联运单据。按照托运人的要求，多式联运单据可以是可转让单据，也可以是不可转让单据。

第八百四十一条　【托运人的过错赔偿责任】因托运人托运货物时的过错造成多式联运经营人损失的，即使托运人已经转让多式联运单据，托运人仍然应当承担赔偿责任。

第八百四十二条　【赔偿责任的法律适用】货物的毁损、灭失发生于多式联运的某一运输区段的，多式联运经营人的赔偿责任和责任限额，适用调整该区段运输方式的有关法律规定；货物毁损、灭失发生的运输区段不能确定的，依照本章规定承担赔偿责任。

第二十章　技术合同
第一节　一般规定

第八百四十三条　【技术合同的定义】技术合同是当事人就技术开发、转让、许可、咨询或者服务订立的确立相互之间权利和义务的合同。

第八百四十四条　【订立技术合同的原则】订立技术合同，应当有利于知识产权的保护和科学技术的进步，促进科学技术成果的研发、转化、应用和推广。

第八百四十五条　【技术合同的主要条款】技术合同的内容一般包括项目的名称，标的的内容、范围和要求，履行的计划、地点和方式，技术信息和资料的保密，技术成果的归属和收益的分配办法，验收标准和方法，名词和术语的解释等条款。

与履行合同有关的技术背景资料、可行性论证和技术评价报告、项目任务书和计划书、技术标准、技术规范、原始设计和工艺文件，以及其他技术文档，按照当事人的约定可以作为合同的组成部分。

技术合同涉及专利的，应当注明发明创造的名称、专利申请人和专利权人、申请日期、申请号、专利号以及专利权的有效期限。

第八百四十六条　【技术合同价款、报酬或使用费的支付方式】技术合同价款、报酬或者使用费的支付方式由当事人约定，可以采取一次总算、一次总付或者一次总算、分期支付，也可以采取提成支付或者提成支付附加预付入门费的方式。

约定提成支付的，可以按照产品价格、实施专利和使用技术秘密后新增的产值、利润或者产品销售额的一定比例提成，也可以按照约定的其他方式计算。提成支付的比例可以采取固定比例、逐年递增比例或者逐年递减比例。

约定提成支付的，当事人可以约定查阅有关会计账目的办法。

第八百四十七条 【职务技术成果的财产权归属】职务技术成果的使用权、转让权属于法人或者非法人组织的，法人或者非法人组织可以就该项职务技术成果订立技术合同。法人或者非法人组织订立技术合同转让职务技术成果时，职务技术成果的完成人享有以同等条件优先受让的权利。

职务技术成果是执行法人或者非法人组织的工作任务，或者主要是利用法人或者非法人组织的物质技术条件所完成的技术成果。

第八百四十八条 【非职务技术成果的财产权归属】非职务技术成果的使用权、转让权属于完成技术成果的个人，完成技术成果的个人可以就该项非职务技术成果订立技术合同。

第八百四十九条 【技术成果人身权】完成技术成果的个人享有在有关技术成果文件上写明自己是技术成果完成者的权利和取得荣誉证书、奖励的权利。

第八百五十条 【技术合同的无效】非法垄断技术或者侵害他人技术成果的技术合同无效。

第二节 技术开发合同

第八百五十一条 【技术开发合同的定义及种类】技术开发合同是当事人之间就新技术、新产品、新工艺、新品种或者新材料及其系统的研究开发所订立的合同。

技术开发合同包括委托开发合同和合作开发合同。

技术开发合同应当采用书面形式。

当事人之间就具有实用价值的科技成果实施转化订立的合同，参照适用技术开发合同的有关规定。

第八百五十二条 【委托人的主要义务】委托开发合同的委托人应当按照约定支付研究开发经费和报酬，提供技术资料，提出研究开发要求，完成协作事项，接受研究开发成果。

第八百五十三条 【研究开发人的主要义务】委托开发合同的研究开发人应当按照约定制定和实施研究开发计划，合理使用研究开发经费，按期完成研究开发工作，交付研究开发成果，提供有关的技术资料和必要的技术指导，帮助委托人掌握研究开发成果。

第八百五十四条 【委托开发合同的当事人违约责任】委托开发合同的当事人违反约定造成研究开发工作停滞、延误或者失败的，应当承担违约责任。

第八百五十五条 【合作开发各方的主要义务】合作开发合同的当事人应当按照约定进行投资，包括以技术进行投资，分工参与研究开发工作，协作配合研究开发工作。

第八百五十六条 【合作开发各方的违约责任】合作开发合同的当事人违反约定造成研究开发工作停滞、延误或者失败的，应当承担违约责任。

第八百五十七条 【技术开发合同的解除】作为技术开发合同标的的技术已经由他人公开，致使技术开发合同的履行没有意义的，当事人可以解除合同。

第八百五十八条 【技术开发合同的风险责任负担】技术开发合同履行过程中，因出现无法克服的技术困难，致使研究开发失败或者部分失败的，该风险由当事人约定；没有约定或者约定不明确，依据本法第五百一十条的规定仍不能确定的，风险由当事人合理分担。

当事人一方发现前款规定的可能致使研究开发失败或者部分失败的情形时，应当及时通知另一方并采取适当措施减少损失；没有及时通知并采取适当措施，致使损失扩大的，应当就扩大的损失承担责任。

第八百五十九条 【发明创造的归属和分享】委托开发完成的发明创造，除法律另有规定或者当事人另有约定外，申请专利的权利属于研究开发人。研究开发人取得专利权的，委托人可以依法实施该专利。

研究开发人转让专利申请权的，委托人享有以同等条件优先受让的权利。

第八百六十条 【合作开发发明创造专利申请权的归属和分享】合作开发完成的发明创造，申请专利的权利属于合作开发的当事人共有；当事人一方转让其共有的专利申请权的，其他各方享有以同等条件优先受让的权利。但是，当事人另有约定的除外。

合作开发的当事人一方声明放弃其共有的专利申请权的，除当事人另有约定外，可以由另一方单独申请或者由其他各方共同申请。申请人取得专利权的，放弃专利申请权的一方可以免费实施该专利。

合作开发的当事人一方不同意申请专利的，另一方或者其他各方不得申请专利。

第八百六十一条 【技术秘密成果的归属与分配】委托开发或者合作开发完成的技术秘密成果的使用权、转让权以及收益的分配办法，由当事人约定；没有约定或者约定不明确，依据本法第五百一十条的规定仍不能确定的，在没有相同技术方案被授予专利权前，当事人均有使用和转让的权利。但是，委托开发的研究开发人不得在向委托人交付研究开发成果之前，将研究开发成果转让给第三人。

第三节　技术转让合同和技术许可合同

第八百六十二条　【技术转让合同和技术许可合同的定义】技术转让合同是合法拥有技术的权利人，将现有特定的专利、专利申请、技术秘密的相关权利让与他人所订立的合同。

技术许可合同是合法拥有技术的权利人，将现有特定的专利、技术秘密的相关权利许可他人实施、使用所订立的合同。

技术转让合同和技术许可合同中关于提供实施技术的专用设备、原材料或者提供有关的技术咨询、技术服务的约定，属于合同的组成部分。

第八百六十三条　【技术转让合同和技术许可合同的种类及合同要件】技术转让合同包括专利权转让、专利申请权转让、技术秘密转让等合同。

技术许可合同包括专利实施许可、技术秘密使用许可等合同。

技术转让合同和技术许可合同应当采用书面形式。

第八百六十四条　【技术转让合同和技术许可合同的限制性条款】技术转让合同和技术许可合同可以约定实施专利或者使用技术秘密的范围，但是不得限制技术竞争和技术发展。

第八百六十五条　【专利实施许可合同的有效期限】专利实施许可合同仅在该专利权的存续期限内有效。专利权有效期限届满或者专利权被宣告无效的，专利权人不得就该专利与他人订立专利实施许可合同。

第八百六十六条　【专利实施许可合同许可人的义务】专利实施许可合同的许可人应当按照约定许可被许可人实施专利，交付实施专利有关的技术资料，提供必要的技术指导。

第八百六十七条　【专利实施许可合同被许可人的义务】专利实施许可合同的被许可人应当按照约定实施专利，不得许可约定以外的第三人实施该专利，并按照约定支付使用费。

第八百六十八条　【技术秘密让与人和许可人的义务】技术秘密转让合同的让与人和技术秘密使用许可合同的许可人应当按照约定提供技术资料，进行技术指导，保证技术的实用性、可靠性，承担保密义务。

前款规定的保密义务，不限制许可人申请专利，但是当事人另有约定的除外。

第八百六十九条　【技术秘密受让人和被许可人的义务】技术秘密转让合同的受让人和技术秘密使用许可合同的被许可人应当按照约定使用技术，支付转让费、使用费，承担保密义务。

第八百七十条　【技术转让合同让与人和技术许可合同许可人的保证义务】技术转让合同的让与人和技术许可合同的许可人应当保证自己是所提供的技术的合法拥有者，并保证所提供的技术完整、无误、有效，能够达到约定的目标。

第八百七十一条　【技术转让合同受让人和技术许可合同被许可人保密义务】技术转让合同的受让人和技术许可合同的被许可人应当按照约定的范围和期限，对让与人、许可人提供的技术中尚未公开的秘密部分，承担保密义务。

第八百七十二条　【技术许可人和让与人的违约责任】许可人未按照约定许可技术的，应当返还部分或者全部使用费，并应当承担违约责任；实施专利或者使用技术秘密超越约定的范围的，违反约定擅自许可第三人实施该项专利或者使用该项技术秘密的，应当停止违约行为，承担违约责任；违反约定的保密义务的，应当承担违约责任。

让与人承担违约责任，参照适用前款规定。

第八百七十三条　【技术被许可人和受让人的违约责任】被许可人未按照约定支付使用费的，应当补交使用费并按照约定支付违约金；不补交使用费或者支付违约金的，应当停止实施专利或者使用技术秘密，交还技术资料，承担违约责任；实施专利或者使用技术秘密超越约定的范围的，未经许可人同意擅自许可第三人实施该专利或者使用该技术秘密的，应当停止违约行为，承担违约责任；违反约定的保密义务的，应当承担违约责任。

受让人承担违约责任，参照适用前款规定。

第八百七十四条　【实施专利、使用技术秘密侵害他人合法权益责任承担】受让人或者被许可人按照约定实施专利、使用技术秘密侵害他人合法权益的，由让与人或者许可人承担责任，但是当事人另有约定的除外。

第八百七十五条　【后续改进技术成果的分享办法】当事人可以按照互利的原则，在合同中约定实施专利、使用技术秘密后续改进的技术成果的分享办法；没有约定或者约定不明确，依据本法第五百一十条的规定仍不能确定的，一方后续改进的技术成果，其他各方无权分享。

第八百七十六条　【其他知识产权转让和许可的参照适用】集成电路布图设计专有权、植物新品种权、计算机软件著作权等其他知识产权的转让和许可，参照适用本节的有关规定。

第八百七十七条　【技术出口合同或专利、专利申请合同的法律适用】法律、行政法规对技术进出口合同或者专利、专利申请合同另有规定的，依照其规定。

第四节　技术咨询合同和技术服务合同

第八百七十八条　【技术咨询合同、技术服务合同的定义】技术咨询合同是当事人一方以技术知识为对方就特定技术项目提供可行性论证、技术预测、专题技术调查、分析评价报告等所订立的合同。

技术服务合同是当事人一方以技术知识为对方解决特定技术问题所订立的合同，不包括承揽合同和建设工程合同。

第八百七十九条　【技术咨询合同委托人的义务】技术咨询合同的委托人应当按照约定阐明咨询的问题，提供技术背景材料及有关技术资料，接受受托人的工作成果，支付报酬。

第八百八十条　【技术咨询合同受托人的义务】技术咨询合同的受托人应当按照约定的期限完成咨询报告或者解答问题，提出的咨询报告应当达到约定的要求。

第八百八十一条　【技术咨询合同当事人的违约责任及决策风险责任】技术咨询合同的委托人未按照约定提供必要的资料，影响工作进度和质量，不接受或者逾期接受工作成果的，支付的报酬不得追回，未支付的报酬应当支付。

技术咨询合同的受托人未按期提出咨询报告或者提出的咨询报告不符合约定的，应当承担减收或者免收报酬等违约责任。

技术咨询合同的委托人按照受托人符合约定要求的咨询报告和意见作出决策所造成的损失，由委托人承担，但是当事人另有约定的除外。

第八百八十二条　【技术服务合同委托人的义务】技术服务合同的委托人应当按照约定提供工作条件，完成配合事项，接受工作成果并支付报酬。

第八百八十三条　【技术服务合同受托人的义务】技术服务合同的受托人应当按照约定完成服务项目，解决技术问题，保证工作质量，并传授解决技术问题的知识。

第八百八十四条　【技术服务合同的当事人违约责任】技术服务合同的委托人不履行合同义务或者履行合同义务不符合约定，影响工作进度和质量，不接受或者逾期接受工作成果的，支付的报酬不得追回，未支付的报酬应当支付。

技术服务合同的受托人未按照约定完成服务工作

的，应当承担免收报酬等违约责任。

第八百八十五条　【技术成果的归属和分享】技术咨询合同、技术服务合同履行过程中，受托人利用委托人提供的技术资料和工作条件完成的新的技术成果，属于受托人。委托人利用受托人的工作成果完成的新的技术成果，属于委托人。当事人另有约定的，按照其约定。

第八百八十六条　【受托人履行合同的费用负担】技术咨询合同和技术服务合同对受托人正常开展工作所需费用的负担没有约定或者约定不明确的，由受托人负担。

第八百八十七条　【技术中介合同和技术培训合同法律适用】法律、行政法规对技术中介合同、技术培训合同另有规定的，依照其规定。

第二十一章　保管合同

第八百八十八条　【保管合同的定义】保管合同是保管人保管寄存人交付的保管物，并返还该物的合同。

寄存人到保管人处从事购物、就餐、住宿等活动，将物品存放在指定场所的，视为保管，但是当事人另有约定或者另有交易习惯的除外。

第八百八十九条　【保管合同的报酬】寄存人应当按照约定向保管人支付保管费。

当事人对保管费没有约定或者约定不明确，依据本法第五百一十条的规定仍不能确定的，视为无偿保管。

第八百九十条　【保管合同的成立】保管合同自保管物交付时成立，但是当事人另有约定的除外。

第八百九十一条　【保管人给付保管凭证的义务】寄存人向保管人交付保管物的，保管人应当出具保管凭证，但是另有交易习惯的除外。

第八百九十二条　【保管人对保管物的妥善保管义务】保管人应当妥善保管保管物。

当事人可以约定保管场所或者方法。除紧急情况或者为维护寄存人利益外，不得擅自改变保管场所或者方法。

第八百九十三条　【寄存人如实告知义务】寄存人交付的保管物有瑕疵或者根据保管物的性质需要采取特殊保管措施的，寄存人应当将有关情况告知保管人。寄存人未告知，致使保管物受损失的，保管人不承担赔偿责任；保管人因此受损失的，除保管人知道或者应当知道且未采取补救措施外，寄存人应当承担赔偿责任。

第八百九十四条　【保管人亲自保管义务】保管人不得将保管物转交第三人保管，但是当事人另有约定的除外。

保管人违反前款规定,将保管物转交第三人保管,造成保管物损失的,应当承担赔偿责任。

第八百九十五条　【保管人不得使用或许可他人使用保管物义务】保管人不得使用或者许可第三人使用保管物,但是当事人另有约定的除外。

第八百九十六条　【保管人返还保管物的义务及危险通知义务】第三人对保管物主张权利的,除依法对保管物采取保全或者执行措施外,保管人应当履行向寄存人返还保管物的义务。

第三人对保管人提起诉讼或者对保管物申请扣押的,保管人应当及时通知寄存人。

第八百九十七条　【保管物毁损灭失责任】保管期内,因保管人保管不善造成保管物毁损、灭失的,保管人应当承担赔偿责任。但是,无偿保管人证明自己没有故意或者重大过失的,不承担赔偿责任。

第八百九十八条　【寄存贵重物品的声明义务】寄存人寄存货币、有价证券或者其他贵重物品的,应当向保管人声明,由保管人验收或者封存;寄存人未声明的,该物品毁损、灭失后,保管人可以按照一般物品予以赔偿。

第八百九十九条　【保管物的领取及领取时间】寄存人可以随时领取保管物。

当事人对保管期限没有约定或者约定不明确的,保管人可以随时请求寄存人领取保管物;约定保管期限的,保管人无特别事由,不得请求寄存人提前领取保管物。

第九百条　【保管人归还原物及孳息的义务】保管期限届满或者寄存人提前领取保管物的,保管人应当将原物及其孳息归还寄存人。

第九百零一条　【消费保管】保管人保管货币的,可以返还相同种类、数量的货币;保管其他可替代物的,可以按照约定返还相同种类、品质、数量的物品。

第九百零二条　【保管费的支付期限】有偿的保管合同,寄存人应当按照约定的期限向保管人支付保管费。

当事人对支付期限没有约定或者约定不明确,依据本法第五百一十条的规定仍不能确定的,应当在领取保管物的同时支付。

第九百零三条　【保管人的留置权】寄存人未按照约定支付保管费或者其他费用的,保管人对保管物享有留置权,但是当事人另有约定的除外。

第二十二章　仓储合同

第九百零四条　【仓储合同的定义】仓储合同是保管人储存存货人交付的仓储物,存货人支付仓储费的合同。

第九百零五条　【仓储合同的成立时间】仓储合同自保管人和存货人意思表示一致时成立。

第九百零六条　【危险物品和易变质物品的储存】储存易燃、易爆、有毒、有腐蚀性、有放射性等危险物品或者易变质物品的,存货人应当说明该物品的性质,提供有关资料。

存货人违反前款规定的,保管人可以拒收仓储物,也可以采取相应措施以避免损失的发生,因此产生的费用由存货人负担。

保管人储存易燃、易爆、有毒、有腐蚀性、有放射性等危险物品的,应当具备相应的保管条件。

第九百零七条　【仓储物的验收】保管人应当按照约定对入库仓储物进行验收。保管人验收时发现入库仓储物与约定不符合的,应当及时通知存货人。保管人验收后,发生仓储物的品种、数量、质量不符合约定的,保管人应当承担赔偿责任。

第九百零八条　【保管人出具仓单、入库单义务】存货人交付仓储物的,保管人应当出具仓单、入库单等凭证。

第九百零九条　【仓单的内容】保管人应当在仓单上签名或者盖章。仓单包括下列事项:

(一)存货人的姓名或者名称和住所;

(二)仓储物的品种、数量、质量、包装及其件数和标记;

(三)仓储物的损耗标准;

(四)储存场所;

(五)储存期限;

(六)仓储费;

(七)仓储物已经办理保险的,其保险金额、期间以及保险人的名称;

(八)填发人、填发地和填发日期。

第九百一十条　【仓单的转让和出质】仓单是提取仓储物的凭证。存货人或者仓单持有人在仓单上背书并经保管人签名或者盖章的,可以转让提取仓储物的权利。

第九百一十一条　【检查仓储物或提取样品的权利】保管人根据存货人或者仓单持有人的要求,应当同意其检查仓储物或者提取样品。

第九百一十二条　【保管人的通知义务】保管人发现入库仓储物有变质或者其他损坏的,应当及时通知存货人或者仓单持有人。

第九百一十三条　【保管人危险催告义务和紧急处置权】保管人发现入库仓储物有变质或者其他损坏,危及其他仓储物的安全和正常保管的,应当催告存货人或者仓单持有人作出必要的处置。因情况紧急,保管人可以作出必要的处置;但是,事后应当将该情况及时通知存货人或者仓单持有人。

第九百一十四条 【仓储物的提取】当事人对储存期限没有约定或者约定不明确的,存货人或者仓单持有人可以随时提取仓储物,保管人也可以随时请求存货人或者仓单持有人提取仓储物,但是应当给予必要的准备时间。

第九百一十五条 【仓储物的提取规则】储存期限届满,存货人或者仓单持有人应当凭仓单、入库单等提取仓储物。存货人或者仓单持有人逾期提取的,应当加收仓储费;提前提取的,不减收仓储费。

第九百一十六条 【逾期提取仓储物】储存期限届满,存货人或者仓单持有人不提取仓储物的,保管人可以催告其在合理期限内提取;逾期不提取的,保管人可以提存仓储物。

第九百一十七条 【保管不善的责任承担】储存期内,因保管不善造成仓储物毁损、灭失的,保管人应当承担赔偿责任。因仓储物本身的自然性质、包装不符合约定或者超过有效储存期造成仓储物变质、损坏的,保管人不承担赔偿责任。

第九百一十八条 【参照适用保管合同的规定】本章没有规定的,适用保管合同的有关规定。

第二十三章　委托合同

第九百一十九条 【委托合同的概念】委托合同是委托人和受托人约定,由受托人处理委托人事务的合同。

第九百二十条 【委托权限】委托人可以特别委托受托人处理一项或者数项事务,也可以概括委托受托人处理一切事务。

第九百二十一条 【处理委托事务的费用】委托人应当预付处理委托事务的费用。受托人为处理委托事务垫付的必要费用,委托人应当偿还该费用并支付利息。

第九百二十二条 【受托人服从指示的义务】受托人应当按照委托人的指示处理委托事务。需要变更委托人指示的,应当经委托人同意;因情况紧急,难以和委托人取得联系的,受托人应当妥善处理委托事务,但是事后应当将该情况及时报告委托人。

第九百二十三条 【受托人亲自处理委托事务】受托人应当亲自处理委托事务。经委托人同意,受托人可以转委托。转委托经同意或者追认的,委托人可以就委托事务直接指示转委托的第三人,受托人仅就第三人的

选任及其对第三人的指示承担责任。转委托未经同意或者追认的,受托人应当对转委托的第三人的行为承担责任;但是,在紧急情况下受托人为了维护委托人的利益需要转委托第三人的除外。

第九百二十四条 【受托人的报告义务】受托人应当按照委托人的要求,报告委托事务的处理情况。委托合同终止时,受托人应当报告委托事务的结果。

第九百二十五条 【受托人以自己名义从事受托事务的法律效果】受托人以自己的名义,在委托人的授权范围内与第三人订立的合同,第三人在订立合同时知道受托人与委托人之间的代理关系的,该合同直接约束委托人和第三人;但是,有确切证据证明该合同只约束受托人和第三人的除外。

第九百二十六条 【委托人的介入权与第三人的选择权】受托人以自己的名义与第三人订立合同时,第三人不知道受托人与委托人之间的代理关系的,受托人因第三人的原因对委托人不履行义务,受托人应当向委托人披露第三人,委托人因此可以行使受托人对第三人的权利。但是,第三人与受托人订立合同时如果知道该委托人就不会订立合同的除外。

受托人因委托人的原因对第三人不履行义务,受托人应当向第三人披露委托人,第三人因此可以选择受托人或者委托人作为相对人主张其权利,但是第三人不得变更选定的相对人。

委托人行使受托人对第三人的权利的,第三人可以向委托人主张其对受托人的抗辩。第三人选定委托人作为其相对人的,委托人可以向第三人主张其对受托人的抗辩以及受托人对第三人的抗辩。

第九百二十七条 【受托人转移所得利益的义务】受托人处理委托事务取得的财产,应当转交给委托人。

第九百二十八条 【委托人支付报酬的义务】受托人完成委托事务的,委托人应当按照约定向其支付报酬。

因不可归责于受托人的事由,委托合同解除或者委托事务不能完成的,委托人应当向受托人支付相应的报酬。当事人另有约定的,按照其约定。

第九百二十九条 【因受托人过错致委托人损失的赔偿责任】有偿的委托合同,因受托人的过错造成委托人损失的,委托人可以请求赔偿损失。无偿的委托合同,因受托人的故意或者重大过失造成委托人损失的,委托人可以请求赔偿损失。

受托人超越权限造成委托人损失的,应当赔偿损失。

第九百三十条 【委托人的赔偿责任】受托人处理

委托事务时，因不可归责于自己的事由受到损失的，可以向委托人请求赔偿损失。

第九百三十一条　【委托人另行委托他人处理事务】委托人经受托人同意，可以在受托人之外委托第三人处理委托事务。因此造成受托人损失的，受托人可以向委托人请求赔偿损失。

第九百三十二条　【共同委托】两个以上的受托人共同处理委托事务的，对委托人承担连带责任。

第九百三十三条　【任意解除权】委托人或者受托人可以随时解除委托合同。因解除合同造成对方损失的，除不可归责于该当事人的事由外，无偿委托合同的解除方应当赔偿因解除时间不当造成的直接损失，有偿委托合同的解除方应当赔偿对方的直接损失和合同履行后可以获得的利益。

第九百三十四条　【委托合同的终止】委托人死亡、终止或者受托人死亡、丧失民事行为能力、终止的，委托合同终止；但是，当事人另有约定或者根据委托事务的性质不宜终止的除外。

第九百三十五条　【受托人继续处理委托事务】因委托人死亡或者被宣告破产、解散，致使委托合同终止将损害委托人利益的，在委托人的继承人、遗产管理人或者清算人承受委托事务之前，受托人应当继续处理委托事务。

第九百三十六条　【受托人死亡后其继承人等的义务】因受托人死亡、丧失民事行为能力或者被宣告破产、解散，致使委托合同终止的，受托人的继承人、遗产管理人、法定代理人或者清算人应当及时通知委托人。因委托合同终止将损害委托人利益的，在委托人作出善后处理之前，受托人的继承人、遗产管理人、法定代理人或者清算人应当采取必要措施。

第二十四章　物业服务合同

第九百三十七条　【物业服务合同的定义】物业服务合同是物业服务人在物业服务区域内，为业主提供建筑物及其附属设施的维修养护、环境卫生和相关秩序的管理维护等物业服务，业主支付物业费的合同。

物业服务人包括物业服务企业和其他管理人。

第九百三十八条　【物业服务合同的内容与形式】物业服务合同的内容一般包括服务事项、服务质量、服务费用的标准和收取办法、维修资金的使用、服务用房的管理和使用、服务期限、服务交接等条款。

物业服务人公开作出的有利于业主的服务承诺，为物业服务合同的组成部分。

物业服务合同应当采用书面形式。

第九百三十九条　【物业服务合同的约束力】建设单位依法与物业服务人订立的前期物业服务合同，以及业主委员会与业主大会依法选聘的物业服务人订立的物业服务合同，对业主具有法律约束力。

第九百四十条　【前期物业服务合同的终止情形】建设单位依法与物业服务人订立的前期物业服务合同约定的服务期限届满前，业主委员会或者业主与新物业服务人订立的物业服务合同生效的，前期物业服务合同终止。

第九百四十一条　【物业服务合同的转委托】物业服务人将物业服务区域内的部分专项服务事项委托给专业性服务组织或者其他第三人的，应当就该部分专项服务事项向业主负责。

物业服务人不得将其应当提供的全部物业服务转委托给第三人，或者将全部物业服务支解后分别转委托给第三人。

第九百四十二条　【物业服务人的义务】物业服务人应当按照约定和物业的使用性质，妥善维修、养护、清洁、绿化和经营管理物业服务区域内的业主共有部分，维护物业服务区域内的基本秩序，采取合理措施保护业主的人身、财产安全。

对物业服务区域内违反有关治安、环保、消防等法律法规的行为，物业服务人应当及时采取合理措施制止、向有关行政主管部门报告并协助处理。

第九百四十三条　【物业服务人的信息公开义务】物业服务人应当定期将服务的事项、负责人员、质量要求、收费项目、收费标准、履行情况，以及维修资金使用情况、业主共有部分的经营与收益情况等以合理方式向业主公开并向业主大会、业主委员会报告。

第九百四十四条　【业主支付物业费义务】业主应当按照约定向物业服务人支付物业费。物业服务人已经按照约定和有关规定提供服务的，业主不得以未接受或者无需接受相关物业服务为由拒绝支付物业费。

业主违反约定逾期不支付物业费的，物业服务人可以催告其在合理期限内支付；合理期限届满仍不支付的，物业服务人可以提起诉讼或者申请仲裁。

物业服务人不得采取停止供电、供水、供热、供燃气等方式催交物业费。

第九百四十五条　【业主的告知、协助义务】业主装饰装修房屋的，应当事先告知物业服务人，遵守物业服务人提示的合理注意事项，并配合其进行必要的现场检查。

业主转让、出租物业专有部分、设立居住权或者依法改变共有部分用途的,应当及时将相关情况告知物业服务人。

第九百四十六条 【业主解聘物业服务人】业主依照法定程序共同决定解聘物业服务人的,可以解除物业服务合同。决定解聘的,应当提前六十日书面通知物业服务人,但是合同对通知期限另有约定的除外。

依据前款规定解除合同造成物业服务人损失的,除不可归责于业主的事由外,业主应当赔偿损失。

第九百四十七条 【物业服务人的续聘】物业服务期限届满前,业主依法共同决定续聘的,应当与原物业服务人在合同期限届满前续订物业服务合同。

物业服务期限届满前,物业服务人不同意续聘的,应当在合同期限届满前九十日书面通知业主或者业主委员会,但是合同对通知期限另有约定的除外。

第九百四十八条 【不定期物业服务合同的成立与解除】物业服务期限届满后,业主没有依法作出续聘或者另聘物业服务人的决定,物业服务人继续提供物业服务的,原物业服务合同继续有效,但是服务期限为不定期。

当事人可以随时解除不定期物业服务合同,但是应当提前六十日书面通知对方。

第九百四十九条 【物业服务合同终止后原物业服务人的义务】物业服务合同终止的,原物业服务人应当在约定期限或者合理期限内退出物业服务区域,将物业服务用房、相关设施、物业服务所必需的相关资料等交还给业主委员会、决定自行管理的业主或者其指定的人,配合新物业服务人做好交接工作,并如实告知物业的使用和管理状况。

原物业服务人违反前款规定的,不得请求业主支付物业服务合同终止后的物业费;造成业主损失的,应当赔偿损失。

第九百五十条 【物业服务合同终止后新合同成立前期间的相关事项】物业服务合同终止后,在业主或者业主大会选聘的新物业服务人或者决定自行管理的业主接管之前,原物业服务人应当继续处理物业服务事项,并可以请求业主支付该期间的物业费。

第二十五章 行纪合同

第九百五十一条 【行纪合同的概念】行纪合同是行纪人以自己的名义为委托人从事贸易活动,委托人支付报酬的合同。

第九百五十二条 【行纪人的费用负担】行纪人处理委托事务支出的费用,由行纪人负担,但是当事人另有约定的除外。

第九百五十三条 【行纪人保管义务】行纪人占有委托物的,应当妥善保管委托物。

第九百五十四条 【行纪人处置委托物义务】委托物交付给行纪人时有瑕疵或者容易腐烂、变质的,经委托人同意,行纪人可以处分该物;不能与委托人及时取得联系的,行纪人可以合理处分。

第九百五十五条 【行纪人按指定价格买卖的义务】行纪人低于委托人指定的价格卖出或者高于委托人指定的价格买入的,应当经委托人同意;未经委托人同意,行纪人补偿其差额的,该买卖对委托人发生效力。

行纪人高于委托人指定的价格卖出或者低于委托人指定的价格买入的,可以按照约定增加报酬;没有约定或者约定不明确,依据本法第五百一十条的规定仍不能确定的,该利益属于委托人。

委托人对价格有特别指示的,行纪人不得违背该指示卖出或者买入。

第九百五十六条 【行纪人的介入权】行纪人卖出或者买入具有市场定价的商品,除委托人有相反的意思表示外,行纪人自己可以作为买受人或者出卖人。

行纪人有前款规定情形的,仍然可以请求委托人支付报酬。

第九百五十七条 【委托人受领、取回义务及行纪人提存委托物】行纪人按照约定买入委托物,委托人应当及时受领。经行纪人催告,委托人无正当理由拒绝受领的,行纪人依法可以提存委托物。

委托物不能卖出或者委托人撤回出卖,经行纪人催告,委托人不取回或者不处分该物的,行纪人依法可以提存委托物。

第九百五十八条 【行纪人的直接履行义务】行纪人与第三人订立合同的,行纪人对该合同直接享有权利、承担义务。

第三人不履行义务致使委托人受到损害的,行纪人应当承担赔偿责任,但是行纪人与委托人另有约定的除外。

第九百五十九条 【行纪人的报酬请求权及留置权】行纪人完成或者部分完成委托事务的,委托人应当向其支付相应的报酬。委托人逾期不支付报酬的,行纪人对委托物享有留置权,但是当事人另有约定的除外。

第九百六十条 【参照适用委托合同的规定】本章没有规定的,参照适用委托合同的有关规定。

第二十六章　中介合同

第九百六十一条　【中介合同的概念】中介合同是中介人向委托人报告订立合同的机会或者提供订立合同的媒介服务,委托人支付报酬的合同。

第九百六十二条　【中介人的如实报告义务】中介人应当就有关订立合同的事项向委托人如实报告。

中介人故意隐瞒与订立合同有关的重要事实或者提供虚假情况,损害委托人利益的,不得请求支付报酬并应当承担赔偿责任。

第九百六十三条　【中介人的报酬请求权】中介人促成合同成立的,委托人应当按照约定支付报酬。对中介人的报酬没有约定或者约定不明确,依据本法第五百一十条的规定仍不能确定的,根据中介人的劳务合理确定。因中介人提供订立合同的媒介服务而促成合同成立的,由该合同的当事人平均负担中介人的报酬。

中介人促成合同成立的,中介活动的费用,由中介人负担。

第九百六十四条　【中介人的中介费用】中介人未促成合同成立的,不得请求支付报酬;但是,可以按照约定请求委托人支付从事中介活动支出的必要费用。

第九百六十五条　【委托人"跳单"应支付中介报酬】委托人在接受中介人的服务后,利用中介人提供的交易机会或者媒介服务,绕开中介人直接订立合同的,应当向中介人支付报酬。

第九百六十六条　【参照适用委托合同的规定】本章没有规定的,参照适用委托合同的有关规定。

第二十七章　合伙合同

第九百六十七条　【合伙合同的定义】合伙合同是两个以上合伙人为了共同的事业目的,订立的共享利益、共担风险的协议。

第九百六十八条　【合伙人的出资义务】合伙人应当按照约定的出资方式、数额和缴付期限,履行出资义务。

第九百六十九条　【合伙财产的定义】合伙人的出资、因合伙事务依法取得的收益和其他财产,属于合伙财产。

合伙合同终止前,合伙人不得请求分割合伙财产。

第九百七十条　【合伙事务的执行】合伙人就合伙事务作出决定的,除合伙合同另有约定外,应当经全体合伙人一致同意。

合伙事务由全体合伙人共同执行。按照合伙合同的约定或者全体合伙人的决定,可以委托一个或者数个合伙人执行合伙事务;其他合伙人不再执行合伙事务,但是有权监督执行情况。

合伙人分别执行合伙事务的,执行事务合伙人可以对其他合伙人执行的事务提出异议;提出异议后,其他合伙人应当暂停该项事务的执行。

第九百七十一条　【合伙人执行合伙事务不得请求支付报酬】合伙人不得因执行合伙事务而请求支付报酬,但是合伙合同另有约定的除外。

第九百七十二条　【合伙的利润分配和亏损分担】合伙的利润分配和亏损分担,按照合伙合同的约定办理;合伙合同没有约定或者约定不明确的,由合伙人协商决定;协商不成的,由合伙人按照实缴出资比例分配、分担;无法确定出资比例的,由合伙人平均分配、分担。

第九百七十三条　【合伙人对合伙债务的连带责任及追偿权】合伙人对合伙债务承担连带责任。清偿合伙债务超过自己应当承担份额的合伙人,有权向其他合伙人追偿。

第九百七十四条　【合伙人转让财产份额的要求】除合伙合同另有约定外,合伙人向合伙人以外的人转让其全部或者部分财产份额的,须经其他合伙人一致同意。

第九百七十五条　【合伙人债权人代位行使权利的限制】合伙人的债权人不得代位行使合伙人依照本章规定和合伙合同享有的权利,但是合伙人享有的利益分配请求权除外。

第九百七十六条　【合伙期限的推定】合伙人对合伙期限没有约定或者约定不明确,依据本法第五百一十条的规定仍不能确定的,视为不定期合伙。

合伙期限届满,合伙人继续执行合伙事务,其他合伙人没有提出异议的,原合伙合同继续有效,但是合伙期限为不定期。

合伙人可以随时解除不定期合伙合同,但是应当在合理期限之前通知其他合伙人。

第九百七十七条　【合伙人死亡、民事行为能力丧失或终止时合伙合同的效力】合伙人死亡、丧失民事行为能力或者终止的,合伙合同终止;但是,合伙合同另有约定或者根据合伙事务的性质不宜终止的除外。

第九百七十八条　【合伙合同终止后剩余财产的分配规则】合伙合同终止后,合伙财产在支付因终止而产生的费用以及清偿合伙债务后有剩余的,依据本法第九百七十二条的规定进行分配。

第三分编　准合同

第二十八章　无因管理

第九百七十九条　【无因管理的定义及法律效果】管理人没有法定的或者约定的义务,为避免他人利益受损失而管理他人事务的,可以请求受益人偿还因管理事务而支出的必要费用;管理人因管理事务受到损失的,可以请求受益人给予适当补偿。

管理事务不符合受益人真实意思的,管理人不享有前款规定的权利;但是,受益人的真实意思违反法律或者违背公序良俗的除外。

第九百八十条　【不适当的无因管理】管理人管理事务不属于前条规定的情形,但是受益人享有管理利益的,受益人应当在其获得的利益范围内向管理人承担前条第一款规定的义务。

第九百八十一条　【管理人的善良管理义务】管理人管理他人事务,应当采取有利于受益人的方法。中断管理对受益人不利的,无正当理由不得中断。

第九百八十二条　【管理人的通知义务】管理人管理他人事务,能够通知受益人的,应当及时通知受益人。管理的事务不需要紧急处理的,应当等待受益人的指示。

第九百八十三条　【管理人的报告及移交财产义务】管理结束后,管理人应当向受益人报告管理事务的情况。管理人管理事务取得的财产,应当及时转交给受益人。

第九百八十四条　【本人对管理事务的追认】管理人管理事务经受益人事后追认的,从管理事务开始时起,适用委托合同的有关规定,但是管理人另有意思表示的除外。

第二十九章　不当得利

第九百八十五条　【不当得利的构成及除外情况】得利人没有法律根据取得不当利益的,受损失的人可以请求得利人返还取得的利益,但是有下列情形之一的除外:

(一)为履行道德义务进行的给付;

(二)债务到期之前的清偿;

(三)明知无给付义务而进行的债务清偿。

第九百八十六条　【善意得利人的返还责任】得利人不知道且不应当知道取得的利益没有法律根据,取得的利益已经不存在的,不承担返还该利益的义务。

第九百八十七条　【恶意得利人的返还责任】得利人知道或者应当知道取得的利益没有法律根据的,受损失的

人可以请求得利人返还其取得的利益并依法赔偿损失。

第九百八十八条　【第三人的返还义务】得利人已经将取得的利益无偿转让给第三人的,受损失的人可以请求第三人在相应范围内承担返还义务。

……

第七编　侵权责任

……

第十章　建筑物和物件损害责任

第一千二百五十二条　【建筑物、构筑物或者其他设施倒塌、塌陷致害责任】建筑物、构筑物或者其他设施倒塌、塌陷造成他人损害的,由建设单位与施工单位承担连带责任,但是建设单位与施工单位能够证明不存在质量缺陷的除外。建设单位、施工单位赔偿后,有其他责任人的,有权向其他责任人追偿。

因所有人、管理人、使用人或者第三人的原因,建筑物、构筑物或者其他设施倒塌、塌陷造成他人损害的,由所有人、管理人、使用人或者第三人承担侵权责任。

第一千二百五十三条　【建筑物、构筑物或者其他设施及其搁置物、悬挂物脱落、坠落致害责任】建筑物、构筑物或者其他设施及其搁置物、悬挂物发生脱落、坠落造成他人损害,所有人、管理人或者使用人不能证明自己没有过错的,应当承担侵权责任。所有人、管理人或者使用人赔偿后,有其他责任人的,有权向其他责任人追偿。

第一千二百五十四条　【高空抛掷物、坠落物致害责任】禁止从建筑物中抛掷物品。从建筑物中抛掷物品或者从建筑物上坠落的物品造成他人损害的,由侵权人依法承担侵权责任;经调查难以确定具体侵权人的,除能够证明自己不是侵权人的外,由可能加害的建筑物使用人给予补偿。可能加害的建筑物使用人补偿后,有权向侵权人追偿。

物业服务企业等建筑物管理人应当采取必要的安全保障措施防止前款规定情形的发生;未采取必要的安全保障措施的,应当依法承担未履行安全保障义务的侵权责任。

发生本条第一款规定的情形的,公安等机关应当依法及时调查,查清责任人。

第一千二百五十五条　【堆放物致害责任】堆放物倒塌、滚落或者滑落造成他人损害,堆放人不能证明自己没有过错的,应当承担侵权责任。

第一千二百五十六条　【在公共道路上妨碍通行物品的致害责任】在公共道路上堆放、倾倒、遗撒妨碍通行

的物品造成他人损害的,由行为人承担侵权责任。公共道路管理人不能证明已经尽到清理、防护、警示等义务的,应当承担相应的责任。

第一千二百五十七条 【林木致害的责任】因林木折断、倾倒或者果实坠落等造成他人损害,林木的所有人或者管理人不能证明自己没有过错的,应当承担侵权责任。

第一千二百五十八条 【公共场所或道路施工致害责任和窨井等地下设施致害责任】在公共场所或者道路上挖掘、修缮安装地下设施等造成他人损害,施工人不能证明已经设置明显标志和采取安全措施的,应当承担侵权责任。

窨井等地下设施造成他人损害,管理人不能证明尽到管理职责的,应当承担侵权责任。

……

中华人民共和国无障碍环境建设法(节录)

· 2023 年 6 月 28 日第十四届全国人民代表大会常务委员会第三次会议通过
· 2023 年 6 月 28 日中华人民共和国主席令第 6 号公布
· 自 2023 年 9 月 1 日起施行

……

第二章　无障碍设施建设

第十二条 【无障碍设施建设的基本要求】新建、改建、扩建的居住建筑、居住区、公共建筑、公共场所、交通运输设施、城乡道路等,应当符合无障碍设施工程建设标准。

无障碍设施应当与主体工程同步规划、同步设计、同步施工、同步验收、同步交付使用,并与周边的无障碍设施有效衔接、实现贯通。

无障碍设施应当设置符合标准的无障碍标识,并纳入周边环境或者建筑物内部的引导标识系统。

第十三条 【无障碍设施建设的理念】国家鼓励工程建设、设计、施工等单位采用先进的理念和技术,建设人性化、系统化、智能化并与周边环境相协调的无障碍设施。

第十四条 【工程建设单位的无障碍环境建设义务】工程建设单位应当将无障碍设施建设经费纳入工程建设项目概预算。

工程建设单位不得明示或者暗示设计、施工单位违反无障碍设施工程建设标准;不得擅自将未经验收或者验收不合格的无障碍设施交付使用。

第十五条 【无障碍设施工程设计】工程设计单位应当按照无障碍设施工程建设标准进行设计。

依法需要进行施工图设计文件审查的,施工图审查机构应当按照法律、法规和无障碍设施工程建设标准,对无障碍设施设计内容进行审查;不符合有关规定的,不予审查通过。

第十六条 【无障碍设施施工、监理以及竣工验收】工程施工、监理单位应当按照施工图设计文件以及相关标准进行无障碍设施施工和监理。

住房和城乡建设等主管部门对未按照法律、法规和无障碍设施工程建设标准开展无障碍设施验收或者验收不合格的,不予办理竣工验收备案手续。

第十七条 【意见征询和体验试用】国家鼓励工程建设单位在新建、改建、扩建建设项目的规划、设计和竣工验收等环节,邀请残疾人、老年人代表以及残疾人联合会、老龄协会等组织,参加意见征询和体验试用等活动。

第十八条 【既有建筑无障碍设施改造】对既有的不符合无障碍设施工程建设标准的居住建筑、居住区、公共建筑、公共场所、交通运输设施、城乡道路等,县级以上人民政府应当根据实际情况,制定有针对性的无障碍设施改造计划并组织实施。

无障碍设施改造由所有权人或者管理人负责。所有权人、管理人和使用人之间约定改造责任的,由约定的责任人负责。

不具备无障碍设施改造条件的,责任人应当采取必要的替代性措施。

第十九条 【家庭无障碍设施改造】县级以上人民政府应当支持、指导家庭无障碍设施改造。对符合条件的残疾人、老年人家庭应当给予适当补贴。

居民委员会、村民委员会、居住区管理服务单位以及业主委员会应当支持并配合家庭无障碍设施改造。

第二十条 【残疾人集中就业单位无障碍设施建设】残疾人集中就业单位应当按照有关标准和要求,建设和改造无障碍设施。

国家鼓励和支持用人单位开展就业场所无障碍设施建设和改造,为残疾人职工提供必要的劳动条件和便利。

第二十一条 【公共建筑、场所、设施的无障碍设施建设和改造】新建、改建、扩建公共建筑、公共场所、交通运输设施以及居住区的公共服务设施,应当按照无障碍设施工程建设标准,配套建设无障碍设施;既有的上述建筑、场所和设施不符合无障碍设施工程建设标准的,应当进行必要的改造。

第二十二条　【老旧小区加装电梯等无障碍设施】国家支持城镇老旧小区既有多层住宅加装电梯或者其他无障碍设施，为残疾人、老年人提供便利。

县级以上人民政府及其有关部门应当采取措施、创造条件，并发挥社区基层组织作用，推动既有多层住宅加装电梯或者其他无障碍设施。

房屋所有权人应当弘扬中华民族与邻为善、守望相助等传统美德，加强沟通协商，依法配合既有多层住宅加装电梯或者其他无障碍设施。

第二十三条　【道路无障碍】新建、改建、扩建和具备改造条件的城市主干路、主要商业区和大型居住区的人行天桥和人行地下通道，应当按照无障碍设施工程建设标准，建设或者改造无障碍设施。

城市主干路、主要商业区等无障碍需求比较集中的区域的人行道，应当按照标准设置盲道；城市中心区、残疾人集中就业单位和集中就读学校周边的人行横道的交通信号设施，应当按照标准安装过街音响提示装置。

第二十四条　【无障碍停车位的设置和使用】停车场应当按照无障碍设施工程建设标准，设置无障碍停车位，并设置显著标志标识。

无障碍停车位优先供肢体残疾人驾驶或者乘坐的机动车使用。优先使用无障碍停车位的，应当在显著位置放置残疾人车辆专用标志或者提供残疾人证。

在无障碍停车位充足的情况下，其他行动不便的残疾人、老年人、孕妇、婴幼儿等驾驶或者乘坐的机动车也可以使用。

第二十五条　【公共交通运输工具的无障碍要求】新投入运营的民用航空器、客运列车、客运船舶、公共汽电车、城市轨道交通车辆等公共交通运输工具，应当确保一定比例符合无障碍标准。

既有公共交通运输工具具备改造条件的，应当进行无障碍改造，逐步符合无障碍标准的要求；不具备改造条件的，公共交通运输工具的运营单位应当采取必要的替代性措施。

县级以上地方人民政府根据当地情况，逐步建立城市无障碍公交导乘系统，规划配置适量的无障碍出租汽车。

第二十六条　【无障碍设施维护和管理】无障碍设施所有权人或者管理人应当对无障碍设施履行以下维护和管理责任，保障无障碍设施功能正常和使用安全：

（一）对损坏的无障碍设施和标识进行维修或者替换；

（二）对需改造的无障碍设施进行改造；

（三）纠正占用无障碍设施的行为；

（四）进行其他必要的维护和保养。

所有权人、管理人和使用人之间有约定的，由约定的责任人负责维护和管理。

第二十七条　【设置临时无障碍设施】因特殊情况设置的临时无障碍设施，应当符合无障碍设施工程建设标准。

第二十八条　【临时占用无障碍设施】任何单位和个人不得擅自改变无障碍设施的用途或者非法占用、损坏无障碍设施。

因特殊情况临时占用无障碍设施的，应当公告并设置护栏、警示标志或者信号设施，同时采取必要的替代性措施。临时占用期满，应当及时恢复原状。

……

中华人民共和国行政许可法

2003 年 8 月 27 日第十届全国人民代表大会常务委员会第四次会议通过
· 根据 2019 年 4 月 23 日第十三届全国人民代表大会常务委员会第十次会议《关于修改〈中华人民共和国建筑法〉等八部法律的决定》修正

第一章　总　则

第一条　【立法目的】为了规范行政许可的设定和实施，保护公民、法人和其他组织的合法权益，维护公共利益和社会秩序，保障和监督行政机关有效实施行政管理，根据宪法，制定本法。

第二条　【行政许可的含义】本法所称行政许可，是指行政机关根据公民、法人或者其他组织的申请，经依法审查，准予其从事特定活动的行为。

第三条　【适用范围】行政许可的设定和实施，适用本法。

有关行政机关对其他机关或者对其直接管理的事业单位的人事、财务、外事等事项的审批，不适用本法。

第四条　【合法原则】设定和实施行政许可，应当依照法定的权限、范围、条件和程序。

第五条　【公开、公平、公正原则】设定和实施行政许可，应当遵循公开、公平、公正、非歧视的原则。

有关行政许可的规定应当公布；未经公布的，不得作为实施行政许可的依据。行政许可的实施和结果，除涉及国家秘密、商业秘密或者个人隐私的外，应当公开。未经申请人同意，行政机关及其工作人员、参与专家评审等的人员不得披露申请人提交的商业秘密、未披露信息或者保密商务信息，法律另有规定或者涉及国家安全、重大社会公共利益的除外；行政机关依法公开申请人前述信息的，允许申请人在合理期限内提出异议。

符合法定条件、标准的，申请人有依法取得行政许可的平等权利，行政机关不得歧视任何人。

第六条　【便民原则】实施行政许可，应当遵循便民的原则，提高办事效率，提供优质服务。

第七条　【陈述权、申辩权和救济权】公民、法人或者其他组织对行政机关实施行政许可，享有陈述权、申辩权；有权依法申请行政复议或者提起行政诉讼；其合法权益因行政机关违法实施行政许可受到损害的，有权依法要求赔偿。

第八条　【信赖保护原则】公民、法人或者其他组织依法取得的行政许可受法律保护，行政机关不得擅自改变已经生效的行政许可。

行政许可所依据的法律、法规、规章修改或者废止，或者准予行政许可所依据的客观情况发生重大变化的，为了公共利益的需要，行政机关可以依法变更或者撤回已经生效的行政许可。由此给公民、法人或者其他组织造成财产损失的，行政机关应当依法给予补偿。

第九条　【行政许可的转让】依法取得的行政许可，除法律、法规规定依照法定条件和程序可以转让的外，不得转让。

第十条　【行政许可监督】县级以上人民政府应当建立健全对行政机关实施行政许可的监督制度，加强对行政机关实施行政许可的监督检查。

行政机关应当对公民、法人或者其他组织从事行政许可事项的活动实施有效监督。

第二章　行政许可的设定

第十一条　【行政许可设定原则】设定行政许可，应当遵循经济和社会发展规律，有利于发挥公民、法人或者其他组织的积极性、主动性，维护公共利益和社会秩序，促进经济、社会和生态环境协调发展。

第十二条　【行政许可的设定事项】下列事项可以设定行政许可：

（一）直接涉及国家安全、公共安全、经济宏观调控、生态环境保护以及直接关系人身健康、生命财产安全等特定活动，需要按照法定条件予以批准的事项；

（二）有限自然资源开发利用、公共资源配置以及直接关系公共利益的特定行业的市场准入等，需要赋予特定权利的事项；

（三）提供公众服务并且直接关系公共利益的职业、行业，需要确定具备特殊信誉、特殊条件或者特殊技能等资格、资质的事项；

（四）直接关系公共安全、人身健康、生命财产安全的重要设备、设施、产品、物品，需要按照技术标准、技术规范，通过检验、检测、检疫等方式进行审定的事项；

（五）企业或者其他组织的设立等，需要确定主体资格的事项；

（六）法律、行政法规规定可以设定行政许可的其他事项。

第十三条　【不设定行政许可的事项】本法第十二条所列事项，通过下列方式能够予以规范的，可以不设行政许可：

（一）公民、法人或者其他组织能够自主决定的；

（二）市场竞争机制能够有效调节的；

（三）行业组织或者中介机构能够自律管理的；

（四）行政机关采用事后监督等其他行政管理方式能够解决的。

第十四条　【法律、行政法规、国务院决定的行政许可设定权】本法第十二条所列事项，法律可以设定行政许可。尚未制定法律的，行政法规可以设定行政许可。

必要时，国务院可以采用发布决定的方式设定行政许可。实施后，除临时性行政许可事项外，国务院应当及时提请全国人民代表大会及其常务委员会制定法律，或者自行制定行政法规。

第十五条　【地方性法规、省级政府规章的行政许可设定权】本法第十二条所列事项，尚未制定法律、行政法规的，地方性法规可以设定行政许可；尚未制定法律、行政法规和地方性法规的，因行政管理的需要，确需立即实施行政许可的，省、自治区、直辖市人民政府规章可以设定临时性的行政许可。临时性的行政许可实施满一年需要继续实施的，应当提请本级人民代表大会及其常务委员会制定地方性法规。

地方性法规和省、自治区、直辖市人民政府规章，不得设定应当由国家统一确定的公民、法人或者其他组织的资格、资质的行政许可；不得设定企业或者其他组织的设立登记及其前置性行政许可。其设定的行政许可，不得限制其他地区的个人或者企业到本地区从事生产经营和提供服务，不得限制其他地区的商品进入本地区市场。

第十六条　【行政许可规定权】行政法规可以在法律设定的行政许可事项范围内，对实施该行政许可作出具体规定。

地方性法规可以在法律、行政法规设定的行政许可事项范围内,对实施该行政许可作出具体规定。

规章可以在上位法设定的行政许可事项范围内,对实施该行政许可作出具体规定。

法规、规章对实施上位法设定的行政许可作出的具体规定,不得增设行政许可;对行政许可条件作出的具体规定,不得增设违反上位法的其他条件。

第十七条 【行政许可设立禁止】除本法第十四条、第十五条规定的外,其他规范性文件一律不得设定行政许可。

第十八条 【行政许可应当明确规定的事项】设定行政许可,应当规定行政许可的实施机关、条件、程序、期限。

第十九条 【设定行政许可应当听取意见、说明理由】起草法律草案、法规草案和省、自治区、直辖市人民政府规章草案,拟设定行政许可的,起草单位应当采取听证会、论证会等形式听取意见,并向制定机关说明设定该行政许可的必要性、对经济和社会可能产生的影响以及听取和采纳意见的情况。

第二十条 【行政许可评价制度】行政许可的设定机关应当定期对其设定的行政许可进行评价;对已设定的行政许可,认为通过本法第十三条所列方式能够解决的,应当对设定该行政许可的规定及时予以修改或者废止。

行政许可的实施机关可以对已设定的行政许可的实施情况及存在的必要性适时进行评价,并将意见报告该行政许可的设定机关。

公民、法人或者其他组织可以向行政许可的设定机关和实施机关就行政许可的设定和实施提出意见和建议。

第二十一条 【停止实施行政许可】省、自治区、直辖市人民政府对行政法规设定的有关经济事务的行政许可,根据本行政区域经济和社会发展情况,认为通过本法第十三条所列方式能够解决的,报国务院批准后,可以在本行政区域内停止实施该行政许可。

第三章 行政许可的实施机关

第二十二条 【行政许可实施主体的一般规定】行政许可由具有行政许可权的行政机关在其法定职权范围内实施。

第二十三条 【法律、法规授权组织实施行政许可】法律、法规授权的具有管理公共事务职能的组织,在法定授权范围内,以自己的名义实施行政许可。被授权的组织适用本法有关行政机关的规定。

第二十四条 【委托实施行政许可的主体】行政机关在其法定职权范围内,依照法律、法规、规章的规定,可以委托其他行政机关实施行政许可。委托机关应当将受委托行政机关和受委托实施行政许可的内容予以公告。

委托行政机关对受委托行政机关实施行政许可的行为应当负责监督,并对该行为的后果承担法律责任。

受委托行政机关在委托范围内,以委托行政机关名义实施行政许可;不得再委托其他组织或者个人实施行政许可。

第二十五条 【相对集中行政许可权】经国务院批准,省、自治区、直辖市人民政府根据精简、统一、效能的原则,可以决定一个行政机关行使有关行政机关的行政许可权。

第二十六条 【一个窗口对外、统一办理或者联合办理、集中办理】行政许可需要行政机关内设的多个机构办理的,该行政机关应当确定一个机构统一受理行政许可申请,统一送达行政许可决定。

行政许可依法由地方人民政府两个以上部门分别实施的,本级人民政府可以确定一个部门受理行政许可申请并转告有关部门分别提出意见后统一办理,或者组织有关部门联合办理、集中办理。

第二十七条 【行政机关及其工作人员的纪律约束】行政机关实施行政许可,不得向申请人提出购买指定商品、接受有偿服务等不正当要求。

行政机关工作人员办理行政许可,不得索取或者收受申请人的财物,不得谋取其他利益。

第二十八条 【授权专业组织实施的指导性规定】对直接关系公共安全、人身健康、生命财产安全的设备、设施、产品、物品的检验、检测、检疫,除法律、行政法规规定由行政机关实施的外,应当逐步由符合法定条件的专业技术组织实施。专业技术组织及其有关人员对所实施的检验、检测、检疫结论承担法律责任。

第四章 行政许可的实施程序
第一节 申请与受理

第二十九条 【行政许可申请】公民、法人或者其他组织从事特定活动,依法需要取得行政许可的,应当向行政机关提出申请。申请书需要采用格式文本的,行政机关应当向申请人提供行政许可申请书格式文本。申请书格式文本中不得包含与申请行政许可事项没有直接关系的内容。

申请人可以委托代理人提出行政许可申请。但是,依法应当由申请人到行政机关办公场所提出行政许可申请的除外。

行政许可申请可以通过信函、电报、电传、传真、电子数据交换和电子邮件等方式提出。

第三十条　【行政机关公示义务】行政机关应当将法律、法规、规章规定的有关行政许可的事项、依据、条件、数量、程序、期限以及需要提交的全部材料的目录和申请书示范文本等在办公场所公示。

申请人要求行政机关对公示内容予以说明、解释的,行政机关应当说明、解释,提供准确、可靠的信息。

第三十一条　【申请人提交真实材料、反映真实情况义务】申请人申请行政许可,应当如实向行政机关提交有关材料和反映真实情况,并对其申请材料实质内容的真实性负责。行政机关不得要求申请人提交与其申请的行政许可事项无关的技术资料和其他材料。

行政机关及其工作人员不得以转让技术作为取得行政许可的条件;不得在实施行政许可的过程中,直接或者间接地要求转让技术。

第三十二条　【行政许可申请的处理】行政机关对申请人提出的行政许可申请,应当根据下列情况分别作出处理:

(一)申请事项依法不需要取得行政许可的,应当即时告知申请人不受理;

(二)申请事项依法不属于本行政机关职权范围的,应当即时作出不予受理的决定,并告知申请人向有关行政机关申请;

(三)申请材料存在可以当场更正的错误的,应当允许申请人当场更正;

(四)申请材料不齐全或者不符合法定形式的,应当当场或者在5日内一次告知申请人需要补正的全部内容,逾期不告知的,自收到申请材料之日起即为受理;

(五)申请事项属于本行政机关职权范围,申请材料齐全、符合法定形式,或者申请人按照本行政机关的要求提交全部补正申请材料的,应当受理行政许可申请。

行政机关受理或者不予受理行政许可申请,应当出具加盖本行政机关专用印章和注明日期的书面凭证。

第三十三条　【鼓励行政机关发展电子政务实施行政许可】行政机关应当建立和完善有关制度,推行电子政务,在行政机关的网站上公布行政许可事项,方便申请人采取数据电文等方式提出行政许可申请;应当与其他行政机关共享有关行政许可信息,提高办事效率。

第二节　审查与决定

第三十四条　【审查行政许可材料】行政机关应当对申请人提交的申请材料进行审查。

申请人提交的申请材料齐全、符合法定形式,行政机关能够当场作出决定的,应当当场作出书面的行政许可决定。

根据法定条件和程序,需要对申请材料的实质内容进行核实的,行政机关应当指派两名以上工作人员进行核查。

第三十五条　【多层级行政机关实施行政许可的审查程序】依法应当先经下级行政机关审查后报上级行政机关决定的行政许可,下级行政机关应当在法定期限内将初步审查意见和全部申请材料直接报送上级行政机关。上级行政机关不得要求申请人重复提供申请材料。

第三十六条　【直接关系他人重大利益的行政许可审查程序】行政机关对行政许可申请进行审查时,发现行政许可事项直接关系他人重大利益的,应当告知该利害关系人。申请人、利害关系人有权进行陈述和申辩。行政机关应当听取申请人、利害关系人的意见。

第三十七条　【行政机关依法作出行政许可决定】行政机关对行政许可申请进行审查后,除当场作出行政许可决定的外,应当在法定期限内按照规定程序作出行政许可决定。

第三十八条　【行政机关许可和不予许可应当履行的义务】申请人的申请符合法定条件、标准的,行政机关应当依法作出准予行政许可的书面决定。

行政机关依法作出不予行政许可的书面决定的,应当说明理由,并告知申请人享有依法申请行政复议或者提起行政诉讼的权利。

第三十九条　【颁发行政许可证件】行政机关作出准予行政许可的决定,需要颁发行政许可证件的,应当向申请人颁发加盖本行政机关印章的下列行政许可证件:

(一)许可证、执照或者其他许可证书;

(二)资格证、资质证或者其他合格证书;

(三)行政机关的批准文件或者证明文件;

(四)法律、法规规定的其他行政许可证件。

行政机关实施检验、检测、检疫的,可以在检验、检测、检疫合格的设备、设施、产品、物品上加贴标签或者加盖检验、检测、检疫印章。

第四十条　【准予行政许可决定的公开义务】行政机关作出的准予行政许可决定,应当予以公开,公众有权查阅。

第四十一条　【行政许可的地域效力】法律、行政法规设定的行政许可，其适用范围没有地域限制的，申请人取得的行政许可在全国范围内有效。

第三节　期　限

第四十二条　【行政许可一般期限】除可以当场作出行政许可决定的外，行政机关应当自受理行政许可申请之日起 20 日内作出行政许可决定。20 日内不能作出决定的，经本行政机关负责人批准，可以延长 10 日，并应当将延长期限的理由告知申请人。但是，法律、法规另有规定的，依照其规定。

依照本法第二十六条的规定，行政许可采取统一办理或者联合办理、集中办理的，办理的时间不得超过 45 日；45 日内不能办结的，经本级人民政府负责人批准，可以延长 15 日，并应当将延长期限的理由告知申请人。

第四十三条　【多层级许可的审查期限】依法应当先经下级行政机关审查后报上级行政机关决定的行政许可，下级行政机关应当自其受理行政许可申请之日起 20 日内审查完毕。但是，法律、法规另有规定的，依照其规定。

第四十四条　【许可证章颁发期限】行政机关作出准予行政许可的决定，应当自作出决定之日起 10 日内向申请人颁发、送达行政许可证件，或者加贴标签、加盖检验、检测、检疫印章。

第四十五条　【不纳入许可期限的事项】行政机关作出行政许可决定，依法需要听证、招标、拍卖、检验、检测、检疫、鉴定和专家评审的，所需时间不计算在本节规定的期限内。行政机关应当将所需时间书面告知申请人。

第四节　听　证

第四十六条　【行政机关主动举行听证的行政许可事项】法律、法规、规章规定实施行政许可应当听证的事项，或者行政机关认为需要听证的其他涉及公共利益的重大行政许可事项，行政机关应当向社会公告，并举行听证。

第四十七条　【行政机关应申请举行听证的行政许可事项】行政许可直接涉及申请人与他人之间重大利益关系的，行政机关在作出行政许可决定前，应当告知申请人、利害关系人享有要求听证的权利；申请人、利害关系人在被告知听证权利之日起 5 日内提出听证申请的，行政机关应当在 20 日内组织听证。

申请人、利害关系人不承担行政机关组织听证的费用。

第四十八条　【行政许可听证程序规则】听证按照下列程序进行：

（一）行政机关应当于举行听证的 7 日前将举行听证的时间、地点通知申请人、利害关系人，必要时予以公告；

（二）听证应当公开举行；

（三）行政机关应当指定审查该行政许可申请的工作人员以外的人员为听证主持人，申请人、利害关系人认为主持人与该行政许可事项有直接利害关系的，有权申请回避；

（四）举行听证时，审查该行政许可申请的工作人员应当提供审查意见的证据、理由，申请人、利害关系人可以提出证据，并进行申辩和质证；

（五）听证应当制作笔录，听证笔录应当交听证参加人确认无误后签字或者盖章。

行政机关应当根据听证笔录，作出行政许可决定。

第五节　变更与延续

第四十九条　【变更行政许可的程序】被许可人要求变更行政许可事项的，应当向作出行政许可决定的行政机关提出申请；符合法定条件、标准的，行政机关应当依法办理变更手续。

第五十条　【延续行政许可的程序】被许可人需要延续依法取得的行政许可的有效期的，应当在该行政许可有效期届满 30 日前向作出行政许可决定的行政机关提出申请。但是，法律、法规、规章另有规定的，依照其规定。

行政机关应当根据被许可人的申请，在该行政许可有效期届满前作出是否准予延续的决定；逾期未作决定的，视为准予延续。

第六节　特别规定

第五十一条　【其他规定适用规则】实施行政许可的程序，本节有规定的，适用本节规定；本节没有规定的，适用本章其他有关规定。

第五十二条　【国务院实施行政许可程序】国务院实施行政许可的程序，适用有关法律、行政法规的规定。

第五十三条　【通过招标拍卖作出行政许可决定】实施本法第十二条第二项所列事项的行政许可的，行政机关应当通过招标、拍卖等公平竞争的方式作出决定。但是，法律、行政法规另有规定的，依照其规定。

行政机关通过招标、拍卖等方式作出行政许可决定的具体程序,依照有关法律、行政法规的规定。

行政机关按照招标、拍卖程序确定中标人、买受人后,应当作出准予行政许可的决定,并依法向中标人、买受人颁发行政许可证件。

行政机关违反本条规定,不采用招标、拍卖方式,或者违反招标、拍卖程序,损害申请人合法权益的,申请人可以依法申请行政复议或者提起行政诉讼。

第五十四条　【通过考试考核方式作出行政许可决定】实施本法第十二条第三项所列事项的行政许可,赋予公民特定资格,依法应当举行国家考试的,行政机关根据考试成绩和其他法定条件作出行政许可决定;赋予法人或者其他组织特定的资格、资质的,行政机关根据申请人的专业人员构成、技术条件、经营业绩和管理水平等的考核结果作出行政许可决定。但是,法律、行政法规另有规定的,依照其规定。

公民特定资格的考试依法由行政机关或者行业组织实施,公开举行。行政机关或者行业组织应当事先公布资格考试的报名条件、报考办法、考试科目以及考试大纲。但是,不得组织强制性的资格考试的考前培训,不得指定教材或者其他助考材料。

第五十五条　【根据技术标准、技术规范作出行政许可决定】实施本法第十二条第四项所列事项的行政许可的,应当按照技术标准、技术规范依法进行检验、检测、检疫,行政机关根据检验、检测、检疫的结果作出行政许可决定。

行政机关实施检验、检测、检疫,应当自受理申请之日起5日内指派两名以上工作人员按照技术标准、技术规范进行检验、检测、检疫。不需要对检验、检测、检疫结果作进一步技术分析即可认定设备、设施、产品、物品是否符合技术标准、技术规范的,行政机关应当当场作出行政许可决定。

行政机关根据检验、检测、检疫结果,作出不予行政许可决定的,应当书面说明不予行政许可所依据的技术标准、技术规范。

第五十六条　【当场许可的特别规定】实施本法第十二条第五项所列事项的行政许可,申请人提交的申请材料齐全、符合法定形式的,行政机关应当当场予以登记。需要对申请材料的实质内容进行核实的,行政机关依照本法第三十四条第三款的规定办理。

第五十七条　【有数量限制的行政许可】有数量限制的行政许可,两个或者两个以上申请人的申请均符合法定条件、标准的,行政机关应当根据受理行政许可申请的先后顺序作出准予行政许可的决定。但是,法律、行政法规另有规定的,依照其规定。

第五章　行政许可的费用

第五十八条　【收费原则和经费保障】行政机关实施行政许可和对行政许可事项进行监督检查,不得收取任何费用。但是,法律、行政法规另有规定的,依照其规定。

行政机关提供行政许可申请书格式文本,不得收费。

行政机关实施行政许可所需经费应当列入本行政机关的预算,由本级财政予以保障,按照批准的预算予以核拨。

第五十九条　【收费规则以及对收费所得款项的处理】行政机关实施行政许可,依照法律、行政法规收取费用的,应当按照公布的法定项目和标准收费;所收取的费用必须全部上缴国库,任何机关或者个人不得以任何形式截留、挪用、私分或者变相私分。财政部门不得以任何形式向行政机关返还或者变相返还实施行政许可所收取的费用。

第六章　监督检查

第六十条　【行政许可层级监督】上级行政机关应当加强对下级行政机关实施行政许可的监督检查,及时纠正行政许可实施中的违法行为。

第六十一条　【书面检查原则】行政机关应当建立健全监督制度,通过核查反映被许可人从事行政许可事项活动情况的有关材料,履行监督责任。

行政机关依法对被许可人从事行政许可事项的活动进行监督检查时,应当将监督检查的情况和处理结果予以记录,由监督检查人员签字后归档。公众有权查阅行政机关监督检查记录。

行政机关应当创造条件,实现与被许可人、其他有关行政机关的计算机档案系统互联,核查被许可人从事行政许可事项活动情况。

第六十二条　【抽样检查、检验、检测和实地检查、定期检验权适用的情形及程序】行政机关可以对被许可人生产经营的产品依法进行抽样检查、检验、检测,对其生产经营场所依法进行实地检查。检查时,行政机关可以依法查阅或者要求被许可人报送有关材料;被许可人应当如实提供有关情况和材料。

行政机关根据法律、行政法规的规定,对直接关系公共安全、人身健康、生命财产安全的重要设备、设施进行定期检验。对检验合格的,行政机关应当发给相应的证明文件。

第六十三条 【行政机关实施监督检查时应当遵守的纪律】行政机关实施监督检查,不得妨碍被许可人正常的生产经营活动,不得索取或者收受被许可人的财物,不得谋取其他利益。

第六十四条 【行政许可监督检查的属地管辖与协作】被许可人在作出行政许可决定的行政机关管辖区域外违法从事行政许可事项活动的,违法行为发生地的行政机关应当依法将被许可人的违法事实、处理结果抄告作出行政许可决定的行政机关。

第六十五条 【个人、组织对违法从事行政许可活动的监督】个人和组织发现违法从事行政许可事项的活动,有权向行政机关举报,行政机关应当及时核实、处理。

第六十六条 【依法开发利用资源】被许可人未依法履行开发利用自然资源义务或者未依法履行利用公共资源义务的,行政机关应当责令限期改正;被许可人在规定期限内不改正的,行政机关应当依照有关法律、行政法规的规定予以处理。

第六十七条 【特定行业市场准入被许可人的义务和法律责任】取得直接关系公共利益的特定行业的市场准入行政许可的被许可人,应当按照国家规定的服务标准、资费标准和行政机关依法规定的条件,向用户提供安全、方便、稳定和价格合理的服务,并履行普遍服务的义务;未经作出行政许可决定的行政机关批准,不得擅自停业、歇业。

被许可人不履行前款规定的义务的,行政机关应当责令限期改正,或者依法采取有效措施督促其履行义务。

第六十八条 【自检制度】对直接关系公共安全、人身健康、生命财产安全的重要设备、设施,行政机关应当督促设计、建造、安装和使用单位建立相应的自检制度。

行政机关在监督检查时,发现直接关系公共安全、人身健康、生命财产安全的重要设备、设施存在安全隐患的,应当责令停止建造、安装和使用,并责令设计、建造、安装和使用单位立即改正。

第六十九条 【撤销行政许可的情形】有下列情形之一的,作出行政许可决定的行政机关或者其上级行政机关,根据利害关系人的请求或者依据职权,可以撤销行政许可:

(一)行政机关工作人员滥用职权、玩忽职守作出准予行政许可决定的;

(二)超越法定职权作出准予行政许可决定的;

(三)违反法定程序作出准予行政许可决定的;

(四)对不具备申请资格或者不符合法定条件的申请人准予行政许可的;

(五)依法可以撤销行政许可的其他情形。

被许可人以欺骗、贿赂等不正当手段取得行政许可的,应当予以撤销。

依照前两款的规定撤销行政许可,可能对公共利益造成重大损害的,不予撤销。

依照本条第一款的规定撤销行政许可,被许可人的合法权益受到损害的,行政机关应当依法给予赔偿。依照本条第二款的规定撤销行政许可的,被许可人基于行政许可取得的利益不受保护。

第七十条 【注销行政许可的情形】有下列情形之一的,行政机关应当依法办理有关行政许可的注销手续:

(一)行政许可有效期届满未延续的;

(二)赋予公民特定资格的行政许可,该公民死亡或者丧失行为能力的;

(三)法人或者其他组织依法终止的;

(四)行政许可依法被撤销、撤回,或者行政许可证件依法被吊销的;

(五)因不可抗力导致行政许可事项无法实施的;

(六)法律、法规规定的应当注销行政许可的其他情形。

第七章 法律责任

第七十一条 【规范性文件违法设定行政许可的法律责任】违反本法第十七条规定设定的行政许可,有关机关应当责令设定该行政许可的机关改正,或者依法予以撤销。

第七十二条 【行政机关及其工作人员违反行政许可程序应当承担的法律责任】行政机关及其工作人员违反本法的规定,有下列情形之一的,由其上级行政机关或者监察机关责令改正;情节严重的,对直接负责的主管人员和其他直接责任人员依法给予行政处分:

(一)对符合法定条件的行政许可申请不予受理的;

(二)不在办公场所公示依法应当公示的材料的;

(三)在受理、审查、决定行政许可过程中,未向申请人、利害关系人履行法定告知义务的;

(四)申请人提交的申请材料不齐全、不符合法定形式,不一次告知申请人必须补正的全部内容的;

(五)违法披露申请人提交的商业秘密、未披露信息或者保密商务信息的;

（六）以转让技术作为取得行政许可的条件，或者在实施行政许可的过程中直接或者间接地要求转让技术的；

（七）未依法说明不受理行政许可申请或者不予行政许可的理由的；

（八）依法应当举行听证而不举行听证的。

第七十三条　【行政机关工作人员索取或者收受他人财物及利益应当承担的法律责任】行政机关工作人员办理行政许可、实施监督检查，索取或者收受他人财物或者谋取其他利益，构成犯罪的，依法追究刑事责任；尚不构成犯罪的，依法给予行政处分。

第七十四条　【行政机关及其工作人员实体违法的法律责任】行政机关实施行政许可，有下列情形之一的，由其上级行政机关或者监察机关责令改正，对直接负责的主管人员和其他直接责任人员依法给予行政处分；构成犯罪的，依法追究刑事责任：

（一）对不符合法定条件的申请人准予行政许可或者超越法定职权作出准予行政许可决定的；

（二）对符合法定条件的申请人不予行政许可或者不在法定期限内作出准予行政许可决定的；

（三）依法应当根据招标、拍卖结果或者考试成绩择优作出准予行政许可决定，未经招标、拍卖或者考试，或者不根据招标、拍卖结果或者考试成绩择优作出准予行政许可决定的。

第七十五条　【行政机关及其工作人员违反收费规定的法律责任】行政机关实施行政许可，擅自收费或者不按照法定项目和标准收费的，由其上级行政机关或者监察机关责令退还非法收取的费用；对直接负责的主管人员和其他直接责任人员依法给予行政处分。

截留、挪用、私分或者变相私分实施行政许可依法收取的费用的，予以追缴；对直接负责的主管人员和其他直接责任人员依法给予行政处分；构成犯罪的，依法追究刑事责任。

第七十六条　【行政机关违法实施许可的赔偿责任】行政机关违法实施行政许可，给当事人的合法权益造成损害的，应当依照国家赔偿法的规定给予赔偿。

第七十七条　【行政机关不依法履行监督责任或者监督不力的法律责任】行政机关不依法履行监督职责或者监督不力，造成严重后果的，由其上级行政机关或者监察机关责令改正，对直接负责的主管人员和其他直接责任人员依法给予行政处分；构成犯罪的，依法追究刑事责任。

第七十八条　【申请人申请不实应承担的法律责任】行政许可申请人隐瞒有关情况或者提供虚假材料申请行政许可的，行政机关不予受理或者不予行政许可，并给予警告；行政许可申请属于直接关系公共安全、人身健康、生命财产安全事项的，申请人在一年内不得再次申请该行政许可。

第七十九条　【申请人以欺骗、贿赂等不正当手段取得行政许可应当承担的法律责任】被许可人以欺骗、贿赂等不正当手段取得行政许可的，行政机关应当依法给予行政处罚；取得的行政许可属于直接关系公共安全、人身健康、生命财产安全事项的，申请人在3年内不得再次申请该行政许可；构成犯罪的，依法追究刑事责任。

第八十条　【被许可人违法从事行政许可活动的法律责任】被许可人有下列行为之一的，行政机关应当依法给予行政处罚；构成犯罪的，依法追究刑事责任：

（一）涂改、倒卖、出租、出借行政许可证件，或者以其他形式非法转让行政许可的；

（二）超越行政许可范围进行活动的；

（三）向负责监督检查的行政机关隐瞒有关情况、提供虚假材料或者拒绝提供反映其活动情况的真实材料的；

（四）法律、法规、规章规定的其他违法行为。

第八十一条　【公民、法人或者其他组织未经行政许可从事应当取得行政许可活动的法律责任】公民、法人或者其他组织未经行政许可，擅自从事依法应当取得行政许可的活动的，行政机关应当依法采取措施予以制止，并依法给予行政处罚；构成犯罪的，依法追究刑事责任。

第八章　附　则

第八十二条　【行政许可的期限计算】本法规定的行政机关实施行政许可的期限以工作日计算，不含法定节假日。

第八十三条　【施行日期及对现行行政许可进行清理的规定】本法自2004年7月1日起施行。

本法施行前有关行政许可的规定，制定机关应当依照本法规定予以清理；不符合本法规定的，自本法施行之日起停止执行。

中华人民共和国文物保护法（节录）

- 1982 年 11 月 19 日第五届全国人民代表大会常务委员会第二十五次会议通过
- 根据 1991 年 6 月 29 日第七届全国人民代表大会常务委员会第二十次会议《关于修改〈中华人民共和国文物保护法〉第三十条、第三十一条的决定》第一次修正
- 2002 年 10 月 28 日第九届全国人民代表大会常务委员会第三十次会议修订
- 根据 2007 年 12 月 29 日第十届全国人民代表大会常务委员会第三十一次会议《关于修改〈中华人民共和国文物保护法〉的决定》第二次修正
- 根据 2013 年 6 月 29 日第十二届全国人民代表大会常务委员会第三次会议《关于修改〈中华人民共和国文物保护法〉等十二部法律的决定》第三次修正
- 根据 2015 年 4 月 24 日第十二届全国人民代表大会常务委员会第十四次会议《关于修改〈中华人民共和国文物保护法〉的决定》第四次修正
- 根据 2017 年 11 月 4 日第十二届全国人民代表大会常务委员会第三十次会议《关于修改〈中华人民共和国会计法〉等十一部法律的决定》第五次修正

……

第十六条　各级人民政府制定城乡建设规划，应当根据文物保护的需要，事先由城乡建设规划部门会同文物行政部门商定对本行政区域内各级文物保护单位的保护措施，并纳入规划。

第十七条　文物保护单位的保护范围内不得进行其他建设工程或者爆破、钻探、挖掘等作业。但是，因特殊情况需要在文物保护单位的保护范围内进行其他建设工程或者爆破、钻探、挖掘等作业的，必须保证文物保护单位的安全，并经核定公布该文物保护单位的人民政府批准，在批准前应当征得上一级人民政府文物行政部门同意；在全国重点文物保护单位的保护范围内进行其他建设工程或者爆破、钻探、挖掘等作业的，必须经省、自治区、直辖市人民政府批准，在批准前应当征得国务院文物行政部门同意。

第十八条　根据保护文物的实际需要，经省、自治区、直辖市人民政府批准，可以在文物保护单位的周围划出一定的建设控制地带，并予以公布。

在文物保护单位的建设控制地带内进行建设工程，不得破坏文物保护单位的历史风貌；工程设计方案应当根据文物保护单位的级别，经相应的文物行政部门同意后，报城乡建设规划部门批准。

第十九条　在文物保护单位的保护范围和建设控制地带内，不得建设污染文物保护单位及其环境的设施，不得进行可能影响文物保护单位安全及其环境的活动。对已有的污染文物保护单位及其环境的设施，应当限期治理。

第二十条　建设工程选址，应当尽可能避开不可移动文物；因特殊情况不能避开的，对文物保护单位应当尽可能实施原址保护。

实施原址保护的，建设单位应当事先确定保护措施，根据文物保护单位的级别报相应的文物行政部门批准；未经批准的，不得开工建设。

无法实施原址保护，必须迁移异地保护或者拆除的，应当报省、自治区、直辖市人民政府批准；迁移或者拆除省级文物保护单位的，批准前须征得国务院文物行政部门同意。全国重点文物保护单位不得拆除；需要迁移的，须由省、自治区、直辖市人民政府报国务院批准。

依照前款规定拆除的国有不可移动文物中具有收藏价值的壁画、雕塑、建筑构件等，由文物行政部门指定的文物收藏单位收藏。

本条规定的原址保护、迁移、拆除所需费用，由建设单位列入建设工程预算。

……

中华人民共和国外商投资法

- 2019 年 3 月 15 日第十三届全国人民代表大会第二次会议通过
- 2019 年 3 月 15 日中华人民共和国主席令第 26 号公布
- 自 2020 年 1 月 1 日起施行

第一章　总　则

第一条　为了进一步扩大对外开放，积极促进外商投资，保护外商投资合法权益，规范外商投资管理，推动形成全面开放新格局，促进社会主义市场经济健康发展，根据宪法，制定本法。

第二条　在中华人民共和国境内（以下简称中国境内）的外商投资，适用本法。

本法所称外商投资，是指外国的自然人、企业或者其他组织（以下称外国投资者）直接或者间接在中国境内进行的投资活动，包括下列情形：

（一）外国投资者单独或者与其他投资者共同在中国境内设立外商投资企业；

（二）外国投资者取得中国境内企业的股份、股权、财产份额或者其他类似权益；

（三）外国投资者单独或者与其他投资者共同在中

国境内投资新建项目;

(四)法律、行政法规或者国务院规定的其他方式的投资。

本法所称外商投资企业,是指全部或者部分由外国投资者投资,依照中国法律在中国境内经登记注册设立的企业。

第三条　国家坚持对外开放的基本国策,鼓励外国投资者依法在中国境内投资。

国家实行高水平投资自由化便利化政策,建立和完善外商投资促进机制,营造稳定、透明、可预期和公平竞争的市场环境。

第四条　国家对外商投资实行准入前国民待遇加负面清单管理制度。

前款所称准入前国民待遇,是指在投资准入阶段给予外国投资者及其投资不低于本国投资者及其投资的待遇;所称负面清单,是指国家规定在特定领域对外商投资实施的准入特别管理措施。国家对负面清单之外的外商投资,给予国民待遇。

负面清单由国务院发布或者批准发布。

中华人民共和国缔结或者参加的国际条约、协定对外国投资者准入待遇有更优惠规定的,可以按照相关规定执行。

第五条　国家依法保护外国投资者在中国境内的投资、收益和其他合法权益。

第六条　在中国境内进行投资活动的外国投资者、外商投资企业,应当遵守中国法律法规,不得危害中国国家安全、损害社会公共利益。

第七条　国务院商务主管部门、投资主管部门按照职责分工,开展外商投资促进、保护和管理工作;国务院其他有关部门在各自职责范围内,负责外商投资促进、保护和管理的相关工作。

县级以上地方人民政府有关部门依照法律法规和本级人民政府确定的职责分工,开展外商投资促进、保护和管理工作。

第八条　外商投资企业职工依法建立工会组织,开展工会活动,维护职工的合法权益。外商投资企业应当为本企业工会提供必要的活动条件。

第二章　投资促进

第九条　外商投资企业依法平等适用国家支持企业发展的各项政策。

第十条　制定与外商投资有关的法律、法规、规章,应当采取适当方式征求外商投资企业的意见和建议。

与外商投资有关的规范性文件、裁判文书等,应当依法及时公布。

第十一条　国家建立健全外商投资服务体系,为外国投资者和外商投资企业提供法律法规、政策措施、投资项目信息等方面的咨询和服务。

第十二条　国家与其他国家和地区、国际组织建立多边、双边投资促进合作机制,加强投资领域的国际交流与合作。

第十三条　国家根据需要,设立特殊经济区域,或者在部分地区实行外商投资试验性政策措施,促进外商投资,扩大对外开放。

第十四条　国家根据国民经济和社会发展需要,鼓励和引导外国投资者在特定行业、领域、地区投资。外国投资者、外商投资企业可以依照法律、行政法规或者国务院的规定享受优惠待遇。

第十五条　国家保障外商投资企业依法平等参与标准制定工作,强化标准制定的信息公开和社会监督。

国家制定的强制性标准平等适用于外商投资企业。

第十六条　国家保障外商投资企业依法通过公平竞争参与政府采购活动。政府采购依法对外商投资企业在中国境内生产的产品、提供的服务平等对待。

第十七条　外商投资企业可以依法通过公开发行股票、公司债券等证券和其他方式进行融资。

第十八条　县级以上地方人民政府可以根据法律、行政法规、地方性法规的规定,在法定权限内制定外商投资促进和便利化政策措施。

第十九条　各级人民政府及其有关部门应当按照便利、高效、透明的原则,简化办事程序,提高办事效率,优化政务服务,进一步提高外商投资服务水平。

有关主管部门应当编制和公布外商投资指引,为外国投资者和外商投资企业提供服务和便利。

第三章　投资保护

第二十条　国家对外国投资者的投资不实行征收。

在特殊情况下,国家为了公共利益的需要,可以依照法律规定对外国投资者的投资实行征收或者征用。征收、征用应当依照法定程序进行,并及时给予公平、合理的补偿。

第二十一条　外国投资者在中国境内的出资、利润、资本收益、资产处置所得、知识产权许可使用费、依法获得的补偿或者赔偿、清算所得等,可以依法以人民币或者外汇自由汇入、汇出。

第二十二条　国家保护外国投资者和外商投资企业

的知识产权,保护知识产权权利人和相关权利人的合法权益;对知识产权侵权行为,严格依法追究法律责任。

国家鼓励在外商投资过程中基于自愿原则和商业规则开展技术合作。技术合作的条件由投资各方遵循公平原则平等协商确定。行政机关及其工作人员不得利用行政手段强制转让技术。

第二十三条 行政机关及其工作人员对于履行职责过程中知悉的外国投资者、外商投资企业的商业秘密,应当依法予以保密,不得泄露或者非法向他人提供。

第二十四条 各级人民政府及其有关部门制定涉及外商投资的规范性文件,应当符合法律法规的规定;没有法律、行政法规依据的,不得减损外商投资企业的合法权益或者增加其义务,不得设置市场准入和退出条件,不得干预外商投资企业的正常生产经营活动。

第二十五条 地方各级人民政府及其有关部门应当履行向外国投资者、外商投资企业依法作出的政策承诺以及依法订立的各类合同。

因国家利益、社会公共利益需要改变政策承诺、合同约定的,应当依照法定权限和程序进行,并依法对外国投资者、外商投资企业因此受到的损失予以补偿。

第二十六条 国家建立外商投资企业投诉工作机制,及时处理外商投资企业或者其投资者反映的问题,协调完善相关政策措施。

外商投资企业或者其投资者认为行政机关及其工作人员的行政行为侵犯其合法权益的,可以通过外商投资企业投诉工作机制申请协调解决。

外商投资企业或者其投资者认为行政机关及其工作人员的行政行为侵犯其合法权益的,除依照前款规定通过外商投资企业投诉工作机制申请协调解决外,还可以依法申请行政复议、提起行政诉讼。

第二十七条 外商投资企业可以依法成立和自愿参加商会、协会。商会、协会依照法律法规和章程的规定开展相关活动,维护会员的合法权益。

第四章　投资管理

第二十八条 外商投资准入负面清单规定禁止投资的领域,外国投资者不得投资。

外商投资准入负面清单规定限制投资的领域,外国投资者进行投资应当符合负面清单规定的条件。

外商投资准入负面清单以外的领域,按照内外资一致的原则实施管理。

第二十九条 外商投资需要办理投资项目核准、备案的,按照国家有关规定执行。

第三十条 外国投资者在依法需要取得许可的行业、领域进行投资的,应当依法办理相关许可手续。

有关主管部门应当按照与内资一致的条件和程序,审核外国投资者的许可申请,法律、行政法规另有规定的除外。

第三十一条 外商投资企业的组织形式、组织机构及其活动准则,适用《中华人民共和国公司法》、《中华人民共和国合伙企业法》等法律的规定。

第三十二条 外商投资企业开展生产经营活动,应当遵守法律、行政法规有关劳动保护、社会保险的规定,依照法律、行政法规和国家有关规定办理税收、会计、外汇等事宜,并接受相关主管部门依法实施的监督检查。

第三十三条 外国投资者并购中国境内企业或者以其他方式参与经营者集中的,应当依照《中华人民共和国反垄断法》的规定接受经营者集中审查。

第三十四条 国家建立外商投资信息报告制度。外国投资者或者外商投资企业应当通过企业登记系统以及企业信用信息公示系统向商务主管部门报送投资信息。

外商投资信息报告的内容和范围按照确有必要的原则确定;通过部门信息共享能够获得的投资信息,不得再行要求报送。

第三十五条 国家建立外商投资安全审查制度,对影响或者可能影响国家安全的外商投资进行安全审查。

依法作出的安全审查决定为最终决定。

第五章　法律责任

第三十六条 外国投资者投资外商投资准入负面清单规定禁止投资的领域的,由有关主管部门责令停止投资活动,限期处分股份、资产或者采取其他必要措施,恢复到实施投资前的状态;有违法所得的,没收违法所得。

外国投资者的投资活动违反外商投资准入负面清单规定的限制性准入特别管理措施的,由有关主管部门责令限期改正,采取必要措施满足准入特别管理措施的要求;逾期不改正的,依照前款规定处理。

外国投资者的投资活动违反外商投资准入负面清单规定的,除依照前两款规定处理外,还应当依法承担相应的法律责任。

第三十七条 外国投资者、外商投资企业违反本法规定,未按照外商投资信息报告制度的要求报送投资信息的,由商务主管部门责令限期改正;逾期不改正的,处十万元以上五十万元以下的罚款。

第三十八条 对外国投资者、外商投资企业违反法律、法规的行为,由有关部门依法查处,并按照国家有关规定纳入信用信息系统。

第三十九条　行政机关工作人员在外商投资促进、保护和管理工作中滥用职权、玩忽职守、徇私舞弊的,或者泄露、非法向他人提供履行职责过程中知悉的商业秘密的,依法给予处分;构成犯罪的,依法追究刑事责任。

第六章　附　则

第四十条　任何国家或者地区在投资方面对中华人民共和国采取歧视性的禁止、限制或者其他类似措施的,中华人民共和国可以根据实际情况对该国家或者该地区采取相应的措施。

第四十一条　对外国投资者在中国境内投资银行业、证券业、保险业等金融行业,或者在证券市场、外汇市场等金融市场进行投资的管理,国家另有规定的,依照其规定。

第四十二条　本法自 2020 年 1 月 1 日起施行。《中华人民共和国中外合资经营企业法》、《中华人民共和国外资企业法》、《中华人民共和国中外合作经营企业法》同时废止。

本法施行前依照《中华人民共和国中外合资经营企业法》、《中华人民共和国外资企业法》、《中华人民共和国中外合作经营企业法》设立的外商投资企业,在本法施行后五年内可以继续保留原企业组织形式等。具体实施办法由国务院规定。

中华人民共和国外商投资法实施条例

· 2019 年 12 月 12 日国务院第 74 次常务会议通过
· 2019 年 12 月 26 日中华人民共和国国务院令第 723 号公布
· 自 2020 年 1 月 1 日起施行

第一章　总　则

第一条　根据《中华人民共和国外商投资法》(以下简称外商投资法),制定本条例。

第二条　国家鼓励和促进外商投资,保护外商投资合法权益,规范外商投资管理,持续优化外商投资环境,推进更高水平对外开放。

第三条　外商投资法第二条第二款第一项、第三项所称其他投资者,包括中国的自然人在内。

第四条　外商投资准入负面清单(以下简称负面清单)由国务院投资主管部门会同国务院商务主管部门等有关部门提出,报国务院发布或者报国务院批准后由国务院投资主管部门、商务主管部门发布。

国家根据进一步扩大对外开放和经济社会发展需要,适时调整负面清单。调整负面清单的程序,适用前款规定。

第五条　国务院商务主管部门、投资主管部门以及其他有关部门按照职责分工,密切配合、相互协作,共同做好外商投资促进、保护和管理工作。

县级以上地方人民政府应当加强对外商投资促进、保护和管理工作的组织领导,支持、督促有关部门依照法律法规和职责分工开展外商投资促进、保护和管理工作,及时协调、解决外商投资促进、保护和管理工作中的重大问题。

第二章　投资促进

第六条　政府及其有关部门在政府资金安排、土地供应、税费减免、资质许可、标准制定、项目申报、人力资源政策等方面,应当依法平等对待外商投资企业和内资企业。

政府及其有关部门制定的支持企业发展的政策应当依法公开;对政策实施中需要由企业申请办理的事项,政府及其有关部门应当公开申请办理的条件、流程、时限等,并在审核中依法平等对待外商投资企业和内资企业。

第七条　制定与外商投资有关的行政法规、规章、规范性文件,或者政府及其有关部门起草与外商投资有关的法律、地方性法规,应当根据实际情况,采取书面征求意见以及召开座谈会、论证会、听证会等多种形式,听取外商投资企业和有关商会、协会等方面的意见和建议;对反映集中或者涉及外商投资企业重大权利义务问题的意见和建议,应当通过适当方式反馈采纳的情况。

与外商投资有关的规范性文件应当依法及时公布,未经公布的不得作为行政管理依据。与外商投资企业生产经营活动密切相关的规范性文件,应当结合实际,合理确定公布到施行之间的时间。

第八条　各级人民政府应当按照政府主导、多方参与的原则,建立健全外商投资服务体系,不断提升外商投资服务能力和水平。

第九条　政府及其有关部门应当通过政府网站、全国一体化在线政务服务平台集中列明有关外商投资的法律、法规、规章、规范性文件、政策措施和投资项目信息,并通过多种途径和方式加强宣传、解读,为外国投资者和外商投资企业提供咨询、指导等服务。

第十条　外商投资法第十三条所称特殊经济区域,是指经国家批准设立、实行更大力度的对外开放政策措施的特定区域。

国家在部分地区实行的外商投资试验性政策措施，经实践证明可行的，根据实际情况在其他地区或者全国范围内推广。

第十一条　国家根据国民经济和社会发展需要，制定鼓励外商投资产业目录，列明鼓励和引导外国投资者投资的特定行业、领域、地区。鼓励外商投资产业目录由国务院投资主管部门会同国务院商务主管部门等有关部门拟订，报国务院批准后由国务院投资主管部门、商务主管部门发布。

第十二条　外国投资者、外商投资企业可以依照法律、行政法规或者国务院的规定，享受财政、税收、金融、用地等方面的优惠待遇。

外国投资者以其在中国境内的投资收益在中国境内扩大投资的，依法享受相应的优惠待遇。

第十三条　外商投资企业依法和内资企业平等参与国家标准、行业标准、地方标准和团体标准的制定、修订工作。外商投资企业可以根据需要自行制定或者与其他企业联合制定企业标准。

外商投资企业可以向标准化行政主管部门和有关行政主管部门提出标准的立项建议，在标准立项、起草、技术审查以及标准实施信息反馈、评估等过程中提出意见和建议，并按照规定承担标准起草、技术审查的相关工作以及标准的外文翻译工作。

标准化行政主管部门和有关行政主管部门应当建立健全相关工作机制，提高标准制定、修订的透明度，推进标准制定、修订全过程信息公开。

第十四条　国家制定的强制性标准对外商投资企业和内资企业平等适用，不得专门针对外商投资企业适用高于强制性标准的技术要求。

第十五条　政府及其有关部门不得阻挠和限制外商投资企业自由进入本地区和本行业的政府采购市场。

政府采购的采购人、采购代理机构不得在政府采购信息发布、供应商条件确定和资格审查、评标标准等方面，对外商投资企业实行差别待遇或者歧视待遇，不得以所有制形式、组织形式、股权结构、投资者国别、产品或者服务品牌以及其他不合理的条件对供应商予以限定，不得对外商投资企业在中国境内生产的产品、提供的服务和内资企业区别对待。

第十六条　外商投资企业可以依照《中华人民共和国政府采购法》（以下简称政府采购法）及其实施条例的规定，就政府采购活动事项向采购人、采购代理机构提出询问、质疑，向政府采购监督管理部门投诉。采购人、采购代理机构、政府采购监督管理部门应当在规定的时限内作出答复或者处理决定。

第十七条　政府采购监督管理部门和其他有关部门应当加强对政府采购活动的监督检查，依法纠正和查处对外商投资企业实行差别待遇或者歧视待遇等违法违规行为。

第十八条　外商投资企业可以依法在中国境内或者境外通过公开发行股票、公司债券等证券，以及公开或者非公开发行其他融资工具、借用外债等方式进行融资。

第十九条　县级以上地方人民政府可以根据法律、行政法规、地方性法规的规定，在法定权限内制定费用减免、用地指标保障、公共服务提供等方面的外商投资促进和便利化政策措施。

县级以上地方人民政府制定外商投资促进和便利化政策措施，应当以推动高质量发展为导向，有利于提高经济效益、社会效益、生态效益，有利于持续优化外商投资环境。

第二十条　有关主管部门应当编制和公布外商投资指引，为外国投资者和外商投资企业提供服务和便利。外商投资指引应当包括投资环境介绍、外商投资办事指南、投资项目信息以及相关数据信息等内容，并及时更新。

第三章　投资保护

第二十一条　国家对外国投资者的投资不实行征收。

在特殊情况下，国家为了公共利益的需要依照法律规定对外国投资者的投资实行征收的，应当依照法定程序、以非歧视性的方式进行，并按照被征收投资的市场价值及时给予补偿。

外国投资者对征收决定不服的，可以依法申请行政复议或者提起行政诉讼。

第二十二条　外国投资者在中国境内的出资、利润、资本收益、资产处置所得、取得的知识产权许可使用费、依法获得的补偿或者赔偿、清算所得等，可以依法以人民币或者外汇自由汇入、汇出，任何单位和个人不得违法对币种、数额以及汇入、汇出的频次等进行限制。

外商投资企业的外籍职工和香港、澳门、台湾职工的工资收入和其他合法收入，可以依法自由汇出。

第二十三条　国家加大对知识产权侵权行为的惩处力度，持续强化知识产权执法，推动建立知识产权快速协同保护机制，健全知识产权纠纷多元化解决机制，平等保护外国投资者和外商投资企业的知识产权。

标准制定中涉及外国投资者和外商投资企业专利的,应当按照标准涉及专利的有关管理规定办理。

第二十四条　行政机关(包括法律、法规授权的具有管理公共事务职能的组织,下同)及其工作人员不得利用实施行政许可、行政检查、行政处罚、行政强制以及其他行政手段,强制或者变相强制外国投资者、外商投资企业转让技术。

第二十五条　行政机关依法履行职责,确需外国投资者、外商投资企业提供涉及商业秘密的材料、信息的,应当限定在履行职责所必需的范围内,并严格控制知悉范围,与履行职责无关的人员不得接触有关材料、信息。

行政机关应当建立健全内部管理制度,采取有效措施保护履行职责过程中知悉的外国投资者、外商投资企业的商业秘密;依法需要与其他行政机关共享信息的,应当对信息中含有的商业秘密进行保密处理,防止泄露。

第二十六条　政府及其有关部门制定涉及外商投资的规范性文件,应当按照国务院的规定进行合法性审核。

外国投资者、外商投资企业认为行政行为所依据的国务院部门和地方人民政府及其部门制定的规范性文件不合法,在依法对行政行为申请行政复议或者提起行政诉讼时,可以一并请求对该规范性文件进行审查。

第二十七条　外商投资法第二十五条所称政策承诺,是指地方各级人民政府及其有关部门在法定权限内,就外国投资者、外商投资企业在本地区投资所适用的支持政策、享受的优惠待遇和便利条件等作出的书面承诺。政策承诺的内容应当符合法律、法规规定。

第二十八条　地方各级人民政府及其有关部门应当履行向外国投资者、外商投资企业依法作出的政策承诺以及依法订立的各类合同,不得以行政区划调整、政府换届、机构或者职能调整以及相关责任人更替等为由违约毁约。因国家利益、社会公共利益需要改变政策承诺、合同约定的,应当依照法定权限和程序进行,并依法对外国投资者、外商投资企业因此受到的损失及时予以公平、合理的补偿。

第二十九条　县级以上人民政府及其有关部门应当按照公开透明、高效便利的原则,建立健全外商投资企业投诉工作机制,及时处理外商投资企业或者其投资者反映的问题,协调完善相关政策措施。

国务院商务主管部门会同国务院有关部门建立外商投资企业投诉工作部际联席会议制度,协调、推动中央层面的外商投资企业投诉工作,对地方的外商投资企业投诉工作进行指导和监督。县级以上地方人民政府应当指定部门或者机构负责受理本地区外商投资企业或者其投资者的投诉。

国务院商务主管部门、县级以上地方人民政府指定的部门或者机构应当完善投诉工作规则、健全投诉方式、明确投诉处理时限。投诉工作规则、投诉方式、投诉处理时限应当对外公布。

第三十条　外商投资企业或者其投资者认为行政机关及其工作人员的行政行为侵犯其合法权益,通过外商投资企业投诉工作机制申请协调解决的,有关方面进行协调时可以向被申请的行政机关及其工作人员了解情况,被申请的行政机关及其工作人员应当予以配合。协调结果应当以书面形式及时告知申请人。

外商投资企业或者其投资者依照前款规定申请协调解决有关问题的,不影响其依法申请行政复议、提起行政诉讼。

第三十一条　对外商投资企业或者其投资者通过外商投资企业投诉工作机制反映或者申请协调解决问题,任何单位和个人不得压制或者打击报复。

除外商投资企业投诉工作机制外,外商投资企业或者其投资者还可以通过其他合法途径向政府及其有关部门反映问题。

第三十二条　外商投资企业可以依法成立商会、协会。除法律、法规另有规定外,外商投资企业有权自主决定参加或者退出商会、协会,任何单位和个人不得干预。

商会、协会应当依照法律法规和章程的规定,加强行业自律,及时反映行业诉求,为会员提供信息咨询、宣传培训、市场拓展、经贸交流、权益保护、纠纷处理等方面的服务。

国家支持商会、协会依照法律法规和章程的规定开展相关活动。

第四章　投资管理

第三十三条　负面清单规定禁止投资的领域,外国投资者不得投资。负面清单规定限制投资的领域,外国投资者进行投资应当符合负面清单规定的股权要求、高级管理人员要求等限制性准入特别管理措施。

第三十四条　有关主管部门在依法履行职责过程中,对外国投资者拟投资负面清单内领域,但不符合负面清单规定的,不予办理许可、企业登记注册等相关事项;涉及固定资产投资项目核准的,不予办理相关核准事项。

有关主管部门应当对负面清单规定执行情况加强监督检查,发现外国投资者投资负面清单规定禁止投资的领域,或者外国投资者的投资活动违反负面清单规定的限制性准入特别管理措施的,依照外商投资法第三十六条的规定予以处理。

第三十五条　外国投资者在依法需要取得许可的行业、领域进行投资的,除法律、行政法规另有规定外,负责实施许可的有关主管部门应当按照与内资一致的条件和程序,审核外国投资者的许可申请,不得在许可条件、申请材料、审核环节、审核时限等方面对外国投资者设置歧视性要求。

负责实施许可的有关主管部门应当通过多种方式,优化审批服务,提高审批效率。对符合相关条件和要求的许可事项,可以按照有关规定采取告知承诺的方式办理。

第三十六条　外商投资需要办理投资项目核准、备案的,按照国家有关规定执行。

第三十七条　外商投资企业的登记注册,由国务院市场监督管理部门或者其授权的地方人民政府市场监督管理部门依法办理。国务院市场监督管理部门应当公布其授权的市场监督管理部门名单。

外商投资企业的注册资本可以用人民币表示,也可以用可自由兑换货币表示。

第三十八条　外国投资者或者外商投资企业应当通过企业登记系统以及企业信用信息公示系统向商务主管部门报送投资信息。国务院商务主管部门、市场监督管理部门应当做好相关业务系统的对接和工作衔接,并为外国投资者或者外商投资企业报送投资信息提供指导。

第三十九条　外商投资信息报告的内容、范围、频次和具体流程,由国务院商务主管部门会同国务院市场监督管理部门等有关部门按照确有必要、高效便利的原则确定并公布。商务主管部门、其他有关部门应当加强信息共享,通过部门信息共享能够获得的投资信息,不得再行要求外国投资者或者外商投资企业报送。

外国投资者或者外商投资企业报送的投资信息应当真实、准确、完整。

第四十条　国家建立外商投资安全审查制度,对影响或者可能影响国家安全的外商投资进行安全审查。

第五章　法律责任

第四十一条　政府和有关部门及其工作人员有下列情形之一的,依法依规追究责任:

(一)制定或者实施有关政策不依法平等对待外商投资企业和内资企业;

(二)违法限制外商投资企业平等参与标准制定、修订工作,或者专门针对外商投资企业适用高于强制性标准的技术要求;

(三)违法限制外国投资者汇入、汇出资金;

(四)不履行向外国投资者、外商投资企业依法作出的政策承诺以及依法订立的各类合同,超出法定权限作出政策承诺,或者政策承诺的内容不符合法律、法规规定。

第四十二条　政府采购的采购人、采购代理机构以不合理的条件对外商投资企业实行差别待遇或者歧视待遇的,依照政府采购法及其实施条例的规定追究其法律责任;影响或者可能影响中标、成交结果的,依照政府采购法及其实施条例的规定处理。

政府采购监督管理部门对外商投资企业的投诉逾期未作处理的,对直接负责的主管人员和其他直接责任人员依法给予处分。

第四十三条　行政机关及其工作人员利用行政手段强制或者变相强制外国投资者、外商投资企业转让技术的,对直接负责的主管人员和其他直接责任人员依法给予处分。

第六章　附　则

第四十四条　外商投资法施行前依照《中华人民共和国中外合资经营企业法》《中华人民共和国外资企业法》《中华人民共和国中外合作经营企业法》设立的外商投资企业(以下称现有外商投资企业),在外商投资法施行后5年内,可以依照《中华人民共和国公司法》《中华人民共和国合伙企业法》等法律的规定调整其组织形式、组织机构等,并依法办理变更登记,也可以继续保留原企业组织形式、组织机构等。

自2025年1月1日起,对未依法调整组织形式、组织机构等并办理变更登记的现有外商投资企业,市场监督管理部门不予办理其申请的其他登记事项,并将相关情形予以公示。

第四十五条　现有外商投资企业办理组织形式、组织机构等变更登记的具体事宜,由国务院市场监督管理部门规定并公布。国务院市场监督管理部门应当加强对变更登记工作的指导,负责办理变更登记的市场监督管理部门应当通过多种方式优化服务,为企业办理变更登记提供便利。

第四十六条　现有外商投资企业的组织形式、组织机构等依法调整后,原合营、合作各方在合同中约定的股权或者权益转让办法、收益分配办法、剩余财产分配办法等,可以继续按照约定办理。

第四十七条　外商投资企业在中国境内投资,适用外商投资法和本条例的有关规定。

第四十八条　香港特别行政区、澳门特别行政区投资者在内地投资,参照外商投资法和本条例执行;法律、行政法规或者国务院另有规定的,从其规定。

台湾地区投资者在大陆投资,适用《中华人民共和国台湾同胞投资保护法》(以下简称台湾同胞投资保护法)及其实施细则的规定;台湾同胞投资保护法及其实施细则未规定的事项,参照外商投资法和本条例执行。

定居在国外的中国公民在中国境内投资,参照外商投资法和本条例执行;法律、行政法规或者国务院另有规定的,从其规定。

第四十九条　本条例自 2020 年 1 月 1 日起施行。《中华人民共和国中外合资经营企业法实施条例》、《中外合资经营企业合营期限暂行规定》、《中华人民共和国外资企业法实施细则》、《中华人民共和国中外合作经营企业法实施细则》同时废止。

2020 年 1 月 1 日前制定的有关外商投资的规定与外商投资法和本条例不一致的,以外商投资法和本条例的规定为准。

国家重点建设项目管理办法

· 1996 年 6 月 14 日国家计划委员会发布
· 根据 2011 年 1 月 8 日《国务院关于废止和修改部分行政法规的决定》修订

第一条　为了加强国家重点建设项目的管理,保证国家重点建设项目的工程质量和按期竣工,提高投资效益,促进国民经济持续、快速、健康发展,制定本办法。

第二条　本办法所称国家重点建设项目,是指从下列国家大中型基本建设项目中确定的对国民经济和社会发展有重大影响的骨干项目:

(一)基础设施、基础产业和支柱产业中的大型项目;

(二)高科技并能带动行业技术进步的项目;

(三)跨地区并对全国经济发展或者区域经济发展有重大影响的项目;

(四)对社会发展有重大影响的项目;

(五)其他骨干项目。

第三条　国家重点建设项目的确定,根据国家产业政策、国民经济和社会发展的需要和可能,实行突出重点、量力而行、留有余地、防止资金分散、保证投资落实和资金供应的原则。

第四条　国家重点建设项目由国务院计划主管部门商国务院有关主管部门确定。

第五条　省、自治区、直辖市以及计划单列市的人民政府计划主管部门和国务院有关主管部门(公司),按照本办法第二条规定的范围和第三条规定的原则,对本地区、本部门的基本建设项目进行平衡后,每年可以向国务院计划主管部门提出列为国家重点建设项目的申请。

国务院计划主管部门收到申请后,应当征求国务院有关主管部门的意见,进行综合平衡,在所申请项目的可行性研究报告批准后,确定国家重点建设预备项目;在所申请项目批准开工后,正式确定国家重点建设项目。

国家重点建设项目和国家重点建设预备项目确定后,由国务院计划主管部门公布。

第六条　国务院计划主管部门和有关地方人民政府计划主管部门,应当按照国家重点建设项目的建设工期,安排国家重点建设项目的年度投资计划。

第七条　国家重点建设项目,实行建设项目法人责任制;国家另有规定的,从其规定。

建设项目法人负责国家重点建设项目的筹划、筹资、建设、生产经营、偿还债务和资产的保值增值,依照国家有关规定对国家重点建设项目的建设资金、建设工期、工程质量、生产安全等进行严格管理。

建设项目法人的组织形式、组织机构,依照《中华人民共和国公司法》和国家有关规定执行。

第八条　根据国家重点建设项目的年度投资计划和合同,负有拨付建设资金责任的国务院有关主管部门、有关地方人民政府、银行和企业事业单位,应当按照项目的建设进度,保证拨付建设资金。

第九条　国家重点建设项目的设备储备资金,各有关银行和部门应当优先安排。

第十条　国务院计划主管部门和有关地方人民政府计划主管部门,在安排国家重点建设项目的年度投资计划时,应当预留一定比例的资金,用于国家重点建设项目建设过程中的特殊需要。

第十一条　任何单位和个人不得挪用、截留国家重点建设项目的建设资金以及设备储备资金。

第十二条　地方人民政府负责与国家重点建设项目征地有关的协调工作,并提供必要的便利条件。土地管理部门应当依法保证国家重点建设项目的建设用地。

第十三条　国家重点建设项目主体工程的设计、施工、监理、设备采购,由建设项目法人依法公开进行招标,择优选定中标单位;但是,按照规定经批准可以议标、邀请招标的除外。

国家重点建设项目的投标单位应当具有国家规定的

甲级(一级)资格(资质)。

国家重点建设项目的中标单位,未经建设项目法人的同意,不得将合同转包或者分包。

国务院计划主管部门会同国务院有关主管部门、有关地方人民政府、银行,对国家重点建设项目的招标投标工作进行监督检查。

第十四条　电力、交通、邮电、供水、供热等单位,应当优先保证国家重点建设项目对施工和生产用电、物资运输、邮电通信和用水、用热等方面的需要,按照合同的约定履行义务。

第十五条　有关企业事业单位应当优先供应国家重点建设项目所需的设备、材料,按照合同的约定履行义务。

第十六条　任何单位和个人不得向国家重点建设项目收取费用;但是,法律或者国务院另有规定的,从其规定。

第十七条　建设项目法人应当按照国家有关规定,向国务院计划主管部门报送国家重点建设项目的建设情况和资料,并抄报有关主管部门和银行。

第十八条　为国家重点建设项目直接配套的项目,应当按照国家重点建设项目的建设进度,同步进行建设。为配套的项目提供建设资金的部门和单位,应当保证按照项目的建设进度拨付建设资金。

第十九条　国家重点建设项目建成并经过试运营,应当按照批准的设计文件和其他有关文件,由建设项目法人及时组织设计、施工等单位进行初步验收。

初步验收合格的,由国务院计划主管部门或者其委托的机构,组织有关单位进行竣工验收。

第二十条　国家重点建设项目竣工验收合格后,经过运营,应当按照国家有关规定进行项目后评价。

第二十一条　国务院计划主管部门会同国务院有关主管部门、有关地方人民政府,对国家重点建设项目的建设进行协调、指导和监督。

第二十二条　未按照规定拨付国家重点建设项目资金的,由国务院计划主管部门予以通报批评,并提请有关主管部门对负有直接责任的主管人员和其他责任人员依法给予行政处分;地方投资的部分连续两年未按照规定拨付的,国务院计划主管部门有权停止审批该地方下一年度的新开工项目。

未按照合同约定拨付国家重点建设项目资金的,应当承担相应的违约责任。

第二十三条　挪用、截留国家重点建设项目资金的,由审计机关、财政机关追还被挪用、截留的资金,予以通报批评,并提请有关主管部门对负有直接责任的主管人员和其他责任人员依法给予行政处分;构成犯罪的,依法追究刑事责任。

第二十四条　扰乱国家重点建设项目建设、生产经营秩序,致使其不能正常进行的,依照《中华人民共和国治安管理处罚法》的规定给予处罚;构成犯罪的,依法追究刑事责任。

第二十五条　国家重点建设项目工程因管理不善、弄虚作假,造成严重超概算、质量低劣、损失浪费或者责任事故的,由国务院计划主管部门予以通报批评,并提请有关主管部门对负有直接责任的主管人员和其他责任人员依法给予行政处分;构成犯罪的,依法追究刑事责任。

第二十六条　本办法自发布之日起施行。

基础设施和公用事业特许经营管理办法

· 2015 年 4 月 25 日国家发展改革委、财政部、住房城乡建设部、交通运输部、水利部、中国人民银行第 25 号令公布
· 自 2015 年 6 月 1 日起施行

第一章　总　则

第一条　为鼓励和引导社会资本参与基础设施和公用事业建设运营,提高公共服务质量和效率,保护特许经营者合法权益,保障社会公共利益和公共安全,促进经济社会持续健康发展,制定本办法。

第二条　中华人民共和国境内的能源、交通运输、水利、环境保护、市政工程等基础设施和公用事业领域的特许经营活动,适用本办法。

第三条　本办法所称基础设施和公用事业特许经营,是指政府采用竞争方式依法授权中华人民共和国境内外的法人或者其他组织,通过协议明确权利义务和风险分担,约定其在一定期限和范围内投资建设运营基础设施和公用事业并获得收益,提供公共产品或者公共服务。

第四条　基础设施和公用事业特许经营应当坚持公开、公平、公正,保护各方信赖利益,并遵循以下原则:

(一)发挥社会资本融资、专业、技术和管理优势,提高公共服务质量效率;

(二)转变政府职能,强化政府与社会资本协商合作;

(三)保护社会资本合法权益,保证特许经营持续性和稳定性;

（四）兼顾经营性和公益性平衡，维护公共利益。

第五条　基础设施和公用事业特许经营可以采取以下方式：

（一）在一定期限内，政府授予特许经营者投资新建或改扩建、运营基础设施和公用事业，期限届满移交政府；

（二）在一定期限内，政府授予特许经营者投资新建或改扩建、拥有并运营基础设施和公用事业，期限届满移交政府；

（三）特许经营者投资新建或改扩建基础设施和公用事业并移交政府后，由政府授予其在一定期限内运营；

（四）国家规定的其他方式。

第六条　基础设施和公用事业特许经营期限应当根据行业特点、所提供公共产品或服务需求、项目生命周期、投资回收期等综合因素确定，最长不超过 30 年。

对于投资规模大、回报周期长的基础设施和公用事业特许经营项目（以下简称特许经营项目）可以由政府或者其授权部门与特许经营者根据项目实际情况，约定超过前款规定的特许经营期限。

第七条　国务院发展改革、财政、国土、环保、住房城乡建设、交通运输、水利、能源、金融、安全监管等有关部门按照各自职责，负责相关领域基础设施和公用事业特许经营规章、政策制定和监督管理工作。

县级以上地方人民政府发展改革、财政、国土、环保、住房城乡建设、交通运输、水利、价格、能源、金融监管等有关部门根据职责分工，负责有关特许经营项目实施和监督管理工作。

第八条　县级以上地方人民政府应当建立各有关部门参加的基础设施和公用事业特许经营部门协调机制，负责统筹有关政策措施，并组织协调特许经营项目实施和监督管理工作。

第二章　特许经营协议订立

第九条　县级以上人民政府有关行业主管部门或政府授权部门（以下简称项目提出部门）可以根据经济社会发展需求，以及有关法人和其他组织提出的特许经营项目建议等，提出特许经营项目实施方案。

特许经营项目应当符合国民经济和社会发展总体规划、主体功能区规划、区域规划、环境保护规划和安全生产规划等专项规划、土地利用规划、城乡规划、中期财政规划等，并且建设运营标准和监管要求明确。

项目提出部门应当保证特许经营项目的完整性和连续性。

第十条　特许经营项目实施方案应当包括以下内容：

（一）项目名称；

（二）项目实施机构；

（三）项目建设规模、投资总额、实施进度，以及提供公共产品或公共服务的标准等基本经济技术指标；

（四）投资回报、价格及其测算；

（五）可行性分析，即降低全生命周期成本和提高公共服务质量效率的分析估算等；

（六）特许经营协议框架草案及特许经营期限；

（七）特许经营者应当具备的条件及选择方式；

（八）政府承诺和保障；

（九）特许经营期限届满后资产处置方式；

（十）应当明确的其他事项。

第十一条　项目提出部门可以委托具有相应能力和经验的第三方机构，开展特许经营可行性评估，完善特许经营项目实施方案。

需要政府提供可行性缺口补助或者开展物有所值评估的，由财政部门负责开展相关工作。具体办法由国务院财政部门另行制定。

第十二条　特许经营可行性评估应当主要包括以下内容：

（一）特许经营项目全生命周期成本、技术路线和工程方案的合理性，可能的融资方式、融资规模、资金成本，所提供公共服务的质量效率，建设运营标准和监管要求等；

（二）相关领域市场发育程度，市场主体建设运营能力状况和参与意愿；

（三）用户付费项目公众支付意愿和能力评估。

第十三条　项目提出部门依托本级人民政府根据本办法第八条规定建立的部门协调机制，会同发展改革、财政、城乡规划、国土、环保、水利等有关部门对特许经营项目实施方案进行审查。经审查认为实施方案可行的，各部门应当根据职责分别出具书面审查意见。

项目提出部门综合各部门书面审查意见，报本级人民政府或其授权部门审定特许经营项目实施方案。

第十四条　县级以上人民政府应当授权有关部门或单位作为实施机构负责特许经营项目有关实施工作，并明确具体授权范围。

第十五条　实施机构根据经审定的特许经营项目实施方案，应当通过招标、竞争性谈判等竞争方式选择特许经营者。

特许经营项目建设运营标准和监管要求明确、有关领域市场竞争比较充分的，应当通过招标方式选择特许经营者。

第十六条　实施机构应当在招标或谈判文件中载明是否要求成立特许经营项目公司。

第十七条　实施机构应当公平择优选择具有相应管理经验、专业能力、融资实力以及信用状况良好的法人或者其他组织作为特许经营者。鼓励金融机构与参与竞争的法人或其他组织共同制定投融资方案。

特许经营者选择应当符合内外资准入等有关法律、行政法规规定。

依法选定的特许经营者，应当向社会公示。

第十八条　实施机构应当与依法选定的特许经营者签订特许经营协议。

需要成立项目公司的，实施机构应当与依法选定的投资人签订初步协议，约定其在规定期限内注册成立项目公司，并与项目公司签订特许经营协议。

特许经营协议应当主要包括以下内容：

（一）项目名称、内容；

（二）特许经营方式、区域、范围和期限；

（三）项目公司的经营范围、注册资本、股东出资方式、出资比例、股权转让等；

（四）所提供产品或者服务的数量、质量和标准；

（五）设施权属，以及相应的维护和更新改造；

（六）监测评估；

（七）投融资期限和方式；

（八）收益取得方式，价格和收费标准的确定方法以及调整程序；

（九）履约担保；

（十）特许经营期内的风险分担；

（十一）政府承诺和保障；

（十二）应急预案和临时接管预案；

（十三）特许经营期限届满后，项目及资产移交方式、程序和要求等；

（十四）变更、提前终止及补偿；

（十五）违约责任；

（十六）争议解决方式；

（十七）需要明确的其他事项。

第十九条　特许经营协议根据有关法律、行政法规和国家规定，可以约定特许经营者通过向用户收费等方式取得收益。

向用户收费不足以覆盖特许经营建设、运营成本及合理收益的，可由政府提供可行性缺口补助，包括政府授予特许经营项目相关的其它开发经营权益。

第二十条　特许经营协议应当明确价格或收费的确定和调整机制。特许经营项目价格或收费应当依据相关法律、行政法规规定和特许经营协议约定予以确定和调整。

第二十一条　政府可以在特许经营协议中就防止不必要的同类竞争性项目建设、必要合理的财政补贴、有关配套公共服务和基础设施的提供等内容作出承诺，但不得承诺固定投资回报和其他法律、行政法规禁止的事项。

第二十二条　特许经营者根据特许经营协议，需要依法办理规划选址、用地和项目核准或审批等手续的，有关部门在进行审核时，应当简化审核内容，优化办理流程，缩短办理时限，对于本部门根据本办法第十三条出具书面审查意见已经明确的事项，不再作重复审查。

实施机构应当协助特许经营者办理相关手续。

第二十三条　国家鼓励金融机构为特许经营项目提供财务顾问、融资顾问、银团贷款等金融服务。政策性、开发性金融机构可以给予特许经营项目差异化信贷支持，对符合条件的项目，贷款期限最长可达 30 年。探索利用特许经营项目预期收益质押贷款，支持利用相关收益作为还款来源。

第二十四条　国家鼓励通过设立产业基金等形式入股提供特许经营项目资本金。鼓励特许经营项目公司进行结构化融资，发行项目收益票据和资产支持票据等。

国家鼓励特许经营项目采用成立私募基金，引入战略投资者，发行企业债券、项目收益债券、公司债券、非金融企业债务融资工具等方式拓宽投融资渠道。

第二十五条　县级以上人民政府有关部门可以探索与金融机构设立基础设施和公用事业特许经营引导基金，并通过投资补助、财政补贴、贷款贴息等方式，支持有关特许经营项目建设运营。

第三章　特许经营协议履行

第二十六条　特许经营协议各方当事人应当遵循诚实信用原则，按照约定全面履行义务。

除法律、行政法规另有规定外，实施机构和特许经营者任何一方不履行特许经营协议约定义务或者履行义务不符合约定要求的，应当根据协议继续履行、采取补救措施或者赔偿损失。

第二十七条　依法保护特许经营者合法权益。任何单位或者个人不得违反法律、行政法规和本办法规定，干涉特许经营者合法经营活动。

第二十八条　特许经营者应当根据特许经营协议，执行有关特许经营项目投融资安排，确保相应资金或资金来源落实。

第二十九条　特许经营项目涉及新建或改扩建有关基础设施和公用事业的，应当符合城乡规划、土地管理、环境保护、质量管理、安全生产等有关法律、行政法规规定的建设条件和建设标准。

第三十条　特许经营者应当根据有关法律、行政法规、标准规范和特许经营协议，提供优质、持续、高效、安全的公共产品或者公共服务。

第三十一条　特许经营者应当按照技术规范，定期对特许经营项目设施进行检修和保养，保证设施运转正常及经营期限届满后资产按规定进行移交。

第三十二条　特许经营者对涉及国家安全的事项负有保密义务，并应当建立和落实相应保密管理制度。

实施机构、有关部门及其工作人员对在特许经营活动和监督管理工作中知悉的特许经营者商业秘密负有保密义务。

第三十三条　实施机构和特许经营者应当对特许经营项目建设、运营、维修、保养过程中有关资料，按照有关规定进行归档保存。

第三十四条　实施机构应当按照特许经营协议严格履行有关义务，为特许经营者建设运营特许经营项目提供便利和支持，提高公共服务水平。

行政区划调整，政府换届、部门调整和负责人变更，不得影响特许经营协议履行。

第三十五条　需要政府提供可行性缺口补助的特许经营项目，应当严格按照预算法规定，综合考虑政府财政承受能力和债务风险状况，合理确定财政付费总额和分年度数额，并与政府年度预算和中期财政规划相衔接，确保资金拨付需要。

第三十六条　因法律、行政法规修改，或者政策调整损害特许经营者预期利益，或者根据公共利益需要，要求特许经营者提供协议约定以外的产品或服务的，应当给予特许经营者相应补偿。

第四章　特许经营协议变更和终止

第三十七条　在特许经营协议有效期内，协议内容确需变更的，协议当事人应当在协商一致基础上签订补充协议。如协议可能对特许经营项目的存续债务产生重大影响的，应当事先征求债权人同意。特许经营项目涉及直接融资行为的，应当及时做好相关信息披露。

特许经营期限届满后确有必要延长的，按照有关规定经充分评估论证，协商一致并报批准后，可以延长。

第三十八条　在特许经营期限内，因特许经营协议一方严重违约或不可抗力等原因，导致特许经营者无法继续履行协议约定义务，或者出现特许经营协议约定的提前终止协议情形的，在与债权人协商一致后，可以提前终止协议。

特许经营协议提前终止的，政府应当收回特许经营项目，并根据实际情况和协议约定给予原特许经营者相应补偿。

第三十九条　特许经营期限届满终止或提前终止的，协议当事人应当按照特许经营协议约定，以及有关法律、行政法规和规定办理有关设施、资料、档案等的性能测试、评估、移交、接管、验收等手续。

第四十条　特许经营期限届满终止或者提前终止，对该基础设施和公用事业继续采用特许经营方式的，实施机构应当根据本办法规定重新选择特许经营者。

因特许经营期限届满重新选择特许经营者的，在同等条件下，原特许经营者优先获得特许经营。

新的特许经营者选定之前，实施机构和原特许经营者应当制定预案，保障公共产品或公共服务的持续稳定提供。

第五章　监督管理和公共利益保障

第四十一条　县级以上人民政府有关部门应当根据各自职责，对特许经营者执行法律、行政法规、行业标准、产品或服务技术规范，以及其他有关监管要求进行监督管理，并依法加强成本监督审查。

县级以上审计机关应当依法对特许经营活动进行审计。

第四十二条　县级以上人民政府及其有关部门应当根据法律、行政法规和国务院决定保留的行政审批项目对特许经营进行监督管理，不得以实施特许经营为名违法增设行政审批项目或审批环节。

第四十三条　实施机构应当根据特许经营协议，定期对特许经营项目建设运营情况进行监测分析，会同有关部门进行绩效评价，并建立根据绩效评价结果、按照特许经营协议约定对价格或财政补贴进行调整的机制，保障所提供公共产品或公共服务的质量和效率。

实施机构应当将社会公众意见作为监测分析和绩效评价的重要内容。

第四十四条　社会公众有权对特许经营活动进行监督，向有关监管部门投诉，或者向实施机构和特许经营者提出意见建议。

第四十五条　县级以上人民政府应当将特许经营有关政策措施、特许经营部门协调机制组成以及职责等信息向社会公开。

实施机构和特许经营者应当将特许经营项目实施方案、特许经营者选择、特许经营协议及其变更或终止、项目建设运营、所提供公共服务标准、监测分析和绩效评价、经过审计的上年度财务报表等有关信息按规定向社会公开。

特许经营者应当公开有关会计数据、财务核算和其他有关财务指标,并依法接受年度财务审计。

第四十六条　特许经营者应当对特许经营协议约定服务区域内所有用户普遍地、无歧视地提供公共产品或公共服务,不得对新增用户实行差别待遇。

第四十七条　实施机构和特许经营者应当制定突发事件应急预案,按规定报有关部门。突发事件发生后,及时启动应急预案,保障公共产品或公共服务的正常提供。

第四十八条　特许经营者因不可抗力等原因确实无法继续履行特许经营协议的,实施机构应当采取措施,保证持续稳定提供公共产品或公共服务。

第六章　争议解决

第四十九条　实施机构和特许经营者就特许经营协议履行发生争议的,应当协商解决。协商达成一致的,应当签订补充协议并遵照执行。

第五十条　实施机构和特许经营者就特许经营协议中的专业技术问题发生争议的,可以共同聘请专家或第三方机构进行调解。调解达成一致的,应当签订补充协议并遵照执行。

第五十一条　特许经营者认为行政机关作出的具体行政行为侵犯其合法权益的,有陈述、申辩的权利,并可以依法提起行政复议或者行政诉讼。

第五十二条　特许经营协议存续期间发生争议,当事各方在争议解决过程中,应当继续履行特许经营协议义务,保证公共产品或公共服务的持续性和稳定性。

第七章　法律责任

第五十三条　特许经营者违反法律、行政法规和国家强制性标准,严重危害公共利益,或者造成重大质量、安全事故或者突发环境事件的,有关部门应当责令限期改正并依法予以行政处罚;拒不改正、情节严重的,可以终止特许经营协议;构成犯罪的,依法追究刑事责任。

第五十四条　以欺骗、贿赂等不正当手段取得特许

经营项目的,应当依法收回特许经营项目,向社会公开。

第五十五条　实施机构、有关行政主管部门及其工作人员不履行法定职责、干预特许经营者正常经营活动、徇私舞弊、滥用职权、玩忽职守的,依法给予行政处分;构成犯罪的,依法追究刑事责任。

第五十六条　县级以上人民政府有关部门应当对特许经营者及其从业人员的不良行为建立信用记录,纳入全国统一的信用信息共享交换平台。对严重违法失信行为依法予以曝光,并会同有关部门实施联合惩戒。

第八章　附　则

第五十七条　基础设施和公用事业特许经营涉及国家安全审查的,按照国家有关规定执行。

第五十八条　法律、行政法规对基础设施和公用事业特许经营另有规定的,从其规定。

本办法实施之前依法已经订立特许经营协议的,按照协议约定执行。

第五十九条　本办法由国务院发展改革部门会同有关部门负责解释。

第六十条　本办法自 2015 年 6 月 1 日起施行。

建筑市场诚信行为信息管理办法

·2007 年 1 月 12 日
·建市〔2007〕9 号

第一条　为进一步规范建筑市场秩序,健全建筑市场诚信体系,加强对建筑市场各方主体的监管,营造诚实守信的市场环境,根据《建筑法》《招标投标法》《建设工程勘察设计管理条例》《建设工程质量管理条例》《建设工程安全生产管理条例》等有关法律法规,制定本办法。

第二条　本办法所称建筑市场各方主体是指建设项目的建设单位和参与工程建设活动的勘察、设计、施工、监理、招标代理、造价咨询、检测试验、施工图审查等企业或单位以及相关从业人员。

第三条　本办法所称诚信行为信息包括良好行为记录和不良行为记录。

良好行为记录指建筑市场各方主体在工程建设过程中严格遵守有关工程建设的法律、法规、规章或强制性标准,行为规范,诚信经营,自觉维护建筑市场秩序,受到各级建设行政主管部门和相关专业部门的奖励和表彰,所形成的良好行为记录。

　　不良行为记录是指建筑市场各方主体在工程建设过程中违反有关工程建设的法律、法规、规章或强制性标准和执业行为规范,经县级以上建设行政主管部门或其委托的执法监督机构查实和行政处罚,形成的不良行为记录。《全国建筑市场各方主体不良行为记录认定标准》由建设部制定和颁布。

　　第四条　建设部负责制定全国统一的建筑市场各方主体的诚信标准;负责指导建立建筑市场各方主体的信用档案;负责建立和完善全国联网的统一的建筑市场信用管理信息平台;负责对外发布全国建筑市场各方主体诚信行为记录信息;负责指导对建筑市场各方主体的信用评价工作。

　　各省、自治区和直辖市建设行政主管部门负责本地区建筑市场各方主体的信用管理工作,采集、审核、汇总和发布所属各市、县建设行政主管部门报送的各方主体的诚信行为记录,并将符合《全国建筑市场各方主体不良行为记录认定标准》的不良行为记录及时报送建设部。报送内容应包括:各方主体的基本信息、在建筑市场经营和生产活动中的不良行为表现、相关处罚决定等。

　　各市、县建设行政主管部门按照统一的诚信标准和管理办法,负责对本地区参与工程建设的各方主体的诚信行为进行检查、记录,同时将不良行为记录信息及时报送上级建设行政主管部门。

　　中央管理企业和工商注册不在本地区的企业的诚信行为记录,由其项目所在地建设行政主管部门负责采集、审核、记录、汇总和公布,逐级上报,同时向企业工商注册所在地的建设行政主管部门通报,建立和完善其信用档案。

　　第五条　各级建设行政主管部门要明确分管领导和承办机构人员,落实责任制,加强对各方主体不良行为的监督检查以及不良行为记录真实性的核查,负责收集、整理、归档、保全不良行为事实的证据和资料,不良行为记录报表要真实、完整、及时报送。

　　第六条　行业协会要协助政府部门做好诚信行为记录、信息发布和信用评价等工作,推进建筑市场动态监管;要完善行业内部监督和协调机制,建立以会员单位为基础的自律维权信息平台,加强行业自律,提高企业及其从业人员的诚信意识。

　　第七条　各省、自治区、直辖市建设行政主管部门应按照《全国建筑市场各方主体不良行为记录认定标准》,自行或通过市、县建设行政主管部门及其委托的执法监督机构,结合建筑市场检查、工程质量安全监督以及政府部门组织的各类执法检查、督查和举报、投诉等工作,采集不良行为记录,并建立与工商、税务、纪检、监察、司法、银行等部门的信息共享机制。

　　第八条　各省、自治区、直辖市建设行政主管部门应根据行政处罚情况,及时公布各方主体的不良行为信息,形成政府监管、行业自律、社会监督的有效约束机制。

　　第九条　各地建设行政主管部门要通过资源整合和组织协调,完善建筑市场和工程现场联动的业务监管体系,在健全建筑市场综合监管信息系统的基础上,建立向社会开放的建筑市场诚信信息平台,做好诚信信息的发布工作。诚信信息平台的建设可依托各地有形建筑市场(建设工程交易中心)的资源条件,避免重复建设和资源浪费。

　　第十条　诚信行为记录实行公布制度。

　　诚信行为记录由各省、自治区、直辖市建设行政主管部门在当地建筑市场诚信信息平台上统一公布。其中,不良行为记录信息的公布时间为行政处罚决定做出后7日内,公布期限一般为6个月至3年;良好行为记录信息公布期限一般为3年,法律、法规另有规定的从其规定。公布内容应与建筑市场监管信息系统中的企业、人员和项目管理数据库相结合,形成信用档案,内部长期保留。

　　属于《全国建筑市场各方主体不良行为记录认定标准》范围的不良行为记录除在当地发布外,还将由建设部统一在全国公布,公布期限与地方确定的公布期限相同,法律、法规另有规定的从其规定。各省、自治区、直辖市建设行政主管部门将确认的不良行为记录在当地发布之日起7日内报建设部。

　　通过与工商、税务、纪检、监察、司法、银行等部门建立的信息共享机制,获取的有关建筑市场各方主体不良行为记录的信息,省、自治区、直辖市建设行政主管部门也应参照本规定在本地区统一公布。

　　各地建筑市场综合监管信息系统,要逐步与全国建筑市场诚信信息平台实现网络互联、信息共享和实时发布。

　　第十一条　对发布有误的信息,由发布该信息的省、自治区和直辖市建设行政主管部门进行修正,根据被曝光单位对不良行为的整改情况,调整其信息公布期限,保证信息的准确和有效。

　　省、自治区和直辖市建设行政主管部门负责审查整改结果,对整改确有实效的,由企业提出申请,经批准,可缩短其不良行为记录信息公布期限,但公布期限最短不得少于3个月,同时将整改结果列于相应不良行为记录后,供有关部门和社会公众查询;对于拒不整改或整改不力的单位,信息发布部门可延长其不良行为记录信息公布期限。

行政处罚决定经行政复议、行政诉讼以及行政执法监督被变更或被撤销,应及时变更或删除该不良记录,并在相应诚信信息平台上予以公布,同时应依法妥善处理相关事宜。

第十二条　各省、自治区、直辖市建设行政主管部门应加强信息共享,推进各地诚信信息平台的互联互通,逐步开放诚信行为信息,维护建筑市场的统一、开放、竞争、有序。

第十三条　各级建设行政主管部门,应当依据国家有关法律、法规和规章,按照诚信激励和失信惩戒的原则,逐步建立诚信奖惩机制,在行政许可、市场准入、招标投标、资质管理、工程担保与保险、表彰评优等工作中,充分利用已公布的建筑市场各方主体的诚信行为信息,依法对守信行为给予激励,对失信行为进行惩处。在健全诚信奖惩机制的过程中,要防止利用诚信奖惩机制设置新的市场壁垒和地方保护。

第十四条　各级建设行政主管部门应按照管理权限和属地管理原则建立建筑市场各方主体的信用档案,将信用记录信息与建筑市场监管综合信息系统数据库相结合,实现数据共享和管理联动。

第十五条　各省、自治区、直辖市和计划单列市建设行政主管部门可结合本地区实际情况,依据地方性法规对本办法和认定标准加以补充,制订具体实施细则。

第十六条　各级建设行政主管部门要按照《最高人民检察院、建设部、交通部、水利部关于在工程建设领域开展行贿犯罪档案试点工作的通知》(高检会〔2004〕2号)要求,准确把握建立工程建设领域行贿犯罪档案查询系统的内容和要求,认真履行职责,加强领导,密切配合,做好工程建设领域行贿犯罪档案查询试点工作,将其纳入建筑市场信用体系建设工作中,逐步建立健全信用档案管理制度和失信惩戒制度。

第十七条　对参与工程建设的其他单位(如建筑材料、设备和构配件生产供应单位等)和实行个人注册执业制度的各类从业人员的诚信行为信息,可参照本办法进行管理。

第十八条　本办法由建设部负责解释。

第十九条　本办法自发布之日起施行。

附件:全国建筑市场各方主体不良行为记录认定标准(略)

建筑市场信用管理暂行办法

· 2017 年 12 月 11 日
· 建市〔2017〕241 号

第一章　总　则

第一条　为贯彻落实《国务院办公厅关于促进建筑业持续健康发展的意见》(国办发〔2017〕19号),加快推进建筑市场信用体系建设,规范建筑市场秩序,营造公平竞争、诚信守法的市场环境,根据《中华人民共和国建筑法》《中华人民共和国招标投标法》《企业信息公示暂行条例》《社会信用体系建设规划纲要(2014—2020年)》等,制定本办法。

第二条　本办法所称建筑市场信用管理是指在房屋建筑和市政基础设施工程建设活动中,对建筑市场各方主体信用信息的认定、采集、交换、公开、评价、使用及监督管理。

本办法所称建筑市场各方主体是指工程项目的建设单位和从事工程建设活动的勘察、设计、施工、监理等企业,以及注册建筑师、勘察设计注册工程师、注册建造师、注册监理工程师等注册执业人员。

第三条　住房城乡建设部负责指导和监督全国建筑市场信用体系建设工作,制定建筑市场信用管理规章制度,建立和完善全国建筑市场监管公共服务平台,公开建筑市场各方主体信用信息,指导省级住房城乡建设主管部门开展建筑市场信用体系建设工作。

省级住房城乡建设主管部门负责本行政区域内建筑市场各方主体的信用管理工作,制定建筑市场信用管理制度并组织实施,建立和完善本地区建筑市场监管一体化工作平台,对建筑市场各方主体信用信息认定、采集、公开、评价和使用进行监督管理,并向全国建筑市场监管公共服务平台推送建筑市场各方主体信用信息。

第二章　信用信息采集和交换

第四条　信用信息由基本信息、优良信用信息、不良信用信息构成。

基本信息是指注册登记信息、资质信息、工程项目信息、注册执业人员信息等。

优良信用信息是指建筑市场各方主体在工程建设活动中获得的县级以上行政机关或群团组织表彰奖励等信息。

不良信用信息是指建筑市场各方主体在工程建设活动中违反有关法律、法规、规章或工程建设强制性标准等,受到县级以上住房城乡建设主管部门行政处罚的信息,以及经有关部门认定的其他不良信用信息。

第五条　地方各级住房城乡建设主管部门应当通过省级建筑市场监管一体化工作平台,认定、采集、审核、更新和公开本行政区域内建筑市场各方主体的信用信息,并对其真实性、完整性和及时性负责。

第六条　按照"谁监管、谁负责,谁产生、谁负责"的原则,工程项目所在地住房城乡建设主管部门依据职责,采集工程项目信息并审核其真实性。

第七条　各级住房城乡建设主管部门应当建立健全信息推送机制,自优良信用信息和不良信用信息产生之日起7个工作日内,通过省级建筑市场监管一体化工作平台依法对社会公开,并推送至全国建筑市场监管公共服务平台。

第八条　各级住房城乡建设主管部门应当加强与发展改革、人民银行、人民法院、人力资源社会保障、交通运输、水利、工商等部门和单位的联系,加快推进信用信息系统的互联互通,逐步建立信用信息共享机制。

第三章　信用信息公开和应用

第九条　各级住房城乡建设主管部门应当完善信用信息公开制度,通过省级建筑市场监管一体化工作平台和全国建筑市场监管公共服务平台,及时公开建筑市场各方主体的信用信息。

公开建筑市场各方主体信用信息不得危及国家安全、公共安全、经济安全和社会稳定,不得泄露国家秘密、商业秘密和个人隐私。

第十条　建筑市场各方主体的信用信息公开期限为:

(一)基本信息长期公开;

(二)优良信用信息公开期限一般为3年;

(三)不良信用信息公开期限一般为6个月至3年,并不得低于相关行政处罚期限。具体公开期限由不良信用信息的认定部门确定。

第十一条　地方各级住房城乡建设主管部门应当通过省级建筑市场监管一体化工作平台办理信用信息变更,并及时推送至全国建筑市场监管公共服务平台。

第十二条　各级住房城乡建设主管部门应当充分利用全国建筑市场监管公共服务平台,建立完善建筑市场各方主体守信激励和失信惩戒机制。对信用好的,可根据实际情况在行政许可等方面实行优先办理、简化程序等激励措施;对存在严重失信行为的,作为"双随机、一公开"监管重点对象,加强事中事后监管,依法采取约束和惩戒措施。

第十三条　有关单位或个人应当依法使用信用信息,不得使用超过公开期限的不良信用信息对建筑市场各方主体进行失信惩戒,法律、法规或部门规章另有规定的,从其规定。

第四章　建筑市场主体"黑名单"

第十四条　县级以上住房城乡建设主管部门按照"谁处罚、谁列入"的原则,将存在下列情形的建筑市场各方主体,列入建筑市场主体"黑名单":

(一)利用虚假材料、以欺骗手段取得企业资质的;

(二)发生转包、出借资质,受到行政处罚的;

(三)发生重大及以上工程质量安全事故,或1年内累计发生2次及以上较大工程质量安全事故,或发生性质恶劣、危害性严重、社会影响大的较大工程质量安全事故,受到行政处罚的;

(四)经法院判决或仲裁机构裁决,认定为拖欠工程款,且拒不履行生效法律文书确定的义务的。

各级住房城乡建设主管部门应当参照建筑市场主体"黑名单",对被人力资源社会保障主管部门列入拖欠农民工工资"黑名单"的建筑市场各方主体加强监管。

第十五条　对被列入建筑市场主体"黑名单"的建筑市场各方主体,地方各级住房城乡建设主管部门应当通过省级建筑市场监管一体化工作平台向社会公布相关信息,包括单位名称、机构代码、个人姓名、证件号码、行政处罚决定、列入部门、管理期限等。

省级住房城乡建设主管部门应当通过省级建筑市场监管一体化工作平台,将建筑市场主体"黑名单"推送至全国建筑市场监管公共服务平台。

第十六条　建筑市场主体"黑名单"管理期限为自被列入名单之日起1年。建筑市场各方主体修复失信行为并且在管理期限内未再次发生符合列入建筑市场主体"黑名单"情形行为的,由原列入部门将其从"黑名单"移出。

第十七条　各级住房城乡建设主管部门应当将列入建筑市场主体"黑名单"和拖欠农民工工资"黑名单"的建筑市场各方主体作为重点监管对象,在市场准入、资质资格管理、招标投标等方面依法给予限制。

各级住房城乡建设主管部门不得将列入建筑市场主体"黑名单"的建筑市场各方主体作为评优表彰、政策试点和项目扶持对象。

第十八条　各级住房城乡建设主管部门可以将建筑市场主体"黑名单"通报有关部门,实施联合惩戒。

第五章 信用评价

第十九条 省级住房城乡建设主管部门可以结合本地实际情况,开展建筑市场信用评价工作。

鼓励第三方机构开展建筑市场信用评价。

第二十条 建筑市场信用评价主要包括企业综合实力、工程业绩、招标投标、合同履约、工程质量控制、安全生产、文明施工、建筑市场各方主体优良信用信息及不良信用信息等内容。

第二十一条 省级住房城乡建设主管部门应当按照公开、公平、公正的原则,制定建筑市场信用评价标准,不得设置歧视外地建筑市场各方主体的评价指标,不得对外地建筑市场各方主体设置信用壁垒。

鼓励设置建设单位对承包单位履约行为的评价指标。

第二十二条 地方各级住房城乡建设主管部门可以结合本地实际,在行政许可、招标投标、工程担保与保险、日常监管、政策扶持、评优表彰等工作中应用信用评价结果。

第二十三条 省级建筑市场监管一体化工作平台应当公开本地区建筑市场信用评价办法、评价标准及评价结果,接受社会监督。

第六章 监督管理

第二十四条 省级住房城乡建设主管部门应当指定专人或委托专门机构负责建筑市场各方主体的信用信息采集、公开和推送工作。

各级住房城乡建设主管部门应当加强建筑市场信用信息安全管理,建立建筑市场监管一体化工作平台安全监测预警和应急处理机制,保障信用信息安全。

第二十五条 住房城乡建设部建立建筑市场信用信息推送情况抽查和通报制度。定期核查省级住房城乡建设主管部门信用信息推送情况。对于应推送而未推送或未及时推送信用信息的,以及在建筑市场信用评价工作中设置信用壁垒的,住房城乡建设部将予以通报,并责令限期整改。

第二十六条 住房城乡建设主管部门工作人员在建筑市场信用管理工作中应当依法履职。对于推送虚假信用信息,故意瞒报信用信息,篡改信用评价结果的,应当依法追究主管部门及相关责任人责任。

第二十七条 地方各级住房城乡建设主管部门应当建立异议信用信息申诉与复核制度,公开异议信用信息处理部门和联系方式。建筑市场各方主体对信用信息及其变更、建筑市场主体"黑名单"等存在异议的,可以向认定该信用信息的住房城乡建设主管部门提出申诉,并提交相关证明材料。住房城乡建设主管部门应对异议信用信息进行核实,并及时作出处理。

第二十八条 建筑市场信用管理工作应当接受社会监督。任何单位和个人均可对建筑市场信用管理工作中违反法律、法规及本办法的行为,向住房城乡建设主管部门举报。

第七章 附 则

第二十九条 省级住房城乡建设主管部门可以根据本办法制定实施细则或管理办法。

园林绿化市场信用信息管理办法将另行制定。

第三十条 本办法自2018年1月1日起施行。原有关文件与本规定不一致的,按本规定执行。

关于推动建筑市场统一开放的若干规定

· 2015年9月21日
· 建市〔2015〕140号

第一条 为建立健全统一开放、竞争有序的建筑市场体系,促进建筑企业公平竞争,加强对建筑企业跨省承揽业务活动的监督管理,依据《中华人民共和国建筑法》《企业信息公示暂行条例》《关于促进市场公平竞争维护市场正常秩序的若干意见》(国发〔2014〕20号)等,制定本规定。

第二条 建筑企业在中华人民共和国境内跨省承揽房屋建筑和市政基础设施工程及其监督管理活动,适用本规定。

本规定所称建筑企业是指取得工程勘察、设计、施工、监理、招标代理等资质资格证书的企业。

本规定所称跨省承揽业务是指建筑企业到注册所在地省级行政区域以外的地区承揽业务的活动。

第三条 各级住房城乡建设主管部门要全面落实国家关于促进企业深化改革发展的各项政策措施,加强政策引导,营造有利于实力强、信誉好的建筑企业开展跨省承揽业务的宽松环境。

第四条 各级住房城乡建设主管部门应当按照简政放权、方便企业、规范管理的原则,简化前置管理,强化事中事后监管,给予外地建筑企业与本地建筑企业同等待遇,实行统一的市场监管,推动建筑市场统一开放。

第五条 住房城乡建设部对全国建筑企业跨省承揽

业务活动实施统一监督管理。省级住房城乡建设主管部门对在本地区承揽业务的外地建筑企业实施监督管理。

住房城乡建设部通过建立全国建筑市场监管与诚信信息发布平台，与各省级平台相对接，统一公开各地建筑市场监管和诚信行为信息。

第六条　建筑企业跨省承揽业务的，应当持企业法定代表人授权委托书向工程所在地省级住房城乡建设主管部门报送企业基本信息。企业基本信息内容应包括：企业资质证书副本（复印件）、安全生产许可证副本（复印件，施工企业）、企业诚信守法承诺书、在本地承揽业务负责人的任命书及身份信息、联系方式。

建筑企业应当对报送信息的真实性负责。企业基本信息发生变更的，应当及时告知工程所在地省级住房城乡建设主管部门。

第七条　工程所在地省级住房城乡建设主管部门收到建筑企业报送的基本信息后，应当及时纳入全省统一的建筑市场监管信息系统，通告本地区各级住房城乡建设主管部门，并向社会公示。

企业录入基本信息后，可在工程所在地省级行政区域内承揽业务。省级行政区域内各级住房城乡建设主管部门不得要求建筑企业重复报送信息，或每年度报送信息。

在全国建筑市场监管与诚信信息发布平台可查询到的信息，省级住房城乡建设主管部门应当通过信息系统进行核查，不再要求建筑企业提交纸质材料。

第八条　地方各级住房城乡建设主管部门在建筑企业跨省承揽业务监督管理工作中，不得违反法律法规的规定，直接或变相实行以下行为：

（一）擅自设置任何审批、备案事项，或者告知条件；

（二）收取没有法律法规依据的任何费用或保证金等；

（三）要求外地企业在本地区注册设立独立子公司或分公司；

（四）强制扣押外地企业和人员的相关证照资料；

（五）要求外地企业注册所在地住房城乡建设主管部门或其上级主管部门出具相关证明；

（六）将资质资格等级作为外地企业进入本地区承揽业务的条件；

（七）以本地区承揽工程业绩、本地区获奖情况作为企业进入本地市场条件；

（八）要求企业法定代表人到场办理入省（市）手续；

（九）其他妨碍企业自主经营、公平竞争的行为。

第九条　各省级住房城乡建设主管部门应当在本地区建筑市场监管信息平台中，统一公布中标企业（包括通过直接发包方式确定的承包企业）项目班子人员信息，并将中标信息和现场执法检查相结合。在建筑市场监督检查时，重点核查项目班子人员与中标信息不一致、项目负责人不履职、建筑企业在多个项目更换项目负责人等行为，依法查处建筑企业转包、挂靠、违法分包等违法违规行为。

第十条　对发生严重违法违规行为或报送企业基本信息时弄虚作假的建筑企业，工程所在地省级住房城乡建设主管部门应当将其列入黑名单，采取市场禁入等措施，同时上报住房城乡建设部，在全国建筑市场监管与诚信信息发布平台上向社会公布。

第十一条　住房城乡建设部建立建筑企业跨省承揽业务活动监管省际协调联动机制。各省级住房城乡建设主管部门应当明确本地区负责建筑企业跨省承揽业务活动管理的机构和人员。

工程所在地省级住房城乡建设主管部门应当及时通报外地建筑企业在本地区承揽业务活动中存在的违法违规行为等信息。注册所在地省级住房城乡建设主管部门应当积极协助其他省市核实本地建筑企业资质、人员资格等相关信息，配合处理建筑企业在跨省承揽业务中发生的违法违规行为，形成联动监管。

第十二条　注册所在地省级住房城乡建设主管部门对在外地发生违法违规行为的本地建筑企业，要及时开展动态核查。经核查，企业不符合资质标准的，应当依法进行处理。

第十三条　省级住房城乡建设主管部门应当向社会公开投诉举报电话和信箱，对本地区各级住房城乡建设主管部门的建筑企业跨省承揽业务监管工作实施监督，对设立不合理条件限制或排斥外地企业承揽业务的，应当及时纠正，情节严重的要通报批评。

住房城乡建设部依法受理全国涉及建筑企业跨省承揽业务活动监督管理的举报投诉，对违反本规定第八条及企业反映强烈、举报投诉较多、拒不整改的地区进行约谈、通报、曝光。

第十四条　建筑企业在本规定施行之日前已经办理跨省承揽业务备案的，除按照本规定变更信息外，任何单位或个人不得要求企业重新报送信息。

第十五条　本规定自2016年1月1日起施行。原有关文件与本规定不一致的，按本规定执行。

住房和城乡建设部关于进一步
加强建筑市场监管工作的意见

· 2011 年 6 月 24 日建市〔2011〕86 号公布
· 根据 2019 年 3 月 18 日《住房和城乡建设部关于修改有关文件的通知》修正

当前,我国建筑市场运行机制初步建立,建筑业规模不断扩大,为我国经济社会发展做出了积极贡献。但是,目前建筑市场仍然存在着一些突出问题,尤其是市场各方主体行为不规范,影响了建筑业的健康发展。为维护建筑市场秩序,保障工程质量安全,现就进一步加强建筑市场监管工作提出如下意见:

一、落实建设单位责任,严格依法发包工程

(一)不具备建设条件的项目一律不得发包。建设单位要严格遵守国家有关建设工程基本程序、工期、造价、质量、安全、节能与环境保护等方面的法律法规和强制性标准,依法进行项目发包,不得以任何名义不履行法定建设程序或者擅自简化法定建设程序。建设工程发包应当具备以下条件:

1. 已经履行工程立项审批、核准或备案手续;
2. 发包人为法人或依法成立的其他组织;
3. 有满足工程发包所需的资料或文件;
4. 工程建设资金已经落实;
5. 法律法规规定的其他条件。

(二)禁止设置不合理的招标条件。建设单位要严格依法进行工程招标,不得设置不合理条款排斥或限制潜在投标人,不得将所有制形式、企业注册地、过高资质等级要求、特定地域业绩及奖项等设置为招标条件,严禁政府投资项目使用带资承包方式进行建设。

(三)禁止肢解发包工程。建设单位要将工程发包给具备相应资质条件的承包单位,不得将应当由一个承包单位完成的建设工程肢解成若干部分发包给不同的承包单位。建设单位将施工总承包单位资质范围内的工程发包给两个及以上单位的,视为肢解发包,有关部门要依法进行查处。

建设单位直接向施工总承包单位的分包单位支付分包工程款,或者要求承包单位将已经承包的部分建设工程分包给指定单位的,有关部门应当依法进行查处。

(四)禁止建设单位指定工程分包单位。承包单位对其承包范围内的部分专业工程依法进行分包时,建设单位不得指定分包单位,不得要求承包单位购入其指定的建筑材料、构配件和设备,不得采用与总承包单位、分

包单位签订"三方协议"的方式变相指定分包单位。

二、规范工程承包行为,严禁转包和违法分包

(五)禁止转包工程。承包单位要严格履行合同约定的责任和义务,不得转包工程。工程勘察、设计、施工单位不履行合同约定的责任和义务,将其承包的全部建设工程转给他人或者以分包名义分别转给他人的;分包工程的发包单位未在施工现场设立项目管理机构、派驻项目经理及配备项目管理人员的,视为转包工程,有关部门要依法进行查处。

实行施工总承包的工程,施工总承包单位与施工总承包范围内分包工程的发包单位是两个独立法人单位的;主体工程使用的主要建筑材料或设备由分包单位购买或租赁的,有关部门应当依法进行查处。

(六)禁止违法分包工程。承包单位要严格按照法律法规的规定进行工程分包。承包单位不得将承接工程的主体工程进行分包,分包单位不得将分包工程再分包。承包单位存在下列情形之一的视为违法分包,有关部门要依法进行查处:

1. 承包单位将建设工程分包给不具备相应资质条件的单位或个人的;
2. 承包合同中没有约定,又未经建设单位书面认可,承包单位将其承包的部分建设工程交由其他单位完成的;
3. 劳务企业将承包的劳务作业再分包的;
4. 法律法规规定的其他情形。

建筑工程设计单位将建筑专业的全部设计业务分包给其他单位的,建筑、结构、机电工程设计事务所将本专业的设计业务分包给其他单位的,其他专业工程设计单位将全部工艺设计业务分包给其他单位的,有关部门应当依法进行查处。

三、加强合同管理,规范合同履约行为

(七)规范合同订立。建设工程合同双方要在合同中明确约定承包范围、质量安全要求、工期、价款及支付方式、变更要求、验收与结算以及合同争议的解决方式等内容,避免因双方责任、权利、义务约定不明确造成合同纠纷。建设单位不得任意压低造价和压缩工期。合同双方要依据国家和建设项目所在地的有关规定,合理确定工程预付款、进度款的数额和支付方式,工程变更的调整方式,工程量清单错漏项的认定方式,人工及材料价格大幅变化所致风险的承担方式,竣工结算款的支付期限等。各地造价管理机构要依据市场实际价格情况及时发布建设工程造价信息,指导和推进合同双方规范工程计

价行为。

(八)落实合同履约责任。合同双方应当按照合同约定,全面履行各自义务和责任,协商处理合同履行中出现的问题和争议。建设单位要及时跟踪工程质量安全、工程进展等情况,按时支付工程预付款、安全防护费、进度款和办理竣工结算,并督促承包单位落实质量安全防护措施。建设单位未按合同约定支付工程款,致使承包单位无法施工的,由建设单位承担工期延误的责任,并按照合同约定向承包单位赔偿经济损失。承包单位要按照合同约定认真履行工程质量安全、工期等义务,按时支付劳务费和办理竣工结算。

(九)建立合同履约风险防范机制。在工程建设项目特别是房地产开发项目中,要积极推行以业主工程款支付担保、承包商履约担保为主要内容的工程担保制度,完善相关措施,落实担保人保后监管责任,促进合同履约,防范和化解合同争议。要积极推行工程质量保险制度,防范和降低工程质量风险。

四、加强施工现场管理,保障工程质量安全

(十)强化施工总承包单位负责制。施工总承包单位对工程施工的质量、安全、工期、造价以及执行强制性标准等负总责。施工总承包单位的责任不因工程分包行为而转移。分包单位责任导致的工程质量安全事故,施工总承包单位承担连带责任。专业分包或劳务分包单位应当接受施工总承包单位的施工现场统一管理。建设单位依法直接发包的专业工程,建设单位、专业承包单位要与施工总承包单位签订施工现场统一管理协议,明确各方的责任、权利、义务。

(十一)健全施工现场管理制度。施工单位要制定工程项目现场管理办法并严格执行,配备与项目规模技术要求相适应的项目管理班子。项目经理、施工、技术、质量、安全、劳资等管理人员应为本企业人员且持有相应资格的上岗证书。施工单位要切实履行职责,定期对本单位和分包单位的现场管理人员和作业人员到位和持证上岗、质量安全保证体系、技术交底、教育培训等实施情况进行检查。

(十二)强化设计单位的现场设计服务。建设单位和设计单位要明确约定现场设计服务的内容及费用。设计单位要加强工程项目建设过程中的现场设计服务,在项目施工前应对审查合格的施工图文件向施工单位做出详细说明,并及时解决施工过程中与设计有关的问题。设计单位要对参加现场设计服务情况做出记录并予以保存。

(十三)严格履行监理单位职责。监理单位要严格依照法律法规以及有关技术标准、设计文件和建设工程承包合同实施监理,对建设工程的施工质量安全依法承担监理责任。监理单位要落实项目总监负责制,建立项目监理机构,配备足够的、专业配套的监理人员,严格按程序开展监理工作。监理工程师要按照工程监理规范的要求,采取旁站、巡视、平行检验等多种形式,及时到位进行监督检查,对达不到规定要求的建筑材料、构配件、设备以及不符合要求的施工组织设计、施工方案不得签字放行。发现存在质量安全隐患的,应当要求施工单位整改;情况严重的,应当要求施工单位暂停施工,并及时报告建设单位。施工单位拒不整改或者不停止施工的,监理单位要及时向有关主管部门报告。

(十四)严格执行工程建设标准。建设工程的建设、勘察、设计、施工、监理、检测等单位要严格执行工程建设标准,督促从业人员认真掌握并严格执行相关工程建设标准。各地要加强对工程建设标准的培训和宣传,并将市场各方主体不执行工程建设强制性标准的情况及时在建筑市场诚信信息平台上公布。

五、加强建筑劳务管理,提高作业人员素质

(十五)落实用工单位责任。施工总承包单位对劳务分包单位的日常管理、劳务作业和用工情况负有监督管理责任,对监管不到位以及因转包、违法分包工程造成拖欠劳务人员工资的,依法承担相应责任。施工总承包单位不得要求劳务分包单位垫资承包,不得拖欠劳务分包单位的劳务费用。用工单位要依法与劳务人员签订规范的劳动合同。用工单位对内部用工管理、持证上岗作业和劳务人员工资发放负直接责任,并要按月或按合同约定及时支付劳务人员工资,不得以任何理由拖欠劳务人员工资。

(十六)加大农民工培训力度。要利用各类职业培训资源,充分发挥职业院校和社会化职业培训机构作用,建立政府部门、行业协会、施工单位多层次培训体系,多渠道筹集培训经费,加大对农民工的培训力度。进一步落实持证上岗制度,特殊工种人员严禁无证上岗。大力开展职业技能培训与鉴定工作,普通技术工人在"十二五"期间推行持证上岗。营造职业技能等级与劳动报酬挂钩的市场环境,增强农民工参加培训、提升技术水平的积极性,全面提高建筑劳务人员素质。

(十七)推行建筑劳务人员实名制管理。施工总承包单位要以工程项目为单位落实劳务人员实名管理制度,要配置专人对劳务分包单位的劳动统计、出工考勤、工资发放进行监管,并处理劳务人员的举报投诉。用工单位要设置专人对劳务人员身份信息、劳动合同、工资发放、持证上岗、工伤保险、意外伤害险等情况进行规范管理。各地要总结试点地区的经验,扩大建筑劳务人员信息化管理试点范围,实行建筑劳务人员从业档案电子化管理。

六、加强诚信体系建设,提高监管信息化水平

(十八)建立完善建筑市场监管信息系统。要加快行业注册人员数据库、企业数据库、工程项目数据库的建设步伐。住房城乡建设部将尽快制定全国建筑市场监管信息系统基础数据库的数据标准。各地要健全和完善省级建筑市场监管信息系统的基础数据库,实现与中央数据库的对接和互联互通,在全国范围内建立覆盖建设、勘察、设计、施工、监理等各方主体,以及招标投标、施工许可、工程施工、质量安全各环节的监管信息系统。

(十九)加强信用信息的采集和录入。各地要建立由企业资质、人员资格、招标投标、施工许可、合同备案、设计、施工、监理、造价、质量、安全、行政执法等多部门组成的联席办公机制,建立综合与专业相结合、上下对口联动的信用信息采集体系,落实工作职责,按照《全国建筑市场责任主体不良行为记录基本标准》,及时录入和上报不良信用信息。住房城乡建设部将继续完善全国建筑市场诚信信息平台,尽快出台注册执业人员不良行为记录基本标准,并建立信息报送通报制度,对不按期报送、瞒报信用信息的地区进行通报批评。

(二十)实现市场主体行为信息公开。各级住房城乡建设主管部门要充分利用全国建筑市场诚信信息平台,向社会公布工程项目、承包企业及注册人员的基本情况、招投标、施工许可、质量安全、合同备案、合同履约等各类信息,尽快制定不良行为信息分级分类管理办法,公示市场主体的不良行为,公布发生较大及以上质量安全事故、转包工程、违法分包工程、拖欠农民工工资、以讨要工资为名扰乱正常生产生活秩序等违法违规行为的企业和人员,接受社会监督。要逐步建立失信惩戒、守信激励制度,通过约谈、公示、公告等方式进行信用惩戒和社会监督,通报表彰诚实守信的企业和人员,引导建设单位在发包中选用遵纪守法、重视质量安全的企业和人员,不用不遵纪守法、不重视质量安全的企业和人员。

七、加大市场清出力度,严肃查处违法违规行为

(二十一)强化质量安全事故"一票否决制"。各地要积极主动参与质量安全事故的调查处理,建立事故统计通报制度,及时将事故情况及涉及企业和个人信息通报上级住房城乡建设主管部门。对事故涉及的企业和个人,要暂停其资质资格的升级、增项。要加强事故责任认定后的处罚,对事故负有责任的企业和个人,要按照有关

法律法规和《规范住房城乡建设部工程建设行政处罚裁量权实施办法》、《住房城乡建设部工程建设行政处罚裁量基准》,予以严肃查处。

(二十二)加强资质资格动态监管。要严格资质资格的审批,适度提高准入标准,调控各类企业数量规模。各级住房城乡建设主管部门要明确职责、严格把关,认真核实企业的工程业绩,严厉打击资质资格申报过程中弄虚作假行为。要认真落实《关于加强建筑市场资质资格动态监管完善企业和人员准入清出制度的指导意见》,对企业取得资质后是否符合资质标准进行动态核查,依法清理一批不再符合资质资格条件的企业和个人,逐步扭转建筑市场供大于求的局面。省级住房城乡建设主管部门每年要将本行政区域内对企业和从业人员违法违规行为的处罚情况书面报送住房城乡建设部,住房城乡建设部汇总后向全国通报。

(二十三)严肃查处建设单位违法违规行为。各地要及时纠正建设单位在招标时设置不合理条件,任意压缩工期和工程造价,或者政府投资工程要求带资承包等违法违规行为,建设单位拒不改正的,应依法进行处理。要依法查处建设单位肢解发包工程,指定分包单位或材料设备生产厂、供应商,强迫承包单位签订"阴阳合同"等违法违规行为,造成工程质量安全事故或重大隐患的,应依法追究建设单位的责任。要按照有关法律法规,严肃处理建设单位不按合同约定及时支付工程款,或质量保证金等到期不及时返还的问题,对造成农民工工资拖欠以及群体性事件的,应依法追究其责任。各地要严格施工许可管理,不符合法定条件的不得颁发施工许可证;对于违法开工的工程,要依法责令停工。建设单位发生上述行为的,各地应将其作为不良行为在建筑市场诚信信息平台上进行公布。

(二十四)严肃查处勘察、设计、施工单位的违法违规行为。对勘察、设计、施工单位转包、违法分包、转让、出借资质证书或者以其他方式允许他人以本单位名义承揽工程的,要责令改正,依法给予没收违法所得、罚款等行政处罚;对勘察设计单位不按照建设工程质量安全标准进行勘察设计,施工单位在施工中偷工减料的,或者使用不合格的材料、构配件和设备的,要责令改正,依法给予罚款等行政处罚。施工单位未将其承包的工程进行分包,但在施工现场所设项目管理机构的项目经理及项目管理人员与承包单位之间无注册执业关系和劳动合同及社会保险关系的,视同允许他人以本企业名义承揽工程进行查处。勘察、设计、施工单位的不良行为要在建筑市

场诚信信息平台上向社会公布。对因拖欠农民工工资造成群体性事件的，要记入建筑市场诚信信息平台并向全国通报。对于造成工程质量安全事故的，依法给予停业整顿、降低资质等级、吊销资质证书的行政处罚；构成犯罪的，依法追究刑事责任。

（二十五）严肃查处工程监理等单位违法违规行为。各地要结合实际，对工程监理单位以及招标代理、造价咨询、工程检测、施工图审查等中介机构开展专项治理。对工程监理单位转让监理业务、不按《建设工程监理规范》规定和合同约定配备监理人员、超越资质等级承接业务、出卖或转让资质证书的，招标代理机构与招标人或投标人串通搞虚假招标的，造价咨询机构违法违规编审工程造价的，工程检测机构出具虚假检测报告的，施工图审查单位在审查中发生重大失误或弄虚作假的，要依法追究其责任，给委托方造成损失的，要承担相应赔偿责任。上述行为要作为不良行为在建筑市场诚信信息平台上向社会公布。对于造成工程质量安全事故的，要依法降低其资质资格等级直至吊销资质资格证书；构成犯罪的，依法追究刑事责任。

（二十六）严肃查处从业人员违法违规行为。各地要按照"企业和人员并重"的监管方针，切实加强对注册建筑师、勘察设计注册工程师、注册监理工程师、注册建造师等注册人员的监管，落实其法定责任和签章制度。要严肃查处注册人员出租出借资格证书、出卖印章、人证分离、重复注册、不执行有关法律法规与强制性标准等违法违规行为，造成工程质量安全事故，情节严重的，要依法吊销其执业资格直至终身禁止执业，并在建筑市场诚信信息平台上向社会公布；构成犯罪的，依法追究刑事责任。

八、创建良好市场环境，促进建筑业健康发展

（二十七）加强组织领导。各地要高度重视加强建筑市场监管工作，认真落实党中央、国务院关于开展工程建设领域突出问题专项治理的有关要求，坚持以科学发展观为指导，切实增强紧迫感和使命感，充分运用法律、经济、行政以及信用约束等手段，维护公平竞争、依法诚信的建筑市场秩序，保障工程质量安全和人民群众切身利益，维护社会和谐稳定。

各地要规范外地企业进入本地的告知性备案制度，取消强制要求外地企业在当地注册独立子公司，将本地区、本系统业绩作为评标加分条件等不合理的限制措施，维护全国建筑市场的统一。政府部门要加快与其所属企业脱钩，严禁利用自身监管权力违法违规干预工程招标，为其下属或本地企业承接工程，努力构建公平竞争、合理流动的市场环境。

（二十八）健全监督执法机制。从 2011 年开始，住房城乡建设部将定期组织全国建筑市场专项检查活动，对建筑市场中的突出问题进行集中执法检查。市（县）级住房城乡建设主管部门要对本地所有在建工程项目进行全面检查，省级住房城乡建设主管部门要进行重点巡查，住房城乡建设部进行抽查，通过强化对市场主体违法违规行为的打击力度，将建筑市场专项检查活动常态化、制度化。各地要加强对开发区、保税区、工业园区等区域内工程建设的管理，不允许以加快建设、营造良好软环境为借口，不履行法定建设程序，不遵守相关法律制度，逃避监督执法。各地要充分发挥部门联动执法的作用，加强与工商、税务、司法、银行等相关行业主管部门的协调配合，完善沟通渠道，健全信息共享、联动执法等制度，形成建筑市场监管合力。

（二十九）加强监管队伍建设。各级住房城乡建设主管部门要加强建筑市场监管队伍建设，充实监管人员，落实必要的工作条件和经费。上级住房城乡建设主管部门要加强对基层建筑市场监管工作的指导，针对突出问题组织专题调研，强化对基层监管人员的业务培训和工作监督，提高基层建筑市场监管工作对政策的掌握水平和依法行政能力。各地要加强对建筑市场执法情况的检查，对有法不依、执法不严、违法不究的单位和人员，要依法追究责任。

（三十）促进行业发展。各地要督促企业落实"绿色建筑、节能减排"要求，推动企业技术进步，提升企业自主创新能力，鼓励企业开发具有自主知识产权的专利和专有技术，鼓励企业制定具有自身特点的技术标准和工法，提高大型现代化机械设备装备能力，增强企业的核心竞争力。要加大支持力度，在一些大型公共建筑和基础设施建设中推行工程总承包，引导大型设计、施工企业发展成为具有设计、采购、施工管理等全过程服务能力的龙头企业，全面提升建筑企业的技术与管理水平，促进建筑业健康发展。

建设行政许可听证工作规定

· 2004 年 6 月 30 日
· 建法〔2004〕108 号

第一条 为规范建设行政管理行为，促进科学决策和民主决策，保护公民、法人和其他组织的合法权益，依据《中华人民共和国行政许可法》和有关法律法规，制定

本规定。

第二条　县级以上人民政府建设主管部门及有关部门或法律法规授权的组织(以下简称主管机关),实施行政许可组织听证的,适用本规定。

第三条　法律、法规、规章规定实施行政许可应当听证的事项,或者主管机关认为需要听证的其他涉及公共利益的重大行政可事项,主管机关应当向社会公告,并举行听证。

第四条　主管机关在作出行政许可决定前,应当审查该许可事项是否直接涉及申请人与他人之间重大利益关系;直接涉及的,应当告知申请人、利害关系人享有要求听证的权利,必要时可发布公告。

申请人、利害关系人在被告知听证权利或公告发布之日起五日内,提出听证申请的,主管机关应当在二十日内组织听证。

第五条　主管机关对第三条规定的事项举行听证的,应当在举行听证会三十日前,向社会公告听证会的时间、地点、内容、听证会代表产生办法、申请参加听证会须知。

符合主管机关规定条件的公民、法人和其他组织,均可申请或推选代表申请参加听证会。

主管机关按照听证公告规定的代表产生办法,根据拟听证事项及公民、法人和其他组织的申请情况,确定听证会代表;确定的听证会代表应当具有广泛性、代表性。

第六条　主管机关对第四条规定的事项组织听证的,应当公布确定利害关系人的原则。拟听证的许可事项涉及利害关系人较多的,可由利害关系人推举或通过抽签等方式确定参加听证的代表。

第七条　听证由主管机关内经办行政许可事项的机构或法制工作机构具体组织。

第八条　组织听证,应当遵循公开、公平、公正和便民的原则,充分听取公民、法人和其他组织的意见,保证其陈述意见、质证和申辩的权利。

第九条　行政许可听证,除涉及国家秘密、商业秘密或者个人隐私外,应公开举行。

第十条　听证工作人员包括听证主持人、记录员,必要时可设一至三名听证员。

第十一条　听证主持人、记录员以及必要的听证员由主管机关指定。主管机关应当指定直接审查该行政许可申请的工作人员以外的人员为听证主持人。

听证主持人与听证事项有直接利害关系的,应当主动申请回避。申请人、利害关系人认为听证主持人与听证事项有直接利害关系的,有权申请回避。申请人、利害关系人申请听证主持人回避,听证主持人与听证事项确有直接利害关系的,听证主持人应当回避。

第十二条　主管机关应制作《听证通知书》,并在举行听证七日前将《听证通知书》送听证会代表或许可申请人、利害关系人。

《听证通知书》应当载明下列事项:

(一)听证的事由与依据;

(二)听证的时间、地点;

(三)听证主持人、记录员、听证员的姓名、职务;

(四)听证会代表或许可申请人和利害关系人的权利与义务;

(五)注意事项;

第十三条　听证所需时间不计算在行政许可办理期限内。主管机关应当将所需时间书面告知许可申请人。

第十四条　听证会按下列程序进行:

(一)听证主持人核实听证参加人的身份和到场情况;

(二)听证主持人介绍记录员、听证员的姓名、工作单位及职务,告知听证参加人的权利和义务,宣布听证开始;

(三)听证主持人宣读听证纪律和听证会场有关注意事项;

(四)审查该行政许可事项的工作人员提出审查意见并陈述理由,提供有关依据、证据等材料;

(五)许可申请人、利害关系人提出维护其合法权益的事实、理由和依据,或者听证会代表对听证事项发表意见;

(六)有关各方进行申辩和质证;

(七)最后陈述;

(八)听证笔录交听证参加人确认无误或者补正后签字或者盖章。无正当理由又拒绝签字或者盖章的,记录员应记明情况;

(九)听证主持人宣布听证结束。

第十五条　听证笔录应当载明下列内容:

(一)听证事项名称;

(二)听证主持人、记录员、听证员的姓名、职务;

(三)听证参加人的姓名或名称、地址以及职业、职务等基本情况;

(四)听证会举行的时间、地点、方式;

(五)经办机构工作人员提出的审查意见及陈述的理由;

（六）许可申请人、利害关系人提出的事实、理由和依据，或者听证会代表发表的意见；

（七）有关各方进行申辩和质证的内容；

（八）听证参加人的签字或者盖章，或者听证参加人拒绝签字或者盖章的情况说明；

（九）听证主持人对听证活动中有关事项的处理情况；

（十）听证主持人认为需载明的其他事项。

第十六条　主管机关应当根据听证笔录作出行政许可决定，听证参加人有权查阅听证笔录。

第十七条　有下列情形之一的，可以延期举行听证：

（一）因不可抗力导致听证无法按期举行的；

（二）当事人申请延期，有正当理由的；

（三）可以延期的其他情形。

延期听证的，主管机关应当书面通知听证参加人，说明理由。

延期听证的情形消失后，主管机关应当在五日内举行听证，并书面通知听证参加人。

第十八条　有下列情形之一的，中止听证：

（一）听证主持人认为听证过程中提出新的事实、理由和依据或者提出的事实有待调查核实的；

（二）因不可抗力导致听证参加人无法继续参加听证的；

（三）应当中止听证的其他情形。

中止听证的，主管部门应当书面通知听证参加人，说明理由。

中止听证的情形消失后，主管机关应当在五日内恢复听证，并书面通知听证参加人。

第十九条　有下列情形之一的，终止听证：

（一）申请人撤回听证申请或在听证过程中声明退出的；

（二）申请人无正当理由不到场的，或者未经听证主持人允许中途退场的；

（三）有权申请听证的公民死亡，没有继承人，或者继承人放弃听证权利的；

（四）有权申请听证的法人或者其他组织终止，承受其权利的法人或者组织放弃听证权利的；

（五）需要终止听证的其他情形。

终止听证的，主管机关应当书面通知听证参加人。

终止听证后，由主管机关依法作出行政许可决定。

第二十条　组织听证所需经费由主管机关承担，列入主管部门预算；组织听证必需的场地、设备、工作条件，

由主管机关给予保障。听证事项的申请人、利害关系人不承担主管机关组织听证的费用；主管机关不得向听证参加人收取或者变相收取任何费用。

第二十一条　对违反行政许可法和本规定，不履行法定告知听证义务、不举行依法或依申请应当举行的听证，以及组织听证中的违法违规行为，依照法律法规和行政许可责任追究的有关规定，追究有关人员的责任。

第二十二条　本规定自 2004 年 7 月 1 日起施行。

建筑安装业个人所得税征收管理暂行办法

· 1996 年 7 月 22 日国税发〔1996〕127 号文件印发

· 根据 2016 年 5 月 29 日《国家税务总局关于公布全文废止和部分条款废止的税务部门规章目录的决定》和 2018 年 6 月 15 日《国家税务总局关于修改部分税务部门规章的决定》修正

第一条　为了加强对建筑安装业个人所得税的征收管理，根据《中华人民共和国个人所得税法》及其实施条例、《中华人民共和国税收征收管理法》及其实施细则和其他有关法律、行政法规的规定制定本办法。

第二条　本办法所称建筑安装业，包括建筑、安装、修缮、装饰及其他工程作业。从事建筑安装业的工程承包人、个体户及其他个人为个人所得税的纳税义务人。其从事建筑安装业取得的所得，应依法缴纳个人所得税。

第三条　承包建筑安装业各项工程作业的承包人取得的所得，应区别不同情况计征个人所得税：经营成果归承包人个人所有的所得，或按照承包合同（协议）规定，将一部分经营成果留归承包人个人的所得，按对企事业单位的承包经营、承租经营所得项目征税；以其他分配方式取得的所得，按工资、薪金所得项目征税。

从事建筑安装业的个体工商户和未领取营业执照承揽建筑安装业工程作业的建筑安装队和个人，以及建筑安装企业实行个人承包后工商登记改变为个体经济性质的，其从事建筑安装业取得的收入应依照个体工商户的生产、经营所得项目计征个人所得税。

从事建筑安装业工程作业的其他人员取得的所得，分别按照工资、薪金所得项目和劳务报酬所得项目计征个人所得税。

第四条　从事建筑安装业的单位和个人，应依法办理税务登记。在异地从事建筑安装业的单位和个人，必须自工程开工之日前三日内，持营业执照、外出经营活动税收管理证明、城建部门批准开工的文件和工程承包合

同(协议)、开户银行账号以及主管税务机关要求提供的其他资料向主管税务机关办理有关登记手续。

第五条　对未领取营业执照承揽建筑安装业工程作业的单位和个人,主管税务机关可以根据其工程规模,责令其缴纳一定数额的纳税保证金。在规定的期限内结清税款后,退还纳税保证金;逾期未结清税款的,以纳税保证金抵缴应纳税款和滞纳金。

第六条　从事建筑安装业的单位和个人应设置会计账簿,健全财务制度,准确、完整地进行会计核算。对未设立会计账簿,或者不能准确、完整地进行会计核算的单位和个人,主管税务机关可根据其工程规模、工程承包合同(协议)价款和工程完工进度等情况,核定其应纳税所得额或应纳税额,据以征税。具体核定办法由县以上(含县级)税务机关制定。

第七条　从事建筑安装业工程作业的单位和个人应按照主管税务机关的规定,购领、填开和保管建筑安装业专用发票或许可使用的其他发票。

第八条　建筑安装业的个人所得税,由扣缴义务人代扣代缴和纳税人自行申报缴纳。

第九条　承揽建筑安装业工程作业的单位和个人是个人所得税的代扣代缴义务人,应在向个人支付收入时依法代扣代缴其应纳的个人所得税。

第十条　没有扣缴义务人的和扣缴义务人未按规定代扣代缴税款的,纳税人应自行向主管税务机关申报纳税。

第十一条　本办法第三条第一款、第二款涉及的纳税人和扣缴义务人应按每月工程完工量预缴、预扣个人所得税,按年结算。一项工程跨年度作业的,应按各年所得预缴、预扣和结算个人所得税。难以划分各年所得的,可以按月预缴、预扣税款,并在工程完工后按各年度工程完工量分摊所得并结算税款。

第十二条　扣缴义务人每月所扣的税款,自行申报纳税人每月应纳的税款,应当在次月七日内缴入国库,并向主管税务机关报送扣缴个人所得税报告表或纳税申报表以及税务机关要求报送的其他资料。

第十三条　对扣缴义务人按照所扣缴的税款,付给2%的手续费。

第十四条　建筑安装业单位所在地税务机关和工程作业所在地税务机关双方可以协商有关个人所得税代扣代缴和征收的具体操作办法,都有权对建筑安装业单位和个人依法进行税收检查,并有权依法处理其违反税收

规定的行为。但一方已经处理的,另一方不得重复处理。

第十五条　本办法所称主管税务机关,是指建筑安装业工程作业所在地税务局(分局、所)。

第十六条　各省、自治区、直辖市税务局可根据本办法规定的原则,结合本地实际制定具体的征管办法,并报国家税务总局备案。

第十七条　本办法未尽事宜,按照《中华人民共和国个人所得税法》及其实施条例、《中华人民共和国税收征收管理法》及其实施细则以及其他有关的法律、行政法规的规定执行。

第十八条　本办法由国家税务总局负责解释。

第十九条　本办法从1996年1月1日起执行。

最高人民法院关于商品房消费者权利保护问题的批复

· 2023年2月14日最高人民法院审判委员会第1879次会议通过
· 2023年4月20日最高人民法院公告公布
· 自2023年4月20日起施行
· 法释〔2023〕1号

河南省高级人民法院:

你院《关于明确房企风险化解中权利顺位问题的请示》(豫高法〔2023〕36号)收悉。就人民法院在审理房地产开发企业因商品房已售逾期难交付引发的相关纠纷案件中涉及的商品房消费者权利保护问题,经研究,批复如下:

一、建设工程价款优先受偿权、抵押权以及其他债权之间的权利顺位关系,按照《最高人民法院关于审理建设工程施工合同纠纷案件适用法律问题的解释(一)》第三十六条的规定处理。

二、商品房消费者以居住为目的购买房屋并已支付全部价款,主张其房屋交付请求权优先于建设工程价款优先受偿权、抵押权以及其他债权的,人民法院应当予以支持。

只支付了部分价款的商品房消费者,在一审法庭辩论终结前已实际支付剩余价款的,可以适用前款规定。

三、在房屋不能交付且无实际交付可能的情况下,商品房消费者主张价款返还请求权优先于建设工程价款优先受偿权、抵押权以及其他债权的,人民法院应当予以支持。

二、建设用地规划与审批

中华人民共和国土地管理法（节录）

- 1986 年 6 月 25 日第六届全国人民代表大会常务委员会第十六次会议通过
- 根据 1988 年 12 月 29 日第七届全国人民代表大会常务委员会第五次会议《关于修改〈中华人民共和国土地管理法〉的决定》第一次修正
- 1998 年 8 月 29 日第九届全国人民代表大会常务委员会第四次会议修订
- 根据 2004 年 8 月 28 日第十届全国人民代表大会常务委员会第十一次会议《关于修改〈中华人民共和国土地管理法〉的决定》第二次修正
- 根据 2019 年 8 月 26 日第十三届全国人民代表大会常务委员会第十二次会议《关于修改〈中华人民共和国土地管理法〉、〈中华人民共和国城市房地产管理法〉的决定》第三次修正

第一章　总　则

第一条　【立法目的】为了加强土地管理，维护土地的社会主义公有制，保护、开发土地资源，合理利用土地，切实保护耕地，促进社会经济的可持续发展，根据宪法，制定本法。

第二条　【基本土地制度】中华人民共和国实行土地的社会主义公有制，即全民所有制和劳动群众集体所有制。

全民所有，即国家所有土地的所有权由国务院代表国家行使。

任何单位和个人不得侵占、买卖或者以其他形式非法转让土地。土地使用权可以依法转让。

国家为了公共利益的需要，可以依法对土地实行征收或者征用并给予补偿。

国家依法实行国有土地有偿使用制度。但是，国家在法律规定的范围内划拨国有土地使用权的除外。

第三条　【土地基本国策】十分珍惜、合理利用土地和切实保护耕地是我国的基本国策。各级人民政府应当采取措施，全面规划，严格管理，保护、开发土地资源，制止非法占用土地的行为。

第四条　【土地用途管制制度】国家实行土地用途管制制度。

国家编制土地利用总体规划，规定土地用途，将土地分为农用地、建设用地和未利用地。严格限制农用地转为建设用地，控制建设用地总量，对耕地实行特殊保护。

前款所称农用地是指直接用于农业生产的土地，包括耕地、林地、草地、农田水利用地、养殖水面等；建设用地是指建造建筑物、构筑物的土地，包括城乡住宅和公共设施用地、工矿用地、交通水利设施用地、旅游用地、军事设施用地等；未利用地是指农用地和建设用地以外的土地。

使用土地的单位和个人必须严格按照土地利用总体规划确定的用途使用土地。

第五条　【土地管理体制】国务院自然资源主管部门统一负责全国土地的管理和监督工作。

县级以上地方人民政府自然资源主管部门的设置及其职责，由省、自治区、直辖市人民政府根据国务院有关规定确定。

第六条　【国家土地督察制度】国务院授权的机构对省、自治区、直辖市人民政府以及国务院确定的城市人民政府土地利用和土地管理情况进行督察。

第七条　【单位和个人的土地管理权利和义务】任何单位和个人都有遵守土地管理法律、法规的义务，并有权对违反土地管理法律、法规的行为提出检举和控告。

第八条　【奖励】在保护和开发土地资源、合理利用土地以及进行有关的科学研究等方面成绩显著的单位和个人，由人民政府给予奖励。

第二章　土地的所有权和使用权

第九条　【土地所有制】城市市区的土地属于国家所有。

农村和城市郊区的土地，除由法律规定属于国家所有的以外，属于农民集体所有；宅基地和自留地、自留山，属于农民集体所有。

第十条　【土地使用权】国有土地和农民集体所有的土地，可以依法确定给单位或者个人使用。使用土地的单位和个人，有保护、管理和合理利用土地的义务。

第十一条 【集体所有土地的经营和管理】农民集体所有的土地依法属于村农民集体所有的,由村集体经济组织或者村民委员会经营、管理;已经分别属于村内两个以上农村集体经济组织的农民集体所有的,由村内各该农村集体经济组织或者村民小组经营、管理;已经属于乡(镇)农民集体所有的,由乡(镇)农村集体经济组织经营、管理。

第十二条 【土地所有权和使用权登记】土地的所有权和使用权的登记,依照有关不动产登记的法律、行政法规执行。

依法登记的土地的所有权和使用权受法律保护,任何单位和个人不得侵犯。

第十三条 【土地承包经营】农民集体所有和国家所有依法由农民集体使用的耕地、林地、草地,以及其他依法用于农业的土地,采取农村集体经济组织内部的家庭承包方式承包,不宜采取家庭承包方式的荒山、荒沟、荒丘、荒滩等,可以采取招标、拍卖、公开协商等方式承包,从事种植业、林业、畜牧业、渔业生产。家庭承包的耕地的承包期为三十年,草地的承包期为三十年至五十年,林地的承包期为三十年至七十年;耕地承包期届满后再延长三十年,草地、林地承包期届满后依法相应延长。

国家所有依法用于农业的土地可以由单位或者个人承包经营,从事种植业、林业、畜牧业、渔业生产。

发包方和承包方应当依法订立承包合同,约定双方的权利和义务。承包经营土地的单位和个人,有保护和按照承包合同约定的用途合理利用土地的义务。

第十四条 【土地所有权和使用权争议解决】土地所有权和使用权争议,由当事人协商解决;协商不成的,由人民政府处理。

单位之间的争议,由县级以上人民政府处理;个人之间、个人与单位之间的争议,由乡级人民政府或者县级以上人民政府处理。

当事人对有关人民政府的处理决定不服的,可以自接到处理决定通知之日起三十日内,向人民法院起诉。

在土地所有权和使用权争议解决前,任何一方不得改变土地利用现状。

……

第五章　建设用地

第四十四条 【农用地转用】建设占用土地,涉及农用地转为建设用地的,应当办理农用地转用审批手续。

永久基本农田转为建设用地的,由国务院批准。

在土地利用总体规划确定的城市和村庄、集镇建设用地规模范围内,为实施该规划而将永久基本农田以外的农用地转为建设用地的,按土地利用年度计划分批次按照国务院规定由原批准土地利用总体规划的机关或者其授权的机关批准。在已批准的农用地转用范围内,具体建设项目用地可以由市、县人民政府批准。

在土地利用总体规划确定的城市和村庄、集镇建设用地规模范围外,将永久基本农田以外的农用地转为建设用地的,由国务院或者国务院授权的省、自治区、直辖市人民政府批准。

第四十五条 【征地范围】为了公共利益的需要,有下列情形之一,确需征收农民集体所有的土地的,可以依法实施征收:

(一)军事和外交需要用地的;

(二)由政府组织实施的能源、交通、水利、通信、邮政等基础设施建设需要用地的;

(三)由政府组织实施的科技、教育、文化、卫生、体育、生态环境和资源保护、防灾减灾、文物保护、社区综合服务、社会福利、市政公用、优抚安置、英烈保护等公共事业需要用地的;

(四)由政府组织实施的扶贫搬迁、保障性安居工程建设需要用地的;

(五)在土地利用总体规划确定的城镇建设用地范围内,经省级以上人民政府批准由县级以上地方人民政府组织实施的成片开发建设需要用地的;

(六)法律规定为公共利益需要可以征收农民集体所有的土地的其他情形。

前款规定的建设活动,应当符合国民经济和社会发展规划、土地利用总体规划、城乡规划和专项规划;第(四)项、第(五)项规定的建设活动,还应当纳入国民经济和社会发展年度计划;第(五)项规定的成片开发并应当符合国务院自然资源主管部门规定的标准。

第四十六条 【征地审批权限】征收下列土地的,由国务院批准:

(一)永久基本农田;

(二)永久基本农田以外的耕地超过三十五公顷的;

(三)其他土地超过七十公顷的。

征收前款规定以外的土地的,由省、自治区、直辖市人民政府批准。

征收农用地的,应当依照本法第四十四条的规定先行办理农用地转用审批。其中,经国务院批准农用地转用的,同时办理征地审批手续,不再另行办理征地审批;经省、自治区、直辖市人民政府在征地批准权限内批准农用地转用的,同时办理征地审批手续,不再另行办理征地审批,超过征地批准权限的,应当依照本条第一款的规定另行办理征地审批。

第四十七条　【土地征收程序】国家征收土地的,依照法定程序批准后,由县级以上地方人民政府予以公告并组织实施。

县级以上地方人民政府拟申请征收土地的,应当开展拟征收土地现状调查和社会稳定风险评估,并将征收范围、土地现状、征收目的、补偿标准、安置方式和社会保障等在拟征收土地所在的乡(镇)和村、村民小组范围内公告至少三十日,听取被征地的农村集体经济组织及其成员、村民委员会和其他利害关系人的意见。

多数被征地的农村集体经济组织成员认为征地补偿安置方案不符合法律、法规规定的,县级以上地方人民政府应当组织召开听证会,并根据法律、法规的规定和听证会情况修改方案。

拟征收土地的所有权人、使用权人应当在公告规定期限内,持不动产权属证明材料办理补偿登记。县级以上地方人民政府应当组织有关部门测算并落实有关费用,保证足额到位,与拟征收土地的所有权人、使用权人就补偿、安置等签订协议;个别确实难以达成协议的,应当在申请征收土地时如实说明。

相关前期工作完成后,县级以上地方人民政府方可申请征收土地。

第四十八条　【土地征收补偿安置】征收土地应当给予公平、合理的补偿,保障被征地农民原有生活水平不降低、长远生计有保障。

征收土地应当依法及时足额支付土地补偿费、安置补助费以及农村村民住宅、其他地上附着物和青苗等的补偿费用,并安排被征地农民的社会保障费用。

征收农用地的土地补偿费、安置补助费标准由省、自治区、直辖市通过制定公布区片综合地价确定。制定区片综合地价应当综合考虑土地原用途、土地资源条件、土地产值、土地区位、土地供求关系、人口以及经济社会发展水平等因素,并至少每三年调整或者重新公布一次。

征收农用地以外的其他土地、地上附着物和青苗等的补偿标准,由省、自治区、直辖市制定。对其中的农村村民住宅,应当按照先补偿后搬迁、居住条件有改善的原则,尊重农村村民意愿,采取重新安排宅基地建房、提供安置房或者货币补偿等方式给予公平、合理的补偿,并对因征收造成的搬迁、临时安置等费用予以补偿,保障农村

村民居住的权利和合法的住房财产权益。

县级以上地方人民政府应当将被征地农民纳入相应的养老等社会保障体系。被征地农民的社会保障费用主要用于符合条件的被征地农民的养老保险等社会保险缴费补贴。被征地农民社会保障费用的筹集、管理和使用办法,由省、自治区、直辖市制定。

第四十九条　【征地补偿费用的使用】被征地的农村集体经济组织应当将征收土地的补偿费用的收支状况向本集体经济组织的成员公布,接受监督。

禁止侵占、挪用被征收土地单位的征地补偿费用和其他有关费用。

第五十条　【支持被征地农民就业】地方各级人民政府应当支持被征地的农村集体经济组织和农民从事开发经营,兴办企业。

第五十一条　【大中型水利水电工程建设征地补偿和移民安置】大中型水利、水电工程建设征收土地的补偿费标准和移民安置办法,由国务院另行规定。

第五十二条　【建设项目用地审查】建设项目可行性研究论证时,自然资源主管部门可以根据土地利用总体规划、土地利用年度计划和建设用地标准,对建设用地有关事项进行审查,并提出意见。

第五十三条　【建设项目使用国有土地的审批】经批准的建设项目需要使用国有建设用地的,建设单位应当持法律、行政法规规定的有关文件,向有批准权的县级以上人民政府自然资源主管部门提出建设用地申请,经自然资源主管部门审查,报本级人民政府批准。

第五十四条　【国有土地的取得方式】建设单位使用国有土地,应当以出让等有偿使用方式取得;但是,下列建设用地,经县级以上人民政府依法批准,可以以划拨方式取得:

(一)国家机关用地和军事用地;

(二)城市基础设施用地和公益事业用地;

(三)国家重点扶持的能源、交通、水利等基础设施用地;

(四)法律、行政法规规定的其他用地。

第五十五条　【国有土地有偿使用费】以出让等有偿使用方式取得国有土地使用权的建设单位,按照国务院规定的标准和办法,缴纳土地使用权出让金等土地有偿使用费和其他费用后,方可使用土地。

自本法施行之日起,新增建设用地的土地有偿使用费,百分之三十上缴中央财政,百分之七十留给有关地方人民政府。具体使用管理办法由国务院财政部门会同有

关部门制定，并报国务院批准。

第五十六条　【国有土地的使用要求】建设单位使用国有土地的，应当按照土地使用权出让等有偿使用合同的约定或者土地使用权划拨批准文件的规定使用土地；确需改变该幅土地建设用途的，应当经有关人民政府自然资源主管部门同意，报原批准用地的人民政府批准。其中，在城市规划区内改变土地用途的，在报批前，应当先经有关城市规划行政主管部门同意。

第五十七条　【建设项目临时用地】建设项目施工和地质勘查需要临时使用国有土地或者农民集体所有的土地的，由县级以上人民政府自然资源主管部门批准。其中，在城市规划区内的临时用地，在报批前，应当先经有关城市规划行政主管部门同意。土地使用者应当根据土地权属，与有关自然资源主管部门或者农村集体经济组织、村民委员会签订临时使用土地合同，并按照合同的约定支付临时使用土地补偿费。

临时使用土地的使用者应当按照临时使用土地合同约定的用途使用土地，并不得修建永久性建筑物。

临时使用土地期限一般不超过二年。

第五十八条　【收回国有土地使用权】有下列情形之一的，由有关人民政府自然资源主管部门报经原批准用地的人民政府或者有批准权的人民政府批准，可以收回国有土地使用权：

（一）为实施城市规划进行旧城区改建以及其他公共利益需要，确需使用土地的；

（二）土地出让等有偿使用合同约定的使用期限届满，土地使用者未申请续期或者申请续期未获批准的；

（三）因单位撤销、迁移等原因，停止使用原划拨的国有土地的；

（四）公路、铁路、机场、矿场等经核准报废的。

依照前款第（一）项的规定收回国有土地使用权的，对土地使用权人应当给予适当补偿。

第五十九条　【乡、村建设使用土地的要求】乡镇企业、乡（镇）村公共设施、公益事业、农村村民住宅等乡（镇）村建设，应当按照村庄和集镇规划，合理布局，综合开发，配套建设；建设用地，应当符合乡（镇）土地利用总体规划和土地利用年度计划，并依照本法第四十四条、第六十条、第六十一条、第六十二条的规定办理审批手续。

第六十条　【村集体兴办企业使用土地】农村集体经济组织使用乡（镇）土地利用总体规划确定的建设用地兴办企业或者与其他单位、个人以土地使用权入股、联营等形式共同举办企业的，应当持有关批准文件，向县级以上地方人民政府自然资源主管部门提出申请，按照省、自治区、直辖市规定的批准权限，由县级以上地方人民政府批准；其中，涉及占用农用地的，依照本法第四十四条的规定办理审批手续。

按照前款规定兴办企业的建设用地，必须严格控制。省、自治区、直辖市可以按照乡镇企业的不同行业和经营规模，分别规定用地标准。

第六十一条　【乡村公共设施、公益事业建设用地审批】乡（镇）村公共设施、公益事业建设，需要使用土地的，经乡（镇）人民政府审核，向县级以上地方人民政府自然资源主管部门提出申请，按照省、自治区、直辖市规定的批准权限，由县级以上地方人民政府批准；其中，涉及占用农用地的，依照本法第四十四条的规定办理审批手续。

第六十二条　【农村宅基地管理】农村村民一户只能拥有一处宅基地，其宅基地的面积不得超过省、自治区、直辖市规定的标准。

人均土地少、不能保障一户拥有一处宅基地的地区，县级人民政府在充分尊重农村村民意愿的基础上，可以采取措施，按照省、自治区、直辖市规定的标准保障农村村民实现户有所居。

农村村民建住宅，应当符合乡（镇）土地利用总体规划、村庄规划，不得占用永久基本农田，并尽量使用原有的宅基地和村内空闲地。编制乡（镇）土地利用总体规划、村庄规划应当统筹并合理安排宅基地用地，改善农村村民居住环境和条件。

农村村民住宅用地，由乡（镇）人民政府审核批准；其中，涉及占用农用地的，依照本法第四十四条的规定办理审批手续。

农村村民出卖、出租、赠与住宅后，再申请宅基地的，不予批准。

国家允许进城落户的农村村民依法自愿有偿退出宅基地，鼓励农村集体经济组织及其成员盘活利用闲置宅基地和闲置住宅。

国务院农业农村主管部门负责全国农村宅基地改革和管理有关工作。

第六十三条　【集体经营性建设用地入市】土地利用总体规划、城乡规划确定为工业、商业等经营性用途，并经依法登记的集体经营性建设用地，土地所有权人可以通过出让、出租等方式交由单位或者个人使用，并应当签订书面合同，载明土地界址、面积、动工期限、使用期限、土地用途、规划条件和双方其他权利义务。

前款规定的集体经营性建设用地出让、出租等,应当经本集体经济组织成员的村民会议三分之二以上成员或者三分之二以上村民代表的同意。

通过出让等方式取得的集体经营性建设用地使用权可以转让、互换、出资、赠与或者抵押,但法律、行政法规另有规定或者土地所有权人、土地使用权人签订的书面合同另有约定的除外。

集体经营性建设用地的出租,集体建设用地使用权的出让及其最高年限、转让、互换、出资、赠与、抵押等,参照同类用途的国有建设用地执行。具体办法由国务院制定。

第六十四条　【集体建设用地的使用要求】集体建设用地的使用者应当严格按照土地利用总体规划、城乡规划确定的用途使用土地。

第六十五条　【不符合土地利用总体规划的建筑物的处理】在土地利用总体规划制定前已建的不符合土地利用总体规划确定的用途的建筑物、构筑物,不得重建、扩建。

第六十六条　【集体建设用地使用权的收回】有下列情形之一的,农村集体经济组织报经原批准用地的人民政府批准,可以收回土地使用权:

(一)为乡(镇)村公共设施和公益事业建设,需要使用土地的;

(二)不按照批准的用途使用土地的;

(三)因撤销、迁移等原因而停止使用土地的。

依照前款第(一)项规定收回农民集体所有的土地的,对土地使用权人应当给予适当补偿。

收回集体经营性建设用地使用权,依照双方签订的书面合同办理,法律、行政法规另有规定的除外。

第六章　监督检查

第六十七条　【监督检查职责】县级以上人民政府自然资源主管部门对违反土地管理法律、法规的行为进行监督检查。

县级以上人民政府农业农村主管部门对违反农村宅基地管理法律、法规的行为进行监督检查的,适用本法关于自然资源主管部门监督检查的规定。

土地管理监督检查人员应当熟悉土地管理法律、法规,忠于职守、秉公执法。

第六十八条　【监督检查措施】县级以上人民政府自然资源主管部门履行监督检查职责时,有权采取下列措施:

(一)要求被检查的单位或者个人提供有关土地权利的文件和资料,进行查阅或者予以复制;

(二)要求被检查的单位或者个人就有关土地权利的问题作出说明;

(三)进入被检查单位或者个人非法占用的土地现场进行勘测;

(四)责令非法占用土地的单位或者个人停止违反土地管理法律、法规的行为。

第六十九条　【出示监督检查证件】土地管理监督检查人员履行职责,需要进入现场进行勘测、要求有关单位或者个人提供文件、资料和作出说明的,应当出示土地管理监督检查证件。

第七十条　【有关单位和个人对土地监督检查的配合义务】有关单位和个人对县级以上人民政府自然资源主管部门就土地违法行为进行的监督检查应当支持与配合,并提供工作方便,不得拒绝与阻碍土地管理监督检查人员依法执行职务。

第七十一条　【国家工作人员违法行为的处理】县级以上人民政府自然资源主管部门在监督检查工作中发现国家工作人员的违法行为,依法应当给予处分的,应当依法予以处理;自己无权处理的,应当依法移送监察机关或者有关机关处理。

第七十二条　【土地违法行为责任追究】县级以上人民政府自然资源主管部门在监督检查工作中发现土地违法行为构成犯罪的,应当将案件移送有关机关,依法追究刑事责任;尚不构成犯罪的,应当依法给予行政处罚。

第七十三条　【不履行法定职责的处理】依照本法规定应当给予行政处罚,而有关自然资源主管部门不给予行政处罚的,上级人民政府自然资源主管部门有权责令有关自然资源主管部门作出行政处罚决定或者直接给予行政处罚,并给予有关自然资源主管部门的负责人处分。

第七章　法律责任

第七十四条　【非法转让土地的法律责任】买卖或者以其他形式非法转让土地的,由县级以上人民政府自然资源主管部门没收违法所得;对违反土地利用总体规划擅自将农用地改为建设用地的,限期拆除在非法转让的土地上新建的建筑物和其他设施,恢复土地原状,对符合土地利用总体规划的,没收在非法转让的土地上新建的建筑物和其他设施;可以并处罚款;对直接负责的主管人员和其他直接责任人员,依法给予处分;构成犯罪的,依法追究刑事责任。

第七十五条　【破坏耕地的法律责任】违反本法规定,占用耕地建窑、建坟或者擅自在耕地上建房、挖砂、采石、采矿、取土等,破坏种植条件的,或者因开发土地造成土地荒漠化、盐渍化的,由县级以上人民政府自然资源主管部门、农业农村主管部门等按照职责责令限期改正或者治理,可以并处罚款;构成犯罪的,依法追究刑事责任。

第七十六条　【不履行复垦义务的法律责任】违反本法规定,拒不履行土地复垦义务的,由县级以上人民政府自然资源主管部门责令限期改正;逾期不改正的,责令缴纳复垦费,专项用于土地复垦,可以处以罚款。

第七十七条　【非法占用土地的法律责任】未经批准或者采取欺骗手段骗取批准,非法占用土地的,由县级以上人民政府自然资源主管部门责令退还非法占用的土地,对违反土地利用总体规划擅自将农用地改为建设用地的,限期拆除在非法占用的土地上新建的建筑物和其他设施,恢复土地原状,对符合土地利用总体规划的,没收在非法占用的土地上新建的建筑物和其他设施,可以并处罚款;对非法占用土地单位的直接负责的主管人员和其他直接责任人员,依法给予处分;构成犯罪的,依法追究刑事责任。

超过批准的数量占用土地,多占的土地以非法占用土地论处。

第七十八条　【非法占用土地建住宅的法律责任】农村村民未经批准或者采取欺骗手段骗取批准,非法占用土地建住宅的,由县级以上人民政府农业农村主管部门责令退还非法占用的土地,限期拆除在非法占用的土地上新建的房屋。

超过省、自治区、直辖市规定的标准,多占的土地以非法占用土地论处。

第七十九条　【非法批准征收、使用土地的法律责任】无权批准征收、使用土地的单位或者个人非法批准占用土地的,超越批准权限非法批准占用土地的,不按照土地利用总体规划确定的用途批准用地的,或者违反法律规定的程序批准占用、征收土地的,其批准文件无效,对非法批准征收、使用土地的直接负责的主管人员和其他直接责任人员,依法给予处分;构成犯罪的,依法追究刑事责任。非法批准、使用的土地应当收回,有关当事人拒不归还的,以非法占用土地论处。

非法批准征收、使用土地,对当事人造成损失的,依法应当承担赔偿责任。

第八十条　【非法侵占、挪用征地补偿费的法律责任】侵占、挪用被征收土地单位的征地补偿费用和其他有关费用,构成犯罪的,依法追究刑事责任;尚不构成犯罪的,依法给予处分。

第八十一条　【拒不交还土地、不按照批准用途使用土地的法律责任】依法收回国有土地使用权当事人拒不交出土地的,临时使用土地期满拒不归还的,或者不按照批准的用途使用国有土地的,由县级以上人民政府自然资源主管部门责令交还土地,处以罚款。

第八十二条　【擅自将集体土地用于非农业建设和集体经营性建设用地违法入市的法律责任】擅自将农民集体所有的土地通过出让、转让使用权或者出租等方式用于非农业建设,或者违反本法规定,将集体经营性建设用地通过出让、出租等方式交由单位或者个人使用的,由县级以上人民政府自然资源主管部门责令限期改正,没收违法所得,并处罚款。

第八十三条　【责令限期拆除的执行】依照本法规定,责令限期拆除在非法占用的土地上新建的建筑物和其他设施的,建设单位或者个人必须立即停止施工,自行拆除;对继续施工的,作出处罚决定的机关有权制止。建设单位或者个人对责令限期拆除的行政处罚决定不服的,可以在接到责令限期拆除决定之日起十五日内,向人民法院起诉;期满不起诉又不自行拆除的,由作出处罚决定的机关依法申请人民法院强制执行,费用由违法者承担。

第八十四条　【自然资源主管部门、农业农村主管部门工作人员违法的法律责任】自然资源主管部门、农业农村主管部门的工作人员玩忽职守、滥用职权、徇私舞弊,构成犯罪的,依法追究刑事责任;尚不构成犯罪的,依法给予处分。

第八章　附　则

第八十五条　【外商投资企业使用土地的法律适用】外商投资企业使用土地的,适用本法;法律另有规定的,从其规定。

第八十六条　【过渡期间有关规划的适用】在根据本法第十八条的规定编制国土空间规划前,经依法批准的土地利用总体规划和城乡规划继续执行。

第八十七条　【施行时间】本法自1999年1月1日起施行。

中华人民共和国土地管理法实施条例（节录）

· 1998 年 12 月 27 日中华人民共和国国务院令第 256 号发布
· 根据 2011 年 1 月 8 日《国务院关于废止和修改部分行政法规的决定》第一次修订
· 根据 2014 年 7 月 29 日《国务院关于修改部分行政法规的决定》第二次修订
· 2021 年 7 月 2 日中华人民共和国国务院令第 743 号第三次修订

第一章　总　则

第一条　根据《中华人民共和国土地管理法》（以下简称《土地管理法》），制定本条例。

……

第四章　建设用地

第一节　一般规定

第十四条　建设项目需要使用土地的，应当符合国土空间规划、土地利用年度计划和用途管制以及节约资源、保护生态环境的要求，并严格执行建设用地标准，优先使用存量建设用地，提高建设用地使用效率。

从事土地开发利用活动，应当采取有效措施，防止、减少土壤污染，并确保建设用地符合土壤环境质量要求。

第十五条　各级人民政府应当依据国民经济和社会发展规划及年度计划、国土空间规划、国家产业政策以及城乡建设、土地利用的实际状况等，加强土地利用计划管理，实行建设用地总量控制，推动城乡存量建设用地开发利用，引导城镇低效用地再开发，落实建设用地标准控制制度，开展节约集约用地评价，推广应用节地技术和节地模式。

第十六条　县级以上地方人民政府自然资源主管部门应当将本级人民政府确定的年度建设用地供应总量、结构、时序、地块、用途等在政府网站上向社会公布，供社会公众查阅。

第十七条　建设单位使用国有土地，应当以有偿使用方式取得；但是，法律、行政法规规定可以以划拨方式取得的除外。

国有土地有偿使用的方式包括：

（一）国有土地使用权出让；

（二）国有土地租赁；

（三）国有土地使用权作价出资或者入股。

第十八条　国有土地使用权出让、国有土地租赁等应当依照国家有关规定通过公开的交易平台进行交易，并纳入统一的公共资源交易平台体系。除依法可以采取协议方式外，应当采取招标、拍卖、挂牌等竞争性方式确定土地使用者。

第十九条　《土地管理法》第五十五条规定的新增建设用地的土地有偿使用费，是指国家在新增建设用地中应取得的平均土地纯收益。

第二十条　建设项目施工、地质勘查需要临时使用土地的，应当尽量不占或者少占耕地。

临时用地由县级以上人民政府自然资源主管部门批准，期限一般不超过二年；建设周期较长的能源、交通、水利等基础设施建设使用的临时用地，期限不超过四年；法律、行政法规另有规定的除外。

土地使用者应当自临时用地期满之日起一年内完成土地复垦，使其达到可供利用状态，其中占用耕地的应当恢复种植条件。

第二十一条　抢险救灾、疫情防控等急需使用土地的，可以先行使用土地。其中，属于临时用地的，用后应当恢复原状并交还原土地使用者使用，不再办理用地审批手续；属于永久性建设用地的，建设单位应当在不晚于应急处置工作结束六个月内申请补办建设用地审批手续。

第二十二条　具有重要生态功能的未利用地应当依法划入生态保护红线，实施严格保护。

建设项目占用国土空间规划确定的未利用地的，按照省、自治区、直辖市的规定办理。

第二节　农用地转用

第二十三条　在国土空间规划确定的城市和村庄、集镇建设用地范围内，为实施该规划而将农用地转为建设用地的，由市、县人民政府组织自然资源等部门拟订农用地转用方案，分批次报有批准权的人民政府批准。

农用地转用方案应当重点对建设项目安排、是否符合国土空间规划和土地利用年度计划以及补充耕地情况作出说明。

农用地转用方案经批准后，由市、县人民政府组织实施。

第二十四条　建设项目确需占用国土空间规划确定的城市和村庄、集镇建设用地范围外的农用地，涉及占用永久基本农田的，由国务院批准；不涉及占用永久基本农田的，由国务院或者国务院授权的省、自治区、直辖市人民政府批准。具体按照下列规定办理：

（一）建设项目批准、核准前或者备案前后，由自然资源主管部门对建设项目用地事项进行审查，提出建设项目用地预审意见。建设项目需要申请核发选址意见书的，应当合并办理建设项目用地预审与选址意见书，核发建设项目用地预审与选址意见书。

（二）建设单位持建设项目的批准、核准或者备案文件，向市、县人民政府提出建设用地申请。市、县人民政府组织自然资源等部门拟订农用地转用方案，报有批准权的人民政府批准；依法应当由国务院批准的，由省、自治区、直辖市人民政府审核后上报。农用地转用方案应当重点对是否符合国土空间规划和土地利用年度计划以及补充耕地情况作出说明，涉及占用永久基本农田的，还应当对占用永久基本农田的必要性、合理性和补划可行性作出说明。

（三）农用地转用方案经批准后，由市、县人民政府组织实施。

第二十五条　建设项目需要使用土地的，建设单位原则上应当一次申请，办理建设用地审批手续，确需分期建设的项目，可以根据可行性研究报告确定的方案，分期申请建设用地，分期办理建设用地审批手续。建设过程中用地范围确需调整的，应当依法办理建设用地审批手续。

农用地转用涉及征收土地的，还应当依法办理征收土地手续。

第三节　土地征收

第二十六条　需要征收土地，县级以上地方人民政府认为符合《土地管理法》第四十五条规定的，应当发布征收土地预公告，并开展拟征收土地现状调查和社会稳定风险评估。

征收土地预公告应当包括征收范围、征收目的、开展土地现状调查的安排等内容。征收土地预公告应当采用有利于社会公众知晓的方式，在拟征收土地所在的乡（镇）和村、村民小组范围内发布，预公告时间不少于十个工作日。自征收土地预公告发布之日起，任何单位和个人不得在拟征收范围内抢栽抢建；违反规定抢栽抢建的，对抢栽抢建部分不予补偿。

土地现状调查应当查明土地的位置、权属、地类、面积，以及农村村民住宅、其他地上附着物和青苗等的权属、种类、数量等情况。

社会稳定风险评估应当对征收土地的社会稳定风险状况进行综合研判，确定风险点，提出风险防范措施和处置预案。社会稳定风险评估应当有被征地的农村集体经济组织及其成员、村民委员会和其他利害关系人参加，评估结果是申请征收土地的重要依据。

第二十七条　县级以上地方人民政府应当依据社会稳定风险评估结果，结合土地现状调查情况，组织自然资源、财政、农业农村、人力资源和社会保障等有关部门拟定征地补偿安置方案。

征地补偿安置方案应当包括征收范围、土地现状、征收目的、补偿方式和标准、安置对象、安置方式、社会保障等内容。

第二十八条　征地补偿安置方案拟定后，县级以上地方人民政府应当在拟征收土地所在的乡（镇）和村、村民小组范围内公告，公告时间不少于三十日。

征地补偿安置公告应当同时载明办理补偿登记的方式和期限、异议反馈渠道等内容。

多数被征地的农村集体经济组织成员认为拟定的征地补偿安置方案不符合法律、法规规定的，县级以上地方人民政府应当组织听证。

第二十九条　县级以上地方人民政府根据法律、法规规定和听证会等情况确定征地补偿安置方案后，应当组织有关部门与拟征收土地的所有权人、使用权人签订征地补偿安置协议。征地补偿安置协议示范文本由省、自治区、直辖市人民政府制定。

对个别确实难以达成征地补偿安置协议的，县级以上地方人民政府应当在申请征收土地时如实说明。

第三十条　县级以上地方人民政府完成本条例规定的征地前期工作后，方可提出征收土地申请，依照《土地管理法》第四十六条的规定报有批准权的人民政府批准。

有批准权的人民政府应当对征收土地的必要性、合理性、是否符合《土地管理法》第四十五条规定的为了公共利益确需征收土地的情形以及是否符合法定程序进行审查。

第三十一条　征收土地申请经依法批准后，县级以上地方人民政府应当自收到批准文件之日起十五个工作日内在拟征收土地所在的乡（镇）和村、村民小组范围内发布征收土地公告，公布征收范围、征收时间等具体工作安排，对个别未达成征地补偿安置协议的应当作出征地补偿安置决定，并依法组织实施。

第三十二条　省、自治区、直辖市应当制定公布区片综合地价，确定征收农用地的土地补偿费、安置补助费标准，并制定土地补偿费、安置补助费分配办法。

地上附着物和青苗等的补偿费用，归其所有权人所有。

社会保障费用主要用于符合条件的被征地农民的养老保险等社会保险缴费补贴，按照省、自治区、直辖市的规定单独列支。

申请征收土地的县级以上地方人民政府应当及时落实土地补偿费、安置补助费、农村村民住宅以及其他地上附着物和青苗等的补偿费用、社会保障费用等，并保证足额到位,专款专用。有关费用未足额到位的,不得批准征收土地。

第四节　宅基地管理

第三十三条　农村居民点布局和建设用地规模应当遵循节约集约、因地制宜的原则合理规划。县级以上地方人民政府应当按照国家规定安排建设用地指标,合理保障本行政区域农村村民宅基地需求。

乡(镇)、县、市国土空间规划和村庄规划应当统筹考虑农村村民生产、生活需求,突出节约集约用地导向,科学划定宅基地范围。

第三十四条　农村村民申请宅基地的,应当以户为单位向农村集体经济组织提出申请;没有设立农村集体经济组织的,应当向所在的村民小组或者村民委员会提出申请。宅基地申请依法经农村村民集体讨论通过并在本集体范围内公示后,报乡(镇)人民政府审核批准。

涉及占用农用地的,应当依法办理农用地转用审批手续。

第三十五条　国家允许进城落户的农村村民依法自愿有偿退出宅基地。乡(镇)人民政府和农村集体经济组织、村民委员会等应当将退出的宅基地优先用于保障该农村集体经济组织成员的宅基地需求。

第三十六条　依法取得的宅基地和宅基地上的农村村民住宅及其附属设施受法律保护。

禁止违背农村村民意愿强制流转宅基地,禁止违法收回农村村民依法取得的宅基地,禁止以退出宅基地作为农村村民进城落户的条件,禁止强迫农村村民搬迁退出宅基地。

第五节　集体经营性建设用地管理

第三十七条　国土空间规划应当统筹并合理安排集体经营性建设用地布局和用途,依法控制集体经营性建设用地规模,促进集体经营性建设用地的节约集约利用。

鼓励乡村重点产业和项目使用集体经营性建设用地。

第三十八条　国土空间规划确定为工业、商业等经营性用途,且已依法办理土地所有权登记的集体经营性建设用地,土地所有权人可以通过出让、出租等方式交由单位或者个人在一定年限内有偿使用。

第三十九条　土地所有权人拟出让、出租集体经营性建设用地的,市、县人民政府自然资源主管部门应当依据国土空间规划提出拟出让、出租的集体经营性建设用地的规划条件,明确土地界址、面积、用途和开发建设强度等。

市、县人民政府自然资源主管部门应当会同有关部门提出产业准入和生态环境保护要求。

第四十条　土地所有权人应当依据规划条件、产业准入和生态环境保护要求等,编制集体经营性建设用地出让、出租等方案,并依照《土地管理法》第六十三条的规定,由本集体经济组织形成书面意见,在出让、出租前不少于十个工作日报市、县人民政府。市、县人民政府认为该方案不符合规划条件或者产业准入和生态环境保护要求等的,应当在收到方案后五个工作日内提出修改意见。土地所有权人应当按照市、县人民政府的意见进行修改。

集体经营性建设用地出让、出租等方案应当载明宗地的土地界址、面积、用途、规划条件、产业准入和生态环境保护要求、使用期限、交易方式、入市价格、集体收益分配安排等内容。

第四十一条　土地所有权人应当依据集体经营性建设用地出让、出租等方案,以招标、拍卖、挂牌或者协议等方式确定土地使用者,双方应当签订书面合同,载明土地界址、面积、用途、规划条件、使用期限、交易价款支付、交地时间和开工竣工期限、产业准入和生态环境保护要求、约定提前收回的条件、补偿方式、土地使用权届满续期和地上建筑物、构筑物等附着物处理方式,以及违约责任和解决争议的方法等,并报市、县人民政府自然资源主管部门备案。未依法将规划条件、产业准入和生态环境保护要求纳入合同的,合同无效;造成损失的,依法承担民事责任。合同示范文本由国务院自然资源主管部门制定。

第四十二条　集体经营性建设用地使用者应当按照约定及时支付集体经营性建设用地价款,并依法缴纳相关税费,对集体经营性建设用地使用权以及依法利用集体经营性建设用地建造的建筑物、构筑物及其附属设施的所有权,依法申请办理不动产登记。

第四十三条　通过出让等方式取得的集体经营性建设用地使用权依法转让、互换、出资、赠与或者抵押的,双方应当签订书面合同,并书面通知土地所有权人。

集体经营性建设用地的出租,集体建设用地使用权的出让及其最高年限、转让、互换、出资、赠与、抵押等,参照同类用途的国有建设用地执行,法律、行政法规另有规定的除外。

第五章　监督检查

第四十四条　国家自然资源督察机构根据授权对省、自治区、直辖市人民政府以及国务院确定的城市人民政府下列土地利用和土地管理情况进行督察:

（一）耕地保护情况；

（二）土地节约集约利用情况；

（三）国土空间规划编制和实施情况；

（四）国家有关土地管理重大决策落实情况；

（五）土地管理法律、行政法规执行情况；

（六）其他土地利用和土地管理情况。

第四十五条　国家自然资源督察机构进行督察时，有权向有关单位和个人了解督察事项有关情况，有关单位和个人应当支持、协助督察机构工作，如实反映情况，并提供有关材料。

第四十六条　被督察的地方人民政府违反土地管理法律、行政法规，或者落实国家有关土地管理重大决策不力的，国家自然资源督察机构可以向被督察的地方人民政府下达督察意见书，地方人民政府应当认真组织整改，并及时报告整改情况；国家自然资源督察机构可以约谈被督察的地方人民政府有关负责人，并可以依法向监察机关、任免机关等有关机关提出追究相关责任人责任的建议。

第四十七条　土地管理监督检查人员应当经过培训，经考核合格，取得行政执法证件后，方可从事土地管理监督检查工作。

第四十八条　自然资源主管部门、农业农村主管部门按照职责分工进行监督检查时，可以采取下列措施：

（一）询问违法案件涉及的单位或者个人；

（二）进入被检查单位或者个人涉嫌土地违法的现场进行拍照、摄像；

（三）责令当事人停止正在进行的土地违法行为；

（四）对涉嫌土地违法的单位或者个人，在调查期间暂停办理与该违法案件相关的土地审批、登记等手续；

（五）对可能被转移、销毁、隐匿或者篡改的文件、资料予以封存，责令涉嫌土地违法的单位或者个人在调查期间不得变卖、转移与案件有关的财物；

（六）《土地管理法》第六十八条规定的其他监督检查措施。

第四十九条　依照《土地管理法》第七十三条的规定给予处分的，应当按照管理权限由责令作出行政处罚决定或者直接给予行政处罚的上级人民政府自然资源主管部门或者其他任免机关、单位作出。

第五十条　县级以上人民政府自然资源主管部门应当会同有关部门建立信用监管、动态巡查等机制，加强对建设用地供应交易和供后开发利用的监管，对建设用地市场重大失信行为依法实施惩戒，并依法公开相关信息。

第六章　法律责任

第五十一条　违反《土地管理法》第三十七条的规定，非法占用永久基本农田发展林果业或者挖塘养鱼的，由县级以上人民政府自然资源主管部门责令限期改正；逾期不改正的，按占用面积处耕地开垦费2倍以上5倍以下的罚款；破坏种植条件的，依照《土地管理法》第七十五条的规定处罚。

第五十二条　违反《土地管理法》第五十七条的规定，在临时使用的土地上修建永久性建筑物的，由县级以上人民政府自然资源主管部门责令限期拆除，按占用面积处土地复垦费5倍以上10倍以下的罚款；逾期不拆除的，由作出行政决定的机关依法申请人民法院强制执行。

第五十三条　违反《土地管理法》第六十五条的规定，对建筑物、构筑物进行重建、扩建的，由县级以上人民政府自然资源主管部门责令限期拆除；逾期不拆除的，由作出行政决定的机关依法申请人民法院强制执行。

第五十四条　依照《土地管理法》第七十四条的规定处以罚款的，罚款额为违法所得的10%以上50%以下。

第五十五条　依照《土地管理法》第七十五条的规定处以罚款的，罚款额为耕地开垦费的5倍以上10倍以下；破坏黑土地等优质耕地的，从重处罚。

第五十六条　依照《土地管理法》第七十六条的规定处以罚款的，罚款额为土地复垦费的2倍以上5倍以下。

违反本条例规定，临时用地期满之日起一年内未完成复垦或者未恢复种植条件的，由县级以上人民政府自然资源主管部门责令限期改正，依照《土地管理法》第七十六条的规定处罚，并由县级以上人民政府自然资源主管部门会同农业农村主管部门代为完成复垦或者恢复种植条件。

第五十七条　依照《土地管理法》第七十七条的规定处以罚款的，罚款额为非法占用土地每平方米100元以上1000元以下。

违反本条例规定，在国土空间规划确定的禁止开垦的范围内从事土地开发活动的，由县级以上人民政府自然资源主管部门责令限期改正，并依照《土地管理法》第七十七条的规定处罚。

第五十八条　依照《土地管理法》第七十四条、第七十七条的规定，县级以上人民政府自然资源主管部门没收在非法转让或者非法占用的土地上新建的建筑物和其他设施的，应当于九十日内交由本级人民政府或者其指定的部门依法管理和处置。

第五十九条　依照《土地管理法》第八十一条的规定处以罚款的,罚款额为非法占用土地每平方米 100 元以上 500 元以下。

第六十条　依照《土地管理法》第八十二条的规定处以罚款的,罚款额为违法所得的 10% 以上 30% 以下。

第六十一条　阻碍自然资源主管部门、农业农村主管部门的工作人员依法执行职务,构成违反治安管理行为的,依法给予治安管理处罚。

第六十二条　违反土地管理法律、法规规定,阻挠国家建设征收土地的,由县级以上地方人民政府责令交出土地;拒不交出土地的,依法申请人民法院强制执行。

第六十三条　违反本条例规定,侵犯农村村民依法取得的宅基地权益的,责令限期改正,对有关责任单位通报批评、给予警告;造成损失的,依法承担赔偿责任;对直接负责的主管人员和其他直接责任人员,依法给予处分。

第六十四条　贪污、侵占、挪用、私分、截留、拖欠征地补偿安置费用和其他有关费用的,责令改正,追回有关款项,限期退还违法所得,对有关责任单位通报批评、给予警告;造成损失的,依法承担赔偿责任;对直接负责的主管人员和其他直接责任人员,依法给予处分。

第六十五条　各级人民政府及自然资源主管部门、农业农村主管部门工作人员玩忽职守、滥用职权、徇私舞弊的,依法给予处分。

第六十六条　违反本条例规定,构成犯罪的,依法追究刑事责任。

第七章　附　则

第六十七条　本条例自 2021 年 9 月 1 日起施行。

中华人民共和国城乡规划法

· 2007 年 10 月 28 日第十届全国人民代表大会常务委员会第三十次会议通过
· 根据 2015 年 4 月 24 日第十二届全国人民代表大会常务委员会第十四次会议《关于修改〈中华人民共和国港口法〉等七部法律的决定》第一次修正
· 根据 2019 年 4 月 23 日第十三届全国人民代表大会常务委员会第十次会议《关于修改〈中华人民共和国建筑法〉等八部法律的决定》第二次修正

第一章　总　则

第一条　【立法宗旨】为了加强城乡规划管理,协调城乡空间布局,改善人居环境,促进城乡经济社会全面协调可持续发展,制定本法。

第二条　【城乡规划的制定和实施】制定和实施城乡规划,在规划区内进行建设活动,必须遵守本法。

本法所称城乡规划,包括城镇体系规划、城市规划、镇规划、乡规划和村庄规划。城市规划、镇规划分为总体规划和详细规划。详细规划分为控制性详细规划和修建性详细规划。

本法所称规划区,是指城市、镇和村庄的建成区以及因城乡建设和发展需要,必须实行规划控制的区域。规划区的具体范围由有关人民政府在组织编制的城市总体规划、镇总体规划、乡规划和村庄规划中,根据城乡经济社会发展水平和统筹城乡发展的需要划定。

第三条　【城乡建设活动与制定城乡规划关系】城市和镇应当依照本法制定城市规划和镇规划。城市、镇规划区内的建设活动应当符合规划要求。

县级以上地方人民政府根据本地农村经济社会发展水平,按照因地制宜、切实可行的原则,确定应当制定乡规划、村庄规划的区域。在确定区域内的乡、村庄,应当依照本法制定规划,规划区内的乡、村庄建设应当符合规划要求。

县级以上地方人民政府鼓励、指导前款规定以外的区域的乡、村庄制定和实施乡规划、村庄规划。

第四条　【城乡规划制定、实施原则】制定和实施城乡规划,应当遵循城乡统筹、合理布局、节约土地、集约发展和先规划后建设的原则,改善生态环境,促进资源、能源节约和综合利用,保护耕地等自然资源和历史文化遗产,保持地方特色、民族特色和传统风貌,防止污染和其他公害,并符合区域人口发展、国防建设、防灾减灾和公共卫生、公共安全的需要。

在规划区内进行建设活动,应当遵守土地管理、自然资源和环境保护等法律、法规的规定。

县级以上地方人民政府应当根据当地经济社会发展的实际,在城市总体规划、镇总体规划中合理确定城市、镇的发展规模、步骤和建设标准。

第五条　【城乡规划与国民经济和社会发展规划、土地利用总体规划衔接】城市总体规划、镇总体规划以及乡规划和村庄规划的编制,应当依据国民经济和社会发展规划,并与土地利用总体规划相衔接。

第六条　【城乡规划经费保障】各级人民政府应当将城乡规划的编制和管理经费纳入本级财政预算。

第七条　【城乡规划修改】经依法批准的城乡规划,是城乡建设和规划管理的依据,未经法定程序不得修改。

第八条　【城乡规划公开公布】城乡规划组织编制

机关应当及时公布经依法批准的城乡规划。但是,法律、行政法规规定不得公开的内容除外。

第九条　【单位和个人的权利义务】任何单位和个人都应当遵守经依法批准并公布的城乡规划,服从规划管理,并有权就涉及其利害关系的建设活动是否符合规划的要求向城乡规划主管部门查询。

任何单位和个人都有权向城乡规划主管部门或者其他有关部门举报或者控告违反城乡规划的行为。城乡规划主管部门或者其他有关部门对举报或者控告,应当及时受理并组织核查、处理。

第十条　【采用先进科学技术】国家鼓励采用先进的科学技术,增强城乡规划的科学性,提高城乡规划实施及监督管理的效能。

第十一条　【城乡规划管理体制】国务院城乡规划主管部门负责全国的城乡规划管理工作。

县级以上地方人民政府城乡规划主管部门负责本行政区域内的城乡规划管理工作。

第二章　城乡规划的制定

第十二条　【全国城镇体系规划制定】国务院城乡规划主管部门会同国务院有关部门组织编制全国城镇体系规划,用于指导省域城镇体系规划、城市总体规划的编制。

全国城镇体系规划由国务院城乡规划主管部门报国务院审批。

第十三条　【省域城镇体系规划制定】省、自治区人民政府组织编制省域城镇体系规划,报国务院审批。

省域城镇体系规划的内容应当包括:城镇空间布局和规模控制,重大基础设施的布局,为保护生态环境、资源等需要严格控制的区域。

第十四条　【城市总体规划编制】城市人民政府组织编制城市总体规划。

直辖市的城市总体规划由直辖市人民政府报国务院审批。省、自治区人民政府所在地的城市以及国务院确定的城市的总体规划,由省、自治区人民政府审查同意后,报国务院审批。其他城市的总体规划,由城市人民政府报省、自治区人民政府审批。

第十五条　【镇总体规划编制】县人民政府组织编制县人民政府所在地镇的总体规划,报上一级人民政府审批。其他镇的总体规划由镇人民政府组织编制,报上一级人民政府审批。

第十六条　【各级人大常委会参与规划制定】省、自治区人民政府组织编制的省域城镇体系规划,城市、县人民政府组织编制的总体规划,在报上一级人民政府审批前,应当先经本级人民代表大会常务委员会审议,常务委员会组成人员的审议意见交由本级人民政府研究处理。

镇人民政府组织编制的镇总体规划,在报上一级人民政府审批前,应当先经镇人民代表大会审议,代表的审议意见交由本级人民政府研究处理。

规划的组织编制机关报送审批省域镇体系规划、城市总体规划或者镇总体规划,应当将本级人民代表大会常务委员会组成人员或者镇人民代表大会代表的审议意见和根据审议意见修改规划的情况一并报送。

第十七条　【城市、镇总体规划内容和期限】城市总体规划、镇总体规划的内容应当包括:城市、镇的发展布局,功能分区,用地布局,综合交通体系,禁止、限制和适宜建设的地域范围,各类专项规划等。

规划区范围、规划区内建设用地规模、基础设施和公共服务设施用地、水源地和水系、基本农田和绿化用地、环境保护、自然与历史文化遗产保护以及防灾减灾等内容,应当作为城市总体规划、镇总体规划的强制性内容。

城市总体规划、镇总体规划的规划期限一般为二十年。城市总体规划还应当对城市更长远的发展作出预测性安排。

第十八条　【乡规划和村庄规划的内容】乡规划、村庄规划应当从农村实际出发,尊重村民意愿,体现地方和农村特色。

乡规划、村庄规划的内容应当包括:规划区范围,住宅、道路、供水、排水、供电、垃圾收集、畜禽养殖场所等农村生产、生活服务设施、公益事业等各项建设的用地布局、建设要求,以及对耕地等自然资源和历史文化遗产保护、防灾减灾等的具体安排。乡规划还应当包括本行政区域内的村庄发展布局。

第十九条　【城市控制性详细规划】城市人民政府城乡规划主管部门根据城市总体规划的要求,组织编制城市的控制性详细规划,经本级人民政府批准后,报本级人民代表大会常务委员会和上一级人民政府备案。

第二十条　【镇控制性详细规划】镇人民政府根据镇总体规划的要求,组织编制镇的控制性详细规划,报上一级人民政府审批。县人民政府所在地镇的控制性详细规划,由县人民政府城乡规划主管部门根据镇总体规划的要求组织编制,经县人民政府批准后,报本级人民代表大会常务委员会和上一级人民政府备案。

第二十一条　【修建性详细规划】城市、县人民政府城乡规划主管部门和镇人民政府可以组织编制重要地块的修建性详细规划。修建性详细规划应当符合控制性详细规划。

第二十二条 【乡、村庄规划编制】乡、镇人民政府组织编制乡规划、村庄规划，报上一级人民政府审批。村庄规划在报送审批前，应当经村民会议或者村民代表会议讨论同意。

第二十三条 【首都总体规划和详细规划】首都的总体规划、详细规划应当统筹考虑中央国家机关用地布局和空间安排的需要。

第二十四条 【城乡规划编制单位】城乡规划组织编制机关应当委托具有相应资质等级的单位承担城乡规划的具体编制工作。

从事城乡规划编制工作应当具备下列条件，并经国务院城乡规划主管部门或者省、自治区、直辖市人民政府城乡规划主管部门依法审查合格，取得相应等级的资质证书后，方可在资质等级许可的范围内从事城乡规划编制工作：

（一）有法人资格；

（二）有规定数量的经相关行业协会注册的规划师；

（三）有规定数量的相关专业技术人员；

（四）有相应的技术装备；

（五）有健全的技术、质量、财务管理制度。

编制城乡规划必须遵守国家有关标准。

第二十五条 【城乡规划基础资料】编制城乡规划，应当具备国家规定的勘察、测绘、气象、地震、水文、环境等基础资料。

县级以上地方人民政府有关主管部门应当根据编制城乡规划的需要，及时提供有关基础资料。

第二十六条 【公众参与城乡规划编制】城乡规划报送审批前，组织编制机关应当依法将城乡规划草案予以公告，并采取论证会、听证会或者其他方式征求专家和公众的意见。公告的时间不得少于三十日。

组织编制机关应当充分考虑专家和公众的意见，并在报送审批的材料中附具意见采纳情况及理由。

第二十七条 【专家和有关部门参与城镇规划审批】省域城镇体系规划、城市总体规划、镇总体规划批准前，审批机关应当组织专家和有关部门进行审查。

第三章 城乡规划的实施

第二十八条 【政府实施城乡规划】地方各级人民政府应当根据当地经济社会发展水平，量力而行，尊重群众意愿，有计划、分步骤地组织实施城乡规划。

第二十九条 【城市、镇和乡、村庄建设和发展实施城乡规划】城市的建设和发展，应当优先安排基础设施以及公共服务设施的建设，妥善处理新区开发与旧区改建的关系，统筹兼顾进城务工人员生活和周边农村经济社会发展、村民生产与生活的需要。

镇的建设和发展，应当结合农村经济社会发展和产业结构调整，优先安排供水、排水、供电、供气、道路、通信、广播电视等基础设施和学校、卫生院、文化站、幼儿园、福利院等公共服务设施的建设，为周边农村提供服务。

乡、村庄的建设和发展，应当因地制宜、节约用地，发挥村民自治组织的作用，引导村民合理进行建设，改善农村生产、生活条件。

第三十条 【城市新区开发和建设实施城乡规划】城市新区的开发和建设，应当合理确定建设规模和时序，充分利用现有市政基础设施和公共服务设施，严格保护自然资源和生态环境，体现地方特色。

在城市总体规划、镇总体规划确定的建设用地范围以外，不得设立各类开发区和城市新区。

第三十一条 【旧城区改造实施城乡规划】旧城区的改建，应当保护历史文化遗产和传统风貌，合理确定拆迁和建设规模，有计划地对危房集中、基础设施落后等地段进行改建。

历史文化名城、名镇、名村的保护以及受保护建筑物的维护和使用，应当遵守有关法律、行政法规和国务院的规定。

第三十二条 【城乡建设和发展实施城乡规划】城乡建设和发展，应当依法保护和合理利用风景名胜资源，统筹安排风景名胜区及周边乡、镇、村庄的建设。

风景名胜区的规划、建设和管理，应当遵守有关法律、行政法规和国务院的规定。

第三十三条 【城市地下空间的开发和利用遵循的原则】城市地下空间的开发和利用，应当与经济和技术发展水平相适应，遵循统筹安排、综合开发、合理利用的原则，充分考虑防灾减灾、人民防空和通信等需要，并符合城市规划，履行规划审批手续。

第三十四条 【城市、县、镇人民政府制定近期建设规划】城市、县、镇人民政府应当根据城市总体规划、镇总体规划、土地利用总体规划和年度计划以及国民经济和社会发展规划，制定近期建设规划，报总体规划审批机关备案。

近期建设规划应当以重要基础设施、公共服务设施和中低收入居民住房建设以及生态环境保护为重点内容,明确近期建设的时序、发展方向和空间布局。近期建设规划的规划期限为五年。

第三十五条　【禁止擅自改变城乡规划确定的重要用地用途】城乡规划确定的铁路、公路、港口、机场、道路、绿地、输配电设施及输电线路走廊、通信设施、广播电视设施、管道设施、河道、水库、水源地、自然保护区、防汛通道、消防通道、核电站、垃圾填埋场及焚烧厂、污水处理厂和公共服务设施的用地以及其他需要依法保护的用地,禁止擅自改变用途。

第三十六条　【申请核发选址意见书】按照国家规定需要有关部门批准或者核准的建设项目,以划拨方式提供国有土地使用权的,建设单位在报送有关部门批准或者核准前,应当向城乡规划主管部门申请核发选址意见书。

前款规定以外的建设项目不需要申请选址意见书。

第三十七条　【划拨建设用地程序】在城市、镇规划区内以划拨方式提供国有土地使用权的建设项目,经有关部门批准、核准、备案后,建设单位应当向城市、县人民政府城乡规划主管部门提出建设用地规划许可申请,由城市、县人民政府城乡规划主管部门依据控制性详细规划核定建设用地的位置、面积、允许建设的范围,核发建设用地规划许可证。

建设单位在取得建设用地规划许可证后,方可向县级以上地方人民政府土地主管部门申请用地,经县级以上人民政府审批后,由土地主管部门划拨土地。

第三十八条　【国有土地使用权出让合同】在城市、镇规划区内以出让方式提供国有土地使用权的,在国有土地使用权出让前,城市、县人民政府城乡规划主管部门应当依据控制性详细规划,提出出让地块的位置、使用性质、开发强度等规划条件,作为国有土地使用权出让合同的组成部分。未确定规划条件的地块,不得出让国有土地使用权。

以出让方式取得国有土地使用权的建设项目,建设单位在取得建设项目的批准、核准、备案文件和签订国有土地使用权出让合同后,向城市、县人民政府城乡规划主管部门领取建设用地规划许可证。

城市、县人民政府城乡规划主管部门不得在建设用地规划许可证中,擅自改变作为国有土地使用权出让合同组成部分的规划条件。

第三十九条　【规划条件未纳入出让合同的法律后果】规划条件未纳入国有土地使用权出让合同的,该国有土地使用权出让合同无效;对未取得建设用地规划许可

证的建设单位批准用地的,由县级以上人民政府撤销有关批准文件;占用土地的,应当及时退回;给当事人造成损失的,应当依法给予赔偿。

第四十条　【建设单位和个人领取建设工程规划许可证】在城市、镇规划区内进行建筑物、构筑物、道路、管线和其他工程建设的,建设单位或者个人应当向城市、县人民政府城乡规划主管部门或者省、自治区、直辖市人民政府确定的镇人民政府申请办理建设工程规划许可证。

申请办理建设工程规划许可证,应当提交使用土地的有关证明文件、建设工程设计方案等材料。需要建设单位编制修建性详细规划的建设项目,还应当提交修建性详细规划。对符合控制性详细规划和规划条件的,由城市、县人民政府城乡规划主管部门或者省、自治区、直辖市人民政府确定的镇人民政府核发建设工程规划许可证。

城市、县人民政府城乡规划主管部门或者省、自治区、直辖市人民政府确定的镇人民政府应当依法将经审定的修建性详细规划、建设工程设计方案的总平面图予以公布。

第四十一条　【乡村建设规划许可证】在乡、村庄规划区内进行乡镇企业、乡村公共设施和公益事业建设的,建设单位或者个人应当向乡、镇人民政府提出申请,由乡、镇人民政府报城市、县人民政府城乡规划主管部门核发乡村建设规划许可证。

在乡、村庄规划区内使用原有宅基地进行农村村民住宅建设的规划管理办法,由省、自治区、直辖市制定。

在乡、村庄规划区内进行乡镇企业、乡村公共设施和公益事业建设以及农村村民住宅建设,不得占用农用地;确需占用农用地的,应当依照《中华人民共和国土地管理法》有关规定办理农用地转用审批手续后,由城市、县人民政府城乡规划主管部门核发乡村建设规划许可证。

建设单位或者个人在取得乡村建设规划许可证后,方可办理用地审批手续。

第四十二条　【不得超出范围作出规划许可】城乡规划主管部门不得在城乡规划确定的建设用地范围以外作出规划许可。

第四十三条　【建设单位按照规划条件建设】建设单位应当按照规划条件进行建设;确需变更的,必须向城市、县人民政府城乡规划主管部门提出申请。变更内容不符合控制性详细规划的,城乡规划主管部门不得批准。城市、县人民政府城乡规划主管部门应当及时将依法变更后的规划条件通报同级土地主管部门并公示。

建设单位应当及时将依法变更后的规划条件报有关人民政府土地主管部门备案。

第四十四条　【临时建设】在城市、镇规划区内进行临时建设的，应当经城市、县人民政府城乡规划主管部门批准。临时建设影响近期建设规划或者控制性详细规划的实施以及交通、市容、安全等的，不得批准。

临时建设应当在批准的使用期限内自行拆除。

临时建设和临时用地规划管理的具体办法，由省、自治区、直辖市人民政府制定。

第四十五条　【城乡规划主管部门核实符合规划条件情况】县级以上地方人民政府城乡规划主管部门按照国务院规定对建设工程是否符合规划条件予以核实。未经核实或者经核实不符合规划条件的，建设单位不得组织竣工验收。

建设单位应当在竣工验收后六个月内向城乡规划主管部门报送有关竣工验收资料。

第四章　城乡规划的修改

第四十六条　【规划实施情况评估】省域城镇体系规划、城市总体规划、镇总体规划的组织编制机关，应当组织有关部门和专家定期对规划实施情况进行评估，并采取论证会、听证会或者其他方式征求公众意见。组织编制机关应当向本级人民代表大会常务委员会、镇人民代表大会和原审批机关提出评估报告并附具征求意见的情况。

第四十七条　【规划修改条件和程序】有下列情形之一的，组织编制机关方可按照规定的权限和程序修改省域城镇体系规划、城市总体规划、镇总体规划：

（一）上级人民政府制定的城乡规划发生变更，提出修改规划要求的；

（二）行政区划调整确需修改规划的；

（三）因国务院批准重大建设工程确需修改规划的；

（四）经评估确需修改规划的；

（五）城乡规划的审批机关认为应当修改规划的其他情形。

修改省域城镇体系规划、城市总体规划、镇总体规划前，组织编制机关应当对原规划的实施情况进行总结，并向原审批机关报告；修改涉及城市总体规划、镇总体规划强制性内容的，应当先向原审批机关提出专题报告，经同意后，方可编制修改方案。

修改后的省域城镇体系规划、城市总体规划、镇总体规划，应当依照本法第十三条、第十四条、第十五条和第十六条规定的审批程序报批。

第四十八条　【修改程序性规划以及乡规划、村庄规划】修改控制性详细规划的，组织编制机关应当对修改的必要性进行论证，征求规划地段内利害关系人的意见，并向原审批机关提出专题报告，经原审批机关同意后，方可编制修改方案。修改后的控制性详细规划，应当依照本法第十九条、第二十条规定的审批程序报批。控制性详细规划修改涉及城市总体规划、镇总体规划的强制性内容的，应当先修改总体规划。

修改乡规划、村庄规划的，应当依照本法第二十二条规定的审批程序报批。

第四十九条　【修改近期建设规划报送备案】城市、县、镇人民政府修改近期建设规划的，应当将修改后的近期建设规划报总体规划审批机关备案。

第五十条　【修改规划或总平面图造成损失补偿】在选址意见书、建设用地规划许可证、建设工程规划许可证或者乡村建设规划许可证发放后，因依法修改城乡规划给被许可人合法权益造成损失的，应当依法给予补偿。

经依法审定的修建性详细规划、建设工程设计方案的总平面图不得随意修改；确需修改的，城乡规划主管部门应当采取听证会等形式，听取利害关系人的意见；因修改给利害关系人合法权益造成损失的，应当依法给予补偿。

第五章　监督检查

第五十一条　【政府及城乡规划主管部门加强监督检查】县级以上人民政府及其城乡规划主管部门应当加强对城乡规划编制、审批、实施、修改的监督检查。

第五十二条　【政府向人大报告城乡规划实施情况】地方各级人民政府应当向本级人民代表大会常务委员会或者乡、镇人民代表大会报告城乡规划的实施情况，并接受监督。

第五十三条　【城乡规划主管部门检查职权和行为规范】县级以上人民政府城乡规划主管部门对城乡规划的实施情况进行监督检查，有权采取以下措施：

（一）要求有关单位和人员提供与监督事项有关的文件、资料，并进行复制；

（二）要求有关单位和人员就监督事项涉及的问题作出解释和说明，并根据需要进入现场进行勘测；

（三）责令有关单位和人员停止违反有关城乡规划的法律、法规的行为。

城乡规划主管部门的工作人员履行前款规定的监督检查职责，应当出示执法证件。被监督检查的单位和人员应当予以配合，不得妨碍和阻挠依法进行的监督检查活动。

第五十四条　【公开监督检查情况和处理结果】监督检查情况和处理结果应当依法公开，供公众查阅和监督。

第五十五条　【城乡规划主管部门提出处分建议】城乡规划主管部门在查处违反本法规定的行为时，发现国家机关工作人员依法应当给予行政处分的，应当向其任免机关或者监察机关提出处分建议。

第五十六条　【上级城乡规划主管部门的建议处罚权】依照本法规定应当给予行政处罚，而有关城乡规划主管部门不给予行政处罚的，上级人民政府城乡规划主管部门有权责令其作出行政处罚决定或者建议有关人民政府责令其给予行政处罚。

第五十七条　【上级城乡规划主管部门责令撤销许可、赔偿损失权】城乡规划主管部门违反本法规定作出行政许可的，上级人民政府城乡规划主管部门有权责令其撤销或者直接撤销该行政许可。因撤销行政许可给当事人合法权益造成损失的，应当依法给予赔偿。

第六章　法律责任

第五十八条　【编制、审批、修改城乡规划玩忽职守的法律责任】对依法应当编制城乡规划而未组织编制，或者未按法定程序编制、审批、修改城乡规划的，由上级人民政府责令改正，通报批评；对有关人民政府负责人和其他直接责任人员依法给予处分。

第五十九条　【委托不合格单位编制城乡规划的法律责任】城乡规划组织编制机关委托不具有相应资质等级的单位编制城乡规划的，由上级人民政府责令改正，通报批评；对有关人民政府负责人和其他直接责任人员依法给予处分。

第六十条　【城乡规划主管部门违法行为的法律责任】镇人民政府或者县级以上人民政府城乡规划主管部门有下列行为之一的，由本级人民政府、上级人民政府城乡规划主管部门或者监察机关依据职权责令改正，通报批评；对直接负责的主管人员和其他直接责任人员依法给予处分：

（一）未依法组织编制城市的控制性详细规划、县人民政府所在地镇的控制性详细规划的；

（二）超越职权或者对不符合法定条件的申请人核发选址意见书、建设用地规划许可证、建设工程规划许可证、乡村建设规划许可证的；

（三）对符合法定条件的申请人未在法定期限内核发选址意见书、建设用地规划许可证、建设工程规划许可证、乡村建设规划许可证的；

（四）未依法对经审定的修建性详细规划、建设工程设计方案的总平面图予以公布的；

（五）同意修改修建性详细规划、建设工程设计方案的总平面图前未采取听证会等形式听取利害关系人的意见的；

（六）发现未依法取得规划许可或者违反规划许可的规定在规划区内进行建设的行为，而不予查处或者接到举报后不依法处理的。

第六十一条　【县级以上人民政府有关部门的法律责任】县级以上人民政府有关部门有下列行为之一的，由本级人民政府或者上级人民政府有关部门责令改正，通报批评；对直接负责的主管人员和其他直接责任人员依法给予处分：

（一）对未依法取得选址意见书的建设项目核发建设项目批准文件的；

（二）未依法在国有土地使用权出让合同中确定规划条件或者改变国有土地使用权出让合同中依法确定的规划条件的；

（三）对未依法取得建设用地规划许可证的建设单位划拨国有土地使用权的。

第六十二条　【城乡规划编制单位违法的法律责任】城乡规划编制单位有下列行为之一的，由所在地城市、县人民政府城乡规划主管部门责令限期改正，处合同约定的规划编制费一倍以上二倍以下的罚款；情节严重的，责令停业整顿，由原发证机关降低资质等级或者吊销资质证书；造成损失的，依法承担赔偿责任：

（一）超越资质等级许可的范围承揽城乡规划编制工作的；

（二）违反国家有关标准编制城乡规划的。

未依法取得资质证书承揽城乡规划编制工作的，由县级以上地方人民政府城乡规划主管部门责令停止违法行为，依照前款规定处以罚款；造成损失的，依法承担赔偿责任。

以欺骗手段取得资质证书承揽城乡规划编制工作的，由原发证机关吊销资质证书，依照本条第一款规定处以罚款；造成损失的，依法承担赔偿责任。

第六十三条　【城乡规划编制单位不符合资质的处理】城乡规划编制单位取得资质证书后，不再符合相应的资质条件的，由原发证机关责令限期改正；逾期不改正的，降低资质等级或者吊销资质证书。

第六十四条　【违规建设的法律责任】未取得建设工程规划许可证或者未按照建设工程规划许可证的规定进行建设的，由县级以上地方人民政府城乡规划主管部门责令停止建设；尚可采取改正措施消除对规划实施的影响的，限期改正，处建设工程造价百分之五以上百分之十以下的罚款；无法采取改正措施消除影响的，限期拆除，不能拆除的，没收实物或者违法收入，可以并处建设工程造价百分之十以下的罚款。

第六十五条　【违规进行乡村建设的法律责任】在乡、村庄规划区内未依法取得乡村建设规划许可证或者未按照乡村建设规划许可证的规定进行建设的，由乡、镇人民政府责令停止建设、限期改正；逾期不改正的，可以拆除。

第六十六条　【违规进行临时建设的法律责任】建设单位或者个人有下列行为之一的，由所在地城市、县人民政府城乡规划主管部门责令限期拆除，可以并处临时建设工程造价一倍以下的罚款：

（一）未经批准进行临时建设的；

（二）未按照批准内容进行临时建设的；

（三）临时建筑物、构筑物超过批准期限不拆除的。

第六十七条　【建设单位竣工未报送验收材料的法律责任】建设单位未在建设工程竣工验收后六个月内向城乡规划主管部门报送有关竣工验收资料的，由所在地城市、县人民政府城乡规划主管部门责令限期补报；逾期不补报的，处一万元以上五万元以下的罚款。

第六十八条　【查封施工现场、强制拆除措施】城乡规划主管部门作出责令停止建设或者限期拆除的决定后，当事人不停止建设或者逾期不拆除的，建设工程所在地县级以上地方人民政府可以责成有关部门采取查封施工现场、强制拆除等措施。

第六十九条　【刑事责任】违反本法规定，构成犯罪的，依法追究刑事责任。

第七章　附　则

第七十条　【实施日期】本法自 2008 年 1 月 1 日起施行。《中华人民共和国城市规划法》同时废止。

建设项目用地预审管理办法

·2001 年 7 月 25 日国土资源部令第 7 号公布
·2004 年 10 月 29 日国土资源部第 9 次部务会议修订
·2008 年 11 月 12 日第一次修正
·根据 2016 年 11 月 29 日《国土资源部关于修改〈建设项目用地预审管理办法〉的决定》第二次修正

第一条　为保证土地利用总体规划的实施，充分发挥土地供应的宏观调控作用，控制建设用地总量，根据《中华人民共和国土地管理法》、《中华人民共和国土地管理法实施条例》和《国务院关于深化改革严格土地管理的决定》，制定本办法。

第二条　本办法所称建设项目用地预审，是指国土资源主管部门在建设项目审批、核准、备案阶段，依法对建设项目涉及的土地利用事项进行的审查。

第三条　预审应当遵循下列原则：

（一）符合土地利用总体规划；

（二）保护耕地，特别是基本农田；

（三）合理和集约节约利用土地；

（四）符合国家供地政策。

第四条　建设项目用地实行分级预审。

需人民政府或有批准权的人民政府发展和改革等部门审批的建设项目，由该人民政府的国土资源主管部门预审。

需核准和备案的建设项目，由与核准、备案机关同级的国土资源主管部门预审。

第五条　需审批的建设项目在可行性研究阶段，由建设用地单位提出预审申请。

需核准的建设项目在项目申请报告核准前，由建设单位提出用地预审申请。

需备案的建设项目在办理备案手续后，由建设单位提出用地预审申请。

第六条　依照本办法第四条规定应当由国土资源部预审的建设项目，国土资源部委托项目所在地的省级国土资源主管部门受理，但建设项目占用规划确定的城市建设用地范围内土地的，委托市级国土资源主管部门受理。受理后，提出初审意见，转报国土资源部。

涉密军事项目和国务院批准的特殊建设项目用地，建设用地单位可直接向国土资源部提出预审申请。

应当由国土资源部负责预审的输电线塔基、钻探井位、通讯基站等小面积零星分散建设项目用地，由省级国土资源主管部门预审，并报国土资源部备案。

第七条　申请用地预审的项目建设单位，应当提交下列材料：

（一）建设项目用地预审申请表；

（二）建设项目用地预审申请报告，内容包括拟建项目的基本情况、拟选址占地情况、拟用地是否符合土地利用总体规划、拟用地面积是否符合土地使用标准、拟用地是否符合供地政策等；

（三）审批项目建议书的建设项目提供项目建议书批复文件，直接审批可行性研究报告或者需核准的建设项目提供建设项目列入相关规划或者产业政策的文件。

前款规定的用地预审申请表样式由国土资源部制定。

第八条　建设单位应当对单独选址建设项目是否位于地质灾害易发区、是否压覆重要矿产资源进行查询核实；位于地质灾害易发区或者压覆重要矿产资源的，应当依据相关法律法规的规定，在办理用地预审手续后，完成地质灾害危险性评估、压覆矿产资源登记等。

第九条　负责初审的国土资源主管部门在转报用地预审申请时，应当提供下列材料：

（一）依据本办法第十一条有关规定，对申报材料作出的初步审查意见；

（二）标注项目用地范围的土地利用总体规划图、土地利用现状图及其他相关图件；

（三）属于《土地管理法》第二十六条规定情形，建设项目用地需修改土地利用总体规划的，应当出具规划修改方案。

第十条　符合本办法第七条规定的预审申请和第九条规定的初审转报件，国土资源主管部门应当受理和接收。不符合的，应当场或在五日内书面通知申请人和转报人，逾期不通知的，视为受理和接收。

受国土资源部委托负责初审的国土资源主管部门应当自受理之日起二十日内完成初审工作，并转报国土资源部。

第十一条　预审应当审查以下内容：

（一）建设项目用地是否符合国家供地政策和土地管理法律、法规规定的条件；

（二）建设项目选址是否符合土地利用总体规划，属《土地管理法》第二十六条规定情形，建设项目用地需修改土地利用总体规划的，规划修改方案是否符合法律、法规的规定；

（三）建设项目用地规模是否符合有关土地使用标准的规定；对国家和地方尚未颁布土地使用标准和建设标准的建设项目，以及确需突破土地使用标准确定的规模和功能分区的建设项目，是否已组织建设项目节地评价并出具评审论证意见。

占用基本农田或者其他耕地规模较大的建设项目，还应当审查是否已经组织踏勘论证。

第十二条　国土资源主管部门应当自受理预审申请或者收到转报材料之日起二十日内，完成审查工作，并出具预审意见。二十日内不能出具预审意见的，经负责预审的国土资源主管部门负责人批准，可以延长十日。

第十三条　预审意见应当包括对本办法第十一条规定内容的结论性意见和对建设用地单位的具体要求。

第十四条　预审意见是有关部门审批项目可行性研究报告、核准项目申请报告的必备文件。

第十五条　建设项目用地预审文件有效期为三年，自批准之日起计算。已经预审的项目，如需对土地用途、建设项目选址等进行重大调整的，应当重新申请预审。

未经预审或者预审未通过的，不得批复可行性研究报告、核准项目申请报告；不得批准农用地转用、土地征收，不得办理供地手续。预审审查的相关内容在建设用地报批时，未发生重大变化的，不再重复审查。

第十六条　本办法自 2009 年 1 月 1 日起施行。

建设用地审查报批管理办法

· 1999 年 3 月 2 日国土资源部令第 3 号公布
· 2010 年 11 月 30 日第一次修正
· 根据 2016 年 11 月 29 日《国土资源部关于修改〈建设用地审查报批管理办法〉的决定》第二次修正

第一条　为加强土地管理，规范建设用地审查报批工作，根据《中华人民共和国土地管理法》（以下简称《土地管理法》）、《中华人民共和国土地管理法实施条例》（以下简称《土地管理法实施条例》），制定本办法。

第二条　依法应当报国务院和省、自治区、直辖市人民政府批准的建设用地的申请、审查、报批和实施，适用本办法。

第三条　县级以上国土资源主管部门负责建设用地的申请受理、审查、报批工作。

第四条　在建设项目审批、核准、备案阶段，建设单位应当向建设项目批准机关的同级国土资源主管部门提出建设项目用地预审申请。

受理预审申请的国土资源主管部门应当依据土地利用总体规划、土地使用标准和国家土地供应政策，对建设项目的有关事项进行预审，出具建设项目用地预审意见。

第五条　在土地利用总体规划确定的城市建设用地范围外单独选址的建设项目使用土地的，建设单位应当向土地所在地的市、县国土资源主管部门提出用地申请。

建设单位提出用地申请时，应当填写《建设用地申请表》，并附具下列材料：

（一）建设项目用地预审意见；

（二）建设项目批准、核准或者备案文件；

（三）建设项目初步设计批准或者审核文件。

建设项目拟占用耕地的,还应当提出补充耕地方案;建设项目位于地质灾害易发区的,还应当提供地质灾害危险性评估报告。

第六条　国家重点建设项目中的控制工期的单体工程和因工期紧或者受季节影响急需动工建设的其他工程,可以由省、自治区、直辖市国土资源主管部门向国土资源部申请先行用地。

申请先行用地,应当提交下列材料:

(一)省、自治区、直辖市国土资源主管部门先行用地申请;

(二)建设项目用地预审意见;

(三)建设项目批准、核准或者备案文件;

(四)建设项目初步设计批准文件、审核文件或者有关部门确认工程建设的文件;

(五)国土资源部规定的其他材料。

经批准先行用地的,应当在规定期限内完成用地报批手续。

第七条　市、县国土资源主管部门对材料齐全、符合条件的建设用地申请,应当受理,并在收到申请之日起30日内拟订农用地转用方案、补充耕地方案、征收土地方案和供地方案,编制建设项目用地呈报说明书,经同级人民政府审核同意后,报上一级国土资源主管部门审查。

第八条　在土地利用总体规划确定的城市建设用地范围内,为实施城市规划占用土地的,由市、县国土资源主管部门拟订农用地转用方案、补充耕地方案和征收土地方案,编制建设项目用地呈报说明书,经同级人民政府审核同意后,报上一级国土资源主管部门审查。

在土地利用总体规划确定的村庄和集镇建设用地范围内,为实施村庄和集镇规划占用土地的,由市、县国土资源主管部门拟订农用地转用方案、补充耕地方案,编制建设项目用地呈报说明书,经同级人民政府审核同意后,报上一级国土资源主管部门审查。

报国务院批准的城市建设用地,农用地转用方案、补充耕地方案和征收土地方案可以合并编制,一年申报一次;国务院批准城市建设用地后,由省、自治区、直辖市人民政府对设区的市人民政府分期分批申报的农用地转用和征收土地实施方案进行审核并回复。

第九条　建设只占用国有农用地的,市、县国土资源主管部门只需拟订农用地转用方案、补充耕地方案和供地方案。

建设只占用农民集体所有建设用地的,市、县国土资源主管部门只需拟订征收土地方案和供地方案。

建设只占用国有未利用地,按照《土地管理法实施条例》第二十四条规定应由国务院批准的,市、县国土资源主管部门只需拟订供地方案;其他建设项目使用国有未利用地的,按照省、自治区、直辖市的规定办理。

第十条　建设项目用地呈报说明书应当包括用地安排情况、拟使用土地情况等,并应附具下列材料:

(一)经批准的市、县土地利用总体规划图和分幅土地利用现状图,占用基本农田的,同时提供乡级土地利用总体规划图;

(二)有资格的单位出具的勘测定界图及勘测定界技术报告书;

(三)地籍资料或者其他土地权属证明材料;

(四)为实施城市规划和村庄、集镇规划占用土地的,提供城市规划图和村庄、集镇规划图。

第十一条　农用地转用方案,应当包括占用农用地的种类、面积、质量等,以及符合规划计划、基本农田占用补划等情况。

补充耕地方案,应当包括补充耕地的位置、面积、质量,补充的期限,资金落实情况等,以及补充耕地项目备案信息。

征收土地方案,应当包括征收土地的范围、种类、面积、权属,土地补偿费和安置补助费标准,需要安置人员的安置途径等。

供地方案,应当包括供地方式、面积、用途等。

第十二条　有关国土资源主管部门收到上报的建设项目用地呈报说明书和有关方案后,对材料齐全、符合条件的,应当在5日内报经同级人民政府审核。同级人民政府审核同意后,逐级上报有批准权的人民政府,并将审查所需的材料及时送该级国土资源主管部门审查。

对依法应由国务院批准的建设项目用地呈报说明书和有关方案,省、自治区、直辖市人民政府必须提出明确的审查意见,并对报送材料的真实性、合法性负责。

省、自治区、直辖市人民政府批准农用地转用、国务院批准征收土地的,省、自治区、直辖市人民政府批准农用地转用方案后,应当将批准文件和下级国土资源主管部门上报的材料一并上报。

第十三条　有批准权的国土资源主管部门应当自收到上报的农用地转用方案、补充耕地方案、征收土地方案和供地方案并按规定征求有关方面意见后30日内审查完毕。

建设用地审查应当实行国土资源主管部门内部会审制度。

第十四条　农用地转用方案和补充耕地方案符合下列条件的,国土资源主管部门方可报人民政府批准:

(一)符合土地利用总体规划;

(二)确属必需占用农用地且符合土地利用年度计划确定的控制指标;

(三)占用耕地的,补充耕地方案符合土地整理开发专项规划且面积、质量符合规定要求;

(四)单独办理农用地转用的,必须符合单独选址条件。

第十五条　征收土地方案符合下列条件的,国土资源主管部门方可报人民政府批准:

(一)被征收土地界址、地类、面积清楚,权属无争议的;

(二)被征收土地的补偿标准符合法律、法规规定的;

(三)被征收土地上需要安置人员的安置途径切实可行。

建设项目施工和地质勘查需要临时使用农民集体所有的土地的,依法签订临时使用土地合同并支付临时使用土地补偿费,不得办理土地征收。

第十六条　供地方案符合下列条件的,国土资源主管部门方可报人民政府批准:

(一)符合国家的土地供应政策;

(二)申请用地面积符合建设用地标准和集约用地的要求;

(三)只占用国有未利用地的,符合规划、界址清楚、面积准确。

第十七条　农用地转用方案、补充耕地方案、征收土地方案和供地方案经有批准权的人民政府批准后,同级国土资源主管部门应当在收到批件后5日内将批复发出。

未按规定缴纳新增建设用地土地有偿使用费的,不予批复建设用地。其中,报国务院批准的城市建设用地,省、自治区、直辖市人民政府在设区的市人民政府按照有关规定缴纳新增建设用地土地有偿使用费后办理回复文件。

第十八条　经批准的农用地转用方案、补充耕地方案、征收土地方案和供地方案,由土地所在地的市、县人民政府组织实施。

第十九条　建设项目补充耕地方案经批准下达后,在土地利用总体规划确定的城市建设用地范围外单独选址的建设项目,由市、县国土资源主管部门负责监督落实;在土地利用总体规划确定的城市和村庄、集镇建设用地范围内,为实施城市规划和村庄、集镇规划占用土地的,由省、自治区、直辖市国土资源主管部门负责监督落实。

第二十条　征收土地公告和征地补偿、安置方案公告,按照《征收土地公告办法》的有关规定执行。

征地补偿、安置方案确定后,市、县国土资源主管部门应当依照征地补偿、安置方案向被征收土地的农村集体经济组织和农民支付土地补偿费、地上附着物和青苗补偿费,并落实需要安置农业人口的安置途径。

第二十一条　在土地利用总体规划确定的城市建设用地范围内,为实施城市规划占用土地的,经依法批准后,市、县国土资源主管部门应当公布规划要求,设定使用条件,确定使用方式,并组织实施。

第二十二条　以有偿使用方式提供国有土地使用权的,由市、县国土资源主管部门与土地使用者签订土地有偿使用合同,并向建设单位颁发《建设用地批准书》。土地使用者缴纳土地有偿使用费后,依照规定办理土地登记。

以划拨方式提供国有土地使用权的,由市、县国土资源主管部门向建设单位颁发《国有土地划拨决定书》和《建设用地批准书》,依照规定办理土地登记。《国有土地划拨决定书》应当包括划拨土地面积、土地用途、土地使用条件等内容。

建设项目施工期间,建设单位应当将《建设用地批准书》公示于施工现场。

市、县国土资源主管部门应当将提供国有土地的情况定期予以公布。

第二十三条　各级国土资源主管部门应当对建设用地进行跟踪检查。

对违反本办法批准建设用地或者未经批准非法占用土地的,应当依法予以处罚。

第二十四条　本办法自发布之日起施行。

建设用地容积率管理办法

· 2012 年 2 月 17 日
· 建规〔2012〕22 号

第一条　为进一步规范建设用地容积率的管理,根据《中华人民共和国城乡规划法》、《城市、镇控制性详细规划编制审批办法》等法律法规,制定本办法。

第二条　在城市、镇规划区内以划拨或出让方式提供国有土地使用权的建设用地的容积率管理,适用本办法。

第三条　容积率是指一定地块内,总建筑面积与建筑用地面积的比值。

容积率计算规则由省(自治区)、市、县人民政府城乡规划主管部门依据国家有关标准规范确定。

第四条　以出让方式提供国有土地使用权的,在国有土地使用权出让前,城市、县人民政府城乡规划主管部门应当依据控制性详细规划,提出容积率等规划条件,作为国有土地使用权出让合同的组成部分。未确定容积率等规划条件的地块,不得出让国有土地使用权。容积率等规划条件未纳入土地使用权出让合同的,土地使用权出让合同无效。

以划拨方式提供国有土地使用权的建设项目,建设单位应当向城市、县人民政府城乡规划主管部门提出建设用地规划许可申请,由城市、县人民政府城乡规划主管部门依据控制性详细规划核定建设用地容积率等控制性指标,核发建设用地规划许可证。建设单位在取得建设用地规划许可证后,方可向县级以上地方人民政府土地主管部门申请用地。

第五条　任何单位和个人都应当遵守经依法批准的控制性详细规划确定的容积率指标,不得随意调整。确需调整的,应当按本办法的规定进行,不得以政府会议纪要等形式代替规定程序调整容积率。

第六条　在国有土地使用权划拨或出让前需调整控制性详细规划确定的容积率的,应当遵照《城市、镇控制性详细规划编制审批办法》第二十条的规定执行。

第七条　国有土地使用权一经出让或划拨,任何建设单位或个人都不得擅自更改确定的容积率。符合下列情形之一的,方可进行调整:

(一)因城乡规划修改造成地块开发条件变化的;

(二)因城乡基础设施、公共服务设施和公共安全设施建设需要导致已出让或划拨地块的大小及相关建设条件发生变化的;

(三)国家和省、自治区、直辖市的有关政策发生变化的;

(四)法律、法规规定的其他条件。

第八条　国有土地使用权划拨或出让后,拟调整的容积率不符合划拨或出让地块控制性详细规划要求的,应当符合以下程序要求:

(一)建设单位或个人向控制性详细规划组织编制机关提出书面申请并说明变更理由;

(二)控制性详细规划组织编制机关应就是否需要收回国有土地使用权征求有关部门意见,并组织技术人员、相关部门、专家等对容积率修改的必要性进行专题论证;

(三)控制性详细规划组织编制机关应当通过本地主要媒体和现场进行公示等方式征求规划地段内利害关系人的意见,必要时应进行走访、座谈或组织听证;

(四)控制性详细规划组织编制机关提出修改或不修改控制性详细规划的建议,向原审批机关专题报告,并附有关部门意见及论证、公示等情况。经原审批机关同意修改的,方可组织编制修改方案;

(五)修改后的控制性详细规划应当按法定程序报城市、县人民政府批准。报批材料中应当附具规划地段内利害关系人意见及处理结果;

(六)经城市、县人民政府批准后,城乡规划主管部门方可办理后续的规划审批,并及时将变更后的容积率抄告土地主管部门。

第九条　国有土地使用权划拨或出让后,拟调整的容积率符合划拨或出让地块控制性详细规划要求的,应当符合以下程序要求:

(一)建设单位或个人向城市、县城乡规划主管部门提出书面申请报告,说明调整的理由并附拟调整方案,调整方案应表明调整前后的用地总平面布局方案、主要经济技术指标、建筑空间环境、与周围用地和建筑的关系、交通影响评价等内容;

(二)城乡规划主管部门应就是否需要收回国有土地使用权征求有关部门意见,并组织技术人员、相关部门、专家对容积率修改的必要性进行专题论证;

专家论证应根据项目情况确定专家的专业构成和数量,从建立的专家库中随机抽取有关专家,论证意见应当附专家名单和本人签名,保证专家论证的公正性、科学性。专家与申请调整容积率的单位或个人有利害关系的,应当回避;

(三)城乡规划主管部门应当通过本地主要媒体和现场进行公示等方式征求规划地段内利害关系人的意见,必要时应进行走访、座谈或组织听证;

(四)城乡规划主管部门依法提出修改或不修改建议并附有关部门意见、论证、公示等情况报城市、县人民政府批准;

(五)经城市、县人民政府批准后,城乡规划主管部门方可办理后续的规划审批,并及时将变更后的容积率抄告土地主管部门。

第十条　城市、县城乡规划主管部门应当将容积率调整程序、各环节责任部门等内容在办公地点和政府网站上公开。在论证后,应将参与论证的专家名单公开。

第十一条 城乡规划主管部门在对建设项目实施规划管理,必须严格遵守经批准的控制性详细规划确定的容积率。

对同一建设项目,在给出规划条件、建设用地规划许可、建设工程规划许可、建设项目竣工规划核实过程中,城乡规划主管部门给定的容积率均应符合控制性详细规划确定的容积率,且前后一致,并将各环节的审批结果公开,直至该项目竣工验收完成。

对于分期开发的建设项目,各期建设工程规划许可确定的建筑面积的总和,应该符合规划条件、建设用地规划许可证确定的容积率要求。

第十二条 县级以上地方人民政府城乡规划主管部门对建设工程进行核实时,要严格审查建设工程是否符合容积率要求。未经核实或经核实不符合容积率要求的,建设单位不得组织竣工验收。

第十三条 因建设单位或个人原因提出申请容积率调整而不能按期开工的项目,依据土地闲置处置有关规定执行。

第十四条 建设单位或个人违反本办法规定,擅自调整容积率进行建设的,县级以上地方人民政府城乡规划主管部门应按照《城乡规划法》第六十四条规定查处。

第十五条 违反本办法规定进行容积率调整或违反公开公示规定的,对相关责任人员依法给予处分。

第十六条 本办法自2012年3月1日起施行。

工程建设项目审批管理系统管理暂行办法

· 2020年5月11日
· 建办〔2020〕47号

第一章 总 则

第一条 为规范工程建设项目审批管理系统(以下简称工程审批系统)建设、运行和管理,统一工程建设项目审批信息数据平台,提高工程建设项目审批效能,根据《国务院办公厅关于全面开展工程建设项目审批制度改革的实施意见》(国办发〔2019〕11号)和相关规定,结合工作实际,制定本办法。

第二条 本办法所称工程审批系统,是指按照国务院工程建设项目审批制度改革部署要求整合建设,覆盖各有关部门和层级,具备"多规合一"业务协同、在线并联审批、统计分析、监督管理等功能,用于工程建设项目全流程审批、服务、管理的信息系统。

第三条 工程审批系统分为国家工程审批系统、省(自治区)工程审批系统、城市工程审批系统。

国家工程审批系统对各地工程建设项目全流程审批情况和工程审批系统运行情况进行监督管理和分析评估。

省(自治区)工程审批系统对下辖地级及以上城市工程建设项目全流程审批情况和工程审批系统运行情况进行监督管理和分析评估,并将省级工程建设项目审批事项纳入工程审批系统管理。

城市工程审批系统是指地级及以上城市工程审批系统,承载本地区工程建设项目全流程申报、受理、审批、服务、管理业务,在"多规合一"的"一张蓝图"基础上开展审批,实现统一受理、并联审批、实时流转、跟踪督办。

第四条 工程审批系统覆盖从立项到竣工验收和公共设施接入服务全过程所有审批、服务和管理事项,包括行政许可、备案、评估评价、技术审查、日常监管、中介服务、市政公用服务等。

除特殊工程和交通、水利、能源等领域的重大工程外,房屋建筑、城市基础设施等工程建设项目均应纳入工程审批系统进行管理。

第五条 各地应当以更好更快方便企业和群众办事为导向,着力打破"信息孤岛",推进工程审批系统与全国一体化在线政务服务平台对接,与投资项目在线审批监管平台等相关信息系统互联互通,实现政府部门之间的数据共享以及政府和社会之间的信息交互。

第二章 系统功能与工作体系

第六条 工程审批系统应当具备以下功能:

(一)"多规合一"业务协同功能,主要包括"多规合一"的"一张蓝图"、项目前期策划生成等内容;

(二)在线并联审批功能,主要包括咨询服务、网上申报受理、进度查询、电子材料分发流转、并联审批、部门征求意见、联合审图、联合测绘、联合验收等内容;

(三)统计分析功能,主要包括多维度查询、统计、分析、评估等内容;

(四)监督管理功能,主要包括审批计时、超期预警、效能督察、信用监管等内容。

第七条 鼓励建筑信息模型(BIM)、城市信息模型(CIM)等技术在工程建设项目审批中的推广运用,加快推进电子辅助审批,不断提高工程建设项目审批标准化、智能化水平。

第八条 工程审批系统的建设、运行、管理由综合管理单位、审批服务单位和建设运行维护单位分工负责。

第九条 综合管理单位是负责统筹推进本地区工程

审批系统建设、运行、管理的牵头部门,主要履行以下职责:

(一)牵头整合建设本地区工程审批系统,实现与相关信息系统互联互通;

(二)牵头制定公布审批流程、事项清单、办事指南、时限要求、收费标准等规定,建立系统管理制度、协同工作机制、监督考核机制、标准规范体系等;

(三)对工程建设项目全流程审批情况进行监督和管理,实时掌握项目审批情况,及时发现问题并进行处理;

(四)其他与工程审批系统有关的综合管理工作。

国家工程审批系统的综合管理单位为住房和城乡建设部,省(自治区)和城市工程审批系统的综合管理单位由地方人民政府明确。

第十条 审批服务单位是承担工程建设项目审批、服务、管理职能的相关单位,主要履行以下职责:

(一)负责本单位职能范围内的审批服务工作,确保相关审批信息真实、实时载入工程审批系统;

(二)按照改革要求,优化本单位审批业务流程、办事指南、审批要素、办理时限、收费标准、监管要求等,提高审批效率;

(三)其他工程审批系统审批服务相关工作。

第十一条 建设运行维护单位是承担工程审批系统具体建设和运行维护工作的单位,主要负责工程审批系统开发设计、运行维护、功能完善、安全保障、互联互通、数据管理等相关技术工作,确保工程审批系统安全、稳定运行。

第三章　系统运行管理

第十二条 各地应当严格按照本地区制定公布的审批流程图、审批事项清单、办事指南、材料清单等规定,通过工程审批系统进行审批管理。

第十三条 申请人可以通过工程审批系统进行工程建设项目网上申报,并随时查询审批进度。暂时未实现网上申报的事项,由各地工程建设项目审批综合服务窗口通过工程审批系统受理申请人申报。工程审批系统和综合服务窗口应当主动公开办事指南、材料清单、承诺时限等信息,提供咨询、指导、协调等便民服务,推进线上线下深度融合,实现线上线下"一个窗口"提供综合服务。

各地应当全面推进工程建设项目审批全流程网上办理,加快实现"无纸化""不见面"审批。

第十四条 接到申请材料后,由综合服务窗口人员通过工程审批系统出具受理意见。符合受理条件的应当

即受理,并即时推送至相关审批服务单位;不予受理的,应当明确不予受理原因。

申请材料存在可以当场更正的错误的,应当允许申请人当场更正;需要补正申请材料的,应当由综合服务窗口一次性告知申请人需要补正的全部内容。

第十五条 审批服务单位接到工程审批系统推送的申请材料后,根据相关法律法规对申请材料进行实质审查,在规定时限内作出审批决定。并联审批的牵头单位应当协调相关审批服务单位同步开展审查,共享办理情况和审查意见。

审查过程中内部审批办理程序、部门征求意见,以及专家评审、技术审查、委托中介服务、公示、公告、检测等环节起止时间和办理结果等信息,应当纳入工程审批系统。

第十六条 申请人可以通过工程审批系统及时获取审批意见和相关电子批复文件。暂时不能通过工程审批系统获取的,由综合服务窗口统一向申请人反馈审批意见和相关批复文件。

第十七条 各地应当规范审批办理程序,明确审批接件、受理、办理、办结等各环节的管理和时限要求。

进入审批办理程序后,遇特殊情况按规定需要暂停审批的,应当通过工程审批系统具明暂停原因,并及时告知申请人。特殊情况是指由于申请人自身原因或者第三方原因导致审批无法进行的情况。

第十八条 各地"多规合一"的"一张蓝图"应当接入工程审批系统,"多规合一"业务协同全过程以及形成的建设条件和要求应当纳入工程审批系统,作为审批服务单位的审批依据。

第十九条 已开展区域评估工作的,区域评估成果应当纳入工程审批系统,供审批服务单位办理相关审批时调取。

第二十条 供水、供电、燃气、热力、排水、通信等市政公用服务应当纳入工程审批系统,为申请人提供咨询服务、报装受理、费用缴纳、验收接入申请等"一站式"服务,实施统一规范管理。

第二十一条 各地应当依托工程审批系统建立中介服务网上交易平台,对中介服务事项委托、交易、服务实施全过程监管。已有中介服务网上交易平台的,应当与工程审批系统对接。

中介服务网上交易平台应当具备咨询服务、中介事项管理、中介机构注册、委托管理、成果共享、服务评价、信用管理等功能。

第二十二条　工程审批系统应当实现对工程建设项目全流程相关信息的归集和管理。

工程建设项目实行统一代码管理，以项目代码贯穿工程建设项目审批全过程。工程建设项目根据实际需要分期分批建设的，由工程审批系统在项目代码基础上生成工程代码。

第二十三条　工程审批系统应当对审批全流程各阶段、各事项、各环节进行计时管理，并依据承诺时限自动提醒相关审批服务单位。

审批计时以工作日计算。

第二十四条　工程建设项目全流程审批用时是指从立项到竣工验收和市政公用服务接入全过程所有事项审批办理总时间，包括行政审批、备案和依法由审批部门组织、委托或购买服务的专家评审、技术审查、中介服务等时间。施工图审查以及市政公用服务报装接入时间计入审批用时，听证、检验、检测、公示、公告等时间不计入审批用时。

办理时间从工程审批系统确认受理申请开始计时，到事项办结反馈审批结果停止计时，不包括过程中因特殊情况暂停时间。

按阶段并联审批或并行推进的事项，重叠时间不重复计算。

第二十五条　建设运行维护单位应当根据综合管理单位对审批流程、审批事项、时限要求及相关规则的变更，及时对工程审批系统进行调整，并与上级工程审批系统做好衔接。

第二十六条　鼓励各地加快推广电子材料和电子证照的应用。除法律、法规另有规定外，电子证照和加盖电子印章的电子材料可以作为办理工程建设项目审批事项的依据。经有效验证的电子印章与实物印章具有同等法律效力。

对于能够通过信息共享获取的电子材料和电子证照不得要求申请人重复提交。

第二十七条　城市工程审批系统应当严格按照住房和城乡建设部制定的《工程建设项目审批管理系统数据共享交换标准》要求，提供"一张蓝图"、审批详情页面和接口服务，并将项目信息、审批全流程信息等实时共享到上级工程审批系统。省（自治区）工程审批系统应当将本地区项目信息和审批全流程信息实时共享到国家工程审批系统。实时共享延宕时间不超过 10 分钟。

数据共享要求发生变化，工程审批系统应当及时进行调整。

第二十八条　城市工程审批系统应当将本地区"一张蓝图""一个窗口""一张表单""一套机制"等改革成果纳入工程审批系统，共享至省（自治区）和国家工程审批系统，并及时更新完善。

第二十九条　鼓励各地加强工程审批系统与工程建设相关信息系统的协同应用，强化对工程建设项目全流程、全要素、全方位的监管和服务。

第四章　监督管理

第三十条　住房和城乡建设部会同相关部门负责对各地工程建设项目审批情况和工程审批系统建设运行情况进行督促指导。

第三十一条　各地应当建立工程审批系统监督检查机制，对照工程建设项目审批相关规定和技术标准，定期对工程建设项目审批情况和工程审批系统建设运行情况进行监督检查，并将监督检查情况作为部门绩效考核的重要内容。

住房和城乡建设部会同相关部门对各地工程建设项目审批和工程审批系统建设运行存在的问题，采取通报、约谈等方式督促相关地方及时整改。

工程建设项目审批和工程审批系统建设运行情况是工程建设项目审批制度改革评估评价的重要内容和依据。

第三十二条　各地发现相关部门和人员存在下列行为之一的，应当责令立即整改，造成重大损失或影响的，依法对相关责任人进行问责。

（一）违规增设审批事项、前置条件或审批要件的；

（二）违规在工程审批系统以外进行审批，或实时流转存在问题的；

（三）通过线下审批线上补录、违规暂停等形式主义做法，造成工程审批系统记录审批时间与实际审批时间不符的；

（四）不按照相关规定实时、真实共享审批信息的；

（五）其他违反相关法律法规和改革要求的。

第三十三条　各地应当建立完善工程建设项目审批投诉举报处置机制，采取多种形式畅通投诉举报渠道，及时回应社会公众关切。

各地应当按要求加强国家工程审批系统"工程建设项目审批制度改革建议和投诉"微信小程序的应用，加大宣传推广力度，将小程序二维码在各级政务服务大厅、相关办事服务点、办事窗口等显著位置展示，并展示在工程审批系统网上办事页面显著位置。各地应当安排专人登录国家工程审批系统，及时处理建议投诉，并反馈处理结果。

第五章　运行保障

第三十四条　建设运行维护单位应当建立健全配套的运行维护管理制度,设置专职岗位和人员负责工程审批系统的技术支持和运行维护保障工作,按照相关技术标准,保障网络畅通、性能稳定、数据实时共享,配合开展数据质量监督检查,及时发现和解决问题。

第三十五条　建设运行维护单位应当按照网络安全相关等级保护要求做好相关工作,切实保障信息安全。

涉密信息不得通过工程审批系统办理和传递。

第六章　附　则

第三十六条　各地应当根据本办法制订完善本地区工程审批系统管理办法,加强本地区工程审批系统建设运行管理。

第三十七条　本办法自 2020 年 6 月 1 日起施行。

三、资质管理

1. 企业资质

建筑业企业资质管理规定

· 2015 年 1 月 22 日住房和城乡建设部令第 22 号公布
· 根据 2016 年 9 月 13 日《住房城乡建设部关于修改〈勘察设计注册工程师管理规定〉等 11 个部门规章的决定》第一次修订
· 根据 2018 年 12 月 22 日《住房城乡建设部关于修改〈建筑业企业资质管理规定〉等部门规章的决定》第二次修订

第一章　总　则

第一条　为了加强对建筑活动的监督管理,维护公共利益和规范建筑市场秩序,保证建设工程质量安全,促进建筑业的健康发展,根据《中华人民共和国建筑法》、《中华人民共和国行政许可法》、《建设工程质量管理条例》、《建设工程安全生产管理条例》等法律、行政法规,制定本规定。

第二条　在中华人民共和国境内申请建筑业企业资质,实施对建筑业企业资质监督管理,适用本规定。

本规定所称建筑业企业,是指从事土木工程、建筑工程、线路管道设备安装工程的新建、扩建、改建等施二活动的企业。

第三条　企业应当按照其拥有的资产、主要人员、已完成的工程业绩和技术装备等条件申请建筑业企业资质,经审查合格,取得建筑业企业资质证书后,方可在资质许可的范围内从事建筑施工活动。

第四条　国务院住房城乡建设主管部门负责全国建筑业企业资质的统一监督管理。国务院交通运输、水利、工业信息化等有关部门配合国务院住房城乡建设主管部门实施相关资质类别建筑业企业资质的管理工作。

省、自治区、直辖市人民政府住房城乡建设主管部门负责本行政区域内建筑业企业资质的统一监督管理。省、自治区、直辖市人民政府交通运输、水利、通信等有关部门配合同级住房城乡建设主管部门实施本行政区域内相关资质类别建筑业企业资质的管理工作。

第五条　建筑业企业资质分为施工总承包资质、专业承包资质、施工劳务资质三个序列。

施工总承包资质、专业承包资质按照工程性质和技术特点分别划分为若干资质类别,各资质类别按照规定的条件划分为若干资质等级。施工劳务资质不分类别与等级。

第六条　建筑业企业资质标准和取得相应资质的企业可以承担工程的具体范围,由国务院住房城乡建设主管部门会同国务院有关部门制定。

第七条　国家鼓励取得施工总承包资质的企业拥有全资或者控股的劳务企业。

建筑业企业应当加强技术创新和人员培训,使用先进的建造技术、建筑材料,开展绿色施工。

第二章　申请与许可

第八条　企业可以申请一项或多项建筑业企业资质。

企业首次申请或增项申请资质,应当申请最低等级资质。

第九条　下列建筑业企业资质,由国务院住房城乡建设主管部门许可:

(一)施工总承包资质序列特级资质、一级资质及铁路工程施工总承包二级资质;

(二)专业承包资质序列公路、水运、水利、铁路、民航方面的专业承包一级资质及铁路、民航方面的专业承包二级资质;涉及多个专业的专业承包一级资质。

第十条　下列建筑业企业资质,由企业工商注册所在地省、自治区、直辖市人民政府住房城乡建设主管部门许可:

(一)施工总承包资质序列二级资质及铁路、通信工程施工总承包三级资质;

(二)专业承包资质序列一级资质(不含公路、水运、水利、铁路、民航方面的专业承包一级资质及涉及多个专业的专业承包一级资质);

(三)专业承包资质序列二级资质(不含铁路、民航方面的专业承包二级资质);铁路方面专业承包三级资质;特种工程专业承包资质。

第十一条　下列建筑业企业资质,由企业工商注册所在地设区的市人民政府住房城乡建设主管部门许可：

(一)施工总承包资质序列三级资质(不含铁路、通信工程施工总承包三级资质)；

(二)专业承包资质序列三级资质(不含铁路方面专业承包资质)及预拌混凝土、模板脚手架专业承包资质；

(三)施工劳务资质；

(四)燃气燃烧器具安装、维修企业资质。

第十二条　申请本规定第九条所列资质的，可以向企业工商注册所在地省、自治区、直辖市人民政府住房城乡建设主管部门提交申请材料。

省、自治区、直辖市人民政府住房城乡建设主管部门收到申请材料后，应当在5日内将全部申请材料报审批部门。

国务院住房城乡建设主管部门在收到申请材料后，应当依法作出是否受理的决定，并出具凭证；申请材料不齐全或者不符合法定形式的，应当在5日内一次性告知申请人需要补正的全部内容。逾期不告知的，自收到申请材料之日起即为受理。

国务院住房城乡建设主管部门应当自受理之日起20个工作日内完成审查。自作出决定之日起10日内公告审批结果。其中，涉及公路、水运、水利、通信、铁路、民航等方面资质的，由国务院住房城乡建设主管部门会同国务院有关部门审查。

需要组织专家评审的，所需时间不计算在许可时限内，但应当明确告知申请人。

第十三条　本规定第十条规定的资质许可程序由省、自治区、直辖市人民政府住房城乡建设主管部门依法确定，并向社会公布。

本规定第十一条规定的资质许可程序由设区的市级人民政府住房城乡建设主管部门依法确定，并向社会公布。

第十四条　企业申请建筑业企业资质，在资质许可机关的网站或审批平台提出申请事项，提交资金、专业技术人员、技术装备和已完成业绩等电子材料。

第十五条　企业申请建筑业企业资质，应当如实提交有关申请材料。资质许可机关收到申请材料后，应当按照《中华人民共和国行政许可法》的规定办理受理手续。

第十六条　资质许可机关应当及时将资质许可决定向社会公开，并为公众查询提供便利。

第十七条　建筑业企业资质证书分为正本和副本，由国务院住房城乡建设主管部门统一印制，正、副本具备同等法律效力。资质证书有效期为5年。

第三章　延续与变更

第十八条　建筑业企业资质证书有效期届满，企业继续从事建筑施工活动的，应当于资质证书有效期届满3个月前，向原资质许可机关提出延续申请。

资质许可机关应当在建筑业企业资质证书有效期届满前做出是否准予延续的决定；逾期未做出决定的，视为准予延续。

第十九条　企业在建筑业企业资质证书有效期内名称、地址、注册资本、法定代表人等发生变更的，应当在工商部门办理变更手续后1个月内办理资质证书变更手续。

第二十条　由国务院住房城乡建设主管部门颁发的建筑业企业资质证书的变更，企业应当向企业工商注册所在地省、自治区、直辖市人民政府住房城乡建设主管部门提出变更申请，省、自治区、直辖市人民政府住房城乡建设主管部门应当自受理申请之日起2日内将有关变更证明材料报国务院住房城乡建设主管部门，由国务院住房城乡建设主管部门在2日内办理变更手续。

前款规定以外的资质证书的变更，由企业工商注册所在地的省、自治区、直辖市人民政府住房城乡建设主管部门或者设区的市人民政府住房城乡建设主管部门依法另行规定。变更结果应当在资质证书变更后15日内，报国务院住房城乡建设主管部门备案。

涉及公路、水运、水利、通信、铁路、民航等方面的建筑业企业资质证书的变更，办理变更手续的住房城乡建设主管部门应当将建筑业企业资质证书变更情况告知同级有关部门。

第二十一条　企业发生合并、分立、重组以及改制等事项，需承继原建筑业企业资质的，应当申请重新核定建筑业企业资质等级。

第二十二条　企业需更换、遗失补办建筑业企业资质证书的，应当持建筑业企业资质证书更换、遗失补办申请等材料向资质许可机关申请办理。资质许可机关应当在2个工作日内办理完毕。

企业遗失建筑业企业资质证书的，在申请补办前应当在公众媒体上刊登遗失声明。

第二十三条　企业申请建筑业企业资质升级、资质增项，在申请之日起前一年至资质许可决定作出前，有下列情形之一的，资质许可机关不予批准其建筑业企业资质升级申请和增项申请：

(一)超越本企业资质等级或以其他企业的名义承揽工程，或允许其他企业或个人以本企业的名义承揽工程的；

（二）与建设单位或企业之间相互串通投标，或以行贿等不正当手段谋取中标的；

（三）未取得施工许可证擅自施工的；

（四）将承包的工程转包或违法分包的；

（五）违反国家工程建设强制性标准施工的；

（六）恶意拖欠分包企业工程款或者劳务人员工资的；

（七）隐瞒或谎报、拖延报告工程质量安全事故，破坏事故现场、阻碍对事故调查的；

（八）按照国家法律、法规和标准规定需要持证上岗的现场管理人员和技术工种作业人员未取得证书上岗的；

（九）未依法履行工程质量保修义务或拖延履行保修义务的；

（十）伪造、变造、倒卖、出租、出借或者以其他形式非法转让建筑业企业资质证书的；

（十一）发生过较大以上质量安全事故或者发生过两起以上一般质量安全事故的；

（十二）其他违反法律、法规的行为。

第四章　监督管理

第二十四条　县级以上人民政府住房城乡建设主管部门和其他有关部门应当依照有关法律、法规和本规定，加强对企业取得建筑业企业资质后是否满足资质标准和市场行为的监督管理。

上级住房城乡建设主管部门应当加强对下级住房城乡建设主管部门资质管理工作的监督检查，及时纠正建筑业企业资质管理中的违法行为。

第二十五条　住房城乡建设主管部门、其他有关部门的监督检查人员履行监督检查职责时，有权采取下列措施：

（一）要求被检查企业提供建筑业企业资质证书、企业有关人员的注册执业证书、职称证书、岗位证书和考核或者培训合格证书，有关施工业务的文档，有关质量管理、安全生产管理、合同管理、档案管理、财务管理等企业内部管理制度的文件；

（二）进入被检查企业进行检查，查阅相关资料；

（三）纠正违反有关法律、法规和本规定及有关规范和标准的行为。

监督检查人员应当将监督检查情况和处理结果予以记录，由监督检查人员和被检查企业的有关人员签字确认后归档。

第二十六条　住房城乡建设主管部门、其他有关部门的监督检查人员在实施监督检查时，应当出示证件，并要有两名以上人员参加。

监督检查人员应当为被检查企业保守商业秘密，不得索取或者收受企业的财物，不得谋取其他利益。

有关企业和个人对依法进行的监督检查应当协助与配合，不得拒绝或者阻挠。

监督检查机关应当将监督检查的处理结果向社会公布。

第二十七条　企业违法从事建筑活动的，违法行为发生地的县级以上地方人民政府住房城乡建设主管部门或者其他有关部门应当依法查处，并将违法事实、处理结果或者处理建议及时告知该建筑业企业资质的许可机关。

对取得国务院住房城乡建设主管部门颁发的建筑业企业资质证书的企业需要处以停业整顿、降低资质等级、吊销资质证书行政处罚的，县级以上地方人民政府住房城乡建设主管部门或者其他有关部门，应当通过省、自治区、直辖市人民政府住房城乡建设主管部门或者国务院有关部门，将违法事实、处理建议及时报送国务院住房城乡建设主管部门。

第二十八条　取得建筑业企业资质证书的企业，应当保持资产、主要人员、技术装备等方面满足相应建筑业企业资质标准要求的条件。

企业不再符合相应建筑业企业资质标准要求条件的，县级以上地方人民政府住房城乡建设主管部门、其他有关部门，应当责令其限期改正并向社会公告，整改期限最长不超过3个月；企业整改期间不得申请建筑业企业资质的升级、增项，不能承揽新的工程；逾期仍未达到建筑业企业资质标准要求条件的，资质许可机关可以撤回其建筑业企业资质证书。

被撤回建筑业企业资质证书的企业，可以在资质被撤回后3个月内，向资质许可机关提出核定低于原等级同类别资质的申请。

第二十九条　有下列情形之一的，资质许可机关应当撤销建筑业企业资质：

（一）资质许可机关工作人员滥用职权、玩忽职守准予资质许可的；

（二）超越法定职权准予资质许可的；

（三）违反法定程序准予资质许可的；

（四）对不符合资质标准条件的申请企业准予资质许可的；

（五）依法可以撤销资质许可的其他情形。

以欺骗、贿赂等不正当手段取得资质许可的，应当予以撤销。

第三十条　有下列情形之一的，资质许可机关应当依法注销建筑业企业资质，并向社会公布其建筑业企业资质证书作废，企业应当及时将建筑业企业资质证书交回资质许可机关：

（一）资质证书有效期届满，未依法申请延续的；

（二）企业依法终止的；

（三）资质证书依法被撤回、撤销或吊销的；

（四）企业提出注销申请的；

（五）法律、法规规定的应当注销建筑业企业资质的其他情形。

第三十一条　有关部门应当将监督检查情况和处理意见及时告知资质许可机关。资质许可机关应当将涉及有关公路、水运、水利、通信、铁路、民航等方面的建筑业企业资质许可被撤回、撤销、吊销和注销的情况告知同级有关部门。

第三十二条　资质许可机关应当建立、健全建筑业企业信用档案管理制度。建筑业企业信用档案应当包括企业基本情况、资质、业绩、工程质量和安全、合同履约、社会投诉和违法行为等情况。

企业的信用档案信息按照有关规定向社会公开。

取得建筑业企业资质的企业应当按照有关规定，向资质许可机关提供真实、准确、完整的企业信用档案信息。

第三十三条　县级以上地方人民政府住房城乡建设主管部门或其他有关部门依法给予企业行政处罚的，应当将行政处罚决定以及给予行政处罚的事实、理由和依据，通过省、自治区、直辖市人民政府住房城乡建设主管部门或者国务院有关部门报国务院住房城乡建设主管部门备案。

第三十四条　资质许可机关应当推行建筑业企业资质许可电子化，建立建筑业企业资质管理信息系统。

第五章　法律责任

第三十五条　申请企业隐瞒有关真实情况或者提供虚假材料申请建筑业企业资质的，资质许可机关不予许可，并给予警告，申请企业在1年内不得再次申请建筑业企业资质。

第三十六条　企业以欺骗、贿赂等不正当手段取得建筑业企业资质的，由原资质许可机关予以撤销；由县级以上地方人民政府住房城乡建设主管部门或者其他有关部门给予警告，并处3万元的罚款；申请企业3年内不得再次申请建筑业企业资质。

第三十七条　企业有本规定第二十三条行为之一，《中华人民共和国建筑法》、《建设工程质量管理条例》和其他有关法律、法规对处罚机关和处罚方式有规定的，依照法律、法规的规定执行；法律、法规未作规定的，由县级以上地方人民政府住房城乡建设主管部门或者其他有关部门给予警告，责令改正，并处1万元以上3万元以下的罚款。

第三十八条　企业未按照本规定及时办理建筑业企业资质证书变更手续的，由县级以上地方人民政府住房城乡建设主管部门责令限期办理；逾期不办理的，可处1000元以上1万元以下的罚款。

第三十九条　企业在接受监督检查时，不如实提供有关材料，或者拒绝、阻碍监督检查的，由县级以上地方人民政府住房城乡建设主管部门责令限期改正，并可以处3万元以下罚款。

第四十条　企业未按照本规定要求提供企业信用档案信息的，由县级以上地方人民政府住房城乡建设主管部门或者其他有关部门给予警告，责令限期改正；逾期未改正的，可处以1000元以上1万元以下的罚款。

第四十一条　县级以上人民政府住房城乡建设主管部门及其工作人员，违反本规定，有下列情形之一的，由其上级行政机关或者监察机关责令改正；对直接负责的主管人员和其他直接责任人员，依法给予行政处分；直接负责的主管人员和其他直接责任人员构成犯罪的，依法追究刑事责任：

（一）对不符合资质标准规定条件的申请企业准予资质许可的；

（二）对符合受理条件的申请企业不予受理或者未在法定期限内初审完毕的；

（三）对符合资质标准规定条件的申请企业不予许可或者不在法定期限内准予资质许可的；

（四）发现违反本规定规定的行为不予查处，或者接到举报后不依法处理的；

（五）在企业资质许可和监督管理中，利用职务上的便利，收受他人财物或者其他好处，以及有其他违法行为的。

第六章　附　则

第四十二条　本规定自2015年3月1日起施行。2007年6月26日建设部颁布的《建筑业企业资质管理规定》（建设部令第159号）同时废止。

建筑业企业资质管理规定和资质标准实施意见

· 2020 年 1 月 16 日
· 建市规〔2020〕1 号

为规范建筑业企业资质管理,依据《建筑业企业资质管理规定》(住房城乡建设部令第 22 号,以下简称《规定》)和《建筑业企业资质标准》(建市〔2014〕159 号,以下简称《标准》)及相关法律法规,制定本实施意见。

一、资质申请和许可程序

(一)申请建筑业企业资质的,应依法取得工商行政管理部门颁发的公司法人《营业执照》。

(二)企业申请住房城乡建设部许可的建筑业企业资质应按照《规定》第十二条规定的申请程序提出申请。军队所属企业可由总后基建营房部工程管理局向住房城乡建设部提出申请。

(三)企业申请省、自治区、直辖市人民政府住房城乡建设主管部门(以下简称省级住房城乡建设主管部门)许可的建筑业企业资质,按照省级住房城乡建设主管部门规定的程序提出申请。省级住房城乡建设主管部门应在其户网站公布有关审批程序。

(四)企业申请设区的市人民政府住房城乡建设主管部门许可的建筑业企业资质,按照设区的市人民政府住房城乡建设主管部门规定的程序提出申请。设区的市人民政府住房城乡建设主管部门应在其门户网站公布有关审批程序。

(五)企业首次申请或增项申请建筑业企业资质,其资质按照最低等级资质核定。

企业可以申请施工总承包、专业承包、施工劳务资质三个序列的各类别资质,申请资质数量不受限制。

(六)企业申请资质升级(含一级升特级)、资质增项的,资质许可机关应当核查其申请之日起前一年至资质许可决定作出前有无《规定》第二十三条所列违法违规行为,并将核查结果作为资质许可的依据。

(七)企业申请资质升级不受年限限制。

(八)资质许可机关应当在其门户网站公布企业资质许可结果。

(九)资质许可机关对建筑业企业的所有申请、审查等书面材料应当至少保存 5 年。

(十)《标准》中特种工程专业承包资质包含的建筑物纠偏和平移、结构补强、特殊设备起重吊装、特种防雷等工程内容,可由省级住房城乡建设主管部门根据企业拥有的专业技术人员和技术负责人个人业绩情况,

批准相应的资质内容。

省级住房城乡建设主管部门根据本地区特殊情况,需要增加特种工程专业承包资质标准的,可参照"特种工程专业承包资质标准"的条件提出申请,报住房城乡建设部批准后,由提出申请的省级住房城乡建设主管部门予以颁布,并限在本省级行政区域内实施。

已取得工程设计综合资质、行业甲级资质,但未取得建筑业企业资质的企业,可以直接申请相应类别施工总承包一级资质,企业完成的相应规模工程总承包业绩可以作为其工程业绩申报。工程设计资质与施工总承包资质类别对照表见附件 4-1。

其他工程设计企业申请建筑业企业资质按照首次申请的要求办理。

(十一)住房城乡建设部负责许可的建筑业企业资质的中级及以上职称人员(涉及公路、水运、水利、通信、铁路、民航等方面资质除外)、现场管理人员、技术工人、企业资产的审核,由企业工商注册地省级住房城乡建设主管部门负责,其中通过国务院国有资产管理部门直接监管的建筑企业(以下简称"中央建筑企业")直接申报的,由中央建筑企业审核;省级住房城乡建设主管部门以及中央建筑企业将审核结果与企业申报材料一并上报,住房城乡建设部将审核结果与企业基本信息一并在住房城乡建设部网站公示,并组织抽查。

(十二)企业发生合并、分立、改制、重组以及跨省变更等事项,企业性质由内资变为外商投资或由外商投资变为内资的,继承原资质的企业应当同时申请重新核定,并按《住房城乡建设部关于建设工程企业发生重组、合并、分立等情况资质核定有关问题的通知》(建市〔2014〕79 号)有关规定办理。

(十三)香港服务提供者和澳门服务提供者申请设立建筑业企业时,其在香港、澳门和内地的业绩可共同作为评定其在内地设立的建筑业企业资质的依据。管理和技术人员数量应以其在内地设立的建筑业企业的实际人员数量为资质评定依据。

二、申报材料有关要求

(十四)企业首次申请资质,申请资质升级、增项、延续、简单变更、遗失补办证书,以及发生合并、分立、改制、重组、跨省变更等事项后申请资质的,分别按照以下有关要求和《建筑业企业资质申报材料清单》(附件 2)要求,提交相应材料:

1. 不具有建筑业企业资质的企业,申请建筑业企业资质的,按照首次申请要求提交材料。

2. 已具有建筑业企业资质的企业,申请同类别高一等级资质的,以及具有工程设计综合资质、行业甲级资质的企业直接申请一级施工总承包资质的,按照升级要求提交材料。

3. 已具有建筑业企业资质的企业,申请增加其他类别的建筑业企业资质的,按照增项要求提交材料。

4. 资质证书有效期届满的企业,申请延续证书有效期的,按照延续要求提交材料。

5. 企业发生合并、分立、改制、重组、跨省变更等事项,企业性质由内资变为外商投资或由外商投资变为内资的,按《住房城乡建设部关于建设工程企业发生重组、合并、分立等情况资质核定有关问题的通知》(建市〔2014〕79号)中所列情形提交材料。

6. 企业因企业名称、注册资本、法定代表人、注册地址(本省级区域内)等发生变化需变更资质证书内容的,按简单变更要求提交材料。

7. 企业遗失资质证书,需补办资质证书,按照遗失补办要求提交材料。

(十五)企业应提交《建筑业企业资质申请表》(附件1-1)一式一份,附件材料一套。其中涉及公路、水运、水利、通信、铁路、民航等方面专业资质,每涉及一个方面专业,须另增加《建筑业企业资质申请表》一份、附件材料一套。

(十六)资质受理机关负责核对企业提供的材料原件,核对后退还企业。资质受理机关受理后,申报材料不得修改更换。

(十七)资质许可机关对企业申报材料存疑的,企业应当提供相关材料原件和证明材料,必要时须配合相关部门进行实地核查。

(十八)附件材料应按"综合资料、人员资料、工程业绩资料"的顺序装订,规格为A4(210mm×297mm)型纸,并有标明页码的总目录及申报说明,采用软封面封底,逐页编写页码。

(十九)企业的申报材料必须使用中文,材料原文是其他文字的,须同时附翻译准确的中文译本。申报材料必须数据齐全、填表规范、印鉴齐全、字迹清晰,附件材料必须清晰、可辨。

(二十)实行电子化申报资质的具体要求另行制定。

三、资质证书

(二十一)建筑业企业资质证书分为正本和副本,由住房城乡建设部统一印制。新版建筑业企业资质证书正本规格为297mm×420mm(A3);副本规格为210mm×297mm(A4)。资质证书增加二维码标识,公众可通过二维码查询企业资质情况。资质证书实行全国统一编码,由资质证书管理系统自动生成,新版建筑业企业资质证书编码规则见附件5。

(二十二)每套建筑业企业资质证书包括1个正本和1个副本。同一资质许可机关许可的资质打印在一套资质证书上;不同资质许可机关做出许可决定后,分别打印资质证书。各级资质许可机关不得增加证书副本数量。

(二十三)企业名称、注册资本、法定代表人、注册地址(本省级区域内)等发生变化的,企业应向资质许可机关提出变更申请。

(二十四)企业遗失资质证书,应向资质许可机关申请补办。

(二十五)企业因变更、升级、注销等原因需要换发或交回资质证书的,企业应将资质证书交原资质许可机关收回并销毁。

(二十六)建筑业企业资质证书有效期为5年。证书有效期是指自企业取得本套证书的首个建筑业企业资质时起算,期间企业除延续、重新核定外,证书有效期不变;重新核定资质的,有效期自核定之日起重新计算(按简化审批手续办理的除外)。

(二十七)资质证书的延续

1. 企业应于资质证书有效期届满3个月前,按原资质申报途径申请资质证书有效期延续。企业净资产和主要人员满足现有资质标准要求的,经资质许可机关核准,更换有效期5年的资质证书,有效期自批准延续之日起计算。

2. 企业在资质证书有效期届满前3个月内申请资质延续的,资质受理部门应受理其申请;资质证书有效期届满之日至批准延续之日内,企业不得承接相应资质范围内的工程。

3. 企业不再满足资质标准要求的,资质许可机关不批准其相应资质延续,企业可在资质许可结果公布后3个月内申请重新核定低于原资质等级的同类别资质。超过3个月仍未提出申请,从最低等级资质申请。

4. 资质证书有效期届满,企业仍未提出延续申请的,其资质证书自动失效。如需继续开展建筑施工活动,企业应从最低等级资质重新申请。

四、监督管理

(二十八)各级住房城乡建设主管部门及其他有关部门应对从事建筑施工活动的建筑业企业建立信用档案,制定动态监管办法,按照企业诚信情况实行差别化管理,积极运用信息化手段对建筑业企业实施监督管理。

县级以上人民政府住房城乡建设主管部门和其他有关部门应当对企业取得建筑业企业资质后,资产和主要人员是否满足资质标准条件和市场行为进行定期或不定期核查。

(二十九)企业申请资质升级(含一级升特级)、资质增项的,资质许可机关应对其既有全部建筑业企业资质要求的资产和主要人员是否满足标准要求进行检查。

(三十)企业应当接受资质许可机关,以及企业注册所在地、承接工程项目所在地住房城乡建设主管部门和其他有关部门的监督管理。

(三十一)对于发生违法违规行为的企业,违法行为发生地县级以上住房城乡建设主管部门应当依法查处,将违法事实、处罚结果或处理建议告知资质许可机关,并逐级上报至住房城乡建设部,同时将处罚结果记入建筑业企业信用档案,在全国建筑市场监管与诚信平台公布。企业工商注册地不在本省区域的,违法行为发生地县级以上住房城乡建设主管部门应通过省级住房城乡建设主管部门告知该企业的资质许可机关。

(三十二)对住房城乡建设部许可资质的建筑业企业,需处以停业整顿、降低资质等级、吊销资质证书等行政处罚的,省级及以下地方人民政府住房城乡建设主管部门或者其他有关部门,在违法事实查实认定后30个工作日内,应通过省级住房城乡建设主管部门或国务院有关部门,将违法事实、处理建议报送住房城乡建设部;住房城乡建设部依法作出相应行政处罚。

(三十三)各级住房城乡建设主管部门应及时将有关处罚信息向社会公布,并报上一级住房城乡建设主管部门备案。

五、有关说明和指标解释

(三十四)对于原《建筑业企业资质等级标准》(建建〔2001〕82号,以下简称原标准)中被取消的土石方、混凝土预制构件、电梯安装、金属门窗、预应力、无损检测、体育场地设施工程等7个专业承包资质,在相应专业工程承发包过程中,不再作资质要求。施工总承包企业进行专业工程分包时,应将上述专业工程分包给具有一定技术实力和管理能力且取得公司法人《营业执照》的企业。

拆除作业按工程性质由具有相应资质类别的企业承担。

专业承包资质修订情况对照表见附件4-3。

(三十五)对于原标准中并入了相应施工总承包资质的高耸构筑物、电信、水工建筑物基础处理、堤防、水工大坝、水工隧洞、火电设备安装、炉窑、冶炼机电设备安装、化工石油设备管道安装、管道、城市轨道交通工程等12个专业承包资质,在相应工程承发包过程中,可按工程性质和规模由具有相应类别和等级的施工总承包资质的企业承担。其中,城市轨道交通工程由具有市政公用工程施工总承包特级、一级资质的企业承担;城市轨道交通工程中车站建筑由具有建筑工程施工总承包特级、一级资质的企业承担。

(三十六)涉及公路、水运、水利、通信、铁路、民航等方面资质及涉及多个专业资质情况如下:

1. 涉及公路方面的资质:公路工程施工总承包资质、公路路面工程专业承包资质、公路路基工程专业承包资质、公路交通工程专业承包资质。

2. 涉及水运方面的资质:港口与航道工程施工总承包资质、港口与海岸工程专业承包资质、航道工程专业承包资质、通航建筑物工程专业承包资质、港航设备安装及水上交管工程专业承包资质。

3. 涉及水利方面的资质:水利水电工程施工总承包资质、水工金属结构制作与安装工程专业承包资质、河湖整治工程专业承包资质、水利水电机电安装工程专业承包资质。

4. 涉及通信方面的资质:通信工程施工总承包资质。

5. 涉及铁路方面的资质:铁路工程施工总承包资质、铁路电务工程专业承包资质、铁路铺轨架梁工程专业承包资质、铁路电气化工程专业承包资质。

6. 涉及民航方面的资质:机场场道工程专业承包资质、民航空管工程及机场弱电系统工程专业承包资质、机场目视助航工程专业承包资质。

7. 涉及多个专业资质:桥梁工程专业承包资质、隧道工程专业承包资质、核工程专业承包资质、海洋石油工程专业承包资质、输变电工程专业承包资质、钢结构工程专业承包资质。

(三十七)中央建筑企业是指国务院国有资产管理部门直接监管的,主业为建筑业或下属一层级企业中建筑业企业数量较多的企业,具体名单见附件4-2。

中央建筑企业下属一层级企业是指中央建筑企业全资或绝对控股的建筑业企业。

(三十八)企业资产

1. 企业净资产以企业申请资质前一年度或当期合法的财务报表中净资产指标为准考核。首次申请资质的,以企业《营业执照》所载注册资本为准考核;申请多项资质的,企业净资产不累加计算考核,按企业所申请资质和已拥有资质标准要求的净资产指标最高值考核。

2.厂房包括企业自有或租赁的厂房。

(三十九)企业主要人员

1.企业主要人员包括:注册执业人员、技术职称人员(包括技术负责人)、现场管理人员、技术工人等4类人员。

2.《标准》中所称中级及以上技术职称,是指设区的市级及以上人事主管部门或其授权的单位评审的工程系列专业技术职称。

3.现场管理人员是指与企业依法签订1年以上劳动合同,由企业依法为其缴纳社会保险,并按规定取得省级住房城乡建设主管部门或有关部门颁发的相应岗位证书的人员,以及住房城乡建设部或国务院有关部门认可的行业协会颁发的相应岗位证书的人员。

相应岗位证书包括:岗位培训考核合格证书、安全生产考核合格证书、职业资格证书等。

4.技术工人是指与企业依法签订1年以上劳动合同,由企业依法为其缴纳社会保险,并取得住房城乡建设部、国务院有关部门、省级住房城乡建设主管部门或有关部门认可的机构或建筑业企业颁发的职业培训合格证书或职业技能等级证书的人员。

企业以其全资或控股的劳务企业技术工人作为企业主要人员申请施工总承包资质的,技术工人社会保险应由其全资或绝对控股的劳务企业缴纳。

5.企业主要人员应满足60周岁及以下且由企业为其缴纳社会保险的要求。

6.企业主要人员在两家及以上企业受聘或注册的,不作为资质标准要求的有效人员考核。

7.技术负责人的资历、专业职称、业绩等方面按企业所申请资质的相应标准要求进行考核。企业应按所申请资质类别明确对应的1名专业技术负责人。

8.中级及以上职称人员的"相关专业"按职称证书的岗位专业或毕业证书中所学专业进行考核。

其中,结构专业包括:土木工程、工民建、结构、建筑施工、建筑工程等专业。

9.企业申请某一类别资质,企业主要人员中每类人员数量、专业、工种均应满足《标准》要求。一个人同时具有注册证书、技术职称、岗位证书、技术工人培训合格证书或职业技能等级证书中两个及以上的,只能作为一人考核;但一个人同时拥有注册证书和技术职称的,可同时作为注册人员和技术职称人员考核。

10.企业申请多个类别资质,企业主要人员中每类人员数量、专业、工种应分别满足《标准》要求,每类人员

数量不累加考核。如:企业同时申请建筑工程和市政公用工程施工总承包一级资质,企业只要拥有150名中级工以上技术工人即可分别满足两个类别的技术工人指标要求。

一个人具有两个及以上技术职称(注册资格)或专业工种的,可分别考核;如:一个人同时具有建筑工程职称证书和道路工程毕业证书,可分别作为企业申请建筑工程和市政公用工程施工总承包资质要求的职称人员考核。

11.社会保险证明是指社会统筹保险基金管理部门出具的基本养老保险对账单或加盖社会统筹保险基金管理部门公章的单位缴费明细,以及企业缴费凭证(社会保险缴费发票或银行转账凭证等证明);社会保险证明应至少体现以下内容:缴纳保险单位名称、人员姓名、社会保障号(或身份证号)、险种、缴费期限等。社会保险证明中缴费单位应与申报单位一致,上级公司、子公司、事业单位、人力资源服务机构等其他单位缴纳或个人缴纳社会保险均不予认定,分公司缴纳的社会保险可以予以认定。

12.《标准》中要求×××专业、×××专业注册建造师合计不少于××人,不要求所列专业必须齐全。

13.《标准》中对职称人员专业作了限定,且要求专业齐全的,是指申报人员应由具有相应专业的技术职称人员组成,且每个专业至少有1人。如:建筑工程施工总承包一级资质标准中要求"建筑工程相关专业中级以上职称人员不少于30人,且结构、给排水、暖通、电气等专业齐全",是指30人应当由结构、给排水、暖通、电气等4个专业中级以上有职称人员组成,且结构、给排水、暖通、电气各专业至少有1人,其他专业人员不予认可。

14.《标准》未对技术职称人员专业作限定,但要求部分专业齐全的,是指要求齐全的专业至少有1人,其余申报人员专业不作限定。如:防水防腐保温工程专业承包一级资质标准中要求"工程序列中级以上职称和注册建造师合计不少于15人,且结构、材料或化工等专业齐全",是指具有工程序列中级以上技术职称人员或注册建造师数量或两者之和的数量为15人,但其中至少应有1名结构专业、1名材料或化工专业人员,其他人员专业不作要求。

15.《标准》中对技术职称人员专业作了限定,且未要求专业齐全的,是指相应专业的申报人员数量达到标准要求即可,每一类专业人员数量不作要求。如:水利水电工程施工总承包一级资质标准中要求"水利水电工程相

关专业中级以上职称不少于 60 人"，指具有水利水电工程相关专业人员总数满足 60 人即可，每个专业人数不限，也不要求所有专业齐全。

16.《标准》中现场管理人员岗位证书齐全是指企业申报人员中所要求岗位证书人员至少有 1 人，其他岗位证书人员数量不作要求。如：机场场道专业承包一级资质标准中要求"持有岗位证书的施工现场管理人员不少于 30 人，且施工员、质量员、安全员、材料员、资料员等人员齐全"，是指持有岗位证书的施工现场管理人员 30 人中至少有施工员、质量员、安全员、材料员、资料员各 1 人，其余人员可以是施工员、质量员、安全员、材料员、资料员、劳务员、造价员、测量员、试验员、标准员、机械员等任意一种人员。

17.《标准》中未对技术工人的工种作出要求的，不对技术工人的工种进行考核。

18.《标准》中技术负责人（或注册建造师）主持完成的业绩是指作为施工项目经理或项目技术负责人主持完成的工程项目。其中，《标准》中考核指标为累计指标的，技术负责人（或注册建造师）主持完成的业绩不做累计考核。如：公路工程施工总承包二级资质标准中要求"近 10 年承担过下列 3 类工程施工，工程质量合格。（1）累计修建三级以上公路路基 200 公里以上……"，企业申请公路工程施工总承包三级资质时，技术负责人（或注册建造师）提供的主持完成的个人业绩应当是三级以上公路的路基工程项目即可，长度不作考核。

（四十）技术装备

《标准》中明确要求的设备应为企业自有设备，以企业设备购置发票为准进行考核；其中，申请港口与航道施工总承包资质的，应提供设备主要性能指标证明、所属权证明和检验合格证明。

（四十一）企业工程业绩和承包范围

1. 一项单位工程业绩同时满足多项技术指标的，只作为一项指标考核。《标准》中分别考核累计和单项技术指标的，同一工程业绩可同时考核，但铁路方面资质除外。

2. 业绩中要求的"×类中的×类"必须分别满足，不能相互替代。如：建筑工程一级资质标准，要求企业完成"4类中的 2 类以上工程"，是指企业完成的工程中，高度、层数、单体面积、跨度等 4 类考核指标中至少应满足 2 类，否则即为业绩不达标。

3. 企业申请多个类别资质的，工程业绩应当分别满足各类别资质标准条件。

4. 申请建筑工程施工总承包资质的，单位工程竣工验收合格后，方可作为施工总承包业绩考核。

5. 企业以施工总承包方式承接的工程，不论该工程是否实行分包，均可作为其施工总承包业绩考核。

6. 申请专业承包资质的，以企业依法单独承接的专业工程业绩考核。

7. 施工总承包工程范围包括主体工程和配套工程。配套工程不得单独作为企业申报施工总承包资质工程业绩考核。

8.《标准》中要求的"近 5 年"或"近 10 年"，是指自申请资质年度起逆推 5 年或 10 年期间竣工的工程业绩。如：申报年度为 2015 年，"近 5 年"的业绩是指 2010 年 1 月 1 日之后竣工（交工）验收合格的项目。超过时限的代表工程业绩不予认可。

9. 超越本企业资质承包工程范围的代表工程业绩不予认可。企业以境外承包工程作为代表工程业绩申报的，不考核其是否超越资质承包工程范围。

10. 企业申报的工程业绩中项目负责人在项目实施时存在非本企业注册建造师、不具备注册建造师资格、超越注册建造师执业范围执业、或违反有关规定同时在两个及以上项目担任项目负责人的，企业该项工程业绩不予认可。

11. 保密工程不得作为企业代表工程业绩申报。

12. 单项合同额是指一个承包合同所载合同价。

13. 建筑工程高度应为从标高正负零算起至檐口的高度。

14. 建筑工程层数是指正负零到檐口之间的楼层数，其中，设备层不计算在内，跃层按单层计算。

15. 群体建筑（无论基础是否相连）不作为单体建筑面积业绩考核。

16. 轻钢、网架结构跨度业绩不作为建筑工程施工总承包跨度业绩考核。

17. 企业因负有工程质量、生产安全事故责任被降级、吊销资质，或因工程业绩弄虚作假申报资质被通报批评或撤销资质的，其相应工程业绩不得作为代表工程业绩申报。

六、过渡期

（四十二）自《规定》施行之日至 2016 年 12 月 31 日为过渡期。

（四十三）按原标准取得建筑业企业资质的企业应于 2016 年 12 月 31 日前，按照《规定》和《标准》及本实施意见的要求换发新版建筑业企业资质证书（以下简称换证）。对企业资产、主要人员、技术装备符合《标准》要求的,资质许可机关颁发新版建筑业企业资质证书,资质证书有效期为 5 年。自 2017 年 1 月 1 日起,旧版建筑业企业资质证书自行失效。

对企业资产、主要人员、技术装备不满足《标准》要求的,资质许可机关不批准其相应资质换证,企业可在换证结果公布后 3 个月内提出低于原资质等级的同类别资质换证。超过 3 个月仍未提出申请,从最低等级资质申请。

企业应按照《规定》的许可程序一次性提出全部建筑业企业资质换证申请,并按照《建筑业企业资质申报材料清单》中换证要求提交相应材料。

企业最多只能选择 5 个类别的专业承包资质换证,超过 5 个类别的其他专业承包资质按资质增项要求提出申请。

(四十四)按原标准取得建筑业企业资质的企业,申请资质升级(含一级升特级)、资质增项的,既有全部建筑业企业资质应当按第四十二条规定同时申请资质换证。

(四十五)按原标准取得建筑业企业资质的企业原则上可申请《标准》中同类别同等级资质换证,其中:

1. 按原标准取得预拌商品混凝土、园林古建筑、机电设备安装、机场空管工程及航站楼弱电系统、附着升降脚手架、送变电工程等专业承包资质的企业,可申请《标准》中名称变更后的相应专业承包资质换证。

2. 按原标准取得建筑防水、防腐保温、建筑智能化、电子、港口装卸设备安装、通航设备安装、水上交通管制工程等专业承包资质的企业,可申请《标准》中合并后的专业承包资质换证。

3. 按原标准取得高耸构筑物、电信工程、水工建筑物基础处理、堤防、水工大坝、水工隧洞、火电设备安装、炉窑、冶炼机电设备安装、化工石油设备管道安装、管道工程等专业承包资质的企业,可申请《标准》中 1 项低于原资质等级并入的相应类别施工总承包资质换证;其中,按原标准取得堤防工程专业承包资质的企业也可申请不高于原资质等级的河湖整治工程专业承包资质换证。

4. 按原标准取得轨道交通工程专业承包资质的企业,可以申请一级及以下市政公用工程施工总承包资质换证。

5. 按原标准取得建筑防水、防腐保温、建筑智能化、电子、建筑装修装饰工程等三级专业承包资质的企业,可申请《标准》中相应二级专业承包资质换证;按原标准取得建筑防水工程二级专业承包资质的企业,可申请防水防腐保温工程一级专业承包资质换证。

6. 按原标准取得公路交通工程、水上交通管制工程等不分等级专业承包资质的企业,可申请《标准》中相应一级专业承包资质换证。

7. 按原标准取得模板作业分包、脚手架作业分包资质的企业,可申请《标准》中模板脚手架专业承包资质换证。

(四十六)过渡期内,按原标准取得建筑业企业资质的企业原则上按照《标准》对应的资质类别及等级的承包工程范围承接工程,其中:

1. 按原标准取得被合并专业承包资质的企业,按照《标准》中合并后的专业承包资质承包范围承接工程。

2. 按原标准取得被并入相应施工总承包资质的专业承包资质企业,仍可在其专业承包资质许可范围内承接工程。

3. 按原标准取得爆破与拆除工程专业承包资质的,仍可在其专业承包资质许可范围内承接相应工程。

4. 按原标准取得建筑防水工程二级、三级专业承包资质的企业,分别按《标准》中防水防腐保温工程一级、二级专业承包资质承包范围承接工程。

5. 按原标准取得劳务分包资质的企业,按《标准》中施工劳务资质承包范围承接劳务作业,不再划分类别和等级。按原标准取得模板作业分包、脚手架作业分包资质的企业,在承接业务时只能签订劳务分包合同。

(四十七)住房城乡建设主管部门及其他有关主管部门实施建筑业企业资质动态监管时,对按原标准取得建筑业企业资质的企业,按《规定》和原标准进行动态监管;对按《标准》取得建筑业企业资质的企业,按《规定》和《标准》进行动态监管。

七、其他

(四十八)企业申请施工总承包特级资质,仍按《施工总承包企业特级资质标准》(建市〔2007〕72 号)和《施工总承包企业特级资质标准实施办法》(建市〔2010〕210 号)有关规定执行,其中,《施工总承包企业特级资质标准》承包范围第 4 条改为"取得特级资质的企业,限承担施工单项合同额 6000 万元以上的建筑工程";《施工总承包企业特级资质标准》中"房屋建筑"改为"建筑","冶炼"改为"冶金"。

(四十九)企业申请燃气燃烧器具安装、维修企业资质,仍按《关于燃气燃烧器具安装、维修企业资质管理有关事项的通知》(建城〔2007〕250 号)有关规定执行。

(五十)本实施意见自 2015 年 3 月 1 日起施行。2007 年 10 月 18 日原建设部颁发的《建筑业企业资质管理规定实施意见》(建市〔2007〕241 号)同时废止。

附件：1-1.建筑业企业资质申请表（略）

1-2.建筑业企业资质证书变更、遗失补办申请审核表（略）

2.建筑业企业资质申报材料清单（略）

3.技术负责人（或注册人员）基本情况及业绩表（略）

4-1.工程设计资质与施工总承包资质类别对照表（略）

4-2.国务院国有资产管理部门直接监管的建筑企业名单（略）

4-3.专业承包资质修订情况对照表（略）

5.新版建筑业企业资质证书编码规则（略）

住房城乡建设部关于进一步加强建设工程企业资质审批管理工作的通知

·2023 年 9 月 6 日
·建市规〔2023〕3 号

各省、自治区住房城乡建设厅，直辖市住房城乡建设（管）委，北京市规划和自然资源委，新疆生产建设兵团住房城乡建设局，国务院有关部门，有关中央企业：

为深入贯彻落实党的二十大精神，扎实推进建筑业高质量发展，切实保证工程质量安全和人民生命财产安全，规范市场秩序，激发企业活力，现就进一步加强建设工程企业资质审批管理工作通知如下。

一、提高资质审批效率。住房城乡建设主管部门和有关专业部门要积极完善企业资质审批机制，提高企业资质审查信息化水平，提升审批效率，确保按时作出审批决定。住房城乡建设部负责审批的企业资质，2 个月内完成专家评审、公示审查结果，企业可登录住房城乡建设部政务服务门户，点击"申请事项办理进度查询（受理发证信息查询）"栏目查询审批进度和结果。

二、统一全国资质审批权限。自本通知施行之日起，企业资质审批权限下放试点地区不再受理试点资质申请事项，统一由住房城乡建设部实施。试点地区已受理的申请事项应在规定时间内审批办结。试点期间颁发的资质，在资质证书有效期届满前继续有效，对企业依法处以停业整顿、降低资质等级、吊销或撤销资质证书的，由试点地区住房城乡建设主管部门实施。

三、加强企业重组分立及合并资质核定。企业因发生重组分立申请资质核定的，需对原企业和资质承继企业按资质标准进行考核。企业因发生合并申请资质核定的，

需对企业资产、人员及相关法律关系等情况进行考核。

四、完善业绩认定方式。申请由住房城乡建设部负责审批的企业资质，其企业业绩应当是在全国建筑市场监管公共服务平台（以下简称全国建筑市场平台）上满足资质标准要求的 A 级工程项目，专业技术人员个人业绩应当是在全国建筑市场平台上满足资质标准要求的 A 级或 B 级工程项目。业绩未录入全国建筑市场平台的，申请企业需在提交资质申请前由业绩项目所在地省级住房城乡建设主管部门确认业绩指标真实性。自 2024 年 1 月 1 日起，申请资质企业的业绩应当录入全国建筑市场平台。申请由有关专业部门配合实施审查的企业资质，相关业绩由有关专业部门负责确认。

五、加大企业资质动态核查力度。住房城乡建设主管部门要完善信息化手段，对企业注册人员等开展动态核查，及时公开核查信息。经核查，企业不满足资质标准要求的，在全国建筑市场平台上标注资质异常，并限期整改。企业整改后满足资质标准要求的，取消标注。标注期间，企业不得申请办理企业资质许可事项。

六、强化建筑业企业资质注册人员考核要求。申请施工总承包一级资质、专业承包一级资质的企业，应当满足《建筑业企业资质标准》（建市〔2014〕159 号）要求的注册建造师人数等指标要求。

七、加强信用管理。对存在资质申请弄虚作假行为、发生工程质量安全责任事故、拖欠农民工工资等违反法律法规和工程建设强制性标准的企业和从业人员，住房城乡建设主管部门要加大惩戒力度，依法依规限制或禁止从业，并列入信用记录。企业在申请资质时，应当对法定代表人、实际控制人、技术负责人、项目负责人、注册人员等申报材料的真实性进行承诺，并授权住房城乡建设主管部门核查社保、纳税等信息。

八、建立函询制度。住房城乡建设主管部门可就资质申请相关投诉举报、申报材料等问题向企业发函问询，被函询的企业应如实对有关问题进行说明。经函询，企业承认在资质申请中填报内容不实的，按不予许可办结。

九、强化平台数据监管责任。住房城乡建设主管部门要加强对全国建筑市场平台数据的监管，落实平台数据录入审核人员责任，加强对项目和人员业绩信息的核实。全国建筑市场平台项目信息数据不得擅自变更、删除，数据变化记录永久保存。住房城乡建设部将以实地核查、遥感卫星监测等方式抽查复核项目信息，加大对虚假信息的处理力度，并按有关规定追究责任。

十、加强党风廉政建设。住房城乡建设主管部门要

完善企业资质审批权力运行和制约监督机制,严格审批程序,强化对审批工作人员、资质审查专家的廉政教育和监督管理,建立健全追责机制。推进企业资质智能化审批,实现审批工作全程留痕,切实防止发生企业资质审批违法违纪违规行为。

本通知自 2023 年 9 月 15 日起施行。《住房城乡建设部关于建设工程企业发生重组、合并、分立等情况资质核定有关问题的通知》(建市〔2014〕79 号)、《住房和城乡建设部办公厅关于开展建设工程企业资质审批权限下放试点的通知》(建办市函〔2020〕654 号)和《住房和城乡建设部办公厅关于扩大建设工程企业资质审批权限下放试点范围的通知》(建办市函〔2021〕93 号)同时废止。《住房城乡建设部关于简化建筑业企业资质标准部分指标的通知》(建市〔2016〕226 号)、《住房和城乡建设部办公厅关于做好建筑业"证照分离"改革衔接有关工作的通知》(建办市〔2021〕30 号)与本通知规定不一致的,以本通知为准。

执行中的情况和问题,请及时反馈住房城乡建设部。

施工总承包企业特级资质标准

· 2007 年 3 月 13 日
· 建市〔2007〕72 号

申请特级资质,必须具备以下条件:
一、企业资信能力
1. 企业注册资本金 3 亿元以上。
2. 企业净资产 3.6 亿元以上。
3. 企业近三年上缴建筑业营业税均在 5000 万元以上。
4. 企业银行授信额度近三年均在 5 亿元以上。
二、企业主要管理人员和专业技术人员要求
1. 企业经理具有 10 年以上从事工程管理工作经历。
2. 技术负责人具有 15 年以上从事工程技术管理工作经历,且具有工程序列高级职称及一级注册建造师或注册工程师执业资格;主持完成过两项及以上施工总承包一级资质要求的代表工程的技术工作或甲级设计资质要求的代表工程或合同额 2 亿元以上的工程总承包项目。
3. 财务负责人具有高级会计师职称及注册会计师资格。
4. 企业具有注册一级建造师(一级项目经理)50 人以上。
5. 企业具有本类别相关的行业工程设计甲级资质标准要求的专业技术人员。

三、科技进步水平
1. 企业具有省部级(或相当于省部级水平)及以上的企业技术中心。
2. 企业近三年科技活动经费支出平均达到营业额的 0.5% 以上。
3. 企业具有国家级工法 3 项以上;近五年具有与工程建设相关的,能够推动企业技术进步的专利 3 项以上,累计有效专利 8 项以上,其中至少有一项发明专利。
4. 企业近十年获得过国家级科技进步奖项或主编过工程建设国家或行业标准。
5. 企业已建立内部局域网或管理信息平台,实现了内部办公、信息发布、数据交换的网络化;已建立并开通了企业外部网站;使用了综合项目管理信息系统和人事管理系统、工程设计相关软件,实现了档案管理和设计文档管理。
四、代表工程业绩(见附件 1)
(一)房屋建筑工程(附 1-1)
(二)公路工程(附 1-2)
(三)铁路工程(附 1-3)
(四)港口与航道工程(附 1-4)
(五)水利水电工程(附 1-5)
(六)电力工程(附 1-6)
(七)矿山工程(附 1-7)
(八)冶炼工程(附 1-8)
(九)石油化工工程(附 1-9)
(十)市政公用工程(附 1-10)
承包范围
1. 取得施工总承包特级资质的企业可承担本类别各等级工程施工总承包、设计及开展工程总承包和项目管理业务;
2. 取得房屋建筑、公路、铁路、市政公用、港口与航道、水利水电等专业中任意 1 项施工总承包特级资质和其中 2 项施工总承包一级资质,即可承接上述各专业工程的施工总承包、工程总承包和项目管理业务,及开展相应设计主导专业人员齐备的施工图设计业务。
3. 取得房屋建筑、矿山、冶炼、石油化工、电力等专业中任意 1 项施工总承包特级资质和其中 2 项施工总承包一级资质,即可承接上述各专业工程的施工总承包、工程总承包和项目管理业务,及开展相应设计主导专业人员齐备的施工图设计业务。
4. 特级资质的企业,限承担施工单项合同额 3000 万元以上的房屋建筑工程。

附件　1-1

房屋建筑工程施工总承包企业
特级资质标准代表工程业绩

近 5 年承担过下列 5 项工程总承包或施工总承包项目中的 3 项,工程质量合格。

1. 高度 100 米以上的建筑物;

2.28 层以上的房屋建筑工程;

3. 单体建筑面积 5 万平方米以上房屋建筑工程;

4. 钢筋混凝土结构单跨 30 米以上的建筑工程或钢结构单跨 36 米以上房屋建筑工程;

5. 单项建安合同额 2 亿元以上的房屋建筑工程。

附件　1-2

公路工程施工总承包企业特级资质标准代表工程业绩

近 10 年承担过下列 4 项中的 3 项以上工程的工程总承包、施工总承包或主体工程承包,工程质量合格。

1. 累计修建一级以上公路路基 100 公里以上;

2. 累计修建高级路面 400 万平方米以上;

3. 累计修建单座桥长≥500 米或单跨跨度≥100 米的公路特大桥 6 座以上;

4. 单项合同额 2 亿元以上的公路工程 3 个以上。

附件　1-3

铁路工程施工总承包企业特级资质标准代表工程业绩

近 10 年承担一级铁路干线综合工程 300 公里以上或铁路客运专线综合工程 100 公里以上,并承担下列 4 项中的 2 项以上工程的工程总承包、施工总承包或主体工程承包,工程质量合格。

1. 长度 3000 米以上隧道 2 座;

2. 长度 500 米以上特大桥 3 座,或长度 1000 米以上特大桥 1 座;

3. 编组站 1 个;

4. 单项合同额 5 亿元以上铁路工程 2 个。

附件　1-4

港口与航道工程施工总承包企业
特级资质标准代表工程业绩

近 5 年承担过下列 11 项中的 6 项以上工程的工程总承包、施工总承包或主体工程承包,工程质量合格。

1. 沿海 3 万吨或内河 5000 吨级以上码头;

2.5 万吨级以上船坞;

3. 水深>5 米的防波堤 600 米以上;

4. 沿海 5 万吨或内河 1000 吨级以上航道工程;

5.1000 吨级以上船闸或 300 吨级以上升船机;

6.500 万立方米以上疏浚工程;

7.400 万立方米以上吹填造地工程;

8.15 万平方米以上港区堆场工程;

9.1000 米以上围堤护岸工程;

10.3 万立方米以上水下炸礁、清礁工程;

11. 单项合同额沿海 2 亿元以上或内河 8000 万元以上的港口与航道工程。

附件　1-5

水利水电工程施工总承包企业
特级资质标准代表工程业绩

近 10 年承担过下列 6 项中的 3 项以上工程的工程总承包、施工总承包或主体工程承包,其中至少有 1 项是 1.2 中的工程,工程质量合格。

1. 库容 10 亿立方米以上或坝高 80 米以上大坝 1 座,或库容 1 亿立方米以上或坝高 60 米以上大坝 2 座;

2. 过闸流量>3000 立方米/秒的拦河闸 1 座,或过闸流量>1000 立方米/米的拦河闸 2 座;

3. 总装机容量 300MW 以上水电站 1 座,或总装机容量 100MW 以上水电站 2 座;

4. 总装机容量 10MW 以上灌溉、排水泵站 1 座,或总装机容量 5MW 瓦以上灌溉、排水泵站 2 座;

5. 洞径>8 米、长度>3000 米的水工隧洞 1 个,或洞径>6 米、长度>2000 米的水工隧洞 2 个;

6. 年完成水工混凝土浇筑 50 万立方米以上或坝体土石方填筑 120 万立方米以上或岩基灌浆 12 万米以上或防渗墙成墙 8 万平方米以上。

附件　1-6

电力工程施工总承包企业特级资质标准代表工程业绩

近 5 年承担过下列 5 项中的 2 项以上工程的工程总承包、施工总承包或主体工程承包,工程质量合格。

1. 累计电站装机容量 500 万千瓦以上;

2. 单机容量 60 万千瓦机组,或 2 台单机容量 30 万千瓦机组,或 4 台单机容量 20 万千瓦机组整体工程;

3. 单机容量 90 万千瓦以上核电站核岛或常规岛整体工程;

4. 330 千伏以上送电线路 500 公里;

5. 330 千伏以上电压等级变电站 4 座。

附件　1-7

矿山工程施工总承包企业特级资质标准代表工程业绩

近 10 年承担过下列 7 项中的 3 项以上或 1-5 项中某一项的 3 倍以上规模工程的工程总承包、施工总承包或主体工程承包,工程质量合格。

1. 100 万吨/年以上铁矿采、选工程;

2. 100 万吨/年以上有色砂矿或 60 万吨/年以上有色脉矿采、选工程;

3. 120 万吨/年以上煤矿或 300 万吨/年以上洗煤工程;

4. 60 万吨/年以上磷矿、硫铁矿或 30 万吨/年以上铀矿工程;

5. 20 万吨/年以上石膏矿、石英矿或 70 万吨/年以上石灰石矿等建材矿山工程;

6. 10000 米以上巷道工程及 100 万吨以上尾矿库工程;

7. 单项合同额 3000 万元以上矿山主体工程。

附件　1-8

冶炼工程施工总承包企业特级资质标准代表工程业绩

近 10 年承担过下列 11 项中的 4 项以上工程的工程总承包、施工总承包或主体工程承包,工程质量合格。

1. 年产 100 万吨以上炼钢或连铸工程(或单座容量 120 吨以上转炉,90 吨以上电炉);

2. 年产 80 万吨以上轧钢工程;

3. 年产 100 万吨以上炼铁工程(或单座容积 1200 立方米以上高炉)或烧结机使用面积 180 平方米以上烧结工程;

4. 年产 90 万吨以上炼焦工程(炭化室高度 6 米以上焦炉);

5. 小时制氧 10000 立方米以上制氧工程;

6. 年产 30 万吨以上氧化铝加工工程;

7. 年产 20 万吨以上铜、铝或 10 万吨以上铅、锌、镍等有色金属冶炼、电解工程;

8. 年产 5 万吨以上有色金属加工工程或生产 5000 吨以上金属箔材工程;

9. 日产 2000 吨以上窑外分解水泥工程;

10. 日产 2000 吨以上预热器系统或水泥烧成系统工程;

11. 日熔量 400 吨以上浮法玻璃工程。

附件　1-9

石油化工工程施工总承包企业
特级资质标准代表工程业绩

近 5 年承担过 3 项以上大型石油化工工程的工程总承包、施工总承包或主体工程承包,工程质量合格。

附件　1-10

市政公用工程施工总承包企业
特级资质标准代表工程业绩

近十年承担过下列 7 项中的 4 项市政公用工程的施工总承包或主体工程承包,工程质量合格。

1. 累计修建城市道路(含城市主干道、城市快速路、城市环路,不含城际间公路)长度 30 公里以上;或累计修建城市道路面积 200 万平方米以上;

2. 累计修建直径 1 米以上的供、排、中水管道(含净宽 1 米以上方沟)工程 30 公里以上,或累计修建直径 0.3 米以上的中、高压燃气管道 30 公里以上,或累计修建直径 0.5 米以上的热力管道工程 30 公里以上;

3. 累计修建内径 5 米以上地铁隧道工程 5 公里以上,或累计修建地下交通工程 3 万平方米以上,或修建合同额 6000 万元以上的地铁车站工程 3 项以上;

4. 累计修建城市桥梁工程的桥梁面积 15 万平方米

以上;或累计修建单跨 40 米以上的城市桥梁 5 座以上;

5. 修建日处理 30 万吨以上的污水处理厂工程 3 座以上,或日供水 50 万吨以上的供水厂工程 2 座以上;

6. 修建合同额 5000 万元以上的城市生活垃圾处理工程 3 项以上;

7. 合同额 8000 万元以上的市政综合工程(含城市道路、桥梁、及供水、排水、中水、燃气、热力、电力、通信等管线)总承包项目 5 项以上,或合同额为 2000 万美元以上的国(境)外市政公用工程项目 1 项以上。

建设工程企业资质申报弄虚作假行为处理办法

· 2011 年 12 月 8 日
· 建市〔2011〕200 号

第一条　为建立和维护公平竞争、规范有序的建筑市场秩序,加强建筑市场的准入清出管理,严肃查处建设工程企业资质申报中弄虚作假行为,依据《中华人民共和国建筑法》《中华人民共和国行政许可法》等法律法规,制定本办法。

第二条　本办法所称企业资质申报,是指工程勘察资质、工程设计资质、建筑业企业资质、工程监理企业资质、工程建设项目招标代理机构资格、工程设计与施工一体化资质的首次申请、升级、增项、延续(就位)等。

第三条　企业申报资质,必须按照规定如实提供有关申报材料,凡与实际情况不符,有伪造、虚报相关数据或证明材料行为的,可认定为弄虚作假。

第四条　对涉嫌在企业资质申报中弄虚作假行为的核查、认定和处理,应当坚持实事求是、责任追究与教育防范相结合的原则。

第五条　各级住房城乡建设主管部门应当依法按照行政审批权限,对涉嫌在资质申报中弄虚作假企业进行核查处理,不在行政审批权限范围内的,应当及时将相关情况逐级上报至有权限的住房城乡建设主管部门研究处理。涉嫌在资质申报中弄虚作假的企业应配合接受核查,并在规定时限内按要求提供证明材料。

铁路、交通、水利、信息产业等部门在资质审查中发现弄虚作假行为的,应将有关情况告知同级住房城乡建设主管部门,并配合核查。

第六条　住房和城乡建设部可委托省级住房城乡建设主管部门对涉嫌在资质申报中弄虚作假的企业进行核查。受委托部门应在规定时限内将核查的有关情况、原始材料和处理建议上报。

第七条　省级住房城乡建设主管部门应当每半年将资质申报中对弄虚作假行为的处理结果汇总上报住房和城乡建设部备案。

第八条　任何单位和个人有权向住房城乡建设主管部门举报企业在申报资质中弄虚作假的行为。对能提供基本事实线索或相关证明材料的举报,住房城乡建设主管部门应予受理,并为举报单位或个人保密。

第九条　住房城乡建设主管部门之间应当建立资质申报中弄虚作假行为的协查机制。协助核查的主管部门应当予以配合,并在规定时限内书面反馈核查情况。

第十条　住房城乡建设主管部门应在 20 个工作日内完成对涉嫌申报资质中弄虚作假企业的核查,可要求被核查企业提供相关材料;核查期间,暂不予做出该申报行政许可决定,核查时间不计入审批时限。

第十一条　因涉嫌在资质申报过程中弄虚作假被核查的企业,应积极配合相关部门核查。

第十二条　对资质申报中弄虚作假的企业,住房城乡建设主管部门按照行政审批权限依法给予警告,并作如下处理:

(一)企业新申请资质时弄虚作假的,不批准其资质申请,企业在一年内不得再次申请该项资质;

(二)企业在资质升级、增项申请中弄虚作假的,不批准其资质申请,企业在一年内不得再次申请该项资质升级、增项;

(三)企业在资质延续申请中弄虚作假的,不予延续;企业按低一等级资质或缩小原资质范围重新申请核定资质,并一年内不得申请该项资质升级、增项。

第十三条　对弄虚作假取得资质的企业,住房城乡建设主管部门依法给予行政处罚并撤销其相应资质,且自撤销资质之日起三年内不得申请该项资质。

第十四条　被核查企业拒绝配合调查,或未在规定时限内提供相应反映真实情况说明材料的,不批准其资质申报。

第十五条　受住房城乡建设部委托进行核查的省级住房城乡建设主管部门,逾期未上报核查结果的,住房城乡建设部给予通报批评,且不批准被核查企业的资质申请。

第十六条　对参与企业资质申报弄虚作假或为企业提供虚假证明的有关单位或个人,住房城乡建设主管部门给予通报批评或抄报有关部门依法进行处理。

第十七条　对参与企业资质申报弄虚作假的住房城乡建设主管部门及其工作人员,依法由其上级行政机关或者监察机关责令改正,对直接负责的主管人员和其他直接责任人员依法给予行政处分。

第十八条　住房城乡建设主管部门将企业资质申报中的弄虚作假行为作为企业或个人不良行为在全国诚信信息平台予以发布。

第十九条　本办法自发布之日起施行,原《对工程勘察、设计、施工、监理和招标代理企业资质申报中弄虚作假行为的处理办法》(建市〔2002〕40号)同时废止。

2. 专业技术人员

中华人民共和国注册建筑师条例

· 1995年9月23日中华人民共和国国务院令第184号发布
· 根据2019年4月23日《国务院关于修改部分行政法规的决定》修订

第一章　总　则

第一条　为了加强对注册建筑师的管理,提高建筑设计质量与水平,保障公民生命和财产安全,维护社会公共利益,制定本条例。

第二条　本条例所称注册建筑师,是指依法取得注册建筑师证书并从事房屋建筑设计及相关业务的人员。

注册建筑师分为一级注册建筑师和二级注册建筑师。

第三条　注册建筑师的考试、注册和执业,适用本条例。

第四条　国务院建设行政主管部门、人事行政主管部门和省、自治区、直辖市人民政府建设行政主管部门、人事行政主管部门依照本条例的规定对注册建筑师的考试、注册和执业实施指导和监督。

第五条　全国注册建筑师管理委员会和省、自治区、直辖市注册建筑师管理委员会,依照本条例的规定负责注册建筑师的考试和注册的具体工作。

全国注册建筑师管理委员会由国务院建设行政主管部门、人事行政主管部门、其他有关行政主管部门的代表和建筑设计专家组成。

省、自治区、直辖市注册建筑师管理委员会由省、自治区、直辖市建设行政主管部门、人事行政主管部门、其他有关行政主管部门的代表和建筑设计专家组成。

第六条　注册建筑师可以组建注册建筑师协会,维护会员的合法权益。

第二章　考试和注册

第七条　国家实行注册建筑师全国统一考试制度。

注册建筑师全国统一考试办法,由国务院建设行政主管部门会同国务院人事行政主管部门商国务院其他有关行政主管部门共同制定,由全国注册建筑师管理委员会组织实施。

第八条　符合下列条件之一的,可以申请参加一级注册建筑师考试:

(一)取得建筑学硕士以上学位或者相近专业工学博士学位,并从事建筑设计或者相关业务2年以上的;

(二)取得建筑学学士学位或者相近专业工学硕士学位,并从事建筑设计或者相关业务3年以上的;

(三)具有建筑学专业大学本科毕业学历并从事建筑设计或者相关业务5年以上的,或者具有建筑学相近专业大学本科毕业学历并从事建筑设计或者相关业务7年以上的;

(四)取得高级工程师技术职称并从事建筑设计或者相关业务3年以上的,或者取得工程师技术职称并从事建筑设计或者相关业务5年以上的;

(五)不具有前四项规定的条件,但设计成绩突出,经全国注册建筑师管理委员会认定达到前四项规定的专业水平的。

前款第三项至第五项规定的人员应当取得学士学位。

第九条　符合下列条件之一的,可以申请参加二级注册建筑师考试:

(一)具有建筑学或者相近专业大学本科毕业以上学历,从事建筑设计或者相关业务2年以上的;

(二)具有建筑设计技术专业或者相近专业大专毕业以上学历,并从事建筑设计或者相关业务3年以上的;

(三)具有建筑设计技术专业4年制中专毕业学历,并从事建筑设计或者相关业务5年以上的;

(四)具有建筑设计技术相近专业中专毕业学历,并从事建筑设计或者相关业务7年以上的;

(五)取得助理工程师以上技术职称,并从事建筑设计或者相关业务3年以上的。

第十条　本条例施行前已取得高级、中级技术职称的建筑设计人员,经所在单位推荐,可以按照注册建筑师全国统一考试办法的规定,免予部分科目的考试。

第十一条　注册建筑师考试合格,取得相应的注册建筑师资格的,可以申请注册。

第十二条　一级注册建筑师的注册,由全国注册建筑师管理委员会负责;二级注册建筑师的注册,由省、自治区、直辖市注册建筑师管理委员会负责。

第十三条　有下列情形之一的,不予注册:

(一)不具有完全民事行为能力的;

(二)因受刑事处罚,自刑罚执行完毕之日起至申请注册之日止不满5年的;

(三)因在建筑设计或者相关业务中犯有错误受行政处罚或者撤职以上行政处分,自处罚、处分决定之日起至申请注册之日止不满2年的;

(四)受吊销注册建筑师证书的行政处罚,自处罚决定之日起至申请注册之日止不满5年的;

(五)有国务院规定不予注册的其他情形的。

第十四条　全国注册建筑师管理委员会和省、自治区、直辖市注册建筑师管理委员会依照本条例第十三条的规定,决定不予注册的,应当自决定之日起15日内书面通知申请人;申请人有异议的,可以自收到通知之日起15日内向国务院建设行政主管部门或者省、自治区、直辖市人民政府建设行政主管部门申请复议。

第十五条　全国注册建筑师管理委员会应当将准予注册的一级注册建筑师名单报国务院建设行政主管部门备案;省、自治区、直辖市注册建筑师管理委员会应当将准予注册的二级注册建筑师名单报省、自治区、直辖市人民政府建设行政主管部门备案。

国务院建设行政主管部门或者省、自治区、直辖市人民政府建设行政主管部门发现有关注册建筑师管理委员会的注册不符合本条例规定的,应当通知有关注册建筑师管理委员会撤销注册,收回注册建筑师证书。

第十六条　准予注册的申请人,分别由全国注册建筑师管理委员会和省、自治区、直辖市注册建筑师管理委员会核发由国务院建设行政主管部门统一制作的一级注册建筑师证书或者二级注册建筑师证书。

第十七条　注册建筑师注册的有效期为2年。有效期届满需要继续注册的,应当在期满前30日内办理注册手续。

第十八条　已取得注册建筑师证书的人员,除本条例第十五条第二款规定的情形外,注册后有下列情形之一的,由准予注册的全国注册建筑师管理委员会或者省、自治区、直辖市注册建筑师管理委员会撤销注册,收回注册建筑师证书:

(一)完全丧失民事行为能力的;

(二)受刑事处罚的;

(三)因在建筑设计或者相关业务中犯有错误,受到行政处罚或者撤职以上行政处分的;

(四)自行停止注册建筑师业务满2年的。

被撤销注册的当事人对撤销注册、收回注册建筑师证书有异议的,可以自接到撤销注册、收回注册建筑师证书的通知之日起15日内向国务院建设行政主管部门或者省、自治区、直辖市人民政府建设行政主管部门申请复议。

第十九条　被撤销注册的人员可以依照本条例的规定重新注册。

第三章　执　　业

第二十条　注册建筑师的执业范围:

(一)建筑设计;

(二)建筑设计技术咨询;

(三)建筑物调查与鉴定;

(四)对本人主持设计的项目进行施工指导和监督;

(五)国务院建设行政主管部门规定的其他业务。

第二十一条　注册建筑师执行业务,应当加入建筑设计单位。

建筑设计单位的资质等级及其业务范围,由国务院建设行政主管部门规定。

第二十二条　一级注册建筑师的执业范围不受建筑规模和工程复杂程度的限制。二级注册建筑师的执业范围不得超越国家规定的建筑规模和工程复杂程度。

第二十三条　注册建筑师执行业务,由建筑设计单位统一接受委托并统一收费。

第二十四条　因设计质量造成的经济损失,由建筑设计单位承担赔偿责任;建筑设计单位有权向签字的注册建筑师追偿。

第四章　权利和义务

第二十五条　注册建筑师有权以注册建筑师的名义执行注册建筑师业务。

非注册建筑师不得以注册建筑师的名义执行注册建筑师业务。二级注册建筑师不得以一级注册建筑师的名义执行业务,也不得超越国家规定的二级注册建筑师的执业范围执行业务。

第二十六条　国家规定的一定跨度、跨径和高度以上的房屋建筑,应当由注册建筑师进行设计。

第二十七条　任何单位和个人修改注册建筑师的设计图纸,应当征得该注册建筑师同意;但是,因特殊情况不能征得该注册建筑师同意的除外。

第二十八条　注册建筑师应当履行下列义务:

(一)遵守法律、法规和职业道德,维护社会公共利益;

(二)保证建筑设计的质量,并在其负责的设计图纸

上签字;

(三)保守在执业中知悉的单位和个人的秘密;

(四)不得同时受聘于二个以上建筑设计单位执行业务;

(五)不得准许他人以本人名义执行业务。

第五章　法律责任

第二十九条　以不正当手段取得注册建筑师考试合格资格或者注册建筑师证书的,由全国注册建筑师管理委员会或者省、自治区、直辖市注册建筑师管理委员会取消考试合格资格或者吊销注册建筑师证书;对负有直接责任的主管人员和其他直接责任人员,依法给予行政处分。

第三十条　未经注册擅自以注册建筑师名义从事注册建筑师业务的,由县级以上人民政府建设行政主管部门责令停止违法活动,没收违法所得,并可以处以违法所得 5 倍以下的罚款;造成损失的,应当承担赔偿责任。

第三十一条　注册建筑师违反本条例规定,有下列行为之一的,由县级以上人民政府建设行政主管部门责令停止违法活动,没收违法所得,并可以处以违法所得 5 倍以下的罚款;情节严重的,可以责令停止执行业务或者由全国注册建筑师管理委员会或者省、自治区、直辖市注册建筑师管理委员会吊销注册建筑师证书:

(一)以个人名义承接注册建筑师业务、收取费用的;

(二)同时受聘于二个以上建筑设计单位执行业务的;

(三)在建筑设计或者相关业务中侵犯他人合法权益的;

(四)准许他人以本人名义执行业务的;

(五)二级注册建筑师以一级注册建筑师的名义执行业务或者超越国家规定的执业范围执行业务的。

第三十二条　因建筑设计质量不合格发生重大责任事故,造成重大损失的,对该建筑设计负有直接责任的注册建筑师,由县级以上人民政府建设行政主管部门责令停止执行业务;情节严重的,由全国注册建筑师管理委员会或者省、自治区、直辖市注册建筑师管理委员会吊销注册建筑师证书。

第三十三条　违反本条例规定,未经注册建筑师同意擅自修改其设计图纸的,由县级以上人民政府建设行政主管部门责令纠正;造成损失的,应当承担赔偿责任。

第三十四条　违反本条例规定,构成犯罪的,依法追究刑事责任。

第六章　附　则

第三十五条　本条例所称建筑设计单位,包括专门从事建筑设计的工程设计单位和其他从事建筑设计的工程设计单位。

第三十六条　外国人申请参加中国注册建筑师全国统一考试和注册以及外国建筑师申请在中国境内执行注册建筑师业务,按照对等原则办理。

第三十七条　本条例自发布之日起施行。

中华人民共和国注册建筑师条例实施细则

·2008 年 1 月 29 日建设部令第 167 号发布
·自 2008 年 3 月 15 日起施行

第一章　总　则

第一条　根据《中华人民共和国行政许可法》和《中华人民共和国注册建筑师条例》(以下简称《条例》),制定本细则。

第二条　中华人民共和国境内注册建筑师的考试、注册、执业、继续教育和监督管理,适用本细则。

第三条　注册建筑师,是指经考试、特许、考核认定取得中华人民共和国注册建筑师执业资格证书(以下简称执业资格证书),或者经资格互认方式取得建筑师互认资格证书(以下简称互认资格证书),并按照本细则注册,取得中华人民共和国注册建筑师注册证书(以下简称注册证书)和中华人民共和国注册建筑师执业印章(以下简称执业印章),从事建筑设计及相关业务活动的专业技术人员。

未取得注册证书和执业印章的人员,不得以注册建筑师的名义从事建筑设计及相关业务活动。

第四条　国务院建设主管部门、人事主管部门按职责分工对全国注册建筑师考试、注册、执业和继续教育实施指导和监督。

省、自治区、直辖市人民政府建设主管部门、人事主管部门按职责分工对本行政区域内注册建筑师考试、注册、执业和继续教育实施指导和监督。

第五条　全国注册建筑师管理委员会负责注册建筑师考试、一级注册建筑师注册、制定颁布注册建筑师有关标准以及相关国际交流等具体工作。

省、自治区、直辖市注册建筑师管理委员会负责本行政区域内注册建筑师考试、注册以及协助全国注册建筑师管理委员会选派专家等具体工作。

第六条　全国注册建筑师管理委员会委员由国务院

建设主管部门商人事主管部门聘任。

全国注册建筑师管理委员会由国务院建设主管部门、人事主管部门、其他有关主管部门的代表和建筑设计专家组成，设主任委员一名、副主任委员若干名。全国注册建筑师管理委员会秘书处设在建设部执业资格注册中心。全国注册建筑师管理委员会秘书处承担全国注册建筑师管理委员会的日常工作职责，并承担相应的法律责任。

省、自治区、直辖市注册建筑师管理委员会由省、自治区、直辖市人民政府建设主管部门商同级人事主管部门参照本条第一款、第二款规定成立。

第二章　考　试

第七条　注册建筑师考试分为一级注册建筑师考试和二级注册建筑师考试。注册建筑师考试实行全国统一考试，每年进行一次。遇特殊情况，经国务院建设主管部门和人事主管部门同意，可调整该年度考试次数。

注册建筑师考试由全国注册建筑师管理委员会统一部署，省、自治区、直辖市注册建筑师管理委员会组织实施。

第八条　一级注册建筑师考试内容包括：建筑设计前期工作、场地设计、建筑设计与表达、建筑结构、环境控制、建筑设备、建筑材料与构造、建筑经济、施工与设计业务管理、建筑法规等。上述内容分成若干科目进行考试。科目考试合格有效期为八年。

二级注册建筑师考试内容包括：场地设计、建筑设计与表达、建筑结构与设备、建筑法规、建筑经济与施工等。上述内容分成若干科目进行考试。科目考试合格有效期为四年。

第九条　《条例》第八条第（一）、（二）、（三）项，第九条第（一）项中所称相近专业，是指大学本科及以上建筑学的相近专业，包括城市规划、建筑工程和环境艺术等专业。

《条例》第九条第（二）项所称相近专业，是指大学专科建筑设计的相近专业，包括城乡规划、房屋建筑工程、风景园林、建筑装饰技术和环境艺术等专业。

《条例》第九条第（四）项所称相近专业，是指中等专科学校建筑设计技术的相近专业，包括工业与民用建筑、建筑装饰、城镇规划和村镇建设等专业。

《条例》第八条第（五）项所称设计成绩突出，是指获得国家或省部级优秀工程设计铜质或二等奖（建筑）及以上奖励。

第十条　申请参加注册建筑师考试者，可向省、自治区、直辖市注册建筑师管理委员会报名，经省、自治区、直辖市注册建筑师管理委员会审查，符合《条例》第八条或者第九条规定的，方可参加考试。

第十一条　经一级注册建筑师考试，在有效期内全部科目考试合格的，由全国注册建筑师管理委员会核发国务院建设主管部门和人事主管部门共同用印的一级注册建筑师执业资格证书。

经二级注册建筑师考试，在有效期内全部科目考试合格的，由省、自治区、直辖市注册建筑师管理委员会核发国务院建设主管部门和人事主管部门共同用印的二级注册建筑师执业资格证书。

自考试之日起，九十日内公布考试成绩；自考试成绩公布之日起，三十日内颁发执业资格证书。

第十二条　申请参加注册建筑师考试者，应当按规定向省、自治区、直辖市注册建筑师管理委员会交纳考务费和报名费。

第三章　注　册

第十三条　注册建筑师实行注册执业管理制度。取得执业资格证书或者互认资格证书的人员，必须经过注册方可以注册建筑师的名义执业。

第十四条　取得一级注册建筑师资格证书并受聘于一个相关单位的人员，应当通过聘用单位向单位工商注册所在地的省、自治区、直辖市注册建筑师管理委员会提出申请；省、自治区、直辖市注册建筑师管理委员会受理后提出初审意见，并将初审意见和申请材料报全国注册建筑师管理委员会审批；符合条件的，由全国注册建筑师管理委员会颁发一级注册建筑师注册证书和执业印章。

第十五条　省、自治区、直辖市注册建筑师管理委员会在收到申请人申请一级注册建筑师注册的材料后，应当即时作出是否受理的决定，并向申请人出具书面凭证；申请材料不齐全或者不符合法定形式的，应当在五日内一次性告知申请人需要补正的全部内容。逾期不告知的，自收到申请材料之日起即为受理。

对申请初始注册的，省、自治区、直辖市注册建筑师管理委员会应当自受理申请之日起二十日内审查完毕，并将申请材料和初审意见报全国注册建筑师管理委员会。全国注册建筑师管理委员会应当自收到省、自治区、直辖市注册建筑师管理委员会上报材料之日起，二十日内审批完毕并作出书面决定。

审查结果由全国注册建筑师管理委员会予以公示，公示时间为十日，公示时间不计算在审批时间内。

全国注册建筑师管理委员会自作出审批决定之日起

十日内,在公众媒体上公布审批结果。

对申请变更注册、延续注册的,省、自治区、直辖市注册建筑师管理委员会应当自受理申请之日起十日内审查完毕。全国注册建筑师管理委员会应当自收到省、自治区、直辖市注册建筑师管理委员会上报材料之日起,十五日内审批完毕并作出书面决定。

二级注册建筑师的注册办法由省、自治区、直辖市注册建筑师管理委员会依法制定。

第十六条　注册证书和执业印章是注册建筑师的执业凭证,由注册建筑师本人保管、使用。

注册建筑师由于办理延续注册、变更注册等原因,在领取新执业印章时,应当将原执业印章交回。

禁止涂改、倒卖、出租、出借或者以其他形式非法转让执业资格证书、互认资格证书、注册证书和执业印章。

第十七条　申请注册建筑师初始注册,应当具备以下条件:

(一)依法取得执业资格证书或者互认资格证书;

(二)只受聘于中华人民共和国境内的一个建设工程勘察、设计、施工、监理、招标代理、造价咨询、施工图审查、城乡规划编制等单位(以下简称聘用单位);

(三)近三年内在中华人民共和国境内从事建筑设计及相关业务一年以上;

(四)达到继续教育要求;

(五)没有本细则第二十一条所列的情形。

第十八条　初始注册者可以自执业资格证书签发之日起三年内提出申请。逾期未申请者,须符合继续教育的要求后方可申请初始注册。

初始注册需要提交下列材料:

(一)初始注册申请表;

(二)资格证书复印件;

(三)身份证明复印件;

(四)聘用单位资质证书副本复印件;

(五)与聘用单位签订的聘用劳动合同复印件;

(六)相应的业绩证明;

(七)逾期初始注册的,应当提交达到继续教育要求的证明材料。

第十九条　注册建筑师每一注册有效期为二年。注册建筑师注册有效期满需继续执业的,应在注册有效期届满三十日前,按照本细则第十五条规定的程序申请延续注册。延续注册有效期为二年。

延续注册需要提交下列材料:

(一)延续注册申请表;

(二)与聘用单位签订的聘用劳动合同复印件;

(三)注册期内达到继续教育要求的证明材料。

第二十条　注册建筑师变更执业单位,应当与原聘用单位解除劳动关系,并按照本细则第十五条规定的程序办理变更注册手续。变更注册后,仍延续原注册有效期。

原注册有效期届满在半年以内的,可以同时提出延续注册申请。准予延续的,注册有效期重新计算。

变更注册需要提交下列材料:

(一)变更注册申请表;

(二)新聘用单位资质证书副本的复印件;

(三)与新聘用单位签订的聘用劳动合同复印件;

(四)工作调动证明或者与原聘用单位解除聘用劳动合同的证明文件、劳动仲裁机构出具的解除劳动关系的仲裁文件、退休人员的退休证明复印件;

(五)在办理变更注册时提出延续注册申请的,还应当提交在本注册有效期内达到继续教育要求的证明材料。

第二十一条　申请人有下列情形之一的,不予注册:

(一)不具有完全民事行为能力的;

(二)申请在两个或者两个以上单位注册的;

(三)未达到注册建筑师继续教育要求的;

(四)因受刑事处罚,自刑事处罚执行完毕之日起至申请注册之日止不满五年的;

(五)因在建筑设计或者相关业务中犯有错误受行政处罚或者撤职以上行政处分,自处罚、处分决定之日起至申请之日止不满二年的;

(六)受吊销注册建筑师证书的行政处罚,自处罚决定之日起至申请注册之日止不满五年的;

(七)申请人的聘用单位不符合注册单位要求的;

(八)法律、法规规定不予注册的其他情形。

第二十二条　注册建筑师有下列情形之一的,其注册证书和执业印章失效:

(一)聘用单位破产的;

(二)聘用单位被吊销营业执照的;

(三)聘用单位相应资质证书被吊销或者撤回的;

(四)已与聘用单位解除聘用劳动关系的;

(五)注册有效期满且未延续注册的;

(六)死亡或者丧失民事行为能力的;

(七)其他导致注册失效的情形。

第二十三条　注册建筑师有下列情形之一的,由注册机关办理注销手续,收回注册证书和执业印章或公告注册证书和执业印章作废：

（一）有本细则第二十二条所列情形发生的；

（二）依法被撤销注册的；

（三）依法被吊销注册证书的；

（五）受刑事处罚的；

（六）法律、法规规定应当注销注册的其他情形。

注册建筑师有前款所列情形之一的，注册建筑师本人和聘用单位应当及时向注册机关提出注销注册申请；有关单位和个人有权向注册机关举报；县级以上地方人民政府建设主管部门或者有关部门应当及时告知注册机关。

第二十四条　被注销注册者或者不予注册者，重新具备注册条件的，可以按照本细则第十五条规定的程序重新申请注册。

第二十五条　高等学校（院）从事教学、科研并具有注册建筑师资格的人员，只能受聘于本校（院）所属建筑设计单位从事建筑设计，不得受聘于其他建筑设计单位。在受聘于本校（院）所属建筑设计单位工作期间，允许申请注册。获准注册的人员，在本校（院）所属建筑设计单位连续工作不得少于二年。具体办法由国务院建设主管部门商教育主管部门规定。

第二十六条　注册建筑师因遗失、污损注册证书或者执业印章，需要补办的，应当持在公众媒体上刊登的遗失声明的证明，或者污损的原注册证书和执业印章，向原注册机关申请补办。原注册机关应当在十日内办理完毕。

第四章　执　业

第二十七条　取得资格证书的人员，应当受聘于中华人民共和国境内的一个建设工程勘察、设计、施工、监理、招标代理、造价咨询、施工图审查、城乡规划编制等单位，经注册后方可从事相应的执业活动。

从事建筑工程设计执业活动的，应当受聘并注册于中华人民共和国境内一个具有工程设计资质的单位。

第二十八条　注册建筑师的执业范围具体为：

（一）建筑设计；

（二）建筑设计技术咨询；

（三）建筑物调查与鉴定；

（四）对本人主持设计的项目进行施工指导和监督；

（五）国务院建设主管部门规定的其他业务。

本条第一款所称建筑设计技术咨询包括建筑工程技术咨询，建筑工程招标、采购咨询，建筑工程项目管理，建筑工程设计文件及施工图审查，工程质量评估，以及国务院建设主管部门规定的其他建筑技术咨询业务。

第二十九条　一级注册建筑师的执业范围不受工程项目规模和工程复杂程度的限制。二级注册建筑师的执业范围只限于承担工程设计资质标准中建设项目设计规模划分表中规定的小型规模的项目。

注册建筑师的执业范围不得超越其聘用单位的业务范围。注册建筑师的执业范围与其聘用单位的业务范围不符时，个人执业范围服从聘用单位的业务范围。

第三十条　注册建筑师所在单位承担民用建筑设计项目，应当由注册建筑师任工程项目设计主持人或设计总负责人；工业建筑设计项目，须由注册建筑师任工程项目建筑专业负责人。

第三十一条　凡属工程设计资质标准中建筑工程建设项目设计规模划分表规定的工程项目，在建筑工程设计的主要文件（图纸）中，须由主持该项设计的注册建筑师签字并加盖其执业印章，方为有效。否则设计审查部门不予审查，建设单位不得报建，施工单位不准施工。

第三十二条　修改经注册建筑师签字盖章的设计文件，应当由原注册建筑师进行；因特殊情况，原注册建筑师不能进行修改的，可以由设计单位的法人代表书面委托其他符合条件的注册建筑师修改，并签字、加盖执业印章，对修改部分承担责任。

第三十三条　注册建筑师从事执业活动，由聘用单位接受委托并统一收费。

第五章　继续教育

第三十四条　注册建筑师在每一注册有效期内应当达到全国注册建筑师管理委员会制定的继续教育标准。继续教育作为注册建筑师逾期初始注册、延续注册、重新申请注册的条件之一。

第三十五条　继续教育分为必修课和选修课，在每一注册有效期内各为四十学时。

第六章　监督检查

第三十六条　国务院建设主管部门对注册建筑师注册执业活动实施统一的监督管理。县级以上地方人民政府建设主管部门负责对本行政区域内的注册建筑师注册执业活动实施监督管理。

第三十七条　建设主管部门履行监督检查职责时，有权采取下列措施：

（一）要求被检查的注册建筑师提供资格证书、注册证书、执业印章、设计文件（图纸）；

（二）进入注册建筑师聘用单位进行检查，查阅相关资料；

(三)纠正违反有关法律、法规和本细则及有关规范和标准的行为。

建设主管部门依法对注册建筑师进行监督检查时,应当将监督检查情况和处理结果予以记录,由监督检查人员签字后归档。

第三十八条　建设主管部门在实施监督检查时,应当有两名以上监督检查人员参加,并出示执法证件,不得妨碍注册建筑师正常的执业活动,不得谋取非法利益。

注册建筑师和其聘用单位对依法进行的监督检查应当协助与配合,不得拒绝或者阻挠。

第三十九条　注册建筑师及其聘用单位应当按照要求,向注册机关提供真实、准确、完整的注册建筑师信用档案信息。

注册建筑师信用档案应当包括注册建筑师的基本情况、业绩、良好行为、不良行为等内容。违法违规行为、被投诉举报处理、行政处罚等情况应当作为注册建筑师的不良行为记入其信用档案。

注册建筑师信用档案信息按照有关规定向社会公示。

第七章　法律责任

第四十条　隐瞒有关情况或者提供虚假材料申请注册的,注册机关不予受理,并由建设主管部门给予警告,申请人一年之内不得再次申请注册。

第四十一条　以欺骗、贿赂等不正当手段取得注册证书和执业印章的,由全国注册建筑师管理委员会或省、自治区、直辖市注册建筑师管理委员会撤销注册证书并收回执业印章,三年内不得再次申请注册,并由县级以上人民政府建设主管部门处以罚款。其中没有违法所得的,处以 1 万元以下罚款;有违法所得的处以违法所得 3 倍以下且不超过 3 万元的罚款。

第四十二条　违反本细则,未受聘并注册于中华人民共和国境内一个具有工程设计资质的单位,从事建筑工程设计执业活动的,由县级以上人民政府建设主管部门给予警告,责令停止违法活动,并可处以 1 万元以上 3 万元以下的罚款。

第四十三条　违反本细则,未办理变更注册而继续执业的,由县级以上人民政府建设主管部门责令限期改正;逾期未改正的,可处以 5000 元以下的罚款。

第四十四条　违反本细则,涂改、倒卖、出租、出借或者以其他形式非法转让执业资格证书、互认资格证书、注册证书和执业印章的,由县级以上人民政府建设主管部门责令改正,其中没有违法所得的,处以 1 万元以下罚款;有违法所得的处以违法所得 3 倍以下且不超过 3 万元的罚款。

第四十五条　违反本细则,注册建筑师或者其聘用单位未按照要求提供注册建筑师信用档案信息的,由县级以上人民政府建设主管部门责令限期改正;逾期未改正的,可处以 1000 元以上 1 万元以下的罚款。

第四十六条　聘用单位为申请人提供虚假注册材料的,由县级以上人民政府建设主管部门给予警告,责令限期改正;逾期未改正的,可处以 1 万元以上 3 万元以下的罚款。

第四十七条　有下列情形之一的,全国注册建筑师管理委员会或者省、自治区、直辖市注册建筑师管理委员可以撤销其注册:

(一)全国注册建筑师管理委员会或者省、自治区、直辖市注册建筑师管理委员的工作人员滥用职权、玩忽职守颁发注册证书和执业印章的;

(二)超越法定职权颁发注册证书和执业印章的;

(三)违反法定程序颁发注册证书和执业印章的;

(四)对不符合法定条件的申请人颁发注册证书和执业印章的;

(五)依法可以撤销注册的其他情形。

第四十八条　县级以上人民政府建设主管部门、人事主管部门及全国注册建筑师管理委员会或者省、自治区、直辖市注册建筑师管理委员的工作人员,在注册建筑师管理工作中,有下列情形之一的,依法给予处分;构成犯罪的,依法追究刑事责任:

(一)对不符合法定条件的申请人颁发执业资格证书、注册证书和执业印章的;

(二)对符合法定条件的申请人不予颁发执业资格证书、注册证书和执业印章的;

(三)对符合法定条件的申请不予受理或者未在法定期限内初审完毕的;

(四)利用职务上的便利,收受他人财物或者其他好处的;

(五)不依法履行监督管理职责,或者发现违法行为不予查处的。

第八章　附　则

第四十九条　注册建筑师执业资格证书由国务院人事主管部门统一制作;一级注册建筑师注册证书、执业印章和互认资格证书由全国注册建筑师管理委员会统一制作;二级注册建筑师注册证书和执业印章由省、自治区、直辖市注册建筑师管理委员会统一制作。

第五十条　香港特别行政区、澳门特别行政区、台湾地区的专业技术人员按照国家有关规定和有关协议，报名参加全国统一考试和申请注册。

外籍专业技术人员参加全国统一考试按照对等原则办理；申请建筑师注册的，其所在国应当已与中华人民共和国签署双方建筑师对等注册协议。

第五十一条　本细则自 2008 年 3 月 15 日起施行。1996 年 7 月 1 日建设部颁布的《中华人民共和国注册建筑师条例实施细则》（建设部令第 52 号）同时废止。

监理工程师职业资格制度规定

- 2020 年 2 月 28 日
- 建人规〔2020〕3 号

第一章　总　则

第一条　为确保建设工程质量，保护人民生命和财产安全，充分发挥监理工程师对施工质量、建设工期和建设资金使用等方面的监督作用，根据《中华人民共和国建筑法》《建设工程质量管理条例》等有关法律法规和国家职业资格制度有关规定，制定本规定。

第二条　本规定所称监理工程师，是指通过职业资格考试取得中华人民共和国监理工程师职业资格证书，并经注册后从事建设工程监理及相关业务活动的专业技术人员。

第三条　国家设置监理工程师准入类职业资格，纳入国家职业资格目录。

凡从事工程监理活动的单位，应当配备监理工程师。

监理工程师英文译为 Supervising Engineer。

第四条　住房和城乡建设部、交通运输部、水利部、人力资源社会保障部共同制定监理工程师职业资格制度，并按照职责分工分别负责监理工程师职业资格制度的实施与监管。

各省、自治区、直辖市住房和城乡建设、交通运输、水利、人力资源社会保障行政主管部门，按照职责分工负责本行政区域内监理工程师职业资格制度的实施与监管。

第二章　考　试

第五条　监理工程师职业资格考试全国统一大纲、统一命题、统一组织。

第六条　监理工程师职业资格考试设置基础科目和专业科目。

第七条　住房和城乡建设部牵头组织，交通运输部、水利部参与，拟定监理工程师职业资格考试基础科目的考试大纲，组织监理工程师基础科目命审题工作。

住房和城乡建设部、交通运输部、水利部按照职责分工分别负责拟定监理工程师职业资格考试专业科目的考试大纲，组织监理工程师专业科目命审题工作。

第八条　人力资源社会保障部负责审定监理工程师职业资格考试科目和考试大纲，负责监理工程师职业资格考试考务工作，并会同住房和城乡建设部、交通运输部、水利部对监理工程师职业资格考试工作进行指导、监督、检查。

第九条　人力资源社会保障部会同住房和城乡建设部、交通运输部、水利部确定监理工程师职业资格考试合格标准。

第十条　凡遵守中华人民共和国宪法、法律、法规，具有良好的业务素质和道德品行，具备下列条件之一者，可以申请参加监理工程师职业资格考试：

（一）具有各工程大类专业大学专科学历（或高等职业教育），从事工程施工、监理、设计等业务工作满 6 年；

（二）具有工学、管理科学与工程类专业大学本科学历或学位，从事工程施工、监理、设计等业务工作满 4 年；

（三）具有工学、管理科学与工程一级学科硕士学位或专业学位，从事工程施工、监理、设计等业务工作满 2 年；

（四）具有工学、管理科学与工程一级学科博士学位。

经批准同意开展试点的地区，申请参加监理工程师职业资格考试的，应当具有大学本科及以上学历或学位。

第十一条　监理工程师职业资格考试合格者，由各省、自治区、直辖市人力资源社会保障行政主管部门颁发中华人民共和国监理工程师职业资格证书（或电子证书）。该证书由人力资源社会保障部统一印制，住房和城乡建设部、交通运输部、水利部按专业类别分别与人力资源社会保障部用印，在全国范围内有效。

第十二条　各省、自治区、直辖市人力资源社会保障行政主管部门会同住房和城乡建设、交通运输、水利行政主管部门应加强学历、从业经历等监理工程师职业资格考试资格条件的审核。对以贿赂、欺骗等不正当手段取得监理工程师职业资格证书的，按照国家专业技术人员资格考试违纪违规行为处理规定进行处理。

第三章　注　册

第十三条　国家对监理工程师职业资格实行执业注册管理制度。取得监理工程师职业资格证书且从事工程监理及相关业务活动的人员，经注册方可以监理工程师名义执业。

第十四条　住房和城乡建设部、交通运输部、水利部按照职责分工,制定相应监理工程师注册管理办法并监督执行。

住房和城乡建设部、交通运输部、水利部按专业类别分别负责监理工程师注册及相关工作。

第十五条　经批准注册的申请人,由住房和城乡建设部、交通运输部、水利部分别核发《中华人民共和国监理工程师注册证》(或电子证书)。

第十六条　监理工程师执业时应持注册证书和执业印章。注册证书、执业印章样式以及注册证书编号规则由住房和城乡建设部会同交通运输部、水利部统一制定。执业印章由监理工程师按照统一规定自行制作。注册证书和执业印章由监理工程师本人保管和使用。

第十七条　住房和城乡建设部、交通运输部、水利部按照职责分工建立监理工程师注册管理信息平台,保持通用数据标准统一。住房和城乡建设部负责归集全国监理工程师注册信息,促进监理工程师注册、执业和信用信息互通共享。

第十八条　住房和城乡建设部、交通运输部、水利部负责建立完善监理工程师的注册和退出机制,对以不正当手段取得注册证书等违法违规行为,依照注册管理的有关规定撤销其注册证书。

第四章　执　业

第十九条　监理工程师在工作中,必须遵纪守法,恪守职业道德和从业规范,诚信执业,主动接受有关部门的监督检查,加强行业自律。

第二十条　住房和城乡建设部、交通运输部、水利部按照职责分工建立健全监理工程师诚信体系,制定相关规章制度或从业标准规范,并指导监督信用评价工作。

第二十一条　监理工程师不得同时受聘于两个或两个以上单位执业,不得允许他人以本人名义执业,严禁"证书挂靠"。出租出借注册证书的,依据相关法律法规进行处罚;构成犯罪的,依法追究刑事责任。

第二十二条　监理工程师依据职责开展工作,在本人执业活动中形成的工程监理文件上签章,并承担相应责任。监理工程师的具体执业范围由住房和城乡建设部、交通运输部、水利部按照职责另行制定。

第二十三条　监理工程师未执行法律、法规和工程建设强制性标准实施监理,造成质量安全事故的,依据相关法律法规进行处罚;构成犯罪的,依法追究刑事责任。

第二十四条　取得监理工程师注册证书的人员,应当按照国家专业技术人员继续教育的有关规定接受继续教育,更新专业知识,提高业务水平。

第五章　附　则

第二十五条　本规定施行之前取得的公路水运工程监理工程师资格证书以及水利工程建设监理工程师资格证书,效用不变;按有关规定,通过人力资源社会保障部、住房和城乡建设部组织的全国统一考试,取得的监理工程师执业资格证书与本规定中监理工程师职业资格证书效用等同。

第二十六条　专业技术人员取得监理工程师职业资格,可认定其具备工程师职称,并可作为申报高一级职称的条件。

第二十七条　本规定自印发之日起施行。

监理工程师职业资格考试实施办法

·2020 年 2 月 28 日
·建人规〔2020〕3 号

第一条　住房和城乡建设部、交通运输部、水利部、人力资源社会保障部共同委托人力资源社会保障部人事考试中心承担监理工程师职业资格考试的具体考务工作。住房和城乡建设部、交通运输部、水利部可分别委托具备相应能力的单位承担监理工程师职业资格考试工作的命题、审题和主观试题阅卷等具体工作。

各省、自治区、直辖市住房和城乡建设、交通运输、水利、人力资源社会保障行政主管部门共同负责本地区监理工程师职业资格考试组织工作,具体职责分工由各地协商确定。

第二条　监理工程师职业资格考试设《建设工程监理基本理论和相关法规》《建设工程合同管理》《建设工程目标控制》《建设工程监理案例分析》4 个科目。其中《建设工程监理基本理论和相关法规》《建设工程合同管理》为基础科目,《建设工程目标控制》《建设工程监理案例分析》为专业科目。

第三条　监理工程师职业资格考试专业科目分为土木建筑工程、交通运输工程、水利工程 3 个专业类别,考生在报名时可根据实际工作需要选择。其中,土木建筑工程专业由住房和城乡建设部负责;交通运输工程专业由交通运输部负责;水利工程专业由水利部负责。

第四条　监理工程师职业资格考试分 4 个半天进行。

第五条　监理工程师职业资格考试成绩实行4年为一个周期的滚动管理办法,在连续的4个考试年度内通过全部考试科目,方可取得监理工程师职业资格证书。

第六条　已取得监理工程师一种专业职业资格证书的人员,报名参加其它专业科目考试的,可免考基础科目。考试合格后,核发人力资源社会保障部门统一印制的相应专业考试合格证明。该证明作为注册时增加执业专业类别的依据。免考基础科目和增加专业类别的人员,专业科目成绩按照2年为一个周期滚动管理。

第七条　具备以下条件之一的,参加监理工程师职业资格考试可免考基础科目:

(一)已取得公路水运工程监理工程师资格证书;

(二)已取得水利工程建设监理工程师资格证书。

申请免考部分科目的人员在报名时应提供相应材料。

第八条　符合监理工程师职业资格考试报名条件的报考人员,按当地人事考试机构规定的程序和要求完成报名。参加考试人员凭准考证和有效证件在指定的日期、时间和地点参加考试。

中央和国务院各部门所属单位、中央管理企业的人员按属地原则报名参加考试。

第九条　考点原则上设在直辖市、自治区首府和省会城市的大、中专院校或者高考定点学校。

监理工程师职业资格考试原则上每年一次。

第十条　坚持考试与培训分开的原则。凡参与考试工作(包括命题、审题与组织管理等)的人员,不得参加考试,也不得参加或者举办与考试内容相关的培训工作。应考人员参加培训坚持自愿原则。

第十一条　考试实施机构及其工作人员,应当严格执行国家人事考试工作人员纪律规定和考试工作的各项规章制度,遵守考试工作纪律,切实做好从考试试题的命制到使用等各环节的安全保密工作,严防泄密。

第十二条　对违反考试工作纪律和有关规定的人员,按照国家专业技术人员资格考试违纪违规行为处理规定处理。

第十三条　参加原监理工程师执业资格考试并在有效期内的合格成绩有效期顺延,按照4年为一个周期管理。《建设工程监理基本理论和相关法规》《建设工程合同管理》《建设工程质量、投资、进度控制》《建设工程监理案例分析》科目合格成绩分别对应《建设工程监理基本理论和相关法规》《建设工程合同管理》《建设工程目标控制》《建设工程监理案例分析》科目。

第十四条　本办法自印发之日起施行。

注册建造师执业管理办法(试行)

· 2008年2月26日
· 建市〔2008〕48号

第一条　为规范注册建造师执业行为,提高工程项目管理水平,保证工程质量和安全,依据《中华人民共和国建筑法》《建设工程质量管理条例》《建设工程安全生产管理条例》《注册建造师管理规定》及相关法律、法规,制订本办法。

第二条　中华人民共和国境内注册建造师从事建设工程施工管理活动的监督管理,适用本办法。

第三条　国务院建设主管部门对全国注册建造师的执业活动实施统一监督管理;国务院铁路、交通、水利、信息产业、民航等有关部门按照国务院规定的职责分工,对全国相关专业注册建造师执业活动实施监督管理。

县级以上地方人民政府建设主管部门对本行政区域内注册建造师执业活动实施监督管理;县级以上地方人民政府交通、水利、通信等有关部门在各自职责范围内,对本行政区域内相关专业注册建造师执业活动实施监督管理。

第四条　注册建造师应当在其注册证书所注明的专业范围内从事建设工程施工管理活动,具体执业按照本办法附件《注册建造师执业工程范围》执行。未列入或新增工程范围由国务院建设主管部门会同国务院有关部门另行规定。

第五条　大中型工程施工项目负责人必须由本专业注册建造师担任。一级注册建造师可担任大、中、小型工程施工项目负责人,二级注册建造师可以承担中、小型工程施工项目负责人。

各专业大、中、小型工程分类标准按《关于印发〈注册建造师执业工程规模标准〉(试行)的通知》(建市〔2007〕171号)执行。

第六条　一级注册建造师可在全国范围内以一级注册建造师名义执业。

通过二级建造师资格考核认定,或参加全国统考取得二级建造师资格证书并经注册人员,可在全国范围内以二级注册建造师名义执业。

工程所在地各级建设主管部门和有关部门不得增设或者变相设置跨地区承揽工程项目执业准入条件。

第七条　担任施工项目负责人的注册建造师应当按照国家法律法规、工程建设强制性标准组织施工,保证工程施工符合国家有关质量、安全、环保、节能等有关规定。

第八条　担任施工项目负责人的注册建造师,应当按照国家劳动用工有关规定,规范项目劳动用工管理,切实保障劳务人员合法权益。

第九条　注册建造师不得同时担任两个及以上建设工程施工项目负责人。发生下列情形之一的除外:

(一)同一工程相邻分段发包或分期施工的;

(二)合同约定的工程验收合格的;

(三)因非承包方原因致使工程项目停工超过120天(含),经建设单位同意的。

第十条　注册建造师担任施工项目负责人期间原则上不得更换。如发生下列情形之一的,应当办理书面交接手续后更换施工项目负责人:

(一)发包方与注册建造师受聘企业已解除承包合同的;

(二)发包方同意更换项目负责人的;

(三)因不可抗力等特殊情况必须更换项目负责人的。

建设工程合同履行期间变更项目负责人的,企业应当于项目负责人变更5个工作日内报建设行政主管部门和有关部门及时进行网上变更。

第十一条　注册建造师担任施工项目负责人,在其承建的建设工程项目竣工验收或移交项目手续办结前,除第十条规定的情形外,不得变更注册至另一企业。

第十二条　担任建设工程施工项目负责人的注册建造师应当按《关于印发〈注册建造师施工管理签章文件目录〉(试行)的通知》(建市[2008]42号)和配套表格要求,在建设工程施工管理相关文件上签字并加盖执业印章,签章文件作为工程竣工备案的依据。

省级人民政府建设行政主管部门可根据本地实际情况,制定担任施工项目负责人的注册建造师签章文件补充目录。

第十三条　担任建设工程施工项目负责人的注册建造师对其签署的工程管理文件承担相应责任。注册建造师签章完整的工程施工管理文件方为有效。

注册建造师有权拒绝在不合格或者有弄虚作假内容的建设工程施工管理文件上签字并加盖执业印章。

第十四条　担任建设工程施工项目负责人的注册建造师在执业过程中,应当及时、独立完成建设工程施工管理文件签章,无正当理由不得拒绝在文件上签字并加盖执业印章。

担任工程项目技术、质量、安全等岗位的注册建造师,是否在有关文件上签章,由企业根据实际情况自行规定。

第十五条　建设工程合同包含多个专业工程的,担任施工项目负责人的注册建造师,负责该工程施工管理文件签章。

专业工程独立发包时,注册建造师执业范围涵盖该专业工程的,可担任该专业工程施工项目负责人。

分包工程施工管理文件应当由分包企业注册建造师签章。分包企业签署质量合格的文件上,必须由担任总包项目负责人的注册建造师签章。

第十六条　因续期注册、企业名称变更或印章污损遗失不能及时盖章的,经注册建造师聘用企业出具书面证明后,可先在规定文件上签字后补盖执业印章,完成签章手续。

第十七条　修改注册建造师签字并加盖执业印章的工程施工管理文件,应当征得所在企业同意后,由注册建造师本人进行修改;注册建造师本人不能进行修改的,应当由企业指定同等资格条件的注册建造师修改,并由其签字并加盖执业印章。

第十八条　注册建造师应当通过企业按规定及时申请办理变更注册、续期注册等相关手续。多专业注册的注册建造师,其中一个专业注册期满仍需以该专业继续执业和以其他专业执业的,应当及时办理续期注册。

注册建造师变更聘用企业的,应当在与新聘用企业签订聘用合同后的1个月内,通过新聘用企业申请办理变更手续。

因变更注册申报不及时影响注册建造师执业、导致工程项目出现损失的,由注册建造师所在聘用企业承担责任,并作为不良行为记入企业信用档案。

第十九条　聘用企业与注册建造师解除劳动关系的,应当及时申请办理注销注册或变更注册。聘用企业与注册建造师解除劳动合同关系后无故不办理注销注册或变更注册的,注册建造师可向省级建设主管部门申请注销注册证书和执业印章。

注册建造师要求注销注册或变更注册的,应当提供与原聘用企业解除劳动关系的有效证明材料。建设主管部门经向原聘用企业核实,聘用企业在7日内没有提供书面反对意见和相关证明材料的,应予办理注销注册或变更注册。

第二十条　监督管理部门履行监督检查职责时,有权采取下列措施:

(一)要求被检查人员出示注册证书和执业印章;

(二)要求被检查人员所在聘用企业提供有关人员签署的文件及相关业务文档;

（三）就有关问题询问签署文件的人员；

（四）纠正违反有关法律、法规、本规定及工程标准规范的行为；

（五）提出依法处理的意见和建议。

第二十一条　监督管理部门在对注册建造师执业活动进行监督检查时，不得妨碍被检查单位的正常生产经营活动，不得索取或者收受财物，谋取任何利益。

有关单位和个人对依法进行的监督检查应当协助与配合，不得拒绝或者阻挠。

注册建造师注册证书和执业印章由本人保管，任何单位（发证机关除外）和个人不得扣押注册建造师注册证书或执业印章。

第二十二条　注册建造师不得有下列行为：

（一）不按设计图纸施工；

（二）使用不合格建筑材料；

（三）使用不合格设备、建筑构配件；

（四）违反工程质量、安全、环保和用工方面的规定；

（五）在执业过程中，索贿、行贿、受贿或者谋取合同约定费用外的其他不法利益；

（六）签署弄虚作假或在不合格文件上签章的；

（七）以他人名义或允许他人以自己的名义从事执业活动；

（八）同时在两个或者两个以上企业受聘并执业；

（九）超出执业范围和聘用企业业务范围从事执业活动；

（十）未变更注册单位，而在另一家企业从事执业活动；

（十一）所负责工程未办理竣工验收或移交手续前，变更注册到另一企业；

（十二）伪造、涂改、倒卖、出租、出借或以其他形式非法转让资格证书，注册证书和执业印章；

（十三）不履行注册建造师义务和法律、法规、规章禁止的其他行为。

第二十三条　建设工程发生质量、安全、环境事故时，担任该施工项目负责人的注册建造师应当按照有关法律法规规定的事故处理程序及时向企业报告，并保护事故现场，不得隐瞒。

第二十四条　任何单位和个人可向注册建造师注册所在地或项目所在地县级以上地方人民政府建设主管部门和有关部门投诉、举报注册建造师的违法、违规行为，并提交相应材料。

第二十五条　注册建造师违法从事相关活动的，违法行为发生地县级以上地方人民政府建设主管部门或有关部门应当依法查处，并将违法事实、处理结果告知注册机关；依法应当撤销注册的，应当将违法事实、处理建议及有关材料报注册机关，注册机关或有关部门应当在7个工作日内作出处理，并告知行为发生地人民政府建设行政主管部门或有关部门。

注册建造师异地执业的，工程所在地省级人民政府建设主管部门应当将处理建议转交注册建造师注册所在地省级人民政府建设主管部门，注册所在地省级人民政府建设主管部门应当在14个工作日内作出处理，并告知工程所在地省级人民政府建设行政主管部门。

对注册建造师违法行为的处理结果通过中国建造师网（www.coc.gov.cn）向社会公告。不良行为处罚、信息登录、使用、保管、时效和撤销权限等另行规定。

第二十六条　国务院建设主管部门负责建立并完善全国网络信息平台，省级人民政府建设行政主管部门负责注册建造师本地执业状态信息收集、整理，通过中国建造师网（www.coc.gov.cn）向社会实时发布。

注册建造师执业状态信息包括工程基本情况、良好行为、不良行为等内容。注册建造师应当在开工前、竣工验收、工程款结算后3日内按照《注册建造师信用档案管理办法》要求，通过中国建造师网向注册机关提供真实、准确、完整的注册建造师信用档案信息。信息报送应当及时、全面和真实，并作为延续注册的依据。

县级以上地方人民政府建设主管部门和有关部门应当按照统一的诚信标准和管理办法，负责对本地区、本部门担任工程项目负责人的注册建造师诚信行为进行检查、记录，同时将不良行为记录信息按照管理权限及时采集信息并报送上级建设主管部门。

第二十七条　注册建造师有下列行为之一，经有关监督部门确认后由工程所在地建设主管部门或有关部门记入注册建造师执业信用档案：

（一）第二十二条所列行为；

（二）未履行注册建造师职责造成质量、安全、环境事故的；

（三）泄露商业秘密的；

（四）无正当理由拒绝或未及时签字盖章的；

（五）未按要求提供注册建造师信用档案信息的；

（六）未履行注册建造师职责造成不良社会影响的；

（七）未履行注册建造师职责导致项目未能及时交付使用的；

（八）不配合办理交接手续的；

（九）不积极配合有关部门监督检查的。

第二十八条　小型工程施工项目负责人任职条件和小型工程管理办法由各省、自治区、直辖市人民政府建设行政主管部门会同有关部门根据本地实际情况规定。

第二十九条　本办法自发布之日起施行。

注册建造师管理规定

· 2006 年 12 月 28 日建设部令第 153 号发布
· 根据 2016 年 9 月 13 日《住房城乡建设部关于修改〈勘察设计注册工程师管理规定〉等 11 个部门规章的决定》修订

第一章　总　则

第一条　为了加强对注册建造师的管理，规范注册建造师的执业行为，提高工程项目管理水平，保证工程质量和安全，依据《建筑法》、《行政许可法》、《建设工程质量管理条例》等法律、行政法规，制定本规定。

第二条　中华人民共和国境内注册建造师的注册、执业、继续教育和监督管理，适用本规定。

第三条　本规定所称注册建造师，是指通过考核认定或考试合格取得中华人民共和国建造师资格证书（以下简称资格证书），并按照本规定注册，取得中华人民共和国建造师注册证书（以下简称注册证书）和执业印章，担任施工单位项目负责人及从事相关活动的专业技术人员。

未取得注册证书和执业印章的，不得担任大中型建设工程项目的施工单位项目负责人，不得以注册建造师的名义从事相关活动。

第四条　国务院住房城乡建设主管部门对全国注册建造师的注册、执业活动实施统一监督管理；国务院铁路、交通、水利、信息产业、民航等有关部门按照国务院规定的职责分工，对全国有关专业工程注册建造师的执业活动实施监督管理。

县级以上地方人民政府住房城乡建设主管部门对本行政区域内的注册建造师的注册、执业活动实施监督管理；县级以上地方人民政府交通、水利、通信等有关部门在各自职责范围内，对本行政区域内有关专业工程注册建造师的执业活动实施监督管理。

第二章　注　册

第五条　注册建造师实行注册执业管理制度，注册建造师分为一级注册建造师和二级注册建造师。

取得资格证书的人员，经过注册方能以注册建造师的名义执业。

第六条　申请初始注册时应当具备以下条件：

（一）经考核认定或考试合格取得资格证书；

（二）受聘于一个相关单位；

（三）达到继续教育要求；

（四）没有本规定第十五条所列情形。

第七条　取得一级建造师资格证书并受聘于一个建设工程勘察、设计、施工、监理、招标代理、造价咨询等单位的人员，应当通过聘用单位提出注册申请，并可以向单位工商注册所在地的省、自治区、直辖市人民政府住房城乡建设主管部门提交申请材料。

省、自治区、直辖市人民政府住房城乡建设主管部门收到申请材料后，应当在 5 日内将全部申请材料报国务院住房城乡建设主管部门审批。

国务院住房城乡建设主管部门在收到申请材料后，应当依法作出是否受理的决定，并出具凭证；申请材料不齐全或者不符合法定形式的，应当在 5 日内一次性告知申请人需要补正的全部内容。逾期不告知的，自收到申请材料之日起即为受理。

涉及铁路、公路、港口与航道、水利水电、通信与广电、民航专业的，国务院住房城乡建设主管部门应当将全部申报材料送同级有关部门审核。符合条件的，由国务院住房城乡建设主管部门核发《中华人民共和国一级建造师注册证书》，并核定执业印章编号。

第八条　对申请初始注册的，国务院住房城乡建设主管部门应当自受理之日起 20 日内作出审批决定。自作出决定之日起 10 日内公告审批结果。国务院有关部门收到国务院住房城乡建设主管部门移送的申请材料后，应当在 10 日内审核完毕，并将审核意见送国务院住房城乡建设主管部门。

对申请变更注册、延续注册的，国务院住房城乡建设主管部门应当自受理之日起 10 日内作出审批决定。自作出决定之日起 10 日内公告审批结果。国务院有关部门收到国务院住房城乡建设主管部门移送的申请材料后，应当在 5 日内审核完毕，并将审核意见送国务院住房城乡建设主管部门。

第九条　取得二级建造师资格证书的人员申请注册，由省、自治区、直辖市人民政府住房城乡建设主管部门负责受理和审批，具体审批程序由省、自治区、直辖市人民政府住房城乡建设主管部门依法确定。对批准注册的，核发由国务院住房城乡建设主管部门统一样式的《中华人民共和国二级建造师注册证书》和执业印章，并在核发证书后 30 日内送国务院住房城乡建设主管部门备案。

第十条　注册证书和执业印章是注册建造师的执业凭证,由注册建造师本人保管、使用。

注册证书与执业印章有效期为 3 年。

一级注册建造师的注册证书由国务院住房城乡建设主管部门统一印制,执业印章由国务院住房城乡建设主管部门统一样式,省、自治区、直辖市人民政府住房城乡建设主管部门组织制作。

第十一条　初始注册者,可自资格证书签发之日起 3 年内提出申请。逾期未申请者,须符合本专业继续教育的要求后方可申请初始注册。

申请初始注册需要提交下列材料:

(一)注册建造师初始注册申请表;

(二)资格证书、学历证书和身份证明复印件;

(三)申请人与聘用单位签订的聘用劳动合同复印件或其他有效证明文件;

(四)逾期申请初始注册的,应当提供达到继续教育要求的证明材料。

第十二条　注册有效期满需继续执业的,应当在注册有效期届满 30 日前,按照第七条、第八条的规定申请延续注册。延续注册的,有效期为 3 年。

申请延续注册的,应当提交下列材料:

(一)注册建造师延续注册申请表;

(二)原注册证书;

(三)申请人与聘用单位签订的聘用劳动合同复印件或其他有效证明文件;

(四)申请人注册有效期内达到继续教育要求的证明材料。

第十三条　在注册有效期内,注册建造师变更执业单位,应当与原聘用单位解除劳动关系,并按照第七条、第八条的规定办理变更注册手续,变更注册后仍延续原注册有效期。

申请变更注册的,应当提交下列材料:

(一)注册建造师变更注册申请表;

(二)注册证书和执业印章;

(三)申请人与新聘用单位签订的聘用合同复印件或有效证明文件;

(四)工作调动证明(与原聘用单位解除聘用合同或聘用合同到期的证明文件、退休人员的退休证明)。

第十四条　注册建造师需要增加执业专业的,应当按照第七条的规定申请专业增项注册,并提供相应的资格证明。

第十五条　申请人有下列情形之一的,不予注册:

(一)不具有完全民事行为能力的;

(二)申请在两个或者两个以上单位注册的;

(三)未达到注册建造师继续教育要求的;

(四)受到刑事处罚,刑事处罚尚未执行完毕的;

(五)因执业活动受到刑事处罚,自刑事处罚执行完毕之日起至申请注册之日止不满 5 年的;

(六)因前项规定以外的原因受到刑事处罚,自处罚决定之日起至申请注册之日止不满 3 年的;

(七)被吊销注册证书,自处罚决定之日起至申请注册之日止不满 2 年的;

(八)在申请注册之日前 3 年内担任项目经理期间,所负责项目发生过重大质量和安全事故的;

(九)申请人的聘用单位不符合注册单位要求的;

(十)年龄超过 65 周岁的;

(十一)法律、法规规定不予注册的其他情形。

第十六条　注册建造师有下列情形之一的,其注册证书和执业印章失效:

(一)聘用单位破产的;

(二)聘用单位被吊销营业执照的;

(三)聘用单位被吊销或者撤回资质证书的;

(四)已与聘用单位解除聘用合同关系的;

(五)注册有效期满且未延续注册的;

(六)年龄超过 65 周岁的;

(七)死亡或不具有完全民事行为能力的;

(八)其他导致注册失效的情形。

第十七条　注册建造师有下列情形之一的,由注册机关办理注销手续,收回注册证书和执业印章或者公告注册证书和执业印章作废:

(一)有本规定第十六条所列情形发生的;

(二)依法被撤销注册的;

(三)依法被吊销注册证书的;

(四)受到刑事处罚的;

(五)法律、法规规定应当注销注册的其他情形。

注册建造师有前款所列情形之一的,注册建造师本人和聘用单位应当及时向注册机关提出注销注册申请;有关单位和个人有权向注册机关举报;县级以上地方人民政府住房城乡建设主管部门或者有关部门应当及时告知注册机关。

第十八条　被注销注册或者不予注册的,在重新具备注册条件后,可按第七条、第八条规定重新申请注册。

第十九条　注册建造师因遗失、污损注册证书或执业印章,需要补办的,应当持在公众媒体上刊登的遗失声明的证明,向原注册机关申请补办。原注册机关应当在 5 日内办理完毕。

第三章　执　业

第二十条　取得资格证书的人员应当受聘于一个具有建设工程勘察、设计、施工、监理、招标代理、造价咨询等一项或者多项资质的单位,经注册后方可从事相应的执业活动。

担任施工单位项目负责人的,应当受聘并注册于一个具有施工资质的企业。

第二十一条　注册建造师的具体执业范围按照《注册建造师执业工程规模标准》执行。

注册建造师不得同时在两个及两个以上的建设工程项目上担任施工单位项目负责人。

注册建造师可以从事建设工程项目总承包管理或施工管理,建设工程项目管理服务,建设工程技术经济咨询,以及法律、行政法规和国务院住房城乡建设主管部门规定的其他业务。

第二十二条　建设工程施工活动中形成的有关工程施工管理文件,应当由注册建造师签字并加盖执业印章。

施工单位签署质量合格的文件上,必须有注册建造师的签字盖章。

第二十三条　注册建造师在每一个注册有效期内应当达到国务院住房城乡建设主管部门规定的继续教育要求。

继续教育分为必修课和选修课,在每一注册有效期内各为 60 学时。经继续教育达到合格标准的,颁发继续教育合格证书。

继续教育的具体要求由国务院住房城乡建设主管部门会同国务院有关部门另行规定。

第二十四条　注册建造师享有下列权利:

(一)使用注册建造师名称;

(二)在规定范围内从事执业活动;

(三)在本人执业活动中形成的文件上签字并加盖执业印章;

(四)保管和使用本人注册证书、执业印章;

(五)对本人执业活动进行解释和辩护;

(六)接受继续教育;

(七)获得相应的劳动报酬;

(八)对侵犯本人权利的行为进行申述。

第二十五条　注册建造师应当履行下列义务:

(一)遵守法律、法规和有关管理规定,恪守职业道德;

(二)执行技术标准、规范和规程;

(三)保证执业成果的质量,并承担相应责任;

(四)接受继续教育,努力提高执业水准;

(五)保守在执业中知悉的国家秘密和他人的商业、技术等秘密;

(六)与当事人有利害关系的,应当主动回避;

(七)协助注册管理机关完成相关工作。

第二十六条　注册建造师不得有下列行为:

(一)不履行注册建造师义务;

(二)在执业过程中,索贿、受贿或者谋取合同约定费用外的其他利益;

(三)在执业过程中实施商业贿赂;

(四)签署有虚假记载等不合格的文件;

(五)允许他人以自己的名义从事执业活动;

(六)同时在两个或者两个以上单位受聘或者执业;

(七)涂改、倒卖、出租、出借或以其他形式非法转让资格证书、注册证书和执业印章;

(八)超出执业范围和聘用单位业务范围内从事执业活动;

(九)法律、法规、规章禁止的其他行为。

第四章　监督管理

第二十七条　县级以上人民政府住房城乡建设主管部门、其他有关部门应当依照有关法律、法规和本规定,对注册建造师的注册、执业和继续教育实施监督检查。

第二十八条　国务院住房城乡建设主管部门应当将注册建造师注册信息告知省、自治区、直辖市人民政府住房城乡建设主管部门。

省、自治区、直辖市人民政府住房城乡建设主管部门应当将注册建造师注册信息告知本行政区域内市、县、市辖区人民政府住房城乡建设主管部门。

第二十九条　县级以上人民政府住房城乡建设主管部门和有关部门履行监督检查职责时,有权采取下列措施:

(一)要求被检查人员出示注册证书;

(二)要求被检查人员所在聘用单位提供有关人员签署的文件及相关业务文档;

(三)就有关问题询问签署文件的人员;

(四)纠正违反有关法律、法规、本规定及工程标准规范的行为。

第三十条　注册建造师违法从事相关活动的,违法行为发生地县级以上地方人民政府住房城乡建设主管部门或者其他有关部门应当依法查处,并将违法事实、处理结果告知注册机关；依法应当撤销注册的，应当将违法事实、处理建议及有关材料报注册机关。

第三十一条 有下列情形之一的，注册机关依据职权或者根据利害关系人的请求，可以撤销注册建造师的注册：

（一）注册机关工作人员滥用职权、玩忽职守作出准予注册许可的；

（二）超越法定职权作出准予注册许可的；

（三）违反法定程序作出准予注册许可的；

（四）对不符合法定条件的申请人颁发注册证书和执业印章的；

（五）依法可以撤销注册的其他情形。

申请人以欺骗、贿赂等不正当手段获准注册的，应当予以撤销。

第三十二条 注册建造师及其聘用单位应当按照要求，向注册机关提供真实、准确、完整的注册建造师信用档案信息。

注册建造师信用档案应当包括注册建造师的基本情况、业绩、良好行为、不良行为等内容。违法违规行为、被投诉举报处理、行政处罚等情况应当作为注册建造师的不良行为记入其信用档案。

注册建造师信用档案信息按照有关规定向社会公示。

第五章　法律责任

第三十三条 隐瞒有关情况或者提供虚假材料申请注册的，住房城乡建设主管部门不予受理或者不予注册，并给予警告，申请人1年内不得再次申请注册。

第三十四条 以欺骗、贿赂等不正当手段取得注册证书的，由注册机关撤销其注册，3年内不得再次申请注册，并由县级以上地方人民政府住房城乡建设主管部门处以罚款。其中没有违法所得的，处以1万元以下的罚款；有违法所得的，处以违法所得3倍以下且不超过3万元的罚款。

第三十五条 违反本规定，未取得注册证书和执业印章，担任大中型建设工程项目施工单位项目负责人，或者以注册建造师的名义从事相关活动的，其所签署的工程文件无效，由县级以上地方人民政府住房城乡建设主管部门或者其他有关部门给予警告，责令停止违法活动，并可处以1万元以上3万元以下的罚款。

第三十六条 违反本规定，未办理变更注册而继续执业的，由县级以上地方人民政府住房城乡建设主管部门或者其他有关部门责令限期改正；逾期不改正的，可处

以5000元以下的罚款。

第三十七条 违反本规定，注册建造师在执业活动中有第二十六条所列行为之一的，由县级以上地方人民政府住房城乡建设主管部门或者其他有关部门给予警告，责令改正，没有违法所得的，处以1万元以下的罚款；有违法所得的，处以违法所得3倍以下且不超过3万元的罚款。

第三十八条 违反本规定，注册建造师或者其聘用单位未按照要求提供注册建造师信用档案信息的，由县级以上地方人民政府住房城乡建设主管部门或者其他有关部门责令限期改正；逾期未改正的，可处以1000元以上1万元以下的罚款。

第三十九条 聘用单位为申请人提供虚假注册材料的，由县级以上地方人民政府住房城乡建设主管部门或者其他有关部门给予警告，责令限期改正；逾期未改正的，可处以1万元以上3万元以下的罚款。

第四十条 县级以上人民政府住房城乡建设主管部门及其工作人员，在注册建造师管理工作中，有下列情形之一的，由其上级行政机关或者监察机关责令改正，对直接负责的主管人员和其他直接责任人员依法给予处分；构成犯罪的，依法追究刑事责任：

（一）对不符合法定条件的申请人准予注册的；

（二）对符合法定条件的申请人不予注册或者不在法定期限内作出准予注册决定的；

（三）对符合法定条件的申请不予受理或者未在法定期限内初审完毕的；

（四）利用职务上的便利，收受他人财物或者其他好处的；

（五）不依法履行监督管理职责或者监督不力，造成严重后果的。

第六章　附　则

第四十一条 本规定自2007年3月1日起施行。

注册监理工程师管理规定

·2006年1月26日建设部令第147号发布
·根据2016年9月13日《住房城乡建设部关于修改〈勘察设计注册工程师管理规定〉等11个部门规章的决定》修订

第一章　总　则

第一条 为了加强对注册监理工程师的管理，维护公共利益和建筑市场秩序，提高工程监理质量与水平，根据《中华人民共和国建筑法》、《建设工程质量管理条例》

等法律法规,制定本规定。

第二条　中华人民共和国境内注册监理工程师的注册、执业、继续教育和监督管理,适用本规定。

第三条　本规定所称注册监理工程师,是指经考试取得中华人民共和国监理工程师资格证书(以下简称资格证书),并按照本规定注册,取得中华人民共和国注册监理工程师注册执业证书(以下简称注册证书)和执业印章,从事工程监理及相关业务活动的专业技术人员。

未取得注册证书和执业印章的人员,不得以注册监理工程师的名义从事工程监理及相关业务活动。

第四条　国务院住房城乡建设主管部门对全国注册监理工程师的注册、执业活动实施统一监督管理。

县级以上地方人民政府住房城乡建设主管部门对本行政区域内的注册监理工程师的注册、执业活动实施监督管理。

第二章　注　册

第五条　注册监理工程师实行注册执业管理制度。

取得资格证书的人员,经过注册方能以注册监理工程师的名义执业。

第六条　注册监理工程师依据其所学专业、工作经历、工程业绩,按照《工程监理企业资质管理规定》划分的工程类别,按专业注册。每人最多可以申请两个专业注册。

第七条　取得资格证书的人员申请注册,由国务院住房城乡建设主管部门审批。

取得资格证书并受聘于一个建设工程勘察、设计、施工、监理、招标代理、造价咨询等单位的人员,应当通过聘用单位提出注册申请,并可以向单位工商注册所在地的省、自治区、直辖市人民政府住房城乡建设主管部门提交申请材料;省、自治区、直辖市人民政府住房城乡建设主管部门收到申请材料后,应当在 5 日内将全部申请材料报审批部门。

第八条　国务院住房城乡建设主管部门在收到申请材料后,应当依法作出是否受理的决定,并出具凭证;申请材料不齐全或者不符合法定形式的,应当在 5 日内一次性告知申请人需要补正的全部内容。逾期不告知的,自收到申请材料之日起即为受理。

对申请初始注册的,国务院住房城乡建设主管部门应当自受理申请之日起 20 日内审批完毕并作出书面决定。自作出决定之日起 10 日内公告审批结果。

对申请变更注册、延续注册的,国务院住房城乡建设主管部门应当自受理申请之日起 10 日内审批完毕并作

出书面决定。

符合条件的,由国务院住房城乡建设主管部门核发注册证书,并核定执业印章编号。对不予批准的,应当说明理由,并告知申请人享有依法申请行政复议或者提起行政诉讼的权利。

第九条　注册证书和执业印章是注册监理工程师的执业凭证,由注册监理工程师本人保管、使用。

注册证书和执业印章的有效期为 3 年。

第十条　初始注册者,可自资格证书签发之日起 3 年内提出申请。逾期未申请者,须符合继续教育的要求后方可申请初始注册。

申请初始注册,应当具备以下条件:

(一)经全国注册监理工程师执业资格统一考试合格,取得资格证书;

(二)受聘于一个相关单位;

(三)达到继续教育要求;

(四)没有本规定第十三条所列情形。

初始注册需要提交下列材料:

(一)申请人的注册申请表;

(二)申请人的资格证书和身份证复印件;

(三)申请人与聘用单位签订的聘用劳动合同复印件;

(四)所学专业、工作经历、工程业绩、工程类中级及中级以上职称证书等有关证明材料;

(五)逾期初始注册的,应当提供达到继续教育要求的证明材料。

第十一条　注册监理工程师每一注册有效期为 3 年,注册有效期满需继续执业的,应当在注册有效期满 30 日前,按照本规定第七条规定的程序申请延续注册。延续注册有效期 3 年。延续注册需要提交下列材料:

(一)申请人延续注册申请表;

(二)申请人与聘用单位签订的聘用劳动合同复印件;

(三)申请人注册有效期内达到继续教育要求的证明材料。

第十二条　在注册有效期内,注册监理工程师变更执业单位,应当与原聘用单位解除劳动关系,并按本规定第七条规定的程序办理变更注册手续,变更注册后仍延续原注册有效期。

变更注册需要提交下列材料:

(一)申请人变更注册申请表;

(二)申请人与新聘用单位签订的聘用劳动合同复

印件；

（三）申请人的工作调动证明（与原聘用单位解除聘用劳动合同或者聘用劳动合同到期的证明文件、退休人员的退休证明）。

第十三条 申请人有下列情形之一的，不予初始注册、延续注册或者变更注册：

（一）不具有完全民事行为能力的；

（二）刑事处罚尚未执行完毕或者因从事工程监理或者相关业务受到刑事处罚，自刑事处罚执行完毕之日起至申请注册之日止不满2年的；

（三）未达到监理工程师继续教育要求的；

（四）在两个或者两个以上单位申请注册的；

（五）以虚假的职称证书参加考试并取得资格证书的；

（六）年龄超过65周岁的；

（七）法律、法规规定不予注册的其他情形。

第十四条 注册监理工程师有下列情形之一的，其注册证书和执业印章失效：

（一）聘用单位破产的；

（二）聘用单位被吊销营业执照的；

（三）聘用单位被吊销相应资质证书的；

（四）已与聘用单位解除劳动关系的；

（五）注册有效期满且未延续注册的；

（六）年龄超过65周岁的；

（七）死亡或者丧失行为能力的；

（八）其他导致注册失效的情形。

第十五条 注册监理工程师有下列情形之一的，负责审批的部门应当办理注销手续，收回注册证书和执业印章或者公告其注册证书和执业印章作废：

（一）不具有完全民事行为能力的；

（二）申请注销注册的；

（三）有本规定第十四条所列情形发生的；

（四）依法被撤销注册的；

（五）依法被吊销注册证书的；

（六）受到刑事处罚的；

（七）法律、法规规定应当注销注册的其他情形。

注册监理工程师有前款情形之一的，注册监理工程师本人和聘用单位应当及时向国务院住房城乡建设主管部门提出注销注册的申请；有关单位和个人有权向国务院住房城乡建设主管部门举报；县级以上地方人民政府住房城乡建设主管部门或者有关部门应当及时报告或者告知国务院住房城乡建设主管部门。

第十六条 被注销注册者或者不予注册者，在重新具备初始注册条件，并符合继续教育要求后，可以按照本规定第七条规定的程序重新申请注册。

第三章 执 业

第十七条 取得资格证书的人员，应当受聘于一个具有建设工程勘察、设计、施工、监理、招标代理、造价咨询等一项或者多项资质的单位，经注册后方可从事相应的执业活动。从事工程监理执业活动的，应当受聘并注册于一个具有工程监理资质的单位。

第十八条 注册监理工程师可以从事工程监理、工程经济与技术咨询、工程招标与采购咨询、工程项目管理服务以及国务院有关部门规定的其他业务。

第十九条 工程监理活动中形成的监理文件由注册监理工程师按照规定签字盖章后方可生效。

第二十条 修改经注册监理工程师签字盖章的工程监理文件，应当由该注册监理工程师进行；因特殊情况，该注册监理工程师不能进行修改的，应当由其他注册监理工程师修改，并签字、加盖执业印章，对修改部分承担责任。

第二十一条 注册监理工程师从事执业活动，由所在单位接受委托并统一收费。

第二十二条 因工程监理事故及相关业务造成的经济损失，聘用单位应当承担赔偿责任；聘用单位承担赔偿责任后，可依法向负有过错的注册监理工程师追偿。

第四章 继续教育

第二十三条 注册监理工程师在每一注册有效期内应当达到国务院住房城乡建设主管部门规定的继续教育要求。继续教育作为注册监理工程师逾期初始注册、延续注册和重新申请注册的条件之一。

第二十四条 继续教育分为必修课和选修课，在每一注册有效期内各为48学时。

第五章 权利和义务

第二十五条 注册监理工程师享有下列权利：

（一）使用注册监理工程师称谓；

（二）在规定范围内从事执业活动；

（三）依据本人能力从事相应的执业活动；

（四）保管和使用本人的注册证书和执业印章；

（五）对本人执业活动进行解释和辩护；

（六）接受继续教育；

（七）获得相应的劳动报酬；

（八）对侵犯本人权利的行为进行申诉。

第二十六条　注册监理工程师应当履行下列义务：

（一）遵守法律、法规和有关管理规定；

（二）履行管理职责，执行技术标准、规范和规程；

（三）保证执业活动成果的质量，并承担相应责任；

（四）接受继续教育，努力提高执业水准；

（五）在本人执业活动所形成的工程监理文件上签字、加盖执业印章；

（六）保守在执业中知悉的国家秘密和他人的商业、技术秘密；

（七）不得涂改、倒卖、出租、出借或者以其他形式非法转让注册证书或者执业印章；

（八）不得同时在两个或者两个以上单位受聘或者执业；

（九）在规定的执业范围和聘用单位业务范围内从事执业活动；

（十）协助注册管理机构完成相关工作。

第六章　法律责任

第二十七条　隐瞒有关情况或者提供虚假材料申请注册的，住房城乡建设主管部门不予受理或者不予注册，并给予警告，1 年之内不得再次申请注册。

第二十八条　以欺骗、贿赂等不正当手段取得注册证书的，由国务院住房城乡建设主管部门撤销其注册，3 年内不得再次申请注册，并由县级以上地方人民政府住房城乡建设主管部门处以罚款，其中没有违法所得的，处以 1 万元以下罚款，有违法所得的，处以违法所得 3 倍以下且不超过 3 万元的罚款；构成犯罪的，依法追究刑事责任。

第二十九条　违反本规定，未经注册，擅自以注册监理工程师的名义从事工程监理及相关业务活动的，由县级以上地方人民政府住房城乡建设主管部门给予警告，责令停止违法行为，处以 3 万元以下罚款；造成损失的，依法承担赔偿责任。

第三十条　违反本规定，未办理变更注册仍执业的，由县级以上地方人民政府住房城乡建设主管部门给予警告，责令限期改正；逾期不改的，可处以 5000 元以下的罚款。

第三十一条　注册监理工程师在执业活动中有下列行为之一的，由县级以上地方人民政府住房城乡建设主管部门给予警告，责令其改正，没有违法所得的，处以 1 万元以下罚款，有违法所得的，处以违法所得 3 倍以下且不超过 3 万元的罚款；造成损失的，依法承担赔偿责任；构成犯罪的，依法追究刑事责任：

（一）以个人名义承接业务的；

（二）涂改、倒卖、出租、出借或者以其他形式非法转让注册证书或者执业印章的；

（三）泄露执业中应当保守的秘密并造成严重后果的；

（四）超出规定执业范围或者聘用单位业务范围从事执业活动的；

（五）弄虚作假提供执业活动成果的；

（六）同时受聘于两个或者两个以上的单位，从事执业活动的；

（七）其他违反法律、法规、规章的行为。

第三十二条　有下列情形之一的，国务院住房城乡建设主管部门依据职权或者根据利害关系人的请求，可以撤销监理工程师注册：

（一）工作人员滥用职权、玩忽职守颁发注册证书和执业印章的；

（二）超越法定职权颁发注册证书和执业印章的；

（三）违反法定程序颁发注册证书和执业印章的；

（四）对不符合法定条件的申请人颁发注册证书和执业印章的；

（五）依法可以撤销注册的其他情形。

第三十三条　县级以上人民政府住房城乡建设主管部门的工作人员，在注册监理工程师管理工作中，有下列情形之一的，依法给予处分；构成犯罪的，依法追究刑事责任：

（一）对不符合法定条件的申请人颁发注册证书和执业印章的；

（二）对符合法定条件的申请人不予颁发注册证书和执业印章的；

（三）对符合法定条件的申请人未在法定期限内颁发注册证书和执业印章的；

（四）对符合法定条件的申请不予受理或者未在法定期限内初审完毕的；

（五）利用职务上的便利，收受他人财物或者其他好处的；

（六）不依法履行监督管理职责，或者发现违法行为不予查处的。

第七章　附　则

第三十四条　注册监理工程师资格考试工作按照国务院住房城乡建设主管部门、国务院人事主管部门的有关规定执行。

第三十五条　香港特别行政区、澳门特别行政区、台湾地区及外籍专业技术人员,申请参加注册监理工程师注册和执业的管理办法另行制定。

第三十六条　本规定自 2006 年 4 月 1 日起施行。1992 年 6 月 4 日建设部颁布的《监理工程师资格考试和注册试行办法》(建设部令第 18 号)同时废止。

勘察设计注册工程师管理规定

· 2005 年 2 月 4 日建设部令第 137 号发布
· 根据 2016 年 9 月 13 日《住房城乡建设部关于修改〈勘察设计注册工程师管理规定〉等 11 个部门规章的决定》修订

第一章　总　则

第一条　为了加强对建设工程勘察、设计注册工程师的管理,维护公共利益和建筑市场秩序,提高建设工程勘察、设计质量与水平,依据《中华人民共和国建筑法》、《建设工程勘察设计管理条例》等法律法规,制定本规定。

第二条　中华人民共和国境内建设工程勘察设计注册工程师(以下简称注册工程师)的注册、执业、继续教育和监督管理,适用本规定。

第三条　本规定所称注册工程师,是指经考试取得中华人民共和国注册工程师资格证书(以下简称资格证书),并按照本规定注册,取得中华人民共和国注册工程师注册执业证书(以下简称注册证书)和执业印章,从事建设工程勘察、设计及有关业务活动的专业技术人员。

未取得注册证书及执业印章的人员,不得以注册工程师的名义从事建设工程勘察、设计及有关业务活动。

第四条　注册工程师按专业类别设置,具体专业划分由国务院住房城乡建设主管部门和人事主管部门商国务院有关部门制定。

除注册结构工程师分为一级和二级外,其他专业注册工程师不分级别。

第五条　国务院住房城乡建设主管部门对全国的注册工程师的注册、执业活动实施统一监督管理;国务院铁路、交通、水利等有关部门按照国务院规定的职责分工,负责全国有关专业工程注册工程师执业活动的监督管理。

县级以上地方人民政府住房城乡建设主管部门对本行政区域内的注册工程师的注册、执业活动实施监督管理;县级以上地方人民政府交通、水利等有关部门在各自的职责范围内,负责本行政区域内有关专业工程注册工程师执业活动的监督管理。

第二章　注　册

第六条　注册工程师实行注册执业管理制度。取得资格证书的人员,必须经过注册方能以注册工程师的名义执业。

第七条　取得资格证书的人员申请注册,由国务院住房城乡建设主管部门审批;其中涉及有关部门的专业注册工程师的注册,由国务院住房城乡建设主管部门和有关部门审批。

取得资格证书并受聘于一个建设工程勘察、设计、施工、监理、招标代理、造价咨询等单位的人员,应当通过聘用单位提出注册申请,并可以向单位工商注册所在地的省、自治区、直辖市人民政府住房城乡建设主管部门提交申请材料;省、自治区、直辖市人民政府住房城乡建设主管部门收到申请材料后,应当在 5 日内将全部申请材料报审批部门。

第八条　国务院住房城乡建设主管部门在收到申请材料后,应当依法作出是否受理的决定,并出具凭证;申请材料不齐全或者不符合法定形式的,应当在 5 日内一次性告知需要补正的全部内容。逾期不告知的,自收到申请材料之日起即为受理。

申请初始注册的,国务院住房城乡建设主管部门应当自受理之日起 20 日内审批完毕并作出书面决定。自作出决定之日起 10 日内公告审批结果。由国务院住房城乡建设主管部门和有关部门共同审批的,国务院有关部门应当在 15 日内审核完毕,并将审核意见报国务院住房城乡建设主管部门。

对申请变更注册、延续注册的,国务院住房城乡建设主管部门应当自受理之日起 10 日内审批完毕并作出书面决定。

符合条件的,由审批部门核发由国务院住房城乡建设主管部门统一制作、国务院住房城乡建设主管部门或者国务院住房城乡建设主管部门和有关部门共同用印的注册证书,并核定执业印章编号。对不予批准的,应当说明理由,并告知申请人享有依法申请行政复议或者提起行政诉讼的权利。

第九条　二级注册结构工程师的注册受理和审批,由省、自治区、直辖市人民政府住房城乡建设主管部门负责。

第十条　注册证书和执业印章是注册工程师的执业凭证,由注册工程师本人保管、使用。注册证书和执业印章的有效期为 3 年。

第十一条　初始注册者,可自资格证书签发之日起

3 年内提出申请。逾期未申请者,须符合本专业继续教育的要求后方可申请初始注册。

初始注册需要提交下列材料:

(一)申请人的注册申请表;

(二)申请人的资格证书复印件;

(三)申请人与聘用单位签订的聘用劳动合同复印件;

(四)逾期初始注册的,应提供达到继续教育要求的证明材料。

第十二条 注册工程师每一注册期为 3 年,注册期满需继续执业的,应在注册期满前 30 日,按照本规定第七条规定的程序申请延续注册。

延续注册需要提交下列材料:

(一)申请人延续注册申请表;

(二)申请人与聘用单位签订的聘用劳动合同复印件;

(三)申请人注册期内达到继续教育要求的证明材料。

第十三条 在注册有效期内,注册工程师变更执业单位,应与原聘用单位解除劳动关系,并按本规定第七条规定的程序办理变更注册手续,变更注册后仍延续原注册有效期。

变更注册需要提交下列材料:

(一)申请人变更注册申请表;

(二)申请人与新聘用单位签订的聘用劳动合同复印件;

(三)申请人的工作调动证明(或者与原聘用单位解除聘用劳动合同的证明文件、退休人员的退休证明)。

第十四条 注册工程师有下列情形之一的,其注册证书和执业印章失效:

(一)聘用单位破产的;

(二)聘用单位被吊销营业执照的;

(三)聘用单位相应资质证书被吊销的;

(四)已与聘用单位解除聘用劳动关系的;

(五)注册有效期满且未延续注册的;

(六)死亡或者丧失行为能力的;

(七)注册失效的其他情形。

第十五条 注册工程师有下列情形之一的,负责审批的部门应当办理注销手续,收回注册证书和执业印章或者公告其注册证书和执业印章作废:

(一)不具有完全民事行为能力的;

(二)申请注销注册的;

(三)有本规定第十四条所列情形发生的;

(四)依法被撤销注册的;

(五)依法被吊销注册证书的;

(六)受到刑事处罚的;

(七)法律、法规规定应当注销注册的其他情形。

注册工程师有前款情形之一的,注册工程师本人和聘用单位应当及时向负责审批的部门提出注销注册的申请;有关单位和个人有权向负责审批的部门举报;住房城乡建设主管部门和有关部门应当及时向负责审批的部门报告。

第十六条 有下列情形之一的,不予注册:

(一)不具有完全民事行为能力的;

(二)因从事勘察设计或者相关业务受到刑事处罚,自刑事处罚执行完毕之日起至申请注册之日止不满 2 年的;

(三)法律、法规规定不予注册的其他情形。

第十七条 被注销注册者或者不予注册者,在重新具备初始注册条件,并符合本专业继续教育要求后,可按照本规定第七条规定的程序重新申请注册。

第三章 执 业

第十八条 取得资格证书的人员,应受聘于一个具有建设工程勘察、设计、施工、监理、招标代理、造价咨询等一项或多项资质的单位,经注册后方可从事相应的执业活动。但从事建设工程勘察、设计执业活动的,应受聘并注册于一个具有建设工程勘察、设计资质的单位。

第十九条 注册工程师的执业范围:

(一)工程勘察或者本专业工程设计;

(二)本专业工程技术咨询;

(三)本专业工程招标、采购咨询;

(四)本专业工程的项目管理;

(五)对工程勘察或者本专业工程设计项目的施工进行指导和监督;

(六)国务院有关部门规定的其他业务。

第二十条 建设工程勘察、设计活动中形成的勘察、设计文件由相应专业注册工程师按照规定签字盖章后方可生效。各专业注册工程师签字盖章的勘察、设计文件种类及办法由国务院住房城乡建设主管部门会同有关部门规定。

第二十一条 修改经注册工程师签字盖章的勘察、设计文件,应当由该注册工程师进行;因特殊情况,该注册工程师不能进行修改的,应由同专业其他注册工程师修改,并签字、加盖执业印章,对修改部分承担责任。

第二十二条　注册工程师从事执业活动,由所在单位接受委托并统一收费。

第二十三条　因建设工程勘察、设计事故及相关业务造成的经济损失,聘用单位应承担赔偿责任;聘用单位承担赔偿责任后,可依法向负有过错的注册工程师追偿。

第四章　继续教育

第二十四条　注册工程师在每一注册期内应达到国务院住房城乡建设主管部门规定的本专业继续教育要求。继续教育作为注册工程师逾期初始注册、延续注册和重新申请注册的条件。

第二十五条　继续教育按照注册工程师专业类别设置,分为必修课和选修课,每注册期各为 60 学时。

第五章　权利和义务

第二十六条　注册工程师享有下列权利:

(一)使用注册工程师称谓;

(二)在规定范围内从事执业活动;

(三)依据本人能力从事相应的执业活动;

(四)保管和使用本人的注册证书和执业印章;

(五)对本人执业活动进行解释和辩护;

(六)接受继续教育;

(七)获得相应的劳动报酬;

(八)对侵犯本人权利的行为进行申诉。

第二十七条　注册工程师应当履行下列义务:

(一)遵守法律、法规和有关管理规定;

(二)执行工程建设标准规范;

(三)保证执业活动成果的质量,并承担相应责任;

(四)接受继续教育,努力提高执业水准;

(五)在本人执业活动所形成的勘察、设计文件上签字、加盖执业印章;

(六)保守在执业中知悉的国家秘密和他人的商业、技术秘密;

(七)不得涂改、出租、出借或者以其他形式非法转让注册证书或者执业印章;

(八)不得同时在两个或两个以上单位受聘或者执业;

(九)在本专业规定的执业范围和聘用单位业务范围内从事执业活动;

(十)协助注册管理机构完成相关工作。

第六章　法律责任

第二十八条　隐瞒有关情况或者提供虚假材料申请注册的,审批部门不予受理,并给予警告,一年之内不得再次申请注册。

第二十九条　以欺骗、贿赂等不正当手段取得注册证书的,由负责审批的部门撤销其注册,3 年内不得再次申请注册;并由县级以上人民政府住房城乡建设主管部门或者有关部门处以罚款,其中没有违法所得的,处以 1 万元以下的罚款;有违法所得的,处以违法所得 3 倍以下且不超过 3 万元的罚款;构成犯罪的,依法追究刑事责任。

第三十条　注册工程师在执业活动中有下列行为之一的,由县级以上人民政府住房城乡建设主管部门或者有关部门予以警告,责令其改正,没有违法所得的,处以 1 万元以下的罚款;有违法所得的,处以违法所得 3 倍以下且不超过 3 万元的罚款;造成损失的,应当承担赔偿责任;构成犯罪的,依法追究刑事责任:

(一)以个人名义承接业务的;

(二)涂改、出租、出借或者以形式非法转让注册证书或者执业印章的;

(三)泄露执业中应当保守的秘密并造成严重后果的;

(四)超出本专业规定范围或者聘用单位业务范围从事执业活动的;

(五)弄虚作假提供执业活动成果的;

(六)其他违反法律、法规、规章的行为。

第三十一条　有下列情形之一的,负责审批的部门或者其上级主管部门,可以撤销其注册:

(一)住房城乡建设主管部门或者有关部门的工作人员滥用职权、玩忽职守颁发注册证书和执业印章的;

(二)超越法定职权颁发注册证书和执业印章的;

(三)违反法定程序颁发注册证书和执业印章的;

(四)对不符合法定条件的申请人颁发注册证书和执业印章的;

(五)依法可以撤销注册的其他情形。

第三十二条　县级以上人民政府住房城乡建设主管部门及有关部门的工作人员,在注册工程师管理工作中,有下列情形之一的,依法给予行政处分;构成犯罪的,依法追究刑事责任:

(一)对不符合法定条件的申请人颁发注册证书和执业印章的;

(二)对符合法定条件的申请人不予颁发注册证书和执业印章的;

(三)对符合法定条件的申请人未在法定期限内颁发注册证书和执业印章的;

（四）利用职务上的便利，收受他人财物或者其他好处的；

（五）不依法履行监督管理职责，或者发现违法行为不予查处的。

第七章　附　则

第三十三条　注册工程师资格考试工作按照国务院住房城乡建设主管部门、国务院人事主管部门的有关规定执行。

第三十四条　香港特别行政区、澳门特别行政区、台湾地区及外籍专业技术人员，注册工程师注册和执业的管理办法另行制定。

第三十五条　本规定自 2005 年 4 月 1 日起施行。

注册结构工程师执业资格制度暂行规定

· 1997 年 9 月 1 日

· 建设〔1997〕222 号

第一章　总　则

第一条　为了加强对结构工程设计人员的管理，提高工程设计质量与水平，保障公众生命和财产安全，维护社会公共利益，根据执业资格制度的有关规定，制定本规定。

第二条　注册结构工程师资格制度纳入专业技术人员执业资格制度，由国家确认批准。

第三条　本规定所称注册结构工程师，是指取得中华人民共和国注册结构工程师执业资格证书和注册证书，从事房屋结构、桥梁结构及塔架结构等工程设计及相关业务的专业技术人员。

注册结构工程师分为一级注册结构工程师和二级注册结构工程师。

第四条　建设部、人事部和省、自治区、直辖市人民政府建设行政主管部门、人事行政主管部门依照本规定对注册结构工程师的考试、注册和执业实施指导、监督和管理。

第五条　全国注册结构工程师管理委员会由建设部、人事部和国务院有关部门的代表及工程设计专家组成。

省、自治区、直辖市可成立相应的注册结构工程师管理委员会。各级注册结构工程师管理委员会可依照本规定及建设部、人事部有关规定，负责或参与注册结构工程师的考试和注册等具体工作。

第二章　考试与注册

第六条　注册结构工程师考试实行全国统一大纲、统一命题、统一组织的办法，原则上每年举行一次。

第七条　建设部负责组织有关专家拟定考试大纲、组织命题，编写培训教材、组织考前培训等工作；人事部负责组织有关专家审定考试大纲和试题，会同有关部门组织考试并负责考务等工作。

第八条　一级注册结构工程师资格考试由基础考试和专业考试两部分组成。通过基础考试的人员，从事结构工程设计或相关业务满规定年限，方可申请参加专业考试。

一级注册结构工程师考试具体办法由建设部、人事部另行制定。

第九条　注册结构工程师资格考试合格者，由省、自治区、直辖市人事（职改）部门颁发人事部统一印制、加盖建设部和人事部印章的中华人民共和国注册结构工程师执业资格证书。

第十条　取得注册结构工程师执业资格证书者，要从事结构工程设计业务的，须申请注册。

第十一条　有下列情形之一的，不予注册：

（一）不具备完全民事行为能力的。

（二）因受刑事处罚，自处罚完毕之日起至申请注册之日止不满 5 年的。

（三）因在结构工程设计或相关业务中犯有错误受到行政处罚或者撤职以上行政处分，自处罚、处分决定之日起至申请注册之日止不满 2 年的。

（四）受吊销注册结构工程师注册证书处罚，自处罚决定之日起至申请注册之日止不满 5 年的。

（五）建设部和国务院有关部门规定不予注册的其他情形的。

第十二条　全国注册结构工程师管理委员和省、自治区、直辖市注册结构工程师管理委员依照本规定第十一条，决定不予注册的，应当自决定之日起 15 日内书面通知申请人。若有异议的，可自收到通知之日起 15 日内向建设部或各省、自治区、直辖市人民政府建设行政主管部门申请复议。

第十三条　各级注册结构工程师管理委员会按照职责分工应将准予注册的注册结构工程师名单报同级建设行政主管部门备案。

建设部或各省、自治区、直辖市人民政府建设行政主管部门发现有与注册规定不符的，应通知有关注册结构工程师管理委员会撤销注册。

第十四条　准予注册的申请人,分别由全国注册结构工程师管理委员会和省、自治区、直辖市注册结构工程师管理委员会核发由建设部统一制作的注册结构工程师注册证书。

第十五条　注册结构工程师注册有效期为2年,有效期届满需要继续注册的,应当在期满前30日内办理注册手续。

第十六条　注册结构工程师注册后,有下列情形之一的,由全国或省、自治区、直辖市注册结构工程师管理委员会撤销注册,收回注册证书:

(一)完全丧失民事行为能力的。

(二)受刑事处罚的。

(三)因在工程设计或者相关业务中造成工程事故,受到行政处罚或者撤职以上行政处分的。

(四)自行停止注册结构工程师业务满2年的。

被撤销注册的当事人对撤销注册有异议,可以自接到撤销注册通知之日起15日内向建设部或省、自治区、直辖市人民政府建设行政主管部门申请复议。

第十七条　被撤销注册的人员可依照本规定的要求重新注册。

第三章　执　业

第十八条　注册结构工程师的执业范围:

(一)结构工程设计;

(二)结构工程设计技术咨询;

(三)建筑物、构筑物、工程设施等调查和鉴定;

(四)对本人主持设计的项目进行施工指导和监督;

(五)建设部和国务院有关部门规定的其他业务。

一级注册结构工程师的执业范围不受工程规模及工程复杂程度的限制。

第十九条　注册结构工程师执行业务,应当加入一个勘察设计单位。

第二十条　注册结构工程师执行业务,由勘察设计单位统一接受委托并统一收费。

第二十一条　因结构设计质量造成的经济损失,由勘察设计单位承担赔偿责任;勘察设计单位有权向签字的注册结构工程师追偿。

第二十二条　注册结构工程师执业管理和处罚办法由建设部另行规定。

第四章　权利和义务

第二十三条　注册结构工程师有权以注册结构工程师的名义执行注册结构工程师业务。

非注册结构工程师不得以注册结构工程师的名义执行注册结构工程师业务。

第二十四条　国家规定的一定跨度、高度等以上的结构工程设计,应当由注册结构工程师主持设计。

第二十五条　任何单位和个人修改注册结构工程师的设计图纸,应当征得该注册结构工程师同意;但是因特殊情况不能征得该注册结构工程师同意的除外。

第二十六条　注册结构工程师应当履行下列义务:

(一)遵守法律、法规和职业道德,维护社会公众利益;

(二)保证工程设计的质量,并在其负责的设计图纸上签字盖章;

(三)保守在执业中知悉的单位和个人的秘密;

(四)不得同时受聘于二个以上勘察设计单位执行业务;

(五)不得准许他人以本人名义执行业务。

第二十七条　注册结构工程师按规定接受必要的继续教育,定期进行业务和法规培训,并作为重新注册的依据。

第五章　附　则

第二十八条　在全国实施注册结构工程师考试之前,对已经达到注册结构工程师资格水平的,可经考核认定,获得注册结构工程师资格。

考核认定办法由建设部、人事部另行制定。

第二十九条　外国人申请参加中国注册结构工程师全国统一考试和注册以及外国结构工程师申请在中国境内执行注册结构工程师业务,由国务院主管部门另行规定。

第三十条　二级注册结构工程师依照本规定的原则执行,具体实施办法由建设部、人事部另行制定。

第三十一条　本规定自发布之日起施行。本规定由建设部、人事部在各自的职责内负责解释。

建筑施工特种作业人员管理规定

·2008年4月18日
·建质〔2008〕75号

第一章　总　则

第一条　为加强对建筑施工特种作业人员的管理,防止和减少生产安全事故,根据《安全生产许可证条例》、《建筑起重机械安全监督管理规定》等法规规章,制定本规定。

第二条　建筑施工特种作业人员的考核、发证、从业和监督管理，适用本规定。

本规定所称建筑施工特种作业人员是指在房屋建筑和市政工程施工活动中，从事可能对本人、他人及周围设备设施的安全造成重大危害作业的人员。

第三条　建筑施工特种作业包括：

（一）建筑电工；

（二）建筑架子工；

（三）建筑起重信号司索工；

（四）建筑起重机械司机；

（五）建筑起重机械安装拆卸工；

（六）高处作业吊篮安装拆卸工；

（七）经省级以上人民政府建设主管部门认定的其他特种作业。

第四条　建筑施工特种作业人员必须经建设主管部门考核合格，取得建筑施工特种作业人员操作资格证书（以下简称"资格证书"），方可上岗从事相应作业。

第五条　国务院建设主管部门负责全国建筑施工特种作业人员的监督管理工作。

省、自治区、直辖市人民政府建设主管部门负责本行政区域内建筑施工特种作业人员的监督管理工作。

第二章　考　核

第六条　建筑施工特种作业人员的考核发证工作，由省、自治区、直辖市人民政府建设主管部门或其委托的考核发证机构（以下简称"考核发证机关"）负责组织实施。

第七条　考核发证机关应当在办公场所公布建筑施工特种作业人员申请条件、申请程序、工作时限、收费依据和标准等事项。

考核发证机关应当在考核前在机关网站或新闻媒体上公布考核科目、考核地点、考核时间和监督电话等事项。

第八条　申请从事建筑施工特种作业的人员，应当具备下列基本条件：

（一）年满 18 周岁且符合相关工种规定的年龄要求；

（二）经医院体检合格且无妨碍从事相应特种作业的疾病和生理缺陷；

（三）初中及以上学历；

（四）符合相应特种作业需要的其他条件。

第九条　符合本规定第八条规定的人员应当向本人户籍所在地或者从业所在地考核发证机关提出申请，并提交相关证明材料。

第十条　考核发证机关应当自收到申请人提交的申请材料之日起 5 个工作日内依法作出受理或者不予受理决定。

对于受理的申请，考核发证机关应当及时向申请人核发准考证。

第十一条　建筑施工特种作业人员的考核内容应当包括安全技术理论和实际操作。

考核大纲由国务院建设主管部门制定。

第十二条　考核发证机关应当自考核结束之日起 10 个工作日内公布考核成绩。

第十三条　考核发证机关对于考核合格的，应当自考核结果公布之日起 10 个工作日内颁发资格证书；对于考核不合格的，应当通知申请人并说明理由。

第十四条　资格证书应当采用国务院建设主管部门规定的统一样式，由考核发证机关编号后签发。资格证书在全国通用。

资格证书样式见附件一，编号规则见附件二。

第三章　从　业

第十五条　持有资格证书的人员，应当受聘于建筑施工企业或者建筑起重机械出租单位（以下简称用人单位），方可从事相应的特种作业。

第十六条　用人单位对于首次取得资格证书的人员，应当在其正式上岗前安排不少于 3 个月的实习操作。

第十七条　建筑施工特种作业人员应当严格按照安全技术标准、规范和规程进行作业，正确佩戴和使用安全防护用品，并按规定对作业工具和设备进行维护保养。

建筑施工特种作业人员应当参加年度安全教育培训或者继续教育，每年不得少于 24 小时。

第十八条　在施工中发生危及人身安全的紧急情况时，建筑施工特种作业人员有权立即停止作业或者撤离危险区域，并向施工现场专职安全生产管理人员和项目负责人报告。

第十九条　用人单位应当履行下列职责：

（一）与持有效资格证书的特种作业人员订立劳动合同；

（二）制定并落实本单位特种作业安全操作规程和有关安全管理制度；

（三）书面告知特种作业人员违章操作的危害；

（四）向特种作业人员提供齐全、合格的安全防护用品和安全的作业条件；

（五）按规定组织特种作业人员参加年度安全教育培训或者继续教育，培训时间不少于 24 小时；

（六）建立本单位特种作业人员管理档案；

（七）查处特种作业人员违章行为并记录在档；

（八）法律法规及有关规定明确的其他职责。

第二十条　任何单位和个人不得非法涂改、倒卖、出租、出借或者以其他形式转让资格证书。

第二十一条　建筑施工特种作业人员变动工作单位，任何单位和个人不得以任何理由非法扣押其资格证书。

第四章　延期复核

第二十二条　资格证书有效期为两年。有效期满需要延期的，建筑施工特种作业人员应当于期满前3个月内向原考核发证机关申请办理延期复核手续。延期复核合格的，资格证书有效期延期2年。

第二十三条　建筑施工特种作业人员申请延期复核，应当提交下列材料：

（一）身份证（原件和复印件）；

（二）体检合格证明；

（三）年度安全教育培训证明或者继续教育证明；

（四）用人单位出具的特种作业人员管理档案记录；

（五）考核发证机关规定提交的其他资料。

第二十四条　建筑施工特种作业人员在资格证书有效期内，有下列情形之一的，延期复核结果为不合格：

（一）超过相关工种规定年龄要求的；

（二）身体健康状况不再适应相应特种作业岗位的；

（三）对生产安全事故负有责任的；

（四）2年内违章操作记录达3次（含3次）以上的；

（五）未按规定参加年度安全教育培训或者继续教育的；

（六）考核发证机关规定的其他情形。

第二十五条　考核发证机关在收到建筑施工特种作业人员提交的延期复核资料后，应当根据以下情况分别作出处理：

（一）对于属于本规定第二十四条情形之一的，自收到延期复核资料之日起5个工作日内作出不予延期决定，并说明理由；

（二）对于提交资料齐全且无本规定第二十四条情形的，自受理之日起10个工作日内办理准予延期复核手续，并在证书上注明延期复核合格，并加盖延期复核专用章。

第二十六条　考核发证机关应当在资格证书有效期满前按本规定第二十五条作出决定；逾期未作出决定的，视为延期复核合格。

第五章　监督管理

第二十七条　考核发证机关应当制定建筑施工特种作业人员考核发证管理制度，建立本地区建筑施工特种作业人员档案。

县级以上地方人民政府建设主管部门应当监督检查建筑施工特种作业人员从业活动，查处违章作业行为并记录在档。

第二十八条　考核发证机关应当在每年年底向国务院建设主管部门报送建筑施工特种作业人员考核发证和延期复核情况的年度统计信息资料。

第二十九条　有下列情形之一的，考核发证机关应当撤销资格证书：

（一）持证人弄虚作假骗取资格证书或者办理延期复核手续的；

（二）考核发证机关工作人员违法核发资格证书的；

（三）考核发证机关规定应当撤销资格证书的其他情形。

第三十条　有下列情形之一的，考核发证机关应当注销资格证书：

（一）依法不予延期的；

（二）持证人逾期未申请办理延期复核手续的；

（三）持证人死亡或者不具有完全民事行为能力的；

（四）考核发证机关规定应当注销的其他情形。

第六章　附　则

第三十一条　省、自治区、直辖市人民政府建设主管部门可结合本地区实际情况制定实施细则，并报国务院建设主管部门备案。

第三十二条　本办法自2008年6月1日起施行。

附件：（略）

注册造价工程师管理办法

· 2006年12月25日建设部令第150号发布
· 根据2016年9月13日《住房城乡建设部关于修改〈勘察设计注册工程师管理规定〉等11个部门规章的决定》第一次修订
· 根据2020年2月19日《住房和城乡建设部关于修改〈工程造价咨询企业管理办法〉〈注册造价工程师管理办法〉的决定》第二次修订

第一章　总　则

第一条　为了加强对注册造价工程师的管理，规范注册造价工程师执业行为，维护社会公共利益，制定本办法。

第二条　中华人民共和国境内注册造价工程师的注

册、执业、继续教育和监督管理,适用本办法。

第三条　本办法所称注册造价工程师,是指通过土木建筑工程或者安装工程专业造价工程师职业资格考试取得造价工程师职业资格证书或者通过资格认定、资格互认,并按照本办法注册后,从事工程造价活动的专业人员。注册造价工程师分为一级注册造价工程师和二级注册造价工程师。

第四条　国务院住房城乡建设主管部门对全国注册造价工程师的注册、执业活动实施统一监督管理,负责实施全国一级注册造价工程师的注册,并负责建立全国统一的注册造价工程师注册信息管理平台;国务院有关专业部门按照国务院规定的职责分工,对本行业注册造价工程师的执业活动实施监督管理。

省、自治区、直辖市人民政府住房城乡建设主管部门对本行政区域内注册造价工程师的执业活动实施监督管理,并实施本行政区域二级注册造价工程师的注册。

第五条　工程造价行业组织应当加强造价工程师自律管理。

鼓励注册造价工程师加入工程造价行业组织。

第二章　注　册

第六条　注册造价工程师实行注册执业管理制度。

取得职业资格的人员,经过注册方能以注册造价工程师的名义执业。

第七条　注册造价工程师的注册条件为:

(一)取得职业资格;

(二)受聘于一个工程造价咨询企业或者工程建设领域的建设、勘察设计、施工、招标代理、工程监理、工程造价管理等单位;

(三)无本办法第十三条不予注册的情形。

第八条　符合注册条件的人员申请注册的,可以向聘用单位工商注册所在地的省、自治区、直辖市人民政府住房城乡建设主管部门或者国务院有关专业部门提交申请材料。

申请一级注册造价工程师初始注册,省、自治区、直辖市人民政府住房城乡建设主管部门或者国务院有关专业部门收到申请材料后,应当在 5 日内将申请材料报国务院住房城乡建设主管部门。国务院住房城乡建设主管部门在收到申请材料后,应当依法做出是否受理的决定,并出具凭证;申请材料不齐全或者不符合法定形式的,应当在 5 日内一次性告知申请人需要补正的全部内容。逾期不告知的,自收到申请材料之日起即为受理。国务院住房城乡建设主管部门应当自受理之日起 20 日内作出决定。

申请二级注册造价工程师初始注册,省、自治区、直辖市人民政府住房城乡建设主管部门收到申请材料后,应当依法做出是否受理的决定,并出具凭证;申请材料不齐全或者不符合法定形式的,应当在 5 日内一次性告知申请人需要补正的全部内容。逾期不告知的,自收到申请材料之日起即为受理。省、自治区、直辖市人民政府住房城乡建设主管部门应当自受理之日起 20 日内作出决定。

申请一级注册造价工程师变更注册、延续注册,省、自治区、直辖市人民政府住房城乡建设主管部门或者国务院有关专业部门收到申请材料后,应当在 5 日内将申请材料报国务院住房城乡建设主管部门,国务院住房城乡建设主管部门应当自受理之日起 10 日内作出决定。

申请二级注册造价工程师变更注册、延续注册,省、自治区、直辖市人民政府住房城乡建设主管部门收到申请材料后,应当自受理之日起 10 日内作出决定。

注册造价工程师的初始、变更、延续注册,通过全国统一的注册造价工程师注册信息管理平台实行网上申报、受理和审批。

第九条　准予注册的,由国务院住房城乡建设主管部门或者省、自治区、直辖市人民政府住房城乡建设主管部门(以下简称注册机关)核发注册造价工程师注册证书,注册造价工程师按照规定自行制作执业印章。

注册证书和执业印章是注册造价工程师的执业凭证,由注册造价工程师本人保管、使用。注册证书、执业印章的样式以及编码规则由国务院住房城乡建设主管部门统一制定。

一级注册造价工程师注册证书由国务院住房城乡建设主管部门印制;二级注册造价工程师注册证书由省、自治区、直辖市人民政府住房城乡建设主管部门按照规定分别印制。

注册造价工程师遗失注册证书,应当按照本办法第八条规定的延续注册程序申请补发,并由注册机关在官网发布信息。

第十条　取得职业资格证书的人员,可自职业资格证书签发之日起 1 年内申请初始注册。逾期未申请者,须符合继续教育的要求后方可申请初始注册。初始注册的有效期为 4 年。

申请初始注册的,应当提交下列材料:

(一)初始注册申请表;

(二)职业资格证书和身份证件;

(三)与聘用单位签订的劳动合同;

（四）取得职业资格证书的人员，自职业资格证书签发之日起1年后申请初始注册的，应当提供当年的继续教育合格证明；

（五）外国人应当提供外国人就业许可证书。

申请初始注册时，造价工程师本人和单位应当对下列事项进行承诺，并由注册机关调查核实：

（一）受聘于工程造价岗位；

（二）聘用单位为其交纳社会基本养老保险或者已办理退休。

第十一条　注册造价工程师注册有效期满需继续执业的，应当在注册有效期满30日前，按照本办法第八条规定的程序申请延续注册。延续注册的有效期为4年。

申请延续注册的，应当提交下列材料：

（一）延续注册申请表；

（二）注册证书；

（三）与聘用单位签订的劳动合同；

（四）继续教育合格证明。

申请延续注册时，造价工程师本人和单位应对其前一个注册的工作业绩进行承诺，并由注册机关调查核实。

第十二条　在注册有效期内，注册造价工程师变更执业单位的，应当与原聘用单位解除劳动合同，并按照本办法第八条规定的程序，到新聘用单位工商注册所在地的省、自治区、直辖市人民政府住房城乡建设主管部门或者国务院有关专业部门办理变更注册手续。变更注册后延续原注册有效期。

申请变更注册的，应当提交下列材料：

（一）变更注册申请表；

（二）注册证书；

（三）与新聘用单位签订的劳动合同。

申请变更注册时，造价工程师本人和单位应当对下列事项进行承诺，并由注册机关调查核实：

（一）与原聘用单位解除劳动合同；

（二）聘用单位为其交纳社会基本养老保险或者已办理退休。

第十三条　有下列情形之一的，不予注册：

（一）不具有完全民事行为能力的；

（二）申请在两个或者两个以上单位注册的；

（三）未达到造价工程师继续教育合格标准的；

（四）前一个注册期内工作业绩达不到规定标准或未办理暂停执业手续而脱离工程造价业务岗位的；

（五）受刑事处罚，刑事处罚尚未执行完毕的；

（六）因工程造价业务活动受刑事处罚，自刑事处罚执行完毕之日起至申请注册之日止不满5年的；

（七）因前项规定以外原因受刑事处罚，自处罚决定之日起至申请注册之日止不满3年的；

（八）被吊销注册证书，自被处罚决定之日起至申请注册之日止不满3年的；

（九）以欺骗、贿赂等不正当手段获准注册被撤销，自被撤销注册之日起至申请注册之日止不满3年的；

（十）法律、法规规定不予注册的其他情形。

第十四条　被注销注册或者不予注册者，在具备注册条件后重新申请注册的，按照本办法第八条规定的程序办理。

第三章　执　业

第十五条　一级注册造价工程师执业范围包括建设项目全过程的工程造价管理与工程造价咨询等，具体工作内容：

（一）项目建议书、可行性研究投资估算与审核，项目评价造价分析；

（二）建设工程设计概算、施工预算编制和审核；

（三）建设工程招标投标文件工程量和造价的编制与审核；

（四）建设工程合同价款、结算价款、竣工决算价款的编制与管理；

（五）建设工程审计、仲裁、诉讼、保险中的造价鉴定，工程造价纠纷调解；

（六）建设工程计价依据、造价指标的编制与管理；

（七）与工程造价管理有关的其他事项。

二级注册造价工程师协助一级注册造价工程师开展相关工作，并可以独立开展以下工作：

（一）建设工程工料分析、计划、组织与成本管理，施工图预算、设计概算编制；

（二）建设工程量清单、最高投标限价、投标报价编制；

（三）建设工程合同价款、结算价款和竣工决算价款的编制。

第十六条　注册造价工程师享有下列权利：

（一）使用注册造价工程师名称；

（二）依法从事工程造价业务；

（三）在本人执业活动中形成的工程造价成果文件上签字并加盖执业印章；

（四）发起设立工程造价咨询企业；

（五）保管和使用本人的注册证书和执业印章；

（六）参加继续教育。

第十七条　注册造价工程师应当履行下列义务：

（一）遵守法律、法规、有关管理规定,恪守职业道德；

（二）保证执业活动成果的质量；

（三）接受继续教育,提高执业水平；

（四）执行工程造价计价标准和计价方法；

（五）与当事人有利害关系的,应当主动回避；

（六）保守在执业中知悉的国家秘密和他人的商业、技术秘密。

第十八条　注册造价工程师应当根据执业范围,在本人形成的工程造价成果文件上签字并加盖执业印章,并承担相应的法律责任。最终出具的工程造价成果文件应当由一级注册造价工程师审核并签字盖章。

第十九条　修改经注册造价工程师签字盖章的工程造价成果文件,应当由签字盖章的注册造价工程师本人进行；注册造价工程师本人因特殊情况不能进行修改的,应当由其他注册造价工程师修改,并签字盖章；修改工程造价成果文件的注册造价工程师对修改部分承担相应的法律责任。

第二十条　注册造价工程师不得有下列行为：

（一）不履行注册造价工程师义务；

（二）在执业过程中,索贿、受贿或者谋取合同约定费用外的其他利益；

（三）在执业过程中实施商业贿赂；

（四）签署有虚假记载、误导性陈述的工程造价成果文件；

（五）以个人名义承接工程造价业务；

（六）允许他人以自己名义从事工程造价业务；

（七）同时在两个或者两个以上单位执业；

（八）涂改、倒卖、出租、出借或者以其他形式非法转让注册证书或者执业印章；

（九）超出执业范围、注册专业范围执业；

（十）法律、法规、规章禁止的其他行为。

第二十一条　在注册有效期内,注册造价工程师因特殊原因需要暂停执业的,应当到注册机关办理暂停执业手续,并交回注册证书和执业印章。

第二十二条　注册造价工程师应当适应岗位需要和职业发展的要求,按照国家专业技术人员继续教育的有关规定接受继续教育,更新专业知识,提高专业水平。

第四章　监督管理

第二十三条　县级以上人民政府住房城乡建设主管部门和其他有关部门应当依照有关法律、法规和本办法的规定,对注册造价工程师的注册、执业和继续教育实施监督检查。

第二十四条　国务院住房城乡建设主管部门应当将造价工程师注册信息告知省、自治区、直辖市人民政府住房城乡建设主管部门和国务院有关专业部门。

省、自治区、直辖市人民政府住房城乡建设主管部门应当将造价工程师注册信息告知本行政区域内市、县人民政府住房城乡建设主管部门。

第二十五条　县级以上人民政府住房城乡建设主管部门和其他有关部门依法履行监督检查职责时,有权采取下列措施：

（一）要求被检查人员提供注册证书；

（二）要求被检查人员所在聘用单位提供有关人员签署的工程造价成果文件及相关业务文档；

（三）就有关问题询问签署工程造价成果文件的人员；

（四）纠正违反有关法律、法规和本办法及工程造价计价标准和计价办法的行为。

第二十六条　注册造价工程师违法从事工程造价活动的,违法行为发生地县级以上地方人民政府住房城乡建设主管部门或者其他有关部门应当依法查处,并将违法事实、处理结果告知注册机关；依法应当撤销注册的,应当将违法事实、处理建议及有关材料报注册机关。

第二十七条　注册造价工程师有下列情形之一的,其注册证书失效：

（一）已与聘用单位解除劳动合同且未被其他单位聘用的；

（二）注册有效期满且未延续注册的；

（三）死亡或者不具有完全民事行为能力的；

（四）其他导致注册失效的情形。

第二十八条　有下列情形之一的,注册机关或者其上级行政机关依据职权或者根据利害关系人的请求,可以撤销注册造价工程师的注册：

（一）行政机关工作人员滥用职权、玩忽职守作出准予注册许可的；

（二）超越法定职权作出准予注册许可的；

（三）违反法定程序作出准予注册许可的；

（四）对不具备注册条件的申请人作出准予注册许可的；

（五）依法可以撤销注册的其他情形。

申请人以欺骗、贿赂等不正当手段获准注册的,应当予以撤销。

第二十九条　有下列情形之一的,由注册机关办理

注销注册手续,收回注册证书和执业印章或者公告其注册证书和执业印章作废:

(一)有本办法第二十七条所列情形发生的;

(二)依法被撤销注册的;

(三)依法被吊销注册证书的;

(四)受到刑事处罚的;

(五)法律、法规规定应当注销注册的其他情形。

注册造价工程师有前款所列情形之一的,注册造价工程师本人和聘用单位应当及时向注册机关提出注销注册申请;有关单位和个人有权向注册机关举报;县级以上地方人民政府住房城乡建设主管部门或者其他有关部门应当及时告知注册机关。

第三十条　注册造价工程师及其聘用单位应当按照有关规定,向注册机关提供真实、准确、完整的注册造价工程师信用档案信息。

注册造价工程师信用档案应当包括造价工程师的基本情况、业绩、良好行为、不良行为等内容。违法违规行为、被投诉举报处理、行政处罚等情况应当作为造价工程师的不良行为记入其信用档案。

注册造价工程师信用档案信息按有关规定向社会公示。

第五章　法律责任

第三十一条　隐瞒有关情况或者提供虚假材料申请造价工程师注册的,不予受理或者不予注册,并给予警告,申请人在1年内不得再次申请造价工程师注册。

第三十二条　聘用单位为申请人提供虚假注册材料的,由县级以上地方人民政府住房城乡建设主管部门或者其他有关部门给予警告,并可处以1万元以上3万元以下的罚款。

第三十三条　以欺骗、贿赂等不正当手段取得造价工程师注册的,由注册机关撤销其注册,3年内不得再次申请注册,并由县级以上地方人民政府住房城乡建设主管部门处以罚款。其中,没有违法所得的,处以1万元以下罚款;有违法所得的,处以违法所得3倍以下且不超过3万元的罚款。

第三十四条　违反本办法规定,未经注册而以注册造价工程师的名义从事工程造价活动的,所签署的工程造价成果文件无效,由县级以上地方人民政府住房城乡建设主管部门或者其他有关部门给予警告,责令停止违法活动,并可处以1万元以上3万元以下的罚款。

第三十五条　违反本办法规定,未办理变更注册而继续执业的,由县级以上人民政府住房城乡建设主管部门或者其他有关部门责令限期改正;逾期不改的,可处以5000元以下的罚款。

第三十六条　注册造价工程师有本办法第二十条规定行为之一的,由县级以上地方人民政府住房城乡建设主管部门或者其他有关部门给予警告,责令改正,没有违法所得的,处以1万元以下罚款,有违法所得的,处以违法所得3倍以下且不超过3万元的罚款。

第三十七条　违反本办法规定,注册造价工程师或者其聘用单位未按照要求提供造价工程师信用档案信息的,由县级以上地方人民政府住房城乡建设主管部门或者其他有关部门责令限期改正;逾期未改正的,可处以1000元以上1万元以下的罚款。

第三十八条　县级以上人民政府住房城乡建设主管部门和其他有关部门工作人员,在注册造价工程师管理工作中,有下列情形之一的,依法给予处分;构成犯罪的,依法追究刑事责任:

(一)对不符合注册条件的申请人准予注册许可或者超越法定职权作出注册许可决定的;

(二)对符合注册条件的申请人不予注册许可或者不在法定期限内作出注册许可决定的;

(三)对符合法定条件的申请不予受理的;

(四)利用职务之便,收取他人财物或者其他好处的;

(五)不依法履行监督管理职责,或者发现违法行为不予查处的。

第六章　附　则

第三十九条　造价工程师职业资格考试工作按照国务院人力资源社会保障主管部门的有关规定执行。

第四十条　本办法自2007年3月1日起施行。2000年1月21日发布的《造价工程师注册管理办法》(建设部令第75号)同时废止。

四、工程招投标

1. 一般规定

中华人民共和国招标投标法

· 1999 年 8 月 30 日第九届全国人民代表大会常务委员会第
十一次会议通过
· 根据 2017 年 12 月 27 日第十二届全国人民代表大会常务委
员会第三十一次会议《关于修改〈中华人民共和国招标投标
法〉、〈中华人民共和国计量法〉的决定》修正

第一章　总　则

第一条　【立法目的】为了规范招标投标活动,保护
国家利益、社会公共利益和招标投标活动当事人的合法
权益,提高经济效益,保证项目质量,制定本法。

第二条　【适用范围】在中华人民共和国境内进行
招标投标活动,适用本法。

第三条　【必须进行招标的工程建设项目】在中华
人民共和国境内进行下列工程建设项目包括项目的勘
察、设计、施工、监理以及与工程建设有关的重要设备、材
料等的采购,必须进行招标:

（一）大型基础设施、公用事业等关系社会公共利
益、公众安全的项目;

（二）全部或者部分使用国有资金投资或者国家融
资的项目;

（三）使用国际组织或者外国政府贷款、援助资金的
项目。

前款所列项目的具体范围和规模标准,由国务院发
展计划部门会同国务院有关部门制订,报国务院批准。

法律或者国务院对必须进行招标的其他项目的范围
有规定的,依照其规定。

第四条　【禁止规避招标】任何单位和个人不得将
依法必须进行招标的项目化整为零或者以其他任何方式
规避招标。

第五条　【招投标活动的原则】招标投标活动应当
遵循公开、公平、公正和诚实信用的原则。

第六条　【招投标活动不受地区或部门的限制】依
法必须进行招标的项目,其招标投标活动不受地区或者
部门的限制。任何单位和个人不得违法限制或者排斥本
地区、本系统以外的法人或者其他组织参加投标,不得以
任何方式非法干涉招标投标活动。

第七条　【对招投标活动的监督】招标投标活动及
其当事人应当接受依法实施的监督。

有关行政监督部门依法对招标投标活动实施监督,
依法查处招标投标活动中的违法行为。

对招标投标活动的行政监督及有关部门的具体职权
划分,由国务院规定。

第二章　招　标

第八条　【招标人】招标人是依照本法规定提出招
标项目、进行招标的法人或者其他组织。

第九条　【招标项目应具备的主要条件】招标项目
按照国家有关规定需要履行项目审批手续的,应当先履
行审批手续,取得批准。

招标人应当有进行招标项目的相应资金或者资金来
源已经落实,并应当在招标文件中如实载明。

第十条　【公开招标和邀请招标】招标分为公开招
标和邀请招标。

公开招标,是指招标人以招标公告的方式邀请不特
定的法人或者其他组织投标。

邀请招标,是指招标人以投标邀请书的方式邀请特
定的法人或者其他组织投标。

第十一条　【适用邀请招标的情形】国务院发展计
划部门确定的国家重点项目和省、自治区、直辖市人民政
府确定的地方重点项目不适宜公开招标的,经国务院发
展计划部门或者省、自治区、直辖市人民政府批准,可以
进行邀请招标。

第十二条　【代理招标和自行招标】招标人有权自
行选择招标代理机构,委托其办理招标事宜。任何单位
和个人不得以任何方式为招标人指定招标代理机构。

招标人具有编制招标文件和组织评标能力的,可以
自行办理招标事宜。任何单位和个人不得强制其委托招
标代理机构办理招标事宜。

依法必须进行招标的项目,招标人自行办理招标事
宜的,应当向有关行政监督部门备案。

　　第十三条　**【招标代理机构及条件】**招标代理机构是依法设立、从事招标代理业务并提供相关服务的社会中介组织。

　　招标代理机构应当具备下列条件：

　　（一）有从事招标代理业务的营业场所和相应资金；

　　（二）有能够编制招标文件和组织评标的相应专业力量。

　　第十四条　**【招标代理机构不得与国家机关存在利益关系】**招标代理机构与行政机关和其他国家机关不得存在隶属关系或者其他利益关系。

　　第十五条　**【招标代理机构的代理范围】**招标代理机构应当在招标人委托的范围内办理招标事宜，并遵守本法关于招标人的规定。

　　第十六条　**【招标公告】**招标人采用公开招标方式的，应当发布招标公告。依法必须进行招标的项目的招标公告，应当通过国家指定的报刊、信息网络或者其他媒介发布。

　　招标公告应当载明招标人的名称和地址、招标项目的性质、数量、实施地点和时间以及获取招标文件的办法等事项。

　　第十七条　**【投标邀请书】**招标人采用邀请招标方式的，应当向三个以上具备承担招标项目的能力、资信良好的特定的法人或者其他组织发出投标邀请书。

　　投标邀请书应当载明本法第十六条第二款规定的事项。

　　第十八条　**【对潜在投标人的资格审查】**招标人可以根据招标项目本身的要求，在招标公告或者投标邀请书中，要求潜在投标人提供有关资质证明文件和业绩情况，并对潜在投标人进行资格审查；国家对投标人的资格条件有规定的，依照其规定。

　　招标人不得以不合理的条件限制或者排斥潜在投标人，不得对潜在投标人实行歧视待遇。

　　第十九条　**【招标文件】**招标人应当根据招标项目的特点和需要编制招标文件。招标文件应当包括招标项目的技术要求、对投标人资格审查的标准、投标报价要求和评标标准等所有实质性要求和条件以及拟签订合同的主要条款。

　　国家对招标项目的技术、标准有规定的，招标人应当按照其规定在招标文件中提出相应要求。

　　招标项目需要划分标段、确定工期的，招标人应当合理划分标段、确定工期，并在招标文件中载明。

　　第二十条　**【招标文件的限制】**招标文件不得要求或者标明特定的生产供应者以及含有倾向或者排斥潜在投标人的其他内容。

　　第二十一条　**【潜在投标人对项目现场的踏勘】**招标人根据招标项目的具体情况，可以组织潜在投标人踏勘项目现场。

　　第二十二条　**【招标人的保密义务】**招标人不得向他人透露已获取招标文件的潜在投标人的名称、数量以及可能影响公平竞争的有关招标投标的其他情况。

　　招标人设有标底的，标底必须保密。

　　第二十三条　**【招标文件的澄清或修改】**招标人对已发出的招标文件进行必要的澄清或者修改的，应当在招标文件要求提交投标文件截止时间至少十五日前，以书面形式通知所有招标文件收受人。该澄清或者修改的内容为招标文件的组成部分。

　　第二十四条　**【编制投标文件的时间】**招标人应当确定投标人编制投标文件所需要的合理时间；但是，依法必须进行招标的项目，自招标文件开始发出之日起至投标人提交投标文件截止之日止，最短不得少于二十日。

第三章　投　标

　　第二十五条　**【投标人】**投标人是响应招标、参加投标竞争的法人或者其他组织。

　　依法招标的科研项目允许个人参加投标的，投标的个人适用本法有关投标人的规定。

　　第二十六条　**【投标人的资格条件】**投标人应当具备承担招标项目的能力；国家有关规定对投标人资格条件或者招标文件对投标人资格条件有规定的，投标人应当具备规定的资格条件。

　　第二十七条　**【投标文件的编制】**投标人应当按照招标文件的要求编制投标文件。投标文件应当对招标文件提出的实质性要求和条件作出响应。

　　招标项目属于建设施工的，投标文件的内容应当包括拟派出的项目负责人与主要技术人员的简历、业绩和拟用于完成招标项目的机械设备等。

　　第二十八条　**【投标文件的送达】**投标人应当在招标文件要求提交投标文件的截止时间前，将投标文件送达投标地点。招标人收到投标文件后，应当签收保存，不得开启。投标人少于三个的，招标人应当依照本法重新招标。

　　在招标文件要求提交投标文件的截止时间后送达的投标文件，招标人应当拒收。

　　第二十九条　**【投标文件的补充、修改、撤回】**投标人在招标文件要求提交投标文件的截止时间前，可以补充、修改或者撤回已提交的投标文件，并书面通知招标人。补充、修改的内容为投标文件的组成部分。

第三十条　【投标文件对拟分包情况的说明】投标人根据招标文件载明的项目实际情况，拟在中标后将中标项目的部分非主体、非关键性工作进行分包的，应当在投标文件中载明。

第三十一条　【联合体投标】两个以上法人或者其他组织可以组成一个联合体，以一个投标人的身份共同投标。

联合体各方均应当具备承担招标项目的相应能力；国家有关规定或者招标文件对投标人资格条件有规定的，联合体各方均应当具备规定的相应资格条件。由同一专业的单位组成的联合体，按照资质等级较低的单位确定资质等级。

联合体各方应当签订共同投标协议，明确约定各方拟承担的工作和责任，并将共同投标协议连同投标文件一并提交招标人。联合体中标的，联合体各方应当共同与招标人签订合同，就中标项目向招标人承担连带责任。

招标人不得强制投标人组成联合体共同投标，不得限制投标人之间的竞争。

第三十二条　【串通投标的禁止】投标人不得相互串通投标报价，不得排挤其他投标人的公平竞争，损害招标人或者其他投标人的合法权益。

投标人不得与招标人串通投标，损害国家利益、社会公共利益或者他人的合法权益。

禁止投标人以向招标人或者评标委员会成员行贿的手段谋取中标。

第三十三条　【低于成本的报价竞标与骗取中标的禁止】投标人不得以低于成本的报价竞标，也不得以他人名义投标或者以其他方式弄虚作假，骗取中标。

第四章　开标、评标和中标

第三十四条　【开标的时间与地点】开标应当在招标文件确定的提交投标文件截止时间的同一时间公开进行；开标地点应当为招标文件中预先确定的地点。

第三十五条　【开标参加人】开标由招标人主持，邀请所有投标人参加。

第三十六条　【开标方式】开标时，由投标人或者其推选的代表检查投标文件的密封情况，也可以由招标人委托的公证机构检查并公证；经确认无误后，由工作人员当众拆封，宣读投标人名称、投标价格和投标文件的其他主要内容。

招标人在招标文件要求提交投标文件的截止时间前收到的所有投标文件，开标时都应当众予以拆封、宣读。

开标过程应当记录，并存档备查。

第三十七条　【评标委员会】评标由招标人依法组建的评标委员会负责。

依法必须进行招标的项目，其评标委员会由招标人的代表和有关技术、经济等方面的专家组成，成员人数为五人以上单数，其中技术、经济等方面的专家不得少于成员总数的三分之二。

前款专家应当从事相关领域工作满八年并具有高级职称或者具有同等专业水平，由招标人从国务院有关部门或者省、自治区、直辖市人民政府有关部门提供的专家名册或者招标代理机构的专家库内的相关专业的专家名单中确定；一般招标项目可以采取随机抽取方式，特殊招标项目可以由招标人直接确定。

与投标人有利害关系的人不得进入相关项目的评标委员会；已经进入的应当更换。

评标委员会成员的名单在中标结果确定前应当保密。

第三十八条　【评标的保密】招标人应当采取必要的措施，保证评标在严格保密的情况下进行。

任何单位和个人不得非法干预、影响评标的过程和结果。

第三十九条　【投标人对投标文件的澄清或说明】评标委员会可以要求投标人对投标文件中含义不明确的内容作必要的澄清或者说明，但是澄清或者说明不得超出投标文件的范围或者改变投标文件的实质性内容。

第四十条　【评标】评标委员会应当按照招标文件确定的评标标准和方法，对投标文件进行评审和比较；设有标底的，应当参考标底。评标委员会完成评标后，应当向招标人提出书面评标报告，并推荐合格的中标候选人。

招标人根据评标委员会提出的书面评标报告和推荐的中标候选人确定中标人。招标人也可以授权评标委员会直接确定中标人。

国务院对特定招标项目的评标有特别规定的，从其规定。

第四十一条　【中标条件】中标人的投标应当符合下列条件之一：

（一）能够最大限度地满足招标文件中规定的各项综合评价标准；

（二）能够满足招标文件的实质性要求，并且经评审的投标价格最低；但是投标价格低于成本的除外。

第四十二条　【否决所有投标和重新招标】评标委员会经评审，认为所有投标都不符合招标文件要求的，可以否决所有投标。

依法必须进行招标的项目的所有投标被否决的，招标人应当依照本法重新招标。

第四十三条　【禁止与投标人进行实质性谈判】在确定中标人前，招标人不得与投标人就投标价格、投标方案等实质性内容进行谈判。

第四十四条　【评标委员会成员的义务】评标委员会成员应当客观、公正地履行职务，遵守职业道德，对所提出的评审意见承担个人责任。

评标委员会成员不得私下接触投标人，不得收受投标人的财物或者其他好处。

评标委员会成员和参与评标的有关工作人员不得透露对投标文件的评审和比较、中标候选人的推荐情况以及与评标有关的其他情况。

第四十五条　【中标通知书的发出】中标人确定后，招标人应当向中标人发出中标通知书，并同时将中标结果通知所有未中标的投标人。

中标通知书对招标人和中标人具有法律效力。中标通知书发出后，招标人改变中标结果的，或者中标人放弃中标项目的，应当依法承担法律责任。

第四十六条　【订立书面合同和提交履约保证金】招标人和中标人应当自中标通知书发出之日起三十日内，按照招标文件和中标人的投标文件订立书面合同。招标人和中标人不得再行订立背离合同实质性内容的其他协议。

招标文件要求中标人提交履约保证金的，中标人应当提交。

第四十七条　【招投标情况的报告】依法必须进行招标的项目，招标人应当自确定中标人之日起十五日内，向有关行政监督部门提交招标投标情况的书面报告。

第四十八条　【禁止转包和有条件分包】中标人应当按照合同约定履行义务，完成中标项目。中标人不得向他人转让中标项目，也不得将中标项目肢解后分别向他人转让。

中标人按照合同约定或者经招标人同意，可以将中标项目的部分非主体、非关键性工作分包给他人完成。接受分包的人应当具备相应的资格条件，并不得再次分包。

中标人应当就分包项目向招标人负责，接受分包的人就分包项目承担连带责任。

第五章　法律责任

第四十九条　【必须进行招标的项目不招标的责任】违反本法规定，必须进行招标的项目而不招标的，将必须进行招标的项目化整为零或者以其他任何方式规避招标的，责令限期改正，可以处项目合同金额千分之五以上千分之十以下的罚款；对全部或者部分使用国有资金的项目，可以暂停项目执行或者暂停资金拨付；对单位直接负责的主管人员和其他直接责任人员依法给予处分。

第五十条　【招标代理机构的责任】招标代理机构违反本法规定，泄露应当保密的与招标投标活动有关的情况和资料的，或者与招标人、投标人串通损害国家利益、社会公共利益或者他人合法权益的，处五万元以上二十五万元以下的罚款；对单位直接负责的主管人员和其他直接责任人员处单位罚款数额百分之五以上百分之十以下的罚款；有违法所得的，并处没收违法所得；情节严重的，禁止其一年至二年内代理依法必须进行招标的项目并予以公告，直至由工商行政管理机关吊销营业执照；构成犯罪的，依法追究刑事责任。给他人造成损失的，依法承担赔偿责任。

前款所列行为影响中标结果的，中标无效。

第五十一条　【限制或排斥潜在投标人的责任】招标人以不合理的条件限制或者排斥潜在投标人的，对潜在投标人实行歧视待遇的，强制要求投标人组成联合体共同投标的，或者限制投标人之间竞争的，责令改正，可以处一万元以上五万元以下的罚款。

第五十二条　【泄露招投标活动有关秘密的责任】依法必须进行招标的项目的招标人向他人透露已获取招标文件的潜在投标人的名称、数量或者可能影响公平竞争的有关招标投标的其他情况的，或者泄露标底的，给予警告，可以并处一万元以上十万元以下的罚款；对单位直接负责的主管人员和其他直接责任人员依法给予处分；构成犯罪的，依法追究刑事责任。

前款所列行为影响中标结果的，中标无效。

第五十三条　【串通投标的责任】投标人相互串通投标或者与招标人串通投标的，投标人以向招标人或者评标委员会成员行贿的手段谋取中标的，中标无效，处中标项目金额千分之五以上千分之十以下的罚款，对单位直接负责的主管人员和其他直接责任人员处单位罚款数额百分之五以上百分之十以下的罚款；有违法所得的，并处没收违法所得；情节严重的，取消其一年至二年内参加依法必须进行招标的项目的投标资格并予以公告，直至由工商行政管理机关吊销营业执照;构成犯罪的,依法追究刑事责任。给他人造成损失的,依法承担赔偿责任。

第五十四条　【骗取中标的责任】投标人以他人名义投标或者以其他方式弄虚作假,骗取中标的,中标无效,给招标人造成损失的,依法承担赔偿责任;构成犯罪的,依法追究刑事责任。

依法必须进行招标的项目的投标人有前款所列行为尚未构成犯罪的,处中标项目金额千分之五以上千分之十以下的罚款,对单位直接负责的主管人员和其他直接责任人员处单位罚款数额百分之五以上百分之十以下的罚款;有违法所得的,并处没收违法所得;情节严重的,取消其一年至三年内参加依法必须进行招标的项目的投标资格并予以公告,直至由工商行政管理机关吊销营业执照。

第五十五条　【招标人违规谈判的责任】依法必须进行招标的项目,招标人违反本法规定,与投标人就投标价格、投标方案等实质性内容进行谈判的,给予警告,对单位直接负责的主管人员和其他直接责任人员依法给予处分。

前款所列行为影响中标结果的,中标无效。

第五十六条　【评标委员会成员违法行为的责任】评标委员会成员收受投标人的财物或者其他好处的,评标委员会成员或者参加评标的有关工作人员向他人透露对投标文件的评审和比较、中标候选人的推荐以及与评标有关的其他情况的,给予警告,没收收受的财物,可以并处三千元以上五万元以下的罚款,对有所列违法行为的评标委员会成员取消担任评标委员会成员的资格,不得再参加任何依法必须进行招标的项目的评标;构成犯罪的,依法追究刑事责任。

第五十七条　【招标人在中标候选人之外确定中标人的责任】招标人在评标委员会依法推荐的中标候选人以外确定中标人的,依法必须进行招标的项目在所有投标被评标委员会否决后自行确定中标人的,中标无效,责令改正,可以处中标项目金额千分之五以上千分之十以下的罚款;对单位直接负责的主管人员和其他直接责任人员依法给予处分。

第五十八条　【中标人违法转包、分包的责任】中标人将中标项目转让给他人的,将中标项目肢解后分别转让给他人的,违反本法规定将中标项目的部分主体、关键性工作分包给他人的,或者分包人再次分包的,转让、分包无效,处转让、分包项目金额千分之五以上千分之十以下的罚款;有违法所得的,并处没收违法所得;可以责令

停业整顿;情节严重的,由工商行政管理机关吊销营业执照。

第五十九条　【不按招投标文件订立合同的责任】招标人与中标人不按招标文件和中标人的投标文件订立合同的,或者招标人、中标人订立背离合同实质性内容的协议的,责令改正;可以处中标项目金额千分之五以上千分之十以下的罚款。

第六十条　【中标人不履行合同或不按合同履行义务的责任】中标人不履行与招标人订立的合同的,履约保证金不予退还,给招标人造成的损失超过履约保证金数额的,还应当对超过部分予以赔偿;没有提交履约保证金的,应当对招标人的损失承担赔偿责任。

中标人不按照与招标人订立的合同履行义务,情节严重的,取消其二年至五年内参加依法必须进行招标的项目的投标资格并予以公告,直至由工商行政管理机关吊销营业执照。

因不可抗力不能履行合同的,不适用前两款规定。

第六十一条　【行政处罚的决定】本章规定的行政处罚,由国务院规定的有关行政监督部门决定。本法已对实施行政处罚的机关作出规定的除外。

第六十二条　【干涉招投标活动的责任】任何单位违反本法规定,限制或者排斥本地区、本系统以外的法人或者其他组织参加投标的,为招标人指定招标代理机构的,强制招标人委托招标代理机构办理招标事宜的,或者以其他方式干涉招标投标活动的,责令改正;对单位直接负责的主管人员和其他直接责任人员依法给予警告、记过、记大过的处分,情节较重的,依法给予降级、撤职、开除的处分。

个人利用职权进行前款违法行为的,依照前款规定追究责任。

第六十三条　【行政监督机关工作人员的责任】对招标投标活动依法负有行政监督职责的国家机关工作人员徇私舞弊、滥用职权或者玩忽职守,构成犯罪的,依法追究刑事责任;不构成犯罪的,依法给予行政处分。

第六十四条　【中标无效的处理】依法必须进行招标的项目违反本法规定,中标无效的,应当依照本法规定的中标条件从其余投标人中重新确定中标人或者依照本法重新进行招标。

第六章　附　则

第六十五条　【异议或投诉】投标人和其他利害关系人认为招标投标活动不符合本法有关规定的,有权向招标人提出异议或者依法向有关行政监督部门投诉。

第六十六条 【不进行招标的项目】涉及国家安全、国家秘密、抢险救灾或者属于利用扶贫资金实行以工代赈、需要使用农民工等特殊情况,不适宜进行招标的项目,按照国家有关规定可以不进行招标。

第六十七条 【适用除外】使用国际组织或者外国政府贷款、援助资金的项目进行招标,贷款方、资金提供方对招标投标的具体条件和程序有不同规定的,可以适用其规定,但违背中华人民共和国的社会公共利益的除外。

第六十八条 【施行日期】本法自 2000 年 1 月 1 日起施行。

中华人民共和国招标投标法实施条例

· 2011 年 12 月 20 日中华人民共和国国务院令第 613 号公布
· 根据 2017 年 3 月 1 日《国务院关于修改和废止部分行政法规的决定》第一次修订
· 根据 2018 年 3 月 19 日《国务院关于修改和废止部分行政法规的决定》第二次修订
· 根据 2019 年 3 月 2 日《国务院关于修改部分行政法规的决定》第三次修订

第一章 　总 　则

第一条 为了规范招标投标活动,根据《中华人民共和国招标投标法》(以下简称招标投标法),制定本条例。

第二条 招标投标法第三条所称工程建设项目,是指工程以及与工程建设有关的货物、服务。

前款所称工程,是指建设工程,包括建筑物和构筑物的新建、改建、扩建及其相关的装修、拆除、修缮等;所称与工程建设有关的货物,是指构成工程不可分割的组成部分,且为实现工程基本功能所必需的设备、材料等;所称与工程建设有关的服务,是指为完成工程所需的勘察、设计、监理等服务。

第三条 依法必须进行招标的工程建设项目的具体范围和规模标准,由国务院发展改革部门会同国务院有关部门制订,报国务院批准后公布施行。

第四条 国务院发展改革部门指导和协调全国招标投标工作,对国家重大建设项目的工程招标投标活动实施监督检查。国务院工业和信息化、住房城乡建设、交通运输、铁道、水利、商务等部门,按照规定的职责分工对有关招标投标活动实施监督。

县级以上地方人民政府发展改革部门指导和协调本行政区域的招标投标工作。县级以上地方人民政府有关部门按照规定的职责分工,对招标投标活动实施监督,依法查处招标投标活动中的违法行为。县级以上地方人民政府对其所属部门有关招标投标活动的监督职责分工另有规定的,从其规定。

财政部门依法对实行招标投标的政府采购工程建设项目的政府采购政策执行情况实施监督。

监察机关依法对与招标投标活动有关的监察对象实施监察。

第五条 设区的市级以上地方人民政府可以根据实际需要,建立统一规范的招标投标交易场所,为招标投标活动提供服务。招标投标交易场所不得与行政监督部门存在隶属关系,不得以营利为目的。

国家鼓励利用信息网络进行电子招标投标。

第六条 禁止国家工作人员以任何方式非法干涉招标投标活动。

第二章 　招 　标

第七条 按照国家有关规定需要履行项目审批、核准手续的依法必须进行招标的项目,其招标范围、招标方式、招标组织形式应当报项目审批、核准部门审批、核准。项目审批、核准部门应当及时将审批、核准确定的招标范围、招标方式、招标组织形式通报有关行政监督部门。

第八条 国有资金占控股或者主导地位的依法必须进行招标的项目,应当公开招标;但有下列情形之一的,可以邀请招标:

(一)技术复杂、有特殊要求或者受自然环境限制,只有少量潜在投标人可供选择;

(二)采用公开招标方式的费用占项目合同金额的比例过大。

有前款第二项所列情形,属于本条例第七条规定的项目,由项目审批、核准部门在审批、核准项目时作出认定;其他项目由招标人申请有关行政监督部门作出认定。

第九条 除招标投标法第六十六条规定的可以不进行招标的特殊情况外,有下列情形之一的,可以不进行招标:

(一)需要采用不可替代的专利或者专有技术;

(二)采购人依法能够自行建设、生产或者提供;

(三)已通过招标方式选定的特许经营项目投资人依法能够自行建设、生产或者提供;

(四)需要向原中标人采购工程、货物或者服务,否则将影响施工或者功能配套要求;

(五)国家规定的其他特殊情形。

招标人为适用前款规定弄虚作假的,属于招标投标法第四条规定的规避招标。

第十条　招标投标法第十二条第二款规定的招标人具有编制招标文件和组织评标能力，是指招标人具有与招标项目规模和复杂程度相适应的技术、经济等方面的专业人员。

第十一条　国务院住房城乡建设、商务、发展改革、工业和信息化等部门，按照规定的职责分工对招标代理机构依法实施监督管理。

第十二条　招标代理机构应当拥有一定数量的具备编制招标文件、组织评标等相应能力的专业人员。

第十三条　招标代理机构在招标人委托的范围内开展招标代理业务，任何单位和个人不得非法干涉。

招标代理机构代理招标业务，应当遵守招标投标法和本条例关于招标人的规定。招标代理机构不得在所代理的招标项目中投标或者代理投标，也不得为所代理的招标项目的投标人提供咨询。

第十四条　招标人应当与被委托的招标代理机构签订书面委托合同，合同约定的收费标准应当符合国家有关规定。

第十五条　公开招标的项目，应当依照招标投标法和本条例的规定发布招标公告、编制招标文件。

招标人采用资格预审办法对潜在投标人进行资格审查的，应当发布资格预审公告、编制资格预审文件。

依法必须进行招标的项目的资格预审公告和招标公告，应当在国务院发展改革部门依法指定的媒介发布。在不同媒介发布的同一招标项目的资格预审公告或者招标公告的内容应当一致。指定媒介发布依法必须进行招标的项目的境内资格预审公告、招标公告，不得收取费用。

编制依法必须进行招标的项目的资格预审文件和招标文件，应当使用国务院发展改革部门会同有关行政监督部门制定的标准文本。

第十六条　招标人应当按照资格预审公告、招标公告或者投标邀请书规定的时间、地点发售资格预审文件或者招标文件。资格预审文件或者招标文件的发售期不得少于5日。

招标人发售资格预审文件、招标文件收取的费用应当限于补偿印刷、邮寄的成本支出，不得以营利为目的。

第十七条　招标人应当合理确定提交资格预审申请文件的时间。依法必须进行招标的项目提交资格预审申请文件的时间，自资格预审文件停止发售之日起不得少于5日。

第十八条　资格预审应当按照资格预审文件载明的标准和方法进行。

国有资金占控股或者主导地位的依法必须进行招标的项目，招标人应当组建资格审查委员会审查资格预审申请文件。资格审查委员会及其成员应当遵守招标投标法和本条例有关评标委员会及其成员的规定。

第十九条　资格预审结束后，招标人应当及时向资格预审申请人发出资格预审结果通知书。未通过资格预审的申请人不具有投标资格。

通过资格预审的申请人少于3个的，应当重新招标。

第二十条　招标人采用资格后审办法对投标人进行资格审查的，应当在开标后由评标委员会按照招标文件规定的标准和方法对投标人的资格进行审查。

第二十一条　招标人可以对已发出的资格预审文件或者招标文件进行必要的澄清或者修改。澄清或者修改的内容可能影响资格预审申请文件或者投标文件编制的，招标人应当在提交资格预审申请文件截止时间至少3日前，或者投标截止时间至少15日前，以书面形式通知所有获取资格预审文件或者招标文件的潜在投标人；不足3日或者15日的，招标人应当顺延提交资格预审申请文件或者投标文件的截止时间。

第二十二条　潜在投标人或者其他利害关系人对资格预审文件有异议的，应当在提交资格预审申请文件截止时间2日前提出；对招标文件有异议的，应当在投标截止时间10日前提出。招标人应当自收到异议之日起3日内作出答复；作出答复前，应当暂停招标投标活动。

第二十三条　招标人编制的资格预审文件、招标文件的内容违反法律、行政法规的强制性规定，违反公开、公平、公正和诚实信用原则，影响资格预审结果或者潜在投标人投标的，依法必须进行招标的项目的招标人应当在修改资格预审文件或者招标文件后重新招标。

第二十四条　招标人对招标项目划分标段的，应当遵守招标投标法的有关规定，不得利用划分标段限制或者排斥潜在投标人。依法必须进行招标的项目的招标人不得利用划分标段规避招标。

第二十五条　招标人应当在招标文件中载明投标有效期。投标有效期从提交投标文件的截止之日起算。

第二十六条　招标人在招标文件中要求投标人提交投标保证金的，投标保证金不得超过招标项目估算价的2%。投标保证金有效期应当与投标有效期一致。

依法必须进行招标的项目的境内投标单位，以现金或者支票形式提交的投标保证金应当从其基本账户转出。

招标人不得挪用投标保证金。

第二十七条　招标人可以自行决定是否编制标底。一个招标项目只能有一个标底。标底必须保密。

接受委托编制标底的中介机构不得参加受托编制标底项目的投标，也不得为该项目的投标人编制投标文件或者提供咨询。

招标人设有最高投标限价的，应当在招标文件中明确最高投标限价或者最高投标限价的计算方法。招标人不得规定最低投标限价。

第二十八条　招标人不得组织单个或者部分潜在投标人踏勘项目现场。

第二十九条　招标人可以依法对工程以及与工程建设有关的货物、服务全部或者部分实行总承包招标。以暂估价形式包括在总承包范围内的工程、货物、服务属于依法必须进行招标的项目范围且达到国家规定规模标准的，应当依法进行招标。

前款所称暂估价，是指总承包招标时不能确定价格而由招标人在招标文件中暂时估定的工程、货物、服务的金额。

第三十条　对技术复杂或者无法精确拟定技术规格的项目，招标人可以分两阶段进行招标。

第一阶段，投标人按照招标公告或者投标邀请书的要求提交不带报价的技术建议，招标人根据投标人提交的技术建议确定技术标准和要求，编制招标文件。

第二阶段，招标人向在第一阶段提交技术建议的投标人提供招标文件，投标人按照招标文件的要求提交包括最终技术方案和投标报价的投标文件。

招标人要求投标人提交投标保证金的，应当在第二阶段提出。

第三十一条　招标人终止招标的，应当及时发布公告，或者以书面形式通知被邀请的或者已经获取资格预审文件、招标文件的潜在投标人。已经发售资格预审文件、招标文件或者已经收取投标保证金的，招标人应当及时退还所收取的资格预审文件、招标文件的费用，以及所收取的投标保证金及银行同期存款利息。

第三十二条　招标人不得以不合理的条件限制、排斥潜在投标人或者投标人。

招标人有下列行为之一的，属于以不合理条件限制、排斥潜在投标人或者投标人：

（一）就同一招标项目向潜在投标人或者投标人提供有差别的项目信息；

（二）设定的资格、技术、商务条件与招标项目的具体特点和实际需要不相适应或者与合同履行无关；

（三）依法必须进行招标的项目以特定行政区域或者特定行业的业绩、奖项作为加分条件或者中标条件；

（四）对潜在投标人或者投标人采取不同的资格审查或者评标标准；

（五）限定或者指定特定的专利、商标、品牌、原产地或者供应商；

（六）依法必须进行招标的项目非法限定潜在投标人或者投标人的所有制形式或者组织形式；

（七）以其他不合理条件限制、排斥潜在投标人或者投标人。

第三章　投　标

第三十三条　投标人参加依法必须进行招标的项目的投标，不受地区或者部门的限制，任何单位和个人不得非法干涉。

第三十四条　与招标人存在利害关系可能影响招标公正性的法人、其他组织或者个人，不得参加投标。

单位负责人为同一人或者存在控股、管理关系的不同单位，不得参加同一标段投标或者未划分标段的同一招标项目投标。

违反前两款规定的，相关投标均无效。

第三十五条　投标人撤回已提交的投标文件，应当在投标截止时间前书面通知招标人。招标人已收取投标保证金的，应当自收到投标人书面撤回通知之日起5日内退还。

投标截止后投标人撤销投标文件的，招标人可以不退还投标保证金。

第三十六条　未通过资格预审的申请人提交的投标文件，以及逾期送达或者不按照招标文件要求密封的投标文件，招标人应当拒收。

招标人应当如实记载投标文件的送达时间和密封情况，并存档备查。

第三十七条　招标人应当在资格预审公告、招标公告或者投标邀请书中载明是否接受联合体投标。

招标人接受联合体投标并进行资格预审的，联合体应当在提交资格预审申请文件前组成。资格预审后联合体增减、更换成员的，其投标无效。

联合体各方在同一招标项目中以自己名义单独投标或者参加其他联合体投标的，相关投标均无效。

第三十八条　投标人发生合并、分立、破产等重大变化的，应当及时书面告知招标人。投标人不再具备资格预审文件、招标文件规定的资格条件或者其投标影响招标公正性的,其投标无效。

第三十九条　禁止投标人相互串通投标。

有下列情形之一的,属于投标人相互串通投标:

(一)投标人之间协商投标报价等投标文件的实质性内容;

(二)投标人之间约定中标人;

(三)投标人之间约定部分投标人放弃投标或者中标;

(四)属于同一集团、协会、商会等组织成员的投标人按照该组织要求协同投标;

(五)投标人之间为谋取中标或者排斥特定投标人而采取的其他联合行动。

第四十条　有下列情形之一的,视为投标人相互串通投标:

(一)不同投标人的投标文件由同一单位或者个人编制;

(二)不同投标人委托同一单位或者个人办理投标事宜;

(三)不同投标人的投标文件载明的项目管理成员为同一人;

(四)不同投标人的投标文件异常一致或者投标报价呈规律性差异;

(五)不同投标人的投标文件相互混装;

(六)不同投标人的投标保证金从同一单位或者个人的账户转出。

第四十一条　禁止招标人与投标人串通投标。

有下列情形之一的,属于招标人与投标人串通投标:

(一)招标人在开标前开启投标文件并将有关信息泄露给其他投标人;

(二)招标人直接或者间接向投标人泄露标底、评标委员会成员等信息;

(三)招标人明示或者暗示投标人压低或者抬高投标报价;

(四)招标人授意投标人撤换、修改投标文件;

(五)招标人明示或者暗示投标人为特定投标人中标提供方便;

(六)招标人与投标人为谋求特定投标人中标而采取的其他串通行为。

第四十二条　使用通过受让或者租借等方式获取的资格、资质证书投标的,属于招标投标法第三十三条规定的以他人名义投标。

投标人有下列情形之一的,属于招标投标法第三十三条规定的以其他方式弄虚作假的行为:

(一)使用伪造、变造的许可证件;

(二)提供虚假的财务状况或者业绩;

(三)提供虚假的项目负责人或者主要技术人员简历、劳动关系证明;

(四)提供虚假的信用状况;

(五)其他弄虚作假的行为。

第四十三条　提交资格预审申请文件的申请人应当遵守招标投标法和本条例有关投标人的规定。

第四章　开标、评标和中标

第四十四条　招标人应当按照招标文件规定的时间、地点开标。

投标人少于 3 个的,不得开标;招标人应当重新招标。

投标人对开标有异议的,应当在开标现场提出,招标人应当当场作出答复,并制作记录。

第四十五条　国家实行统一的评标专家专业分类标准和管理办法。具体标准和办法由国务院发展改革部门会同国务院有关部门制定。

省级人民政府和国务院有关部门应当组建综合评标专家库。

第四十六条　除招标投标法第三十七条第三款规定的特殊招标项目外,依法必须进行招标的项目,其评标委员会的专家成员应当从评标专家库内相关专业的专家名单中以随机抽取方式确定。任何单位和个人不得以明示、暗示等任何方式指定或者变相指定参加评标委员会的专家成员。

依法必须进行招标的项目的招标人非因招标投标法和本条例规定的事由,不得更换依法确定的评标委员会成员。更换评标委员会的专家成员应当依照前款规定进行。

评标委员会成员与投标人有利害关系的,应当主动回避。

有关行政监督部门应当按照规定的职责分工,对评标委员会成员的确定方式、评标专家的抽取和评标活动进行监督。行政监督部门的工作人员不得担任本部门负责监督项目的评标委员会成员。

第四十七条　招标投标法第三十七条第三款所称特殊招标项目,是指技术复杂、专业性强或者国家有特殊要求,采取随机抽取方式确定的专家难以保证胜任评标工作的项目。

第四十八条　招标人应当向评标委员会提供评标所

必需的信息,但不得明示或者暗示其倾向或者排斥特定投标人。

招标人应当根据项目规模和技术复杂程度等因素合理确定评标时间。超过三分之一的评标委员会成员认为评标时间不够的,招标人应当适当延长。

评标过程中,评标委员会成员有回避事由、擅离职守或者因健康等原因不能继续评标的,应当及时更换。被更换的评标委员会成员作出的评审结论无效,由更换后的评标委员会成员重新进行评审。

第四十九条　评标委员会成员应当依照招标投标法和本条例的规定,按照招标文件规定的评标标准和方法,客观、公正地对投标文件提出评审意见。招标文件没有规定的评标标准和方法不得作为评标的依据。

评标委员会成员不得私下接触投标人,不得收受投标人给予的财物或者其他好处,不得向招标人征询确定中标人的意向,不得接受任何单位或者个人明示或者暗示提出的倾向或者排斥特定投标人的要求,不得有其他不客观、不公正履行职务的行为。

第五十条　招标项目设有标底的,招标人应当在开标时公布。标底只能作为评标的参考,不得以投标报价是否接近标底作为中标条件,也不得以投标报价超过标底上下浮动范围作为否决投标的条件。

第五十一条　有下列情形之一的,评标委员会应当否决其投标:

(一)投标文件未经投标单位盖章和单位负责人签字;

(二)投标联合体没有提交共同投标协议;

(三)投标人不符合国家或者招标文件规定的资格条件;

(四)同一投标人提交两个以上不同的投标文件或者投标报价,但招标文件要求提交备选投标的除外;

(五)投标报价低于成本或者高于招标文件设定的最高投标限价;

(六)投标文件没有对招标文件的实质性要求和条件作出响应;

(七)投标人有串通投标、弄虚作假、行贿等违法行为。

第五十二条　投标文件中有含义不明确的内容、明显文字或者计算错误,评标委员会认为需要投标人作出必要澄清、说明的,应当书面通知该投标人。投标人的澄清、说明应当采用书面形式,并不得超出投标文件的范围或者改变投标文件的实质性内容。

评标委员会不得暗示或者诱导投标人作出澄清、说明,不得接受投标人主动提出的澄清、说明。

第五十三条　评标完成后,评标委员会应当向招标人提交书面评标报告和中标候选人名单。中标候选人应当不超过3个,并标明排序。

评标报告应当由评标委员会全体成员签字。对评标结果有不同意见的评标委员会成员应当以书面形式说明其不同意见和理由,评标报告应当注明该不同意见。评标委员会成员拒绝在评标报告上签字又不书面说明其不同意见和理由的,视为同意评标结果。

第五十四条　依法必须进行招标的项目,招标人应当自收到评标报告之日起3日内公示中标候选人,公示期不得少于3日。

投标人或者其他利害关系人对依法必须进行招标的项目的评标结果有异议的,应当在中标候选人公示期间提出。招标人应当自收到异议之日起3日内作出答复;作出答复前,应当暂停招标投标活动。

第五十五条　国有资金占控股或者主导地位的依法必须进行招标的项目,招标人应当确定排名第一的中标候选人为中标人。排名第一的中标候选人放弃中标、因不可抗力不能履行合同、不按照招标文件要求提交履约保证金,或者被查实存在影响中标结果的违法行为等情形,不符合中标条件的,招标人可以按照评标委员会提出的中标候选人名单排序依次确定其他中标候选人为中标人,也可以重新招标。

第五十六条　中标候选人的经营、财务状况发生较大变化或者存在违法行为,招标人认为可能影响其履约能力的,应当在发出中标通知书前由原评标委员会按照招标文件规定的标准和方法审查确认。

第五十七条　招标人和中标人应当依照招标投标法和本条例的规定签订书面合同,合同的标的、价款、质量、履行期限等主要条款应当与招标文件和中标人的投标文件的内容一致。招标人和中标人不得再行订立背离合同实质性内容的其他协议。

招标人最迟应当在书面合同签订后5日内向中标人和未中标的投标人退还投标保证金及银行同期存款利息。

第五十八条　招标文件要求中标人提交履约保证金的,中标人应当按照招标文件的要求提交。履约保证金不得超过中标合同金额的10%。

第五十九条　中标人应当按照合同约定履行义务,完成中标项目。中标人不得向他人转让中标项目,也不得将中标项目肢解后分别向他人转让。

中标人按照合同约定或者经招标人同意，可以将中标项目的部分非主体、非关键性工作分包给他人完成。接受分包的人应当具备相应的资格条件，并不得再次分包。

中标人应当就分包项目向招标人负责，接受分包的人就分包项目承担连带责任。

第五章　投诉与处理

第六十条　投标人或者其他利害关系人认为招标投标活动不符合法律、行政法规规定的，可以自知道或者应当知道之日起 10 日内向有关行政监督部门投诉。投诉应当有明确的请求和必要的证明材料。

就本条例第二十二条、第四十四条、第五十四条规定事项投诉的，应当先向招标人提出异议，异议答复期间不计算在前款规定的期限内。

第六十一条　投诉人就同一事项向两个以上有权受理的行政监督部门投诉的，由最先收到投诉的行政监督部门负责处理。

行政监督部门应当自收到投诉之日起 3 个工作日内决定是否受理投诉，并自受理投诉之日起 30 个工作日内作出书面处理决定；需要检验、检测、鉴定、专家评审的，所需时间不计算在内。

投诉人捏造事实、伪造材料或者以非法手段取得证明材料进行投诉的，行政监督部门应当予以驳回。

第六十二条　行政监督部门处理投诉，有权查阅、复制有关文件、资料，调查有关情况，相关单位和人员应当予以配合。必要时，行政监督部门可以责令暂停招标投标活动。

行政监督部门的工作人员对监督检查过程中知悉的国家秘密、商业秘密，应当依法予以保密。

第六章　法律责任

第六十三条　招标人有下列限制或者排斥潜在投标人行为之一的，由有关行政监督部门依照招标投标法第五十一条的规定处罚：

（一）依法应当公开招标的项目不按照规定在指定媒介发布资格预审公告或者招标公告；

（二）在不同媒介发布的同一招标项目的资格预审公告或者招标公告的内容不一致，影响潜在投标人申请资格预审或者投标。

依法必须进行招标的项目的招标人不按照规定发布资格预审公告或者招标公告，构成规避招标的，依照招标投标法第四十九条的规定处罚。

第六十四条　招标人有下列情形之一的，由有关行政监督部门责令改正，可以处 10 万元以下的罚款：

（一）依法应当公开招标而采用邀请招标；

（二）招标文件、资格预审文件的发售、澄清、修改的时限，或者确定的提交资格预审申请文件、投标文件的时限不符合招标投标法和本条例规定；

（三）接受未通过资格预审的单位或者个人参加投标；

（四）接受应当拒收的投标文件。

招标人有前款第一项、第三项、第四项所列行为之一的，对单位直接负责的主管人员和其他直接责任人员依法给予处分。

第六十五条　招标代理机构在所代理的招标项目中投标、代理投标或者向该项目投标人提供咨询的，接受委托编制标底的中介机构参加受托编制标底项目的投标或者为该项目的投标人编制投标文件、提供咨询的，依照招标投标法第五十条的规定追究法律责任。

第六十六条　招标人超过本条例规定的比例收取投标保证金、履约保证金或者不按照规定退还投标保证金及银行同期存款利息的，由有关行政监督部门责令改正，可以处 5 万元以下的罚款；给他人造成损失的，依法承担赔偿责任。

第六十七条　投标人相互串通投标或者与招标人串通投标的，投标人向招标人或者评标委员会成员行贿谋取中标的，中标无效；构成犯罪的，依法追究刑事责任；尚不构成犯罪的，依照招标投标法第五十三条的规定处罚。投标人未中标的，对单位的罚款金额按照招标项目合同金额依照招标投标法规定的比例计算。

投标人有下列行为之一的，属于招标投标法第五十三条规定的情节严重行为，由有关行政监督部门取消其 1 年至 2 年内参加依法必须进行招标的项目的投标资格：

（一）以行贿谋取中标；

（二）3 年内 2 次以上串通投标；

（三）串通投标行为损害招标人、其他投标人或者国家、集体、公民的合法利益，造成直接经济损失 30 万元以上；

（四）其他串通投标情节严重的行为。

投标人自本条第二款规定的处罚执行期限届满之日起 3 年内又有该款所列违法行为之一的，或者串通投标、以行贿谋取中标情节特别严重的，由工商行政管理机关吊销营业执照。

法律、行政法规对串通投标报价行为的处罚另有规定的,从其规定。

第六十八条　投标人以他人名义投标或者以其他方式弄虚作假骗取中标的,中标无效;构成犯罪的,依法追究刑事责任;尚不构成犯罪的,依照招标投标法第五十四条的规定处罚。依法必须进行招标的项目的投标人未中标的,对单位的罚款金额按照招标项目合同金额依照招标投标法规定的比例计算。

投标人有下列行为之一的,属于招标投标法第五十四条规定的情节严重行为,由有关行政监督部门取消其1年至3年内参加依法必须进行招标的项目的投标资格:

(一)伪造、变造资格、资质证书或者其他许可证件骗取中标;

(二)3年内2次以上使用他人名义投标;

(三)弄虚作假骗取中标给招标人造成直接经济损失30万元以上;

(四)其他弄虚作假骗取中标情节严重的行为。

投标人自本条第二款规定的处罚执行期限届满之日起3年内又有该款所列违法行为之一的,或者弄虚作假骗取中标情节特别严重的,由工商行政管理机关吊销营业执照。

第六十九条　出让或者出租资格、资质证书供他人投标的,依照法律、行政法规的规定给予行政处罚;构成犯罪的,依法追究刑事责任。

第七十条　依法必须进行招标的项目的招标人不按照规定组建评标委员会,或者确定、更换评标委员会成员违反招标投标法和本条例规定的,由有关行政监督部门责令改正,可以处10万元以下的罚款,对单位直接负责的主管人员和其他直接责任人员依法给予处分;违法确定或者更换的评标委员会成员作出的评审结论无效,依法重新进行评审。

国家工作人员以任何方式非法干涉选取评标委员会成员的,依照本条例第八十条的规定追究法律责任。

第七十一条　评标委员会成员有下列行为之一的,由有关行政监督部门责令改正;情节严重的,禁止其在一定期限内参加依法必须进行招标的项目的评标;情节特别严重的,取消其担任评标委员会成员的资格:

(一)应当回避而不回避;

(二)擅离职守;

(三)不按照招标文件规定的评标标准和方法评标;

(四)私下接触投标人;

(五)向招标人征询确定中标人的意向或者接受任何单位或者个人明示或者暗示提出的倾向或者排斥特定投标人的要求;

(六)对依法应当否决的投标不提出否决意见;

(七)暗示或者诱导投标人作出澄清、说明或者接受投标人主动提出的澄清、说明;

(八)其他不客观、不公正履行职务的行为。

第七十二条　评标委员会成员收受投标人的财物或者其他好处的,没收收受的财物,处3000元以上5万元以下的罚款,取消担任评标委员会成员的资格,不得再参加依法必须进行招标的项目的评标;构成犯罪的,依法追究刑事责任。

第七十三条　依法必须进行招标的项目的招标人有下列情形之一的,由有关行政监督部门责令改正,可以处中标项目金额10‰以下的罚款;给他人造成损失的,依法承担赔偿责任;对单位直接负责的主管人员和其他直接责任人员依法给予处分:

(一)无正当理由不发出中标通知书;

(二)不按照规定确定中标人;

(三)中标通知书发出后无正当理由改变中标结果;

(四)无正当理由不与中标人订立合同;

(五)在订立合同时向中标人提出附加条件。

第七十四条　中标人无正当理由不与招标人订立合同,在签订合同时向招标人提出附加条件,或者不按照招标文件要求提交履约保证金的,取消其中标资格,投标保证金不予退还。对依法必须进行招标的项目的中标人,由有关行政监督部门责令改正,可以处中标项目金额10‰以下的罚款。

第七十五条　招标人和中标人不按照招标文件和中标人的投标文件订立合同,合同的主要条款与招标文件、中标人的投标文件的内容不一致,或者招标人、中标人订立背离合同实质性内容的协议的,由有关行政监督部门责令改正,可以处中标项目金额5‰以上10‰以下的罚款。

第七十六条　中标人将中标项目转让给他人的,将中标项目肢解后分别转让给他人的,违反招标投标法和本条例规定将中标项目的部分主体、关键性工作分包给他人的,或者分包人再次分包的,转让、分包无效,处转让、分包项目金额5‰以上10‰以下的罚款;有违法所得的,并处没收违法所得;可以责令停业整顿;情节严重的,由工商行政管理机关吊销营业执照。

第七十七条　投标人或者其他利害关系人捏造事实、伪造材料或者以非法手段取得证明材料进行投诉,给他人造成损失的,依法承担赔偿责任。

招标人不按照规定对异议作出答复,继续进行招标投标活动的,由有关行政监督部门责令改正,拒不改正或者不能改正并影响中标结果的,依照本条例第八十一条的规定处理。

第七十八条　国家建立招标投标信用制度。有关行政监督部门应当依法公告对招标人、招标代理机构、投标人、评标委员会成员等当事人违法行为的行政处理决定。

第七十九条　项目审批、核准部门不依法审批、核准项目招标范围、招标方式、招标组织形式的,对单位直接负责的主管人员和其他直接责任人员依法给予处分。

有关行政监督部门不依法履行职责,对违反招标投标法和本条例规定的行为不依法查处,或者不按照规定处理投诉,不依法公告对招标投标当事人违法行为的行政处理决定的,对直接负责的主管人员和其他直接责任人员依法给予处分。

项目审批、核准部门和有关行政监督部门的工作人员徇私舞弊、滥用职权、玩忽职守,构成犯罪的,依法追究刑事责任。

第八十条　国家工作人员利用职务便利,以直接或者间接、明示或者暗示等任何方式非法干涉招标投标活动,有下列情形之一的,依法给予记过或者记大过处分;情节严重的,依法给予降级或者撤职处分;情节特别严重的,依法给予开除处分;构成犯罪的,依法追究刑事责任:

(一)要求对依法必须进行招标的项目不招标,或者要求对依法应当公开招标的项目不公开招标;

(二)要求评标委员会成员或者招标人以其指定的投标人作为中标候选人或者中标人,或者以其他方式非法干涉评标活动,影响中标结果;

(三)以其他方式非法干涉招标投标活动。

第八十一条　依法必须进行招标的项目的招标投标活动违反招标投标法和本条例的规定,对中标结果造成实质性影响,且不能采取补救措施予以纠正的,招标、投标、中标无效,应当依法重新招标或者评标。

第七章　附　则

第八十二条　招标投标协会按照依法制定的章程开展活动,加强行业自律和服务。

第八十三条　政府采购的法律、行政法规对政府采购货物、服务的招标投标另有规定的,从其规定。

第八十四条　本条例自 2012 年 2 月 1 日起施行。

必须招标的工程项目规定

· 2018 年 3 月 27 日国家发展和改革委员会令第 16 号公布
· 自 2018 年 6 月 1 日起施行

第一条　为了确定必须招标的工程项目,规范招标投标活动,提高工作效率、降低企业成本、预防腐败,根据《中华人民共和国招标投标法》第三条的规定,制定本规定。

第二条　全部或者部分使用国有资金投资或者国家融资的项目包括:

(一)使用预算资金 200 万元人民币以上,并且该资金占投资额 10%以上的项目;

(二)使用国有企业事业单位资金,并且该资金占控股或者主导地位的项目。

第三条　使用国际组织或者外国政府贷款、援助资金的项目包括:

(一)使用世界银行、亚洲开发银行等国际组织贷款、援助资金的项目;

(二)使用外国政府及其机构贷款、援助资金的项目。

第四条　不属于本规定第二条、第三条规定情形的大型基础设施、公用事业等关系社会公共利益、公众安全的项目,必须招标的具体范围由国务院发展改革部门会同国务院有关部门按照确有必要、严格限定的原则制订,报国务院批准。

第五条　本规定第二条至第四条规定范围内的项目,其勘察、设计、施工、监理以及与工程建设有关的重要设备、材料等的采购达到下列标准之一的,必须招标:

(一)施工单项合同估算价在 400 万元人民币以上;

(二)重要设备、材料等货物的采购,单项合同估算价在 200 万元人民币以上;

(三)勘察、设计、监理等服务的采购,单项合同估算价在 100 万元人民币以上。

同一项目中可以合并进行的勘察、设计、施工、监理以及与工程建设有关的重要设备、材料等的采购,合同估算价合计达到前款规定标准的,必须招标。

第六条　本规定自 2018 年 6 月 1 日起施行。

必须招标的基础设施和公用事业项目范围规定

· 2018 年 6 月 6 日
· 发改法规〔2018〕843 号

第一条　为明确必须招标的大型基础设施和公用事业项目范围,根据《中华人民共和国招标投标法》和《必须招标的工程项目规定》,制定本规定。

第二条　不属于《必须招标的工程项目规定》第二条、第三条规定情形的大型基础设施、公用事业等关系社会公共利益、公众安全的项目,必须招标的具体范围包括:

(一)煤炭、石油、天然气、电力、新能源等能源基础设施项目;

(二)铁路、公路、管道、水运,以及公共航空和 A1 级通用机场等交通运输基础设施项目;

(三)电信枢纽、通信信息网络等通信基础设施项目;

(四)防洪、灌溉、排涝、引(供)水等水利基础设施项目;

(五)城市轨道交通等城建项目。

第三条　本规定自 2018 年 6 月 6 日起施行。

国家发展改革委办公厅关于进一步做好《必须招标的工程项目规定》和《必须招标的基础设施和公用事业项目范围规定》实施工作的通知

·2020 年 10 月 19 日
·发改办法规〔2020〕770 号

各省、自治区、直辖市、新疆生产建设兵团发展改革委、公共资源交易平台整合牵头部门:

为加强政策指导,进一步做好《必须招标的工程项目规定》(国家发展改革委 2018 年第 16 号令,以下简称"16 号令")和《必须招标的基础设施和公用事业项目范围规定》(发改法规〔2018〕843 号,以下简称"843 号文")实施工作,现就有关事项通知如下:

一、准确理解依法必须招标的工程建设项目范围

(一)关于使用国有资金的项目。16 号令第二条第(一)项中"预算资金",是指《预算法》规定的预算资金,包括一般公共预算资金、政府性基金预算资金、国有资本经营预算资金、社会保险基金预算资金。第(二)项中"占控股或者主导地位",参照《公司法》第二百一十六条关于控股股东和实际控制人的理解执行,即"其出资额占有限责任公司资本总额百分之五十以上或者其持有的股份占股份有限公司股本总额百分之五十以上的股东;出资额或者持有股份的比例虽然不足百分之五十,但依其出资额或者持有的股份所享有的表决权已足以对股东会、股东大会的决议产生重大影响的股东";国有企业事业单位通过投资关系、协议或者其他安排,能够实际支配项目建设的,也属于占控股或者主导地位。项目中国有

资金的比例,应当按照项目资金来源中所有国有资金之和计算。

(二)关于项目与单项采购的关系。16 号令第二条至第四条及 843 号文第二条规定范围的项目,其勘察、设计、施工、监理以及与工程建设有关的重要设备、材料等的单项采购分别达到 16 号令第五条规定的相应单项合同价估算标准的,该单项采购必须招标;该项目中未达到前述相应标准的单项采购,不属于 16 号令规定的必须招标范畴。

(三)关于招标范围列举事项。依法必须招标的工程建设项目范围和规模标准,应当严格执行《招标投标法》第三条和 16 号令、843 号文规定;法律、行政法规或者国务院对必须进行招标的其他项目范围有规定的,依照其规定。没有法律、行政法规或者国务院规定依据的,对 16 号令第五条第一款第(三)项中没有明确列举规定的服务事项、843 号文第二条中没有明确列举规定的项目,不得强制要求招标。

(四)关于同一项目中的合并采购。16 号令第五条规定的"同一项目中可以合并进行的勘察、设计、施工、监理以及与工程建设有关的重要设备、材料等的采购,合同估算价合计达到前款规定标准的,必须招标",目的是防止发包方通过化整为零方式规避招标。其中"同一项目中可以合并进行",是指根据项目实际,以及行业标准或行业惯例,符合科学性、经济性、可操作性要求,同一项目中适宜放在一起进行采购的同类采购项目。

(五)关于总承包招标的规模标准。对于 16 号令第二条至第四条规定范围内的项目,发包人依法对工程以及与工程建设有关的货物、服务全部或者部分实行总承包发包的,总承包中施工、货物、服务等各部分的估算价中,只要有一项达到 16 号令第五条规定相应标准,即施工部分估算价达到 400 万元以上,或者货物部分达到 200 万元以上,或者服务部分达到 100 万元以上,则整个总承包发包应当招标。

二、规范规模标准以下工程建设项目的采购

16 号令第二条至第四条及 843 号文第二条规定范围的项目,其施工、货物、服务采购的单项合同估算价未达到 16 号令第五条规定规模标准的,该单项采购由采购人依法自主选择采购方式,任何单位和个人不得违法干涉;其中,涉及政府采购的,按照政府采购法律法规规定执行。国有企业可以结合实际,建立健全规模标准以下工程建设项目采购制度,推进采购活动公开透明。

三、严格执行依法必须招标制度

各地方应当严格执行 16 号令和 843 号文规定的范

围和规模标准,不得另行制定必须进行招标的范围和规模标准,也不得作出与16号令、843号文和本通知相抵触的规定,持续深化招标投标领域"放管服"改革,努力营造良好市场环境。

招标公告和公示信息发布管理办法

· 2017年11月23日国家发展和改革委员会令第10号公布
· 自2018年1月1日起施行

第一条 为规范招标公告和公示信息发布活动,保证各类市场主体和社会公众平等、便捷、准确地获取招标信息,根据《中华人民共和国招标投标法》《中华人民共和国招标投标法实施条例》等有关法律法规规定,制定本办法。

第二条 本办法所称招标公告和公示信息,是指招标项目的资格预审公告、招标公告、中标候选人公示、中标结果公示等信息。

第三条 依法必须招标项目的招标公告和公示信息,除依法需要保密或者涉及商业秘密的内容外,应当按照公益服务、公开透明、高效便捷、集中共享的原则,依法向社会公开。

第四条 国家发展改革委根据招标投标法律法规规定,对依法必须招标项目招标公告和公示信息发布媒介的信息发布活动进行监督管理。

省级发展改革部门对本行政区域内招标公告和公示信息发布活动依法进行监督管理。省级人民政府另有规定的,从其规定。

第五条 依法必须招标项目的资格预审公告和招标公告,应当载明以下内容:

(一)招标项目名称、内容、范围、规模、资金来源;

(二)投标资格能力要求,以及是否接受联合体投标;

(三)获取资格预审文件或招标文件的时间、方式;

(四)递交资格预审文件或投标文件的截止时间、方式;

(五)招标人及其招标代理机构的名称、地址、联系人及联系方式;

(六)采用电子招标投标方式的,潜在投标人访问电子招标投标交易平台的网址和方法;

(七)其他依法应当载明的内容。

第六条 依法必须招标项目的中标候选人公示应当载明以下内容:

(一)中标候选人排序、名称、投标报价、质量、工期(交货期),以及评标情况;

(二)中标候选人按照招标文件要求承诺的项目负责人姓名及其相关证书名称和编号;

(三)中标候选人响应招标文件要求的资格能力条件;

(四)提出异议的渠道和方式;

(五)招标文件规定公示的其他内容。

依法必须招标项目的中标结果公示应当载明中标人名称。

第七条 依法必须招标项目的招标公告和公示信息应当根据招标投标法律法规,以及国家发展改革委会同有关部门制定的标准文件编制,实现标准化、格式化。

第八条 依法必须招标项目的招标公告和公示信息应当在"中国招标投标公共服务平台"或者项目所在地省级电子招标投标公共服务平台(以下统一简称"发布媒介")发布。

第九条 省级电子招标投标公共服务平台应当与"中国招标投标公共服务平台"对接,按规定同步交互招标公告和公示信息。对依法必须招标项目的招标公告和公示信息,发布媒介应当与相应的公共资源交易平台实现信息共享。

"中国招标投标公共服务平台"应当汇总公开全国招标公告和公示信息,以及本办法第八条规定的发布媒介名称、网址、办公场所、联系方式等基本信息,及时维护更新,与全国公共资源交易平台共享,并归集至全国信用信息共享平台,按规定通过"信用中国"网站向社会公开。

第十条 拟发布的招标公告和公示信息文本应当由招标人或其招标代理机构盖章,并由主要负责人或其授权的项目负责人签名。采用数据电文形式的,应当按规定进行电子签名。

招标人或其招标代理机构发布招标公告和公示信息,应当遵守招标投标法律法规关于时限的规定。

第十一条 依法必须招标项目的招标公告和公示信息鼓励通过电子招标投标交易平台录入后交互至发布媒介核验发布,也可以直接通过发布媒介录入并核验发布。

按照电子招标投标有关数据规范要求交互招标公告和公示信息文本的,发布媒介应当自收到起12小时内发布。采用电子邮件、电子介质、传真、纸质文本等其他形式提交或者直接录入招标公告和公示信息文本的,发布媒介应当自核验确认起1个工作日内发布。核验确认最长不得超过3个工作日。

招标人或其招标代理机构应当对其提供的招标公告和公示信息的真实性、准确性、合法性负责。发布媒介和电子招标投标交易平台应当对所发布的招标公告和公示信息的及时性、完整性负责。

发布媒介应当按照规定采取有效措施，确保发布招标公告和公示信息的数据电文不被篡改、不遗漏和至少10年内可追溯。

第十二条 发布媒介应当免费提供依法必须招标项目的招标公告和公示信息发布服务，并允许社会公众和市场主体免费、及时查阅前述招标公告和公示的完整信息。

第十三条 发布媒介应当通过专门栏目发布招标公告和公示信息，并免费提供信息归类和检索服务，对新发布的招标公告和公示信息作醒目标识，方便市场主体和社会公众查阅。

发布媒介应当设置专门栏目，方便市场主体和社会公众就其招标公告和公示信息发布工作反映情况、提出意见，并及时反馈。

第十四条 发布媒介应当实时统计本媒介招标公告和公示信息发布情况，及时向社会公布，并定期报送相应的省级以上发展改革部门或省级以上人民政府规定的其他部门。

第十五条 依法必须招标项目的招标公告和公示信息除在发布媒介发布外，招标人或其招标代理机构也可以同步在其他媒介公开，并确保内容一致。

其他媒介可以依法全文转载依法必须招标项目的招标公告和公示信息，但不得改变其内容，同时必须注明信息来源。

第十六条 依法必须招标项目的招标公告和公示信息有下列情形之一的，潜在投标人或者投标人可以要求招标人或其招标代理机构予以澄清、改正、补充或调整：

（一）资格预审公告、招标公告载明的事项不符合本办法第五条规定，中标候选人公示载明的事项不符合本办法第六条规定；

（二）在两家以上媒介发布的同一招标项目的招标公告和公示信息内容不一致；

（三）招标公告和公示信息内容不符合法律法规规定。

招标人或其招标代理机构应当认真核查，及时处理，并将处理结果告知提出意见的潜在投标人或者投标人。

第十七条 任何单位和个人认为招标人或其招标代理机构在招标公告和公示信息发布活动中存在违法违规行为的，可以依法向有关行政监督部门投诉、举报；认为发布媒介在招标公告和公示信息发布活动中存在违法违规行为的，根据有关规定可以向相应的省级以上发展改革部门或其他有关部门投诉、举报。

第十八条 招标人或其招标代理机构有下列行为之一的，由有关行政监督部门责令改正，并视情形依照《中华人民共和国招标投标法》第四十九条、第五十一条及有关规定处罚：

（一）依法必须公开招标的项目不按照规定在发布媒介发布招标公告和公示信息；

（二）在不同媒介发布的同一招标项目的资格预审公告或者招标公告的内容不一致，影响潜在投标人申请资格预审或者投标；

（三）资格预审公告或者招标公告中有关获取资格预审文件或者招标文件的时限不符合招标投标法律法规规定；

（四）资格预审公告或者招标公告中以不合理的条件限制或者排斥潜在投标人。

第十九条 发布媒介在发布依法必须招标项目的招标公告和公示信息活动中有下列情形之一的，由相应的省级以上发展改革部门或其他有关部门根据有关法律法规规定，责令改正；情节严重的，可以处1万元以下罚款：

（一）违法收取费用；

（二）无正当理由拒绝发布或者拒不按规定交互信息；

（三）无正当理由延误发布时间；

（四）因故意或重大过失导致发布的招标公告和公示信息发生遗漏、错误；

（五）违反本办法的其他行为。

其他媒介违规发布或转载依法必须招标项目的招标公告和公示信息的，由相应的省级以上发展改革部门或其他有关部门根据有关法律法规规定，责令改正；情节严重的，可以处1万元以下罚款。

第二十条 对依法必须招标项目的招标公告和公示信息进行澄清、修改，或者暂停、终止招标活动，采取公告形式向社会公布的，参照本办法执行。

第二十一条 使用国际组织或者外国政府贷款、援助资金的招标项目，贷款方、资金提供方对招标公告和公示信息的发布另有规定的，适用其规定。

第二十二条 本办法所称以上、以下包含本级或本数。

第二十三条 本办法由国家发展改革委负责解释。

第二十四条　本办法自 2018 年 1 月 1 日起施行。《招标公告发布暂行办法》(国家发展计划委第 4 号令)和《国家计委关于指定发布依法必须招标项目招标公告的媒介的通知》(计政策〔2000〕868 号)同时废止。

评标委员会和评标方法暂行规定

· 2001 年 7 月 5 日国家发展计划委员会、国家经济贸易委员会、建设部、铁道部、交通部、信息产业部、水利部令第 12 号发布
· 根据 2013 年 3 月 11 日国家发展和改革委员会、工业和信息化部、财政部、住房和城乡建设部、交通运输部、铁道部、水利部、国家广播电影电视总局、中国民用航空局《关于废止和修改部分招标投标规章和规范性文件的决定》修订

第一章　总　则

第一条　为了规范评标活动,保证评标的公平、公正,维护招标投标活动当事人的合法权益,依照《中华人民共和国招标投标法》、《中华人民共和国招标投标法实施条例》,制定本规定。

第二条　本规定适用于依法必须招标项目的评标活动。

第三条　评标活动遵循公平、公正、科学、择优的原则。

第四条　评标活动依法进行,任何单位和个人不得非法干预或者影响评标过程和结果。

第五条　招标人应当采取必要措施,保证评标活动在严格保密的情况下进行。

第六条　评标活动及其当事人应当接受依法实施的监督。

有关行政监督部门依照国务院或者地方政府的职责分工,对评标活动实施监督,依法查处评标活动中的违法行为。

第二章　评标委员会

第七条　评标委员会依法组建,负责评标活动,向招标人推荐中标候选人或者根据招标人的授权直接确定中标人。

第八条　评标委员会由招标人负责组建。

评标委员会成员名单一般应于开标前确定。评标委员会成员名单在中标结果确定前应当保密。

第九条　评标委员会由招标人或其委托的招标代理机构熟悉相关业务的代表,以及有关技术、经济等方面的专家组成,成员人数为 5 人以上单数,其中技术、经济等方面的专家不得少于成员总数的 2/3。

评标委员会设负责人的,评标委员会负责人由评标委员会成员推举产生或者由招标人确定。评标委员会负责人与评标委员会的其他成员有同等的表决权。

第十条　评标委员会的专家成员应当从依法组建的专家库内的相关专家名单中确定。

按前款规定确定评标专家,可以采取随机抽取或者直接确定的方式。一般项目,可以采取随机抽取的方式;技术复杂、专业性强或者国家有特殊要求的招标项目,采取随机抽取方式确定的专家难以保证胜任的,可以由招标人直接确定。

第十一条　评标专家应符合下列条件:

(一)从事相关专业领域工作满 8 年并具有高级职称或者同等专业水平;

(二)熟悉有关招标投标的法律法规,并具有与招标项目相关的实践经验;

(三)能够认真、公正、诚实、廉洁地履行职责。

第十二条　有下列情形之一的,不得担任评标委员会成员:

(一)投标人或者投标人主要负责人的近亲属;

(二)项目主管部门或者行政监督部门的人员;

(三)与投标人有经济利益关系,可能影响对投标公正评审的;

(四)曾因在招标、评标以及其他与招标投标有关活动中从事违法行为而受过行政处罚或刑事处罚的。

评标委员会成员有前款规定情形之一的,应当主动提出回避。

第十三条　评标委员会成员应当客观、公正地履行职责,遵守职业道德,对所提出的评审意见承担个人责任。

评标委员会成员不得与任何投标人或者与招标结果有利害关系的人进行私下接触,不得收受投标人、中介人、其他利害关系人的财物或者其他好处,不得向招标人征询其确定中标人的意向,不得接受任何单位或者个人明示或者暗示提出的倾向或者排斥特定投标人的要求,不得有其他不客观、不公正履行职务的行为。

第十四条　评标委员会成员和与评标活动有关的工作人员不得透露对投标文件的评审和比较、中标候选人的推荐情况以及与评标有关的其他情况。

前款所称与评标活动有关的工作人员,是指评标委员会成员以外的因参与评标监督工作或者事务性工作而知悉有关评标情况的所有人员。

第三章　评标的准备与初步评审

第十五条　评标委员会成员应当编制供评标使用的相应表格，认真研究招标文件，至少应了解和熟悉以下内容：

（一）招标的目标；

（二）招标项目的范围和性质；

（三）招标文件中规定的主要技术要求、标准和商务条款；

（四）招标文件规定的评标标准、评标方法和在评标过程中考虑的相关因素。

第十六条　招标人或者其委托的招标代理机构应当向评标委员会提供评标所需的重要信息和数据，但不得带有明示或者暗示倾向或者排斥特定投标人的信息。

招标人设有标底的，标底在开标前应当保密，并在评标时作为参考。

第十七条　评标委员会应当根据招标文件规定的评标标准和方法，对投标文件进行系统地评审和比较。招标文件中没有规定的标准和方法不得作为评标的依据。

招标文件中规定的评标标准和评标方法应当合理，不得含有倾向或者排斥潜在投标人的内容，不得妨碍或者限制投标人之间的竞争。

第十八条　评标委员会应当按照投标报价的高低或者招标文件规定的其他方法对投标文件排序。以多种货币报价的，应当按照中国银行在开标日公布的汇率中间价换算成人民币。

招标文件应当对汇率标准和汇率风险作出规定。未作规定的，汇率风险由投标人承担。

第十九条　评标委员会可以书面方式要求投标人对投标文件中含义不明确、对同类问题表述不一致或者有明显文字和计算错误的内容作必要的澄清、说明或者补正。澄清、说明或者补正应以书面方式进行并不得超出投标文件的范围或者改变投标文件的实质性内容。

投标文件中的大写金额和小写金额不一致的，以大写金额为准；总价金额与单价金额不一致的，以单价金额为准，但单价金额小数点有明显错误的除外；对不同文字文本投标文件的解释发生异议的，以中文文本为准。

第二十条　在评标过程中，评标委员会发现投标人以他人的名义投标、串通投标、以行贿手段谋取中标或者以其他弄虚作假方式投标的，应当否决该投标人的投标。

第二十一条　在评标过程中，评标委员会发现投标人的报价明显低于其他投标报价或者在设有标底时明显低于标底，使得其投标报价可能低于其个别成本，应当

要求该投标人作出书面说明并提供相关证明材料。投标人不能合理说明或者不能提供相关证明材料的，由评标委员会认定该投标人以低于成本报价竞标，应当否决其投标。

第二十二条　投标人资格条件不符合国家有关规定和招标文件要求的，或者拒不按照要求对投标文件进行澄清、说明或者补正的，评标委员会可以否决其投标。

第二十三条　评标委员会应当审查每一投标文件是否对招标文件提出的所有实质性要求和条件作出响应。未能在实质上响应的投标，应当予以否决。

第二十四条　评标委员会应当根据招标文件，审查并逐项列出投标文件的全部投标偏差。

投标偏差分为重大偏差和细微偏差。

第二十五条　下列情况属于重大偏差：

（一）没有按照招标文件要求提供投标担保或者所提供的投标担保有瑕疵；

（二）投标文件没有投标人授权代表签字和加盖公章；

（三）投标文件载明的招标项目完成期限超过招标文件规定的期限；

（四）明显不符合技术规格、技术标准的要求；

（五）投标文件载明的货物包装方式、检验标准和方法等不符合招标文件的要求；

（六）投标文件附有招标人不能接受的条件；

（七）不符合招标文件中规定的其他实质性要求。

投标文件有上述情形之一的，为未能对招标文件作出实质性响应，并按本规定第二十三条规定作否决投标处理。招标文件对重大偏差另有规定的，从其规定。

第二十六条　细微偏差是指投标文件在实质上响应招标文件要求，但在个别地方存在漏项或者提供了不完整的技术信息和数据等情况，并且补正这些遗漏或者不完整不会对其他投标人造成不公平的结果。细微偏差不影响投标文件的有效性。

评标委员会应当书面要求存在细微偏差的投标人在评标结束前予以补正。拒不补正的，在详细评审时可以对细微偏差作不利于该投标人的量化，量化标准应当在招标文件中规定。

第二十七条　评标委员会根据本规定第二十条、第二十一条、第二十二条、第二十三条、第二十五条的规定否决不合格投标后，因有效投标不足 3 个使得投标明显缺乏竞争的，评标委员会可以否决全部投标。

投标人少于 3 个或者所有投标被否决的，招标人在

分析招标失败的原因并采取相应措施后,应当依法重新招标。

第四章　详细评审

第二十八条　经初步评审合格的投标文件,评标委员会应当根据招标文件确定的评标标准和方法,对其技术部分和商务部分作进一步评审、比较。

第二十九条　评标方法包括经评审的最低投标价法、综合评估法或者法律、行政法规允许的其他评标方法。

第三十条　经评审的最低投标价法一般适用于具有通用技术、性能标准或者招标人对其技术、性能没有特殊要求的招标项目。

第三十一条　根据经评审的最低投标价法,能够满足招标文件的实质性要求,并且经评审的最低投标价的投标,应当推荐为中标候选人。

第三十二条　采用经评审的最低投标价法的,评标委员会应当根据招标文件中规定的评标价格调整方法,对所有投标人的投标报价以及投标文件的商务部分作必要的价格调整。

采用经评审的最低投标价法的,中标人的投标应当符合招标文件规定的技术要求和标准,但评标委员会无需对投标文件的技术部分进行价格折算。

第三十三条　根据经评审的最低投标价法完成详细评审后,评标委员会应当拟定一份"标价比较表",连同书面评标报告提交招标人。"标价比较表"应当载明投标人的投标报价、对商务偏差的价格调整和说明以及经评审的最终投标价。

第三十四条　不宜采用经评审的最低投标价法的招标项目,一般应当采取综合评估法进行评审。

第三十五条　根据综合评估法,最大限度地满足招标文件中规定的各项综合评价标准的投标,应当推荐为中标候选人。

衡量投标文件是否最大限度地满足招标文件中规定的各项评价标准,可以采取折算为货币的方法、打分的方法或者其他方法。需量化的因素及其权重应当在招标文件中明确规定。

第三十六条　评标委员会对各个评审因素进行量化时,应当将量化指标建立在同一基础或者同一标准上,使各投标文件具有可比性。

对技术部分和商务部分进行量化后,评标委员会应当对这两部分的量化结果进行加权,计算出每一投标的综合评估价或者综合评估分。

第三十七条　根据综合评估法完成评标后,评标委员会应当拟定一份"综合评估比较表",连同书面评标报告提交招标人。"综合评估比较表"应当载明投标人的投标报价、所作的任何修正、对商务偏差的调整、对技术偏差的调整、对各评审因素的评估以及对每一投标的最终评审结果。

第三十八条　根据招标文件的规定,允许投标人投备选标的,评标委员会可以对中标人所投的备选标进行评审,以决定是否采纳备选标。不符合中标条件的投标人的备选标不予考虑。

第三十九条　对于划分有多个单项合同的招标项目,招标文件允许投标人为获得整个项目合同而提出优惠的,评标委员会可以对投标人提出的优惠进行审查,以决定是否将招标项目作为一个整体合同授予中标人。将招标项目作为一个整体合同授予的,整体合同中标人的投标应当最有利于招标人。

第四十条　评标和定标应当在投标有效期内完成。不能在投标有效期内完成评标和定标的,招标人应当通知所有投标人延长投标有效期。拒绝延长投标有效期的投标人有权收回投标保证金。同意延长投标有效期的投标人应当相应延长其投标担保的有效期,但不得修改投标文件的实质性内容。因延长投标有效期造成投标人损失的,招标人应当给予补偿,但因不可抗力需延长投标有效期的除外。

招标文件应当载明投标有效期。投标有效期从提交投标文件截止日起计算。

第五章　推荐中标候选人与定标

第四十一条　评标委员会在评标过程中发现的问题,应当及时作出处理或者向招标人提出处理建议,并作书面记录。

第四十二条　评标委员会完成评标后,应当向招标人提出书面评标报告,并抄送有关行政监督部门。评标报告应当如实记载以下内容:

(一)基本情况和数据表;

(二)评标委员会成员名单;

(三)开标记录;

(四)符合要求的投标一览表;

(五)否决投标的情况说明;

(六)评标标准、评标方法或者评标因素一览表;

(七)经评审的价格或者评分比较一览表;

(八)经评审的投标人排序;

(九)推荐的中标候选人名单与签订合同前要处理

的事宜；

（十）澄清、说明、补正事项纪要。

第四十三条 评标报告由评标委员会全体成员签字。对评标结论持有异议的评标委员会成员可以书面方式阐述其不同意见和理由。评标委员会成员拒绝在评标报告上签字且不陈述其不同意见和理由的，视为同意评标结论。评标委员会应当对此作出书面说明并记录在案。

第四十四条 向招标人提交书面评标报告后，评标委员会应将评标过程中使用的文件、表格以及其他资料应当即时归还招标人。

第四十五条 评标委员会推荐的中标候选人应当限定在 1 至 3 人，并标明排列顺序。

第四十六条 中标人的投标应当符合下列条件之一：

（一）能够最大限度满足招标文件中规定的各项综合评价标准；

（二）能够满足招标文件的实质性要求，并且经评审的投标价格最低；但是投标价格低于成本的除外。

第四十七条 招标人不得与投标人就投标价格、投标方案等实质性内容进行谈判。

第四十八条 国有资金占控股或者主导地位的项目，招标人应当确定排名第一的中标候选人为中标人。排名第一的中标候选人放弃中标、因不可抗力提出不能履行合同，或者招标文件规定应当提交履约保证金而在规定的期限内未能提交，或者被查实存在影响中标结果的违法行为等情形，不符合中标条件的，招标人可以按照评标委员会提出的中标候选人名单排序依次确定其他中标候选人为中标人。依次确定其他中标候选人与招标人预期差距较大，或者对招标人明显不利的，招标人可以重新招标。

招标人可以授权评标委员会直接确定中标人。

国务院对中标人的确定另有规定的，从其规定。

第四十九条 中标人确定后，招标人应当向中标人发出中标通知书，同时通知未中标人，并与中标人在投标有效期内以及中标通知书发出之日起 30 日之内签订合同。

第五十条 中标通知书对招标人和中标人具有法律约束力。中标通知书发出后，招标人改变中标结果或者中标人放弃中标的，应当承担法律责任。

第五十一条 招标人应当与中标人按照招标文件和中标人的投标文件订立书面合同。招标人与中标人不得再行订立背离合同实质性内容的其他协议。

第五十二条 招标人与中标人签订合同后 5 日内，应当向中标人和未中标的投标人退还投标保证金。

第六章 罚 则

第五十三条 评标委员会成员有下列行为之一的，由有关行政监督部门责令改正；情节严重的，禁止其在一定期限内参加依法必须进行招标的项目的评标；情节特别严重的，取消其担任评标委员会成员的资格：

（一）应当回避而不回避；

（二）擅离职守；

（三）不按照招标文件规定的评标标准和方法评标；

（四）私下接触投标人；

（五）向招标人征询确定中标人的意向或者接受任何单位或者个人明示或者暗示提出的倾向或者排斥特定投标人的要求；

（六）对依法应当否决的投标不提出否决意见；

（七）暗示或者诱导投标人作出澄清、说明或者接受投标人主动提出的澄清、说明；

（八）其他不客观、不公正履行职务的行为。

第五十四条 评标委员会成员收受投标人的财物或者其他好处的，评标委员会成员或者与评标活动有关的工作人员向他人透露对投标文件的评审和比较、中标候选人的推荐以及与评标有关的其他情况的，给予警告，没收收受的财物，可以并处 3000 元以上 5 万元以下的罚款；对有所列违法行为的评标委员会成员取消担任评标委员会成员的资格，不得再参加任何依法必须进行招标项目的评标；构成犯罪的，依法追究刑事责任。

第五十五条 招标人有下列情形之一的，责令改正，可以处中标项目金额千分之十以下的罚款；给他人造成损失的，依法承担赔偿责任；对单位直接负责的主管人员和其他直接责任人员依法给予处分：

（一）无正当理由不发出中标通知书；

（二）不按照规定确定中标人；

（三）中标通知书发出后无正当理由改变中标结果；

（四）无正当理由不与中标人订立合同；

（五）在订立合同时向中标人提出附加条件。

第五十六条 招标人与中标人不按照招标文件和中标人的投标文件订立合同的，合同的主要条款与招标文件、中标人的投标文件的内容不一致，或者招标人、中标人订立背离合同实质性内容的协议的，由有关行政监督部门责令改正，可以处中标项目金额 5‰ 以上 10‰ 以下的罚款。

第五十七条　中标人无正当理由不与招标人订立合同，在签订合同时向招标人提出附加条件，或者不按照招标文件要求提交履约保证金的，取消其中标资格，投标保证金不予退还。对依法必须进行招标的项目的中标人，由有关行政监督部门责令改正，可以处中标项目金额10‰以下的罚款。

第七章　附　则

第五十八条　依法必须招标项目以外的评标活动，参照本规定执行。

第五十九条　使用国际组织或者外国政府贷款、援助资金的招标项目的评标活动，贷款方、资金提供方对评标委员会与评标方法另有规定的，适用其规定，但违背中华人民共和国的社会公共利益的除外。

第六十条　本规定颁布前有关评标机构和评标方法的规定与本规定不一致的，以本规定为准。法律或者行政法规另有规定的，从其规定。

第六十一条　本规定由国家发展改革委会同有关部门负责解释。

第六十二条　本规定自发布之日起施行。

电子招标投标办法

· 2013 年 2 月 4 日国家发展和改革委员会、工业和信息化部、监察部、住房和城乡建设部、交通运输部、铁道部、水利部、商务部令第 20 号公布
· 自 2013 年 5 月 1 日起施行

第一章　总　则

第一条　为了规范电子招标投标活动，促进电子招标投标健康发展，根据《中华人民共和国招标投标法》、《中华人民共和国招标投标法实施条例》（以下分别简称招标投标法、招标投标法实施条例），制定本办法。

第二条　在中华人民共和国境内进行电子招标投标活动，适用本办法。

本办法所称电子招标投标活动是指以数据电文形式，依托电子招标投标系统完成的全部或者部分招标投标交易、公共服务和行政监督活动。

数据电文形式与纸质形式的招标投标活动具有同等法律效力。

第三条　电子招标投标系统根据功能的不同，分为交易平台、公共服务平台和行政监督平台。

交易平台是以数据电文形式完成招标投标交易活动的信息平台。公共服务平台是满足交易平台之间信息交换、资源共享需要，并为市场主体、行政监督部门和社会公众提供信息服务的信息平台。行政监督平台是行政监督部门和监察机关在线监督电子招标投标活动的信息平台。

电子招标投标系统的开发、检测、认证、运营应当遵守本办法及所附《电子招标投标系统技术规范》（以下简称技术规范）。

第四条　国务院发展改革部门负责指导协调全国电子招标投标活动，各级地方人民政府发展改革部门负责指导协调本行政区域内电子招标投标活动。各级人民政府发展改革、工业和信息化、住房城乡建设、交通运输、铁道、水利、商务等部门，按照规定的职责分工，对电子招标投标活动实施监督，依法查处电子招标投标活动中的违法行为。

依法设立的招标投标交易场所的监管机构负责督促、指导招标投标交易场所推进电子招标投标工作，配合有关部门对电子招标投标活动实施监督。

省级以上人民政府有关部门对本行政区域内电子招标投标系统的建设、运营，以及相关检测、认证活动实施监督。

监察机关依法对与电子招标投标活动有关的监察对象实施监察。

第二章　电子招标投标交易平台

第五条　电子招标投标交易平台按照标准统一、互联互通、公开透明、安全高效的原则以及市场化、专业化、集约化方向建设和运营。

第六条　依法设立的招标投标交易场所、招标人、招标代理机构以及其他依法设立的法人组织可以按行业、专业类别，建设和运营电子招标投标交易平台。国家鼓励电子招标投标交易平台平等竞争。

第七条　电子招标投标交易平台应当按照本办法和技术规范规定，具备下列主要功能：

（一）在线完成招标投标全部交易过程；

（二）编辑、生成、对接、交换和发布有关招标投标数据信息；

（三）提供行政监督部门和监察机关依法实施监督和受理投诉所需的监督通道；

（四）本办法和技术规范规定的其他功能。

第八条　电子招标投标交易平台应当按照技术规范规定，执行统一的信息分类和编码标准，为各类电子招标投标信息的互联互通和交换共享开放数据接口、公布接口要求。

电子招标投标交易平台接口应当保持技术中立,与各类需要分离开发的工具软件相兼容对接,不得限制或者排斥符合技术规范规定的工具软件与其对接。

第九条　电子招标投标交易平台应当允许社会公众、市场主体免费注册登录和获取依法公开的招标投标信息,为招标投标活动当事人、行政监督部门和监察机关按各自职责和注册权限登录使用交易平台提供必要条件。

第十条　电子招标投标交易平台应当依照《中华人民共和国认证认可条例》等有关规定进行检测、认证,通过检测、认证的电子招标投标交易平台应当在省级以上电子招标投标公共服务平台上公布。

电子招标投标交易平台服务器应当设在中华人民共和国境内。

第十一条　电子招标投标交易平台运营机构应当是依法成立的法人,拥有一定数量的专职信息技术、招标专业人员。

第十二条　电子招标投标交易平台运营机构应当根据国家有关法律法规及技术规范,建立健全电子招标投标交易平台规范运行和安全管理制度,加强监控、检测,及时发现和排除隐患。

第十三条　电子招标投标交易平台运营机构应当采用可靠的身份识别、权限控制、加密、病毒防范等技术,防范非授权操作,保证交易平台的安全、稳定、可靠。

第十四条　电子招标投标交易平台运营机构应当采取有效措施,验证初始录入信息的真实性,并确保数据电文不被篡改、不遗漏和可追溯。

第十五条　电子招标投标交易平台运营机构不得以任何手段限制或者排斥潜在投标人,不得泄露依法应当保密的信息,不得弄虚作假、串通投标或者为弄虚作假、串通投标提供便利。

第三章　电子招标

第十六条　招标人或者其委托的招标代理机构应当在其使用的电子招标投标交易平台注册登记,选择使用除招标人或招标代理机构之外第三方运营的电子招标投标交易平台的,还应当与电子招标投标交易平台运营机构签订使用合同,明确服务内容、服务质量、服务费用等权利和义务,并对服务过程中相关信息的产权归属、保密责任、存档等依法作出约定。

电子招标投标交易平台运营机构不得以技术和数据接口配套为由,要求潜在投标人购买指定的工具软件。

第十七条　招标人或者其委托的招标代理机构应当在资格预审公告、招标公告或者投标邀请书中载明潜在投标人访问电子招标投标交易平台的网络地址和方法。依法必须进行公开招标项目的上述相关公告应当在电子招标投标交易平台和国家指定的招标公告媒介同步发布。

第十八条　招标人或者其委托的招标代理机构应当及时将数据电文形式的资格预审文件、招标文件加载至电子招标投标交易平台,供潜在投标人下载或者查阅。

第十九条　数据电文形式的资格预审公告、招标公告、资格预审文件、招标文件等应当标准化、格式化,并符合有关法律法规以及国家有关部门颁发的标准文本的要求。

第二十条　除本办法和技术规范规定的注册登记外,任何单位和个人不得在招标投标活动中设置注册登记、投标报名等前置条件限制潜在投标人下载资格预审文件或者招标文件。

第二十一条　在投标截止时间前,电子招标投标交易平台运营机构不得向招标人或者其委托的招标代理机构以外的任何单位和个人泄露下载资格预审文件、招标文件的潜在投标人名称、数量以及可能影响公平竞争的其他信息。

第二十二条　招标人对资格预审文件、招标文件进行澄清或者修改的,应当通过电子招标投标交易平台以醒目的方式公告澄清或者修改的内容,并以有效方式通知所有已下载资格预审文件或者招标文件的潜在投标人。

第四章　电子投标

第二十三条　电子招标投标交易平台的运营机构,以及与该机构有控股或者管理关系可能影响招标公正性的任何单位和个人,不得在该交易平台进行的招标项目中投标和代理投标。

第二十四条　投标人应当在资格预审公告、招标公告或者投标邀请书载明的电子招标投标交易平台注册登记,如实递交有关信息,并经电子招标投标交易平台运营机构验证。

第二十五条　投标人应当通过资格预审公告、招标公告或者投标邀请书载明的电子招标投标交易平台递交数据电文形式的资格预审申请文件或者投标文件。

第二十六条　电子招标投标交易平台应当允许投标人离线编制投标文件,并且具备分段或者整体加密、解密功能。

投标人应当按照招标文件和电子招标投标交易平台

的要求编制并加密投标文件。

投标人未按规定加密的投标文件,电子招标投标交易平台应当拒收并提示。

第二十七条　投标人应当在投标截止时间前完成投标文件的传输递交,并可以补充、修改或者撤回投标文件。投标截止时间前未完成投标文件传输的,视为撤回投标文件。投标截止时间后送达的投标文件,电子招标投标交易平台应当拒收。

电子招标投标交易平台收到投标人送达的投标文件,应当即时向投标人发出确认回执通知,并妥善保存投标文件。在投标截止时间前,除投标人补充、修改或者撤回投标文件外,任何单位和个人不得解密、提取投标文件。

第二十八条　资格预审申请文件的编制、加密、递交、传输、接收确认等,适用本办法关于投标文件的规定。

第五章　电子开标、评标和中标

第二十九条　电子开标应当按照招标文件确定的时间,在电子招标投标交易平台上公开进行,所有投标人均应当准时在线参加开标。

第三十条　开标时,电子招标投标交易平台自动提取所有投标文件,提示招标人和投标人按招标文件规定方式按时在线解密。解密全部完成后,应当向所有投标人公布投标人名称、投标价格和招标文件规定的其他内容。

第三十一条　因投标人原因造成投标文件未解密的,视为撤销其投标文件;因投标人之外的原因造成投标文件未解密的,视为撤回其投标文件,投标人有权要求责任方赔偿因此遭受的直接损失。部分投标文件未解密的,其他投标文件的开标可以继续进行。

招标人可以在招标文件中明确投标文件解密失败的补救方案,投标文件应按照招标文件的要求作出响应。

第三十二条　电子招标投标交易平台应当生成开标记录并向社会公众公布,但依法应当保密的除外。

第三十三条　电子评标应当在有效监控和保密的环境下在线进行。

根据国家规定应当进入依法设立的招标投标交易场所的招标项目,评标委员会成员应当在依法设立的招标投标交易场所登录招标项目所使用的电子招标投标交易平台进行评标。

评标中需要投标人对投标文件澄清或者说明的,招标人和投标人应当通过电子招标投标交易平台交换数据电文。

第三十四条　评标委员会完成评标后,应当通过电子招标投标交易平台向招标人提交数据电文形式的评标报告。

第三十五条　依法必须进行招标的项目中标候选人和中标结果应当在电子招标投标交易平台进行公示和公布。

第三十六条　招标人确定中标人后,应当通过电子招标投标交易平台以数据电文形式向中标人发出中标通知书,并向未中标人发出中标结果通知书。

招标人应当通过电子招标投标交易平台,以数据电文形式与中标人签订合同。

第三十七条　鼓励招标人、中标人等相关主体及时通过电子招标投标交易平台递交和公布中标合同履行情况的信息。

第三十八条　资格预审申请文件的解密、开启、评审、发出结果通知书等,适用本办法关于投标文件的规定。

第三十九条　投标人或者其他利害关系人依法对资格预审文件、招标文件、开标和评标结果提出异议,以及招标人答复,均应当通过电子招标投标交易平台进行。

第四十条　招标投标活动中的下列数据电文应当按照《中华人民共和国电子签名法》和招标文件的要求进行电子签名并进行电子存档:

(一)资格预审公告、招标公告或者投标邀请书;

(二)资格预审文件、招标文件及其澄清、补充和修改;

(三)资格预审申请文件、投标文件及其澄清和说明;

(四)资格审查报告、评标报告;

(五)资格预审结果通知书和中标通知书;

(六)合同;

(七)国家规定的其他文件。

第六章　信息共享与公共服务

第四十一条　电子招标投标交易平台应当依法及时公布下列主要信息:

(一)招标人名称、地址、联系人及联系方式;

(二)招标项目名称、内容范围、规模、资金来源和主要技术要求;

(三)招标代理机构名称、资格、项目负责人及联系方式;

(四)投标人名称、资质和许可范围、项目负责人;

(五)中标人名称、中标金额、签约时间、合同期限;

（六）国家规定的公告、公示和技术规范规定公布和交换的其他信息。

鼓励招标投标活动当事人通过电子招标投标交易平台公布项目完成质量、期限、结算金额等合同履行情况。

第四十二条　各级人民政府有关部门应当按照《中华人民共和国政府信息公开条例》等规定，在本部门网站及时公布并允许下载下列信息：

（一）有关法律法规章及规范性文件；

（二）取得相关工程、服务资质证书或货物生产、经营许可证的单位名称、营业范围及年检情况；

（三）取得有关职称、职业资格的从业人员的姓名、电子证书编号；

（四）对有关违法行为作出的行政处理决定和招标投标活动的投诉处理情况；

（五）依法公开的工商、税务、海关、金融等相关信息。

第四十三条　设区的市级以上人民政府发展改革部门会同有关部门，按照政府主导、共建共享、公益服务的原则，推动建立本地区统一的电子招标投标公共服务平台，为电子招标投标交易平台、招标投标活动当事人、社会公众和行政监督部门、监察机关提供信息服务。

第四十四条　电子招标投标公共服务平台应当按照本办法和技术规范规定，具备下列主要功能：

（一）链接各级人民政府及其部门网站，收集、整合和发布有关法律法规章及规范性文件、行政许可、行政处理决定、市场监管和服务的相关信息；

（二）连接电子招标投标交易平台、国家规定的公告媒介，交换、整合和发布本办法第四十一条规定的信息；

（三）连接依法设立的评标专家库，实现专家资源共享；

（四）支持不同电子认证服务机构数字证书的兼容互认；

（五）提供行政监督部门和监察机关依法实施监督、监察所需的监督通道；

（六）整合分析相关数据信息，动态反映招标投标市场运行状况、相关市场主体业绩和信用情况。

属于依法必须公开的信息，公共服务平台应当无偿提供。

公共服务平台应同时遵守本办法第八条至第十五条规定。

第四十五条　电子招标投标交易平台应当按照本办法和技术规范规定，在任一电子招标投标公共服务平台注册登记，并向电子招标投标公共服务平台及时提供本办法第四十一条规定的信息，以及双方协商确定的其他信息。

电子招标投标公共服务平台应当按照本办法和技术规范规定，开放数据接口、公布接口要求，与电子招标投标交易平台及时交换招标投标活动所必需的信息，以及双方协商确定的其他信息。

电子招标投标公共服务平台应当按照本办法和技术规范规定，开放数据接口、公布接口要求，与上一层级电子招标投标公共服务平台连接并注册登记，及时交换本办法第四十四条规定的信息，以及双方协商确定的其他信息。

电子招标投标公共服务平台应当允许社会公众、市场主体免费注册登录和获取依法公开的招标投标信息，为招标人、投标人、行政监督部门和监察机关按各自职责和注册权限登录使用公共服务平台提供必要条件。

第七章　监督管理

第四十六条　电子招标投标活动及相关主体应当自觉接受行政监督部门、监察机关依法实施的监督、监察。

第四十七条　行政监督部门、监察机关结合电子政务建设，提升电子招标投标监督能力，依法设置并公布有关法律法规章、行政监督的依据、职责权限、监督环节、程序和时限、信息交换要求和联系方式等相关内容。

第四十八条　电子招标投标交易平台和公共服务平台应当按照本办法和技术规范规定，向行政监督平台开放数据接口、公布接口要求，按有关规定及时对接交换和公布有关招标投标信息。

行政监督平台应当开放数据接口，公布数据接口要求，不得限制和排斥已通过检测认证的电子招标投标交易平台和公共服务平台与其对接交换信息，并参照执行本办法第八条至第十五条的有关规定。

第四十九条　电子招标投标交易平台应当依法设置电子招标投标工作人员的职责权限，如实记录招标投标过程、数据信息来源，以及每一操作环节的时间、网络地址和工作人员，并具备电子归档功能。

电子招标投标公共服务平台应当记录和公布相关交换数据信息的来源、时间并进行电子归档备份。

任何单位和个人不得伪造、篡改或者损毁电子招标投标活动信息。

第五十条　行政监督部门、监察机关及其工作人员，除依法履行职责外，不得干预电子招标投标活动，并遵守有关信息保密的规定。

第五十一条　投标人或者其他利害关系人认为电子招标投标活动不符合有关规定的,通过相关行政监督平台进行投诉。

第五十二条　行政监督部门和监察机关在依法监督检查招标投标活动或者处理投诉时,通过其平台发出的行政监督或者行政监察指令,招标投标活动当事人和电子招标投标交易平台、公共服务平台的运营机构应当执行,并如实提供相关信息,协助调查处理。

第八章　法律责任

第五十三条　电子招标投标系统有下列情形的,责令改正;拒不改正的,不得交付使用,已经运营的应当停止运营。

(一)不具备本办法及技术规范规定的主要功能;

(二)不向行政监督部门和监察机关提供监督通道;

(三)不执行统一的信息分类和编码标准;

(四)不开放数据接口、不公布接口要求;

(五)不按照规定注册登记、对接、交换、公布信息;

(六)不满足规定的技术和安全保障要求;

(七)未按照规定通过检测和认证。

第五十四条　招标人或者电子招标投标系统运营机构存在以下情形的,视为限制或者排斥潜在投标人,依照招标投标法第五十一条规定处罚。

(一)利用技术手段对享有相同权限的市场主体提供有差别的信息;

(二)拒绝或者限制社会公众、市场主体免费注册并获取依法必须公开的招标投标信息;

(三)违规设置注册登记、投标报名等前置条件;

(四)故意与各类需要分离开发并符合技术规范规定的工具软件不兼容对接;

(五)故意对递交或者解密投标文件设置障碍。

第五十五条　电子招标投标交易平台运营机构有下列情形的,责令改正,并按照有关规定处罚。

(一)违反规定要求投标人注册登记、收取费用;

(二)要求投标人购买指定的工具软件;

(三)其他侵犯招标投标活动当事人合法权益的情形。

第五十六条　电子招标投标系统运营机构向他人透露已获取招标文件的潜在投标人的名称、数量、投标文件内容或者对投标文件的评审和比较以及其他可能影响公平竞争的招标投标信息,参照招标投标法第五十二条关于招标人泄密的规定予以处罚。

第五十七条　招标投标活动当事人和电子招标投标系统运营机构协助招标人、投标人串通投标的,依照招标投标法第五十三条和招标投标法实施条例第六十七条规定处罚。

第五十八条　招标投标活动当事人和电子招标投标系统运营机构伪造、篡改、损毁招标投标信息,或者以其他方式弄虚作假的,依照招标投标法第五十四条和招标投标法实施条例第六十八条规定处罚。

第五十九条　电子招标投标系统运营机构未按照本办法和技术规范规定履行初始录入信息验证义务,造成招标投标活动当事人损失的,应当承担相应的赔偿责任。

第六十条　有关行政监督部门及其工作人员不履行职责,或者利用职务便利非法干涉电子招标投标活动的,依照有关法律法规处理。

第九章　附　则

第六十一条　招标投标协会应当按照有关规定,加强电子招标投标活动的自律管理和服务。

第六十二条　电子招标投标某些环节需要同时使用纸质文件的,应当在招标文件中明确约定;当纸质文件与数据电文不一致时,除招标文件特别约定外,以数据电文为准。

第六十三条　本办法未尽事宜,按照有关法律、法规、规章执行。

第六十四条　本办法由国家发展和改革委员会会同有关部门负责解释。

第六十五条　技术规范作为本办法的附件,与本办法具有同等效力。

第六十六条　本办法自 2013 年 5 月 1 日起施行。

附件:《电子招标投标系统技术规范—第 1 部分》(略)

工程建设项目申报材料增加招标内容和核准招标事项暂行规定

·2001 年 6 月 18 日国家发展计划委员会令第 9 号公布
·根据 2013 年 3 月 11 日国家发展和改革委员会、工业和信息化部、财政部、住房和城乡建设部、交通运输部、铁道部、水利部、国家广播电影电视总局、中国民用航空局《关于废止和修改部分招标投标规章和规范性文件的决定》修订

第一条　为了规范工程建设项目的招标活动,依据《中华人民共和国招标投标法》、《中华人民共和国招标投标法实施条例》,制定本规定。

第二条 本规定适用于《工程建设项目招标范围和规模标准规定》(国家发展计划委员会令第 3 号)中规定的依法必须进行招标且按照国家有关规定需要履行项目审批、核准手续的各类工程建设项目。

第三条 本规定第二条包括的工程建设项目,必须在报送的项目可行性研究报告或者资金申请报告、项目申请报告中增加有关招标的内容。

第四条 增加的招标内容包括:

(一)建设项目的勘察、设计、施工、监理以及重要设备、材料等采购活动的具体招标范围(全部或者部分招标);

(二)建设项目的勘察、设计、施工、监理以及重要设备、材料等采购活动拟采用的招标组织形式(委托招标或者自行招标);拟自行招标的,还应按照《工程建设项目自行招标试行办法》(国家发展计划委员会令第 5 号)规定报送书面材料;

(三)建设项目的勘察、设计、施工、监理以及重要设备、材料等采购活动拟采用的招标方式(公开招标或者邀请招标);国家发展改革委确定的国家重点项目和省、自治区、直辖市人民政府确定的地方重点项目,拟采用邀请招标的,应对采用邀请招标的理由作出说明;

(四)其他有关内容。

报送招标内容时应附招标基本情况表(表式见附表一)。

第五条 属于下列情况之一的,建设项目可以不进行招标。但在报送可行性研究报告或者资金申请报告、项目申请报告中须提出不招标申请,并说明不招标原因:

(一)涉及国家安全、国家秘密、抢险救灾或者属于利用扶贫资金实行以工代赈、需要使用农民工等特殊情况,不适宜进行招标;

(二)建设项目的勘察、设计,采用不可替代的专利或者专有技术,或者其建筑艺术造型有特殊要求;

(三)承包商、供应商或者服务提供者少于三家,不能形成有效竞争;

(四)采购人依法能够自行建设、生产或者提供;

(五)已通过招标方式选定的特许经营项目投资人依法能够自行建设、生产或者提供;

(六)需要向原中标人采购工程、货物或者服务,否则将影响施工或者配套要求;

(七)国家规定的其他特殊情形。

第六条 经项目审批、核准部门审批、核准,工程建设项目因特殊情况可以在报送可行性研究报告或者资金申请报告、项目申请报告前先行开展招标活动,但应在报送的可行性研究报告或者资金申请报告、项目申请报告中予以说明。项目审批、核准部门认定先行开展的招标活动中有违背法律、法规的情形的,应要求其纠正。

第七条 在项目可行性研究报告或者资金申请报告、项目申请报告中增加的招标内容,作为附件与可行性研究报告或者资金申请报告、项目申请报告一同报送。

第八条 项目审批、核准部门应依据法律、法规规定的权限,对项目建设单位拟定的招标范围、招标组织形式、招标方式等内容提出是否予以审批、核准的意见。项目审批、核准部门对招标事项审批、核准意见格式见附表二。

第九条 审批、核准招标事项,按以下分工办理:

(一)应报送国家发展改革委审批和国家发展改革委核报国务院审批的建设项目,由国家发展改革委审批;

(二)应报送国务院行业主管部门审批的建设项目,由国务院行业主管部门审批;

(三)应报送地方人民政府发展改革部门审批和地方人民政府发展改革部门核报地方人民政府审批的建设项目,由地方人民政府发展改革部门审批;

(四)按照规定应报送国家发展改革委核准的建设项目,由国家发展改革委核准;

(五)按照规定应报送地方人民政府发展改革部门核准的建设项目,由地方人民政府发展改革部门核准。

第十条 使用国际金融组织或者外国政府资金的建设项目,资金提供方对建设项目报送招标内容有规定的,从其规定。

第十一条 项目建设单位在招标活动中对审批、核准的招标范围、招标组织形式、招标方式等作出改变的,应向原审批、核准部门重新办理有关审批、核准手续。

第十二条 项目审批、核准部门应将审批、核准建设项目招标内容的意见抄送有关行政监督部门。

第十三条 项目建设单位在报送招标内容中弄虚作假,或者在招标活动中违背项目审批、核准部门审批、核准事项,由项目审批、核准部门和有关行政监督部门依法处罚。

第十四条 本规定由国家发展改革委解释。

第十五条 本规定自发布之日起施行。

附表:(略)

2. 各项招投标

建筑工程设计招标投标管理办法

· 2017 年 1 月 24 日住房和城乡建设部令第 33 号发布
· 自 2017 年 5 月 1 日起施行

第一条 为规范建筑工程设计市场,提高建筑工程设计水平,促进公平竞争,繁荣建筑创作,根据《中华人民共和国建筑法》《中华人民共和国招标投标法》《建设工程勘察设计管理条例》和《中华人民共和国招标投标法实施条例》等法律法规,制定本办法。

第二条 依法必须进行招标的各类房屋建筑工程,其设计招标投标活动,适用本办法。

第三条 国务院住房城乡建设主管部门依法对全国建筑工程设计招标投标活动实施监督。

县级以上地方人民政府住房城乡建设主管部门依法对本行政区域内建筑工程设计招标投标活动实施监督,依法查处招标投标活动中的违法违规行为。

第四条 建筑工程设计招标范围和规模标准按照国家有关规定执行,有下列情形之一的,可以不进行招标:

(一)采用不可替代的专利或者专有技术的;

(二)对建筑艺术造型有特殊要求,并经有关主管部门批准的;

(三)建设单位依法能够自行设计的;

(四)建筑工程项目的改建、扩建或者技术改造,需要由原设计单位设计,否则将影响功能配套要求的;

(五)国家规定的其他特殊情形。

第五条 建筑工程设计招标应当依法进行公开招标或者邀请招标。

第六条 建筑工程设计招标可以采用设计方案招标或者设计团队招标,招标人可以根据项目特点和实际需要选择。

设计方案招标,是指主要通过对投标人提交的设计方案进行评审确定中标人。

设计团队招标,是指主要通过对投标人拟派设计团队的综合能力进行评审确定中标人。

第七条 公开招标的,招标人应当发布招标公告。邀请招标的,招标人应当向 3 个以上潜在投标人发出投标邀请书。

招标公告或者投标邀请书应当载明招标人名称和地址、招标项目的基本要求、投标人的资质要求以及获取招标文件的办法等事项。

第八条 招标人一般应当将建筑工程的方案设计、初步设计和施工图设计一并招标。确需另行选择设计单位承担初步设计、施工图设计的,应当在招标公告或者投标邀请书中明确。

第九条 鼓励建筑工程实行设计总包。实行设计总包的,按照合同约定或者经招标人同意,设计单位可以不通过招标方式将建筑工程非主体部分的设计进行分包。

第十条 招标文件应当满足设计方案招标或者设计团队招标的不同需求,主要包括以下内容:

(一)项目基本情况;

(二)城乡规划和城市设计对项目的基本要求;

(三)项目工程经济技术要求;

(四)项目有关基础资料;

(五)招标内容;

(六)招标文件答疑、现场踏勘安排;

(七)投标文件编制要求;

(八)评标标准和方法;

(九)投标文件送达地点和截止时间;

(十)开标时间和地点;

(十一)拟签订合同的主要条款;

(十二)设计费或者计费方法;

(十三)未中标方案补偿办法。

第十一条 招标人应当在资格预审公告、招标公告或者投标邀请书中载明是否接受联合体投标。采用联合体形式投标的,联合体各方应当签订共同投标协议,明确约定各方承担的工作和责任,就中标项目向招标人承担连带责任。

第十二条 招标人可以对已发出的招标文件进行必要的澄清或者修改。澄清或者修改的内容可能影响投标文件编制的,招标人应当在投标截止时间至少 15 日前,以书面形式通知所有获取招标文件的潜在投标人,不足 15 日的,招标人应当顺延提交投标文件的截止时间。

潜在投标人或者其他利害关系人对招标文件有异议的,应当在投标截止时间 10 日前提出。招标人应当自收到异议之日起 3 日内作出答复;作出答复前,应当暂停招标投标活动。

第十三条 招标人应当确定投标人编制投标文件所需要的合理时间,自招标文件开始发出之日起至投标人提交投标文件截止之日止,时限最短不少于 20 日。

第十四条 投标人应当具有与招标项目相适应的工程设计资质。境外设计单位参加国内建筑工程设计投标的,按照国家有关规定执行。

第十五条　投标人应当按照招标文件的要求编制投标文件。投标文件应当对招标文件提出的实质性要求和条件作出响应。

第十六条　评标由评标委员会负责。

评标委员会由招标人代表和有关专家组成。评标委员会人数为 5 人以上单数，其中技术和经济方面的专家不得少于成员总数的 2/3。建筑工程设计方案评标时，建筑专业专家不得少于技术和经济方面专家总数的 2/3。

评标专家一般从专家库随机抽取，对于技术复杂、专业性强或者国家有特殊要求的项目，招标人也可以直接邀请相应专业的中国科学院院士、中国工程院院士、全国工程勘察设计大师以及境外具有相应资历的专家参加评标。

投标人或者与投标人有利害关系的人员不得参加评标委员会。

第十七条　有下列情形之一的，评标委员会应当否决其投标：

（一）投标文件未按招标文件要求经投标人盖章和单位负责人签字；

（二）投标联合体没有提交共同投标协议；

（三）投标人不符合国家或者招标文件规定的资格条件；

（四）同一投标人提交两个以上不同的投标文件或者投标报价，但招标文件要求提交备选投标的除外；

（五）投标文件没有对招标文件的实质性要求和条件作出响应；

（六）投标人有串通投标、弄虚作假、行贿等违法行为；

（七）法律法规规定的其他应当否决投标的情形。

第十八条　评标委员会应当按照招标文件确定的评标标准和方法，对投标文件进行评审。

采用设计方案招标的，评标委员会应当在符合城乡规划、城市设计以及安全、绿色、节能、环保要求的前提下，重点对功能、技术、经济和美观等进行评审。

采用设计团队招标的，评标委员会应当对投标人拟从事项目设计的人员构成、人员业绩、人员从业经历、项目解读、设计构思、投标人信用情况和业绩等进行评审。

第十九条　评标委员会应当在评标完成后，向招标人提出书面评标报告，推荐不超过 3 个中标候选人，并标明顺序。

第二十条　招标人应当公示中标候选人。采用设计团队招标的，招标人应当公示中标候选人投标文件中所列主要人员、业绩等内容。

第二十一条　招标人根据评标委员会的书面评标报告和推荐的中标候选人确定中标人。招标人也可以授权评标委员会直接确定中标人。

采用设计方案招标的，招标人认为评标委员会推荐的候选方案不能最大限度满足招标文件规定的要求的，应当依法重新招标。

第二十二条　招标人应当在确定中标人后及时向中标人发出中标通知书，并同时将中标结果通知所有未中标人。

第二十三条　招标人应当自确定中标人之日起 15 日内，向县级以上地方人民政府住房城乡建设主管部门提交招标投标情况的书面报告。

第二十四条　县级以上地方人民政府住房城乡建设主管部门应当自收到招标投标情况的书面报告之日起 5 个工作日内，公开专家评审意见等信息，涉及国家秘密、商业秘密的除外。

第二十五条　招标人和中标人应当自中标通知书发出之日起 30 日内，按照招标文件和中标人的投标文件订立书面合同。

第二十六条　招标人、中标人使用未中标方案的，应当征得提交方案的投标人同意并付给使用费。

第二十七条　国务院住房城乡建设主管部门，省、自治区、直辖市人民政府住房城乡建设主管部门应当加强建筑工程设计评标专家和专家库的管理。

建筑专业专家库应当按建筑工程类别细化分类。

第二十八条　住房城乡建设主管部门应当加快推进电子招标投标，完善招标投标信息平台建设，促进建筑工程设计招标投标信息化监管。

第二十九条　招标人以不合理的条件限制或者排斥潜在投标人的，对潜在投标人实行歧视待遇的，强制要求投标人组成联合体共同投标的，或者限制投标人之间竞争的，由县级以上地方人民政府住房城乡建设主管部门责令改正，可以处 1 万元以上 5 万元以下的罚款。

第三十条　招标人澄清、修改招标文件的时限，或者确定的提交投标文件的时限不符合本办法规定的，由县级以上地方人民政府住房城乡建设主管部门责令改正，可以处 10 万元以下的罚款。

第三十一条　招标人不按照规定组建评标委员会，或者评标委员会成员的确定违反本办法规定的，由县级以上地方人民政府住房城乡建设主管部门责令改正，可以处 10 万元以下的罚款,相应评审结论无效,依法重新进行评审。

第三十二条 招标人有下列情形之一的,由县级以上地方人民政府住房城乡建设主管部门责令改正,可以处中标项目金额 10‰以下的罚款;给他人造成损失的,依法承担赔偿责任;对单位直接负责的主管人员和其他直接责任人员依法给予处分:

(一)无正当理由未按本办法规定发出中标通知书;

(二)不按照规定确定中标人;

(三)中标通知书发出后无正当理由改变中标结果;

(四)无正当理由未按本办法规定与中标人订立合同;

(五)在订立合同时向中标人提出附加条件。

第三十三条 投标人以他人名义投标或者以其他方式弄虚作假,骗取中标的,中标无效,给招标人造成损失的,依法承担赔偿责任;构成犯罪的,依法追究刑事责任。

投标人有前款所列行为尚未构成犯罪的,由县级以上地方人民政府住房城乡建设主管部门处中标项目金额 5‰以上 10‰以下的罚款,对单位直接负责的主管人员和其他直接责任人员处单位罚款数额 5%以上 10%以下的罚款;有违法所得的,并处没收违法所得;情节严重的,取消其 1 年至 3 年内参加依法必须进行招标的建筑工程设计招标的投标资格,并予以公告,直至由工商行政管理机关吊销营业执照。

第三十四条 评标委员会成员收受投标人的财物或者其他好处的,评标委员会成员或者参加评标的有关工作人员向他人透露对投标文件的评审和比较、中标候选人的推荐以及与评标有关的其他情况的,由县级以上地方人民政府住房城乡建设主管部门给予警告,没收收受的财物,可以并处 3000 元以上 5 万元以下的罚款。

评标委员会成员有前款所列行为的,由有关主管部门通报批评并取消担任评标委员会成员的资格,不得再参加任何依法必须进行招标的建筑工程设计招标投标的评标;构成犯罪的,依法追究刑事责任。

第三十五条 评标委员会成员违反本办法规定,对应当否决的投标不提出否决意见的,由县级以上地方人民政府住房城乡建设主管部门责令改正;情节严重的,禁止其在一定期限内参加依法必须进行招标的建筑工程设计招标投标的评标;情节特别严重的,由有关主管部门取消其担任评标委员会成员的资格。

第三十六条 住房城乡建设主管部门或者有关职能部门的工作人员徇私舞弊、滥用职权或者玩忽职守,构成

犯罪的,依法追究刑事责任;不构成犯罪的,依法给予行政处分。

第三十七条 市政公用工程及园林工程设计招标投标参照本办法执行。

第三十八条 本办法自 2017 年 5 月 1 日起施行。2000 年 10 月 18 日建设部颁布的《建筑工程设计招标投标管理办法》(建设部令第 82 号)同时废止。

工程建设项目勘察设计招标投标办法

· 2003 年 6 月 12 日国家发改委、建设部、铁道部、交通部、信息产业部、水利部、中国民航总局、国家广电总局令第 2 号发布
· 根据 2013 年 3 月 11 日国家发展和改革委员会、工业和信息化部、财政部、住房和城乡建设部、交通运输部、铁道部、水利部、国家广播电影电视总局、中国民用航空局《关于废止和修改部分招标投标规章和规范性文件的决定》修订

第一章　总　则

第一条 为规范工程建设项目勘察设计招标投标活动,提高投资效益,保证工程质量,根据《中华人民共和国招标投标法》、《中华人民共和国招标投标法实施条例》制定本办法。

第二条 在中华人民共和国境内进行工程建设项目勘察设计招标投标活动,适用本办法。

第三条 工程建设项目符合《工程建设项目招标范围和规模标准规定》(国家计委令第 3 号)规定的范围和标准的,必须依据本办法进行招标。

任何单位和个人不得将依法必须进行招标的项目化整为零或者以其他任何方式规避招标。

第四条 按照国家规定需要履行项目审批、核准手续的依法必须进行招标的项目,有下列情形之一的,经项目审批、核准部门审批、核准,项目的勘察设计可以不进行招标:

(一)涉及国家安全、国家秘密、抢险救灾或者属于利用扶贫资金实行以工代赈、需要使用农民工等特殊情况,不适宜进行招标;

(二)主要工艺、技术采用不可替代的专利或者专有技术,或者其建筑艺术造型有特殊要求;

(三)采购人依法能够自行勘察、设计;

(四)已通过招标方式选定的特许经营项目投资人依法能够自行勘察、设计;

(五)技术复杂或专业性强,能够满足条件的勘察设计单位少于三家,不能形成有效竞争;

(六)已建成项目需要改、扩建或者技术改造,由其

他单位进行设计影响项目功能配套性；

（七）国家规定其他特殊情形。

第五条　勘察设计招标工作由招标人负责。任何单位和个人不得以任何方式非法干涉招标投标活动。

第六条　各级发展改革、工业和信息化、住房城乡建设、交通运输、铁道、水利、商务、广电、民航等部门依照《国务院办公厅印发国务院有关部门实施招标投标活动行政监督的职责分工意见的通知》（国办发〔2000〕34号）和各地规定的职责分工，对工程建设项目勘察设计招标投标活动实施监督，依法查处招标投标活动中的违法行为。

第二章　招　标

第七条　招标人可以依据工程建设项目的不同特点，实行勘察设计一次性总体招标；也可以在保证项目完整性、连续性的前提下，按照技术要求实行分段或分项招标。

招标人不得利用前款规定限制或者排斥潜在投标人或者投标。依法必须进行招标的项目的招标人不得利用前款规定规避招标。

第八条　依法必须招标的工程建设项目，招标人可以对项目的勘察、设计、施工以及与工程建设有关的重要设备、材料的采购，实行总承包招标。

第九条　依法必须进行勘察设计招标的工程建设项目，在招标时应当具备下列条件：

（一）招标人已经依法成立；

（二）按照国家有关规定需要履行项目审批、核准或者备案手续的，已经审批、核准或者备案；

（三）勘察设计有相应资金或者资金来源已经落实；

（四）所必需的勘察设计基础资料已经收集完成；

（五）法律法规规定的其他条件。

第十条　工程建设项目勘察设计招标分为公开招标和邀请招标。

国有资金投资占控股或者主导地位的工程建设项目，以及国务院发展和改革部门确定的国家重点项目和省、自治区、直辖市人民政府确定的地方重点项目，除符合本办法第十一条规定条件并依法获得批准外，应当公开招标。

第十一条　依法必须进行公开招标的项目，在下列情况下可以进行邀请招标：

（一）技术复杂、有特殊要求或者受自然环境限制，只有少量潜在投标人可供选择；

（二）采用公开招标方式的费用占项目合同金额的比例过大。

有前款第二项所列情形，属于按照国家有关规定需要履行项目审批、核准手续的项目，由项目审批、核准部门在审批、核准项目时作出认定；其他项目由招标人申请有关行政监督部门作出认定。

招标人采用邀请招标方式的，应保证有三个以上具备承担招标项目勘察设计的能力，并具有相应资质的特定法人或者其他组织参加投标。

第十二条　招标人应当按照资格预审公告、招标公告或者投标邀请书规定的时间、地点出售招标文件或者资格预审文件。自招标文件或者资格预审文件出售之日起至停止出售之日止，最短不得少于五日。

第十三条　进行资格预审的，招标人只向资格预审合格的潜在投标人发售招标文件，并同时向资格预审不合格的潜在投标人告知资格预审结果。

第十四条　凡是资格预审合格的潜在投标人都应被允许参加投标。

招标人不得以抽签、摇号等不合理条件限制或者排斥资格预审合格的潜在投标人参加投标。

第十五条　招标人应当根据招标项目的特点和需要编制招标文件。

勘察设计招标文件应当包括下列内容：

（一）投标须知；

（二）投标文件格式及主要合同条款；

（三）项目说明书，包括资金来源情况；

（四）勘察设计范围，对勘察设计进度、阶段和深度要求；

（五）勘察设计基础资料；

（六）勘察设计费用支付方式，对未中标人是否给予补偿及补偿标准；

（七）投标报价要求；

（八）对投标人资格审查的标准；

（九）评标标准和方法；

（十）投标有效期。

投标有效期，从提交投标文件截止日起计算。

对招标文件的收费应仅限于补偿印刷、邮寄的成本支出，招标人不得通过出售招标文件谋取利益。

第十六条　招标人负责提供与招标项目有关的基础资料，并保证所提供资料的真实性、完整性。涉及国家秘密的除外。

第十七条　对于潜在投标人在阅读招标文件和现场踏勘中提出的疑问，招标人可以书面形式或召开投标预备会的方式解答,但需同时将解答以书面方式通知所有招标文件收受人。该解答的内容为招标文件的组成部分。

第十八条　招标人可以要求投标人在提交符合招标文件规定要求的投标文件外,提交备选投标文件,但应当在招标文件中做出说明,并提出相应的评审和比较办法。

第十九条　招标人应当确定潜在投标人编制投标文件所需要的合理时间。

依法必须进行勘察设计招标的项目,自招标文件开始发出之日起至投标人提交投标文件截止之日止,最短不得少于 20 日。

第二十条　除不可抗力原因外,招标人在发布招标公告或者发出投标邀请书后不得终止招标,也不得在出售招标文件后终止招标。

第三章　投　标

第二十一条　投标人是响应招标、参加投标竞争的法人或者其他组织。

在其本国注册登记,从事建筑、工程服务的国外设计企业参加投标的,必须符合中华人民共和国缔结或者参加的国际条约、协定中所作的市场准入承诺以及有关勘察设计市场准入的管理规定。

投标人应当符合国家规定的资质条件。

第二十二条　投标人应当按照招标文件或者投标邀请书的要求编制投标文件。投标文件中的勘察设计收费报价,应当符合国务院价格主管部门制定的工程勘察设计收费标准。

第二十三条　投标人在投标文件有关技术方案和要求中不得指定与工程建设项目有关的重要设备、材料的生产供应者,或者含有倾向或者排斥特定生产供应者的内容。

第二十四条　招标文件要求投标人提交投标保证金的,保证金数额不得超过勘察设计估算费用的百分之二,最多不超过十万元人民币。

依法必须进行招标的项目的境内投标单位,以现金或者支票形式提交的投标保证金应当从其基本账户转出。

第二十五条　在提交投标文件截止时间后到招标文件规定的投标有效期终止之前,投标人不得撤销其投标文件,否则招标人可以不退还投标保证金。

第二十六条　投标人在投标截止时间前提交的投标文件,补充、修改或撤回投标文件的通知,备选投标文件等,都必须加盖所在单位公章,并且由其法定代表人或授权代表签字,但招标文件另有规定的除外。

招标人在接收上述材料时,应检查其密封或签章是否完好,并向投标人出具标明签收人和签收时间的回执。

第二十七条　以联合体形式投标的,联合体各方应签订共同投标协议,连同投标文件一并提交招标人。

联合体各方不得再单独以自己名义,或者参加另外的联合体投同一个标。

招标人接受联合体投标并进行资格预审的,联合体应当在提交资格预审申请文件前组成。资格预审后联合体增减、更换成员的,其投标无效。

第二十八条　联合体中标的,应指定牵头人或代表,授权其代表所有联合体成员与招标人签订合同,负责整个合同实施阶段的协调工作。但是,需要向招标人提交由所有联合体成员法定代表人签署的授权委托书。

第二十九条　投标人不得以他人名义投标,也不得利用伪造、转让、无效或者租借的资质证书参加投标,或者以任何方式请其他单位在自己编制的投标文件代为签字盖章,损害国家利益、社会公共利益和招标人的合法权益。

第三十条　投标人不得通过故意压低投资额、降低施工技术要求、减少占地面积,或者缩短工期等手段弄虚作假,骗取中标。

第四章　开标、评标和中标

第三十一条　开标应当在招标文件确定的提交投标文件截止时间的同一时间公开进行;除不可抗力原因外,招标人不得以任何理由拖延开标,或者拒绝开标。

投标人对开标有异议的,应当在开标现场提出,招标人应当当场作出答复,并制作记录。

第三十二条　评标工作由评标委员会负责。评标委员会的组成方式及要求,按《中华人民共和国招标投标法》、《中华人民共和国招标投标法实施条例》及《评标委员会和评标方法暂行规定》(国家计委等七部委联合令第 12 号)的有关规定执行。

第三十三条　勘察设计评标一般采取综合评估法进行。评标委员会应当按照招标文件确定的评标标准和方法,结合经批准的项目建议书、可行性研究报告或者上阶段设计批复文件,对投标人的业绩、信誉和勘察设计人员的能力以及勘察设计方案的优劣进行综合评定。

招标文件中没有规定的标准和方法,不得作为评标的依据。

第三十四条　评标委员会可以要求投标人对其技术文件进行必要的说明或介绍,但不得提出带有暗示性或诱导性的问题,也不得明确指出其投标文件中的遗漏和错误。

第三十五条　根据招标文件的规定,允许投标人投备选标的,评标委员会可以对中标人所提交的备选标进行评审,以决定是否采纳备选标。不符合中标条件的投标人的备选标不予考虑。

第三十六条　投标文件有下列情况之一的,评标委员会应当否决其投标:

(一)未经投标单位盖章和单位负责人签字;

(二)投标报价不符合国家颁布的勘察设计取费标准,或者低于成本,或者高于招标文件设定的最高投标限价;

(三)未响应招标文件的实质性要求和条件。

第三十七条　投标人有下列情况之一的,评标委员会应当否决其投标:

(一)不符合国家或者招标文件规定的资格条件;

(二)与其他投标人或者与招标人串通投标;

(三)以他人名义投标,或者以其他方式弄虚作假;

(四)以向招标人或者评标委员会成员行贿的手段谋取中标;

(五)以联合体形式投标,未提交共同投标协议;

(六)提交两个以上不同的投标文件或者投标报价,但招标文件要求提交备选投标的除外。

第三十八条　评标委员会完成评标后,应当向招标人提出书面评标报告,推荐合格的中标候选人。

评标报告的内容应当符合《评标委员会和评标方法暂行规定》第四十二条的规定。但是,评标委员会决定否决所有投标的,应在评标报告中详细说明理由。

第三十九条　评标委员会推荐的中标候选人应当限定在一至三人,并标明排列顺序。

能够最大限度地满足招标文件中规定的各项综合评价标准的投标人,应当推荐为中标候选人。

第四十条　国有资金占控股或者主导地位的依法必须招标的项目,招标人应当确定排名第一的中标候选人为中标人。

排名第一的中标候选人放弃中标、因不可抗力提出不能履行合同,不按照招标文件要求提交履约保证金,或者被查实存在影响中标结果的违法行为等情形,不符合中标条件的,招标人可以按照评标委员会提出的中标候选人名单排序依次确定其他中标候选人为中标人。依次确定其他中标候选人与招标人预期差距较大,或者对招标人明显不利的,招标人可以重新招标。

招标人可以授权评标委员会直接确定中标人。

国务院对中标人的确定另有规定的,从其规定。

第四十一条　招标人应在接到评标委员会的书面评标报告之日起三日内公示中标候选人,公示期不少于三日。

第四十二条　招标人和中标人应当在投标有效期内并在自中标通知书发出之日起三十日内,按照招标文件和中标人的投标文件订立书面合同。

中标人履行合同应当遵守《合同法》以及《建设工程勘察设计管理条例》中勘察设计文件编制实施的有关规定。

第四十三条　招标人不得以压低勘察设计费、增加工作量、缩短勘察设计周期等作为发出中标通知书的条件,也不得与中标人再行订立背离合同实质性内容的其他协议。

第四十四条　招标人与中标人签订合同后五日内,应当向中标人和未中标人一次性退还投标保证金及银行同期存款利息。招标文件中规定给予未中标人经济补偿的,也应在此期限内一并给付。

招标文件要求中标人提交履约保证金的,中标人应当提交;经中标人同意,可将其投标保证金抵作履约保证金。

第四十五条　招标人或者中标人采用其他未中标人投标文件中技术方案的,应当征得未中标人的书面同意,并支付合理的使用费。

第四十六条　评标定标工作应当在投标有效期内完成,不能如期完成的,招标人应当通知所有投标人延长投标有效期。

同意延长投标有效期的投标人应当相应延长其投标担保的有效期,但不得修改投标文件的实质性内容。

拒绝延长投标有效期的投标人有权收回投标保证金。招标文件中规定给予未中标人补偿的,拒绝延长的投标人有权获得补偿。

第四十七条　依法必须进行勘察设计招标的项目,招标人应当在确定中标人之日起15日内,向有关行政监督部门提交招标投标情况的书面报告。

书面报告一般应包括以下内容:

(一)招标项目基本情况;

(二)投标人情况;

(三)评标委员会成员名单;

(四)开标情况;

(五)评标标准和方法;

（六）否决投标情况；

（七）评标委员会推荐的经排序的中标候选人名单；

（八）中标结果；

（九）未确定排名第一的中标候选人为中标人的原因；

（十）其他需要说明的问题。

第四十八条　在下列情况下，依法必须招标项目的招标人在分析招标失败的原因并采取相应措施后，应当依照本办法重新招标：

（一）资格预审合格的潜在投标人不足 3 个的；

（二）在投标截止时间前提交投标文件的投标人少于 3 个的；

（三）所有投标均被否决的；

（四）评标委员会否决不合格投标后，因有效投标不足 3 个使得投标明显缺乏竞争，评标委员会决定否决全部投标的；

（五）根据第四十六条规定，同意延长投标有效期的投标人少于 3 个的。

第四十九条　招标人重新招标后，发生本办法第四十八条情形之一的，属于按照国家规定需要政府审批、核准的项目，报经原项目审批、核准部门审批、核准后可以不再进行招标；其他工程建设项目，招标人可自行决定不再进行招标。

第五章　罚　则

第五十条　招标人有下列限制或者排斥潜在投标人行为之一的，由有关行政监督部门依照招标投标法第五十一条的规定处罚；其中，构成依法必须进行勘察设计招标的项目的招标人规避招标的，依照招标投标法第四十九条的规定处罚：

（一）依法必须公开招标的项目不按照规定在指定媒介发布资格预审公告或者招标公告；

（二）在不同媒介发布的同一招标项目的资格预审公告或者招标公告的内容不一致，影响潜在投标人申请资格预审或者投标。

第五十一条　招标人有下列情形之一的，由有关行政监督部门责令改正，可以处 10 万元以下的罚款：

（一）依法应当公开招标而采用邀请招标；

（二）招标文件、资格预审文件的发售、澄清、修改的时限，或者确定的提交资格预审申请文件、投标文件的时限不符合招标投标法和招标投标法实施条例规定；

（三）接受未通过资格预审的单位或者个人参加投标；

（四）接受应当拒收的投标文件。

招标人有前款第一项、第三项、第四项所列行为之一的，对单位直接负责的主管人员和其他直接责任人员依法给予处分。

第五十二条　依法必须进行招标的项目的投标人以他人名义投标，利用伪造、转让、租借、无效的资质证书参加投标，或者请其他单位在自己编制的投标文件上代为签字盖章，弄虚作假，骗取中标的，中标无效。尚未构成犯罪的，处中标项目金额 5‰以上 10‰以下的罚款，对单位直接负责的主管人员和其他直接责任人员处单位罚款数额 5%以上 10%以下的罚款；有违法所得的，并处没收违法所得；情节严重的，取消其 1 年至 3 年内参加依法必须进行招标的项目的投标资格并予以公告，直至由工商行政管理机关吊销营业执照。

第五十三条　招标人以抽签、摇号等不合理的条件限制或者排斥资格预审合格的潜在投标人参加投标，对潜在投标人实行歧视待遇的，强制要求投标人组成联合体共同投标的，或者限制投标人之间竞争的，责令改正，可以处 1 万元以上 5 万元以下的罚款。

依法必须进行招标的项目的招标人不按照规定组建评标委员会，或者确定、更换评标委员会成员违反招标投标法和招标投标法实施条例规定的，由有关行政监督部门责令改正，可以处 10 万元以下的罚款，对单位直接负责的主管人员和其他直接责任人员依法给予处分；违法确定或者更换的评标委员会成员作出的评审结论无效，依法重新进行评审。

第五十四条　评标委员会成员有下列行为之一的，由有关行政监督部门责令改正；情节严重的，禁止其在一定期限内参加依法必须进行招标的项目的评标；情节特别严重的，取消其担任评标委员会成员的资格：

（一）不按照招标文件规定的评标标准和方法评标；

（二）应当回避而不回避；

（三）擅离职守；

（四）私下接触投标人；

（五）向招标人征询确定中标人的意向或者接受任何单位或者个人明示或者暗示提出的倾向或者排斥特定投标人的要求；

（六）对依法应当否决的投标不提出否决意见；

（七）暗示或者诱导投标人作出澄清、说明或者接受投标人主动提出的澄清、说明；

（八）其他不客观、不公正履行职务的行为。

第五十五条　招标人与中标人不按照招标文件和中

标人的投标文件订立合同,责令改正,可以处中标项目金额千分之五以上千分之十以下的罚款。

第五十六条　本办法对违法行为及其处罚措施未做规定的,依据《中华人民共和国招标投标法》、《中华人民共和国招标投标法实施条例》和有关法律、行政法规的规定执行。

第六章　附　则

第五十七条　使用国际组织或者外国政府贷款、援助资金的项目进行招标,贷款方、资金提供方对工程勘察设计招标投标活动的条件和程序另有规定的,可以适用其规定,但违背中华人民共和国社会公共利益的除外。

第五十八条　本办法发布之前有关勘察设计招标投标的规定与本办法不一致的,以本办法为准。法律或者行政法规另有规定的,从其规定。

第五十九条　本办法由国家发展和改革委员会会同有关部门负责解释。

第六十条　本办法自2003年8月1日起施行。

工程建设项目施工招标投标办法

· 2003年3月8日国家发展计划委员会、建设部、铁道部、交通部、信息产业部、水利部、中国民用航空总局第30号令发布
· 根据2013年3月11日国家发展和改革委员会、工业和信息化部、财政部、住房和城乡建设部、交通运输部、铁道部、水利部、国家广播电影电视总局、中国民用航空局《关于废止和修改部分招标投标规章和规范性文件的决定》修订

第一章　总　则

第一条　为规范工程建设项目施工(以下简称工程施工)招标投标活动,根据《中华人民共和国招标投标法》、《中华人民共和国招标投标法实施条例》和国务院有关部门的职责分工,制定本办法。

第二条　在中华人民共和国境内进行工程施工招标投标活动,适用本办法。

第三条　工程建设项目符合《工程建设项目招标范围和规模标准规定》(国家计委令第3号)规定的范围和标准的,必须通过招标选择施工单位。

任何单位和个人不得将依法必须进行招标的项目化整为零或者以其他任何方式规避招标。

第四条　工程施工招标投标活动应当遵循公开、公平、公正和诚实信用的原则。

第五条　工程施工招标投标活动,依法由招标人负责。任何单位和个人不得以任何方式非法干涉工程施工招标投标活动。

施工招标投标活动不受地区或者部门的限制。

第六条　各级发展改革、工业和信息化、住房城乡建设、交通运输、铁道、水利、商务、民航等部门依照《国务院办公厅印发国务院有关部门实施招标投标活动行政监督的职责分工意见的通知》(国办发〔2000〕34号)和各地规定的职责分工,对工程施工招标投标活动实施监督,依法查处工程施工招标投标活动中的违法行为。

第二章　招　标

第七条　工程施工招标人是依法提出施工招标项目、进行招标的法人或者其他组织。

第八条　依法必须招标的工程建设项目,应当具备下列条件才能进行施工招标:

(一)招标人已经依法成立;

(二)初步设计及概算应当履行审批手续的,已经批准;

(三)有相应资金或资金来源已经落实;

(四)有招标所需的设计图纸及技术资料。

第九条　工程施工招标分为公开招标和邀请招标。

第十条　按照国家有关规定需要履行项目审批、核准手续的依法必须进行施工招标的工程建设项目,其招标范围、招标方式、招标组织形式应当报项目审批部门审批、核准。项目审批、核准部门应当及时将审批、核准确定的招标内容通报有关行政监督部门。

第十一条　依法必须进行公开招标的项目,有下列情形之一的,可以邀请招标:

(一)项目技术复杂或有特殊要求,或者受自然地域环境限制,只有少量潜在投标人可供选择;

(二)涉及国家安全、国家秘密或者抢险救灾,适宜招标但不宜公开招标;

(三)采用公开招标方式的费用占项目合同金额的比例过大。

有前款第二项所列情形,属于本办法第十条规定的项目,由项目审批、核准部门在审批、核准项目时作出认定;其他项目由招标人申请有关行政监督部门作出认定。

全部使用国有资金投资或者国有资金投资占控股或者主导地位的并需要审批的工程建设项目的邀请招标,应当经项目审批部门批准,但项目审批部门只审批立项的,由有关行政监督部门审批。

第十二条　依法必须进行施工招标的工程建设项目有下列情形之一的,可以不进行施工招标:

（一）涉及国家安全、国家秘密、抢险救灾或者属于利用扶贫资金实行以工代赈需要使用农民工等特殊情况，不适宜进行招标；

（二）施工主要技术采用不可替代的专利或者专有技术；

（三）已通过招标方式选定的特许经营项目投资人依法能够自行建设；

（四）采购人依法能够自行建设；

（五）在建工程追加的附属小型工程或者主体加层工程，原中标人仍具备承包能力，并且其他人承担将影响施工或者功能配套要求；

（六）国家规定的其他情形。

第十三条　采用公开招标方式的，招标人应当发布招标公告，邀请不特定的法人或者其他组织投标。依法必须进行施工招标项目的招标公告，应当在国家指定的报刊和信息网络上发布。

采用邀请招标方式的，招标人应当向三家以上具备承担施工招标项目的能力、资信良好的特定的法人或者其他组织发出投标邀请书。

第十四条　招标公告或者投标邀请书应当至少载明下列内容：

（一）招标人的名称和地址；

（二）招标项目的内容、规模、资金来源；

（三）招标项目的实施地点和工期；

（四）获取招标文件或者资格预审文件的地点和时间；

（五）对招标文件或者资格预审文件收取的费用；

（六）对投标人的资质等级的要求。

第十五条　招标人应当按招标公告或者投标邀请书规定的时间、地点出售招标文件或资格预审文件。自招标文件或者资格预审文件出售之日起至停止出售之日止，最短不得少于五日。

招标人可以通过信息网络或者其他媒介发布招标文件，通过信息网络或者其他媒介发布的招标文件与书面招标文件具有同等法律效力，出现不一致时以书面招标文件为准，国家另有规定的除外。

对招标文件或者资格预审文件的收费应当限于补偿印刷、邮寄的成本支出，不得以营利为目的。对于所附的设计文件，招标人可以向投标人酌收押金；对于开标后投标人退还设计文件的，招标人应当向投标人退还押金。

招标文件或者资格预审文件售出后，不予退还。除不可抗力原因外，招标人在发布招标公告、发出投标邀请书后或者售出招标文件或资格预审文件后不得终止招标。

第十六条　招标人可以根据招标项目本身的特点和需要，要求潜在投标人或者投标人提供满足其资格要求的文件，对潜在投标人或者投标人进行资格审查；国家对潜在投标人或者投标人的资格条件有规定的，依照其规定。

第十七条　资格审查分为资格预审和资格后审。

资格预审，是指在投标前对潜在投标人进行的资格审查。

资格后审，是指在开标后对投标人进行的资格审查。

进行资格预审的，一般不再进行资格后审，但招标文件另有规定的除外。

第十八条　采取资格预审的，招标人应当发布资格预审公告。资格预审公告适用本办法第十三条、第十四条有关招标公告的规定。

采取资格预审的，招标人应当在资格预审文件中载明资格预审的条件、标准和方法；采取资格后审的，招标人应当在招标文件中载明对投标人资格要求的条件、标准和方法。

招标人不得改变载明的资格条件或者以没有载明的资格条件对潜在投标人或者投标人进行资格审查。

第十九条　经资格预审后，招标人应当向资格预审合格的潜在投标人发出资格预审合格通知书，告知获取招标文件的时间、地点和方法，并同时向资格预审不合格的潜在投标人告知资格预审结果。资格预审不合格的潜在投标人不得参加投标。

经资格后审不合格的投标人的投标应予否决。

第二十条　资格审查应主要审查潜在投标人或者投标人是否符合下列条件：

（一）具有独立订立合同的权利；

（二）具有履行合同的能力，包括专业、技术资格和能力，资金、设备和其他物质设施状况，管理能力，经验、信誉和相应的从业人员；

（三）没有处于被责令停业，投标资格被取消，财产被接管、冻结，破产状态；

（四）在最近三年内没有骗取中标和严重违约及重大工程质量问题；

（五）国家规定的其他资格条件。

资格审查时，招标人不得以不合理的条件限制、排斥潜在投标人或者投标人，不得对潜在投标人或者投标人实行歧视待遇。任何单位和个人不得以行政手段或者其他不合理方式限制投标人的数量。

第二十一条　招标人符合法律规定的自行招标条件的,可以自行办理招标事宜。任何单位和个人不得强制其委托招标代理机构办理招标事宜。

第二十二条　招标代理机构应当在招标人委托的范围内承担招标事宜。招标代理机构可以在其资格等级范围内承担下列招标事宜:

(一)拟订招标方案,编制和出售招标文件、资格预审文件;

(二)审查投标人资格;

(三)编制标底;

(四)组织投标人踏勘现场;

(五)组织开标、评标,协助招标人定标;

(六)草拟合同;

(七)招标人委托的其他事项。

招标代理机构不得无权代理、越权代理,不得明知委托事项违法而进行代理。

招标代理机构不得在所代理的招标项目中投标或者代理投标,也不得为所代理的招标项目的投标人提供咨询;未经招标人同意,不得转让招标代理业务。

第二十三条　工程招标代理机构与招标人应当签订书面委托合同,并按双方约定的标准收取代理费;国家对收费标准有规定的,依照其规定。

第二十四条　招标人根据施工招标项目的特点和需要编制招标文件。招标文件一般包括下列内容:

(一)招标公告或投标邀请书;

(二)投标人须知;

(三)合同主要条款;

(四)投标文件格式;

(五)采用工程量清单招标的,应当提供工程量清单;

(六)技术条款;

(七)设计图纸;

(八)评标标准和方法;

(九)投标辅助材料。

招标人应当在招标文件中规定实质性要求和条件,并用醒目的方式标明。

第二十五条　招标人可以要求投标人在提交符合招标文件规定要求的投标文件外,提交备选投标方案,但应当在招标文件中作出说明,并提出相应的评审和比较办法。

第二十六条　招标文件规定的各项技术标准应符合国家强制性标准。

招标文件中规定的各项技术标准均不得要求或标明某一特定的专利、商标、名称、设计、原产地或生产供应者,不得含有倾向或者排斥潜在投标人的其他内容。如果必须引用某一生产供应者的技术标准才能准确或清楚地说明拟招标项目的技术标准时,则应当在参照后面加上"或相当于"的字样。

第二十七条　施工招标项目需要划分标段、确定工期的,招标人应当合理划分标段、确定工期,并在招标文件中载明。对工程技术上紧密相联、不可分割的单位工程不得分割标段。

招标人不得以不合理的标段或工期限制或者排斥潜在投标人或者投标人。依法必须进行施工招标的项目的招标人不得利用划分标段规避招标。

第二十八条　招标文件应当明确规定所有评标因素,以及如何将这些因素量化或者据以进行评估。

在评标过程中,不得改变招标文件中规定的评标标准、方法和中标条件。

第二十九条　招标文件应当规定一个适当的投标有效期,以保证招标人有足够的时间完成评标和与中标人签订合同。投标有效期从投标人提交投标文件截止之日起计算。

在原投标有效期结束前,出现特殊情况的,招标人可以书面形式要求所有投标人延长投标有效期。投标人同意延长的,不得要求或被允许修改其投标文件的实质性内容,但应当相应延长其投标保证金的有效期;投标人拒绝延长的,其投标失效,但投标人有权收回其投标保证金。因延长投标有效期造成投标人损失的,招标人应当给予补偿,但因不可抗力需要延长投标有效期的除外。

第三十条　施工招标项目工期较长的,招标文件中可以规定工程造价指数体系、价格调整因素和调整方法。

第三十一条　招标人应当确定投标人编制投标文件所需要的合理时间;但是,依法必须进行招标的项目,自招标文件开始发出之日起至投标人提交投标文件截止之日止,最短不得少于20日。

第三十二条　招标人根据招标项目的具体情况,可以组织潜在投标人踏勘项目现场,向其介绍工程场地和相关环境的有关情况。潜在投标人依据招标人介绍情况作出的判断和决策,由投标人自行负责。

招标人不得单独或者分别组织任何一个投标人进行现场踏勘。

第三十三条　对于潜在投标人在阅读招标文件和现

场踏勘中提出的疑问，招标人可以书面形式或召开投标预备会的方式解答，但需同时将解答以书面方式通知所有购买招标文件的潜在投标人。该解答的内容为招标文件的组成部分。

第三十四条　招标人可根据项目特点决定是否编制标底。编制标底的，标底编制过程和标底在开标前必须保密。

招标项目编制标底的，应根据批准的初步设计、投资概算，依据有关计价办法，参照有关工程定额，结合市场供求状况，综合考虑投资、工期和质量等方面的因素合理确定。

标底由招标人自行编制或委托中介机构编制。一个工程只能编制一个标底。

任何单位和个人不得强制招标人编制或报审标底，或干预其确定标底。

招标项目可以不设标底，进行无标底招标。

招标人设有最高投标限价的，应当在招标文件中明确最高投标限价或者最高投标限价的计算方法。招标人不得规定最低投标限价。

第三章　投　标

第三十五条　投标人是响应招标、参加投标竞争的法人或者其他组织。招标人的任何不具独立法人资格的附属机构（单位），或者为招标项目的前期准备或者监理工作提供设计、咨询服务的任何法人及其任何附属机构（单位），都无资格参加该招标项目的投标。

第三十六条　投标人应当按照招标文件的要求编制投标文件。投标文件应当对招标文件提出的实质性要求和条件作出响应。

投标文件一般包括下列内容：

（一）投标函；

（二）投标报价；

（三）施工组织设计；

（四）商务和技术偏差表。

投标人根据招标文件载明的项目实际情况，拟在中标后将中标项目的部分非主体、非关键性工作进行分包的，应当在投标文件中载明。

第三十七条　招标人可以在招标文件中要求投标人提交投标保证金。投标保证金除现金外，可以是银行出具的银行保函、保兑支票、银行汇票或现金支票。

投标保证金不得超过项目估算价的百分之二，但最高不得超过八十万元人民币。投标保证金有效期应当与投标有效期一致。

投标人应当按照招标文件要求的方式和金额，将投标保证金随投标文件提交给招标人或其委托的招标代理机构。

依法必须进行施工招标的项目的境内投标单位，以现金或者支票形式提交的投标保证金应当从其基本账户转出。

第三十八条　投标人应当在招标文件要求提交投标文件的截止时间前，将投标文件密封送达投标地点。招标人收到投标文件后，应当向投标人出具标明签收人和签收时间的凭证，在开标前任何单位和个人不得开启投标文件。

在招标文件要求提交投标文件的截止时间后送达的投标文件，招标人应当拒收。

依法必须进行施工招标的项目提交投标文件的投标人少于三个的，招标人在分析招标失败的原因并采取相应措施后，应当依法重新招标。重新招标后投标人仍少于三个的，属于必须审批、核准的工程建设项目，报经原审批、核准部门审批、核准后可以不再进行招标；其他工程建设项目，招标人可自行决定不再进行招标。

第三十九条　投标人在招标文件要求提交投标文件的截止时间前，可以补充、修改、替代或者撤回已提交的投标文件，并书面通知招标人。补充、修改的内容为投标文件的组成部分。

第四十条　在提交投标文件截止时间后到招标文件规定的投标有效期终止之前，投标人不得撤销其投标文件，否则招标人可以不退还其投标保证金。

第四十一条　在开标前，招标人应妥善保管好已接收的投标文件、修改或撤回通知、备选投标方案等投标资料。

第四十二条　两个以上法人或者其他组织可以组成一个联合体，以一个投标人的身份共同投标。

联合体各方签订共同投标协议后，不得再以自己名义单独投标，也不得组成新的联合体或参加其他联合体在同一项目中投标。

第四十三条　招标人接受联合体投标并进行资格预审的，联合体应当在提交资格预审申请文件前组成。资格预审后联合体增减、更换成员的，其投标无效。

第四十四条　联合体各方应当指定牵头人，授权其代表所有联合体成员负责投标和合同实施阶段的主办、协调工作，并应当向招标人提交由所有联合体成员法定代表人签署的授权书。

第四十五条　联合体投标的，应当以联合体各方或者联合体中牵头人的名义提交投标保证金。以联合体中牵头人名义提交的投标保证金,对联合体各成员具有约束力。

第四十六条　下列行为均属投标人串通投标报价:

(一)投标人之间相互约定抬高或压低投标报价;

(二)投标人之间相互约定,在招标项目中分别以高、中、低价位报价;

(三)投标人之间先进行内部竞价,内定中标人,然后再参加投标;

(四)投标人之间其他串通投标报价的行为。

第四十七条　下列行为均属招标人与投标人串通投标:

(一)招标人在开标前开启投标文件并将有关信息泄露给其他投标人,或者授意投标人撤换、修改投标文件;

(二)招标人向投标人泄露标底、评标委员会成员等信息;

(三)招标人明示或者暗示投标人压低或抬高投标报价;

(四)招标人明示或者暗示投标人为特定投标人中标提供方便;

(五)招标人与投标人为谋求特定中标人中标而采取的其他串通行为。

第四十八条　投标人不得以他人名义投标。

前款所称以他人名义投标,指投标人挂靠其他施工单位,或从其他单位通过受让或租借的方式获取资格或资质证书,或者由其他单位及其法定代表人在自己编制的投标文件上加盖印章和签字等行为。

第四章　开标、评标和定标

第四十九条　开标应当在招标文件确定的提交投标文件截止时间的同一时间公开进行;开标地点应当为招标文件中确定的地点。

投标人对开标有异议的,应当在开标现场提出,招标人应当当场作出答复,并制作记录。

第五十条　投标文件有下列情形之一的,招标人应当拒收:

(一)逾期送达;

(二)未按招标文件要求密封。

有下列情形之一的,评标委员会应当否决其投标:

(一)投标文件未经投标单位盖章和单位负责人签字;

(二)投标联合体没有提交共同投标协议;

(三)投标人不符合国家或者招标文件规定的资格条件;

(四)同一投标人提交两个以上不同的投标文件或者投标报价,但招标文件要求提交备选投标的除外;

(五)投标报价低于成本或者高于招标文件设定的最高投标限价;

(六)投标文件没有对招标文件的实质性要求和条件作出响应;

(七)投标人有串通投标、弄虚作假、行贿等违法行为。

第五十一条　评标委员会可以书面方式要求投标人对投标文件中含义不明确、对同类问题表述不一致或者有明显文字和计算错误的内容作必要的澄清、说明或补正。评标委员会不得向投标人提出带有暗示性或诱导性的问题,或向其明确投标文件中的遗漏和错误。

第五十二条　投标文件不响应招标文件的实质性要求和条件的,评标委员会不得允许投标人通过修正或撤销其不符合要求的差异或保留,使之成为具有响应性的投标。

第五十三条　评标委员会在对实质上响应招标文件要求的投标进行报价评估时,除招标文件另有约定外,应当按下述原则进行修正:

(一)用数字表示的数额与用文字表示的数额不一致时,以文字数额为准;

(二)单价与工程量的乘积与总价之间不一致时,以单价为准。若单价有明显的小数点错位,应以总价为准,并修改单价。

按前款规定调整后的报价经投标人确认后产生约束力。

投标文件中没有列入的价格和优惠条件在评标时不予考虑。

第五十四条　对于投标人提交的优越于招标文件中技术标准的备选投标方案所产生的附加收益,不得考虑进评标价中。符合招标文件的基本技术要求且评标价最低或综合评分最高的投标人,其所提交的备选方案方可予以考虑。

第五十五条　招标人设有标底的,标底在评标中应当作为参考,但不得作为评标的唯一依据。

第五十六条　评标委员会完成评标后,应向招标人提出书面评标报告。评标报告由评标委员会全体成员签字。

依法必须进行招标的项目,招标人应当自收到评标报告之日起三日内公示中标候选人,公示期不得少于三日。

中标通知书由招标人发出。

第五十七条　评标委员会推荐的中标候选人应当限定在一至三人,并标明排列顺序。招标人应当接受评标委员会推荐的中标候选人,不得在评标委员会推荐的中标候选人之外确定中标人。

第五十八条　国有资金占控股或者主导地位的依法必须进行招标的项目,招标人应当确定排名第一的中标候选人为中标人。排名第一的中标候选人放弃中标、因不可抗力提出不能履行合同、不按照招标文件的要求提交履约保证金,或者被查实存在影响中标结果的违法行为等情形,不符合中标条件的,招标人可以按照评标委员会提出的中标候选人名单排序依次确定其他中标候选人为中标人。依次确定其他中标候选人与招标人预期差距较大,或者对招标人明显不利的,招标人可以重新招标。

招标人可以授权评标委员会直接确定中标人。

国务院对中标人的确定另有规定的,从其规定。

第五十九条　招标人不得向中标人提出压低报价、增加工作量、缩短工期或其他违背中标人意愿的要求,以此作为发出中标通知书和签订合同的条件。

第六十条　中标通知书对招标人和中标人具有法律效力。中标通知书发出后,招标人改变中标结果的,或者中标人放弃中标项目的,应当依法承担法律责任。

第六十一条　招标人全部或者部分使用非中标单位投标文件中的技术成果或技术方案时,需征得其书面同意,并给予一定的经济补偿。

第六十二条　招标人和中标人应当在投标有效期内并在自中标通知书发出之日起 30 日内,按照招标文件和中标人的投标文件订立书面合同。招标人和中标人不得再行订立背离合同实质性内容的其他协议。

招标人要求中标人提供履约保证金或其他形式履约担保的,招标人应当同时向中标人提供工程款支付担保。

招标人不得擅自提高履约保证金,不得强制要求中标人垫付中标项目建设资金。

第六十三条　招标人最迟应当在与中标人签订合同后五日内,向中标人和未中标的投标人退还投标保证金及银行同期存款利息。

第六十四条　合同中确定的建设规模、建设标准、建设内容、合同价格应当控制在批准的初步设计及概算文件范围内;需超出规定范围的,应当在中标合同签订前,报原项目审批部门审查同意。凡应报经审查而未报

的,在初步设计及概算调整时,原项目审批部门一律不予承认。

第六十五条　依法必须进行施工招标的项目,招标人应当自发出中标通知书之日起 15 日内,向有关行政监督部门提交招标投标情况的书面报告。

前款所称书面报告至少应包括下列内容:

(一)招标范围;

(二)招标方式和发布招标公告的媒介;

(三)招标文件中投标人须知、技术条款、评标标准和方法、合同主要条款等内容;

(四)评标委员会的组成和评标报告;

(五)中标结果。

第六十六条　招标人不得直接指定分包人。

第六十七条　对于不具备分包条件或者不符合分包规定的,招标人有权在签订合同或者中标人提出分包要求时予以拒绝。发现中标人转包或违法分包时,可要求其改正;拒不改正的,可终止合同,并报请有关行政监督部门查处。

监理人员和有关行政部门发现中标人违反合同约定进行转包或违法分包的,应当要求中标人改正,或者告知招标人要求其改正;对于拒不改正的,应当报请有关行政监督部门查处。

第五章　法律责任

第六十八条　依法必须进行招标的项目而不招标的,将必须进行招标的项目化整为零或者以其他任何方式规避招标的,有关行政监督部门责令限期改正,可以处项目合同金额 5‰以上 10‰以下的罚款;对全部或者部分使用国有资金的项目,项目审批部门可以暂停项目执行或者暂停资金拨付;对单位直接负责的主管人员和其他直接责任人员依法给予处分。

第六十九条　招标代理机构违法泄露应当保密的与招标投标活动有关的情况和资料的,或者与招标人、投标人串通损害国家利益、社会公共利益或者他人合法权益的,由有关行政监督部门处 5 万元以上 25 万元以下罚款,对单位直接负责的主管人员和其他直接责任人员处单位罚款数额 5%以上 10%以下罚款;有违法所得的,并处没收违法所得;情节严重的,有关行政监督部门可停止其一定时期内参与相关领域的招标代理业务,资格认定部门可暂停直至取消招标代理资格;构成犯罪的,由司法部门依法追究刑事责任。给他人造成损失的,依法承担赔偿责任。

前款所列行为影响中标结果,并且中标人为前款所

列行为的受益人的,中标无效。

第七十条　招标人以不合理的条件限制或者排斥潜在投标人的,对潜在投标人实行歧视待遇的,强制要求投标人组成联合体共同投标的,或者限制投标人之间竞争的,有关行政监督部门责令改正,可处1万元以上5万元以下罚款。

第七十一条　依法必须进行招标项目的招标人向他人透露已获取招标文件的潜在投标人的名称、数量或者可能影响公平竞争的有关招标投标的其他情况的,或者泄露标底的,有关行政监督部门给予警告,可以并处1万元以上10万元以下的罚款;对单位直接负责的主管人员和其他直接责任人员依法给予处分;构成犯罪的,依法追究刑事责任。

前款所列行为影响中标结果的,中标无效。

第七十二条　招标人在发布招标公告、发出投标邀请书或者售出招标文件或资格预审文件后终止招标的,应当及时退还所收取的资格预审文件、招标文件的费用,以及所收取的投标保证金及银行同期存款利息。给潜在投标人或者投标人造成损失的,应当赔偿损失。

第七十三条　招标人有下列限制或者排斥潜在投标人行为之一的,由有关行政监督部门依照招标投标法第五十一条的规定处罚;其中,构成依法必须进行施工招标的项目的招标人规避招标的,依照招标投标法第四十九条的规定处罚:

(一)依法应当公开招标的项目不按照规定在指定媒介发布资格预审公告或者招标公告;

(二)在不同媒介发布的同一招标项目的资格预审公告或者招标公告的内容不一致,影响潜在投标人申请资格预审或者投标。

招标人有下列情形之一的,由有关行政监督部门责令改正,可以处10万元以下的罚款:

(一)依法应当公开招标而采用邀请招标;

(二)招标文件、资格预审文件的发售、澄清、修改的时限,或者确定的提交资格预审申请文件、投标文件的时限不符合招标投标法和招标投标法实施条例规定;

(三)接受未通过资格预审的单位或者个人参加投标;

(四)接受应当拒收的投标文件。

招标人有前款第一项、第三项、第四项所列行为之一的,对单位直接负责的主管人员和其他直接责任人员依法给予处分。

第七十四条　投标人相互串通投标或者与招标人串

通投标的,投标人以向招标人或者评标委员会成员行贿的手段谋取中标的,中标无效,由有关行政监督部门处中标项目金额5‰以上10‰以下的罚款,对单位直接负责的主管人员和其他直接责任人员处单位罚款数额5%以上10%以下的罚款;有违法所得的,并处没收违法所得;情节严重的,取消其一至二年的投标资格,并予以公告,直至由工商行政管理机关吊销营业执照;构成犯罪的,依法追究刑事责任。给他人造成损失的,依法承担赔偿责任。投标人未中标的,对单位的罚款金额按照招标项目合同金额依照招标投标法规定的比例计算。

第七十五条　投标人以他人名义投标或者以其他方式弄虚作假,骗取中标的,中标无效,给招标人造成损失的,依法承担赔偿责任;构成犯罪的,依法追究刑事责任。

依法必须进行招标项目的投标人有前款所列行为尚未构成犯罪的,有关行政监督部门处中标项目金额5‰以上10‰以下的罚款,对单位直接负责的主管人员和其他直接责任人员处单位罚款数额5%以上10%以下的罚款;有违法所得的,并处没收违法所得;情节严重的,取消其一至三年投标资格,并予以公告,直至由工商行政管理机关吊销营业执照。投标人未中标的,对单位的罚款金额按照招标项目合同金额依照招标投标法规定的比例计算。

第七十六条　依法必须进行招标的项目,招标人违法与投标人就投标价格、投标方案等实质性内容进行谈判的,有关行政监督部门给予警告,对单位直接负责的主管人员和其他直接责任人员依法给予处分。

前款所列行为影响中标结果的,中标无效。

第七十七条　评标委员会成员收受投标人的财物或者其他好处的,没收收受的财物,可以并处3000元以上5万元以下的罚款,取消担任评标委员会成员的资格并予以公告,不得再参加依法必须进行招标的项目的评标;构成犯罪的,依法追究刑事责任。

第七十八条　评标委员会成员应当回避而不回避,擅离职守,不按照招标文件规定的评标标准和方法评标,私下接触投标人,向招标人征询确定中标人的意向或者接受任何单位或者个人明示或者暗示提出的倾向或者排斥特定投标人的要求,对依法应当否决的投标不提出否决意见,暗示或者诱导投标人作出澄清、说明或者接受投标人主动提出的澄清、说明,或者有其他不能客观公正地履行职责行为的,有关行政监督部门责令改正;情节严重的,禁止其在一定期限内参加依法必须进行招标的项目的评标;情节特别严重的,取消其担任评标委员会成员的资格。

第七十九条 依法必须进行招标的项目的招标人不按照规定组建评标委员会，或者确定、更换评标委员会成员违反招标投标法和招标投标法实施条例规定的，由有关行政监督部门责令改正，可以处 10 万元以下的罚款，对单位直接负责的主管人员和其他直接责任人员依法给予处分；违法确定或者更换的评标委员会成员作出的评审决定无效，依法重新进行评审。

第八十条 依法必须进行招标的项目的招标人有下列情形之一的，由有关行政监督部门责令改正，可以处中标项目金额千分之十以下的罚款；给他人造成损失的，依法承担赔偿责任；对单位直接负责的主管人员和其他直接责任人员依法给予处分：

（一）无正当理由不发出中标通知书；

（二）不按照规定确定中标人；

（三）中标通知书发出后无正当理由改变中标结果；

（四）无正当理由不与中标人订立合同；

（五）在订立合同时向中标人提出附加条件。

第八十一条 中标通知书发出后，中标人放弃中标项目的，无正当理由不与招标人签订合同的，在签订合同时向招标人提出附加条件或者更改合同实质性内容的，或者拒不提交所要求的履约保证金的，取消其中标资格，投标保证金不予退还；给招标人的损失超过投标保证金数额的，中标人应当对超过部分予以赔偿；没有提交投标保证金的，应当对招标人的损失承担赔偿责任。对依法必须进行施工招标的项目的中标人，由有关行政监督部门责令改正，可以处中标金额千分之十以下罚款。

第八十二条 中标人将中标项目转让给他人的，将中标项目肢解后分别转让给他人的，违法将中标项目的部分主体、关键性工作分包给他人的，或者分包人再次分包的，转让、分包无效，有关行政监督部门处转让、分包项目金额 5‰以上 10‰以下的罚款；有违法所得的，并处没收违法所得；可以责令停业整顿；情节严重的，由工商行政管理机关吊销营业执照。

第八十三条 招标人与中标人不按照招标文件和中标人的投标文件订立合同的，合同的主要条款与招标文件、中标人的投标文件的内容不一致，或者招标人、中标人订立背离合同实质性内容的协议的，有关行政监督部门责令改正；可以处中标项目金额 5‰以上 10‰以下的罚款。

第八十四条 中标人不履行与招标人订立的合同的，履约保证金不予退还，给招标人造成的损失超过履约保证金数额的，还应当对超过部分予以赔偿；没有提交履约保证金的，应当对招标人的损失承担赔偿责任。

中标人不按照与招标人订立的合同履行义务，情节严重的，有关行政监督部门取消其 2 至 5 年参加招标项目的投标资格并予以公告，直至由工商行政管理机关吊销营业执照。

因不可抗力不能履行合同的，不适用前两款规定。

第八十五条 招标人不履行与中标人订立的合同的，应当返还中标人的履约保证金，并承担相应的赔偿责任；没有提交履约保证金的，应当对中标人的损失承担赔偿责任。

因不可抗力不能履行合同的，不适用前款规定。

第八十六条 依法必须进行施工招标的项目违反法律规定，中标无效的，应当依照法律规定的中标条件从其余投标人中重新确定中标人或者依法重新进行招标。

中标无效的，发出的中标通知书和签订的合同自始没有法律约束力，但不影响合同中独立存在的有关解决争议方法的条款的效力。

第八十七条 任何单位违法限制或者排斥本地区、本系统以外的法人或者其他组织参加投标的，为招标人指定招标代理机构的，强制招标人委托招标代理机构办理招标事宜的，或者以其他方式干涉招标投标活动的，有关行政监督部门责令改正；对单位直接负责的主管人员和其他直接责任人员依法给予警告、记过、记大过的处分，情节较重的，依法给予降级、撤职、开除的处分。

个人利用职权进行前款违法行为的，依照前款规定追究责任。

第八十八条 对招标投标活动依法负有行政监督职责的国家机关工作人员徇私舞弊、滥用职权或者玩忽职守，构成犯罪的，依法追究刑事责任；不构成犯罪的，依法给予行政处分。

第八十九条 投标人或者其他利害关系人认为工程建设项目施工招标投标活动不符合国家规定的，可以自知道或者应当知道之日起 10 日内向有关行政监督部门投诉。投诉应当有明确的请求和必要的证明材料。

第六章　附　则

第九十条 使用国际组织或者外国政府贷款、援助资金的项目进行招标，贷款方、资金提供方对工程施工招标投标活动的条件和程序有不同规定的，可以适用其规定，但违背中华人民共和国社会公共利益的除外。

第九十一条 本办法由国家发展改革委会同有关部门负责解释。

第九十二条 本办法自 2003 年 5 月 1 日起施行。

房屋建筑和市政基础设施
工程施工招标投标管理办法

- 2001 年 6 月 1 日建设部令第 89 号发布
- 根据 2018 年 9 月 28 日《住房城乡建设部关于修改〈房屋建筑和市政基础设施工程施工招标投标管理办法〉的决定》第一次修正
- 根据 2019 年 3 月 13 日《住房和城乡建设部关于修改部分部门规章的决定》第二次修正

第一章　总　则

第一条　为了规范房屋建筑和市政基础设施工程施工招标投标活动，维护招标投标当事人的合法权益，依据《中华人民共和国建筑法》、《中华人民共和国招标投标法》等法律、行政法规，制定本办法。

第二条　依法必须进行招标的房屋建筑和市政基础设施工程（以下简称工程），其施工招标投标活动，适用本办法。

本办法所称房屋建筑工程，是指各类房屋建筑及其附属设施和与其配套的线路、管道、设备安装工程及室内外装修工程。

本办法所称市政基础设施工程，是指城市道路、公共交通、供水、排水、燃气、热力、园林、环卫、污水处理、垃圾处理、防洪、地下公共设施及附属设施的土建、管道、设备安装工程。

第三条　国务院建设行政主管部门负责全国工程施工招标投标活动的监督管理。

县级以上地方人民政府建设行政主管部门负责本行政区域内工程施工招标投标活动的监督管理。具体的监督管理工作，可以委托工程招标投标监督管理机构负责实施。

第四条　任何单位和个人不得违反法律、行政法规规定，限制或者排斥本地区、本系统以外的法人或者其他组织参加投标，不得以任何方式非法干涉施工招标投标活动。

第五条　施工招标投标活动及其当事人应当依法接受监督。

建设行政主管部门依法对施工招标投标活动实施监督，查处施工招标投标活动中的违法行为。

第二章　招　标

第六条　工程施工招标由招标人依法组织实施。招标人不得以不合理条件限制或者排斥潜在投标人，不得对潜在投标人实行歧视待遇，不得对潜在投标人提出与招标工程实际要求不符的过高的资质等级要求和其他要求。

第七条　工程施工招标应当具备下列条件：

（一）按照国家有关规定需要履行项目审批手续的，已经履行审批手续；

（二）工程资金或者资金来源已经落实；

（三）有满足施工招标需要的设计文件及其他技术资料；

（四）法律、法规、规章规定的其他条件。

第八条　工程施工招标分为公开招标和邀请招标。

依法必须进行施工招标的工程，全部使用国有资金投资或者国有资金投资占控股或者主导地位的，应当公开招标，但经国家计委或者省、自治区、直辖市人民政府依法批准可以进行邀请招标的重点建设项目除外；其他工程可以实行邀请招标。

第九条　工程有下列情形之一的，经县级以上地方人民政府建设行政主管部门批准，可以不进行施工招标：

（一）停建或者缓建后恢复建设的单位工程，且承包人未发生变更的；

（二）施工企业自建自用的工程，且该施工企业资质等级符合工程要求的；

（三）在建工程追加的附属小型工程或者主体加层工程，且承包人未发生变更的；

（四）法律、法规、规章规定的其他情形。

第十条　依法必须进行施工招标的工程，招标人自行办理施工招标事宜的，应当具有编制招标文件和组织评标的能力：

（一）有专门的施工招标组织机构；

（二）有与工程规模、复杂程度相适应并具有同类工程施工招标经验、熟悉有关工程施工招标法律法规的工程技术、概预算及工程管理的专业人员。

不具备上述条件的，招标人应当委托工程招标代理机构代理施工招标。

第十一条　招标人自行办理施工招标事宜的，应当在发布招标公告或者发出投标邀请书的 5 日前，向工程所在地县级以上地方人民政府建设行政主管部门备案，并报送下列材料：

（一）按照国家有关规定办理审批手续的各项批准文件；

（二）本办法第十条所列条件的证明材料，包括专业技术人员的名单、职称证书或者执业资格证书及其工作经历的证明材料；

（三）法律、法规、规章规定的其他材料。

招标人不具备自行办理施工招标事宜条件的，建设行政主管部门应当自收到备案材料之日起 5 日内责令招标人停止自行办理施工招标事宜。

第十二条　全部使用国有资金投资或者国有资金投资占控股或者主导地位，依法必须进行施工招标的工程项目，应当进入有形建筑市场进行招标投标活动。

政府有关管理机关可以在有形建筑市场集中办理有关手续，并依法实施监督。

第十三条　依法必须进行施工公开招标的工程项目，应当在国家或者地方指定的报刊、信息网络或者其他媒介上发布招标公告，并同时在中国工程建设和建筑业信息网上发布招标公告。

招标公告应当载明招标人的名称和地址，招标工程的性质、规模、地点以及获取招标文件的办法等事项。

第十四条　招标人采用邀请招标方式的，应当向 3 个以上符合资质条件的施工企业发出投标邀请书。

投标邀请书应当载明本办法第十三条第二款规定的事项。

第十五条　招标人可以根据招标工程的需要，对投标申请人进行资格预审，也可以委托工程招标代理机构对投标申请人进行资格预审。实行资格预审的招标工程，招标人应当在招标公告或者投标邀请书中载明资格预审的条件和获取资格预审文件的办法。

资格预审文件一般应当包括资格预审申请书格式、申请人须知，以及需要投标申请人提供的企业资质、业绩、技术装备、财务状况和拟派出的项目经理与主要技术人员的简历、业绩等证明材料。

第十六条　经资格预审后，招标人应当向资格预审合格的投标申请人发出资格预审合格通知书，告知获取招标文件的时间、地点和方法，并同时向资格预审不合格的投标申请人告知资格预审结果。

在资格预审合格的投标申请人过多时，可以由招标人从中选择不少于 7 家资格预审合格的投标申请人。

第十七条　招标人应当根据招标工程的特点和需要，自行或者委托工程招标代理机构编制招标文件。招标文件应当包括下列内容：

（一）投标须知，包括工程概况，招标范围，资格审查条件，工程资金来源或者落实情况，标段划分，工期要求，质量标准，现场踏勘和答疑安排，投标文件编制、提交、修改、撤回的要求，投标报价要求，投标有效期，开标的时间和地点，评标的方法和标准等；

（二）招标工程的技术要求和设计文件；

（三）采用工程量清单招标的，应当提供工程量清单；

（四）投标函的格式及附录；

（五）拟签订合同的主要条款；

（六）要求投标人提交的其他材料。

第十八条　依法必须进行施工招标的工程，招标人应当在招标文件发出的同时，将招标文件报工程所在地的县级以上地方人民政府建设行政主管部门备案，但实施电子招标投标的项目除外。建设行政主管部门发现招标文件有违反法律、法规内容的，应当责令招标人改正。

第十九条　招标人对已发出的招标文件进行必要的澄清或者修改的，应当在招标文件要求提交投标文件截止时间至少 15 日前，以书面形式通知所有招标文件收受人，并同时报工程所在地的县级以上地方人民政府建设行政主管部门备案，但实施电子招标投标的项目除外。该澄清或者修改的内容为招标文件的组成部分。

第二十条　招标人设有标底的，应当依据国家规定的工程量计算规则及招标文件规定的计价方法和要求编制标底，并在开标前保密。一个招标工程只能编制一个标底。

第二十一条　招标人对于发出的招标文件可以酌收工本费。其中的设计文件，招标人可以酌收押金。对于开标后将设计文件退还的，招标人应当退还押金。

第三章　投　标

第二十二条　施工招标的投标人是响应施工招标、参与投标竞争的施工企业。

投标人应当具备相应的施工企业资质，并在工程业绩、技术能力、项目经理资格条件、财务状况等方面满足招标文件提出的要求。

第二十三条　投标人对招标文件有疑问需要澄清的，应当以书面形式向招标人提出。

第二十四条　投标人应当按照招标文件的要求编制投标文件，对招标文件提出的实质性要求和条件作出响应。

招标文件允许投标人提供备选标的，投标人可以按照招标文件的要求提交替代方案，并作出相应报价作备选标。

第二十五条　投标文件应当包括下列内容：

（一）投标函；

（二）施工组织设计或者施工方案；

（三）投标报价；

(四)招标文件要求提供的其他材料。

第二十六条 招标人可以在招标文件中要求投标人提交投标担保。投标担保可以采用投标保函或者投标保证金的方式。投标保证金可以使用支票、银行汇票等,一般不得超过投标总价的 2%,最高不得超过 50 万元。

投标人应当按照招标文件要求的方式和金额,将投标保函或者投标保证金随投标文件提交招标人。

第二十七条 投标人应当在招标文件要求提交投标文件的截止时间前,将投标文件密封送达投标地点。招标人收到投标文件后,应当向投标人出具标明签收人和签收时间的凭证,并妥善保存投标文件。在开标前,任何单位和个人均不得开启投标文件。在招标文件要求提交投标文件的截止时间后送达的投标文件,为无效的投标文件,招标人应当拒收。

提交投标文件的投标人少于 3 个的,招标人应当依法重新招标。

第二十八条 投标人在招标文件要求提交投标文件的截止时间前,可以补充、修改或者撤回已提交的投标文件。补充、修改的内容为投标文件的组成部分,并应当按照本办法第二十七条第一款的规定送达、签收和保管。在招标文件要求提交投标文件的截止时间后送达的补充或者修改的内容无效。

第二十九条 两个以上施工企业可以组成一个联合体,签订共同投标协议,以一个投标人的身份共同投标。联合体各方均应当具备承担招标工程的相应资质条件。相同专业的施工企业组成的联合体,按照资质等级低的施工企业的业务许可范围承揽工程。

招标人不得强制投标人组成联合体共同投标,不得限制投标人之间的竞争。

第三十条 投标人不得相互串通投标,不得排挤其他投标人的公平竞争,损害招标人或者其他投标人的合法权益。

投标人不得与招标人串通投标,损害国家利益、社会公共利益或者他人的合法权益。

禁止投标人以向招标人或者评标委员会成员行贿的手段谋取中标。

第三十一条 投标人不得以低于其企业成本的报价竞标,不得以他人名义投标或者以其他方式弄虚作假,骗取中标。

第四章 开标、评标和中标

第三十二条 开标应当在招标文件确定的提交投标文件截止时间的同一时间公开进行;开标地点应当为招标文件中预先确定的地点。

第三十三条 开标由招标人主持,邀请所有投标人参加。开标应当按照下列规定进行:

由投标人或者其推选的代表检查投标文件的密封情况,也可以由招标人委托的公证机构进行检查并公证。经确认无误后,由有关工作人员当众拆封,宣读投标人名称、投标价格和投标文件的其他主要内容。

招标人在招标文件要求提交投标文件的截止时间前收到的所有投标文件,开标时都应当当众予以拆封、宣读。

开标过程应当记录,并存档备查。

第三十四条 在开标时,投标文件出现下列情形之一的,应当作为无效投标文件,不得进入评标:

(一)投标文件未按照招标文件的要求予以密封的;

(二)投标文件中的投标函未加盖投标人的企业及企业法定代表人印章的,或者企业法定代表人委托代理人没有合法、有效的委托书(原件)及委托代理人印章的;

(三)投标文件的关键内容字迹模糊、无法辨认的;

(四)投标人未按照招标文件的要求提供投标保函或者投标保证金的;

(五)组成联合体投标的,投标文件未附联合体各方共同投标协议的。

第三十五条 评标由招标人依法组建的评标委员会负责。

依法必须进行施工招标的工程,其评标委员会由招标人的代表和有关技术、经济等方面的专家组成,成员人数为 5 人以上单数,其中招标人、招标代理机构以外的技术、经济等方面专家不得少于成员总数的 2/3。评标委员会的专家成员,应当由招标人从建设行政主管部门及其他有关政府部门确定的专家名册或者工程招标代理机构的专家库内相关专业的专家名单中确定。确定专家成员一般应当采取随机抽取的方式。

与投标人有利害关系的人不得进入相关工程的评标委员会。评标委员会成员的名单在中标结果确定前应当保密。

第三十六条 建设行政主管部门的专家名册应当拥有一定数量规模并符合法定资格条件的专家。省、自治区、直辖市人民政府建设行政主管部门可以将专家数量少的地区的专家名册予以合并或者实行专家名册计算机联网。

建设行政主管部门应当对进入专家名册的专家组织

有关法律和业务培训,对其评标能力、廉洁公正等进行综合评估,及时取消不称职或者违法违规人员的评标专家资格。被取消评标专家资格的人员,不得再参加任何评标活动。

第三十七条　评标委员会应当按照招标文件确定的评标标准和方法,对投标文件进行评审和比较,并对评标结果签字确认;设有标底的,应当参考标底。

第三十八条　评标委员会可以用书面形式要求投标人对投标文件中含义不明确的内容作必要的澄清或者说明。投标人应当采用书面形式进行澄清或者说明,其澄清或者说明不得超出投标文件的范围或者改变投标文件的实质性内容。

第三十九条　评标委员会经评审,认为所有投标文件都不符合招标文件要求的,可以否决所有投标。

依法必须进行施工招标工程的所有投标被否决的,招标人应当依法重新招标。

第四十条　评标可以采用综合评估法、经评审的最低投标价法或者法律法规允许的其他评标方法。

采用综合评估法的,应当对投标文件提出的工程质量、施工工期、投标价格、施工组织设计或者施工方案、投标人及项目经理业绩等,能否最大限度地满足招标文件中规定的各项要求和评价标准进行评审和比较。以评分方式进行评估的,对于各种评比奖项不得额外计分。

采用经评审的最低投标价法的,应当在投标文件能够满足招标文件实质性要求的投标人中,评审出投标价格最低的投标人,但投标价格低于其企业成本的除外。

第四十一条　评标委员会完成评标后,应当向招标人提出书面评标报告,阐明评标委员会对各投标文件的评审和比较意见,并按照招标文件中规定的评标方法,推荐不超过3名有排序的合格的中标候选人。招标人根据评标委员会提出的书面评标报告和推荐的中标候选人确定中标人。

使用国有资金投资或者国家融资的工程项目,招标人应当按照中标候选人的排序确定中标人。当确定中标的中标候选人放弃中标或者因不可抗力提出不能履行合同的,招标人可以依序确定其他中标候选人为中标人。

招标人也可以授权评标委员会直接确定中标人。

第四十二条　有下列情形之一的,评标委员会可以要求投标人作出书面说明并提供相关材料:

(一)设有标底的,投标报价低于标底合理幅度的;

(二)不设标底的,投标报价明显低于其他投标报价,有可能低于其企业成本的。

经评标委员会论证,认定该投标人的报价低于其企业成本的,不能推荐为中标候选人或者中标人。

第四十三条　招标人应当在投标有效期截止时限30日前确定中标人。投标有效期应当在招标文件中载明。

第四十四条　依法必须进行施工招标的工程,招标人应当自确定中标人之日起15日内,向工程所在地的县级以上地方人民政府建设行政主管部门提交施工招标投标情况的书面报告。书面报告应当包括下列内容:

(一)施工招标投标的基本情况,包括施工招标范围、施工招标方式、资格审查、开评标过程和确定中标人的方式及理由等。

(二)相关的文件资料,包括招标公告或者投标邀请书、投标报名表、资格预审文件、招标文件、评标委员会的评标报告(设有标底的,应当附标底)、中标人的投标文件。委托工程招标代理的,还应当附工程施工招标代理委托合同。

前款第二项中已按照本办法的规定办理了备案的文件资料,不再重复提交。

第四十五条　建设行政主管部门自收到书面报告之日起5日内未通知招标人在招标投标活动中有违法行为的,招标人可以向中标人发出中标通知书,并将中标结果通知所有未中标的投标人。

第四十六条　招标人和中标人应当自中标通知书发出之日起30日内,按照招标文件和中标人的投标文件订立书面合同;招标人和中标人不得再行订立背离合同实质性内容的其他协议。

中标人不与招标人订立合同的,投标保证金不予退还并取消其中标资格,给招标人造成的损失超过投标保证金数额的,应当对超过部分予以赔偿;没有提交投标保证金的,应当对招标人的损失承担赔偿责任。

招标人无正当理由不与中标人签订合同,给中标人造成损失的,招标人应当给予赔偿。

第四十七条　招标文件要求中标人提交履约担保的,中标人应当提交。招标人应当同时向中标人提供工程款支付担保。

第五章　罚　则

第四十八条　有违反《招标投标法》行为的,县级以上地方人民政府建设行政主管部门应当按照《招标投标法》的规定予以处罚。

第四十九条　招标投标活动中有《招标投标法》规定中标无效情形的,由县级以上地方人民政府建设行政主管部门宣布中标无效，责令重新组织招标，并依法追究有关责任人责任。

第五十条　应当招标未招标的，应当公开招标未公开招标的，县级以上地方人民政府建设行政主管部门应当责令改正，拒不改正的，不得颁发施工许可证。

第五十一条　招标人不具备自行办理施工招标事宜条件而自行招标的，县级以上地方人民政府建设行政主管部门应当责令改正，处1万元以下的罚款。

第五十二条　评标委员会的组成不符合法律、法规规定的，县级以上地方人民政府建设行政主管部门应当责令招标人重新组织评标委员会。

第五十三条　招标人未向建设行政主管部门提交施工招标投标情况书面报告的，县级以上地方人民政府建设行政主管部门应当责令改正。

第六章　附　则

第五十四条　工程施工专业分包、劳务分包采用招标方式的，参照本办法执行。

第五十五条　招标文件或者投标文件使用两种以上语言文字的，必须有一种是中文；如对不同文本的解释发生异议的，以中文文本为准。用文字表示的金额与数字表示的金额不一致的，以文字表示的金额为准。

第五十六条　涉及国家安全、国家秘密、抢险救灾或者属于利用扶贫资金实行以工代赈、需要使用农民工等特殊情况，不适宜进行施工招标的工程，按照国家有关规定可以不进行施工招标。

第五十七条　使用国际组织或者外国政府贷款、援助资金的工程进行施工招标，贷款方、资金提供方对招标投标的具体条件和程序有不同规定的，可以适用其规定，但违背中华人民共和国的社会公共利益的除外。

第五十八条　本办法由国务院建设行政主管部门负责解释。

第五十九条　本办法自发布之日起施行。1992年12月30日建设部颁布的《工程建设施工招标投标管理办法》(建设部令第23号)同时废止。

建筑工程方案设计招标投标管理办法

· 2008年3月21日建市〔2008〕63号公布
· 根据2019年3月18日《住房和城乡建设部关于修改有关文件的通知》修正

第一章　总　则

第一条　为规范建筑工程方案设计招标投标活动，提高建筑工程方案设计质量，体现公平有序竞争，根据《中华人民共和国建筑法》、《中华人民共和国招标投标法》及相关法律、法规和规章，制定本办法。

第二条　在中华人民共和国境内从事建筑工程方案设计招标投标及其管理活动的，适用本办法。

学术性的项目方案设计竞赛或不对某工程项目下一步设计工作的承接具有直接因果关系的"创意征集"等活动，不适用本办法。

第三条　本办法所称建筑工程方案设计招标投标，是指在建筑工程方案设计阶段，按照有关招标投标法律、法规和规章等规定进行的方案设计招标投标活动。

第四条　按照国家规定需要政府审批的建筑工程项目，有下列情形之一的，经有关部门批准，可以不进行招标：

（一）涉及国家安全、国家秘密的；

（二）涉及抢险救灾的；

（三）主要工艺、技术采用特定专利、专有技术，或者建筑艺术造型有特殊要求的；

（四）技术复杂或专业性强，能够满足条件的设计机构少于三家，不能形成有效竞争的；

（五）项目的改、扩建或者技术改造，由其他设计机构设计影响项目功能配套性的；

（六）法律、法规规定可以不进行设计招标的其他情形。

第五条　国务院建设主管部门负责全国建筑工程方案设计招标投标活动统一监督管理。县级以上人民政府建设主管部门依法对本行政区域内建筑工程方案设计招标投标活动实施监督管理。

建筑工程方案设计招标投标管理流程图详见附件一。

第六条　建筑工程方案设计应按照科学发展观，全面贯彻适用、经济，在可能条件下注意美观的原则。建筑工程设计方案要与当地经济发展水平相适应，积极鼓励采用节能、节地、节水、节材、环保技术的建筑工程设计方案。

第七条　建筑工程方案设计招标投标活动应遵循公开、公平、公正、择优和诚实信用的原则。

第八条　建筑工程方案设计应严格执行《建设工程质量管理条例》、《建设工程勘察设计管理条例》和国家强制性标准条文；满足现行的建筑工程建设标准、设计规范(规程)和本办法规定的相应设计文件编制深度要求。

第二章　招　标

第九条　建筑工程方案设计招标方式分为公开招标和邀请招标。

全部使用国有资金投资或者国有资金投资占控股或者主导地位的建筑工程项目，以及国务院发展和改革部门确定的国家重点项目和省、自治区、直辖市人民政府确定的地方重点项目，除符合本办法第四条及第十条规定条件并依法获得批准外，应当公开招标。

第十条　依法必须进行公开招标的建筑工程项目，在下列情形下可以进行邀请招标：

（一）项目的技术性、专业性强，或者环境资源条件特殊，符合条件的潜在投标人数量有限的；

（二）如采用公开招标，所需费用占建筑工程项目总投资额比例过大的；

（三）受自然因素限制，如采用公开招标，影响建筑工程项目实施时机的；

（四）法律、法规规定不宜公开招标的。

招标人采用邀请招标的方式，应保证有三个以上具备承担招标项目设计能力，并具有相应资质的机构参加投标。

第十一条　根据设计条件及设计深度，建筑工程方案设计招标类型分为建筑工程概念性方案设计招标和建筑工程实施性方案设计招标两种类型。

招标人应在招标公告或者投标邀请函中明示采用何种招标类型。

第十二条　建筑工程方案设计招标时应当具备下列条件：

（一）按照国家有关规定需要履行项目审批手续的，已履行审批手续，取得批准；

（二）设计所需要资金已经落实；

（三）设计基础资料已经收集完成；

（四）符合相关法律、法规规定的其他条件。

建筑工程概念性方案设计招标和建筑工程实施性方案设计招标的招标条件详见本办法附件二。

第十三条　公开招标的项目，招标人应当在指定的媒介发布招标公告。大型公共建筑工程的招标公告应当按照有关规定在指定的全国性媒介发布。

第十四条　招标人填写的招标公告或投标邀请函应当内容真实、准确和完整。

招标公告或投标邀请函的主要内容应当包括：工程概况、招标方式、招标类型、招标内容及范围、投标人承担设计任务范围、对投标人资质、经验及业绩的要求、投标人报名要求、招标文件工本费收费标准、投标报名时间、提交资格预审申请文件的截止时间、投标截止时间等。

建筑工程方案设计招标公告和投标邀请函样本详见本办法附件三。

第十五条　招标人应当按招标公告或者投标邀请函规定的时间、地点发出招标文件或者资格预审文件。自招标文件或者资格预审文件发出之日起至停止发出之日止，不得少于 5 个工作日。

第十六条　大型公共建筑工程项目或投标人报名数量较多的建筑工程项目招标可以实行资格预审。采用资格预审的，招标人应在招标公告中明示，并发出资格预审文件。招标人不得通过资格预审排斥潜在投标人。

对于投标人数量过多，招标人实行资格预审的情形，招标人应在招标公告中明确进行资格预审所需达到的投标人报名数量。招标人未在招标公告中明确或实际投标人报名数量未达到招标公告中规定的数量时，招标人不得进行资格预审。

资格预审必须由专业人员评审。资格预审不采用打分的方式评审，只有"通过"和"未通过"之分。如果通过资格预审投标人的数量不足三家，招标人应修订并公布新的资格预审条件，重新进行资格预审，直至三家或三家以上投标人通过资格预审为止。特殊情况下，招标人不能重新制定新的资格预审条件的，必须依据国家相关法律、法规规定执行。

建筑工程方案设计招标资格预审文件样本详见本办法附件四。

第十七条　招标人应当根据建筑工程特点和需要编制招标文件。招标文件包括以下方面内容：

（一）投标须知

（二）投标技术文件要求

（三）投标商务文件要求

（四）评标、定标标准及方法说明

（五）设计合同授予及投标补偿费用说明

招标人应在招标文件中明确执行国家规定的设计收费标准或提供投标人设计收费的统一计算基价。

对政府或国有资金投资的大型公共建筑工程项目，招标人应当在招标文件中明确参与投标的设计方案必须包括有关使用功能、建筑节能、工程造价、运营成本等方面的专题报告。

设计招标文件中的投标须知样本、招标技术文件编写内容及深度要求、投标商务文件内容等分别详见本办法附件五、附件六和附件七。

第十八条　各级建设主管部门对招标投标活动实施监督。

第十九条　概念性方案设计招标或者实施性方案设计招标的中标人应按招标文件要求承担方案及后续阶段的设计和服务工作。但中标人为中华人民共和国境外企业的,若承担后续阶段的设计和服务工作应按照《关于外国企业在中华人民共和国境内从事建设工程设计活动的管理暂行规定》(建市[2004]78号)执行。

如果招标人只要求中标人承担方案阶段设计,而不再委托中标人承接或参加后续阶段工程设计业务的,应在招标公告或投标邀请函中明示,并说明支付中标人的设计费用。采用建筑工程实施性方案设计招标的,招标人应按照国家规定方案阶段设计付费标准支付中标人。采用建筑工程概念性方案设计招标的,招标人应按照国家规定方案阶段设计付费标准的80%支付中标人。

第三章　投　标

第二十条　参加建筑工程项目方案设计的投标人应具备下列主体资格:

(一)在中华人民共和国境内注册的企业,应当具有建设主管部门颁发的建筑工程设计资质证书或建筑专业事务所资质证书,并按规定的等级和范围参加建筑工程项目方案设计投标活动。

(二)注册在中华人民共和国境外的企业,应当是其所在国或者所在地区的建筑设计行业协会或组织推荐的会员。其行业协会或组织的推荐名单应由建设单位确认。

(三)各种形式的投标联合体各方应符合上述要求。招标人不得强制投标人组成联合体共同投标,不得限制投标人组成联合体参与投标。

招标人可以根据工程项目实际情况,在招标公告或投标邀请函中明确投标人其他资格条件。

第二十一条　采用国际招标的,不应人为设置条件排斥境内投标人。

第二十二条　投标人应按照招标文件确定的内容和深度提交投标文件。

第二十三条　招标人要求投标人提交备选方案的,应当在招标文件中明确相应的评审和比选办法。

凡招标文件中未明确规定允许提交备选方案的,投标人不得提交备选方案。如投标人擅自提交备选方案的,招标人应当拒绝该投标人提交的所有方案。

第二十四条　建筑工程概念性方案设计投标文件编制一般不少于二十日,其中大型公共建筑工程概念性方案设计投标文件编制一般不少于四十日;建筑工程实施性方案设计投标文件编制一般不少于四十五日。招标文件中规定的编制时间不符合上述要求的,建设主管部门对招标文件不予备案。

第四章　开标、评标、定标

第二十五条　开标应在招标文件规定提交投标文件截止时间的同一时间公开进行;除不可抗力外,招标人不得以任何理由拖延开标,或者拒绝开标。

建筑工程方案设计招标开标程序详见本办法附件八。

第二十六条　投标文件出现下列情形之一的,其投标文件作为无效标处理,招标人不予受理:

(一)逾期送达的或者未送达指定地点的;

(二)投标文件未按招标文件要求予以密封的;

(三)违反有关规定的其他情形。

第二十七条　招标人或招标代理机构根据招标建筑工程项目特点和需要组建评标委员会,其组成应当符合有关法律、法规和本办法的规定:

(一)评标委员会的组成应包括招标人以及与建筑工程项目方案设计有关的建筑、规划、结构、经济、设备等专业专家。大型公共建筑工程项目应增加环境保护、节能、消防专家。评委应以建筑专业专家为主,其中技术、经济专家人数应占评委总数的三分之二以上;

(二)评标委员会人数为5人以上单数组成,其中大型公共建筑工程项目评标委员会人数不应少于9人;

(三)大型公共建筑工程或具有一定社会影响的建筑工程,以及技术特别复杂、专业性要求特别高的建筑工程,采取随机抽取确定的专家难以胜任的,经主管部门批准,招标人可以从设计类资深专家库中直接确定,必要时可以邀请外地或境外资深专家参加评标。

第二十八条　评标委员会必须严格按照招标文件确定的评标标准和评标办法进行评审。评委应遵循公平、公正、客观、科学、独立、实事求是的评标原则。

评审标准主要包括以下方面:

(一)对方案设计符合有关技术规范及标准规定的要求进行分析、评价;

(二)对方案设计水平、设计质量高低、对招标目标的响应度进行综合评审;

(三)对方案社会效益、经济效益及环境效益的高低进行分析、评价;

(四)对方案结构设计的安全性、合理性进行分析、评价;

（五）对方案投资估算的合理性进行分析、评价；

（六）对方案规划及经济技术指标的准确度进行比较、分析；

（七）对保证设计质量、配合工程实施，提供优质服务的措施进行分析、评价；

（八）对招标文件规定废标或被否决的投标文件进行评判。

评标方法主要包括记名投票法、排序法和百分制综合评估法等，招标人可根据项目实际情况确定评标方法。评标方法及实施步骤详见本办法附件九。

第二十九条　设计招标投标评审活动应当符合以下规定：

（一）招标人应确保评标专家有足够时间审阅投标文件，评审时间安排应与工程的复杂程度、设计深度、提交有效标的投标人数量和投标人提交设计方案的数量相适应。

（二）评审应由评标委员会负责人主持，负责人应从评标委员会中确定一名资深技术专家担任，并从技术评委中推荐一名评标会议纪要人。

（三）评标应严格按照招标文件中规定的评标标准和办法进行，除了有关法律、法规以及国家标准中规定的强制性条文外，不得引用招标文件规定以外的标准和办法进行评审。

（四）在评标过程中，当评标委员会对投标文件有疑问，需要向投标人质疑时，投标人可以到场解释或澄清投标文件有关内容。

（五）在评标过程中，一旦发现投标人有对招标人、评标委员会成员或其他有关人员施加不正当影响的行为，评标委员会有权拒绝该投标人的投标。

（六）投标人不得以任何形式干扰评标活动，否则评标委员会有权拒绝该投标人的投标。

（七）对于国有资金投资或国家融资的有重大社会影响的标志性建筑，招标人可以邀请人大代表、政协委员和社会公众代表列席，接受社会监督。但列席人员不发表评审意见，也不得以任何方式干涉评标委员会独立开展评标工作。

第三十条　大型公共建筑工程项目如有下列情况之一的，招标人可以在评标过程中对其中有关规划、安全、技术、经济、结构、环保、节能等方面进行专项技术论证：

（一）对于重要地区主要景观道路沿线，设计方案是否适合周边地区环境条件兴建的；

（二）设计方案中出现的安全、技术、经济、结构、材料、环保、节能等有重大不确定因素的；

（三）有特殊要求，需要进行设计方案技术论证的。

一般建筑工程项目，必要时，招标人也可进行涉及安全、技术、经济、结构、材料、环保、节能中的一个或多个方面的专项技术论证，以确保建筑方案的安全性和合理性。

第三十一条　投标文件有下列情形之一的，经评标委员会评审后按废标处理或被否决：

（一）投标文件中的投标函无投标人公章（有效签署）、投标人的法定代表人有效签章及未有相应资格的注册建筑师有效签章的；或者投标人的法定代表人授权委托人没有经有效签章的合法、有效授权委托书原件的；

（二）以联合体形式投标，未向招标人提交共同签署的联合体协议书的；

（三）投标联合体通过资格预审后在组成上发生变化的；

（四）投标文件中标明的投标人与资格预审的申请人在名称和组织结构上存在实质性差别的；

（五）未按招标文件规定的格式填写，内容不全，未响应招标文件的实质性要求和条件的，经评标委员会评审未通过的；

（六）违反编制投标文件的相关规定，可能对评标工作产生实质性影响的；

（七）与其他投标人串通投标，或者与招标人串通投标的；

（八）以他人名义投标，或者以其他方式弄虚作假的；

（九）未按招标文件的要求提交投标保证金的；

（十）投标文件中承诺的投标有效期短于招标文件规定的；

（十一）在投标过程中有商业贿赂行为的；

（十二）其他违反招标文件规定实质性条款要求的。

评标委员会对投标文件确认为废标的，应当由三分之二以上评委签字确认。

第三十二条　有下列情形之一的，招标人应当依法重新招标：

（一）所有投标均做废标处理或被否决的；

（二）评标委员会界定为不合格标或废标后，因有效投标人不足3个使得投标明显缺乏竞争，评标委员会决定否决全部投标的；

（三）同意延长投标有效期的投标人少于3个的。

符合前款第一种情形的，评标委员会应在评标纪要上详细说明所有投标均做废标处理或被否决的理由。

招标人依法重新招标的,应对有串标、欺诈、行贿、压价或弄虚作假等违法或严重违规行为的投标人取消其重新投标的资格。

第三十三条　评标委员会按如下规定向招标人推荐合格的中标候选人:

(一)采取公开和邀请招标方式的,推荐 1 至 3 名;

(二)招标人也可以委托评标委员会直接确定中标人。

(三)经评标委员会评审,认为各投标文件未最大程度响应招标文件要求,重新招标时间又不允许的,经评标委员会同意,评委可以以记名投票方式,按自然多数票产生 3 名或 3 名以上投标人进行方案优化设计。评标委员会重新对优化设计方案评审后,推荐合格的中标候选人。

第三十四条　各级建设主管部门应在评标结束后 15 天内在指定媒介上公开排名顺序,并对推荐中标方案、评标专家名单及各位专家评审意见进行公示,公示期为 5 个工作日。

第三十五条　推荐中标方案在公示期间没有异议、异议不成立、没有投诉或投诉处理后没有发现问题的,招标人应当根据招标文件中规定的定标方法从评标委员会推荐的中标候选方案中确定中标人。定标方法主要包括:

(一)招标人委托评标委员会直接确定中标人;

(二)招标人确定评标委员会推荐的排名第一的中标候选人为中标人。排名第一的中标候选人放弃中标、因不可抗力提出不能履行合同、招标文件规定应当提交履约保证金而在规定的期限内未提交的,或者存在违法行为被有关部门依法查处,且其违法行为影响中标结果的,招标人可以确定排名第二的中标候选人为中标人。如排名第二的中标候选人也发生上述问题,依次可确定排名第三的中标候选人为中标人。

(三)招标人根据评标委员会的书面评标报告,组织审查评标委员会推荐的中标候选方案后,确定中标人。

第三十六条　依法必须进行设计招标的项目,招标人应当在确定中标人之日起 15 日内,向有关建设主管部门提交招标投标情况的书面报告。

建筑工程方案设计招标投标情况书面报告的主要内容详见本办法附件十。

第五章　其　他

第三十七条　招标人和中标人应当自中标通知书发出之日起 30 日内,依据《中华人民共和国合同法》及有关工程设计合同管理规定的要求,按照不违背招标文件和中标人的投标文件内容签订设计委托合同,并履行合同约定的各项内容。合同中确定的建设标准、建设内容应当控制在经审批的可行性报告规定范围内。

国家制定的设计收费标准上下浮动 20%是签订建筑工程设计合同的依据。招标人不得以压低设计费、增加工作量、缩短设计周期等作为发出中标通知书的条件,也不得与中标人再订立背离合同实质性内容的其他协议。如招标人违反上述规定,其签订的合同效力按《中华人民共和国合同法》有关规定执行,同时建设主管部门对设计合同不予备案,并依法予以处理。

招标人应在签订设计合同起 7 个工作日内,将设计合同报项目所在地建设或规划主管部门备案。

第三十八条　对于达到设计招标文件要求但未中标的设计方案,招标人应给予不同程度的补偿。

(一)采用公开招标,招标人应在招标文件中明确其补偿标准。若投标人数量过多,招标人可在招标文件中明确对一定数量的投标人进行补偿。

(二)采用邀请招标,招标人应给予每个未中标的投标人经济补偿,并在投标邀请函中明确补偿标准。

招标人可根据情况设置不同档次的补偿标准,以便对评标委员会评选出的优秀设计方案给予适当鼓励。

第三十九条　境内外设计企业在中华人民共和国境内参加建筑工程设计招标的设计收费,应按照同等国民待遇原则,严格执行中华人民共和国的设计收费标准。

工程设计中采用投标人自有专利或者专有技术的,其专利和专有技术收费由招标人和投标人协商确定。

第四十条　招标人应保护投标人的知识产权。投标人拥有设计方案的著作权(版权)。未经投标人书面同意,招标人不得将交付的设计方案向第三方转让或用于本招标范围以外的其他建设项目。

招标人与中标人签署设计合同后,招标人在该建设项目中拥有中标方案的使用权。中标人应保护招标人一旦使用其设计方案不能受到来自第三方的侵权诉讼或索赔,否则中标人应承担由此而产生的一切责任。

招标人或者中标人使用其他未中标人投标文件中的技术成果或技术方案的,应当事先征得该投标人的书面同意,并按规定支付使用费。未经相关投标人书面许可,招标人或者中标人不得擅自使用其他投标人投标文件中的技术成果或技术方案。

联合体投标人合作完成的设计方案,其知识产权由联合体成员共同所有。

第四十一条　设计单位应对其提供的方案设计的安全性、可行性、经济性、合理性、真实性及合同履行承担相应的法律责任。

由于设计原因造成工程项目总投资超出预算的，建设单位有权依法对设计单位追究责任。但设计单位根据建设单位要求，仅承担方案设计，不承担后续阶段工程设计业务的情形除外。

第四十二条 各级建设主管部门应加强对建设单位、招标代理机构、设计单位及取得执业资格注册人员的诚信管理。在设计招标投标活动中对招标代理机构、设计单位及取得执业资格注册人员的各种失信行为和违法违规行为记录在案，并建立招标代理机构、设计单位及取得执业资格注册人员的诚信档案。

第四十三条 各级政府部门不得干预正常的招标投标活动和无故否决依法按规定程序评出的中标方案。

各级政府相关部门应加强监督国家和地方建设方针、政策、标准、规范的落实情况，查处不正当竞争行为。

在建筑工程方案设计招标投标活动中，对违反《中华人民共和国招标投标法》、《工程建设项目勘察设计招标投标办法》和本办法规定的，建设主管部门应当依法予以处理。

第六章 附 则

第四十四条 本办法所称大型公共建筑工程一般指建筑面积 2 万平方米以上的办公建筑、商业建筑、旅游建筑、科教文卫建筑、通信建筑以及交通运输用房等。

第四十五条 使用国际组织或者外国政府贷款、援助资金的建筑工程进行设计招标时，贷款方、资金提供方对招标投标的条件和程序另有规定的，可以适用其规定，但违背中华人民共和国社会公共利益的除外。

第四十六条 各省、自治区、直辖市建设主管部门可依据本办法制定实施细则。

第四十七条 本办法自 2008 年 5 月 1 日起施行。

附件一：建筑工程方案设计招标管理流程图(略)

附件二：建筑工程方案设计招标条件(略)

附件三：建筑工程方案设计公开招标公告样本和建筑工程方案设计投标邀请函样本(略)

附件四：建筑工程方案设计招标资格预审文件样本(略)

附件五：建筑工程方案设计投标须知内容(略)

附件六：建筑工程方案设计招标技术文件编制内容及深度要求(略)

附件七：建筑工程方案设计投标商务示范文件(略)

附件八：建筑工程方案设计招标开标程序(略)

附件九：建筑工程方案设计招标评标方法(略)

附件十：建筑工程方案设计投标评审结果公示样本(略)

附件十一：建筑工程方案设计招标投标情况书面报告(略)

工程建设项目货物招标投标办法

· 2005 年 1 月 18 日国家发展和改革委员会、建设部、铁道部、交通部、信息产业部、水利部、中国民用航空总局令第 27 号发布

· 根据 2013 年 3 月 11 日国家发展和改革委员会、工业和信息化部、财政部、住房和城乡建设部、交通运输部、铁道部、水利部、国家广播电影电视总局、中国民用航空局《关于废止和修改部分招标投标规章和规范性文件的决定》修订

第一章 总 则

第一条 为规范工程建设项目的货物招标投标活动，保护国家利益、社会公共利益和招标投标活动当事人的合法权益，保证工程质量，提高投资效益，根据《中华人民共和国招标投标法》《中华人民共和国招标投标法实施条例》和国务院有关部门的职责分工，制定本办法。

第二条 本办法适用于在中华人民共和国境内工程建设项目货物招标投标活动。

第三条 工程建设项目符合《工程建设项目招标范围和规模标准规定》(原国家计委令第 3 号)规定的范围和标准的，必须通过招标选择货物供应单位。

任何单位和个人不得将依法必须进行招标的项目化整为零或者以其他任何方式规避招标。

第四条 工程建设项目货物招标投标活动应当遵循公开、公平、公正和诚实信用的原则。货物招标投标活动不受地区或者部门的限制。

第五条 工程建设项目货物招标投标活动，依法由招标人负责。

工程建设项目招标人对项目实行总承包招标时，未包括在总承包范围内的货物属于依法必须进行招标的项目范围且达到国家规定规模标准的，应当由工程建设项目招标人依法组织招标。

工程建设项目实行总承包招标时，以暂估价形式包括在总承包范围内的货物属于依法必须进行招标的项目范围且达到国家规定规模标准的，应当依法组织招标。

第六条 各级发展改革、工业和信息化、住房城乡建设、交通运输、铁道、水利、民航等部门依照国务院和地方各级人民政府关于工程建设项目行政监督的职责分工，

对工程建设项目中所包括的货物招标投标活动实施监督,依法查处货物招标投标活动中的违法行为。

第二章 招 标

第七条 工程建设项目招标人是依法提出招标项目、进行招标的法人或者其他组织。本办法第五条总承包中标人单独或者共同招标时,也为招标人。

第八条 依法必须招标的工程建设项目,应当具备下列条件才能进行货物招标:

(一)招标人已经依法成立;

(二)按照国家有关规定应当履行项目审批、核准或者备案手续的,已经审批、核准或者备案;

(三)有相应资金或者资金来源已经落实;

(四)能够提出货物的使用与技术要求。

第九条 依法必须进行招标的工程建设项目,按国家有关规定需要履行审批、核准手续的,招标人应当在报送的可行性研究报告、资金申请报告或者项目申请报告中将货物招标范围、招标方式(公开招标或邀请招标)、招标组织形式(自行招标或委托招标)等有关招标内容报项目审批、核准部门审批、核准。项目审批、核准部门应当将审批、核准的招标内容通报有关行政监督部门。

第十条 货物招标分为公开招标和邀请招标。

第十一条 依法应当公开招标的项目,有下列情形之一的,可以邀请招标:

(一)技术复杂、有特殊要求或者受自然环境限制,只有少量潜在投标人可供选择;

(二)采用公开招标方式的费用占项目合同金额的比例过大;

(三)涉及国家安全、国家秘密或者抢险救灾,适宜招标但不宜公开招标。

有前款第二项所列情形,属于按照国家有关规定需要履行项目审批、核准手续的依法必须进行招标的项目,由项目审批、核准部门认定;其他项目由招标人申请有关行政监督部门作出认定。

第十二条 采用公开招标方式的,招标人应当发布资格预审公告或者招标公告。依法必须进行货物招标的资格预审公告或者招标公告,应当在国家指定的报刊或者信息网络上发布。

采用邀请招标方式的,招标人应当向三家以上具备货物供应的能力、资信良好的特定的法人或者其他组织发出投标邀请书。

第十三条 招标公告或者投标邀请书应当载明下列内容:

(一)招标人的名称和地址;

(二)招标货物的名称、数量、技术规格、资金来源;

(三)交货的地点和时间;

(四)获取招标文件或者资格预审文件的地点和时间;

(五)对招标文件或者资格预审文件收取的费用;

(六)提交资格预审申请书或者投标文件的地点和截止日期;

(七)对投标人的资格要求。

第十四条 招标人应当按照资格预审公告、招标公告或者投标邀请书规定的时间、地点发售招标文件或者资格预审文件。自招标文件或者资格预审文件发售之日起至停止发售之日止,最短不得少于五日。

招标人可以通过信息网络或者其他媒介发布招标文件,通过信息网络或者其他媒介发布的招标文件与书面招标文件具有同等法律效力,出现不一致时以书面招标文件为准,但国家另有规定的除外。

对招标文件或者资格预审文件的收费应当限于补偿印刷、邮寄的成本支出,不得以营利为目的。

除不可抗力原因外,招标文件或者资格预审文件发出后,不予退还;招标人在发布招标公告、发出投标邀请书后或者发出招标文件或资格预审文件后不得终止招标。招标人终止招标的,应当及时发布公告,或者以书面形式通知被邀请的或者已经获取资格预审文件、招标文件的潜在投标人。已经发售资格预审文件、招标文件或者已经收取投标保证金的,招标人应当及时退还所收取的资格预审文件、招标文件的费用,以及所收取的投标保证金及银行同期存款利息。

第十五条 招标人可以根据招标货物的特点和需要,对潜在投标人或者投标人进行资格审查;国家对潜在投标人或者投标人的资格条件有规定的,依照其规定。

第十六条 资格审查分为资格预审和资格后审。

资格预审,是指招标人出售招标文件或者发出投标邀请书前对潜在投标人进行的资格审查。资格预审一般适用于潜在投标人较多或者大型、技术复杂货物的招标。

资格后审,是指在开标后对投标人进行的资格审查。资格后审一般在评标过程中的初步评审开始时进行。

第十七条 采取资格预审的,招标人应当发布资格预审公告。资格预审公告适用本办法第十二条、第十三条有关招标公告的规定。

第十八条 资格预审文件一般包括下列内容:

(一)资格预审公告;

（二）申请人须知；

（三）资格要求；

（四）其他业绩要求；

（五）资格审查标准和方法；

（六）资格预审结果的通知方式。

第十九条　采取资格预审的，招标人应当在资格预审文件中详细规定资格审查的标准和方法；采取资格后审的，招标人应当在招标文件中详细规定资格审查的标准和方法。

招标人在进行资格审查时，不得改变或补充载明的资格审查标准和方法或者以没有载明的资格审查标准和方法对潜在投标人或者投标人进行资格审查。

第二十条　经资格预审后，招标人应当向资格预审合格的潜在投标人发出资格预审合格通知书，告知获取招标文件的时间、地点和方法，并同时向资格预审不合格的潜在投标人告知资格预审结果。依法必须招标的项目通过资格预审的申请人不足三个的，招标人在分析招标失败的原因并采取相应措施后，应当重新招标。

对资格后审不合格的投标人，评标委员会应当否决其投标。

第二十一条　招标文件一般包括下列内容：

（一）招标公告或者投标邀请书；

（二）投标人须知；

（三）投标文件格式；

（四）技术规格、参数及其他要求；

（五）评标标准和方法；

（六）合同主要条款。

招标人应当在招标文件中规定实质性要求和条件，说明不满足其中任何一项实质性要求和条件的投标将被拒绝，并用醒目的方式标明；没有标明的要求和条件在评标时不得作为实质性要求和条件。对于非实质性要求和条件，应规定允许偏差的最大范围、最高项数，以及对这些偏差进行调整的方法。

国家对招标货物的技术、标准、质量等有规定的，招标人应当按照其规定在招标文件中提出相应要求。

第二十二条　招标货物需要划分标包的，招标人应合理划分标包，确定各标包的交货期，并在招标文件中如实载明。

招标人不得以不合理的标包限制或者排斥潜在投标人或者投标人。依法必须进行招标的项目的招标人不得利用标包划分规避招标。

第二十三条　招标人允许中标人对非主体货物进行分包的，应当在招标文件中载明。主要设备、材料或者供货合同的主要部分不得要求或者允许分包。

除招标文件要求不得改变标准货物的供应商外，中标人经招标人同意改变标准货物的供应商的，不应视为转包和违法分包。

第二十四条　招标人可以要求投标人在提交符合招标文件规定要求的投标文件外，提交备选投标方案，但应当在招标文件中作出说明。不符合中标条件的投标人的备选投标方案不予考虑。

第二十五条　招标文件规定的各项技术规格应当符合国家技术法规的规定。

招标文件中规定的各项技术规格均不得要求或标明某一特定的专利技术、商标、名称、设计、原产地或供应者等，不得含有倾向或者排斥潜在投标人的其他内容。如果必须引用某一供应者的技术规格才能准确或清楚地说明拟招标货物的技术规格时，则应当在参照后面加上"或相当于"的字样。

第二十六条　招标文件应当明确规定评标时包含价格在内的所有评标因素，以及据此进行评估的方法。

在评标过程中，不得改变招标文件中规定的评标标准、方法和中标条件。

第二十七条　招标人可以在招标文件中要求投标人以自己的名义提交投标保证金。投标保证金除现金外，可以是银行出具的银行保函、保兑支票、银行汇票或现金支票，也可以是招标人认可的其他合法担保形式。依法必须进行招标的项目的境内投标单位，以现金或者支票形式提交的投标保证金应当从其基本账户转出。

投标保证金不得超过项目估算价的百分之二，但最高不得超过八十万元人民币。投标保证金有效期应当与投标有效期一致。

投标人应当按照招标文件要求的方式和金额，在提交投标文件截止时间前将投标保证金提交给招标人或其委托的招标代理机构。

第二十八条　招标文件应当规定一个适当的投标有效期，以保证招标人有足够的时间完成评标和与中标人签订合同。投标有效期从招标文件规定的提交投标文件截止之日起计算。

在原投标有效期结束前，出现特殊情况的，招标人可以书面形式要求所有投标人延长投标有效期。投标人同意延长的，不得要求或被允许修改其投标文件的实质性内容，但应当相应延长其投标保证金的有效期；投标人拒绝延长的，其投标失效，但投标人有权收回其投标保证金及银行同期存款利息。

依法必须进行招标的项目同意延长投标有效期的投标人少于三个的,招标人在分析招标失败的原因并采取相应措施后,应当重新招标。

第二十九条 对于潜在投标人在阅读招标文件中提出的疑问,招标人应当以书面形式、投标预备会方式或者通过电子网络解答,但需同时将解答以书面方式通知所有购买招标文件的潜在投标人。该解答的内容为招标文件的组成部分。

除招标文件明确要求外,出席投标预备会不是强制性的,由潜在投标人自行决定,并自行承担由此可能产生的风险。

第三十条 招标人应当确定投标人编制投标文件所需的合理时间。依法必须进行招标的货物,自招标文件开始发出之日起至投标人提交投标文件截止之日止,最短不得少于二十日。

第三十一条 对无法精确拟定其技术规格的货物,招标人可以采用两阶段招标程序。

在第一阶段,招标人可以首先要求潜在投标人提交技术建议,详细阐明货物的技术规格、质量和其他特性。招标人可以与投标人就其建议的内容进行协商和讨论,达成一个统一的技术规格后编制招标文件。

在第二阶段,招标人应当向第一阶段提交了技术建议的投标人提供包含统一技术规格的正式招标文件,投标人根据正式招标文件的要求提交包括价格在内的最后投标文件。

招标人要求投标人提交投标保证金的,应当在第二阶段提出。

第三章　投　标

第三十二条 投标人是响应招标、参加投标竞争的法人或者其他组织。

法定代表人为同一个人的两个及两个以上法人,母公司、全资子公司及其控股公司,都不得在同一货物招标中同时投标。

违反前两款规定的,相关投标均无效。

一个制造商对同一品牌同一型号的货物,仅能委托一个代理商参加投标。

第三十三条 投标人应当按照招标文件的要求编制投标文件。投标文件应当对招标文件提出的实质性要求和条件作出响应。

投标文件一般包括下列内容:

(一)投标函;

(二)投标一览表;

(三)技术性能参数的详细描述;

(四)商务和技术偏差表;

(五)投标保证金;

(六)有关资格证明文件;

(七)招标文件要求的其他内容。

投标人根据招标文件载明的货物实际情况,拟在中标后将供货合同中的非主要部分进行分包的,应当在投标文件中载明。

第三十四条 投标人应当在招标文件要求提交投标文件的截止时间前,将投标文件密封送达招标文件中规定的地点。招标人收到投标文件后,应当向投标人出具标明签收人和签收时间的凭证,在开标前任何单位和个人不得开启投标文件。

在招标文件要求提交投标文件的截止时间后送达的投标文件,为无效的投标文件,招标人应当拒收,并将其原封不动地退回投标人。

在招标文件要求提交投标文件的截止时间后送达的投标文件,招标人应当拒收。

依法必须进行招标的项目,提交投标文件的投标人少于三个的,招标人在分析招标失败的原因并采取相应措施后,应当重新招标。重新招标后投标人仍少于三个,按国家有关规定需要履行审批、核准手续的依法必须进行招标的项目,报项目审批、核准部门审批、核准后可以不再进行招标。

第三十五条 投标人在招标文件要求提交投标文件的截止时间前,可以补充、修改、替代或者撤回已提交的投标文件,并书面通知招标人。补充、修改的内容为投标文件的组成部分。

第三十六条 在提交投标文件截止时间后,投标人不得撤销其投标文件,否则招标人可以不退还其投标保证金。

第三十七条 招标人应妥善保管好已接收的投标文件、修改或撤回通知、备选投标方案等投标资料,并严格保密。

第三十八条 两个以上法人或者其他组织可以组成一个联合体,以一个投标人的身份共同投标。

联合体各方签订共同投标协议后,不得再以自己名义单独投标,也不得组成或参加其他联合体在同一项目中投标;否则相关投标均无效。

联合体中标的,应当指定牵头人或代表,授权其代表所有联合体成员与招标人签订合同,负责整个合同实施阶段的协调工作。但是,需要向招标人提交由所有联合体成员法定代表人签署的授权委托书。

第三十九条 招标人接受联合体投标并进行资格预审的,联合体应当在提交资格预审申请文件前组成。资格预审后联合体增减、更换成员的,其投标无效。

招标人不得强制资格预审合格的投标人组成联合体。

第四章 开标、评标和定标

第四十条 开标应当在招标文件确定的提交投标文件截止时间的同一时间公开进行;开标地点应当为招标文件中确定的地点。

投标人或其授权代表有权出席开标会,也可以自主决定不参加开标会。

投标人对开标有异议的,应当在开标现场提出,招标人应当当场作出答复,并制作记录。

第四十一条 投标文件有下列情形之一的,招标人应当拒收:

(一)逾期送达;

(二)未按招标文件要求密封。

有下列情形之一的,评标委员会应当否决其投标:

(一)投标文件未经投标单位盖章和单位负责人签字;

(二)投标联合体没有提交共同投标协议;

(三)投标人不符合国家或者招标文件规定的资格条件;

(四)同一投标人提交两个以上不同的投标文件或者投标报价,但招标文件要求提交备选投标的除外;

(五)投标报价低于成本或者高于招标文件设定的最高投标限价;

(六)投标文件没有对招标文件的实质性要求和条件作出响应;

(七)投标人有串通投标、弄虚作假、行贿等违法行为。

依法必须招标的项目评标委员会否决所有投标的,或者评标委员会否决一部分投标后其他有效投标不足三个使得投标明显缺乏竞争,决定否决全部投标的,招标人在分析招标失败的原因并采取相应措施后,应当重新招标。

第四十二条 评标委员会可以书面方式要求投标人对投标文件中含义不明确、对同类问题表述不一致或者有明显文字和计算错误的内容作必要的澄清、说明或补正。评标委员会不得向投标人提出带有暗示性或诱导性

的问题,或向其明确投标文件中的遗漏和错误。

第四十三条 投标文件不响应招标文件的实质性要求和条件的,评标委员会不得允许投标人通过修正或撤销其不符合要求的差异或保留,使之成为具有响应性的投标。

第四十四条 技术简单或技术规格、性能、制作工艺要求统一的货物,一般采用经评审的最低投标价法进行评标。技术复杂或技术规格、性能、制作工艺要求难以统一的货物,一般采用综合评估法进行评标。

第四十五条 符合招标文件要求且评标价最低或综合评分最高而被推荐为中标候选人的投标人,其所提交的备选投标方案方可予以考虑。

第四十六条 评标委员会完成评标后,应向招标人提出书面评标报告。评标报告由评标委员会全体成员签字。

第四十七条 评标委员会在书面评标报告中推荐的中标候选人应当限定在一至三人,并标明排列顺序。招标人应当接受评标委员会推荐的中标候选人,不得在评标委员会推荐的中标候选人之外确定中标人。

依法必须进行招标的项目,招标人应当自收到评标报告之日起三日内公示中标候选人,公示期不得少于三日。

第四十八条 国有资金占控股或者主导地位的依法必须进行招标的项目,招标人应当确定排名第一的中标候选人为中标人。排名第一的中标候选人放弃中标、因不可抗力提出不能履行合同、不按照招标文件要求提交履约保证金,或者被查实存在影响中标结果的违法行为等情形,不符合中标条件的,招标人可以按照评标委员会提出的中标候选人名单排序依次确定其他中标候选人为中标人。依次确定其他中标候选人与招标人预期差距较大,或者对招标人明显不利的,招标人可以重新招标。

招标人可以授权评标委员会直接确定中标人。

国务院对中标人的确定另有规定的,从其规定。

第四十九条 招标人不得向中标人提出压低报价、增加配件或者售后服务量以及其他超出招标文件规定的违背中标人意愿的要求,以此作为发出中标通知书和签订合同的条件。

第五十条 中标通知书对招标人和中标人具有法律效力。中标通知书发出后,招标人改变中标结果的,或者中标人放弃中标项目的,应当依法承担法律责任。

中标通知书由招标人发出,也可以委托其招标代理机构发出。

　　第五十一条　招标人和中标人应当在投标有效期内并在自中标通知书发出之日起三十日内，按照招标文件和中标人的投标文件订立书面合同。招标人和中标人不得再行订立背离合同实质性内容的其他协议。

　　招标文件要求中标人提交履约保证金或者其他形式履约担保的，中标人应当提交；拒绝提交的，视为放弃中标项目。招标人要求中标人提供履约保证金或其他形式履约担保的，招标人应当同时向中标人提供货物款支付担保。

　　履约保证金不得超过中标合同金额的 10%。

　　第五十二条　招标人最迟应当在书面合同签订后五日内，向中标人和未中标的投标人一次性退还投标保证金及银行同期存款利息。

　　第五十三条　必须审批的工程建设项目，货物合同价格应当控制在批准的概算投资范围内；确需超出范围的，应当在中标合同签订前，报原项目审批部门审查同意。项目审批部门应当根据招标的实际情况，及时作出批准或者不予批准的决定；项目审批部门不予批准的，招标人应当自行平衡超出的概算。

　　第五十四条　依法必须进行货物招标的项目，招标人应当自确定中标人之日起十五日内，向有关行政监督部门提交招标投标情况的书面报告。

　　前款所称书面报告至少应包括下列内容：

　　（一）招标货物基本情况；

　　（二）招标方式和发布招标公告或者资格预审公告的媒介；

　　（三）招标文件中投标人须知、技术条款、评标标准和方法、合同主要条款等内容；

　　（四）评标委员会的组成和评标报告；

　　（五）中标结果。

第五章　罚　则

　　第五十五条　招标人有下列限制或者排斥潜在投标行为之一的，由有关行政监督部门依照招标投标法第五十一条的规定处罚；其中，构成依法必须进行招标的项目的招标人规避招标的，依照招标投标法第四十九条的规定处罚：

　　（一）依法应当公开招标的项目不按照规定在指定媒介发布资格预审公告或者招标公告；

　　（二）在不同媒介发布的同一招标项目的资格预审公告或者招标公告内容不一致，影响潜在投标人申请资格预审或者投标。

　　第五十六条　招标人有下列情形之一的，由有关行政监督部门责令改正，可以处 10 万元以下的罚款：

　　（一）依法应当公开招标而采用邀请招标；

　　（二）招标文件、资格预审文件的发售、澄清、修改的时限，或者确定的提交资格预审申请文件、投标文件的时限不符合招标投标法和招标投标法实施条例规定；

　　（三）接受未通过资格预审的单位或者个人参加投标；

　　（四）接受应当拒收的投标文件。招标人有前款第一项、第三项、第四项所列行为之一的，对单位直接负责的主管人员和其他直接责任人员依法给予处分。

　　第五十七条　评标委员会成员有下列行为之一的，由有关行政监督部门责令改正；情节严重的，禁止其在一定期限内参加依法必须进行招标的项目的评标；情节特别严重的，取消其担任评标委员会成员的资格：

　　（一）应当回避而不回避；

　　（二）擅离职守；

　　（三）不按照招标文件规定的评标标准和方法评标；

　　（四）私下接触投标人；

　　（五）向招标人征询确定中标人的意向或者接受任何单位或者个人明示或者暗示提出的倾向或者排斥特定投标人的要求；

　　（六）对依法应当否决的投标不提出否决意见；

　　（七）暗示或者诱导投标人作出澄清、说明或者接受投标人主动提出的澄清、说明；

　　（八）其他不客观、不公正履行职务的行为。

　　第五十八条　依法必须进行招标的项目的招标人有下列情形之一的，由有关行政监督部门责令改正，可以处中标项目金额千分之十以下的罚款；给他人造成损失的，依法承担赔偿责任；对单位直接负责的主管人员和其他直接责任人员依法给予处分：

　　（一）无正当理由不发出中标通知书；

　　（二）不按照规定确定中标人；

　　（三）中标通知书发出后无正当理由改变中标结果；

　　（四）无正当理由不与中标人订立合同；

　　（五）在订立合同时向中标人提出附加条件。

　　中标通知书发出后，中标人放弃中标项目的，无正当理由不与招标人签订合同的，在签订合同时向招标人提出附加条件或者更改合同实质性内容的，或者拒不提交所要求的履约保证金的，取消其中标资格，投标保证金不予退还；给招标人的损失超过投标保证金数额的，中标人应当对超过部分予以赔偿；没有提交投标保证金的，应当对招标人的损失承担赔偿责任。对依法必须进行招标的项目的中标人，由有关行政监督部门责令改正，可以处中标金额千分之十以下罚款。

第五十九条 招标人不履行与中标人订立的合同的,应当返还中标人的履约保证金,并承担相应的赔偿责任;没有提交履约保证金的,应当对中标人的损失承担赔偿责任。

因不可抗力不能履行合同的,不适用前款规定。

第六十条 中标无效的,发出的中标通知书和签订的合同自始没有法律约束力,但不影响合同中独立存在的有关解决争议方法的条款的效力。

第六章 附 则

第六十一条 不属于工程建设项目,但属于固定资产投资的货物招标投标活动,参照本办法执行。

第六十二条 使用国际组织或者外国政府贷款、援助资金的项目进行招标,贷款方、资金提供方对货物招标投标活动的条件和程序有不同规定的,可以适用其规定,但违背中华人民共和国社会公共利益的除外。

第六十三条 本办法由国家发展和改革委员会会同有关部门负责解释。

第六十四条 本办法自 2005 年 3 月 1 日起施行。

3. 自行招标与代理招标

工程建设项目自行招标试行办法

· 2000 年 7 月 1 日国家发展计划委员会令第 5 号发布
· 根据 2013 年 3 月 11 日国家发展和改革委员会、工业和信息化部、财政部、住房和城乡建设部、交通运输部、铁道部、水利部、国家广播电影电视总局、中国民用航空局《关于废止和修改部分招标投标规章和规范性文件的决定》修订

第一条 为了规范工程建设项目招标人自行招标行为,加强对招标投标活动的监督,根据《中华人民共和国招标投标法》(以下简称招标投标法)、《中华人民共和国招标投标法实施条例》(以下简称招标投标法实施条例)和《国务院办公厅印发国务院有关部门实施招标投标活动行政监督的职责分工意见的通知》(国办发〔2000〕34号),制定本办法。

第二条 本办法适用于经国家发展改革委审批、核准(含经国家发展改革委初审后报国务院审批)依法必须进行招标的工程建设项目的自行招标活动。

前款工程建设项目的招标范围和规模标准,适用《工程建设项目招标范围和规模标准规定》(国家计委第 3 号令)。

第三条 招标人是指依照法律规定进行工程建设项目的勘察、设计、施工、监理以及与工程建设有关的重要设备、材料等招标的法人。

第四条 招标人自行办理招标事宜,应当具有编制招标文件和组织评标的能力,具体包括:

(一)具有项目法人资格(或者法人资格);

(二)具有与招标项目规模和复杂程度相适应的工程技术、概预算、财务和工程管理等方面专业技术力量;

(三)有从事同类工程建设项目招标的经验;

(四)拥有 3 名以上取得招标职业资格的专职招标业务人员;

(五)熟悉和掌握招标投标法及有关法规规章。

第五条 招标人自行招标的,项目法人或者组建中的项目法人应当在向国家发展改革委上报项目可行性研究报告或者资金申请报告、项目申请报告时,一并报送符合本办法第四条规定的书面材料。

书面材料应当至少包括:

(一)项目法人营业执照、法人证书或者项目法人组建文件;

(二)与招标项目相适应的专业技术力量情况;

(三)取得招标职业资格的专职招标业务人员的基本情况;

(四)拟使用的专家库情况;

(五)以往编制的同类工程建设项目招标文件和评标报告,以及招标业绩的证明材料;

(六)其他材料。

在报送可行性研究报告或者资金申请报告、项目申请报告前,招标人确需通过招标方式或者其他方式确定勘察、设计单位开展前期工作的,应当在前款规定的书面材料中说明。

第六条 国家发展改革委审查招标人报送的书面材料,核准招标人符合本办法规定的自行招标条件的,招标人可以自行办理招标事宜。任何单位和个人不得限制其自行办理招标事宜,也不得拒绝办理工程建设有关手续。

第七条 国家发展改革委审查招标人报送的书面材料,认定招标人不符合本办法规定的自行招标条件的,在批复、核准可行性研究报告或者资金申请报告、项目申请报告时,要求招标人委托招标代理机构办理招标事宜。

第八条 一次核准手续仅适用于一个工程建设项目。

第九条 招标人不具备自行招标条件,不影响国家发展改革委对项目的审批或者核准。

第十条　招标人自行招标的,应当自确定中标人之日起15日内,向国家发展改革委提交招标投标情况的书面报告。书面报告至少应包括下列内容:

(一)招标方式和发布资格预审公告、招标公告的媒介;

(二)招标文件中投标人须知、技术规格、评标标准和方法、合同主要条款等内容;

(三)评标委员会的组成和评标报告;

(四)中标结果。

第十一条　招标人不按本办法规定要求履行自行招标核准手续的或者报送的书面材料有遗漏的,国家发展改革委要求其补正;不及时补正的,视同不具备自行招标条件。

招标人履行核准手续中有弄虚作假情况的,视同不具自行招标条件。

第十二条　招标人不按本办法提交招标投标情况的书面报告的,国家发展改革委要求补正;拒不补正的,给予警告,并视招标人是否有招标投标法第五章以及招标投标法实施条例第六章规定的违法行为,给予相应的处罚。

第十三条　任何单位和个人非法强制招标人委托招标代理机构或者其他组织办理招标事宜的,非法拒绝办理工程建设有关手续的,或者以其他任何方式非法干预招标人自行招标活动的,由国家发展改革委依据招标投标法以及招标投标法实施条例的有关规定处罚或者向有关行政监督部门提出处理建议。

第十四条　本办法自发布之日起施行。

4. 监督管理

工程建设项目招标投标活动投诉处理办法

· 2004年6月21日国家发展和改革委员会、建设部、铁道部、交通部、信息产业部、水利部、中国民用航空总局令第11号发布
· 根据2013年3月11日国家发展和改革委员会、工业和信息化部、财政部、住房和城乡建设部、交通运输部、铁道部、水利部、国家广播电影电视总局、中国民用航空局《关于废止和修改部分招标投标规章和规范性文件的决定》修订

第一条　为保护国家利益、社会公共利益和招标投标当事人的合法权益,建立公平、高效的工程建设项目招标投标活动投诉处理机制,根据《中华人民共和国招标投标法》、《中华人民共和国招标投标法实施条例》,制定本办法。

第二条　本办法适用于工程建设项目招标投标活动的投诉及其处理活动。

前款所称招标投标活动,包括招标、投标、开标、评标、中标以及签订合同等各阶段。

第三条　投标人或者其他利害关系人认为招标投标活动不符合法律、法规和规章规定的,有权依法向有关行政监督部门投诉。

前款所称其他利害关系人是指投标人以外的,与招标项目或者招标活动有直接和间接利益关系的法人、其他组织和自然人。

第四条　各级发展改革、工业和信息化、住房城乡建设、水利、交通运输、铁道、商务、民航等招标投标活动行政监督部门,依照《国务院办公厅印发国务院有关部门实施招标投标活动行政监督的职责分工的意见的通知》(国办发〔2000〕34号)和地方各级人民政府规定的职责分工,受理投诉并依法做出处理决定。

对国家重大建设项目(含工业项目)招标投标活动的投诉,由国家发展改革委受理并依法做出处理决定。对国家重大建设项目招标投标活动的投诉,有关行业行政监督部门已经收到的,应当通报国家发展改革委,国家发展改革委不再受理。

第五条　行政监督部门处理投诉时,应当坚持公平、公正、高效原则,维护国家利益、社会公共利益和招标投标当事人的合法权益。

第六条　行政监督部门应当确定本部门内部负责受理投诉的机构及其电话、传真、电子信箱和通讯地址,并向社会公布。

第七条　投诉人投诉时,应当提交投诉书。投诉书应当包括下列内容:

(一)投诉人的名称、地址及有效联系方式;

(二)被投诉人的名称、地址及有效联系方式;

(三)投诉事项的基本事实;

(四)相关请求及主张;

(五)有效线索和相关证明材料。

对招标投标法实施条例规定应先提出异议的事项进行投诉的,应当附提出异议的证明文件。已向有关行政监督部门投诉的,应当一并说明。

投诉人是法人的,投诉书必须由其法定代表人或者授权代表签字并盖章;其他组织或者自然人投诉的,投诉书必须由其主要负责人或者投诉人本人签字,并附有效身份证明复印件。

投诉书有关材料是外文的,投诉人应当同时提供其中文译本。

第八条 投诉人不得以投诉为名排挤竞争对手,不得进行虚假、恶意投诉,阻碍招标投标活动的正常进行。

第九条 投诉人认为招标投标活动不符合法律行政法规规定的,可以在知道或者应当知道之日起十日内提出书面投诉。依照有关行政法规提出异议的,异议答复期间不计算在内。

第十条 投诉人可以自己直接投诉,也可以委托代理人办理投诉事务。代理人办理投诉事务时,应将授权委托书连同投诉书一并提交给行政监督部门。授权委托书应当明确有关委托代理权限和事项。

第十一条 行政监督部门收到投诉书后,应当在三个工作日内进行审查,视情况分别做出以下处理决定:

(一)不符合投诉处理条件的,决定不予受理,并将不予受理的理由书面告知投诉人;

(二)对符合投诉处理条件,但不属于本部门受理的投诉,书面告知投诉人向其他行政监督部门提出投诉;

对于符合投诉处理条件并决定受理的,收到投诉书之日即为正式受理。

第十二条 有下列情形之一的投诉,不予受理:

(一)投诉人不是所投诉招标投标活动的参与者,或者与投诉项目无任何利害关系;

(二)投诉事项不具体,且未提供有效线索,难以查证的;

(三)投诉书未署具投诉人真实姓名、签字和有效联系方式的;以法人名义投诉的,投诉书未经法定代表人签字并加盖公章的;

(四)超过投诉时效的;

(五)已经作出处理决定,并且投诉人没有提出新的证据的;

(六)投诉事项应先提出异议没有提出异议、已进入行政复议或行政诉讼程序的。

第十三条 行政监督部门负责投诉处理的工作人员,有下列情形之一的,应当主动回避:

(一)近亲属是被投诉人、投诉人,或者是被投诉人、投诉人的主要负责人;

(二)在近三年内本人曾经在被投诉人单位担任高级管理职务;

(三)与被投诉人、投诉人有其他利害关系,可能影响对投诉事项公正处理的。

第十四条 行政监督部门受理投诉后,应当调取、查

阅有关文件,调查、核实有关情况。

对情况复杂、涉及面广的重大投诉事项,有权受理投诉的行政监督部门可以会同其他有关的行政监督部门进行联合调查,共同研究后由受理部门做出处理决定。

第十五条 行政监督部门调查取证时,应当由两名以上行政执法人员进行,并做笔录,交被调查人签字确认。

第十六条 在投诉处理过程中,行政监督部门应当听取被投诉人的陈述和申辩,必要时可通知投诉人和被投诉人进行质证。

第十七条 行政监督部门负责处理投诉的人员应当严格遵守保密规定,对于在投诉处理过程中所接触到的国家秘密、商业秘密应当予以保密,也不得将投诉事项透露给与投诉无关的其他单位和个人。

第十八条 行政监督部门处理投诉,有权查阅、复制有关文件、资料,调查有关情况,相关单位和人员应当予以配合。必要时,行政监督部门可以责令暂停招标投标活动。

对行政监督部门依法进行的调查,投诉人、被投诉人以及评标委员会成员等与投诉事项有关的当事人应当予以配合,如实提供有关资料及情况,不得拒绝、隐匿或者伪报。

第十九条 投诉处理决定做出前,投诉人要求撤回投诉的,应当以书面形式提出并说明理由,由行政监督部门视以下情况,决定是否准予撤回:

(一)已经查实有明显违法行为的,应当不准撤回,并继续调查直至做出处理决定;

(二)撤回投诉不损害国家利益、社会公共利益或者其他当事人合法权益的,应当准予撤回,投诉处理过程终止。投诉人不得以同一事实和理由再提出投诉。

第二十条 行政监督部门应当根据调查和取证情况,对投诉事项进行审查,按照下列规定做出处理决定:

(一)投诉缺乏事实根据或者法律依据的,或者投诉人捏造事实、伪造材料或者以非法手段取得证明材料进行投诉的,驳回投诉;

(二)投诉情况属实,招标投标活动确实存在违法行为的,依据《中华人民共和国招标投标法》、《中华人民共和国招标投标法实施条例》及其他有关法规、规章做出处罚。

第二十一条 负责受理投诉的行政监督部门应当自受理投诉之日起三十个工作日内,对投诉事项做出处理决定,并以书面形式通知投诉人、被投诉人和其他与投诉

处理结果有关的当事人。需要检验、检测、鉴定、专家评审的,所需时间不计算在内。

第二十二条 投诉处理决定应当包括下列主要内容:

(一)投诉人和被投诉人的名称、住址;

(二)投诉人的投诉事项及主张;

(三)被投诉人的答辩及请求;

(四)调查认定的基本事实;

(五)行政监督部门的处理意见及依据。

第二十三条 行政监督部门应当建立投诉处理档案,并做好保存和管理工作,接受有关方面的监督检查。

第二十四条 行政监督部门在处理投诉过程中,发现被投诉人单位直接负责的主管人员和其他直接责任人员有违法、违规或者违纪行为的,应当建议其行政主管机关、纪检监察部门给予处分;情节严重构成犯罪的,移送司法机关处理。

对招标代理机构有违法行为,且情节严重的,依法暂停直至取消招标代理资格。

第二十五条 当事人对行政监督部门的投诉处理决定不服或者行政监督部门逾期未做处理的,可以依法申请行政复议或者向人民法院提起行政诉讼。

第二十六条 投诉人故意捏造事实、伪造证明材料或者以非法手段取得证明材料进行投诉,给他人造成损失的,依法承担赔偿责任。

第二十七条 行政监督部门工作人员在处理投诉过程中徇私舞弊、滥用职权或者玩忽职守,对投诉人打击报复的,依法给予行政处分;构成犯罪的,依法追究刑事责任。

第二十八条 行政监督部门在处理投诉过程中,不得向投诉人和被投诉人收取任何费用。

第二十九条 对于性质恶劣、情节严重的投诉事项,行政监督部门可以将投诉处理结果在有关媒体上公布,接受舆论和公众监督。

第三十条 本办法由国家发展改革委会同国务院有关部门解释。

第三十一条 本办法自2004年8月1日起施行。

招标投标违法行为记录公告暂行办法

· 2008年6月18日
· 发改法规〔2008〕1531号

第一章　总　则

第一条 为贯彻《国务院办公厅关于进一步规范招标投标活动的若干意见》(国办发〔2004〕56号),促进招标

投标信用体系建设,健全招标投标失信惩戒机制,规范招标投标当事人行为,根据《招标投标法》等相关法律规定,制定本办法。

第二条 对招标投标活动当事人的招标投标违法行为记录进行公告,适用本办法。

本办法所称招标投标活动当事人是指招标人、投标人、招标代理机构以及评标委员会成员。

本办法所称招标投标违法行为记录,是指有关行政主管部门在依法履行职责过程中,对招标投标当事人违法行为所作行政处理决定的记录。

第三条 国务院有关行政主管部门按照规定的职责分工,建立各自的招标投标违法行为记录公告平台,并负责公告平台的日常维护。

国家发展改革委会同国务院其他有关行政主管部门制定公告平台管理方面的综合性政策和相关规定。

省级人民政府有关行政主管部门按照规定的职责分工,建立招标投标违法行为记录公告平台,并负责公告平台的日常维护。

第四条 招标投标违法行为记录的公告应坚持准确、及时、客观的原则。

第五条 招标投标违法行为记录公告不得公开涉及国家秘密、商业秘密、个人隐私的记录。但是,经权利人同意公开或者行政机关认为不公开可能对公共利益造成重大影响的涉及商业秘密、个人隐私的违法行为记录,可以公开。

第二章　违法行为记录的公告

第六条 国务院有关行政主管部门和省级人民政府有关行政主管部门(以下简称"公告部门")应自招标投标违法行为行政处理决定作出之日起20个工作日内对外进行记录公告。

省级人民政府有关行政主管部门公告的招标投标违法行为行政处理决定应同时抄报相应国务院行政主管部门。

第七条 对招标投标违法行为所作出的以下行政处理决定应给予公告:

(一)警告;

(二)罚款;

(三)没收违法所得;

(四)暂停或者取消招标代理资格;

(五)取消在一定时期内参加依法必须进行招标的项目的投标资格;

(六)取消担任评标委员会成员的资格;

（七）暂停项目执行或追回已拨付资金；

（八）暂停安排国家建设资金；

（九）暂停建设项目的审查批准；

（十）行政主管部门依法作出的其他行政处理决定。

第八条　违法行为记录公告的基本内容为：被处理招标投标当事人名称（或姓名）、违法行为、处理依据、处理决定、处理时间和处理机关等。

公告部门可将招标投标违法行为行政处理决定书直接进行公告。

第九条　违法行为记录公告期限为六个月。公告期满后，转入后台保存。

依法限制招标投标当事人资质（资格）等方面的行政处理决定，所认定的限制期限长于六个月的，公告期限从其决定。

第十条　公告部门负责建立公告平台信息系统，对记录信息数据进行追加、修改、更新，并保证公告的违法行为记录与行政处理决定的相关内容一致。

公告平台信息系统应具备历史公告记录查询功能。

第十一条　公告部门应对公告记录所依据的招标投标违法行为行政处理决定书等材料妥善保管、留档备查。

第十二条　被公告的招标投标当事人认为公告记录与行政处理决定的相关内容不符的，可向公告部门提出书面更正申请，并提供相关证据。

公告部门接到书面申请后，应在 5 个工作日内进行核对。公告的记录与行政处理决定的相关内容不一致的，应当给予更正并告知申请人；公告的记录与行政处理决定的相关内容一致的，应当告知申请人。

公告部门在作出答复前不停止对违法行为记录的公告。

第十三条　行政处理决定在被行政复议或行政诉讼期间，公告部门依法不停止对违法行为记录的公告，但行政处理决定被依法停止执行的除外。

第十四条　原行政处理决定被依法变更或撤销的，公告部门应当及时对公告记录予以变更或撤销，并在公告平台上予以声明。

第三章　监督管理

第十五条　有关行政主管部门应依法加强对招标投标违法行为记录被公告当事人的监督管理。

第十六条　招标投标违法行为记录公告应逐步实现互联互通、互认共用，条件成熟时建立统一的招标投标违法行为记录公告平台。

第十七条　公告的招标投标违法行为记录应当作为招标代理机构资格认定，依法必须招标项目资质审查、招标代理机构选择、中标人推荐和确定、评标委员会成员确定和评标专家考核等活动的重要参考。

第十八条　有关行政主管部门及其工作人员在违法行为记录的提供、收集和公告等工作中有玩忽职守、弄虚作假或者徇私舞弊等行为的，由其所在单位或者上级主管机关予以通报批评，并依纪依法追究直接责任人和有关领导的责任；构成犯罪的，移送司法机关依法追究刑事责任。

第四章　附　则

第十九条　各省、自治区、直辖市发展改革部门可会同有关部门根据本办法制定具体实施办法。

第二十条　本办法由国家发展改革委会同国务院有关部门负责解释。

第二十一条　本办法自 2009 年 1 月 1 日起施行。

五、勘察设计

建设工程勘察设计管理条例

· 2000 年 9 月 25 日中华人民共和国国务院令第 293 号公布
· 根据 2015 年 6 月 12 日《国务院关于修改〈建设工程勘察设计管理条例〉的决定》第一次修订
· 根据 2017 年 10 月 7 日《国务院关于修改部分行政法规的决定》第二次修订

第一章　总　则

第一条　为了加强对建设工程勘察、设计活动的管理，保证建设工程勘察、设计质量，保护人民生命和财产安全，制定本条例。

第二条　从事建设工程勘察、设计活动，必须遵守本条例。

本条例所称建设工程勘察，是指根据建设工程的要求，查明、分析、评价建设场地的地质地理环境特征和岩土工程条件，编制建设工程勘察文件的活动。

本条例所称建设工程设计，是指根据建设工程的要求，对建设工程所需的技术、经济、资源、环境等条件进行综合分析、论证，编制建设工程设计文件的活动。

第三条　建设工程勘察、设计应当与社会、经济发展水平相适应，做到经济效益、社会效益和环境效益相统一。

第四条　从事建设工程勘察、设计活动，应当坚持先勘察、后设计、再施工的原则。

第五条　县级以上人民政府建设行政主管部门和交通、水利等有关部门应当依照本条例的规定，加强对建设工程勘察、设计活动的监督管理。

建设工程勘察、设计单位必须依法进行建设工程勘察、设计，严格执行工程建设强制性标准，并对建设工程勘察、设计的质量负责。

第六条　国家鼓励在建设工程勘察、设计活动中采用先进技术、先进工艺、先进设备、新型材料和现代管理方法。

第二章　资质资格管理

第七条　国家对从事建设工程勘察、设计活动的单位，实行资质管理制度。具体办法由国务院建设行政主管部门商国务院有关部门制定。

第八条　建设工程勘察、设计单位应当在其资质等级许可的范围内承揽建设工程勘察、设计业务。

禁止建设工程勘察、设计单位超越其资质等级许可的范围或者以其他建设工程勘察、设计单位的名义承揽建设工程勘察、设计业务。禁止建设工程勘察、设计单位允许其他单位或者个人以本单位的名义承揽建设工程勘察、设计业务。

第九条　国家对从事建设工程勘察、设计活动的专业技术人员，实行执业资格注册管理制度。

未经注册的建设工程勘察、设计人员，不得以注册执业人员的名义从事建设工程勘察、设计活动。

第十条　建设工程勘察、设计注册执业人员和其他专业技术人员只能受聘于一个建设工程勘察、设计单位；未受聘于建设工程勘察、设计单位的，不得从事建设工程的勘察、设计活动。

第十一条　建设工程勘察、设计单位资质证书和执业人员注册证书，由国务院建设行政主管部门统一制作。

第三章　建设工程勘察设计发包与承包

第十二条　建设工程勘察、设计发包依法实行招标发包或者直接发包。

第十三条　建设工程勘察、设计应当依照《中华人民共和国招标投标法》的规定，实行招标发包。

第十四条　建设工程勘察、设计方案评标，应当以投标人的业绩、信誉和勘察、设计人员的能力以及勘察、设计方案的优劣为依据，进行综合评定。

第十五条　建设工程勘察、设计的招标人应当在评标委员会推荐的候选方案中确定中标方案。但是，建设工程勘察、设计的招标人认为评标委员会推荐的候选方案不能最大限度满足招标文件规定的要求的，应当依法重新招标。

第十六条　下列建设工程的勘察、设计，经有关主管部门批准，可以直接发包：

（一）采用特定的专利或者专有技术的；

（二）建筑艺术造型有特殊要求的；

（三）国务院规定的其他建设工程的勘察、设计。

第十七条　发包方不得将建设工程勘察、设计业务发包给不具有相应勘察、设计资质等级的建设工程勘察、设计单位。

第十八条　发包方可以将整个建设工程的勘察、设计发包给一个勘察、设计单位；也可以将建设工程的勘察、设计分别发包给几个勘察、设计单位。

第十九条　除建设工程主体部分的勘察、设计外，经发包方书面同意，承包方可以将建设工程其他部分的勘察、设计再分包给其他具有相应资质等级的建设工程勘察、设计单位。

第二十条　建设工程勘察、设计单位不得将所承揽的建设工程勘察、设计转包。

第二十一条　承包方必须在建设工程勘察、设计资质证书规定的资质等级和业务范围内承揽建设工程的勘察、设计业务。

第二十二条　建设工程勘察、设计的发包方与承包方，应当执行国家规定的建设工程勘察、设计程序。

第二十三条　建设工程勘察、设计的发包方与承包方应当签订建设工程勘察、设计合同。

第二十四条　建设工程勘察、设计发包方与承包方应当执行国家有关建设工程勘察费、设计费的管理规定。

第四章　建设工程勘察设计文件的编制与实施

第二十五条　编制建设工程勘察、设计文件，应当以下列规定为依据：

（一）项目批准文件；

（二）城乡规划；

（三）工程建设强制性标准；

（四）国家规定的建设工程勘察、设计深度要求。

铁路、交通、水利等专业建设工程，还应当以专业规划的要求为依据。

第二十六条　编制建设工程勘察文件，应当真实、准确，满足建设工程规划、选址、设计、岩土治理和施工的需要。

编制方案设计文件，应当满足编制初步设计文件和控制概算的需要。

编制初步设计文件，应当满足编制施工招标文件、主要设备材料订货和编制施工图设计文件的需要。

编制施工图设计文件，应当满足设备材料采购、非标准设备制作和施工的需要，并注明建设工程合理使用年限。

第二十七条　设计文件中选用的材料、构配件、设备，应当注明其规格、型号、性能等技术指标，其质量要求必须符合国家规定的标准。

除有特殊要求的建筑材料、专用设备和工艺生产线等外，设计单位不得指定生产厂、供应商。

第二十八条　建设单位、施工单位、监理单位不得修改建设工程勘察、设计文件；确需修改建设工程勘察、设计文件的，应当由原建设工程勘察、设计单位修改。经原建设工程勘察、设计单位书面同意，建设单位也可以委托其他具有相应资质的建设工程勘察、设计单位修改。修改单位对修改的勘察、设计文件承担相应责任。

施工单位、监理单位发现建设工程勘察、设计文件不符合工程建设强制性标准、合同约定的质量要求的，应当报告建设单位，建设单位有权要求建设工程勘察、设计单位对建设工程勘察、设计文件进行补充、修改。

建设工程勘察、设计文件内容需要作重大修改的，建设单位应当报经原审批机关批准后，方可修改。

第二十九条　建设工程勘察、设计文件中规定采用的新技术、新材料，可能影响建设工程质量和安全，又没有国家技术标准的，应当由国家认可的检测机构进行试验、论证，出具检测报告，并经国务院有关部门或者省、自治区、直辖市人民政府有关部门组织的建设工程技术专家委员会审定后，方可使用。

第三十条　建设工程勘察、设计单位应当在建设工程施工前，向施工单位和监理单位说明建设工程勘察、设计意图，解释建设工程勘察、设计文件。

建设工程勘察、设计单位应当及时解决施工中出现的勘察、设计问题。

第五章　监督管理

第三十一条　国务院建设行政主管部门对全国的建设工程勘察、设计活动实施统一监督管理。国务院铁路、交通、水利等有关部门按照国务院规定的职责分工，负责对全国的有关专业建设工程勘察、设计活动的监督管理。

县级以上地方人民政府建设行政主管部门对本行政区域内的建设工程勘察、设计活动实施监督管理。县级以上地方人民政府交通、水利等有关部门在各自的职责范围内，负责对本行政区域内的有关专业建设工程勘察、设计活动的监督管理。

第三十二条　建设工程勘察、设计单位在建设工程勘察、设计资质证书规定的业务范围内跨部门、跨地区承揽勘察、设计业务的，有关地方人民政府及其所属部门不得设置障碍，不得违反国家规定收取任何费用。

第三十三条　施工图设计文件审查机构应当对房屋

建筑工程、市政基础设施工程施工图设计文件中涉及公共利益、公众安全、工程建设强制性标准的内容进行审查。县级以上人民政府交通运输等有关部门应当按照职责对施工图设计文件中涉及公共利益、公众安全、工程建设强制性标准的内容进行审查。

施工图设计文件未经审查批准的，不得使用。

第三十四条　任何单位和个人对建设工程勘察、设计活动中的违法行为都有权检举、控告、投诉。

第六章　罚　则

第三十五条　违反本条例第八条规定的，责令停止违法行为，处合同约定的勘察费、设计费1倍以上2倍以下的罚款，有违法所得的，予以没收；可以责令停业整顿，降低资质等级；情节严重的，吊销资质证书。

未取得资质证书承揽工程的，予以取缔，依照前款规定处以罚款；有违法所得的，予以没收。

以欺骗手段取得资质证书承揽工程的，吊销资质证书，依照本条第一款规定处以罚款；有违法所得的，予以没收。

第三十六条　违反本条例规定，未经注册，擅自以注册建设工程勘察、设计人员的名义从事建设工程勘察、设计活动的，责令停止违法行为，没收违法所得，处违法所得2倍以上5倍以下罚款；给他人造成损失的，依法承担赔偿责任。

第三十七条　违反本条例规定，建设工程勘察、设计注册执业人员和其他专业技术人员未受聘于一个建设工程勘察、设计单位或者同时受聘于两个以上建设工程勘察、设计单位，从事建设工程勘察、设计活动的，责令停止违法行为，没收违法所得，处违法所得2倍以上5倍以下的罚款；情节严重的，可以责令停止执行业务或者吊销资格证书；给他人造成损失的，依法承担赔偿责任。

第三十八条　违反本条例规定，发包方将建设工程勘察、设计业务发包给不具有相应资质等级的建设工程勘察、设计单位的，责令改正，处50万元以上100万元以下的罚款。

第三十九条　违反本条例规定，建设工程勘察、设计单位将所承揽的建设工程勘察、设计转包的，责令改正，没收违法所得，处合同约定的勘察费、设计费25%以上50%以下的罚款，可以责令停业整顿，降低资质等级；情节严重的，吊销资质证书。

第四十条　违反本条例规定，勘察、设计单位未依据项目批准文件，城乡规划及专业规划，国家规定的建设工程勘察、设计深度要求编制建设工程勘察、设计文件的，责令限期改正；逾期不改正的，处10万元以上30万元以下的罚款；造成工程质量事故或者环境污染和生态破坏的，责令停业整顿，降低资质等级；情节严重的，吊销资质证书；造成损失的，依法承担赔偿责任。

第四十一条　违反本条例规定，有下列行为之一的，依照《建设工程质量管理条例》第六十三条的规定给予处罚：

（一）勘察单位未按照工程建设强制性标准进行勘察的；

（二）设计单位未根据勘察成果文件进行工程设计的；

（三）设计单位指定建筑材料、建筑构配件的生产厂、供应商的；

（四）设计单位未按照工程建设强制性标准进行设计的。

第四十二条　本条例规定的责令停业整顿、降低资质等级和吊销资质证书、资格证书的行政处罚，由颁发资质证书、资格证书的机关决定；其他行政处罚，由建设行政主管部门或者其他有关部门依据法定职权范围决定。

依照本条例规定被吊销资质证书的，由工商行政管理部门吊销其营业执照。

第四十三条　国家机关工作人员在建设工程勘察、设计活动的监督管理工作中玩忽职守、滥用职权、徇私舞弊，构成犯罪的，依法追究刑事责任；尚不构成犯罪的，依法给予行政处分。

第七章　附　则

第四十四条　抢险救灾及其他临时性建筑和农民自建两层以下住宅的勘察、设计活动，不适用本条例。

第四十五条　军事建设工程勘察、设计的管理，按照中央军事委员会的有关规定执行。

第四十六条　本条例自公布之日起施行。

建设工程勘察质量管理办法

·2002年12月4日建设部令第115号发布
·根据2007年11月22日《建设部关于修改〈建设工程勘察质量管理办法〉的决定》第一次修正
·根据2021年4月1日《住房和城乡建设部关于修改建设工程勘察质量管理办法〉的决定》第二次修正

第一章　总　则

第一条　为了加强对建设工程勘察质量的管理，保证建设工程质量，根据《中华人民共和国建筑法》、《建设工程质量管理条例》、《建设工程勘察设计管理条例》等有关法律、法规,制定本办法。

第二条　凡在中华人民共和国境内从事建设工程勘察活动的,必须遵守本办法。本办法所称建设工程勘察,是指根据建设工程的要求,查明、分析、评价建设场地的地质地理环境特征和岩土工程条件,编制建设工程勘察文件的活动。

第三条　工程勘察企业应当按照有关建设工程质量的法律、法规、工程建设强制性标准和勘察合同进行勘察工作,并对勘察质量负责。

勘察文件应当符合国家规定的勘察深度要求,必须真实、准确。

第四条　国务院住房和城乡建设主管部门对全国的建设工程勘察质量实施统一监督管理。国务院铁路、交通、水利等有关部门按照国务院规定的职责分工,负责对全国的有关专业建设工程勘察质量的监督管理。

县级以上地方人民政府住房和城乡建设主管部门对本行政区域内的建设工程勘察质量实施监督管理。县级以上地方人民政府有关部门在各自的职责范围内,负责对本行政区域内的有关专业建设工程勘察质量的监督管理。

第二章　质量责任和义务

第五条　建设单位应当为勘察工作提供必要的现场工作条件,保证合理的勘察工期,提供真实、可*的原始资料。

建设单位应当加强履约管理,及时足额支付勘察费用,不得迫使工程勘察企业以低于成本的价格承揽任务。

建设单位应当依法将工程勘察文件送施工图审查机构审查。建设单位应当验收勘察报告,组织勘察技术交底和验槽。

建设单位项目负责人应当按照有关规定履行代表建设单位进行勘察质量管理的职责。

第六条　工程勘察企业必须依法取得工程勘察资质证书,并在资质等级许可的范围内承揽勘察业务。工程勘察企业不得超越其资质等级许可的业务范围或者以其他勘察企业的名义承揽勘察业务;不得允许其他企业或者个人以本企业的名义承揽勘察业务;不得转包或者违法分包所承揽的勘察业务。

第七条　工程勘察企业应当健全勘察质量管理体系和质量责任制度,建立勘察现场工作质量责任可追溯制度。

工程勘察企业将勘探、试验、测试等技术服务工作交

由具备相应技术条件的其他单位承担的,工程勘察企业对相关勘探、试验、测试工作成果质量全面负责。

第八条　工程勘察企业应当拒绝用户提出的违反国家有关规定的不合理要求,有权提出保证工程勘察质量所必需的现场工作条件和合理工期。

第九条　工程勘察企业应当向设计、施工和监理等单位进行勘察技术交底,参与施工验槽,及时解决工程设计和施工中与勘察工作有关的问题,按规定参加工程竣工验收。

第十条　工程勘察企业应当参与建设工程质量事故的分析,并对因勘察原因造成的质量事故,提出相应的技术处理方案。

第十一条　工程勘察项目负责人、审核人、审定人及有关技术人员应当具有相应的技术职称或者注册资格。

第十二条　工程勘察企业法定代表人应当建立健全并落实本单位质量管理制度,授权具备相应资格的人员担任项目负责人。

工程勘察企业项目负责人应当签署质量终身责任承诺书,执行勘察纲要和工程建设强制性标准,落实本单位勘察质量管理制度,制定项目质量保证措施,组织开展工程勘察各项工作。

第十三条　工程勘察企业的法定代表人、项目负责人、审核人、审定人等相关人员,应当在勘察文件上签字或者盖章,并对勘察质量负责。工程勘察企业法定代表人对本企业勘察质量全面负责;项目负责人对项目的勘察文件负主要质量责任;项目审核人、审定人对其审核、审定项目的勘察文件负审核、审定的质量责任。

第十四条　工程勘察工作的原始记录应当在勘察过程中及时整理、核对,确保取样、记录的真实和准确,禁止原始记录弄虚作假。钻探、取样、原位测试、室内试验等主要过程的影像资料应当留存备查。

司钻员、描述员、土工试验员等作业人员应当在原始记录上签字。工程勘察企业项目负责人应当对原始记录进行验收并签字。

鼓励工程勘察企业采用信息化手段,实时采集、记录、存储工程勘察数据。

第十五条　工程勘察企业应当确保仪器、设备的完好。钻探、取样的机具设备、原位测试、室内试验及测量仪器等应当符合有关规范、规程的要求。

第十六条　工程勘察企业应当加强职工技术培训和职业道德教育,提高勘察人员的质量责任意识。司钻员、描述员、土工试验员等人员应当按照有关规定接受安全

生产、职业道德、理论知识和操作技能等方面的专业培训。

第十七条　工程勘察企业应当建立工程勘察档案管理制度。工程勘察企业应当在勘察报告提交建设单位后20日内将工程勘察文件和勘探、试验、测试原始记录及成果、质量安全管理记录归档保存。归档资料应当经项目负责人签字确认，保存期限应当不少于工程的设计使用年限。

国家鼓励工程勘察企业推进传统载体档案数字化。电子档案与传统载体档案具有同等效力。

第三章　监督管理

第十八条　县级以上人民政府住房和城乡建设主管部门或者其他有关部门（以下简称工程勘察质量监督部门）应当通过'双随机、一公开'方式开展工程勘察质量监管，检查及处理结果及时向社会公开。

工程勘察质量监督部门可以通过政府购买技术服务方式，聘请具有专业技术能力的单位和人员对工程勘察质量进行检查，所需费用向本级财政申请予以保障。

工程勘察质量监督部门应当运用互联网等信息化手段开展工程勘察质量监管，提升监管的精准化、智能化水平。

第十九条　工程勘察发生重大质量、安全事故时，有关单位应当按照规定向工程勘察质量监督部门报告。

第二十条　任何单位和个人有权向工程勘察质量监督部门检举、投诉工程勘察质量、安全问题。

第四章　罚　则

第二十一条　工程勘察企业违反《建设工程勘察设计管理条例》《建设工程质量管理条例》的，由工程勘察质量监督部门按照有关规定给予处罚。

第二十二条　违反本办法规定，建设单位有下列行为之一的，由工程勘察质量监督部门责令改正，处1万元以上3万元以下的罚款：

（一）未提供必要的现场工作条件；

（二）未提供与工程勘察有关的原始资料或者提供的原始资料不真实、不可靠；

（三）未组织勘察技术交底；

（四）未组织验槽。

第二十三条　违反本办法规定，工程勘察企业未按照工程建设强制性标准进行勘察、弄虚作假、提供虚假成果资料的，由工程勘察质量监督部门责令改正，处10万元以上30万元以下的罚款；造成工程质量事故的，责令

停业整顿，降低资质等级；情节严重的，吊销资质证书；造成损失的，依法承担赔偿责任。

第二十四条　违反本办法规定，工程勘察企业有下列行为之一的，由工程勘察质量监督部门责令改正，处1万元以上3万元以下的罚款：

（一）使用的勘察仪器、设备不满足相关规定；

（二）司钻员、描述员、土工试验员等关键岗位作业人员未接受专业培训；

（三）未按规定参加建设单位组织的勘察技术交底或者验槽；

（四）原始记录弄虚作假；

（五）未将钻探、取样、原位测试、室内试验等主要过程的影像资料留存备查；

（六）未按规定及时将工程勘察文件和勘探、试验、测试原始记录及成果、质量安全管理记录归档保存。

第二十五条　违反本办法规定，工程勘察企业法定代表人有下列行为之一的，由工程勘察质量监督部门责令改正，处1万元以上3万元以下的罚款：

（一）未建立或者落实本单位勘察质量管理制度；

（二）授权不具备相应资格的项目负责人开展勘察工作；

（三）未按规定在工程勘察文件上签字或者盖章。

第二十六条　违反本办法规定，工程勘察企业项目负责人有下列行为之一的，由工程勘察质量监督部门责令改正，处1万元以上3万元以下的罚款：

（一）未执行勘察纲要和工程建设强制性标准；

（二）未落实本单位勘察质量管理制度，未制定项目质量保证措施；

（三）未按规定在工程勘察文件上签字；

（四）未对原始记录进行验收并签字；

（五）未对归档资料签字确认。

第二十七条　依照本办法规定，给予建设单位、勘察企业罚款处罚的，由工程勘察质量监督部门对建设单位、勘察企业的法定代表人和其他直接责任人员处以企业罚款数额的5%以上10%以下的罚款。

第二十八条　国家机关工作人员在建设工程勘察质量监督管理工作中玩忽职守、滥用职权、徇私舞弊的，依法给予行政处分；构成犯罪的，依法追究刑事责任。

第五章　附　则

第二十九条　本办法自2003年2月1日起施行。

房屋建筑和市政基础设施工程
施工图设计文件审查管理办法

· 2013 年 4 月 27 日住房和城乡建设部令第 13 号公布
· 根据 2015 年 5 月 4 日《住房和城乡建设部关于修改〈房地产
　开发企业资质管理规定〉等部门规章的决定》第一次修正
· 根据 2018 年 12 月 29 日《住房和城乡建设部关于修改〈房屋
　建筑和市政基础设施工程施工图设计文件审查管理办法〉
　的决定》第二次修正

第一条 为了加强对房屋建筑工程、市政基础设施工程施工图设计文件审查的管理,提高工程勘察设计质量,根据《建设工程质量管理条例》《建设工程勘察设计管理条例》等行政法规,制定本办法。

第二条 在中华人民共和国境内从事房屋建筑工程、市政基础设施工程施工图设计文件审查和实施监督管理的,应当遵守本办法。

第三条 国家实施施工图设计文件(含勘察文件,以下简称施工图)审查制度。

本办法所称施工图审查,是指施工图审查机构(以下简称审查机构)按照有关法律、法规,对施工图涉及公共利益、公众安全和工程建设强制性标准的内容进行的审查。施工图审查应当坚持先勘察、后设计的原则。

施工图未经审查合格的,不得使用。从事房屋建筑工程、市政基础设施工程施工、监理等活动,以及实施对房屋建筑和市政基础设施工程质量安全监督管理,应当以审查合格的施工图为依据。

第四条 国务院住房城乡建设主管部门负责对全国的施工图审查工作实施指导、监督。

县级以上地方人民政府住房城乡建设主管部门负责对本行政区域内的施工图审查工作实施监督管理。

第五条 省、自治区、直辖市人民政府住房城乡建设主管部门应当会同有关主管部门按照本办法规定的审查机构条件,结合本行政区域内的建设规模,确定相应数量的审查机构,逐步推行以政府购买服务方式开展施工图设计文件审查。具体办法由国务院住房城乡建设主管部门另行规定。

审查机构是专门从事施工图审查业务,不以营利为目的的独立法人。

省、自治区、直辖市人民政府住房城乡建设主管部门应当将审查机构名录报国务院住房城乡建设主管部门备案,并向社会公布。

第六条 审查机构按承接业务范围分两类,一类机构承接房屋建筑、市政基础设施工程施工图审查业务范围不受限制;二类机构可以承接中型及以下房屋建筑、市政基础设施工程的施工图审查。

房屋建筑、市政基础设施工程的规模划分,按照国务院住房城乡建设主管部门的有关规定执行。

第七条 一类审查机构应当具备下列条件:

(一)有健全的技术管理和质量保证体系。

(二)审查人员应当有良好的职业道德;有 15 年以上所需专业勘察、设计工作经历;主持过不少于 5 项大型房屋建筑工程、市政基础设施工程相应专业的设计或者甲级工程勘察项目相应专业的勘察;已实行执业注册制度的专业,审查人员应当具有一级注册建筑师、一级注册结构工程师或者勘察设计注册工程师资格,并在本审查机构注册;未实行执业注册制度的专业,审查人员应当具有高级工程师职称;近 5 年内未因违反工程建设法律法规和强制性标准受到行政处罚。

(三)在本审查机构专职工作的审查人员数量:从事房屋建筑工程施工图审查的,结构专业审查人员不少于 7 人,建筑专业不少于 3 人,电气、暖通、给排水、勘察等专业审查人员各不少于 2 人;从事市政基础设施工程施工图审查的,所需专业的审查人员不少于 7 人,其他必须配套的专业审查人员各不少于 2 人;专门从事勘察文件审查的,勘察专业审查人员不少于 7 人。

承担超限高层建筑工程施工图审查的,还应当具有主持过超限高层建筑工程或者 100 米以上建筑工程结构专业设计的审查人员不少于 3 人。

(四)60 岁以上审查人员不超过该专业审查人员规定数的 1/2。

第八条 二类审查机构应当具备下列条件:

(一)有健全的技术管理和质量保证体系。

(二)审查人员应当有良好的职业道德;有 10 年以上所需专业勘察、设计工作经历;主持过不少于 5 项中型以上房屋建筑工程、市政基础设施工程相应专业的设计或者乙级以上工程勘察项目相应专业的勘察;已实行执业注册制度的专业,审查人员应当具有一级注册建筑师、一级注册结构工程师或者勘察设计注册工程师资格,并在本审查机构注册;未实行执业注册制度的专业,审查人员应当具有高级工程师职称;近 5 年内未因违反工程建设法律法规和强制性标准受到行政处罚。

(三)在本审查机构专职工作的审查人员数量:从事房屋建筑工程施工图审查的,结构专业审查人员不少于 3 人,建筑、电气、暖通、给排水、勘察等专业审查人员各不少于 2 人;从事市政基础设施工程施工图审查的,所需专业的审查人员不少于 4 人,其他必须配套的专业审查人员各不少于 2 人;专门从事勘察文件审查的,勘察专业审查人员不少于 4 人。

(四)60 岁以上审查人员不超过该专业审查人员规定数的 1/2。

第九条 建设单位应当将施工图送审查机构审查,但审查机构不得与所审查项目的建设单位、勘察设计企业有隶属关系或者其他利害关系。送审管理的具体办法由省、自治区、直辖市人民政府住房城乡建设主管部门按照"公开、公平、公正"的原则规定。

建设单位不得明示或者暗示审查机构违反法律法规和工程建设强制性标准进行施工图审查,不得压缩合理审查周期、压低合理审查费用。

第十条 建设单位应当向审查机构提供下列资料并对所提供资料的真实性负责:

(一)作为勘察、设计依据的政府有关部门的批准文件及附件;

(二)全套施工图;

(三)其他应当提交的材料。

第十一条 审查机构应当对施工图审查下列内容:

(一)是否符合工程建设强制性标准;

(二)地基基础和主体结构的安全性;

(三)消防安全性;

(四)人防工程(不含人防指挥工程)防护安全性;

(五)是否符合民用建筑节能强制性标准,对执行绿色建筑标准的项目,还应当审查是否符合绿色建筑标准;

(六)勘察设计企业和注册执业人员以及相关人员是否按规定在施工图上加盖相应的图章和签字;

(七)法律、法规、规章规定必须审查的其他内容。

第十二条 施工图审查原则上不超过下列时限:

(一)大型房屋建筑工程、市政基础设施工程为 15 个工作日,中型及以下房屋建筑工程、市政基础设施工程为 10 个工作日。

(二)工程勘察文件,甲级项目为 7 个工作日,乙级及以下项目为 5 个工作日。

以上时限不包括施工图修改时间和审查机构的复审时间。

第十三条 审查机构对施工图进行审查后,应当根据下列情况分别作出处理:

(一)审查合格的,审查机构应当向建设单位出具审查合格书,并在全套施工图上加盖审查专用章。审查合格书应当有各专业的审查人员签字,经法定代表人签发,并加盖审查机构公章。审查机构应当在出具审查合格书后 5 个工作日内,将审查情况报工程所在地县级以上地方人民政府住房城乡建设主管部门备案。

(二)审查不合格的,审查机构应当将施工图退建设单位并出具审查意见告知书,说明不合格原因。同时,应当将审查意见告知书及审查中发现的建设单位、勘察设计企业和注册执业人员违反法律、法规和工程建设强制性标准的问题,报工程所在地县级以上地方人民政府住房城乡建设主管部门。

施工图退建设单位后,建设单位应当要求原勘察设计企业进行修改,并将修改后的施工图送原审查机构复审。

第十四条 任何单位或者个人不得擅自修改审查合格的施工图;确需修改的,凡涉及本办法第十一条规定内容的,建设单位应当将修改后的施工图送原审查机构审查。

第十五条 勘察设计企业应当依法进行建设工程勘察、设计,严格执行工程建设强制性标准,并对建设工程勘察、设计的质量负责。

审查机构对施工图审查工作负责,承担审查责任。施工图经审查合格后,仍有违反法律、法规和工程建设强制性标准的问题,给建设单位造成损失的,审查机构依法承担相应的赔偿责任。

第十六条 审查机构应当建立、健全内部管理制度。施工图审查应当有经各专业审查人员签字的审查记录。审查记录、审查合格书、审查意见告知书等有关资料应当归档保存。

第十七条 已实行执业注册制度的专业,审查人员应当按规定参加执业注册继续教育。

未实行执业注册制度的专业,审查人员应当参加省、自治区、直辖市人民政府住房城乡建设主管部门组织的有关法律、法规和技术标准的培训,每年培训时间不少于 40 学时。

第十八条 按规定应当进行审查的施工图,未经审查合格的,住房城乡建设主管部门不得颁发施工许可证。

第十九条 县级以上人民政府住房城乡建设主管部门应当加强对审查机构的监督检查,主要检查下列内容:

(一)是否符合规定的条件;

(二)是否超出范围从事施工图审查;

(三)是否使用不符合条件的审查人员;

（四）是否按规定的内容进行审查；

（五）是否按规定上报审查过程中发现的违法违规行为；

（六）是否按规定填写审查意见告知书；

（七）是否按规定在审查合格书和施工图上签字盖章；

（八）是否建立健全审查机构内部管理制度；

（九）审查人员是否按规定参加继续教育。

县级以上人民政府住房城乡建设主管部门实施监督检查时，有权要求被检查的审查机构提供有关施工图审查的文件和资料，并将监督检查结果向社会公布。

涉及消防安全性、人防工程（不含人防指挥工程）防护安全性的，由县级以上人民政府有关部门按照职责分工实施监督检查和行政处罚，并将监督检查结果向社会公布。

第二十条　审查机构应当向县级以上地方人民政府住房城乡建设主管部门报审查情况统计信息。

县级以上地方人民政府住房城乡建设主管部门应当定期对施工图审查情况进行统计，并将统计信息报上级住房城乡建设主管部门。

第二十一条　县级以上人民政府住房城乡建设主管部门应当及时受理对施工图审查工作中违法、违规行为的检举、控告和投诉。

第二十二条　县级以上人民政府住房城乡建设主管部门对审查机构报告的建设单位、勘察设计企业、注册执业人员的违法违规行为，应当依法进行查处。

第二十三条　审查机构列入名录后不再符合规定条件的，省、自治区、直辖市人民政府住房城乡建设主管部门应当责令其限期改正；逾期不改的，不再将其列入审查机构名录。

第二十四条　审查机构违反本办法规定，有下列行为之一的，由县级以上地方人民政府住房城乡建设主管部门责令改正，处 3 万元罚款，并记入信用档案；情节严重的，省、自治区、直辖市人民政府住房城乡建设主管部门不再将其列入审查机构名录：

（一）超出范围从事施工图审查的；

（二）使用不符合条件审查人员的；

（三）未按规定的内容进行审查的；

（四）未按规定上报审查过程中发现的违法违规行为的；

（五）未按规定填写审查意见告知书的；

（六）未按规定在审查合格书和施工图上签字盖章的；

（七）已出具审查合格书的施工图，仍有违反法律、法规和工程建设强制性标准的。

第二十五条　审查机构出具虚假审查合格书的，审查合格书无效，县级以上地方人民政府住房城乡建设主管部门处 3 万元罚款，省、自治区、直辖市人民政府住房城乡建设主管部门不再将其列入审查机构名录。

审查人员在虚假审查合格书上签字的，终身不得再担任审查人员；对于已实行执业注册制度的专业的审查人员，还应当依照《建设工程质量管理条例》第七十二条、《建设工程安全生产管理条例》第五十八条规定予以处罚。

第二十六条　建设单位违反本办法规定，有下列行为之一的，由县级以上地方人民政府住房城乡建设主管部门责令改正，处 3 万元罚款；情节严重的，予以通报：

（一）压缩合理审查周期的；

（二）提供不真实送审资料的；

（三）对审查机构提出不符合法律、法规和工程建设强制性标准要求的。

建设单位为房地产开发企业的，还应当依照《房地产开发企业资质管理规定》进行处理。

第二十七条　依照本办法规定，给予审查机构罚款处罚的，对机构的法定代表人和其他直接责任人员处机构罚款数额 5% 以上 10% 以下的罚款，并记入信用档案。

第二十八条　省、自治区、直辖市人民政府住房城乡建设主管部门未按照本办法规定确定审查机构的，国务院住房城乡建设主管部门责令改正。

第二十九条　国家机关工作人员在施工图审查监督管理工作中玩忽职守、滥用职权、徇私舞弊，构成犯罪的，依法追究刑事责任；尚不构成犯罪的，依法给予行政处分。

第三十条　省、自治区、直辖市人民政府住房城乡建设主管部门可以根据本办法，制定实施细则。

第三十一条　本办法自 2013 年 8 月 1 日起施行。原建设部 2004 年 8 月 23 日发布的《房屋建筑和市政基础设施工程施工图设计文件审查管理办法》（建设部令第 134 号）同时废止。

建设工程勘察设计资质管理规定

· 2007 年 6 月 26 日建设部令第 160 号发布
· 根据 2015 年 5 月 4 日《住房和城乡建设部关于修改〈房地产开发企业资质管理规定〉等部门规章的决定》第一次修订
· 根据 2016 年 9 月 13 日《住房城乡建设部关于修改〈勘察设计注册工程师管理规定〉等 11 个部门规章的决定》第二次修订
· 根据 2018 年 12 月 22 日《住房城乡建设部关于修改〈建筑业企业资质管理规定〉等部门规章的决定》第三次修订

第一章　总　则

第一条　为了加强对建设工程勘察、设计活动的监督管理,保证建设工程勘察、设计质量,根据《中华人民共和国行政许可法》、《中华人民共和国建筑法》、《建设工程质量管理条例》和《建设工程勘察设计管理条例》等法律、行政法规,制定本规定。

第二条　在中华人民共和国境内申请建设工程勘察、工程设计资质,实施对建设工程勘察、工程设计资质的监督管理,适用本规定。

第三条　从事建设工程勘察、工程设计活动的企业,应当按照其拥有的资产、专业技术人员、技术装备和勘察设计业绩等条件申请资质,经审查合格,取得建设工程勘察、工程设计资质证书后,方可在资质许可的范围内从事建设工程勘察、工程设计活动。

第四条　国务院住房城乡建设主管部门负责全国建设工程勘察、工程设计资质的统一监督管理。国务院铁路、交通、水利、信息产业、民航等有关部门配合国务院住房城乡建设主管部门实施相应行业的建设工程勘察、工程设计资质管理工作。

省、自治区、直辖市人民政府住房城乡建设主管部门负责本行政区域内建设工程勘察、工程设计资质的统一监督管理。省、自治区、直辖市人民政府交通、水利、信息产业等有关部门配合同级住房城乡建设主管部门实施本行政区域内相应行业的建设工程勘察、工程设计资质管理工作。

第二章　资质分类和分级

第五条　工程勘察资质分为工程勘察综合资质、工程勘察专业资质、工程勘察劳务资质。

工程勘察综合资质只设甲级;工程勘察专业资质设甲级、乙级,根据工程性质和技术特点,部分专业可以设丙级;工程勘察劳务资质不分等级。

取得工程勘察综合资质的企业,可以承接各专业(海洋工程勘察除外)、各等级工程勘察业务;取得工程勘察专业资质的企业,可以承接相应等级相应专业的工程勘察业务;取得工程勘察劳务资质的企业,可以承接岩土工程治理、工程钻探、凿井等工程勘察劳务业务。

第六条　工程设计资质分为工程设计综合资质、工程设计行业资质、工程设计专业资质和工程设计专项资质。

工程设计综合资质只设甲级;工程设计行业资质、工程设计专业资质、工程设计专项资质设甲级、乙级。

根据工程性质和技术特点,个别行业、专业、专项资质可以设丙级,建筑工程专业资质可以设丁级。

取得工程设计综合资质的企业,可以承接各行业、各等级的建设工程设计业务;取得工程设计行业资质的企业,可以承接相应行业相应等级的工程设计业务及本行业范围内同级别的相应专业、专项(设计施工一体化资质除外)工程设计业务;取得工程设计专业资质的企业,可以承接本专业相应等级的专业工程设计业务及同级别的相应专项工程设计业务(设计施工一体化资质除外);取得工程设计专项资质的企业,可以承接本专项相应等级的专项工程设计业务。

第七条　建设工程勘察、工程设计资质标准和各资质类别、级别企业承担工程的具体范围由国务院住房城乡建设主管部门商国务院有关部门制定。

第三章　资质申请和审批

第八条　申请工程勘察甲级资质、工程设计甲级资质,以及涉及铁路、交通、水利、信息产业、民航等方面的工程设计乙级资质的,可以向企业工商注册所在地的省、自治区、直辖市人民政府住房城乡建设主管部门提交申请材料。

省、自治区、直辖市人民政府住房城乡建设主管部门收到申请材料后,应当在 5 日内将全部申请材料报审批部门。

国务院住房城乡建设主管部门在收到申请材料后,应当依法作出是否受理的决定,并出具凭证;申请材料不齐全或者不符合法定形式的,应当在 5 日内一次性告知申请人需要补正的全部内容。逾期不告知的,自收到申请材料之日起即为受理。

国务院住房城乡建设主管部门应当自受理之日起 20 日内完成审查。自作出决定之日起 10 日内公告审批结果。其中,涉及铁路、交通、水利、信息产业、民航等方面的工程设计资质,由国务院住房城乡建设主管部门送国务院有关部门审核,国务院有关部门应当在 15 日内审核完毕,并将审核意见送国务院住房城乡建设主管部门。

组织专家评审所需时间不计算在上述时限内,但应当明确告知申请人。

第九条　工程勘察乙级及以下资质、劳务资质、工程设计乙级(涉及铁路、交通、水利、信息产业、民航等方面的工程设计乙级资质除外)及以下资质许可由省、自治区、直辖市人民政府住房城乡建设主管部门实施。具体实施程序由省、自治区、直辖市人民政府住房城乡建设主管部门依法确定。

省、自治区、直辖市人民政府住房城乡建设主管部门应当自作出决定之日起30日内,将准予资质许可的决定报国务院住房城乡建设主管部门备案。

第十条　工程勘察、工程设计资质证书分为正本和副本,正本一份,副本六份,由国务院住房城乡建设主管部门统一印制,正、副本具备同等法律效力。资质证书有效期为5年。

第十一条　企业申请工程勘察、工程设计资质,应在资质许可机关的官方网站或审批平台上提出申请,提交资金、专业技术人员、技术装备和已完成的业绩等电子材料。

第十二条　资质有效期届满,企业需要延续资质证书有效期的,应当在资质证书有效期届满60日前,向原资质许可机关提出资质延续申请。

对在资质有效期内遵守有关法律、法规、规章、技术标准,信用档案中无不良行为记录,且专业技术人员满足资质标准要求的企业,经资质许可机关同意,有效期延续5年。

第十三条　企业在资质证书有效期内名称、地址、注册资本、法定代表人等发生变更的,应当在工商部门办理变更手续后30日内办理资质证书变更手续。

取得工程勘察甲级资质、工程设计甲级资质,以及涉及铁路、交通、水利、信息产业、民航等方面的工程设计乙级资质的企业,在资质证书有效期内发生企业名称变更的,应当向企业工商注册所在地省、自治区、直辖市人民政府住房城乡建设主管部门提出变更申请,省、自治区、直辖市人民政府住房城乡建设主管部门应当自受理申请之日起2日内将有关变更证明材料报国务院住房城乡建设主管部门,由国务院住房城乡建设主管部门在2日内办理变更手续。

前款规定以外的资质证书变更手续,由企业工商注册所在地的省、自治区、直辖市人民政府住房城乡建设主管部门负责办理。省、自治区、直辖市人民政府住房城乡建设主管部门应当自受理申请之日起2日内办理变更手续,并在办理资质证书变更手续后15日内将变更结果报国务院住房城乡建设主管部门备案。

涉及铁路、交通、水利、信息产业、民航等方面的工程设计资质的变更,国务院住房城乡建设主管部门应当将企业资质变更情况告知国务院有关部门。

第十四条　企业申请资质证书变更,应当提交以下材料:

(一)资质证书变更申请;

(二)企业法人、合伙企业营业执照副本复印件;

(三)资质证书正、副本原件;

(四)与资质变更事项有关的证明材料。

企业改制的,除提供前款规定资料外,还应当提供改制重组方案、上级资产管理部门或者股东大会的批准决定、企业职工代表大会同意改制重组的决议。

第十五条　企业首次申请、增项申请工程勘察、工程设计资质,其申请资质等级最高不超过乙级,且不考核企业工程勘察、工程设计业绩。

已具备施工资质的企业首次申请同类别或相近类别的工程勘察、工程设计资质的,可以将相应规模的工程总承包业绩作为工程业绩予以申报。其申请资质等级最高不超过其现有施工资质等级。

第十六条　企业合并的,合并后存续或者新设立的企业可以承继合并前各方中较高的资质等级,但应当符合相应的资质标准条件。

企业分立的,分立后企业的资质按照资质标准及本规定的审批程序核定。

企业改制的,改制后不再符合资质标准的,应按其实际达到的资质标准及本规定重新核定;资质条件不发生变化的,按本规定第十四条办理。

第十七条　从事建设工程勘察、设计活动的企业,申请资质升级、资质增项,在申请之日起前一年内有下列情形之一的,资质许可机关不予批准企业的资质升级申请和增项申请:

(一)企业相互串通投标或者与招标人串通投标承揽工程勘察、工程设计业务的;

(二)将承揽的工程勘察、工程设计业务转包或违法分包的;

(三)注册执业人员未按照规定在勘察设计文件上签字的;

(四)违反国家工程建设强制性标准的;

(五)因勘察设计原因造成过重大生产安全事故的;

（六）设计单位未根据勘察成果文件进行工程设计的；

（七）设计单位违反规定指定建筑材料、建筑构配件的生产厂、供应商的；

（八）无工程勘察、工程设计资质或者超越资质等级范围承揽工程勘察、工程设计业务的；

（九）涂改、倒卖、出租、出借或者以其他形式非法转让资质证书的；

（十）允许其他单位、个人以本单位名义承揽建设工程勘察、设计业务的；

（十一）其他违反法律、法规行为的。

第十八条　企业在领取新的工程勘察、工程设计资质证书的同时，应当将原资质证书交回原发证机关予以注销。

企业需增补（含增加、更换、遗失补办）工程勘察、工程设计资质证书的，应当持资质证书增补申请等材料向资质许可机关申请办理。遗失资质证书的，在申请补办前应当在公众媒体上刊登遗失声明。资质许可机关应当在2日内办理完毕。

第四章　监督与管理

第十九条　国务院住房城乡建设主管部门对全国的建设工程勘察、设计资质实施统一的监督管理。国务院铁路、交通、水利、信息产业、民航等有关部门配合国务院住房城乡建设主管部门对相应的行业资质进行监督管理。

县级以上地方人民政府住房城乡建设主管部门负责对本行政区域内的建设工程勘察、设计资质实施监督管理。县级以上人民政府交通、水利、信息产业等有关部门配合同级住房城乡建设主管部门对相应的行业资质进行监督管理。

上级住房城乡建设主管部门应当加强对下级住房城乡建设主管部门资质管理工作的监督检查，及时纠正资质管理中的违法行为。

第二十条　住房城乡建设主管部门、有关部门履行监督检查职责时，有权采取下列措施：

（一）要求被检查单位提供工程勘察、设计资质证书、注册执业人员的注册执业证书，有关工程勘察、设计业务的文档，有关质量管理、安全生产管理、档案管理、财务管理等企业内部管理制度的文件；

（二）进入被检查单位进行检查，查阅相关资料；

（三）纠正违反有关法律、法规和本规定及有关规范和标准的行为。

住房城乡建设主管部门、有关部门依法对企业从事行政许可事项的活动进行监督检查时，应当将监督检查情况和处理结果予以记录，由监督检查人员签字后归档。

第二十一条　住房城乡建设主管部门、有关部门在实施监督检查时，应当有两名以上监督检查人员参加，并出示执法证件，不得妨碍企业正常的生产经营活动，不得索取或者收受企业的财物，不得谋取其他利益。

有关单位和个人对依法进行的监督检查应当协助与配合，不得拒绝或者阻挠。

监督检查机关应当将监督检查的处理结果向社会公布。

第二十二条　企业违法从事工程勘察、工程设计活动的，其违法行为发生地的住房城乡建设主管部门应当依法将企业的违法事实、处理结果或处理建议告知该企业的资质许可机关。

第二十三条　企业取得工程勘察、设计资质后，不再符合相应资质条件的，住房城乡建设主管部门、有关部门根据利害关系人的请求或者依据职权，可以责令其限期改正；逾期不改的，资质许可机关可以撤回其资质。

第二十四条　有下列情形之一的，资质许可机关或者其上级机关，根据利害关系人的请求或者依据职权，可以撤销工程勘察、工程设计资质：

（一）资质许可机关工作人员滥用职权、玩忽职守作出准予工程勘察、工程设计资质许可的；

（二）超越法定职权作出准予工程勘察、工程设计资质许可的；

（三）违反资质审批程序作出准予工程勘察、工程设计资质许可的；

（四）对不符合许可条件的申请人作出工程勘察、工程设计资质许可的；

（五）依法可以撤销资质证书的其他情形。

以欺骗、贿赂等不正当手段取得工程勘察、工程设计资质证书的，应当予以撤销。

第二十五条　有下列情形之一的，企业应当及时向资质许可机关提出注销资质的申请，交回资质证书，资质许可机关应当办理注销手续，公告其资质证书作废：

（一）资质证书有效期届满未依法申请延续的；

（二）企业依法终止的；

（三）资质证书依法被撤销、撤回，或者吊销的；

（四）法律、法规规定的应当注销资质的其他情形。

第二十六条　有关部门应当将监督检查情况和处理意见及时告知住房城乡建设主管部门。资质许可机关应当将涉及铁路、交通、水利、信息产业、民航等方面的资质被撤回、撤销和注销的情况及时告知有关部门。

第二十七条　企业应当按照有关规定,向资质许可机关提供真实、准确、完整的企业信用档案信息。

企业的信用档案应当包括企业基本情况、业绩、工程质量和安全、合同违约等情况。被投诉举报和处理、行政处罚等情况应当作为不良行为记入其信用档案。

企业的信用档案信息按照有关规定向社会公示。

第五章　法律责任

第二十八条　企业隐瞒有关情况或者提供虚假材料申请资质的,资质许可机关不予受理或者不予行政许可,并给予警告,该企业在 1 年内不得再次申请该资质。

第二十九条　企业以欺骗、贿赂等不正当手段取得资质证书的,由县级以上地方人民政府住房城乡建设主管部门或者有关部门给予警告,并依法处以罚款;该企业在 3 年内不得再次申请该资质。

第三十条　企业不及时办理资质证书变更手续的,由资质许可机关责令限期办理;逾期不办理的,可处以1000 元以上 1 万元以下的罚款。

第三十一条　企业未按照规定提供信用档案信息的,由县级以上地方人民政府住房城乡建设主管部门给予警告,责令限期改正;逾期未改正的,可处以 1000 元以上 1 万元以下的罚款。

第三十二条　涂改、倒卖、出租、出借或者以其他形式非法转让资质证书的,由县级以上地方人民政府住房城乡建设主管部门或者有关部门给予警告,责令改正,并处以 1 万元以上 3 万元以下的罚款;造成损失的,依法承担赔偿责任;构成犯罪的,依法追究刑事责任。

第三十三条　县级以上地方人民政府住房城乡建设主管部门依法给予工程勘察、设计企业行政处罚的,应当将行政处罚决定以及给予行政处罚的事实、理由和依据,报国务院住房城乡建设主管部门备案。

第三十四条　住房城乡建设主管部门及其工作人员,违反本规定,有下列情形之一的,由其上级行政机关或者监察机关责令改正;情节严重的,对直接负责的主管人员和其他直接责任人员,依法给予行政处分:

(一)对不符合条件的申请人准予工程勘察、设计资质许可的;

(二)对符合条件的申请人不予工程勘察、设计资质许可或者未在法定期限内作出许可决定的;

(三)对符合条件的申请不予受理或者未在法定期限内初审完毕的;

(四)利用职务上的便利,收受他人财物或者其他好处的;

(五)不依法履行监督职责或者监督不力,造成严重后果的。

第六章　附　则

第三十五条　本规定所称建设工程勘察包括建设工程项目的岩土工程、水文地质、工程测量、海洋工程勘察等。

第三十六条　本规定所称建设工程设计是指:

(一)建设工程项目的主体工程和配套工程(含厂(矿)区内的自备电站、道路、专用铁路、通信、各种管网管线和配套的建筑物等全部配套工程)以及与主体工程、配套工程相关的工艺、土木、建筑、环境保护、水土保持、消防、安全、卫生、节能、防雷、抗震、照明工程等的设计。

(二)建筑工程建设用地规划许可证范围内的室外工程设计、建筑物构筑物设计、民用建筑修建的地下工程设计及住宅小区、工厂厂前区、工厂生活区、小区规划设计及单体设计等,以及上述建筑工程所包含的相关专业的设计内容(包括总平面布置、竖向设计、各类管网管线设计、景观设计、室内外环境设计及建筑装饰、道路、消防、安保、通信、防雷、人防、供配电、照明、废水治理、空调设施、抗震加固等)。

第三十七条　取得工程勘察、工程设计资质证书的企业,可以从事资质证书许可范围内相应的建设工程总承包业务,可以从事工程项目管理和相关的技术与管理服务。

第三十八条　本规定自 2007 年 9 月 1 日起实施。2001 年 7 月 25 日建设部颁布的《建设工程勘察设计企业资质管理规定》(建设部令第 93 号)同时废止。

建设工程勘察设计资质管理规定实施意见①

· 2007 年 8 月 21 日建市〔2007〕202 号发布
· 根据 2016 年 6 月 16 日《住房城乡建设部关于建设工程企业资质管理资产考核有关问题的通知》修订

为实施《建设工程勘察设计资质管理规定》(建设部令第 160 号)(以下简称新《规定》)和《工程设计资质标

---

①　该文件中的"工程勘察、工程设计资质申请表"已被《住房和城乡建设部建筑市场监管司关于印发〈工程设计资质申请表〉的通知》(2013 年 8 月 1 日,建设资函〔2013〕67 号)废止。

准》(建市[2007]86号)(以下简称新《标准》),制定本实施意见。

一、资质申请条件

(一)凡在中华人民共和国境内,依法取得工商行政管理部门颁发的企业法人营业执照的企业,均可申请建设工程勘察、工程设计资质。依法取得合伙企业营业执照的企业,只可申请建筑工程设计事务所资质。

(二)因建设工程勘察未对外开放,资质审批部门不受理外商投资企业(含新成立、改制、重组、合并、并购等)申请建设工程勘察资质。

(三)工程设计综合资质涵盖所有工程设计行业、专业和专项资质。凡具有工程设计综合资质的企业不需单独申请工程设计行业、专业或专项资质证书。

工程设计行业资质涵盖该行业资质标准中的全部设计类型的设计资质。凡具有工程设计某行业资质的企业不需单独申请该行业内的各专业资质证书。

(四)具备建筑工程行业或专业设计资质的企业,可承担相应范围相应等级的建筑装饰工程设计、建筑幕墙工程设计、轻型钢结构工程设计、建筑智能化系统设计、照明工程设计和消防设施工程设计等专项工程设计业务,不需单独申请以上专项工程设计资质。

(五)有下列资质情形之一的,资质审批部门按照升级申请办理:

1. 具有工程设计行业、专业、专项乙级资质的企业,申请与其行业、专业、专项资质对应的甲级资质的;

2. 具有工程设计行业乙级资质或专业乙级资质的企业,申请现有资质范围内的一个或多个专业甲级资质的;

3. 具有工程设计某行业或专业甲、乙级资质的企业,其本行业和本专业工程设计内容中包含了某专项工程设计内容,申请相应的专项甲级资质的;

4. 具有丙级、丁级资质的企业,直接申请乙级资质的。

(六)新设置的分级别的工程勘察设计资质,自正式设置起,设立两年过渡期。在过渡期内,允许企业根据实际达到的条件申请资质等级,不受最高不超过乙级申请的限制,且申报材料不需提供企业业绩。

(七)具有一级及以上施工总承包资质的企业可直接申请同类别或相近类别的工程设计甲级资质。具有一级及以上施工总承包资质的企业申请不同类别的工程设计资质的,应从乙级资质开始申请(不设乙级的除外)。

(八)企业的专业技术人员、工程业绩、技术装备等资质条件,均是以独立企业法人为审核单位。企业(集团)的母、子公司在申请资质时,各项指标不得重复计算。

(九)允许每个大专院校有一家所属勘察设计企业可以聘请本校在职教师和科研人员作为企业的主要专业技术人员,但是其人数不得大于资质标准中要求的专业技术人员总数的三分之一,且聘期不得少于2年。在职教师和科研人员作为非注册人员考核时,其职称应满足讲师/助理研究员及以上要求,从事相应专业的教学、科研和设计时间10年及以上。

二、申报材料

(十)因《工程勘察资质标准》未修订,除本实施意见另有规定外,工程勘察资质的有关申报材料要求仍按建办市函[2006]274号文办理。

(十一)首次申请工程设计资质,需提交以下材料:

1. 工程设计资质申请表及电子文档(见附件1);

2. 企业法人、合伙企业营业执照副本复印件;

3. 企业章程或合伙人协议文本复印件;

4. 企业法定代表人、合伙人的身份证明复印件;

5. 企业负责人、主要技术负责人或总工程师的身份证明、任职文件、毕业证书、职称证书等复印件,主要技术负责人或总工程师提供"专业技术人员基本情况及业绩表";

6. 工程设计资质申请表中所列注册执业人员的身份证明复印件、企业注册所在地省级注册管理部门盖章的注册变更表或初始注册表;

7. 工程设计资质标准要求的非注册专业技术人员的身份证明、职称证书、毕业证书等复印件,主导专业的非注册人员还需提供"专业技术人员基本情况及业绩表";

8. 工程设计资质标准要求的主要专业技术人员(注册、非注册)与企业依法签订的劳动合同主要页(包括合同双方名称、聘用起止时间、签字盖章、生效日期)、与原聘用单位解除聘用劳动合同的证明或近一个月的社保证明复印件;其中,对军队或高校从事工程设计的事业编制的主要专业技术人员不需提供社保证明,但需提供所在单位上级人事主管部门的人事证明材料;

9. 办公场所证明,属于自有产权的出具产权证复印件;属于租用或借用的,出具出租(借)方产权证和双方租赁合同或借用协议的复印件。

(十二)申请工程设计资质升级,需提交以下材料:

1. 工程设计资质申请表及电子文档(见附件1);

2. 企业法人、合伙企业营业执照副本复印件;

3. 原工程设计资质证书副本复印件；

4. 企业负责人、主要技术负责人或总工程师的身份证明、任职文件、毕业证书、职称证书等复印件，主要技术负责人或总工程师提供"专业技术人员基本情况及业绩表"；

5. 工程设计资质申请表中所列注册执业人员的身份证明复印件、加盖执业印章的注册证书复印件；

6. 工程设计资质标准要求的非注册专业技术人员的身份证明、职称证书、毕业证书等复印件，主导专业的非注册人员还需提供"专业技术人员基本情况及业绩表"；

7. 工程设计资质标准要求的非注册专业技术人员与企业依法签订的劳动合同主要页（包括合同双方名称、聘用起止时间、签字盖章、生效日期）及近一个月的社保证明复印件；其中，对军队或高校从事工程设计的事业编制的非注册专业技术人员不需提供社保证明，但需提供所在单位上级人事主管部门的人事证明材料；

8. 满足工程设计资质标准要求的企业业绩证明材料，包括：工程设计合同主要页的复印件；建设单位（业主）出具的工程竣工、移交、试运行证明文件，或工程竣工验收文件的复印件。

（十三）申请工程设计资质增项，需提交以下材料：

1. 工程设计资质申请表及电子文档（见附件1）；

2. 企业法人、合伙企业营业执照副本复印件；

3. 原工程设计资质证书副本复印件；

4. 企业负责人、主要技术负责人或总工程师的身份证明、任职文件、毕业证书、职称证书等复印件，主要技术负责人或总工程师提供"专业技术人员基本情况及业绩表"；

5. 工程设计资质申请表中所列注册执业人员的身份证明复印件、加盖执业印章的注册证书复印件；

6. 工程设计资质标准要求的非注册专业技术人员的身份证明、职称证书、毕业证书等复印件，主导专业的非注册人员还需提供"专业技术人员基本情况及业绩表"；

7. 工程设计资质标准要求的非注册专业技术人员与企业依法签订的劳动合同主要页（包括合同双方名称、聘用起止时间、签字盖章、生效日期）及近一个月的社保证明复印件；其中，对军队或高校从事工程设计的事业编制的非注册专业技术人员不需提供社保证明，但需提供所在单位上级主管部门人事部门的人事证明材料。

（十四）申请设计综合资质的，需提交以下材料：

1. 工程设计资质申请表及电子文档（见附件1）；

2. 企业法人营业执照副本复印件；

3. 企业法定代表人基本情况表、任职文件、身份证明复印件；

4. 企业主要技术负责人或总工程师的任职文件、毕业证书、职称证书或注册执业证书、身份证明等复印件及"专业技术人员基本情况及业绩表"；

5. 甲级工程设计资质证书正、副本复印件；

6. 大型建设项目工程设计合同，试运行或竣工验收证明复印件；

7. 企业相应年度财务报表（资产负债表、损益表）、年度审计报告复印件；

8. 注册执业人员的注册执业证书（加盖执业印章）、身份证明复印件；

9. 专业技术人员初级以上职称证书、身份证明复印件；

10. 工程勘察、工程设计、科技进步奖证书复印件；

11. 国家、行业工程建设标准、规范发布批准文件及出版物主要页（包括出版物名称、批准部门、主编或参编单位名称、出版社名称）复印件；

12. 专利证书、专有技术发布（批准）文件或工艺包认可、认定、鉴定证书复印件；

13. ISO9001标准质量体系认证证书复印件；

14. 办公场所证明，属于自有产权的出具产权证复印件；属于租用或借用的，出具出租（借）方产权证和双方租赁合同或借用协议的复印件。

（十五）延续工程设计资质，需提交以下材料：

1. 工程设计资质申请表及电子文档（见附件1）；

2. 企业法人、合伙企业营业执照副本复印件；

3. 原工程设计资质证书副本复印件；

4. 工程设计资质申请表中所列注册执业人员的身份证明复印件、加盖执业印章的注册证书复印件；

5. 工程设计资质标准要求的非注册专业技术人员的身份证明、职称证书、毕业证书等复印件，主导专业的非注册人员还需提供"专业技术人员基本情况及业绩表"；

6. 工程设计资质标准要求的非注册专业技术人员近一个月的社保证明复印件；其中，对军队或高校从事工程设计的事业编制的非注册专业技术人员不需提供社保证明，但需提供所在单位上级主管部门人事部门的人事证明材料。

（十六）已具备施工资质的企业首次申请同类别或

相近类别的工程勘察、工程设计资质的，其申报材料除应提供首次申请所列全部材料外，申请甲级勘察设计资质的，还应提供相应规模的工程勘察、设计业绩或工程总承包业绩证明材料，包括：工程勘察、工程设计或工程总承包合同主要页的复印件；建设单位（业主）出具的工程竣工、移交、试运行证明文件，或工程竣工验收文件的复印件。

（十七）企业因注册名称、净资产、法定代表人或执行合伙企业事务的合伙人、注册地址等发生变化需变更资质证书内容的，由企业提出变更理由及变更事项，并提交以下材料：

1. 企业出具由法定代表人、执行合伙企业事务的合伙人签署的资质证书变更申请；

2. 企业法人、合伙企业营业执照副本复印件；

3. 资质证书正、副本原件；

4. 建设工程企业资质证书变更审核表；

5. 与资质变更事项有关的证明材料：

（1）企业名称、净资产变更的，提供变更后的工商营业执照副本复印件；

（2）法定代表人或执行合伙企业事务的合伙人变更的，提供企业法定代表人或执行合伙企业事务的合伙人的身份证明；

（3）地址变更的提交新的办公场地的自有产权证明或租赁（借）合同和所租（借）场地的产权证明。

具有工程勘察甲级、工程设计甲级以及涉及铁路、交通、水利、信息产业、民航等方面的工程设计乙级资质的企业变更注册名称的，企业应向工商注册所在地的省级人民政府建设主管部门提出申请，由建设部负责办理。其他所有资质变更手续由企业工商注册所在地省级建设主管部门负责办理。但其中涉及企业资质证书编号发生变化的，省级人民政府建设主管部门需报建设部核准后，方可办理。

（十八）企业合并、分立、改制、重组后，需重新核定资质的，应提交下列材料：

1. 企业合并、分立、改制情况报告，包括新企业与原企业的产权关系、资本构成及资产负债情况，人员、内部组织机构的分立与合并、工程勘察设计业绩的分割、合并等情况；

2. 本实施意见第（十一）条所列的全部材料；

3. 原资质证书正、副本复印件；

4. 改制（重组）方案，上级行政主管部门及国有资产管理部门的批复文件，企业职工代表大会的决议；或股东（代表）大会、董事会的决议。

（十九）具有工程勘察甲级、工程设计甲级以及涉及铁路、交通、水利、信息产业、民航等方面的工程设计乙级资质的企业申请工商注册地跨省、自治区、直辖市变更，除提供本实施意见第（十一）条所列材料外，还应提交下列材料：

1. 企业原工商注册所在地省级建设主管部门同意资质变更的书面意见；

2. 资质变更前原企业工商注册登记注销证明及资质变更后新企业法人营业执照正本、副本复印件。

其中涉及到资质证书中企业名称变更的，省级人民政府建设主管部门应将受理的申请材料报建设部办理。

乙级及以下资质（涉及铁路、交通、水利、信息产业、民航等方面的工程设计乙级资质除外）的工程勘察设计企业申请工商注册地跨省、自治区、直辖市变更，由各省级人民政府建设主管部门参照上述程序依法制定。

（二十）材料要求

1. 申请设计综合资质的，申请表一式二份，附件材料一份；申请一个行业的设计资质，申请表一式二份，附件材料一份，每增加一个行业的设计资质，增加一份申请表和一份附件材料；涉及铁道、交通、水利、信息产业、民航等行业的，需另增加一份申请表和一份附件材料。专项设计资质申请表及附件材料份数要求同上。

2. 附件材料采用 A4 纸装订成册，并有目录和分类编号；技术人员证明材料应按人整理并依照申请表所列技术人员顺序装订。需要核实原件的，由资质受理部门进行审查核实，并在初审部门审查意见表中由核验人签字。其中资质证书正、副本须全部复印，不得有缺页。复印件应加盖企业公章，注册执业人员应加盖个人执业印章（非注册人员除外）。材料中要求加盖公章或印鉴的，复印无效。

3. 企业申请工程勘察设计资质要如实填报《工程勘察、工程设计资质申请表》，企业法定代表人须在申请表上签名，对其真实性负责。申报材料要清楚、齐全，出现数据不全、字迹潦草、印鉴不清、难以辨认的，资质受理部门可不予受理。

三、资质受理审查程序

（二十一）资质受理部门应在规定时限内对工程勘察、工程设计提出的资质申请做出是否受理的决定。

（二十二）依据新《规定》第八条，各有关资质初审部门应当对申请甲级资质以及涉及铁路、交通、水利、信息产业、民航等方面的工程设计乙级资质企业所提交的材料是否齐全、是否与原件相符、是否具有不良行为记录以及个人业绩材料等进行核查，提出初审意见，并填写初审部门审查意见表。各有关资质初审部门应在规定初审时限内，将初审部门审查意见表、《工程勘察、工程设计资质申请表》、附件材料和报送公函一并报国务院建设主管部门。

对具有下列情况的申请人，不予受理资质申请材料：

1. 材料不齐全，或不符合法定形式的；

2. 按照新《规定》第十九条、第三十条、第三十一条规定，不予受理的。

国务院建设主管部门对收到各有关资质初审部门的初审材料、直接受理的企业资质申请材料组织审查或转国务院有关部门审核，并将审核意见予以公示。对于准予建设工程勘察、设计资质许可的申请，在建设部网站发布公告，并颁发资质证书。

（二十三）工程勘察设计企业应于资质证书有效期届满60日前，向原资质许可机关提出资质延续申请。逾期不申请资质延续的，有效期届满后，其资质证书自动失效。如需开展工程勘察设计业务，应按首次申请办理。

（二十四）对企业改制、分立、重组、合并设立的工程勘察设计企业，资质审批程序按以下规定执行：

1. 整体改制的企业，按本实施意见第（十七）条资质变更程序办理；

2. 重组、合并后的工程勘察设计企业可以承继重组、合并前各方中较高资质等级和范围。重组、合并后不涉及资质升级和增项的，按本实施意见第（十七）条资质变更程序办理；涉及资质升级或增项的，按照160号部令中的审批程序核定。

3. 企业分立成两个以上工程勘察设计企业时，分立后的企业应分别按其实际达到的资质条件重新核定资质。

（二十五）省级人民政府建设主管部门对负责实施审批的建设工程勘察、工程设计资质许可，其资质受理审批程序由各省级人民政府建设主管部门研究确定。

省级人民政府建设主管部门应当自决定之日起30日内，将准予资质许可的决定报国务院建设主管部门备案，备案材料包括：准予资质许可的批准文件，批准企业的工程勘察、工程设计资质基本信息的电子文档。

（二十六）国务院国资委管理的企业及其下属一层级的企业申请工程勘察甲级资质、工程设计甲级资质，以及涉及铁路、交通、水利、信息产业、民航等方面的工程设计乙级资质的，应向国务院建设主管部门提出申请。国务院国资委管理的企业及其下属一层级的企业按规定程序申请获得甲级资质或涉及铁路、交通、水利、信息产业、

民航等方面的工程设计乙级资质证书后30日内应将准予许可的公告、资质证书正副本复印件及工程勘察、工程设计资质基本信息的电子文档，向其工商注册所在地省级人民政府建设主管部门告知性备案。

教育部直属高校所属勘察设计企业参考上述规定办理。

四、资质证书

（二十七）建设工程勘察、工程设计资质证书由国务院建设主管部门统一印制，统一管理，由审批部门负责颁发，并加盖审批部门公章。

国务院建设主管部门统一制定资质证书编号规则。

（二十八）各序列、各级别建设工程勘察、工程设计资质证书全国通用，各地不得以任何名义设置审批性准入条件、收取费用。

（二十九）建设工程勘察、工程设计资质证书有效期为五年。建设工程勘察、工程设计资质证书分为正本和副本。

（三十）企业需遗失补办工程勘察、工程设计资质证书的，应当持下列材料，经其资质初审机关签署意见，报资质许可机关办理。企业在申请补办前应在全国性建筑行业报刊或省级以上（含省级）综合类报刊上刊登遗失作废的声明。资质许可机关应当在2日内办理完毕。

1. 由企业法定代表人、执行合伙企业事务的合伙人签署的申请补办证书的申请；

2. 《建设工程企业资质证书变更审核表》及电子文档；

3. 全国性建筑行业报刊或省级以上（含省级）综合类报刊上刊登遗失作废的声明。

五、监督管理

（三十一）地方各级建设主管部门和有关部门对本辖区内从事工程勘察、工程设计的企业资质实施动态监督管理。按照新《规定》对企业的市场行为以及满足相应资质标准条件等方面加强检查，并将检查和处理结果记入企业信用档案。

具体抽查企业的数量和比例由各级建设主管部门和有关部门根据实际情况研究决定。

监督检查可以采取下列形式：

1. 集中监督检查。由建设主管部门或有关部门统一部署的监督检查；

2. 抽查和巡查。各级建设主管部门或有关部门随机进行的监督检查。

（三十二）实施监督检查时应当按以下程序进行：

1. 制定监督检查方案，其中集中监督检查方案应予以

公布;

2. 检查应出具相应的检查文件或证件;

3. 上级部门的监督检查时,当地建设主管部门和有关部门应当配合;

4. 实施检查时,应首先明确监督检查内容,被检单位应如实提供相关文件资料;对弄虚作假的,予以通报,并对其工程勘察设计资质重新核定,不符合相应资质标准要求的,资质许可机关可以撤回其工程勘察设计资质;对拒不提供被检资料的,予以通报,并责令其限期提供被检资料。

5. 检查人员应当将检查情况予以记录,并由被检单位负责人和检查人员签字确认;

6. 在监督检查中发现被检单位专业技术人员达不到资质标准要求或者发现其他违法行为和重大质量安全问题的,应当进行核实,依法提出行政处理或者行政处罚的建议;

7. 检查人员应当将检查情况汇总,连同有关行政处理或者行政处罚建议,向派出机关报告,并书面告知当地建设行政主管部门。

(三十三)企业违法从事工程勘察、工程设计活动的,其违法行为发生地的建设主管部门应当依法将企业的违法事实、处理结果或处理建议告知该企业的资质许可机关,同时告知企业工商注册所在地建设主管部门。

六、关于《工程设计资质标准》的有关说明

(三十四)资历和信誉

1. 企业排名

综合资质中工程勘察设计营业收入、企业营业税金及附加排名,是指经建设部业务主管部门依据企业年度报表,对各申报企业同期的年度工程勘察设计营业收入或企业营业税金及附加额从大到小的顺序排名;年度勘察设计营业收入、企业营业税金及附加,其数额以财政主管部门认可的审计机构出具的申报企业同期年度审计报告为准。

2. 净资产

《标准》中的净资产以企业申请资质前一年度或当期合法的财务报表中净资产指标为准考核。

(三十五)技术条件

1. 企业主要技术负责人

新《标准》中所称企业主要技术负责人,是指企业中对所申请行业的工程设计在技术上负总责的人员。

2. 专业技术负责人

新《标准》中所称专业技术负责人,是指企业中对某一设计类型中的某个专业工程设计负总责的人员。

3. 非注册人员

新《标准》中所称非注册人员是指:

(1)经考核认定或考试取得了某个专业注册工程师资格证书,但还没有启动该专业注册的人员;

(2)在本标准"专业设置"范围内还没有建立对应专业的注册工程师执业资格制度的专业技术人员;

(3)在本标准"专业设置"范围内,某专业已经实施注册了,但该专业不需要配备具有注册执业资格的人员,只配备对应该专业的技术人员;或配备一部分注册执业资格人员,一部分对应该专业的技术人员(例如,某行业"专业设置"中"建筑"专业的技术岗位设置了二列,其中"注册专业"为"建筑"的一列是对注册人员数量的考核,"注册专业"为空白的一列则是对"建筑"专业非注册技术人员数量的考核。)。

4. 专业技术职称

新《标准》中所称专业技术职称,是指经国务院人事主管部门授权的部门、行业或中央企业、省级专业技术职称评审机构评审的工程系列专业技术职称。

具有教学、研究系列职称的人员从事工程设计时,讲师、助理研究员可等同于工程系列的中级职称;副教授、副研究员可等同于工程系列的高级职称;教授、研究员可等同于工程系列的正高级职称。

5. 专业设置

新《标准》"各行业工程设计主要专业技术人员配备表"专业设置栏目中的专业,是指为完成某工程设计所设置的专业技术岗位(以下简称岗位),其称谓即为岗位的称谓。

在新《标准》中,将高等教育所学的且能够直接胜任岗位工程设计的学历专业称为本专业,与本专业同属于一个高等教育工学学科(如地矿类、土建类、电气信息类、机械类等工学学科)中的某些专业称为相近专业。本专业、相近专业的具体范围另行规定。岗位对人员所学专业和技术职称的考核要求为:学历专业为本专业,职称证书专业范围与岗位称谓相符。

在确定主要专业技术人员为有效专业人员时,除具备有效劳动关系以外,主要专业技术人员中的非注册人员学历专业、职称证书的专业范围,应与岗位要求的本专业和称谓一致和相符。符合下列条件之一的,也可作为有效专业人员认定:

(1)学历专业与岗位要求的本专业不一致,职称证书专业范围与岗位称谓相符,个人资历和业绩符合资质标

准对主导专业非注册人员的资历和业绩要求的;

(2)学历专业与岗位要求的本专业一致,职称证书专业范围空缺或与岗位称谓不相符,个人资历和业绩符合资质标准对主导专业非注册人员的资历和业绩要求的;

(3)学历专业为相近专业,职称证书专业范围与岗位称谓相近,个人资历和业绩符合资质标准对主导专业非注册人员的资历和业绩要求的;

(4)学历专业、职称证书专业范围均与岗位要求的不一致,但取得高等院校一年以上本专业学习结业证书,从事工程设计10年及以上,个人资历和业绩符合资质标准对主导专业非注册人员的资历和业绩要求的。

6. 个人业绩

企业主要技术负责人或总工程师的个人业绩是指,作为所申请行业某一个大型项目的工程设计的项目技术总负责人(设总)所完成的项目业绩;主导专业的非注册人员的个人业绩是指,作为所申请行业某个大、中型项目工程设计中某个专业的技术负责人所完成的业绩。

建筑、结构专业的非注册人员业绩,也可是作为所申请行业某个大、中型项目工程设计中建筑、结构专业的主要设计人所完成的业绩。

工程设计专项资质标准中的非注册人员,均须按新《标准》规定的对主导专业的非注册人员需考核业绩的要求,按相应专项资质标准对个人业绩规定的考核条件考核个人业绩。

7. 企业业绩

(1)申请乙级、丙级资质的,不考核企业的业绩;

(2)申请乙级升甲级资质的,企业业绩应为其取得相应乙级资质后所完成的中型项目的业绩,其数量以甲级资质标准中中型项目考核指标为准;

(3)除综合资质外,只设甲级资质的,企业申请该资质时不考核企业业绩;

(4)以工程总承包业绩为企业业绩申请设计资质的,企业的有效业绩为工程总承包业绩中的工程设计业绩;

(5)申请专项资质的,企业业绩应是独立签定专项工程设计合同的业绩。行业配套工程中符合专项工程设计规模标准,但未独立签定专项工程设计合同的业绩,不作为申请专项资质时的有效专项工程设计业绩。

8. 专有技术、工艺包(软件包)

本标准中的专有技术是指企业自主开发、申报,经所在行业的业务主管部门或所在行业的全国性专业社团组织等认定并对外发布的某项技术。本标准中的工艺包是指企业引进或自主开发的,用于工程设计关键技术或核心技术,经所在行业的业务主管部门或所在行业的全国性专业社团组织等认可的工艺包(软件包)。

9. 承担业务范围

取得工程设计综合资质的企业可以承担各行业的工程项目设计、工程项目管理和相关的技术、咨询与管理服务业务;其同时具有一级施工总承包(施工专业承包)资质的,可以自行承担相应类别工程项目的工程总承包业务(包括设计和施工)及相应的工程施工总承包(施工专业承包)业务;其不具有一级施工总承包(施工专业承包)资质的企业,可以承担该项目的工程总承包业务,但应将施工业务分包给具有相应施工资质的企业。

取得工程设计行业、专业、专项资质的企业可以承担资质证书许可范围内的工程项目设计、工程总承包、工程项目管理和相关的技术、咨询与管理业务。承担工程总承包业务时,应将工程施工业务分包给具有工程施工资质的企业。

(三十六)对于申请工程设计综合资质的,在已启动的工程勘察设计系列(造价系列)的注册专业数量未达到五个专业前,已启动注册工程师考试但未启动注册的专业可视为有效注册专业,已取得该专业执业资格证书的人员可视为有效注册人员。在申请资质时需提供这些人员的注册申请表或本人同意在该企业注册的声明、执业资格证书、劳动合同及身份证明复印件。

工程勘察设计系列(造价系列)的注册专业数量达到或超过五个专业后,申请工程设计综合资质时,需提供注册人员的注册执业证书、执业印章印鉴、身份证明复印件。

(三十七)工程设计综合资质标准中所称具有初级以上专业技术职称且从事工程设计的人员;行业、专业、专项资质标准中所称企业主要技术负责人或总工程师以及结构设计、机电设计事务所资质标准中的合伙人,年龄限制在60周岁及以下。

(三十八)新《标准》中的注册人员具有二个及以上注册执业资格,作为注册人员考核时只认定其一个专业的注册执业资格,其他注册执业资格不再作为相关专业的注册人员予以认定。

(三十九)持原《工程设计资质证书》的,其承接业务范围,以原《工程设计资质分级标准》(建设[2001]22号,以下简称原《标准》)规定的承接业务范围为准。持新《工程设计资质证书》的,其承接业务范围,以新《标准》规定的承接业务范围为准。

（四十）申请各专项资质的，企业主要技术负责人或总设计师、总工程师，以及主要专业技术人员中的非注册人员的资格条件以相应专项资质标准规定的考核条件为准。其中企业主要专业技术人员中的非注册人员的学历、职称条件在专项资质标准未作规定的，按大专以上学历、中级以上专业技术职称确定。

申请建筑工程设计丁级的，专业技术人员的学历和从业年限以建筑工程设计专业丁级资质标准规定的考核条件为准。

（四十一）对于新《标准》新设置的军工（地面设备工程、运载火箭制造工程、地面制导弹工程）、机械（金属制品业工程、热加工、表面处理、检测、物料搬运及仓储）、铁道（轨道）、水运（港口装卸工艺）、民航（供油工程）、水利（水土保持、水文设施）、农林（种植业工程）等工程设计专业资质和照明工程设计专项资质，在 2009 年 3 月 31 日以前，企业可根据实际达到的资质条件申请不同级别的资质。2009 年 4 月 1 日以后，企业新申请以上类别工程设计专业或专项资质的最高等级为乙级（不设乙级的除外）。

七、过渡期有关规定

（四十二）自新《标准》发布之日起，新申请资质、申请增项资质、申请资质升级的企业应按新《标准》提出申请。各地区、各部门按《标准》已经受理的申请材料报送国家建设主管部门的截止日期为 2007 年 8 月 31 日。

（四十三）为确保新旧资质证书的平稳过渡，按照"简单、便捷、高效"的原则，对已经取得行业设计资质、行业部分设计资质、专业事务所资质（暂定级除外）的企业，在 2010 年 3 月 31 日以前，在满足原《标准》的条件下，其资质证书继续有效。2010 年 3 月 31 日以前，企业只需满足新《标准》中主要专业技术人员等基本标准条件，即可按照新旧设计类型对照关系换领有效期为 5 年的新资质证书，具体换领工作安排另行通知。自 2010 年 4 月 1 日起，原资质证书作废。

已经取得工程设计专项资质（暂定级除外）的企业，应在 2008 年 3 月 31 日前达到新《标准》规定的相应资质标准条件，从 2008 年 4 月 1 日起，我部将按照新《标准》开展换证工作，具体换证工作安排另行通知。

已经取得主导工艺设计资质、综合事务所资质的企业，应在 2010 年 1 月 31 日前按照新《标准》提出资质重新核定申请，并换发新资质证书，核定后证书有效期为 5 年。其现有资质证书有效期至 2010 年 3 月 31 日，过期作废。

（四十四）按原《标准》取得暂定级设计资质证书的企业，应在其暂定级届满前 60 日提出转正申请，对符合新《标准》的，给予转正，证书有效期为 5 年；对符合原《标准》的，给予转正，证书有效期至 2010 年 3 月 31 日，证书到期后需按新《标准》重新核定，核定后证书有效期为 5 年；对既不符合新《标准》也不符合原《标准》的，按新《标准》重新核定，核定后证书有效期为 5 年。

企业按新《标准》申请资质转正所需提交的申报材料，按本实施意见第（十二）条申请资质升级所应提交的申报材料要求办理。企业按原《标准》申请资质转正所需提交的申报材料，仍按建办市函〔2006〕274 号文相应要求办理。

（四十五）企业如因证书变更等换领证书（专项资质除外）的，符合新《标准》设置要求的，且满足新《标准》中主要专业技术人员等基本标准条件，即可按照新旧设计类型对照关系换领有效期为 5 年的新资质证书。不符合新《标准》设置要求或不满足新《标准》中主要专业技术人员等基本标准条件的，换领有效期至 2010 年 3 月 31 日的资质证书。

（四十六）原已取得市政行业风景园林专业资质的企业，可直接换领新标准中相应等级的风景园林专项资质。

附件 1：工程勘察、工程设计资质申请表（略）

附件 2：《工程勘察、工程设计资质申请表》填表说明（略）

工程勘察资质标准

· 2013 年 1 月 21 日建市〔2013〕9 号发布
· 根据 2016 年 6 月 16 日《住房城乡建设部关于建设工程企业资质管理资产考核有关问题的通知》修订

根据《建设工程勘察设计管理条例》和《建设工程勘察设计资质管理规定》，制定本标准。

一、总　则

（一）本标准包括工程勘察相应类型、主要专业技术人员配备、技术装备配备及规模划分等内容（见附件 1：工程勘察行业主要专业技术人员配备表；附件 2：工程勘察主要技术装备配备表；附件 3：工程勘察项目规模划分表）。

（二）工程勘察范围包括建设工程项目的岩土工程、水文地质勘察和工程测量。

（三）工程勘察资质分为三个类别：

1. 工程勘察综合资质

工程勘察综合资质是指包括全部工程勘察专业资质的工程勘察资质。

2. 工程勘察专业资质

工程勘察专业资质包括：岩土工程专业资质、水文地质勘察专业资质和工程测量专业资质；其中，岩土工程专业资质包括：岩土工程勘察、岩土工程设计、岩土工程物探测试检测监测等岩土工程(分项)专业资质。

3. 工程勘察劳务资质

工程勘察劳务资质包括：工程钻探和凿井。

(四)工程勘察综合资质只设甲级。岩土工程、岩土工程设计、岩土工程物探测试检测监测专业资质设甲、乙两个级别；岩土工程勘察、水文地质勘察、工程测量专业资质设甲、乙、丙三个级别。工程勘察劳务资质不分等级。

(五)本标准主要对企业资历和信誉、技术条件、技术装备及管理水平进行考核。其中技术条件中的主要专业技术人员的考核内容为：

1. 对注册土木工程师(岩土)或一级注册结构工程师的注册执业资格和业绩进行考核。

2. 对非注册的专业技术人员(以下简称非注册人员)的所学专业、技术职称，依据附件1专业设置中规定的专业进行考核。主导专业非注册人员需考核相应业绩，工程勘察主导专业见附件1。

(六)申请两个以上工程勘察专业资质时，应同时满足附件1中相应专业的专业设置和注册人员的配置，其相同专业的专业技术人员的数量以其中的高值为准。

(七)具有岩土工程专业资质，即可承担其资质范围内相应的岩土工程治理业务；具有岩土工程专业甲级资质或岩土工程勘察、设计、物探测试检测监测等三类(分项)专业资质中任一项甲级资质，即可承担其资质范围内相应的岩土工程咨询业务。

(八)本标准中所称主要专业技术人员，年龄限60周岁及以下。

二、标　准

(一)工程勘察综合资质

1-1　资历和信誉

(1)符合企业法人条件，具有10年及以上工程勘察资历。

(2)净资产不少于1000万元人民币。

(3)社会信誉良好，近3年未发生过一般及以上质量安全责任事故。

(4)近5年内独立完成过的工程勘察项目应满足以

下要求：岩土工程勘察、设计、物探测试检测监测甲级项目各不少于5项，水文地质勘察或工程测量甲级项目不少于5项，且质量合格。

1-2　技术条件

(1)专业配备齐全、合理。主要专业技术人员数量不少于"工程勘察行业主要专业技术人员配备表"规定的人数。

(2)企业主要技术负责人或总工程师应当具有大学本科以上学历、10年以上工程勘察经历，作为项目负责人主持过本专业工程勘察甲级项目不少于2项，具备注册土木工程师(岩土)执业资格或本专业高级专业技术职称。

(3)在"工程勘察行业主要专业技术人员配备表"规定的人员中，注册人员应作为专业技术负责人主持过所申请工程勘察类型乙级以上项目不少于2项；主导专业非注册人员中，每个主导专业至少有1人作为专业技术负责人主持过相应类型的工程勘察甲级项目不少于2项，其他非注册人员应作为专业技术负责人主持过相应类型的工程勘察乙级以上项目不少于3项，其中甲级项目不少于1项。

1-3　技术装备及管理水平

(1)有完善的技术装备，满足"工程勘察主要技术装备配备表"规定的要求。

(2)有满足工作需要的固定工作场所及室内试验场所，主要固定场所建筑面积不少于3000平方米。

(3)有完善的技术、经营、设备物资、人事、财务和档案管理制度，通过IS09001质量管理体系认证。

(二)工程勘察专业资质

1. 甲级

1-1　资历和信誉

(1)符合企业法人条件，具有5年及以上工程勘察资历。

(2)净资产不少于300万元人民币。

(3)社会信誉良好，近3年未发生过一般及以上质量安全责任事故。

(4)近5年内独立完成过的工程勘察项目应满足以下要求：

岩土工程专业资质：岩土工程勘察甲级项目不少于3项或乙级项目不少于5项、岩土工程设计甲级项目不少于2项或乙级项目不少于4项、岩土工程物探测试检测监测甲级项目不少于2项或乙级项目不少于4项，且质量合格。

岩土工程(分项)专业资质、水文地质勘察专业资质、工程测量专业资质;完成过所申请工程勘察专业类型甲级项目不少于3项或乙级项目不少于5项,且质量合格。

1-2　技术条件

(1)专业配备齐全、合理。主要专业技术人员数量不少于"工程勘察行业主要专业技术人员配备表"规定的人数。

(2)企业主要技术负责人或总工程师应当具有大学本科以上学历、10年以上工程勘察经历,作为项目负责人主持过本专业工程勘察甲级项目不少于2项,具备注册土木工程师(岩土)执业资格或本专业高级专业技术职称。

(3)在"工程勘察行业主要专业技术人员配备表"规定的人员中,注册人员应作为专业技术负责人主持过所申请工程勘察类型乙级以上项目不少于2项;主导专业非注册人员作为专业技术负责人主持过所申请工程勘察类型乙级以上项目不少于2项,其中,每个主导专业至少有1名专业技术人员作为专业技术负责人主持过所申请工程勘察类型甲级项目不少于2项。

1-3　技术装备及管理水平

(1)有完善的技术装备,满足"工程勘察主要技术装备配备表"规定的要求。

(2)有满足工作需要的固定工作场所及室内试验场所。

(3)有完善的质量、安全管理体系和技术、经营、设备物资、人事、财务、档案等管理制度。

2. 乙级

2-1　资历和信誉

(1)符合企业法人条件。

(2)社会信誉良好,净资产不少于150万元人民币。

2-2　技术条件

(1)专业配备齐全、合理。主要专业技术人员数量不少于"工程勘察行业主要专业技术人员配备表"规定的人数。

(2)企业主要技术负责人或总工程师应当具有大学本科以上学历、10年以上工程勘察经历,作为项目负责人主持过本专业工程勘察乙级项目不少于2项或甲级项目不少于1项,具备注册土木工程师(岩土)执业资格或本专业高级专业技术职称。

(3)在"工程勘察行业主要专业技术人员配备表"规定的人员中,注册人员应作为专业技术负责人主持过所申请工程勘察类型乙级以上项目不少于2项;主导专业非注册人员作为专业技术负责人主持过所申请工程勘察类型乙级项目不少于2项或甲级项目不少于1项。

2-3　技术装备及管理水平

(1)有与工程勘察项目相应的能满足要求的技术装备,满足"工程勘察主要技术装备配备表"规定的要求。

(2)有满足工作需要的固定工作场所。

(3)有较完善的质量、安全管理体系和技术、经营、设备物资、人事、财务、档案等管理制度。

3. 丙级

3-1　资历和信誉

(1)符合企业法人条件。

(2)社会信誉良好,净资产不少于80万元人民币。

3-2　技术条件

(1)专业配备齐全、合理。主要专业技术人员数量不少于"工程勘察行业主要专业技术人员配备表"规定的人数。

(2)企业主要技术负责人或总工程师应当具有大专以上学历、10年以上工程勘察经历;作为项目负责人主持过本专业工程勘察类型的项目不少于2项,其中,乙级以上项目不少于1项;具备注册土木工程师(岩土)执业资格或中级以上专业技术职称。

(3)在"工程勘察行业主要专业技术人员配备表"规定的人员中,主导专业非注册人员作为专业技术负责人主持过所申请工程勘察类型的项目不少于2项。

3-3　技术装备及管理水平

(1)有与工程勘察项目相应的能满足要求的技术装备,满足"工程勘察主要技术装备配备表"规定的要求。

(2)有满足工作需要的固定工作场所。

(3)有较完善的质量、安全管理体系和技术、经营、设备物资、人事、财务、档案等管理制度。

(三)工程勘察劳务资质

1. 工程钻探

1-1　资历和信誉

(1)符合企业法人条件。

(2)社会信誉良好,净资产不少于50万元人民币。

1-2　技术条件

(1)企业主要技术负责人具有5年以上从事工程管理工作经历,并具有初级以上专业技术职称或高级工以上职业资格。

(2)具有经考核或培训合格的钻工、描述员、测量员、安全员等技术工人,工种齐全且不少于12人。

1-3　技术装备及管理水平

(1)有必要的技术装备,满足"工程勘察主要技术装备配备表"规定的要求。

（2）有满足工作需要的固定工作场所。

（3）质量、安全管理体系和技术、经营、设备物资、人事、财务、档案等管理制度健全。

2. 凿井

2-1　资历和信誉

（1）符合企业法人条件。

（2）社会信誉良好，净资产不少于 50 万元人民币。

2-2　技术条件

（1）企业主要技术负责人具有 5 年以上从事工程管理工作经历，并具有初级以上专业技术职称或高级工以上职业资格。

（2）具有经考核或培训合格的钻工、电焊工、电工、安全员等技术工人，工种齐全且不少于 13 人。

2-3　技术装备及管理水平

（1）有必要的技术装备，满足"工程勘察主要技术装备配备表"规定的要求。

（2）有满足工作需要的固定工作场所。

（3）质量、安全管理体系和技术、经营、设备物资、人事、财务、档案等管理制度健全。

三、承担业务范围

（一）工程勘察综合甲级资质

承担各类建设工程项目的岩土工程、水文地质勘察、工程测量业务（海洋工程勘察除外），其规模不受限制（岩土工程勘察丙级项目除外）。

（二）工程勘察专业资质

1. 甲级

承担本专业资质范围内各类建设工程项目的工程勘察业务，其规模不受限制。

2. 乙级

承担本专业资质范围内各类建设工程项目乙级及以下规模的工程勘察业务。

3. 丙级

承担本专业资质范围内各类建设工程项目丙级规模的工程勘察业务。

（三）工程勘察劳务资质

承担相应的工程钻探、凿井等工程勘察劳务业务。

四、附　则

（一）本标准中对非注册专业技术人员的其他考核要求：

"工程勘察行业主要专业技术人员配备表"中的非注册人员，须具有大专以上学历、中级以上专业技术职称，并从事工程勘察实践 8 年以上；表中要求专业技术人员具有高级专业技术职称的，从其规定。

（二）海洋工程勘察资质标准另行制定。

（三）本标准自颁布之日起施行。

（四）本标准由住房和城乡建设部负责解释。

附件 1：工程勘察行业主要专业技术人员配备表（略）

附件 2：工程勘察主要技术装备配备表（略）

附件 3：工程勘察项目规模划分表（略）

工程勘察资质标准实施办法

·2013 年 6 月 7 日

·建市〔2013〕86 号

为实施《工程勘察资质标准》（建市〔2013〕9 号，以下简称新《标准》），制定本实施办法。

一、资质申请条件和审批程序

（一）建设工程勘察资质申请条件和审批程序按照《建设工程勘察设计资质管理规定》（建设部令第 160 号）和《建设工程勘察设计资质管理规定实施意见》（建市〔2007〕202 号）有关规定执行。

（二）申请工程勘察综合资质，须具有岩土工程专业甲级资质，及水文地质勘察专业甲级资质或工程测量专业甲级资质。

工程勘察综合资质涵盖所有专业类别，取得工程勘察综合资质的企业，不需单独申请工程勘察专业资质。

岩土工程专业资质涵盖岩土工程勘察、岩土工程设计、岩土工程物探测试检测监测三类岩土工程（分项）专业资质，取得岩土工程专业资质的企业，不需单独申请同级别以及以下级别岩土工程（分项）专业资质。

二、新《标准》有关内容解释

（三）主要专业技术人员

新《标准》中所称主要专业技术人员是指下列人员：

1. 注册人员

注册人员是指参加中华人民共和国统一考试或考核认定，取得执业资格证书，并按照规定注册，取得注册证书和执业印章的人员。包括：注册土木工程师（岩土）、一级注册结构工程师。

2. 非注册人员

非注册人员是指按照"工程勘察行业主要专业技术人员配备表"要求，不考核其是否具备注册执业资格的人员。注册人员作为非注册人员申报时，可提供注册证书认定其专业,其学历水平、职称等级、从业经历、个人业绩等条件仍需按新《标准》有关要求考核。

(四)企业主要技术负责人(或总工程师)

新《标准》中所称企业主要技术负责人(或总工程师),是指企业中对工程勘察业务在技术上负总责的人员。

(五)专业技术负责人

新《标准》中所称专业技术负责人,是指企业中对某一工程勘察项目中的某个专业在技术上负总责的人员。

(六)学历

新《标准》中所称学历,是指国务院教育主管部门认可的高等教育学历。

(七)专业技术职称

1. 新《标准》中所称专业技术职称,是指经国务院人事主管部门授权的部门、行业、中央企业颁发的,或者省级人事主管部门颁发(或授权颁发)的工程系列专业技术职称。

2. 具有教学、研究系列职称的人员从事工程勘察时,讲师、助理研究员可按工程系列中级职称考核;副教授、教授、副研究员、研究员可按工程系列高级职称考核。

(八)专业设置

1. 新《标准》"工程勘察行业主要专业技术人员配备表"的专业设置,是指为完成工程勘察项目所设置的专业技术岗位(以下简称"岗位")。

2. 非注册人员的学历专业、职称证书专业范围应满足岗位要求,符合下列条件之一的,可作为有效专业人员认定:

(1)学历专业与岗位要求的专业不一致,职称证书专业范围与岗位要求的专业一致,个人资历和业绩符合资质标准对主导专业非注册人员资历和业绩要求的;

(2)学历专业与岗位要求的专业一致,职称证书专业范围空缺或与岗位要求的专业不一致,个人资历和业绩符合资质标准对主导专业非注册人员资历和业绩要求的;

(3)学历专业、职称证书专业范围均与岗位要求的专业不一致,但取得高等院校一年以上本专业学习结业证书,从事工程勘察10年以上,个人资历和业绩符合资质标准对主导专业非注册人员资历和业绩要求的。

(九)企业业绩

1. 新《标准》中要求的企业业绩应为独立完成的非涉密工程勘察项目业绩。

2. 申请工程勘察综合资质、专业甲级资质的,须考核企业业绩;申请工程勘察乙级、丙级资质的,不考核企业业绩。

(十)个人业绩

1. 新《标准》中要求的个人业绩应为近5年完成的非涉密工程勘察项目业绩。

2. 主要技术负责人(或总工程师)个人业绩应为所申请工程勘察类型项目业绩;申请综合资质或两个及以上工程勘察专业资质时,主要技术负责人(或总工程师)业绩可为其中某一工程勘察类型项目业绩。

3. 主导专业非注册人员业绩,应为该专业独立项目业绩。如,申请工程勘察综合资质时,工程物探专业技术人员业绩应为工程物探项目业绩。

4. 申请工程勘察综合资质、岩土工程专业资质时,注册人员业绩总和应涵盖所有岩土工程(分项)专业资质业绩类型。

(十一)申请工程勘察资质时,每个专业技术人员只可作为1个专业技术岗位人员申报。

(十二)新《标准》及本《实施办法》中所称近5年,是指自申报年度起逆推5年。如:申报年度为2013年,则近5年业绩年限从2008年1月1日算起。

(十三)新《标准》中所称主要专业技术人员(包括企业主要技术负责人或总工程师、注册人员、非注册人员)和技术工人,年龄限60周岁及以下。

(十四)具有工程勘察综合资质、专业资质企业从事工程钻探、凿井业务时,须取得相应工程勘察劳务资质。

(十五)工程勘察项目中的工程钻探、凿井业务需要分包时,应由承揽该工程勘察项目的工程勘察综合资质、专业资质企业与具有相应资质的工程勘察劳务企业依法签订劳务分包合同;工程勘察综合资质、专业资质企业对整个工程勘察项目负总责。

(十六)工程勘察企业从事地基与基础施工业务时,需取得相应施工资质。

三、申报有关要求

(十七)企业不具有工程勘察资质,申请勘察资质的,按首次申请要求提交材料(材料要求见《工程勘察资质申报材料清单》,下同)。

(十八)下列情形按增项要求提交材料:

1. 具有工程勘察专业资质,申请增加其他工程勘察专业资质的。

2. 具有岩土工程(分项)专业乙级资质,申请岩土工程专业乙级资质的。

(十九)下列情形按升级要求提交材料:

1. 申请工程勘察综合资质的。

2. 具有工程勘察丙、乙级资质，申请对应的乙、甲级资质的。

3. 具有三项岩土工程（分项）专业乙级及以上资质，申请岩土工程专业甲级资质的。

（二十）企业资质证书有效期届满，申请资质证书有效期延续有关要求另行规定。

（二十一）企业在本省级行政区域内因企业名称、注册资本、法定代表人、注册地址（本省级区域内）等发生变化需变更资质证书内容的，按简单变更要求提交材料。

简单变更办理程序和时限要求按照《关于建设部批准的建设工程企业办理资质证书变更和增补有关事项的通知》（建市函〔2005〕375号）相关规定执行。

（二十二）企业若发生合并、分立、改制、重组事项，须重新核定其工程勘察资质，按重新核定要求提交材料。其中，企业发生吸收合并、整体改制的按《工程勘察资质申报材料清单》中相应申请事项提交材料。

（二十三）企业工商注册地从一个省级行政区域变更至另一个省级行政区域的，按跨省变更要求提交材料。

甲级资质企业申请跨省变更的，应由迁入地省级住房城乡建设主管部门报国务院住房城乡建设主管部门。

乙级及以下资质、劳务资质企业申请跨省变更的，由迁入地省级住房城乡建设主管部门负责。

（二十四）申报材料说明及要求

1.《工程勘察资质申请表》一式二份，附件材料一份。

2. 附件材料采用A4纸装订成册，并有目录和分类编号；技术人员证明材料应按人整理并依照申请表所列技术人员顺序装订。需要核实原件的，由资质受理部门进行审查核实，并在初审部门审查意见表中由核验人签字。其中，资质证书正、副本须全部复印，不得有缺页；复印件应加盖企业公章；材料中要求加盖公章或印鉴的，复印无效。

3. 企业申请工程勘察资质，要如实填报《工程勘察资质申请表》，企业法定代表人须在申请表上签名，对其真实性负责。申报材料要清楚、齐全，出现数据不全、字迹潦草、印鉴不清、难以辨认的，资质受理部门应当告知申请人补正。

4. 社保证明是指社会统筹保险基金管理部门出具的基本养老保险对账单或加盖社会统筹保险基金管理部门公章的单位缴费明细，以及企业缴费凭证（社保缴费发票或银行转账凭证、地方税务局出具的税收通用缴款书或完税证明）；社保证明应体现以下内容：缴纳保险单位名称、人员姓名、社会保障号（或身份证号）、险种、缴费期限、缴费基数等；个人缴纳社保不予认可。

5. 如实行资质电子申报，具体申报要求，另行制定。

四、过渡期有关规定

（二十五）自新《标准》颁布之日至2015年6月30日为过渡期。

（二十六）各地区、各部门按原《工程勘察资质分级标准》（建设〔2001〕22号，以下简称原《标准》）已经受理的申请材料报送国务院住房城乡建设主管部门的截止日期为2013年7月15日。

（二十七）过渡期内，首次申请、升级、增项工程勘察资质的，按新《标准》执行。持旧版《工程勘察资质证书》的企业，在满足原《标准》的条件下，资质证书继续有效，其承接业务范围以原《标准》规定的业务范围为准，自2015年7月1日起，旧版《工程勘察资质证书》作废。

（二十八）过渡期内，企业需延续工程勘察资质，或因合并、分立、改制、重组、跨省变更等原因需重新核定资质的，符合原《标准》要求的颁发旧版《工程勘察资质证书》，有效期至2015年6月30日；符合新《标准》要求的颁发新版《工程勘察资质证书》，证书有效期为5年。

（二十九）持旧版《工程勘察资质证书》的企业须于2015年1月31日以前，按新《标准》提出资质换证申请，并按《工程勘察资质标准申报材料清单》中延续要求提交材料。

附件：1.《工程勘察资质申报材料清单》（略）

2.《工程勘察资质申请表》（略）

3.《专业技术人员基本情况及业绩表》

4.《工程勘察企业业绩基本情况表》（略）

·文书范本

GF—2016—0203

合同编号：＿＿＿＿＿＿＿＿＿

建设工程勘察合同①

（示范文本）

住 房 和 城 乡 建 设 部
国家工商行政管理总局　制定

说　明

　　为了指导建设工程勘察合同当事人的签约行为，维护合同当事人的合法权益，依据《中华人民共和国合同法》、《中华人民共和国建筑法》、《中华人民共和国招标投标法》等相关法律法规的规定，住房和城乡建设部、国家工商行政管理总局对《建设工程勘察合同（一）[岩土工程勘察、水文地质勘察（含凿井）、工程测量、工程物探]》（GF-2000-0203）及《建设工程勘察合同（二）[岩土工程设计、治理、监测]》（GF-2000-0204）进行修订，制定了《建设工程勘察合同（示范文本）》（以下简称《示范文本》）。

　　为了便于合同当事人使用《示范文本》，现就有关问题说明如下：

　　一、《示范文本》的组成

　　《示范文本》由合同协议书、通用合同条款和专用合同条款三部分组成。

　　（一）合同协议书

　　《示范文本》合同协议书共计12条，主要包括工程概况、勘察范围和阶段、技术要求及工作量、合同工期、质量标准、合同价款、合同文件构成、承诺、词语定义、签订时间、签订地点、合同生效和合同份数等内容，集中约定了合同当事人基本的合同权利义务。

　　（二）通用合同条款

　　通用合同条款是合同当事人根据《中华人民共和国合同法》、《中华人民共和国建筑法》、《中华人民共和国招标投标法》等相关法律法规的规定，就工程勘察的实施及相关事项对合同当事人的权利义务作出的原则性约定。

　　通用合同条款具体包括一般约定、发包人、勘察人、工期、成果资料、后期服务、合同价款与支付、变更与调整、知识产权、不可抗力、合同生效与终止、合同解除、责任与保险、违约、索赔、争议解决及补充条款等共计17条。上述条款安排既考虑了现行法律法规对工程建设的有关要求，也考虑了工程勘察管理的特殊需要。

---

　　①　本示范文本来源于住房和城乡建设部、国家工商行政管理总局《关于印发建设工程勘察合同示范文本的通知》（2016年9月12日 建市〔2016〕199号）。《关于印发〈建设工程勘察设计合同管理办法〉和〈建设工程勘察合同〉、〈建设工程设计合同〉文本的通知》（建设〔2000〕50号）同时废止。提请读者注意的是，本示范文本在民法典通过之前公布，其中的部分法律依据已被民法典替代。后同。

（三）专用合同条款

专用合同条款是对通用合同条款原则性约定的细化、完善、补充、修改或另行约定的条款。合同当事人可以根据不同建设工程的特点及具体情况，通过双方的谈判、协商对相应的专用合同条款进行修改补充。在使用专用合同条款时，应注意以下事项：

1. 专用合同条款编号应与相应的通用合同条款编号一致；

2. 合同当事人可以通过对专用合同条款的修改，满足具体项目工程勘察的特殊要求，避免直接修改通用合同条款；

3. 在专用合同条款中有横道线的地方，合同当事人可针对相应的通用合同条款进行细化、完善、补充、修改或另行约定；如无细化、完善、补充、修改或另行约定，则填写"无"或划"／"。

二、《示范文本》的性质和适用范围

《示范文本》为非强制性使用文本，合同当事人可结合工程具体情况，根据《示范文本》订立合同，并按照法律法规和合同约定履行相应的权利义务，承担相应的法律责任。

《示范文本》适用于岩土工程勘察、岩土工程设计、岩土工程物探／测试／检测／监测、水文地质勘察及工程测量等工程勘察活动，岩土工程设计也可使用《建设工程设计合同示范文本（专业建设工程）》（GF-2015-0210）。

第一部分　合同协议书

发包人（全称）：_____

勘察人（全称）：_____

根据《中华人民共和国合同法》、《中华人民共和国建筑法》、《中华人民共和国招标投标法》等相关法律法规的规定，遵循平等、自愿、公平和诚实信用的原则，双方就_____项目工程勘察有关事项协商一致，达成如下协议。

一、工程概况

1. 工程名称：_____

_____

2. 工程地点：_____

_____

3. 工程规模、特征：_____

_____

_____

二、勘察范围和阶段、技术要求及工作量

1. 勘察范围和阶段：_____

2. 技术要求：_____

_____

3. 工作量：_____

_____

三、合同工期

1. 开工日期：_____

2. 成果提交日期：_____

3. 合同工期（总日历天数）_____天

四、质量标准

质量标准：_____

_____

_____
_____
_____

五、合同价款

1. 合同价款金额:人民币(大写)_____(￥_____元)

2. 合同价款形式:_____

六、合同文件构成

组成本合同的文件包括:

(1)合同协议书;

(2)专用合同条款及其附件;

(3)通用合同条款;

(4)中标通知书(如果有);

(5)投标文件及其附件(如果有);

(6)技术标准和要求;

(7)图纸;

(8)其他合同文件。

在合同履行过程中形成的与合同有关的文件构成合同文件组成部分。

七、承诺

1. 发包人承诺按照法律规定履行项目审批手续,按照合同约定提供工程勘察条件和相关资料,并按照合同约定的期限和方式支付合同价款。

2. 勘察人承诺按照法律法规和技术标准规定及合同约定提供勘察技术服务。

八、词语定义

本合同协议书中词语含义与合同第二部分《通用合同条款》中的词语含义相同。

九、签订时间

本合同于____年____月____日签订。

十、签订地点

本合同在_____签订。

十一、合同生效

本合同自_____生效。

十二、合同份数

本合同一式____份,具有同等法律效力,发包人执____份,勘察人执____份。

发包人:(印章)_____　　　　勘察人:(印章)_____

法定代表人或其委托代理人:　　　　　　　法定代表人或其委托代理人:

(签字)　　　　　　　　　　　　　　　　　(签字)

统一社会信用代码:_____　　　　　统一社会信用代码:_____

地址:_____　　　　　　　　　地址:_____

邮政编码:_____　　　　　　　邮政编码:_____

电话:_____　　　　　　　　　电话:_____

传真:_____　　　　　　　　　传真:_____

电子邮箱:_____　　　　　　　电子邮箱:_____

开户银行:_____　　　　　　　开户银行:_____

账号:_____　　　　　　　　　账号:_____

第二部分 通用合同条款

第1条 一般约定

1.1 词语定义

下列词语除专用合同条款另有约定外,应具有本条所赋予的含义。

1.1.1 合同:指根据法律规定和合同当事人约定具有约束力的文件,构成合同的文件包括合同协议书、专用合同条款及其附件、通用合同条款、中标通知书(如果有)、投标文件及其附件(如果有)、技术标准和要求、图纸以及其他合同文件。

1.1.2 合同协议书:指构成合同的由发包人和勘察人共同签署的称为"合同协议书"的书面文件。

1.1.3 通用合同条款:是根据法律、行政法规规定及建设工程勘察的需要订立,通用于建设工程勘察的合同条款。

1.1.4 专用合同条款:是发包人与勘察人根据法律、行政法规规定,结合具体工程实际,经协商达成一致意见的合同条款,是对通用合同条款的细化、完善、补充、修改或另行约定。

1.1.5 发包人:指与勘察人签定合同协议书的当事人以及取得该当事人资格的合法继承人。

1.1.6 勘察人:指在合同协议书中约定,被发包人接受的具有工程勘察资质的当事人以及取得该当事人资格的合法继承人。

1.1.7 工程:指发包人与勘察人在合同协议书中约定的勘察范围内的项目。

1.1.8 勘察任务书:指由发包人就工程勘察范围、内容和技术标准等提出要求的书面文件。勘察任务书构成合同文件组成部分。

1.1.9 合同价款:指合同当事人在合同协议书中约定,发包人用以支付勘察人完成合同约定范围内工程勘察工作的款项。

1.1.10 费用:指为履行合同所发生的或将要发生的必需的支出。

1.1.11 工期:指合同当事人在合同协议书中约定,按总日历天数(包括法定节假日)计算的工作天数。

1.1.12 天:除特别指明外,均指日历天。约定按天计算时间的,开始当天不计入,从次日开始计算。时限的最后一天是休息日或者其他法定节假日的,以节假日次日为时限的最后一天,时限的最后一天的截止时间为当日24时。

1.1.13 开工日期:指合同当事人在合同中约定,勘察人开始工作的绝对或相对日期。

1.1.14 成果提交日期:指合同当事人在合同中约定,勘察人完成合同范围内工作并提交成果资料的绝对或相对日期。

1.1.15 图纸:指由发包人提供或由勘察人提供并经发包人认可,满足勘察人开展工作需要的所有图件,包括相关说明和资料。

1.1.16 作业场地:指工程勘察作业的场所以及发包人具体指定的供工程勘察作业使用的其他场所。

1.1.17 书面形式:指合同书、信件和数据电文(包括电报、电传、传真、电子数据交换和电子邮件)等可以有形地表现所载内容的形式。

1.1.18 索赔:指在合同履行过程中,一方违反合同约定,直接或间接地给另一方造成实际损失,受损方向违约方提出经济赔偿和(或)工期顺延的要求。

1.1.19 不利物质条件:指勘察人在作业场地遇到的不可预见的自然物质条件、非自然的物质障碍和污染物。

1.1.20 后期服务:指勘察人提交成果资料后,为发包人提供的后续技术服务工作和程序性工作,如报告成果咨询、基槽检验、现场交桩和竣工验收等。

1.2 合同文件及优先解释顺序

1.2.1 合同文件应能相互解释,互为说明。除专用合同条款另有约定外,组成本合同的文件及优先解释顺序如下:

(1)合同协议书;

(2)专用合同条款及其附件;

(3)通用合同条款;

(4)中标通知书(如果有);

(5)投标文件及其附件(如果有);

(6)技术标准和要求;

(7)图纸;

(8)其他合同文件。

上述合同文件包括合同当事人就该项合同文件所作出的补充和修改,属于同一类内容的文件,应以最新签署的为准。

1.2.2 当合同文件内容含糊不清或不相一致时,在不影响工作正常进行的情况下,由发包人和勘察人协商解决。双方协商不成时,按第16条[争议解决]的约定处理。

1.3 适用法律法规、技术标准

1.3.1 适用法律法规

本合同文件适用中华人民共和国法律、行政法规、部门规章以及工程所在地的地方性法规、自治条例、单行条例和地方政府规章等。其他需要明示的规范性文件,由合同当

事人在专用合同条款中约定。

1.3.2 适用技术标准

适用于工程的现行有效国家标准、行业标准、工程所在地的地方标准以及相应的规范、规程为本合同文件适用的技术标准。合同当事人有特别要求的,应在专用合同条款中约定。

发包人要求使用国外技术标准的,应在专用合同条款中约定所使用技术标准的名称及提供方,并约定技术标准原文版、中译本的份数、时间及费用承担等事项。

1.4 语言文字

本合同文件使用汉语语言文字书写、解释和说明。如专用合同条款约定使用两种以上(含两种)语言时,汉语为优先解释和说明本合同的语言。

1.5 联络

1.5.1 与合同有关的批准文件、通知、证明、证书、指示、指令、要求、请求、意见、确定和决定等,均应采用书面形式或合同双方确认的其他形式,并应在合同约定的期限内送达接收人。

1.5.2 发包人和勘察人应在专用合同条款中约定各自的送达接收人、送达形式及联系方式。合同当事人指定的接收人、送达地点或联系方式发生变动的,应提前3天以书面形式通知对方,否则视为未发生变动。

1.5.3 发包人、勘察人应及时签收对方送达至约定送达地点和指定接收人的来往信函;如确有充分证据证明一方无正当理由拒不签收的,视为拒绝签收一方认可往来信函的内容。

1.6 严禁贿赂

合同当事人不得以贿赂或变相贿赂的方式,谋取非法利益或损害对方权益。因一方的贿赂造成对方损失的,应赔偿损失并承担相应的法律责任。

1.7 保密

除法律法规规定或合同另有约定外,未经发包人同意,勘察人不得将发包人提供的图纸、文件以及声明需要保密的资料信息等商业秘密泄露给第三方。

除法律法规规定或合同另有约定外,未经勘察人同意,发包人不得将勘察人提供的技术文件、成果资料、技术秘密及声明需要保密的资料信息等商业秘密泄露给第三方。

第2条　发包人

2.1 发包人权利

2.1.1 发包人对勘察人的勘察工作有权依照合同约定实施监督,并对勘察成果予以验收。

2.1.2 发包人对勘察人无法胜任工程勘察工作的人员有权提出更换。

2.1.3 发包人拥有勘察人为其项目编制的所有文件资料的使用权,包括投标文件、成果资料和数据等。

2.2 发包人义务

2.2.1 发包人应以书面形式向勘察人明确勘察任务及技术要求。

2.2.2 发包人应提供开展工程勘察工作所需要的图纸及技术资料,包括总平面图、地形图、已有水准点和坐标控制点等,若上述资料由勘察人负责搜集时,发包人应承担相关费用。

2.2.3 发包人应提供工程勘察作业所需的批准及许可文件,包括立项批复、占用和挖掘道路许可等。

2.2.4 发包人应为勘察人提供具备条件的作业场地及进场通道(包括土地征用、障碍物清除、场地平整、提供水电接口和青苗赔偿等)并承担相关费用。

2.2.5 发包人应为勘察人提供作业场地内地下埋藏物(包括地下管线、地下构筑物等)的资料、图纸,没有资料、图纸的地区,发包人应委托专业机构查清地下埋藏物。若因发包人未提供上述资料、图纸,或提供的资料、图纸不实,致使勘察人在工程勘察工作过程中发生人身伤害或造成经济损失时,由发包人承担赔偿责任。

2.2.6 发包人应按照法律法规规定为勘察人安全生产提供条件并支付安全生产防护费用,发包人不得要求勘察人违反安全生产管理规定进行作业。

2.2.7 若勘察现场需要看守,特别是在有毒、有害等危险现场作业时,发包人应派人负责安全保卫工作;按国家有关规定,对从事危险作业的现场人员进行保健防护,并承担费用。发包人对安全文明施工有特殊要求时,应在专用合同条款中另行约定。

2.2.8 发包人应对勘察人满足质量标准的已完工作,按照合同约定及时支付相应的工程勘察合同价款及费用。

2.3 发包人代表

发包人应在专用合同条款中明确其负责工程勘察的发包人代表的姓名、职务、联系方式及授权范围等事项。发包人代表在发包人的授权范围内,负责处理合同履行过程中与发包人有关的具体事宜。

第3条　勘察人

3.1 勘察人权利

3.1.1 勘察人在工程勘察期间,根据项目条件和技术标准、法律法规规定等方面的变化,有权向发包人提出增减合同工作量或修改技术方案的建议。

3.1.2 除建设工程主体部分的勘察外,根据合同约定或经发包人同意,勘察人可以将建设工程其他部分的勘察分包给其他具有相应资质等级的建设工程勘察单位。发包人对分包的特殊要求应在专用合同条款中另行约定。

3.1.3 勘察人对其编制的所有文件资料,包括投标文件、成果资料、数据和专利技术等拥有知识产权。

3.2 勘察人义务

3.2.1 勘察人应按勘察任务书和技术要求并依据有关技术标准进行工程勘察工作。

3.2.2 勘察人应建立质量保证体系,按本合同约定的时间提交质量合格的成果资料,并对其质量负责。

3.2.3 勘察人在提交成果资料后,应为发包人继续提供后期服务。

3.2.4 勘察人在工程勘察期间遇到地下文物时,应及时向发包人和文物主管部门报告并妥善保护。

3.2.5 勘察人开展工程勘察活动时应遵守有关职业健康及安全生产方面的各项法律法规的规定,采取安全防护措施,确保人员、设备和设施的安全。

3.2.6 勘察人在燃气管道、热力管道、动力设备、输水管道、输电线路、临街交通要道及地下通道(地下隧道)附近等风险性较大的地点,以及在易燃易爆地段及放射、有毒环境中进行工程勘察作业时,应编制安全防护方案并制定应急预案。

3.2.7 勘察人应在勘察方案中列明环境保护的具体措施,并在合同履行期间采取合理措施保护作业现场环境。

3.3 勘察人代表

勘察人接受任务时,应在专用合同条款中明确其负责工程勘察的勘察人代表的姓名、职务、联系方式及授权范围等事项。勘察人代表在勘察人的授权范围内,负责处理合同履行过程中与勘察人有关的具体事宜。

第 4 条　工期

4.1 开工及延期开工

4.1.1 勘察人应按合同约定的工期进行工程勘察工作,并接受发包人对工程勘察工作进度的监督、检查。

4.1.2 因发包人原因不能按照合同约定的日期开工,发包人应以书面形式通知勘察人,推迟开工日期并相应顺延工期。

4.2 成果提交日期

勘察人应按合同约定的日期或双方同意顺延的工期提交成果资料,具体可在专用合同条款中约定。

4.3 发包人造成的工期延误

4.3.1 因以下情形造成工期延误,勘察人有权要求发包人延长工期、增加合同价款和(或)补偿费用:

(1)发包人未能按合同约定提供图纸及开工条件;

(2)发包人未能按合同约定及时支付定金、预付款和(或)进度款;

(3)变更导致合同工作量增加;

(4)发包人增加合同工作内容;

(5)发包人改变工程勘察技术要求;

(6)发包人导致工期延误的其他情形。

4.3.2 除专用合同条款对期限另有约定外,勘察人在第4.3.1款情形发生后 7 天内,应就延误的工期以书面形式向发包人提出报告。发包人在收到报告后 7 天内予以确认;逾期不予确认也不提出修改意见,视为同意顺延工期。补偿费用的确认程序参照第 7.1 款〔合同价款与调整〕执行。

4.4 勘察人造成的工期延误

勘察人因以下情形不能按照合同约定的日期或双方同意顺延的工期提交成果资料的,勘察人承担违约责任:

(1)勘察人未按合同约定开工日期开展工作造成工期延误的;

(2)勘察人管理不善、组织不力造成工期延误的;

(3)因弥补勘察人自身原因导致的质量缺陷而造成工期延误的;

(4)因勘察人成果资料不合格返工造成工期延误的;

(5)勘察人导致工期延误的其他情形。

4.5 恶劣气候条件

恶劣气候条件影响现场作业,导致现场作业难以进行,造成工期延误的,勘察人有权要求发包人延长工期,具体可参照第4.3.2款处理。

第 5 条　成果资料

5.1 成果质量

5.1.1 成果质量应符合相关技术标准和深度规定,且满足合同约定的质量要求。

5.1.2 双方对工程勘察成果质量有争议时,由双方同意的第三方机构鉴定,所需费用及因此造成的损失,由责任方承担;双方均有责任的,由双方根据其责任分别承担。

5.2 成果份数

勘察人应向发包人提交成果资料四份,发包人要求增加的份数,在专用合同条款中另行约定,发包人另行支付相应的费用。

5.3 成果交付

勘察人按照约定时间和地点向发包人交付成果资料,发包人应出具书面签收单,内容包括成果名称、成果组成、成果份数、提交和签收日期、提交人与接收人的亲笔签名等。

5.4 成果验收

勘察人向发包人提交成果资料后,如需对勘察成果组织验收的,发包人应及时组织验收。除专用合同条款对期限另有约定外,发包人 14 天内无正当理由不予组织验收,视为验收通过。

第 6 条　后期服务

6.1 后续技术服务

勘察人应派专业技术人员为发包人提供后续技术服务,发包人应为其提供必要的工作和生活条件,后续技术服务的内容、费用和时限应由双方在专用合同条款中另行约定。

6.2 竣工验收

工程竣工验收时,勘察人应按发包人要求参加竣工验收工作,并提供竣工验收所需相关资料。

第 7 条　合同价款与支付

7.1 合同价款与调整

7.1.1 依照法定程序进行招标工程的合同价款由发包人和勘察人依据中标价格载明在合同协议书中;非招标工程的合同价款由发包人和勘察人议定,并载明在合同协议书中。合同价款在合同协议书中约定后,除合同条款约定的合同价款调整因素外,任何一方不得擅自改变。

7.1.2 合同当事人可任选下列一种合同价款的形式,双方可在专用合同条款中约定:

(1)总价合同

双方在专用合同条款中约定合同价款包含的风险范围和风险费用的计算方法,在约定的风险范围内合同价款不再调整。风险范围以外的合同价款调整因素和方法,应在专用合同条款中约定。

(2)单价合同

合同价款根据工作量的变化而调整,合同单价在风险范围内一般不予调整,双方可在专用合同条款中约定合同单价调整因素和方法。

(3)其他合同价款形式

合同当事人可在专用合同条款中约定其他合同价格形式。

7.1.3 需调整合同价款时,合同一方应及时将调整原因、调整金额以书面形式通知对方,双方共同确认调整金额后作为追加或减少的合同价款,与进度款同期支付。除专用合同条款对期限另有约定外,一方在收到对方的通知后 7 天内不予确认也不提出修改意见,视为已经同意该项调整。合同当事人就调整事项不能达成一致的,则按照第 16 条〔争议解决〕的约定处理。

7.2 定金或预付款

7.2.1 实行定金或预付款的,双方应在专用合同条款中约定发包人向勘察人支付定金或预付款数额,支付时间应不迟于约定的开工日期前 7 天。发包人不按约定支付,勘察人向发包人发出要求支付的通知,发包人收到通知后仍不能按要求支付,勘察人可在发出通知后推迟开工日期,并由发包人承担违约责任。

7.2.2 定金或预付款在进度款中抵扣,抵扣办法可在专用合同条款中约定。

7.3 进度款支付

7.3.1 发包人应按照专用合同条款约定的进度款支付方式、支付条件和支付时间进行支付。

7.3.2 第 7.1 款〔合同价款与调整〕和第 8.2 款〔变更合同价款确定〕确定调整的合同价款及其他条款中约定的追加或减少的合同价款,应与进度款同期调整支付。

7.3.3 发包人超过约定的支付时间不支付进度款,勘察人可向发包人发出要求付款的通知,发包人收到勘察人通知后仍不能按要求付款,可与勘察人协商签订延期付款协议,经勘察人同意后可延期支付。

7.3.4 发包人不按合同约定支付进度款,双方又未达成延期付款协议,勘察人可停止工程勘察作业和后期服务,由发包人承担违约责任。

7.4 合同价款结算

除专用合同条款另有约定外,发包人应在勘察人提交成果资料后 28 天内,依据第 7.1 款〔合同价款与调整〕和第 8.2 款〔变更合同价款确定〕的约定进行最终合同价款确定,并予以全额支付。

第 8 条　变更与调整

8.1 变更范围与确认

8.1.1 变更范围

本合同变更是指在合同签订日后发生的以下变更:

(1)法律法规及技术标准的变化引起的变更;

(2)规划方案或设计条件的变化引起的变更;

(3)不利物质条件引起的变更;

(4)发包人的要求变化引起的变更;

(5)因政府临时禁令引起的变更;

(6)其他专用合同条款中约定的变更。

8.1.2 变更确认

当引起变更的情形出现,除专用合同条款对期限另有约定外,勘察人应在 7 天内就调整后的技术方案以书面形式向发包人提出变更要求,发包人应在收到报告后 7 天内予以确认,逾期不予确认也不提出修改意见,视为同意变更。

8.2 变更合同价款确定

8.2.1 变更合同价款按下列方法进行:

(1)合同中已有适用于变更工程的价格,按合同已有的价格变更合同价款;

(2)合同中只有类似于变更工程的价格,可以参照类似价格变更合同价款;

(3)合同中没有适用或类似于变更工程的价格,由勘察人提出适当的变更价格,经发包人确认后执行。

8.2.2 除专用合同条款对期限另有约定外,一方应在双方确定变更事项后 14 天内向对方提出变更合同价款报告,否则视为该项变更不涉及合同价款的变更。

8.2.3 除专用合同条款对期限另有约定外,一方应在收到对方提交的变更合同价款报告之日起 14 天内予以确认。逾期无正当理由不予确认的,则视为该项变更合同价款报告已被确认。

8.2.4 一方不同意对方提出的合同价款变更,按第 16 条〔争议解决〕的约定处理。

8.2.5 因勘察人自身原因导致的变更,勘察人无权要求追加合同价款。

第 9 条 知识产权

9.1 除专用合同条款另有约定外,发包人提供给勘察人的图纸、发包人为实施工程自行编制或委托编制的反映发包人要求或其他类似性质的文件的著作权属于发包人,勘察人可以为实现本合同目的而复制、使用此类文件,但不能用于与本合同无关的其他事项。未经发包人书面同意,勘察人不得为了本合同以外的目的而复制、使用上述文件或将之提供给任何第三方。

9.2 除专用合同条款另有约定外,勘察人为实施工程所编制的成果文件的著作权属于勘察人,发包人可因本工程的需要而复制、使用此类文件,但不能擅自修改或用于与本合同无关的其他事项。未经勘察人书面同意,发包人不得为了本合同以外的目的而复制、使用上述文件或将之提供给任何第三方。

9.3 合同当事人保证在履行本合同过程中不侵犯对方及第三方的知识产权。勘察人在工程勘察时,因侵犯他人的专利权或其他知识产权所引起的责任,由勘察人承担;因发包人提供的基础资料导致侵权的,由发包人承担责任。

9.4 在不损害对方利益情况下,合同当事人双方均有权在申报奖项、制作宣传印刷品及出版物时使用有关项目的文字和图片材料。

9.5 除专用合同条款另有约定外,勘察人在合同签订前和签订时已确定采用的专利、专有技术、技术秘密的使用费已包含在合同价款中。

第 10 条 不可抗力

10.1 不可抗力的确认

10.1.1 不可抗力是在订立合同时不可合理预见,在履行合同中不可避免的发生且不能克服的自然灾害和社会突发事件,如地震、海啸、瘟疫、洪水、骚乱、暴动、战争以及专用条款约定的其他自然灾害和社会突发事件。

10.1.2 不可抗力发生后,发包人和勘察人应收集不可抗力发生及造成损失的证据。合同当事双方对是否属于不可抗力或其损失发生争议时,按第 16 条〔争议解决〕的约定处理。

10.2 不可抗力的通知

10.2.1 遇有不可抗力发生时,发包人和勘察人应立即通知对方,双方应共同采取措施减少损失。除专用合同条款对期限另有约定外,不可抗力持续发生,勘察人应每隔 7 天向发包人报告一次受害损失情况。

10.2.2 除专用合同条款对期限另有约定外,不可抗力结束后 2 天内,勘察人向发包人通报受害损失情况及预计清理和修复的费用;不可抗力结束后 14 天内,勘察人向发包人提交清理和修复费用的正式报告及有关资料。

10.3 不可抗力后果的承担

10.3.1 因不可抗力发生的费用及延误的工期由双方按以下方法分别承担:

(1)发包人和勘察人人员伤亡由合同当事人双方自行负责,并承担相应费用;

(2)勘察人机械设备损坏及停工损失,由勘察人承担;

(3)停工期间,勘察人应发包人要求留在作业场地的管理人员及保卫人员的费用由发包人承担;

(4)作业场地发生的清理、修复费用由发包人承担;

(5)延误的工期相应顺延。

10.3.2 因合同一方迟延履行合同后发生不可抗力的,不能免除迟延履行方的相应责任。

第 11 条 合同生效与终止

11.1 双方在合同协议书中约定合同生效方式。

11.2 发包人、勘察人履行合同全部义务,合同价款支付完毕,本合同即告终止。

11.3 合同的权利义务终止后,合同当事人应遵循诚实信用原则,履行通知、协助和保密等义务。

第 12 条 合同解除

12.1 有下列情形之一的,发包人、勘察人可以解除合同:

(1)因不可抗力致使合同无法履行;

(2)发生未按第 7.2 款〔定金或预付款〕或第 7.3 款〔进度款支付〕约定按时支付合同价款的情况,停止作业超过 28 天,勘察人有权解除合同,由发包人承担违约责任;

(3)勘察人将其承包的全部工程转包给他人或者肢解以后以分包的名义分别转包给他人,发包人有权解除合同,由勘察人承担违约责任;

(4)发包人和勘察人协商一致可以解除合同的其他情形。

12.2 一方依据第 12.1 款约定要求解除合同的,应以书面形式向对方发出解除合同的通知,并在发出通知前不少于 14 天告知对方,通知到达对方时合同解除。对解除合同有争议的,按第 16 条〔争议解决〕的约定处理。

12.3 因不可抗力致使合同无法履行时,发包人应按合同约定向勘察人支付已完工作量相对应比例的合同价款后解除合同。

12.4 合同解除后,勘察人应按发包人要求将自有设备和人员撤出作业场地,发包人应为勘察人撤出提供必要条件。

第 13 条　责任与保险

13.1 勘察人应运用一切合理的专业技术和经验,按照公认的职业标准尽其全部职责和谨慎、勤勉地履行其在本合同项下的责任和义务。

13.2 合同当事人可按照法律法规的要求在专用合同条款中约定履行本合同所需要的工程勘察责任保险,并使其于合同责任期内保持有效。

13.3 勘察人应依照法律法规的规定为勘察作业人员参加工伤保险、人身意外伤害险和其他保险。

第 14 条　违约

14.1 发包人违约

14.1.1 发包人违约情形

(1)合同生效后,发包人无故要求终止或解除合同;

(2)发包人未按第 7.2 款〔定金或预付款〕约定按时支付定金或预付款;

(3)发包人未按第 7.3 款〔进度款支付〕约定按时支付进度款;

(4)发包人不履行合同义务或不按合同约定履行义务的其他情形。

14.1.2 发包人违约责任

(1)合同生效后,发包人无故要求终止或解除合同,勘察人未开始勘察工作的,不退还发包人已付的定金或发包人按照专用合同条款约定向勘察人支付违约金;勘察人已开始勘察工作的,若完成计划工作量不足 50%的,发包人应支付勘察人合同价款的 50%;完成计划工作量超过 50%的,发包人应支付勘察人合同价款的 100%。

(2)发包人发生其他违约情形时,发包人应承担由此增加的费用和工期延误损失,并给予勘察人合理补偿。双方可在专用合同条款内约定发包人赔偿勘察人损失的计算方法或者发包人应支付违约金的数额或计算方法。

14.2 勘察人违约

14.2.1 勘察人违约情形

(1)合同生效后,勘察人因自身原因要求终止或解除合同;

(2)因勘察人原因不能按照合同约定的日期或合同当事人同意顺延的工期提交成果资料;

(3)因勘察人原因造成成果资料质量达不到合同约定

的质量标准;

(4)勘察人不履行合同义务或未按约定履行合同义务的其他情形。

14.2.2 勘察人违约责任

(1)合同生效后,勘察人因自身原因要求终止或解除合同,勘察人应双倍返还发包人已支付的定金或勘察人按照专用合同条款约定向发包人支付违约金。

(2)因勘察人原因造成工期延误的,应按专用合同条款约定向发包人支付违约金。

(3)因勘察人原因造成成果资料质量达不到合同约定的质量标准,勘察人应负责无偿给予补充完善使其达到质量合格。因勘察人原因导致工程质量安全事故或其他事故时,勘察人除负责采取补救措施外,应通过所投工程勘察责任保险向发包人承担赔偿责任或根据直接经济损失程度按专用合同条款约定向发包人支付赔偿金。

(4)勘察人发生其他违约情形时,勘察人应承担违约责任并赔偿因其违约给发包人造成的损失,双方可在专用合同条款内约定勘察人赔偿发包人损失的计算方法和赔偿金额。

第 15 条　索赔

15.1 发包人索赔

勘察人未按合同约定履行义务或发生错误以及应由勘察人承担责任的其他情形,造成工期延误及发包人的经济损失,除专用合同条款另有约定外,发包人可按下列程序以书面形式向勘察人索赔:

(1)违约事件发生后 7 天内,向勘察人发出索赔意向通知;

(2)发出索赔意向通知后 14 天内,向勘察人提出经济损失的索赔报告及有关资料;

(3)勘察人在收到发包人送交的索赔报告和有关资料或补充索赔理由、证据后,于 28 天内给予答复;

(4)勘察人在收到发包人送交的索赔报告和有关资料后 28 天内未予答复或未对发包人作进一步要求,视为该项索赔已被认可;

(5)当该违约事件持续进行时,发包人应阶段性向勘察人发出索赔意向,在违约事件终了后 21 天内,向勘察人送交索赔的有关资料和最终索赔报告。索赔答复程序与本款第(3)、(4)项约定相同。

15.2 勘察人索赔

发包人未按合同约定履行义务或发生错误以及应由发包人承担责任的其他情形,造成工期延误和(或)勘察人不能及时得到合同价款及勘察人的经济损失,除专用合同条款另有约定外,勘察人可按下列程序以书面形式向发包人索赔：

（1）违约事件发生后 7 天内，勘察人可向发包人发出要求其采取有效措施纠正违约行为的通知；发包人收到通知 14 天内仍不履行合同义务，勘察人有权停止作业，并向发包人发出索赔意向通知；

（2）发出索赔意向通知后 14 天内，向发包人提出延长工期和(或)补偿经济损失的索赔报告及有关资料；

（3）发包人在收到勘察人送交的索赔报告和有关资料或补充索赔理由、证据后，于 28 天内给予答复；

（4）发包人在收到勘察人送交的索赔报告和有关资料后 28 天内未予答复或未对勘察人作进一步要求，视为该项索赔已被认可；

（5）当该索赔事件持续进行时，勘察人应阶段性向发包人发出索赔意向，在索赔事件终了后 21 天内，向发包人送交索赔的有关资料和最终索赔报告。索赔答复程序与本款第(3)、(4)项约定相同。

第 16 条　争议解决

16.1 和解

因本合同以及与本合同有关事项发生争议的，双方可以就争议自行和解。自行和解达成协议的，经签字并盖章后作为合同补充文件，双方均应遵照执行。

16.2 调解

因本合同以及与本合同有关事项发生争议的，双方可以就争议请求行政主管部门、行业协会或其他第三方进行调解。调解达成协议的，经签字并盖章后作为合同补充文件，双方均应遵照执行。

16.3 仲裁或诉讼

因本合同以及与本合同有关事项发生争议的，当事人不愿和解、调解或者和解、调解不成的，双方可以在专用合同条款内约定以下一种方式解决争议：

（1）双方达成仲裁协议，向约定的仲裁委员会申请仲裁；

（2）向有管辖权的人民法院起诉。

第 17 条　补充条款

双方根据有关法律法规规定，结合实际经协商一致，可对通用合同条款内容具体化、补充或修改，并在专用合同条款内约定。

第三部分　专用合同条款

第 1 条　一般约定

1.1 词语定义

_____

1.2 合同文件及优先解释顺序

1.2.1 合同文件组成及优先解释顺序：_____

_____

1.3 适用法律法规、技术标准

1.3.1 适用法律法规

需要明示的规范性文件：_____

1.3.2 适用技术标准

特别要求：_____

使用国外技术标准的名称、提供方、原文版、中译本的份数、时间及费用承担：_____

_____

1.4 语言文字

本合同除使用汉语外，还使用_____语言文字。

1.5 联络

1.5.1 发包人和勘察人应在_____天内将与合同有关的通知、批准、证明、证书、指示、指令、要求、请求、同意、意见、确定和决定等书面函件送达对方当事人。

1.5.2 发包人接收文件的地点：_____

发包人指定的接收人：_____

发包人指定的联系方式：_____

勘察人接收文件的地点：_____

勘察人指定的接收人：_____

勘察人指定的联系方式：_____

1.7 保密

合同当事人关于保密的约定：_____

第 2 条　发包人

2.2 发包人义务

2.2.2 发包人委托勘察人搜集的资料：_____
_____

2.2.7 发包人对安全文明施工的特别要求：_____
_____

2.3 发包人代表

姓名：_____　职务：_____　联系方式：_____

授权范围：_____
_____

第 3 条　勘察人

3.1 勘察人权利

3.1.2 关于分包的约定：_____

3.3 勘察人代表

姓名：_____　职务：_____　联系方式：_____

授权范围：_____
_____

第 4 条　工期

4.2 成果提交日期

双方约定工期顺延的其他情况：_____

4.3 发包人造成的工期延误

4.3.2 双方就工期顺延确定期限的约定：_____

第 5 条　成果资料

5.2 成果份数

勘察人应向发包人提交成果资料四份,发包人要求增加的份数为_____份。

5.4 成果验收

双方就成果验收期限的约定：_____

第 6 条　后期服务

6.1 后续技术服务

后续技术服务内容约定：_____

后续技术服务费用约定：_____

后续技术服务时限约定：_____

第 7 条　合同价款与支付

7.1 合同价款与调整

7.1.1 双方约定的合同价款调整因素和方法：_____
_____

7.1.2 本合同价款采用_____方式确定。

(1)采用总价合同,合同价款中包括的风险范围：_____
_____

　　风险费用的计算方法：_____

　　风险范围以外合同价款调整因素和方法：_____

　　(2)采用单价合同,合同价款中包括的风险范围：_____

　　风险范围以外合同单价调整因素和方法：_____

　　(3)采用的其他合同价款形式及调整因素和方法：_____

_____

　　7.1.3 双方就合同价款调整确认期限的约定：_____

　　7.2 定金或预付款

　　7.2.1 发包人向勘察人支付定金金额：_____或预付款的金额：_____

　　7.2.2 定金或预付款在进度款中的抵扣办法：_____

　　7.3 进度款支付

　　7.3.1 双方约定的进度款支付方式、支付条件和支付时间：_____

_____

　　7.4 合同价款结算

　　最终合同价款支付的约定：_____

第8条　变更与调整

　　8.1 变更范围与确认

　　8.1.1 变更范围

　　变更范围的其他约定：_____

　　8.1.2 变更确认

　　变更提出和确认期限的约定：_____

　　8.2 变更合同价款确定

　　8.2.2 提出变更合同价款报告期限的约定：_____

　　8.2.3 确认变更合同价款报告时限的约定：_____

第9条　知识产权

　　9.1 关于发包人提供给勘察人的图纸、发包人为实施工程自行编制或委托编制的反映发包人要求或其他类似性质的文件的著作权的归属：_____

　　关于发包人提供的上述文件的使用限制的要求：_____

_____

　　9.2 关于勘察人为实施工程所编制文件的著作权的归属：_____

_____

　　关于勘察人提供的上述文件的使用限制的要求：_____

_____

　　9.5 勘察人在工作过程中所采用的专利、专有技术、技术秘密的使用费的承担方式：_____

第10条　不可抗力

　　10.1 不可抗力的确认

　　10.1.1 双方关于不可抗力的其他约定(如政府临时禁令)：_____

_____

　　10.2 不可抗力的通知

　　10.2.1 不可抗力持续发生,勘察人报告受害损失期限的约定：_____

_____

　　10.2.2 勘察人向发包人通报受害损失情况及费用期限的约定：_____

_____

第 13 条　责任与保险

13.2 工程勘察责任保险的约定：_____

第 14 条　违约

14.1 发包人违约

14.1.2 发包人违约责任

(1)发包人支付勘察人的违约金：_____

(2)发包人发生其他违约情形应承担的违约责任：_____

_____

14.2 勘察人违约

14.2.2 勘察人违约责任

(1)勘察人支付发包人的违约金：_____

(2)勘察人造成工期延误应承担的违约责任：_____

_____

(3)因勘察人原因导致工程质量安全事故或其他事故时的赔偿金上限：_____

_____

(4)勘察人发生其他违约情形应承担的违约责任：_____

_____

第 15 条　索赔

15.1 发包人索赔

索赔程序和期限的约定：_____

15.2 勘察人索赔

索赔程序和期限的约定：_____

第 16 条　争议解决

16.3 仲裁或诉讼

双方约定在履行合同过程中产生争议时,采取下列第_____种方式解决：

(1)向_____仲裁委员会提请仲裁;

(2)向_____人民法院提起诉讼。

第 17 条　补充条款

双方根据有关法律法规规定,结合实际经协商一致,补充约定如下：

_____

_____

附件 A　勘察任务书及技术要求

附件 B　发包人向勘察人提交有关资料及文件一览表

附件 C　进度计划

附件 D　工作量和费用明细表

六、工程发承包

对外承包工程管理条例

· 2008 年 7 月 21 日中华人民共和国国务院令第 527 号公布
· 根据 2017 年 3 月 1 日《国务院关于修改和废止部分行政法规的决定》修订

第一章　总　则

第一条　为了规范对外承包工程,促进对外承包工程健康发展,制定本条例。

第二条　本条例所称对外承包工程,是指中国的企业或者其他单位(以下统称单位)承包境外建设工程项目(以下简称工程项目)的活动。

第三条　国家鼓励和支持开展对外承包工程,提高对外承包工程的质量和水平。

国务院有关部门制定和完善促进对外承包工程的政策措施,建立、健全对外承包工程服务体系和风险保障机制。

第四条　开展对外承包工程,应当维护国家利益和社会公共利益,保障外派人员的合法权益。

开展对外承包工程,应当遵守工程项目所在国家或者地区的法律,信守合同,尊重当地的风俗习惯,注重生态环境保护,促进当地经济社会发展。

第五条　国务院商务主管部门负责全国对外承包工程的监督管理,国务院有关部门在各自的职责范围内负责与对外承包工程有关的管理工作。

国务院建设主管部门组织协调建设企业参与对外承包工程。

省、自治区、直辖市人民政府商务主管部门负责本行政区域内对外承包工程的监督管理。

第六条　有关对外承包工程的协会、商会按照章程为其成员提供与对外承包工程有关的信息、培训等方面的服务,依法制定行业规范,发挥协调和自律作用,维护公平竞争和成员利益。

第二章　对外承包工程活动

第七条　国务院商务主管部门应当会同国务院有关部门建立对外承包工程安全风险评估机制,定期发布有关国家和地区安全状况的评估结果,及时提供预警信息,指导对外承包工程的单位做好安全风险防范。

第八条　对外承包工程的单位不得以不正当的低价承揽工程项目、串通投标,不得进行商业贿赂。

第九条　对外承包工程的单位应当与境外工程项目发包人订立书面合同,明确双方的权利和义务,并按照合同约定履行义务。

第十条　对外承包工程的单位应当加强对工程质量和安全生产的管理,建立、健全并严格执行工程质量和安全生产管理的规章制度。

对外承包工程的单位将工程项目分包的,应当与分包单位订立专门的工程质量和安全生产管理协议,或者在分包合同中约定各自的工程质量和安全生产管理责任,并对分包单位的工程质量和安全生产工作统一协调、管理。

对外承包工程的单位不得将工程项目分包给不具备国家规定的相应资质的单位;工程项目的建筑施工部分不得分包给未依法取得安全生产许可证的境内建筑施工企业。

分包单位不得将工程项目转包或者再分包。对外承包工程的单位应当在分包合同中明确约定分包单位不得将工程项目转包或者再分包,并负责监督。

第十一条　从事对外承包工程外派人员中介服务的机构应当取得国务院商务主管部门的许可,并按照国务院商务主管部门的规定从事对外承包工程外派人员中介服务。

对外承包工程的单位通过中介机构招用外派人员的,应当选择依法取得许可并合法经营的中介机构,不得通过未依法取得许可或者有重大违法行为的中介机构招用外派人员。

第十二条　对外承包工程的单位应当依法与其招用的外派人员订立劳动合同,按照合同约定向外派人员提供工作条件和支付报酬,履行用人单位义务。

第十三条　对外承包工程的单位应当有专门的安全管理机构和人员,负责保护外派人员的人身和财产安全,并根据所承包工程项目的具体情况,制定保护外派人员人身和财产安全的方案,落实所需经费。

　　对外承包工程的单位应当根据工程项目所在国家或者地区的安全状况,有针对性地对外派人员进行安全防范教育和应急知识培训,增强外派人员的安全防范意识和自我保护能力。

　　第十四条　对外承包工程的单位应当为外派人员购买境外人身意外伤害保险。

　　第十五条　对外承包工程的单位应当按照国务院商务主管部门和国务院财政部门的规定,及时存缴备用金。

　　前款规定的备用金,用于支付对外承包工程的单位拒绝承担或者无力承担的下列费用:

　　(一)外派人员的报酬;

　　(二)因发生突发事件,外派人员回国或者接受其他紧急救助所需费用;

　　(三)依法应当对外派人员的损失进行赔偿所需费用。

　　第十六条　对外承包工程的单位与境外工程项目发包人订立合同后,应当及时向中国驻该工程项目所在国使馆(领馆)报告。

　　对外承包工程的单位应当接受中国驻该工程项目所在国使馆(领馆)在突发事件防范、工程质量、安全生产及外派人员保护等方面的指导。

　　第十七条　对外承包工程的单位应当制定突发事件应急预案;在境外发生突发事件时,应当及时、妥善处理,并立即向中国驻该工程项目所在国使馆(领馆)和国内有关主管部门报告。

　　国务院商务主管部门应当会同国务院有关部门,按照预防和处置并重的原则,建立、健全对外承包工程突发事件预警、防范和应急处置机制,制定对外承包工程突发事件应急预案。

　　第十八条　对外承包工程的单位应当定期向商务主管部门报告其开展对外承包工程的情况,并按照国务院商务主管部门和国务院统计部门的规定,向有关部门报送业务统计资料。

　　第十九条　国务院商务主管部门应当会同国务院有关部门建立对外承包工程信息收集、通报制度,向对外承包工程的单位无偿提供信息服务。

　　有关部门应当在货物通关、人员出入境等方面,依法为对外承包工程的单位提供快捷、便利的服务。

第三章　法律责任

　　第二十条　对外承包工程的单位有下列情形之一的,由商务主管部门责令改正,处 10 万元以上 20 万元以下的罚款,对其主要负责人处 1 万元以上 2 万元以下的罚

款;拒不改正的,商务主管部门可以禁止其在 1 年以上 3 年以下的期限内对外承包新的工程项目;造成重大工程质量问题、发生较大事故以上生产安全事故或者造成其他严重后果的,建设主管部门或者其他有关主管部门可以降低其资质等级或者吊销其资质证书:

　　(一)未建立并严格执行工程质量和安全生产管理的规章制度的;

　　(二)没有专门的安全管理机构和人员负责保护外派人员的人身和财产安全,或者未根据所承包工程项目的具体情况制定保护外派人员人身和财产安全的方案并落实所需经费的;

　　(三)未对外派人员进行安全防范教育和应急知识培训的;

　　(四)未制定突发事件应急预案,或者在境外发生突发事件,未及时、妥善处理的。

　　第二十一条　对外承包工程的单位有下列情形之一的,由商务主管部门责令改正,处 15 万元以上 30 万元以下的罚款,对其主要负责人处 2 万元以上 5 万元以下的罚款;拒不改正的,商务主管部门可以禁止其在 2 年以上 5 年以下的期限内对外承包新的工程项目;造成重大工程质量问题、发生较大事故以上生产安全事故或者造成其他严重后果的,建设主管部门或者其他有关主管部门可以降低其资质等级或者吊销其资质证书:

　　(一)以不正当的低价承揽工程项目、串通投标或者进行商业贿赂的;

　　(二)未与分包单位订立专门的工程质量和安全生产管理协议,或者未在分包合同中约定各自的工程质量和安全生产管理责任,或者未对分包单位的工程质量和安全生产工作统一协调、管理的;

　　(三)将工程项目分包给不具备国家规定的相应资质的单位,或者将工程项目的建筑施工部分分包给未依法取得安全生产许可证的境内建筑施工企业的;

　　(四)未在分包合同中明确约定分包单位不得将工程项目转包或者再分包的。

　　分包单位将其承包的工程项目转包或者再分包的,由建设主管部门责令改正,依照前款规定的数额对分包单位及其主要负责人处以罚款;造成重大工程质量问题,或者发生较大事故以上生产安全事故的,建设主管部门或者其他有关主管部门可以降低其资质等级或者吊销其资质证书。

　　第二十二条　对外承包工程的单位有下列情形之一的,由商务主管部门责令改正,处 2 万元以上 5 万元以下

的罚款;拒不改正的,对其主要负责人处 5000 元以上 1 万元以下的罚款:

(一)与境外工程项目发包人订立合同后,未及时向中国驻该工程项目所在国使馆(领馆)报告的;

(二)在境外发生突发事件,未立即向中国驻该工程项目所在国使馆(领馆)和国内有关主管部门报告的;

(三)未定期向商务主管部门报告其开展对外承包工程的情况,或者未按照规定向有关部门报送业务统计资料的。

第二十三条　对外承包工程的单位通过未依法取得许可或者有重大违法行为的中介机构招用外派人员,或者不依照本条例规定为外派人员购买境外人身意外伤害保险,或者未按照规定存缴备用金的,由商务主管部门责令限期改正,处 5 万元以上 10 万元以下的罚款,对其主要负责人处 5000 元以上 1 万元以下的罚款;逾期不改正的,商务主管部门可以禁止其在 1 年以上 3 年以下的期限内对外承包新的工程项目。

未取得国务院商务主管部门的许可,擅自从事对外承包工程外派人员中介服务的,由国务院商务主管部门责令改正,处 10 万元以上 20 万元以下的罚款;有违法所得的,没收违法所得;对其主要负责人处 5 万元以上 10 万元以下的罚款。

第二十四条　商务主管部门、建设主管部门和其他有关部门的工作人员在对外承包工程监督管理工作中滥用职权、玩忽职守、徇私舞弊,构成犯罪的,依法追究刑事责任;尚不构成犯罪的,依法给予处分。

第四章　附　则

第二十五条　对外承包工程涉及的货物进出口、技术进出口、人员出入境、海关以及税收、外汇等事项,依照有关法律、行政法规和国家有关规定办理。

第二十六条　对外承包工程的单位以投标、议标方式参与报价金额在国务院商务主管部门和国务院财政部门等有关部门规定标准以上的工程项目的,其银行保函的出具等事项,依照国务院商务主管部门和国务院财政部门等有关部门的规定办理。

第二十七条　对外承包工程的单位承包特定工程项目,或者在国务院商务主管部门会同外交部等有关部门确定的特定国家或者地区承包工程项目的,应当经国务院商务主管部门会同国务院有关部门批准。

第二十八条　中国内地的单位在香港特别行政区、澳门特别行政区、台湾地区承包工程项目,参照本条例的规定执行。

第二十九条　中国政府对外援建的工程项目的实施及其管理,依照国家有关规定执行。

第三十条　本条例自 2008 年 9 月 1 日起施行。

对外承包工程保函风险专项资金管理暂行办法

·2001 年 10 月 10 日
·财企〔2001〕625 号

第一章　总　则

第一条　为进一步扩大对外承包工程规模,解决对外经济合作企业承揽对外承包工程项目出现的开立保函资金困难问题,根据国办发〔2000〕32 号文件的有关精神,特制定本办法。

第二条　对外承包工程保函风险专项资金(以下简称保函风险资金)系指由中央财政出资设立,为符合本办法规定的对外承包工程项目(以下简称项目)开具的有关保函提供担保、垫支赔付款的专项资金。

第三条　保函风险资金支出范围:

(一)为符合条件的项目开具的投标保函和履约保函提供担保;

(二)垫支对外赔付资金;

(三)垫支赔付资金的核销。

第四条　保函风险资金由财政部、外经贸部委托中国银行及其授权分行具体办理。

第五条　企业应积极在银行申请授信额度,获得授信额度的企业须先使用其授信额度开立保函。

第二章　申请与审批

第六条　申请使用保函风险资金的企业须具备以下条件:

(一)经对外贸易经济合作部(以下简称外经贸部)批准,具有对外经济合作经营资格并在工商行政管理部门登记注册的企业法人;

(二)资产总额在 1 亿元人民币以上(含 1 亿元人民币),所有者权益在 2000 万元人民币以上(含 2000 万元人民币),连续两年盈利;

(三)未发生拖欠或挪用各类国家专项基金、资金及其他违法违规经营记录。

第七条　申请使用保函风险资金的项目须具备以下条件:

(一)合同额(或投标金额)在 500 万美元或其他等值货币以上(含 500 万美元);

(二)取得《对外承包工程项目投(议)标许可证》;

（三）符合我国外经贸政策。

第八条 中央管理的在京企业向中国银行总行提出申请，各地方企业及在地方的中央管理企业向当地或就近的中国银行授权分行提出申请。

第九条 企业向中国银行及其授权分行提出使用保函风险资金开具投标保函须提供以下材料：

（一）企业营业执照副本及复印件；

（二）中国人民银行颁发的贷款卡；

（三）企业近两年来经会计师事务所审计的财务会计报告及审计报告；

（四）项目基本情况介绍，包括项目背景、实施项目的资金来源、项目可行性研究报告、项目收支预算表；

（五）招标文件副本，包括项目介绍部分及商务部分；

（六）外经贸部颁发的《对外承包工程项目投（议）标许可证》；

（七）中国银行及其授权分行要求提供的有关材料。

第十条 企业向中国银行及其授权分行申请使用保函风险资金开具履约保函须提供以下材料：

（一）企业营业执照副本及复印件；

（二）中国人民银行颁发的贷款卡；

（三）企业近两年来经会计师事务所审计的财务会计报告及审计报告；

（四）项目的基本情况介绍，包括项目背景、实施项目的资金来源、项目可行性研究报告、项目收支预算表等；

（五）中标通知书或合同副本，包括项目介绍部分及商务部分；

（六）外经贸部颁发的《对外承包工程项目投（议）标许可证》；

（七）中国银行及其授权分行要求提供的有关材料。

第十一条 中国银行及其授权分行对上述材料审核后，即可为可行的项目开具保函。上述工作应在中国银行规定的工作日内完成。并有责任为企业提供有关保函咨询等方面的服务。

经审核，如中国银行及其授权分行不同意为企业开具保函，应向企业说明理由。

第十二条 同一企业累计开立保函余额不得超过3000万美元。

第十三条 中国银行须按月向财政部、外经贸部报送保函风险资金使用情况。

第十四条 开具的保函发生赔付时，如企业无力按业主要求及时支付赔付款，可向中国银行提出使用保函风险资金垫支的申请。中国银行及其授权分行应在中国银行规定的工作日内完成资金的对外垫付工作。

第十五条 发生垫支赔付款的企业应在中国银行对外支付垫款之日起15日内归还垫付款，如不能按期归还，在180天内按中国银行公布的同期外汇贷款利率，交纳保函风险资金占用费；超过180天按中国银行公布的逾期外汇贷款利率交纳保函风险资金占用费。

第十六条 中国银行负责于垫支赔付款后180天内向企业收回垫支款及占用费并存入保函风险资金账户。

第三章 管理、监督、检查

第十七条 保函风险资金纳入中央财政预算管理。

（一）外经贸部负责编报保函风险资金年度预、决算，并根据财政部的决算批复进行账务处理；

（二）财政部负责对保函风险资金的使用情况进行年度审核。

第十八条 财政部、外经贸部对中国银行及其授权分行、企业和项目情况进行监督和检查。

中国银行及其授权分行在保函风险资金的使用动作过程中，应当遵循国家有关金融法律法规的有关规定，对于违反规定的工作人员和主要负责人要依法追究相应责任。

第四章 罚 则

第十九条 申请使用保函风险资金的企业有下列情形之一，均构成违规行为：

（一）报送虚假文件；

（二）不按期归还赔付款；

（三）拒绝相关部门对使用保函风险资金项目的监督、检查或对相关部门的监督和检查不予配合的。

第二十条 根据外经贸部有关对外经济合作企业管理的有关规定，对发生违规的企业，视其情节轻重，给予警告。

第二十一条 对负有直接责任的企业主管人员和其他人员，建议有关部门给予行政处分。构成犯罪的，应移交司法机关处理。

第五章 附 则

第二十二条 各地财政、外经贸主管部门可根据本地实际情况，参照本办法设立本地区的保函风险资金。

第二十三条 本办法由财政部、外经贸部负责解释和修订。

第二十四条 本办法自发布之日起实施。

《对外承包工程保函风险专项资金管理暂行办法》补充规定

· 2003 年 4 月 15 日
· 财企〔2003〕137 号

财政部、原外经贸部联合制定的《对外承包工程保函风险专项资金管理暂行办法》(财企〔2001〕625 号,以下简称办法)颁发以来,对实施"走出去"发展战略,促进我国对外承包工程发展,提高企业的国际竞争能力起到了积极的作用。根据业务发展需要,现做如下补充规定:

一、扩大保函风险资金的支出范围

办法第三条第(一)款调整为:为符合条件的项目开具的投标保函、履约保函和预付款保函提供担保。

二、放宽申请使用保函风险资金的企业条件

办法第六条第(二)款调整为:资产总额在 8000 万元人民币以上(含 8000 万元人民币),所有者权益在 1500 万元人民币以上(含 1500 万元人民币),连续两年赢利。

三、增加企业使用保函风险资金开立保函的额度

办法第十二条调整为:同一企业累计开立保函余额为 3000 万美元。对承接发展前景良好、确有经济效益的特大型对外承包工程项目的企业不得超过 4000 万美元。

关于对外承包工程质量安全问题处理的有关规定

· 2002 年 10 月 15 日
· 外经贸发〔2002〕500 号

第一条　为加强对外承包工程企业的监督管理,促进对外承包工程业务的健康发展,根据《中华人民共和国建筑法》、《中华人民共和国对外贸易法》等有关法律、行政法规,制定本规定。

第二条　本规定所称对外承包工程,是指中华人民共和国境内企业与境外企业合资、合作等方式(以下简称境内企业)在境外从事建设工程的勘察、设计、施工、监理及其他工程服务活动。

第三条　对境内企业在对外承包工程中发生质量安全问题的处理,适用本规定。

第四条　从事对外承包工程的企业应当具有建设行政主管部门办法的勘察、设计、施工、监理等企业资质证书,并须取得国务院对外经济贸易主管部门办法的《对外经济合作经营资格证书》。从事对外承包工程企业应当在其资质等级和《对外经济合作经营资格证书》许可的范围内从事对外承包工程活动。

已经取得《对外经济合作经营资格证书》而尚未取得勘察、设计、施工、监理等企业资质证书的,应按照有关资质管理规定,取得相应的资质证书。

第五条　境内企业对外承包工程的业绩和质量安全情况应当作为国内对勘察、设计、施工、监理等企业资质管理的内容。

第六条　对外承包工程的业绩可以作为企业申请勘察、设计、施工、监理等企业资质证书以及资质年检的业绩。企业申报对外承包工程业绩,应当根据资质管理等规定提交相应的申报材料。

第七条　对外承包工程中发生下列质量安全事故或严重质量安全问题的,对外承包工程企业必须在事故发生之日起 24 小时内向驻外使(领)馆经济商务机构报告;驻外使(领)馆经济商务机构应当向国务院建设主管部门报告,并抄报国务院对外经济贸易主管部门:

(一)造成一人以上死亡或者三人以上重伤,或者直接经济损失 100 万元人民币以上的质量安全事故的;

(二)严重违反工程所在国或者地区规定采用的工程建设技术法规或者强制性标准,造成其他质量安全问题的;

(三)其他涉及质量安全的违法违规行为,在工程所在国或者地区造成不良后果的。

第八条　在对外承包工程中发生重大质量安全事故或者其他严重质量安全问题,在工程所在国或者地区造成恶劣影响的,国务院对外经济贸易主管部门和国务院建设主管部门可以组织联合调查组进行调查。

第九条　对于在外承包工程中发生质量安全事故或者其他严重质量安全问题的企业,建设行政主管部门根据《建筑业企业资质管理规定》(建设部令第 87 号)等有关规定予以处理;对外经济贸易行政主管部门根据有关规定,予以警告、不予通过《对外经济合作经营资格证书》年审的处理。

第十条　对于隐瞒对外承包工程质量安全事故或者严重质量安全问题的企业,除按本规定第九条的规定予以处理外,一年内不得申请晋升资质等级或者增项资质;不得申请扩大对外经济合作资格经营范围。

第十一条　对外经济贸易行政主管部门和建设行政主管部门将境内企业在对外承包工程中发生的重大质量安全事故或严重质量安全问题载入该企业的信用档案,并在相关的信息网上个公布。

第十二条　对境内企业在香港特别行政区、澳门特别行政区以及台湾地区承包工程发生质量安全问题的处理，参照本规定执行。

第十三条　本办法由国务院对外经济贸易主管部门和国务院建设主管部门共同负责解释。

第十四条　本规定自 2002 年 12 月 1 日起实施。

房屋建筑和市政基础设施工程施工分包管理办法

- 2004 年 2 月 3 日建设部令第 124 号公布
- 根据 2014 年 8 月 27 日《住房和城乡建设部关于修改〈房屋建筑和市政基础设施工程施工分包管理办法〉的决定》第一次修正
- 根据 2019 年 3 月 13 日《住房和城乡建设部关于修改部分部门规章的决定》第二次修正

第一条　为了规范房屋建筑和市政基础设施工程施工分包活动，维护建筑市场秩序，保证工程质量和施工安全，根据《中华人民共和国建筑法》、《中华人民共和国招标投标法》、《建设工程质量管理条例》等有关法律、法规，制定本办法。

第二条　在中华人民共和国境内从事房屋建筑和市政基础设施工程施工分包活动，实施对房屋建筑和市政基础设施工程施工分包活动的监督管理，适用本办法。

第三条　国务院住房城乡建设主管部门负责全国房屋建筑和市政基础设施工程施工分包的监督管理工作。

县级以上地方人民政府住房城乡建设主管部门负责本行政区域内房屋建筑和市政基础设施工程施工分包的监督管理工作。

第四条　本办法所称施工分包，是指建筑业企业将其所承包的房屋建筑和市政基础设施工程中的专业工程或者劳务作业发包给其他建筑业企业完成的活动。

第五条　房屋建筑和市政基础设施工程施工分包分为专业工程分包和劳务作业分包。

本办法所称专业工程分包，是指施工总承包企业（以下简称专业分包工程发包人）将其所承包工程中的专业工程发包给具有相应资质的其他建筑业企业（以下简称专业分包工程承包人）完成的活动。

本办法所称劳务作业分包，是指施工总承包企业或者专业承包企业（以下简称劳务作业发包人）将其承包工程中的劳务作业发包给劳务分包企业（以下简称劳务作业承包人）完成的活动。

本办法所称分包工程发包人包括本条第二款、第三款中的专业分包工程发包人和劳务作业发包人；分包工程承包人包括本条第二款、第三款中的专业分包工程承包人和劳务作业承包人。

第六条　房屋建筑和市政基础设施工程施工分包活动必须依法进行。

鼓励发展专业承包企业和劳务分包企业，提倡分包活动进入有形建筑市场公开交易，完善有形建筑市场的分包工程交易功能。

第七条　建设单位不得直接指定分包工程承包人。任何单位和个人不得对依法实施的分包活动进行干预。

第八条　分包工程承包人必须具有相应的资质，并在其资质等级许可的范围内承揽业务。

严禁个人承揽分包工程业务。

第九条　专业工程分包除在施工总承包合同中有约定外，必须经建设单位认可。专业分包工程承包人必须自行完成所承包的工程。

劳务作业分包由劳务作业发包人与劳务作业承包人通过劳务合同约定。劳务作业承包人必须自行完成所承包的任务。

第十条　分包工程发包人和分包工程承包人应当依法签订分包合同，并按照合同履行约定的义务。分包合同必须明确约定支付工程款和劳务工资的时间、结算方式以及保证按期支付的相应措施，确保工程款和劳务工资的支付。

第十一条　分包工程发包人应当设立项目管理机构，组织管理所承包工程的施工活动。

项目管理机构应当具有与承包工程的规模、技术复杂程度相适应的技术、经济管理人员。其中，项目负责人、技术负责人、项目核算负责人、质量管理人员、安全管理人员必须是本单位的人员。具体要求由省、自治区、直辖市人民政府住房城乡建设主管部门规定。

前款所指本单位人员，是指与本单位有合法的人事或者劳动合同、工资以及社会保险关系的人员。

第十二条　分包工程发包人可以就分包合同的履行，要求分包工程承包人提供分包工程履约担保；分包工程承包人在提供担保后，要求分包工程发包人同时提供分包工程付款担保的，分包工程发包人应当提供。

第十三条　禁止将承包的工程进行转包。不履行合同约定，将其承包的全部工程发包给他人，或者将其承包的全部工程肢解后以分包的名义分别发包给他人的，属于转包行为。

违反本办法第十二条规定，分包工程发包人将工程分包后，未在施工现场设立项目管理机构和派驻相应人员,并未对该工程的施工活动进行组织管理的,视同转包行为。

第十四条 禁止将承包的工程进行违法分包。下列行为,属于违法分包:

(一)分包工程发包人将专业工程或者劳务作业分包给不具备相应资质条件的分包工程承包人的;

(二)施工总承包合同中未有约定,又未经建设单位认可,分包工程发包人将承包工程中的部分专业工程分包给他人的。

第十五条 禁止转让、出借企业资质证书或者以其他方式允许他人以本企业名义承揽工程。

分包工程发包人没有将其承包的工程进行分包,在施工现场所设项目管理机构的项目负责人、技术负责人、项目核算负责人、质量管理人员、安全管理人员不是工程承包人本单位人员的,视同允许他人以本企业名义承揽工程。

第十六条 分包工程承包人应当按照分包合同的约定对其承包的工程向分包工程发包人负责。分包工程发包人和分包工程承包人就分包工程对建设单位承担连带责任。

第十七条 分包工程发包人对施工现场安全负责,并对分包工程承包人的安全生产进行管理。专业分包工程承包人应当将其分包工程的施工组织设计和施工安全方案报分包工程发包人备案,专业分包工程发包人发现事故隐患,应当及时作出处理。

分包工程承包人就施工现场安全向分包工程发包人负责,并应当服从分包工程发包人对施工现场的安全生产管理。

第十八条 违反本办法规定,转包、违法分包或者允许他人以本企业名义承揽工程的,以及接受转包和用他人名义承揽工程的,按《中华人民共和国建筑法》、《中华人民共和国招标投标法》和《建设工程质量管理条例》的规定予以处罚。具体办法由国务院住房城乡建设主管部门依据有关法律法规另行制定。

第十九条 未取得建筑业企业资质承接分包工程的,按照《中华人民共和国建筑法》第六十五条第三款和《建设工程质量管理条例》第六十条第一款、第二款的规定处罚。

第二十条 本办法自 2004 年 4 月 1 日起施行。原城乡建设环境保护部 1986 年 4 月 30 日发布的《建筑安装工程总分包实施办法》同时废止。

建筑工程施工发包与承包违法行为认定查处管理办法

· 2019 年 1 月 3 日
· 建市规〔2019〕1 号

第一条 为规范建筑工程施工发包与承包活动中违法行为的认定、查处和管理,保证工程质量和施工安全,有效遏制发包与承包活动中的违法行为,维护建筑市场秩序和建筑工程主要参与方的合法权益,根据《中华人民共和国建筑法》《中华人民共和国招标投标法》《中华人民共和国合同法》《建设工程质量管理条例》《建设工程安全生产管理条例》《中华人民共和国招标投标法实施条例》等法律法规,以及《全国人大法工委关于对建筑施工企业母公司承接工程后交由子公司实施是否属于转包以及行政处罚两年追溯期认定法律适用问题的意见》(法工办发〔2017〕223 号),结合建筑活动实践,制定本办法。

第二条 本办法所称建筑工程,是指房屋建筑和市政基础设施工程及其附属设施和与其配套的线路、管道、设备安装工程。

第三条 住房和城乡建设部对全国建筑工程施工发包与承包违法行为的认定查处工作实施统一监督管理。

县级以上地方人民政府住房和城乡建设主管部门在其职责范围内具体负责本行政区域内建筑工程施工发包与承包违法行为的认定查处工作。

本办法所称的发包与承包违法行为具体是指违法发包、转包、违法分包及挂靠等违法行为。

第四条 建设单位与承包单位应严格依法签订合同,明确双方权利、义务、责任,严禁违法发包、转包、违法分包和挂靠,确保工程质量和施工安全。

第五条 本办法所称违法发包,是指建设单位将工程发包给个人或不具有相应资质的单位、肢解发包、违反法定程序发包及其他违反法律法规规定发包的行为。

第六条 存在下列情形之一的,属于违法发包:

(一)建设单位将工程发包给个人的;

(二)建设单位将工程发包给不具有相应资质的单位的;

(三)依法应当招标未招标或未按照法定招标程序发包的;

(四)建设单位设置不合理的招标投标条件,限制、排斥潜在投标人或者投标人的;

(五)建设单位将一个单位工程的施工分解成若干

部分发包给不同的施工总承包或专业承包单位的。

第七条 本办法所称转包，是指承包单位承包工程后，不履行合同约定的责任和义务，将其承包的全部工程或者将其承包的全部工程肢解后以分包的名义分别转给其他单位或个人施工的行为。

第八条 存在下列情形之一的，应当认定为转包，但有证据证明属于挂靠或者其他违法行为的除外：

（一）承包单位将其承包的全部工程转给其他单位（包括母公司承接建筑工程后将所承接工程交由具有独立法人资格的子公司施工的情形）或个人施工的；

（二）承包单位将其承包的全部工程肢解以后，以分包的名义分别转给其他单位或个人施工的；

（三）施工总承包单位或专业承包单位未派驻项目负责人、技术负责人、质量管理负责人、安全管理负责人等主要管理人员，或派驻的项目负责人、技术负责人、质量管理负责人、安全管理负责人中一人及以上与施工单位没有订立劳动合同且没有建立劳动工资和社会养老保险关系，或派驻的项目负责人未对该工程的施工活动进行组织管理，又不能进行合理解释并提供相应证明的；

（四）合同约定由承包单位负责采购的主要建筑材料、构配件及工程设备或租赁的施工机械设备，由其他单位或个人采购、租赁，或施工单位不能提供有关采购、租赁合同及发票等证明，又不能进行合理解释并提供相应证明的；

（五）专业作业承包人承包的范围是承包单位承包的全部工程，专业作业承包人计取的是除上缴给承包单位"管理费"之外的全部工程价款的；

（六）承包单位通过采取合作、联营、个人承包等形式或名义，直接或变相将其承包的全部工程转给其他单位或个人施工的；

（七）专业工程的发包单位不是该工程的施工总承包或专业承包单位，但建设单位依约作为发包单位的除外；

（八）专业作业的发包单位不是该工程承包单位的；

（九）施工合同主体之间没有工程款收付关系，或者承包单位收到款项后又将款项转拨给其他单位和个人，又不能进行合理解释并提供材料证明的。

两个以上的单位组成联合体承包工程，在联合体分工协议中约定或者在项目实际实施过程中，联合体一方不进行施工也未对施工活动进行组织管理的，并且向联合体其他方收取管理费或者其他类似费用的，视为联合体一方将承包的工程转包给联合体其他方。

第九条 本办法所称挂靠，是指单位或个人以其他有资质的施工单位的名义承揽工程的行为。

前款所称承揽工程，包括参与投标、订立合同、办理有关施工手续、从事施工等活动。

第十条 存在下列情形之一的，属于挂靠：

（一）没有资质的单位或个人借用其他施工单位的资质承揽工程的；

（二）有资质的施工单位相互借用资质承揽工程的，包括资质等级低的借用资质等级高的，资质等级高的借用资质等级低的，相同资质等级相互借用的；

（三）本办法第八条第一款第（三）至（九）项规定的情形，有证据证明属于挂靠的。

第十一条 本办法所称违法分包，是指承包单位承包工程后违反法律法规规定，把单位工程或分部分项工程分包给其他单位或个人施工的行为。

第十二条 存在下列情形之一的，属于违法分包：

（一）承包单位将其承包的工程分包给个人的；

（二）施工总承包单位或专业承包单位将工程分包给不具备相应资质单位的；

（三）施工总承包单位将施工总承包合同范围内工程主体结构的施工分包给其他单位的，钢结构工程除外；

（四）专业分包单位将其承包的专业工程中非劳务作业部分再分包的；

（五）专业作业承包人将其承包的劳务再分包的；

（六）专业作业承包人除计取劳务作业费用外，还计取主要建筑材料款和大中型施工机械设备、主要周转材料费用的。

第十三条 任何单位和个人发现违法发包、转包、违法分包及挂靠等违法行为的，均可向工程所在地县级以上人民政府住房和城乡建设主管部门进行举报。

接到举报的住房和城乡建设主管部门应当依法受理、调查、认定和处理，除无法告知举报人的情况外，应当及时将查处结果告知举报人。

第十四条 县级以上地方人民政府住房和城乡建设主管部门如接到人民法院、检察机关、仲裁机构、审计机关、纪检监察等部门转交或移送的涉及本行政区域内建筑工程发包与承包违法行为的建议或相关案件的线索或证据，应当依法受理、调查、认定和处理，并把处理结果及时反馈给转交或移送机构。

第十五条 县级以上人民政府住房和城乡建设主管部门对本行政区域内发现的违法发包、转包、违法分包及挂靠等违法行为，应当依法进行调查，按照本办法进行认定,并依法予以行政处罚。

（一）对建设单位存在本办法第五条规定的违法发包情形的处罚：

1.依据本办法第六条（一）、（二）项规定认定的,依据《中华人民共和国建筑法》第六十五条、《建设工程质量管理条例》第五十四条规定进行处罚;

2.依据本办法第六条（三）项规定认定的,依据《中华人民共和国招标投标法》第四十九条、《中华人民共和国招标投标法实施条例》第六十四条规定进行处罚;

3.依据本办法第六条（四）项规定认定的,依据《中华人民共和国招标投标法》第五十一条、《中华人民共和国招标投标法实施条例》第六十三条规定进行处罚。

4.依据本办法第六条（五）项规定认定的,依据《中华人民共和国建筑法》第六十五条、《建设工程质量管理条例》第五十五条规定进行处罚。

5.建设单位违法发包,拒不整改或者整改后仍达不到要求的,视为没有依法确定施工企业,将其违法行为记入诚信档案,实行联合惩戒。对全部或部分使用国有资金的项目,同时将建设单位违法发包的行为告知其上级主管部门及纪检监察部门,并建议对建设单位直接负责的主管人员和其他直接责任人员给予相应的行政处分。

（二）对认定有转包、违法分包违法行为的施工单位,依据《中华人民共和国建筑法》第六十七条、《建设工程质量管理条例》第六十二条规定进行处罚。

（三）对认定有挂靠行为的施工单位或个人,依据《中华人民共和国招标投标法》第五十四条、《中华人民共和国建筑法》第六十五条和《建设工程质量管理条例》第六十条规定进行处罚。

（四）对认定有转让、出借资质证书或者以其他方式允许他人以本单位的名义承揽工程的施工单位,依据《中华人民共和国建筑法》第六十六条、《建设工程质量管理条例》第六十一条规定进行处罚。

（五）对建设单位、施工单位给予单位罚款处罚的,依据《建设工程质量管理条例》第七十三条、《中华人民共和国招标投标法》第四十九条、《中华人民共和国招标投标法实施条例》第六十四条规定,对单位直接负责的主管人员和其他直接责任人员进行处罚。

（六）对认定有转包、违法分包、挂靠、转让出借资质证书或者以其他方式允许他人以本单位的名义承揽工程等违法行为的施工单位,可依法限制其参加工程投标活动、承揽新的工程项目,并对其企业资质是否满足资质标准条件进行核查,对达不到资质标准要求的限期整改,整改后仍达不到要求的,资质审批机关撤回其资质证书。

对2年内发生2次及以上转包、违法分包、挂靠、转让出借资质证书或者以其他方式允许他人以本单位的名义承揽工程的施工单位,应当依法按照情节严重情形给予处罚。

（七）因违法发包、转包、违法分包、挂靠等违法行为导致发生质量安全事故的,应当依法按照情节严重情形给予处罚。

第十六条　对于违法发包、转包、违法分包、挂靠等违法行为的行政处罚追溯期限,应当按照法工办发〔2017〕223号文件的规定,从存在违法发包、转包、违法分包、挂靠的建筑工程竣工验收之日起计算;合同工程量未全部完成而解除或终止履行合同的,自合同解除或终止之日起计算。

第十七条　县级以上人民政府住房和城乡建设主管部门应将查处的违法发包、转包、违法分包、挂靠等违法行为和处罚结果记入相关单位或个人信用档案,同时向社会公示,并逐级上报至住房和城乡建设部,在全国建筑市场监管公共服务平台公示。

第十八条　房屋建筑和市政基础设施工程以外的专业工程可参照本办法执行。省级人民政府住房和城乡建设主管部门可结合本地实际,依据本办法制定相应实施细则。

第十九条　本办法中施工总承包单位、专业承包单位均指直接承接建设单位发包的工程的单位;专业分包单位是指承接施工总承包或专业承包企业分包专业工程的单位;承包单位包括施工总承包单位、专业承包单位和专业分包单位。

第二十条　本办法由住房和城乡建设部负责解释。

第二十一条　本办法自2019年1月1日起施行。2014年10月1日起施行的《建筑工程施工转包违法分包等违法行为认定查处管理办法（试行）》（建市〔2014〕118号）同时废止。

七、工程施工

1. 合同管理

最高人民法院关于适用《中华人民共和国民法典》合同编通则若干问题的解释

· 2023 年 5 月 23 日最高人民法院审判委员会第 1889 次会议通过
· 2023 年 12 月 4 日最高人民法院公告公布
· 自 2023 年 12 月 5 日起施行
· 法释〔2023〕13 号

为正确审理合同纠纷案件以及非因合同产生的债权债务关系纠纷案件，依法保护当事人的合法权益，根据《中华人民共和国民法典》、《中华人民共和国民事诉讼法》等相关法律规定，结合审判实践，制定本解释。

一、一般规定

第一条　人民法院依据民法典第一百四十二条第一款、第四百六十六条第一款的规定解释合同条款时，应当以词句的通常含义为基础，结合相关条款、合同的性质和目的、习惯以及诚信原则，参考缔约背景、磋商过程、履行行为等因素确定争议条款的含义。

有证据证明当事人之间对合同条款有不同于词句的通常含义的其他共同理解，一方主张按照词句的通常含义理解合同条款的，人民法院不予支持。

对合同条款有两种以上解释，可能影响该条款效力的，人民法院应当选择有利于该条款有效的解释；属于无偿合同的，应当选择对债务人负担较轻的解释。

第二条　下列情形，不违反法律、行政法规的强制性规定且不违背公序良俗的，人民法院可以认定为民法典所称的"交易习惯"：

（一）当事人之间在交易活动中的惯常做法；

（二）在交易行为当地或者某一领域、某一行业通常采用并为交易对方订立合同时所知道或者应当知道的做法。

对于交易习惯，由提出主张的当事人一方承担举证责任。

二、合同的订立

第三条　当事人对合同是否成立存在争议，人民法院能够确定当事人姓名或者名称、标的和数量的，一般应当认定合同成立。但是，法律另有规定或者当事人另有约定的除外。

根据前款规定能够认定合同已经成立的，对合同欠缺的内容，人民法院应当依据民法典第五百一十条、第五百一十一条等规定予以确定。

当事人主张合同无效或者请求撤销、解除合同等，人民法院认为合同不成立的，应当依据《最高人民法院关于民事诉讼证据的若干规定》第五十三条的规定将合同是否成立作为焦点问题进行审理，并可以根据案件的具体情况重新指定举证期限。

第四条　采取招标方式订立合同，当事人请求确认合同自中标通知书到达中标人时成立的，人民法院应予支持。合同成立后，当事人拒绝签订书面合同的，人民法院应当依据招标文件、投标文件和中标通知书等确定合同内容。

采取现场拍卖、网络拍卖等公开竞价方式订立合同，当事人请求确认合同自拍卖师落槌、电子交易系统确认成交时成立的，人民法院应予支持。合同成立后，当事人拒绝签订成交确认书的，人民法院应当依据拍卖公告、竞买人的报价等确定合同内容。

产权交易所等机构主持拍卖、挂牌交易，其公布的拍卖公告、交易规则等文件公开确定了合同成立需要具备的条件，当事人请求确认合同自该条件具备时成立的，人民法院应予支持。

第五条　第三人实施欺诈、胁迫行为，使当事人在违背真实意思的情况下订立合同，受到损失的当事人请求第三人承担赔偿责任的，人民法院依法予以支持；当事人亦有违背诚信原则的行为的，人民法院应当根据各自的过错确定相应的责任。但是，法律、司法解释对当事人与第三人的民事责任另有规定的，依照其规定。

第六条　当事人以认购书、订购书、预订书等形式约定在将来一定期限内订立合同，或者为担保在将来一定期限内订立合同交付了定金，能够确定将来所要订立合同的主体、标的等内容的，人民法院应当认定预约合同成立。

当事人通过签订意向书或者备忘录等方式，仅表达交易的意向，未约定在将来一定期限内订立合同，或者虽然有约定但是难以确定将来所要订立合同的主体、标的等内容，一方主张预约合同成立的，人民法院不予支持。

当事人订立的认购书、订购书、预订书等已就合同标的、数量、价款或者报酬等主要内容达成合意，符合本解释第三条第一款规定的合同成立条件，未明确约定在将来一定期限内另行订立合同，或者虽然有约定但是当事人一方已实施履行行为且对方接受的，人民法院应当认定本约合同成立。

第七条　预约合同生效后，当事人一方拒绝订立本约合同或者在磋商订立本约合同时违背诚信原则导致未能订立本约合同的，人民法院应当认定该当事人不履行预约合同约定的义务。

人民法院认定当事人一方在磋商订立本约合同时是否违背诚信原则，应当综合考虑该当事人在磋商时提出的条件是否明显背离预约合同约定的内容以及是否已尽合理努力进行协商等因素。

第八条　预约合同生效后，当事人一方不履行订立本约合同的义务，对方请求其赔偿因此造成的损失的，人民法院依法予以支持。

前款规定的损失赔偿，当事人有约定的，按照约定；没有约定的，人民法院应当综合考虑预约合同在内容上的完备程度以及订立本约合同的条件的成就程度等因素酌定。

第九条　合同条款符合民法典第四百九十六条第一款规定的情形，当事人仅以合同系依据合同示范文本制作或者双方已经明确约定合同条款不属于格式条款为由主张该条款不是格式条款的，人民法院不予支持。

从事经营活动的当事人一方仅以未实际重复使用为由主张其预先拟定且未与对方协商的合同条款不是格式条款的，人民法院不予支持。但是，有证据证明该条款不是为了重复使用而预先拟定的除外。

第十条　提供格式条款的一方在合同订立时采用通常足以引起对方注意的文字、符号、字体等明显标识，提示对方注意免除或者减轻其责任、排除或者限制对方权利等与对方有重大利害关系的异常条款的，人民法院可以认定其已经履行民法典第四百九十六条第二款规定的提示义务。

提供格式条款的一方按照对方的要求，就与对方有重大利害关系的异常条款的概念、内容及其法律后果以书面或者口头形式向对方作出通常能够理解的解释说明的，人民法院可以认定其已经履行民法典第四百九十六条第二款规定的说明义务。

提供格式条款的一方对其已经尽到提示义务或者说明义务承担举证责任。对于通过互联网等信息网络订立的电子合同，提供格式条款的一方仅以采取了设置勾选、弹窗等方式为由主张其已经履行提示义务或者说明义务的，人民法院不予支持，但是其举证符合前两款规定的除外。

三、合同的效力

第十一条　当事人一方是自然人，根据该当事人的年龄、智力、知识、经验并结合交易的复杂程度，能够认定其对合同的性质、合同订立的法律后果或者交易中存在的特定风险缺乏应有的认知能力的，人民法院可以认定该情形构成民法典第一百五十一条规定的"缺乏判断能力"。

第十二条　合同依法成立后，负有报批义务的当事人不履行报批义务或者履行报批义务不符合合同的约定或者法律、行政法规的规定，对方请求其继续履行报批义务的，人民法院应予支持；对方主张解除合同并请求其承担违反报批义务的赔偿责任的，人民法院应予支持。

人民法院判决当事人一方履行报批义务后，其仍不履行，对方主张解除合同并参照违反合同的违约责任请求其承担赔偿责任的，人民法院应予支持。

合同获得批准前，当事人一方起诉请求对方履行合同约定的主要义务，经释明后拒绝变更诉讼请求的，人民法院应当判决驳回其诉讼请求，但是不影响其另行提起诉讼。

负有报批义务的当事人已经办理申请批准等手续或者已经履行生效判决确定的报批义务，批准机关决定不予批准，对方请求其承担赔偿责任的，人民法院不予支持。但是，因迟延履行报批义务等可归责于当事人的原因导致合同未获批准，对方请求赔偿因此受到的损失的，人民法院应当依据民法典第一百五十七条的规定处理。

第十三条　合同存在无效或者可撤销的情形，当事人以该合同已在有关行政管理部门办理备案、已经批准机关批准或者已依据该合同办理财产权利的变更登记、移转登记等为由主张合同有效的，人民法院不予支持。

第十四条　当事人之间就同一交易订立多份合同，人民法院应当认定其中以虚假意思表示订立的合同无效。当事人为规避法律、行政法规的强制性规定，以虚假意思表示隐藏真实意思表示的，人民法院应当依据民法典第一百五十三条第一款的规定认定被隐藏合同的效力；当事人为规避法律、行政法规关于合同应当办理批准等手续的规定，以虚假意思表示隐藏真实意思表示的，人民法院应当依据民法典第五百零二条第二款的规定认定被隐藏合同的效力。

依据前款规定认定被隐藏合同无效或者确定不发生效力的，人民法院应当以被隐藏合同为事实基础，依据民法典第一百五十七条的规定确定当事人的民事责任。但是，法律另有规定的除外。

当事人就同一交易订立的多份合同均系真实意思表示，且不存在其他影响合同效力情形的，人民法院应当在查明各合同成立先后顺序和实际履行情况的基础上，认定合同内容是否发生变更。法律、行政法规禁止变更合同内容的，人民法院应当认定合同的相应变更无效。

第十五条　人民法院认定当事人之间的权利义务关系，不应当拘泥于合同使用的名称，而应当根据合同约定的内容。当事人主张的权利义务关系与根据合同内容认定的权利义务关系不一致的，人民法院应当结合缔约背景、交易目的、交易结构、履行行为以及当事人是否存在虚构交易标的等事实认定当事人之间的实际民事法律关系。

第十六条　合同违反法律、行政法规的强制性规定，有下列情形之一，由行为人承担行政责任或者刑事责任能够实现强制性规定的立法目的的，人民法院可以依据民法典第一百五十三条第一款关于"该强制性规定不导致该民事法律行为无效的除外"的规定认定该合同不因违反强制性规定无效：

（一）强制性规定虽然旨在维护社会公共秩序，但是合同的实际履行对社会公共秩序造成的影响显著轻微，认定合同无效将导致案件处理结果有失公平公正；

（二）强制性规定旨在维护政府的税收、土地出让金等国家利益或者其他民事主体的合法利益而非合同当事人的民事权益，认定合同有效不会影响该规范目的的实现；

（三）强制性规定旨在要求当事人一方加强风险控制、内部管理等，对方无能力或者无义务审查合同是否违反强制性规定，认定合同无效将使其承担不利后果；

（四）当事人一方虽然在订立合同时违反强制性规定，但是在合同订立后其已经具备补正违反强制性规定的条件却违背诚信原则不予补正；

（五）法律、司法解释规定的其他情形。

法律、行政法规的强制性规定旨在规制合同订立后的履行行为，当事人以合同违反强制性规定为由请求认定合同无效的，人民法院不予支持。但是，合同履行必然导致违反强制性规定或者法律、司法解释另有规定的除外。

依据前两款认定合同有效，但是当事人的违法行为未经处理的，人民法院应当向有关行政管理部门提出司法建议。当事人的行为涉嫌犯罪的，应当将案件线索移送刑事侦查机关；属于刑事自诉案件的，应当告知当事人可以向有管辖权的人民法院另行提起诉讼。

第十七条　合同虽然不违反法律、行政法规的强制性规定，但是有下列情形之一，人民法院应当依据民法典第一百五十三条第二款的规定认定合同无效：

（一）合同影响政治安全、经济安全、军事安全等国家安全的；

（二）合同影响社会稳定、公平竞争秩序或者损害社会公共利益等违背社会公共秩序的；

（三）合同背离社会公德、家庭伦理或者有损人格尊严等违背善良风俗的。

人民法院在认定合同是否违背公序良俗时，应当以社会主义核心价值观为导向，综合考虑当事人的主观动机和交易目的、政府部门的监管强度、一定期限内当事人从事类似交易的频次、行为的社会后果等因素，并在裁判文书中充分说理。当事人确因生活需要进行交易，未给社会公共秩序造成重大影响，且不影响国家安全，也不违背善良风俗的，人民法院不应当认定合同无效。

第十八条　法律、行政法规的规定虽然有"应当""必须"或者"不得"等表述，但是该规定旨在限制或者赋予民事权利，行为人违反该规定将构成无权处分、无权代理、越权代表等，或者导致合同相对人、第三人因此获得撤销权、解除权等民事权利的，人民法院应当依据法律、行政法规规定的关于违反该规定的民事法律后果认定合同效力。

第十九条　以转让或者设定财产权利为目的订立的合同，当事人或者真正权利人仅以让与人在订立合同时对标的物没有所有权或者处分权为由主张合同无效的，人民法院不予支持；因未取得真正权利人事后同意或者让与人事后未取得处分权导致合同不能履行，受让人主张解除合同并请求让与人承担违反合同的赔偿责任的，人民法院依法予以支持。

前款规定的合同被认定有效，且让与人已经将财产交付或者移转登记至受让人，真正权利人请求认定财产权利未发生变动或者请求返还财产的，人民法院应予支持。但是，受让人依据民法典第三百一十一条等规定善意取得财产权利的除外。

第二十条　法律、行政法规为限制法人的法定代表人或者非法人组织的负责人的代表权，规定合同所涉事项应当由法人、非法人组织的权力机构或者决策机构决议，或者应当由法人、非法人组织的执行机构决定，法定代表人、负责人未取得授权而以法人、非法人组织的名义订立合同，未尽到合理审查义务的相对人主张该合同对法人、非法人组织发生效力并由其承担违约责任的，人民法院不予支持，但是法人、非法人组织有过错的，可以参照民法典第一百五十七条的规定判决其承担相应的赔偿责任。相对人已尽到合理审查义务，构成表见代表的，人民法院应当依据民法典第五百零四条的规定处理。

合同所涉事项未超越法律、行政法规规定的法定代表人或者负责人的代表权限，但是超越法人、非法人组织的章程或者权力机构等对代表权的限制，相对人主张该合同对法人、非法人组织发生效力并由其承担违约责任的，人民法院依法予以支持。但是，法人、非法人组织举证证明相对人知道或者应当知道该限制的除外。

法人、非法人组织承担民事责任后，向有过错的法定代表人、负责人追偿因越权代表行为造成的损失的，人民法院依法予以支持。法律、司法解释对法定代表人、负责人的民事责任另有规定的，依照其规定。

第二十一条　法人、非法人组织的工作人员就超越其职权范围的事项以法人、非法人组织的名义订立合同，相对人主张该合同对法人、非法人组织发生效力并由其承担违约责任的，人民法院不予支持。但是，法人、非法人组织有过错的，人民法院可以参照民法典第一百五十七条的规定判决其承担相应的赔偿责任。前述情形，构成表见代理的，人民法院应当依据民法典第一百七十二条的规定处理。

合同所涉事项有下列情形之一的，人民法院应当认定法人、非法人组织的工作人员在订立合同时超越其职权范围：

（一）依法应当由法人、非法人组织的权力机构或者决策机构决议的事项；

（二）依法应当由法人、非法人组织的执行机构决定的事项；

（三）依法应当由法定代表人、负责人代表法人、非法人组织实施的事项；

（四）不属于通常情形下依其职权可以处理的事项。

合同所涉事项未超越依据前款确定的职权范围，但是超越法人、非法人组织对工作人员职权范围的限制，相对人主张该合同对法人、非法人组织发生效力并由其承担违约责任的，人民法院应予支持。但是，法人、非法人组织举证证明相对人知道或者应当知道该限制的除外。

法人、非法人组织承担民事责任后，向故意或者有重大过失的工作人员追偿的，人民法院依法予以支持。

第二十二条　法定代表人、负责人或者工作人员以法人、非法人组织的名义订立合同且未超越权限，法人、非法人组织仅以合同加盖的印章不是备案印章或者系伪造的印章为由主张该合同对其不发生效力的，人民法院不予支持。

合同系以法人、非法人组织的名义订立，但是仅有法定代表人、负责人或者工作人员签名或者按指印而未加盖法人、非法人组织的印章，相对人能够证明法定代表人、负责人或者工作人员在订立合同时未超越权限的，人民法院应当认定合同对法人、非法人组织发生效力。但是，当事人约定以加盖印章作为合同成立条件的除外。

合同仅加盖法人、非法人组织的印章而无人员签名或者按指印，相对人能够证明合同系法定代表人、负责人或者工作人员在其权限范围内订立的，人民法院应当认定该合同对法人、非法人组织发生效力。

在前三款规定的情形下，法定代表人、负责人或者工作人员在订立合同时虽然超越代表或者代理权限，但是依据民法典第五百零四条的规定构成表见代表，或者依据民法典第一百七十二条的规定构成表见代理的，人民法院应当认定合同对法人、非法人组织发生效力。

第二十三条　法定代表人、负责人或者代理人与相对人恶意串通，以法人、非法人组织的名义订立合同，损害法人、非法人组织的合法权益，法人、非法人组织主张不承担民事责任的，人民法院应予支持。法人、非法人组织请求法定代表人、负责人或者代理人与相对人对因此受到的损失承担连带赔偿责任的，人民法院应予支持。

根据法人、非法人组织的举证，综合考虑当事人之间的交易习惯、合同在订立时是否显失公平、相关人员是否获取了不正当利益、合同的履行情况等因素，人民法院能够认定法定代表人、负责人或者代理人与相对人存在恶意串通的高度可能性的，可以要求前述人员就合同订立、履行的过程等相关事实作出陈述或者提供相应的证据。其无正当理由拒绝作出陈述，或者所作陈述不具合理性又不能提供相应证据的，人民法院可以认定恶意串通的事实成立。

第二十四条 合同不成立、无效、被撤销或者确定不发生效力，当事人请求返还财产，经审查财产能够返还的，人民法院应当根据案件具体情况，单独或者合并适用返还占有的标的物、更正登记簿册记载等方式；经审查财产不能返还或者没有必要返还的，人民法院应当以认定合同不成立、无效、被撤销或者确定不发生效力之日该财产的市场价值或者以其他合理方式计算的价值为基准判决折价补偿。

除前款规定的情形外，当事人还请求赔偿损失的，人民法院应当结合财产返还或者折价补偿的情况，综合考虑财产增值收益和贬值损失、交易成本的支出等事实，按照双方当事人的过错程度及原因力大小，根据诚信原则和公平原则，合理确定损失赔偿额。

合同不成立、无效、被撤销或者确定不发生效力，当事人的行为涉嫌违法且未经处理，可能导致一方或者双方通过违法行为获得不当利益的，人民法院应当向有关行政管理部门提出司法建议。当事人的行为涉嫌犯罪的，应当将案件线索移送刑事侦查机关；属于刑事自诉案件的，应当告知当事人可以向有管辖权的人民法院另行提起诉讼。

第二十五条 合同不成立、无效、被撤销或者确定不发生效力，有权请求返还价款或者报酬的当事人一方请求对方支付资金占用费的，人民法院应当在当事人请求的范围内按照中国人民银行授权全国银行间同业拆借中心公布的一年期贷款市场报价利率（LPR）计算。但是，占用资金的当事人对于合同不成立、无效、被撤销或者确定不发生效力没有过错的，应当以中国人民银行公布的同期同类存款基准利率计算。

双方互负返还义务，当事人主张同时履行的，人民法院应予支持；占有标的物的一方对标的物存在使用或者依法可以使用的情形，对方请求将其应支付的资金占用费与应收取的标的物使用费相互抵销的，人民法院应予支持，但是法律另有规定的除外。

四、合同的履行

第二十六条 当事人一方未根据法律规定或者合同约定履行开具发票、提供证明文件等非主要债务，对方请求继续履行该债务并赔偿因怠于履行该债务造成的损失的，人民法院依法予以支持；对方请求解除合同的，人民法院不予支持，但是不履行该债务致使不能实现合同目的或者当事人另有约定的除外。

第二十七条 债务人或者第三人与债权人在债务履行期限届满后达成以物抵债协议，不存在影响合同效力情形的，人民法院应当认定该协议自当事人意思表示一致时生效。

债务人或者第三人履行以物抵债协议后，人民法院应当认定相应的原债务同时消灭；债务人或者第三人未按照约定履行以物抵债协议，经催告后在合理期限内仍不履行，债权人选择请求履行原债务或者以物抵债协议的，人民法院应予支持，但是法律另有规定或者当事人另有约定的除外。

前款规定的以物抵债协议经人民法院确认或者人民法院根据当事人达成的以物抵债协议制作成调解书，债权人主张财产权利自确认书、调解书生效时发生变动或者具有对抗善意第三人效力的，人民法院不予支持。

债务人或者第三人以自己不享有所有权或者处分权的财产权利订立以物抵债协议的，依据本解释第十九条的规定处理。

第二十八条 债务人或者第三人与债权人在债务履行期限届满前达成以物抵债协议的，人民法院应当在审理债权债务关系的基础上认定该协议的效力。

当事人约定债务人到期没有清偿债务，债权人可以对抵债财产拍卖、变卖、折价以实现债权的，人民法院应当认定该约定有效。当事人约定债务人到期没有清偿债务，抵债财产归债权人所有的，人民法院应当认定该约定无效，但是不影响其他部分的效力；债权人请求对抵债财产拍卖、变卖、折价以实现债权的，人民法院应予支持。

当事人订立前款规定的以物抵债协议后，债务人或者第三人未将财产权利转移至债权人名下，债权人主张优先受偿的，人民法院不予支持；债务人或者第三人已将财产权利转移至债权人名下的，依据《最高人民法院关于适用〈中华人民共和国民法典〉有关担保制度的解释》第六十八条的规定处理。

第二十九条 民法典第五百二十二条第二款规定的第三人请求债务人向自己履行债务的，人民法院应予支持；请求行使撤销权、解除权等民事权利的，人民法院不予支持，但是法律另有规定的除外。

合同依法被撤销或者被解除，债务人请求债权人返还财产的，人民法院应予支持。

债务人按照约定向第三人履行债务，第三人拒绝受领，债权人请求债务人向自己履行债务的，人民法院应予支持，但是债务人已经采取提存等方式消灭债务的除外。第三人拒绝受领或者受领迟延，债务人请求债权人赔偿因此造成的损失的，人民法院依法予以支持。

第三十条　下列民事主体,人民法院可以认定为民法典第五百二十四条第一款规定的对履行债务具有合法利益的第三人:

(一)保证人或者提供物的担保的第三人;

(二)担保财产的受让人、用益物权人、合法占有人;

(三)担保财产上的后顺位担保权人;

(四)对债务人的财产享有合法权益且该权益将因财产被强制执行而丧失的第三人;

(五)债务人为法人或者非法人组织的,其出资人或者设立人;

(六)债务人为自然人的,其近亲属;

(七)其他对履行债务具有合法利益的第三人。

第三人在其已经代为履行的范围内取得对债务人的债权,但是不得损害债权人的利益。

担保人代为履行债务取得债权后,向其他担保人主张担保权利的,依据《最高人民法院关于适用〈中华人民共和国民法典〉有关担保制度的解释》第十三条、第十四条、第十八条第二款等规定处理。

第三十一条　当事人互负债务,一方以对方没有履行非主要债务为由拒绝履行自己的主要债务的,人民法院不予支持。但是,对方不履行非主要债务致使不能实现合同目的或者当事人另有约定的除外。

当事人一方起诉请求对方履行债务,被告依据民法典第五百二十五条的规定主张双方同时履行的抗辩且抗辩成立,被告未提起反诉的,人民法院应当判决被告在原告履行债务的同时履行自己的债务,并在判项中明确原告申请强制执行的,人民法院应当在原告履行自己的债务后对被告采取执行行为;被告提起反诉的,人民法院应当判决双方同时履行自己的债务,并在判项中明确任何一方申请强制执行的,人民法院应当在该当事人履行自己的债务后对对方采取执行行为。

当事人一方起诉请求对方履行债务,被告依据民法典第五百二十六条的规定主张原告应先履行的抗辩且抗辩成立的,人民法院应当驳回原告的诉讼请求,但是不影响原告履行债务后另行提起诉讼。

第三十二条　合同成立后,因政策调整或者市场供求关系异常变动等原因导致价格发生当事人在订立合同时无法预见的、不属于商业风险的涨跌,继续履行合同对于当事人一方明显不公平的,人民法院应当认定合同的基础条件发生了民法典第五百三十三条第一款规定的"重大变化"。但是,合同涉及市场属性活跃、长期以来价格波动较大的大宗商品以及股票、期货等风险投资型

金融产品的除外。

合同的基础条件发生了民法典第五百三十三条第一款规定的重大变化,当事人请求变更合同的,人民法院不得解除合同;当事人一方请求变更合同,对方请求解除合同的,或者当事人一方请求解除合同,对方请求变更合同的,人民法院应当结合案件的实际情况,根据公平原则判决变更或者解除合同。

人民法院依据民法典第五百三十三条的规定判决变更或者解除合同的,应当综合考虑合同基础条件发生重大变化的时间、当事人重新协商的情况以及因合同变更或者解除给当事人造成的损失等因素,在判项中明确合同变更或者解除的时间。

当事人事先约定排除民法典第五百三十三条适用的,人民法院应当认定该约定无效。

五、合同的保全

第三十三条　债务人不履行其对债权人的到期债务,又不以诉讼或者仲裁方式向相对人主张其享有的债权或者与该债权有关的从权利,致使债权人的到期债权未能实现的,人民法院可以认定为民法典第五百三十五条规定的"债务人怠于行使其债权或者与该债权有关的从权利,影响债权人的到期债权实现"。

第三十四条　下列权利,人民法院可以认定为民法典第五百三十五条第一款规定的专属于债务人自身的权利:

(一)抚养费、赡养费或者扶养费请求权;

(二)人身损害赔偿请求权;

(三)劳动报酬请求权,但是超过债务人及其所扶养家属的生活必需费用的部分除外;

(四)请求支付基本养老保险金、失业保险金、最低生活保障金等保障当事人基本生活的权利;

(五)其他专属于债务人自身的权利。

第三十五条　债权人依据民法典第五百三十五条的规定对债务人的相对人提起代位权诉讼的,由被告住所地人民法院管辖,但是依法应当适用专属管辖规定的除外。

债务人或者相对人以双方之间的债权债务关系订有管辖协议为由提出异议的,人民法院不予支持。

第三十六条　债权人提起代位权诉讼后,债务人或者相对人以双方之间的债权债务关系订有仲裁协议为由对法院主管提出异议的,人民法院不予支持。但是,债务人或者相对人在首次开庭前就债务人与相对人之间的债权债务关系申请仲裁的,人民法院可以依法中止代位权

诉讼。

第三十七条　债权人以债务人的相对人为被告向人民法院提起代位权诉讼，未将债务人列为第三人的，人民法院应当追加债务人为第三人。

两个以上债权人以债务人的同一相对人为被告提起代位权诉讼的，人民法院可以合并审理。债务人对相对人享有的债权不足以清偿其对两个以上债权人负担的债务的，人民法院应当按照债权人享有的债权比例确定相对人的履行份额，但是法律另有规定的除外。

第三十八条　债权人向人民法院起诉债务人后，又向同一人民法院对债务人的相对人提起代位权诉讼，属于该人民法院管辖的，可以合并审理。不属于该人民法院管辖的，应当告知其向有管辖权的人民法院另行起诉；在起诉债务人的诉讼终结前，代位权诉讼应当中止。

第三十九条　在代位权诉讼中，债务人对超过债权人代位请求数额的债权部分起诉相对人，属于同一人民法院管辖的，可以合并审理。不属于同一人民法院管辖的，应当告知其向有管辖权的人民法院另行起诉；在代位权诉讼终结前，债务人对相对人的诉讼应当中止。

第四十条　代位权诉讼中，人民法院经审理认为债权人的主张不符合代位权行使条件的，应当驳回诉讼请求，但是不影响债权人根据新的事实再次起诉。

债务人的相对人仅以债权人提起代位权诉讼时债权人与债务人之间的债权债务关系未经生效法律文书确认为由，主张债权人提起的诉讼不符合代位权行使条件的，人民法院不予支持。

第四十一条　债权人提起代位权诉讼后，债务人无正当理由减免相对人的债务或者延长相对人的履行期限，相对人以此向债权人抗辩的，人民法院不予支持。

第四十二条　对于民法典第五百三十九条规定的"明显不合理"的低价或者高价，人民法院应当按照交易当地一般经营者的判断，并参考交易时交易地的市场交易价或者物价部门指导价予以认定。

转让价格未达到交易时交易地的市场交易价或者指导价百分之七十的，一般可以认定为"明显不合理的低价"；受让价格高于交易时交易地的市场交易价或者指导价百分之三十的，一般可以认定为"明显不合理的高价"。

债务人与相对人存在亲属关系、关联关系的，不受前款规定的百分之七十、百分之三十的限制。

第四十三条　债务人以明显不合理的价格，实施互易财产、以物抵债、出租或者承租财产、知识产权许可使

用等行为，影响债权人的债权实现，债务人的相对人知道或者应当知道该情形，债权人请求撤销债务人的行为的，人民法院应当依据民法典第五百三十九条的规定予以支持。

第四十四条　债权人依据民法典第五百三十八条、第五百三十九条的规定提起撤销权诉讼的，应当以债务人和债务人的相对人为共同被告，由债务人或者相对人的住所地人民法院管辖，但是依法应当适用专属管辖规定的除外。

两个以上债权人就债务人的同一行为提起撤销权诉讼的，人民法院可以合并审理。

第四十五条　在债权人撤销权诉讼中，被撤销行为的标的可分，当事人主张在受影响的债权范围内撤销债务人的行为的，人民法院应予支持；被撤销行为的标的不可分，债权人主张将债务人的行为全部撤销的，人民法院应予支持。

债权人行使撤销权所支付的合理的律师代理费、差旅费等费用，可以认定为民法典第五百四十条规定的"必要费用"。

第四十六条　债权人在撤销权诉讼中同时请求债务人的相对人向债务人承担返还财产、折价补偿、履行到期债务等法律后果的，人民法院依法予以支持。

债权人请求受理撤销权诉讼的人民法院一并审理其与债务人之间的债权债务关系，属于该人民法院管辖的，可以合并审理。不属于该人民法院管辖的，应当告知其向有管辖权的人民法院另行起诉。

债权人依据其与债务人的诉讼、撤销权诉讼产生的生效法律文书申请强制执行的，人民法院可以就债务人对相对人享有的权利采取强制执行措施以实现债权人的债权。债权人在撤销权诉讼中，申请对相对人的财产采取保全措施的，人民法院依法予以准许。

六、合同的变更和转让

第四十七条　债权转让后，债务人向受让人主张其对让与人的抗辩的，人民法院可以追加让与人为第三人。

债务转移后，新债务人主张原债务人对债权人的抗辩的，人民法院可以追加原债务人为第三人。

当事人一方将合同权利义务一并转让后，对方就合同权利义务向受让人主张抗辩或者受让人就合同权利义务向对方主张抗辩的，人民法院可以追加让与人为第三人。

第四十八条　债务人在接到债权转让通知前已经向让与人履行，受让人请求债务人履行的，人民法院不予支

持;债务人接到债权转让通知后仍然向让与人履行,受让人请求债务人履行的,人民法院应予支持。

让与人未通知债务人,受让人直接起诉债务人请求履行债务,人民法院经审理确认债权转让事实的,应当认定债权转让自起诉状副本送达时对债务人发生效力。债务人主张因未通知而给其增加的费用或者造成的损失从认定的债权数额中扣除的,人民法院依法予以支持。

第四十九条　债务人接到债权转让通知后,让与人以债权转让合同不成立、无效、被撤销或者确定不发生效力为由请求债务人向其履行的,人民法院不予支持。但是,该债权转让通知被依法撤销的除外。

受让人基于债务人对债权真实存在的确认受让债权后,债务人又以该债权不存在为由拒绝向受让人履行的,人民法院不予支持。但是,受让人知道或者应当知道该债权不存在的除外。

第五十条　让与人将同一债权转让给两个以上受让人,债务人以已经向最先通知的受让人履行为由主张其不再履行债务的,人民法院应予支持。债务人明知接受履行的受让人不是最先通知的受让人,最先通知的受让人请求债务人继续履行债务或者依据债权转让协议请求让与人承担违约责任的,人民法院应予支持;最先通知的受让人请求接受履行的受让人返还其接受的财产的,人民法院不予支持,但是接受履行的受让人明知该债权在其受让前已经转让给其他受让人的除外。

前款所称最先通知的受让人,是指最先到达债务人的转让通知中载明的受让人。当事人之间对通知到达时间有争议的,人民法院应当结合通知的方式等因素综合判断,而不能仅根据债务人认可的通知时间或者通知记载的时间予以认定。当事人采用邮寄、通讯电子系统等方式发出通知的,人民法院应当以邮戳时间或者通讯电子系统记载的时间等作为认定通知到达时间的依据。

第五十一条　第三人加入债务并与债务人约定了追偿权,其履行债务后主张向债务人追偿的,人民法院应予支持;没有约定追偿权,第三人依照民法典关于不当得利等的规定,在其已经向债权人履行债务的范围内请求债务人向其履行的,人民法院应予支持,但是第三人知道或者应当知道加入债务会损害债务人利益的除外。

债务人就其对债权人享有的抗辩向加入债务的第三人主张的,人民法院应予支持。

七、合同的权利义务终止

第五十二条　当事人就解除合同协商一致时未对合同解除后的违约责任、结算和清理等问题作出处理,一方主张合同已经解除的,人民法院应予支持。但是,当事人另有约定的除外。

有下列情形之一的,除当事人一方另有意思表示外,人民法院可以认定合同解除:

(一)当事人一方主张行使法律规定或者合同约定的解除权,经审理认为不符合解除权行使条件但是对方同意解除;

(二)双方当事人均不符合解除权行使的条件但是均主张解除合同。

前两款情形下的违约责任、结算和清理等问题,人民法院应当依据民法典第五百六十六条、第五百六十七条和有关违约责任的规定处理。

第五十三条　当事人一方以通知方式解除合同,并以对方未在约定的异议期限或者其他合理期限内提出异议为由主张合同已经解除的,人民法院应当对其是否享有法律规定或者合同约定的解除权进行审查。经审查,享有解除权的,合同自通知到达对方时解除;不享有解除权的,不发生合同解除的效力。

第五十四条　当事人一方未通知对方,直接以提起诉讼的方式主张解除合同,撤诉后再次起诉主张解除合同,人民法院经审理支持该主张的,合同自再次起诉的起诉状副本送达对方时解除。但是,当事人一方撤诉后又通知对方解除合同且该通知已经到达对方的除外。

第五十五条　当事人一方依据民法典第五百六十八条的规定主张抵销,人民法院经审理认为抵销权成立的,应当认定通知到达对方时双方互负的主债务、利息、违约金或者损害赔偿金等债务在同等数额内消灭。

第五十六条　行使抵销权的一方负担的数项债务种类相同,但是享有的债权不足以抵销全部债务,当事人因抵销的顺序发生争议的,人民法院可以参照民法典第五百六十条的规定处理。

行使抵销权的一方享有的债权不足以抵销其负担的包括主债务、利息、实现债权的有关费用在内的全部债务,当事人因抵销的顺序发生争议的,人民法院可以参照民法典第五百六十一条的规定处理。

第五十七条　因侵害自然人人身权益,或者故意、重大过失侵害他人财产权益产生的损害赔偿债务,侵权人主张抵销的,人民法院不予支持。

第五十八条　当事人互负债务,一方以其诉讼时效期间已经届满的债权通知对方主张抵销,对方提出诉讼时效抗辩的,人民法院对该抗辩应予支持。一方的债权诉讼时效期间已经届满,对方主张抵销的,人民法院应予支持。

八、违约责任

第五十九条 当事人一方依据民法典第五百八十条第二款的规定请求终止合同权利义务关系的,人民法院一般应当以起诉状副本送达对方的时间作为合同权利义务关系终止的时间。根据案件的具体情况,以其他时间作为合同权利义务关系终止的时间更加符合公平原则和诚信原则的,人民法院可以以该时间作为合同权利义务关系终止的时间,但是应当在裁判文书中充分说明理由。

第六十条 人民法院依据民法典第五百八十四条的规定确定合同履行后可以获得的利益时,可以在扣除非违约方为订立、履行合同支出的费用等合理成本后,按照非违约方能够获得的生产利润、经营利润或者转售利润等计算。

非违约方依法行使合同解除权并实施了替代交易,主张按照替代交易价格与合同价格的差额确定合同履行后可以获得的利益的,人民法院依法予以支持;替代交易价格明显偏离替代交易发生时当地的市场价格,违约方主张按照市场价格与合同价格的差额确定合同履行后可以获得的利益的,人民法院应予支持。

非违约方依法行使合同解除权但是未实施替代交易,主张按照违约行为发生后合理期间内合同履行地的市场价格与合同价格的差额确定合同履行后可以获得的利益的,人民法院应予支持。

第六十一条 在以持续履行的债务为内容的定期合同中,一方不履行支付价款、租金等金钱债务,对方请求解除合同,人民法院经审理认为合同应当依法解除的,可以根据当事人的主张,参考合同主体、交易类型、市场价格变化、剩余履行期限等因素确定非违约方寻找替代交易的合理期限,并按照该期限对应的价款、租金等扣除非违约方应当支付的相应履约成本确定合同履行后可以获得的利益。

非违约方主张按照合同解除后剩余履行期限相应的价款、租金等扣除履约成本确定合同履行后可以获得的利益的,人民法院不予支持。但是,剩余履行期限少于寻找替代交易的合理期限的除外。

第六十二条 非违约方在合同履行后可以获得的利益难以根据本解释第六十条、第六十一条的规定予以确定的,人民法院可以综合考虑违约方因违约获得的利益、违约方的过错程度、其他违约情节等因素,遵循公平原则和诚信原则确定。

第六十三条 在认定民法典第五百八十四条规定的"违约一方订立合同时预见到或者应当预见到的因违约可能造成的损失"时,人民法院应当根据当事人订立合同的目的,综合考虑合同主体、合同内容、交易类型、交易习惯、磋商过程等因素,按照与违约方处于相同或者类似情况的民事主体在订立合同时预见到或者应当预见到的损失予以确定。

除合同履行后可以获得的利益外,非违约方主张还有其向第三人承担违约责任应当支出的额外费用等其他因违约所造成的损失,并请求违约方赔偿,经审理认为该损失系违约一方订立合同时预见到或者应当预见到的,人民法院应予支持。

在确定违约损失赔偿额时,违约方主张扣除非违约方未采取适当措施导致的扩大损失、非违约方也有过错造成的相应损失、非违约方因违约获得的额外利益或者减少的必要支出的,人民法院依法予以支持。

第六十四条 当事人一方通过反诉或者抗辩的方式,请求调整违约金的,人民法院依法予以支持。

违约方主张约定的违约金过分高于违约造成的损失,请求予以适当减少的,应当承担举证责任。非违约方主张约定的违约金合理的,也应当提供相应的证据。

当事人仅以合同约定不得对违约金进行调整为由主张不予调整违约金的,人民法院不予支持。

第六十五条 当事人主张约定的违约金过分高于违约造成的损失,请求予以适当减少的,人民法院应当以民法典第五百八十四条规定的损失为基础,兼顾合同主体、交易类型、合同的履行情况、当事人的过错程度、履约背景等因素,遵循公平原则和诚信原则进行衡量,并作出裁判。

约定的违约金超过造成损失的百分之三十的,人民法院一般可以认定为过分高于造成的损失。

恶意违约的当事人一方请求减少违约金的,人民法院一般不予支持。

第六十六条 当事人一方请求对方支付违约金,对方以合同不成立、无效、被撤销、确定不发生效力、不构成违约或者非违约方不存在损失等为由抗辩,未主张调整过高的违约金的,人民法院应当就是否支持该抗辩,当事人是否请求调整违约金进行释明。第一审人民法院认为抗辩成立且未予释明,第二审人民法院认为应当判决支付违约金的,可以直接释明,并根据当事人的请求,在当事人就是否应当调整违约金充分举证、质证、辩论后,依法判决适当减少违约金。

被告因客观原因在第一审程序中未到庭参加诉讼，但是在第二审程序中到庭参加诉讼并请求减少违约金的，第二审人民法院可以在当事人就是否应当调整违约金充分举证、质证、辩论后，依法判决适当减少违约金。

第六十七条 当事人交付留置金、担保金、保证金、订约金、押金或者订金等，但是没有约定定金性质，一方主张适用民法典第五百八十七条规定的定金罚则的，人民法院不予支持。当事人约定了定金性质，但是未约定定金类型或者约定不明，一方主张为违约定金的，人民法院应予支持。

当事人约定以交付定金作为订立合同的担保，一方拒绝订立合同或者在磋商订立合同时违背诚信原则导致未能订立合同，对方主张适用民法典第五百八十七条规定的定金罚则的，人民法院应予支持。

当事人约定以交付定金作为合同成立或者生效条件，应当交付定金的一方未交付定金，但是合同主要义务已经履行完毕并为对方所接受的，人民法院应当认定合同在对方接受履行时已经成立或者生效。

当事人约定定金性质为解约定金，交付定金的一方主张以丧失定金为代价解除合同的，或者收受定金的一方主张以双倍返还定金为代价解除合同的，人民法院应予支持。

第六十八条 双方当事人均具有致使不能实现合同目的的违约行为，其中一方请求适用定金罚则的，人民法院不予支持。当事人一方仅有轻微违约，对方具有致使不能实现合同目的的违约行为，轻微违约方主张适用定金罚则，对方以轻微违约方也构成违约为由抗辩的，人民法院对该抗辩不予支持。

当事人一方已经部分履行合同，对方接受并主张按照未履行部分所占比例适用定金罚则的，人民法院应予支持。对方主张按照合同整体适用定金罚则的，人民法院不予支持，但是部分未履行致使不能实现合同目的的除外。

因不可抗力致使合同不能履行，非违约方主张适用定金罚则的，人民法院不予支持。

九、附　则

第六十九条 本解释自 2023 年 12 月 5 日起施行。

民法典施行后的法律事实引起的民事案件，本解释施行后尚未终审的，适用本解释；本解释施行前已经终审，当事人申请再审或者按照审判监督程序决定再审的，不适用本解释。

最高人民法院关于审理建设工程施工合同纠纷案件适用法律问题的解释（一）

· 2020 年 12 月 25 日最高人民法院审判委员会第 1825 次会议通过
· 2020 年 12 月 29 日最高人民法院公告公布
· 自 2021 年 1 月 1 日起施行
· 法释〔2020〕25 号

为正确审理建设工程施工合同纠纷案件，依法保护当事人合法权益，维护建筑市场秩序，促进建筑市场健康发展，根据《中华人民共和国民法典》《中华人民共和国建筑法》《中华人民共和国招标投标法》《中华人民共和国民事诉讼法》等相关法律规定，结合审判实践，制定本解释。

第一条 建设工程施工合同具有下列情形之一的，应当依据民法典第一百五十三条第一款的规定，认定无效：

（一）承包人未取得建筑业企业资质或者超越资质等级的；

（二）没有资质的实际施工人借用有资质的建筑施工企业名义的；

（三）建设工程必须进行招标而未招标或者中标无效的。

承包人因转包、违法分包建设工程与他人签订的建设工程施工合同，应当依据民法典第一百五十三条第一款及第七百九十一条第二款、第三款的规定，认定无效。

第二条 招标人和中标人另行签订的建设工程施工合同约定的工程范围、建设工期、工程质量、工程价款等实质性内容，与中标合同不一致，一方当事人请求按照中标合同确定权利义务的，人民法院应予支持。

招标人和中标人在中标合同之外就明显高于市场价格购买承建房产、无偿建设住房配套设施、让利、向建设单位捐赠财物等另行签订合同，变相降低工程价款，一方当事人以该合同背离中标合同实质性内容为由请求确认无效的，人民法院应予支持。

第三条 当事人以发包人未取得建设工程规划许可证等规划审批手续为由，请求确认建设工程施工合同无效的，人民法院应予支持，但发包人在起诉前取得建设工程规划许可证等规划审批手续的除外。

发包人能够办理审批手续而未办理，并以未办理审批手续为由请求确认建设工程施工合同无效的，人民法院不予支持。

第四条　承包人超越资质等级许可的业务范围签订建设工程施工合同,在建设工程竣工前取得相应资质等级,当事人请求按照无效合同处理的,人民法院不予支持。

第五条　具有劳务作业法定资质的承包人与总承包人、分包人签订的劳务分包合同,当事人请求确认无效的,人民法院依法不予支持。

第六条　建设工程施工合同无效,一方当事人请求对方赔偿损失的,应当就对方过错、损失大小、过错与损失之间的因果关系承担举证责任。

损失大小无法确定,一方当事人请求参照合同约定的质量标准、建设工期、工程价款支付时间等内容确定损失大小的,人民法院可以结合双方过错程度、过错与损失之间的因果关系等因素作出裁判。

第七条　缺乏资质的单位或者个人借用有资质的建筑施工企业名义签订建设工程施工合同,发包人请求出借方与借用方对建设工程质量不合格等因出借资质造成的损失承担连带赔偿责任的,人民法院应予支持。

第八条　当事人对建设工程开工日期有争议的,人民法院应当分别按照以下情形予以认定:

(一)开工日期为发包人或者监理人发出的开工通知载明的开工日期;开工通知发出后,尚不具备开工条件的,以开工条件具备的时间为开工日期;因承包人原因导致开工时间推迟的,以开工通知载明的时间为开工日期。

(二)承包人经发包人同意已经实际进场施工的,以实际进场施工时间为开工日期。

(三)发包人或者监理人未发出开工通知,亦无相关证据证明实际开工日期的,应当综合考虑开工报告、合同、施工许可证、竣工验收报告或者竣工验收备案表等载明的时间,并结合是否具备开工条件的事实,认定开工日期。

第九条　当事人对建设工程实际竣工日期有争议的,人民法院应当分别按照以下情形予以认定:

(一)建设工程经竣工验收合格的,以竣工验收合格之日为竣工日期;

(二)承包人已经提交竣工验收报告,发包人拖延验收的,以承包人提交验收报告之日为竣工日期;

(三)建设工程未经竣工验收,发包人擅自使用的,以转移占有建设工程之日为竣工日期。

第十条　当事人约定顺延工期应当经发包人或者监理人签证等方式确认,承包人虽未取得工期顺延的确认,但能够证明在合同约定的期限内向发包人或者监理人申请过工期顺延且顺延事由符合合同约定,承包人以此为由主张工期顺延的,人民法院应予支持。

当事人约定承包人未在约定期限内提出工期顺延申请视为工期不顺延的,按照约定处理,但发包人在约定期限后同意工期顺延或者承包人提出合理抗辩的除外。

第十一条　建设工程竣工前,当事人对工程质量发生争议,工程质量经鉴定合格的,鉴定期间为顺延工期期间。

第十二条　因承包人的原因造成建设工程质量不符合约定,承包人拒绝修理、返工或者改建,发包人请求减少支付工程价款的,人民法院应予支持。

第十三条　发包人具有下列情形之一,造成建设工程质量缺陷,应当承担过错责任:

(一)提供的设计有缺陷;

(二)提供或者指定购买的建筑材料、建筑构配件、设备不符合强制性标准;

(三)直接指定分包人分包专业工程。

承包人有过错的,也应当承担相应的过错责任。

第十四条　建设工程未经竣工验收,发包人擅自使用后,又以使用部分质量不符合约定为由主张权利的,人民法院不予支持;但是承包人应当在建设工程的合理使用寿命内对地基基础工程和主体结构质量承担民事责任。

第十五条　因建设工程质量发生争议的,发包人可以以总承包人、分包人和实际施工人为共同被告提起诉讼。

第十六条　发包人在承包人提起的建设工程施工合同纠纷案件中,以建设工程质量不符合合同约定或者法律规定为由,就承包人支付违约金或者赔偿修理、返工、改建的合理费用等损失提出反诉的,人民法院可以合并审理。

第十七条　有下列情形之一,承包人请求发包人返还工程质量保证金的,人民法院应予支持:

(一)当事人约定的工程质量保证金返还期限届满;

(二)当事人未约定工程质量保证金返还期限的,自建设工程通过竣工验收之日起满二年;

(三)因发包人原因建设工程未按约定期限进行竣工验收的,自承包人提交工程竣工验收报告九十日后当事人约定的工程质量保证金返还期限届满;当事人未约定工程质量保证金返还期限的,自承包人提交工程竣工验收报告九十日后起满二年。

发包人返还工程质量保证金后,不影响承包人根据合同约定或者法律规定履行工程保修义务。

第十八条　因保修人未及时履行保修义务，导致建筑物毁损或者造成人身损害、财产损失的，保修人应当承担赔偿责任。

保修人与建筑物所有人或者发包人对建筑物毁损均有过错的，各自承担相应的责任。

第十九条　当事人对建设工程的计价标准或者计价方法有约定的，按照约定结算工程价款。

因设计变更导致建设工程的工程量或者质量标准发生变化，当事人对该部分工程价款不能协商一致的，可以参照签订建设工程施工合同时当地建设行政主管部门发布的计价方法或者计价标准结算工程价款。

建设工程施工合同有效，但建设工程经竣工验收不合格的，依照民法典第五百七十七条规定处理。

第二十条　当事人对工程量有争议的，按照施工过程中形成的签证等书面文件确认。承包人能够证明发包人同意其施工，但未能提供签证文件证明工程量发生的，可以按照当事人提供的其他证据确认实际发生的工程量。

第二十一条　当事人约定，发包人收到竣工结算文件后，在约定期限内不予答复，视为认可竣工结算文件的，按照约定处理。承包人请求按照竣工结算文件结算工程价款的，人民法院应予支持。

第二十二条　当事人签订的建设工程施工合同与招标文件、投标文件、中标通知书载明的工程范围、建设工期、工程质量、工程价款不一致，一方当事人请求将招标文件、投标文件、中标通知书作为结算工程价款的依据的，人民法院应予支持。

第二十三条　发包人将依法不属于必须招标的建设工程进行招标后，与承包人另行订立的建设工程施工合同背离中标合同的实质性内容，当事人请求以中标合同作为结算建设工程价款依据的，人民法院应予支持，但发包人与承包人因客观情况发生了在招标投标时难以预见的变化而另行订立建设工程施工合同的除外。

第二十四条　当事人就同一建设工程订立的数份建设工程施工合同均无效，但建设工程质量合格，一方当事人请求参照实际履行的合同关于工程价款的约定折价补偿承包人的，人民法院应予支持。

实际履行的合同难以确定，当事人请求参照最后签订的合同关于工程价款的约定折价补偿承包人的，人民法院应予支持。

第二十五条　当事人对垫资和垫资利息有约定，承

包人请求按照约定返还垫资及其利息的，人民法院应予支持，但是约定的利息计算标准高于垫资时的同类贷款利率或者同期贷款市场报价利率的部分除外。

当事人对垫资没有约定的，按照工程欠款处理。

当事人对垫资利息没有约定，承包人请求支付利息的，人民法院不予支持。

第二十六条　当事人对欠付工程价款利息计付标准有约定的，按照约定处理。没有约定的，按照同期同类贷款利率或者同期贷款市场报价利率计息。

第二十七条　利息从应付工程价款之日开始计付。当事人对付款时间没有约定或者约定不明的，下列时间视为应付款时间：

（一）建设工程已实际交付的，为交付之日；

（二）建设工程没有交付的，为提交竣工结算文件之日；

（三）建设工程未交付，工程价款也未结算的，为当事人起诉之日。

第二十八条　当事人约定按照固定价结算工程价款，一方当事人请求对建设工程造价进行鉴定的，人民法院不予支持。

第二十九条　当事人在诉讼前已经对建设工程价款结算达成协议，诉讼中一方当事人申请对工程造价进行鉴定的，人民法院不予准许。

第三十条　当事人在诉讼前共同委托有关机构、人员对建设工程造价出具咨询意见，诉讼中一方当事人不认可该咨询意见申请鉴定的，人民法院应予准许，但双方当事人明确表示受该咨询意见约束的除外。

第三十一条　当事人对部分案件事实有争议的，仅对有争议的事实进行鉴定，但争议事实范围不能确定，或者双方当事人请求对全部事实鉴定的除外。

第三十二条　当事人对工程造价、质量、修复费用等专门性问题有争议，人民法院认为需要鉴定的，应当向负有举证责任的当事人释明。当事人经释明未申请鉴定，虽申请鉴定但未支付鉴定费用或者拒不提供相关材料的，应当承担举证不能的法律后果。

一审诉讼中负有举证责任的当事人未申请鉴定，虽申请鉴定但未支付鉴定费用或者拒不提供相关材料，二审诉讼中申请鉴定，人民法院认为确有必要的，应当依照民事诉讼法第一百七十条第一款第三项的规定处理。

第三十三条　人民法院准许当事人的鉴定申请后，应当根据当事人申请及查明案件事实的需要，确定委托鉴定的事项、范围、鉴定期限等，并组织当事人对争议的

鉴定材料进行质证。

第三十四条　人民法院应当组织当事人对鉴定意见进行质证。鉴定人将当事人有争议且未经质证的材料作为鉴定依据的，人民法院应当组织当事人就该部分材料进行质证。经质证认为不能作为鉴定依据的，根据该材料作出的鉴定意见不得作为认定案件事实的依据。

第三十五条　与发包人订立建设工程施工合同的承包人，依据民法典第八百零七条的规定请求其承建工程的价款就工程折价或者拍卖的价款优先受偿的，人民法院应予支持。

第三十六条　承包人根据民法典第八百零七条规定享有的建设工程价款优先受偿权优于抵押权和其他债权。

第三十七条　装饰装修工程具备折价或者拍卖条件，装饰装修工程的承包人请求工程价款就该装饰装修工程折价或者拍卖的价款优先受偿的，人民法院应予支持。

第三十八条　建设工程质量合格，承包人请求其承建工程的价款就工程折价或者拍卖的价款优先受偿的，人民法院应予支持。

第三十九条　未竣工的建设工程质量合格，承包人请求其承建工程的价款就其承建工程部分折价或者拍卖的价款优先受偿的，人民法院应予支持。

第四十条　承包人建设工程价款优先受偿的范围依照国务院有关行政主管部门关于建设工程价款范围的规定确定。

承包人就逾期支付建设工程价款的利息、违约金、损害赔偿金等主张优先受偿的，人民法院不予支持。

第四十一条　承包人应当在合理期限内行使建设工程价款优先受偿权，但最长不得超过十八个月，自发包人应当给付建设工程价款之日起算。

第四十二条　发包人与承包人约定放弃或者限制建设工程价款优先受偿权，损害建筑工人利益，发包人根据该约定主张承包人不享有建设工程价款优先受偿权的，人民法院不予支持。

第四十三条　实际施工人以转包人、违法分包人为被告起诉的，人民法院应当依法受理。

实际施工人以发包人为被告主张权利的，人民法院应当追加转包人或者违法分包人为本案第三人，在查明发包人欠付转包人或者违法分包人建设工程价款的数额后，判决发包人在欠付建设工程价款范围内对实际施工人承担责任。

第四十四条　实际施工人依据民法典第五百三十五条规定，以转包人或者违法分包人怠于向发包人行使到期债权或者与该债权有关的从权利，影响其到期债权实现，提起代位权诉讼的，人民法院应予支持。

第四十五条　本解释自2021年1月1日起施行。

· 文书范本

GF—2017—0201

建设工程施工合同（示范文本）

住房城乡建设部
国家工商行政管理总局　制定

说　明

为了指导建设工程施工合同当事人的签约行为，维护合同当事人的合法权益，依据《中华人民共和国合同法》《中华人民共和国建筑法》《中华人民共和国招标投标法》以及相关法律法规，住房城乡建设部、国家工商行政管理总局对《建设工程施工合同（示范文本）》（GF-2013-0201）进行了修订，制定了《建设工程施工合同（示范文本）》（GF-2017-0201）（以下简称《示范文本》）。为了便于合同当事人使用《示范文本》，现就有关问题说明如下：

一、《示范文本》的组成

《示范文本》由合同协议书、通用合同条款和专用合同条款三部分组成。

（一）合同协议书

《示范文本》合同协议书共计 13 条，主要包括：工程概况、合同工期、质量标准、签约合同价和合同价格形式、项目经理、合同文件构成、承诺以及合同生效条件等重要内容，集中约定了合同当事人基本的合同权利义务。

（二）通用合同条款

通用合同条款是合同当事人根据《中华人民共和国建筑法》、《中华人民共和国合同法》等法律法规的规定，就工程建设的实施及相关事项，对合同当事人的权利义务作出的原则性约定。

通用合同条款共计 20 条，具体条款分别为：一般约定、发包人、承包人、监理人、工程质量、安全文明施工与环境保护、工期和进度、材料与设备、试验与检验、变更、价格调整、合同价格、计量与支付、验收和工程试车、竣工结算、缺陷责任与保修、违约、不可抗力、保险、索赔和争议解决。前述条款安排既考虑了现行法律法规对工程建设的有关要求，也考虑了建设工程施工管理的特殊需要。

（三）专用合同条款

专用合同条款是对通用合同条款原则性约定的细化、完善、补充、修改或另行约定的条款。合同当事人可以根据不同建设工程的特点及具体情况，通过双方的谈判、协商对相应的专用合同条款进行修改补充。在使用专用合同条款时，应注意以下事项：

1. 专用合同条款的编号应与相应的通用合同条款的编号一致；

2. 合同当事人可以通过对专用合同条款的修改，满足具体建设工程的特殊要求，避免直接修改通用合同条款；

3. 在专用合同条款中有横道线的地方，合同当事人可针对相应的通用合同条款进行细化、完善、补充、修改或另行约定；如无细化、完善、补充、修改或另行约定，则填写"无"或划"/"。

二、《示范文本》的性质和适用范围

《示范文本》为非强制性使用文本。《示范文本》适用于房屋建筑工程、土木工程、线路管道和设备安装工程、装修工程等建设工程的施工承发包活动，合同当事人可结合建设工程具体情况，根据《示范文本》订立合同，并按照法律法规规定和合同约定承担相应的法律责任及合同权利义务。

第一部分　合同协议书

发包人（全称）：_____

承包人（全称）：_____

根据《中华人民共和国合同法》、《中华人民共和国建筑法》及有关法律规定，遵循平等、自愿、公平和诚实信用的原则，双方就_____工程施工及有关事项协商一致，共同达成如下协议：

一、工程概况

1. 工程名称：_____。

2. 工程地点：_____。

3. 工程立项批准文号：_____。

4. 资金来源：_____。

5. 工程内容：_____。

群体工程应附《承包人承揽工程项目一览表》（附件 1）。

6. 工程承包范围：_____

_____。

二、合同工期

计划开工日期：_____年____月____日。

计划竣工日期：_____年____月____日。

工期总日历天数：_____天。工期总日历天数与根据前述计划开竣工日期计算的工期天数不一致的，以工期总日历天数为准。

三、质量标准

工程质量符合 _____ 标准。

四、签约合同价与合同价格形式

1. 签约合同价为：

人民币(大写) _____(¥ _____元)；

其中：

(1)安全文明施工费：

人民币(大写) _____(¥ _____元)；

(2)材料和工程设备暂估价金额：

人民币(大写) _____(¥ _____元)；

(3)专业工程暂估价金额：

人民币(大写) _____(¥ _____元)；

(4)暂列金额：

人民币(大写) _____(¥ _____元)。

2. 合同价格形式：_____。

五、项目经理

承包人项目经理：_____。

六、合同文件构成

本协议书与下列文件一起构成合同文件：

(1)中标通知书(如果有)；

(2)投标函及其附录(如果有)；

(3)专用合同条款及其附件；

(4)通用合同条款；

(5)技术标准和要求；

(6)图纸；

(7)已标价工程量清单或预算书；

(8)其他合同文件。

在合同订立及履行过程中形成的与合同有关的文件均构成合同文件组成部分。

上述各项合同文件包括合同当事人就该项合同文件所作出的补充和修改,属于同一类内容的文件,应以最新签署的为准。专用合同条款及其附件须经合同当事人签字或盖章。

七、承诺

1. 发包人承诺按照法律规定履行项目审批手续、筹集工程建设资金并按照合同约定的期限和方式支付合同价款。

2. 承包人承诺按照法律规定及合同约定组织完成工程施工,确保工程质量和安全,不进行转包及违法分包,并在缺陷责任期及保修期内承担相应的工程维修责任。

3. 发包人和承包人通过招投标形式签订合同的,双方理解并承诺不再就同一工程另行签订与合同实质性内容相背离的协议。

八、词语含义

本协议书中词语含义与第二部分通用合同条款中赋予的含义相同。

九、签订时间

本合同于_____ 年___月___日签订。

十、签订地点

本合同在_____ 签订。

十一、补充协议

合同未尽事宜,合同当事人另行签订补充协议,补充协议是合同的组成部分。

十二、合同生效

本合同自＿＿＿＿＿＿＿＿＿＿＿＿＿＿＿＿＿＿＿＿＿＿＿＿＿＿＿＿＿＿＿＿＿生效。

十三、合同份数

本合同一式＿＿＿份,均具有同等法律效力,发包人执＿＿＿份,承包人执＿＿＿份。

发包人：（公章）	承包人：（公章）
法定代表人或其委托代理人：	法定代表人或其委托代理人：
（签字）	（签字）
组织机构代码：＿＿＿＿＿＿＿＿＿	组织机构代码：＿＿＿＿＿＿＿＿＿
地　址：＿＿＿＿＿＿＿＿＿＿＿	地　址：＿＿＿＿＿＿＿＿＿＿＿
邮政编码：＿＿＿＿＿＿＿＿＿＿＿	邮政编码：＿＿＿＿＿＿＿＿＿＿＿
法定代表人：＿＿＿＿＿＿＿＿＿	法定代表人：＿＿＿＿＿＿＿＿＿
委托代理人：＿＿＿＿＿＿＿＿＿	委托代理人：＿＿＿＿＿＿＿＿＿
电　话：＿＿＿＿＿＿＿＿＿＿＿	电　话：＿＿＿＿＿＿＿＿＿＿＿
传　真：＿＿＿＿＿＿＿＿＿＿＿	传　真：＿＿＿＿＿＿＿＿＿＿＿
电子信箱：＿＿＿＿＿＿＿＿＿＿＿	电子信箱：＿＿＿＿＿＿＿＿＿＿＿
开户银行：＿＿＿＿＿＿＿＿＿＿＿	开户银行：＿＿＿＿＿＿＿＿＿＿＿
账　号：＿＿＿＿＿＿＿＿＿＿＿	账　号：＿＿＿＿＿＿＿＿＿＿＿

第二部分　通用合同条款

1. 一般约定

1.1 词语定义与解释

合同协议书、通用合同条款、专用合同条款中的下列词语具有本款所赋予的含义:

1.1.1 合同

1.1.1.1 合同:是指根据法律规定和合同当事人约定具有约束力的文件,构成合同的文件包括合同协议书、中标通知书(如果有)、投标函及其附录(如果有)、专用合同条款及其附件、通用合同条款、技术标准和要求、图纸、已标价工程量清单或预算书以及其他合同文件。

1.1.1.2 合同协议书:是指构成合同的由发包人和承包人共同签署的称为"合同协议书"的书面文件。

1.1.1.3 中标通知书:是指构成合同的由发包人通知承包人中标的书面文件。

1.1.1.4 投标函:是指构成合同的由承包人填写并签署的用于投标的称为"投标函"的文件。

1.1.1.5 投标函附录:是指构成合同的附在投标函后的称为"投标函附录"的文件。

1.1.1.6 技术标准和要求:是指构成合同的施工应当遵守的或指导施工的国家、行业或地方的技术标准和要求,以及合同约定的技术标准和要求。

1.1.1.7 图纸:是指构成合同的图纸,包括由发包人按照合同约定提供或经发包人批准的设计文件、施工图、鸟瞰图及模型等,以及在合同履行过程中形成的图纸文件。图纸应当按照法律规定审查合格。

1.1.1.8 已标价工程量清单:是指构成合同的由承包人按照规定的格式和要求填写并标明价格的工程量清单,包括说明和表格。

1.1.1.9 预算书:是指构成合同的由承包人按照发包人规定的格式和要求编制的工程预算文件。

1.1.1.10 其他合同文件:是指经合同当事人约定的与工程施工有关的具有合同约束力的文件或书面协议。合同当事人可以在专用合同条款中进行约定。

1.1.2 合同当事人及其他相关方

1.1.2.1 合同当事人:是指发包人和(或)承包人。

1.1.2.2 发包人:是指与承包人签订合同协议书的当事人及取得该当事人资格的合法继承人。

1.1.2.3 承包人:是指与发包人签订合同协议书的,具有相应工程施工承包资质的当事人及取得该当事人资格的合法继承人。

1.1.2.4 监理人:是指在专用合同条款中指明的,受发包人委托按照法律规定进行工程监督管理的法人或其他组织。

1.1.2.5 设计人:是指在专用合同条款中指明的,受发包人委托负责工程设计并具备相应工程设计资质的法人或其他组织。

1.1.2.6 分包人:是指按照法律规定和合同约定,分包部分工程或工作,并与承包人签订分包合同的具有相应资质的法人。

1.1.2.7 发包人代表:是指由发包人任命并派驻施工现场在发包人授权范围内行使发包人权利的人。

1.1.2.8 项目经理:是指由承包人任命并派驻施工现场,在承包人授权范围内负责合同履行,且按照法律规定具有相应资格的项目负责人。

1.1.2.9 总监理工程师:是指由监理人任命并派驻施工现场进行工程监理的总负责人。

1.1.3 工程和设备

1.1.3.1 工程:是指与合同协议书中工程承包范围对应的永久工程和(或)临时工程。

1.1.3.2 永久工程:是指按合同约定建造并移交给发包人的工程,包括工程设备。

1.1.3.3 临时工程:是指为完成合同约定的永久工程所修建的各类临时性工程,不包括施工设备。

1.1.3.4 单位工程:是指在合同协议书中指明的,具备独立施工条件并能形成独立使用功能的永久工程。

1.1.3.5 工程设备:是指构成永久工程的机电设备、金属结构设备、仪器及其他类似的设备和装置。

1.1.3.6 施工设备:是指为完成合同约定的各项工作所需的设备、器具和其他物品,但不包括工程设备、临时工程和材料。

1.1.3.7 施工现场:是指用于工程施工的场所,以及在专用合同条款中指明作为施工场所组成部分的其他场所,包括永久占地和临时占地。

1.1.3.8 临时设施:是指为完成合同约定的各项工作所服务的临时性生产和生活设施。

1.1.3.9 永久占地:是指专用合同条款中指明为实施工程需永久占用的土地。

1.1.3.10 临时占地:是指专用合同条款中指明为实施工程需要临时占用的土地。

1.1.4 日期和期限

1.1.4.1 开工日期:包括计划开工日期和实际开工日期。计划开工日期是指合同协议书约定的开工日期;实际开工日期是指监理人按照第7.3.2项〔开工通知〕约定发出的符合法律规定的开工通知中载明的开工日期。

1.1.4.2 竣工日期:包括计划竣工日期和实际竣工日期。计划竣工日期是指合同协议书约定的竣工日期;实际竣工日期按照第13.2.3项〔竣工日期〕的约定确定。

1.1.4.3 工期:是指在合同协议书约定的承包人完成工程所需的期限,包括按照合同约定所作的期限变更。

1.1.4.4 缺陷责任期:是指承包人按照合同约定承担缺陷修复义务,且发包人预留质量保证金(已缴纳履约保证金的除外)的期限,自工程实际竣工日期起计算。

1.1.4.5 保修期:是指承包人按照合同约定对工程承担保修责任的期限,从工程竣工验收合格之日起计算。

1.1.4.6 基准日期:招标发包的工程以投标截止日前28天的日期为基准日期,直接发包的工程以合同签订日前28天的日期为基准日期。

1.1.4.7 天:除特别指明外,均指日历天。合同中按天计算时间的,开始当天不计入,从次日开始计算,期限最后一天的截止时间为当天24:00时。

1.1.5 合同价格和费用

1.1.5.1 签约合同价:是指发包人和承包人在合同协议书中确定的总金额,包括安全文明施工费、暂估价及暂列金额等。

1.1.5.2 合同价格:是指发包人用于支付承包人按照合同约定完成承包范围内全部工作的金额,包括合同履行过程中按合同约定发生的价格变化。

1.1.5.3 费用:是指为履行合同所发生的或将要发生的所有必需的开支,包括管理费和应分摊的其他费用,但不包括利润。

1.1.5.4 暂估价:是指发包人在工程量清单或预算书中提供的用于支付必然发生但暂时不能确定价格的材料、工程设备的单价、专业工程以及服务工作的金额。

1.1.5.5 暂列金额:是指发包人在工程量清单或预算书中暂定并包括在合同价格中的一笔款项,用于工程合同签订时尚未确定或者不可预见的所需材料、工程设备、服务的采购,施工中可能发生的工程变更、合同约定调整因素出现时的合同价格调整以及发生的索赔、现场签证确认等的费用。

1.1.5.6 计日工:是指合同履行过程中,承包人完成发包人提出的零星工作或需要采用计日工计价的变更工作时,按合同中约定的单价计价的一种方式。

1.1.5.7 质量保证金:是指按照第15.3款〔质量保证金〕约定承包人用于保证其在缺陷责任期内履行缺陷修补义务的担保。

1.1.5.8 总价项目:是指在现行国家、行业以及地方的计量规则中无工程量计算规则，在已标价工程量清单或预算书中以总价或以费率形式计算的项目。

1.1.6 其他

1.1.6.1 书面形式：是指合同文件、信函、电报、传真等可以有形地表现所载内容的形式。

1.2 语言文字

合同以中国的汉语简体文字编写、解释和说明。合同当事人在专用合同条款中约定使用两种以上语言时，汉语为优先解释和说明合同的语言。

1.3 法律

合同所称法律是指中华人民共和国法律、行政法规、部门规章，以及工程所在地的地方性法规、自治条例、单行条例和地方政府规章等。

合同当事人可以在专用合同条款中约定合同适用的其他规范性文件。

1.4 标准和规范

1.4.1 适用于工程的国家标准、行业标准、工程所在地的地方性标准，以及相应的规范、规程等，合同当事人有特别要求的，应在专用合同条款中约定。

1.4.2 发包人要求使用国外标准、规范的，发包人负责提供原文版本和中文译本，并在专用合同条款中约定提供标准规范的名称、份数和时间。

1.4.3 发包人对工程的技术标准、功能要求高于或严于现行国家、行业或地方标准的，应当在专用合同条款中予以明确。除专用合同条款另有约定外，应视为承包人在签订合同前已充分预见前述技术标准和功能要求的复杂程度，签约合同价中已包含由此产生的费用。

1.5 合同文件的优先顺序

组成合同的各项文件应互相解释，互为说明。除专用合同条款另有约定外，解释合同文件的优先顺序如下：

(1)合同协议书；

(2)中标通知书(如果有)；

(3)投标函及其附录(如果有)；

(4)专用合同条款及其附件；

(5)通用合同条款；

(6)技术标准和要求；

(7)图纸；

(8)已标价工程量清单或预算书；

(9)其他合同文件。

上述各项合同文件包括合同当事人就该项合同文件所作出的补充和修改，属于同一类内容的文件，应以最新签署的为准。

在合同订立及履行过程中形成的与合同有关的文件均构成合同文件组成部分，并根据其性质确定优先解释顺序。

1.6 图纸和承包人文件

1.6.1 图纸的提供和交底

发包人应按照专用合同条款约定的期限、数量和内容向承包人免费提供图纸，并组织承包人、监理人和设计人进行图纸会审和设计交底。发包人至迟不得晚于第7.3.2 项〔开工通知〕载明的开工日期前14天向承包人提供图纸。

因发包人未按合同约定提供图纸导致承包人费用增加和(或)工期延误的，按照第7.5.1 项〔因发包人原因导致工期延误〕约定办理。

1.6.2 图纸的错误

承包人在收到发包人提供的图纸后，发现图纸存在差错、遗漏或缺陷的，应及时通知监理人。监理人接到该通知后，应附具相关意见并立即报送发包人，发包人应在收到监理人报送的通知后的合理时间内作出决定。合理时间是指发包人在收到监理人的报送通知后，尽其努力且不懈怠地完成图纸修改补充所需的时间。

1.6.3 图纸的修改和补充

图纸需要修改和补充的，应经图纸原设计人及审批部门同意，并由监理人在工程或工程相应部位施工前将修改后的图纸或补充图纸提交给承包人，承包人应按修改或补充后的图纸施工。

1.6.4 承包人文件

承包人应按照专用合同条款的约定提供应当由其编制的与工程施工有关的文件，并按照专用合同条款约定的期限、数量和形式提交监理人，并由监理人报送发包人。

除专用合同条款另有约定外，监理人应在收到承包人文件后7天内审查完毕，监理人对承包人文件有异议的，承包人应予以修改，并重新报送监理人。监理人的审查并不减轻或免除承包人根据合同约定应当承担的责任。

1.6.5 图纸和承包人文件的保管

除专用合同条款另有约定外，承包人应在施工现场另外保存一套完整的图纸和承包人文件，供发包人、监理人及有关人员进行工程检查时使用。

1.7 联络

1.7.1 与合同有关的通知、批准、证明、证书、指示、指令、要求、请求、同意、意见、确定和决定等，均应采用书面形式，并应在合同约定的期限内送达接收人和送达地点。

1.7.2 发包人和承包人应在专用合同条款中约定各自的送达接收人和送达地点。任何一方合同当事人指定的接收人或送达地点发生变动的，应提前3天以书面形式通知对方。

1.7.3 发包人和承包人应当及时签收另一方送达至送

达地点和指定接收人的来往信函。拒不签收的，由此增加的费用和(或)延误的工期由拒绝接收一方承担。

1.8 严禁贿赂

合同当事人不得以贿赂或变相贿赂的方式，谋取非法利益或损害对方权益。因一方合同当事人的贿赂造成对方损失的，应赔偿损失，并承担相应的法律责任。

承包人不得与监理人或发包人聘请的第三方串通损害发包人利益。未经发包人书面同意，承包人不得为监理人提供合同约定以外的通讯设备、交通工具及其他任何形式的利益，不得向监理人支付报酬。

1.9 化石、文物

在施工现场发掘的所有文物、古迹以及具有地质研究或考古价值的其他遗迹、化石、钱币或物品属于国家所有。一旦发现上述文物，承包人应采取合理有效的保护措施，防止任何人员移动或损坏上述物品，并立即报告有关政府行政管理部门，同时通知监理人。

发包人、监理人和承包人应按有关政府行政管理部门要求采取妥善的保护措施，由此增加的费用和(或)延误的工期由发包人承担。

承包人发现文物后不及时报告或隐瞒不报，致使文物丢失或损坏的，应赔偿损失，并承担相应的法律责任。

1.10 交通运输

1.10.1 出入现场的权利

除专用合同条款另有约定外，发包人应根据施工需要，负责取得出入施工现场所需的批准手续和全部权利，以及取得因施工所需修建道路、桥梁以及其他基础设施的权利，并承担相关手续费用和建设费用。承包人应协助发包人办理修建场内外道路、桥梁以及其他基础设施的手续。

承包人应在订立合同前查勘施工现场，并根据工程规模及技术参数合理预见工程施工所需的进出施工现场的方式、手段、路径等。因承包人未合理预见所增加的费用和(或)延误的工期由承包人承担。

1.10.2 场外交通

发包人应提供场外交通设施的技术参数和具体条件，承包人应遵守有关交通法规，严格按照道路和桥梁的限制荷载行驶，执行有关道路限速、限行、禁止超载的规定，并配合交通管理部门的监督和检查。场外交通设施无法满足工程施工需要的，由发包人负责完善并承担相关费用。

1.10.3 场内交通

发包人应提供场内交通设施的技术参数和具体条件，并应按照专用合同条款的约定向承包人免费提供满足工程施工所需的场内道路和交通设施。因承包人原因造成上述道路或交通设施损坏的，承包人负责修复并承担由此增加的费用。

除发包人按照合同约定提供的场内道路和交通设施外，承包人负责修建、维修、养护和管理施工所需的其他场内临时道路和交通设施。发包人和监理人可以为实现合同目的使用承包人修建的场内临时道路和交通设施。

场外交通和场内交通的边界由合同当事人在专用合同条款中约定。

1.10.4 超大件和超重件的运输

由承包人负责运输的超大件或超重件，应由承包人负责向交通管理部门办理申请手续，发包人给予协助。运输超大件或超重件所需的道路和桥梁临时加固改造费用和其他有关费用，由承包人承担，但专用合同条款另有约定除外。

1.10.5 道路和桥梁的损坏责任

因承包人运输造成施工场地内外公共道路和桥梁损坏的，由承包人承担修复损坏的全部费用和可能引起的赔偿。

1.10.6 水路和航空运输

本款前述各项的内容适用于水路运输和航空运输，其中"道路"一词的涵义包括河道、航线、船闸、机场、码头、堤防以及水路或航空运输中其他相似结构物；"车辆"一词的涵义包括船舶和飞机等。

1.11 知识产权

1.11.1 除专用合同条款另有约定外，发包人提供给承包人的图纸、发包人为实施工程自行编制或委托编制的技术规范以及反映发包人要求的或其他类似性质的文件的著作权属于发包人，承包人可以为实现合同目的而复制、使用此类文件，但不能用于与合同无关的其他事项。未经发包人书面同意，承包人不得为了合同以外的目的而复制、使用上述文件或将之提供给任何第三方。

1.11.2 除专用合同条款另有约定外，承包人为实施工程所编制的文件，除署名权以外的著作权属于发包人，承包人可因实施工程的运行、调试、维修、改造等目的而复制、使用此类文件，但不能用于与合同无关的其他事项。未经发包人书面同意，承包人不得为了合同以外的目的而复制、使用上述文件或将之提供给任何第三方。

1.11.3 合同当事人保证在履行合同过程中不侵犯对方及第三方的知识产权。承包人在使用材料、施工设备、工程设备或采用施工工艺时，因侵犯他人的专利权或其他知识产权所引起的责任，由承包人承担；因发包人提供的材料、施工设备、工程设备或施工工艺导致侵权的，由发包人承担责任。

1.11.4 除专用合同条款另有约定外，承包人在合同签订前和签订时已确定采用的专利、专有技术、技术秘密的使

用费已包含在签约合同价中。

1.12 保密

除法律规定或合同另有约定外,未经发包人同意,承包人不得将发包人提供的图纸、文件以及声明需要保密的资料信息等商业秘密泄露给第三方。

除法律规定或合同另有约定外,未经承包人同意,发包人不得将承包人提供的技术秘密及声明需要保密的资料信息等商业秘密泄露给第三方。

1.13 工程量清单错误的修正

除专用合同条款另有约定外,发包人提供的工程量清单,应被认为是准确的和完整的。出现下列情形之一时,发包人应予以修正,并相应调整合同价格:

(1)工程量清单存在缺项、漏项的;

(2)工程量清单偏差超出专用合同条款约定的工程量偏差范围的;

(3)未按照国家现行计量规范强制性规定计量的。

2. 发包人

2.1 许可或批准

发包人应遵守法律,并办理法律规定由其办理的许可、批准或备案,包括但不限于建设用地规划许可证、建设工程规划许可证、建设工程施工许可证、施工所需临时用水、临时用电、中断道路交通、临时占用土地等许可和批准。发包人应协助承包人办理法律规定的有关施工证件和批件。

因发包人原因未能及时办理完毕前述许可、批准或备案,由发包人承担由此增加的费用和(或)延误的工期,并支付承包人合理的利润。

2.2 发包人代表

发包人应在专用合同条款中明确其派驻施工现场的发包人代表的姓名、职务、联系方式及授权范围等事项。发包人代表在发包人的授权范围内,负责处理合同履行过程中与发包人有关的具体事宜。发包人代表在授权范围内的行为由发包人承担法律责任。发包人更换发包人代表的,应提前7天书面通知承包人。

发包人代表不能按照合同约定履行其职责及义务,并导致合同无法继续正常履行的,承包人可以要求发包人撤换发包人代表。

不属于法定必须监理的工程,监理人的职权可以由发包人代表或发包人指定的其他人员行使。

2.3 发包人人员

发包人应要求在施工现场的发包人人员遵守法律及有关安全、质量、环境保护、文明施工等规定,并保障承包人免于承受因发包人人员未遵守上述要求给承包人造成的损失和责任。

发包人人员包括发包人代表及其他由发包人派驻施工现场的人员。

2.4 施工现场、施工条件和基础资料的提供

2.4.1 提供施工现场

除专用合同条款另有约定外,发包人应最迟于开工日期7天前向承包人移交施工现场。

2.4.2 提供施工条件

除专用合同条款另有约定外,发包人应负责提供施工所需要的条件,包括:

(1)将施工用水、电力、通讯线路等施工所必需的条件接至施工现场内;

(2)保证向承包人提供正常施工所需要的进入施工现场的交通条件;

(3)协调处理施工现场周围地下管线和邻近建筑物、构筑物、古树名木的保护工作,并承担相关费用;

(4)按照专用合同条款约定应提供的其他设施和条件。

2.4.3 提供基础资料

发包人应当在移交施工现场前向承包人提供施工现场及工程施工所必需的毗邻区域内供水、排水、供电、供气、供热、通信、广播电视等地下管线资料,气象和水文观测资料,地质勘察资料,相邻建筑物、构筑物和地下工程等有关基础资料,并对所提供资料的真实性、准确性和完整性负责。

按照法律规定确需在开工后方能提供的基础资料,发包人应尽其努力及时地在相应工程施工前的合理期限内提供,合理期限应以不影响承包人的正常施工为限。

2.4.4 逾期提供的责任

因发包人原因未能按合同约定及时向承包人提供施工现场、施工条件、基础资料的,由发包人承担由此增加的费用和(或)延误的工期。

2.5 资金来源证明及支付担保

除专用合同条款另有约定外,发包人应在收到承包人要求提供资金来源证明的书面通知后28天内,向承包人提供能够按照合同约定支付合同价款的相应资金来源证明。

除专用合同条款另有约定外,发包人要求承包人提供履约担保的,发包人应当向承包人提供支付担保。支付担保可以采用银行保函或担保公司担保等形式,具体由合同当事人在专用合同条款中约定。

2.6 支付合同价款

发包人应按合同约定向承包人及时支付合同价款。

2.7 组织竣工验收

发包人应按合同约定及时组织竣工验收。

2.8 现场统一管理协议

发包人应与承包人、由发包人直接发包的专业工程的承包人签订施工现场统一管理协议,明确各方的权利义务。施工现场统一管理协议作为专用合同条款的附件。

3. 承包人

3.1 承包人的一般义务

承包人在履行合同过程中应遵守法律和工程建设标准规范,并履行以下义务:

(1)办理法律规定应由承包人办理的许可和批准,并将办理结果书面报送发包人留存;

(2)按法律规定和合同约定完成工程,并在保修期内承担保修义务;

(3)按法律规定和合同约定采取施工安全和环境保护措施,办理工伤保险,确保工程及人员、材料、设备和设施的安全;

(4)按合同约定的工作内容和施工进度要求,编制施工组织设计和施工措施计划,并对所有施工作业和施工方法的完备性和安全可靠性负责;

(5)在进行合同约定的各项工作时,不得侵害发包人与他人使用公用道路、水源、市政管网等公共设施的权利,避免对邻近的公共设施产生干扰。承包人占用或使用他人的施工场地,影响他人作业或生活的,应承担相应责任;

(6)按照第6.3款〔环境保护〕约定负责施工场地及其周边环境与生态的保护工作;

(7)按第6.1款〔安全文明施工〕约定采取施工安全措施,确保工程及其人员、材料、设备和设施的安全,防止因工程施工造成的人身伤害和财产损失;

(8)将发包人按合同约定支付的各项价款专用于合同工程,且应及时支付其雇用人员工资,并及时向分包人支付合同价款;

(9)按照法律规定和合同约定编制竣工资料,完成竣工资料立卷及归档,并按专用合同条款约定的竣工资料的套数、内容、时间等要求移交发包人;

(10)应履行的其他义务。

3.2 项目经理

3.2.1 项目经理应为合同当事人所确认的人选,并在专用合同条款中明确项目经理的姓名、职称、注册执业证书编号、联系方式及授权范围等事项,项目经理经承包人授权后代表承包人负责履行合同。项目经理应是承包人正式聘用的员工,承包人应向发包人提交项目经理与承包人之间的劳动合同,以及承包人为项目经理缴纳社会保险的有效证明。承包人不提交上述文件的,项目经理无权履行职责,发包人有权要求更换项目经理,由此增加的费用和(或)延误的工期由承包人承担。

项目经理应常驻施工现场,且每月在施工现场时间不得少于专用合同条款约定的天数。项目经理不得同时担任其他项目的项目经理。项目经理确需离开施工现场时,应事先通知监理人,并取得发包人的书面同意。项目经理的通知中应当载明临时代行其职责的人员的注册执业资格、管理经验等资料,该人员应具备履行相应职责的能力。

承包人违反上述约定的,应按照专用合同条款的约定,承担违约责任。

3.2.2 项目经理按合同约定组织工程实施。在紧急情况下为确保施工安全和人员安全,在无法与发包人代表和总监理工程师及时取得联系时,项目经理有权采取必要的措施保证与工程有关的人身、财产和工程的安全,但应在48小时内向发包人代表和总监理工程师提交书面报告。

3.2.3 承包人需要更换项目经理的,应提前14天书面通知发包人和监理人,并征得发包人书面同意。通知中应当载明继任项目经理的注册执业资格、管理经验等资料,继任项目经理继续履行第3.2.1项约定的职责。未经发包人书面同意,承包人不得擅自更换项目经理。承包人擅自更换项目经理的,应按照专用合同条款的约定承担违约责任。

3.2.4 发包人有权书面通知承包人更换其认为不称职的项目经理,通知中应当载明要求更换的理由。承包人应在接到更换通知后14天内向发包人提出书面的改进报告。发包人收到改进报告后仍要求更换的,承包人应在接到第二次更换通知的28天内进行更换,并将新任命的项目经理的注册执业资格、管理经验等资料书面通知发包人。继任项目经理继续履行第3.2.1项约定的职责。承包人无正当理由拒绝更换项目经理的,应按照专用合同条款的约定承担违约责任。

3.2.5 项目经理因特殊情况授权其下属人员履行其某项工作职责的,该下属人员应具备履行相应职责的能力,并应提前7天将上述人员的姓名和授权范围书面通知监理人,并征得发包人书面同意。

3.3 承包人人员

3.3.1 除专用合同条款另有约定外,承包人应在接到开工通知后7天内,向监理人提交承包人项目管理机构及施工现场人员安排的报告,其内容应包括合同管理、施工、技术、材料、质量、安全、财务等主要施工管理人员名单及其岗位、注册执业资格等,以及各工种技术工人的安排情况,并同时提交主要施工管理人员与承包人之间的劳动关系证明和缴纳社会保险的有效证明。

3.3.2 承包人派驻到施工现场的主要施工管理人员应相对稳定。施工过程中如有变动,承包人应及时向监理人提交施工现场人员变动情况的报告。承包人更换主要施工管理人员时,应提前7天书面通知监理人,并征得发包人书面同意。通知中应当载明继任人员的注册执业资格、管理经验等资料。

特殊工种作业人员均应持有相应的资格证明,监理人可以随时检查。

3.3.3 发包人对于承包人主要施工管理人员的资格或能力有异议的,承包人应提供资料证明被质疑人员有能力完成其岗位工作或不存在发包人所质疑的情形。发包人要求撤换不能按照合同约定履行职责及义务的主要施工管理人员的,承包人应当撤换。承包人无正当理由拒绝撤换的,应按照专用合同条款的约定承担违约责任。

3.3.4 除专用合同条款另有约定外,承包人的主要施工管理人员离开施工现场每月累计不超过5天的,应报监理人同意;离开施工现场每月累计超过5天的,应通知监理人,并征得发包人书面同意。主要施工管理人员离开施工现场前应指定一名有经验的人员临时代行其职责,该人员应具备履行相应职责的资格和能力,且应征得监理人或发包人的同意。

3.3.5 承包人擅自更换主要施工管理人员,或前述人员未经监理人或发包人同意擅自离开施工现场的,应按照专用合同条款约定承担违约责任。

3.4 承包人现场查勘

承包人应对基于发包人按照第2.4.3项〔提供基础资料〕提交的基础资料所做出的解释和推断负责,但因基础资料存在错误、遗漏导致承包人解释或推断失实的,由发包人承担责任。

承包人应对施工现场和施工条件进行查勘,并充分了解工程所在地的气象条件、交通条件、风俗习惯以及其他与完成合同工作有关的其他资料。因承包人未能充分查勘、了解前述情况或未能充分估计前述情况所可能产生后果的,承包人承担由此增加的费用和(或)延误的工期。

3.5 分包

3.5.1 分包的一般约定

承包人不得将其承包的全部工程转包给第三人,或将其承包的全部工程肢解后以分包的名义转包给第三人。承包人不得将工程主体结构、关键性工作及专用合同条款中禁止分包的专业工程分包给第三人,主体结构、关键性工作的范围由合同当事人按照法律规定在专用合同条款中予以明确。

承包人不得以劳务分包的名义转包或违法分包工程。

3.5.2 分包的确定

承包人应按专用合同条款的约定进行分包,确定分包人。已标价工程量清单或预算书中给定暂估价的专业工程,按照第10.7款〔暂估价〕确定分包人。按照合同约定进行分包的,承包人应确保分包人具有相应的资质和能力。工程分包不减轻或免除承包人的责任和义务,承包人和分包人就分包工程向发包人承担连带责任。除合同另有约定外,承包人应在分包合同签订后7天内向发包人和监理人提交分包合同副本。

3.5.3 分包管理

承包人应向监理人提交分包人的主要施工管理人员表,并对分包人的施工人员进行实名制管理,包括但不限于进出场管理、登记造册以及各种证照的办理。

3.5.4 分包合同价款

(1)除本项第(2)目约定的情况或专用合同条款另有约定外,分包合同价款由承包人与分包人结算,未经承包人同意,发包人不得向分包人支付分包工程价款;

(2)生效法律文书要求发包人向分包人支付分包合同价款的,发包人有权从应付承包人工程款中扣除该部分款项。

3.5.5 分包合同权益的转让

分包人在分包合同项下的义务持续到缺陷责任期届满以后的,发包人有权在缺陷责任期届满前,要求承包人将其在分包合同项下的权益转让给发包人,承包人应当转让。除转让合同另有约定外,转让合同生效后,由分包人向发包人履行义务。

3.6 工程照管与成品、半成品保护

(1)除专用合同条款另有约定外,自发包人向承包人移交施工现场之日起,承包人应负责照管工程及工程相关的材料、工程设备,直到颁发工程接收证书之日止。

(2)在承包人负责照管期间,因承包人原因造成工程、材料、工程设备损坏的,由承包人负责修复或更换,并承担由此增加的费用和(或)延误的工期。

(3)对合同内分期完成的成品和半成品,在工程接收证书颁发前,由承包人承担保护责任。因承包人原因造成成品或半成品损坏的,由承包人负责修复或更换,并承担此增加的费用和(或)延误的工期。

3.7 履约担保

发包人需要承包人提供履约担保的,由合同当事人在专用合同条款中约定履约担保的方式、金额及期限等。履约担保可以采用银行保函或担保公司担保等形式,具体由合同当事人在专用合同条款中约定。

因承包人原因导致工期延长的,继续提供履约担保所增加的费用由承包人承担;非因承包人原因导致工期延长的,继续提供履约担保所增加的费用由发包人承担。

3.8 联合体

3.8.1 联合体各方应共同与发包人签订合同协议书。联合体各方应为履行合同向发包人承担连带责任。

3.8.2 联合体协议经发包人确认后作为合同附件。在履行合同过程中,未经发包人同意,不得修改联合体协议。

3.8.3 联合体牵头人负责与发包人和监理人联系,并接受指示,负责组织联合体各成员全面履行合同。

4. 监理人

4.1 监理人的一般规定

工程实行监理的,发包人和承包人应在专用合同条款中明确监理人的监理内容及监理权限等事项。监理人应当根据发包人授权及法律规定,代表发包人对工程施工相关事项进行检查、查验、审核、验收,并签发相关指示,但监理人无权修改合同,且无权减轻或免除合同约定的承包人的任何责任与义务。

除专用合同条款另有约定外,监理人在施工现场的办公场所、生活场所由承包人提供,所发生的费用由发包人承担。

4.2 监理人员

发包人授予监理人对工程实施监理的权利由监理人派驻施工现场的监理人员行使,监理人员包括总监理工程师及监理工程师。监理人应将授权的总监理工程师和监理工程师的姓名及授权范围以书面形式提前通知承包人。更换总监理工程师的,监理人应提前 7 天书面通知承包人;更换其他监理人员,监理人应提前 48 小时书面通知承包人。

4.3 监理人的指示

监理人应按照发包人的授权发出监理指示。监理人的指示应采用书面形式,并经其授权的监理人员签字。紧急情况下,为了保证施工人员的安全或避免工程受损,监理人员可以口头形式发出指示,该指示与书面形式的指示具有同等法律效力,但必须在发出口头指示后 24 小时内补发书面监理指示,补发的书面监理指示应与口头指示一致。

监理人发出的指示应送达承包人项目经理或经项目经理授权接收的人员。因监理人未能按合同约定发出指示、指示延误或发出了错误指示而导致承包人费用增加和(或)工期延误的,由发包人承担相应责任。除专用合同条款另有约定外,总监理工程师不应将第 4.4 款〔商定或确定〕约定应由总监理工程师作出确定的权力授权或委托给其他监理人员。

承包人对监理人发出的指示有疑问的,应向监理人提出书面异议,监理人应在 48 小时内对该指示予以确认、更改或撤销,监理人逾期未回复的,承包人有权拒绝执行上述指示。

监理人对承包人的任何工作、工程或其采用的材料和

工程设备未在约定的或合理期限内提出意见的,视为批准,但不免除或减轻承包人对该工作、工程、材料、工程设备等应承担的责任和义务。

4.4 商定或确定

合同当事人进行商定或确定时,总监理工程师应当会同合同当事人尽量通过协商达成一致,不能达成一致的,由总监理工程师按照合同约定审慎做出公正的确定。

总监理工程师应将确定以书面形式通知发包人和承包人,并附详细依据。合同当事人对总监理工程师的确定没有异议的,按照总监理工程师的确定执行。任何一方合同当事人有异议,按照第 20 条〔争议解决〕约定处理。争议解决前,合同当事人暂按总监理工程师的确定执行;争议解决后,争议解决的结果与总监理工程师的确定不一致的,按照争议解决的结果执行,由此造成的损失由责任人承担。

5. 工程质量

5.1 质量要求

5.1.1 工程质量标准必须符合现行国家有关工程施工质量验收规范和标准的要求。有关工程质量的特殊标准或要求由合同当事人在专用合同条款中约定。

5.1.2 因发包人原因造成工程质量未达到合同约定标准的,由发包人承担由此增加的费用和(或)延误的工期,并支付承包人合理的利润。

5.1.3 因承包人原因造成工程质量未达到合同约定标准的,发包人有权要求承包人返工直至工程质量达到合同约定的标准为止,并由承包人承担由此增加的费用和(或)延误的工期。

5.2 质量保证措施

5.2.1 发包人的质量管理

发包人应按照法律规定及合同约定完成与工程质量有关的各项工作。

5.2.2 承包人的质量管理

承包人按照第 7.1 款〔施工组织设计〕约定向发包人和监理人提交工程质量保证体系及措施文件,建立完善的质量检查制度,并提交相应的工程质量文件。对于发包人和监理人违反法律规定和合同约定的错误指示,承包人有权拒绝实施。

承包人应对施工人员进行质量教育和技术培训,定期考核施工人员的劳动技能,严格执行施工规范和操作规程。

承包人应按照法律规定和发包人的要求,对材料、工程设备以及工程的所有部位及其施工工艺进行全过程的质量检查和检验,并作详细记录,编制工程质量报表,报送监理人审查。此外,承包人还应按照法律规定和发包人的要求,进行施工现场取样试验、工程复核测量和设备性能检测,提

供试验样品、提交试验报告和测量成果以及其他工作。

5.2.3 监理人的质量检查和检验

监理人按照法律规定和发包人授权对工程的所有部位及其施工工艺、材料和工程设备进行检查和检验。承包人应为监理人的检查和检验提供方便，包括监理人到施工现场，或制造、加工地点，或合同约定的其他地方进行察看和查阅施工原始记录。监理人为此进行的检查和检验，不免除或减轻承包人按照合同约定应当承担的责任。

监理人的检查和检验不应影响施工正常进行。监理人的检查和检验影响施工正常进行的，且经检查检验不合格的，影响正常施工的费用由承包人承担，工期不予顺延；经检查检验合格的，由此增加的费用和(或)延误的工期由发包人承担。

5.3 隐蔽工程检查

5.3.1 承包人自检

承包人应当对工程隐蔽部位进行自检，并经自检确认是否具备覆盖条件。

5.3.2 检查程序

除专用合同条款另有约定外，工程隐蔽部位经承包人自检确认具备覆盖条件的，承包人应在共同检查前48小时书面通知监理人检查，通知中应载明隐蔽检查的内容、时间和地点，并应附有自检记录和必要的检查资料。

监理人应按时到场并对隐蔽工程及其施工工艺、材料和工程设备进行检查。经监理人检查确认质量符合隐蔽要求，并在验收记录上签字后，承包人才能进行覆盖。经监理人检查质量不合格的，承包人应在监理人指示的时间内完成修复，并由监理人重新检查，由此增加的费用和(或)延误的工期由承包人承担。

除专用合同条款另有约定外，监理人不能按时进行检查的，应在检查前24小时向承包人提交书面延期要求，但延期不能超过48小时，由此导致工期延误的，工期应予以顺延。监理人未按时进行检查，也未提出延期要求的，视为隐蔽工程检查合格，承包人可自行完成覆盖工作，并作相应记录报送监理人，监理人应签字确认。监理人事后对检查记录有疑问的，可按第5.3.3项〔重新检查〕的约定重新检查。

5.3.3 重新检查

承包人覆盖工程隐蔽部位后，发包人或监理人对质量有疑问的，可要求承包人对已覆盖的部位进行钻孔探测或揭开重新检查，承包人应遵照执行，并在检查后重新覆盖恢复原状。经检查证明工程质量符合合同要求的，由发包人承担由此增加的费用和(或)延误的工期，并支付承包人合理的利润；经检查证明工程质量不符合合同要求的，由此增加的费用和(或)延误的工期由承包人承担。

5.3.4 承包人私自覆盖

承包人未通知监理人到场检查，私自将工程隐蔽部位覆盖的，监理人有权指示承包人钻孔探测或揭开检查，无论工程隐蔽部位质量是否合格，由此增加的费用和(或)延误的工期均由承包人承担。

5.4 不合格工程的处理

5.4.1 因承包人原因造成工程不合格的，发包人有权随时要求承包人采取补救措施，直至达到合同要求的质量标准，由此增加的费用和(或)延误的工期由承包人承担。无法补救的，按照第13.2.4项〔拒绝接收全部或部分工程〕约定执行。

5.4.2 因发包人原因造成工程不合格的，由此增加的费用和(或)延误的工期由发包人承担，并支付承包人合理的利润。

5.5 质量争议检测

合同当事人对工程质量有争议的，由双方协商确定的工程质量检测机构鉴定，由此产生的费用及因此造成的损失，由责任方承担。

合同当事人均有责任的，由双方根据其责任分别承担。合同当事人无法达成一致的，按照第4.4款〔商定或确定〕执行。

6. 安全文明施工与环境保护

6.1 安全文明施工

6.1.1 安全生产要求

合同履行期间，合同当事人均应当遵守国家和工程所在地有关安全生产的要求，合同当事人有特别要求的，应在专用合同条款中明确施工项目安全生产标准化达标目标及相应事项。承包人有权拒绝发包人及监理人强令承包人违章作业、冒险施工的任何指示。

在施工过程中，如遇到突发的地质变动、事先未知的地下施工障碍等影响施工安全的紧急情况，承包人应及时报告监理人和发包人，发包人应当及时下令停工并报政府有关行政管理部门采取应急措施。

因安全生产需要暂停施工的，按照第7.8款〔暂停施工〕的约定执行。

6.1.2 安全生产保证措施

承包人应当按照有关规定编制安全技术措施或者专项施工方案，建立安全生产责任制度、治安保卫制度及安全生产教育培训制度，并按安全生产法律规定及合同约定履行安全职责，如实编制工程安全生产的有关记录，接受发包人、监理人及政府安全监督部门的检查与监督。

6.1.3 特别安全生产事项

承包人应按照法律规定进行施工，开工前做好安全技术交底工作,施工过程中做好各项安全防护措施。承包人为实施合同而雇用的特殊工种的人员应受过专门的培训并已取得政府有关管理机构颁发的上岗证书。

承包人在动力设备、输电线路、地下管道、密封防震车间、易燃易爆地段以及临街交通要道附近施工时,施工开始前应向发包人和监理人提出安全防护措施,经发包人认可后实施。

实施爆破作业,在放射、毒害性环境中施工(含储存、运输、使用)及使用毒害性、腐蚀性物品施工时,承包人应在施工前7天以书面通知发包人和监理人,并报送相应的安全防护措施,经发包人认可后实施。

需单独编制危险性较大分部分项专项工程施工方案的,及要求进行专家论证的超过一定规模的危险性较大的分部分项工程,承包人应及时编制和组织论证。

6.1.4 治安保卫

除专用合同条款另有约定外,发包人应与当地公安部门协商,在现场建立治安管理机构或联防组织,统一管理施工场地的治安保卫事项,履行合同工程的治安保卫职责。

发包人和承包人除应协助现场治安管理机构或联防组织维护施工场地的社会治安外,还应做好包括生活区在内的各自管辖区的治安保卫工作。

除专用合同条款另有约定外,发包人和承包人应在工程开工后7天内共同编制施工场地治安管理计划,并制定应对突发治安事件的紧急预案。在工程施工过程中,发生暴乱、爆炸等恐怖事件,以及群殴、械斗等群体性突发治安事件的,发包人和承包人应立即向当地政府报告。发包人和承包人应积极协助当地有关部门采取措施平息事态,防止事态扩大,尽量避免人员伤亡和财产损失。

6.1.5 文明施工

承包人在工程施工期间,应当采取措施保持施工现场平整,物料堆放整齐。工程所在地有关政府行政管理部门有特殊要求的,按照其要求执行。合同当事人对文明施工有其他要求的,可以在专用合同条款中明确。

在工程移交之前,承包人应当从施工现场清除承包人的全部工程设备、多余材料、垃圾和各种临时工程,并保持施工现场清洁整齐。经发包人书面同意,承包人可在发包人指定的地点保留承包人履行保修期内的各项义务所需要的材料、施工设备和临时工程。

6.1.6 安全文明施工费

安全文明施工费由发包人承担,发包人不得以任何形式扣减该部分费用。因基准日期后合同所适用的法律或政府有关规定发生变化,增加的安全文明施工费由发包人承担。

承包人经发包人同意采取合同约定以外的安全措施所产生的费用,由发包人承担。未经发包人同意的,如果该措施避免了发包人的损失,则发包人在避免损失的额度内承担该措施费。如果该措施避免了承包人的损失,由承包人承担该措施费。

除专用合同条款另有约定外,发包人应在开工后28天内预付安全文明施工费总额的50%,其余部分与进度款同期支付。发包人逾期支付安全文明施工费超过7天的,承包人有权向发包人发出要求预付的催告通知,发包人收到通知后7天内仍未支付的,承包人有权暂停施工,并按第16.1.1项〔发包人违约的情形〕执行。

承包人对安全文明施工费应专款专用,承包人应在财务账目中单独列项备查,不得挪作他用,否则发包人有权责令其限期改正;逾期未改正的,可以责令其暂停施工,由此增加的费用和(或)延误的工期由承包人承担。

6.1.7 紧急情况处理

在工程实施期间或缺陷责任期内发生危及工程安全的事件,监理人通知承包人进行抢救,承包人声明无能力或不愿立即执行的,发包人有权雇佣其他人员进行抢救。此类抢救按合同约定属于承包人义务的,由此增加的费用和(或)延误的工期由承包人承担。

6.1.8 事故处理

工程施工过程中发生事故的,承包人应立即通知监理人,监理人应立即通知发包人。发包人和承包人应立即组织人员和设备进行紧急抢救和抢修,减少人员伤亡和财产损失,防止事故扩大,并保护事故现场。需要移动现场物品时,应作出标记和书面记录,妥善保管有关证据。发包人和承包人应按国家有关规定,及时如实地向有关部门报告事故发生的情况,以及正在采取的紧急措施等。

6.1.9 安全生产责任

6.1.9.1 发包人的安全责任

发包人应负责赔偿以下各种情况造成的损失:

(1)工程或工程的任何部分对土地的占用所造成的第三者财产损失;

(2)由于发包人原因在施工场地及其毗邻地带造成的第三者人身伤亡和财产损失;

(3)由于发包人原因对承包人、监理人造成的人员人身伤亡和财产损失;

(4)由于发包人原因造成的发包人自身人员的人身伤害以及财产损失。

6.1.9.2 承包人的安全责任

由于承包人原因在施工场地内及其毗邻地带造成的发包人、监理人以及第三者人员伤亡和财产损失,由承包人负责赔偿。

6.2 职业健康

6.2.1 劳动保护

承包人应按照法律规定安排现场施工人员的劳动和休息时间，保障劳动者的休息时间，并支付合理的报酬和费用。承包人应依法为其履行合同所雇用的人员办理必要的证件、许可、保险和注册等，承包人应督促其分包人为分包人所雇用的人员办理必要的证件、许可、保险和注册等。

承包人应按照法律规定保障现场施工人员的劳动安全，并提供劳动保护，并按国家有关劳动保护的规定，采取有效的防止粉尘、降低噪声、控制有害气体和保障高温、高寒、高空作业安全等劳动保护措施。承包人雇佣人员在施工中受到伤害的，承包人应立即采取有效措施进行抢救和治疗。

承包人应按法律规定安排工作时间，保证其雇佣人员享有休息和休假的权利。因工程施工的特殊需要占用休假日或延长工作时间的，应不超过法律规定的限度，并按法律规定给予补休或付酬。

6.2.2 生活条件

承包人应为其履行合同所雇用的人员提供必要的膳宿条件和生活环境；承包人应采取有效措施预防传染病，保证施工人员的健康，并定期对施工现场、施工人员生活基地和工程进行防疫和卫生的专业检查和处理，在远离城镇的施工场地，还应配备必要的伤病防治和急救的医务人员与医疗设施。

6.3 环境保护

承包人应在施工组织设计中列明环境保护的具体措施。在合同履行期间，承包人应采取合理措施保护施工现场环境。对施工作业过程中可能引起的大气、水、噪音以及固体废物污染采取具体可行的防范措施。

承包人应当承担因其原因引起的环境污染侵权损害赔偿责任，因上述环境污染引起纠纷而导致暂停施工的，由此增加的费用和(或)延误的工期由承包人承担。

7. 工期和进度

7.1 施工组织设计

7.1.1 施工组织设计的内容

施工组织设计应包含以下内容：

(1)施工方案；

(2)施工现场平面布置图；

(3)施工进度计划和保证措施；

(4)劳动力及材料供应计划；

(5)施工机械设备的选用；

(6)质量保证体系及措施；

(7)安全生产、文明施工措施；

(8)环境保护、成本控制措施；

(9)合同当事人约定的其他内容。

7.1.2 施工组织设计的提交和修改

除专用合同条款另有约定外，承包人应在合同签订后14天内，但至迟不得晚于第7.3.2项〔开工通知〕载明的开工日期前7天，向监理人提交详细的施工组织设计，并由监理人报送发包人。除专用合同条款另有约定外，发包人和监理人应在监理人收到施工组织设计后7天内确认或提出修改意见。对发包人和监理人提出的合理意见和要求，承包人应自费修改完善。根据工程实际情况需要修改施工组织设计的，承包人应向发包人和监理人提交修改后的施工组织设计。

施工进度计划的编制和修改按照第7.2款〔施工进度计划〕执行。

7.2 施工进度计划

7.2.1 施工进度计划的编制

承包人应按照第7.1款〔施工组织设计〕约定提交详细的施工进度计划，施工进度计划的编制应当符合国家法律规定和一般工程实践惯例，施工进度计划经发包人批准后实施。施工进度计划是控制工程进度的依据，发包人和监理人有权按照施工进度计划检查工程进度情况。

7.2.2 施工进度计划的修订

施工进度计划不符合合同要求或与工程的实际进度不一致的，承包人应向监理人提交修订的施工进度计划，并附具有关措施和相关资料，由监理人报送发包人。除专用合同条款另有约定外，发包人和监理人应在收到修订的施工进度计划后7天内完成审核和批准或提出修改意见。发包人和监理人对承包人提交的施工进度计划的确认，不能减轻或免除承包人根据法律规定和合同约定应承担的任何责任或义务。

7.3 开工

7.3.1 开工准备

除专用合同条款另有约定外，承包人应按照第7.1款〔施工组织设计〕约定的期限，向监理人提交工程开工报审表，经监理人报发包人批准后执行。开工报审表应详细说明按施工进度计划正常施工所需的施工道路、临时设施、材料、工程设备、施工设备、施工人员等落实情况以及工程的进度安排。

除专用合同条款另有约定外，合同当事人应按约定完成开工准备工作。

7.3.2 开工通知

发包人应按照法律规定获得工程施工所需的许可。经发包人同意后,监理人发出的开工通知应符合法律规定。监理人应在计划开工日期7天前向承包人发出开工通知,工期自开工通知中载明的开工日期起算。

除专用合同条款另有约定外,因发包人原因造成监理人未能在计划开工日期之日起90天内发出开工通知的,承包人有权提出价格调整要求,或者解除合同。发包人应当承担由此增加的费用和(或)延误的工期,并向承包人支付合理利润。

7.4 测量放线

7.4.1 除专用合同条款另有约定外,发包人应在至迟不得晚于第7.3.2项〔开工通知〕载明的开工日期前7天通过监理人向承包人提供测量基准点、基准线和水准点及其书面资料。发包人应对其提供的测量基准点、基准线和水准点及其书面资料的真实性、准确性和完整性负责。

承包人发现发包人提供的测量基准点、基准线和水准点及其书面资料存在错误或疏漏的,应及时通知监理人。监理人应及时报告发包人,并会同发包人和承包人予以核实。发包人应就如何处理和是否继续施工作出决定,并通知监理人和承包人。

7.4.2 承包人负责施工过程中的全部施工测量放线工作,并配置具有相应资质的人员、合格的仪器、设备和其他物品。承包人应矫正工程的位置、标高、尺寸或准线中出现的任何差错,并对工程各部分的定位负责。

施工过程中对施工现场内水准点等测量标志物的保护工作由承包人负责。

7.5 工期延误

7.5.1 因发包人原因导致工期延误

在合同履行过程中,因下列情况导致工期延误和(或)费用增加的,由发包人承担由此延误的工期和(或)增加的费用,且发包人应支付承包人合理的利润:

(1)发包人未能按合同约定提供图纸或所提供图纸不符合合同约定的;

(2)发包人未能按合同约定提供施工现场、施工条件、基础资料、许可、批准等开工条件的;

(3)发包人提供的测量基准点、基准线和水准点及其书面资料存在错误或疏漏的;

(4)发包人未能在计划开工日期之日起7天内同意下达开工通知的;

(5)发包人未能按合同约定日期支付工程预付款、进度款或竣工结算款的;

(6)监理人未按合同约定发出指示、批准等文件的;

(7)专用合同条款中约定的其他情形。

因发包人原因未按计划开工日期开工的,发包人应按实际开工日期顺延竣工日期,确保实际工期不低于合同约定的工期总日历天数。因发包人原因导致工期延误需要修订施工进度计划的,按照第7.2.2项〔施工进度计划的修订〕执行。

7.5.2 因承包人原因导致工期延误

因承包人原因造成工期延误的,可以在专用合同条款中约定逾期竣工违约金的计算方法和逾期竣工违约金的上限。承包人支付逾期竣工违约金后,不免除承包人继续完成工程及修补缺陷的义务。

7.6 不利物质条件

不利物质条件是指有经验的承包人在施工现场遇到的不可预见的自然物质条件、非自然的物质障碍和污染物,包括地表以下物质条件和水文条件以及专用合同条款约定的其他情形,但不包括气候条件。

承包人遇到不利物质条件时,应采取克服不利物质条件的合理措施继续施工,并及时通知发包人和监理人。通知应载明不利物质条件的内容以及承包人认为不可预见的理由。监理人经发包人同意后应当及时发出指示,指示构成变更的,按第10条〔变更〕约定执行。承包人因采取合理措施而增加的费用和(或)延误的工期由发包人承担。

7.7 异常恶劣的气候条件

异常恶劣的气候条件是指在施工过程中遇到的,有经验的承包人在签订合同时不可预见的,对合同履行造成实质性影响的,但尚未构成不可抗力事件的恶劣气候条件。合同当事人可以在专用合同条款中约定异常恶劣的气候条件的具体情形。

承包人应采取克服异常恶劣的气候条件的合理措施继续施工,并及时通知发包人和监理人。监理人经发包人同意后应当及时发出指示,指示构成变更的,按第10条〔变更〕约定办理。承包人因采取合理措施而增加的费用和(或)延误的工期由发包人承担。

7.8 暂停施工

7.8.1 发包人原因引起的暂停施工

因发包人原因引起暂停施工的,监理人经发包人同意后,应及时下达暂停施工指示。情况紧急且监理人未及时下达暂停施工指示的,按照第7.8.4项〔紧急情况下的暂停施工〕执行。

因发包人原因引起的暂停施工,发包人应承担由此增加的费用和(或)延误的工期,并支付承包人合理的利润。

7.8.2 承包人原因引起的暂停施工

因承包人原因引起的暂停施工,承包人应承担由此增加的费用和(或)延误的工期,且承包人在收到监理人复工指示后84天内仍未复工的,视为第16.2.1项〔承包人违约的情形〕第(7)目约定的承包人无法继续履行合同的情形。

7.8.3 指示暂停施工

监理人认为有必要时,并经发包人批准后,可向承包人作出暂停施工的指示,承包人应按监理人指示暂停施工。

7.8.4 紧急情况下的暂停施工

因紧急情况需暂停施工,且监理人未及时下达暂停施工指示的,承包人可先暂停施工,并及时通知监理人。监理人应在接到通知后24小时内发出指示,逾期未发出指示,视为同意承包人暂停施工。监理人不同意承包人暂停施工的,应说明理由,承包人对监理人的答复有异议,按照第20条〔争议解决〕约定处理。

7.8.5 暂停施工后的复工

暂停施工后,发包人和承包人应采取有效措施积极消除暂停施工的影响。在工程复工前,监理人会同发包人和承包人确定因暂停施工造成的损失,并确定工程复工条件。当工程具备复工条件时,监理人应经发包人批准后向承包人发出复工通知,承包人应按照复工通知要求复工。

承包人无故拖延和拒绝复工的,承包人承担由此增加的费用和(或)延误的工期;因发包人原因无法按时复工的,按照第7.5.1项〔因发包人原因导致工期延误〕约定办理。

7.8.6 暂停施工持续56天以上

监理人发出暂停施工指示后56天内未向承包人发出复工通知,除该项停工属于第7.8.2项〔承包人原因引起的暂停施工〕及第17条〔不可抗力〕约定的情形外,承包人可向发包人提交书面通知,要求发包人在收到书面通知后28天内准许已暂停施工的部分或全部工程继续施工。发包人逾期不予批准的,则承包人可以通知发包人,将工程受影响的部分视为按第10.1款〔变更的范围〕第(2)项的可取消工作。

暂停施工持续84天以上不复工的,且不属于第7.8.2项〔承包人原因引起的暂停施工〕及第17条〔不可抗力〕约定的情形,并影响到整个工程以及合同目的实现的,承包人有权提出价格调整要求,或者解除合同。解除合同的,按照第16.1.3项〔因发包人违约解除合同〕执行。

7.8.7 暂停施工期间的工程照管

暂停施工期间,承包人应负责妥善照管工程并提供安全保障,由此增加的费用由责任方承担。

7.8.8 暂停施工的措施

暂停施工期间,发包人和承包人均应采取必要的措施确保工程质量及安全,防止因暂停施工扩大损失。

7.9 提前竣工

7.9.1 发包人要求承包人提前竣工的,发包人应通过监理人向承包人下达提前竣工指示,承包人应向发包人和监理人提交提前竣工建议书,提前竣工建议书应包括实施的方案、缩短的时间、增加的合同价格等内容。发包人接受该提前竣工建议书的,监理人应与发包人和承包人协商采取加快工程进度的措施,并修订施工进度计划,由此增加的费用由发包人承担。承包人认为提前竣工指示无法执行的,应向监理人和发包人提出书面异议,发包人和监理人应在收到异议后7天内予以答复。任何情况下,发包人不得压缩合理工期。

7.9.2 发包人要求承包人提前竣工,或承包人提出提前竣工的建议能够给发包人带来效益的,合同当事人可以在专用合同条款中约定提前竣工的奖励。

8. 材料与设备

8.1 发包人供应材料与工程设备

发包人自行供应材料、工程设备的,应在签订合同时在专用合同条款的附件《发包人供应材料设备一览表》中明确材料、工程设备的品种、规格、型号、数量、单价、质量等级和送达地点。

承包人应提前30天通过监理人以书面形式通知发包人供应材料与工程设备进场。承包人按照第7.2.2项〔施工进度计划的修订〕约定修订施工进度计划时,需同时提交经修订后的发包人供应材料与工程设备的进场计划。

8.2 承包人采购材料与工程设备

承包人负责采购材料、工程设备的,应按照设计和有关标准要求采购,并提供产品合格证明及出厂证明,对材料、工程设备质量负责。合同约定由承包人采购的材料、工程设备,发包人不得指定生产厂家或供应商,发包人违反本款约定指定生产厂家或供应商的,承包人有权拒绝,并由发包人承担相应责任。

8.3 材料与工程设备的接收与拒收

8.3.1 发包人应按《发包人供应材料设备一览表》约定的内容提供材料和工程设备,并向承包人提供产品合格证明及出厂证明,对其质量负责。发包人应提前24小时以书面形式通知承包人、监理人材料和工程设备到货时间,承包人负责材料和工程设备的清点、检验和接收。

发包人提供的材料和工程设备的规格、数量或质量不符合合同约定的,或因发包人原因导致交货日期延误或交货地点变更等情况的,按照第16.1款〔发包人违约〕约定办理。

8.3.2 承包人采购的材料和工程设备,应保证产品质量合格,承包人应在材料和工程设备到货前24小时通知监理人检验。承包人进行永久设备、材料的制造和生产的,应符合相关质量标准,并向监理人提交材料的样本以及有关资料,并应在使用该材料或工程设备之前获得监理人同意。

承包人采购的材料和工程设备不符合设计或有关标准要求时,承包人应在监理人要求的合理期限内将不符合设计或有关标准要求的材料、工程设备运出施工现场,并重新采购符合要求的材料、工程设备,由此增加的费用和(或)延误的工期,由承包人承担。

8.4 材料与工程设备的保管与使用

8.4.1 发包人供应材料与工程设备的保管与使用

发包人供应的材料和工程设备,承包人清点后由承包人妥善保管,保管费用由发包人承担,但已标价工程量清单或预算书已经列支或专用合同条款另有约定除外。因承包人原因发生丢失毁损的,由承包人负责赔偿;监理人未通知承包人清点的,承包人不负责材料和工程设备的保管,由此导致丢失毁损的由发包人负责。

发包人供应的材料和工程设备使用前,由承包人负责检验,检验费用由发包人承担,不合格的不得使用。

8.4.2 承包人采购材料与工程设备的保管与使用

承包人采购的材料和工程设备由承包人妥善保管,保管费用由承包人承担。法律规定材料和工程设备使用前必须进行检验或试验的,承包人应按监理人的要求进行检验或试验,检验或试验费用由承包人承担,不合格的不得使用。

发包人或监理人发现承包人使用不符合设计或有关标准要求的材料和工程设备时,有权要求承包人进行修复、拆除或重新采购,由此增加的费用和(或)延误的工期,由承包人承担。

8.5 禁止使用不合格的材料和工程设备

8.5.1 监理人有权拒绝承包人提供的不合格材料或工程设备,并要求承包人立即进行更换。监理人应在更换后再次进行检查和检验,由此增加的费用和(或)延误的工期由承包人承担。

8.5.2 监理人发现承包人使用了不合格的材料和工程设备,承包人应按照监理人的指示立即改正,并禁止在工程中继续使用不合格的材料和工程设备。

8.5.3 发包人提供的材料或工程设备不符合合同要求的,承包人有权拒绝,并可要求发包人更换,由此增加的费用和(或)延误的工期由发包人承担,并支付承包人合理的利润。

8.6 样品

8.6.1 样品的报送与封存

需要承包人报送样品的材料或工程设备,样品的种类、名称、规格、数量等要求均应在专用合同条款中约定。样品的报送程序如下:

(1)承包人应在计划采购前28天向监理人报送样品。承包人报送的样品均应来自供应材料的实际生产地,且提供的样品的规格、数量足以表明材料或工程设备的质量、型号、颜色、表面处理、质地、误差和其他要求的特征。

(2)承包人每次报送样品时应随附申报单,申报单应载明报送样品的相关数据和资料,并标明每件样品对应的图纸号,预留监理人批复意见栏。监理人应在收到承包人报送的样品后7天向承包人回复经发包人签认的样品审批意见。

(3)经发包人和监理人审批确认的样品应按约定的方法封样,封存的样品作为检验工程相关部分的标准之一。承包人在施工过程中不得使用与样品不符的材料或工程设备。

(4)发包人和监理人对样品的审批确认仅为确认相关材料或工程设备的特征或用途,不得被理解为对合同的修改或改变,也并不减轻或免除承包人任何的责任和义务。如果封存的样品修改或改变了合同约定,合同当事人应当以书面协议予以确认。

8.6.2 样品的保管

经批准的样品应由监理人负责封存于现场,承包人应在现场为保存样品提供适当和固定的场所并保持适当和良好的存储环境条件。

8.7 材料与工程设备的替代

8.7.1 出现下列情况需要使用替代材料和工程设备的,承包人应按照第8.7.2项约定的程序执行:

(1)基准日期后生效的法律规定禁止使用的;

(2)发包人要求使用替代品的;

(3)因其他原因必须使用替代品的。

8.7.2 承包人应在使用替代材料和工程设备28天前书面通知监理人,并附下列文件:

(1)被替代的材料和工程设备的名称、数量、规格、型号、品牌、性能、价格及其他相关资料;

(2)替代品的名称、数量、规格、型号、品牌、性能、价格及其他相关资料;

(3)替代品与被替代产品之间的差异以及使用替代品可能对工程产生的影响;

(4)替代品与被替代产品的价格差异;

(5)使用替代品的理由和原因说明;

(6)监理人要求的其他文件。

监理人应在收到通知后14天内向承包人发出经发包人签认的书面指示;监理人逾期发出书面指示的,视为发包人和监理人同意使用替代品。

8.7.3 发包人认可使用替代材料和工程设备的,替代材料和工程设备的价格,按照已标价工程量清单或预算书相同项目的价格认定;无相同项目的,参考相似项目价格认定;既无相同项目也无相似项目的,按照合理的成本与利润构成的原则,由合同当事人按照第4.4款〔商定或确定〕确定价格。

8.8 施工设备和临时设施

8.8.1 承包人提供的施工设备和临时设施

承包人应按合同进度计划的要求,及时配置施工设备和修建临时设施。进入施工场地的承包人设备需经监理人核查后才能投入使用。承包人更换合同约定的承包人设备的,应报监理人批准。

除专用合同条款另有约定外,承包人应自行承担修建临时设施的费用,需要临时占地的,应由发包人办理申请手续并承担相应费用。

8.8.2 发包人提供的施工设备和临时设施

发包人提供的施工设备或临时设施在专用合同条款中约定。

8.8.3 要求承包人增加或更换施工设备

承包人使用的施工设备不能满足合同进度计划和(或)质量要求时,监理人有权要求承包人增加或更换施工设备,承包人应及时增加或更换,由此增加的费用和(或)延误的工期由承包人承担。

8.9 材料与设备专用要求

承包人运入施工现场的材料、工程设备、施工设备以及在施工场地建设的临时设施,包括备品备件、安装工具与资料,必须专用于工程。未经发包人批准,承包人不得运出施工现场或挪作他用;经发包人批准,承包人可以根据施工进度计划撤走闲置的施工设备和其他物品。

9. 试验与检验

9.1 试验设备与试验人员

9.1.1 承包人根据合同约定或监理人指示进行的现场材料试验,应由承包人提供试验场所、试验人员、试验设备以及其他必要的试验条件。监理人在必要时可以使用承包人提供的试验场所、试验设备以及其他试验条件,进行以工程质量检查为目的的材料复核试验,承包人应予以协助。

9.1.2 承包人应按专用合同条款的约定提供试验设备、取样装置、试验场所和试验条件,并向监理人提交相应进场计划表。

承包人配置的试验设备要符合相应试验规程的要求并经过具有资质的检测单位检测,且在正式使用该试验设备前,需要经过监理人与承包人共同校定。

9.1.3 承包人应向监理人提交试验人员的名单及其岗位、资格等证明资料,试验人员必须能够熟练进行相应的检测试验,承包人对试验人员的试验程序和试验结果的正确

性负责。

9.2 取样

试验属于自检性质的,承包人可以单独取样。试验属于监理人抽检性质的,可由监理人取样,也可由承包人的试验人员在监理人的监督下取样。

9.3 材料、工程设备和工程的试验和检验

9.3.1 承包人应按合同约定进行材料、工程设备和工程的试验和检验,并为监理人对上述材料、工程设备和工程的质量检查提供必要的试验资料和原始记录。按合同约定应由监理人与承包人共同进行试验和检验的,由承包人负责提供必要的试验资料和原始记录。

9.3.2 试验属于自检性质的,承包人可以单独进行试验。试验属于监理人抽检性质的,监理人可以单独进行试验,也可由承包人与监理人共同进行。承包人对由监理人单独进行的试验结果有异议的,可以申请重新共同进行试验。约定共同进行试验的,监理人未按照约定参加试验的,承包人可自行试验,并将试验结果报送监理人,监理人应承认该试验结果。

9.3.3 监理人对承包人的试验和检验结果有异议的,或为查清承包人试验和检验成果的可靠性要求承包人重新试验和检验的,可由监理人与承包人共同进行。重新试验和检验的结果证明该项材料、工程设备或工程的质量不符合合同要求的,由此增加的费用和(或)延误的工期由承包人承担;重新试验和检验结果证明该项材料、工程设备和工程符合合同要求的,由此增加的费用和(或)延误的工期由发包人承担。

9.4 现场工艺试验

承包人应按合同约定或监理人指示进行现场工艺试验。对大型的现场工艺试验,监理人认为必要时,承包人应根据监理人提出的工艺试验要求,编制工艺试验措施计划,报送监理人审查。

10. 变更

10.1 变更的范围

除专用合同条款另有约定外,合同履行过程中发生以下情形的,应按照本条约定进行变更:

(1)增加或减少合同中任何工作,或追加额外的工作;

(2)取消合同中任何工作,但转由他人实施的工作除外;

(3)改变合同中任何工作的质量标准或其他特性;

(4)改变工程的基线、标高、位置和尺寸;

(5)改变工程的时间安排或实施顺序。

10.2 变更权

发包人和监理人均可以提出变更。变更指示均通过监

理人发出,监理人发出变更指示前应征得发包人同意。承包人收到经发包人签认的变更指示后,方可实施变更。未经许可,承包人不得擅自对工程的任何部分进行变更。

涉及设计变更的,应由设计人提供变更后的图纸和说明。如变更超过原设计标准或批准的建设规模时,发包人应及时办理规划、设计变更等审批手续。

10.3 变更程序

10.3.1 发包人提出变更

发包人提出变更的,应通过监理人向承包人发出变更指示,变更指示应说明计划变更的工程范围和变更的内容。

10.3.2 监理人提出变更建议

监理人提出变更建议的,需要向发包人以书面形式提出变更计划,说明计划变更工程范围和变更的内容、理由,以及实施该变更对合同价格和工期的影响。发包人同意变更的,由监理人向承包人发出变更指示。发包人不同意变更的,监理人无权擅自发出变更指示。

10.3.3 变更执行

承包人收到监理人下达的变更指示后,认为不能执行,应立即提出不能执行该变更指示的理由。承包人认为可以执行变更的,应当书面说明实施该变更指示对合同价格和工期的影响,且合同当事人应当按照第 10.4 款〔变更估价〕约定确定变更估价。

10.4 变更估价

10.4.1 变更估价原则

除专用合同条款另有约定外,变更估价按照本款约定处理:

(1)已标价工程量清单或预算书有相同项目的,按照相同项目单价认定;

(2)已标价工程量清单或预算书中无相同项目,但有类似项目的,参照类似项目的单价认定;

(3)变更导致实际完成的变更工程量与已标价工程量清单或预算书中列明的该项目工程量的变化幅度超过15%的,或已标价工程量清单或预算书中无相同项目及类似项目单价的,按照合理的成本与利润构成的原则,由合同当事人按照第 4.4 款〔商定或确定〕确定变更工作的单价。

10.4.2 变更估价程序

承包人应在收到变更指示后 14 天内,向监理人提交变更估价申请。监理人应在收到承包人提交的变更估价申请后 7 天内审查完毕并报送发包人,监理人对变更估价申请有异议,通知承包人修改后重新提交。发包人应在承包人提交变更估价申请后 14 天内审批完毕。发包人逾期未完成审批或未提出异议的,视为认可承包人提交的变更估价申请。

因变更引起的价格调整应计入最近一期的进度款中支付。

10.5 承包人的合理化建议

承包人提出合理化建议的,应向监理人提交合理化建议说明,说明建议的内容和理由,以及实施该建议对合同价格和工期的影响。

除专用合同条款另有约定外,监理人应在收到承包人提交的合理化建议后 7 天内审查完毕并报送发包人,发现其中存在技术上的缺陷,应通知承包人修改。发包人应在收到监理人报送的合理化建议后 7 天内审批完毕。合理化建议经发包人批准的,监理人应及时发出变更指示,由此引起的合同价格调整按照第 10.4 款〔变更估价〕约定执行。发包人不同意变更的,监理人应书面通知承包人。

合理化建议降低了合同价格或者提高了工程经济效益的,发包人可对承包人给予奖励,奖励的方法和金额在专用合同条款中约定。

10.6 变更引起的工期调整

因变更引起工期变化的,合同当事人均可要求调整合同工期,由合同当事人按照第 4.4 款〔商定或确定〕并参考工程所在地的工期定额标准确定增减工期天数。

10.7 暂估价

暂估价专业分包工程、服务、材料和工程设备的明细由合同当事人在专用合同条款中约定。

10.7.1 依法必须招标的暂估价项目

对于依法必须招标的暂估价项目,采取以下第 1 种方式确定。合同当事人也可以在专用合同条款中选择其他招标方式。

第 1 种方式:对于依法必须招标的暂估价项目,由承包人招标,对该暂估价项目的确认和批准按照以下约定执行:

(1)承包人应当根据施工进度计划,在招标工作启动前 14 天将招标方案通过监理人报送发包人审查,发包人应当在收到承包人报送的招标方案后 7 天内批准或提出修改意见。承包人应当按照经过发包人批准的招标方案开展招标工作;

(2)承包人应当根据施工进度计划,提前 14 天将招标文件通过监理人报送发包人审批,发包人应当在收到承包人报送的相关文件后 7 天内完成审批或提出修改意见;发包人有权确定招标控制价并按照法律规定参加评标;

(3)承包人与供应商、分包人在签订暂估价合同前,应当提前 7 天将确定的中标候选供应商或中标候选分包人的资料报送发包人,发包人应在收到资料后 3 天内与承包人共同确定中标人;承包人应当在签订合同后 7 天内,将暂估价合同副本报送发包人留存。

第2种方式:对于依法必须招标的暂估价项目,由发包人和承包人共同招标确定暂估价供应商或分包人的,承包人应按照施工进度计划,在招标工作启动前14天通知发包人,并提交暂估价招标方案和工作分工。发包人应在收到后7天内确认。确定中标人后,由发包人、承包人与中标人共同签订暂估价合同。

10.7.2 不属于依法必须招标的暂估价项目

除专用合同条款另有约定外,对于不属于依法必须招标的暂估价项目,采取以下第1种方式确定:

第1种方式:对于不属于依法必须招标的暂估价项目,按本项约定确认和批准:

(1)承包人应根据施工进度计划,在签订暂估价项目的采购合同、分包合同前28天向监理人提出书面申请。监理人应当在收到申请后3天内报送发包人,发包人应当在收到申请后14天内给予批准或提出修改意见,发包人逾期未予批准或提出修改意见的,视为该书面申请已获得同意;

(2)发包人认为承包人确定的供应商、分包人无法满足工程质量或合同要求的,发包人可以要求承包人重新确定暂估价项目的供应商、分包人;

(3)承包人应当在签订暂估价合同后7天内,将暂估价合同副本报送发包人留存。

第2种方式:承包人按照第10.7.1项〔依法必须招标的暂估价项目〕约定的第1种方式确定暂估价项目。

第3种方式:承包人直接实施的暂估价项目

承包人具备实施暂估价项目的资格和条件的,经发包人和承包人协商一致后,可由承包人自行实施暂估价项目,合同当事人可以在专用合同条款约定具体事项。

10.7.3 因发包人原因导致暂估价合同订立和履行迟延的,由此增加的费用和(或)延误的工期由发包人承担,并支付承包人合理的利润。因承包人原因导致暂估价合同订立和履行迟延的,由此增加的费用和(或)延误的工期由承包人承担。

10.8 暂列金额

暂列金额应按照发包人的要求使用,发包人的要求应通过监理人发出。合同当事人可以在专用合同条款中协商确定有关事项。

10.9 计日工

需要采用计日工方式的,经发包人同意后,由监理人通知承包人以计日工计价方式实施相应的工作,其价款按列入已标价工程量清单或预算书中的计日工计价项目及其单价进行计算;已标价工程量清单或预算书中无相应的计日工单价的,按照合理的成本与利润构成的原则,由合同当事人按照第4.4款〔商定或确定〕确定计日工的单价。

采用计日工计价的任何一项工作,承包人应在该项工作实施过程中,每天提交以下报表和有关凭证报送监理人审查:

(1)工作名称、内容和数量;

(2)投入该工作的所有人员的姓名、专业、工种、级别和耗用工时;

(3)投入该工作的材料类别和数量;

(4)投入该工作的施工设备型号、台数和耗用台时;

(5)其他有关资料和凭证。

计日工由承包人汇总后,列入最近一期进度付款申请单,由监理人审查并经发包人批准后列入进度付款。

11. 价格调整

11.1 市场价格波动引起的调整

除专用合同条款另有约定外,市场价格波动超过合同当事人约定的范围,合同价格应当调整。合同当事人可以在专用合同条款中约定选择以下一种方式对合同价格进行调整:

第1种方式:采用价格指数进行价格调整。

(1)价格调整公式

因人工、材料和设备等价格波动影响合同价格时,根据专用合同条款中约定的数据,按以下公式计算差额并调整合同价格:

$$\Delta P = P_0 \left[A + \left(B_1 \times \frac{F_{t1}}{F_{01}} + B_2 \times \frac{F_{t2}}{F_{02}} + B_3 \times \frac{F_{t3}}{F_{03}} + \cdots + B_n \times \frac{F_{tn}}{F_{0n}} \right) - 1 \right]$$

公式中:ΔP——需调整的价格差额;

P_0——约定的付款证书中承包人应得到的已完成工程量的金额。此项金额应不包括价格调整、不计质量保证金的扣留和支付、预付款的支付和扣回。约定的变更及其他金额已按现行价格计价的,也不计在内;

A——定值权重(即不调部分的权重);

$B_1;B_2;B_3\ldots\ldots B_n$——各可调因子的变值权重(即可调部分的权重),为各可调因子在签约合同价中所占的比例;

$F_{t1};F_{t2};F_{t3}\ldots\ldots F_{tn}$——各可调因子的现行价格指数,指约定的付款证书相关周期最后一天的前42天的各可调因子的价格指数;

$F_{01};F_{02};F_{03}\ldots\ldots F_{0n}$——各可调因子的基本价格指数,指基准日期的各可调因子的价格指数。

以上价格调整公式中的各可调因子、定值和变值权重,以及基本价格指数及其来源在投标函附录价格指数和权重表中约定,非招标订立的合同,由合同当事人在专用合同条款中约定。价格指数应首先采用工程造价管理机构发布的价格指数,无前述价格指数时,可采用工程造价管理机构发布的价格代替。

（2）暂时确定调整差额

在计算调整差额时无现行价格指数的,合同当事人同意暂时用前次价格指数计算。实际价格指数有调整的,合同当事人进行相应调整。

（3）权重的调整

因变更导致合同约定的权重不合理时,按照第4.4款〔商定或确定〕执行。

（4）因承包人原因工期延误后的价格调整

因承包人原因未按期竣工的,对合同约定的竣工日期后继续施工的工程,在使用价格调整公式时,应采用计划竣工日期与实际竣工日期的两个价格指数中较低的一个作为现行价格指数。

第2种方式:采用造价信息进行价格调整。

合同履行期间,因人工、材料、工程设备和机械台班价格波动影响合同价格时,人工、机械使用费按照国家或省、自治区、直辖市建设行政管理部门、行业建设管理部门或其授权的工程造价管理机构发布的人工、机械使用费系数进行调整;需要进行价格调整的材料,其单价和采购数量应由发包人审批,发包人确认需调整的材料单价及数量,作为调整合同价格的依据。

（1）人工单价发生变化且符合省级或行业建设主管部门发布的人工费调整规定,合同当事人应按省级或行业建设主管部门或其授权的工程造价管理机构发布的人工费等文件调整合同价格,但承包人对人工费或人工单价的报价高于发布价格的除外。

（2）材料、工程设备价格变化的价款调整按照发包人提供的基准价格,按以下风险范围规定执行:

①承包人在已标价工程量清单或预算书中载明材料单价低于基准价格的:除专用合同条款另有约定外,合同履行期间材料单价涨幅以基准价格为基础超过5%时,或材料单价跌幅以在已标价工程量清单或预算书中载明材料单价为基础超过5%时,其超过部分据实调整。

②承包人在已标价工程量清单或预算书中载明材料单价高于基准价格的:除专用合同条款另有约定外,合同履行期间材料单价跌幅以基准价格为基础超过5%时,材料单价涨幅以在已标价工程量清单或预算书中载明材料单价为基础超过5%时,其超过部分据实调整。

③承包人在已标价工程量清单或预算书中载明材料单价等于基准价格的:除专用合同条款另有约定外,合同履行期间材料单价涨跌幅以基准价格为基础超过±5%时,其超

过部分据实调整。

④承包人应在采购材料前将采购数量和新的材料单价报发包人核对,发包人确认用于工程时,发包人应确认采购材料的数量和单价。发包人在收到承包人报送的确认资料后5天内不予答复的视为认可,作为调整合同价格的依据。未经发包人事先核对,承包人自行采购材料的,发包人有权不予调整合同价格。发包人同意的,可以调整合同价格。

前述基准价格是指由发包人在招标文件或专用合同条款中给定的材料、工程设备的价格,该价格原则上应当按照省级或行业建设主管部门或其授权的工程造价管理机构发布的信息价编制。

（3）施工机械台班单价或施工机械使用费发生变化超过省级或行业建设主管部门或其授权的工程造价管理机构规定的范围时,按规定调整合同价格。

第3种方式:专用合同条款约定的其他方式。

11.2 法律变化引起的调整

基准日期后,法律变化导致承包人在合同履行过程中所需要的费用发生除第11.1款〔市场价格波动引起的调整〕约定以外的增加时,由发包人承担由此增加的费用;减少时,应从合同价格中予以扣减。基准日期后,因法律变化造成工期延误时,工期应予以顺延。

因法律变化引起的合同价格和工期调整,合同当事人无法达成一致的,由总监理工程师按第4.4款〔商定或确定〕的约定处理。

因承包人原因造成工期延误,在工期延误期间出现法律变化的,由此增加的费用和（或）延误的工期由承包人承担。

12. 合同价格、计量与支付

12.1 合同价格形式

发包人和承包人应在合同协议书中选择下列一种合同价格形式:

1. 单价合同

单价合同是指合同当事人约定以工程量清单及其综合单价进行合同价格计算、调整和确认的建设工程施工合同,在约定的范围内合同单价不作调整。合同当事人应在专用合同条款中约定综合单价包含的风险范围和风险费用的计算方法,并约定风险范围以外的合同价格的调整方法,其中因市场价格波动引起的调整按第11.1款〔市场价格波动引起的调整〕约定执行。

2. 总价合同

总价合同是指合同当事人约定以施工图、已标价工程量清单或预算书及有关条件进行合同价格计算、调整和确认的建设工程施工合同,在约定的范围内合同总价不作调

整。合同当事人应在专用合同条款中约定总价包含的风险范围和风险费用的计算方法，并约定风险范围以外的合同价格的调整方法，其中因市场价格波动引起的调整按第11.1款〔市场价格波动引起的调整〕、因法律变化引起的调整按第11.2款〔法律变化引起的调整〕约定执行。

3. 其它价格形式

合同当事人可在专用合同条款中约定其他合同价格形式。

12.2 预付款

12.2.1 预付款的支付

预付款的支付按照专用合同条款约定执行，但至迟应在开工通知载明的开工日期7天前支付。预付款应当用于材料、工程设备、施工设备的采购及修建临时工程、组织施工队伍进场等。

除专用合同条款另有约定外，预付款在进度付款中同比例扣回。在颁发工程接收证书前，提前解除合同的，尚未扣完的预付款应与合同价款一并结算。

发包人逾期支付预付款超过7天的，承包人有权向发包人发出要求预付的催告通知，发包人收到通知后7天内仍未支付的，承包人有权暂停施工，并按第16.1.1项〔发包人违约的情形〕执行。

12.2.2 预付款担保

发包人要求承包人提供预付款担保的，承包人应在发包人支付预付款7天前提供预付款担保，专用合同条款另有约定除外。预付款担保可采用银行保函、担保公司担保等形式，具体由合同当事人在专用合同条款中约定。在预付款完全扣回之前，承包人应保证预付款担保持续有效。

发包人在工程款中逐期扣回预付款后，预付款担保额度应相应减少，但剩余的预付款担保金额不得低于未被扣回的预付款金额。

12.3 计量

12.3.1 计量原则

工程量计量按照合同约定的工程量计算规则、图纸及变更指示等进行计量。工程量计算规则应以相关的国家标准、行业标准等为依据，由合同当事人在专用合同条款中约定。

12.3.2 计量周期

除专用合同条款另有约定外，工程量的计量按月进行。

12.3.3 单价合同的计量

除专用合同条款另有约定外，单价合同的计量按照本项约定执行：

（1）承包人应于每月25日向监理人报送上月20日至当月19日已完成的工程量报告，并附具进度付款申请单、已完成工程量报表和有关资料。

（2）监理人应在收到承包人提交的工程量报告后7天内完成对承包人提交的工程量报表的审核并报送发包人，以确定当月实际完成的工程量。监理人对工程量有异议的，有权要求承包人进行共同复核或抽样复测。承包人应协助监理人进行复核或抽样复测，并按监理人要求提供补充计量资料。承包人未按监理人要求参加复核或抽样复测的，监理人复核或修正的工程量视为承包人实际完成的工程量。

（3）监理人未在收到承包人提交的工程量报表后的7天内完成审核的，承包人报送的工程量报告中的工程量视为承包人实际完成的工程量，据此计算工程价款。

12.3.4 总价合同的计量

除专用合同条款另有约定外，按月计量支付的总价合同，按照本项约定执行：

（1）承包人应于每月25日向监理人报送上月20日至当月19日已完成的工程量报告，并附具进度付款申请单、已完成工程量报表和有关资料。

（2）监理人应在收到承包人提交的工程量报告后7天内完成对承包人提交的工程量报表的审核并报送发包人，以确定当月实际完成的工程量。监理人对工程量有异议的，有权要求承包人进行共同复核或抽样复测。承包人应协助监理人进行复核或抽样复测并按监理人要求提供补充计量资料。承包人未按监理人要求参加复核或抽样复测的，监理人审核或修正的工程量视为承包人实际完成的工程量。

（3）监理人未在收到承包人提交的工程量报表后的7天内完成复核的，承包人提交的工程量报告中的工程量视为承包人实际完成的工程量。

12.3.5 总价合同采用支付分解表计量支付的，可以按照第12.3.4项〔总价合同的计量〕约定进行计量，但合同价款按照支付分解表进行支付。

12.3.6 其他价格形式合同的计量

合同当事人可在专用合同条款中约定其他价格形式合同的计量方式和程序。

12.4 工程进度款支付

12.4.1 付款周期

除专用合同条款另有约定外，付款周期应按照第12.3.2项〔计量周期〕的约定与计量周期保持一致。

12.4.2 进度付款申请单的编制

除专用合同条款另有约定外，进度付款申请单应包括下列内容：

（1）截至本次付款周期已完成工作对应的金额；

（2）根据第 10 条〔变更〕应增加和扣减的变更金额；

（3）根据第 12.2 款〔预付款〕约定应支付的预付款和扣减的返还预付款；

（4）根据第 15.3 款〔质量保证金〕约定应扣减的质量保证金；

（5）根据第 19 条〔索赔〕应增加和扣减的索赔金额；

（6）对已签发的进度款支付证书中出现错误的修正，应在本次进度付款中支付或扣除的金额；

（7）根据合同约定应增加和扣减的其他金额。

12.4.3 进度付款申请单的提交

（1）单价合同进度付款申请单的提交

单价合同的进度付款申请单，按照第 12.3.3 项〔单价合同的计量〕约定的时间按月向监理人提交，并附上已完成工程量报表和有关资料。单价合同中的总价项目按月进行支付分解，并汇总列入当期进度付款申请单。

（2）总价合同进度付款申请单的提交

总价合同按月计量支付的，承包人按照第 12.3.4 项〔总价合同的计量〕约定的时间按月向监理人提交进度付款申请单，并附上已完成工程量报表和有关资料。

总价合同按支付分解表支付的，承包人应按照第 12.4.6 项〔支付分解表〕及第 12.4.2 项〔进度付款申请单的编制〕的约定向监理人提交进度付款申请单。

（3）其他价格形式合同的进度付款申请单的提交

合同当事人可在专用合同条款中约定其他价格形式合同的进度付款申请单的编制和提交程序。

12.4.4 进度款审核和支付

（1）除专用合同条款另有约定外，监理人应在收到承包人进度付款申请单以及相关资料后 7 天内完成审查并报送发包人，发包人应在收到后 7 天内完成审批并签发进度款支付证书。发包人逾期未完成审批且未提出异议的，视为已签发进度款支付证书。

发包人和监理人对承包人的进度付款申请单有异议的，有权要求承包人修正和提供补充资料，承包人应提交修正后的进度付款申请单。监理人应在收到承包人修正后的进度付款申请单及相关资料后 7 天内完成审查并报送发包人，发包人应在收到监理人报送的进度付款申请单及相关资料后 7 天内，向承包人签发无异议部分的临时进度款支付证书。存在争议的部分，按照第 20 条〔争议解决〕的约定处理。

（2）除专用合同条款另有约定外，发包人应在进度款支付证书或临时进度款支付证书签发后 14 天内完成支付，发包人逾期支付进度款的，应按照中国人民银行发布的同期同类贷款基准利率支付违约金。

（3）发包人签发进度款支付证书或临时进度款支付证书，不表明发包人已同意、批准或接受了承包人完成的相应部分的工作。

12.4.5 进度付款的修正

在对已签发的进度款支付证书进行阶段汇总和复核中发现错误、遗漏或重复的，发包人和承包人均有权提出修正申请。经发包人和承包人同意的修正，应在下期进度付款中支付或扣除。

12.4.6 支付分解表

1. 支付分解表的编制要求

（1）支付分解表中所列的每期付款金额，应为第 12.4.2 项〔进度付款申请单的编制〕第（1）目的估算金额；

（2）实际进度与施工进度计划不一致的，合同当事人可按照第 4.4 款〔商定或确定〕修改支付分解表；

（3）不采用支付分解表的，承包人应向发包人和监理人提交按季度编制的支付估算分解表，用于支付参考。

2. 总价合同支付分解表的编制与审批

（1）除专用合同条款另有约定外，承包人应根据第 7.2 款〔施工进度计划〕约定的施工进度计划、签约合同价和工程量等因素对总价合同按月进行分解，编制支付分解表。承包人应当在收到监理人和发包人批准的施工进度计划后 7 天内，将支付分解表及编制支付分解表的支持性资料报送监理人。

（2）监理人应在收到支付分解表后 7 天内完成审核并报送发包人。发包人应在收到经监理人审核的支付分解表后 7 天内完成审批，经发包人批准的支付分解表为有约束力的支付分解表。

（3）发包人逾期未完成支付分解表审批的，也未及时要求承包人进行修正和提供补充资料的，则承包人提交的支付分解表视为已经获得发包人批准。

3. 单价合同的总价项目支付分解表的编制与审批

除专用合同条款另有约定外，单价合同的总价项目，由承包人根据施工进度计划和总价项目的总价构成、费用性质、计划发生时间和相应工程量等因素按月进行分解，形成支付分解表，其编制与审批参照总价合同支付分解表的编制与审批执行。

12.5 支付账户

发包人应将合同价款支付至合同协议书中约定的承包人账户。

13. 验收和工程试车

13.1 分部分项工程验收

13.1.1 分部分项工程质量应符合国家有关工程施工验收规范、标准及合同约定，承包人应按照施工组织设计的要求完成分部分项工程施工。

13.1.2 除专用合同条款另有约定外，分部分项工程经承包人自检合格并具备验收条件的，承包人应提前48小时通知监理人进行验收。监理人不能按时进行验收的，应在验收前24小时向承包人提交书面延期要求，但延期不能超过48小时。监理人未按时进行验收，也未提出延期要求的，承包人有权自行验收，监理人应认可验收结果。分部分项工程未经验收的，不得进入下一道工序施工。

分部分项工程的验收资料应当作为竣工资料的组成部分。

13.2 竣工验收

13.2.1 竣工验收条件

工程具备以下条件的，承包人可以申请竣工验收：

（1）除发包人同意的甩项工作和缺陷修补工作外，合同范围内的全部工程以及有关工作，包括合同要求的试验、试运行以及检验均已完成，并符合合同要求；

（2）已按合同约定编制了甩项工作和缺陷修补工作清单以及相应的施工计划；

（3）已按合同约定的内容和份数备齐竣工资料。

13.2.2 竣工验收程序

除专用合同条款另有约定外，承包人申请竣工验收的，应当按照以下程序进行：

（1）承包人向监理人报送竣工验收申请报告，监理人应在收到竣工验收申请报告后14天内完成审查并报送发包人。监理人审查后认为尚不具备验收条件的，应通知承包人在竣工验收前承包人还需完成的工作内容，承包人应在完成监理人通知的全部工作内容后，再次提交竣工验收申请报告。

（2）监理人审查后认为已具备竣工验收条件的，应将竣工验收申请报告提交发包人，发包人应在收到经监理人审核的竣工验收申请报告后28天内审批完毕并组织监理人、承包人、设计人等相关单位完成竣工验收。

（3）竣工验收合格的，发包人应在验收合格后14天内向承包人签发工程接收证书。发包人无正当理由逾期不颁发工程接收证书的，自验收合格后第15天起视为已颁发工程接收证书。

（4）竣工验收不合格的，监理人应按照验收意见发出指示，要求承包人对不合格工程返工、修复或采取其他补救措施，由此增加的费用和（或）延误的工期由承包人承担。承包人在完成不合格工程的返工、修复或采取其他补救措施后，应重新提交竣工验收申请报告，并按本项约定的程序重新进行验收。

（5）工程未经验收或验收不合格，发包人擅自使用的，

应在转移占有工程后7天内向承包人颁发工程接收证书；发包人无正当理由逾期不颁发工程接收证书的，自转移占有后第15天起视为已颁发工程接收证书。

除专用合同条款另有约定外，发包人不按照本项约定组织竣工验收、颁发工程接收证书的，每逾期一天，应以签约合同价为基数，按照中国人民银行发布的同期同类贷款基准利率支付违约金。

13.2.3 竣工日期

工程经竣工验收合格的，以承包人提交竣工验收申请报告之日为实际竣工日期，并在工程接收证书中载明；因发包人原因，未在监理人收到承包人提交的竣工验收申请报告42天内完成竣工验收，或完成竣工验收不予签发工程接收证书的，以提交竣工验收申请报告的日期为实际竣工日期；工程未经竣工验收，发包人擅自使用的，以转移占有工程之日为实际竣工日期。

13.2.4 拒绝接收全部或部分工程

对于竣工验收不合格的工程，承包人完成整改后，应当重新进行竣工验收，经重新组织验收仍不合格的且无法采取措施补救的，则发包人可以拒绝接收不合格工程，因不合格工程导致其他工程不能正常使用的，承包人应采取措施确保相关工程的正常使用，由此增加的费用和（或）延误的工期由承包人承担。

13.2.5 移交、接收全部与部分工程

除专用合同条款另有约定外，合同当事人应当在颁发工程接收证书后7天内完成工程的移交。

发包人无正当理由不接收工程的，发包人自应当接收工程之日起，承担工程照管、成品保护、保管等与工程有关的各项费用，合同当事人可以在专用合同条款中另行约定发包人逾期接收工程的违约责任。

承包人无正当理由不移交工程的，承包人应承担工程照管、成品保护、保管等与工程有关的各项费用，合同当事人可以在专用合同条款中另行约定承包人无正当理由不移交工程的违约责任。

13.3 工程试车

13.3.1 试车程序

工程需要试车的，除专用合同条款另有约定外，试车内容应与承包人承包范围相一致，试车费用由承包人承担。工程试车应按如下程序进行：

（1）具备单机无负荷试车条件，承包人组织试车，并在试车前48小时书面通知监理人，通知中应载明试车内容、时间、地点。承包人准备试车记录，发包人根据承包人要求为试车提供必要条件。试车合格的，监理人在试车记录上签字。监理人在试车合格后不在试车记录上签字，自试车

结束满24小时后视为监理人已经认可试车记录,承包人可继续施工或办理竣工验收手续。

监理人不能按时参加试车,应在试车前24小时以书面形式向承包人提出延期要求,但延期不能超过48小时,由此导致工期延误的,工期应予以顺延。监理人未能在前述期限内提出延期要求,又不参加试车的,视为认可试车记录。

(2)具备无负荷联动试车条件,发包人组织试车,并在试车前48小时以书面形式通知承包人。通知中应载明试车内容、时间、地点和对承包人的要求,承包人按要求做好准备工作。试车合格,合同当事人在试车记录上签字。承包人无正当理由不参加试车的,视为认可试车记录。

13.3.2 试车中的责任

因设计原因导致试车达不到验收要求,发包人应要求设计人修改设计,承包人按修改后的设计重新安装。发包人承担修改设计、拆除及重新安装的全部费用,工期相应顺延。因承包人原因导致试车达不到验收要求,承包人按监理人要求重新安装和试车,并承担重新安装和试车的费用,工期不予顺延。

因工程设备制造原因导致试车达不到验收要求的,由采购该工程设备的合同当事人负责重新购置或修理,承包人负责拆除和重新安装,由此增加的修理、重新购置、拆除及重新安装的费用及延误的工期由采购该工程设备的合同当事人承担。

13.3.3 投料试车

如需进行投料试车的,发包人应在工程竣工验收后组织投料试车。发包人要求在工程竣工验收前进行或需要承包人配合时,应征得承包人同意,并在专用合同条款中约定有关事项。

投料试车合格的,费用由发包人承担;因承包人原因造成投料试车不合格的,承包人应按照发包人要求进行整改,由此产生的整改费用由承包人承担;非因承包人原因导致投料试车不合格的,如发包人要求承包人进行整改的,由此产生的费用由发包人承担。

13.4 提前交付单位工程的验收

13.4.1 发包人需要在工程竣工前使用单位工程的,或承包人提出提前交付已经竣工的单位工程且经发包人同意的,可进行单位工程验收,验收的程序按照第13.2款〔竣工验收〕的约定进行。

验收合格后,由监理人向承包人出具经发包人签认的单位工程接收证书。已签发单位工程接收证书的单位工程由发包人负责照管。单位工程的验收成果和结论作为整体工程竣工验收申请报告的附件。

13.4.2 发包人要求在工程竣工前交付单位工程,由此导致承包人费用增加和(或)工期延误的,由发包人承担由此增加的费用和(或)延误的工期,并支付承包人合理的利润。

13.5 施工期运行

13.5.1 施工期运行是指合同工程尚未全部竣工,其中某项或某几项单位工程或工程设备安装已竣工,根据专用合同条款约定,需要投入施工期运行的,经发包人按第13.4款〔提前交付单位工程的验收〕的约定验收合格,证明能确保安全后,才能在施工期投入运行。

13.5.2 在施工期运行中发现工程或工程设备损坏或存在缺陷的,由承包人按第15.2款〔缺陷责任期〕约定进行修复。

13.6 竣工退场

13.6.1 竣工退场

颁发工程接收证书后,承包人应按以下要求对施工现场进行清理:

(1)施工现场内残留的垃圾已全部清除出场;

(2)临时工程已拆除,场地已进行清理、平整或复原;

(3)按合同约定应撤离的人员、承包人施工设备和剩余的材料,包括废弃的施工设备和材料,已按计划撤离施工现场;

(4)施工现场周边及其附近道路、河道的施工堆积物,已全部清理;

(5)施工现场其他场地清理工作已全部完成。

施工现场的竣工退场费用由承包人承担。承包人应在专用合同条款约定的期限内完成竣工退场,逾期未完成的,发包人有权出售或另行处理承包人遗留的物品,由此支出的费用由承包人承担,发包人出售承包人遗留物品所得款项在扣除必要费用后应返还承包人。

13.6.2 地表还原

承包人应按发包人要求恢复临时占地及清理场地,承包人未按发包人的要求恢复临时占地,或者场地清理未达到合同约定要求的,发包人有权委托其他人恢复或清理,所发生的费用由承包人承担。

14. 竣工结算

14.1 竣工结算申请

除专用合同条款另有约定外,承包人应在工程竣工验收合格后28天内向发包人和监理人提交竣工结算申请单,并提交完整的结算资料,有关竣工结算申请单的资料清单和份数等要求由合同当事人在专用合同条款中约定。

除专用合同条款另有约定外,竣工结算申请单应包括以下内容:

(1)竣工结算合同价格;

(2)发包人已支付承包人的款项;

（3）应扣留的质量保证金。已缴纳履约保证金的或提供其他工程质量担保方式的除外；

（4）发包人应支付承包人的合同价款。

14.2 竣工结算审核

（1）除专用合同条款另有约定外，监理人应在收到竣工结算申请单后 14 天内完成核查并报送发包人。发包人应在收到监理人提交的经审核的竣工结算申请单后 14 天内完成审批，并由监理人向承包人签发经发包人签认的竣工付款证书。监理人或发包人对竣工结算申请单有异议的，有权要求承包人进行修正和提供补充资料，承包人应提交修正后的竣工结算申请单。

发包人在收到承包人提交竣工结算申请书后 28 天内未完成审批且未提出异议的，视为发包人认可承包人提交的竣工结算申请单，并自发包人收到承包人提交的竣工结算申请单后第 29 天起视为已签发竣工付款证书。

（2）除专用合同条款另有约定外，发包人应在签发竣工付款证书后的 14 天内，完成对承包人的竣工付款。发包人逾期支付的，按照中国人民银行发布的同期同类贷款基准利率支付违约金；逾期支付超过 56 天的，按照中国人民银行发布的同期同类贷款基准利率的两倍支付违约金。

（3）承包人对发包人签认的竣工付款证书有异议的，对于有异议部分应在收到发包人签认的竣工付款证书后 7 天内提出异议，并由合同当事人按照专用合同条款约定的方式和程序进行复核，或按照第 20 条〔争议解决〕约定处理。对于无异议部分，发包人应签发临时竣工付款证书，并按本款第（2）项完成付款。承包人逾期未提出异议的，视为认可发包人的审批结果。

14.3 甩项竣工协议

发包人要求甩项竣工的，合同当事人应签订甩项竣工协议。在甩项竣工协议中应明确，合同当事人按照第 14.1 款〔竣工结算申请〕及 14.2 款〔竣工结算审核〕的约定，对已完合格工程进行结算，并支付相应合同价款。

14.4 最终结清

14.4.1 最终结清申请单

（1）除专用合同条款另有约定外，承包人应在缺陷责任期终止证书颁发后 7 天内，按专用合同条款约定的份数向发包人提交最终结清申请单，并提供相关证明材料。

除专用合同条款另有约定外，最终结清申请单应列明质量保证金、应扣除的质量保证金、缺陷责任期内发生的增减费用。

（2）发包人对最终结清申请单内容有异议的，有权要求承包人进行修正和提供补充资料，承包人应向发包人提交修正后的最终结清申请单。

14.4.2 最终结清证书和支付

（1）除专用合同条款另有约定外，发包人应在收到承包人提交的最终结清申请单后 14 天内完成审批并向承包人颁发最终结清证书。发包人逾期未完成审批，又未提出修改意见的，视为发包人同意承包人提交的最终结清申请单，且自发包人收到承包人提交的最终结清申请单后 15 天起视为已颁发最终结清证书。

（2）除专用合同条款另有约定外，发包人应在颁发最终结清证书后 7 天内完成支付。发包人逾期支付的，按照中国人民银行发布的同期同类贷款基准利率支付违约金；逾期支付超过 56 天的，按照中国人民银行发布的同期同类贷款基准利率的两倍支付违约金。

（3）承包人对发包人颁发的最终结清证书有异议的，按第 20 条〔争议解决〕的约定办理。

15. 缺陷责任与保修

15.1 工程保修的原则

在工程移交发包人后，因承包人原因产生的质量缺陷，承包人应承担质量缺陷责任和保修义务。缺陷责任期届满，承包人仍应按合同约定的工程各部位保修年限承担保修义务。

15.2 缺陷责任期

15.2.1 缺陷责任期从工程通过竣工验收之日起计算，合同当事人应在专用合同条款约定缺陷责任期的具体期限，但该期限最长不超过 24 个月。

单位工程先于全部工程进行验收，经验收合格并交付使用的，该单位工程缺陷责任期自单位工程验收合格之日起算。因承包人原因导致工程无法按合同约定期限进行竣工验收的，缺陷责任期从实际通过竣工验收之日起计算。因发包人原因导致工程无法按合同约定期限进行竣工验收的，在承包人提交竣工验收报告 90 天后，工程自动进入缺陷责任期；发包人未经竣工验收擅自使用工程的，缺陷责任期自工程转移占有之日起开始计算。

15.2.2 缺陷责任期内，由承包人原因造成的缺陷，承包人应负责维修，并承担鉴定及维修费用。如承包人不维修也不承担费用，发包人可按合同约定从保证金或银行保函中扣除，费用超过保证金额的，发包人可按合同约定向承包人进行索赔。承包人维修并承担相应费用后，不免除对工程的损失赔偿责任。发包人有权要求承包人延长缺陷责任期，并应在原缺陷责任期届满前发出延长通知。但缺陷责任期（含延长部分）最长不能超过 24 个月。

由他人原因造成的缺陷，发包人负责组织维修，承包人不承担费用，且发包人不得从保证金中扣除费用。

15.2.3 任何一项缺陷或损坏修复后，经检查证明其影响了工程或工程设备的使用性能,承包人应重新进行合同约定的试验和试运行,试验和试运行的全部费用应由责任方承担。

15.2.4 除专用合同条款另有约定外,承包人应于缺陷责任期届满后 7 天内向发包人发出缺陷责任期届满通知,发包人应在收到缺陷责任期满通知后 14 天内核实承包人是否履行缺陷修复义务,承包人未能履行缺陷修复义务的,发包人有权扣除相应金额的维修费用。发包人应在收到缺陷责任期届满通知后 14 天内,向承包人颁发缺陷责任期终止证书。

15.3 质量保证金

经合同当事人协商一致扣留质量保证金的,应在专用合同条款中予以明确。

在工程项目竣工前,承包人已经提供履约担保的,发包人不得同时预留工程质量保证金。

15.3.1 承包人提供质量保证金的方式

承包人提供质量保证金有以下三种方式:

(1)质量保证金保函;

(2)相应比例的工程款;

(3)双方约定的其他方式。

除专用合同条款另有约定外,质量保证金原则上采用上述第(1)种方式。

15.3.2 质量保证金的扣留

质量保证金的扣留有以下三种方式:

(1)在支付工程进度款时逐次扣留,在此情形下,质量保证金的计算基数不包括预付款的支付、扣回以及价格调整的金额;

(2)工程竣工结算时一次性扣留质量保证金;

(3)双方约定的其他扣留方式。

除专用合同条款另有约定外,质量保证金的扣留原则上采用上述第(1)种方式。

发包人累计扣留的质量保证金不得超过工程价款结算总额的3%。如承包人在发包人签发竣工付款证书后28天内提交质量保证金保函,发包人应同时退还扣留的作为质量保证金的工程价款;保函金额不得超过工程价款结算总额的3%。

发包人在退还质量保证金的同时按照中国人民银行发布的同期同类贷款基准利率支付利息。

15.3.3 质量保证金的退还

缺陷责任期内,承包人认真履行合同约定的责任,到期后,承包人可向发包人申请返还保证金。

发包人在接到承包人返还保证金申请后,应于 14 天内会同承包人按照合同约定的内容进行核实。如无异议,发包人应当按照约定将保证金返还给承包人。对返还期限没有约定或者约定不明确的,发包人应当在核实后 14 天内将保证金返还承包人,逾期未返还的,依法承担违约责任。发包人在接到承包人返还保证金申请后 14 天内不予答复,经催告后 14 天内仍不予答复,视同认可承包人的返还保证金申请。

发包人和承包人对保证金预留、返还以及工程维修质量、费用有争议的,按本合同第 20 条约定的争议和纠纷解决程序处理。

15.4 保修

15.4.1 保修责任

工程保修期从工程竣工验收合格之日起算,具体分部分项工程的保修期由合同当事人在专用合同条款中约定,但不得低于法定最低保修年限。在工程保修期内,承包人应当根据有关法律规定以及合同约定承担保修责任。

发包人未经竣工验收擅自使用工程的,保修期自转移占有之日起算。

15.4.2 修复费用

保修期内,修复的费用按以下约定处理:

(1)保修期内,因承包人原因造成工程的缺陷、损坏,承包人应负责修复,并承担修复的费用以及因工程的缺陷、损坏造成的人身伤害和财产损失;

(2)保修期内,因发包人使用不当造成工程的缺陷、损坏,可以委托承包人修复,但发包人应承担修复的费用,并支付承包人合理利润;

(3)因其他原因造成工程的缺陷、损坏,可以委托承包人修复,发包人应承担修复的费用,并支付承包人合理的利润,因工程的缺陷、损坏造成的人身伤害和财产损失由责任方承担。

15.4.3 修复通知

在保修期内,发包人在使用过程中,发现已接收的工程存在缺陷或损坏的,应书面通知承包人予以修复,但情况紧急必须立即修复缺陷或损坏的,发包人可以口头通知承包人并在口头通知后48小时内书面确认,承包人应在专用合同条款约定的合理期限内到达工程现场并修复缺陷或损坏。

15.4.4 未能修复

因承包人原因造成工程的缺陷或损坏,承包人拒绝维修或未能在合理期限内修复缺陷或损坏,且经发包人书面催告后仍未修复的,发包人有权自行修复或委托第三方修复,所需费用由承包人承担。但修复范围超出缺陷或损坏范围的,超出范围部分的修复费用由发包人承担。

15.4.5 承包人出入权

在保修期内,为了修复缺陷或损坏,承包人有权出入工程现场,除情况紧急必须立即修复缺陷或损坏外,承包人应提前 24 小时通知发包人进场修复的时间。承包人进入工程现场前应获得发包人同意,且不应影响发包人正常的生产经营,并应遵守发包人有关保安和保密等规定。

16. 违约

16.1 发包人违约

16.1.1 发包人违约的情形

在合同履行过程中发生的下列情形,属于发包人违约:

(1)因发包人原因未能在计划开工日期前 7 天内下达开工通知的;

(2)因发包人原因未能按合同约定支付合同价款的;

(3)发包人违反第 10.1 款〔变更的范围〕第(2)项约定,自行实施被取消的工作或转由他人实施的;

(4)发包人提供的材料、工程设备的规格、数量或质量不符合合同约定,或因发包人原因导致交货日期延误或交货地点变更等情况的;

(5)因发包人违反合同约定造成暂停施工的;

(6)发包人无正当理由没有在约定期限内发出复工指示,导致承包人无法复工的;

(7)发包人明确表示或者以其行为表明不履行合同主要义务的;

(8)发包人未能按照合同约定履行其他义务的。

发包人发生除本项第(7)目以外的违约情况时,承包人可向发包人发出通知,要求发包人采取有效措施纠正违约行为。发包人收到承包人通知后 28 天内仍不纠正违约行为的,承包人有权暂停相应部位工程施工,并通知监理人。

16.1.2 发包人违约的责任

发包人应承担因其违约给承包人增加的费用和(或)延误的工期,并支付承包人合理的利润。此外,合同当事人可在专用合同条款中另行约定发包人违约责任的承担方式和计算方法。

16.1.3 因发包人违约解除合同

除专用合同条款另有约定外,承包人按第 16.1.1 项〔发包人违约的情形〕约定暂停施工满 28 天后,发包人仍不纠正其违约行为并致使合同目的不能实现的,或出现第 16.1.1 项〔发包人违约的情形〕第(7)目约定的违约情况,承包人有权解除合同,发包人应承担由此增加的费用,并支付承包人合理的利润。

16.1.4 因发包人违约解除合同后的付款

承包人按照本款约定解除合同的,发包人应在解除合同后 28 天内支付下列款项,并解除履约担保:

(1)合同解除前所完成工作的价款;

(2)承包人为工程施工订购并已付款的材料、工程设备和其他物品的价款;

(3)承包人撤离施工现场以及遣散承包人人员的款项;

(4)按照合同约定在合同解除前应支付的违约金;

(5)按照合同约定应当支付给承包人的其他款项;

(6)按照合同约定应退还的质量保证金;

(7)因解除合同给承包人造成的损失。

合同当事人未能就解除合同后的结清达成一致的,按照第 20 条〔争议解决〕的约定处理。

承包人应妥善做好已完工程和与工程有关的已购材料、工程设备的保护和移交工作,并将施工设备和人员撤出施工现场,发包人应为承包人撤出提供必要条件。

16.2 承包人违约

16.2.1 承包人违约的情形

在合同履行过程中发生的下列情形,属于承包人违约:

(1)承包人违反合同约定进行转包或违法分包的;

(2)承包人违反合同约定采购和使用不合格的材料和工程设备的;

(3)因承包人原因导致工程质量不符合合同要求的;

(4)承包人违反第 8.9 款〔材料与设备专用要求〕的约定,未经批准,私自将已按照合同约定进入施工现场的材料或设备撤离施工现场的;

(5)承包人未能按施工进度计划及时完成合同约定的工作,造成工期延误的;

(6)承包人在缺陷责任期及保修期内,未能在合理期限对工程缺陷进行修复,或拒绝按发包人要求进行修复的;

(7)承包人明确表示或者以其行为表明不履行合同主要义务的;

(8)承包人未能按照合同约定履行其他义务的。

承包人发生除本项第(7)目约定以外的其他违约情况时,监理人可向承包人发出整改通知,要求其在指定的期限内改正。

16.2.2 承包人违约的责任

承包人应承担因其违约行为而增加的费用和(或)延误的工期。此外,合同当事人可在专用合同条款中另行约定承包人违约责任的承担方式和计算方法。

16.2.3 因承包人违约解除合同

除专用合同条款另有约定外,出现第 16.2.1 项〔承包人违约的情形〕第(7)目约定的违约情况时,或监理人发出整改通知后,承包人在指定的合理期限内仍不纠正违约行为并致使合同目的不能实现的,发包人有权解除合同。合同解除后,因继续完成工程的需要,发包人有权使用承包人在施工现场的材料、设备、临时工程、承包人文件和由承包人或以其名义编制的其他文件,合同当事人应在专用合同条款约定相应费用的承担方式。发包人继续使用的行为不免除或减轻承包人应承担的违约责任。

16.2.4 因承包人违约解除合同后的处理

因承包人原因导致合同解除的,则合同当事人应在合同解除后28天内完成估价、付款和清算,并按以下约定执行:

(1)合同解除后,按第4.4款〔商定或确定〕商定或确定承包人实际完成工作对应的合同价款,以及承包人已提供的材料、工程设备、施工设备和临时工程等的价值;

(2)合同解除后,承包人应支付的违约金;

(3)合同解除后,因解除合同给发包人造成的损失;

(4)合同解除后,承包人应按照发包人要求和监理人的指示完成现场的清理和撤离;

(5)发包人和承包人应在合同解除后进行清算,出具最终结清付款证书,结清全部款项。

因承包人违约解除合同的,发包人有权暂停对承包人的付款,查清各项付款和已扣款项。发包人和承包人未能就合同解除后的清算和款项支付达成一致的,按照第20条〔争议解决〕的约定处理。

16.2.5 采购合同权益转让

因承包人违约解除合同的,发包人有权要求承包人将其为实施合同而签订的材料和设备的采购合同的权益转让给发包人,承包人应在收到解除合同通知后14天内,协助发包人与采购合同的供应商达成相关的转让协议。

16.3 第三人造成的违约

在履行合同过程中,一方当事人因第三人的原因造成违约的,应当向对方当事人承担违约责任。一方当事人和第三人之间的纠纷,依照法律规定或者按照约定解决。

17. **不可抗力**

17.1 不可抗力的确认

不可抗力是指合同当事人在签订合同时不可预见,在合同履行过程中不可避免且不能克服的自然灾害和社会性突发事件,如地震、海啸、瘟疫、骚乱、戒严、暴动、战争和专用合同条款中约定的其他情形。

不可抗力发生后,发包人和承包人应收集证明不可抗力发生及不可抗力造成损失的证据,并及时认真统计所造成的损失。合同当事人对是否属于不可抗力或其损失的意见不一致的,由监理人按第4.4款〔商定或确定〕的约定处理。发生争议时,按第20条〔争议解决〕的约定处理。

17.2 不可抗力的通知

合同一方当事人遇到不可抗力事件,使其履行合同义务受到阻碍时,应立即通知合同另一方当事人和监理人,书面说明不可抗力和受阻碍的详细情况,并提供必要的证明。

不可抗力持续发生的,合同一方当事人应及时向合同另一方当事人和监理人提交中间报告,说明不可抗力和履行合同受阻的情况,并于不可抗力事件结束后28天内提交最终报告及有关资料。

17.3 不可抗力后果的承担

17.3.1 不可抗力引起的后果及造成的损失由合同当事人按照法律规定及合同约定各自承担。不可抗力发生前已完成的工程应当按照合同约定进行计量支付。

17.3.2 不可抗力导致的人员伤亡、财产损失、费用增加和(或)工期延误等后果,由合同当事人按以下原则承担:

(1)永久工程、已运至施工现场的材料和工程设备的损坏,以及因工程损坏造成的第三人人员伤亡和财产损失由发包人承担;

(2)承包人施工设备的损坏由承包人承担;

(3)发包人和承包人承担各自人员伤亡和财产的损失;

(4)因不可抗力影响承包人履行合同约定的义务,已经引起或将引起工期延误的,应当顺延工期,由此导致承包人停工的费用损失由发包人和承包人合理分担,停工期间必须支付的工人工资由发包人承担;

(5)因不可抗力引起或将引起工期延误,发包人要求赶工的,由此增加的赶工费用由发包人承担;

(6)承包人在停工期间按照发包人要求照管、清理和修复工程的费用由发包人承担。

不可抗力发生后,合同当事人均应采取措施尽量避免和减少损失的扩大,任何一方当事人没有采取有效措施导致损失扩大的,应对扩大的损失承担责任。

因合同一方迟延履行合同义务,在迟延履行期间遭遇不可抗力的,不免除其违约责任。

17.4 因不可抗力解除合同

因不可抗力导致合同无法履行连续超过84天或累计超过140天的,发包人和承包人均有权解除合同。合同解除后,由双方当事人按照第4.4款〔商定或确定〕商定或确定发包人应支付的款项,该款项包括:

(1)合同解除前承包人已完成工作的价款;

(2)承包人为工程订购的并已交付给承包人,或承包人有责任接受交付的材料、工程设备和其他物品的价款;

(3)发包人要求承包人退货或解除订货合同而产生的费用,或因不能退货或解除合同而产生的损失;

(4)承包人撤离施工现场以及遣散承包人人员的费用;

(5)按照合同约定在合同解除前应支付给承包人的其他款项;

（6）扣减承包人按照合同约定应向发包人支付的款项；

（7）双方商定或确定的其他款项。

除专用合同条款另有约定外，合同解除后，发包人应在商定或确定上述款项后 28 天内完成上述款项的支付。

18. 保险

18.1 工程保险

除专用合同条款另有约定外，发包人应投保建筑工程一切险或安装工程一切险；发包人委托承包人投保的，因投保产生的保险费和其他相关费用由发包人承担。

18.2 工伤保险

18.2.1 发包人应依照法律规定参加工伤保险，并为在施工现场的全部员工办理工伤保险，缴纳工伤保险费，并要求监理人及由发包人为履行合同聘请的第三方依法参加工伤保险。

18.2.2 承包人应依照法律规定参加工伤保险，并为其履行合同的全部员工办理工伤保险，缴纳工伤保险费，并要求分包人及由承包人为履行合同聘请的第三方依法参加工伤保险。

18.3 其他保险

发包人和承包人可以为其施工现场的全部人员办理意外伤害保险并支付保险费，包括其员工及为履行合同聘请的第三方的人员，具体事项由合同当事人在专用合同条款约定。

除专用合同条款另有约定外，承包人应为其施工设备等办理财产保险。

18.4 持续保险

合同当事人应与保险人保持联系，使保险人能够随时了解工程实施中的变动，并确保按保险合同条款要求持续保险。

18.5 保险凭证

合同当事人应及时向另一方当事人提交其已投保的各项保险的凭证和保险单复印件。

18.6 未按约定投保的补救

18.6.1 发包人未按合同约定办理保险，或未能使保险持续有效的，则承包人可代为办理，所需费用由发包人承担。发包人未按合同约定办理保险，导致未能得到足额赔偿的，由发包人负责补足。

18.6.2 承包人未按合同约定办理保险，或未能使保险持续有效的，则发包人可代为办理，所需费用由承包人承担。承包人未按合同约定办理保险，导致未能得到足额赔偿的，由承包人负责补足。

18.7 通知义务

除专用合同条款另有约定外，发包人变更除工伤保险之外的保险合同时，应事先征得承包人同意，并通知监理人；承包人变更除工伤保险之外的保险合同时，应事先征得发包人同意，并通知监理人。

保险事故发生时，投保人应按照保险合同规定的条件和期限及时向保险人报告。发包人和承包人应当在知道保险事故发生后及时通知对方。

19. 索赔

19.1 承包人的索赔

根据合同约定，承包人认为有权得到追加付款和（或）延长工期的，应按以下程序向发包人提出索赔：

（1）承包人应在知道或应当知道索赔事件发生后 28 天内，向监理人递交索赔意向通知书，并说明发生索赔事件的事由；承包人未在前述 28 天内发出索赔意向通知书的，丧失要求追加付款和（或）延长工期的权利；

（2）承包人应在发出索赔意向通知书后 28 天内，向监理人正式递交索赔报告；索赔报告应详细说明索赔理由以及要求追加的付款金额和（或）延长的工期，并附必要的记录和证明材料；

（3）索赔事件具有持续影响的，承包人应按合理时间间隔继续递交延续索赔通知，说明持续影响的实际情况和记录，列出累计的追加付款金额和（或）工期延长天数；

（4）在索赔事件影响结束后 28 天内，承包人应向监理人递交最终索赔报告，说明最终要求索赔的追加付款金额和（或）延长的工期，并附必要的记录和证明材料。

19.2 对承包人索赔的处理

对承包人索赔的处理如下：

（1）监理人应在收到索赔报告后 14 天内完成审查并报送发包人。监理人对索赔报告存在异议的，有权要求承包人提交全部原始记录副本；

（2）发包人应在监理人收到索赔报告或有关索赔的进一步证明材料后的 28 天内，由监理人向承包人出具经发包人签认的索赔处理结果。发包人逾期答复的，则视为认可承包人的索赔要求；

（3）承包人接受索赔处理结果的，索赔款项在当期进度款中进行支付；承包人不接受索赔处理结果的，按照第 20 条〔争议解决〕约定处理。

19.3 发包人的索赔

根据合同约定，发包人认为有权得到赔付金额和（或）延长缺陷责任期的，监理人应向承包人发出通知并附有详细的证明。

发包人应在知道或应当知道索赔事件发生后 28 天内通过监理人向承包人提出索赔意向通知书，发包人未在前述 28 天内发出索赔意向通知书的，丧失要求赔付金额和（或）延长缺陷责任期的权利。发包人应在发出索赔意向通知书后28天内，通过监理人向承包人正式递交索赔报告。

19.4 对发包人索赔的处理

对发包人索赔的处理如下：

（1）承包人收到发包人提交的索赔报告后，应及时审查索赔报告的内容、查验发包人证明材料；

（2）承包人应在收到索赔报告或有关索赔的进一步证明材料后28天内，将索赔处理结果答复发包人。如果承包人未在上述期限内作出答复的，则视为对发包人索赔要求的认可；

（3）承包人接受索赔处理结果的，发包人可从应支付给承包人的合同价款中扣除赔付的金额或延长缺陷责任期；发包人不接受索赔处理结果的，按第20条〔争议解决〕约定处理。

19.5 提出索赔的期限

（1）承包人按第14.2款〔竣工结算审核〕约定接收竣工付款证书后，应被视为已无权再提出在工程接收证书颁发前所发生的任何索赔。

（2）承包人按第14.4款〔最终结清〕提交的最终结清申请单中，只限于提出工程接收证书颁发后发生的索赔。提出索赔的期限自接受最终结清证书时终止。

20. 争议解决

20.1 和解

合同当事人可以就争议自行和解，自行和解达成协议的经双方签字并盖章后作为合同补充文件，双方均应遵照执行。

20.2 调解

合同当事人可以就争议请求建设行政主管部门、行业协会或其他第三方进行调解，调解达成协议的，经双方签字并盖章后作为合同补充文件，双方均应遵照执行。

20.3 争议评审

合同当事人在专用合同条款中约定采取争议评审方式解决争议以及评审规则，并按下列约定执行：

20.3.1 争议评审小组的确定

合同当事人可以共同选择一名或三名争议评审员，组成争议评审小组。除专用合同条款另有约定外，合同当事人应当自合同签订后28天内，或者争议发生后14天内，选定争议评审员。

选择一名争议评审员的，由合同当事人共同确定；选择三名争议评审员的，各自选定一名，第三名成员为首席争议评审员，由合同当事人共同确定或由合同当事人委托已选定的争议评审员共同确定，或由专用合同条款约定的评审机构指定第三名首席争议评审员。

除专用合同条款另有约定外，评审员报酬由发包人和承包人各承担一半。

20.3.2 争议评审小组的决定

合同当事人可在任何时间将与合同有关的任何争议共同提请争议评审小组进行评审。争议评审小组应秉持客观、公正原则，充分听取合同当事人的意见，依据相关法律、规范、标准、案例经验及商业惯例等，自收到争议评审申请报告后14天内作出书面决定，并说明理由。合同当事人可以在专用合同条款中对本项事项另行约定。

20.3.3 争议评审小组决定的效力

争议评审小组作出的书面决定经合同当事人签字确认后，对双方具有约束力，双方应遵照执行。

任何一方当事人不接受争议评审小组决定或不履行争议评审小组决定的，双方可选择采用其他争议解决方式。

20.4 仲裁或诉讼

因合同及合同有关事项产生的争议，合同当事人可以在专用合同条款中约定以下一种方式解决争议：

（1）向约定的仲裁委员会申请仲裁；

（2）向有管辖权的人民法院起诉。

20.5 争议解决条款效力

合同有关争议解决的条款独立存在，合同的变更、解除、终止、无效或者被撤销均不影响其效力。

第三部分　专用合同条款

1. 一般约定

1.1 词语定义

1.1.1 合同

1.1.1.10 其他合同文件包括：_____

_____。

1.1.2 合同当事人及其他相关方

1.1.2.4 监理人：

名　　称：_____；

资质类别和等级：_____；

联系电话：_____；

电子信箱：_____；

通信地址：_____。

1.1.2.5 设计人：

名　　称：_____；

资质类别和等级：_____；

联系电话：_____；

电子信箱：_____；

通信地址：_____。

1.1.3 工程和设备

1.1.3.7 作为施工现场组成部分的其他场所包括：_____
_____。

1.1.3.9 永久占地包括：_____。

1.1.3.10 临时占地包括：_____。

1.3 法律

适用于合同的其他规范性文件：_____
_____。

1.4 标准和规范

1.4.1 适用于工程的标准规范包括：_____
_____。

1.4.2 发包人提供国外标准、规范的名称：_____
_____；

发包人提供国外标准、规范的份数：_____；

发包人提供国外标准、规范的名称：_____。

1.4.3 发包人对工程的技术标准和功能要求的特殊要求：_____
_____。

1.5 合同文件的优先顺序

合同文件组成及优先顺序为：_____
_____。

1.6 图纸和承包人文件

1.6.1 图纸的提供

发包人向承包人提供图纸的期限：_____；

发包人向承包人提供图纸的数量：_____；

发包人向承包人提供图纸的内容：_____。

1.6.4 承包人文件

需要由承包人提供的文件，包括：_____
_____。

承包人提供的文件的期限为：_____；

承包人提供的文件的数量为：_____；

承包人提供的文件的形式为：_____；

发包人审批承包人文件的期限：_____。

1.6.5 现场图纸准备

关于现场图纸准备的约定：_____。

1.7 联络

1.7.1 发包人和承包人应当在____天内将与合同有关的通知、批准、证明、证书、指示、指令、要求、请求、同意、意见、确定和决定等书面函件送达对方当事人。

1.7.2 发包人接收文件的地点：_____；

发包人指定的接收人为：_____。

承包人接收文件的地点：_____；

承包人指定的接收人为：_____。

监理人接收文件的地点：_____；

监理人指定的接收人为：_____。

1.10 交通运输

1.10.1 出入现场的权利

关于出入现场的权利的约定：_____

_____。

1.10.3 场内交通

关于场外交通和场内交通的边界的约定：_____

_____。

关于发包人向承包人免费提供满足工程施工需要的场内道路和交通设施的约定：_____

_____。

1.10.4 超大件和超重件的运输

运输超大件或超重件所需的道路和桥梁临时加固改造费用和其他有关费用由_____承担。

1.11 知识产权

1.11.1 关于发包人提供给承包人的图纸、发包人为实施工程自行编制或委托编制的技术规范以及反映发包人关于合同要求或其他类似性质的文件的著作权的归属：_____

_____。

关于发包人提供的上述文件的使用限制的要求：_____

_____。

1.11.2 关于承包人为实施工程所编制文件的著作权的归属：_____

_____。

关于承包人提供的上述文件的使用限制的要求：_____

_____。

1.11.4 承包人在施工过程中所采用的专利、专有技术、技术秘密的使用费的承担方式：_____

_____。

1.13 工程量清单错误的修正

出现工程量清单错误时，是否调整合同价格：_____。

允许调整合同价格的工程量偏差范围：_____

_____。

2. 发包人

2.2 发包人代表

发包人代表：

姓　　名：_____；

身份证号：_____；

职　　务：_____；
联系电话：_____；
电子信箱：_____；
通信地址：_____。
发包人对发包人代表的授权范围如下：_____
_____。

2.4 施工现场、施工条件和基础资料的提供

2.4.1 提供施工现场

关于发包人移交施工现场的期限要求：_____
_____。

2.4.2 提供施工条件

关于发包人应负责提供施工所需要的条件，包括：_____
_____。

2.5 资金来源证明及支付担保

发包人提供资金来源证明的期限要求：_____。
发包人是否提供支付担保：_____。
发包人提供支付担保的形式：_____。

3. 承包人

3.1 承包人的一般义务

(9)承包人提交的竣工资料的内容：_____
_____。
承包人需要提交的竣工资料套数：_____。
承包人提交的竣工资料的费用承担：_____。
承包人提交的竣工资料移交时间：_____。
承包人提交的竣工资料形式要求：_____。
(10)承包人应履行的其他义务：_____
_____。

3.2 项目经理

3.2.1 项目经理：

姓　　名：_____；
身份证号：_____；
建造师执业资格等级：_____；
建造师注册证书号：_____；
建造师执业印章号：_____；
安全生产考核合格证书号：_____；
联系电话：_____；
电子信箱：_____；
通信地址：_____；
承包人对项目经理的授权范围如下：_____
_____。
关于项目经理每月在施工现场的时间要求：_____
_____。
承包人未提交劳动合同，以及没有为项目经理缴纳社会保险证明的违约责任：_____
_____。

项目经理未经批准,擅自离开施工现场的违约责任:_____
_____。

3.2.3 承包人擅自更换项目经理的违约责任:_____
_____。

3.2.4 承包人无正当理由拒绝更换项目经理的违约责任:_____
_____。

3.3 承包人人员
3.3.1 承包人提交项目管理机构及施工现场管理人员安排报告的期限:_____
_____。

3.3.3 承包人无正当理由拒绝撤换主要施工管理人员的违约责任:_____
_____。

3.3.4 承包人主要施工管理人员离开施工现场的批准要求:_____
_____。

3.3.5 承包人擅自更换主要施工管理人员的违约责任:_____
_____。

承包人主要施工管理人员擅自离开施工现场的违约责任:_____
_____。

3.5 分包
3.5.1 分包的一般约定
禁止分包的工程包括:_____。
主体结构、关键性工作的范围:_____
_____。

3.5.2 分包的确定
允许分包的专业工程包括:_____。
其他关于分包的约定:_____
_____。

3.5.4 分包合同价款
关于分包合同价款支付的约定:_____。
3.6 工程照管与成品、半成品保护
承包人负责照管工程及工程相关的材料、工程设备的起始时间:_____。
3.7 履约担保
承包人是否提供履约担保:_____。
承包人提供履约担保的形式、金额及期限的:_____
_____。

4. 监理人
4.1 监理人的一般规定
关于监理人的监理内容:_____。
关于监理人的监理权限:_____。
关于监理人在施工现场的办公场所、生活场所的提供和费用承担的约定:_____
_____。

4.2 监理人员
总监理工程师:
姓　　名:_____;
职　　务:_____;

监理工程师执业资格证书号：_____；

联系电话：_____；

电子信箱：_____；

通信地址：_____；

关于监理人的其他约定：_____。

4.4 商定或确定

在发包人和承包人不能通过协商达成一致意见时，发包人授权监理人对以下事项进行确定：

(1)_____；

(2)_____；

(3)_____。

5. 工程质量

5.1 质量要求

5.1.1 特殊质量标准和要求：_____
_____。

关于工程奖项的约定：_____
_____。

5.3 隐蔽工程检查

5.3.2 承包人提前通知监理人隐蔽工程检查的期限的约定：_____
_____。

监理人不能按时进行检查时，应提前_____小时提交书面延期要求。

关于延期最长不得超过：_____小时。

6. 安全文明施工与环境保护

6.1 安全文明施工

6.1.1 项目安全生产的达标目标及相应事项的约定：_____
_____。

6.1.4 关于治安保卫的特别约定：_____
_____。

关于编制施工场地治安管理计划的约定：_____
_____。

6.1.5 文明施工

合同当事人对文明施工的要求：_____
_____。

6.1.6 关于安全文明施工费支付比例和支付期限的约定：_____
_____。

7. 工期和进度

7.1 施工组织设计

7.1.1 合同当事人约定的施工组织设计应包括的其他内容：_____
_____。

7.1.2 施工组织设计的提交和修改

承包人提交详细施工组织设计的期限的约定：_____
_____。

发包人和监理人在收到详细的施工组织设计后确认或提出修改意见的期限：_____。

7.2 施工进度计划

7.2.2 施工进度计划的修订

发包人和监理人在收到修订的施工进度计划后确认或提出修改意见的期限：_____。

7.3 开工

7.3.1 开工准备

关于承包人提交工程开工报审表的期限：_____。

关于发包人应完成的其他开工准备工作及期限：_____
_____。

关于承包人应完成的其他开工准备工作及期限：_____
_____。

7.3.2 开工通知

因发包人原因造成监理人未能在计划开工日期之日起____天内发出开工通知的，承包人有权提出价格调整要求，或者解除合同。

7.4 测量放线

7.4.1 发包人通过监理人向承包人提供测量基准点、基准线和水准点及其书面资料的期限：_____。

7.5 工期延误

7.5.1 因发包人原因导致工期延误

(7)因发包人原因导致工期延误的其他情形：_____
_____。

7.5.2 因承包人原因导致工期延误

因承包人原因造成工期延误，逾期竣工违约金的计算方法为：_____
_____。

因承包人原因造成工期延误，逾期竣工违约金的上限：_____
_____。

7.6 不利物质条件

不利物质条件的其他情形和有关约定：_____
_____。

7.7 异常恶劣的气候条件

发包人和承包人同意以下情形视为异常恶劣的气候条件：

(1)_____；

(2)_____；

(3)_____。

7.9 提前竣工的奖励

7.9.2 提前竣工的奖励：_____。

8. **材料与设备**

8.4 材料与工程设备的保管与使用

8.4.1 发包人供应的材料设备的保管费用的承担：_____
_____。

8.6 样品

8.6.1 样品的报送与封存

需要承包人报送样品的材料或工程设备，样品的种类、名称、规格、数量要求：_____
_____。

8.8 施工设备和临时设施

8.8.1 承包人提供的施工设备和临时设施

关于修建临时设施费用承担的约定：_____

_____。

9.　试验与检验

9.1 试验设备与试验人员

9.1.2 试验设备

施工现场需要配置的试验场所：_____

_____。

施工现场需要配备的试验设备：_____

_____。

施工现场需要具备的其他试验条件：_____

_____。

9.4 现场工艺试验

现场工艺试验的有关约定：_____

_____。

10.　变更

10.1 变更的范围

关于变更的范围的约定：_____

_____。

10.4 变更估价

10.4.1 变更估价原则

关于变更估价的约定：_____

_____。

10.5 承包人的合理化建议

监理人审查承包人合理化建议的期限：_____。

发包人审批承包人合理化建议的期限：_____。

承包人提出的合理化建议降低了合同价格或者提高了工程经济效益的奖励的方法和金额为：_____

_____。

10.7 暂估价

暂估价材料和工程设备的明细详见附件11：《暂估价一览表》。

10.7.1 依法必须招标的暂估价项目

对于依法必须招标的暂估价项目的确认和批准采取第____种方式确定。

10.7.2 不属于依法必须招标的暂估价项目

对于不属于依法必须招标的暂估价项目的确认和批准采取第____种方式确定。

第3种方式：承包人直接实施的暂估价项目

承包人直接实施的暂估价项目的约定：_____

_____。

10.8 暂列金额

合同当事人关于暂列金额使用的约定：_____

_____。

11.　价格调整

11.1 市场价格波动引起的调整

市场价格波动是否调整合同价格的约定：_____。

因市场价格波动调整合同价格,采用以下第____种方式对合同价格进行调整:

第1种方式:采用价格指数进行价格调整。

关于各可调因子、定值和变值权重,以及基本价格指数及其来源的约定:_____

第2种方式:采用造价信息进行价格调整。

(2)关于基准价格的约定:_____。

专用合同条款①承包人在已标价工程量清单或预算书中载明的材料单价低于基准价格的:专用合同条款合同履行期间材料单价涨幅以基准价格为基础超过____%时,或材料单价跌幅以已标价工程量清单或预算书中载明材料单价为基础超过____%时,其超过部分据实调整。

②承包人在已标价工程量清单或预算书中载明的材料单价高于基准价格的:专用合同条款合同履行期间材料单价跌幅以基准价格为基础超过____%时,材料单价涨幅以已标价工程量清单或预算书中载明材料单价为基础超过____%时,其超过部分据实调整。

③承包人在已标价工程量清单或预算书中载明的材料单价等于基准单价的:专用合同条款合同履行期间材料单价涨跌幅以基准单价为基础超过±____%时,其超过部分据实调整。

第3种方式:其他价格调整方式:_____
_____。

12. 合同价格、计量与支付

12.1 合同价格形式

1. 单价合同。

综合单价包含的风险范围:_____
_____。

风险费用的计算方法:_____
_____。

风险范围以外合同价格的调整方法:_____
_____。

2. 总价合同。

总价包含的风险范围:_____
_____。

风险费用的计算方法:_____
_____。

风险范围以外合同价格的调整方法:_____
_____。

3. 其他价格方式:_____
_____。

12.2 预付款

12.2.1 预付款的支付

预付款支付比例或金额:_____。

预付款支付期限:_____。

预付款扣回的方式:_____。

12.2.2 预付款担保

承包人提交预付款担保的期限:_____。

预付款担保的形式为:_____。

12.3 计量

12.3.1 计量原则

工程量计算规则:_____。

12.3.2 计量周期

关于计量周期的约定：_____。

12.3.3 单价合同的计量

关于单价合同计量的约定：_____。

12.3.4 总价合同的计量

关于总价合同计量的约定：_____。

12.3.5 总价合同采用支付分解表计量支付的,是否适用第 12.3.4 项〔总价合同的计量〕约定进行计量：_____。

12.3.6 其他价格形式合同的计量

其他价格形式的计量方式和程序：_____

_____。

12.4 工程进度款支付

12.4.1 付款周期

关于付款周期的约定：_____

_____。

12.4.2 进度付款申请单的编制

关于进度付款申请单编制的约定：_____

_____。

12.4.3 进度付款申请单的提交

(1)单价合同进度付款申请单提交的约定：_____

(2)总价合同进度付款申请单提交的约定：_____

(3)其他价格形式合同进度付款申请单提交的约定：_____

_____。

12.4.4 进度款审核和支付

(1)监理人审查并报送发包人的期限：_____

发包人完成审批并签发进度款支付证书的期限：_____

_____。

(2)发包人支付进度款的期限：_____

发包人逾期支付进度款的违约金的计算方式：_____

_____。

12.4.6 支付分解表的编制

2. 总价合同支付分解表的编制与审批：_____

_____。

3. 单价合同的总价项目支付分解表的编制与审批：_____

_____。

13. **验收和工程试车**

13.1 分部分项工程验收

13.1.2 监理人不能按时进行验收时,应提前_____ 小时提交书面延期要求。

关于延期最长不得超过：_____ 小时。

13.2 竣工验收

13.2.2 竣工验收程序

关于竣工验收程序的约定：_____

_____。

发包人不按照本项约定组织竣工验收、颁发工程接收证书的违约金的计算方法：_____

_____。

13.2.5 移交、接收全部与部分工程

承包人向发包人移交工程的期限：_____。

发包人未按本合同约定接收全部或部分工程的,违约金的计算方法为：_____

_____。

承包人未按时移交工程的,违约金的计算方法为：_____

_____。

13.3 工程试车

13.3.1 试车程序

工程试车内容：_____

_____。

(1)单机无负荷试车费用由 _____ 承担;

(2)无负荷联动试车费用由 _____ 承担。

13.3.3 投料试车

关于投料试车相关事项的约定：_____

_____。

13.6 竣工退场

13.6.1 竣工退场

承包人完成竣工退场的期限：_____。

14. 竣工结算

14.1 竣工结算申请

承包人提交竣工结算申请单的期限：_____。

竣工结算申请单应包括的内容：_____

_____。

14.2 竣工结算审核

发包人审批竣工付款申请单的期限：_____。

发包人完成竣工付款的期限：_____。

关于竣工付款证书异议部分复核的方式和程序：_____

_____。

14.4 最终结清

14.4.1 最终结清申请单

承包人提交最终结清申请单的份数：_____。

承包人提交最终结算申请单的期限：_____。

14.4.2 最终结清证书和支付

(1)发包人完成最终结清申请单的审批并颁发最终结清证书的期限：_____

_____。

(2)发包人完成支付的期限：_____。

15. 缺陷责任期与保修

15.2 缺陷责任期

缺陷责任期的具体期限：_____

_____。

15.3 质量保证金

关于是否扣留质量保证金的约定：_____。

在工程项目竣工前,承包人按专用合同条款第3.7条提供履约担保的,发包人不得同时预留工程质量保证金。

15.3.1 承包人提供质量保证金的方式

质量保证金采用以下第＿＿＿＿＿种方式：

(1)质量保证金保函,保证金额为：＿＿＿＿＿＿＿＿＿＿＿＿＿＿＿＿＿＿＿＿＿＿＿＿＿＿；

(2)＿＿＿＿＿％的工程款；

(3)其他方式：＿＿＿＿＿＿＿＿＿＿＿＿＿＿＿＿＿＿＿＿＿＿＿＿＿＿＿＿＿＿＿＿＿。

15.3.2 质量保证金的扣留

质量保证金的扣留采取以下第＿＿＿＿＿种方式：

(1)在支付工程进度款时逐次扣留,在此情形下,质量保证金的计算基数不包括预付款的支付、扣回以及价格调整的金额；

(2)工程竣工结算时一次性扣留质量保证金；

(3)其他扣留方式：＿＿＿＿＿＿＿＿＿＿＿＿＿＿＿＿＿＿＿＿＿＿＿＿＿＿＿＿＿。

关于质量保证金的补充约定：＿＿＿。

15.4 保修

15.4.1 保修责任

工程保修期为：＿＿＿。

15.4.3 修复通知

承包人收到保修通知并到达工程现场的合理时间：＿＿。

16. 违约

16.1 发包人违约

16.1.1 发包人违约的情形

发包人违约的其他情形：＿＿＿。

16.1.2 发包人违约的责任

发包人违约责任的承担方式和计算方法：

(1)因发包人原因未能在计划开工日期前 7 天内下达开工通知的违约责任：＿＿＿。

(2)因发包人原因未能按合同约定支付合同价款的违约责任：＿＿＿。

(3)发包人违反第 10.1 款〔变更的范围〕第(2)项约定,自行实施被取消的工作或转由他人实施的违约责任：＿＿＿＿＿＿＿＿＿＿＿＿＿＿＿＿＿＿＿＿＿＿＿＿＿＿＿。

(4)发包人提供的材料、工程设备的规格、数量或质量不符合合同约定,或因发包人原因导致交货日期延误或交货地点变更等情况的违约责任：＿＿。

(5)因发包人违反合同约定造成暂停施工的违约责任：＿＿＿。

(6)发包人无正当理由没有在约定期限内发出复工指示,导致承包人无法复工的违约责任：＿＿。

(7)其他：＿＿。

16.1.3 因发包人违约解除合同

承包人按 16.1.1 项〔发包人违约的情形〕约定暂停施工满＿＿＿＿天后发包人仍不纠正其违约行为并致使合同目的不能实现的,承包人有权解除合同。

16.2 承包人违约

16.2.1 承包人违约的情形

承包人违约的其他情形：_____

_____。

16.2.2 承包人违约的责任

承包人违约责任的承担方式和计算方法：_____

_____。

16.2.3 因承包人违约解除合同

关于承包人违约解除合同的特别约定：_____

_____。

发包人继续使用承包人在施工现场的材料、设备、临时工程、承包人文件和由承包人或以其名义编制的其他文件的费用承担方式：_____

_____。

17. 不可抗力

17.1 不可抗力的确认

除通用合同条款约定的不可抗力事件之外，视为不可抗力的其他情形：_____

_____。

17.4 因不可抗力解除合同

合同解除后，发包人应在商定或确定发包人应支付款项后____天内完成款项的支付。

18. 保险

18.1 工程保险

关于工程保险的特别约定：_____。

18.3 其他保险

关于其他保险的约定：_____。

承包人是否应为其施工设备等办理财产保险：_____

_____。

18.7 通知义务

关于变更保险合同时的通知义务的约定：_____

_____。

20. 争议解决

20.3 争议评审

合同当事人是否同意将工程争议提交争议评审小组决定：_____

_____。

20.3.1 争议评审小组的确定

争议评审小组成员的确定：_____。

选定争议评审员的期限：_____。

争议评审小组成员的报酬承担方式：_____。

其他事项的约定：_____。

20.3.2 争议评审小组的决定

合同当事人关于本项的约定：_____。

20.4 仲裁或诉讼

因合同及合同有关事项发生的争议，按下列第____种方式解决：

(1)向_____仲裁委员会申请仲裁；

(2)向_____人民法院起诉。

附件1：

承包人承揽工程项目一览表

单位工程名称	建设规模	建筑面积（平方米）	结构形式	层数	生产能力	设备安装内容	合同价格（元）	开工日期	竣工日期

附件2：

发包人供应材料设备一览表

序号	材料、设备品种	规格型号	单位	数量	单价（元）	质量等级	供应时间	送达地点	备注

附件3：

工程质量保修书

发包人(全称)：＿＿＿＿＿＿＿＿＿＿＿＿＿＿＿＿＿＿＿＿＿＿＿＿＿＿＿＿＿＿＿＿＿＿＿

承包人(全称)：＿＿＿＿＿＿＿＿＿＿＿＿＿＿＿＿＿＿＿＿＿＿＿＿＿＿＿＿＿＿＿＿＿＿＿

发包人和承包人根据《中华人民共和国建筑法》和《建设工程质量管理条例》，经协商一致就＿＿＿＿＿＿＿＿(工程全称)签订工程质量保修书。

一、工程质量保修范围和内容

承包人在质量保修期内，按照有关法律规定和合同约定，承担工程质量保修责任。

质量保修范围包括地基基础工程、主体结构工程，屋面防水工程、有防水要求的卫生间、房间和外墙面的防渗漏，供热与供冷系统，电气管线、给排水管道、设备安装和装修工程，以及双方约定的其他项目。具体保修的内容，双方约定如下：

＿＿＿

＿＿＿。

二、质量保修期

根据《建设工程质量管理条例》及有关规定，工程的质量保修期如下：

1. 地基基础工程和主体结构工程为设计文件规定的工程合理使用年限；

2. 屋面防水工程、有防水要求的卫生间、房间和外墙面的防渗为＿＿＿＿＿年；

3. 装修工程为＿＿＿＿＿年；

4. 电气管线、给排水管道、设备安装工程为＿＿＿＿＿年；

5. 供热与供冷系统为＿＿＿＿＿个采暖期、供冷期；

6. 住宅小区内的给排水设施、道路等配套工程为＿＿＿＿＿年；

7. 其他项目保修期限约定如下：

＿＿＿

＿＿＿。

质量保修期自工程竣工验收合格之日起计算。

三、缺陷责任期

工程缺陷责任期为_____个月,缺陷责任期自工程通过竣工验收之日起计算。单位工程先于全部工程进行验收,单位工程缺陷责任期自单位工程验收合格之日起算。

缺陷责任期终止后,发包人应退还剩余的质量保证金。

四、质量保修责任

1.属于保修范围、内容的项目,承包人应当在接到保修通知之日起7天内派人保修。承包人不在约定期限内派人保修的,发包人可以委托他人修理。

2.发生紧急事故需抢修的,承包人在接到事故通知后,应当立即到达事故现场抢修。

3.对于涉及结构安全的质量问题,应当按照《建设工程质量管理条例》的规定,立即向当地建设行政主管部门和有关部门报告,采取安全防范措施,并由原设计人或者具有相应资质等级的设计人提出保修方案,承包人实施保修。

4.质量保修完成后,由发包人组织验收。

五、保修费用

保修费用由造成质量缺陷的责任方承担。

六、双方约定的其他工程质量保修事项:_____
_____。

工程质量保修书由发包人、承包人在工程竣工验收前共同签署,作为施工合同附件,其有效期限至保修期满。

发包人(公章):_____　　承包人(公章):_____
地　　址:_____　　　　　地　　址:_____
法定代表人(签字):_____　　法定代表人(签字):_____
委托代理人(签字):_____　　委托代理人(签字):_____
电　话:_____　　　　　电　话:_____
传　真:_____　　　　　传　真:_____
开户银行:_____　　　　开户银行:_____
账　号:_____　　　　　账　号:_____
邮政编码:_____　　　　邮政编码:_____

附件4:

主要建设工程文件目录

文件名称	套数	费用(元)	质量	移交时间	责任人

附件5:

承包人用于本工程施工的机械设备表

序号	机械或设备名称	规格型号	数量	产地	制造年份	额定功率(kW)	生产能力	备注

附件6：

承包人主要施工管理人员表

名　称	姓名	职务	职称	主要资历、经验及承担过的项目
一、总部人员				
项目主管				
其他人员				
二、现场人员				
项目经理				
项目副经理				
技术负责人				
造价管理				
质量管理				
材料管理				
计划管理				
安全管理				
其他人员				

附件7：

分包人主要施工管理人员表

名　称	姓名	职务	职称	主要资历、经验及承担过的项目
一、总部人员				
项目主管				
其他人员				

续表

名　　称	姓名	职务	职称	主要资历、经验及承担过的项目
二、现场人员				
项目经理				
项目副经理				
技术负责人				
造价管理				
质量管理				
材料管理				
计划管理				
安全管理				
其他人员				

附件 8：

履约担保

_____（发包人名称）：

　　鉴于_____（发包人名称，以下简称"发包人"）与_____（承包人名称）（以下称"承包人"）于_____年___月___日就_____（工程名称）施工及有关事项协商一致共同签订《建设工程施工合同》。我方愿意无条件地、不可撤销地就承包人履行与你方签订的合同，向你方提供连带责任担保。

　　1. 担保金额人民币（大写）_____元（￥_____）。

　　2. 担保有效期自你方与承包人签订的合同生效之日起至你方签发或应签发工程接收证书之日止。

　　3. 在本担保有效期内，因承包人违反合同约定的义务给你方造成经济损失时，我方在收到你方以书面形式提出的在担保金额内的赔偿要求后，在 7 天内无条件支付。

　　4. 你方和承包人按合同约定变更合同时，我方承担本担保规定的义务不变。

　　5. 因本保函发生的纠纷，可由双方协商解决，协商不成的，任何一方均可提请_____仲裁委员会仲裁。

　　6. 本保函自我方法定代表人（或其授权代理人）签字并加盖公章之日起生效。

担　保　人：_____（盖单位章）

法定代表人或其委托代理人：_____（签字）

地　　　址：_____

邮政编码：_____

电　　　话：_____

传　　　真：_____

_____年___月___日

附件 9：

预付款担保

_____（发包人名称）：

　　根据_____（承包人名称）（以下称"承包人"）与_____（发包人名称）（以下简称"发包人"）于_____年___月___日签订的_____（工程名称）《建设工程施工合同》，承包人按约定的金额向你方提交一份预付款担保，即有权得到你方支付相等金额的预付款。我方愿意就你方提供给承包人的预付款为承包人提供连带责任担保。

　　1. 担保金额人民币（大写）_____元（￥_____）。

　　2. 担保有效期自预付款支付给承包人起生效，至你方签发的进度款支付证书说明已完全扣清止。

　　3. 在本保函有效期内，因承包人违反合同约定的义务而要求收回预付款时，我方在收到你方的书面通知后，在 7 天内无条件支付。但本保函的担保金额，在任何时候不应超过预付款金额减去你方按合同约定在向承包人签发的进度款支付证书中扣除的金额。

　　4. 你方和承包人按合同约定变更合同时，我方承担本保函规定的义务不变。

　　5. 因本保函发生的纠纷，可由双方协商解决，协商不成的，任何一方均可提请_____仲裁委员会仲裁。

　　6. 本保函自我方法定代表人（或其授权代理人）签字并加盖公章之日起生效。

担保人：_____（盖单位章）
法定代表人或其委托代理人：_____（签字）
地　　址：_____
邮政编码：_____
电　　话：_____
传　　真：_____

_____ 年____月____日

附件 10：

支付担保

_____（承包人）：

　　鉴于你方作为承包人已经与_____（发包人名称）（以下称"发包人"）于_____年___月___日签订了_____（工程名称）《建设工程施工合同》（以下称"主合同"），应发包人的申请，我方愿就发包人履行主合同约定的工程款支付义务以保证的方式向你方提供如下担保：

一、保证的范围及保证金额

1. 我方的保证范围是主合同约定的工程款。

2. 本保函所称主合同约定的工程款是指主合同约定的除工程质量保证金以外的合同价款。

3. 我方保证的金额是主合同约定的工程款的_____%，数额最高不超过人民币元（大写：_____）。

二、保证的方式及保证期间

1. 我方保证的方式为：连带责任保证。

2. 我方保证的期间为：自本合同生效之日起至主合同约定的工程款支付完毕之日后____日内。

3. 你方与发包人协议变更工程款支付日期的，经我方书面同意后，保证期间按照变更后的支付日期做相应调整。

三、承担保证责任的形式

我方承担保证责任的形式是代为支付。发包人未按主合同约定向你方支付工程款的，由我方在保证金额内代为支付。

四、代偿的安排

1. 你方要求我方承担保证责任的，应向我方发出书面索赔通知及发包人未支付主合同约定工程款的证明材料。索赔通知应写明要求索赔的金额,支付款项应到达的账号。

2. 在出现你方与发包人因工程质量发生争议,发包人拒绝向你方支付工程款的情形时,你方要求我方履行保证责任代为支付的,需提供符合相应条件要求的工程质量检测机构出具的质量说明材料。

3. 我方收到你方的书面索赔通知及相应的证明材料后 7 天内无条件支付。

五、保证责任的解除

1. 在本保函承诺的保证期间内,你方未书面向我方主张保证责任的,自保证期间届满次日起,我方保证责任解除。

2. 发包人按主合同约定履行了工程款的全部支付义务的,自本保函承诺的保证期间届满次日起,我方保证责任解除。

3. 我方按照本保函向你方履行保证责任所支付金额达到本保函保证金额时,自我方向你方支付(支付款项从我方账户划出)之日起,保证责任即解除。

4. 按照法律法规的规定或出现应解除我方保证责任的其他情形的,我方在本保函项下的保证责任亦解除。

5. 我方解除保证责任后,你方应自我方保证责任解除之日起____个工作日内,将本保函原件返还我方。

六、免责条款

1. 因你方违约致使发包人不能履行义务的,我方不承担保证责任。

2. 依照法律法规的规定或你方与发包人的另行约定,免除发包人部分或全部义务的,我方亦免除其相应的保证责任。

3. 你方与发包人协议变更主合同的,如加重发包人责任致使我方保证责任加重的,需征得我方书面同意,否则我方不再承担因此而加重部分的保证责任,但主合同第 10 条〔变更〕约定的变更不受本款限制。

4. 因不可抗力造成发包人不能履行义务的,我方不承担保证责任。

七、争议解决

因本保函或本保函相关事项发生的纠纷,可由双方协商解决,协商不成的,按下列第____ 种方式解决:

(1)向_____仲裁委员会申请仲裁;

(2)向_____人民法院起诉。

八、保函的生效

本保函自我方法定代表人(或其授权代理人)签字并加盖公章之日起生效。

担保人:_____(盖章)

法定代表人或委托代理人:_____(签字)

地　　址:_____

邮政编码:_____

传　　真:_____

____ 年 __ 月 __ 日

附件 11:

11-1:材料暂估价表

序号	名称	单位	数量	单价(元)	合价(元)	备注

11-2：工程设备暂估价表

序号	名称	单位	数量	单价(元)	合价(元)	备注

11-3：专业工程暂估价表

序号	专业工程名称	工程内容	金额
小计：			

· 典型案例

1. 上诉人浙江昆仑建设集团股份有限公司与上诉人安徽新贝发制笔城有限公司建设工程施工合同纠纷案①

【案情简介】

安徽新贝发制笔城有限公司(以下简称新贝发公司)作为建设方与浙江昆仑建设集团股份有限责任公司(以下简称浙江昆仑公司)作为承包方签订了《建设工程施工合同》,约定浙江昆仑公司承包施工安徽新贝发制笔城工程。由于双方对支付工程款事宜协商未果,浙江昆仑公司起诉至安徽省高级人民法院,请求判令新贝发公司支付工程款6445.599421万元及相应利息。一审法院判令新贝发公司支付浙江昆仑公司工程款16919301.18元及其利息等。双方当事人均不服一审判决提起上诉。

二审改判新贝发公司支付浙江昆仑公司工程款16232783.38元及利息。

【实务总结】

建设工程施工合同纠纷案件关系到施工人的工程款,且多和农民工工资相联系,容易产生不稳定因素。而此类案件往往因工程造价司法鉴定导致审理时间较长,施工方希望早日拿到工程款,就对司法效率提出了更迫切的要求。但建设工程施工合同纠纷案件的特点是,工程款数额大,工程造价一般需经司法鉴定,争议的工程项目较多,专业性强,难度较大。工程资料及支付工程款的账目繁杂。选择这类案件当庭宣判,需要提前做好大量的账目核对、工程资料审阅、专业问题咨询等工作,对庭前准备及庭审工作提出了更高的要求。庭前准备过程中,除了由法官助理提前与双方当事人联系沟通,做好新证据交换等方面准备工作外,这类案件最主要的准备工作是需要针对当事人争议项目涉及的建筑专业知识进行学习了解,通过与鉴定人员沟通、网上查资料、咨询相关专业人员的途径对相关专业知识予以充分了解,在事实清楚的情况下即可做出专业的判断。二审宣判后,当事人双方均表示满意。

本案是最高人民法院第四巡回法庭当庭宣判的第一个案件。

合议庭成员:方金刚(承办人)　刘雪梅　刘京川

宣判时间:2017年3月27日

---

① 案例来源:2017年12月25日最高人民法院第四巡回法庭当庭宣判十大案例【(2017)最高法民终25号】。

2. 上诉人核工业金华建设工程公司与上诉人信阳新政源房地产开发有限公司建设工程施工合同纠纷案①

【案情简介】

新政源公司与金华公司就印象欧洲一期工程签订《建设工程承包协议》，约定按计价办法计算的本工程土建总造价及水电安装总造价优惠(下浮)6%及10%为工程最终结算价。案涉工程竣工验收后，新政源公司已付款数额为12974万元。双方签订的案涉工程造价确认表中，确认案涉工程总造价为15197万元。金华公司起诉请求新政源公司支付下浮工程款1015余万元、拖欠工程款2856余元及利息、消防配套费21余万元，退还质保金486余万元。新政源公司反诉请求金华公司承担延期交工违约金1945万元、延期办证违约金297余万元、维修费用8万元。河南高院判决：新政源公司支付给金华公司工程款2071余万元及利息、消防工程施工配合费及承包管理费21余万元；驳回金华公司的其他诉讼请求及新政源公司的反诉请求。金华公司、新政源公司均提起上诉。

二审经过庭前会议及开庭审理，双方均撤回上诉。

【实务总结】

本案为释明当庭宣判规则后促使双方当事人分别撤回上诉的典型案例。一方面，通过召开庭前会议，主审法官梳理了案件的争议焦点，全面审核了证据，固定了无争议的事实，对案情及法律适用有了充分的把握，双方当事人也对诉讼结果有了清晰的预期，本案具备当庭宣判的基础。期间还做了大量的调解工作，虽然最终未达成调解协议，但极大地缓和了双方的对立情绪，使得金华公司在第二天开庭伊始就申请撤回上诉；另一方面，通过公开透明的庭审活动，将案件审理过程置于大众及媒体监督之下，给予双方充分行使举证及辩论权利，增强了新政源公司对案件得到公正判决的认识。当审判长宣布休庭评议后决定当庭宣判时，新政源公司亦选择了撤回上诉，使得历时多年的纠纷获得圆满的解决。事实证明，当庭宣判在提高庭审效率、防止诉讼拖延方面发挥了积极作用。新政源公司的代理律师王某说："本案涉及782名业主的利益，历时七年多时间，业主们也很期盼尽快解决，考虑到这一点，我们经过商议，同意撤诉，合议庭也同意我们的意见。在这里，代表我的当事人，代表广大业主向法官们道一声感谢。"

合议庭成员：刘雪梅(承办人)　刘崇理　方金刚
宣判时间：2017年3月28日

3. 再审申请人安徽省十字铺茶场与被申请人合肥建工金鸟集团有限公司建设工程合同纠纷案②

【案情简介】

2010年10月22日，合肥建工金鸟集团有限公司(以下简称金鸟公司)承建安徽省十字铺茶场(以下简称十字铺茶场)绿魁花园廉租房工程。工程竣工后，双方就支付工程款产生争议，金鸟公司诉至宣城市中级人民法院，请求判令十字铺茶场给付尚欠工程款2583310.72元及利息。该院一审判决：1.十字铺茶场给付金鸟公司余欠工程款825947.72元及利息；2.驳回金鸟公司的其他诉讼请求。双方均上诉。安徽省高级人民法院二审判决：1.维持原审判决第二项；2.十字铺茶场给付金鸟公司工程款1435018.62元及利息。十字铺茶场向最高人民法院提出再审申请。本院裁定提审本案。再审中，十字铺茶场称：其代金鸟公司支付农民工工资137万元，该款项转入廉租房工作组成员刘某的账户。该款应予抵扣工程款。金鸟公司辩称：对方没有实际支付该款项。法庭为查明案件事实通知刘某出庭作证。刘某称：其代表十字铺茶场发放各标段农民工工资及材料款，包括代金鸟公司支付的137万元。金鸟公司对刘某的证言未提出异议。

本院判决：1.维持二审判决第一项；2.变更二审判决第二项为：十字铺茶场给付金鸟公司工程款59519.5元及利息。

【实务总结】

证人证言在诉讼证据中因其生动、具体、形象而占有重要的地位。目前我国证人出庭率很低。本案正是由于刘某在原审中未出庭作证，导致一、二审法院对涉及137万元有关事实的认定有出入。再审庭审时，关键证人刘某出庭作证。合议庭成员及双方代理人就案件事实对刘某进行了交叉询问，并结合原审中十字铺茶场的记账凭证、转款凭证及孙某、吴某出具的领条及其二人签字的"收款收据记账联"、以及再审中补充的当时参与处理农民工工资发放的郎溪县人社局及派出所的证明、刘某银行账户流水单等证据，认为上述证据构成基本完整的证据链，足以证明十字铺茶场垫付的农民工工资137万元已

① 案例来源：2017年12月25日最高人民法院第四巡回法庭当庭宣判十大案例【(2017)最高法民终3号】。
② 案例来源：2017年12月25日最高人民法院第四巡回法庭当庭宣判十大案例【(2017)最高法民183号】。

经支付完毕。合议庭在证人出庭的基础上查明了争议事实,具备当庭宣判的基础条件,本案当庭宣判水到渠成。

合议庭成员:刘京川(承办人)　杨立初　刘慧卓

宣判时间:2017 年 6 月 8 日

4. 上诉人安徽华冶建设工程有限公司、上诉人合肥美联恒置业有限责任公司与被上诉人合肥东部新城建设投资有限公司建设工程施工合同纠纷案①

【案情简介】

2009 年 7 月 28 日、2010 年 2 月 1 日,美联恒公司与华冶公司合肥分公司签订了《工程承包协议书》《建设工程施工合同》。合同履行过程中,因美联恒公司资金链断裂,华冶公司两次停、复工。因涉案工程的严重滞后,引发众多商户上访。2013 年 4 月 10 日,东投公司与美联恒公司签订《借款合同》,约定东投公司向美联恒公司出借不超过5000 万元的借款,以完成涉案工程后续建设。2014 年 6-7月份,涉案各分项工程出具审计结论:涉案工程总价款为1.31 余亿元。美联恒公司已付华冶公司工程款合计 9632余万元。华冶公司起诉请求:美联恒公司与东投公司支付工程欠款 3936 余万元及利息;赔偿停工损失 2828 余万元;华冶公司对涉案建设工程价款依法享有优先受偿权。安徽高院判决:美联恒公司支付华冶公司工程欠款 3501余万元及利息,赔偿停工损失 146 余万元;驳回华冶公司的其他诉讼请求。华冶公司、美联恒公司均提出上诉。

二审判决:驳回上诉,维持原判。

【实务总结】

当庭宣判的价值主要在于提高审判效率、及时实现公平正义,但保证案件质量仍然是第一位的。是否当庭宣判要根据案件的具体情况判断,认定事实是否清楚、适用法律是否存在争议是合议庭决定是否当庭宣判的首要考虑因素。本案二审审理中,当事人对于原审认定的事实无异议,争议焦点集中于华冶公司对涉案工程款是否享有优先受偿权;东投公司是否属于债务加入及涉案工程欠款利息的起算时间。对于上述争议焦点,合议庭一致认为,《最高人民法院关于建设工程价款优先受偿权问题的批复》《最高人民法院关于审理建设工程施工合同纠纷案件适用法律问题的解释》等均有明确规定,华冶公司债务加入的证据亦明显欠缺。涉案工程自 2010 年 11 月开工,至 2013 年

11 月完工,再至华冶公司 2014 年 10 月提起本案诉讼,历时多年,巨额欠付工程款一直未得到清偿,当事人盼望二审尽快结案。合议庭经评议认为原审判决认定事实清楚、适用法律正确,符合当庭宣判的条件。

合议庭成员:刘雪梅(承办人)　刘慧卓　刘京川

宣判时间:2017 年 12 月 8 日

5. 通州建总集团有限公司诉安徽天宇化工有限公司别除权纠纷案②

【关键词】

民事　别除权　优先受偿权　行使期限　起算点

【裁判要点】

符合《中华人民共和国破产法》第十八条规定的情形,建设工程施工合同视为解除的,承包人行使优先受偿权的期限应自合同解除之日起计算。

【相关法条】

《中华人民共和国合同法》第 286 条

《中华人民共和国破产法》第 18 条

【基本案情】

2006 年 3 月,安徽天宇化工有限公司(以下简称安徽天宇公司)与通州建总集团有限公司(以下简称通州建总公司)签订了一份《建设工程施工合同》,安徽天宇公司将其厂区一期工程生产厂区的土建、安装工程发包给通州建总公司承建,合同约定,开工日期:暂定 2006 年 4 月 28 日(以实际开工报告为准),竣工日期:2007 年 3 月 1 日,合同工期总日历天数 300 天。发包方不按合同约定支付工程款,双方未达成延期付款协议,承包人可停止施工,由发包人承担违约责任。后双方又签订一份《合同补充协议》,对支付工程款又做了新的约定,并约定厂区工期为 113 天,生活区工期为 266 天。2006 年 5 月 23 日,监理公司下达开工令,通州建总公司遂组织施工,2007 年安徽天宇公司厂区的厂房等主体工程完工。后因安徽天宇公司未按合同约定支付工程款,致使工程停工,该工程至今未竣工。2011 年 7 月30 日,双方在仲裁期间达成和解协议,约定如处置安徽天宇公司土地及建筑物偿债时,通州建总公司的工程款可优先受偿。后安徽天宇公司因不能清偿到期债务,江苏宏远建设集团有限公司向安徽省滁州市中级人民法院申请安徽天宇公司破产还债。安徽省滁州市中级人民法院于

---

①　案例来源:2017 年 12 月 25 日最高人民法院第四巡回法庭当庭宣判十大案例【(2017)最高法民终 655 号】。

②　案例来源:2016 年 12 月 28 日最高人民法院指导案例 73 号。

2011 年 8 月 26 日作出（2011）滁民二破字第 00001 号民事裁定，裁定受理破产申请。2011 年 10 月 10 日，通州建总公司向安徽天宇公司破产管理人申报债权并主张对该工程享有优先受偿权。2013 年 7 月 19 日，安徽省滁州市中级人民法院作出（2011）滁民二破字第 00001-2 号民事裁定，宣告安徽天宇公司破产。通州建总公司于 2013 年 8 月 27 日提起诉讼，请求确认其债权享有优先受偿权。

【裁判结果】

安徽省滁州市中级人民法院于 2014 年 2 月 28 日作出（2013）滁民一初字第 00122 号民事判决：确认原告通州建总集团有限公司对申报的债权就其施工的被告安徽天宇化工有限公司生产厂区土建、安装工程享有优先受偿权。宣判后，安徽天宇化工有限公司提出上诉。安徽省高级人民法院于 2014 年 7 月 14 日作出（2014）皖民一终字第 00054 号民事判决，驳回上诉，维持原判。

【裁判理由】

法院生效裁判认为：本案双方当事人签订的建设工程施工合同虽约定了工程竣工时间，但涉案工程因安徽天宇公司未能按合同约定支付工程款导致停工。现没有证据证明在工程停工后至法院受理破产申请前，双方签订的建设施工合同已经解除或终止履行，也没有证据证明在法院受理破产申请后，破产管理人决定继续履行合同。根据《中华人民共和国破产法》第十八条"人民法院受理破产申请后，管理人对破产申请受理前成立而债务人和对方当事人均未履行完毕的合同有权决定解除或继续履行，并通知对方当事人。管理人自破产申请受理之日起二个月未通知对方当事人，或者自收到对方当事人催告之日起三十日内未答复的，视为解除合同"之规定，涉案建设工程施工合同在法院受理破产申请后已实际解除，本案建设工程无法正常竣工。按照最高人民法院全国民事审判工作会议纪要精神，因发包人的原因，合同解除或终止履行时已经超出合同约定的竣工日期的，承包人行使优先受偿权的期限自合同解除之日起计算，安徽天宇公司要求按合同约定的竣工日期起算优先受偿权行使时间的主张，缺乏依据，不予采信。2011 年 8 月 26 日，法院裁定受理对安徽天宇公司的破产申请，2011 年 10 月 10 日通州建总公司向安徽天宇公司的破产管理人申报债权并主张工程款优先受偿权，因此，通州建总公司主张优先受偿权的时间是 2011 年 10 月 10 日。安徽天宇公司认为通州建总公司行使优先受偿权的时间超过了破产管理之日六个月，与事实不符，不予支持。

① 案例来源：2021 年 11 月 9 日最高人民法院指导案例 171 号。

6. 中天建设集团有限公司诉河南恒和置业有限公司建设工程施工合同纠纷案①

【关键词】

民事/建设工程施工合同/优先受偿权/除斥期间

【裁判要点】

执行法院依其他债权人的申请，对发包人的建设工程强制执行，承包人向执行法院主张其享有建设工程价款优先受偿权且未超过除斥期间的，视为承包人依法行使了建设工程价款优先受偿权。发包人以承包人起诉时行使建设工程价款优先受偿权超过除斥期间为由进行抗辩的，人民法院不予支持。

【相关法条】

《中华人民共和国合同法》第 286 条（注：现行有效的法律为《中华人民共和国民法典》第 807 条）

【基本案情】

2012 年 9 月 17 日，河南恒和置业有限公司与中天建设集团有限公司签订一份《恒和国际商务会展中心工程建设工程施工合同》约定，由中天建设集团有限公司对案涉工程进行施工。2013 年 6 月 25 日，河南恒和置业有限公司向中天建设集团有限公司发出《中标通知书》，通知中天建设集团有限公司中标位于洛阳市洛龙区开元大道的恒和国际商务会展中心工程。2013 年 6 月 26 日，河南恒和置业有限公司和中天建设集团有限公司签订《建设工程施工合同》，合同中双方对工期、工程价款、违约责任等有关工程事项进行了约定。合同签订后，中天建设集团有限公司进场施工。施工期间，因河南恒和置业有限公司拖欠工程款，2013 年 11 月 12 日、11 月 26 日、2014 年 12 月 23 日中天建设集团有限公司多次向河南恒和置业有限公司送达联系函，请求河南恒和置业有限公司立即支付拖欠的工程款，按合同约定支付违约金并承担相应损失。2014 年 4 月、5 月，河南恒和置业有限公司与德汇工程管理（北京）有限公司签订《建设工程造价咨询合同》，委托德汇工程管理（北京）有限公司对案涉工程进行结算审核。2014 年 11 月 3 日，德汇工程管理（北京）有限公司出具《恒和国际商务会展中心结算审核报告》。河南恒和置业有限公司、中天建设集团有限公司和德汇工程管理（北京）有限公司分别在审核报告中的审核汇总表上加盖公章并签字确认。2014 年 11 月 24 日，中天建设集团有限公司收到通知，河南省焦作市中级人民法院依据河南恒和置业有限公司其他债权人的申请将对案涉工程进行拍卖。2014 年 12 月 1 日,中天建设集团有限公司第九建设公司向河南省焦作市中级人民法院提交《关于恒和国际商务会展中心在建工程拍卖联系函》中载明,中天建设集团有限公司系恒和国际商务会展中心在建工程承包方,自项目开工,中天建设集团有限公司已完成产值 2.87 亿元工程,中天建设集团有限公司请求依法确认优先受偿权并参与整个拍卖过程。中天建设集团有限公司和河南恒和置业有限公司均认可案涉工程于 2015 年 2 月 5 日停工。

2018 年 1 月 31 日,河南省高级人民法院立案受理中天建设集团有限公司对河南恒和置业有限公司的起诉。中天建设集团有限公司请求解除双方签订的《建设工程施工合同》并请求确认河南恒和置业有限公司欠付中天建设集团有限公司工程价款及优先受偿权。

【裁判结果】

河南省高级人民法院于 2018 年 10 月 30 日作出 (2018)豫民初 3 号民事判决:一、河南恒和置业有限公司与中天建设集团有限公司于 2012 年 9 月 17 日、2013 年 6 月 26 日签订的两份《建设工程施工合同》无效;二、确认河南恒和置业有限公司欠付中天建设集团有限公司工程款 288428047.89 元及相应利息(以 288428047.89 元为基数,自 2015 年 3 月 1 日起至 2018 年 4 月 10 日止,按照中国人民银行公布的同期贷款利率计付);三、中天建设集团有限公司在工程价款 288428047.89 元范围内,对其施工的恒和国际商务会展中心工程折价或者拍卖的价款享有行使优先受偿权的权利;四、驳回中天建设集团有限公司的其他诉讼请求。宣判后,河南恒和置业有限公司提起上诉,最高人民法院于 2019 年 6 月 21 日作出 (2019)最高法民终 255 号民事判决:驳回上诉,维持原判。

【裁判理由】

最高人民法院认为:《最高人民法院关于审理建设工程施工合同纠纷案件适用法律问题的解释(二)》第二十二条规定:"承包人行使建设工程价款优先受偿权的期限为六个月,自发包人应当给付建设工程价款之日起算。"根据《最高人民法院关于建设工程价款优先受偿权问题的批复》第一条规定,建设工程价款优先受偿权的效力优先于设立在建设工程上的抵押权和发包人其他债权人所享有的普通债权。人民法院依据发包人的其他债权人或抵押权人申请对建设工程采取强制执行行为,会对承包人的建设工程价款优先受偿权产生影响。此时,如承包人向执行法院主张其对建设工程享有建设工程价款优先受偿权的,属于行使建设工程价款优先受偿权的合法方式。河南恒和置业有限公司和中天建设集团有限公司共同委托的造

价机构德汇工程管理(北京)有限公司于 2014 年 11 月 3 日对案涉工程价款出具《审核报告》。2014 年 11 月 24 日,中天建设集团有限公司收到通知,河南省焦作市中级人民法院依据河南恒和置业有限公司其他债权人的申请将对案涉工程进行拍卖。2014 年 12 月 1 日,中天建设集团有限公司第九建设公司向河南省焦作市中级人民法院提交《关于恒和国际商务会展中心在建工程拍卖联系函》,请求依法确认对案涉建设工程的优先受偿权。2015 年 2 月 5 日,中天建设集团有限公司对案涉工程停止施工。2015 年 8 月 4 日,中天建设集团有限公司向河南恒和置业有限公司发送《关于主张恒和国际商务会展中心工程价款优先受偿权的工作联系单》,要求对案涉工程价款享有优先受偿权。2016 年 5 月 5 日,中天建设集团有限公司第九建设公司又向河南省洛阳市中级人民法院提交《优先受偿权参与分配申请书》,依法确认并保障其对案涉建设工程价款享有的优先受偿权。因此,河南恒和置业有限公司关于中天建设集团有限公司未在 6 个月除斥期间内以诉讼方式主张优先受偿权,其优先受偿权主张不应得到支持的上诉理由不能成立。

2. 工程担保

最高人民法院关于适用《中华人民共和国民法典》有关担保制度的解释

· 2020 年 12 月 25 日最高人民法院审判委员会第 1824 次会议通过
· 2020 年 12 月 31 日最高人民法院公告公布
· 自 2021 年 1 月 1 日起施行
· 法释〔2020〕28 号

为正确适用《中华人民共和国民法典》有关担保制度的规定,结合民事审判实践,制定本解释。

一、关于一般规定

第一条 因抵押、质押、留置、保证等担保发生的纠纷,适用本解释。所有权保留买卖、融资租赁、保理等涉及担保功能发生的纠纷,适用本解释的有关规定。

第二条 当事人在担保合同中约定担保合同的效力独立于主合同,或者约定担保人对主合同无效的法律后果承担担保责任,该有关担保独立性的约定无效。主合同有效的,有关担保独立性的约定无效不影响担保合同的效力;主合同无效的,人民法院应当认定担保合同无效,但是法律另有规定的除外。

因金融机构开立的独立保函发生的纠纷,适用《最高人民法院关于审理独立保函纠纷案件若干问题的规定》。

第三条 当事人对担保责任的承担约定专门的违约责任,或者约定的担保责任范围超出债务人应当承担的责任范围,担保人主张仅在债务人应当承担的责任范围内承担责任的,人民法院应予支持。

担保人承担的责任超出债务人应当承担的责任范围,担保人向债务人追偿,债务人主张仅在其应当承担的责任范围内承担责任的,人民法院应予支持;担保人请求债权人返还超出部分的,人民法院依法予以支持。

第四条 有下列情形之一,当事人将担保物权登记在他人名下,债务人不履行到期债务或者发生当事人约定的实现担保物权的情形,债权人或者其受托人主张就该财产优先受偿的,人民法院依法予以支持:

(一)为债券持有人提供的担保物权登记在债券受托管理人名下;

(二)为委托贷款人提供的担保物权登记在受托人名下;

(三)担保人知道债权人与他人之间存在委托关系的其他情形。

第五条 机关法人提供担保的,人民法院应当认定担保合同无效,但是经国务院批准为使用外国政府或者国际经济组织贷款进行转贷的除外。

居民委员会、村民委员会提供担保的,人民法院应当认定担保合同无效,但是依法代行村集体经济组织职能的村民委员会,依照村民委员会组织法规定的讨论决定程序对外提供担保的除外。

第六条 以公益为目的的非营利性学校、幼儿园、医疗机构、养老机构等提供担保的,人民法院应当认定担保合同无效,但是有下列情形之一的除外:

(一)在购入或者以融资租赁方式承租教育设施、医疗卫生设施、养老服务设施和其他公益设施时,出卖人、出租人为担保价款或者租金实现而在该公益设施上保留所有权;

(二)以教育设施、医疗卫生设施、养老服务设施和其他公益设施以外的不动产、动产或者财产权利设立担保物权。

登记为营利法人的学校、幼儿园、医疗机构、养老机构等提供担保,当事人以其不具有担保资格为由主张担保合同无效的,人民法院不予支持。

第七条 公司的法定代表人违反公司法关于公司对外担保决议程序的规定,超越权限代表公司与相对人订立担保合同,人民法院应当依照民法典第六十一条和第五百零四条等规定处理:

(一)相对人善意的,担保合同对公司发生效力;相对人请求公司承担担保责任的,人民法院应予支持。

(二)相对人非善意的,担保合同对公司不发生效力;相对人请求公司承担赔偿责任的,参照适用本解释第十七条的有关规定。

法定代表人超越权限提供担保造成公司损失,公司请求法定代表人承担赔偿责任的,人民法院应予支持。

第一款所称善意,是指相对人在订立担保合同时不知道且不应当知道法定代表人超越权限。相对人有证据证明已对公司决议进行了合理审查,人民法院应当认定其构成善意,但是公司有证据证明相对人知道或者应当知道决议系伪造、变造的除外。

第八条 有下列情形之一,公司以其未依照公司法关于公司对外担保的规定作出决议为由主张不承担担保责任的,人民法院不予支持:

(一)金融机构开立保函或者担保公司提供担保;

(二)公司为其全资子公司开展经营活动提供担保;

(三)担保合同系由单独或者共同持有公司三分之二以上对担保事项有表决权的股东签字同意。

上市公司对外提供担保,不适用前款第二项、第三项的规定。

第九条 相对人根据上市公司公开披露的关于担保事项已经董事会或者股东大会决议通过的信息,与上市公司订立担保合同,相对人主张担保合同对上市公司发生效力,并由上市公司承担担保责任的,人民法院应予支持。

相对人未根据上市公司公开披露的关于担保事项已经董事会或者股东大会决议通过的信息,与上市公司订立担保合同,上市公司主张担保合同对其不发生效力,且不承担担保责任或者赔偿责任的,人民法院应予支持。

相对人与上市公司已公开披露的控股子公司订立的担保合同,或者相对人与股票在国务院批准的其他全国性证券交易场所交易的公司订立的担保合同,适用前两款规定。

第十条 一人有限责任公司为其股东提供担保,公司以违反公司法关于公司对外担保决议程序的规定为由主张不承担担保责任的,人民法院不予支持。公司因承担担保责任导致无法清偿其他债务,提供担保时的股东不能证明公司财产独立于自己的财产,其他债权人请求该股东承担连带责任的,人民法院应予支持。

第十一条 公司的分支机构未经公司股东(大)会或

者董事会决议以自己的名义对外提供担保,相对人请求公司或者其分支机构承担担保责任的,人民法院不予支持,但是相对人不知道且不应当知道分支机构对外提供担保未经公司决议程序的除外。

金融机构的分支机构在其营业执照记载的经营范围内开立保函,或者经有权从事担保业务的上级机构授权开立保函,金融机构或者其分支机构以违反公司法关于公司对外担保决议程序的规定为由主张不承担担保责任的,人民法院不予支持。金融机构的分支机构未经金融机构授权提供保函之外的担保,金融机构或者其分支机构主张不承担担保责任的,人民法院应予支持,但是相对人不知道且不应当知道分支机构对外提供担保未经金融机构授权的除外。

担保公司的分支机构未经担保公司授权对外提供担保,担保公司或者其分支机构主张不承担担保责任的,人民法院应予支持,但是相对人不知道且不应当知道分支机构对外提供担保未经担保公司授权的除外。

公司的分支机构对外提供担保,相对人非善意,请求公司承担赔偿责任的,参照本解释第十七条的有关规定处理。

第十二条　法定代表人依照民法典第五百五十二条的规定以公司名义加入债务的,人民法院在认定该行为的效力时,可以参照本解释关于公司为他人提供担保的有关规则处理。

第十三条　同一债务有两个以上第三人提供担保,担保人之间约定相互追偿及分担份额,承担了担保责任的担保人请求其他担保人按照约定分担份额的,人民法院应予支持;担保人之间约定承担连带共同担保,或者约定相互追偿但是未约定分担份额的,各担保人按照比例分担向债务人不能追偿的部分。

同一债务有两个以上第三人提供担保,担保人之间未对相互追偿作出约定且未约定承担连带共同担保,但是各担保人在同一份合同书上签字、盖章或者按指印,承担了担保责任的担保人请求其他担保人按照比例分担向债务人不能追偿部分的,人民法院应予支持。

除前两款规定的情形外,承担了担保责任的担保人请求其他担保人分担向债务人不能追偿部分的,人民法院不予支持。

第十四条　同一债务有两个以上第三人提供担保,担保人受让债权的,人民法院应当认定该行为系承担担保责任。受让债权的担保人作为债权人请求其他担保人承担担保责任的,人民法院不予支持;该担保人请求其他

担保人分担相应份额的,依照本解释第十三条的规定处理。

第十五条　最高额担保中的最高债权额,是指包括主债权及其利息、违约金、损害赔偿金、保管担保财产的费用、实现债权或者实现担保物权的费用等在内的全部债权,但是当事人另有约定的除外。

登记的最高债权额与当事人约定的最高债权额不一致的,人民法院应当依据登记的最高债权额确定债权人优先受偿的范围。

第十六条　主合同当事人协议以新贷偿还旧贷,债权人请求旧贷的担保人承担担保责任的,人民法院不予支持;债权人请求新贷的担保人承担担保责任的,按照下列情形处理:

(一)新贷与旧贷的担保人相同的,人民法院应予支持;

(二)新贷与旧贷的担保人不同,或者旧贷无担保新贷有担保的,人民法院不予支持,但是债权人有证据证明新贷的担保人提供担保时对以新贷偿还旧贷的事实知道或者应当知道的除外。

主合同当事人协议以新贷偿还旧贷,旧贷的物的担保人在登记尚未注销的情形下同意继续为新贷提供担保,在订立新贷款合同前又以该担保财产为其他债权人设立担保物权,其他债权人主张其担保物权顺位优先于新贷债权人的,人民法院不予支持。

第十七条　主合同有效而第三人提供的担保合同无效,人民法院应当区分不同情形确定担保人的赔偿责任:

(一)债权人与担保人均有过错的,担保人承担的赔偿责任不应超过债务人不能清偿部分的二分之一;

(二)担保人有过错而债权人无过错的,担保人对债务人不能清偿的部分承担赔偿责任;

(三)债权人有过错而担保人无过错的,担保人不承担赔偿责任。

主合同无效导致第三人提供的担保合同无效,担保人无过错的,不承担赔偿责任;担保人有过错的,其承担的赔偿责任不应超过债务人不能清偿部分的三分之一。

第十八条　承担了担保责任或者赔偿责任的担保人,在其承担责任的范围内向债务人追偿的,人民法院应予支持。

同一债权既有债务人自己提供的物的担保,又有第三人提供的担保,承担了担保责任或者赔偿责任的第三人,主张行使债权人对债务人享有的担保物权的,人民法院应予支持。

第十九条　担保合同无效，承担了赔偿责任的担保人按照反担保合同的约定，在其承担赔偿责任的范围内请求反担保人承担担保责任的，人民法院应予支持。

反担保合同无效的，依照本解释第十七条的有关规定处理。当事人仅以担保合同无效为由主张反担保合同无效的，人民法院不予支持。

第二十条　人民法院在审理第三人提供的物的担保纠纷案件时，可以适用民法典第六百九十五条第一款、第六百九十六条第一款、第六百九十七条第二款、第六百九十九条、第七百条、第七百零一条、第七百零二条等关于保证合同的规定。

第二十一条　主合同或者担保合同约定了仲裁条款的，人民法院对约定仲裁条款的合同当事人之间的纠纷无管辖权。

债权人一并起诉债务人和担保人的，应当根据主合同确定管辖法院。

债权人依法可以单独起诉担保人且仅起诉担保人的，应当根据担保合同确定管辖法院。

第二十二条　人民法院受理债务人破产案件后，债权人请求担保人承担担保责任，担保人主张担保债务自人民法院受理破产申请之日起停止计息的，人民法院对担保人的主张应予支持。

第二十三条　人民法院受理债务人破产案件，债权人在破产程序中申报债权后又向人民法院提起诉讼，请求担保人承担担保责任的，人民法院依法予以支持。

担保人清偿债权人的全部债权后，可以代替债权人在破产程序中受偿；在债权人的债权未获全部清偿前，担保人不得代替债权人在破产程序中受偿，但是有权就债权人通过破产分配和实现担保债权等方式获得清偿总额中超出债权的部分，在其承担担保责任的范围内请求债权人返还。

债权人在债务人破产程序中未获全部清偿，请求担保人继续承担担保责任的，人民法院应予支持；担保人承担担保责任后，向和解协议或者重整计划执行完毕后的债务人追偿的，人民法院不予支持。

第二十四条　债权人知道或者应当知道债务人破产，既未申报债权也未通知担保人，致使担保人不能预先行使追偿权的，担保人就该债权在破产程序中可能受偿的范围内免除担保责任，但是担保人因自身过错未行使追偿权的除外。

二、关于保证合同

第二十五条　当事人在保证合同中约定了保证人在债务人不能履行债务或者无力偿还债务时才承担保证责任等类似内容，具有债务人应当先承担责任的意思表示的，人民法院应当将其认定为一般保证。

当事人在保证合同中约定了保证人在债务人不履行债务或者未偿还债务时即承担保证责任、无条件承担保证责任等类似内容，不具有债务人应当先承担责任的意思表示的，人民法院应当将其认定为连带责任保证。

第二十六条　一般保证中，债权人以债务人为被告提起诉讼的，人民法院应予受理。债权人未就主合同纠纷提起诉讼或者申请仲裁，仅起诉一般保证人的，人民法院应当驳回起诉。

一般保证中，债权人一并起诉债务人和保证人的，人民法院可以受理，但是在作出判决时，除有民法典第六百八十七条第二款但书规定的情形外，应当在判决书主文中明确，保证人仅对债务人财产依法强制执行后仍不能履行的部分承担保证责任。

债权人未对债务人的财产申请保全，或者保全的债务人的财产足以清偿债务，债权人申请对一般保证人的财产进行保全的，人民法院不予准许。

第二十七条　一般保证的债权人取得对债务人赋予强制执行效力的公证债权文书后，在保证期间内向人民法院申请强制执行，保证人以债权人未在保证期间内对债务人提起诉讼或者申请仲裁为由主张不承担保证责任的，人民法院不予支持。

第二十八条　一般保证中，债权人依据生效法律文书对债务人的财产依法申请强制执行，保证债务诉讼时效的起算时间按照下列规则确定：

（一）人民法院作出终结本次执行程序裁定，或者依照民事诉讼法第二百五十七条第三项、第五项的规定作出终结执行裁定的，自裁定送达债权人之日起开始计算；

（二）人民法院自收到申请执行书之日起一年内未作出前项裁定的，自人民法院收到申请执行书满一年之日起开始计算，但是保证人有证据证明债务人仍有财产可供执行的除外。

一般保证的债权人在保证期间届满前对债务人提起诉讼或者申请仲裁，债权人举证证明存在民法典第六百八十七条第二款但书规定情形的，保证债务的诉讼时效自债权人知道或者应当知道该情形之日起开始计算。

第二十九条　同一债务有两个以上保证人，债权人以其已经在保证期间内依法向部分保证人行使权利为由，主张已经在保证期间内向其他保证人行使权利的，人民法院不予支持。

同一债务有两个以上保证人，保证人之间相互有追偿权，债权人未在保证期间内依法向部分保证人行使权利，导致其他保证人在承担保证责任后丧失追偿权，其他保证人主张在其不能追偿的范围内免除保证责任的，人民法院应予支持。

第三十条　最高额保证合同对保证期间的计算方式、起算时间等有约定的，按照其约定。

最高额保证合同对保证期间的计算方式、起算时间等没有约定或者约定不明，被担保债权的履行期限均已届满的，保证期间自债权确定之日起开始计算；被担保债权的履行期限尚未届满的，保证期间自最后到期债权的履行期限届满之日起开始计算。

前款所称债权确定之日，依照民法典第四百二十三条的规定认定。

第三十一条　一般保证的债权人在保证期间内对债务人提起诉讼或者申请仲裁后，又撤回起诉或者仲裁申请，债权人在保证期间届满前未再行提起诉讼或者申请仲裁，保证人主张不再承担保证责任的，人民法院应予支持。

连带责任保证的债权人在保证期间内对保证人提起诉讼或者申请仲裁后，又撤回起诉或者仲裁申请，起诉状副本或者仲裁申请书副本已经送达保证人的，人民法院应当认定债权人已经在保证期间内向保证人行使了权利。

第三十二条　保证合同约定保证人承担保证责任直至主债务本息还清时为止等类似内容的，视为约定不明，保证期间为主债务履行期限届满之日起六个月。

第三十三条　保证合同无效，债权人未在约定或者法定的保证期间内依法行使权利，保证人主张不承担赔偿责任的，人民法院应予支持。

第三十四条　人民法院在审理保证合同纠纷案件时，应当将保证期间是否届满、债权人是否在保证期间内依法行使权利等事实作为案件基本事实予以查明。

债权人在保证期间内未依法行使权利的，保证责任消灭。保证责任消灭后，债权人书面通知保证人要求承担保证责任，保证人在通知书上签字、盖章或者按指印，债权人请求保证人继续承担保证责任的，人民法院不予支持，但是债权人有证据证明成立了新的保证合同的除外。

第三十五条　保证人知道或者应当知道主债权诉讼时效期间届满仍然提供保证或者承担保证责任，又以诉讼时效期间届满为由拒绝承担保证责任或者请求返还财产的，人民法院不予支持；保证人承担保证责任后向债务人追偿的，人民法院不予支持，但是债务人放弃诉讼时效抗辩的除外。

第三十六条　第三人向债权人提供差额补足、流动性支持等类似承诺文件作为增信措施，具有提供担保的意思表示，债权人请求第三人承担保证责任的，人民法院应当依照保证的有关规定处理。

第三人向债权人提供的承诺文件，具有加入债务或者与债务人共同承担债务等意思表示的，人民法院应当认定为民法典第五百五十二条规定的债务加入。

前两款中第三人提供的承诺文件难以确定是保证还是债务加入的，人民法院应当将其认定为保证。

第三人向债权人提供的承诺文件不符合前三款规定的情形，债权人请求第三人承担保证责任或者连带责任的，人民法院不予支持，但是不影响其依据承诺文件请求第三人履行约定的义务或者承担相应的民事责任。

三、关于担保物权

（一）担保合同与担保物权的效力

第三十七条　当事人以所有权、使用权不明或者有争议的财产抵押，经审查构成无权处分的，人民法院应当依照民法典第三百一十一条的规定处理。

当事人以依法被查封或者扣押的财产抵押，抵押权人请求行使抵押权，经审查查封或者扣押措施已经解除的，人民法院应予支持。抵押人以抵押权设立时财产被查封或者扣押为由主张抵押合同无效的，人民法院不予支持。

以依法被监管的财产抵押的，适用前款规定。

第三十八条　主债权未受全部清偿，担保物权人主张就担保财产的全部行使担保物权的，人民法院应予支持，但是留置权人行使留置权的，应当依照民法典第四百五十条的规定处理。

担保财产被分割或者部分转让，担保物权人主张就分割或者转让后的担保财产行使担保物权的，人民法院应予支持，但是法律或者司法解释另有规定的除外。

第三十九条　主债权被分割或者部分转让，各债权人主张就其享有的债权份额行使担保物权的，人民法院应予支持，但是法律另有规定或者当事人另有约定的除外。

主债务被分割或者部分转移，债务人自己提供物的担保，债权人请求以该担保财产担保全部债务履行的，人民法院应予支持；第三人提供物的担保，主张对未经其书面同意转移的债务不再承担担保责任的,人民法院应予支持。

第四十条　从物产生于抵押权依法设立前,抵押权人主张抵押权的效力及于从物的,人民法院应予支持,但是当事人另有约定的除外。

从物产生于抵押权依法设立后,抵押权人主张抵押权的效力及于从物的,人民法院不予支持,但是在抵押权实现时可以一并处分。

第四十一条　抵押权依法设立后,抵押财产被添附,添附物归第三人所有,抵押权人主张抵押权效力及于补偿金的,人民法院应予支持。

抵押权依法设立后,抵押财产被添附,抵押人对添附物享有所有权,抵押权人主张抵押权的效力及于添附物的,人民法院应予支持,但是添附导致抵押财产价值增加的,抵押权的效力不及于增加的价值部分。

抵押权依法设立后,抵押人与第三人因添附成为添附物的共有人,抵押权人主张抵押权的效力及于抵押人对共有物享有的份额的,人民法院应予支持。

本条所称添附,包括附合、混合与加工。

第四十二条　抵押权依法设立后,抵押财产毁损、灭失或者被征收等,抵押权人请求按照原抵押权的顺位就保险金、赔偿金或者补偿金等优先受偿的,人民法院应予支持。

给付义务人已经向抵押人给付了保险金、赔偿金或者补偿金,抵押权人请求给付义务人向其给付保险金、赔偿金或者补偿金的,人民法院不予支持,但是给付义务人接到抵押权人要求向其给付的通知后仍然向抵押人给付的除外。

抵押权人请求给付义务人向其给付保险金、赔偿金或者补偿金的,人民法院可以通知抵押人作为第三人参加诉讼。

第四十三条　当事人约定禁止或者限制转让抵押财产但是未将约定登记,抵押人违反约定转让抵押财产,抵押权人请求确认转让合同无效的,人民法院不予支持;抵押财产已经交付或者登记,抵押权人请求确认转让不发生物权效力的,人民法院不予支持,但是抵押权人有证据证明受让人知道的除外;抵押权人请求抵押人承担违约责任的,人民法院依法予以支持。

当事人约定禁止或者限制转让抵押财产且已经将约定登记,抵押人违反约定转让抵押财产,抵押权人请求确认转让合同无效的,人民法院不予支持;抵押财产已经交付或者登记,抵押权人主张转让不发生物权效力的,人民

法院应予支持,但是因受让人代替债务人清偿债务导致抵押权消灭的除外。

第四十四条　主债权诉讼时效期间届满后,抵押权人主张行使抵押权的,人民法院不予支持;抵押人以主债权诉讼时效期间届满为由,主张不承担担保责任的,人民法院应予支持。主债权诉讼时效期间届满前,债权人仅对债务人提起诉讼,经人民法院判决或者调解后未在民事诉讼法规定的申请执行时效期间内对债务人申请强制执行,其向抵押人主张行使抵押权的,人民法院不予支持。

主债权诉讼时效期间届满后,财产被留置的债务人或者对留置财产享有所有权的第三人请求债权人返还留置财产的,人民法院不予支持;债务人或者第三人请求拍卖、变卖留置财产并以所得价款清偿债务的,人民法院应予支持。

主债权诉讼时效期间届满的法律后果,以登记作为公示方式的权利质权,参照适用第一款的规定;动产质权、以交付权利凭证作为公示方式的权利质权,参照适用第二款的规定。

第四十五条　当事人约定当债务人不履行到期债务或者发生当事人约定的实现担保物权的情形,担保物权人有权将担保财产自行拍卖、变卖并就所得的价款优先受偿的,该约定有效。因担保人的原因导致担保物权人无法自行对担保财产进行拍卖、变卖,担保物权人请求担保人承担因此增加的费用的,人民法院应予支持。

当事人依照民事诉讼法有关"实现担保物权案件"的规定,申请拍卖、变卖担保财产,被申请人以担保合同约定仲裁条款为由主张驳回申请的,人民法院经审查后,应当按照以下情形分别处理:

(一)当事人对担保物权无实质性争议且实现担保物权条件已经成就的,应当裁定准许拍卖、变卖担保财产;

(二)当事人对实现担保物权有部分实质性争议的,可以就无争议的部分裁定准许拍卖、变卖担保财产,并告知可以就有争议的部分申请仲裁;

(三)当事人对实现担保物权有实质性争议的,裁定驳回申请,并告知可以向仲裁机构申请仲裁。

债权人以诉讼方式行使担保物权的,应当以债务人和担保人作为共同被告。

(二)不动产抵押

第四十六条　不动产抵押合同生效后未办理抵押登记手续,债权人请求抵押人办理抵押登记手续的,人民法院应予支持。

抵押财产因不可归责于抵押人自身的原因灭失或者被征收等导致不能办理抵押登记,债权人请求抵押人在约定的担保范围内承担责任的,人民法院不予支持;但是抵押人已经获得保险金、赔偿金或者补偿金等,债权人请求抵押人在其所获金额范围内承担赔偿责任的,人民法院依法予以支持。

因抵押人转让抵押财产或者其他可归责于抵押人自身的原因导致不能办理抵押登记,债权人请求抵押人在约定的担保范围内承担责任的,人民法院依法予以支持,但是不得超过抵押权能够设立时抵押人应当承担的责任范围。

第四十七条　不动产登记簿就抵押财产、被担保的债权范围等所作的记载与抵押合同约定不一致的,人民法院应当根据登记簿的记载确定抵押财产、被担保的债权范围等事项。

第四十八条　当事人申请办理抵押登记手续时,因登记机构的过错致使其不能办理抵押登记,当事人请求登记机构承担赔偿责任的,人民法院依法予以支持。

第四十九条　以违法的建筑物抵押的,抵押合同无效,但是一审法庭辩论终结前已经办理合法手续的除外。抵押合同无效的法律后果,依照本解释第十七条的有关规定处理。

当事人以建设用地使用权依法设立抵押,抵押人以土地上存在违法的建筑物为由主张抵押合同无效的,人民法院不予支持。

第五十条　抵押人以划拨建设用地上的建筑物抵押,当事人以该建设用地使用权不能抵押或者未办理批准手续为由主张抵押合同无效或者不生效的,人民法院不予支持。抵押权依法实现时,拍卖、变卖建筑物所得的价款,应当优先用于补缴建设用地使用权出让金。

当事人以划拨方式取得的建设用地使用权抵押,抵押人以未办理批准手续为由主张抵押合同无效或者不生效的,人民法院不予支持。已经依法办理抵押登记,抵押权人主张行使抵押权的,人民法院应予支持。抵押权依法实现时所得的价款,参照前款有关规定处理。

第五十一条　当事人仅以建设用地使用权抵押,债权人主张抵押权的效力及于土地上已有的建筑物以及正在建造的建筑物已完成部分的,人民法院应予支持。债权人主张抵押权的效力及于正在建造的建筑物的续建部分以及新增建筑物的,人民法院不予支持。

当事人以正在建造的建筑物抵押,抵押权的效力范围限于已办理抵押登记的部分。当事人按照担保合同的

约定,主张抵押权的效力及于续建部分、新增建筑物以及规划中尚未建造的建筑物的,人民法院不予支持。

抵押人将建设用地使用权、土地上的建筑物或者正在建造的建筑物分别抵押给不同债权人的,人民法院应当根据抵押登记的时间先后确定清偿顺序。

第五十二条　当事人办理抵押预告登记后,预告登记权利人请求就抵押财产优先受偿,经审查存在尚未办理建筑物所有权首次登记、预告登记的财产与办理建筑物所有权首次登记时的财产不一致、抵押预告登记已经失效等情形,导致不具备办理抵押登记条件的,人民法院不予支持;经审查已经办理建筑物所有权首次登记,且不存在预告登记失效等情形的,人民法院应予支持,并应当认定抵押权自预告登记之日起设立。

当事人办理了抵押预告登记,抵押人破产,经审查抵押财产属于破产财产,预告登记权利人主张就抵押财产优先受偿的,人民法院应当在受理破产申请时抵押财产的价值范围内予以支持,但是在人民法院受理破产申请前一年内,债务人对没有财产担保的债务设立抵押预告登记的除外。

(三)动产与权利担保

第五十三条　当事人在动产和权利担保合同中对担保财产进行概括描述,该描述能够合理识别担保财产的,人民法院应当认定担保成立。

第五十四条　动产抵押合同订立后未办理抵押登记,动产抵押权的效力按照下列情形分别处理:

(一)抵押人转让抵押财产,受让人占有抵押财产后,抵押权人向受让人请求行使抵押权的,人民法院不予支持,但是抵押权人能够举证证明受让人知道或者应当知道已经订立抵押合同的除外;

(二)抵押人将抵押财产出租给他人并移转占有,抵押权人行使抵押权的,租赁关系不受影响,但是抵押权人能够举证证明承租人知道或者应当知道已经订立抵押合同的除外;

(三)抵押人的其他债权人向人民法院申请保全或者执行抵押财产,人民法院已经作出财产保全裁定或者采取执行措施,抵押权人主张对抵押财产优先受偿的,人民法院不予支持;

(四)抵押人破产,抵押权人主张对抵押财产优先受偿的,人民法院不予支持。

第五十五条　债权人、出质人与监管人订立三方协议,出质人以通过一定数量、品种等概括描述能够确定范围的货物为债务的履行提供担保,当事人有证据证明监

管人系受债权人的委托监管并实际控制该货物的，人民法院应当认定质权于监管人实际控制货物之日起设立。监管人违反约定向出质人或者其他人放货、因保管不善导致货物毁损灭失，债权人请求监管人承担违约责任的，人民法院依法予以支持。

在前款规定情形下，当事人有证据证明监管人系受出质人委托监管该货物，或者虽然受债权人委托但是未实际履行监管职责，导致货物仍由出质人实际控制的，人民法院应当认定质权未设立。债权人可以基于质押合同的约定请求出质人承担违约责任，但是不得超过质权有效设立时出质人应当承担的责任范围。监管人未履行监管职责，债权人请求监管人承担责任的，人民法院依法予以支持。

第五十六条　买受人在出卖人正常经营活动中通过支付合理对价取得已被设立担保物权的动产，担保物权人请求就该动产优先受偿的，人民法院不予支持，但是有下列情形之一的除外：

（一）购买商品的数量明显超过一般买受人；

（二）购买出卖人的生产设备；

（三）订立买卖合同的目的在于担保出卖人或者第三人履行债务；

（四）买受人与出卖人存在直接或者间接的控制关系；

（五）买受人应当查询抵押登记而未查询的其他情形。

前款所称出卖人正常经营活动，是指出卖人的经营活动属于其营业执照明确记载的经营范围，且出卖人持续销售同类商品。前款所称担保物权人，是指已经办理登记的抵押权人、所有权保留买卖的出卖人、融资租赁合同的出租人。

第五十七条　担保人在设立动产浮动抵押并办理抵押登记后又购入或者以融资租赁方式承租新的动产，下列权利人为担保价款债权或者租金的实现而订立担保合同，并在该动产交付后十日内办理登记，主张其权利优先于在先设立的浮动抵押权的，人民法院应予支持：

（一）在该动产上设立抵押权或者保留所有权的出卖人；

（二）为价款支付提供融资而在该动产上设立抵押权的债权人；

（三）以融资租赁方式出租该动产的出租人。

买受人取得动产但未付清价款或者承租人以融资租赁方式占有租赁物但是未付清全部租金，又以标的物为

他人设立担保物权，前款所列权利人为担保价款债权或者租金的实现而订立担保合同，并在该动产交付后十日内办理登记，主张其权利优先于买受人为他人设立的担保物权的，人民法院应予支持。

同一动产上存在多个价款优先权的，人民法院应当按照登记的时间先后确定清偿顺序。

第五十八条　以汇票出质，当事人以背书记载"质押"字样并在汇票上签章，汇票已经交付质权人的，人民法院应当认定质权自汇票交付质权人时设立。

第五十九条　存货人或者仓单持有人在仓单上以背书记载"质押"字样，并经保管人签章，仓单已经交付质权人的，人民法院应当认定质权自仓单交付质权人时设立。没有权利凭证的仓单，依法可以办理出质登记的，仓单质权自办理出质登记时设立。

出质人既以仓单出质，又以仓储物设立担保，按照公示的先后确定清偿顺序；难以确定先后的，按照债权比例清偿。

保管人为同一货物签发多份仓单，出质人在多份仓单上设立多个质权，按照公示的先后确定清偿顺序；难以确定先后的，按照债权比例受偿。

存在第二款、第三款规定的情形，债权人举证证明其损失系由出质人与保管人的共同行为所致，请求出质人与保管人承担连带赔偿责任的，人民法院应予支持。

第六十条　在跟单信用证交易中，开证行与开证申请人之间约定以提单作为担保的，人民法院应当依照民法典关于质权的有关规定处理。

在跟单信用证交易中，开证行依据其与开证申请人之间的约定或者跟单信用证的惯例持有提单，开证申请人未按照约定付款赎单，开证行主张对提单项下货物优先受偿的，人民法院应予支持；开证行主张对提单项下货物享有所有权的，人民法院不予支持。

在跟单信用证交易中，开证行依据其与开证申请人之间的约定或者跟单信用证的惯例，通过转让提单或者提单项下货物取得价款，开证申请人请求返还超出债权部分的，人民法院应予支持。

前三款规定不影响合法持有提单的开证行以提单持有人身份主张运输合同项下的权利。

第六十一条　以现有的应收账款出质，应收账款债务人向质权人确认应收账款的真实性后，又以应收账款不存在或者已经消灭为由主张不承担责任的，人民法院不予支持。

以现有的应收账款出质，应收账款债务人未确认应

收账款的真实性,质权人以应收账款债务人为被告,请求就应收账款优先受偿,能够举证证明办理出质登记时应收账款真实存在的,人民法院应予支持;质权人不能举证证明办理出质登记时应收账款真实存在,仅以已经办理出质登记为由,请求就应收账款优先受偿的,人民法院不予支持。

以现有的应收账款出质,应收账款债务人已经向应收账款债权人履行了债务,质权人请求应收账款债务人履行债务的,人民法院不予支持,但是应收账款债务人接到质权人要求向其履行的通知后,仍然向应收账款债权人履行的除外。

以基础设施和公用事业项目收益权、提供服务或者劳务产生的债权以及其他将有的应收账款出质,当事人为应收账款设立特定账户,发生法定或者约定的质权实现事由时,质权人请求就该特定账户内的款项优先受偿的,人民法院应予支持;特定账户内的款项不足以清偿债务或者未设立特定账户,质权人请求折价或者拍卖、变卖项目收益权等将有的应收账款,并以所得的价款优先受偿的,人民法院依法予以支持。

第六十二条　债务人不履行到期债务,债权人因同一法律关系留置合法占有的第三人的动产,并主张就该留置财产优先受偿的,人民法院应予支持。第三人以该留置财产并非债务人的财产为由请求返还的,人民法院不予支持。

企业之间留置的动产与债权并非同一法律关系,债务人以该债权不属于企业持续经营中发生的债权为由请求债权人返还留置财产的,人民法院应予支持。

企业之间留置的动产与债权并非同一法律关系,债权人留置第三人的财产,第三人请求债权人返还留置财产的,人民法院应予支持。

四、关于非典型担保

第六十三条　债权人与担保人订立担保合同,约定以法律、行政法规尚未规定可以担保的财产权利设立担保,当事人主张合同无效的,人民法院不予支持。当事人未在法定的登记机构依法进行登记,主张该担保具有物权效力的,人民法院不予支持。

第六十四条　在所有权保留买卖中,出卖人依法有权取回标的物,但是与买受人协商不成,当事人请求参照民事诉讼法"实现担保物权案件"的有关规定,拍卖、变卖标的物的,人民法院应予准许。

出卖人请求取回标的物,符合民法典第六百四十二条规定的,人民法院应予支持;买受人以抗辩或者反诉的方式主张拍卖、变卖标的物,并在扣除买受人未支付的价款以及必要费用后返还剩余款项的,人民法院应当一并处理。

第六十五条　在融资租赁合同中,承租人未按照约定支付租金,经催告后在合理期限内仍不支付,出租人请求承租人支付全部剩余租金,并以拍卖、变卖租赁物所得的价款受偿的,人民法院应予支持;当事人请求参照民事诉讼法"实现担保物权案件"的有关规定,以拍卖、变卖租赁物所得价款支付租金的,人民法院应予准许。

出租人请求解除融资租赁合同并收回租赁物,承租人以抗辩或者反诉的方式主张返还租赁物价值超过欠付租金以及其他费用的,人民法院应当一并处理。当事人对租赁物的价值有争议的,应当按照下列规则确定租赁物的价值:

(一)融资租赁合同有约定的,按照其约定;

(二)融资租赁合同未约定或者约定不明的,根据约定的租赁物折旧以及合同到期后租赁物的残值来确定;

(三)根据前两项规定的方法仍然难以确定,或者当事人认为根据前两项规定的方法确定的价值严重偏离租赁物实际价值的,根据当事人的申请委托有资质的机构评估。

第六十六条　同一应收账款同时存在保理、应收账款质押和债权转让,当事人主张参照民法典第七百六十八条的规定确定优先顺序的,人民法院应予支持。

在有追索权的保理中,保理人以应收账款债权人或者应收账款债务人为被告提起诉讼,人民法院应予受理;保理人一并起诉应收账款债权人和应收账款债务人的,人民法院可以受理。

应收账款债权人向保理人返还保理融资款本息或者回购应收账款债权后,请求应收账款债务人向其履行应收账款债务的,人民法院应予支持。

第六十七条　在所有权保留买卖、融资租赁等合同中,出卖人、出租人的所有权未经登记不得对抗的"善意第三人"的范围及其效力,参照本解释第五十四条的规定处理。

第六十八条　债务人或者第三人与债权人约定将财产形式上转移至债权人名下,债务人不履行到期债务,债权人有权对财产折价或者以拍卖、变卖该财产所得价款偿还债务的,人民法院应当认定该约定有效。当事人已经完成财产权利变动的公示,债务人不履行到期债务,债权人请求参照民法典关于担保物权的有关规定就该财产优先受偿的,人民法院应予支持。

债务人或者第三人与债权人约定将财产形式上转移至债权人名下，债务人不履行到期债务，财产归债权人所有的，人民法院应当认定该约定无效，但是不影响当事人有关提供担保的意思表示的效力。当事人已经完成财产权利变动的公示，债务人不履行到期债务，债权人请求对该财产享有所有权的，人民法院不予支持；债权人请求参照民法典关于担保物权的规定对财产折价或者以拍卖、变卖该财产所得的价款优先受偿的，人民法院应予支持；债务人履行债务后请求返还财产，或者请求对财产折价或者以拍卖、变卖所得的价款清偿债务的，人民法院应予支持。

债务人与债权人约定将财产转移至债权人名下，在一定期间后再由债务人或者其指定的第三人以交易本金加上溢价款回购，债务人到期不履行回购义务，财产归债权人所有的，人民法院应当参照第二款规定处理。回购对象自始不存在的，人民法院应当依照民法典第一百四十六条第二款的规定，按照其实际构成的法律关系处理。

第六十九条　股东以将其股权转移至债权人名下的方式为债务履行提供担保，公司或者公司的债权人以股东未履行或者未全面履行出资义务、抽逃出资等为由，请求作为名义股东的债权人与股东承担连带责任的，人民法院不予支持。

第七十条　债务人或者第三人为担保债务的履行，设立专门的保证金账户并由债权人实际控制，或者将其资金存入债权人设立的保证金账户，债权人主张就账户内的款项优先受偿的，人民法院应予支持。当事人以保证金账户内的款项浮动为由，主张实际控制该账户的债权人对账户内的款项不享有优先受偿权的，人民法院不予支持。

在银行账户下设立的保证金分户，参照前款规定处理。

当事人约定的保证金并非为担保债务的履行设立，或者不符合前两款规定的情形，债权人主张就保证金优先受偿的，人民法院不予支持，但是不影响当事人依照法律的规定或者按照当事人的约定主张权利。

五、附　　则

第七十一条　本解释自 2021 年 1 月 1 日起施行。

城市房地产抵押管理办法

· 1997 年 5 月 9 日建设部令第 56 号发布
· 根据 2001 年 8 月 15 日《建设部关于修改〈城市房地产抵押管理办法〉的决定》第一次修正
· 根据 2021 年 3 月 30 日《住房和城乡建设部关于修改〈建筑工程施工许可管理办法〉等三部规章的决定》第二次修正

第一章　总　则

第一条　为了加强房地产抵押管理，维护房地产市场秩序，保障房地产抵押当事人的合法权益，根据《中华人民共和国城市房地产管理法》、《中华人民共和国担保法》，制定本办法。

第二条　凡在城市规划区国有土地范围内从事房地产抵押活动的，应当遵守本办法。

地上无房屋（包括建筑物、构筑物及在建工程）的国有土地使用权设定抵押的，不适用本办法。

第三条　本办法所称房地产抵押，是指抵押人以其合法的房地产以不转移占有的方式向抵押权人提供债务履行担保的行为。债务人不履行债务时，债权人有权依法以抵押的房地产拍卖所得的价款优先受偿。

本办法所称抵押人，是将依法取得的房地产提供给抵押权人，作为本人或者第三人履行债务担保的公民、法人或者其他组织。

本办法所称抵押权人，是指接受房地产抵押作为债务人履行债务担保的公民、法人或者其他组织。

本办法所称预购商品房贷款抵押，是指购房人在支付首期规定的房价款后，由贷款银行代其支付其余的购房款，将所购商品房抵押给贷款银行作为偿还贷款履行担保的行为。

本办法所称在建工程抵押，是指抵押人为取得在建工程继续建造资金的贷款，以其合法方式取得的土地使用权连同在建工程的投入资产，以不转移占有的方式抵押给贷款银行作为偿还贷款履行担保的行为。

第四条　以依法取得的房屋所有权抵押的，该房屋占用范围内的土地使用权必须同时抵押。

第五条　房地产抵押，应当遵循自愿、互利、公平和诚实信用的原则。

依法设定的房地产抵押，受国家法律保护。

第六条　国家实行房地产抵押登记制度。

第七条　国务院建设行政主管部门归口管理全国城市房地产抵押管理工作。

省、自治区建设行政主管部门归口管理本行政区域内的城市房地产抵押管理工作。

直辖市、市、县人民政府房地产行政主管部门（以下简称房地产管理部门）负责管理本行政区域内的房地产抵押管理工作。

第二章　房地产抵押权的设定

第八条　下列房地产不得设定抵押：

（一）权属有争议的房地产；

（二）用于教育、医疗、市政等公共福利事业的房地产；

（三）列入文物保护的建筑物和有重要纪念意义的其他建筑物；

（四）已依法公告列入拆迁范围的房地产；

（五）被依法查封、扣押、监管或者以其他形式限制的房地产；

（六）依法不得抵押的其他房地产。

第九条　同一房地产设定两个以上抵押权的，抵押人应将已经设定过的抵押情况告知抵押权人。

抵押人所担保的债权不得超出其抵押物的价值。

房地产抵押后，该抵押房地产的价值大于所担保债权的余额部分，可以再次抵押，但不得超出余额部分。

第十条　以两宗以上房地产设定同一抵押权的，视为同一抵押房地产。但抵押当事人另有约定的除外。

第十一条　以在建工程已完工部分抵押的，其土地使用权随之抵押。

第十二条　以享受国家优惠政策购买的房地产抵押的，其抵押额以房地产权利人可以处分和收益的份额比例为限。

第十三条　国有企业、事业单位法人以国家授予其经营管理的房地产抵押的，应当符合国有资产管理的有关规定。

第十四条　以集体所有制企业的房地产抵押的，必须经集体所有制企业职工（代表）大会通过，并报其上级主管机关备案。

第十五条　以外商投资企业的房地产抵押的，必须经董事会通过，但企业章程另有规定的除外。

第十六条　以有限责任公司、股份有限公司的房地产抵押的，必须经董事会或者股东大会通过，但企业章程另有规定的除外。

第十七条　有经营期限的企业以其所有的房地产设定抵押的，所担保债务的履行期限不应当超过该企业的经营期限。

第十八条　以具有土地使用年限的房地产设定抵押的，所担保债务的履行期限不得超过土地使用权出让合同规定的使用年限减去已经使用年限后的剩余年限。

第十九条　以共有的房地产抵押的，抵押人应当事先征得其他共有人的书面同意。

第二十条　预购商品房贷款抵押的，商品房开发项目必须符合房地产转让条件并取得商品房预售许可证。

第二十一条　以已出租的房地产抵押的，抵押人应当将租赁情况告知抵押权人，并将抵押情况告知承租人。原租赁合同继续有效。

第二十二条　设定房地产抵押时，抵押房地产的价值可以由抵押当事人协商议定，也可以由房地产价格评估机构评估确定。

法律、法规另有规定的除外。

第二十三条　抵押当事人约定对抵押房地产保险的，由抵押人为抵押的房地产投保，保险费由抵押人负担。抵押房地产投保的，抵押人应当将保险单移送抵押权人保管。在抵押期间，抵押权人为保险赔偿的第一受益人。

第二十四条　企业、事业单位法人分立或者合并后，原抵押合同继续有效，其权利和义务由变更后的法人享有和承担。

抵押人死亡、依法被宣告死亡或者被宣告失踪时，其房地产合法继承人或者代管人应当继续履行原抵押合同。

第三章　房地产抵押合同的订立

第二十五条　房地产抵押，抵押当事人应当签订书面抵押合同。

第二十六条　房地产抵押合同应当载明下列主要内容：

（一）抵押人、抵押权人的名称或者个人姓名、住所；

（二）主债权的种类、数额；

（三）抵押房地产的处所、名称、状况、建筑面积、用地面积以及四至等；

（四）抵押房地产的价值；

（五）抵押房地产的占用管理人、占用管理方式、占用管理责任以及意外损毁、灭失的责任；

（六）债务人履行债务的期限；

（七）抵押权灭失的条件；

（八）违约责任；

（九）争议解决方式；

（十）抵押合同订立的时间与地点；

（十一）双方约定的其他事项。

第二十七条　以预购商品房贷款抵押的，须提交生效的预购房屋合同。

第二十八条 以在建工程抵押的,抵押合同还应当载明以下内容:

(一)《国有土地使用权证》、《建设用地规划许可证》和《建设工程规划许可证》编号;

(二)已交纳的土地使用权出让金或需交纳的相当于土地使用权出让金的款额;

(三)已投入在建工程的工程款;

(四)施工进度及工程竣工日期;

(五)已完成的工作量和工程量。

第二十九条 抵押权人要求抵押房地产保险的,以及要求在房地产抵押后限制抵押人出租、转让抵押房地产或者改变抵押房地产用途的,抵押当事人应当在抵押合同中载明。

第四章 房地产抵押登记

第三十条 房地产抵押合同自签订之日起 30 日内,抵押当事人应当到房地产所在地的房地产管理部门办理房地产抵押登记。

第三十一条 房地产抵押合同自抵押登记之日起生效。

第三十二条 办理房地产抵押登记,应当向登记机关交验下列文件:

(一)抵押当事人的身份证明或法人资格证明;

(二)抵押登记申请书;

(三)抵押合同;

(四)《国有土地使用权证》、《房屋所有权证》或《房地产权证》,共有的房屋还必须提交《房屋共有权证》和其他共有人同意抵押的证明;

(五)可以证明抵押人有权设定抵押权的文件与证明材料;

(六)可以证明抵押房地产价值的资料;

(七)登记机关认为必要的其他文件。

第三十三条 登记机关应当对申请人的申请进行审核。凡权属清楚、证明材料齐全的,应当在受理登记之日起 7 日内决定是否予以登记,对不予登记的,应当书面通知申请人。

第三十四条 以依法取得的房屋所有权证书的房地产抵押的,登记机关应当在原《房屋所有权证》上作他项权利记载后,由抵押人收执。并向抵押权人颁发《房屋他项权证》。

以预售商品房或者在建工程抵押的,登记机关应当在抵押合同上作记载。抵押的房地产在抵押期间竣工

的,当事人应当在抵押人领取房地产权属证书后,重新办理房地产抵押登记。

第三十五条 抵押合同发生变更或者抵押关系终止时,抵押当事人应当在变更或者终止之日起 15 日内,到原登记机关办理变更或者注销抵押登记。

因依法处分抵押房地产而取得土地使用权和土地建筑物、其他附着物所有权的,抵押当事人应当自处分行为生效之日起 30 日内,到县级以上地方人民政府房地产管理部门申请房屋所有权转移登记,并凭变更后的房屋所有权证书向同级人民政府土地管理部门申请土地使用权变更登记。

第五章 抵押房地产的占用与管理

第三十六条 已作抵押的房地产,由抵押人占用与管理。

抵押人在抵押房地产占用与管理期间应当维护抵押房地产的安全与完好。抵押权人有权按照抵押合同的规定监督、检查抵押房地产的管理情况。

第三十七条 抵押权可以随债权转让。抵押权转让时,应当签订抵押权转让合同,并办理抵押权变更登记。抵押权转让后,原抵押权人应当告知抵押人。

经抵押权人同意,抵押房地产可以转让或者出租。

抵押房地产转让或者出租所得价款,应当向抵押权人提前清偿所担保的债权。超过债权数额的部分,归抵押人所有,不足部分由债务人清偿。

第三十八条 因国家建设需要,将已设定抵押权的房地产列入拆迁范围的,抵押人应当及时书面通知抵押权人;抵押双方可以重新设定抵押房地产,也可以依法清理债权债务,解除抵押合同。

第三十九条 抵押人占用与管理的房地产发生损毁、灭失的,抵押人应当及时将情况告知抵押权人,并应当采取措施防止损失的扩大。抵押的房地产因抵押人的行为造成损失使抵押房地产价值不足以作为履行债务的担保时,抵押权人有权要求抵押人重新提供或者增加担保以弥补不足。

抵押人对抵押房地产价值减少无过错的,抵押权人只能在抵押人因损害而得到的赔偿的范围内要求提供担保。抵押房地产价值未减少的部分,仍作为债务的担保。

第六章 抵押房地产的处分

第四十条 有下列情况之一的,抵押权人有权要求处分抵押的房地产:

（一）债务履行期满，抵押权人未受清偿的，债务人又未能与抵押权人达成延期履行协议的；

（二）抵押人死亡，或者被宣告死亡而无人代为履行到期债务的；或者抵押人的合法继承人、受遗赠人拒绝履行到期债务的；

（三）抵押人被依法宣告解散或者破产的；

（四）抵押人违反本办法的有关规定，擅自处分抵押房地产的；

（五）抵押合同约定的其他情况。

第四十一条　有本办法第四十条规定情况之一的，经抵押当事人协商可以通过拍卖等合法方式处分抵押房地产。协议不成的，抵押权人可以向人民法院提起诉讼。

第四十二条　抵押权人处分抵押房地产时，应当事先书面通知抵押人；抵押房地产为共有或者出租的，还应当同时书面通知共有人或承租人；在同等条件下，共有人或承租人依法享有优先购买权。

第四十三条　同一房地产设定两个以上抵押权时，以抵押登记的先后顺序受偿。

第四十四条　处分抵押房地产时，可以依法将土地上新增的房屋与抵押财产一同处分，但对处分新增房屋所得，抵押权人无权优先受偿。

第四十五条　以划拨方式取得的土地使用权连同地上建筑物设定的房地产抵押进行处分时，应当从处分所得的价款中缴纳相当于应当缴纳的土地使用权出让金的款额后，抵押权人方可优先受偿。

法律、法规另有规定的依照其规定。

第四十六条　抵押权人对抵押房地产的处分，因下列情况而中止：

（一）抵押权人请求中止的；

（二）抵押人申请愿意并证明能够及时履行债务，并经抵押权人同意的；

（三）发现被拍卖抵押物有权属争议的；

（四）诉讼或仲裁中的抵押房地产；

（五）其他应当中止的情况。

第四十七条　处分抵押房地产所得金额，依下列顺序分配：

（一）支付处分抵押房地产的费用；

（二）扣除抵押房地产应缴纳的税款；

（三）偿还抵押权人债权本息及支付违约金；

（四）赔偿由债务人违反合同而对抵押权人造成的损害；

（五）剩余金额交还抵押人。

处分抵押房地产所得金额不足以支付债务和违约金、赔偿金时，抵押权人有权向债务人追索不足部分。

第七章　法律责任

第四十八条　抵押人隐瞒抵押的房地产存在共有、产权争议或者被查封、扣押等情况的，抵押人应当承担由此产生的法律责任。

第四十九条　抵押人擅自以出售、出租、交换、赠与或者以其他方式处分抵押房地产的，其行为无效；造成第三人损失的，由抵押人予以赔偿。

第五十条　抵押当事人因履行抵押合同或者处分抵押房地产发生争议的，可以协商解决；协商不成的，抵押当事人可以根据双方达成的仲裁协议向仲裁机构申请仲裁；没有仲裁协议的，也可以直接向人民法院提起诉讼。

第五十一条　因国家建设需要，将已设定抵押权的房地产列入拆迁范围时，抵押人违反前述第三十八条的规定，不依法清理债务，也不重新设定抵押房地产的，抵押权人可以向人民法院提起诉讼。

第五十二条　登记机关工作人员玩忽职守、滥用职权，或者利用职务上的便利，索取他人财物，或者非法收受他人财物为他人谋取利益的，依法给予行政处分；构成犯罪的，依法追究刑事责任。

第八章　附　则

第五十三条　在城市规划区外国有土地上进行房地产抵押活动的，参照本办法执行。

第五十四条　本办法由国务院建设行政主管部门负责解释。

第五十五条　本办法自1997年6月1日起施行。

关于在房地产开发项目中推行工程建设合同担保的若干规定（试行）

· 2004年8月6日
· 建市〔2004〕137号

第一章　总　则

第一条　为进一步规范建筑市场主体行为，降低工程风险，保障从事建设工程活动各方的合法权益和维护社会稳定，根据《中华人民共和国建筑法》、《中华人民共和国招投标法》、《中华人民共和国合同法》、《中华人民共和国担保法》及有关法律法规，制定本规定。

第二条　工程建设合同造价在1000万元以上的房地产开发项目（包括新建、改建、扩建的项目），适用本规定。其他建设项目可参照本规定执行。

第三条　本规定所称工程建设合同担保,是指在工程建设活动中,根据法律法规规定或合同约定,由担保人向债权人提供的,保证债务人不履行债务时,由担保人代为履行或承担责任的法律行为。

本规定所称担保的有效期,是指债权人要求担保人承担担保责任的权利存续期间。在有效期内,债权人有权要求担保人承担担保责任。有效期届满,债权人要求担保人承担担保责任的实体权利消灭,担保人免除担保责任。

第四条　保证人提供的保证方式为一般保证或连带责任保证。

第五条　本规定所称担保分为投标担保、业主工程款支付担保、承包商履约担保和承包商付款担保。投标担保可采用投标保证金或保证的方式。业主工程款支付担保,承包商履约担保和承包商支付担保应采用保证的方式。当事人对保证方式没有约定或者约定不明确的,按照连带责任保证承担保证责任。

第六条　工程建设合同担保的保证人应是中华人民共和国境内注册的有资格的银行业金融机构、专业担保公司。

本规定所称专业担保公司,是指以担保为主要经营范围和主要经营业务,依法登记注册的担保机构。

第七条　依法设立的专业担保公司可以承担工程建设合同担保。但是,专业担保公司担保余额的总额不得超过净资产的 10 倍;单笔担保金额不得超过该担保公司净资产的 50%。不符合该条件的,可以与其他担保公司共同提供担保。

第八条　工程建设合同担保的担保费用可计入工程造价。

第九条　国务院建设行政主管部门负责对工程建设合同担保工作实行统一监督管理,县级以上地方人民政府建设行政主管部门负责对本行政区域内的工程建设合同担保进行监督管理。

第十条　各级建设行政主管部门将业主(房地产开发商)、承包商违反本办法的行为记入房地产信息管理系统、建筑市场监督管理系统等不良行为记录及信用评估系统。

第二章　业主工程款支付担保

第十一条　业主工程款支付担保,是指为保证业主履行工程合同约定的工程款支付义务,由担保人为业主向承包商提供的,保证业主支付工程款的担保。

业主在签订工程建设合同的同时,应当向承包商提交业主工程款支付担保。未提交业主工程款支付担保的

建设工程,视作建设资金未落实。

第十二条　业主工程款支付担保可以采用银行保函、专业担保公司的保证。

业主支付担保的担保金额应当与承包商履约担保的担保金额相等。

第十三条　业主工程款支付担保的有效期应当在合同中约定。合同约定的有效期截止时间为业主根据合同的约定完成了除工程质量保修金以外的全部工程结算款项支付之日起 30 天至 180 天。

第十四条　对于工程建设合同额超过 1 亿元人民币以上的工程,业主工程款支付担保可以按工程合同确定的付款周期实行分段滚动担保,但每段的担保金额为该段工程合同额的 10-15%。

第十五条　业主工程款支付担保采用分段滚动担保的,在业主、项目监理工程师或造价工程师对分段工程进度签字确认或结算,业主支付相应的工程款后,当期业主工程款支付担保解除,并自动进入下一阶段工程的担保。

第十六条　业主工程款支付担保与工程建设合同应当由业主一并送建设行政主管部门备案。

第三章　投标担保

第十七条　投标担保是指由担保人为投标人向招标人提供的,保证投标人按照招标文件的规定参加招标活动的担保。投标人在投标有效期内撤回投标文件,或中标后不签署工程建设合同的,由担保人按照约定履行担保责任。

第十八条　投标担保可采用银行保函、专业担保公司的保证,或定金(保证金)担保方式,具体方式由招标人在招标文件中规定。

第十九条　投标担保的担保金额一般不超过投标总价的 2%,最高不得超过 80 万元人民币。

第二十条　投标人采用保证金担保方式的,招标人与中标人签订合同后 5 个工作日内,应当向中标人和未中标的投标人退还投标保证金。

第二十一条　投标担保的有效期应当在合同中约定。合同约定的有效期截止时间为投标有效期后的 30 天至 180 天。

第二十二条　除不可抗力外,中标人在截标后的投标有效期内撤回投标文件,或者中标后在规定的时间内不与招标人签订承包合同的,招标人有权对该投标人所交付的保证金不予返还;或由保证人按下列方式之一,履行保证责任:

(一)代承包商向招标人支付投标保证金,支付金额

不超过双方约定的最高保证金额；

（二）招标人依法选择次低标价中标，保证人向招标人支付中标价与次低标价之间的差额，支付金额不超过双方约定的最高保证金额；

（三）招标人依法重新招标，保证人向招标人支付重新招标的费用，支付金额不超过双方约定的最高保证金额。

第四章　承包商履约担保

第二十三条　承包商履约担保，是指由保证人为承包商向业主提供的，保证承包商履行工程建设合同约定义务的担保。

第二十四条　承包商履约担保的担保金额不得低于工程建设合同价格（中标价格）的10%。采用经评审的最低投标价法中标的招标工程，担保金额不得低于工程合同价格的15%。

第二十五条　承包商履约担保的方式可采用银行保函、专业担保公司的保证。具体方式由招标人在招标文件中作出规定或者在工程建设合同中约定。

第二十六条　承包商履约担保的有效期应当在合同中约定。合同约定的有效期截止时间为工程建设合同约定的工程竣工验收合格之日后30天至180天。

第二十七条　承包商由于非业主的原因而不履行工程建设合同约定的义务时，由保证人按照下列方式之一，履行保证责任：

（一）向承包商提供资金、设备或者技术援助，使其能继续履行合同义务；

（二）直接接管该项工程或者另觅经业主同意的有资质的其他承包商，继续履行合同义务，业主仍按原合同约定支付工程款，超出原合同部分的，由保证人在保证额度内代为支付；

（三）按照合同约定，在担保额度范围内，向业主支付赔偿金。

第二十八条　业主向保证人提出索赔之前，应当书面通知承包商，说明其违约情况并提供项目总监理工程师及其监理单位对承包商违约的书面确认书。如果业主索赔的理由是因建筑工程质量问题，业主还需同时提供建筑工程质量检测机构出具的检测报告。

第二十九条　同一银行分支行或专业担保公司不得为同一工程建设合同提供业主工程款支付担保和承包商履约担保。

第五章　承包商付款担保

第三十条　承包商付款担保，是指担保人为承包商向分包商、材料设备供应商、建设工人提供的，保证承包商履行工程建设合同的约定向分包商、材料设备供应商、建设工人支付各项费用和价款，以及工资等款项的担保。

第三十一条　承包商付款担保可以采用银行保函、专业担保公司的保证。

第三十二条　承包商付款担保的有效期应当在合同中约定。合同约定的有效期截止时间为自各项相关工程建设分包合同（主合同）约定的付款截止日之后的30天至180天。

第三十三条　承包商不能按照合同约定及时支付分包商、材料设备供应商、工人工资等各项费用和价款的，由担保人按照担保函或保证合同的约定承担担保责任。

· 文书范本

工程保函示范文本①

投标保函示范文本
（独立保函）

编号：

申请人：

地址：

---

① 　本示范文本来源于《住房和城乡建设部关于印发工程保函示范文本的通知》（2021年1月27日　建市〔2021〕11号）。

受益人：

地址：

开立人：

地址：

致：(受益人名称)

我方(即"开立人")已获得通知,本保函申请人(即"投标人")已响应贵方于＿＿＿＿年＿＿月＿＿日就＿＿＿＿＿＿＿

＿＿＿＿＿＿(以下简称"本工程")发出的招标文件,并已向招标人(即"受益人")提交了投标文件(即"基础交易")。

一、我方理解根据招标条件,投标人必须提交一份投标保函(以下简称"本保函"),以担保投标人诚信履行其在上述基础交易中承担的投标人义务。鉴此,应申请人要求,我方在此同意向贵方出具此投标保函,本保函担保金额最高不超过人民币(大写)＿＿＿＿＿元(￥＿＿＿＿＿)。

二、我方在投标人发生以下情形时承担保证担保责任：

(1)投标人在开标后和投标有效期满之前撤销投标的；

(2)投标人在收到中标通知后,不能或拒绝在中标通知书规定的时间内与贵方签订合同；

(3)投标人在与贵方签订合同后,未在规定的时间内提交符合招标文件要求的履约担保；

(4)投标人违反招标文件规定的其他情形。

三、本保函为不可撤销、不可转让的见索即付独立保函。本保函有效期自开立之日起至投标有效期届满之日后的

＿＿＿＿＿日。投标有效期延长的,本保函有效期相应顺延,最迟不超过＿＿＿＿＿年＿＿月＿＿日。

四、我方承诺,在收到受益人发来的书面付款通知后的＿＿＿＿日内无条件支付,前述书面付款通知即为付款要求之单据,且应满足以下要求：

(1)付款通知到达的日期在本保函的有效期内；

(2)载明要求支付的金额；

(3)载明申请人违反招投标文件规定的义务内容和具体条款；

(4)声明不存在招标文件规定或我国法律规定免除申请人或我方支付责任的情形；

(5)书面付款通知应在本保函有效期内到达的地址是：＿＿＿＿＿＿＿＿＿＿＿＿＿＿＿＿＿＿＿＿＿＿＿＿＿＿。

受益人发出的书面付款通知应由其为鉴明受益人法定代表人(负责人)或授权代理人签字并加盖公章。

五、本保函项下的权利不得转让,不得设定担保。贵方未经我方书面同意转让本保函或其项下任何权利,对我方不发生法律效力。

六、本保函项下的基础交易不成立、不生效、无效、被撤销、被解除,不影响本保函的独立有效。

七、受益人应在本保函到期后的七日内将本保函正本退回我方注销,但是不论受益人是否按此要求将本保函正本退回我方,我方在本保函项下的义务和责任均在保函有效期到期后自动消灭。

八、本保函适用的法律为中华人民共和国法律,争议裁判管辖地为中华人民共和国＿＿＿＿＿＿＿＿＿＿＿＿＿＿＿＿。

九、本保函自我方法定代表人或授权代表签字并加盖公章之日起生效。

开立人：　　　　　　　　　　　　　　(公章)

法定代表人(或授权代表)：　　　　　　(签字)

　地　　址：

　邮政编码：

　电　　话：

　传　　真：

　开立时间：　　　年　　月　　日

投标保函示范文本
（非独立保函）

编号：

投标人：
地址：
担保权人/招标人：
地址：
保证人：
地址：

_____（招标人名称）：

　　鉴于_____（以下简称"投标人"）参加招标人就_____项目组织的招标，招标编号为_____。应投标人的申请，我方即保证人同意就投标人履行招投标文件项下的义务以保证的方式向招标人提供如下保证担保（以下简称"本保证担保"）。

　　一、保证担保的范围及保证担保金额

　　1. 我方在投标人发生以下情形时承担保证担保责任：

　　（1）投标人在开标后和投标有效期满之前撤销投标的；

　　（2）投标人在收到中标通知后，不能或拒绝在中标通知书规定的时间内与贵方签订合同；

　　（3）投标人在与贵方签订合同后，未在规定的时间内提交符合招标文件要求的履约担保；

　　（4）投标人违反招标文件规定的其他情形。

　　2. 保证担保金额最高不超过人民币（大写）_____元（￥_____）。

　　二、保证担保的方式及保证期间

　　1. 保证担保方式：连带责任保证。

　　2. 保证期间：自出具之日起至招标文件规定的投标有效期届满后____日。投标有效期延长的，本保函保证期间相应顺延，最迟不超过____年____月____日。

　　三、承担保证担保责任的形式

　　我方按照贵方的要求以下列方式之一承担保证责任：

　　1. 代投标人向贵方支付投标保证金为人民币____元；

　　2. 给贵方造成损失的，在保证担保最高金额范围内向贵方支付赔偿金、利息、律师费、诉讼费用等实现债权的费用。

　　四、代偿的安排

　　1. 贵方要求我方承担保证责任的，应向我方发出书面索赔通知。索赔通知应写明要求索赔的金额，支付款项应到达的帐号，并附有说明投标人违约造成贵方损失情况的证明材料。

　　2. 我方收到贵方的书面索赔通知及相应证明材料后，在____工作日内进行核定后按照本保函的承诺承担保证责任。

　　五、保证担保责任的解除

　　1. 保证期间届满贵方未向我方书面主张保证责任的，自保证期间届满次日起，我方解除保证责任。

　　2. 我方按照本保证担保向贵方履行了保证担保责任后，自我方向贵方支付的金额达到最高保证担保金额之日起，保证担保责任解除。

　　3. 按照法律法规的规定应解除我方保证担保责任的其它情形的，我方在本保证担保项下的保证担保责任亦解除。

　　4. 我方解除保证责任后，贵方应按上述约定，自我方保证担保责任解除之日起七日内，将本保证担保原件返还我方。但是不论贵方是否按此要求将本保证担保原件退回我方，我方在本保证担保项下的义务和责任均自保证担保责任解除之日自动消灭。

六、免责条款

1. 因贵方原因致使投标人违反招投标文件的,我方不承担保证担保责任。

2. 依照法律规定或贵方与投标人的另行约定,免除投标人部分或全部义务的,我方亦免除其相应的保证担保责任。

3. 因不可抗力造成投标人违反招投标文件的,我方不承担保证担保责任。

七、其他

1. 本保证担保项下的权利不得转让,不得设定担保。贵方未经我方书面同意转让本保证担保或其项下任何权利,对我方不发生法律效力。

2. 本保证担保适用的法律为中华人民共和国法律,争议裁判管辖地为中华人民共和国＿＿＿＿＿＿＿＿＿＿＿＿＿＿＿＿。

3. 本保证担保自我方法定代表人或授权代表签字并加盖公章之日起生效。

保证人:　　　　　　　　　　　　　(公章)

法定代表人(或授权代表):　　　　　　(签字)

地　　　址:

邮政编码:

电　　　话:

传　　　真:

时　　　间:　　　年　　　月　　　日

预付款保函示范文本

(独立保函)

编号:

申请人:

　地址:

受益人:

　地址:

开立人:

　地址:

＿＿＿＿＿＿＿＿＿＿(受益人名称):

　　鉴于＿＿＿＿＿＿＿(以下简称"受益人")与＿＿＿＿＿＿＿(以下简称"申请人")于＿＿＿＿＿年＿＿＿月＿＿＿日就＿＿＿＿＿＿＿＿工程(以下简称"本工程")施工和有关事项协商一致共同签订《＿＿＿＿＿＿＿＿＿＿＿＿＿》(以下简称"基础合同"),我方(即"开立人")根据主合同了解到申请人为主合同项下之承包人,受益人为主合同项下之发包人,基于申请人的请求,我方同意就申请人按照合同约定正确和合理地为合同目的使用预付款,向贵方提供不可撤销、不可转让的见索即付独立保函(以下简称"本保函")。

　　一、本保函担保范围:申请人未按照合同约定正确和合理地为合同目的使用预付款,应当向贵方承担的违约责任和赔偿因此造成的损失、利息、律师费、诉讼费用等实现债权的费用。

　　二、本保函担保金额最高不超过人民币(大写)＿＿＿＿＿＿＿元(￥＿＿＿＿＿＿)。

　　三、本保函有效期自开立之日起至发包人全额扣回预付款后＿＿＿日止,最迟不超过＿＿＿＿＿年＿＿＿月＿＿＿日。

　　四、我方承诺,在收到受益人发来的书面付款通知后的＿＿＿日内无条件支付,前述书面付款通知即为付款要求之单据,且应当满足以下要求:

　　(1)付款通知到达的日期在本保函的有效期内;

（2）载明要求支付的金额；

（3）载明申请人违反合同义务的条款和内容；

（4）声明不存在合同文件约定或我国法律规定免除申请人或开立人支付责任的情形；

（5）付款通知应在本保函有效期内到达的地址是：＿＿＿＿＿＿＿＿。

受益人发出的书面付款通知应由其为鉴明受益人法定代表人（负责人）或授权代理人签字并加盖公章。

五、本保函项下的权利不得转让，不得设定担保。贵方未经我方书面同意转 让本保函或其项下任何权利，对我方不发生法律效力。

六、与本保函有关的基础合同不成立、不生效、无效、被撤销、被解除，不影响本保函的独立有效。

七、贵方应在本保函到期后的七日内将本保函正本退回我方注销，但是不论贵方是否按此要求将本保函正本退回我方，我方在本保函项下的义务和责任均在保函有效期到期后自动消灭。

八、本保函适用的法律为中华人民共和国法律，争议裁判管辖地为中华人民共和国＿＿＿＿＿＿＿＿＿＿＿＿＿＿＿＿。

九、本保函自我方法定代表人或授权代表签字并加盖公章之日起生效。

开立人：　　　　　　　　　　　　（公章）

法定代表人（或授权代表）：　　　　　（签字）

地　　址：

邮政编码：

电　　话：

传　　真：

开立时间：　　　年　　　月　　　日

预付款保函示范文本
（非独立保函）

编号：

担保权人/发包人：

地址：

承包人：

地址：

保证人：

地址：

＿＿＿＿＿＿＿（发包人名称）：

鉴于＿＿＿＿＿（以下简称"发包人"）与＿＿＿＿＿＿（以下简称"承包人"）于＿＿＿＿年＿＿月＿＿日就＿＿＿＿＿＿工程（以下简称"本工程"）施工和有关事项协商一致共同签订《＿＿＿＿＿＿》（以下简称"主合同"），我方即保证人基于承包人的请求，同意就承包人按照合同约定正确和合理地为合同目的使用预付款，不将预付款挪作他用，向贵方提供如下保证担保（以下简称"本保证担保"）。

一、保证担保的范围及保证担保金额

1. 保证担保范围：申请人未按照合同约定正确和合理地为合同目的使用预付款，应当向贵方承担的违约责任和赔偿因此造成的损失、利息、律师费、诉讼费用等实现债权的费用。

2. 保证担保金额最高不超过人民币（大写）＿＿＿＿＿＿＿＿元（￥＿＿＿＿＿＿＿＿）。

二、保证担保的方式及保证期间

1. 保证担保方式:连带责任保证。

2. 保证期间:自出具之日起至发包人全额扣回预付款后＿＿＿日止,最迟不超过＿＿＿＿年＿＿月＿＿日。

三、承担保证担保责任的形式

发生应承担保证责任情形的,我方在保证金额内向贵方支付,并赔偿因此给贵方造成的损失,以及利息和律师费、诉讼费用等实现债权的费用。

四、代偿的安排

1. 贵方要求我方承担保证责任的,应向我方发出书面索赔通知及承包人未履行主合同约定义务的证明材料。索赔通知应写明要求索赔的金额,支付款项应到达的帐号,并附有说明承包人违反主合同造成贵方损失情况的证明材料。

2. 我方收到贵方的书面索赔通知及相应证明材料后,在＿＿＿＿＿＿＿工作日内进行核定后按照本保函的承诺承担保证责任。

五、保证担保责任的解除

1. 保证期间届满贵方未向我方书面主张保证责任的,自保证期间届满次日起,我方解除保证责任。

2. 我方按照本保证担保向贵方履行了保证担保责任后,自我方向贵方支付的金额达到最高保证担保金额之日起,保证担保责任解除。

3. 按照法律法规的规定应解除我方保证担保责任的其它情形的,我方在本保证担保项下的保证担保责任亦解除。

4. 我方解除保证责任后,贵方应按上述约定,自我方保证担保责任解除之日起七日内,将本保证担保原件返还我方。但是不论贵方是否按此要求将本保证担保原件退回我方,我方在本保证担保项下的义务和责任均自保证担保责任解除之日自动消灭。

六、免责条款

1. 因贵方原因致使发生应承担保证责任情形的,我方不承担保证担保责任。

2. 依照法律规定或贵方与承包人的另行约定,免除承包人部分或全部义务的,我方亦免除其相应的保证担保责任。

3. 因不可抗力造成发生应承担保证责任情形的,我方不承担保证担保责任。

七、其他

1. 本保证担保项下的权利不得转让,不得设定担保。贵方未经我方书面同意转让本保证担保或其项下任何权利,对我方不发生法律效力。

2. 本保证担保适用的法律为中华人民共和国法律,争议裁判管辖地为中华人民共和国＿＿＿＿＿＿＿＿＿＿＿＿＿。

3. 本保证担保自我方法定代表人或授权代表签字并加盖公章之日起生效。

保证人:　　　　　　　　　　　　(公章)

法定代表人(或授权代表):　　　　(签字)

地　　址:

邮政编码:

电　　话:

传　　真:

时　　间:　　　年　　月　　日

支付保函示范文本
(独立保函)

编号:

申请人:

地址:

受益人：

　地址：

开立人：

　地址：

_____ (受益人名称)：

　　鉴于_____(以下简称"受益人")与_____(以下简称"申请人")于_____年____月____日就_____工程(以下简称"本工程")施工和有关事项协商一致共同签订《_____》(以下简称基础合同)，我方(即"开立人")根据基础合同了解到申请人为基础合同项下之发包人，受益人为基础合同项下之承包人，基于申请人的请求，我方同意就申请人履行与贵方签订的基础合同项下的工程款(指基础合同约定的除工程质量保修金以外的工程款)付款义务，向贵方提供不可撤销、不可转让的见索即付独立保函(以下简称"本保函")。

　　一、本保函担保范围：申请人未履行基础合同约定的工程款支付义务，应当向贵方承担的违约责任和赔偿因此造成的损失、利息、律师费、诉讼费用等实现债权的费用。

　　二、本保函担保金额最高不超过人民币(大写)_____元(￥_____)。

　　三、本保函有效期自开立之日起至基础合同约定的除工程质量保修金以外的全部工程结算款项支付之日后____日止，最迟不超过_____年____月____日。

　　四、我方承诺，在收到受益人发来的书面付款通知后的____日内无条件支付，前述书面付款通知即为付款要求之单据，且应满足以下要求：

　　(1)付款通知到达的日期在本保函的有效期内；

　　(2)载明要求支付的金额；

　　(3)载明申请人违反合同义务的条款和内容；

　　(4)声明不存在合同文件约定或我国法律规定免除申请人或开立人支付责任的情形；

　　(5)付款通知应在本保函有效期内到达的地址是：_____。

　　受益人发出的书面付款通知应由其为鉴明受益人法定代表人(负责人)或授权代理人签字并加盖公章。

　　五、本保函项下的权利不得转让，不得设定担保。贵方未经我方书面同意转 让本保函或其项下任何权利，对我方不发生法律效力。

　　六、与本保函有关的基础合同不成立、不生效、无效、被撤销、被解除，不影响本保函的独立有效。

　　七、贵方应在本保函到期后的七日内将本保函正本退回我方注销，但是不论贵方是否按此要求将本保函正本退回我方，我方在本保函项下的义务和责任均在保函有效期到期后自动消灭。

　　八、本保函适用的法律为中华人民共和国法律，争议裁判管辖地为中华人民共和国_____。

　　九、本保函自我方法定代表人或授权代表签字并加盖公章之日起生效。

开立人：　　　　　　　　　　　　　　(公章)

法定代表人(或授权代表)：　　　　　　(签字)

　地　　址：

　邮政编码：

　电　　话：

　传　　真：

　开立时间：　　年　　月　　日

支付保函示范文本
（非独立保函）

编号：

发包人：
地址：
担保权人/承包人：
地址：
保证人：
地址：

_____（承包人名称）：

　　鉴于_____（以下简称"发包人"）与_____（以下简称"承包人"）于_____年___月___日就_____工程（以下简称"本工程"）施工和有关事项协商一致共同签订《_____》（以下简称"主合同"），我方即保证人基于发包人的请求，同意就发包人履行与贵方签订的主合同项下的工程款（指主合同约定的除工程质量保修金以外的全部工程结算款项）付款义务，向贵方提供如下保证担保（以下简称"本保证担保"）。

　　一、保证担保的范围及保证担保金额

　　1. 保证担保范围：申请人未履行主合同约定的工程款支付义务，应当向贵方承担的违约责任和赔偿因此造成的损失、利息、律师费、诉讼费用等实现债权的费用。

　　2. 保证担保金额最高不超过人民币（大写）_____元（￥_____）。

　　二、保证担保的方式及保证期间

　　1. 保证担保方式：连带责任保证。

　　2. 保证期间：自出具之日起至主合同约定的除工程质量保修金以外的工程款支付之日后___日止，最迟不超过___年___月___日。

　　三、承担保证担保责任的形式

　　发包人未按合同约定向贵方支付主合同项下工程款的，由我方在保证金额内代为支付，并赔偿因此给贵方造成的损失，以及利息和律师费、诉讼费用等实现债权的费用。

　　四、代偿的安排

　　1. 贵方要求我方承担保证责任的，应向我方发出书面索赔通知及发包人未支付主合同约定工程款的证明材料。索赔通知应写明要求索赔的金额，支付款项应到达的帐号。

　　2. 在出现贵方与发包人因工程质量发生争议，发包人拒绝向贵方支付工程款的情形时，贵方要求我方履行保证责任代为支付的，还需提供项目总监理工程师、监理单位或符合相应条件要求的工程质量检测机构出具的质量说明材料。

　　3. 我方收到贵方的书面索赔通知及相应证明材料后，在____工作日内进行核定后按照本保函的承诺承担保证责任。

　　五、保证担保责任的解除

　　1. 保证期间届满贵方未向我方书面主张保证责任的，自保证期间届满次日起，我方解除保证责任。

　　2. 我方按照本保证担保向贵方履行了保证担保责任后，自我方向贵方支付的金额达到最高保证担保金额之日起，保证担保责任解除。

　　3. 按照法律法规的规定应解除我方保证担保责任的其它情形的，我方在本保证担保项下的保证担保责任亦解除。

　　4. 我方解除保证责任后，贵方应按上述约定，自我方保证担保责任解除之日起七日内，将本保证担保原件返还我方。但是不论贵方是否按此要求将本保证担保原件退回我方，我方在本保证担保项下的义务和责任均自保证担保责任解除之日自动消灭。

　　六、免责条款

　　1. 因贵方原因致使发包人未履行主合同项下工程款付款义务的，我方不承担保证担保责任。

2.依照法律规定或贵方与发包人的另行约定,免除发包人部分或全部义务的,我方亦免除其相应的保证担保责任。

3.因不可抗力造成发包人未履行主合同项下工程款付款义务的,我方不承担保证担保责任。

七、其他

1.本保证担保项下的权利不得转让,不得设定担保。贵方未经我方书面同意转让本保证担保或其项下任何权利,对我方不发生法律效力。

2.本保证担保适用的法律为中华人民共和国法律,争议裁判管辖地为中华人民共和国_____。

3.本保证担保自我方法定代表人或授权代表签字并加盖公章之日起生效。

保证人: (公章)
法定代表人(或授权代表):   (签字)
地   址:
邮政编码:
电   话:
传   真:
时   间: 年   月   日

履约保函示范文本
(独立保函)

编号:

申请人:
  地址:
受益人:
  地址:
开立人:
  地址:

_____(受益人名称):

　　鉴于_____(以下简称"受益人")与_____(以下简称"申请人")于____年___月___日就_____工程(以下简称"本工程")施工和有关事项协商一致共同签订《_____》(以下简称"基础合同"),我方(即"开立人")根据基础合同了解到申请人为基础合同项下之承包人,受益人为基础合同项下之发包人,基于申请人的请求,我方同意就申请人履行与贵方签订的基础合同项下的义务,向贵方提供不可撤销、不可转让的见索即付独立保函(以下简称"本保函")。

　　一、本保函担保范围:承包人未按照基础合同的约定履行义务,应当向贵方承担的违约责任和赔偿因此造成的损失、利息、律师费、诉讼费用等实现债权的费用。

　　二、本保函担保金额最高不超过人民币(大写)_____元(¥_____)。

　　三、本保函有效期自开立之日起至基础合同约定的缺陷责任期后____日止,最迟不超过____年___月___日。

　　四、我方承诺,在收到受益人发来的书面付款通知后的____日内无条件支付,前述书面付款通知即为付款要求之单据,且应满足以下要求:

　　(1)付款通知到达的日期在本保函的有效期内;

　　(2)载明要求支付的金额;

　　(3)载明申请人违反合同义务的条款和内容;

　　(4)声明不存在合同文件约定或我国法律规定免除申请人或开立人支付责任的情形;

（5）付款通知应在本保函有效期内到达的地址是：＿＿＿＿＿＿。

受益人发出的书面付款通知应由其为鉴明受益人法定代表人（负责人）或授权代理人签字并加盖公章。

五、本保函项下的权利不得转让，不得设定担保。贵方未经我方书面同意转 让本保函或其项下任何权利，对我方不发生法律效力。

六、与本保函有关的基础合同不成立、不生效、无效、被撤销、被解除，不影响本保函的独立有效。

七、贵方应在本保函到期后的七日内将本保函正本退回我方注销，但是不论贵方是否按此要求将本保函正本退回我方，我方在本保函项下的义务和责任均在保函有效期到期后自动消灭。

八、本保函适用的法律为中华人民共和国法律，争议裁判管辖地为中华人民共和国＿＿＿＿＿＿＿＿＿＿＿＿＿＿＿＿。

九、本保函自我方法定代表人或授权代表签字并加盖公章之日起生效。

开立人：　　　　　　　　　　　　（公章）

法定代表人（或授权代表）：　　　　　（签字）

地　　　址：

邮政编码：

电　　　话：

传　　　真：

开立时间：　　年　　月　　日

<h2 style="text-align:center">履约保函示范文本</h2>
（非独立保函）

编号：

承包人：

地址：

担保权人／发包人：

地址：

保证人：

地址：

＿＿＿＿＿＿（发包人名称）：

鉴于＿＿＿＿＿＿（以下简称"发包人"）与＿＿＿＿＿＿（以下简称"承包人"）于＿＿＿＿年＿＿月＿＿日就＿＿＿＿＿＿＿＿＿＿工程（以下简称"本工程"）施工和有关事项协商一致共同签订《＿＿＿＿＿＿＿＿＿＿＿＿＿＿＿＿》（以下简称"主合同"），我方即保证人基于承包人的请求，同意就承包人履行与贵方签订的主合同项下的义务，向贵方提供如下保证担保（以下简称"本保证担保"）。

一、保证担保的范围及保证担保金额

1. 保证担保范围：承包人未按照主合同的约定履行义务，应当向贵方承担的违约责任和赔偿因此造成的损失、利息、律师费、诉讼费用等实现债权的费用。

2. 保证担保金额最高不超过人民币（大写）＿＿＿＿＿＿元（¥＿＿＿＿＿＿）。

二、保证担保的方式及保证期间

1. 保证担保方式：连带责任保证。

2. 保证期间：自出具之日起至主合同约定的缺陷责任期后＿＿＿日止，最迟不超过＿＿＿＿年＿＿月＿＿日。

三、承担保证担保责任的形式

我方按照贵方的要求以下列方式之一承担保证担保责任：

1. 向承包人资金、设备或者技术援助,使其能继续履行合同义务;

2. 直接接管该项工程或者委托经贵方同意的其他承包商,继续履行合同义务;

3. 在保证担保金额最高限额内,按照合同约定,向贵方承担违约责任和赔偿因此造成的损失,以及利息和律师费、诉讼费用等实现债权的费用。

四、代偿的安排

1. 贵方要求我方承担保证责任的,应向我方发出书面索赔通知及承包人未履行主合同约定义务的证明材料。索赔通知应写明要求索赔的金额,支付款项应到达的帐号,并附有说明承包人违反主合同造成贵方损失情况的证明材料。

2. 贵方以工程质量不符合主合同约定标准为由,向我方提出违约索赔的,还需同时提供符合相应条件要求的工程质量检测部门出具的质量说明材料。

3. 我方收到贵方的书面索赔通知及相应证明材料后,在_____工作日内进行核定后按照本保函的承诺承担保证责任。

五、保证担保责任的解除

1. 保证期间届满贵方未向我方书面主张保证责任的,自保证期间届满次日起,我方解除保证责任。

2. 我方按照本保证担保向贵方履行了保证担保责任后,自我方向贵方支付的金额达到最高保证担保金额之日起,保证担保责任解除。

3. 按照法律法规的规定应解除我方保证担保责任的其它情形的,我方在本保证担保项下的保证担保责任亦解除。

4. 我方解除保证责任后,贵方应按上述约定,自我方保证担保责任解除之日起七日内,将本保证担保原件返还我方。但是不论贵方是否按此要求将本保证担保原件退回我方,我方在本保证担保项下的义务和责任均自保证担保责任解除之日自动消灭。

六、免责条款

1. 因贵方原因致使承包人未按照主合同约定履行义务的,我方不承担保证担保责任。

2. 依照法律规定或贵方与发包人的另行约定,免除承包人部分或全部义务的,我方亦免除其相应的保证担保责任。

3. 因不可抗力造成承包人未按照主合同约定履行义务的,我方不承担保证担保责任。

七、其他

1. 本保证担保项下的权利不得转让,不得设定担保。贵方未经我方书面同意转让本保证担保或其项下任何权利,对我方不发生法律效力。

2. 本保证担保适用的法律为中华人民共和国法律,争议裁判管辖地为中华人民共和国_____。

3. 本保证担保自我方法定代表人或授权代表签字并加盖公章之日起生效。

保证人: 　　　　　　　　　　　　　(公章)

法定代表人(或授权代表): 　　　　　(签字)

地　　址:

邮政编码:

电　　话:

传　　真:

时　　间: 　　　年　　月　　日

3. 施工管理

建设工程项目管理试行办法

· 2004 年 11 月 16 日
· 建市〔2004〕200 号

第一条　为了促进我国建设工程项目管理健康发展,规范建设工程项目管理行为,不断提高建设工程投资效益和管理水平,依据国家有关法律、行政法规,制定本办法。

第二条　凡在中华人民共和国境内从事工程项目管理活动,应当遵守本办法。

本办法所称建设工程项目管理,是指从事工程项目管理的企业(以下简称项目管理企业),受工程项目业主方委托,对工程建设全过程或分阶段进行专业化管理和服务活动。

第三条　项目管理企业应当具有工程勘察、设计、施工、监理、造价咨询、招标代理等一项或多项资质。

工程勘察、设计、施工、监理、造价咨询、招标代理等企业可以在本企业资质以外申请其他资质。企业申请资质时,其原有工程业绩、技术人员、管理人员、注册资金和办公场所等资质条件可合并考核。

第四条　从事工程项目管理的专业技术人员,应当具有城市规划师、建筑师、工程师、建造师、监理工程师、造价工程师等一项或者多项执业资格。

取得城市规划师、建筑师、工程师、建造师、监理工程师、造价工程师等执业资格的专业技术人员,可在工程勘察、设计、施工、监理、造价咨询、招标代理等任何一家企业申请注册并执业。

取得上述多项执业资格的专业技术人员,可以在同一企业分别注册并执业。

第五条　项目管理企业应当改善组织结构,建立项目管理体系,充实项目管理专业人员,按照现行有关企业资质管理规定,在其资质等级许可的范围内开展工程项目管理业务。

第六条　工程项目管理业务范围包括:

(一)协助业主方进行项目前期策划、经济分析、专项评估与投资确定;

(二)协助业主方办理土地征用、规划许可等有关手续;

(三)协助业主方提出工程设计要求、组织评审工程设计方案、组织工程勘察设计招标、签订勘察设计合同并

监督实施,组织设计单位进行工程设计优化、技术经济方案比选并进行投资控制;

(四)协助业主方组织工程监理、施工、设备材料采购招标;

(五)协助业主方与工程项目总承包企业或施工企业及建筑材料、设备、构配件供应等企业签订合同并监督实施;

(六)协助业主方提出工程实施用款计划,进行工程竣工结算和工程决算,处理工程索赔,组织竣工验收,向业主方移交竣工档案资料;

(七)生产试运行及工程保修期管理,组织项目后评估;

(八)项目管理合同约定的其他工作。

第七条　工程项目业主方可以通过招标或委托等方式选择项目管理企业,并与选定的项目管理企业以书面形式签订委托项目管理合同。合同中应当明确履约期限,工作范围,双方的权利、义务和责任,项目管理酬金及支付方式,合同争议的解决办法等。

工程勘察、设计、监理等企业同时承担同一工程项目管理和其资质范围内的工程勘察、设计、监理业务时,依法应当招标投标的应当通过招标投标方式确定。

施工企业不得在同一工程从事项目管理和工程承包业务。

第八条　两个及以上项目管理企业可以组成联合体以一个投标人身份共同投标。联合体中标的,联合体各方应当共同与业主方签定委托项目管理合同,对委托项目管理合同的履行承担连带责任。联合体各方应签订联合体协议,明确各方权利、义务和责任,并确定一方作为联合体的主要责任方,项目经理由主要责任方选派。

第九条　项目管理企业经业主方同意,可以与其他项目管理企业合作,并与合作方签定合作协议,明确各方权利、义务和责任。合作各方对委托项目管理合同的履行承担连带责任。

第十条　项目管理企业应当根据委托项目管理合同约定,选派具有相应执业资格的专业人员担任项目经理,组建项目管理机构,建立与管理业务相适应的管理体系,配备满足工程项目管理需要的专业技术管理人员,制定各专业项目管理人员的岗位职责,履行委托项目管理合同。

工程项目管理实行项目经理责任制。项目经理不得同时在两个及以上工程项目中从事项目管理工作。

第十一条　工程项目管理服务收费应当根据受委托工程项目规模、范围、内容、深度和复杂程度等,由业主方

与项目管理企业在委托项目管理合同中约定。

工程项目管理服务收费应在工程概算中列支。

第十二条　在履行委托项目管理合同时,项目管理企业及其人员应当遵守国家现行的法律法规、工程建设程序,执行工程建设强制性标准,遵守职业道德,公平、科学、诚信地开展项目管理工作。

第十三条　业主方应当对项目管理企业提出并落实的合理化建议按照相应节省投资额的一定比例给予奖励。奖励比例由业主方与项目管理企业在合同中约定。

第十四条　项目管理企业不得有下列行为:

(一)与受委托工程项目的施工以及建筑材料、构配件和设备供应企业有隶属关系或者其他利害关系;

(二)在受委托工程项目中同时承担工程施工业务;

(三)将其承接的业务全部转让给他人,或者将其承接的业务肢解以后分别转让给他人;

(四)以任何形式允许其他单位和个人以本企业名义承接工程项目管理业务;

(五)与有关单位串通,损害业主方利益,降低工程质量。

第十五条　项目管理人员不得有下列行为:

(一)取得一项或多项执业资格的专业技术人员,不得同时在两个及以上企业注册并执业。

(二)收受贿赂、索取回扣或者其他好处;

(三)明示或者暗示有关单位违反法律法规或工程建设强制性标准,降低工程质量。

第十六条　国务院有关专业部门、省级政府建设行政主管部门应当加强对项目管理企业及其人员市场行为的监督管理,建立项目管理企业及其人员的信用评价体系,对违法违规等不良行为进行处罚。

第十七条　各行业协会应当积极开展工程项目管理业务培训,培养工程项目管理专业人才,制定工程项目管理标准、行为规则,指导和规范建设工程项目管理活动,加强行业自律,推动建设工程项目管理业务健康发展。

第十八条　本办法由建设部负责解释。

第十九条　本办法自2004年12月1日起执行。

工程建设工法管理办法

· 2014年7月16日
· 建质〔2014〕103号

第一条　为促进建筑施工企业技术创新,提升施工技术水平,规范工程建设工法的管理,制定本办法。

第二条　本办法适用于工法的开发、申报、评审和成果管理。

第三条　本办法所称的工法,是指以工程为对象,以工艺为核心,运用系统工程原理,把先进技术和科学管理结合起来,经过一定工程实践形成的综合配套的施工方法。

工法分为房屋建筑工程、土木工程、工业安装工程三个类别。

第四条　工法分为企业级、省(部)级和国家级,实施分级管理。

企业级工法由建筑施工企业(以下简称企业)根据工程特点开发,通过工程实际应用,经企业组织评审和公布。

省(部)级工法由企业自愿申报,经省、自治区、直辖市住房城乡建设主管部门或国务院有关部门(行业协会)、中央管理的有关企业(以下简称省(部)级工法主管部门)组织评审和公布。

国家级工法由企业自愿申报,经省(部)级工法主管部门推荐,由住房和城乡建设部组织评审和公布。

第五条　工法必须符合国家工程建设的方针、政策和标准,具有先进性、科学性和适用性,能保证工程质量安全、提高施工效率和综合效益,满足节约资源、保护环境等要求。

第六条　企业应当建立工法管理制度,根据工程特点制定工法开发计划,定期组织企业级工法评审,并将公布的企业级工法向省(部)级工法主管部门备案。

第七条　企业应在工程建设中积极推广应用工法,推动技术创新成果转化,提升工程施工的科技含量。

第八条　省(部)级工法主管部门应当督促指导企业开展工法开发和推广应用,组织省(部)级工法评审,将公布的省(部)级工法报住房和城乡建设部备案,择优推荐申报国家级工法。

第九条　住房和城乡建设部每两年组织一次国家级工法评审,评审遵循优中选优、总量控制的原则。

第十条　国家级工法申报遵循企业自愿原则,每项工法由一家建筑施工企业申报,主要完成人员不超过5人。申报企业应是开发应用工法的主要完成单位。

第十一条　申报国家级工法应满足以下条件:

(一)已公布为省(部)级工法;

(二)工法的关键性技术达到国内领先及以上水平;工法中采用的新技术、新工艺、新材料尚没有相应的工程建设国家、行业或地方标准的,已经省级及以上住房城乡建设主管部门组织的技术专家委员会审定；

（三）工法已经过 2 项及以上工程实践应用，安全可靠，具有较高推广应用价值，经济效益和社会效益显著；

（四）工法遵循国家工程建设的方针、政策和工程建设强制性标准，符合国家建筑技术发展方向和节约资源、保护环境等要求；

（五）工法编写内容齐全完整，包括前言、特点、适用范围、工艺原理、工艺流程及操作要点、材料与设备、质量控制、安全措施、环保措施、效益分析和应用实例；

（六）工法内容不得与已公布的有效期内的国家级工法雷同。

第十二条　申报国家级工法按以下程序进行：

（一）申报企业向省（部）级工法主管部门提交申报材料；

（二）省（部）级工法主管部门审核企业申报材料，择优向住房和城乡建设部推荐。

第十三条　企业申报国家级工法，只能向批准该省（部）级工法的主管部门申报，同一工法不得同时向多个省（部）级工法主管部门申报。

第十四条　省（部）级工法主管部门推荐申报国家级工法时，内容不得存在雷同。

第十五条　国家级工法申报资料应包括以下内容：

（一）国家级工法申报表；

（二）工法文本；

（三）省（部）级工法批准文件、工法证书；

（四）省（部）级工法评审意见（包括关键技术的评价）；

（五）建设单位或监理单位出具的工程应用证明、施工许可证或开工报告、工程施工合同；

（六）经济效益证明；

（七）工法应用的有关照片或视频资料；

（八）科技查新报告；

（九）涉及地方专利的无争议声明书；

（十）技术标准、专利证书、科技成果获奖证明等其他有关材料。

第十六条　国家级工法评审分为形式审查、专业组审查、评委会审核三个阶段。形式审查、专业组审查采用网络评审方式，评委会审核采用会议评审方式。

（一）形式审查。对申报资料完整性、符合性进行审查，符合申报条件的列入专业组审查。

（二）专业组审查。对通过形式审查的工法按专业分组，评审专家对工法的关键技术水平、工艺流程和操作

要点的科学性、合理性、安全可靠性、推广应用价值、文本编制等进行评审，评审结果提交评委会审核。

（三）评委会审核。评委会分房屋建筑、土木工程、工业安装工程三类进行评议审核、实名投票表决，有效票数达到三分之二及以上的通过审核。

第十七条　住房和城乡建设部负责建立国家级工法评审专家库，评审专家从专家库中选取。专家库专家应具有高级及以上专业技术职称，有丰富的施工实践经验和坚实的专业基础理论知识，担任过大型施工企业技术负责人或大型项目负责人，年龄不超过 70 周岁。院士、获得省（部）级及以上科技进步奖和优质工程奖的专家优先选任。

第十八条　评审专家应坚持公正、公平的原则，严格按照标准评审，对评审意见负责，遵守评审工作纪律和保密规定，保证工法评审的严肃性和科学性。

第十九条　国家级工法评审实行专家回避制度，专业组评审专家不得评审本企业工法。

第二十条　住房和城乡建设部对审核通过的国家级工法进行公示，公示无异议后予以公布。

第二十一条　对获得国家级工法的单位和个人，由住房和城乡建设部颁发证书。

第二十二条　住房和城乡建设部负责建立国家级工法管理和查询信息系统，省（部）级工法主管部门负责建立本地区（部门）工法信息库。

第二十三条　国家级工法有效期为 8 年。

对有效期内的国家级工法，其完成单位应注意技术跟踪，注重创新和发展，保持工法技术的先进性和适用性。

超出有效期的国家级工法仍具有先进性的，工法完成单位可重新申报。

第二十四条　获得国家级工法证书的单位为该工法的所有权人。工法所有权人可根据国家有关法律法规的规定有偿转让工法使用权，但工法完成单位、主要完成人员不得变更。未经工法所有权人同意，任何单位和个人不得擅自公开工法的关键技术内容。

第二十五条　鼓励企业采用新技术、新工艺、新材料、新设备，加快技术积累和科技成果转化。鼓励符合专利法、科学技术奖励规定条件的工法及其关键技术申请专利和科学技术发明、进步奖。

第二十六条　各级住房城乡建设主管部门和有关部门应积极推动将技术领先、应用广泛、效益显著的工法纳入相关的国家标准、行业标准和地方标准。

第二十七条　鼓励企业积极开发和推广应用工法。

省(部)级工法主管部门应对开发和应用工法有突出贡献的企业和个人给予表彰。企业应对开发和推广应用工法有突出贡献的个人给予表彰和奖励。

第二十八条　企业提供虚假材料申报国家级工法的,予以全国通报,5年内不受理其申报国家级工法。

企业以剽窃作假等欺骗手段获得国家级工法的,撤销其国家级工法称号,予以全国通报,5年内不受理其申报国家级工法。

企业提供虚假材料申报国家级工法,或以剽窃作假等欺骗手段获得国家级工法的,作为不良行为记录,记入企业信用档案。

第二十九条　评审专家存在徇私舞弊、违反回避制度和保密纪律等行为的,取消国家级工法评审专家资格。

第三十条　各地区、各部门可参照本办法制定省(部)级工法管理办法。

第三十一条　本办法自发布之日起施行。原《工程建设工法管理办法》(建质〔2005〕145号)同时废止。

住宅室内装饰装修管理办法

· 2002年3月5日建设部令第110号发布
· 根据2011年1月26日《住房和城乡建设部关于废止和修改部分规章的决定》修订

第一章　总　则

第一条　为加强住宅室内装饰装修管理,保证装饰装修工程质量和安全,维护公共安全和公众利益,根据有关法律、法规,制定本办法。

第二条　在城市从事住宅室内装饰装修活动,实施对住宅室内装饰装修活动的监督管理,应当遵守本办法。

本办法所称住宅室内装饰装修,是指住宅竣工验收合格后,业主或者住宅使用人(以下简称装修人)对住宅室内进行装饰装修的建筑活动。

第三条　住宅室内装饰装修应当保证工程质量和安全,符合工程建设强制性标准。

第四条　国务院建设行政主管部门负责全国住宅室内装饰装修活动的管理工作。

省、自治区人民政府建设行政主管部门负责本行政区域内的住宅室内装饰装修活动的管理工作。

直辖市、市、县人民政府房地产行政主管部门负责本行政区域内的住宅室内装饰装修活动的管理工作。

第二章　一般规定

第五条　住宅室内装饰装修活动,禁止下列行为:

(一) 未经原设计单位或者具有相应资质等级的设计单位提出设计方案,变动建筑主体和承重结构;

(二) 将没有防水要求的房间或者阳台改为卫生间、厨房间;

(三) 扩大承重墙上原有的门窗尺寸,拆除连接阳台的砖、混凝土墙体;

(四) 损坏房屋原有节能设施,降低节能效果;

(五) 其他影响建筑结构和使用安全的行为。

本办法所称建筑主体,是指建筑实体的结构构造,包括屋盖、楼盖、梁、柱、支撑、墙体、连接接点和基础等。

本办法所称承重结构,是指直接将本身自重与各种外加作用力系统地传递给基础地基的主要结构构件及其连接接点,包括承重墙体、立杆、柱、框架柱、支墩、楼板、梁、屋架、悬索等。

第六条　装修人从事住宅室内装饰装修活动,未经批准,不得有下列行为:

(一) 搭建建筑物、构筑物;

(二) 改变住宅外立面,在非承重外墙上开门、窗;

(三) 拆改供暖管道和设施;

(四) 拆改燃气管道和设施。

本条所列第(一)项、第(二)项行为,应当经城市规划行政主管部门批准;第(三)项行为,应当经供暖管理单位批准;第(四)项行为应当经燃气管理单位批准。

第七条　住宅室内装饰装修超过设计标准或者规范增加楼面荷载的,应当经原设计单位或者具有相应资质等级的设计单位提出设计方案。

第八条　改动卫生间、厨房间防水层的,应当按照防水标准制订施工方案,并做闭水试验。

第九条　装修人经原设计单位或者具有相应资质等级的设计单位提出设计方案变动建筑主体和承重结构的,或者装修活动涉及本办法第六条、第七条、第八条内容的,必须委托具有相应资质的装饰装修企业承担。

第十条　装饰装修企业必须按照工程建设强制性标准和其他技术标准施工,不得偷工减料,确保装饰装修工程质量。

第十一条　装饰装修企业从事住宅室内装饰装修活动,应当遵守施工安全操作规程,按照规定采取必要的安全防护和消防措施,不得擅自动用明火和进行焊接作业,保证作业人员和周围住房及财产的安全。

第十二条　装修人和装饰装修企业从事住宅室内装饰装修活动,不得侵占公共空间,不得损害公共部位和设施。

第三章　开工申报与监督

第十三条　装修人在住宅室内装饰装修工程开工前,应当向物业管理企业或者房屋管理机构(以下简称物业管理单位)申报登记。

非业主的住宅使用人对住宅室内进行装饰装修,应当取得业主的书面同意。

第十四条　申报登记应当提交下列材料:

(一)房屋所有权证(或者证明其合法权益的有效凭证);

(二)申请人身份证件;

(三)装饰装修方案;

(四)变动建筑主体或者承重结构的,需提交原设计单位或者具有相应资质等级的设计单位提出的设计方案;

(五)涉及本办法第六条行为的,需提交有关部门的批准文件,涉及本办法第七条、第八条行为的,需提交设计方案或者施工方案;

(六)委托装饰装修企业施工的,需提供该企业相关资质证书的复印件。

非业主的住宅使用人,还需提供业主同意装饰装修的书面证明。

第十五条　物业管理单位应当将住宅室内装饰装修工程的禁止行为和注意事项告知装修人和装修人委托的装饰装修企业。

装修人对住宅进行装饰装修前,应当告知邻里。

第十六条　装修人,或者装修人和装饰装修企业,应当与物业管理单位签订住宅室内装饰装修管理服务协议。

住宅室内装饰装修管理服务协议应当包括下列内容:

(一)装饰装修工程的实施内容;

(二)装饰装修工程的实施期限;

(三)允许施工的时间;

(四)废弃物的清运与处置;

(五)住宅外立面设施及防盗窗的安装要求;

(六)禁止行为和注意事项;

(七)管理服务费用;

(八)违约责任;

(九)其他需要约定的事项。

第十七条　物业管理单位应当按照住宅室内装饰装修管理服务协议实施管理,发现装修人或者装饰装修企业有本办法第五条行为的,或者未经有关部门批准实施本办法第六条所列行为的,或者有违反本办法第七条、第八条、第九条规定行为的,应当立即制止;已造成事实后果或者拒不改正的,应当及时报告有关部门依法处理。对装修人或者装饰装修企业违反住宅室内装饰装修管理服务协议的,追究违约责任。

第十八条　有关部门接到物业管理单位关于装修人或者装饰装修企业有违反本办法行为的报告后,应当及时到现场检查核实,依法处理。

第十九条　禁止物业管理单位向装修人指派装饰装修企业或者强行推销装饰装修材料。

第二十条　装修人不得拒绝和阻碍物业管理单位依据住宅室内装饰装修管理服务协议的约定,对住宅室内装饰装修活动的监督检查。

第二十一条　任何单位和个人对住宅室内装饰装修中出现的影响公众利益的质量事故、质量缺陷以及其他影响周围住户正常生活的行为,都有权检举、控告、投诉。

第四章　委托与承接

第二十二条　承接住宅室内装饰装修工程的装饰装修企业,必须经建设行政主管部门资质审查,取得相应的建筑业企业资质证书,并在其资质等级许可的范围内承揽工程。

第二十三条　装修人委托企业承接其装饰装修工程的,应当选择具有相应资质等级的装饰装修企业。

第二十四条　装修人与装饰装修企业应当签订住宅室内装饰装修书面合同,明确双方的权利和义务。

住宅室内装饰装修合同应当包括下列主要内容:

(一)委托人和被委托人的姓名或者单位名称、住所地址、联系电话;

(二)住宅室内装饰装修的房屋间数、建筑面积,装饰装修的项目、方式、规格、质量要求以及质量验收方式;

(三)装饰装修工程的开工、竣工时间;

(四)装饰装修工程保修的内容、期限;

(五)装饰装修工程价格,计价和支付方式、时间;

(六)合同变更和解除的条件;

(七)违约责任及解决纠纷的途径;

(八)合同的生效时间;

(九)双方认为需要明确的其他条款。

第二十五条　住宅室内装饰装修工程发生纠纷的,可以协商或者调解解决。不愿协商、调解或者协商、调解不成的,可以依法申请仲裁或者向人民法院起诉。

第五章　室内环境质量

第二十六条　装饰装修企业从事住宅室内装饰装修活动,应当严格遵守规定的装饰装修施工时间,降低施工噪音，减少环境污染。

第二十七条　住宅室内装饰装修过程中所形成的各种固体、可燃液体等废物，应当按照规定的位置、方式和时间堆放和清运。严禁违反规定将各种固体、可燃液体等废物堆放于住宅垃圾道、楼道或者其他地方。

第二十八条　住宅室内装饰装修工程使用的材料和设备必须符合国家标准，有质量检验合格证明和有中文标识的产品名称、规格、型号、生产厂厂名、厂址等。禁止使用国家明令淘汰的建筑装饰装修材料和设备。

第二十九条　装修人委托企业对住宅室内进行装饰装修的，装饰装修工程竣工后，空气质量应当符合国家有关标准。装修人可以委托有资格的检测单位对空气质量进行检测。检测不合格的，装饰装修企业应当返工，并由责任人承担相应损失。

第六章　竣工验收与保修

第三十条　住宅室内装饰装修工程竣工后，装修人应当按照工程设计合同约定和相应的质量标准进行验收。验收合格后，装饰装修企业应当出具住宅室内装饰装修质量保修书。

物业管理单位应当按照装饰装修管理服务协议进行现场检查，对违反法律、法规和装饰装修管理服务协议的，应当要求装修人和装饰装修企业纠正，并将检查记录存档。

第三十一条　住宅室内装饰装修工程竣工后，装饰装修企业负责采购装饰装修材料及设备的，应当向业主提交说明书、保修单和环保说明书。

第三十二条　在正常使用条件下，住宅室内装饰装修工程的最低保修期限为二年，有防水要求的厨房、卫生间和外墙面的防渗漏为五年。保修期自住宅室内装饰装修工程竣工验收合格之日起计算。

第七章　法律责任

第三十三条　因住宅室内装饰装修活动造成相邻住宅的管道堵塞、渗漏水、停水停电、物品毁坏等，装修人应当负责修复和赔偿；属于装饰装修企业责任的，装修人可以向装饰装修企业追偿。

装修人擅自拆改供暖、燃气管道和设施造成损失的，由装修人负责赔偿。

第三十四条　装修人因住宅室内装饰装修活动侵占公共空间，对公共部位和设施造成损害的，由城市房地产行政主管部门责令改正，造成损失的，依法承担赔偿责任。

第三十五条　装修人未申报登记进行住宅室内装饰装修活动的，由城市房地产行政主管部门责令改正，处5百元以上1千元以下的罚款。

第三十六条　装修人违反本办法规定，将住宅室内装饰装修工程委托给不具有相应资质等级企业的，由城市房地产行政主管部门责令改正，处5百元以上1千元以下的罚款。

第三十七条　装饰装修企业自行采购或者向装修人推荐使用不符合国家标准的装饰装修材料，造成空气污染超标的，由城市房地产行政主管部门责令改正，造成损失的，依法承担赔偿责任。

第三十八条　住宅室内装饰装修活动有下列行为之一的，由城市房地产行政主管部门责令改正，并处罚款：

（一）将没有防水要求的房间或者阳台改为卫生间、厨房间的，或者拆除连接阳台的砖、混凝土墙体的，对装修人处5百元以上1千元以下的罚款，对装饰装修企业处1千元以上1万元以下的罚款；

（二）损坏房屋原有节能设施或者降低节能效果的，对装饰装修企业处1千元以上5千元以下的罚款；

（三）擅自拆改供暖、燃气管道和设施的，对装修人处5百元以上1千元以下的罚款；

（四）未经原设计单位或者具有相应资质等级的设计单位提出设计方案，擅自超过设计标准或者规范增加楼面荷载的，对装修人处5百元以上1千元以下的罚款，对装饰装修企业处1千元以上1万元以下的罚款。

第三十九条　未经城市规划行政主管部门批准，在住宅室内装饰装修活动中搭建建筑物、构筑物的，或者擅自改变住宅外立面、在非承重外墙上开门、窗的，由城市规划行政主管部门按照《中华人民共和国城乡规划法》及相关法规的规定处罚。

第四十条　装修人或者装饰装修企业违反《建设工程质量管理条例》的，由建设行政主管部门按照有关规定处罚。

第四十一条　装饰装修企业违反国家有关安全生产规定和安全生产技术规程，不按照规定采取必要的安全防护和消防措施，擅自动用明火作业和进行焊接作业的，或者对建筑安全事故隐患不采取措施予以消除的，由建设行政主管部门责令改正，并处1千元以上1万元以下的罚款；情节严重的，责令停业整顿，并处1万元以上3万元以下的罚款；造成重大安全事故的，降低资质等级或者吊销资质证书。

第四十二条　物业管理单位发现装修人或者装饰装修企业有违反本办法规定的行为不及时向有关部门报告的，由房地产行政主管部门给予警告，可处装饰装修管理服务协议约定的装饰装修管理服务费 2 至 3 倍的罚款。

第四十三条　有关部门的工作人员接到物业管理单位对装修人或者装饰装修企业违法行为的报告后，未及时处理，玩忽职守的，依法给予行政处分。

第八章　附　则

第四十四条　工程投资额在 30 万元以下或者建筑面积在 300 平方米以下，可以不申请办理施工许可证的非住宅装饰装修活动参照本办法执行。

第四十五条　住宅竣工验收合格前的装饰装修工程管理，按照《建设工程质量管理条例》执行。

第四十六条　省、自治区、直辖市人民政府建设行政主管部门可以依据本办法，制定实施细则。

第四十七条　本办法由国务院建设行政主管部门负责解释。

第四十八条　本办法自 2002 年 5 月 1 日起施行。

建筑施工企业负责人及项目负责人施工现场带班暂行办法

· 2011 年 7 月 22 日
· 建质〔2011〕111 号

第一条　为进一步加强建筑施工现场质量安全管理工作，根据《国务院关于进一步加强企业安全生产工作的通知》（国发〔2010〕23 号）要求和有关法规规定，制定本办法。

第二条　本办法所称的建筑施工企业负责人，是指企业的法定代表人、总经理、主管质量安全和生产工作的副总经理、总工程师和副总工程师。

本办法所称的项目负责人，是指工程项目的项目经理。

本办法所称的施工现场，是指进行房屋建筑和市政工程施工作业活动的场所。

第三条　建筑施工企业应当建立企业负责人及项目负责人施工现场带班制度，并严格考核。

施工现场带班制度应明确其工作内容、职责权限和考核奖惩等要求。

第四条　施工现场带班包括企业负责人带班检查和项目负责人带班生产。

企业负责人带班检查是指由建筑施工企业负责人带队实施对工程项目质量安全生产状况及项目负责人带班生产情况的检查。

项目负责人带班生产是指项目负责人在施工现场组织协调工程项目的质量安全生产活动。

第五条　建筑施工企业法定代表人是落实企业负责人及项目负责人施工现场带班制度的第一责任人，对落实带班制度全面负责。

第六条　建筑施工企业负责人要定期带班检查，每月检查时间不少于其工作日的 25%。

建筑施工企业负责人带班检查时，应认真做好检查记录，并分别在企业和工程项目存档备查。

第七条　工程项目进行超过一定规模的危险性较大的分部分项工程施工时，建筑施工企业负责人应到施工现场进行带班检查。对于有分公司（非独立法人）的企业集团，集团负责人因故不能到现场的，可书面委托工程所在地的分公司负责人对施工现场进行带班检查。

本条所称"超过一定规模的危险性较大的分部分项工程"详见《关于印发〈危险性较大的分部分项工程安全管理办法〉的通知》（建质〔2009〕87 号）的规定。

第八条　工程项目出现险情或发现重大隐患时，建筑施工企业负责人应到施工现场带班检查，督促工程项目进行整改，及时消除险情和隐患。

第九条　项目负责人是工程项目质量安全管理的第一责任人，应对工程项目落实带班制度负责。

项目负责人在同一时期只能承担一个工程项目的管理工作。

第十条　项目负责人带班生产时，要全面掌握工程项目质量安全生产状况，加强对重点部位、关键环节的控制，及时消除隐患。要认真做好带班生产记录并签字存档备查。

第十一条　项目负责人每月带班生产时间不得少于本月施工时间的 80%。因其他事务需离开施工现场时，应向工程项目的建设单位请假，经批准后方可离开。离开期间应委托项目相关负责人负责其外出时的日常工作。

第十二条　各级住房城乡建设主管部门应加强对建筑施工企业负责人及项目负责人施工现场带班制度的落实情况的检查。对未执行带班制度的企业和人员，按有关规定处理；发生质量安全事故的，要给予企业规定上限的经济处罚，并依法从重追究企业法定代表人及相关人员的责任。

第十三条　工程项目的建设、监理等相关责任主体的施工现场带班要求应参照本办法执行。

第十四条　省级住房城乡建设主管部门可依照本办法制定实施细则。

第十五条　本办法自发文之日起施行。

建筑工程施工许可管理办法

· 2014 年 6 月 25 日住房和城乡建设部令第 18 号公布
· 根据 2018 年 9 月 28 日《住房城乡建设部关于修改〈建筑工程施工许可管理办法〉的决定》第一次修正
· 根据 2021 年 3 月 30 日《住房和城乡建设部关于修改〈建筑工程施工许可管理办法〉等三部规章的决定》第二次修正

第一条　为了加强对建筑活动的监督管理，维护建筑市场秩序，保证建筑工程的质量和安全，根据《中华人民共和国建筑法》，制定本办法。

第二条　在中华人民共和国境内从事各类房屋建筑及其附属设施的建造、装修装饰和与其配套的线路、管道、设备的安装，以及城镇市政基础设施工程的施工，建设单位在开工前应当依照本办法的规定，向工程所在地的县级以上地方人民政府住房城乡建设主管部门（以下简称发证机关）申请领取施工许可证。

工程投资额在 30 万元以下或者建筑面积在 300 平方米以下的建筑工程，可以不申请办理施工许可证。省、自治区、直辖市人民政府住房城乡建设主管部门可以根据当地的实际情况，对限额进行调整，并报国务院住房城乡建设主管部门备案。

按照国务院规定的权限和程序批准开工报告的建筑工程，不再领取施工许可证。

第三条　本办法规定应当申请领取施工许可证的建筑工程未取得施工许可证的，一律不得开工。

任何单位和个人不得将应当申请领取施工许可证的工程项目分解为若干限额以下的工程项目，规避申请领取施工许可证。

第四条　建设单位申请领取施工许可证，应当具备下列条件，并提交相应的证明文件：

（一）依法应当办理用地批准手续的，已经办理该建筑工程用地批准手续。

（二）依法应当办理建设工程规划许可证的，已经取得建设工程规划许可证。

（三）施工场地已经基本具备施工条件，需要征收房屋的，其进度符合施工要求。

（四）已经确定施工企业。按照规定应当招标的工程没有招标，应当公开招标的工程没有公开招标，或者肢解发包工程，以及将工程发包给不具备相应资质条件的企业的，所确定的施工企业无效。

（五）有满足施工需要的资金安排、施工图纸及技术资料，建设单位应当提供建设资金已经落实承诺书，施工图设计文件已按规定审查合格。

（六）有保证工程质量和安全的具体措施。施工企业编制的施工组织设计中有根据建筑工程特点制定的相应质量、安全技术措施。建立工程质量安全责任制并落实到人。专业性较强的工程项目编制了专项质量、安全施工组织设计，并按照规定办理了工程质量、安全监督手续。

县级以上地方人民政府住房城乡建设主管部门不得违反法律法规规定，增设办理施工许可证的其他条件。

第五条　申请办理施工许可证，应当按照下列程序进行：

（一）建设单位向发证机关领取《建筑工程施工许可证申请表》。

（二）建设单位持加盖单位及法定代表人印鉴的《建筑工程施工许可证申请表》，并附本办法第四条规定的证明文件，向发证机关提出申请。

（三）发证机关在收到建设单位报送的《建筑工程施工许可证申请表》和所附证明文件后，对于符合条件的，应当自收到申请之日起七日内颁发施工许可证；对于证明文件不齐全或者失效的，应当当场或者五日内一次告知建设单位需要补正的全部内容，审批时间可以自证明文件补正齐全后作相应顺延；对于不符合条件的，应当自收到申请之日起七日内书面通知建设单位，并说明理由。

建筑工程在施工过程中，建设单位或者施工单位发生变更的，应当重新申请领取施工许可证。

第六条　建设单位申请领取施工许可证的工程名称、地点、规模，应当符合依法签订的施工承包合同。

施工许可证应当放置在施工现场备查，并按规定在施工现场公开。

第七条　施工许可证不得伪造和涂改。

第八条　建设单位应当自领取施工许可证之日起三个月内开工。因故不能按期开工的，应当在期满前向发证机关申请延期，并说明理由；延期以两次为限，每次不超过三个月。既不开工又不申请延期或者超过延期次数、时限的，施工许可证自行废止。

第九条　在建的建筑工程因故中止施工的,建设单位应当自中止施工之日起一个月内向发证机关报告,报告内容包括中止施工的时间、原因、在施部位、维修管理措施等,并按照规定做好建筑工程的维护管理工作。

建筑工程恢复施工时,应当向发证机关报告;中止施工满一年的工程恢复施工前,建设单位应当报发证机关核验施工许可证。

第十条　发证机关应当将办理施工许可证的依据、条件、程序、期限以及需要提交的全部材料和申请表示范文本等,在办公场所和有关网站予以公示。

发证机关作出的施工许可决定,应当予以公开,公众有权查阅。

第十一条　发证机关应当建立颁发施工许可证后的监督检查制度,对取得施工许可证后条件发生变化、延期开工、中止施工等行为进行监督检查,发现违法违规行为及时处理。

第十二条　对于未取得施工许可证或者为规避办理施工许可证将工程项目分解后擅自施工的,由有管辖权的发证机关责令停止施工,限期改正,对建设单位处工程合同价款1%以上2%以下罚款;对施工单位处3万元以下罚款。

第十三条　建设单位采用欺骗、贿赂等不正当手段取得施工许可证的,由原发证机关撤销施工许可证,责令停止施工,并处1万元以上3万元以下罚款;构成犯罪的,依法追究刑事责任。

第十四条　建设单位隐瞒有关情况或者提供虚假材料申请施工许可证的,发证机关不予受理或者不予许可,并处1万元以上3万元以下罚款;构成犯罪的,依法追究刑事责任。

建设单位伪造或者涂改施工许可证的,由发证机关责令停止施工,并处1万元以上3万元以下罚款;构成犯罪的,依法追究刑事责任。

第十五条　依照本办法规定,给予单位罚款处罚的,对单位直接负责的主管人员和其他直接责任人员处单位罚款数额5%以上10%以下罚款。

单位及相关责任人受到处罚的,作为不良行为记录予以通报。

第十六条　发证机关及其工作人员,违反本办法,有下列情形之一的,由其上级行政机关或者监察机关责令改正;情节严重的,对直接负责的主管人员和其他直接责任人员,依法给予行政处分:

(一)对不符合条件的申请人准予施工许可的;

(二)对符合条件的申请人不予施工许可或者未在法定期限内作出准予许可决定的;

(三)对符合条件的申请不予受理的;

(四)利用职务上的便利,收受他人财物或者谋取其他利益的;

(五)不依法履行监督职责或者监督不力,造成严重后果的。

第十七条　建筑工程施工许可证由国务院住房城乡建设主管部门制定格式,由各省、自治区、直辖市人民政府住房城乡建设主管部门统一印制。

施工许可证分为正本和副本,正本和副本具有同等法律效力。复印的施工许可证无效。

第十八条　本办法关于施工许可管理的规定适用于其他专业建筑工程。有关法律、行政法规有明确规定的,从其规定。

《建筑法》第八十三条第三款规定的建筑活动,不适用本办法。

军事房屋建筑工程施工许可的管理,按国务院、中央军事委员会制定的办法执行。

第十九条　省、自治区、直辖市人民政府住房城乡建设主管部门可以根据本办法制定实施细则。

第二十条　本办法自2014年10月25日起施行。1999年10月15日建设部令第71号发布、2001年7月4日建设部令第91号修正的《建筑工程施工许可管理办法》同时废止。

4. 质量控制

(1) 工程质量监管

建设工程质量管理条例

· 2000年1月30日国务院令第279号发布
· 根据2017年10月7日《国务院关于修改部分行政法规的决定》第一次修订
· 根据2019年4月23日《国务院关于修改部分行政法规的决定》第二次修订

第一章　总　则

第一条　为了加强对建设工程质量的管理,保证建设工程质量,保护人民生命和财产安全,根据《中华人民共和国建筑法》,制定本条例。

第二条　凡在中华人民共和国境内从事建设工程的新建、扩建、改建等有关活动及实施对建设工程质量监督管理的,必须遵守本条例。

本条例所称建设工程，是指土木工程、建筑工程、线路管道和设备安装工程及装修工程。

第三条　建设单位、勘察单位、设计单位、施工单位、工程监理单位依法对建设工程质量负责。

第四条　县级以上人民政府建设行政主管部门和其他有关部门应当加强对建设工程质量的监督管理。

第五条　从事建设工程活动，必须严格执行基本建设程序，坚持先勘察、后设计、再施工的原则。

县级以上人民政府及其有关部门不得超越权限审批建设项目或者擅自简化基本建设程序。

第六条　国家鼓励采用先进的科学技术和管理方法，提高建设工程质量。

第二章　建设单位的质量责任和义务

第七条　建设单位应当将工程发包给具有相应资质等级的单位。

建设单位不得将建设工程肢解发包。

第八条　建设单位应当依法对工程建设项目的勘察、设计、施工、监理以及与工程建设有关的重要设备、材料等的采购进行招标。

第九条　建设单位必须向有关的勘察、设计、施工、工程监理等单位提供与建设工程有关的原始资料。

原始资料必须真实、准确、齐全。

第十条　建设工程发包单位不得迫使承包方以低于成本的价格竞标，不得任意压缩合理工期。

建设单位不得明示或者暗示设计单位或者施工单位违反工程建设强制性标准，降低建设工程质量。

第十一条　施工图设计文件审查的具体办法，由国务院建设行政主管部门、国务院其他有关部门制定。

施工图设计文件未经审查批准的，不得使用。

第十二条　实行监理的建设工程，建设单位应当委托具有相应资质等级的工程监理单位进行监理，也可以委托具有工程监理相应资质等级并与被监理工程的施工承包单位没有隶属关系或者其他利害关系的该工程的设计单位进行监理。

下列建设工程必须实行监理：

（一）国家重点建设工程；

（二）大中型公用事业工程；

（三）成片开发建设的住宅小区工程；

（四）利用外国政府或者国际组织贷款、援助资金的工程；

（五）国家规定必须实行监理的其他工程。

第十三条　建设单位在开工前，应当按照国家有关规定办理工程质量监督手续，工程质量监督手续可以与施工许可证或者开工报告合并办理。

第十四条　按照合同约定，由建设单位采购建筑材料、建筑构配件和设备的，建设单位应当保证建筑材料、建筑构配件和设备符合设计文件和合同要求。

建设单位不得明示或者暗示施工单位使用不合格的建筑材料、建筑构配件和设备。

第十五条　涉及建筑主体和承重结构变动的装修工程，建设单位应当在施工前委托原设计单位或者具有相应资质等级的设计单位提出设计方案；没有设计方案的，不得施工。

房屋建筑使用者在装修过程中，不得擅自变动房屋建筑主体和承重结构。

第十六条　建设单位收到建设工程竣工报告后，应当组织设计、施工、工程监理等有关单位进行竣工验收。

建设工程竣工验收应当具备下列条件：

（一）完成建设工程设计和合同约定的各项内容；

（二）有完整的技术档案和施工管理资料；

（三）有工程使用的主要建筑材料、建筑构配件和设备的进场试验报告；

（四）有勘察、设计、施工、工程监理等单位分别签署的质量合格文件；

（五）有施工单位签署的工程保修书。

建设工程经验收合格的，方可交付使用。

第十七条　建设单位应当严格按照国家有关档案管理的规定，及时收集、整理建设项目各环节的文件资料，建立、健全建设项目档案，并在建设工程竣工验收后，及时向建设行政主管部门或者其他有关部门移交建设项目档案。

第三章　勘察、设计单位的质量责任和义务

第十八条　从事建设工程勘察、设计的单位应当依法取得相应等级的资质证书，并在其资质等级许可的范围内承揽工程。

禁止勘察、设计单位超越其资质等级许可的范围或者以其他勘察、设计单位的名义承揽工程。禁止勘察、设计单位允许其他单位或者个人以本单位的名义承揽工程。

勘察、设计单位不得转包或者违法分包所承揽的工程。

第十九条　勘察、设计单位必须按照工程建设强制性标准进行勘察、设计，并对其勘察、设计的质量负责。

注册建筑师、注册结构工程师等注册执业人员应当

在设计文件上签字,对设计文件负责。

第二十条　勘察单位提供的地质、测量、水文等勘察成果必须真实、准确。

第二十一条　设计单位应当根据勘察成果文件进行建设工程设计。

设计文件应当符合国家规定的设计深度要求,注明工程合理使用年限。

第二十二条　设计单位在设计文件中选用的建筑材料、建筑构配件和设备,应当注明规格、型号、性能等技术指标,其质量要求必须符合国家规定的标准。

除有特殊要求的建筑材料、专用设备、工艺生产线等外,设计单位不得指定生产厂、供应商。

第二十三条　设计单位应当就审查合格的施工图设计文件向施工单位作出详细说明。

第二十四条　设计单位应当参与建设工程质量事故分析,并对因设计造成的质量事故,提出相应的技术处理方案。

第四章　施工单位的质量责任和义务

第二十五条　施工单位应当依法取得相应等级的资质证书,并在其资质等级许可的范围内承揽工程。

禁止施工单位超越本单位资质等级许可的业务范围或者以其他施工单位的名义承揽工程。禁止施工单位允许其他单位或者个人以本单位的名义承揽工程。

施工单位不得转包或者违法分包工程。

第二十六条　施工单位对建设工程的施工质量负责。

施工单位应当建立质量责任制,确定工程项目的项目经理、技术负责人和施工管理负责人。

建设工程实行总承包的,总承包单位应当对全部建设工程质量负责;建设工程勘察、设计、施工、设备采购的一项或者多项实行总承包的,总承包单位应当对其承包的建设工程或者采购的设备的质量负责。

第二十七条　总承包单位依法将建设工程分包给其他单位的,分包单位应当按照分包合同的约定对其分包工程的质量向总承包单位负责,总承包单位与分包单位对分包工程的质量承担连带责任。

第二十八条　施工单位必须按照工程设计图纸和施工技术标准施工,不得擅自修改工程设计,不得偷工减料。

施工单位在施工过程中发现设计文件和图纸有差错的,应当及时提出意见和建议。

第二十九条　施工单位必须按照工程设计要求、施工技术标准和合同约定,对建筑材料、建筑构配件、设备和商品混凝土进行检验,检验应当有书面记录和专人签字;未经检验或者检验不合格的,不得使用。

第三十条　施工单位必须建立、健全施工质量的检验制度,严格工序管理,作好隐蔽工程的质量检查和记录。隐蔽工程在隐蔽前,施工单位应当通知建设单位和建设工程质量监督机构。

第三十一条　施工人员对涉及结构安全的试块、试件以及有关材料,应当在建设单位或者工程监理单位监督下现场取样,并送具有相应资质等级的质量检测单位进行检测。

第三十二条　施工单位对施工中出现质量问题的建设工程或者竣工验收不合格的建设工程,应当负责返修。

第三十三条　施工单位应当建立、健全教育培训制度,加强对职工的教育培训;未经教育培训或者考核不合格的人员,不得上岗作业。

第五章　工程监理单位的质量责任和义务

第三十四条　工程监理单位应当依法取得相应等级的资质证书,并在其资质等级许可的范围内承担工程监理业务。

禁止工程监理单位超越本单位资质等级许可的范围或者以其他工程监理单位的名义承担工程监理业务。禁止工程监理单位允许其他单位或者个人以本单位的名义承担工程监理业务。

工程监理单位不得转让工程监理业务。

第三十五条　工程监理单位与被监理工程的施工承包单位以及建筑材料、建筑构配件和设备供应单位有隶属关系或者其他利害关系的,不得承担该项建设工程的监理业务。

第三十六条　工程监理单位应当依照法律、法规以及有关技术标准、设计文件和建设工程承包合同,代表建设单位对施工质量实施监理,并对施工质量承担监理责任。

第三十七条　工程监理单位应当选派具备相应资格的总监理工程师和监理工程师进驻施工现场。

未经监理工程师签字,建筑材料、建筑构配件和设备不得在工程上使用或者安装,施工单位不得进行下一道工序的施工。未经总监理工程师签字,建设单位不拨付工程款,不进行竣工验收。

第三十八条　监理工程师应当按照工程监理规范的要求,采取旁站、巡视和平行检验等形式,对建设工程实施监理。

第六章　建设工程质量保修

第三十九条　建设工程实行质量保修制度。

建设工程承包单位在向建设单位提交工程竣工验收报告时,应当向建设单位出具质量保修书。质量保修书中应当明确建设工程的保修范围、保修期限和保修责任等。

第四十条　在正常使用条件下,建设工程的最低保修期限为:

(一)基础设施工程、房屋建筑的地基基础工程和主体结构工程,为设计文件规定的该工程的合理使用年限;

(二)屋面防水工程、有防水要求的卫生间、房间和外墙面的防渗漏,为 5 年;

(三)供热与供冷系统,为 2 个采暖期、供冷期;

(四)电气管线、给排水管道、设备安装和装修工程,为 2 年。

其他项目的保修期限由发包方与承包方约定。

建设工程的保修期,自竣工验收合格之日起计算。

第四十一条　建设工程在保修范围和保修期限内发生质量问题的,施工单位应当履行保修义务,并对造成的损失承担赔偿责任。

第四十二条　建设工程在超过合理使用年限后需要继续使用的,产权所有人应当委托具有相应资质等级的勘察、设计单位鉴定,并根据鉴定结果采取加固、维修等措施,重新界定使用期。

第七章　监督管理

第四十三条　国家实行建设工程质量监督管理制度。

国务院建设行政主管部门对全国的建设工程质量实施统一监督管理。国务院铁路、交通、水利等有关部门按照国务院规定的职责分工,负责对全国的有关专业建设工程质量的监督管理。

县级以上地方人民政府建设行政主管部门对本行政区域内的建设工程质量实施监督管理。县级以上地方人民政府交通、水利等有关部门在各自的职责范围内,负责对本行政区域内的专业建设工程质量的监督管理。

第四十四条　国务院建设行政主管部门和国务院铁路、交通、水利等有关部门应当加强对有关建设工程质量的法律、法规和强制性标准执行情况的监督检查。

第四十五条　国务院发展计划部门按照国务院规定的职责,组织稽察特派员,对国家出资的重大建设项目实施监督检查。

国务院经济贸易主管部门按照国务院规定的职责,对国家重大技术改造项目实施监督检查。

第四十六条　建设工程质量监督管理,可以由建设行政主管部门或者其他有关部门委托的建设工程质量监督机构具体实施。

从事房屋建筑工程和市政基础设施工程质量监督的机构,必须按照国家有关规定经国务院建设行政主管部门或者省、自治区、直辖市人民政府建设行政主管部门考核;从事专业建设工程质量监督的机构,必须按照国家有关规定经国务院有关部门或者省、自治区、直辖市人民政府有关部门考核。经考核合格后,方可实施质量监督。

第四十七条　县级以上地方人民政府建设行政主管部门和其他有关部门应当加强对有关建设工程质量的法律、法规和强制性标准执行情况的监督检查。

第四十八条　县级以上人民政府建设行政主管部门和其他有关部门履行监督检查职责时,有权采取下列措施:

(一)要求被检查的单位提供有关工程质量的文件和资料;

(二)进入被检查单位的施工现场进行检查;

(三)发现有影响工程质量的问题时,责令改正。

第四十九条　建设单位应当自建设工程竣工验收合格之日起 15 日内,将建设工程竣工验收报告和规划、公安消防、环保等部门出具的认可文件或者准许使用文件报建设行政主管部门或者其他有关部门备案。

建设行政主管部门或者其他有关部门发现建设单位在竣工验收过程中有违反国家有关建设工程质量管理规定行为的,责令停止使用,重新组织竣工验收。

第五十条　有关单位和个人对县级以上人民政府建设行政主管部门和其他有关部门进行的监督检查应当支持与配合,不得拒绝或者阻碍建设工程质量监督检查人员依法执行职务。

第五十一条　供水、供电、供气、公安消防等部门或者单位不得明示或者暗示建设单位、施工单位购买其指定的生产供应单位的建筑材料、建筑构配件和设备。

第五十二条　建设工程发生质量事故,有关单位应当在 24 小时内向当地建设行政主管部门和其他有关部门报告。对重大质量事故,事故发生地的建设行政主管部门和其他有关部门应当按照事故类别和等级向当地人民政府和上级建设行政主管部门和其他有关部门报告。

特别重大质量事故的调查程序按照国务院有关规定办理。

第五十三条　任何单位和个人对建设工程的质量事故、质量缺陷都有权检举、控告、投诉。

第八章　罚　则

第五十四条　违反本条例规定，建设单位将建设工程发包给不具有相应资质等级的勘察、设计、施工单位或者委托给不具有相应资质等级的工程监理单位的，责令改正，处 50 万元以上 100 万元以下的罚款。

第五十五条　违反本条例规定，建设单位将建设工程肢解发包的，责令改正，处工程合同价款 0.5% 以上 1% 以下的罚款；对全部或者部分使用国有资金的项目，并可以暂停项目执行或者暂停资金拨付。

第五十六条　违反本条例规定，建设单位有下列行为之一的，责令改正，处 20 万元以上 50 万元以下的罚款：

（一）迫使承包方以低于成本的价格竞标的；

（二）任意压缩合理工期的；

（三）明示或者暗示设计单位或者施工单位违反工程建设强制性标准，降低工程质量的；

（四）施工图设计文件未经审查或者审查不合格，擅自施工的；

（五）建设项目必须实行工程监理而未实行工程监理的；

（六）未按照国家规定办理工程质量监督手续的；

（七）明示或者暗示施工单位使用不合格的建筑材料、建筑构配件和设备的；

（八）未按照国家规定将竣工验收报告、有关认可文件或者准许使用文件报送备案的。

第五十七条　违反本条例规定，建设单位未取得施工许可证或者开工报告未经批准，擅自施工的，责令停止施工，限期改正，处工程合同价款 1% 以上 2% 以下的罚款。

第五十八条　违反本条例规定，建设单位有下列行为之一的，责令改正，处工程合同价款 2% 以上 4% 以下的罚款；造成损失的，依法承担赔偿责任：

（一）未组织竣工验收，擅自交付使用的；

（二）验收不合格，擅自交付使用的；

（三）对不合格的建设工程按照合格工程验收的。

第五十九条　违反本条例规定，建设工程竣工验收后，建设单位未向建设行政主管部门或者其他有关部门移交建设项目档案的，责令改正，处 1 万元以上 10 万元以下的罚款。

第六十条　违反本条例规定，勘察、设计、施工、工程监理单位超越本单位资质等级承揽工程的，责令停止违法行为，对勘察、设计单位或者工程监理单位处合同约定的勘察费、设计费或者监理酬金 1 倍以上 2 倍以下的罚款；对施工单位处工程合同价款 2% 以上 4% 以下的罚款，可以责令停业整顿，降低资质等级；情节严重的，吊销资质证书；有违法所得的，予以没收。

未取得资质证书承揽工程的，予以取缔，依照前款规定处以罚款；有违法所得的，予以没收。

以欺骗手段取得资质证书承揽工程的，吊销资质证书，依照本条第一款规定处以罚款；有违法所得的，予以没收。

第六十一条　违反本条例规定，勘察、设计、施工、工程监理单位允许其他单位或者个人以本单位名义承揽工程的，责令改正，没收违法所得，对勘察、设计单位和工程监理单位处合同约定的勘察费、设计费和监理酬金 1 倍以上 2 倍以下的罚款；对施工单位处工程合同价款 2% 以上 4% 以下的罚款；可以责令停业整顿，降低资质等级；情节严重的，吊销资质证书。

第六十二条　违反本条例规定，承包单位将承包的工程转包或者违法分包的，责令改正，没收违法所得，对勘察、设计单位处合同约定的勘察费、设计费 25% 以上 50% 以下的罚款；对施工单位处工程合同价款 0.5% 以上 1% 以下的罚款；可以责令停业整顿，降低资质等级；情节严重的，吊销资质证书。

工程监理单位转让工程监理业务的，责令改正，没收违法所得，处合同约定的监理酬金 25% 以上 50% 以下的罚款；可以责令停业整顿，降低资质等级；情节严重的，吊销资质证书。

第六十三条　违反本条例规定，有下列行为之一的，责令改正，处 10 万元以上 30 万元以下的罚款：

（一）勘察单位未按照工程建设强制性标准进行勘察的；

（二）设计单位未根据勘察成果文件进行工程设计的；

（三）设计单位指定建筑材料、建筑构配件的生产厂、供应商的；

（四）设计单位未按照工程建设强制性标准进行设计的。

有前款所列行为，造成工程质量事故的，责令停业整顿，降低资质等级；情节严重的，吊销资质证书；造成损失的，依法承担赔偿责任。

第六十四条　违反本条例规定，施工单位在施工中偷工减料的,使用不合格的建筑材料、建筑构配件和设备的,或者有不按照工程设计图纸或者施工技术标准施工的其他行为的,责令改正,处工程合同价款2%以上4%以下的罚款;造成建设工程质量不符合规定的质量标准的,负责返工、修理,并赔偿因此造成的损失;情节严重的,责令停业整顿,降低资质等级或者吊销资质证书。

第六十五条 违反本条例规定,施工单位未对建筑材料、建筑构配件、设备和商品混凝土进行检验,或者未对涉及结构安全的试块、试件以及有关材料取样检测的,责令改正,处10万元以上20万元以下的罚款;情节严重的,责令停业整顿,降低资质等级或者吊销资质证书;造成损失的,依法承担赔偿责任。

第六十六条 违反本条例规定,施工单位不履行保修义务或者拖延履行保修义务的,责令改正,处10万元以上20万元以下的罚款,并对在保修期内因质量缺陷造成的损失承担赔偿责任。

第六十七条 工程监理单位有下列行为之一的,责令改正,处50万元以上100万元以下的罚款,降低资质等级或者吊销资质证书;有违法所得的,予以没收;造成损失的,承担连带赔偿责任:

(一)与建设单位或者施工单位串通,弄虚作假、降低工程质量的;

(二)将不合格的建设工程、建筑材料、建筑构配件和设备按照合格签字的。

第六十八条 违反本条例规定,工程监理单位与被监理工程的施工承包单位以及建筑材料、建筑构配件和设备供应单位有隶属关系或者其他利害关系承担该项建设工程的监理业务的,责令改正,处5万元以上10万元以下的罚款,降低资质等级或者吊销资质证书;有违法所得的,予以没收。

第六十九条 违反本条例规定,涉及建筑主体或者承重结构变动的装修工程,没有设计方案擅自施工的,责令改正,处50万元以上100万元以下的罚款;房屋建筑使用者在装修过程中擅自变动房屋建筑主体和承重结构的,责令改正,处5万元以上10万元以下的罚款。

有前款所列行为,造成损失的,依法承担赔偿责任。

第七十条 发生重大工程质量事故隐瞒不报、谎报或者拖延报告期限的,对直接负责的主管人员和其他责任人员依法给予行政处分。

第七十一条 违反本条例规定,供水、供电、供气、公安消防等部门或者单位明示或者暗示建设单位或者施工单位购买其指定的生产供应单位的建筑材料、建筑构配

件和设备的,责令改正。

第七十二条 违反本条例规定,注册建筑师、注册结构工程师、监理工程师等注册执业人员因过错造成质量事故的,责令停止执业1年;造成重大质量事故的,吊销执业资格证书,5年以内不予注册;情节特别恶劣的,终身不予注册。

第七十三条 依照本条例规定,给予单位罚款处罚的,对单位直接负责的主管人员和其他直接责任人员处单位罚款数额5%以上10%以下的罚款。

第七十四条 建设单位、设计单位、施工单位、工程监理单位违反国家规定,降低工程质量标准,造成重大安全事故,构成犯罪的,对直接责任人员依法追究刑事责任。

第七十五条 本条例规定的责令停业整顿,降低资质等级和吊销资质证书的行政处罚,由颁发资质证书的机关决定;其他行政处罚,由建设行政主管部门或者其他有关部门依照法定职权决定。

依照本条例规定被吊销资质证书的,由工商行政管理部门吊销其营业执照。

第七十六条 国家机关工作人员在建设工程质量监督管理工作中玩忽职守、滥用职权、徇私舞弊,构成犯罪的,依法追究刑事责任;尚不构成犯罪的,依法给予行政处分。

第七十七条 建设、勘察、设计、施工、工程监理单位的工作人员因调动工作、退休等原因离开该单位后,被发现在该单位工作期间违反国家有关建设工程质量管理规定,造成重大工程质量事故的,仍应当依法追究法律责任。

第九章 附 则

第七十八条 本条例所称肢解发包,是指建设单位将应当由一个承包单位完成的建设工程分解成若干部分发包给不同的承包单位的行为。

本条例所称违法分包,是指下列行为:

(一)总承包单位将建设工程分包给不具备相应资质条件的单位的;

(二)建设工程总承包合同中未有约定,又未经建设单位认可,承包单位将其承包的部分建设工程交由其他单位完成的;

(三)施工总承包单位将建设工程主体结构的施工分包给其他单位的;

(四)分包单位将其承包的建设工程再分包的。

本条例所称转包,是指承包单位承包建设工程后,不

履行合同约定的责任和义务,将其承包的全部建设工程转给他人或者将其承包的全部建设工程肢解以后以分包的名义分别转给其他单位承包的行为。

第七十九条　本条例规定的罚款和没收的违法所得,必须全部上缴国库。

第八十条　抢险救灾及其他临时性房屋建筑和农民自建低层住宅的建设活动,不适用本条例。

第八十一条　军事建设工程的管理,按照中央军事委员会的有关规定执行。

第八十二条　本条例自发布之日起施行。

建设工程质量检测管理办法

·2022年12月29日住房和城乡建设部令第57号公布
·自2023年3月1日起施行

第一章　总　则

第一条　为了加强对建设工程质量检测的管理,根据《中华人民共和国建筑法》《建设工程质量管理条例》《建设工程抗震管理条例》等法律、行政法规,制定本办法。

第二条　从事建设工程质量检测相关活动及其监督管理,适用本办法。

本办法所称建设工程质量检测,是指在新建、扩建、改建房屋建筑和市政基础设施工程活动中,建设工程质量检测机构(以下简称检测机构)接受委托,依据国家有关法律、法规和标准,对建设工程涉及结构安全、主要使用功能的检测项目,进入施工现场的建筑材料、建筑构配件、设备,以及工程实体质量等进行的检测。

第三条　检测机构应当按照本办法取得建设工程质量检测机构资质(以下简称检测机构资质),并在资质许可的范围内从事建设工程质量检测活动。

未取得相应资质证书的,不得承担本办法规定的建设工程质量检测业务。

第四条　国务院住房和城乡建设主管部门负责全国建设工程质量检测活动的监督管理。

县级以上地方人民政府住房和城乡建设主管部门负责本行政区域内建设工程质量检测活动的监督管理,可以委托所属的建设工程质量监督机构具体实施。

第二章　检测机构资质管理

第五条　检测机构资质分为综合类资质、专项类资质。

检测机构资质标准和业务范围,由国务院住房和城乡建设主管部门制定。

第六条　申请检测机构资质的单位应当是具有独立法人资格的企业、事业单位,或者依法设立的合伙企业,并具备相应的人员、仪器设备、检测场所、质量保证体系等条件。

第七条　省、自治区、直辖市人民政府住房和城乡建设主管部门负责本行政区域内检测机构的资质许可。

第八条　申请检测机构资质应当向登记地所在省、自治区、直辖市人民政府住房和城乡建设主管部门提出,并提交下列材料:

(一)检测机构资质申请表;

(二)主要检测仪器、设备清单;

(三)检测场所不动产权属证书或者租赁合同;

(四)技术人员的职称证书;

(五)检测机构管理制度以及质量控制措施。

检测机构资质申请表由国务院住房和城乡建设主管部门制定格式。

第九条　资质许可机关受理申请后,应当进行材料审查和专家评审,在20个工作日内完成审查并作出书面决定。对符合资质标准的,自作出决定之日起10个工作日内颁发检测机构资质证书,并报国务院住房和城乡建设主管部门备案。专家评审时间不计算在资质许可期限内。

第十条　检测机构资质证书实行电子证照,由国务院住房和城乡建设主管部门制定格式。资质证书有效期为5年。

第十一条　申请综合类资质或者资质增项的检测机构,在申请之日起前一年内有本办法第三十条规定行为的,资质许可机关不予批准其申请。

取得资质的检测机构,按照本办法第三十五条应当整改但尚未完成整改的,对其综合类资质或者资质增项申请,资质许可机关不予批准。

第十二条　检测机构需要延续资质证书有效期的,应当在资质证书有效期届满30个工作日前向资质许可机关提出资质延续申请。

对符合资质标准且在资质证书有效期内无本办法第三十条规定行为的检测机构,经资质许可机关同意,有效期延续5年。

第十三条　检测机构在资质证书有效期内名称、地址、法定代表人等发生变更的,应当在办理营业执照或者法人证书变更手续后30个工作日内办理资质证书变更手续。资质许可机关应当在2个工作日内办理完毕。

检测机构检测场所、技术人员、仪器设备等事项发生变更影响其符合资质标准的,应当在变更后 30 个工作日内向资质许可机关提出资质重新核定申请,资质许可机关应当在 20 个工作日内完成审查,并作出书面决定。

第三章　检测活动管理

第十四条　从事建设工程质量检测活动,应当遵守相关法律、法规和标准,相关人员应当具备相应的建设工程质量检测知识和专业能力。

第十五条　检测机构与所检测建设工程相关的建设、施工、监理单位,以及建筑材料、建筑构配件和设备供应单位不得有隶属关系或者其他利害关系。

检测机构及其工作人员不得推荐或者监制建筑材料、建筑构配件和设备。

第十六条　委托方应当委托具有相应资质的检测机构开展建设工程质量检测业务。检测机构应当按照法律、法规和标准进行建设工程质量检测,并出具检测报告。

第十七条　建设单位应当在编制工程概预算时合理核算建设工程质量检测费用,单独列支并按照合同约定及时支付。

第十八条　建设单位委托检测机构开展建设工程质量检测活动的,建设单位或者监理单位应当对建设工程质量检测活动实施见证。见证人员应当制作见证记录,记录取样、制样、标识、封志、送检以及现场检测等情况,并签字确认。

第十九条　提供检测试样的单位和个人,应当对检测试样的符合性、真实性及代表性负责。检测试样应当具有清晰的、不易脱落的唯一性标识、封志。

建设单位委托检测机构开展建设工程质量检测活动的,施工人员应当在建设单位或者监理单位的见证人员监督下现场取样。

第二十条　现场检测或者检测试样送检时,应当由检测内容提供单位、送检单位等填写委托单。委托单应当由送检人员、见证人员等签字确认。

检测机构接收检测试样时,应当对试样状况、标识、封志等符合性进行检查,确认无误后方可进行检测。

第二十一条　检测报告经检测人员、审核人员、检测机构法定代表人或者其授权的签字人等签署,并加盖检测专用章后方可生效。

检测报告中应当包括检测项目代表数量(批次)、检测依据、检测场所地址、检测数据、检测结果、见证人员单位及姓名等相关信息。

非建设单位委托的检测机构出具的检测报告不得作为工程质量验收资料。

第二十二条　检测机构应当建立建设工程过程数据和结果数据、检测影像资料及检测报告记录与留存制度,对检测数据和检测报告的真实性、准确性负责。

第二十三条　任何单位和个人不得明示或者暗示检测机构出具虚假检测报告,不得篡改或者伪造检测报告。

第二十四条　检测机构在检测过程中发现建设、施工、监理单位存在违反有关法律法规规定和工程建设强制性标准等行为,以及检测项目涉及结构安全、主要使用功能检测结果不合格的,应当及时报告建设工程所在地县级以上地方人民政府住房和城乡建设主管部门。

第二十五条　检测结果利害关系人对检测结果存在争议的,可以委托共同认可的检测机构复检。

第二十六条　检测机构应当建立档案管理制度。检测合同、委托单、检测数据原始记录、检测报告按照年度统一编号,编号应当连续,不得随意抽撤、涂改。

检测机构应当单独建立检测结果不合格项目台账。

第二十七条　检测机构应当建立信息化管理系统,对检测业务受理、检测数据采集、检测信息上传、检测报告出具、检测档案管理等活动进行信息化管理,保证建设工程质量检测活动全过程可追溯。

第二十八条　检测机构应当保持人员、仪器设备、检测场所、质量保证体系等方面符合建设工程质量检测资质标准,加强检测人员培训,按照有关规定对仪器设备进行定期检定或者校准,确保检测技术能力持续满足所开展建设工程质量检测活动的要求。

第二十九条　检测机构跨省、自治区、直辖市承担检测业务的,应当向建设工程所在地的省、自治区、直辖市人民政府住房和城乡建设主管部门备案。

检测机构在承担检测业务所在地的人员、仪器设备、检测场所、质量保证体系等应当满足开展相应建设工程质量检测活动的要求。

第三十条　检测机构不得有下列行为:

(一)超出资质许可范围从事建设工程质量检测活动;

(二)转包或者违法分包建设工程质量检测业务;

(三)涂改、倒卖、出租、出借或者以其他形式非法转让资质证书;

(四)违反工程建设强制性标准进行检测;

(五)使用不能满足所开展建设工程质量检测活动

要求的检测人员或者仪器设备;

(六)出具虚假的检测数据或者检测报告。

第三十一条　检测人员不得有下列行为:

(一)同时受聘于两家或者两家以上检测机构;

(二)违反工程建设强制性标准进行检测;

(三)出具虚假的检测数据;

(四)违反工程建设强制性标准进行结论判定或者出具虚假判定结论。

第四章　监督管理

第三十二条　县级以上地方人民政府住房和城乡建设主管部门应当加强对建设工程质量检测活动的监督管理,建立建设工程质量检测监管信息系统,提高信息化监管水平。

第三十三条　县级以上人民政府住房和城乡建设主管部门应当对检测机构实行动态监管,通过"双随机、一公开"等方式开展监督检查。

实施监督检查时,有权采取下列措施:

(一)进入建设工程施工现场或者检测机构的工作场地进行检查、抽测;

(二)向检测机构、委托方、相关单位和人员询问、调查有关情况;

(三)对检测人员的建设工程质量检测知识和专业能力进行检查;

(四)查阅、复制有关检测数据、影像资料、报告、合同以及其他相关资料;

(五)组织实施能力验证或者比对试验;

(六)法律、法规规定的其他措施。

第三十四条　县级以上地方人民政府住房和城乡建设主管部门应当加强建设工程质量监督抽测。建设工程质量监督抽测可以通过政府购买服务的方式实施。

第三十五条　检测机构取得检测机构资质后,不再符合相应资质标准的,资质许可机关应当责令其限期整改并向社会公开。检测机构完成整改后,应当向资质许可机关提出资质重新核定申请。重新核定符合资质标准前出具的检测报告不得作为工程质量验收资料。

第三十六条　县级以上地方人民政府住房和城乡建设主管部门对检测机构实施行政处罚的,应当自行政处罚决定书送达之日起20个工作日内告知检测机构的资质许可机关和违法行为发生地省、自治区、直辖市人民政府住房和城乡建设主管部门。

第三十七条　县级以上地方人民政府住房和城乡建设主管部门应当依法将建设工程质量检测活动相关单位和人员受到的行政处罚等信息予以公开,建立信用管理制度,实行守信激励和失信惩戒。

第三十八条　对建设工程质量检测活动中的违法违规行为,任何单位和个人有权向建设工程所在地县级以上人民政府住房和城乡建设主管部门投诉、举报。

第五章　法律责任

第三十九条　违反本办法规定,未取得相应资质、资质证书已过有效期或者超出资质许可范围从事建设工程质量检测活动的,其检测报告无效,由县级以上地方人民政府住房和城乡建设主管部门处5万元以上10万元以下罚款;造成危害后果的,处10万元以上20万元以下罚款;构成犯罪的,依法追究刑事责任。

第四十条　检测机构隐瞒有关情况或者提供虚假材料申请资质,资质许可机关不予受理或者不予行政许可,并给予警告;检测机构1年内不得再次申请资质。

第四十一条　以欺骗、贿赂等不正当手段取得资质证书的,由资质许可机关予以撤销;由县级以上地方人民政府住房和城乡建设主管部门给予警告或者通报批评,并处5万元以上10万元以下罚款;检测机构3年内不得再次申请资质;构成犯罪的,依法追究刑事责任。

第四十二条　检测机构未按照本办法第十三条第一款规定办理检测机构资质证书变更手续的,由县级以上地方人民政府住房和城乡建设主管部门责令限期办理;逾期未办理的,处5000元以上1万元以下罚款。

检测机构未按照本办法第十三条第二款规定向资质许可机关提出资质重新核定申请的,由县级以上地方人民政府住房和城乡建设主管部门责令限期改正;逾期未改正的,处1万元以上3万元以下罚款。

第四十三条　检测机构违反本办法第二十二条、第三十条第六项规定的,由县级以上地方人民政府住房和城乡建设主管部门责令改正,处5万元以上10万元以下罚款;造成危害后果的,处10万元以上20万元以下罚款;构成犯罪的,依法追究刑事责任。

检测机构在建设工程抗震活动中有前款行为的,依照《建设工程抗震管理条例》有关规定给予处罚。

第四十四条　检测机构违反本办法规定,有第三十条第二项至第五项行为之一的,由县级以上地方人民政府住房和城乡建设主管部门责令改正,处5万元以上10万元以下罚款;造成危害后果的,处10万元以上20万元以下罚款;构成犯罪的,依法追究刑事责任。

检测人员违反本办法规定,有第三十一条行为之一的,由县级以上地方人民政府住房和城乡建设主管部门责令改正,处 3 万元以下罚款。

第四十五条　检测机构违反本办法规定,有下列行为之一的,由县级以上地方人民政府住房和城乡建设主管部门责令改正,处 1 万元以上 5 万元以下罚款:

(一)与所检测建设工程相关的建设、施工、监理单位,以及建筑材料、建筑构配件和设备供应单位有隶属关系或者其他利害关系的;

(二)推荐或者监制建筑材料、建筑构配件和设备的;

(三)未按照规定在检测报告上签字盖章的;

(四)未及时报告发现的违反有关法律法规规定和工程建设强制性标准等行为的;

(五)未及时报告涉及结构安全、主要使用功能的不合格检测结果的;

(六)未按照规定进行档案和台账管理的;

(七)未建立并使用信息化管理系统对检测活动进行管理的;

(八)不满足跨省、自治区、直辖市承担检测业务的要求开展相应建设工程质量检测活动的;

(九)接受监督检查时不如实提供有关资料、不按照要求参加能力验证和比对试验,或者拒绝、阻碍监督检查的。

第四十六条　检测机构违反本办法规定,有违法所得的,由县级以上地方人民政府住房和城乡建设主管部门依法予以没收。

第四十七条　违反本办法规定,建设、施工、监理等单位有下列行为之一的,由县级以上地方人民政府住房和城乡建设主管部门责令改正,处 3 万元以上 10 万元以下罚款;造成危害后果的,处 10 万元以上 20 万元以下罚款;构成犯罪的,依法追究刑事责任:

(一)委托未取得相应资质的检测机构进行检测的;

(二)未将建设工程质量检测费用列入工程概预算并单独列支的;

(三)未按照规定实施见证的;

(四)提供的检测试样不满足符合性、真实性、代表性要求的;

(五)明示或者暗示检测机构出具虚假检测报告的;

(六)篡改或者伪造检测报告的;

(七)取样、制样和送检试样不符合规定和工程建设强制性标准的。

第四十八条　依照本办法规定,给予单位罚款处罚的,对单位直接负责的主管人员和其他直接责任人员处

3 万元以下罚款。

第四十九条　县级以上地方人民政府住房和城乡建设主管部门工作人员在建设工程质量检测管理工作中,有下列情形之一的,依法给予处分;构成犯罪的,依法追究刑事责任:

(一)对不符合法定条件的申请人颁发资质证书的;

(二)对符合法定条件的申请人不予颁发资质证书的;

(三)对符合法定条件的申请人未在法定期限内颁发资质证书的;

(四)利用职务上的便利,索取、收受他人财物或者谋取其他利益的;

(五)不依法履行监督职责或者监督不力,造成严重后果的。

第六章　附　则

第五十条　本办法自 2023 年 3 月 1 日起施行。2005 年 9 月 28 日原建设部公布的《建设工程质量检测管理办法》(建设部令第 141 号)同时废止。

建设工程质量检测机构资质标准

·2023 年 3 月 31 日
·建质规〔2023〕1 号

为加强建设工程质量检测(以下简称质量检测)管理,根据《建设工程质量管理条例》、《建设工程质量检测管理办法》,制定建设工程质量检测机构(以下简称检测机构)资质标准。

一、总　则

(一)本标准包括检测机构资历及信誉、主要人员、检测设备及场所、管理水平等内容(见附件 1:主要人员配备表;附件 2:检测专项及检测能力表)。

(二)检测机构资质分为二个类别:

1. 综合资质

综合资质是指包括全部专项资质的检测机构资质。

2. 专项资质

专项资质包括:建筑材料及构配件、主体结构及装饰装修、钢结构、地基基础、建筑节能、建筑幕墙、市政工程材料、道路工程、桥梁及地下工程等 9 个检测机构专项资质。

(三)检测机构资质不分等级。

二、标　准

（四）综合资质

1. 资历及信誉

（1）有独立法人资格的企业、事业单位，或依法设立的合伙企业，且均具有 15 年以上质量检测经历。

（2）具有建筑材料及构配件（或市政工程材料）、主体结构及装饰装修、建筑节能、钢结构、地基基础 5 个专项资质和其它 2 个专项资质。

（3）具备 9 个专项资质全部必备检测参数。

（4）社会信誉良好，近 3 年未发生过一般及以上工程质量安全责任事故。

2. 主要人员

（1）技术负责人应具有工程类专业正高级技术职称，质量负责人应具有工程类专业高级及以上技术职称，且均具有 8 年以上质量检测工作经历。

（2）注册结构工程师不少于 4 名（其中，一级注册结构工程师不少于 2 名），注册土木工程师（岩土）不少于 2 名，且均具有 2 年以上质量检测工作经历。

（3）技术人员不少于 150 人，其中具有 3 年以上质量检测工作经历的工程类专业中级及以上技术职称人员不少于 60 人、工程类专业高级及以上技术职称人员不少于 30 人。

3. 检测设备及场所

（1）质量检测设备设施齐全，检测仪器设备功能、量程、精度，配套设备设施满足 9 个专项资质全部必备检测参数要求。

（2）有满足工作需要的固定工作场所及质量检测场所。

4. 管理水平

（1）有完善的组织机构和质量管理体系，并满足《检测和校准实验室能力的通用要求》GB/T 27025-2019 要求。

（2）有完善的信息化管理系统，检测业务受理、检测数据采集、检测信息上传、检测报告出具、检测档案管理等质量检测活动全过程可追溯。

（五）专项资质

1. 资历及信誉

（1）有独立法人资格的企业、事业单位，或依法设立的合伙企业。

（2）主体结构及装饰装修、钢结构、地基基础、建筑幕墙、道路工程、桥梁及地下工程等 6 项专项资质，应当具有 3 年以上质量检测经历。

（3）具备所申请专项资质的全部必备检测参数。

（4）社会信誉良好，近 3 年未发生过一般及以上工程质量安全责任事故。

2. 主要人员

（1）技术负责人应具有工程类专业高级及以上技术职称，质量负责人应具有工程类专业中级及以上技术职称，且均具有 5 年以上质量检测工作经历。

（2）主要人员数量不少于《主要人员配备表》规定要求。

3. 检测设备及场所

（1）质量检测设备设施基本齐全，检测设备仪器功能、量程、精度，配套设备设施满足所申请专项资质的全部必备检测参数要求。

（2）有满足工作需要的固定工作场所及质量检测场所。

4. 管理水平

（1）有完善的组织机构和质量管理体系，有健全的技术、档案等管理制度。

（2）有信息化管理系统，质量检测活动全过程可追溯。

三、业务范围

（六）综合资质

承担全部专项资质中已取得检测参数的检测业务。

（七）专项资质

承担所取得专项资质范围内已取得检测参数的检测业务。

四、附　则

（八）本标准规定的技术人员是指从事检测试验、检测数据处理、检测报告出具和检测活动技术管理的人员。

（九）本标准规定的人员应不超过法定退休年龄。

（十）本标准中的"以上"、"不少于"均含本数。

（十一）本标准自发布之日起施行。

（十二）本标准由住房和城乡建设部负责解释。

附件 1:主要人员配备表（略）

附件 2:检测专项及检测能力表（略）

建设工程质量投诉处理暂行规定

· 1997 年 4 月 2 日
· 建监〔1997〕60 号

第一条　为确保建设工程质量，维护建设工程各方当事人的合法权益，认真做好工程质量投诉的处理工作，依据有关法规，制定本规定。

第二条　本办法中所称工程质量投诉，是指公民、法人和其他组织通过信函、电话、来访等形式反映工程质量问题的活动。

第三条   凡是新建、改建、扩建的各类建筑安装、市政、公用、装饰装修等建设工程,在保修期内和建设过程中发生的工程质量问题,均属投诉范围。

对超过保修期,在使用过程中发生的工程质量问题,由产权单位或有关部门处理。

第四条   接待和处理工程质量投诉是各级建设行政主管部门的一项重要日常工作。各级建设行政主管部门要支持和保护群众通过正常渠道,采取正当方式反映工程质量问题。对于工程质量的投诉,要认真对待,妥善处理。

第五条   工程质量投诉处理工作(以下简称"投诉处理工作")应当在各级建设行政主管部门领导下,坚持分级负责、归口办理,及时、就地依法解决的原则。

第六条   建设部负责全国建设工程质量投诉管理工作。国务院各有关主管部门的工程质量投诉受理工作,由各部门根据具体情况指定专门机构负责。省、自治区、直辖市建设行政主管部门指定专门机构,负责受理工程质量的投诉。

第七条   建设部对工程质量投诉管理工作的主要职责是:

(一)制定工程质量投诉处理的有关规定和办法;

(二)对各省、自治区、直辖市和国务院有关部门的投诉处理工作进行指导、督促;

(三)受理全国范围内有重大影响的工程质量投诉。

第八条   各省、自治区、直辖市建设行政主管部门和国务院各有关主管部门对工程质量投诉管理工作的主要职责是:

(一)贯彻国家有关建设工程质量方面的方针、政策和法律、法规、规章,制订本地区、本部门的工程质量投诉处理的有关规定和办法;

(二)组织、协调和督促本地区、本部门的工程质量投诉处理工作;

(三)受理本地区、本部门范围内的工程质量投诉。

第九条   市(地)、县建委(建设局)的工程质量投诉管理机构和职责,由省、自治区、直辖市建设行政主管部门或地方人民政府确定。

第十条   对涉及到由建筑施工、房地产开发、勘察设计、建筑规划、市政公用建设和村镇建设等方面原因引起的工程质量投诉,应在建设行政主管部门的领导和协调下,由分管该业务的职能部门负责调查处理。

第十一条   投诉处理机构要督促工程质量责任方,按照有关规定,认真处理好用户的工程质量投诉。

第十二条   投诉处理机构对于投诉的信函要做好登记;对以电话、来访等形式的投诉,承办人员在接待时,要认真听取陈述意见,做好详细记录并进行登记。

第十三条   对需要几个部门共同处理的投诉,投诉处理机构要主动与有关部门协商,在政府的统一领导和协调下,有关部门各司其职,协同处理。

第十四条   建设部批转各地区、各部门处理的工程质量投诉材料,各地区、各部门的投诉处理机构应在三个月内将调查和处理情况报建设部。

第十五条   省级投诉处理机构受理的工程质量投诉,按照属地解决的原则,交由工程所在地的投诉处理机构处理,并要求报告处理结果。对于严重的工程质量问题可派人协助有关方面调查处理。

第十六条   市、县级投诉处理机构受理的工程质量投诉,原则上应直接派人或与有关部门共同调查处理,不得层层转批。

第十七条   对于投诉的工程质量问题,投诉处理机构要本着实事求是的原则,对合理的要求,要及时妥善处理;暂时解决不了的,要向投诉人作出解释,并责成工程质量责任方限期解决;对不合理的要求,要作出说明,经说明后仍坚持无理要求的,应给予批评教育。

第十八条   对注明联系地址和联系人姓名的投诉,要将处理的情况通知投诉人。

第十九条   在处理工程质量投诉过程中,不得将工程质量投诉中涉及到的检举、揭发、控告材料及有关情况,透露或者转送给被检举、揭发、控告的人员和单位。任何组织和个人不得压制、打击报复、迫害投诉人。

第二十条   各级建设行政主管部门要把处理工程质量投诉作为工程质量监督管理工作的重要内容抓好。对在工程质量投诉处理工作中做出成绩的单位和个人,要给予表彰。对在处理投诉工作中不履行职责、敷衍、推诿、拖延的单位及人员,要给予批评教育。

第二十一条   本规定由建设部负责解释。

第二十二条   本规定自发布之日起实施。

建设工程质量保证金管理办法

· 2017 年 6 月 20 日
· 建质〔2017〕138 号

第一条   为规范建设工程质量保证金管理,落实工程在缺陷责任期内的维修责任,根据《中华人民共和国建筑法》《建设工程质量管理条例》《国务院办公厅关于清理规范工程建设领域保证金的通知》和《基本建设财务管理规则》等相关规定,制定本办法。

第二条　本办法所称建设工程质量保证金(以下简称保证金)是指发包人与承包人在建设工程承包合同中约定,从应付的工程款中预留,用以保证承包人在缺陷责任期内对建设工程出现的缺陷进行维修的资金。

缺陷是指建设工程质量不符合工程建设强制性标准、设计文件,以及承包合同的约定。

缺陷责任期一般为1年,最长不超过2年,由发、承包双方在合同中约定。

第三条　发包人应当在招标文件中明确保证金预留、返还等内容,并与承包人在合同条款中对涉及保证金的下列事项进行约定:

(一)保证金预留、返还方式;

(二)保证金预留比例、期限;

(三)保证金是否计付利息,如计付利息,利息的计算方式;

(四)缺陷责任期的期限及计算方式;

(五)保证金预留、返还及工程维修质量、费用等争议的处理程序;

(六)缺陷责任期内出现缺陷的索赔方式;

(七)逾期返还保证金的违约金支付办法及违约责任。

第四条　缺陷责任期内,实行国库集中支付的政府投资项目,保证金的管理应按国库集中支付的有关规定执行。其他政府投资项目,保证金可以预留在财政部门或发包方。缺陷责任期内,如发包方被撤销,保证金随交付使用资产一并移交使用单位管理,由使用单位代行发包人职责。

社会投资项目采用预留保证金方式的,发、承包双方可以约定将保证金交由第三方金融机构托管。

第五条　推行银行保函制度,承包人可以银行保函替代预留保证金。

第六条　在工程项目竣工前,已经缴纳履约保证金的,发包人不得同时预留工程质量保证金。

采用工程质量保证担保、工程质量保险等其他保证方式的,发包人不得再预留保证金。

第七条　发包人应按照合同约定方式预留保证金,保证金总预留比例不得高于工程价款结算总额的3%。合同约定由承包人以银行保函替代预留保证金的,保函金额不得高于工程价款结算总额的3%。

第八条　缺陷责任期从工程通过竣工验收之日起计。由于承包人原因导致工程无法按规定期限进行竣工验收的,缺陷责任期从实际通过竣工验收之日起计。由于发包人原因导致工程无法按规定期限进行竣工验收的,在承包人提交竣工验收报告90天后,工程自动进入缺陷责任期。

第九条　缺陷责任期内,由承包人原因造成的缺陷,承包人应负责维修,并承担鉴定及维修费用。如承包人不维修也不承担费用,发包人可按合同约定从保证金或银行保函中扣除,费用超出保证金额的,发包人可按合同约定向承包人进行索赔。承包人维修并承担相应费用后,不免除对工程的损失赔偿责任。

由他人原因造成的缺陷,发包人负责组织维修,承包人不承担费用,且发包人不得从保证金中扣除费用。

第十条　缺陷责任期内,承包人认真履行合同约定的责任,到期后,承包人向发包人申请返还保证金。

第十一条　发包人在接到承包人返还保证金申请后,应于14天内会同承包人按照合同约定的内容进行核实。如无异议,发包人应当按照约定将保证金返还给承包人。对返还期限没有约定或者约定不明确的,发包人应当在核实后14天内将保证金返还承包人,逾期未返还的,依法承担违约责任。发包人在接到承包人返还保证金申请后14天内不予答复,经催告后14天内仍不予答复,视同认可承包人的返还保证金申请。

第十二条　发包人和承包人对保证金预留、返还以及工程维修质量、费用有争议的,按承包合同约定的争议和纠纷解决程序处理。

第十三条　建设工程实行工程总承包的,总承包单位与分包单位有关保证金的权利与义务的约定,参照本办法关于发包人与承包人相应权利与义务的约定执行。

第十四条　本办法由住房城乡建设部、财政部负责解释。

第十五条　本办法自2017年7月1日起施行,原《建设工程质量保证金管理办法》(建质〔2016〕295号)同时废止。

(2)房屋建筑质量

房屋建筑和市政基础设施工程质量监督管理规定

·2010年8月1日住房和城乡建设部令第5号公布
·自2010年9月1日起施行

第一条　为了加强房屋建筑和市政基础设施工程质量的监督,保护人民生命和财产安全,规范住房和城乡建设主管部门及工程质量监督机构(以下简称主管部门)

的质量监督行为,根据《中华人民共和国建筑法》、《建设工程质量管理条例》等有关法律、行政法规,制定本规定。

第二条　在中华人民共和国境内主管部门实施对新建、扩建、改建房屋建筑和市政基础设施工程质量监督管理的,适用本规定。

第三条　国务院住房和城乡建设主管部门负责全国房屋建筑和市政基础设施工程(以下简称工程)质量监督管理工作。

县级以上地方人民政府建设主管部门负责本行政区域内工程质量监督管理工作。

工程质量监督管理的具体工作可以由县级以上地方人民政府建设主管部门委托所属的工程质量监督机构(以下简称监督机构)实施。

第四条　本规定所称工程质量监督管理,是指主管部门依据有关法律法规和工程建设强制性标准,对工程实体质量和工程建设、勘察、设计、施工、监理单位(以下简称工程质量责任主体)和质量检测等单位的工程质量行为实施监督。

本规定所称工程实体质量监督,是指主管部门对涉及工程主体结构安全、主要使用功能的工程实体质量情况实施监督。

本规定所称工程质量行为监督,是指主管部门对工程质量责任主体和质量检测等单位履行法定质量责任和义务的情况实施监督。

第五条　工程质量监督管理应当包括下列内容:

(一)执行法律法规和工程建设强制性标准的情况;

(二)抽查涉及工程主体结构安全和主要使用功能的工程实体质量;

(三)抽查工程质量责任主体和质量检测等单位的工程质量行为;

(四)抽查主要建筑材料、建筑构配件的质量;

(五)对工程竣工验收进行监督;

(六)组织或者参与工程质量事故的调查处理;

(七)定期对本地区工程质量状况进行统计分析;

(八)依法对违法违规行为实施处罚。

第六条　对工程项目实施质量监督,应当依照下列程序进行:

(一)受理建设单位办理质量监督手续;

(二)制订工作计划并组织实施;

(三)对工程实体质量、工程质量责任主体和质量检测等单位的工程质量行为进行抽查、抽测;

(四)监督工程竣工验收,重点对验收的组织形式、程序等是否符合有关规定进行监督;

(五)形成工程质量监督报告;

(六)建立工程质量监督档案。

第七条　工程竣工验收合格后,建设单位应当在建筑物明显部位设置永久性标牌,载明建设、勘察、设计、施工、监理单位等工程质量责任主体的名称和主要责任人姓名。

第八条　主管部门实施监督检查时,有权采取下列措施:

(一)要求被检查单位提供有关工程质量的文件和资料;

(二)进入被检查单位的施工现场进行检查;

(三)发现有影响工程质量的问题时,责令改正。

第九条　县级以上地方人民政府建设主管部门应当根据本地区的工程质量状况,逐步建立工程质量信用档案。

第十条　县级以上地方人民政府建设主管部门应当将工程质量监督中发现的涉及主体结构安全和主要使用功能的工程质量问题及整改情况,及时向社会公布。

第十一条　省、自治区、直辖市人民政府建设主管部门应当按照国家有关规定,对本行政区域内监督机构每三年进行一次考核。

监督机构经考核合格后,方可依法对工程实施质量监督,并对工程质量监督承担监督责任。

第十二条　监督机构应当具备下列条件:

(一)具有符合本规定第十三条规定的监督人员。人员数量由县级以上地方人民政府建设主管部门根据实际需要确定。监督人员应当占监督机构总人数的75%以上;

(二)有固定的工作场所和满足工程质量监督检查工作需要的仪器、设备和工具等;

(三)有健全的质量监督工作制度,具备与质量监督工作相适应的信息化管理条件。

第十三条　监督人员应当具备下列条件:

(一)具有工程类专业大学专科以上学历或者工程类执业注册资格;

(二)具有三年以上工程质量管理或者设计、施工、监理等工作经历;

(三)熟悉掌握相关法律法规和工程建设强制性标准;

(四)具有一定的组织协调能力和良好职业道德。

监督人员符合上述条件经考核合格后,方可从事工程质量监督工作。

第十四条　监督机构可以聘请中级职称以上的工程类专业技术人员协助实施工程质量监督。

第十五条　省、自治区、直辖市人民政府建设主管部门应当每两年对监督人员进行一次岗位考核,每年进行一次法律法规、业务知识培训,并适时组织开展继续教育培训。

第十六条　国务院住房和城乡建设主管部门对监督机构和监督人员的考核情况进行监督抽查。

第十七条　主管部门工作人员玩忽职守、滥用职权、徇私舞弊,构成犯罪的,依法追究刑事责任;尚不构成犯罪的,依法给予行政处分。

第十八条　抢险救灾工程、临时性房屋建筑工程和农民自建低层住宅工程,不适用本规定。

第十九条　省、自治区、直辖市人民政府建设主管部门可以根据本规定制定具体实施办法。

第二十条　本规定自 2010 年 9 月 1 日起施行。

房屋建筑工程质量保修办法

·2000 年 6 月 30 日建设部令第 80 号发布
·自发布之日起施行

第一条　为保护建设单位、施工单位、房屋建筑所有人和使用人的合法权益,维护公共安全和公众利益,根据《中华人民共和国建筑法》和《建设工程质量管理条例》,制订本办法。

第二条　在中华人民共和国境内新建、扩建、改建各类房屋建筑工程(包括装修工程)的质量保修,适用本办法。

第三条　本办法所称房屋建筑工程质量保修,是指对房屋建筑工程竣工验收后在保修期限内出现的质量缺陷,予以修复。

本办法所称质量缺陷,是指房屋建筑工程的质量不符合工程建设强制性标准以及合同的约定。

第四条　房屋建筑工程在保修范围和保修期限内出现质量缺陷,施工单位应当履行保修义务。

第五条　国务院建设行政主管部门负责全国房屋建筑工程质量保修的监督管理。

县级以上地方人民政府建设行政主管部门负责本行政区域内房屋建筑工程质量保修的监督管理。

第六条　建设单位和施工单位应当在工程质量保修书中约定保修范围、保修期限和保修责任等,双方约定的保修范围、保修期限必须符合国家有关规定。

第七条　在正常使用条件下,房屋建筑工程的最低保修期限为:

(一)地基基础工程和主体结构工程,为设计文件规定的该工程的合理使用年限;

(二)屋面防水工程、有防水要求的卫生间、房间和外墙面的防渗漏,为 5 年;

(三)供热与供冷系统,为 2 个采暖期、供冷期;

(四)电气管线、给排水管道、设备安装为 2 年;

(五)装修工程为 2 年。

其他项目的保修期限由建设单位和施工单位约定。

第八条　房屋建筑工程保修期从工程竣工验收合格之日起计算。

第九条　房屋建筑工程在保修期限内出现质量缺陷,建设单位或者房屋建筑所有人应当向施工单位发出保修通知。施工单位接到保修通知后,应当到现场核查情况,在保修书约定的时间内予以保修。发生涉及结构安全或者严重影响使用功能的紧急抢修事故,施工单位接到保修通知后,应当立即到达现场抢修。

第十条　发生涉及结构安全的质量缺陷,建设单位或者房屋建筑所有人应当立即向当地建设行政主管部门报告,采取安全防范措施;由原设计单位或者具有相应资质等级的设计单位提出保修方案,施工单位实施保修,原工程质量监督机构负责监督。

第十一条　保修完成后,由建设单位或者房屋建筑所有人组织验收。涉及结构安全的,应当报当地建设行政主管部门备案。

第十二条　施工单位不按工程质量保修书约定保修的,建设单位可以另行委托其他单位保修,由原施工单位承担相应责任。

第十三条　保修费用由质量缺陷的责任方承担。

第十四条　在保修期内,因房屋建筑工程质量缺陷造成房屋所有人、使用人或者第三方人身、财产损害的,房屋所有人、使用人或者第三方可以向建设单位提出赔偿要求。建设单位向造成房屋建筑工程质量缺陷的责任方追偿。

第十五条　因保修不及时造成新的人身、财产损害,由造成拖延的责任方承担赔偿责任。

第十六条　房地产开发企业售出的商品房保修,还应当执行《城市房地产开发经营管理条例》和其他有关规定。

第十七条　下列情况不属于本办法规定的保修范围:

（一）因使用不当或者第三方造成的质量缺陷；

（二）不可抗力造成的质量缺陷。

第十八条　施工单位有下列行为之一的，由建设行政主管部门责令改正，并处 1 万元以上 3 万元以下的罚款。

（一）工程竣工验收后，不向建设单位出具质量保修书的；

（二）质量保修的内容、期限违反本办法规定的。

第十九条　施工单位不履行保修义务或者拖延履行保修义务的，由建设行政主管部门责令改正，处 10 万元以上 20 万元以下的罚款。

第二十条　军事建设工程的管理，按照中央军事委员会的有关规定执行。

第二十一条　本办法由国务院建设行政主管部门负责解释。

第二十二条　本办法自发布之日起施行。

房屋建筑工程和市政基础设施
工程实行见证取样和送检的规定

· 2000 年 9 月 26 日
· 建建〔2000〕211 号

第一条　为规范房屋建筑工程和市政基础设施工程中涉及结构安全的试块、试件和材料的见证取样和送检工作，保证工程质量，根据《建设工程质量管理条例》，制定本规定。

第二条　凡从事房屋建筑工程和市政基础设施工程的新建、扩建、改建等有关活动，应当遵守本规定。

第三条　本规定所称见证取样和送检是指在建设单位或工程监理单位人员的见证下，由施工单位的现场试验人员对工程中涉及结构安全的试块、试件和材料在现场取样，并送至经过省级以上建设行政主管部门对其资质认可和质量技术监督部门对其计量认证的质量检测单位（以下简称"检测单位"）进行检测。

第四条　国务院建设行政主管部门对全国房屋建筑工程和市政基础设施工程的见证取样和送检工作实施统一监督管理。

县级以上地方人民政府建设行政主管部门对本行政区域内的房屋建筑工程和市政基础设施工程的见证取样

和送检工作实施监督管理。

第五条　涉及结构安全的试块、试件和材料见证取样和送检的比例不得低于有关技术标准中规定应取样数量的 30%。

第六条　下列试块、试件和材料必须实施见证取样和送检：

（一）用于承重结构的混凝土试块；

（二）用于承重墙体的砌筑砂浆试块；

（三）用于承重结构的钢筋及连接接头试件；

（四）用于承重墙的砖和混凝土小型砌块；

（五）用于拌制混凝土和砌筑砂浆的水泥；

（六）用于承重结构的混凝土中使用的掺加剂；

（七）地下、屋面、厕浴间使用的防水材料；

（八）国家规定必须实行见证取样和送检的其他试块、试件和材料。

第七条　见证人员应由建设单位或该工程的监理单位具备建筑施工试验知识的专业技术人员担任，并应由建设单位或该工程的监理单位书面通知施工单位、检测单位和负责该项工程的质量监督机构。

第八条　在施工过程中，见证人员应按照见证取样和送检计划，对施工现场的取样和送检进行见证，取样人员应在试样或其包装上作出标识、封志。标识和封志应标明工程名称、取样部位、取样日期、样品名称和样品数量，并由见证人员和取样人员签字。见证人员应制作见证记录，并将见证记录归入施工技术档案。

见证人员和取样人员应对试样的代表性和真实性负责。

第九条　见证取样的试块、试件和材料送检时，应由送检单位填写委托单，委托单应有见证人员和送检人员签字。检测单位应检查委托单及试样上的标识和封志，确认无误后方可进行检测。

第十条　检测单位应严格按照有关管理规定和技术标准进行检测，出具公正、真实、准确的检测报告。见证取样和送检的检测报告必须加盖见证取样检测的专用章。

第十一条　本规定由国务院建设行政主管部门负责解释。

第十二条　本规定自发布之日起施行。

· 文书范本

房屋建筑工程质量保修书(示范文本)①

发包人(全称):_____

承包人(全称):_____

发包人、承包人根据《中华人民共和国建筑法》、《建设工程质量管理条例》和《房屋建筑工程质量保修办法》,经协商一致,对_____(工程全称)签定工程质量保修书。

一、工程质量保修范围和内容

承包人在质量保修期内,按照有关法律、法规、规章的管理规定和双方约定,承担本工程质量保修责任。

质量保修范围包括地基基础工程、主体结构工程,屋面防水工程、有防水要求的卫生间、房间和外墙面的防渗漏,供热与供冷系统,电气管线、给排水管道、设备安装和装修工程,以及双方约定的其他项目。具体保修的内容,双方约定如下:_____。

二、质量保修期

双方根据《建设工程质量管理条例》及有关规定,约定本工程的质量保修期如下:

1. 地基基础工程和主体结构工程为设计文件规定的该工程合理使用年限;

2. 屋面防水工程、有防水要求的卫生间、房间和外墙面的防渗漏为_____年;

3. 装修工程为_____年;

4. 电气管线、给排水管道、设备安装工程为_____年;

5. 供热与供冷系统为_____个采暖期、供冷期;

6. 住宅小区内的给排水设施、道路等配套工程为_____年;

7. 其他项目保修期限约定如下:_____。

质量保修期自工程竣工验收合格之日起计算。

三、质量保修责任

1. 属于保修范围、内容的项目,承包人应当在接到保修通知之日起7天内派人保修。承包人不在约定期限内派人保修的,发包人可以委托他人修理。

2. 发生紧急抢修事故的,承包人在接到事故通知后,应当立即到达事故现场抢修。

3. 对于涉及结构安全的质量问题,应当按照《房屋建筑工程质量保修办法》的规定,立即向当地建设行政主管部门报告,采取安全防范措施;由原设计单位或者具有相应资质等级的设计单位提出保修方案,承包人实施保修。

4. 质量保修完成后,由发包人组织验收。

四、保修费用

保修费用由造成质量缺陷的责任方承担。

五、其他

双方约定的其他工程质量保修事项:_____。

本工程质量保修书,由施工合同发包人、承包人双方在竣工验收前共同签署,作为施工合同附件,其有效期限至保修期满。

发包人(公章):　　　　　　　　　　　承包人(公章):

法定代表人(签字):　　　　　　　　　法定代表人(签字):

　　年　月　日　　　　　　　　　　　　年　月　日

――――――――――――

① 本示范文本来源于建设部、国家工商行政管理局《关于印发〈房屋建筑工程质量保修书〉(示范文本)的通知》(2000年8月22日,建建〔2000〕185号)。

（3）工程建设标准化管理

中华人民共和国标准化法

· 1988 年 12 月 29 日第七届全国人民代表大会常务委员会第
五次会议通过
· 2017 年 11 月 4 日第十二届全国人民代表大会常务委员会
第三十次会议修订
· 2017 年 11 月 4 日中华人民共和国主席令第 78 号公布
· 自 2018 年 1 月 1 日起施行

第一章　总　则

第一条　为了加强标准化工作，提升产品和服务质量，促进科学技术进步，保障人身健康和生命财产安全，维护国家安全、生态环境安全，提高经济社会发展水平，制定本法。

第二条　本法所称标准（含标准样品），是指农业、工业、服务业以及社会事业等领域需要统一的技术要求。

标准包括国家标准、行业标准、地方标准和团体标准、企业标准。国家标准分为强制性标准、推荐性标准，行业标准、地方标准是推荐性标准。

强制性标准必须执行。国家鼓励采用推荐性标准。

第三条　标准化工作的任务是制定标准、组织实施标准以及对标准的制定、实施进行监督。

县级以上人民政府应当将标准化工作纳入本级国民经济和社会发展规划，将标准化工作经费纳入本级预算。

第四条　制定标准应当在科学技术研究成果和社会实践经验的基础上，深入调查论证，广泛征求意见，保证标准的科学性、规范性、时效性，提高标准质量。

第五条　国务院标准化行政主管部门统一管理全国标准化工作。国务院有关行政主管部门分工管理本部门、本行业的标准化工作。

县级以上地方人民政府标准化行政主管部门统一管理本行政区域内的标准化工作。县级以上地方人民政府有关行政主管部门分工管理本行政区域内本部门、本行业的标准化工作。

第六条　国务院建立标准化协调机制，统筹推进标准化重大改革，研究标准化重大政策，对跨部门跨领域、存在重大争议标准的制定和实施进行协调。

设区的市级以上地方人民政府可以根据工作需要建立标准化协调机制，统筹协调本行政区域内标准化工作重大事项。

第七条　国家鼓励企业、社会团体和教育、科研机构等开展或者参与标准化工作。

第八条　国家积极推动参与国际标准化活动，开展标准化对外合作与交流，参与制定国际标准，结合国情采用国际标准，推进中国标准与国外标准之间的转化运用。

国家鼓励企业、社会团体和教育、科研机构等参与国际标准化活动。

第九条　对在标准化工作中做出显著成绩的单位和个人，按照国家有关规定给予表彰和奖励。

第二章　标准的制定

第十条　对保障人身健康和生命财产安全、国家安全、生态环境安全以及满足经济社会管理基本需要的技术要求，应当制定强制性国家标准。

国务院有关行政主管部门依据职责负责强制性国家标准的项目提出、组织起草、征求意见和技术审查。国务院标准化行政主管部门负责强制性国家标准的立项、编号和对外通报。国务院标准化行政主管部门应当对拟制定的强制性国家标准是否符合前款规定进行立项审查，对符合前款规定的予以立项。

省、自治区、直辖市人民政府标准化行政主管部门可以向国务院标准化行政主管部门提出强制性国家标准的立项建议，由国务院标准化行政主管部门会同国务院有关行政主管部门决定。社会团体、企业事业组织以及公民可以向国务院标准化行政主管部门提出强制性国家标准的立项建议，国务院标准化行政主管部门认为需要立项的，会同国务院有关行政主管部门决定。

强制性国家标准由国务院批准发布或者授权批准发布。

法律、行政法规和国务院决定对强制性标准的制定另有规定的，从其规定。

第十一条　对满足基础通用、与强制性国家标准配套、对各有关行业起引领作用等需要的技术要求，可以制定推荐性国家标准。

推荐性国家标准由国务院标准化行政主管部门制定。

第十二条　对没有推荐性国家标准、需要在全国某个行业范围内统一的技术要求，可以制定行业标准。

行业标准由国务院有关行政主管部门制定，报国务院标准化行政主管部门备案。

第十三条　为满足地方自然条件、风俗习惯等特殊技术要求，可以制定地方标准。

地方标准由省、自治区、直辖市人民政府标准化行政主管部门制定；设区的市级人民政府标准化行政主管部门根据本行政区域的特殊需要，经所在地省、自治区、直辖市人民政府标准化行政主管部门批准，可以制定本行政区域的地方标准。地方标准由省、自治区、直辖市人民政府标准化行政主管部门报国务院标准化行政主管部门备案，由国务院标准化行政主管部门通报国务院有关行政主管部门。

第十四条　对保障人身健康和生命财产安全、国家安全、生态环境安全以及经济社会发展所急需的标准项目，制定标准的行政主管部门应当优先立项及时完成。

第十五条　制定强制性标准、推荐性标准，应当在立项时对有关行政主管部门、企业、社会团体、消费者和教育、科研机构等方面的实际需求进行调查，对制定标准的必要性、可行性进行论证评估；在制定过程中，应当按照便捷有效的原则采取多种方式征求意见，组织对标准相关事项进行调查分析、实验、论证，并做到有关标准之间的协调配套。

第十六条　制定推荐性标准，应当组织由相关方组成的标准化技术委员会，承担标准的起草、技术审查工作。制定强制性标准，可以委托相关标准化技术委员会承担标准的起草、技术审查工作。未组成标准化技术委员会的，应当成立专家组承担相关标准的起草、技术审查工作。标准化技术委员会和专家组的组成应当具有广泛代表性。

第十七条　强制性标准文本应当免费向社会公开。国家推动免费向社会公开推荐性标准文本。

第十八条　国家鼓励学会、协会、商会、联合会、产业技术联盟等社会团体协调相关市场主体共同制定满足市场和创新需要的团体标准，由本团体成员约定采用或者按照本团体的规定供社会自愿采用。

制定团体标准，应当遵循开放、透明、公平的原则，保证各参与主体获取相关信息，反映各参与主体的共同需求，并应当组织对标准相关事项进行调查分析、实验、论证。

国务院标准化行政主管部门会同国务院有关行政主管部门对团体标准的制定进行规范、引导和监督。

第十九条　企业可以根据需要自行制定企业标准，或者与其他企业联合制定企业标准。

第二十条　国家支持在重要行业、战略性新兴产业、关键共性技术等领域利用自主创新技术制定团体标准、企业标准。

第二十一条　推荐性国家标准、行业标准、地方标准、团体标准、企业标准的技术要求不得低于强制性国家标准的相关技术要求。

国家鼓励社会团体、企业制定高于推荐性标准相关技术要求的团体标准、企业标准。

第二十二条　制定标准应当有利于科学合理利用资源，推广科学技术成果，增强产品的安全性、通用性、可替换性，提高经济效益、社会效益、生态效益，做到技术上先进、经济上合理。

禁止利用标准实施妨碍商品、服务自由流通等排除、限制市场竞争的行为。

第二十三条　国家推进标准化军民融合和资源共享，提升军民标准通用化水平，积极推动在国防和军队建设中采用先进适用的民用标准，并将先进适用的军用标准转化为民用标准。

第二十四条　标准应当按照编号规则进行编号。标准的编号规则由国务院标准化行政主管部门制定并公布。

第三章　标准的实施

第二十五条　不符合强制性标准的产品、服务，不得生产、销售、进口或者提供。

第二十六条　出口产品、服务的技术要求，按照合同的约定执行。

第二十七条　国家实行团体标准、企业标准自我声明公开和监督制度。企业应当公开其执行的强制性标准、推荐性标准、团体标准或者企业标准的编号和名称；企业执行自行制定的企业标准的，还应当公开产品、服务的功能指标和产品的性能指标。国家鼓励团体标准、企业标准通过标准信息公共服务平台向社会公开。

企业应当按照标准组织生产经营活动，其生产的产品、提供的服务应当符合企业公开标准的技术要求。

第二十八条　企业研制新产品、改进产品，进行技术改造，应当符合本法规定的标准化要求。

第二十九条　国家建立强制性标准实施情况统计分析报告制度。

国务院标准化行政主管部门和国务院有关行政主管部门、设区的市级以上地方人民政府标准化行政主管部门应当建立标准实施信息反馈和评估机制，根据反馈和评估情况对其制定的标准进行复审。标准的复审周期一般不超过五年。经过复审，对不适应经济社会发展需要和技术进步的应当及时修订或者废止。

第三十条　国务院标准化行政主管部门根据标准实施信息反馈、评估、复审情况，对有关标准之间重复交叉或者不衔接配套的，应当会同国务院有关行政主管部门作出处理或者通过国务院标准化协调机制处理。

第三十一条　县级以上人民政府应当支持开展标准化试点示范和宣传工作，传播标准化理念，推广标准化经验，推动全社会运用标准化方式组织生产、经营、管理和服务，发挥标准对促进转型升级、引领创新驱动的支撑作用。

第四章　监督管理

第三十二条　县级以上人民政府标准化行政主管部门、有关行政主管部门依据法定职责，对标准的制定进行指导和监督，对标准的实施进行监督检查。

第三十三条　国务院有关行政主管部门在标准制定、实施过程中出现争议的，由国务院标准化行政主管部门组织协商；协商不成的，由国务院标准化协调机制解决。

第三十四条　国务院有关行政主管部门、设区的市级以上地方人民政府标准化行政主管部门未依照本法规定对标准进行编号、复审或者备案的，国务院标准化行政主管部门应当要求其说明情况，并限期改正。

第三十五条　任何单位或者个人有权向标准化行政主管部门、有关行政主管部门举报、投诉违反本法规定的行为。

标准化行政主管部门、有关行政主管部门应当向社会公开受理举报、投诉的电话、信箱或者电子邮件地址，并安排人员受理举报、投诉。对实名举报人或者投诉人，受理举报、投诉的行政主管部门应当告知处理结果，为举报人保密，并按照国家有关规定对举报人给予奖励。

第五章　法律责任

第三十六条　生产、销售、进口产品或者提供服务不符合强制性标准，或者企业生产的产品、提供的服务不符合其公开标准的技术要求的，依法承担民事责任。

第三十七条　生产、销售、进口产品或者提供服务不符合强制性标准的，依照《中华人民共和国产品质量法》、《中华人民共和国进出口商品检验法》、《中华人民共和国消费者权益保护法》等法律、行政法规的规定查处，记入信用记录，并依照有关法律、行政法规的规定予以公示；构成犯罪的，依法追究刑事责任。

第三十八条　企业未依照本法规定公开其执行的标准的，由标准化行政主管部门责令限期改正；逾期不改正的，在标准信息公共服务平台上公示。

第三十九条　国务院有关行政主管部门、设区的市级以上地方人民政府标准化行政主管部门制定的标准不符合本法第二十一条第一款、第二十二条第一款规定的，应当及时改正；拒不改正的，由国务院标准化行政主管部门公告废止相关标准；对负有责任的领导人员和直接责任人员依法给予处分。

社会团体、企业制定的标准不符合本法第二十一条第一款、第二十二条第一款规定的，由标准化行政主管部门责令限期改正；逾期不改正的，由省级以上人民政府标准化行政主管部门废止相关标准，并在标准信息公共服务平台上公示。

违反本法第二十二条第二款规定，利用标准实施排除、限制市场竞争行为的，依照《中华人民共和国反垄断法》等法律、行政法规的规定处理。

第四十条　国务院有关行政主管部门、设区的市级以上地方人民政府标准化行政主管部门未依照本法规定对标准进行编号或者备案，又未依照本法第三十四条的规定改正的，由国务院标准化行政主管部门撤销相关标准编号或者公告废止未备案标准；对负有责任的领导人员和直接责任人员依法给予处分。

国务院有关行政主管部门、设区的市级以上地方人民政府标准化行政主管部门未依照本法规定对其制定的标准进行复审，又未依照本法第三十四条的规定改正的，对负有责任的领导人员和直接责任人员依法给予处分。

第四十一条　国务院标准化行政主管部门未依照本法第十条第二款规定对制定强制性国家标准的项目予以立项，制定的标准不符合本法第二十一条第一款、第二十二条第一款规定，或者未依照本法规定对标准进行编号、复审或者予以备案的，应当及时改正；对负有责任的领导人员和直接责任人员可以依法给予处分。

第四十二条　社会团体、企业未依照本法规定对团体标准或者企业标准进行编号的，由标准化行政主管部门责令限期改正；逾期不改正的，由省级以上人民政府标准化行政主管部门撤销相关标准编号，并在标准信息公共服务平台上公示。

第四十三条　标准化工作的监督、管理人员滥用职权、玩忽职守、徇私舞弊的，依法给予处分；构成犯罪的，依法追究刑事责任。

第六章　附　则

第四十四条　军用标准的制定、实施和监督办法，由国务院、中央军事委员会另行制定。

第四十五条　本法自 2018 年 1 月 1 日起施行。

工程建设国家标准管理办法

· 1992 年 12 月 30 日建设部令第 24 号发布
· 自发布之日起施行

第一章　总　则

第一条　为了加强工程建设国家标准的管理，促进技术进步，保证工程质量，保障人体健康和人身、财产安全，根据《中华人民共和国标准化法》、《中华人民共和国标准化法实施条例》和国家有关工程建设的法律、行政法规，制定本办法。

第二条　对需要在全国范围内统一的下列技术要求，应当制定国家标准：

（一）工程建设勘察、规划、设计、施工（包括安装）及验收等通用的质量要求；

（二）工程建设通用的有关安全、卫生和环境保护的技术要求；

（三）工程建设通用的术语、符号、代号、量与单位、建筑模数和制图方法；

（四）工程建设通用的试验、检验和评定等方法；

（五）工程建设通用的信息技术要求；

（六）国家需要控制的其他工程建设通用的技术要求。

法律另有规定的，依照法律的规定执行。

第三条　国家标准分为强制性标准和推荐性标准。下列标准属于强制性标准：

（一）工程建设勘察、规划、设计、施工（包括安装）及验收等通用的综合标准和重要的通用的质量标准；

（二）工程建设通用的有关安全、卫生和环境保护的标准；

（三）工程建设重要的通用的术语、符号、代号、量与单位、建筑模数和制图方法标准；

（四）工程建设重要的通用的试验、检验和评定方法等标准；

（五）工程建设重要的通用的信息技术标准；

（六）国家需要控制的其他工程建设通用的标准。

强制性标准以外的标准是推荐性标准。

第二章　国家标准的计划

第四条　国家标准的计划分为五年计划和年度计划。五年计划是编制年度计划的依据；年度计划是确定工作任务和组织编制标准的依据。

第五条　编制国家标准的计划，应当遵循下列原则：

（一）在国民经济发展的总目标和总方针的指导下进行，体现国家的技术、经济政策；

（二）适应工程建设和科学技术发展的需要；

（三）在充分做好调查研究和认真总结经验的基础上，根据工程建设标准体系表的要求，综合考虑相关标准之间的构成和协调配套；

（四）从实际出发，保证重点，统筹兼顾，根据需要和可能，分别轻重缓急，做好计划的综合平衡。

第六条　五年计划由计划编制纲要和计划项目两部分组成。其内容应当符合下列要求：

（一）计划编制纲要包括计划编制的依据、指导思想、预期目标、工作重点和实施计划的主要措施等；

（二）计划项目的内容包括标准名称、制订或修订、适用范围及其主要技术内容、主编部门、主编单位和起始年限等。

第七条　列入五年计划的国家标准制订项目应当落实主编单位，主编单位应当具备下列条件：

（一）承担过与该国家标准项目相应的工程建设勘察、规划、设计、施工或科研任务的企业、事业单位；

（二）具有较丰富的工程建设经验、较高的技术水平和组织管理水平，能组织解决国家标准编制中的重大技术问题。

第八条　列入五年计划的国家标准修订项目，其主编单位一般由原国家标准的管理单位承担。

第九条　五年计划的编制工作应当按下列程序进行：

（一）国务院工程建设行政主管部门根据国家编制国民经济和社会发展五年计划的原则和要求，统一部署编制国家标准五年计划的任务；

（二）国务院有关行政主管部门和省、自治区、直辖市工程建设行政主管部门，根据国务院工程建设行政主管部门统一部署的要求，提出五年计划建议草案，报国务院工程建设行政主管部门；

（三）国务院工程建设行政主管部门对五年计划建议草案进行汇总，在与各有关方面充分协商的基础上进行综合平衡，并提出五年计划草案，报国务院计划行政主管部门批准下达。

第十条　年度计划由计划编制的简要说明和计划项目两部分组成。计划项目的内容包括标准名称、制订或修订、适用范围及其主要技术内容、主编部门和主编单位、参加单位、起止年限、进度要求等。

第十一条　年度计划应当在五年计划的基础上进行编制。国家标准项目在列入年度计划之前由主编单位做好年度计划的前期工作，并提出前期工作报告。前期工作报告应当包括：国家标准项目名称、目的和作用、技术条件和成熟程度、与各类现行标准的关系、预期的经济效益和社会效益、建议参编单位和起止年限。

第十二条　列入年度计划的国家标准项目，应当具备下列条件：

（一）有年度计划的前期工作报告；

（二）有生产和建设的实践经验；

（三）相应的科研成果经过鉴定和验证，具备推广应用的条件；

（四）不与相关的国家标准重复或矛盾；

（五）参编单位已落实。

第十三条　年度计划的编制工作应当按下列程序进行：

（一）国务院有关行政主管部门和省、自治区、直辖市工程建设行政主管部门，应当根据五年计划的要求，分期分批地安排各国家标准项目的主编单位进行年度计划的前期工作。由主编单位提出的前期工作报告和年度计划项目表，报主管部门审查；

（二）国务院有关行政主管部门和省、自治区、直辖市工程建设行政主管部门，根据国务院工程建设行政主管部门当年的统一部署，做好所承担年度计划项目的落实工作并在规定期限前报国务院工程建设行政主管部门；

（三）国务院工程建设行政主管部门根据各主管部门提出的计划项目，经综合平衡后，编制工程建设国家标准的年度计划草案，在规定期限前报国务院计划行政主管部门批准下达。

第十四条　列入年度计划国家标准项目的主编单位应当按计划要求组织实施。在计划执行中遇有特殊情况，不能按原计划实施时，应当向主管部门提交申请变更计划的报告。各主管部门可根据实际情况提出调整计划的建议，经国务院工程建设行政主管部门批准后，按调整的计划组织实施。

第十五条　国务院各有关行政主管部门和省、自治区、直辖市工程建设行政主管部门对主管的国家标准项目计划执行情况负有监督和检查的责任，并负责协调解决计划执行中的重大问题。各主编单位在每年年底前将本年度计划执行情况和下年度的工作安排报行政主管部门，并报国务院工程建设行政主管部门备案。

第三章　国家标准的制订

第十六条　制订国家标准必须贯彻执行国家的有关法律、法规和方针、政策，密切结合自然条件，合理利用资源，充分考虑使用和维修的要求，做到安全适用、技术先进、经济合理。

第十七条　制订国家标准，对需要进行科学试验或测试验证的项目，应当纳入各级主管部门的科研计划，认真组织实施，写出成果报告。凡经过行政主管部门或受委托单位鉴定，技术上成熟，经济上合理的项目应当纳入标准。

第十八条　制订国家标准应当积极采用新技术、新工艺、新设备、新材料。纳入标准的新技术、新工艺、新设备、新材料，应当经有关主管部门或受委托单位鉴定，有完整的技术文件，且经实践检验行之有效。

第十九条　制订国家标准要积极采用国际标准和国外先进标准，凡经过认真分析论证或测试验证，并且符合我国国情的，应当纳入国家标准。

第二十条　制订国家标准，其条文规定应当严谨明确，文句简练，不得模棱两可；其内容深度、术语、符号、计量单位等应当前后一致，不得矛盾。

第二十一条　制订国家标准必须做好与现行相关标准之间的协调工作。对需要与现行工程建设国家标准协调的，应当遵守现行工程建设国家标准的规定；确有充分依据对其内容进行更改的，必须经过国务院工程建设行政主管部门审批，方可另行规定。凡属于产品标准方面的内容，不得在工程建设国家标准中加以规定。

第二十二条　制订国家标准必须充分发扬民主。对国家标准中有关政策性问题，应当认真研究、充分讨论、统一认识；对有争论的技术性问题，应当在调查研究、试验验证或专题讨论的基础上，经过充分协商，恰如其分地做出结论。

第二十三条　制订国家标准的工作程序按准备、征求意见、送审和报批四个阶段进行。

第二十四条　准备阶段的工作应当符合下列要求：

（一）主编单位根据年度计划的要求，进行编制国家标准的筹备工作。落实国家标准编制组成员，草拟制订国家标准的工作大纲。工作大纲包括国家标准的主要章节内容、需要调查研究的主要问题、必要的测试验证项目、工作进度计划及编制组成员分工等内容；

（二）主编单位筹备工作完成后，由主编部门或由主编部门委托主编单位主持召开编制组第一次工作会议。其内容包括：宣布编制组成员、学习工程建设标准化工作的有关文件、讨论通过工作大纲和会议纪要。会议纪要印发国家标准的参编部门和单位，并报国务院工程建设行政主管部门备案。

第二十五条　征求意见阶段的工作应当符合下列要求：

（一）编制组根据制订国家标准的工作大纲开展调查研究工作。调查对象应当具有代表性和典型性。调查研究工作结束后，应当及时提出调查研究报告，并将整理好的原始调查记录和收集到的国内外有关资料由编制组统一归档；

（二）测试验证工作在编制组统一计划下进行，落实负责单位、制订测试验证工作大纲、确定统一的测试验证方法等。测试验证结果，应当由项目的负责单位组织有关专家进行鉴定。鉴定成果及有关的原始资料由编制组统一归档。

（三）编制组对国家标准中的重大问题或有分歧的问题，应当根据需要召开专题会议。专题会议邀请有代表性和有经验的专家参加，并应当形成会议纪要。会议纪要及会议记录等由编制组统一归档；

（四）编制组在做好上述各项工作的基础上，编写标准征求意见稿及其条文说明。主编单位对标准征求意见稿及其条文说明的内容全面负责；

（五）主编部门对主编单位提出的征求意见稿及其条文说明根据本办法制订标准的原则进行审核。审核的主要内容：国家标准的适用范围与技术内容协调一致；技术内容体现国家的技术经济政策；准确反映生产、建设的实践经验；标准的技术数据和参数有可靠的依据，并与相关标准相协调；对有分歧和争论的问题，编制组内取得一致意见；国家标准的编写符合工程建设国家标准编写的统一规定；

（六）征求意见稿及其条文说明应由主编单位印发国务院有关行政主管部门、各有关省、自治区、直辖市工程建设行政主管部门和各单位征求意见。征求意见的期限一般为两个月。必要时，对其中的重要问题，可以采取走访或召开专题会议的形式征求意见。

第二十六条　送审阶段的工作应当符合下列要求：

（一）编制组将征求意见阶段收集到的意见，逐条归纳整理，在分析研究的基础上提出处理意见，形成国家标准送审稿及其条文说明。对其中有争议的重大问题可以视具体情况进行补充的调查研究、测试验证或召开专题会议，提出处理意见；

（二）当国家标准需要进行全面的综合技术经济比较时，编制组要按国家标准送审稿组织试设计或施工试用。试设计或施工试用应当选择有代表性的工程进行。试设计或施工试用结束后应当提出报告；

（三）国家标准送审的文件一般应当包括：国家标准送审稿及其条文说明、送审报告、主要问题的专题报告、试设计或施工试用报告等。送审报告的内容主要包括：制订标准任务的来源、制订标准过程中所作的主要工作、标准中重点内容确定的依据及其成熟程度、与国外相关标准水平的对比、标准实施后的经济效益和社会效益以及对标准的初步总评价、标准中尚存在的主要问题和今后需要进行的主要工作等；

（四）国家标准送审文件应当在开会之前一个半月发至各主管部门和关单位；

（五）国家标准送审稿的审查，一般采取召开审查会议的形式。经国务院工程建设行政主管部门同意后，也可以采取函审和小型审定会议的形式；

（六）审查会议应由主编部门主持召开。参加会议的代表应包括国务院有关行政主管部门的代表、有经验的专家代表、相关的国家标准编制组或管理组的代表。

审查会议可以成立会议领导小组，负责研究解决会议中提出的重大问题。会议由代表和编制组成员共同对标准送审稿进行审查，对其中重要的或有争议的问题应当进行充分讨论和协商，集中代表的正确意见；对有争议并不能取得一致意见的问题，应当提出倾向性审查意见。

审查会议应当形成会议纪要。其内容一般包括：审查会议概况、标准送审稿中的重点内容及分歧较大问题的审查意见、对标准送审稿的评价、会议代表和领导小组成员名单等。

（七）采取函审和小型审定会议对标准送审稿进行审查时，由主编部门印发通知。参加函审的单位和专家，应经国务院工程建设行政主管部门审查同意、主编部门在函审的基础上主持召开小型审定会议，对标准中的重大问题和有分歧的问题提出审查意见，形成会议纪要，印发各有关部门和单位并报国务院工程建设行政主管部门。

第二十七条　报批阶段的工作应当符合下列要求：

（一）编制组根据审查会议或函审和小型审定会议的审查意见，修改标准送审稿及其条文说明，形成标准报批稿及其条文说明。标准的报批文件经主编单位审查后报主编部门。报批文件一般包括标准报批稿及其条文说明、报批报告、审查或审定会议纪要、主要问题的专题报告、试设计或施工试用报告等。

（二）主编部门应当对标准报批文件进行全面审查，并会同国务院工程建设行政主管部门共同对标准报批稿进行审核。主编部门将共同确认的标准报批文件一式三份报国务院工程建设行政主管部门审批。

第四章　国家标准的审批、发布

第二十八条　国家标准由国务院工程建设行政主管部门审查批准，由国务院标准化行政主管部门统一编号，由国务院标准化行政主管部门和国务院工程建设行政主管部门联合发布。

第二十九条　国家标准的编号由国家标准代号、发布标准的顺序号和发布标准的年号组成，并应当符合下列统一格式：

（一）强制性国家标准的编号为：

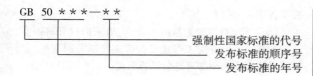

（二）推荐性国家编号为：

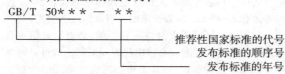

第三十条　国家标准的出版由国务院工程建设行政主管部门负责组织。国家标准的出版印刷应当符合工程建设标准出版印刷的统一要求。

第三十一条　国家标准属于科技成果。对技术水平高、取得显著经济效益或社会效益的国家标准，应当纳入各级科学技术进步奖励范围，予以奖励。

第五章　国家标准的复审与修订

第三十二条　国家标准实施后，应当根据科学技术的发展和工程建设的需要，由该国家标准的管理部门适时组织有关单位进行复审。复审一般在国家标准实施后五年进行一次。

第三十三条　国家标准复审的具体工作由国家标准管理单位负责。复审可以采取函审或会议审查，一般由参加过该标准编制或审查的单位或个人参加。

第三十四条　国家标准复审后，标准管理单位应当提出其继续有效或者予以修订、废止的意见，经该国家标准的主管部门确认后报国务院工程建设行政主管部门批准。

第三十五条　对确认继续有效的国家标准，当再版或汇编时，应在其封面或扉页上的标准编号下方增加"＊＊＊＊年＊月确认继续有效"。对确认继续有效或予以废止的国家标准，由国务院工程建设行政主管部门在指定的报刊上公布。

第三十六条　对需要全面修订的国家标准，由其管理单位做好前期工作。国家标准修订的准备阶段工作应在管理阶段进行，其他有关的要求应当符合制订国家标准的有关规定。

第三十七条　凡属下列情况之一的国家标准应当进行局部修订：

（一）国家标准的部分规定已制约了科学技术新成果的推广应用；

（二）国家标准的部分规定经修订后可取得明显的

经济效益，社会效益，环境效益；

（三）国家标准的部分规定有明显缺陷或与相关的国家标准相抵触；

（四）需要对现行的国家标准做局部补充规定。

第三十八条　国家标准局部修订的计划和编制程序，应当符合工程建设技术标准局部修订的统一规定。

第六章　国家标准的日常管理

第三十九条　国家标准发布后，由其管理单位组建国家标准管理组，负责国家标准的日常管理工作。

第四十条　国家标准管理组设专职或兼职若干人。其人员组成，经国家标准管理单位报该国家标准管理部门审定后报国务院工程建设行政主管部门备案。

第四十一条　国家标准日常管理的主要任务是：

（一）根据主管部门的授权负责国家标准的解释；

（二）对国家标准中遗留的问题，负责组织调查研究、必要的测试验证和重点科研工作；

（三）负责国家标准的宣传贯彻工作；

（四）调查了解国家标准的实施情况，收集和研究国内外有关标准、技术信息资料和实践经验，参加相应的国际标准化活动；

（五）参与有关工程建设质量事故的调查和咨询；

（六）负责开展标准的研究和学术交流活动；

（七）负责国家标准的复审、局部修订和技术档案工作。

第四十二条　国家标准管理人员在该国家标准管理部门和管理单位的领导下工作。管理单位应当加强对其的领导，进行经常性的督促检查，定期研究和解决国家标准日常管理工作中的问题。

第七章　附　则

第四十三条　推荐性国家标准可由国务院工程建设行政主管部门委托中国工程建设标准化协会等单位编制计划、组织制订。

第四十四条　本办法由国务院工程建设行政主管部门负责解释。

第四十五条　本办法自发布之日起施行。

工程建设行业标准管理办法

· 1992 年 12 月 30 日建设部令第 25 号发布
· 自发布之日起施行

第一条　为加强工程建设行业标准的管理，根据《中华人民共和国标准化法》、《中华人民共和国标准化法实施条例》和国家有关工程建设的法律、行政法规,制定本办法。

第二条　对没有国家标准而需要在全国某个行业范围内统一的下列技术要求,可以制定行业标准:

(一)工程建设勘察、规划、设计、施工(包括安装)及验收等行业专用的质量要求;

(二)工程建设行业专用的有关安全、卫生和环境保护的技术要求;

(三)工程建设行业专用的术语、符号、代号、量与单位和制图方法;

(四)工程建设行业专用的试验、检验和评定等方法;

(五)工程建设行业专用的信息技术要求;

(六)其他工程建设行业专用的技术要求。

第三条　行业标准分为强制性标准和推荐性标准。下列标准属于强制性标准:

(一)工程建设勘察、规划、设计、施工(包括安装)及验收等行业专用的综合性标准和重要的行业专用的质量标准;

(二)工程建设行业专用的有关安全、卫生和环境保护的标准;

(三)工程建设重要的行业专用的术语、符号、代号、量与单位和制图方法标准;

(四)工程建设重要的行业专用的试验、检验和评定方法等标准;

(五)工程建设重要的行业专用的信息技术标准;

(六)行业需要控制的其他工程建设标准。

强制性标准以外的标准是推荐性标准。

第四条　国务院有关行政主管部门根据《中华人民共和国标准化法》和国务院工程建设行政主管部门确定的行业标准管理范围,履行行业标准的管理职责。

第五条　行业标准的计划根据国务院工程建设行政主管部门的统一部署由国务院有关行政主管部门组织编制和下达,并报国务院工程建设行政主管部门备案。

与两个以上国务院行政主管部门有关的行业标准,其主编部门由相关的行政主管部门协商确定或由国务院工程建设行政主管部门协调确定,其计划由被确定的主编部门下达。

第六条　行业标准不得与国家标准相抵触。有关行业标准之间应当协调、统一、避免重复。

第七条　制订、修订行业标准的工作程序,可以按准备、征求意见、送审和报批四个阶段进行。

第八条　行业标准的编写应当符合工程建设标准编写的统一规定。

第九条　行业标准由国务院有关行政主管部门审批、编号和发布。

其中,两个以上部门共同制订的行业标准,由有关的行政主管部门联合审批、发布,并由其主编部门负责编号。

第十条　行业标准的某些规定与国家标准不一致时,必须有充分的科学依据和理由,并经国家标准的审批部门批准。

行业标准在相应的国家标准实施后,应当及时修订或废止。

第十一条　行业标准实施后,该标准的批准部门应当根据科学技术的发展和工程建设的实际需要适时进行复审,确认其继续有效或予以修订、废止。一般五年复审一次,复审结果报国务院工程建设行政主管部门备案。

第十二条　行业标准的编号由行业标准的代号、标准发布的顺序号和批准标准的年号组成,并应当符合下列统一格式:

(一)强制性行业标准的编号:

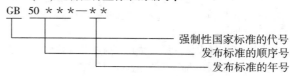

GB　50＊＊＊—＊＊
　　　　　　　　　　强制性国家标准的代号
　　　　　　　　发布标准的顺序号
　　　　　　发布标准的年号

(二)推荐性行业标准的编号:

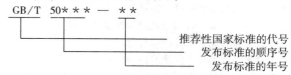

GB/T　50＊＊＊—＊＊
　　　　　　　　　　推荐性国家标准的代号
　　　　　　　　发布标准的顺序号
　　　　　　发布标准的年号

第十三条　行业标准发布后,应当报国务院工程建设行政主管部门备案。

第十四条　行业标准由标准的批准部门负责组织出版,并应当符合工程建设标准出版印刷的统一规定。

第十五条　行业标准属于科技成果。对技术水平高,取得显著经济效益、社会效益和环境效益的行业标准,应当纳入各级科学技术进步奖励范围,并予以奖励。

第十六条　国务院有关行政主管部门可以根据《中华人民共和国标准化法》、《中华人民共和国标准化法实施条例》和本办法制定本行业的工程建设行业标准管理细则。

第十七条　本办法由国务院工程建设行政主管部门负责解释。

第十八条　本办法自发布之日起实施。原《工程建设专业标准规范管理暂行办法》同时废止。

实施工程建设强制性标准监督规定

· 2000 年 8 月 25 日建设部令第 81 号发布
· 根据 2015 年 1 月 22 日《住房和城乡建设部关于修改〈市政公用设施抗灾设防管理规定〉等部门规章的决定》第一次修正
· 根据 2021 年 3 月 30 日《住房和城乡建设部关于修改〈建筑工程施工许可管理办法〉等三部规章的决定》第二次修正

第一条　为加强工程建设强制性标准实施的监督工作,保证建设工程质量,保障人民的生命、财产安全,维护社会公共利益,根据《中华人民共和国标准化法》、《中华人民共和国标准化法实施条例》、《建设工程质量管理条例》等法律法规,制定本规定。

第二条　在中华人民共和国境内从事新建、扩建、改建等工程建设活动,必须执行工程建设强制性标准。

第三条　本规定所称工程建设强制性标准是指直接涉及工程质量、安全、卫生及环境保护等方面的工程建设标准强制性条文。

国家工程建设标准强制性条文由国务院住房城乡建设主管部门会同国务院有关主管部门确定。

第四条　国务院住房城乡建设主管部门负责全国实施工程建设强制性标准的监督管理工作。

国务院有关主管部门按照国务院的职能分工负责实施工程建设强制性标准的监督管理工作。

县级以上地方人民政府住房城乡建设主管部门负责本行政区域内实施工程建设强制性标准的监督管理工作。

第五条　建设工程勘察、设计文件中规定采用的新技术、新材料,可能影响建设工程质量和安全,又没有国家技术标准的,应当由国家认可的检测机构进行试验、论证,出具检测报告,并经国务院有关主管部门或者省、自治区、直辖市人民政府有关主管部门组织的建设工程技术专家委员会审定后,方可使用。

第六条　建设项目规划审查机关应当对工程建设规划阶段执行强制性标准的情况实施监督。

施工图设计文件审查单位应当对工程建设勘察、设计阶段执行强制性标准的情况实施监督。

建筑安全监督管理机构应当对工程建设施工阶段执行施工安全强制性标准的情况实施监督。

工程质量监督机构应当对工程建设施工、监理、验收等阶段执行强制性标准的情况实施监督。

第七条　建设项目规划审查机关、施工图设计文件审查单位、建筑安全监督管理机构、工程质量监督机构的技术人员必须熟悉、掌握工程建设强制性标准。

第八条　工程建设标准批准部门应当定期对建设项目规划审查机关、施工图设计文件审查单位、建筑安全监督管理机构、工程质量监督机构实施强制性标准的监督进行检查,对监督不力的单位和个人,给予通报批评,建议有关部门处理。

第九条　工程建设标准批准部门应当对工程项目执行强制性标准情况进行监督检查。监督检查可以采取重点检查、抽查和专项检查的方式。

第十条　强制性标准监督检查的内容包括:

(一)有关工程技术人员是否熟悉、掌握强制性标准;

(二)工程项目的规划、勘察、设计、施工、验收等是否符合强制性标准的规定;

(三)工程项目采用的材料、设备是否符合强制性标准的规定;

(四)工程项目的安全、质量是否符合强制性标准的规定;

(五)工程中采用的导则、指南、手册、计算机软件的内容是否符合强制性标准的规定。

第十一条　工程建设标准批准部门应当将强制性标准监督检查结果在一定范围内公告。

第十二条　工程建设强制性标准的解释由工程建设标准批准部门负责。

有关标准具体技术内容的解释,工程建设标准批准部门可以委托该标准的编制管理单位负责。

第十三条　工程技术人员应当参加有关工程建设强制性标准的培训,并可以计入继续教育学时。

第十四条　住房城乡建设主管部门或者有关主管部门在处理重大工程事故时,应当有工程建设标准方面的专家参加;工程事故报告应当包括是否符合工程建设强制性标准的意见。

第十五条　任何单位和个人对违反工程建设强制性标准的行为有权向住房城乡建设主管部门或者有关部门检举、控告、投诉。

第十六条　建设单位有下列行为之一的,责令改正,并处以 20 万元以上 50 万元以下的罚款:

(一)明示或者暗示施工单位使用不合格的建筑材

料、建筑构配件和设备的;

（二）明示或者暗示设计单位或者施工单位违反工程建设强制性标准，降低工程质量的。

第十七条 勘察、设计单位违反工程建设强制性标准进行勘察、设计的，责令改正，并处以 10 万元以上 30 万元以下的罚款。

有前款行为，造成工程质量事故的，责令停业整顿，降低资质等级;情节严重的，吊销资质证书;造成损失的，依法承担赔偿责任。

第十八条 施工单位违反工程建设强制性标准的，责令改正，处工程合同价款 2% 以上 4% 以下的罚款;造成建设工程质量不符合规定的质量标准的，负责返工、修理，并赔偿因此造成的损失;情节严重的，责令停业整顿，降低资质等级或者吊销资质证书。

第十九条 工程监理单位违反强制性标准规定，将不合格的建设工程以及建筑材料、建筑构配件和设备按照合格签字的，责令改正，处 50 万元以上 100 万元以下的罚款，降低资质等级或者吊销资质证书;有违法所得的，予以没收;造成损失的，承担连带赔偿责任。

第二十条 违反工程建设强制性标准造成工程质量、安全隐患或者工程质量安全事故的，按照《建设工程质量管理条例》、《建设工程勘察设计管理条例》和《建设工程安全生产管理条例》的有关规定进行处罚。

第二十一条 有关责令停业整顿、降低资质等级和吊销资质证书的行政处罚，由颁发资质证书的机关决定;其他行政处罚，由住房城乡建设主管部门或者有关部门依照法定职权决定。

第二十二条 住房城乡建设主管部门和有关主管部门工作人员，玩忽职守、滥用职权、徇私舞弊的，给予行政处分;构成犯罪的，依法追究刑事责任。

第二十三条 本规定由国务院住房城乡建设主管部门负责解释。

第二十四条 本规定自发布之日起施行。

工程建设标准解释管理办法

· 2014 年 5 月 5 日
· 建标〔2014〕65 号

第一条 为加强工程建设标准实施管理，规范工程建设标准解释工作，根据《标准化法》、《标准化法实施条例》和《实施工程建设强制性标准监督规定》（建设部令第 81 号）等有关规定，制定本办法。

第二条 工程建设标准解释（以下简称标准解释）是指具有标准解释权的部门（单位）按照解释权限和工作程序，对标准规定的依据、涵义以及适用条件等所作的书面说明。

第三条 本办法适用于工程建设国家标准、行业标准和地方标准的解释工作。

第四条 国务院住房城乡建设主管部门负责全国标准解释的管理工作，国务院有关主管部门负责本行业标准解释的管理工作，省级住房城乡建设主管部门负责本行政区域标准解释的管理工作。

第五条 标准解释应按照"谁批准、谁解释"的原则，做到科学、准确、公正、规范。

第六条 标准解释由标准批准部门负责。

对涉及强制性条文的，标准批准部门可指定有关单位出具意见，并做出标准解释。

对涉及标准具体技术内容的，可由标准主编单位或技术依托单位出具解释意见。当申请人对解释意见有异议时，可提请标准批准部门作出标准解释。

第七条 申请标准解释应以书面形式提出，申请人应提供真实身份、姓名和联系方式。

第八条 符合本办法第七条规定的标准解释申请应予受理，但下列情况除外:

（一）不属于标准规定的内容;

（二）执行标准的符合性判定;

（三）尚未发布的标准。

第九条 标准解释申请受理后，应在 15 个工作日内给予答复。对于情况复杂或需要技术论证，在规定期限内不能答复的，应及时告知申请人延期理由和答复时间。

第十条 标准解释应以标准条文规定为准，不得扩展或延伸标准条文的规定，如有必要可组织专题论证。办理答复前，应听取标准主编单位或主要起草人员的意见和建议。

第十一条 标准解释应加盖负责部门（单位）的公章。

第十二条 标准解释过程中的全部资料和记录，应由负责解释的部门（单位）存档。对申请人提出的问题及答复情况应定期进行分析、整理和汇总。

第十三条 对标准解释中的共性问题及答复内容，经标准批准部门同意，可在相关专业期刊、官方网站上予以公布。

第十四条 标准修订后，原已作出的标准解释不适用于新标准。

第十五条　本办法由住房城乡建设部负责解释。

第十六条　本办法自印发之日起实施。

工程建设标准培训管理办法

- 2014 年 11 月 15 日
- 建标〔2014〕162 号

第一条　为推动工程建设标准有效实施,规范工程建设标准(以下简称标准)培训活动,保证培训质量,依据《中华人民共和国标准化法》、《中华人民共和国标准化法实施条例》和《实施工程建设强制性标准监督规定》等法律法规,制定本办法。

第二条　本办法适用于各级住房城乡建设主管部门和国务院有关主管部门组织开展的标准培训活动。

第三条　国务院住房城乡建设主管部门负责全国的标准培训活动管理。国务院有关主管部门负责本部门、本行业的标准培训活动管理。地方各级住房城乡建设主管部门负责本行政区域内的标准培训活动管理。

第四条　各级住房城乡建设主管部门和国务院有关主管部门的工程建设标准化管理机构(以下简称"标准管理机构"),负责制定标准培训计划,有重点、有组织地开展培训活动。

第五条　标准培训计划应根据国家和地区经济社会发展的决策部署、建设工作重点,并结合上级或有关行业的标准培训计划,按年度制定。

第六条　标准培训项目由标准管理机构、标准化专业委员会、主编单位、有关行业协会等单位提出,经统筹协调后确定,并可根据需要进行补充或调整。对于有关业务主管部门提出的标准培训项目,应及时纳入相应的培训计划。

第七条　标准培训计划应当包括:标准名称、培训对象、培训内容、培训时间、责任单位、项目负责人及联系电话等信息。

第八条　标准培训计划应按有关规定及时向社会公布,作为确定培训任务、组织开展培训活动和有关单位及人员参加培训的依据。

第九条　工程技术人员和管理人员应当参加相关标准的培训活动。其所在单位应为相关人员参加标准培训活动提供必要的条件和支持。

标准管理机构可根据本行业或本地区的需要,组织技术人员或师资人员参加上级标准管理机构组织开展的标准培训活动。

第十条　负责继续教育培训的单位,应将标准作为专业技术人员继续教育的重点内容,并组织师资人员参加标准培训。

第十一条　标准主编单位或技术依托单位应积极承担标准培训工作,并为列入培训计划的标准培训提供技术支持。标准主要起草人员应当承担该标准的讲解、师资培训、辅导教材编写和审定等工作。

第十二条　标准培训责任单位应按照标准培训计划组织开展标准培训活动,严格执行国家关于培训办班的管理规定,承担标准培训教材准备、授课人员选聘、课程安排、学员管理和考核与发证等工作,并对标准培训的质量负责。

第十三条　标准培训的授课人员应是该标准主要起草人员或经标准管理机构培训合格的师资人员。

第十四条　标准培训内容应当与标准条文及条文说明相一致。标准培训学时应根据标准内容确定,关联性强的标准,可以联合开展培训。培训结束后,可根据情况进行考试或考核,合格的可颁发相应的标准培训合格证明。

第十五条　标准管理机构应对培训活动进行监督管理,对违反国家相关规定、不能保证培训质量的标准培训责任单位,予以通报批评。

第十六条　标准管理机构应适时对年度标准培训计划执行情况进行总结和评估,作为确定下一年度标准培训计划的依据。

第十七条　省级住房城乡建设主管部门和国务院有关主管部门可根据本办法,制定本行业、本地区标准培训管理细则。

第十八条　本办法由住房城乡建设部负责解释。

第十九条　本办法自印发之日起实施。

工程建设标准涉及专利管理办法

- 2017 年 1 月 12 日
- 建办标〔2017〕3 号

第一章　总　则

第一条　为规范工程建设标准涉及专利的管理,鼓励创新和合理采用新技术,保护公众和专利权人及相关权利人合法权益,依据标准化法、专利法等有关规定制定本办法。

第二条　本办法适用于工程建设国家标准、行业标准和地方标准(以下统称标准)的立项、编制、实施过程中涉及专利相关事项的管理。

本办法所称专利包括有效的专利和专利申请。

第三条　标准中涉及的专利应当是必要专利，并应经工程实践检验，在该项标准适用范围内具有先进性和适用性。必要专利是指实施该标准必不可少的专利。

第四条　强制性标准一般不涉及收费许可使用的专利。

第五条　标准涉及专利相关事项的管理，应当坚持科学、公开、公平、公正、统一的原则。

第六条　国务院有关部门和省、自治区、直辖市人民政府有关部门，负责对所批准标准涉及专利相关事项的管理。

第二章　专利信息披露

第七条　提交标准立项申请的单位在立项申请时，应同时提交所申请标准涉及专利的检索情况。

第八条　在标准的初稿、征求意见稿、送审稿封面上，应当标注征集潜在专利信息的提示。在标准的初稿、征求意见稿、送审稿、报批稿前言中，应当标注标准涉及专利的信息。

第九条　在标准制修订任何阶段，标准起草单位或者个人应当及时向标准第一起草单位告知其拥有或知悉的必要专利，同时提供专利信息及相应证明材料，并对其真实性负责。

第十条　鼓励未参与标准起草的单位或者个人，在标准制修订任何阶段披露其拥有和知悉的必要专利，同时将专利信息及相应的证明材料提交标准第一起草单位，并对其真实性负责。

第十一条　标准第一起草单位应当及时核实本单位拥有及获得的专利信息，并对专利的必要性、先进性、适用性进行论证。

第十二条　任何单位或者个人可以直接将其知悉的专利信息和相关材料，寄送标准批准部门。

第三章　专利实施许可

第十三条　标准在制修订过程中涉及专利的，标准第一起草单位应当及时联系专利权人或者专利申请人，告知本标准制修订预计完成时间和商请签署专利实施许可声明的要求，并请专利权人或者专利申请人按照下列选项签署书面专利实施许可声明：

（一）同意在公平、合理、无歧视基础上，免费许可任何单位或者个人在实施该标准时实施其专利；

（二）同意在公平、合理、无歧视基础上，收费许可任何单位或者个人在实施该标准时实施其专利。

第十四条　未获得专利权人或者专利申请人签署的专利实施许可声明的，标准内容不得包括基于该专利的条款。

第十五条　当标准修订导致已签署的许可声明不再适用时，应当按照本办法的规定重新签署书面专利实施许可声明。当标准废止时，已签署的专利实施许可声明同时终止。

第十六条　对于已经向标准第一起草单位提交实施许可声明的专利，专利权人或者专利申请人转让或者转移该专利时，应当保证受让人同意受该专利实施许可声明的约束，并将专利转让或转移情况及相应证明材料书面告知标准第一起草单位。

第四章　涉及专利标准的批准和实施

第十七条　涉及专利的标准报批时，标准第一起草单位应当同时提交涉及专利的证明材料、专利实施许可声明、论证报告等相关文件。标准批准部门应当对标准第一起草单位提交的有关文件进行审核。

第十八条　标准发布后，对涉及专利但没有专利实施许可声明的，标准批准部门应当责成标准第一起草单位在规定时间内，获得专利权人或者专利申请人签署的专利实施许可声明，并提交标准批准部门。未能在规定时间内获得专利实施许可声明的，标准批准部门视情况采取暂停实施该标准、启动标准修订或废止程序等措施。

第十九条　标准发布后，涉及专利的信息发生变化时，标准第一起草单位应当及时提出处置方案，经标准批准部门审核后对该标准进行相应处置。

第二十条　标准实施过程中，涉及专利实施许可费问题，由标准使用人与专利权人或者专利申请人依据签署的专利实施许可声明协商处理。

第五章　附　则

第二十一条　在标准制修订过程中引用涉及专利的标准条款时，应当按照本办法第三章的规定，由标准第一起草单位办理专利实施许可声明。

第二十二条　工程建设团体标准的立项、编制、实施过程中涉及专利相关事项可参照本办法执行。

第二十三条　本办法由住房城乡建设部负责解释。

第二十四条　本办法自 2017 年 6 月 1 日起实施。

5. 工程价款

建筑工程施工发包与承包计价管理办法

·2013 年 12 月 11 日住房和城乡建设部令第 16 号公布
·自 2014 年 2 月 1 日起施行

第一条　为了规范建筑工程施工发包与承包计价行为,维护建筑工程发包与承包双方的合法权益,促进建筑市场的健康发展,根据有关法律、法规,制定本办法。

第二条　在中华人民共和国境内的建筑工程施工发包与承包计价(以下简称工程发承包计价)管理,适用本办法。

本办法所称建筑工程是指房屋建筑和市政基础设施工程。

本办法所称工程发承包计价包括编制工程量清单、最高投标限价、招标标底、投标报价,进行工程结算,以及签订和调整合同价款等活动。

第三条　建筑工程施工发包与承包价在政府宏观调控下,由市场竞争形成。

工程发承包计价应当遵循公平、合法和诚实信用的原则。

第四条　国务院住房城乡建设主管部门负责全国工程发承包计价工作的管理。

县级以上地方人民政府住房城乡建设主管部门负责本行政区域内工程发承包计价工作的管理。其具体工作可以委托工程造价管理机构负责。

第五条　国家推广工程造价咨询制度,对建筑工程项目实行全过程造价管理。

第六条　全部使用国有资金投资或者以国有资金投资为主的建筑工程(以下简称国有资金投资的建筑工程),应当采用工程量清单计价;非国有资金投资的建筑工程,鼓励采用工程量清单计价。

国有资金投资的建筑工程招标的,应当设有最高投标限价;非国有资金投资的建筑工程招标的,可以设有最高投标限价或者招标标底。

最高投标限价及其成果文件,应当由招标人报工程所在地县级以上地方人民政府住房城乡建设主管部门备案。

第七条　工程量清单应当依据国家制定的工程量清单计价规范、工程量计算规范等编制。工程量清单应当作为招标文件的组成部分。

第八条　最高投标限价应当依据工程量清单、工程计价有关规定和市场价格信息等编制。招标人设有最高投标限价的,应当在招标时公布最高投标限价的总价,以及各单位工程的分部分项工程费、措施项目费、其他项目费、规费和税金。

第九条　招标标底应当依据工程计价有关规定和市场价格信息等编制。

第十条　投标报价不得低于工程成本,不得高于最高投标限价。

投标报价应当依据工程量清单、工程计价有关规定、企业定额和市场价格信息等编制。

第十一条　投标报价低于工程成本或者高于最高投标限价总价的,评标委员会应当否决投标人的投标。

对是否低于工程成本报价的异议,评标委员会可以参照国务院住房城乡建设主管部门和省、自治区、直辖市人民政府住房城乡建设主管部门发布的有关规定进行评审。

第十二条　招标人与中标人应当根据中标价订立合同。不实行招标投标的工程由发承包双方协商订立合同。

合同价款的有关事项由发承包双方约定,一般包括合同价款约定方式,预付工程款、工程进度款、工程竣工价款的支付和结算方式,以及合同价款的调整情形等。

第十三条　发承包双方在确定合同价款时,应当考虑市场环境和生产要素价格变化对合同价款的影响。

实行工程量清单计价的建筑工程,鼓励发承包双方采用单价方式确定合同价款。

建设规模较小、技术难度较低、工期较短的建筑工程,发承包双方可以采用总价方式确定合同价款。

紧急抢险、救灾以及施工技术特别复杂的建筑工程,发承包双方可以采用成本加酬金方式确定合同价款。

第十四条　发承包双方应当在合同中约定,发生下列情形时合同价款的调整方法:

(一)法律、法规、规章或者国家有关政策变化影响合同价款的;

(二)工程造价管理机构发布价格调整信息的;

(三)经批准变更设计的;

(四)发包方更改经审定批准的施工组织设计造成费用增加的;

(五)双方约定的其他因素。

第十五条　发承包双方应当根据国务院住房城乡建设主管部门和省、自治区、直辖市人民政府住房城乡建设主管部门的规定,结合工程款、建设工期等情况在合同中约定预付工程款的具体事宜。

预付工程款按照合同价款或者年度工程计划额度的

一定比例确定和支付,并在工程进度款中予以抵扣。

第十六条 承包方应当按照合同约定向发包方提交已完成工程量报告。发包方收到工程量报告后,应当按照合同约定及时核对并确认。

第十七条 发承包双方应当按照合同约定,定期或者按照工程进度分段进行工程款结算和支付。

第十八条 工程完工后,应当按照下列规定进行竣工结算:

(一)承包方应当在工程完工后的约定期限内提交竣工结算文件。

(二)国有资金投资建筑工程的发包方,应当委托具有相应资质的工程造价咨询企业对竣工结算文件进行审核,并在收到竣工结算文件后的约定期限内向承包方提出由工程造价咨询企业出具的竣工结算文件审核意见;逾期未答复的,按照合同约定处理,合同没有约定的,竣工结算文件视为已被认可。

非国有资金投资的建筑工程发包方,应当在收到竣工结算文件后的约定期限内予以答复,逾期未答复的,按照合同约定处理,合同没有约定的,竣工结算文件视为已被认可;发包方对竣工结算文件有异议的,应当在答复期内向承包方提出,并可以在提出异议之日起的约定期限内与承包方协商;发包方在协商期内未与承包方协商或者经协商未能与承包方达成协议的,应当委托工程造价咨询企业进行竣工结算审核,并在协商期满后的约定期限内向承包方提出由工程造价咨询企业出具的竣工结算文件审核意见。

(三)承包方对发包方提出的工程造价咨询企业竣工结算审核意见有异议的,在接到该审核意见后一个月内,可以向有关工程造价管理机构或者有关行业组织申请调解,调解不成的,可以依法申请仲裁或者向人民法院提起诉讼。

发承包双方在合同中对本条第(一)项、第(二)项的期限没有明确约定的,应当按照国家有关规定执行;国家没有规定的,可认为其约定期限均为28日。

第十九条 工程竣工结算文件经发承包双方签字确认的,应当作为工程决算的依据,未经对方同意,另一方不得就已生效的竣工结算文件委托工程造价咨询企业重复审核。发包方应当按照竣工结算文件及时支付竣工结算款。

竣工结算文件应当由发包方报工程所在地县级以上地方人民政府住房城乡建设主管部门备案。

第二十条 造价工程师编制工程量清单、最高投标限价、招标标底、投标报价、工程结算审核和工程造价鉴定文件,应当签字并加盖造价工程师执业专用章。

第二十一条 县级以上地方人民政府住房城乡建设主管部门应当依照有关法律、法规和本办法规定,加强对建筑工程发承包计价活动的监督检查和投诉举报的核查,并有权采取下列措施:

(一)要求被检查单位提供有关文件和资料;

(二)就有关问题询问签署文件的人员;

(三)要求改正违反有关法律、法规、本办法或者工程建设强制性标准的行为。

县级以上地方人民政府住房城乡建设主管部门应当将监督检查的处理结果向社会公开。

第二十二条 造价工程师在最高投标限价、招标标底或者投标报价编制、工程结算审核和工程造价鉴定中,签署有虚假记载、误导性陈述的工程造价成果文件的,记入造价工程师信用档案,依照《注册造价工程师管理办法》进行查处;构成犯罪的,依法追究刑事责任。

第二十三条 工程造价咨询企业在建筑工程计价活动中,出具有虚假记载、误导性陈述的工程造价成果文件的,记入工程造价咨询企业信用档案,由县级以上地方人民政府住房城乡建设主管部门责令改正,处1万元以上3万元以下的罚款,并予以通报。

第二十四条 国家机关工作人员在建筑工程计价监督管理工作中玩忽职守、徇私舞弊、滥用职权的,由有关机关给予行政处分;构成犯罪的,依法追究刑事责任。

第二十五条 建筑工程以外的工程施工发包与承包计价管理可以参照本办法执行。

第二十六条 省、自治区、直辖市人民政府住房城乡建设主管部门可以根据本办法制定实施细则。

第二十七条 本办法自2014年2月1日起施行。原建设部2001年11月5日发布的《建筑工程施工发包与承包计价管理办法》(建设部令第107号)同时废止。

建设工程价款结算暂行办法

· 2004年10月20日
· 财建〔2004〕369号

第一章 总 则

第一条 为加强和规范建设工程价款结算,维护建设市场正常秩序,根据《中华人民共和国合同法》、《中华人民共和国建筑法》、《中华人民共和国招标投标法》、《中华人民共和国预算法》、《中华人民共和国政府采购法》、《中华人民共和国预算法实施条例》等有关法律、行政法规制订本办法。

第二条　凡在中华人民共和国境内的建设工程价款结算活动，均适用本办法。国家法律法规另有规定的，从其规定。

第三条　本办法所称建设工程价款结算（以下简称"工程价款结算"），是指对建设工程的发承包合同价款进行约定和依据合同约定进行工程预付款、工程进度款、工程竣工价款结算的活动。

第四条　国务院财政部门、各级地方政府财政部门和国务院建设行政主管部门、各级地方政府建设行政主管部门在各自职责范围内负责工程价款结算的监督管理。

第五条　从事工程价款结算活动，应当遵循合法、平等、诚信的原则，并符合国家有关法律、法规和政策。

第二章　工程合同价款的约定与调整

第六条　招标工程的合同价款应当在规定时间内，依据招标文件、中标人的投标文件，由发包人与承包人（以下简称"发、承包人"）订立书面合同约定。

非招标工程的合同价款依据审定的工程预（概）算书由发、承包人在合同中约定。

合同价款在合同中约定后，任何一方不得擅自改变。

第七条　发包人、承包人应当在合同条款中对涉及工程价款结算的下列事项进行约定：

（一）预付工程款的数额、支付时限及抵扣方式；

（二）工程进度款的支付方式、数额及时限；

（三）工程施工中发生变更时，工程价款的调整方法、索赔方式、时限要求及金额支付方式；

（四）发生工程价款纠纷的解决方法；

（五）约定承担风险的范围及幅度以及超出约定范围和幅度的调整办法；

（六）工程竣工价款的结算与支付方式、数额及时限；

（七）工程质量保证（保修）金的数额、预扣方式及时限；

（八）安全措施和意外伤害保险费用；

（九）工期及工期提前或延后的奖惩办法；

（十）与履行合同、支付价款相关的担保事项。

第八条　发、承包人在签订合同时对于工程价款的约定，可选用下列一种约定方式：

（一）固定总价。合同工期较短且工程合同总价较低的工程，可以采用固定总价合同方式。

（二）固定单价。双方在合同中约定综合单价包含的风险范围和风险费用的计算方法，在约定的风险范围内综合单价不再调整。风险范围以外的综合单价调整方法，应当在合同中约定。

（三）可调价格。可调价格包括可调综合单价和措施费等，双方应在合同中约定综合单价和措施费的调整方法，调整因素包括：

1. 法律、行政法规和国家有关政策变化影响合同价款；

2. 工程造价管理机构的价格调整；

3. 经批准的设计变更；

4. 发包人更改经审定批准的施工组织设计（修正错误除外）造成费用增加；

5. 双方约定的其他因素。

第九条　承包人应当在合同规定的调整情况发生后14天内，将调整原因、金额以书面形式通知发包人，发包人确认调整金额后将其作为追加合同价款，与工程进度款同期支付。发包人收到承包人通知后14天内不予确认也不提出修改意见，视为已经同意该项调整。

当合同规定的调整合同价款的调整情况发生后，承包人未在规定时间内通知发包人，或者未在规定时间内提出调整报告，发包人可以根据有关资料，决定是否调整和调整的金额，并书面通知承包人。

第十条　工程设计变更价款调整

（一）施工中发生工程变更，承包人按照经发包人认可的变更设计文件，进行变更施工，其中，政府投资项目重大变更，需按基本建设程序报批后方可施工。

（二）在工程设计变更确定后14天内，设计变更涉及工程价款调整的，由承包人向发包人提出，经发包人审核同意后调整合同价款。变更合同价款按下列方法进行：

1. 合同中已有适用于变更工程的价格，按合同已有的价格变更合同价款；

2. 合同中只有类似于变更工程的价格，可以参照类似价格变更合同价款；

3. 合同中没有适用或类似于变更工程的价格，由承包人或发包人提出适当的变更价格，经对方确认后执行。如双方不能达成一致的，双方可提请工程所在地工程造价管理机构进行咨询或按合同约定的争议或纠纷解决程序办理。

（三）工程设计变更确定后14天内，如承包人未提出变更工程价款报告，则发包人可根据所掌握的资料决定是否调整合同价款和调整的具体金额。重大工程变更涉及工程价款变更报告和确认的时限由发承包双方协商确定。

收到变更工程价款报告一方,应在收到之日起 14 天内予以确认或提出协商意见,自变更工程价款报告送达之日起 14 天内,对方未确认也未提出协商意见时,视为变更工程价款报告已被确认。

确认增(减)的工程变更价款作为追加(减)合同价款与工程进度款同期支付。

第三章　工程价款结算

第十一条　工程价款结算应按合同约定办理,合同未作约定或约定不明的,发、承包双方应依照下列规定与文件协商处理:

(一)国家有关法律、法规和规章制度;

(二)国务院建设行政主管部门、省、自治区、直辖市或有关部门发布的工程造价计价标准、计价办法等有关规定;

(三)建设项目的合同、补充协议、变更签证和现场签证,以及经发、承包人认可的其他有效文件;

(四)其他可依据的材料。

第十二条　工程预付款结算应符合下列规定:

(一)包工包料工程的预付款按合同约定拨付,原则上预付比例不低于合同金额的 10%,不高于合同金额的 30%,对重大工程项目,按年度工程计划逐年预付。计价执行《建设工程工程量清单计价规范》(GB50500—2003)的工程,实体性消耗和非实体性消耗部分应在合同中分别约定预付款比例。

(二)在具备施工条件的前提下,发包人应在双方签订合同后的一个月内或不迟于约定的开工日期前的 7 天内预付工程款,发包人不按约定预付,承包人应在预付时间到期后 10 天内向发包人发出要求预付的通知,发包人收到通知后仍不按要求预付,承包人可在发出通知 14 天后停止施工,发包人应从约定应付之日起向承包人支付应付款的利息(利率按同期银行贷款利率计),并承担违约责任。

(三)预付的工程款必须在合同中约定抵扣方式,并在工程进度款中进行抵扣。

(四)凡是没有签订合同或不具备施工条件的工程,发包人不得预付工程款,不得以预付款为名转移资金。

第十三条　工程进度款结算与支付应当符合下列规定:

(一)工程进度款结算方式

1. 按月结算与支付。即实行按月支付进度款,竣工后清算的办法。合同工期在两个年度以上的工程,在年终进行工程盘点,办理年度结算。

2. 分段结算与支付。即当年开工、当年不能竣工的工程按照工程形象进度,划分不同阶段支付工程进度款。具体划分在合同中明确。

(二)工程量计算

1. 承包人应当按照合同约定的方法和时间,向发包人提交已完工程量的报告。发包人接到报告后 14 天内核实已完工程量,并在核实前 1 天通知承包人,承包人应提供条件并派人参加核实,承包人收到通知后不参加核实,以发包人核实的工程量作为工程价款支付的依据。发包人不按约定时间通知承包人,致使承包人未能参加核实,核实结果无效。

2. 发包人收到承包人报告后 14 天内未核实完工程量,从第 15 天起,承包人报告的工程量即视为被确认,作为工程价款支付的依据,双方合同另有约定的,按合同执行。

3. 对承包人超出设计图纸(含设计变更)范围和因承包人原因造成返工的工程量,发包人不予计量。

(三)工程进度款支付

1. 根据确定的工程计量结果,承包人向发包人提出支付工程进度款申请,14 天内,发包人应按不低于工程价款的 60%,不高于工程价款的 90%向承包人支付工程进度款。按约定时间发包人应扣回的预付款,与工程进度款同期结算抵扣。

2. 发包人超过约定的支付时间不支付工程进度款,承包人应及时向发包人发出要求付款的通知,发包人收到承包人通知后仍不能按要求付款,可与承包人协商签订延期付款协议,经承包人同意后可延期支付,协议应明确延期支付的时间和从工程计量结果确认后第 15 天起计算应付款的利息(利率按同期银行贷款利率计)。

3. 发包人不按合同约定支付工程进度款,双方又未达成延期付款协议,导致施工无法进行,承包人可停止施工,由发包人承担违约责任。

第十四条　工程完工后,双方应按照约定的合同价款及合同价款调整内容以及索赔事项,进行工程竣工结算。

(一)工程竣工结算方式

工程竣工结算分为单位工程竣工结算、单项工程竣工结算和建设项目竣工总结算。

(二)工程竣工结算编审

1. 单位工程竣工结算由承包人编制,发包人审查;实行总承包的工程,由具体承包人编制,在总包人审查的基础上,发包人审查。

2. 单项工程竣工结算或建设项目竣工总结算由总

（承）包人编制，发包人可直接进行审查，也可以委托具有相应资质的工程造价咨询机构进行审查。政府投资项目，由同级财政部门审查。单项工程竣工结算或建设项目竣工总结算经发、承包人签字盖章后有效。

承包人应在合同约定期限内完成项目竣工结算编制工作，未在规定期限内完成的并且提不出正当理由延期的，责任自负。

（三）工程竣工结算审查期限

单项工程竣工后，承包人应在提交竣工验收报告的同时，向发包人递交竣工结算报告及完整的结算资料，发包人应按以下规定时限进行核对（审查）并提出审查意见。

工程竣工结算报告金额	审查时间
1. 500 万元以下	从接到竣工结算报告和完整的竣工结算资料之日起 20 天
2. 500 万元~2000 万元	从接到竣工结算报告和完整的竣工结算资料之日起 30 天
3. 2000 万元 ~ 5000 万元	从接到竣工结算报告和完整的竣工结算资料之日起 45 天
4. 5000 万元以上	从接到竣工结算报告和完整的竣工结算资料之日起 60 天

建设项目竣工总结算在最后一个单项工程竣工结算审查确认后 15 天内汇总，送发包人后 30 天内审查完成。

（四）工程竣工价款结算

发包人收到承包人递交的竣工结算报告及完整的结算资料后，应按本办法规定的期限（合同约定有期限的，从其约定）进行核实，给予确认或者提出修改意见。发包人根据确认的竣工结算报告向承包人支付工程竣工结算价款，保留 5%左右的质量保证（保修）金，待工程交付使用一年质保期到期后清算（合同另有约定的，从其约定），质保期内如有返修，发生费用应在质量保证（保修）金内扣除。

（五）索赔价款结算

发承包人未能按合同约定履行自己的各项义务或发生错误，给另一方造成经济损失的，由受损方按合同约定提出索赔，索赔金额按合同约定支付。

（六）合同以外零星项目工程价款结算

发包人要求承包人完成合同以外零星项目，承包人应在接受发包人要求的 7 天内就用工数量和单价、机械台班数量和单价、使用材料和金额等向发包人提出施工签证，发包人签证后施工，如发包人未签证，承包人施工

后发生争议的，责任由承包人自负。

第十五条　发包人和承包人要加强施工现场的造价控制，及时对工程合同外的事项如实纪录并履行书面手续。凡由发、承包双方授权的现场代表签字的现场签证以及发、承包双方协商确定的索赔等费用，应在工程竣工结算中如实办理，不得因发、承包双方现场代表的中途变更改变其有效性。

第十六条　发包人收到竣工结算报告及完整的结算资料后，在本办法规定或合同约定期限内，对结算报告及资料没有提出意见，则视同认可。

承包人如未在规定时间内提供完整的工程竣工结算资料，经发包人催促后 14 天内仍未提供或没有明确答复，发包人有权根据已有资料进行审查，责任由承包人自负。

根据确认的竣工结算报告，承包人向发包人申请支付工程竣工结算款。发包人应在收到申请后 15 天内支付结算款，到期没有支付的应承担违约责任。承包人可以催告发包人支付结算价款，如达成延期支付协议，承包人应按同期银行贷款利率支付拖欠工程价款的利息。如未达成延期支付协议，承包人可以与发包人协商将该工程折价，或申请人民法院将该工程依法拍卖，承包人就该工程折价或者拍卖的价款优先受偿。

第十七条　工程竣工结算以合同工期为准，实际施工工期比合同工期提前或延后，发、承包双方应按合同约定的奖惩办法执行。

第四章　工程价款结算争议处理

第十八条　工程造价咨询机构接受发包人或承包人委托，编审工程竣工结算，应按合同约定和实际履约事项认真办理，出具的竣工结算报告经发、承包双方签字后生效。当事人一方对报告有异议的，可对工程结算中有异议部分，向有关部门申请咨询后协商处理，若不能达成一致的，双方可按合同约定的争议或纠纷解决程序办理。

第十九条　发包人对工程质量有异议，已竣工验收或已竣工未验收但实际投入使用的工程，其质量争议按该工程保修合同执行；已竣工未验收且未实际投入使用的工程以及停工、停建工程的质量争议，应当就有争议部分的竣工结算暂缓办理，双方可就有争议的工程委托有资质的检测鉴定机构进行检测，根据检测结果确定解决方案，或按工程质量监督机构的处理决定执行，其余部分的竣工结算依照约定办理。

第二十条　当事人对工程造价发生合同纠纷时，可通过下列办法解决：

（一）双方协商确定；

（二）按合同条款约定的办法提请调解；

（三）向有关仲裁机构申请仲裁或向人民法院起诉。

第五章　工程价款结算管理

第二十一条　工程竣工后，发、承包双方应及时办清工程竣工结算，否则，工程不得交付使用，有关部门不予办理权属登记。

第二十二条　发包人与中标的承包人不按照招标文件和中标的承包人的投标文件订立合同的，或者发包人、中标的承包人背离合同实质性内容另行订立协议，造成工程价款结算纠纷的，另行订立的协议无效，由建设行政主管部门责令改正，并按《中华人民共和国招标投标法》第五十九条进行处罚。

第二十三条　接受委托承接有关工程结算咨询业务的工程造价咨询机构应具有工程造价咨询单位资质，其出具的办理拨付工程价款和工程结算的文件，应当由造价工程师签字，并应加盖执业专用章和单位公章。

第六章　附　则

第二十四条　建设工程施工专业分包或劳务分包，总（承）包人与分包人必须依法订立专业分包或劳务分包合同，按照本办法的规定在合同中约定工程价款及其结算办法。

第二十五条　政府投资项目除执行本办法有关规定外，地方政府或地方政府财政部门对政府投资项目合同价款约定与调整、工程价款结算、工程价款结算争议处理等事项，如另有特殊规定的，从其规定。

第二十六条　凡实行监理的工程项目，工程价款结算过程中涉及监理工程师签证事项，应按工程监理合同约定执行。

第二十七条　有关主管部门、地方政府财政部门和地方政府建设行政主管部门可参照本办法，结合本部门、本地区实际情况，另行制订具体办法，并报财政部、建设部备案。

第二十八条　合同示范文本内容如与本办法不一致，以本办法为准。

第二十九条　本办法自公布之日起施行。

关于完善建设工程价款结算有关办法的通知

· 2022 年 6 月 14 日
· 财建〔2022〕183 号

党中央有关部门，国务院各部委、各直属机构，全国人大常委会办公厅，全国政协办公厅，最高人民法院，最高人民检察院，各民主党派中央，有关人民团体，各中央管理企业，各省、自治区、直辖市、计划单列市财政厅（局）、住房和城乡建设厅（委、管委、局），新疆生产建设兵团财政局、住房和城乡建设局：

为进一步完善建设工程价款结算有关办法，维护建设市场秩序，减轻建筑企业负担，保障农民工权益，根据《基本建设财务规则》（财政部令第 81 号）、《建设工程价款结算暂行办法》（财建〔2004〕369 号）等有关规定，现就有关工作通知如下：

一、提高建设工程进度款支付比例。政府机关、事业单位、国有企业建设工程进度款支付应不低于已完成工程价款的 80%；同时，在确保不超出工程总概（预）算以及工程决（结）算工作顺利开展的前提下，除按合同约定保留不超过工程价款总额 3% 的质量保证金外，进度款支付比例可由发承包双方根据项目实际情况自行确定。在结算过程中，若发生进度款支付超出实际已完成工程价款的情况，承包单位应按规定在结算后 30 日内向发包单位返还多收到的工程进度款。

二、当年开工、当年不能竣工的新开工项目可以推行过程结算。发承包双方通过合同约定，将施工过程按时间或进度节点划分施工周期，对周期内已完成且无争议的工程量（含变更、签证、索赔等）进行价款计算、确认和支付，支付金额不得超出已完成部分对应的批复概（预）算。经双方确认的过程结算文件作为竣工结算文件的组成部分，竣工后原则上不再重复审核。

三、本通知自 2022 年 8 月 1 日起施行。自此日期起签订的工程合同应按照本通知执行。除本通知所规范事项外，其它有关事项继续按照《建设工程价款结算暂行办法》（财建〔2004〕369 号）执行。

基本建设项目竣工财务决算管理暂行办法

· 2016 年 6 月 30 日
· 财建〔2016〕503 号

第一条　为进一步加强基本建设项目竣工财务决算管理，依据《基本建设财务规则》（财政部令第 81 号），制定本办法。

第二条　基本建设项目（以下简称项目）完工可投入使用或者试运行合格后，应当在 3 个月内编报竣工财务决算，特殊情况确需延长的，中小型项目不得超过 2 个月，大型项目不得超过 6 个月。

第三条　项目竣工财务决算未经审核前，项目建设单位一般不得撤销,项目负责人及财务主管人员、重大项目的相关工程技术主管人员、概(预)算主管人员一般不得调离。

项目建设单位确需撤销的,项目有关财务资料应当转入其他机构承接、保管。项目负责人、财务人员及相关工程技术主管人员确需调离的,应当继续承担或协助做好竣工财务决算相关工作。

第四条 实行代理记账、会计集中核算和项目代建制的,代理记账单位、会计集中核算单位和代建单位应当配合项目建设单位做好项目竣工财务决算工作。

第五条 编制项目竣工财务决算前,项目建设单位应当完成各项账务处理及财产物资的盘点核实,做到账账、账证、账实、账表相符。项目建设单位应当逐项盘点核实,填列各种材料、设备、工具、器具等清单并妥善保管,应变价处理的库存设备、材料以及应处理的自用固定资产要公开变价处理,不得侵占、挪用。

第六条 项目竣工财务决算的编制依据主要包括:国家有关法律法规;经批准的可行性研究报告、初步设计、概算及概算调整文件;招标文件及招标投标书,施工、代建、勘察设计、监理及设备采购等合同,政府采购审批文件、采购合同;历年下达的项目年度财政资金投资计划、预算;工程结算资料;有关的会计及财务管理资料;其他有关资料。

第七条 项目竣工财务决算的内容主要包括:项目竣工财务决算报表(附表1)、竣工财务决算说明书、竣工财务决(结)算审核情况及相关资料。

第八条 竣工财务决算说明书主要包括以下内容:

(一)项目概况;

(二)会计账务处理、财产物资清理及债权债务的清偿情况;

(三)项目建设资金计划及到位情况,财政资金支出预算、投资计划及到位情况;

(四)项目建设资金使用、项目结余资金分配情况;

(五)项目概(预)算执行情况及分析,竣工实际完成投资与概算差异及原因分析;

(六)尾工工程情况;

(七)历次审计、检查、审核、稽察意见及整改落实情况;

(八)主要技术经济指标的分析、计算情况;

(九)项目管理经验、主要问题和建议;

(十)预备费动用情况;

(十一)项目建设管理制度执行情况、政府采购情况、合同履行情况;

(十二)征地拆迁补偿情况、移民安置情况;

(十三)需说明的其他事项。

第九条 项目竣工决(结)算经有关部门或单位进行项目竣工决(结)算审核的,需附完整的审核报告及审核表(附表2),审核报告内容应当详实,主要包括:审核说明、审核依据、审核结果、意见、建议。

第十条 相关资料主要包括:

(一)项目立项、可行性研究报告、初步设计报告及概算、概算调整批复文件的复印件;

(二)项目历年投资计划及财政资金预算下达文件的复印件;

(三)审计、检查意见或文件的复印件;

(四)其他与项目决算相关资料。

第十一条 建设周期长、建设内容多的大型项目,单项工程竣工财务决算可单独报批,单项工程结余资金在整个项目竣工财务决算中一并处理。

第十二条 中央项目竣工财务决算,由财政部制定统一的审核批复管理制度和操作规程。中央项目主管部门本级以及不向财政部报送年度部门决算的中央单位的项目竣工财务决算,由财政部批复;其他中央项目竣工财务决算,由中央项目主管部门负责批复,报财政部备案。国家另有规定的,从其规定。

地方项目竣工财务决算审核批复管理职责和程序要求由同级财政部门确定。

经营性项目的项目资本中,财政资金所占比例未超过50%的,项目竣工财务决算可以不报财政部门或者项目主管部门审核批复。项目建设单位应当按照国家有关规定加强工程价款结算和项目竣工财务决算管理。

第十三条 财政部门和项目主管部门对项目竣工财务决算实行先审核、后批复的办法,可以委托预算评审机构或者有专业能力的社会中介机构进行审核。

第十四条 项目竣工财务决算审核批复环节中审减的概算内投资,按投资来源比例归还投资者。

第十五条 项目主管部门应当加强对尾工工程建设资金监督管理,督促项目建设单位抓紧实施尾工工程,及时办理尾工工程建设资金清算和资产交付使用手续。

第十六条 项目建设内容以设备购置、房屋及其他建筑物购置为主且附有部分建筑安装工程的,可以简化项目竣工财务决算编报内容、报表格式和批复手续;设备购置、房屋及其他建筑物购置,不用单独编报项目竣工财务决算。

第十七条 财政部门和项目主管部门审核批复项目

竣工财务决算时,应当重点审查以下内容:

（一）工程价款结算是否准确,是否按照合同约定和国家有关规定进行,有无多算和重复计算工程量、高估冒算建筑材料价格现象;

（二）待摊费用支出及其分摊是否合理、正确;

（三）项目是否按照批准的概算（预）算内容实施,有无超标准、超规模、超概（预）算建设现象;

（四）项目资金是否全部到位,核算是否规范,资金使用是否合理,有无挤占、挪用现象;

（五）项目形成资产是否全面反映,计价是否准确,资产接受单位是否落实;

（六）项目在建设过程中历次检查和审计所提的重大问题是否已经整改落实;

（七）待核销基建支出和转出投资有无依据,是否合理;

（八）竣工财务决算报表所填列的数据是否完整,表间勾稽关系是否清晰、正确;

（九）尾工工程及预留费用是否控制在概算确定的范围内,预留的金额和比例是否合理;

（十）项目建设是否履行基本建设程序,是否符合国家有关建设管理制度要求等;

（十一）决算的内容和格式是否符合国家有关规定;

（十二）决算资料报送是否完整、决算数据间是否存在错误;

（十三）相关主管部门或者第三方专业机构是否出具审核意见。

第十八条　财政部对授权主管部门批复的中央项目竣工财务决算实行抽查制度。

第十九条　项目竣工后应当及时办理资金清算和资产交付手续,并依据项目竣工财务决算批复意见办理产权登记和有关资产入账或调账。

第二十条　项目建设单位经批准使用项目资金购买的车辆、办公设备等自用固定资产,项目完工时按下列情况进行财务处理:资产直接交付使用单位的,按设备投资支出转入交付使用。其中,计提折旧的自用固定资产,按固定资产购置成本扣除累计折旧后的金额转入交付使用,项目建设期间计提的折旧费用作为待摊投资支出分摊到相关资产价值;不计提折旧的自用固定资产,按固定资产购置成本转入交付使用。

资产在交付使用单位前公开变价处置的,项目建设期间计提的折旧费用和固定资产清理净损益（即公开变价金额与扣除所提折旧后设备净值之间的差额）计入待摊投资,不计提自用固定资产折旧的项目,按公开变价金额与购置成本之间的差额作为待摊投资支出分摊到相关资产价值。

第二十一条　本办法自 2016 年 9 月 1 日起施行。《财政部关于加强和改进政府性基金年度决算和中央大中型基建项目竣工财务决算审批的通知》（财建〔2002〕26 号）和《财政部关于进一步加强中央基本建设项目竣工财务决算工作的通知》（财办建〔2008〕91 号）同时废止。

附表 1:基本建设项目竣工财务决算报表（略）

附表 2:基本建设项目竣工财务决算审核表（略）

建设工程定额管理办法

· 2015 年 12 月 25 日
· 建标〔2015〕230 号

第一章　总　则

第一条　为规范建设工程定额（以下简称定额）管理,合理确定和有效控制工程造价,更好地为工程建设服务,依据相关法律法规,制定本办法。

第二条　国务院住房城乡建设行政主管部门、各省级住房城乡建设行政主管部门和行业主管部门（以下简称各主管部门）发布的各类定额,适用本办法。

第三条　本办法所称定额是指在正常施工条件下完成规定计量单位的合格建筑安装工程所消耗的人工、材料、施工机具台班、工期天数及相关费率等的数量基准。

定额是国有资金投资工程编制投资估算、设计概算和最高投标限价的依据,对其他工程仅供参考。

第四条　定额管理包括定额的体系与计划、制定与修订、发布与日常管理。

第五条　定额管理应遵循统一规划、分工负责、科学编制、动态管理的原则。

第六条　国务院住房城乡建设行政主管部门负责全国统一定额管理工作,指导监督全国各类定额的实施;

行业主管部门负责本行业的定额管理工作;

省级住房城乡建设行政主管部门负责本行政区域内的定额管理工作。

定额管理具体工作由各主管部门所属建设工程造价管理机构负责。

第二章　体系与计划

第七条　各主管部门应编制和完善相应的定额体系表,并适时调整。

国务院住房城乡建设行政主管部门负责制定定额体系编制的统一要求。各行业主管部门、省级住房城乡建设行政主管部门按统一要求编制完善本行业和地区的定额体系表，并报国务院住房城乡建设行政主管部门。

国务院住房城乡建设行政主管部门根据各行业主管部门、省级住房城乡建设行政主管部门报送的定额体系表编制发布全国定额体系表。

第八条　各主管部门应根据工程建设发展的需要，按照定额体系相关要求，组织工程造价管理机构编制定额年度工作计划，明确工作任务、工作重点、主要措施、进度安排、工作经费等。

第三章　制定与修订

第九条　定额的制定与修订包括制定、全面修订、局部修订、补充。

（一）对新型工程以及建筑产业现代化、绿色建筑、建筑节能等工程建设新要求，应及时制定新定额。

（二）对相关技术规程和技术规范已全面更新且不能满足工程计价需要的定额，发布实施已满五年的定额，应全面修订。

（三）对相关技术规程和技术规范发生局部调整且不能满足工程计价需要的定额，部分子目已不适应工程计价需要的定额，应及时局部修订。

（四）对定额发布后工程建设中出现的新技术、新工艺、新材料、新设备等情况，应根据工程建设需求及时编制补充定额。

第十条　定额应按统一的规则进行编制，术语、符号、计量单位等严格执行国家相关标准和规范，做到格式规范、语言严谨、数据准确。

第十一条　定额应合理反映工程建设的实际情况，体现工程建设的社会平均水平，积极引导新技术、新工艺、新材料、新设备的应用。

第十二条　各主管部门可通过购买服务等多种方式，充分发挥企业、科研单位、社团组织等社会力量在工程定额编制中的基础作用，提高定额编制科学性、及时性。鼓励企业编制企业定额。

第十三条　定额的制定、全面修订和局部修订工作均应按准备、编制初稿、征求意见、审查、批准发布五个步骤进行。

（一）准备：建设工程造价管理机构根据定额工作计划，组织具有一定工程实践经验和专业技术水平的人员成立编制组。编制组负责拟定工作大纲，建设工程造价管理机构负责对工作大纲进行审查。工作大纲主要内容应包括：任务依据、编制目的、编制原则、编制依据、主要内容、需要解决的主要问题、编制组人员与分工、进度安排、编制经费来源等。

（二）编制初稿：编制组根据工作大纲开展调查研究工作，深入定额使用单位了解情况、广泛收集数据，对编制中的重大问题或技术问题，应进行测算验证或召开专题会议论证，并形成相应报告，在此基础上经过项目划分和水平测算后编制完成定额初稿。

（三）征求意见：建设工程造价管理机构组织专家对定额初稿进行初审。编制组根据定额初审意见修改完成定额征求意见稿。征求意见稿由各主管部门或其授权的建设工程造价管理机构公开征求意见。征求意见的期限一般为一个月。征求意见稿包括正文和编制说明。

（四）审查：建设工程造价管理机构组织编制组根据征求意见进行修改后形成定额送审文件。送审文件应包括正文、编制说明、征求意见处理汇总表等。

定额送审文件的审查一般采取审查会议的形式。审查会议应由各主管部门组织召开，参加会议的人员应由有经验的专家代表、编制组人员等组成，审查会议应形成会议纪要。

（五）批准发布：建设工程造价管理机构组织编制组根据定额送审文件审查意见进行修改后形成报批文件，报送各主管部门批准。报批文件包括正文、编制报告、审查会议纪要、审查意见处理汇总表等。

第十四条　定额制定与修订工作完成后，编制组应将计算底稿等基础资料和成果提交建设工程造价管理机构存档。

第四章　发布与日常管理

第十五条　定额应按国务院住房城乡建设主管部门制定的规则统一命名与编号。

第十六条　各省、自治区、直辖市和行业的定额发布后应由其主管部门报国务院住房城乡建设行政主管部门备案。

第十七条　建设工程造价管理机构负责定额日常管理，主要任务是：

（一）每年应面向社会公开征求意见，深入市场调查，收集公众、工程建设各方主体对定额的意见和新要求，并提出处理意见；

（二）组织开展定额的宣传贯彻；

（三）负责收集整理有关定额解释和定额实施情况的资料；

（四）组织开展定额实施情况的指导监督；

（五）负责组建定额编制专家库，加强定额管理队伍建设。

第五章 经 费

第十八条 各主管部门应按照《财政部、国家发展改革委关于公布取消和停止征收 100 项行政事业性收费项目的通知》（财综〔2008〕78 号）要求，积极协调同级财政部门在财政预算中保障定额相关经费。

第十九条 定额经费的使用应符合国家、行业或地方财务管理制度，实行专款专用，接受有关部门的监督与检查。

第六章 附 则

第二十条 本办法由国务院住房城乡建设行政主管部门负责解释。

第二十一条 各省级住房城乡建设行政主管部门和行业主管部门可以根据本办法制定实施细则。

第二十二条 本办法自发布之日起施行。

工程造价咨询企业管理办法

· 2006 年 3 月 22 日建设部令第 149 号公布
· 根据 2015 年 5 月 4 日《住房和城乡建设部关于修改〈房地产开发企业资质管理规定〉等部门规章的决定》第一次修订
· 根据 2016 年 9 月 13 日《住房城乡建设部关于修改〈勘察设计注册工程师管理规定〉等 11 个部门规章的决定》第二次修订
· 根据 2020 年 2 月 19 日《住房和城乡建设部关于修改〈工程造价咨询企业管理办法〉〈注册造价工程师管理办法〉的决定》第三次修订

第一章 总 则

第一条 为了加强对工程造价咨询企业的管理，提高工程造价咨询工作质量，维护建设市场秩序和社会公共利益，根据《中华人民共和国行政许可法》《国务院对确需保留的行政审批项目设定行政许可的决定》，制定本办法。

第二条 在中华人民共和国境内从事工程造价咨询活动，实施对工程造价咨询企业的监督管理，应当遵守本办法。

第三条 本办法所称工程造价咨询企业，是指接受委托，对建设项目投资、工程造价的确定与控制提供专业咨询服务的企业。

第四条 工程造价咨询企业应当依法取得工程造价咨询企业资质，并在其资质等级许可的范围内从事工程造价咨询活动。

第五条 工程造价咨询企业从事工程造价咨询活动，应当遵循独立、客观、公正、诚实信用的原则，不得损害社会公共利益和他人的合法权益。

任何单位和个人不得非法干预依法进行的工程造价咨询活动。

第六条 国务院住房城乡建设主管部门负责全国工程造价咨询企业的统一监督管理工作。

省、自治区、直辖市人民政府住房城乡建设主管部门负责本行政区域内工程造价咨询企业的监督管理工作。

有关专业部门负责对本专业工程造价咨询企业实施监督管理。

第七条 工程造价咨询行业组织应当加强行业自律管理。

鼓励工程造价咨询企业加入工程造价咨询行业组织。

第二章 资质等级与标准

第八条 工程造价咨询企业资质等级分为甲级、乙级。

第九条 甲级工程造价咨询企业资质标准如下：

（一）已取得乙级工程造价咨询企业资质证书满 3 年；

（二）技术负责人已取得一级造价工程师注册证书，并具有工程或工程经济类高级专业技术职称，且从事工程造价专业工作 15 年以上；

（三）专职从事工程造价专业工作的人员（以下简称专职专业人员）不少于 12 人，其中，具有工程（或工程经济类）中级以上专业技术职称或者取得二级造价工程师注册证书的人员合计不少于 10 人；取得一级造价工程师注册证书的人员不少于 6 人，其他人员具有从事工程造价专业工作的经历；

（四）企业与专职专业人员签订劳动合同，且专职专业人员符合国家规定的职业年龄（出资人除外）；

（五）企业近 3 年工程造价咨询营业收入累计不低于人民币 500 万元；

（六）企业为本单位专职专业人员办理的社会基本养老保险手续齐全；

（七）在申请核定资质等级之日前 3 年内无本办法第二十五条禁止的行为。

第十条 乙级工程造价咨询企业资质标准如下：

（一）技术负责人已取得一级造价工程师注册证书，并具有工程或工程经济类高级专业技术职称，且从事工程造价专业工作 10 年以上；

（二）专职专业人员不少于 6 人，其中，具有工程（或工程经济类）中级以上专业技术职称或者取得二级造价工程师注册证书的人员合计不少于 4 人；取得一级造价

工程师注册证书的人员不少于 3 人,其他人员具有从事工程造价专业工作的经历;

(三)企业与专职专业人员签订劳动合同,且专职专业人员符合国家规定的职业年龄(出资人除外);

(四)企业为本单位专职专业人员办理的社会基本养老保险手续齐全;

(五)暂定期内工程造价咨询营业收入累计不低于人民币 50 万元;

(六)申请核定资质等级之日前无本办法第二十五条禁止的行为。

第三章　资质许可

第十一条　甲级工程造价咨询企业资质,由国务院住房城乡建设主管部门审批。

申请甲级工程造价咨询企业资质的,可以向申请人工商注册所在地省、自治区、直辖市人民政府住房城乡建设主管部门或者国务院有关专业部门提交申请材料。

省、自治区、直辖市人民政府住房城乡建设主管部门或者国务院有关专业部门收到申请材料后,应当在 5 日内将全部申请材料报国务院住房城乡建设主管部门,国务院住房城乡建设主管部门应当自受理之日起 20 日内作出决定。

组织专家评审所需时间不计算在上述时限内,但应当明确告知申请人。

第十二条　申请乙级工程造价咨询企业资质的,由省、自治区、直辖市人民政府住房城乡建设主管部门审查决定。其中,申请有关专业乙级工程造价咨询企业资质的,由省、自治区、直辖市人民政府住房城乡建设主管部门商同级有关专业部门审查决定。

乙级工程造价咨询企业资质许可的实施程序由省、自治区、直辖市人民政府住房城乡建设主管部门依法确定。

省、自治区、直辖市人民政府住房城乡建设主管部门应当自作出决定之日起 30 日内,将准予资质许可的决定报国务院住房城乡建设主管部门备案。

第十三条　企业在申请工程造价咨询甲级(或乙级)资质,以及在资质延续、变更时,应当提交下列申报材料:

(一)工程造价咨询企业资质申请书(含企业法定代表人承诺书);

(二)专职专业人员(含技术负责人)的中级以上专业技术职称证书和身份证;

(三)企业开具的工程造价咨询营业收入发票和对应的工程造价咨询合同(如发票能体现工程造价咨询业务的,可不提供对应的工程造价咨询合同;新申请工程造价咨询企业资质的,不需提供);

(四)工程造价咨询企业资质证书(新申请工程造价咨询企业资质的,不需提供);

(五)企业营业执照。

企业在申请工程造价咨询甲级(或乙级)资质,以及在资质延续、变更时,企业法定代表人应当对下列事项进行承诺,并由资质许可机关调查核实:

(一)企业与专职专业人员签订劳动合同;

(二)企业缴纳营业收入的增值税;

(三)企业为专职专业人员(含技术负责人)缴纳本年度社会基本养老保险费用。

第十四条　新申请工程造价咨询企业资质的,其资质等级按照本办法第十条第(一)项至第(四)项所列资质标准核定为乙级,设暂定期一年。

暂定期届满需继续从事工程造价咨询活动的,应当在暂定期届满 30 日前,向资质许可机关申请换发资质证书。符合乙级资质条件的,由资质许可机关换发资质证书。

第十五条　准予资质许可的,资质许可机关应当向申请人颁发工程造价咨询企业资质证书。

工程造价咨询企业资质证书由国务院住房城乡建设主管部门统一印制,分正本和副本。正本和副本具有同等法律效力。

工程造价咨询企业遗失资质证书的,应当向资质许可机关申请补办,由资质许可机关在官网发布信息。

第十六条　工程造价咨询企业资质有效期为 3 年。

资质有效期届满,需要继续从事工程造价咨询活动的,应当在资质有效期届满 30 日前向资质许可机关提出资质延续申请。资质许可机关应当根据申请作出是否准予延续的决定。准予延续的,资质有效期延续 3 年。

第十七条　工程造价咨询企业的名称、住所、组织形式、法定代表人、技术负责人、注册资本等事项发生变更的,应当自变更确立之日起 30 日内,到资质许可机关办理资质证书变更手续。

第十八条　工程造价咨询企业合并的,合并后存续或者新设立的工程造价咨询企业可以承继合并前各方中较高的资质等级,但应当符合相应的资质等级条件。

工程造价咨询企业分立的,只能由分立后的一方承继原工程造价咨询企业资质,但应当符合原工程造价咨询企业资质等级条件。

第四章　工程造价咨询管理

第十九条　工程造价咨询企业依法从事工程造价咨询活动，不受行政区域限制。

甲级工程造价咨询企业可以从事各类建设项目的工程造价咨询业务。

乙级工程造价咨询企业可以从事工程造价2亿元人民币以下各类建设项目的工程造价咨询业务。

第二十条　工程造价咨询业务范围包括：

（一）建设项目建议书及可行性研究投资估算、项目经济评价报告的编制和审核；

（二）建设项目概预算的编制与审核，并配合设计方案比选、优化设计、限额设计等工作进行工程造价分析与控制；

（三）建设项目合同价款的确定（包括招标工程工程量清单和标底、投标报价的编制和审核）；合同价款的签订与调整（包括工程变更、工程洽商和索赔费用的计算）及工程款支付，工程结算及竣工结（决）算报告的编制与审核等；

（四）工程造价经济纠纷的鉴定和仲裁的咨询；

（五）提供工程造价信息服务等。

工程造价咨询企业可以对建设项目的组织实施进行全过程或者若干阶段的管理和服务。

第二十一条　工程造价咨询企业在承接各类建设项目的工程造价咨询业务时，应当与委托人订立书面工程造价咨询合同。

工程造价咨询企业与委托人可以参照《建设工程造价咨询合同》（示范文本）订立合同。

第二十二条　工程造价咨询企业从事工程造价咨询业务，应当按照有关规定的要求出具工程造价成果文件。

工程造价成果文件应当由工程造价咨询企业加盖有企业名称、资质等级及证书编号的执业印章，并由执行咨询业务的注册造价工程师签字、加盖执业印章。

第二十三条　工程造价咨询企业跨省、自治区、直辖市承接工程造价咨询业务的，应当自承接业务之日起30日内到建设工程所在地省、自治区、直辖市人民政府住房城乡建设主管部门备案。

第二十四条　工程造价咨询收费应当按照有关规定，由当事人在建设工程造价咨询合同中约定。

第二十五条　工程造价咨询企业不得有下列行为：

（一）涂改、倒卖、出租、出借资质证书，或者以其他形式非法转让资质证书；

（二）超越资质等级业务范围承接工程造价咨询业务；

（三）同时接受招标人和投标人或两个以上投标人对同一工程项目的工程造价咨询业务；

（四）以给予回扣、恶意压低收费等方式进行不正当竞争；

（五）转包承接的工程造价咨询业务；

（六）法律、法规禁止的其他行为。

第二十六条　除法律、法规另有规定外，未经委托人书面同意，工程造价咨询企业不得对外提供工程造价咨询服务过程中获知的当事人的商业秘密和业务资料。

第二十七条　县级以上地方人民政府住房城乡建设主管部门、有关专业部门应当依照有关法律、法规和本办法的规定，对工程造价咨询企业从事工程造价咨询业务的活动实施监督检查。

第二十八条　监督检查机关履行监督检查职责时，有权采取下列措施：

（一）要求被检查单位提供工程造价咨询企业资质证书、造价工程师注册证书，有关工程造价咨询业务的文档，有关技术档案管理制度、质量控制制度、财务管理制度的文件；

（二）进入被检查单位进行检查，查阅工程造价咨询成果文件以及工程造价咨询合同等相关资料；

（三）纠正违反有关法律、法规和本办法及执业规程规定的行为。

监督检查机关应当将监督检查的处理结果向社会公布。

第二十九条　监督检查机关进行监督检查时，应当有两名以上监督检查人员参加，并出示执法证件，不得妨碍被检查单位的正常经营活动，不得索取或者收受财物、谋取其他利益。

有关单位和个人对依法进行的监督检查应当协助与配合，不得拒绝或者阻挠。

第三十条　有下列情形之一的，资质许可机关或者其上级机关，根据利害关系人的请求或者依据职权，可以撤销工程造价咨询企业资质：

（一）资质许可机关工作人员滥用职权、玩忽职守作出准予工程造价咨询企业资质许可的；

（二）超越法定职权作出准予工程造价咨询企业资质许可的；

（三）违反法定程序作出准予工程造价咨询企业资质许可的；

（四）对不具备行政许可条件的申请人作出准予工程造价咨询企业资质许可的；

（五）依法可以撤销工程造价咨询企业资质的其他情形。

工程造价咨询企业以欺骗、贿赂等不正当手段取得工程造价咨询企业资质的，应当予以撤销。

第三十一条　工程造价咨询企业取得工程造价咨询企业资质后，不再符合相应资质条件的，资质许可机关根据利害关系人的请求或者依据职权，可以责令其限期改正；逾期不改的，可以撤回其资质。

第三十二条　有下列情形之一的，资质许可机关应当依法注销工程造价咨询企业资质：

（一）工程造价咨询企业资质有效期满，未申请延续的；

（二）工程造价咨询企业资质被撤销、撤回的；

（三）工程造价咨询企业依法终止的；

（四）法律、法规规定的应当注销工程造价咨询企业资质的其他情形。

第三十三条　工程造价咨询企业应当按照有关规定，向资质许可机关提供真实、准确、完整的工程造价咨询企业信用档案信息。

工程造价咨询企业信用档案应当包括工程造价咨询企业的基本情况、业绩、良好行为、不良行为等内容。违法行为、被投诉举报处理、行政处罚等情况应当作为工程造价咨询企业的不良记录记入其信用档案。

任何单位和个人有权查阅信用档案。

第五章　法律责任

第三十四条　申请人隐瞒有关情况或者提供虚假材料申请工程造价咨询企业资质的，不予受理或者不予资质许可，并给予警告，申请人在1年内不得再次申请工程造价咨询企业资质。

第三十五条　以欺骗、贿赂等不正当手段取得工程造价咨询企业资质的，由县级以上地方人民政府住房城乡建设主管部门或者有关专业部门给予警告，并处以1万元以上3万元以下的罚款，申请人3年内不得再次申请工程造价咨询企业资质。

第三十六条　未取得工程造价咨询企业资质从事工程造价咨询活动或者超越资质等级承接工程造价咨询业务的，出具的工程造价成果文件无效，由县级以上地方人民政府住房城乡建设主管部门或者有关专业部门给予警告，责令限期改正，并处以1万元以上3万元以下的罚款。

第三十七条　违反本办法第十七条规定，工程造价咨询企业不及时办理资质证书变更手续的，由资质许可机关责令限期办理；逾期不办理的，可处以1万元以下的罚款。

第三十八条　违反本办法第二十三条规定，跨省、自治区、直辖市承接业务不备案的，由县级以上地方人民政府住房城乡建设主管部门或者有关专业部门给予警告，责令限期改正；逾期未改正的，可处以5000元以上2万元以下的罚款。

第三十九条　工程造价咨询企业有本办法第二十五条行为之一的，由县级以上地方人民政府住房城乡建设主管部门或者有关专业部门给予警告，责令限期改正，并处以1万元以上3万元以下的罚款。

第四十条　资质许可机关有下列情形之一的，由其上级行政主管部门或者监察机关责令改正，对直接负责的主管人员和其他直接责任人员依法给予处分；构成犯罪的，依法追究刑事责任：

（一）对不符合法定条件的申请人准予工程造价咨询企业资质许可或者超越职权作出准予工程造价咨询企业资质许可决定的；

（二）对符合法定条件的申请人不予工程造价咨询企业资质许可或者不在法定期限内作出准予工程造价咨询企业资质许可决定的；

（三）利用职务上的便利，收受他人财物或者其他利益的；

（四）不履行监督管理职责，或者发现违法行为不予查处的。

第六章　附　则

第四十一条　本办法自2006年7月1日起施行。2000年1月25日建设部发布的《工程造价咨询单位管理办法》（建设部令第74号）同时废止。

本办法施行前建设部发布的规章与本办法的规定不一致的，以本办法为准。

住房和城乡建设部、财政部关于印发《建筑安装工程费用项目组成》的通知

· 2013年3月21日
· 建标〔2013〕44号

各省、自治区住房城乡建设厅、财政厅，直辖市建委（建交委）、财政局，国务院有关部门：

为适应深化工程计价改革的需要，根据国家有关法律、法规及相关政策，在总结原建设部、财政部《关于印发〈建筑安装工程费用项目组成〉的通知》（建标〔2003〕206号）（以下简称《通知》）执行情况的基础上，我们修订完

成了《建筑安装工程费用项目组成》(以下简称《费用组成》),现印发给你们。为便于各地区、各部门做好发布后的贯彻实施工作,现将主要调整内容和贯彻实施有关事项通知如下:

一、《费用组成》调整的主要内容:

(一)建筑安装工程费用项目按费用构成要素组成划分为人工费、材料费、施工机具使用费、企业管理费、利润、规费和税金(见附件1)。

(二)为指导工程造价专业人员计算建筑安装工程造价,将建筑安装工程费用按工程造价形成顺序划分为分部分项工程费、措施项目费、其他项目费、规费和税金(见附件2)。

(三)按照国家统计局《关于工资总额组成的规定》,合理调整了人工费构成及内容。

(四)依据国家发展改革委、财政部等9部委发布的《标准施工招标文件》的有关规定,将工程设备费列入材料费;原材料费中的检验试验费列入企业管理费。

(五)将仪器仪表使用费列入施工机具使用费;大型机械进出场及安拆费列入措施项目费。

(六)按照《社会保险法》的规定,将原企业管理费中劳动保险费中的职工死亡丧葬补助费、抚恤费列入规费中的养老保险费;在企业管理费中的财务费和其他□增加担保费用、投标费、保险费。

(七)按照《社会保险法》、《建筑法》的规定,取消原规费中危险作业意外伤害保险费,增加工伤保险费、生育保险费。

(八)按照财政部的有关规定,在税金中增加地方教育附加。

二、为指导各部门、各地区按照本通知开展费用标准测算等工作,我们对原《通知》中建筑安装工程费用参考计算方法、公式和计价程序等进行了相应的修改完善,统一制订了《建筑安装工程费用参考计算方法》和《建筑安装工程计价程序》(见附件3、附件4)。

三、《费用组成》自2013年7月1日起施行,原建设部、财政部《关于印发〈建筑安装工程费用项目组成〉的通知》(建标〔2003〕206号)同时废止。

附件:1. 建筑安装工程费用项目组成(按费用构成要素划分)

2. 建筑安装工程费用项目组成(按造价形成划分)

3. 建筑安装工程费用参考计算方法

4. 建筑安装工程计价程序

附件一

建筑安装工程费用项目组成
(按费用构成要素划分)

建筑安装工程费按照费用构成要素划分:由人工费、材料(包含工程设备,下同)费、施工机具使用费、企业管理费、利润、规费和税金组成。其中人工费、材料费、施工机具使用费、企业管理费和利润包含在分部分项工程费、措施项目费、其他项目费中(见附表)。

(一)人工费:是指按工资总额构成规定,支付给从事建筑安装工程施工的生产工人和附属生产单位工人的各项费用。内容包括:

1. 计时工资或计件工资:是指按计时工资标准和工作时间或对已做工作按计件单价支付给个人的劳动报酬。

2. 奖金:是指对超额劳动和增收节支支付给个人的劳动报酬。如节约奖、劳动竞赛奖等。

3. 津贴补贴:是指为了补偿职工特殊或额外的劳动消耗和因其他特殊原因支付给个人的津贴,以及为了保证职工工资水平不受物价影响支付给个人的物价补贴。如流动施工津贴、特殊地区施工津贴、高温(寒)作业临时津贴、高空津贴等。

4. 加班加点工资:是指按规定支付的在法定节假日工作的加班工资和在法定日工作时间外延时工作的加点工资。

5. 特殊情况下支付的工资:是指根据国家法律、法规和政策规定,因病、工伤、产假、计划生育假、婚丧假、事假、探亲假、定期休假、停工学习、执行国家或社会义务等原因按计时工资标准或计时工资标准的一定比例支付的工资。

(二)材料费:是指施工过程中耗费的原材料、辅助材料、构配件、零件、半成品或成品、工程设备的费用。内容包括:

1. 材料原价:是指材料、工程设备的出厂价格或商家供应价格。

2. 运杂费:是指材料、工程设备自来源地运至工地仓库或指定堆放地点所发生的全部费用。

3. 运输损耗费:是指材料在运输装卸过程中不可避免的损耗。

4. 采购及保管费:是指为组织采购、供应和保管材料、工程设备的过程中所需要的各项费用。包括采购费、仓储费、工地保管费、仓储损耗。

工程设备是指构成或计划构成永久工程一部分的机电设备、金属结构设备、仪器装置及其他类似的设备和装置。

（三）施工机具使用费：是指施工作业所发生的施工机械、仪器仪表使用费或其租赁费。

1. 施工机械使用费：以施工机械台班耗用量乘以施工机械台班单价表示，施工机械台班单价应由下列七项费用组成：

（1）折旧费：指施工机械在规定的使用年限内，陆续收回其原值的费用。

（2）大修理费：指施工机械按规定的大修理间隔台班进行必要的大修理，以恢复其正常功能所需的费用。

（3）经常修理费：指施工机械除大修理以外的各级保养和临时故障排除所需的费用。包括为保障机械正常运转所需替换设备与随机配备工具附具的摊销和维护费用，机械运转中日常保养所需润滑与擦拭的材料费用及机械停滞期间的维护和保养费用等。

（4）安拆费及场外运费：安拆费指施工机械（大型机械除外）在现场进行安装与拆卸所需的人工、材料、机械和试运转费用以及机械辅助设施的折旧、搭设、拆除等费用；场外运费指施工机械整体或分体自停放地点运至施工现场或由一施工地点运至另一施工地点的运输、装卸、辅助材料及架线等费用。

（5）人工费：指机上司机（司炉）和其他操作人员的人工费。

（6）燃料动力费：指施工机械在运转作业中所消耗的各种燃料及水、电等。

（7）税费：指施工机械按照国家规定应缴纳的车船使用税、保险费及年检费等。

2. 仪器仪表使用费：是指工程施工所需使用的仪器仪表的摊销及维修费用。

（四）企业管理费：是指建筑安装企业组织施工生产和经营管理所需的费用。内容包括：

1. 管理人员工资：是指按规定支付给管理人员的计时工资、奖金、津贴补贴、加班加点工资及特殊情况下支付的工资等。

2. 办公费：是指企业管理办公用的文具、纸张、账表、印刷、邮电、书报、办公软件、现场监控、会议、水电、烧水和集体取暖降温（包括现场临时宿舍取暖降温）等费用。

3. 差旅交通费：是指职工因公出差、调动工作的差旅费、住勤补助费，市内交通费和误餐补助费，职工探亲路费，劳动力招募费，职工退休、退职一次性路费，工伤人员就医路费，工地转移以及管理部门使用的交通工具的油料、燃料等费用。

4. 固定资产使用费：是指管理和试验部门及附属生产单位使用的属于固定资产的房屋、设备、仪器等的折旧、大修、维修或租赁费。

5. 工具用具使用费：是指企业施工生产和管理使用的不属于固定资产的工具、器具、家具、交通工具和检验、试验、测绘、消防用具等的购置、维修和摊销费。

6. 劳动保险和职工福利费：是指由企业支付的职工退职金、按规定支付给离休干部的经费，集体福利费、夏季防暑降温、冬季取暖补贴、上下班交通补贴等。

7. 劳动保护费：是企业按规定发放的劳动保护用品的支出。如工作服、手套、防暑降温饮料以及在有碍身体健康的环境中施工的保健费用等。

8. 检验试验费：是指施工企业按照有关标准规定，对建筑以及材料、构件和建筑安装物进行一般鉴定、检查所发生的费用，包括自设试验室进行试验所耗用的材料等费用。不包括新结构、新材料的试验费，对构件做破坏性试验及其他特殊要求检验试验的费用和建设单位委托检测机构进行检测的费用，对此类检测发生的费用，由建设单位在工程建设其他费用中列支。但对施工企业提供的具有合格证明的材料进行检测不合格的，该检测费用由施工企业支付。

9. 工会经费：是指企业按《工会法》规定的全部职工工资总额比例计提的工会经费。

10. 职工教育经费：是指按职工工资总额的规定比例计提，企业为职工进行专业技术和职业技能培训，专业技术人员继续教育、职工职业技能鉴定、职业资格认定以及根据需要对职工进行各类文化教育所发生的费用。

11. 财产保险费：是指施工管理用财产、车辆等的保险费用。

12. 财务费：是指企业为施工生产筹集资金或提供预付款担保、履约担保、职工工资支付担保等所发生的各种费用。

13. 税金：是指企业按规定缴纳的房产税、车船使用税、土地使用税、印花税等。

14. 其他：包括技术转让费、技术开发费、投标费、业务招待费、绿化费、广告费、公证费、法律顾问费、审计费、咨询费、保险费等。

（五）利润：是指施工企业完成所承包工程获得的盈利。

（六）规费：是指按国家法律、法规规定，由省级政府和省级有关权力部门规定必须缴纳或计取的费用。包括：

1. 社会保险费

（1）养老保险费：是指企业按照规定标准为职工缴纳的基本养老保险费。

（2）失业保险费：是指企业按照规定标准为职工缴纳的失业保险费。

（3）医疗保险费：是指企业按照规定标准为职工缴纳的基本医疗保险费。

（4）生育保险费：是指企业按照规定标准为职工缴纳的生育保险费。

（5）工伤保险费：是指企业按照规定标准为职工缴纳的工伤保险费。

2. 住房公积金：是指企业按规定标准为职工缴纳的住房公积金。

3. 工程排污费：是指按规定缴纳的施工现场工程排污费。

其他应列而未列入的规费，按实际发生计取。

（七）税金：是指国家税法规定的应计入建筑安装工程造价内的营业税、城市维护建设税、教育费附加以及地方教育附加。

附表：建筑安装工程费用项目组成表（按费用构成要素划分）

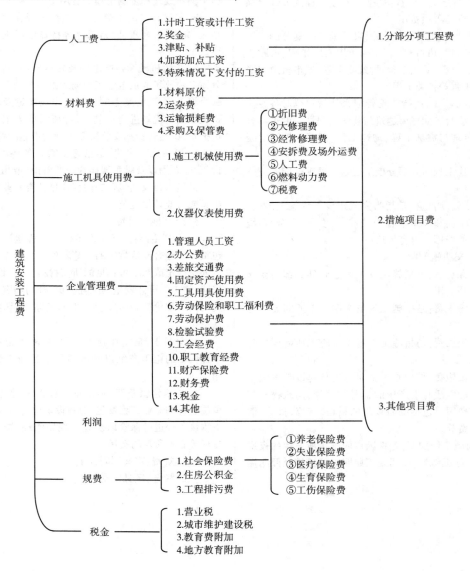

附件 2：

建筑安装工程费用项目组成

（按造价形成划分）

建筑安装工程费按照工程造价形成由分部分项工程费、措施项目费、其他项目费、规费、税金组成，分部分项工程费、措施项目费、其他项目费包含人工费、材料费、施工机具使用费、企业管理费和利润（见附表）。

（一）分部分项工程费：是指各专业工程的分部分项工程应予列支的各项费用。

1. 专业工程：是指按现行国家计量规范划分的房屋建筑与装饰工程、仿古建筑工程、通用安装工程、市政工程、园林绿化工程、矿山工程、构筑物工程、城市轨道交通工程、爆破工程等各类工程。

2. 分部分项工程：指按现行国家计量规范对各专业工程划分的项目。如房屋建筑与装饰工程划分的土石方工程、地基处理与桩基工程、砌筑工程、钢筋及钢筋混凝土工程等。

各类专业工程的分部分项工程划分见现行国家或行业计量规范。

（二）措施项目费：是指为完成建设工程施工，发生于该工程施工前和施工过程中的技术、生活、安全、环境保护等方面的费用。内容包括：

1. 安全文明施工费

①环境保护费：是指施工现场为达到环保部门要求所需要的各项费用。

②文明施工费：是指施工现场文明施工所需要的各项费用。

③安全施工费：是指施工现场安全施工所需要的各项费用。

④临时设施费：是指施工企业为进行建设工程施工所必须搭设的生活和生产用的临时建筑物、构筑物和其他临时设施费用。包括临时设施的搭设、维修、拆除、清理费或摊销费等。

2. 夜间施工增加费：是指因夜间施工所发生的夜班补助费、夜间施工降效、夜间施工照明设备摊销及照明用电等费用。

3. 二次搬运费：是指因施工场地条件限制而发生的材料、构配件、半成品等一次运输不能到达堆放地点，必须进行二次或多次搬运所发生的费用。

4. 冬雨季施工增加费：是指在冬季或雨季施工需增加的临时设施、防滑、排除雨雪，人工及施工机械效率降低等费用。

5. 已完工程及设备保护费：是指竣工验收前，对已完工程及设备采取的必要保护措施所发生的费用。

6. 工程定位复测费：是指工程施工过程中进行全部施工测量放线和复测工作的费用。

7. 特殊地区施工增加费：是指工程在沙漠或其边缘地区、高海拔、高寒、原始森林等特殊地区施工增加的费用。

8. 大型机械设备进出场及安拆费：是指机械整体或分体自停放场地运至施工现场或由一个施工地点运至另一个施工地点，所发生的机械进出场运输及转移费用及机械在施工现场进行安装、拆卸所需的人工费、材料费、机械费、试运转费和安装所需的辅助设施的费用。

9. 脚手架工程费：是指施工需要的各种脚手架搭、拆、运输费用以及脚手架购置费的摊销（或租赁）费用。

措施项目及其包含的内容详见各类专业工程的现行国家或行业计量规范。

（三）其他项目费

1. 暂列金额：是指建设单位在工程量清单中暂定并包括在工程合同价款中的一笔款项。用于施工合同签订时尚未确定或者不可预见的所需材料、工程设备、服务的采购，施工中可能发生的工程变更、合同约定调整因素出现时的工程价款调整以及发生的索赔、现场签证确认等的费用。

2. 计日工：是指在施工过程中，施工企业完成建设单位提出的施工图纸以外的零星项目或工作所需的费用。

3. 总承包服务费：是指总承包人为配合、协调建设单位进行的专业工程发包，对建设单位自行采购的材料、工程设备等进行保管以及施工现场管理、竣工资料汇总整理等服务所需的费用。

（四）规费：定义同附件 1。

（五）税金：定义同附件 1。

附表：建筑安装工程费用项目组成表（按造价形成划分）

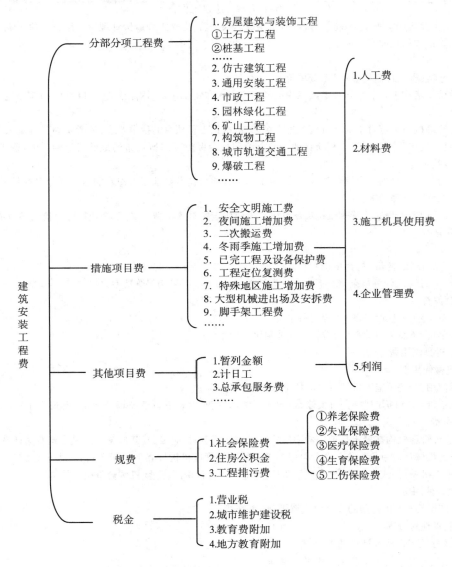

附件3：

建筑安装工程费用参考计算方法

一、各费用构成要素参考计算方法如下：

（一）人工费

公式1：

人工费＝Σ（工日消耗量×日工资单价）

$$日工资单价=\frac{生产工人平均月工资(计时、计件)+平均月(奖金+补贴+特殊情况下支付的工资)}{年平均每月法定工作日}$$

注:公式 1 主要适用于施工企业投标报价时自主确定人工费,也是工程造价管理机构编制计价定额确定定额人工单价或发布人工成本信息的参考依据。

公式 2:

人工费 = $\sum$(工程工日消耗量×日工资单价)

日工资单价是指施工企业平均技术熟练程度的生产工人在每工作日(国家法定工作时间内)按规定从事施工作业应得的日工资总额。

工程造价管理机构确定日工资单价应通过市场调查、根据工程项目的技术要求,参考实物工程量人工单价综合分析确定,最低日工资单价不得低于工程所在地人力资源和社会保障部门所发布的最低工资标准的:普工 1.3 倍、一般技工 2 倍、高级技工 3 倍。

工程计价定额不可只列一个综合工日单价,应根据工程项目技术要求和工种差别适当划分多种日人工单价,确保各分部工程人工费的合理构成。

注:公式 2 适用于工程造价管理机构编制计价定额时确定定额人工费,是施工企业投标报价的参考依据。

(二)材料费

1. 材料费

材料费 = $\sum$(材料消耗量×材料单价)

材料单价 = [(材料原价+运杂费)×[1+运输损耗率(%)]]×[1+采购保管费率(%)]

2. 工程设备费

工程设备费 = $\sum$(工程设备量×工程设备单价)

工程设备单价 = (设备原价+运杂费)×[1+采购保管费率(%)]

(三)施工机具使用费

1. 施工机械使用费

施工机械使用费 = $\sum$(施工机械台班消耗量×机械台班单价)

机械台班单价 = 台班折旧费+台班大修费+台班经常修理费+台班安拆费及场外运费+台班人工费+台班燃料动力费+台班车船税

注:工程造价管理机构在确定计价定额中的施工机械使用费时,应根据《建筑施工机械台班费用计算规则》结合市场调查编制施工机械台班单价。施工企业可以参考工程造价管理机构发布的台班单价,自主确定施工机械使用费的报价,如租赁施工机械,公式为:施工机械使用费 = $\sum$(施工机械台班消耗量×机械台班租赁单价)

2. 仪器仪表使用费

仪器仪表使用费 = 工程使用的仪器仪表摊销费+维修费

(四)企业管理费费率

(1)以分部分项工程费为计算基础

$$企业管理费费率(\%)=\frac{生产工人年平均管理费}{年有效施工天数×人工单价}×人工费占分部分项工程费比例(\%)$$

(2)以人工费和机械费合计为计算基础

$$企业管理费费率(\%)=\frac{生产工人年平均管理费}{年有效施工天数×人工单价+每一工日机械使用费}×100\%$$

(3)以人工费为计算基础

$$企业管理费费率(\%)=\frac{生产工人年平均管理费}{年有效施工天数×人工单价}×100\%$$

注:上述公式适用于施工企业投标报价时自主确定管理费,是工程造价管理机构编制计价定额确定企业管理费的

参考依据。

工程造价管理机构在确定计价定额中企业管理费时,应以定额人工费或(定额人工费+定额机械费)作为计算基数,其费率根据历年工程造价积累的资料,辅以调查数据确定,列入分部分项工程和措施项目中。

(五)利润

1. 施工企业根据企业自身需求并结合建筑市场实际自主确定,列入报价中。

2. 工程造价管理机构在确定计价定额中利润时,应以定额人工费或(定额人工费+定额机械费)作为计算基数,其费率根据历年工程造价积累的资料,并结合建筑市场实际确定,以单位(单项)工程测算,利润在税前建筑安装工程费的比重可按不低于5%且不高于7%的费率计算。利润应列入分部分项工程和措施项目中。

(六)规费

1. 社会保险费和住房公积金

社会保险费和住房公积金应以定额人工费为计算基础,根据工程所在地省、自治区、直辖市或行业建设主管部门规定费率计算。

社会保险费和住房公积金=∑(工程定额人工费×社会保险费和住房公积金费率)

式中:社会保险费和住房公积金费率可以每万元发承包价的生产工人人工费和管理人员工资含量与工程所在地规定的缴纳标准综合分析取定。

2. 工程排污费

工程排污费等其他应列而未列入的规费应按工程所在地环境保护等部门规定的标准缴纳,按实计取列入。

(七)税金

税金计算公式:

税金=税前造价×综合税率(%)

综合税率:

(一)纳税地点在市区的企业

$$综合税率(\%)=\frac{1}{1-3\%-(3\%\times7\%)-(3\%\times3\%)-(3\%\times2\%)}-1$$

(二)纳税地点在县城、镇的企业

$$综合税率(\%)=\frac{1}{1-3\%-(3\%\times5\%)-(3\%\times3\%)-(3\%\times2\%)}-1$$

(三)纳税地点不在市区、县城、镇的企业

$$综合税率(\%)=\frac{1}{1-3\%-(3\%\times1\%)-(3\%\times3\%)-(3\%\times2\%)}-1$$

(四)实行营业税改增值税的,按纳税地点现行税率计算。

二、建筑安装工程计价参考公式如下

(一)分部分项工程费

分部分项工程费=∑(分部分项工程量×综合单价)

式中:综合单价包括人工费、材料费、施工机具使用费、企业管理费和利润以及一定范围的风险费用(下同)。

(二)措施项目费

1. 国家计量规范规定应予计量的措施项目,其计算公式为:

措施项目费=∑(措施项目工程量×综合单价)

2. 国家计量规范规定不宜计量的措施项目计算方法如下

(1)安全文明施工费

安全文明施工费=计算基数×安全文明施工费费率(%)

计算基数应为定额基价(定额分部分项工程费+定额中可以计量的措施项目费)、定额人工费或(定额人工费+定额机械费),其费率由工程造价管理机构根据各专业工程的特点综合确定。

(2)夜间施工增加费

夜间施工增加费=计算基数×夜间施工增加费费率(%)

(3)二次搬运费

二次搬运费=计算基数×二次搬运费费率(%)

(4)冬雨季施工增加费

冬雨季施工增加费=计算基数×冬雨季施工增加费费率(%)

(5)已完工程及设备保护费

已完工程及设备保护费=计算基数×已完工程及设备保护费费率(%)

上述(2)~(5)项措施项目的计费基数应为定额人工费或(定额人工费+定额机械费),其费率由工程造价管理机构根据各专业工程特点和调查资料综合分析后确定。

(三)其他项目费

1. 暂列金额由建设单位根据工程特点,按有关计价规定估算,施工过程中由建设单位掌握使用、扣除合同价款调整后如有余额,归建设单位。

2. 计日工由建设单位和施工企业按施工过程中的签证计价。

3. 总承包服务费由建设单位在招标控制价中根据总包服务范围和有关计价规定编制,施工企业投标时自主报价,施工过程中按签约合同价执行。

(四)规费和税金

建设单位和施工企业均应按照省、自治区、直辖市或行业建设主管部门发布标准计算规费和税金,不得作为竞争性费用。

三、相关问题的说明

1. 各专业工程计价定额的编制及其计价程序,均按本通知实施。

2. 各专业工程计价定额的使用周期原则上为 5 年。

3. 工程造价管理机构在定额使用周期内,应及时发布人工、材料、机械台班价格信息,实行工程造价动态管理,如遇国家法律、法规、规章或相关政策变化以及建筑市场物价波动较大时,应适时调整定额人工费、定额机械费以及定额基价或规费费率,使建筑安装工程费能反映建筑市场实际。

4. 建设单位在编制招标控制价时,应按照各专业工程的计量规范和计价定额以及工程造价信息编制。

5. 施工企业在使用计价定额时除不可竞争费用外,其余仅作参考,由施工企业投标时自主报价。

附件 4:

建筑安装工程计价程序

建设单位工程招标控制价计价程序

工程名称:　　　　　　　　　　　　标段:

序号	内　容	计算方法	金　额(元)
1	分部分项工程费	按计价规定计算	
1.1			
1.2			
1.3			

续表

序号	内　容	计算方法	金　额(元)
1.4			
1.5			
2	措施项目费	按计价规定计算	
2.1	其中:安全文明施工费	按规定标准计算	
3	其他项目费		
3.1	其中:暂列金额	按计价规定估算	
3.2	其中:专业工程暂估价	按计价规定估算	
3.3	其中:计日工	按计价规定估算	
3.4	其中:总承包服务费	按计价规定估算	
4	规费	按规定标准计算	
5	税金(扣除不列入计税范围的工程设备金额)	(1+2+3+4)×规定税率	
招标控制价合计 = 1+2+3+4+5			

施工企业工程投标报价计价程序

工程名称:　　　　　　　　　　标段:

序号	内　容	计算方法	金　额(元)
1	分部分项工程费	自主报价	
1.1			
1.2			
1.3			
1.4			
1.5			
2	措施项目费	自主报价	
2.1	其中:安全文明施工费	按规定标准计算	
3	其他项目费		
3.1	其中:暂列金额	按招标文件提供金额计列	
3.2	其中:专业工程暂估价	按招标文件提供金额计列	
3.3	其中:计日工自主报价		

序号	内 容	计算方法	金 额(元)
3.4	其中:总承包服务费自主报价		
4	规费	按规定标准计算	
5	税金(扣除不列入计税范围的工程设备金额)	(1+2+3+4)×规定税率	
投标报价合计=1+2+3+4+5			

竣工结算计价程序

工程名称:　　　　　　　　　　　标段:

序号	汇总内容	计算方法	金 额(元)
1	分部分项工程费	按合同约定计算	
1.1			
1.2			
1.3			
1.4			
1.5			
2	措施项目	按合同约定计算	
2.1	其中:安全文明施工费	按规定标准计算	
3	其他项目		
3.1	其中:专业工程结算价	按合同约定计算	
3.2	其中:计日工	按计日工签证计算	
3.3	其中:总承包服务费	按合同约定计算	
3.4	索赔与现场签证	按发承包双方确认数额计算	
4	规费	按规定标准计算	
5	税金(扣除不列入计税范围的工程设备金额)	(1+2+3+4)×规定税率	
竣工结算总价合计=1+2+3+4+5			

· 文书范本

GF—2015—0212

建设工程造价咨询合同（示范文本）①

说　明

　　为了指导建设工程造价咨询合同当事人的签约行为,维护合同当事人的合法权益,依据《中华人民共和国合同法》、《中华人民共和国建筑法》、《中华人民共和国招标投标法》以及相关法律法规,住房和城乡建设部、国家工商行政管理总局对《建设工程造价咨询合同（示范文本）》（GF-2002-0212）进行了修订,制定了《建设工程造价咨询合同（示范文本）》（GF-2015- 0212 ）（以下简称《示范文本》）。为了便于合同当事人使用《示范文本》,现就有关问题说明如下:

　　一、《示范文本》的组成

　　《示范文本》由协议书、通用条件和专用条件三部分组成。

　　（一）协议书

　　《示范文本》协议书集中约定了合同当事人基本的合同权利义务。

　　（二）通用条件

　　通用条件是合同当事人根据《中华人民共和国合同法》、《中华人民共和国建筑法》等法律法规的规定,就工程造价咨询的实施及相关事项,对合同当事人的权利义务作出的原则性约定。

　　通用条件既考虑了现行法律法规对工程发承包计价的有关要求,也考虑了工程造价咨询管理的特殊需要。

　　（三）专用条件

　　专用条件是对通用条件原则性约定的细化、完善、补充、修改或另行约定的条件。合同当事人可以根据不同建设工程的特点及发承包计价的具体情况,通过双方的谈判、协商对相应的专用条件进行修改补充。在使用专用条件时,应注意以下事项:

　　1. 专用条件的编号应与相应的通用条件的编号一致;

　　2. 合同当事人可以通过对专用条件的修改,满足具体工程的特殊要求,避免直接修改通用条件;

　　3. 在专用条件中有横道线的地方,合同当事人可针对相应的通用条件进行细化、完善、补充、修改或另行约定;如无细化、完善、补充、修改或另行约定,则填写"无"或划"/"。

　　二、《示范文本》的性质和适用范围

　　《示范文本》供合同双方当事人参照使用,可适用于各类建设工程全过程造价咨询服务以及阶段性造价咨询服务的合同订立。合同当事人可结合建设工程具体情况,按照法律法规规定,根据《示范文本》的内容,约定双方具体的权利义务。

第一部分　协议书

　　委托人（全称）：_____

　　咨询人（全称）：_____

　　根据《中华人民共和国合同法》及其他有关法律、法规,遵循平等、自愿、公平和诚实信用的原则,双方就下述建设工程委托造价咨询与其他服务事项协商一致,订立本合同。

　　一、工程概况

　　1. 工程名称：_____。

_____

　　① 本示范文本来源于住房和城乡建设部、国家工商行政管理总局《关于印发〈建设工程造价咨询合同（示范文本）〉的通知》（2015 年 8 月 24 日,建标〔2015〕124 号）。

2. 工程地点：_____。

3. 工程规模：_____。

4. 投资金额：_____。

5. 资金来源：_____。

6. 建设工期或周期：_____。

7. 其他：_____。

二、服务范围及工作内容

双方约定的服务范围及工作内容：_____。

服务范围及工作内容详见附录 A。

三、服务期限

本合同约定的建设工程造价咨询服务自____年____月____日开始实施,至____年____月____日终结。

四、质量标准

工程造价咨询成果文件应符合：

_____。

五、酬金或计取方式

1. 酬金：_____(大写)(￥　)。2. 计取方式：_____。

酬金或计取方式详见附录 A。

六、合同文件的构成

本协议书与下列文件一起构成合同文件：

1. 中标通知书或委托书(如果有)；

2. 投标函及投标函附录或造价咨询服务建议书(如果有)；

3. 专用条件及附录；

4. 通用条件；

5. 其他合同文件。

上述各项合同文件包括合同当事人就该项合同文件所作出的补充和修改,属于同一类内容的文件,应以最新签署的为准。

在合同订立及履行过程中形成的与合同有关的文件(包括补充协议)均构成合同文件的组成部分。

七、词语定义

协议书中相关词语的含义与通用条件中的定义与解释相同。

八、合同订立

1. 订立时间：_____年____月____日。

2. 订立地点：_____。

九、合同生效

本合同自_____生效。

十、合同份数

本合同一式_____份,具有同等法律效力,其中委托人执_____份,咨询人执_____份。

委托人：_____(盖章)　　　　咨询人：_____(盖章)

法定代表人或其授权的代理人 :_____(签字)　法定代表人或其授权的代理人 :_____(签字)

组织机构代码：　　　　　　　　　　组织机构代码：

纳税人识别码：　　　　　　　　　　纳税人识别码：

住　所：　　　　　　　　　　　　　住　所：

账　号：　　　　　　　　　　　　　账　号：

开户银行：　　　　　　　　　　　　开户银行：

邮政编码：
电　话：
传　真：
电子信箱：

邮政编码：
电　话：
传　真：
电子信箱：

第二部分　通用文件

1. 词语定义、语言、解释顺序与适用法律

1.1 词语定义

组成本合同的全部文件中的下列名词和用语应具有本款所赋予的含义：

1.1.1 "工程"是指按照本合同约定实施造价咨询与其他服务的建设工程。

1.1.2 "工程造价"是指工程项目建设过程中预计或实际支出的全部费用。

1.1.3 "委托人"是指本合同中委托造价咨询与其他服务的一方，及其合法的继承人或受让人。

1.1.4 "咨询人"是指本合同中提供造价咨询与其他服务的一方，及其合法的继承人。

1.1.5 "第三人"是指除委托人、咨询人以外与本咨询业务有关的当事人。

1.1.6 "正常工作"是指本合同订立时通用条件和专用条件中约定的咨询人的工作。

1.1.7 "附加工作"是指咨询人根据合同条件完成的正常工作以外的工作。

1.1.8 "项目咨询团队"是指咨询人指派负责履行本合同的团队，其团队成员为本合同的项目咨询人员。

1.1.9 "项目负责人"是指由咨询人的法定代表人书面授权，在授权范围内负责履行本合同、主持项目咨询团队工作的负责人。

1.1.10 "委托人代表"是指由委托人的法定代表人书面授权，在授权范围内行使委托人权利的人。

1.1.11 "酬金"是指咨询人履行本合同义务，委托人按照本合同约定给付咨询人的金额。

1.1.12 "正常工作酬金"是指在协议书中载明的，咨询人完成正常工作，委托人应给付咨询人的酬金。

1.1.13 "附加工作酬金"是指咨询人完成附加工作，委托人应给付咨询人的酬金。

1.1.14 "书面形式"是指合同书、信件和数据电文（包括电报、电传、传真、电子数据交换和电子邮件）等可以有形地表现所载内容的形式。

1.1.15 "不可抗力"是指委托人和咨询人在订立本合同时不可预见，在合同履行过程中不可避免并不能克服的自然灾害和社会性突发事件，如地震、海啸、瘟疫、水灾、骚乱、暴动、战争等情形。

1.2 语言

本合同使用中文书写、解释和说明。如专用条件约定使用两种及以上语言

文字时，应以中文为准。

1.3 合同文件的优先顺序

组成本合同的下列文件彼此应能相互解释、互为说明。除专用条件另有约定外，本合同文件的解释顺序如下：

1. 协议书

2. 中标通知书或委托书（如果有）；

3. 专用条件及附录；

4. 通用条件；

5. 投标函及投标函附录或造价咨询服务建议书（如果有）；

6. 其他合同文件。

上述各项合同文件包括合同当事人就该项合同文件所作出的补充和修改，属于同一类内容的文件，应以最新签署的为准。

在合同订立及履行过程中形成的与合同有关的文件均构成合同文件的组成部分。

1.4 适用法律

本合同适用中华人民共和国法律、行政法规、部门规章以及工程所在地的地方性法规、自治条例、单行条例和地方政府规章等。

合同当事人可以在专用条件中约定本合同适用的其他规范、规程、定额、技术标准等规范性文件。

2. 委托人的义务

2.1 提供资料

委托人应当在专用条件约定的时间内，按照附录 C 的约定无偿向咨询人提供与本合同咨询业务有关的资料。在本合同履行过程中，委托人应及时向咨询人提供最新的与本合同咨询业务有关的资料。委托人应对所提供资料的真实性、准确性、合法性与完整性负责。

2.2 提供工作条件

委托人应为咨询人完成造价咨询提供必要的条件。

2.2.1 委托人需要咨询人派驻项目现场咨询人员的，除专用条件另有约定外，项目咨询人员有权无偿使用附录

D 中由委托人提供的房屋及设备。

2.2.2 委托人应负责与本工程造价咨询业务有关的所有外部关系的协调，为咨询人履行本合同提供必要的外部条件。

2.3 合理工作时限

委托人应当为咨询人完成其咨询工作，设定合理的工作时限。

2.4 委托人代表

委托人应授权一名代表负责本合同的履行。委托人应在双方签订本合同 7 日内，将委托人代表的姓名和权限范围书面告知咨询人。委托人更换委托人代表时，应提前 7 日书面通知咨询人。

2.5 答复

委托人应当在专用条件约定的时间内就咨询人以书面形式提交并要求做出答复的事宜给予书面答复。逾期未答复的，由此造成的工作延误和损失由委托人承担。

2.6 支付

委托人应当按照合同的约定，向咨询人支付酬金。

3. 咨询人的义务

3.1 项目咨询团队及人员

3.1.1 项目咨询团队的主要人员应具有专用条件约定的资格条件，团队人员的数量应符合专用条件的约定。

3.1.2 项目负责人

咨询人应以书面形式授权一名项目负责人负责履行本合同、主持项目咨询团队工作。采用招标程序签署本合同的，项目负责人应当与投标文件载明的一致。

3.1.3 在本合同履行过程中，咨询人员应保持相对稳定，以保证咨询工作正常进行。

咨询人可根据工程进展和工作需要等情形调整项目咨询团队人员。咨询人更换项目负责人时，应提前 7 日向委托人书面报告，经委托人同意后方可更换。除专用条件另有约定外，咨询人更换项目咨询团队其他咨询人员，应提前 3 日向委托人书面报告，经委托人同意后以相当资格与能力的人员替换。

3.1.4 咨询人员有下列情形之一，委托人要求咨询人更换的，咨询人应当更换：

(1)存在严重过失行为的；

(2)存在违法行为不能履行职责的；

(3)涉嫌犯罪的；

(4)不能胜任岗位职责的；

(5)严重违反职业道德的；

(6)专用条件约定的其他情形。

3.2 咨询人的工作要求

3.2.1 咨询人应当按照专用条件约定的时间等要求向委托人提供与工程造价咨询业务有关的资料，包括工程造价咨询企业的资质证书及承担本合同业务的团队人员名单及执业(从业)资格证书、咨询工作大纲等，并按合同约定的服务范围和工作内容实施咨询业务。

3.2.2 咨询人应当在专用条件约定的时间内，按照专用条件约定的份数、组成向委托人提交咨询成果文件。

咨询人提供造价咨询服务以及出具工程造价咨询成果文件应符合现行国家或行业有关规定、标准、规范的要求。委托人要求的工程造价咨询成果文件质量标准高于现行国家或行业标准的，应在专用条件中约定具体的质量标准，并相应增加服务酬金。

3.2.3 咨询人提交的工程造价咨询成果文件，除加盖咨询人单位公章、工程造价咨询企业执业印章外，还必须按要求加盖参加咨询工作人员的执业(从业)资格印章。

3.2.4 咨询人应在专用条件约定的时间内，对委托人以书面形式提出的建议或者异议给予书面答复。

3.2.5 咨询人从事工程造价咨询活动，应当遵循独立、客观、公正、诚实信用的原则，不得损害社会公共利益和他人的合法权益。

3.2.6 咨询人承诺按照法律规定及合同约定，完成合同范围内的建设工程造价咨询服务，不转包承接的造价咨询服务业务。

3.3 咨询人的工作依据

咨询人应在专用条件内与委托人协商明确履行本合同约定的咨询服务需要适用的技术标准、规范、定额等工作依据，但不得违反国家及工程所在地的强制性标准、规范。

咨询人应自行配备本条所述的技术标准、规范、定额等相关资料。必须由委托人提供的资料，应在附录 C 中载明。需要委托人协助才能获得的资料，委托人应予以协助。

3.4 使用委托人房屋及设备的返还

项目咨询人员使用委托人提供的房屋及设备的，咨询人应妥善使用和保管，在本合同终止时将上述房屋及设备按专用条件约定的时间和方式返还委托人。

4. 违约责任

4.1 委托人的违约责任

4.1.1 委托人不履行本合同义务或者履行义务不符合本合同约定的，应承担违约责任。双方可在专用条件中约定违约金的计算及支付方法。

4.1.2 委托人违反本合同约定造成咨询人损失的，委托人应予以赔偿。双方可在专用条件中约定赔偿金额的确定及支付方法。

4.1.3 委托人未能按期支付酬金超过 14 天,应按下列方法计算并支付逾期付款利息。逾期付款利息=当期应付款总额×中国人民银行发布的同期贷款基准利率×逾期支付天数(自逾期之日起计算)。双方也可在专用条件中另行约定逾期付款利息的计算及支付方法。

4.2 咨询人的违约责任

4.2.1 咨询人不履行本合同义务或者履行义务不符合本合同约定的,应承担违约责任。双方可在专用条件中约定违约金的计算及支付方法。

4.2.2 因咨询人违反本合同约定给委托人造成损失的,咨询人应当赔偿委托人损失。双方可在专用条件中约定赔偿金额的确定及支付方法。

5. 支付

5.1 支付货币

除专用条件另有约定外,酬金均以人民币支付。涉及外币支付的,所采用的货币种类和汇率等在专用条件中约定。

5.2 支付申请

咨询人应在本合同约定的每次应付款日期前,向委托人提交支付申请书,支付申请书的提交日期由双方在专用条件中约定。支付申请书应当说明当期应付款总额,并列出当期应支付的款项及其金额。

5.3 支付酬金

支付酬金包括正常工作酬金、附加工作酬金、合理化建议奖励金额及费用。

5.4 有异议部分的支付

委托人对咨询人提交的支付申请书有异议时,应当在收到咨询人提交的支付申请书后 7 日内,以书面形式同咨询人发出异议通知。无异议部分的款项应按期支付,有异议部分的款项按第 7 条约定办理。

6. 合同变更、解除与终止

6.1 合同变更

6.1.1 任何一方以书面形式提出变更请求时,双方经协商一致后可进行变更。

6.1.2 除不可抗力外,因非咨询人原因导致咨询人履行合同期限延长、内容增加时,咨询人应当将此情况与可能产生的影响及时通知委托人。增加的工作时间或工作内容应视为附加工作。附加工作酬金的确定方法由双方根据委托的服务范围及工作内容在专用条件中约定。

6.1.3 合同履行过程中,遇有与工程相关的法律法规、强制性标准颁布或修订的,双方应遵照执行。非强制性标准、规范、定额等发生变化的,双方协商确定执行依据。由此引起造价咨询的服务范围及内容、服务期限、酬金变化

的,双方应通过协商确定。

6.1.4 因工程规模、服务范围及工作内容的变化等导致咨询人的工作量增减时,服务酬金应作相应调整,调整方法由双方在专用条件中约定。

6.2 合同解除

6.2.1 委托人与咨询人协商一致,可以解除合同。

6.2.2 有下列情形之一的,合同当事人一方或双方可以解除合同:

(1)咨询人将本合同约定的工程造价咨询服务工作全部或部分转包给他人,委托人可以解除合同;

(2)咨询人提供的造价咨询服务不符合合同约定的要求,经委托人催告仍不能达到合同约定要求的,委托人可以解除合同;

(3)委托人未按合同约定支付服务酬金,经咨询人催告后,在 28 天内仍未支付的,咨询人可以解除合同;

(4)因不可抗力致使合同无法履行;

(5)因一方违约致使合同无法实际履行或实际履行已无必要。

除上述情形外,双方可以根据委托的服务范围及工作内容,在专用条件中约定解除合同的其他条件。

6.2.3 任何一方提出解除合同的,应提前 30 天书面通知对方。

6.2.4 合同解除后,委托人应按照合同约定向咨询人支付已完成部分的咨询服务酬金。

因不可抗力导致的合同解除,其损失的分担按照合理分担的原则由合同当事人在专用条件中自行约定。除不可抗力外因非咨询人原因导致的合同解除,其损失由委托人承担。因咨询人自身原因导致的合同解除,按照违约责任处理。

6.2.5 本合同解除后,本合同约定的有关结算、争议解决方式的条款仍然有效。

6.3 合同终止

除合同解除外,以下条件全部满足时,本合同终止:

(1)咨询人完成本合同约定的全部工作;

(2)委托人与咨询人结清并支付酬金;

(3)咨询人将委托人提供的资料交还。

7. 争议解决

7.1 协商

双方应本着诚实信用的原则协商解决本合同履行过程中发生的争议。

7.2 调解

如果双方不能在 14 日内或双方商定的其他时间内解决本合同争议,可以将其提交给专用条件约定的或事后达

成协议的调解人进行调解。

7.3 仲裁或诉讼

双方均有权不经调解直接向专用条件约定的仲裁机构申请仲裁或向有管辖权的人民法院提起诉讼。

8. 其他

8.1 考察及相关费用

除专用条件另有约定外,咨询人经委托人同意进行考察发生的费用由委托人审核后另行支付。差旅费及相关费用的承担由双方在专用条件中约定。

8.2 奖励

对于咨询人在服务过程中提出合理化建议,使委托人获得效益的,双方在专用条件中约定奖励金额的确定方法。奖励金额在合理化建议被采纳后,与最近一期的正常工作酬金同期支付。

8.3 保密

在本合同履行期间或专用条件约定的期限内,双方不得泄露对方申明的保密资料,亦不得泄露与实施工程有关的第三人所提供的保密资料。保密事项在专用条件中约定。

8.4 联络

8.4.1 与合同有关的通知、指示、要求、决定等,均应采用书面形式,并应在专用条件约定的期限内送达接收人和送达地点。

8.4.2 委托人和咨询人应在专用条件中约定各自的送达接收人、送达地点、电子邮箱。任何一方指定的接收人或送达地点或电子邮箱发生变动的,应提前 3 天以书面形式通知对方,否则视为未发生变动。

8.4.3 委托人和咨询人应当及时签收另一方送达至送达地点和指定接收人的往来函件,如确有充分证据证明一方无正当理由拒不签收的,视为认可往来函件的内容。

8.5 知识产权

除专用条件另有约定外,委托人提供给咨询人的图纸、委托人为实施工程自行编制或委托编制的技术规范以及反映委托人要求的或其他类似性质文件的著作权属于委托人,咨询人可以为实现本合同目的而复制或者以其他方式使用此类文件,但不能用于与本合同无关的其他事项。未经委托人书面同意,咨询人不得为了本合同以外的目的而复制或者以其他方式使用上述文件或将之提供给任何第三方。

除专用条件另有约定外,咨询人为履行本合同约定而编制的成昙文件,其著作权属于咨询人。委托人可以为实现合同目的而复制、使用此类文件,但不能擅自修改或用于与本合同无关的其他事项。未经咨询人书面同意,委托人不得为了本合同以外的目的而复制或者以其他方式使用上述文件或将之提供给任何第三方。

双方保证在履行本合同过程中不侵犯对方及第三方的知识产权。因咨询人侵犯他人知识产权所引起的责任,由咨询人承担;因委托人提供的基础资料导致侵权的,由委托人承担责任。

除专用条件另有约定外,双方均有权在履行本合同保密义务并且不损害对方利益的情况下,将履行本合同形成的有关成果文件用于企业宣传、申报奖项以及接受上级主管部门的检查。

第三部分　专用条件

1. 词语定义、语言、解释顺序与适用法律

1.2 语言

本合同文件除使用中文外,还可用＿＿＿＿＿＿＿＿。

1.3 合同文件的优先顺序

本合同文件的解释顺序为:＿＿＿＿＿＿＿＿。

1.4 适用法律

本合同适用的其他规范性文件包括:＿＿＿＿＿＿＿＿＿＿＿＿＿＿＿＿＿＿＿＿＿＿＿＿＿＿＿＿＿＿＿＿。

2. 委托人的义务

2.1 提供资料

委托人按照附录 C 约定无偿向咨询人提供与本合同咨询业务有关资料的时间为:＿＿＿＿＿＿＿＿。

2.2 提供工作条件

2.2.1 项目咨询人员使用附录 D 中由委托人提供的房屋及设备,支付使用费的标准为:＿＿＿＿＿＿＿＿＿＿＿＿＿＿＿＿＿＿＿＿。

2.4 委托人代表

委托人代表为：＿＿＿＿＿＿＿＿，其权限范围：＿＿＿＿＿＿＿＿＿＿＿＿＿＿＿＿＿＿＿
＿＿＿＿＿＿＿＿＿＿＿＿＿＿＿＿＿＿＿＿＿＿＿＿＿＿＿＿＿＿＿＿＿＿＿＿＿＿＿。

2.5 答复

委托人同意在＿＿＿＿＿＿日内，对咨询人书面提交并要求做出决定的事宜给予书面答复。逾期未答复的，视为委托人认可。

3. 咨询人的义务

3.1 项目咨询团队及人员

3.1.1 项目咨询团队的主要人员应具有 资格条件，团队人员的数量为＿＿＿＿＿＿人。

3.1.2 项目负责人为：＿＿＿＿＿＿＿＿，项目负责人为履行本合同的权限为：＿＿＿＿＿＿＿＿＿
＿＿＿＿＿＿＿＿＿＿＿＿＿＿＿＿＿＿＿＿＿＿＿＿＿＿＿＿＿＿＿＿＿＿＿＿＿＿＿。

3.1.3 咨询人更换项目咨询团队其他咨询人员的约定。

3.1.4 委托人要求更换咨询人员的情形还包括：＿＿＿＿＿＿＿＿＿＿＿＿＿＿＿＿＿＿＿＿＿＿＿
＿＿＿＿＿＿＿＿＿＿＿＿＿＿＿＿＿＿＿＿＿＿＿＿＿＿＿＿＿＿＿＿＿＿＿＿＿＿＿。

3.2 咨询人的工作要求

3.2.1 咨询人向委托人提供有关资料的时间：＿＿＿＿＿＿＿＿＿＿。

咨询人向委托人提供的资料还包括：＿＿＿＿＿＿＿＿＿＿＿＿＿＿。

3.2.2 咨询人向委托人提供咨询成果文件的名称、组成、时间、份数及质量标准：＿＿＿＿＿＿＿＿。详见附录 B。

3.2.4 咨询人应在收到委托人以书面形式提出的建议或者异议后＿＿＿＿＿＿日内给予书面答复。

3.3 咨询人的工作依据

经双方协商，本合同约定的造价咨询服务适用的技术标准、规范、定额等工作依据为：＿＿＿＿＿＿＿＿＿＿＿＿＿＿＿＿＿。

3.4 使用委托人房屋及设备的返还

咨询人应在本合同终止后＿＿＿＿＿＿日内移交委托人提供的房屋及设备，移交的方式为＿＿＿＿＿＿＿＿＿＿＿＿＿＿＿＿＿
＿＿＿＿＿＿＿＿＿＿＿＿＿＿＿＿＿＿＿＿＿＿＿＿＿＿＿＿＿＿＿＿＿＿＿＿＿＿＿。

4. 违约责任

4.1 委托人的违约责任

4.1.1 委托人违约金的计算及支付方法：＿＿＿＿＿＿＿＿＿＿＿＿＿＿＿＿＿＿＿＿＿＿＿＿＿。

4.1.2 委托人赔偿金额按下列方法确定并支付：＿＿＿＿＿＿＿＿＿＿＿＿＿＿＿＿＿＿＿＿＿＿。

4.1.3 委托人逾期付款利息按下列方法计算并支付：＿＿＿＿＿＿＿＿＿＿＿＿＿＿＿＿＿＿＿＿。

4.2 咨询人的违约责任

4.2.1 咨询人违约金的计算及支付方法：＿＿＿＿＿＿＿＿＿＿＿＿＿＿＿＿＿＿＿＿＿＿＿＿＿。

4.2.2 咨询人赔偿金额按下列方法确定并支付：＿＿＿＿＿＿＿＿＿＿＿＿＿＿＿＿＿＿＿＿＿＿。

5. 支付

5.1 支付货币

币种为：＿＿＿＿＿＿＿，汇率为：＿＿＿＿＿＿＿，其他约定：＿＿＿＿＿＿＿＿＿＿。

5.2 支付申请

咨询人应在本合同约定的每次应付款日期＿＿＿＿＿＿日前，向委托人提交支付申请书。

5.3 支付酬金

正常工作酬金的支付：

支付次数	支付时间	支付比例	支付金额(万元)

6. 合同变更、解除与终止

6.1 合同变更

6.1.2 除不可抗力外,因非咨询人原因导致本合同履行期限延长、内容增加时,附加工作酬金按下列方法确定:＿＿＿＿＿

＿＿

＿＿＿。

6.1.4 因工程规模、服务范围及内容的变化等导致咨询人的工作量增减时,服务酬金的调整方法:＿＿＿＿＿＿＿

＿＿

＿＿＿。

6.2 合同解除

6.2.2 双方约定解除合同的条件还包括:＿＿＿＿＿＿＿＿＿＿＿＿＿＿＿＿＿＿＿＿＿＿＿＿＿＿＿＿＿＿＿＿＿＿。

6.2.4 因不可抗力导致的合同解除,双方约定损失的分担如下:＿＿＿＿＿＿＿＿＿＿＿＿＿＿＿＿＿＿＿＿＿＿＿

＿＿＿。

7. 争议解决

7.2 调解

如果双方不能在＿＿＿＿＿＿日内解决本合同争议,可以将其提交＿＿＿＿＿＿＿＿＿＿＿＿进行调解。

7.3 仲裁或诉讼

合同争议的最终解决方式为下列第＿＿＿＿＿＿种方式:

(1)提请＿＿＿＿＿＿＿＿＿＿＿＿仲裁委员会进行仲裁。

(2)向＿＿＿＿＿＿＿＿＿＿＿＿＿人民法院提起诉讼。

8. 其他

8.1 考察及相关费用

咨询人经委托人同意进行考察发生的费用由＿＿＿＿＿＿＿＿＿＿支付。

差旅费及相关费用的支付:＿＿＿＿＿＿＿＿＿＿＿＿＿＿＿＿＿＿＿＿＿＿＿＿＿＿＿＿＿＿＿＿＿＿＿＿＿＿＿。

8.2 奖励

合理化建议的奖励金额按下列方法确定:＿＿＿＿＿＿＿＿＿＿＿＿＿＿。

8.3 保密

委托人申明的保密事项和期限:＿＿＿＿＿＿＿＿＿＿＿＿＿＿＿＿＿＿＿＿＿＿＿＿＿＿＿＿＿＿＿＿＿＿＿＿＿＿＿

＿＿＿＿＿＿＿＿＿＿＿＿＿＿＿＿＿＿＿＿＿＿＿。

咨询人申明的保密事项和期限:＿＿＿＿＿＿＿＿＿＿＿＿＿＿＿＿＿＿＿＿＿＿＿＿＿＿＿＿＿＿＿＿＿＿＿＿＿＿＿

＿＿＿＿＿＿＿＿＿＿＿＿＿＿＿＿＿＿＿＿＿＿＿。

第三人申明的保密事项和期限:＿＿＿＿＿＿＿＿＿＿＿＿＿＿＿＿＿＿＿＿＿＿＿＿＿＿＿＿＿＿＿＿＿＿＿＿＿＿＿

＿＿＿＿＿＿＿＿＿＿＿＿＿＿＿＿＿＿＿＿＿＿＿。

8.4 联络

8.4.1 任何一方与合同有关的通知、指示、要求、决定等,均应在日内送达对方指定的接收人和送达地点。

8.4.2 委托人指定的送达接收人:＿＿＿＿＿＿＿＿＿＿＿,送达地点:＿＿＿＿＿＿＿＿＿＿＿,电子邮箱:＿＿＿＿＿＿＿＿＿。

咨询人指定的送达接收人:＿＿＿＿＿＿＿＿＿＿＿,送达地点:＿＿＿＿＿＿＿＿＿＿＿,电子邮箱:＿＿＿＿＿＿＿＿＿。

8.5 知识产权

委托人提供给咨询人的图纸、委托人为实施工程自行编制或委托编制的技术规范以及反映委托人要求的或其他类似性质文件的著作权属于＿＿＿＿＿＿＿＿＿＿＿＿。

咨询人为履行本合同约定而编制的成果文件,其著作权属于＿＿＿＿＿＿＿＿＿＿。

双方将履行本合同形成的有关成果文件用于企业宣传、申报奖项以及接受上级主管部门的检查须遵守以下约定:＿＿＿＿

＿＿

＿＿＿＿＿＿＿＿＿＿＿＿＿＿＿＿＿＿＿＿＿＿＿。

9. 补充条款

———————————————————————————————

———————————————————————————————

———————————————————————————————

———————————————————————————————

———————————————————————————————

———————————————————————————————

———————————————————————————————

附录（略）

· 指导案例

1. 中国民生银行股份有限公司温州分行诉浙江山口建筑工程有限公司、青田依利高鞋业有限公司第三人撤销之诉案①

【关键词】

民事/第三人撤销之诉/建设工程价款优先受偿权/抵押权/原告主体资格

【裁判要点】

建设工程价款优先受偿权与抵押权指向同一标的物，抵押权的实现因建设工程价款优先受偿权的有无以及范围大小受到影响的，应当认定抵押权的实现同建设工程价款优先受偿权案件的处理结果有法律上的利害关系，抵押权人对确认建设工程价款优先受偿权的生效裁判具有提起第三人撤销之诉的原告主体资格。

【相关法条】

《中华人民共和国民事诉讼法》第 56 条

【基本案情】

中国民生银行股份有限公司温州分行（以下简称温州民生银行）因与青田依利高鞋业有限公司（以下简称青田依利高鞋业公司）、浙江依利高鞋业有限公司等金融借款合同纠纷一案诉至浙江省温州市中级人民法院（以下简称温州中院），温州中院判令：一、浙江依利高鞋业有限公司于判决生效之日起十日内偿还温州民生银行借款本金 5690 万元及期内利息、期内利息复利、逾期利息；二、如浙江依利高鞋业有限公司未在上述第一项确定的期限内履行还款义务，温州民生银行有权以拍卖、变卖被告青田依利高鞋业有限公司提供抵押的坐落于青田县船寮镇赤岩工业

区房产及工业用地的所得价款优先受偿……。上述判决生效后，因该案各被告未在判决确定的期限内履行义务，温州民生银行向温州中院申请强制执行。

在执行过程中，温州民生银行于 2017 年 2 月 28 日获悉，浙江省青田县人民法院向温州中院发出编号为（2016）浙 1121 执 2877 号的《参与执行分配函》，以（2016）浙 1121 民初 1800 号民事判决为依据，要求温州中院将该判决确认的浙江山口建筑工程有限公司（以下简称山口建筑公司）对青田依利高鞋业公司享有的 559.3 万元建设工程款债权优先于抵押权和其他债权受偿，对坐落于青田县船寮镇赤岩工业区建设工程项目折价或拍卖所得价款优先受偿。

温州民生银行认为案涉建设工程于 2011 年 10 月 21 日竣工验收合格，但山口建筑公司直至 2016 年 4 月 20 日才向法院主张优先受偿权，显然已超过了六个月的期限，故请求撤销（2016）浙 1121 民初 1800 号民事判决，并确认山口建筑公司就案涉建设工程项目折价、拍卖或变卖所得价款不享有优先受偿权。

【裁判结果】

浙江省云和县人民法院于 2017 年 12 月 25 日作出（2017）浙 1125 民撤 1 号民事判决：一、撤销浙江省青田县人民法院（2016）浙 1121 民初 1800 号民事判决书第一项；二、驳回原告中国民生银行股份有限公司温州分行的其他诉讼请求。一审宣判后，浙江山口建筑工程有限公司不服，向浙江省丽水市中级人民法院提起上诉。丽水市中级人民法院于 2018 年 4 月 25 日作出（2018）浙 11 民终 446 号民事判决书，判决驳回上诉，维持原判。浙江山口建筑

———————————————————————————————

① 案例来源：2021 年 2 月 19 日最高人民法院指导案例 150 号。

工程有限公司不服,向浙江省高级人民法院申请再审。浙江省高级人民法院于 2018 年 12 月 14 日作出(2018)浙民申 3524 号民事裁定书,驳回浙江山口建筑工程有限公司的再审申请。

【裁判理由】

法院生效裁判认为:第三人撤销之诉的审理对象是原案生效裁判,为保障生效裁判的权威性和稳定性,第三人撤销之诉的立案审查相比一般民事案件更加严格。正如山口建筑公司所称,《最高人民法院关于适用〈中华人民共和国民事诉讼法〉的解释》第二百九十二条规定,第三人提起撤销之诉的,应当提供存在发生法律效力的判决、裁定、调解书的全部或者部分内容错误情形的证据材料,即在受理阶段需对原生效裁判内容是否存在错误从证据材料角度进行一定限度的实质审查。但前述司法解释规定本质上仍是对第三人撤销之诉起诉条件的规定,起诉条件与最终实体判决的证据要求存在区别,前述司法解释规定并不意味着第三人在起诉时就要完成全部的举证义务,第三人在提起撤销之诉时应对原案判决可能存在错误并损害其民事权益的情形提供初步证据材料加以证明。温州民生银行提起撤销之诉时已经提供证据材料证明自己是同一标的物上的抵押权人,山口建筑公司依据原案生效判决第一项要求参与抵押物折价或者拍卖所得价款的分配将直接影响温州民生银行债权的优先受偿,而且山口建筑公司自案涉工程竣工验收至提起原案诉讼远远超过六个月期限,山口建筑公司主张在六个月内行使建设工程价款优先权时并未采取起诉、仲裁等具备公示效果的方式。因此,从起诉条件审查角度看,温州民生银行已经提供初步证据证明原案生效判决第一项内容可能存在错误并将损害其抵押权的实现。其提起诉讼要求撤销原案生效判决主文第一项符合法律规定的起诉条件。

2. 王四光诉中天建设集团有限公司、白山和丰置业有限公司案外人执行异议之诉案①

【关键词】

民事/案外人执行异议之诉/与原判决、裁定无关/建设工程价款优先受偿权

【裁判要点】

在建设工程价款强制执行过程中,房屋买受人对强制执行的房屋提起案外人执行异议之诉,请求确认其对案涉房屋享有可以排除强制执行的民事权益,但不否定原生效

---

① 案例来源:2021 年 2 月 19 日最高人民法院指导案例 154 号。

判决确认的债权人所享有的建设工程价款优先受偿权的,属于民事诉讼法第二百二十七条规定的"与原判决、裁定无关"的情形,人民法院应予依法受理。

【相关法条】

《中华人民共和国民事诉讼法》第 227 条

【基本案情】

2016 年 10 月 29 日,吉林省高级人民法院就中天建设集团公司(以下简称中天公司)起诉白山和丰置业有限公司(以下简称和丰公司)建设工程施工合同纠纷一案作出(2016)吉民初 19 号民事判决:和丰公司支付中天公司工程款 42746020 元及利息,设备转让款 23 万元,中天公司可就春江花园 B1、B2、B3、B4 栋及 B 区 16、17、24 栋折价、拍卖款优先受偿。判决生效后,中天公司向吉林省高级人民法院申请执行上述判决,该院裁定由吉林省白山市中级人民法院执行。2017 年 11 月 10 日,吉林省白山市中级人民法院依中天公司申请作出(2017)吉 06 执 82 号(之五)执行裁定,查封春江花园 B1、B2、B3、B4 栋的 11××——××号商铺。

王四光向吉林省白山市中级人民法院提出执行异议,吉林省白山市中级人民法院于 2017 年 11 月 24 日作出(2017)吉 06 执异 87 号执行裁定,驳回王四光的异议请求。此后,王四光以其在查封上述房屋之前已经签订书面买卖合同并占有使用该房屋为由,向吉林省白山市中级人民法院提起案外人执行异议之诉,请求法院判令:依法解除查封,停止执行王四光购买的白山市浑江区春江花园 B1、B2、B3、B4 栋的 11××——××号商铺。

2013 年 11 月 26 日,和丰公司(出卖人)与王四光(买受人)签订《商品房买卖合同》,约定:出卖人以出让方式取得位于吉林省白山市星泰桥北的土地使用权,出卖人经批准在上述地块上建设商品房春江花园;买受人购买的商品房为预售商品房……。买受人按其他方式按期付款,其他方式为买受人已付清总房款的 50% 以上,剩余房款 10 日内通过办理银行按揭贷款的方式付清;出卖人应当在 2014 年 12 月 31 日前按合同约定将商品房交付买受人;商品房预售的,自该合同生效之日起 30 天内,由出卖人向产权处申请登记备案。

2014 年 2 月 17 日,贷款人(抵押权人)招商银行股份有限公司、借款人王四光、抵押人王四光、保证人和丰公司共同签订《个人购房借款及担保合同》,合同约定抵押人愿意以其从售房人处购买的该合同约定的房产的全部权益

抵押给贷款人，作为偿还该合同项下贷款本息及其他一切相关费用的担保。2013年11月26日，和丰公司向王四光出具购房收据。白山市不动产登记中心出具的不动产档案查询证明显示：抵押人王四光以不动产权证号为白山房权证白BQ字第×××××号，建筑面积5339.04平方米的房产为招商银行股份有限公司通化分行设立预购商品房抵押权预告。2013年8月23日，涉案商铺在产权部门取得商品房预售许可证，并办理了商品房预售许可登记。2018年12月26日，吉林省电力有限公司白山供电公司出具历月电费明细，显示春江花园B1-4号门市2017年1月至2018年2月用电情况。

白山市房屋产权管理中心出具的《查询证明》载明："经查询，白山和丰置业有限公司B——1、2、3、4#楼在2013年8月23日已办理商品房预售许可登记。没有办理房屋产权初始登记，因开发单位未到房屋产权管理中心申请办理。"

【裁判结果】

吉林省白山市中级人民法院于2018年4月18日作出(2018)吉06民初12号民事判决：一、不得执行白山市浑江区春江花园B1、B2、B3、B4栋11××——××号商铺；二、驳回王四光其他诉讼请求。中天建设集团公司不服一审判决向吉林省高级人民法院提起上诉。吉林省高级人民法院于2018年9月4日作出(2018)吉民终420号民事裁定：一、撤销吉林省白山市中级人民法院(2018)吉06民初12号民事判决；二、驳回王四光的起诉。王四光对裁定不服，向最高人民法院申请再审。最高人民法院于2019年3月28日作出(2019)最高法民再39号民事裁定：一、撤销吉林省高级人民法院(2018)吉民终420号民事裁定；二、指令吉林省高级人民法院对本案进行审理。

【裁判理由】

最高人民法院认为，根据王四光在再审中的主张，本案再审审理的重点是王四光提起的执行异议之诉是否属于民事诉讼法第二百二十七条规定的案外人的执行异议"与原判决、裁定无关"的情形。

根据民事诉讼法第二百二十七条规定的文义，该条法律规定的案外人的执行异议"与原判决、裁定无关"是指案外人提出的执行异议不含有其认为原判决、裁定错误的主张。案外人主张排除建设工程价款优先受偿权的执行与否定建设工程价款优先受偿权权利本身并非同一概念。前者是案外人在承认或至少不否认对方权利的前提下，对两种权利的执行顺位进行比较，主张其根据有关法律和司法解释的规定享有的民事权益可以排除他人建设工程价款优先受偿权的执行；后者是从根本上否定建设工程价款

优先受偿权权利本身，主张诉争建设工程价款优先受偿权不存在。简而言之，当事人主张其权益在特定标的的执行上优于对方的权益，不能等同于否定对方权益的存在；当事人主张其权益会影响生效裁判的执行，也不能等同于其认为生效裁判错误。根据王四光提起案外人执行异议之诉的请求和具体理由，并没有否定原生效判决确认的中天公司所享有的建设工程价款优先受偿权，王四光提起案外执行异议之诉意在请求法院确认其对案涉房屋享有可以排除强制执行的民事权益；如果一、二审法院支持王四光关于执行异议的主张也并不动摇生效判决关于中天公司享有建设工程价款优先受偿权的认定，仅可能影响该生效判决的具体执行。王四光的执行异议并不包含其认为已生效的(2016)吉民初19号民事判决存在错误的主张，属于民事诉讼法第二百二十七条规定的案外人的执行异议"与原判决、裁定无关"的情形。二审法院认定王四光作为案外人对执行标的物主张排除执行的异议实质上是对上述生效判决的异议，应当依照审判监督程序办理，据此裁定驳回王四光的起诉，属于适用法律错误，再审法院予以纠正。鉴于二审法院并未作出实体判决，根据具体案情，再审法院裁定撤销二审裁定，指令二审法院继续审理本案。

6. 安全生产

(1) 一般规定

中华人民共和国安全生产法

- 2002年6月29日第九届全国人民代表大会常务委员会第二十八次会议通过
- 根据2009年8月27日第十一届全国人民代表大会常务委员会第十次会议《关于修改部分法律的决定》第一次修正
- 根据2014年8月31日第十二届全国人民代表大会常务委员会第十次会议《关于修改〈中华人民共和国安全生产法〉的决定》第二次修正
- 根据2021年6月10日第十三届全国人民代表大会常务委员会第二十九次会议《关于修改〈中华人民共和国安全生产法〉的决定》第三次修正

第一章 总 则

第一条 为了加强安全生产工作，防止和减少生产安全事故，保障人民群众生命和财产安全，促进经济社会持续健康发展，制定本法。

第二条 在中华人民共和国领域内从事生产经营活动的单位(以下统称生产经营单位)的安全生产，适用本

法;有关法律、行政法规对消防安全和道路交通安全、铁路交通安全、水上交通安全、民用航空安全以及核与辐射安全、特种设备安全另有规定的,适用其规定。

第三条　安全生产工作坚持中国共产党的领导。

安全生产工作应当以人为本,坚持人民至上、生命至上,把保护人民生命安全摆在首位,树牢安全发展理念,坚持安全第一、预防为主、综合治理的方针,从源头上防范化解重大安全风险。

安全生产工作实行管行业必须管安全、管业务必须管安全、管生产经营必须管安全,强化和落实生产经营单位主体责任与政府监管责任,建立生产经营单位负责、职工参与、政府监管、行业自律和社会监督的机制。

第四条　生产经营单位必须遵守本法和其他有关安全生产的法律、法规,加强安全生产管理,建立健全全员安全生产责任制和安全生产规章制度,加大对安全生产资金、物资、技术、人员的投入保障力度,改善安全生产条件,加强安全生产标准化、信息化建设,构建安全风险分级管控和隐患排查治理双重预防机制,健全风险防范化解机制,提高安全生产水平,确保安全生产。

平台经济等新兴行业、领域的生产经营单位应当根据本行业、领域的特点,建立健全并落实全员安全生产责任制,加强从业人员安全生产教育和培训,履行本法和其他法律、法规规定的有关安全生产义务。

第五条　生产经营单位的主要负责人是本单位安全生产第一责任人,对本单位的安全生产工作全面负责。其他负责人对职责范围内的安全生产工作负责。

第六条　生产经营单位的从业人员有依法获得安全生产保障的权利,并应当依法履行安全生产方面的义务。

第七条　工会依法对安全生产工作进行监督。

生产经营单位的工会依法组织职工参加本单位安全生产工作的民主管理和民主监督,维护职工在安全生产方面的合法权益。生产经营单位制定或者修改有关安全生产的规章制度,应当听取工会的意见。

第八条　国务院和县级以上地方各级人民政府应当根据国民经济和社会发展规划制定安全生产规划,并组织实施。安全生产规划应当与国土空间规划等相关规划相衔接。

各级人民政府应当加强安全生产基础设施建设和安全生产监管能力建设,所需经费列入本级预算。

县级以上地方各级人民政府应当组织有关部门建立完善安全风险评估与论证机制,按照安全风险管控要求,进行产业规划和空间布局,并对位置相邻、行业相近、业态相似的生产经营单位实施重大安全风险联防联控。

第九条　国务院和县级以上地方各级人民政府应当加强对安全生产工作的领导,建立健全安全生产工作协调机制,支持、督促各有关部门依法履行安全生产监督管理职责,及时协调、解决安全生产监督管理中存在的重大问题。

乡镇人民政府和街道办事处,以及开发区、工业园区、港区、风景区等应当明确负责安全生产监督管理的有关工作机构及其职责,加强安全生产监管力量建设,按照职责对本行政区域或者管理区域内生产经营单位安全生产状况进行监督检查,协助人民政府有关部门或者按照授权依法履行安全生产监督管理职责。

第十条　国务院应急管理部门依照本法,对全国安全生产工作实施综合监督管理;县级以上地方各级人民政府应急管理部门依照本法,对本行政区域内安全生产工作实施综合监督管理。

国务院交通运输、住房和城乡建设、水利、民航等有关部门依照本法和其他有关法律、行政法规的规定,在各自的职责范围内对有关行业、领域的安全生产工作实施监督管理;县级以上地方各级人民政府有关部门依照本法和其他有关法律、法规的规定,在各自的职责范围内对有关行业、领域的安全生产工作实施监督管理。对新兴行业、领域的安全生产监督管理职责不明确的,由县级以上地方各级人民政府按照业务相近的原则确定监督管理部门。

应急管理部门和对有关行业、领域的安全生产工作实施监督管理的部门,统称负有安全生产监督管理职责的部门。负有安全生产监督管理职责的部门应当相互配合、齐抓共管、信息共享、资源共用,依法加强安全生产监督管理工作。

第十一条　国务院有关部门应当按照保障安全生产的要求,依法及时制定有关的国家标准或者行业标准,并根据科技进步和经济发展适时修订。

生产经营单位必须执行依法制定的保障安全生产的国家标准或者行业标准。

第十二条　国务院有关部门按照职责分工负责安全生产强制性国家标准的项目提出、组织起草、征求意见、技术审查。国务院应急管理部门统筹提出安全生产强制性国家标准的立项计划。国务院标准化行政主管部门负责安全生产强制性国家标准的立项、编号、对外通报和授权批准发布工作。国务院标准化行政主管部门、有关部门依据法定职责对安全生产强制性国家标准的实施进行监督检查。

第十三条　各级人民政府及其有关部门应当采取多种形式,加强对有关安全生产的法律、法规和安全生产知识的宣传,增强全社会的安全生产意识。

第十四条　有关协会组织依照法律、行政法规和章程,为生产经营单位提供安全生产方面的信息、培训等服务,发挥自律作用,促进生产经营单位加强安全生产管理。

第十五条　依法设立的为安全生产提供技术、管理服务的机构,依照法律、行政法规和执业准则,接受生产经营单位的委托为其安全生产工作提供技术、管理服务。

生产经营单位委托前款规定的机构提供安全生产技术、管理服务的,保证安全生产的责任仍由本单位负责。

第十六条　国家实行生产安全事故责任追究制度,依照本法和有关法律、法规的规定,追究生产安全事故责任单位和责任人员的法律责任。

第十七条　县级以上各级人民政府应当组织负有安全生产监督管理职责的部门依法编制安全生产权力和责任清单,公开并接受社会监督。

第十八条　国家鼓励和支持安全生产科学技术研究和安全生产先进技术的推广应用,提高安全生产水平。

第十九条　国家对在改善安全生产条件、防止生产安全事故、参加抢险救护等方面取得显著成绩的单位和个人,给予奖励。

第二章　生产经营单位的安全生产保障

第二十条　生产经营单位应当具备本法和有关法律、行政法规和国家标准或者行业标准规定的安全生产条件;不具备安全生产条件的,不得从事生产经营活动。

第二十一条　生产经营单位的主要负责人对本单位安全生产工作负有下列职责:

(一)建立健全并落实本单位全员安全生产责任制,加强安全生产标准化建设;

(二)组织制定并实施本单位安全生产规章制度和操作规程;

(三)组织制定并实施本单位安全生产教育和培训计划;

(四)保证本单位安全生产投入的有效实施;

(五)组织建立并落实安全风险分级管控和隐患排查治理双重预防工作机制,督促、检查本单位的安全生产工作,及时消除生产安全事故隐患;

(六)组织制定并实施本单位的生产安全事故应急救援预案;

(七)及时、如实报告生产安全事故。

第二十二条　生产经营单位的全员安全生产责任制应当明确各岗位的责任人员、责任范围和考核标准等内容。

生产经营单位应当建立相应的机制,加强对全员安全生产责任制落实情况的监督考核,保证全员安全生产责任制的落实。

第二十三条　生产经营单位应当具备的安全生产条件所必需的资金投入,由生产经营单位的决策机构、主要负责人或者个人经营的投资人予以保证,并对由于安全生产所必需的资金投入不足导致的后果承担责任。

有关生产经营单位应当按照规定提取和使用安全生产费用,专门用于改善安全生产条件。安全生产费用在成本中据实列支。安全生产费用提取、使用和监督管理的具体办法由国务院财政部门会同国务院应急管理部门征求国务院有关部门意见后制定。

第二十四条　矿山、金属冶炼、建筑施工、运输单位和危险物品的生产、经营、储存、装卸单位,应当设置安全生产管理机构或者配备专职安全生产管理人员。

前款规定以外的其他生产经营单位,从业人员超过一百人的,应当设置安全生产管理机构或者配备专职安全生产管理人员;从业人员在一百人以下的,应当配备专职或者兼职的安全生产管理人员。

第二十五条　生产经营单位的安全生产管理机构以及安全生产管理人员履行下列职责:

(一)组织或者参与拟订本单位安全生产规章制度、操作规程和生产安全事故应急救援预案;

(二)组织或者参与本单位安全生产教育和培训,如实记录安全生产教育和培训情况;

(三)组织开展危险源辨识和评估,督促落实本单位重大危险源的安全管理措施;

(四)组织或者参与本单位应急救援演练;

(五)检查本单位的安全生产状况,及时排查生产安全事故隐患,提出改进安全生产管理的建议;

(六)制止和纠正违章指挥、强令冒险作业、违反操作规程的行为;

(七)督促落实本单位安全生产整改措施。

生产经营单位可以设置专职安全生产分管负责人,协助本单位主要负责人履行安全生产管理职责。

第二十六条　生产经营单位的安全生产管理机构以及安全生产管理人员应当恪尽职守,依法履行职责。

生产经营单位作出涉及安全生产的经营决策,应当听取安全生产管理机构以及安全生产管理人员的意见。

生产经营单位不得因安全生产管理人员依法履行职责而降低其工资、福利等待遇或者解除与其订立的劳动合同。

危险物品的生产、储存单位以及矿山、金属冶炼单位的安全生产管理人员的任免，应当告知主管的负有安全生产监督管理职责的部门。

第二十七条　生产经营单位的主要负责人和安全生产管理人员必须具备与本单位所从事的生产经营活动相应的安全生产知识和管理能力。

危险物品的生产、经营、储存、装卸单位以及矿山、金属冶炼、建筑施工、运输单位的主要负责人和安全生产管理人员，应当由主管的负有安全生产监督管理职责的部门对其安全生产知识和管理能力考核合格。考核不得收费。

危险物品的生产、储存、装卸单位以及矿山、金属冶炼单位应当有注册安全工程师从事安全生产管理工作。鼓励其他生产经营单位聘用注册安全工程师从事安全生产管理工作。注册安全工程师按专业分类管理，具体办法由国务院人力资源和社会保障部门、国务院应急管理部门会同国务院有关部门制定。

第二十八条　生产经营单位应当对从业人员进行安全生产教育和培训，保证从业人员具备必要的安全生产知识，熟悉有关的安全生产规章制度和安全操作规程，掌握本岗位的安全操作技能，了解事故应急处理措施，知悉自身在安全生产方面的权利和义务。未经安全生产教育和培训合格的从业人员，不得上岗作业。

生产经营单位使用被派遣劳动者的，应当将被派遣劳动者纳入本单位从业人员统一管理，对被派遣劳动者进行岗位安全操作规程和安全操作技能的教育和培训。劳务派遣单位应当对被派遣劳动者进行必要的安全生产教育和培训。

生产经营单位接收中等职业学校、高等学校学生实习的，应当对实习学生进行相应的安全生产教育和培训，提供必要的劳动防护用品。学校应当协助生产经营单位对实习学生进行安全生产教育和培训。

生产经营单位应当建立安全生产教育和培训档案，如实记录安全生产教育和培训的时间、内容、参加人员以及考核结果等情况。

第二十九条　生产经营单位采用新工艺、新技术、新材料或者使用新设备，必须了解、掌握其安全技术特性，采取有效的安全防护措施，并对从业人员进行专门的安全生产教育和培训。

第三十条　生产经营单位的特种作业人员必须按照国家有关规定经专门的安全作业培训，取得相应资格，方可上岗作业。

特种作业人员的范围由国务院应急管理部门会同国务院有关部门确定。

第三十一条　生产经营单位新建、改建、扩建工程项目（以下统称建设项目）的安全设施，必须与主体工程同时设计、同时施工、同时投入生产和使用。安全设施投资应当纳入建设项目概算。

第三十二条　矿山、金属冶炼建设项目和用于生产、储存、装卸危险物品的建设项目，应当按照国家有关规定进行安全评价。

第三十三条　建设项目安全设施的设计人、设计单位应当对安全设施设计负责。

矿山、金属冶炼建设项目和用于生产、储存、装卸危险物品的建设项目的安全设施设计应当按照国家有关规定报经有关部门审查，审查部门及其负责审查的人员对审查结果负责。

第三十四条　矿山、金属冶炼建设项目和用于生产、储存、装卸危险物品的建设项目的施工单位必须按照批准的安全设施设计施工，并对安全设施的工程质量负责。

矿山、金属冶炼建设项目和用于生产、储存、装卸危险物品的建设项目竣工投入生产或者使用前，应当由建设单位负责组织对安全设施进行验收；验收合格后，方可投入生产和使用。负有安全生产监督管理职责的部门应当加强对建设单位验收活动和验收结果的监督核查。

第三十五条　生产经营单位应当在有较大危险因素的生产经营场所和有关设施、设备上，设置明显的安全警示标志。

第三十六条　安全设备的设计、制造、安装、使用、检测、维修、改造和报废，应当符合国家标准或者行业标准。

生产经营单位必须对安全设备进行经常性维护、保养，并定期检测，保证正常运转。维护、保养、检测应当作好记录，并由有关人员签字。

生产经营单位不得关闭、破坏直接关系生产安全的监控、报警、防护、救生设备、设施，或者篡改、隐瞒、销毁其相关数据、信息。

餐饮等行业的生产经营单位使用燃气的，应当安装可燃气体报警装置，并保障其正常使用。

第三十七条　生产经营单位使用的危险物品的容器、运输工具，以及涉及人身安全、危险性较大的海洋石油开采特种设备和矿山井下特种设备，必须按照国家有关规定,由专业生产单位生产,并经具有专业资质的检测、检验机构检测、检验合格,取得安全使用证或者安全标志,方可投入使用。检测、检验机构对检测、检验结果负责。

第三十八条　国家对严重危及生产安全的工艺、设备实行淘汰制度,具体目录由国务院应急管理部门会同国务院有关部门制定并公布。法律、行政法规对目录的制定另有规定的,适用其规定。

省、自治区、直辖市人民政府可以根据本地区实际情况制定并公布具体目录,对前款规定以外的危及生产安全的工艺、设备予以淘汰。

生产经营单位不得使用应当淘汰的危及生产安全的工艺、设备。

第三十九条　生产、经营、运输、储存、使用危险物品或者处置废弃危险物品的,由有关主管部门依照有关法律、法规的规定和国家标准或者行业标准审批并实施监督管理。

生产经营单位生产、经营、运输、储存、使用危险物品或者处置废弃危险物品,必须执行有关法律、法规和国家标准或者行业标准,建立专门的安全管理制度,采取可靠的安全措施,接受有关主管部门依法实施的监督管理。

第四十条　生产经营单位对重大危险源应当登记建档,进行定期检测、评估、监控,并制定应急预案,告知从业人员和相关人员在紧急情况下应当采取的应急措施。

生产经营单位应当按照国家有关规定将本单位重大危险源及有关安全措施、应急措施报有关地方人民政府应急管理部门和有关部门备案。有关地方人民政府应急管理部门和有关部门应当通过相关信息系统实现信息共享。

第四十一条　生产经营单位应当建立安全风险分级管控制度,按照安全风险分级采取相应的管控措施。

生产经营单位应当建立健全并落实生产安全事故隐患排查治理制度,采取技术、管理措施,及时发现并消除事故隐患。事故隐患排查治理情况应当如实记录,并通过职工大会或者职工代表大会、信息公示栏等方式向从业人员通报。其中,重大事故隐患排查治理情况应当及时向负有安全生产监督管理职责的部门和职工大会或者职工代表大会报告。

县级以上地方各级人民政府负有安全生产监督管理职责的部门应当将重大事故隐患纳入相关信息系统,建立健全重大事故隐患治理督办制度,督促生产经营单位消除重大事故隐患。

第四十二条　生产、经营、储存、使用危险物品的车间、商店、仓库不得与员工宿舍在同一座建筑物内,并应当与员工宿舍保持安全距离。

生产经营场所和员工宿舍应当设有符合紧急疏散要求、标志明显、保持畅通的出口、疏散通道。禁止占用、锁闭、封堵生产经营场所或者员工宿舍的出口、疏散通道。

第四十三条　生产经营单位进行爆破、吊装、动火、临时用电以及国务院应急管理部门会同国务院有关部门规定的其他危险作业,应当安排专门人员进行现场安全管理,确保操作规程的遵守和安全措施的落实。

第四十四条　生产经营单位应当教育和督促从业人员严格执行本单位的安全生产规章制度和安全操作规程;并向从业人员如实告知作业场所和工作岗位存在的危险因素、防范措施以及事故应急措施。

生产经营单位应当关注从业人员的身体、心理状况和行为习惯,加强对从业人员的心理疏导、精神慰藉,严格落实岗位安全生产责任,防范从业人员行为异常导致事故发生。

第四十五条　生产经营单位必须为从业人员提供符合国家标准或者行业标准的劳动防护用品,并监督、教育从业人员按照使用规则佩戴、使用。

第四十六条　生产经营单位的安全生产管理人员应当根据本单位的生产经营特点,对安全生产状况进行经常性检查;对检查中发现的安全问题,应当立即处理;不能处理的,应当及时报告本单位有关负责人,有关负责人应当及时处理。检查及处理情况应当如实记录在案。

生产经营单位的安全生产管理人员在检查中发现重大事故隐患,依照前款规定向本单位有关负责人报告,有关负责人不及时处理的,安全生产管理人员可以向主管的负有安全生产监督管理职责的部门报告,接到报告的部门应当依法及时处理。

第四十七条　生产经营单位应当安排用于配备劳动防护用品、进行安全生产培训的经费。

第四十八条　两个以上生产经营单位在同一作业区域内进行生产经营活动,可能危及对方生产安全的,应当签订安全生产管理协议,明确各自的安全生产管理职责和应当采取的安全措施,并指定专职安全生产管理人员进行安全检查与协调。

第四十九条　生产经营单位不得将生产经营项目、场所、设备发包或者出租给不具备安全生产条件或者相应资质的单位或者个人。

生产经营项目、场所发包或者出租给其他单位的,生产经营单位应当与承包单位、承租单位签订专门的安全生产管理协议,或者在承包合同、租赁合同中约定各自的安全生产管理职责;生产经营单位对承包单位、承租单位的安全生产工作统一协调、管理,定期进行安全检查,发现安全问题的,应当及时督促整改。

矿山、金属冶炼建设项目和用于生产、储存、装卸危险物品的建设项目的施工单位应当加强对施工项目的安全管理,不得倒卖、出租、出借、挂靠或者以其他形式非法转让施工资质,不得将其承包的全部建设工程转包给第三人或者将其承包的全部建设工程支解以后以分包的名义分别转包给第三人,不得将工程分包给不具备相应资质条件的单位。

第五十条　生产经营单位发生生产安全事故时,单位的主要负责人应当立即组织抢救,并不得在事故调查处理期间擅离职守。

第五十一条　生产经营单位必须依法参加工伤保险,为从业人员缴纳保险费。

国家鼓励生产经营单位投保安全生产责任保险;属于国家规定的高危行业、领域的生产经营单位,应当投保安全生产责任保险。具体范围和实施办法由国务院应急管理部门会同国务院财政部门、国务院保险监督管理机构和相关行业主管部门制定。

第三章　从业人员的安全生产权利义务

第五十二条　生产经营单位与从业人员订立的劳动合同,应当载明有关保障从业人员劳动安全、防止职业危害的事项,以及依法为从业人员办理工伤保险的事项。

生产经营单位不得以任何形式与从业人员订立协议,免除或者减轻其对从业人员因生产安全事故伤亡依法应承担的责任。

第五十三条　生产经营单位的从业人员有权了解其作业场所和工作岗位存在的危险因素、防范措施及事故应急措施,有权对本单位的安全生产工作提出建议。

第五十四条　从业人员有权对本单位安全生产工作中存在的问题提出批评、检举、控告;有权拒绝违章指挥和强令冒险作业。

生产经营单位不得因从业人员对本单位安全生产工作提出批评、检举、控告或者拒绝违章指挥、强令冒险作业而降低其工资、福利等待遇或者解除与其订立的劳动合同。

第五十五条　从业人员发现直接危及人身安全的紧急情况时,有权停止作业或者在采取可能的应急措施后撤离作业场所。

生产经营单位不得因从业人员在前款紧急情况下停止作业或者采取紧急撤离措施而降低其工资、福利等待遇或者解除与其订立的劳动合同。

第五十六条　生产经营单位发生生产安全事故后,应当及时采取措施救治有关人员。

因生产安全事故受到损害的从业人员,除依法享有工伤保险外,依照有关民事法律尚有获得赔偿的权利的,有权提出赔偿要求。

第五十七条　从业人员在作业过程中,应当严格落实岗位安全责任,遵守本单位的安全生产规章制度和操作规程,服从管理,正确佩戴和使用劳动防护用品。

第五十八条　从业人员应当接受安全生产教育和培训,掌握本职工作所需的安全生产知识,提高安全生产技能,增强事故预防和应急处理能力。

第五十九条　从业人员发现事故隐患或者其他不安全因素,应当立即向现场安全生产管理人员或者本单位负责人报告;接到报告的人员应当及时予以处理。

第六十条　工会有权对建设项目的安全设施与主体工程同时设计、同时施工、同时投入生产和使用进行监督,提出意见。

工会对生产经营单位违反安全生产法律、法规,侵犯从业人员合法权益的行为,有权要求纠正;发现生产经营单位违章指挥、强令冒险作业或者发现事故隐患时,有权提出解决的建议,生产经营单位应当及时研究答复;发现危及从业人员生命安全的情况时,有权向生产经营单位建议组织从业人员撤离危险场所,生产经营单位必须立即作出处理。

工会有权依法参加事故调查,向有关部门提出处理意见,并要求追究有关人员的责任。

第六十一条　生产经营单位使用被派遣劳动者的,被派遣劳动者享有本法规定的从业人员的权利,并应当履行本法规定的从业人员的义务。

第四章　安全生产的监督管理

第六十二条　县级以上地方各级人民政府应当根据本行政区域内的安全生产状况,组织有关部门按照职责分工,对本行政区域内容易发生重大生产安全事故的生产经营单位进行严格检查。

应急管理部门应当按照分类分级监督管理的要求,制定安全生产年度监督检查计划,并按照年度监督检查计划进行监督检查,发现事故隐患,应当及时处理。

第六十三条　负有安全生产监督管理职责的部门依照有关法律、法规的规定,对涉及安全生产的事项需要审查批准(包括批准、核准、许可、注册、认证、颁发证照等,下同)或者验收的,必须严格依照有关法律、法规和国家标准或者行业标准规定的安全生产条件和程序进行审查;不符合有关法律、法规和国家标准或者行业标准规定的安全生产条件的,不得批准或者验收通过。对未依法取得批准或者验收合格的单位擅自从事有关活动的,负责行政审批的部门发现或者接到举报后应当立即予以取缔,并依法予以处理。对已经依法取得批准的单位,负责行政审批的部门发现其不再具备安全生产条件的,应当撤销原批准。

第六十四条　负有安全生产监督管理职责的部门对涉及安全生产的事项进行审查、验收,不得收取费用;不得要求接受审查、验收的单位购买其指定品牌或者指定生产、销售单位的安全设备、器材或者其他产品。

第六十五条　应急管理部门和其他负有安全生产监督管理职责的部门依法开展安全生产行政执法工作,对生产经营单位执行有关安全生产的法律、法规和国家标准或者行业标准的情况进行监督检查,行使以下职权:

(一)进入生产经营单位进行检查,调阅有关资料,向有关单位和人员了解情况;

(二)对检查中发现的安全生产违法行为,当场予以纠正或者要求限期改正;对依法应当给予行政处罚的行为,依照本法和其他有关法律、行政法规的规定作出行政处罚决定;

(三)对检查中发现的事故隐患,应当责令立即排除;重大事故隐患排除前或者排除过程中无法保证安全的,应当责令从危险区域内撤出作业人员,责令暂时停产停业或者停止使用相关设施、设备;重大事故隐患排除后,经审查同意,方可恢复生产经营和使用;

(四)对有根据认为不符合保障安全生产的国家标准或者行业标准的设施、设备、器材以及违法生产、储存、使用、经营、运输的危险物品予以查封或者扣押,对违法生产、储存、使用、经营危险物品的作业场所予以查封,并依法作出处理决定。

监督检查不得影响被检查单位的正常生产经营活动。

第六十六条　生产经营单位对负有安全生产监督管理职责的部门的监督检查人员(以下统称安全生产监督检查人员)依法履行监督检查职责,应当予以配合,不得拒绝、阻挠。

第六十七条　安全生产监督检查人员应当忠于职守,坚持原则,秉公执法。

安全生产监督检查人员执行监督检查任务时,必须出示有效的行政执法证件;对涉及被检查单位的技术秘密和业务秘密,应当为其保密。

第六十八条　安全生产监督检查人员应当将检查的时间、地点、内容、发现的问题及其处理情况,作出书面记录,并由检查人员和被检查单位的负责人签字;被检查单位的负责人拒绝签字的,检查人员应当将情况记录在案,并向负有安全生产监督管理职责的部门报告。

第六十九条　负有安全生产监督管理职责的部门在监督检查中,应当互相配合,实行联合检查;确需分别进行检查的,应当互通情况,发现存在的安全问题应当由其他有关部门进行处理的,应当及时移送其他有关部门并形成记录备查,接受移送的部门应当及时进行处理。

第七十条　负有安全生产监督管理职责的部门依法对存在重大事故隐患的生产经营单位作出停产停业、停止施工、停止使用相关设施或者设备的决定,生产经营单位应当依法执行,及时消除事故隐患。生产经营单位拒不执行,有发生生产安全事故的现实危险的,在保证安全的前提下,经本部门主要负责人批准,负有安全生产监督管理职责的部门可以采取通知有关单位停止供电、停止供应民用爆炸物品等措施,强制生产经营单位履行决定。通知应当采用书面形式,有关单位应当予以配合。

负有安全生产监督管理职责的部门依照前款规定采取停止供电措施,除有危及生产安全的紧急情形外,应当提前二十四小时通知生产经营单位。生产经营单位依法履行行政决定、采取相应措施消除事故隐患的,负有安全生产监督管理职责的部门应当及时解除前款规定的措施。

第七十一条　监察机关依照监察法的规定,对负有安全生产监督管理职责的部门及其工作人员履行安全生产监督管理职责实施监察。

第七十二条　承担安全评价、认证、检测、检验职责的机构应当具备国家规定的资质条件,并对其作出的安全评价、认证、检测、检验结果的合法性、真实性负责。资质条件由国务院应急管理部门会同国务院有关部门制定。

承担安全评价、认证、检测、检验职责的机构应当建立并实施服务公开和报告公开制度,不得租借资质、挂靠、出具虚假报告。

第七十三条　负有安全生产监督管理职责的部门应当建立举报制度,公开举报电话、信箱或者电子邮件地址等网络举报平台,受理有关安全生产的举报;受理的举报事项经调查核实后,应当形成书面材料;需要落实整改措施的,报经有关负责人签字并督促落实。对不属于本部门职责,需要由其他有关部门进行调查处理的,转交其他有关部门处理。

涉及人员死亡的举报事项,应当由县级以上人民政府组织核查处理。

第七十四条 任何单位或者个人对事故隐患或者安全生产违法行为,均有权向负有安全生产监督管理职责的部门报告或者举报。

因安全生产违法行为造成重大事故隐患或者导致重大事故,致使国家利益或者社会公共利益受到侵害的,人民检察院可以根据民事诉讼法、行政诉讼法的相关规定提起公益诉讼。

第七十五条 居民委员会、村民委员会发现其所在区域内的生产经营单位存在事故隐患或者安全生产违法行为时,应当向当地人民政府或者有关部门报告。

第七十六条 县级以上各级人民政府及其有关部门对报告重大事故隐患或者举报安全生产违法行为的有功人员,给予奖励。具体奖励办法由国务院应急管理部门会同国务院财政部门制定。

第七十七条 新闻、出版、广播、电影、电视等单位有进行安全生产公益宣传教育的义务,有对违反安全生产法律、法规的行为进行舆论监督的权利。

第七十八条 负有安全生产监督管理职责的部门应当建立安全生产违法行为信息库,如实记录生产经营单位及其有关从业人员的安全生产违法行为信息;对违法行为情节严重的生产经营单位及其有关从业人员,应当及时向社会公告,并通报行业主管部门、投资主管部门、自然资源主管部门、生态环境主管部门、证券监督管理机构以及有关金融机构。有关部门和机构应当对存在失信行为的生产经营单位及其有关从业人员采取加大执法检查频次、暂停项目审批、上调有关保险费率、行业或者职业禁入等联合惩戒措施,并向社会公示。

负有安全生产监督管理职责的部门应当加强对生产经营单位行政处罚信息的及时归集、共享、应用和公开,对生产经营单位作出处罚决定后七个工作日内在监督管理部门公示系统予以公开曝光,强化对违法失信生产经营单位及其有关从业人员的社会监督,提高全社会安全生产诚信水平。

第五章　生产安全事故的应急救援与调查处理

第七十九条 国家加强生产安全事故应急能力建设,在重点行业、领域建立应急救援基地和应急救援队伍,并由国家安全生产应急救援机构统一协调指挥;鼓励

生产经营单位和其他社会力量建立应急救援队伍,配备相应的应急救援装备和物资,提高应急救援的专业化水平。

国务院应急管理部门牵头建立全国统一的生产安全事故应急救援信息系统,国务院交通运输、住房和城乡建设、水利、民航等有关部门和县级以上地方人民政府建立健全相关行业、领域、地区的生产安全事故应急救援信息系统,实现互联互通、信息共享,通过推行网上安全信息采集、安全监管和监测预警,提升监管的精准化、智能化水平。

第八十条 县级以上地方各级人民政府应当组织有关部门制定本行政区域内生产安全事故应急救援预案,建立应急救援体系。

乡镇人民政府和街道办事处,以及开发区、工业园区、港区、风景区等应当制定相应的生产安全事故应急救援预案,协助人民政府有关部门或者按照授权依法履行生产安全事故应急救援工作职责。

第八十一条 生产经营单位应当制定本单位生产安全事故应急救援预案,与所在地县级以上地方人民政府组织制定的生产安全事故应急救援预案相衔接,并定期组织演练。

第八十二条 危险物品的生产、经营、储存单位以及矿山、金属冶炼、城市轨道交通运营、建筑施工单位应当建立应急救援组织;生产经营规模较小的,可以不建立应急救援组织,但应当指定兼职的应急救援人员。

危险物品的生产、经营、储存、运输单位以及矿山、金属冶炼、城市轨道交通运营、建筑施工单位应当配备必要的应急救援器材、设备和物资,并进行经常性维护、保养,保证正常运转。

第八十三条 生产经营单位发生生产安全事故后,事故现场有关人员应当立即报告本单位负责人。

单位负责人接到事故报告后,应当迅速采取有效措施,组织抢救,防止事故扩大,减少人员伤亡和财产损失,并按照国家有关规定立即如实报告当地负有安全生产监督管理职责的部门,不得隐瞒不报、谎报或者迟报,不得故意破坏事故现场、毁灭有关证据。

第八十四条 负有安全生产监督管理职责的部门接到事故报告后,应当立即按照国家有关规定上报事故情况。负有安全生产监督管理职责的部门和有关地方人民政府对事故情况不得隐瞒不报、谎报或者迟报。

第八十五条 有关地方人民政府和负有安全生产监督管理职责的部门的负责人接到生产安全事故报告后,

应当按照生产安全事故应急救援预案的要求立即赶到事故现场，组织事故抢救。

参与事故抢救的部门和单位应当服从统一指挥，加强协同联动，采取有效的应急救援措施，并根据事故救援的需要采取警戒、疏散等措施，防止事故扩大和次生灾害的发生，减少人员伤亡和财产损失。

事故抢救过程中应当采取必要措施，避免或者减少对环境造成的危害。

任何单位和个人都应当支持、配合事故抢救，并提供一切便利条件。

第八十六条 事故调查处理应当按照科学严谨、依法依规、实事求是、注重实效的原则，及时、准确地查清事故原因，查明事故性质和责任，评估应急处置工作，总结事故教训，提出整改措施，并对事故责任单位和人员提出处理建议。事故调查报告应当依法及时向社会公布。事故调查和处理的具体办法由国务院制定。

事故发生单位应当及时全面落实整改措施，负有安全生产监督管理职责的部门应当加强监督检查。

负责事故调查处理的国务院有关部门和地方人民政府应当在批复事故调查报告后一年内，组织有关部门对事故整改和防范措施落实情况进行评估，并及时向社会公开评估结果；对不履行职责导致事故整改和防范措施没有落实的有关单位和人员，应当按照有关规定追究责任。

第八十七条 生产经营单位发生生产安全事故，经调查确定为责任事故的，除了应当查明事故单位的责任并依法予以追究外，还应当查明对安全生产的有关事项负有审查批准和监督职责的行政部门的责任，对有失职、渎职行为的，依照本法第九十条的规定追究法律责任。

第八十八条 任何单位和个人不得阻挠和干涉对事故的依法调查处理。

第八十九条 县级以上地方各级人民政府应急管理部门应当定期统计分析本行政区域内发生生产安全事故的情况，并定期向社会公布。

第六章 法律责任

第九十条 负有安全生产监督管理职责的部门的工作人员，有下列行为之一的，给予降级或者撤职的处分；构成犯罪的，依照刑法有关规定追究刑事责任：

（一）对不符合法定安全生产条件的涉及安全生产的事项予以批准或者验收通过的；

（二）发现未依法取得批准、验收的单位擅自从事有关活动或者接到举报后不予取缔或者不依法予以处理的；

（三）对已经依法取得批准的单位不履行监督管理职责，发现其不再具备安全生产条件而不撤销原批准或者发现安全生产违法行为不予查处的；

（四）在监督检查中发现重大事故隐患，不依法及时处理的。

负有安全生产监督管理职责的部门的工作人员有前款规定以外的滥用职权、玩忽职守、徇私舞弊行为的，依法给予处分；构成犯罪的，依照刑法有关规定追究刑事责任。

第九十一条 负有安全生产监督管理职责的部门，要求被审查、验收的单位购买其指定的安全设备、器材或者其他产品的，在对安全生产事项的审查、验收中收取费用的，由其上级机关或者监察机关责令改正，责令退还收取的费用；情节严重的，对直接负责的主管人员和其他直接责任人员依法给予处分。

第九十二条 承担安全评价、认证、检测、检验职责的机构出具失实报告的，责令停业整顿，并处三万元以上十万元以下的罚款；给他人造成损害的，依法承担赔偿责任。

承担安全评价、认证、检测、检验职责的机构租借资质、挂靠、出具虚假报告的，没收违法所得；违法所得在十万元以上的，并处违法所得二倍以上五倍以下的罚款，没有违法所得或者违法所得不足十万元的，单处或者并处十万元以上二十万元以下的罚款；对其直接负责的主管人员和其他直接责任人员处五万元以上十万元以下的罚款；给他人造成损害的，与生产经营单位承担连带赔偿责任；构成犯罪的，依照刑法有关规定追究刑事责任。

对有前款违法行为的机构及其直接责任人员，吊销其相应资质和资格，五年内不得从事安全评价、认证、检测、检验等工作；情节严重的，实行终身行业和职业禁入。

第九十三条 生产经营单位的决策机构、主要负责人或者个人经营的投资人不依照本法规定保证安全生产所必需的资金投入，致使生产经营单位不具备安全生产条件的，责令限期改正，提供必需的资金；逾期未改正的，责令生产经营单位停产停业整顿。

有前款违法行为，导致发生生产安全事故的，对生产经营单位的主要负责人给予撤职处分，对个人经营的投资人处二万元以上二十万元以下的罚款；构成犯罪的，依照刑法有关规定追究刑事责任。

第九十四条 生产经营单位的主要负责人未履行本法规定的安全生产管理职责的，责令限期改正，处二万元以上五万元以下的罚款；逾期未改正的，处五万元以上十万元以下的罚款,责令生产经营单位停产停业整顿。

生产经营单位的主要负责人有前款违法行为,导致发生生产安全事故的,给予撤职处分;构成犯罪的,依照刑法有关规定追究刑事责任。

生产经营单位的主要负责人依照前款规定受刑事处罚或者撤职处分的,自刑罚执行完毕或者受处分之日起,五年内不得担任任何生产经营单位的主要负责人;对重大、特别重大生产安全事故负有责任的,终身不得担任本行业生产经营单位的主要负责人。

第九十五条　生产经营单位的主要负责人未履行本法规定的安全生产管理职责,导致发生生产安全事故的,由应急管理部门依照下列规定处以罚款:

(一)发生一般事故的,处上一年年收入百分之四十的罚款;

(二)发生较大事故的,处上一年年收入百分之六十的罚款;

(三)发生重大事故的,处上一年年收入百分之八十的罚款;

(四)发生特别重大事故的,处上一年年收入百分之一百的罚款。

第九十六条　生产经营单位的其他负责人和安全生产管理人员未履行本法规定的安全生产管理职责的,责令限期改正,处一万元以上三万元以下的罚款;导致发生生产安全事故的,暂停或者吊销其与安全生产有关的资格,并处上一年年收入百分之二十以上百分之五十以下的罚款;构成犯罪的,依照刑法有关规定追究刑事责任。

第九十七条　生产经营单位有下列行为之一的,责令限期改正,处十万元以下的罚款;逾期未改正的,责令停产停业整顿,并处十万元以上二十万元以下的罚款,对其直接负责的主管人员和其他直接责任人员处二万元以上五万元以下的罚款:

(一)未按照规定设置安全生产管理机构或者配备安全生产管理人员、注册安全工程师的;

(二)危险物品的生产、经营、储存、装卸单位以及矿山、金属冶炼、建筑施工、运输单位的主要负责人和安全生产管理人员未按照规定经考核合格的;

(三)未按照规定对从业人员、被派遣劳动者、实习学生进行安全生产教育和培训,或者未按照规定如实告知有关的安全生产事项的;

(四)未如实记录安全生产教育和培训情况的;

(五)未将事故隐患排查治理情况如实记录或者未向从业人员通报的;

(六)未按照规定制定生产安全事故应急救援预案或者未定期组织演练的;

(七)特种作业人员未按照规定经专门的安全作业培训并取得相应资格,上岗作业的。

第九十八条　生产经营单位有下列行为之一的,责令停止建设或者停产停业整顿,限期改正,并处十万元以上五十万元以下的罚款,对其直接负责的主管人员和其他直接责任人员处二万元以上五万元以下的罚款;逾期未改正的,处五十万元以上一百万元以下的罚款,对其直接负责的主管人员和其他直接责任人员处五万元以上十万元以下的罚款;构成犯罪的,依照刑法有关规定追究刑事责任:

(一)未按照规定对矿山、金属冶炼建设项目或者用于生产、储存、装卸危险物品的建设项目进行安全评价的;

(二)矿山、金属冶炼建设项目或者用于生产、储存、装卸危险物品的建设项目没有安全设施设计或者安全设施设计未按照规定报经有关部门审查同意的;

(三)矿山、金属冶炼建设项目或者用于生产、储存、装卸危险物品的建设项目的施工单位未按照批准的安全设施设计施工的;

(四)矿山、金属冶炼建设项目或者用于生产、储存、装卸危险物品的建设项目竣工投入生产或者使用前,安全设施未经验收合格的。

第九十九条　生产经营单位有下列行为之一的,责令限期改正,处五万元以下的罚款;逾期未改正的,处五万元以上二十万元以下的罚款,对其直接负责的主管人员和其他直接责任人员处一万元以上二万元以下的罚款;情节严重的,责令停产停业整顿;构成犯罪的,依照刑法有关规定追究刑事责任:

(一)未在有较大危险因素的生产经营场所和有关设施、设备上设置明显的安全警示标志的;

(二)安全设备的安装、使用、检测、改造和报废不符合国家标准或者行业标准的;

(三)未对安全设备进行经常性维护、保养和定期检测的;

(四)关闭、破坏直接关系生产安全的监控、报警、防护、救生设备、设施,或者篡改、隐瞒、销毁其相关数据、信息的;

(五)未为从业人员提供符合国家标准或者行业标准的劳动防护用品的;

(六)危险物品的容器、运输工具,以及涉及人身安全、危险性较大的海洋石油开采特种设备和矿山井下特种设备未经具有专业资质的机构检测、检验合格，取得安全使用证或者安全标志，投入使用的；

（七）使用应当淘汰的危及生产安全的工艺、设备的；

（八）餐饮等行业的生产经营单位使用燃气未安装可燃气体报警装置的。

第一百条　未经依法批准，擅自生产、经营、运输、储存、使用危险物品或者处置废弃危险物品的，依照有关危险物品安全管理的法律、行政法规的规定予以处罚；构成犯罪的，依照刑法有关规定追究刑事责任。

第一百零一条　生产经营单位有下列行为之一的，责令限期改正，处十万元以下的罚款；逾期未改正的，责令停产停业整顿，并处十万元以上二十万元以下的罚款，对其直接负责的主管人员和其他直接责任人员处二万元以上五万元以下的罚款；构成犯罪的，依照刑法有关规定追究刑事责任：

（一）生产、经营、运输、储存、使用危险物品或者处置废弃危险物品，未建立专门安全管理制度、未采取可靠的安全措施的；

（二）对重大危险源未登记建档，未进行定期检测、评估、监控，未制定应急预案，或者未告知应急措施的；

（三）进行爆破、吊装、动火、临时用电以及国务院应急管理部门会同国务院有关部门规定的其他危险作业，未安排专门人员进行现场安全管理的；

（四）未建立安全风险分级管控制度或者未按照安全风险分级采取相应管控措施的；

（五）未建立事故隐患排查治理制度，或者重大事故隐患排查治理情况未按照规定报告的。

第一百零二条　生产经营单位未采取措施消除事故隐患的，责令立即消除或者限期消除，处五万元以下的罚款；生产经营单位拒不执行的，责令停产停业整顿，对其直接负责的主管人员和其他直接责任人员处五万元以上十万元以下的罚款；构成犯罪的，依照刑法有关规定追究刑事责任。

第一百零三条　生产经营单位将生产经营项目、场所、设备发包或者出租给不具备安全生产条件或者相应资质的单位或者个人的，责令限期改正，没收违法所得；违法所得十万元以上的，并处违法所得二倍以上五倍以下的罚款；没有违法所得或者违法所得不足十万元的，单处或者并处十万元以上二十万元以下的罚款；对其直接负责的主管人员和其他直接责任人员处一万元以上二万

元以下的罚款；导致发生生产安全事故给他人造成损害的，与承包方、承租方承担连带赔偿责任。

生产经营单位未与承包单位、承租单位签订专门的安全生产管理协议或者未在承包合同、租赁合同中明确各自的安全生产管理职责，或者未对承包单位、承租单位的安全生产统一协调、管理的，责令限期改正，处五万元以下的罚款，对其直接负责的主管人员和其他直接责任人员处一万元以下的罚款；逾期未改正的，责令停产停业整顿。

矿山、金属冶炼建设项目和用于生产、储存、装卸危险物品的建设项目的施工单位未按照规定对施工项目进行安全管理的，责令限期改正，处十万元以下的罚款，对其直接负责的主管人员和其他直接责任人员处二万元以下的罚款；逾期未改正的，责令停产停业整顿。以上施工单位倒卖、出租、出借、挂靠或者以其他形式非法转让施工资质的，责令停产停业整顿，吊销资质证书，没收违法所得；违法所得十万元以上的，并处违法所得二倍以上五倍以下的罚款，没有违法所得或者违法所得不足十万元的，单处或者并处十万元以上二十万元以下的罚款；对其直接负责的主管人员和其他直接责任人员处五万元以上十万元以下的罚款；构成犯罪的，依照刑法有关规定追究刑事责任。

第一百零四条　两个以上生产经营单位在同一作业区域内进行可能危及对方安全生产的生产经营活动，未签订安全生产管理协议或者未指定专职安全生产管理人员进行安全检查与协调的，责令限期改正，处五万元以下的罚款，对其直接负责的主管人员和其他直接责任人员处一万元以下的罚款；逾期未改正的，责令停产停业。

第一百零五条　生产经营单位有下列行为之一的，责令限期改正，处五万元以下的罚款，对其直接负责的主管人员和其他直接责任人员处一万元以下的罚款；逾期未改正的，责令停产停业整顿；构成犯罪的，依照刑法有关规定追究刑事责任：

（一）生产、经营、储存、使用危险物品的车间、商店、仓库与员工宿舍在同一座建筑内，或者与员工宿舍的距离不符合安全要求的；

（二）生产经营场所和员工宿舍未设有符合紧急疏散需要、标志明显、保持畅通的出口、疏散通道，或者占用、锁闭、封堵生产经营场所或者员工宿舍出口、疏散通道的。

第一百零六条　生产经营单位与从业人员订立协议，免除或者减轻其对从业人员因生产安全事故伤亡依

法应承担的责任的,该协议无效;对生产经营单位的主要负责人、个人经营的投资人处二万元以上十万元以下的罚款。

第一百零七条　生产经营单位的从业人员不落实岗位安全责任,不服从管理,违反安全生产规章制度或者操作规程的,由生产经营单位给予批评教育,依照有关规章制度给予处分;构成犯罪的,依照刑法有关规定追究刑事责任。

第一百零八条　违反本法规定,生产经营单位拒绝、阻碍负有安全生产监督管理职责的部门依法实施监督检查的,责令改正;拒不改正的,处二万元以上二十万元以下的罚款;对其直接负责的主管人员和其他直接责任人员处一万元以上二万元以下的罚款;构成犯罪的,依照刑法有关规定追究刑事责任。

第一百零九条　高危行业、领域的生产经营单位未按照国家规定投保安全生产责任保险的,责令限期改正,处五万元以上十万元以下的罚款;逾期未改正的,处十万元以上二十万元以下的罚款。

第一百一十条　生产经营单位的主要负责人在本单位发生生产安全事故时,不立即组织抢救或者在事故调查处理期间擅离职守或者逃匿的,给予降级、撤职的处分,并由应急管理部门处上一年年收入百分之六十至百分之一百的罚款;对逃匿的处十五日以下拘留;构成犯罪的,依照刑法有关规定追究刑事责任。

生产经营单位的主要负责人对生产安全事故隐瞒不报、谎报或者迟报的,依照前款规定处罚。

第一百一十一条　有关地方人民政府、负有安全生产监督管理职责的部门,对生产安全事故隐瞒不报、谎报或者迟报的,对直接负责的主管人员和其他直接责任人员依法给予处分;构成犯罪的,依照刑法有关规定追究刑事责任。

第一百一十二条　生产经营单位违反本法规定,被责令改正且受到罚款处罚,拒不改正的,负有安全生产监督管理职责的部门可以自作出责令改正之日的次日起,按照原处罚数额按日连续处罚。

第一百一十三条　生产经营单位存在下列情形之一的,负有安全生产监督管理职责的部门应当提请地方人民政府予以关闭,有关部门应当依法吊销其有关证照。生产经营单位主要负责人五年内不得担任任何生产经营单位的主要负责人;情节严重的,终身不得担任本行业生产经营单位的主要负责人:

(一)存在重大事故隐患,一百八十日内三次或者一

年内四次受到本法规定的行政处罚的;

(二)经停产停业整顿,仍不具备法律、行政法规和国家标准或者行业标准规定的安全生产条件的;

(三)不具备法律、行政法规和国家标准或者行业标准规定的安全生产条件,导致发生重大、特别重大生产安全事故的;

(四)拒不执行负有安全生产监督管理职责的部门作出的停产停业整顿决定的。

第一百一十四条　发生生产安全事故,对负有责任的生产经营单位除要求其依法承担相应的赔偿等责任外,由应急管理部门依照下列规定处以罚款:

(一)发生一般事故的,处三十万元以上一百万元以下的罚款;

(二)发生较大事故的,处一百万元以上二百万元以下的罚款;

(三)发生重大事故的,处二百万元以上一千万元以下的罚款;

(四)发生特别重大事故的,处一千万元以上二千万元以下的罚款。

发生生产安全事故,情节特别严重、影响特别恶劣的,应急管理部门可以按照前款罚款数额的二倍以上五倍以下对负有责任的生产经营单位处以罚款。

第一百一十五条　本法规定的行政处罚,由应急管理部门和其他负有安全生产监督管理职责的部门按照职责分工决定;其中,根据本法第九十五条、第一百一十条、第一百一十四条的规定应当给予民航、铁路、电力行业的生产经营单位及其主要负责人行政处罚的,也可以由主管的负有安全生产监督管理职责的部门进行处罚。予以关闭的行政处罚,由负有安全生产监督管理职责的部门报请县级以上人民政府按照国务院规定的权限决定;给予拘留的行政处罚,由公安机关依照治安管理处罚的规定决定。

第一百一十六条　生产经营单位发生生产安全事故造成人员伤亡、他人财产损失的,应当依法承担赔偿责任;拒不承担或者其负责人逃匿的,由人民法院依法强制执行。

生产安全事故的责任人未依法承担赔偿责任,经人民法院依法采取执行措施后,仍不能对受害人给予足额赔偿的,应当继续履行赔偿义务;受害人发现责任人有其他财产的,可以随时请求人民法院执行。

第七章　附　则

第一百一十七条　本法下列用语的含义:

危险物品,是指易燃易爆物品、危险化学品、放射性

物品等能够危及人身安全和财产安全的物品。

重大危险源,是指长期地或者临时地生产、搬运、使用或者储存危险物品,且危险物品的数量等于或者超过临界量的单元(包括场所和设施)。

第一百一十八条　本法规定的生产安全一般事故、较大事故、重大事故、特别重大事故的划分标准由国务院规定。

国务院应急管理部门和其他负有安全生产监督管理职责的部门应当根据各自的职责分工,制定相关行业、领域重大危险源的辨识标准和重大事故隐患的判定标准。

第一百一十九条　本法自2002年11月1日起施行。

中华人民共和国特种设备安全法(节录)

· 2013年6月29日第十二届全国人民代表大会常务委员会第三次会议通过
· 2013年6月29日中华人民共和国主席令第4号公布
· 自2014年1月1日起施行

第一章　总　则

第一条　为了加强特种设备安全工作,预防特种设备事故,保障人身和财产安全,促进经济社会发展,制定本法。

第二条　特种设备的生产(包括设计、制造、安装、改造、修理)、经营、使用、检验、检测和特种设备安全的监督管理,适用本法。

本法所称特种设备,是指对人身和财产安全有较大危险性的锅炉、压力容器(含气瓶)、压力管道、电梯、起重机械、客运索道、大型游乐设施、场(厂)内专用机动车辆,以及法律、行政法规规定适用本法的其他特种设备。

国家对特种设备实行目录管理。特种设备目录由国务院负责特种设备安全监督管理的部门制定,报国务院批准后执行。

第三条　特种设备安全工作应当坚持安全第一、预防为主、节能环保、综合治理的原则。

第四条　国家对特种设备的生产、经营、使用,实施分类的、全过程的安全监督管理。

第五条　国务院负责特种设备安全监督管理的部门对全国特种设备安全实施监督管理。县级以上地方各级人民政府负责特种设备安全监督管理的部门对本行政区域内特种设备安全实施监督管理。

第六条　国务院和地方各级人民政府应当加强对特种设备安全工作的领导,督促各有关部门依法履行监督管理职责。

县级以上地方各级人民政府应当建立协调机制,及时协调、解决特种设备安全监督管理中存在的问题。

第七条　特种设备生产、经营、使用单位应当遵守本法和其他有关法律、法规,建立、健全特种设备安全和节能责任制度,加强特种设备安全和节能管理,确保特种设备生产、经营、使用安全,符合节能要求。

第八条　特种设备生产、经营、使用、检验、检测应当遵守有关特种设备安全技术规范及相关标准。

特种设备安全技术规范由国务院负责特种设备安全监督管理的部门制定。

第九条　特种设备行业协会应当加强行业自律,推进行业诚信体系建设,提高特种设备安全管理水平。

第十条　国家支持有关特种设备安全的科学技术研究,鼓励先进技术和先进管理方法的推广应用,对做出突出贡献的单位和个人给予奖励。

第十一条　负责特种设备安全监督管理的部门应当加强特种设备安全宣传教育,普及特种设备安全知识,增强社会公众的特种设备安全意识。

第十二条　任何单位和个人有权向负责特种设备安全监督管理的部门和有关部门举报涉及特种设备安全的违法行为,接到举报的部门应当及时处理。

第二章　生产、经营、使用
第一节　一般规定

第十三条　特种设备生产、经营、使用单位及其主要负责人对其生产、经营、使用的特种设备安全负责。

特种设备生产、经营、使用单位应当按照国家有关规定配备特种设备安全管理人员、检测人员和作业人员,并对其进行必要的安全教育和技能培训。

第十四条　特种设备安全管理人员、检测人员和作业人员应当按照国家有关规定取得相应资格,方可从事相关工作。特种设备安全管理人员、检测人员和作业人员应当严格执行安全技术规范和管理制度,保证特种设备安全。

第十五条　特种设备生产、经营、使用单位对其生产、经营、使用的特种设备应当进行自行检测和维护保养,对国家规定实行检验的特种设备应当及时申报并接受检验。

第十六条　特种设备采用新材料、新技术、新工艺,与安全技术规范的要求不一致,或者安全技术规范未作要求、可能对安全性能有重大影响的,应当向国务院负责特种设备安全监督管理的部门申报,由国务院负责特种设备安全监督管理的部门及时委托安全技术咨询机构或者相关专业机构进行技术评审,评审结果经国务院负责特种设备安全监督管理的部门批准,方可投入生产、使用。

国务院负责特种设备安全监督管理的部门应当将允许使用的新材料、新技术、新工艺的有关技术要求,及时纳入安全技术规范。

第十七条 国家鼓励投保特种设备安全责任保险。

第二节 生 产

第十八条 国家按照分类监督管理的原则对特种设备生产实行许可制度。特种设备生产单位应当具备下列条件,并经负责特种设备安全监督管理的部门许可,方可从事生产活动:

(一)有与生产相适应的专业技术人员;

(二)有与生产相适应的设备、设施和工作场所;

(三)有健全的质量保证、安全管理和岗位责任等制度。

第十九条 特种设备生产单位应当保证特种设备生产符合安全技术规范及相关标准的要求,对其生产的特种设备的安全性能负责。不得生产不符合安全性能要求和能效指标以及国家明令淘汰的特种设备。

第二十条 锅炉、气瓶、氧舱、客运索道、大型游乐设施的设计文件,应当经负责特种设备安全监督管理的部门核准的检验机构鉴定,方可用于制造。

特种设备产品、部件或者试制的特种设备新产品、新部件以及特种设备采用的新材料,按照安全技术规范的要求需要通过型式试验进行安全性验证的,应当经负责特种设备安全监督管理的部门核准的检验机构进行型式试验。

第二十一条 特种设备出厂时,应当随附安全技术规范要求的设计文件、产品质量合格证明、安装及使用维护保养说明、监督检验证明等相关技术资料和文件,并在特种设备显著位置设置产品铭牌、安全警示标志及其说明。

第二十二条 电梯的安装、改造、修理,必须由电梯制造单位或者其委托的依照本法取得相应许可的单位进行。电梯制造单位委托其他单位进行电梯安装、改造、修理的,应当对其安装、改造、修理进行安全指导和监控,并按照安全技术规范的要求进行校验和调试。电梯制造单位对电梯安全性能负责。

第二十三条 特种设备安装、改造、修理的施工单位应当在施工前将拟进行的特种设备安装、改造、修理情况

书面告知直辖市或者设区的市级人民政府负责特种设备安全监督管理的部门。

第二十四条 特种设备安装、改造、修理竣工后,安装、改造、修理的施工单位应当在验收后三十日内将相关技术资料和文件移交特种设备使用单位。特种设备使用单位应当将其存入该特种设备的安全技术档案。

第二十五条 锅炉、压力容器、压力管道元件等特种设备的制造过程和锅炉、压力容器、压力管道、电梯、起重机械、客运索道、大型游乐设施的安装、改造、重大修理过程,应当经特种设备检验机构按照安全技术规范的要求进行监督检验;未经监督检验或者监督检验不合格的,不得出厂或者交付使用。

第二十六条 国家建立缺陷特种设备召回制度。因生产原因造成特种设备存在危及安全的同一性缺陷的,特种设备生产单位应当立即停止生产,主动召回。

国务院负责特种设备安全监督管理的部门发现特种设备存在应当召回而未召回的情形时,应当责令特种设备生产单位召回。

第三节 经 营

第二十七条 特种设备销售单位销售的特种设备,应当符合安全技术规范及相关标准的要求,其设计文件、产品质量合格证明、安装及使用维护保养说明、监督检验证明等相关技术资料和文件应当齐全。

特种设备销售单位应当建立特种设备检查验收和销售记录制度。

禁止销售未取得许可生产的特种设备,未经检验和检验不合格的特种设备,或者国家明令淘汰和已经报废的特种设备。

第二十八条 特种设备出租单位不得出租未取得许可生产的特种设备或者国家明令淘汰和已经报废的特种设备,以及未按照安全技术规范的要求进行维护保养和未经检验或者检验不合格的特种设备。

第二十九条 特种设备在出租期间的使用管理和维护保养义务由特种设备出租单位承担,法律另有规定或者当事人另有约定的除外。

第三十条 进口的特种设备应当符合我国安全技术规范的要求,并经检验合格;需要取得我国特种设备生产许可的,应当取得许可。

进口特种设备随附的技术资料和文件应当符合本法第二十一条的规定,其安装及使用维护保养说明、产品铭牌、安全警示标志及其说明应当采用中文。

特种设备的进出口检验,应当遵守有关进出口商品

检验的法律、行政法规。

第三十一条　进口特种设备，应当向进口地负责特种设备安全监督管理的部门履行提前告知义务。

第四节　使用

第三十二条　特种设备使用单位应当使用取得许可生产并经检验合格的特种设备。

禁止使用国家明令淘汰和已经报废的特种设备。

第三十三条　特种设备使用单位应当在特种设备投入使用前或者投入使用后三十日内，向负责特种设备安全监督管理的部门办理使用登记，取得使用登记证书。登记标志应当置于该特种设备的显著位置。

第三十四条　特种设备使用单位应当建立岗位责任、隐患治理、应急救援等安全管理制度，制定操作规程，保证特种设备安全运行。

第三十五条　特种设备使用单位应当建立特种设备安全技术档案。安全技术档案应当包括以下内容：

（一）特种设备的设计文件、产品质量合格证明、安装及使用维护保养说明、监督检验证明等相关技术资料和文件；

（二）特种设备的定期检验和定期自行检查记录；

（三）特种设备的日常使用状况记录；

（四）特种设备及其附属仪器仪表的维护保养记录；

（五）特种设备的运行故障和事故记录。

第三十六条　电梯、客运索道、大型游乐设施等为公众提供服务的特种设备的运营使用单位，应当对特种设备的使用安全负责，设置特种设备安全管理机构或者配备专职的特种设备安全管理人员；其他特种设备使用单位，应当根据情况设置特种设备安全管理机构或者配备专职、兼职的特种设备安全管理人员。

第三十七条　特种设备的使用应当具有规定的安全距离、安全防护措施。

与特种设备安全相关的建筑物、附属设施，应当符合有关法律、行政法规的规定。

第三十八条　特种设备属于共有的，共有人可以委托物业服务单位或者其他管理人管理特种设备，受托人履行本法规定的特种设备使用单位的义务，承担相应责任。共有人未委托的，由共有人或者实际管理人履行管理义务，承担相应责任。

第三十九条　特种设备使用单位应当对其使用的特种设备进行经常性维护保养和定期自行检查，并作出记录。

特种设备使用单位应当对其使用的特种设备的安全附件、安全保护装置进行定期校验、检修，并作出记录。

第四十条　特种设备使用单位应当按照安全技术规范的要求，在检验合格有效期届满前一个月向特种设备检验机构提出定期检验要求。

特种设备检验机构接到定期检验要求后，应当按照安全技术规范的要求及时进行安全性能检验。特种设备使用单位应当将定期检验标志置于该特种设备的显著位置。

未经定期检验或者检验不合格的特种设备，不得继续使用。

第四十一条　特种设备安全管理人员应当对特种设备使用状况进行经常性检查，发现问题应当立即处理；情况紧急时，可以决定停止使用特种设备并及时报告本单位有关负责人。

特种设备作业人员在作业过程中发现事故隐患或者其他不安全因素，应当立即向特种设备安全管理人员和单位有关负责人报告；特种设备运行不正常时，特种设备作业人员应当按照操作规程采取有效措施保证安全。

第四十二条　特种设备出现故障或者发生异常情况，特种设备使用单位应当对其进行全面检查，消除事故隐患，方可继续使用。

第四十三条　客运索道、大型游乐设施在每日投入使用前，其运营使用单位应当进行试运行和例行安全检查，并对安全附件和安全保护装置进行检查确认。

电梯、客运索道、大型游乐设施的运营使用单位应当将电梯、客运索道、大型游乐设施的安全使用说明、安全注意事项和警示标志置于易于为乘客注意的显著位置。

公众乘坐或者操作电梯、客运索道、大型游乐设施，应当遵守安全使用说明和安全注意事项的要求，服从有关工作人员的管理和指挥；遇有运行不正常时，应当按照安全指引，有序撤离。

第四十四条　锅炉使用单位应当按照安全技术规范的要求进行锅炉水（介）质处理，并接受特种设备检验机构的定期检验。

从事锅炉清洗，应当按照安全技术规范的要求进行，并接受特种设备检验机构的监督检验。

第四十五条　电梯的维护保养应当由电梯制造单位或者依照本法取得许可的安装、改造、修理单位进行。

电梯的维护保养单位应当在维护保养中严格执行安全技术规范的要求，保证其维护保养的电梯的安全性能，并负责落实现场安全防护措施，保证施工安全。

电梯的维护保养单位应当对其维护保养的电梯的安

全性能负责;接到故障通知后,应当立即赶赴现场,并采取必要的应急救援措施。

第四十六条　电梯投入使用后,电梯制造单位应当对其制造的电梯的安全运行情况进行跟踪调查和了解,对电梯的维护保养单位或者使用单位在维护保养和安全运行方面存在的问题,提出改进建议,并提供必要的技术帮助;发现电梯存在严重事故隐患时,应当及时告知电梯使用单位,并向负责特种设备安全监督管理的部门报告。电梯制造单位对调查和了解的情况,应当作出记录。

第四十七条　特种设备进行改造、修理,按照规定需要变更使用登记的,应当办理变更登记,方可继续使用。

第四十八条　特种设备存在严重事故隐患,无改造、修理价值,或者达到安全技术规范规定的其他报废条件的,特种设备使用单位应当依法履行报废义务,采取必要措施消除该特种设备的使用功能,并向原登记的负责特种设备安全监督管理的部门办理使用登记证书注销手续。

前款规定报废条件以外的特种设备,达到设计使用年限可以继续使用的,应当按照安全技术规范的要求通过检验或者安全评估,并办理使用登记证书变更,方可继续使用。允许继续使用的,应当采取加强检验、检测和维护保养等措施,确保使用安全。

第四十九条　移动式压力容器、气瓶充装单位,应当具备下列条件,并经负责特种设备安全监督管理的部门许可,方可从事充装活动:

(一)有与充装和管理相适应的管理人员和技术人员;

(二)有与充装和管理相适应的充装设备、检测手段、场地厂房、器具、安全设施;

(三)有健全的充装管理制度、责任制度、处理措施。

充装单位应当建立充装前后的检查、记录制度,禁止对不符合安全技术规范要求的移动式压力容器和气瓶进行充装。

气瓶充装单位应当向气体使用者提供符合安全技术规范要求的气瓶,对气体使用者进行气瓶安全使用指导,并按照安全技术规范的要求办理气瓶使用登记,及时申报定期检验。

……

第六章　法律责任

第七十四条　违反本法规定,未经许可从事特种设备生产活动的,责令停止生产,没收违法制造的特种设备,处十万元以上五十万元以下罚款;有违法所得的,没

收违法所得;已经实施安装、改造、修理的,责令恢复原状或者责令限期由取得许可的单位重新安装、改造、修理。

第七十五条　违反本法规定,特种设备的设计文件未经鉴定,擅自用于制造的,责令改正,没收违法制造的特种设备,处五万元以上五十万元以下罚款。

第七十六条　违反本法规定,未进行型式试验的,责令限期改正;逾期未改正的,处三万元以上三十万元以下罚款。

第七十七条　违反本法规定,特种设备出厂时,未按照安全技术规范的要求随附相关技术资料和文件的,责令限期改正;逾期未改正的,责令停止制造、销售,处二万元以上二十万元以下罚款;有违法所得的,没收违法所得。

第七十八条　违反本法规定,特种设备安装、改造、修理的施工单位在施工前未书面告知负责特种设备安全监督管理的部门即行施工的,或者在验收后三十日内未将相关技术资料和文件移交特种设备使用单位的,责令限期改正;逾期未改正的,处一万元以上十万元以下罚款。

第七十九条　违反本法规定,特种设备的制造、安装、改造、重大修理以及锅炉清洗过程,未经监督检验的,责令限期改正;逾期未改正的,处五万元以上二十万元以下罚款;有违法所得的,没收违法所得;情节严重的,吊销生产许可证。

第八十条　违反本法规定,电梯制造单位有下列情形之一的,责令限期改正;逾期未改正的,处一万元以上十万元以下罚款:

(一)未按照安全技术规范的要求对电梯进行校验、调试的;

(二)对电梯的安全运行情况进行跟踪调查和了解时,发现存在严重事故隐患,未及时告知电梯使用单位并向负责特种设备安全监督管理的部门报告的。

第八十一条　违反本法规定,特种设备生产单位有下列行为之一的,责令限期改正;逾期未改正的,责令停止生产,处五万元以上五十万元以下罚款;情节严重的,吊销生产许可证:

(一)不再具备生产条件、生产许可证已经过期或者超出许可范围生产的;

(二)明知特种设备存在同一性缺陷,未立即停止生产并召回的。

违反本法规定,特种设备生产单位生产、销售、交付国家明令淘汰的特种设备的,责令停止生产、销售,没收

违法生产、销售、交付的特种设备,处三万元以上三十万元以下罚款;有违法所得的,没收违法所得。

特种设备生产单位涂改、倒卖、出租、出借生产许可证的,责令停止生产,处五万元以上五十万元以下罚款;情节严重的,吊销生产许可证。

第八十二条　违反本法规定,特种设备经营单位有下列行为之一的,责令停止经营,没收违法经营的特种设备,处三万元以上三十万元以下罚款;有违法所得的,没收违法所得:

(一)销售、出租未取得许可生产,未经检验或者检验不合格的特种设备的;

(二)销售、出租国家明令淘汰、已经报废的特种设备,或者未按照安全技术规范的要求进行维护保养的特种设备的。

违反本法规定,特种设备销售单位未建立检查验收和销售记录制度,或者进口特种设备未履行提前告知义务的,责令改正,处一万元以上十万元以下罚款。

特种设备生产单位销售、交付未经检验或者检验不合格的特种设备的,依照本条第一款规定处罚;情节严重的,吊销生产许可证。

第八十三条　违反本法规定,特种设备使用单位有下列行为之一的,责令限期改正;逾期未改正的,责令停止使用有关特种设备,处一万元以上十万元以下罚款:

(一)使用特种设备未按照规定办理使用登记的;

(二)未建立特种设备安全技术档案或者安全技术档案不符合规定要求,或者未依法设置使用登记标志、定期检验标志的;

(三)未对其使用的特种设备进行经常性维护保养和定期自行检查,或者未对其使用的特种设备的安全附件、安全保护装置进行定期校验、检修,并作出记录的;

(四)未按照安全技术规范的要求及时申报并接受检验的;

(五)未按照安全技术规范的要求进行锅炉水(介)质处理的;

(六)未制定特种设备事故应急专项预案的。

第八十四条　违反本法规定,特种设备使用单位有下列行为之一的,责令停止使用有关特种设备,处三万元以上三十万元以下罚款:

(一)使用未取得许可生产,未经检验或者检验不合格的特种设备,或者国家明令淘汰、已经报废的特种设备的;

(二)特种设备出现故障或者发生异常情况,未对其

进行全面检查、消除事故隐患,继续使用的;

(三)特种设备存在严重事故隐患,无改造、修理价值,或者达到安全技术规范规定的其他报废条件,未依法履行报废义务,并办理使用登记证书注销手续的。

第八十五条　违反本法规定,移动式压力容器、气瓶充装单位有下列行为之一的,责令改正,处二万元以上二十万元以下罚款;情节严重的,吊销充装许可证:

(一)未按照规定实施充装前后的检查、记录制度的;

(二)对不符合安全技术规范要求的移动式压力容器和气瓶进行充装的。

违反本法规定,未经许可,擅自从事移动式压力容器或者气瓶充装活动的,予以取缔,没收违法充装的气瓶,处十万元以上五十万元以下罚款;有违法所得的,没收违法所得。

第八十六条　违反本法规定,特种设备生产、经营、使用单位有下列情形之一的,责令限期改正;逾期未改正的,责令停止使用有关特种设备或者停产停业整顿,处一万元以上五万元以下罚款:

(一)未配备具有相应资格的特种设备安全管理人员、检测人员和作业人员的;

(二)使用未取得相应资格的人员从事特种设备安全管理、检测和作业的;

(三)未对特种设备安全管理人员、检测人员和作业人员进行安全教育和技能培训的。

第八十七条　违反本法规定,电梯、客运索道、大型游乐设施的运营使用单位有下列情形之一的,责令限期改正;逾期未改正的,责令停止使用有关特种设备或者停产停业整顿,处二万元以上十万元以下罚款:

(一)未设置特种设备安全管理机构或者配备专职的特种设备安全管理人员的;

(二)客运索道、大型游乐设施每日投入使用前,未进行试运行和例行安全检查,未对安全附件和安全保护装置进行检查确认的;

(三)未将电梯、客运索道、大型游乐设施的安全使用说明、安全注意事项和警示标志置于易于为乘客注意的显著位置的。

第八十八条　违反本法规定,未经许可,擅自从事电梯维护保养的,责令停止违法行为,处一万元以上十万元以下罚款;有违法所得的,没收违法所得。

电梯的维护保养单位未按照本法规定以及安全技术规范的要求,进行电梯维护保养的,依照前款规定处罚。

第八十九条　发生特种设备事故,有下列情形之一的,对单位处五万元以上二十万元以下罚款;对主要负责人处一万元以上五万元以下罚款;主要负责人属于国家工作人员的,并依法给予处分:

(一)发生特种设备事故时,不立即组织抢救或者在事故调查处理期间擅离职守或者逃匿的;

(二)对特种设备事故迟报、谎报或者瞒报的。

第九十条　发生事故,对负有责任的单位除要求其依法承担相应的赔偿等责任外,依照下列规定处以罚款:

(一)发生一般事故,处十万元以上二十万元以下罚款;

(二)发生较大事故,处二十万元以上五十万元以下罚款;

(三)发生重大事故,处五十万元以上二百万元以下罚款。

第九十一条　对事故发生负有责任的单位的主要负责人未依法履行职责或者负有领导责任的,依照下列规定处以罚款;属于国家工作人员的,并依法给予处分:

(一)发生一般事故,处上一年年收入百分之三十的罚款;

(二)发生较大事故,处上一年年收入百分之四十的罚款;

(三)发生重大事故,处上一年年收入百分之六十的罚款。

第九十二条　违反本法规定,特种设备安全管理人员、检测人员和作业人员不履行岗位职责,违反操作规程和有关安全规章制度,造成事故的,吊销相关人员的资格。

……

第七章　附　则

第九十九条　特种设备行政许可、检验的收费,依照法律、行政法规的规定执行。

第一百条　军事装备、核设施、航空航天器使用的特种设备安全的监督管理不适用本法。

铁路机车、海上设施和船舶、矿山井下使用的特种设备以及民用机场专用设备安全的监督管理,房屋建筑工地、市政工程工地用起重机械和场(厂)内专用机动车辆的安装、使用的监督管理,由有关部门依照本法和其他有关法律的规定实施。

第一百零一条　本法自2014年1月1日起施行。

生产安全事故应急条例

· 2018年12月5日国务院第33次常务会议通过
· 2019年2月17日中华人民共和国国务院令第708号公布
· 自2019年4月1日起施行

第一章　总　则

第一条　为了规范生产安全事故应急工作,保障人民群众生命和财产安全,根据《中华人民共和国安全生产法》和《中华人民共和国突发事件应对法》,制定本条例。

第二条　本条例适用于生产安全事故应急工作;法律、行政法规另有规定的,适用其规定。

第三条　国务院统一领导全国的生产安全事故应急工作,县级以上地方人民政府统一领导本行政区域内的生产安全事故应急工作。生产安全事故应急工作涉及两个以上行政区域的,由有关行政区域共同的上一级人民政府负责,或者由各有关行政区域的上一级人民政府共同负责。

县级以上人民政府应急管理部门和其他对有关行业、领域的安全生产工作实施监督管理的部门(以下统称负有安全生产监督管理职责的部门)在各自职责范围内,做好有关行业、领域的生产安全事故应急工作。

县级以上人民政府应急管理部门指导、协调本级人民政府其他负有安全生产监督管理职责的部门和下级人民政府的生产安全事故应急工作。

乡、镇人民政府以及街道办事处等地方人民政府派出机关应当协助上级人民政府有关部门依法履行生产安全事故应急工作职责。

第四条　生产经营单位应当加强生产安全事故应急工作,建立、健全生产安全事故应急工作责任制,其主要负责人对本单位的生产安全事故应急工作全面负责。

第二章　应急准备

第五条　县级以上人民政府及其负有安全生产监督管理职责的部门和乡、镇人民政府以及街道办事处等地方人民政府派出机关,应当针对可能发生的生产安全事故的特点和危害,进行风险辨识和评估,制定相应的生产安全事故应急救援预案,并依法向社会公布。

生产经营单位应当针对本单位可能发生的生产安全事故的特点和危害,进行风险辨识和评估,制定相应的生产安全事故应急救援预案,并向本单位从业人员公布。

第六条　生产安全事故应急救援预案应当符合有关法律、法规、规章和标准的规定,具有科学性、针对性和可操作性,明确规定应急组织体系、职责分工以及应急救援程序和措施。

有下列情形之一的，生产安全事故应急救援预案制定单位应当及时修订相关预案：

（一）制定预案所依据的法律、法规、规章、标准发生重大变化；

（二）应急指挥机构及其职责发生调整；

（三）安全生产面临的风险发生重大变化；

（四）重要应急资源发生重大变化；

（五）在预案演练或者应急救援中发现需要修订预案的重大问题；

（六）其他应当修订的情形。

第七条　县级以上人民政府负有安全生产监督管理职责的部门应当将其制定的生产安全事故应急救援预案报送本级人民政府备案；易燃易爆物品、危险化学品等危险物品的生产、经营、储存、运输单位，矿山、金属冶炼、城市轨道交通运营、建筑施工单位，以及宾馆、商场、娱乐场所、旅游景区等人员密集场所经营单位，应当将其制定的生产安全事故应急救援预案按照国家有关规定报送县级以上人民政府负有安全生产监督管理职责的部门备案，并依法向社会公布。

第八条　县级以上地方人民政府以及县级以上人民政府负有安全生产监督管理职责的部门，乡、镇人民政府以及街道办事处等地方人民政府派出机关，应当至少每2年组织1次生产安全事故应急救援预案演练。

易燃易爆物品、危险化学品等危险物品的生产、经营、储存、运输单位，矿山、金属冶炼、城市轨道交通运营、建筑施工单位，以及宾馆、商场、娱乐场所、旅游景区等人员密集场所经营单位，应当至少每半年组织1次生产安全事故应急救援预案演练，并将演练情况报送所在地县级以上地方人民政府负有安全生产监督管理职责的部门。

县级以上地方人民政府负有安全生产监督管理职责的部门应当对本行政区域内前款规定的重点生产经营单位的生产安全事故应急救援预案演练进行抽查；发现演练不符合要求的，应当责令限期改正。

第九条　县级以上人民政府应当加强对生产安全事故应急救援队伍建设的统一规划、组织和指导。

县级以上人民政府负有安全生产监督管理职责的部门根据生产安全事故应急工作的实际需要，在重点行业、领域单独建立或者依托有条件的生产经营单位、社会组织共同建立应急救援队伍。

国家鼓励和支持生产经营单位和其他社会力量建立提供社会化应急救援服务的应急救援队伍。

第十条　易燃易爆物品、危险化学品等危险物品的生产、经营、储存、运输单位，矿山、金属冶炼、城市轨道交通运营、建筑施工单位，以及宾馆、商场、娱乐场所、旅游景区等人员密集场所经营单位，应当建立应急救援队伍；其中，小型企业或者微型企业等规模较小的生产经营单位，可以不建立应急救援队伍，但应当指定兼职的应急救援人员，并且可以与邻近的应急救援队伍签订应急救援协议。

工业园区、开发区等产业聚集区域内的生产经营单位，可以联合建立应急救援队伍。

第十一条　应急救援队伍的应急救援人员应当具备必要的专业知识、技能、身体素质和心理素质。

应急救援队伍建立单位或者兼职应急救援人员所在单位应当按照国家有关规定对应急救援人员进行培训；应急救援人员经培训合格后，方可参加应急救援工作。

应急救援队伍应当配备必要的应急救援装备和物资，并定期组织训练。

第十二条　生产经营单位应当及时将本单位应急救援队伍建立情况按照国家有关规定报送县级以上人民政府负有安全生产监督管理职责的部门，并依法向社会公布。

县级以上人民政府负有安全生产监督管理职责的部门应当定期将本行业、本领域的应急救援队伍建立情况报送本级人民政府，并依法向社会公布。

第十三条　县级以上地方人民政府应当根据本行政区域内可能发生的生产安全事故的特点和危害，储备必要的应急救援装备和物资，并及时更新和补充。

易燃易爆物品、危险化学品等危险物品的生产、经营、储存、运输单位，矿山、金属冶炼、城市轨道交通运营、建筑施工单位，以及宾馆、商场、娱乐场所、旅游景区等人员密集场所经营单位，应当根据本单位可能发生的生产安全事故的特点和危害，配备必要的灭火、排水、通风以及危险物品稀释、掩埋、收集等应急救援器材、设备和物资，并进行经常性维护、保养，保证正常运转。

第十四条　下列单位应当建立应急值班制度，配备应急值班人员：

（一）县级以上人民政府及其负有安全生产监督管理职责的部门；

（二）危险物品的生产、经营、储存、运输单位以及矿山、金属冶炼、城市轨道交通运营、建筑施工单位；

（三）应急救援队伍。

规模较大、危险性较高的易燃易爆物品、危险化学品等危险物品的生产、经营、储存、运输单位应当成立应急处置技术组,实行 24 小时应急值班。

第十五条　生产经营单位应当对从业人员进行应急教育和培训,保证从业人员具备必要的应急知识,掌握风险防范技能和事故应急措施。

第十六条　国务院负有安全生产监督管理职责的部门应当按照国家有关规定建立生产安全事故应急救援信息系统,并采取有效措施,实现数据互联互通、信息共享。

生产经营单位可以通过生产安全事故应急救援信息系统办理生产安全事故应急救援预案备案手续,报送应急救援预案演练情况和应急救援队伍建设情况;但依法需要保密的除外。

第三章　应急救援

第十七条　发生生产安全事故后,生产经营单位应当立即启动生产安全事故应急救援预案,采取下列一项或者多项应急救援措施,并按照国家有关规定报告事故情况:

(一)迅速控制危险源,组织抢救遇险人员;

(二)根据事故危害程度,组织现场人员撤离或者采取可能的应急措施后撤离;

(三)及时通知可能受到事故影响的单位和人员;

(四)采取必要措施,防止事故危害扩大和次生、衍生灾害发生;

(五)根据需要请求邻近的应急救援队伍参加救援,并向参加救援的应急救援队伍提供相关技术资料、信息和处置方法;

(六)维护事故现场秩序,保护事故现场和相关证据;

(七)法律、法规规定的其他应急救援措施。

第十八条　有关地方人民政府及其部门接到生产安全事故报告后,应当按照国家有关规定上报事故情况,启动相应的生产安全事故应急救援预案,并按照应急救援预案的规定采取下列一项或者多项应急救援措施:

(一)组织抢救遇险人员,救治受伤人员,研判事故发展趋势以及可能造成的危害;

(二)通知可能受到事故影响的单位和人员,隔离事故现场,划定警戒区域,疏散受到威胁的人员,实施交通管制;

(三)采取必要措施,防止事故危害扩大和次生、衍生灾害发生,避免或者减少事故对环境造成的危害;

(四)依法发布调用和征用应急资源的决定;

(五)依法向应急救援队伍下达救援命令;

(六)维护事故现场秩序,组织安抚遇险人员和遇难人员亲属;

(七)依法发布有关事故情况和应急救援工作的信息;

(八)法律、法规规定的其他应急救援措施。

有关地方人民政府不能有效控制生产安全事故的,应当及时向上级人民政府报告。上级人民政府应当及时采取措施,统一指挥应急救援。

第十九条　应急救援队伍接到有关人民政府及其部门的救援命令或者签有应急救援协议的生产经营单位的救援请求后,应当立即参加生产安全事故应急救援。

应急救援队伍根据救援命令参加生产安全事故应急救援所耗费用,由事故责任单位承担;事故责任单位无力承担的,由有关人民政府协调解决。

第二十条　发生生产安全事故后,有关人民政府认为有必要的,可以设立由本级人民政府及其有关部门负责人、应急救援专家、应急救援队伍负责人、事故发生单位负责人等人员组成的应急救援现场指挥部,并指定现场指挥部总指挥。

第二十一条　现场指挥部实行总指挥负责制,按照本级人民政府的授权组织制定并实施生产安全事故现场应急救援方案,协调、指挥有关单位和个人参加现场应急救援。

参加生产安全事故现场应急救援的单位和个人应当服从现场指挥部的统一指挥。

第二十二条　在生产安全事故应急救援过程中,发现可能直接危及应急救援人员生命安全的紧急情况时,现场指挥部或者统一指挥应急救援的人民政府应当立即采取相应措施消除隐患,降低或者化解风险,必要时可以暂时撤离应急救援人员。

第二十三条　生产安全事故发生地人民政府应当为应急救援人员提供必需的后勤保障,并组织通信、交通运输、医疗卫生、气象、水文、地质、电力、供水等单位协助应急救援。

第二十四条　现场指挥部或者统一指挥生产安全事故应急救援的人民政府及其有关部门应当完整、准确地记录应急救援的重要事项,妥善保存相关原始资料和证据。

第二十五条　生产安全事故的威胁和危害得到控制或者消除后,有关人民政府应当决定停止执行依照本条例和有关法律、法规采取的全部或者部分应急救援措施。

第二十六条　有关人民政府及其部门根据生产安全事故应急救援需要依法调用和征用的财产,在使用完毕或者应急救援结束后,应当及时归还。财产被调用、征用或者调用、征用后毁损、灭失的,有关人民政府及其部门应当按照国家有关规定给予补偿。

第二十七条 按照国家有关规定成立的生产安全事故调查组应当对应急救援工作进行评估，并在事故调查报告中作出评估结论。

第二十八条 县级以上地方人民政府应当按照国家有关规定，对在生产安全事故应急救援中伤亡的人员及时给予救治和抚恤；符合烈士评定条件的，按照国家有关规定评定为烈士。

第四章 法律责任

第二十九条 地方各级人民政府和街道办事处等地方人民政府派出机关以及县级以上人民政府有关部门违反本条例规定的，由其上级行政机关责令改正；情节严重的，对直接负责的主管人员和其他直接责任人员依法给予处分。

第三十条 生产经营单位未制定生产安全事故应急救援预案、未定期组织应急救援预案演练、未对从业人员进行应急教育和培训，生产经营单位的主要负责人在本单位发生生产安全事故时不立即组织抢救的，由县级以上人民政府负有安全生产监督管理职责的部门依照《中华人民共和国安全生产法》有关规定追究法律责任。

第三十一条 生产经营单位未对应急救援器材、设备和物资进行经常性维护、保养，导致发生严重生产安全事故或者生产安全事故危害扩大，或者在本单位发生生产安全事故后未立即采取相应的应急救援措施，造成严重后果的，由县级以上人民政府负有安全生产监督管理职责的部门依照《中华人民共和国突发事件应对法》有关规定追究法律责任。

第三十二条 生产经营单位未将生产安全事故应急救援预案报送备案、未建立应急值班制度或者配备应急值班人员的，由县级以上人民政府负有安全生产监督管理职责的部门责令限期改正；逾期未改正的，处3万元以上5万元以下的罚款，对直接负责的主管人员和其他直接责任人员处1万元以上2万元以下的罚款。

第三十三条 违反本条例规定，构成违反治安管理行为的，由公安机关依法给予处罚；构成犯罪的，依法追究刑事责任。

第五章 附 则

第三十四条 储存、使用易燃易爆物品、危险化学品等危险物品的科研机构、学校、医院等单位的安全事故应急工作，参照本条例有关规定执行。

第三十五条 本条例自2019年4月1日起施行。

建设工程安全生产管理条例

· 2003年11月12日国务院第28次常务会议通过
· 2003年11月24日中华人民共和国国务院令第393号公布
· 自2004年2月1日起施行

第一章 总 则

第一条 为了加强建设工程安全生产监督管理，保障人民群众生命和财产安全，根据《中华人民共和国建筑法》《中华人民共和国安全生产法》，制定本条例。

第二条 在中华人民共和国境内从事建设工程的新建、扩建、改建和拆除等有关活动及实施对建设工程安全生产的监督管理，必须遵守本条例。

本条例所称建设工程，是指土木工程、建筑工程、线路管道和设备安装工程及装修工程。

第三条 建设工程安全生产管理，坚持安全第一、预防为主的方针。

第四条 建设单位、勘察单位、设计单位、施工单位、工程监理单位及其他与建设工程安全生产有关的单位，必须遵守安全生产法律、法规的规定，保证建设工程安全生产，依法承担建设工程安全生产责任。

第五条 国家鼓励建设工程安全生产的科学技术研究和先进技术的推广应用，推进建设工程安全生产的科学管理。

第二章 建设单位的安全责任

第六条 建设单位应当向施工单位提供施工现场及毗邻区域内供水、排水、供电、供气、供热、通信、广播电视等地下管线资料，气象和水文观测资料，相邻建筑物和构筑物、地下工程的有关资料，并保证资料的真实、准确、完整。

建设单位因建设工程需要，向有关部门或者单位查询前款规定的资料时，有关部门或者单位应当及时提供。

第七条 建设单位不得对勘察、设计、施工、工程监理等单位提出不符合建设工程安全生产法律、法规和强制性标准规定的要求，不得压缩合同约定的工期。

第八条 建设单位在编制工程概算时，应当确定建设工程安全作业环境及安全施工措施所需费用。

第九条 建设单位不得明示或者暗示施工单位购买、租赁、使用不符合安全施工要求的安全防护用具、机械设备、施工机具及配件、消防设施和器材。

第十条 建设单位在申请领取施工许可证时，应当提供建设工程有关安全施工措施的资料。

依法批准开工报告的建设工程，建设单位应当自开工报告批准之日起 15 日内,将保证安全施工的措施报送建设工程所在地的县级以上地方人民政府建设行政主管部门或者其他有关部门备案。

第十一条 建设单位应当将拆除工程发包给具有相应资质等级的施工单位。

建设单位应当在拆除工程施工 15 日前,将下列资料报送建设工程所在地的县级以上地方人民政府建设行政主管部门或者其他有关部门备案:

(一)施工单位资质等级证明;

(二)拟拆除建筑物、构筑物及可能危及毗邻建筑的说明;

(三)拆除施工组织方案;

(四)堆放、清除废弃物的措施。

实施爆破作业的,应当遵守国家有关民用爆炸物品管理的规定。

第三章 勘察、设计、工程监理及其他有关单位的安全责任

第十二条 勘察单位应当按照法律、法规和工程建设强制性标准进行勘察,提供的勘察文件应当真实、准确,满足建设工程安全生产的需要。

勘察单位在勘察作业时,应当严格执行操作规程,采取措施保证各类管线、设施和周边建筑物、构筑物的安全。

第十三条 设计单位应当按照法律、法规和工程建设强制性标准进行设计,防止因设计不合理导致生产安全事故的发生。

设计单位应当考虑施工安全操作和防护的需要,对涉及施工安全的重点部位和环节在设计文件中注明,并对防范生产安全事故提出指导意见。

采用新结构、新材料、新工艺的建设工程和特殊结构的建设工程,设计单位应当在设计中提出保障施工作业人员安全和预防生产安全事故的措施建议。

设计单位和注册建筑师等注册执业人员应当对其设计负责。

第十四条 工程监理单位应当审查施工组织设计中的安全技术措施或者专项施工方案是否符合工程建设强制性标准。

工程监理单位在实施监理过程中,发现存在安全事故隐患的,应当要求施工单位整改;情况严重的,应当要求施工单位暂时停止施工,并及时报告建设单位。施工单位拒不整改或者不停止施工的,工程监理单位应当及时向有关主管部门报告。

工程监理单位和监理工程师应当按照法律、法规和工程建设强制性标准实施监理,并对建设工程安全生产承担监理责任。

第十五条 为建设工程提供机械设备和配件的单位,应当按照安全施工的要求配备齐全有效的保险、限位等安全设施和装置。

第十六条 出租的机械设备和施工机具及配件,应当具有生产(制造)许可证、产品合格证。

出租单位应当对出租的机械设备和施工机具及配件的安全性能进行检测,在签订租赁协议时,应当出具检测合格证明。

禁止出租检测不合格的机械设备和施工机具及配件。

第十七条 在施工现场安装、拆卸施工起重机械和整体提升脚手架、模板等自升式架设设施,必须由具有相应资质的单位承担。

安装、拆卸施工起重机械和整体提升脚手架、模板等自升式架设设施,应当编制拆装方案、制定安全施工措施,并由专业技术人员现场监督。

施工起重机械和整体提升脚手架、模板等自升式架设设施安装完毕后,安装单位应当自检,出具自检合格证明,并向施工单位进行安全使用说明,办理验收手续并签字。

第十八条 施工起重机械和整体提升脚手架、模板等自升式架设设施的使用达到国家规定的检验检测期限的,必须经具有专业资质的检验检测机构检测。经检测不合格的,不得继续使用。

第十九条 检验检测机构对检测合格的施工起重机械和整体提升脚手架、模板等自升式架设设施,应当出具安全合格证明文件,并对检测结果负责。

第四章 施工单位的安全责任

第二十条 施工单位从事建设工程的新建、扩建、改建和拆除等活动,应当具备国家规定的注册资本、专业技术人员、技术装备和安全生产等条件,依法取得相应等级的资质证书,并在其资质等级许可的范围内承揽工程。

第二十一条 施工单位主要负责人依法对本单位的安全生产工作全面负责。施工单位应当建立健全安全生产责任制度和安全生产教育培训制度,制定安全生产规章制度和操作规程,保证本单位安全生产条件所需资金的投入,对所承担的建设工程进行定期和专项安全检查,并做好安全检查记录。

施工单位的项目负责人应当由取得相应执业资格的

人员担任,对建设工程项目的安全施工负责,落实安全生产责任制度、安全生产规章制度和操作规程,确保安全生产费用的有效使用,并根据工程的特点组织制定安全施工措施,消除安全事故隐患,及时、如实报告生产安全事故。

第二十二条　施工单位对列入建设工程概算的安全作业环境及安全施工措施所需费用,应当用于施工安全防护用具及设施的采购和更新、安全施工措施的落实、安全生产条件的改善,不得挪作他用。

第二十三条　施工单位应当设立安全生产管理机构,配备专职安全生产管理人员。

专职安全生产管理人员负责对安全生产进行现场监督检查。发现安全事故隐患,应当及时向项目负责人和安全生产管理机构报告;对于违章指挥、违章操作的,应当立即制止。

专职安全生产管理人员的配备办法由国务院建设行政主管部门会同国务院其他有关部门制定。

第二十四条　建设工程实行施工总承包的,由总承包单位对施工现场的安全生产负总责。

总承包单位应当自行完成建设工程主体结构的施工。

总承包单位依法将建设工程分包给其他单位的,分包合同中应当明确各自的安全生产方面的权利、义务。总承包单位和分包单位对分包工程的安全生产承担连带责任。

分包单位应当服从总承包单位的安全生产管理,分包单位不服从管理导致生产安全事故的,由分包单位承担主要责任。

第二十五条　垂直运输机械作业人员、安装拆卸工、爆破作业人员、起重信号工、登高架设作业人员等特种作业人员,必须按照国家有关规定经过专门的安全作业培训,并取得特种作业操作资格证书后,方可上岗作业。

第二十六条　施工单位应当在施工组织设计中编制安全技术措施和施工现场临时用电方案,对下列达到一定规模的危险性较大的分部分项工程编制专项施工方案,并附具安全验算结果,经施工单位技术负责人、总监理工程师签字后实施,由专职安全生产管理人员进行现场监督:

(一)基坑支护与降水工程;

(二)土方开挖工程;

(三)模板工程;

(四)起重吊装工程;

(五)脚手架工程;

(六)拆除、爆破工程;

(七)国务院建设行政主管部门或者其他有关部门规定的其他危险性较大的工程。

对前款所列工程中涉及深基坑、地下暗挖工程、高大模板工程的专项施工方案,施工单位还应当组织专家进行论证、审查。

本条第一款规定的达到一定规模的危险性较大工程的标准,由国务院建设行政主管部门会同国务院其他有关部门制定。

第二十七条　建设工程施工前,施工单位负责项目管理的技术人员应当对有关安全施工的技术要求向施工作业班组、作业人员作出详细说明,并由双方签字确认。

第二十八条　施工单位应当在施工现场入口处、施工起重机械、临时用电设施、脚手架、出入通道口、楼梯口、电梯井口、孔洞口、桥梁口、隧道口、基坑边沿、爆破物及有害危险气体和液体存放处等危险部位,设置明显的安全警示标志。安全警示标志必须符合国家标准。

施工单位应当根据不同施工阶段和周围环境及季节、气候的变化,在施工现场采取相应的安全施工措施。施工现场暂时停止施工的,施工单位应当做好现场防护,所需费用由责任方承担,或者按照合同约定执行。

第二十九条　施工单位应当将施工现场的办公、生活区与作业区分开设置,并保持安全距离;办公、生活区的选址应当符合安全性要求。职工的膳食、饮水、休息场所等应当符合卫生标准。施工单位不得在尚未竣工的建筑物内设置员工集体宿舍。

施工现场临时搭建的建筑物应当符合安全使用要求。施工现场使用的装配式活动房屋应当具有产品合格证。

第三十条　施工单位对因建设工程施工可能造成损害的毗邻建筑物、构筑物和地下管线等,应当采取专项防护措施。

施工单位应当遵守有关环境保护法律、法规的规定,在施工现场采取措施,防止或者减少粉尘、废气、废水、固体废物、噪声、振动和施工照明对人和环境的危害和污染。

在城市市区内的建设工程,施工单位应当对施工现场实行封闭围挡。

第三十一条　施工单位应当在施工现场建立消防安全责任制度,确定消防安全责任人,制定用火、用电、使用易燃易爆材料等各项消防安全管理制度和操作规程,设置消防通道、消防水源,配备消防设施和灭火器材,并在施工现场入口处设置明显标志。

第三十二条　施工单位应当向作业人员提供安全防护用具和安全防护服装,并书面告知危险岗位的操作规程和违章操作的危害。

作业人员有权对施工现场的作业条件、作业程序和作业方式中存在的安全问题提出批评、检举和控告,有权拒绝违章指挥和强令冒险作业。

在施工中发生危及人身安全的紧急情况时,作业人员有权立即停止作业或者采取必要的应急措施后撤离危险区域。

第三十三条　作业人员应当遵守安全施工的强制性标准、规章制度和操作规程,正确使用安全防护用具、机械设备等。

第三十四条　施工单位采购、租赁的安全防护用具、机械设备、施工机具及配件,应当具有生产(制造)许可证、产品合格证,并在进入施工现场前进行查验。

施工现场的安全防护用具、机械设备、施工机具及配件必须由专人管理,定期进行检查、维修和保养,建立相应的资料档案,并按照国家有关规定及时报废。

第三十五条　施工单位在使用施工起重机械和整体提升脚手架、模板等自升式架设设施前,应当组织有关单位进行验收,也可以委托具有相应资质的检验检测机构进行验收;使用承租的机械设备和施工机具及配件的,由施工总承包单位、分包单位、出租单位和安装单位共同进行验收。验收合格的方可使用。

《特种设备安全监察条例》规定的施工起重机械,在验收前应当经有相应资质的检验检测机构监督检验合格。

施工单位应当自施工起重机械和整体提升脚手架、模板等自升式架设设施验收合格之日起 30 日内,向建设行政主管部门或者其他有关部门登记。登记标志应当置于或者附着于该设备的显著位置。

第三十六条　施工单位的主要负责人、项目负责人、专职安全生产管理人员应当经建设行政主管部门或者其他有关部门考核合格后方可任职。

施工单位应当对管理人员和作业人员每年至少进行一次安全生产教育培训,其教育培训情况记入个人工作档案。安全生产教育培训考核不合格的人员,不得上岗。

第三十七条　作业人员进入新的岗位或者新的施工现场前,应当接受安全生产教育培训。未经教育培训或者教育培训考核不合格的人员,不得上岗作业。

施工单位在采用新技术、新工艺、新设备、新材料时,应当对作业人员进行相应的安全生产教育培训。

第三十八条　施工单位应当为施工现场从事危险作业的人员办理意外伤害保险。

意外伤害保险费由施工单位支付。实行施工总承包的,由总承包单位支付意外伤害保险费。意外伤害保险期限自建设工程开工之日起至竣工验收合格止。

第五章　监督管理

第三十九条　国务院负责安全生产监督管理的部门依照《中华人民共和国安全生产法》的规定,对全国建设工程安全生产工作实施综合监督管理。

县级以上地方人民政府负责安全生产监督管理的部门依照《中华人民共和国安全生产法》的规定,对本行政区域内建设工程安全生产工作实施综合监督管理。

第四十条　国务院建设行政主管部门对全国的建设工程安全生产实施监督管理。国务院铁路、交通、水利等有关部门按照国务院规定的职责分工,负责有关专业建设工程安全生产的监督管理。

县级以上地方人民政府建设行政主管部门对本行政区域内的建设工程安全生产实施监督管理。县级以上地方人民政府交通、水利等有关部门在各自的职责范围内,负责本行政区域内的专业建设工程安全生产的监督管理。

第四十一条　建设行政主管部门和其他有关部门应当将本条例第十条、第十一条规定的有关资料的主要内容抄送同级负责安全生产监督管理的部门。

第四十二条　建设行政主管部门在审核发放施工许可证时,应当对建设工程是否有安全施工措施进行审查,对没有安全施工措施的,不得颁发施工许可证。

建设行政主管部门或者其他有关部门对建设工程是否有安全施工措施进行审查时,不得收取费用。

第四十三条　县级以上人民政府负有建设工程安全生产监督管理职责的部门在各自的职责范围内履行安全监督检查职责时,有权采取下列措施:

(一)要求被检查单位提供有关建设工程安全生产的文件和资料;

(二)进入被检查单位施工现场进行检查;

(三)纠正施工中违反安全生产要求的行为;

(四)对检查中发现的安全事故隐患,责令立即排除;重大安全事故隐患排除前或者排除过程中无法保证安全的,责令从危险区域内撤出作业人员或者暂时停止施工。

第四十四条　建设行政主管部门或者其他有关部门

可以将施工现场的监督检查委托给建设工程安全监督机构具体实施。

第四十五条　国家对严重危及施工安全的工艺、设备、材料实行淘汰制度。具体目录由国务院建设行政主管部门会同国务院其他有关部门制定并公布。

第四十六条　县级以上人民政府建设行政主管部门和其他有关部门应当及时受理对建设工程生产安全事故及安全事故隐患的检举、控告和投诉。

第六章　生产安全事故的应急救援和调查处理

第四十七条　县级以上地方人民政府建设行政主管部门应当根据本级人民政府的要求,制定本行政区域为建设工程特大生产安全事故应急救援预案。

第四十八条　施工单位应当制定本单位生产安全事故应急救援预案,建立应急救援组织或者配备应急救援人员,配备必要的应急救援器材、设备,并定期组织演练。

第四十九条　施工单位应当根据建设工程施工的特点、范围,对施工现场易发生重大事故的部位、环节进行监控,制定施工现场生产安全事故应急救援预案。实行施工总承包的,由总承包单位统一组织编制建设工程生产安全事故应急救援预案,工程总承包单位和分包单位按照应急救援预案,各自建立应急救援组织或者配备应急救援人员,配备救援器材、设备,并定期组织演练。

第五十条　施工单位发生生产安全事故,应当按照国家有关伤亡事故报告和调查处理的规定,及时、如实地向负责安全生产监督管理的部门、建设行政主管部门或者其他有关部门报告;特种设备发生事故的,还应当同时向特种设备安全监督管理部门报告。接到报告的部门应当按照国家有关规定,如实上报。

实行施工总承包的建设工程,由总承包单位负责上报事故。

第五十一条　发生生产安全事故后,施工单位应当采取措施防止事故扩大,保护事故现场。需要移动现场物品时,应当做出标记和书面记录,妥善保管有关证物。

第五十二条　建设工程生产安全事故的调查,对事故责任单位和责任人的处罚与处理,按照有关法律、法规的规定执行。

第七章　法律责任

第五十三条　违反本条例的规定,县级以上人民政府建设行政主管部门或者其他有关行政管理部门的工作人员,有下列行为之一的,给予降级或者撤职的行政处分;构成犯罪的,依照刑法有关规定追究刑事责任:

(一)对不具备安全生产条件的施工单位颁发资质证书的;

(二)对没有安全施工措施的建设工程颁发施工许可证的;

(三)发现违法行为不予查处的;

(四)不依法履行监督管理职责的其他行为。

第五十四条　违反本条例的规定,建设单位未提供建设工程安全生产作业环境及安全施工措施所需费用的,责令限期改正;逾期未改正的,责令该建设工程停止施工。

建设单位未将保证安全施工的措施或者拆除工程的有关资料报送有关部门备案的,责令限期改正,给予警告。

第五十五条　违反本条例的规定,建设单位有下列行为之一的,责令限期改正,处20万元以上50万元以下的罚款;造成重大安全事故,构成犯罪的,对直接责任人员,依照刑法有关规定追究刑事责任;造成损失的,依法承担赔偿责任:

(一)对勘察、设计、施工、工程监理等单位提出不符合安全生产法律、法规和强制性标准规定的要求的;

(二)要求施工单位压缩合同约定的工期的;

(三)将拆除工程发包给不具有相应资质等级的施工单位的。

第五十六条　违反本条例的规定,勘察单位、设计单位有下列行为之一的,责令限期改正,处10万元以上30万元以下的罚款;情节严重的,责令停业整顿,降低资质等级,直至吊销资质证书;造成重大安全事故,构成犯罪的,对直接责任人员,依照刑法有关规定追究刑事责任;造成损失的,依法承担赔偿责任:

(一)未按照法律、法规和工程建设强制性标准进行勘察、设计的;

(二)采用新结构、新材料、新工艺的建设工程和特殊结构的建设工程,设计单位未在设计中提出保障施工作业人员安全和预防生产安全事故的措施建议的。

第五十七条　违反本条例的规定,工程监理单位有下列行为之一的,责令限期改正;逾期未改正的,责令停业整顿,并处10万元以上30万元以下的罚款;情节严重的,降低资质等级,直至吊销资质证书;造成重大安全事故,构成犯罪的,对直接责任人员,依照刑法有关规定追究刑事责任;造成损失的,依法承担赔偿责任:

(一)未对施工组织设计中的安全技术措施或者专项施工方案进行审查的;

(二)发现安全事故隐患未及时要求施工单位整改

或者暂时停止施工的;

(三)施工单位拒不整改或者不停止施工,未及时向有关主管部门报告的;

(四)未依照法律、法规和工程建设强制性标准实施监理的。

第五十八条　注册执业人员未执行法律、法规和工程建设强制性标准的,责令停止执业 3 个月以上 1 年以下;情节严重的,吊销执业资格证书,5 年内不予注册;造成重大安全事故的,终身不予注册;构成犯罪的,依照刑法有关规定追究刑事责任。

第五十九条　违反本条例的规定,为建设工程提供机械设备和配件的单位,未按照安全施工的要求配备齐全有效的保险、限位等安全设施和装置的,责令限期改正,处合同价款 1 倍以上 3 倍以下的罚款;造成损失的,依法承担赔偿责任。

第六十条　违反本条例的规定,出租单位出租未经安全性能检测或者经检测不合格的机械设备和施工机具及配件的,责令停业整顿,并处 5 万元以上 10 万元以下的罚款;造成损失的,依法承担赔偿责任。

第六十一条　违反本条例的规定,施工起重机械和整体提升脚手架、模板等自升式架设设施安装、拆卸单位有下列行为之一的,责令限期改正,处 5 万元以上 10 万元以下的罚款;情节严重的,责令停业整顿,降低资质等级,直至吊销资质证书;造成损失的,依法承担赔偿责任:

(一)未编制拆装方案、制定安全施工措施的;

(二)未由专业技术人员现场监督的;

(三)未出具自检合格证明或者出具虚假证明的;

(四)未向施工单位进行安全使用说明,办理移交手续的。

施工起重机械和整体提升脚手架、模板等自升式架设设施安装、拆卸单位有前款规定的第(一)项、第(三)项行为,经有关部门或者单位职工提出后,对事故隐患仍不采取措施,因而发生重大伤亡事故或者造成其他严重后果,构成犯罪的,对直接责任人员,依照刑法有关规定追究刑事责任。

第六十二条　违反本条例的规定,施工单位有下列行为之一的,责令限期改正;逾期未改正的,责令停业整顿,依照《中华人民共和国安全生产法》的有关规定处以罚款;造成重大安全事故,构成犯罪的,对直接责任人员,依照刑法有关规定追究刑事责任:

(一)未设立安全生产管理机构、配备专职安全生产

管理人员或者分部分项工程施工时无专职安全生产管理人员现场监督的;

(二)施工单位的主要负责人、项目负责人、专职安全生产管理人员、作业人员或者特种作业人员,未经安全教育培训或者经考核不合格即从事相关工作的;

(三)未在施工现场的危险部位设置明显的安全警示标志,或者未按照国家有关规定在施工现场设置消防通道、消防水源、配备消防设施和灭火器材的;

(四)未向作业人员提供安全防护用具和安全防护服装的;

(五)未按照规定在施工起重机械和整体提升脚手架、模板等自升式架设设施验收合格后登记的;

(六)使用国家明令淘汰、禁止使用的危及施工安全的工艺、设备、材料的。

第六十三条　违反本条例的规定,施工单位挪用列入建设工程概算的安全生产作业环境及安全施工措施所需费用的,责令限期改正,处挪用费用 20% 以上 50% 以下的罚款;造成损失的,依法承担赔偿责任。

第六十四条　违反本条例的规定,施工单位有下列行为之一的,责令限期改正;逾期未改正的,责令停业整顿,并处 5 万元以上 10 万元以下的罚款;造成重大安全事故,构成犯罪的,对直接责任人员,依照刑法有关规定追究刑事责任:

(一)施工前未对有关安全施工的技术要求作出详细说明的;

(二)未根据不同施工阶段和周围环境及季节、气候的变化,在施工现场采取相应的安全施工措施,或者在城市市区内的建设工程的施工现场未实行封闭围挡的;

(三)在尚未竣工的建筑物内设置员工集体宿舍的;

(四)施工现场临时搭建的建筑物不符合安全使用要求的;

(五)未对因建设工程施工可能造成损害的毗邻建筑物、构筑物和地下管线等采取专项防护措施的。

施工单位有前款规定第(四)项、第(五)项行为,造成损失的,依法承担赔偿责任。

第六十五条　违反本条例的规定,施工单位有下列行为之一的,责令限期改正;逾期未改正的,责令停业整顿,并处 10 万元以上 30 万元以下的罚款;情节严重的,降低资质等级,直至吊销资质证书;造成重大安全事故,构成犯罪的,对直接责任人员,依照刑法有关规定追究刑事责任;造成损失的,依法承担赔偿责任:

(一)安全防护用具、机械设备、施工机具及配件在

进入施工现场前未经查验或者查验不合格即投入使用的；

（二）使用未经验收或者验收不合格的施工起重机械和整体提升脚手架、模板等自升式架设设施的；

（三）委托不具有相应资质的单位承担施工现场安装、拆卸施工起重机械和整体提升脚手架、模板等自升式架设设施的；

（四）在施工组织设计中未编制安全技术措施、施工现场临时用电方案或者专项施工方案的。

第六十六条　违反本条例的规定，施工单位的主要负责人、项目负责人未履行安全生产管理职责的，责令限期改正；逾期未改正的，责令施工单位停业整顿；造成重大安全事故、重大伤亡事故或者其他严重后果，构成犯罪的，依照刑法有关规定追究刑事责任。

作业人员不服管理、违反规章制度和操作规程冒险作业造成重大伤亡事故或者其他严重后果，构成犯罪的，依照刑法有关规定追究刑事责任。

施工单位的主要负责人、项目负责人有前款违法行为，尚不够刑事处罚的，处2万元以上20万元以下的罚款或者按照管理权限给予撤职处分；自刑罚执行完毕或者受处分之日起，5年内不得担任任何施工单位的主要负责人、项目负责人。

第六十七条　施工单位取得资质证书后，降低安全生产条件的，责令限期改正；经整改仍未达到与其资质等级相适应的安全生产条件的，责令停业整顿，降低其资质等级直至吊销资质证书。

第六十八条　本条例规定的行政处罚，由建设行政主管部门或者其他有关部门依照法定职权决定。

违反消防安全管理规定的行为，由公安消防机构依法处罚。

有关法律、行政法规对建设工程安全生产违法行为的行政处罚决定机关另有规定的，从其规定。

第八章　附　则

第六十九条　抢险救灾和农民自建低层住宅的安全生产管理，不适用本条例。

第七十条　军事建设工程的安全生产管理，按照中央军事委员会的有关规定执行。

第七十一条　本条例自2004年2月1日起施行。

安全生产违法行为行政处罚办法

· 2007年11月30日国家安全监管总局令第15号公布
· 根据2015年4月2日《国家安全监管总局关于修改〈《生产安全事故报告和调查处理条例》罚款处罚暂行规定〉等四部规章的决定》修订

第一章　总　则

第一条　为了制裁安全生产违法行为，规范安全生产行政处罚工作，依照行政处罚法、安全生产法及其他有关法律、行政法规的规定，制定本办法。

第二条　县级以上人民政府安全生产监督管理部门对生产经营单位及其有关人员在生产经营活动中违反有关安全生产的法律、行政法规、部门规章、国家标准、行业标准和规程的违法行为（以下统称安全生产违法行为）实施行政处罚，适用本办法。

煤矿安全监察机构依照本办法和煤矿安全监察行政处罚办法，对煤矿、煤矿安全生产中介机构等生产经营单位及其有关人员的安全生产违法行为实施行政处罚。

有关法律、行政法规对安全生产违法行为行政处罚的种类、幅度或者决定机关另有规定的，依照其规定。

第三条　对安全生产违法行为实施行政处罚，应当遵循公平、公正、公开的原则。

安全生产监督管理部门或者煤矿安全监察机构（以下统称安全监管监察部门）及其行政执法人员实施行政处罚，必须以事实为依据。行政处罚应当与安全生产违法行为的事实、性质、情节以及社会危害程度相当。

第四条　生产经营单位及其有关人员对安全监管监察部门给予的行政处罚，依法享有陈述权、申辩权和听证权；对行政处罚不服的，有权依法申请行政复议或者提起行政诉讼；因违法给予行政处罚受到损害的，有权依法申请国家赔偿。

第二章　行政处罚的种类、管辖

第五条　安全生产违法行为行政处罚的种类：

（一）警告；

（二）罚款；

（三）没收违法所得、没收非法开采的煤炭产品、采掘设备；

（四）责令停产停业整顿、责令停产停业、责令停止建设、责令停止施工；

（五）暂扣或者吊销有关许可证，暂停或者撤销有关执业资格、岗位证书；

（六）关闭；

（七）拘留；

（八）安全生产法律、行政法规规定的其他行政处罚。

第六条　县级以上安全监管监察部门应当按照本章的规定，在各自的职责范围内对安全生产违法行为行政处罚行使管辖权。

安全生产违法行为的行政处罚，由安全生产违法行为发生地的县级以上安全监管监察部门管辖。中央企业及其所属企业、有关人员的安全生产违法行为的行政处罚，由安全生产违法行为发生地的设区的市级以上安全监管监察部门管辖。

暂扣、吊销有关许可证和暂停、撤销有关执业资格、岗位证书的行政处罚，由发证机关决定。其中，暂扣有关许可证和暂停有关执业资格、岗位证书的期限一般不得超过 6 个月；法律、行政法规另有规定的，依照其规定。

给予关闭的行政处罚，由县级以上安全监管监察部门报请县级以上人民政府按照国务院规定的权限决定。

给予拘留的行政处罚，由县级以上安全监管监察部门建议公安机关依照治安管理处罚法的规定决定。

第七条　两个以上安全监管监察部门因行政处罚管辖权发生争议的，由其共同的上一级安全监管监察部门指定管辖。

第八条　对报告或者举报的安全生产违法行为，安全监管监察部门应当受理；发现不属于自己管辖的，应当及时移送有管辖权的部门。

受移送的安全监管监察部门对管辖权有异议的，应当报请共同的上一级安全监管监察部门指定管辖。

第九条　安全生产违法行为涉嫌犯罪的，安全监管监察部门应当将案件移送司法机关，依法追究刑事责任；尚不够刑事处罚但依法应当给予行政处罚的，由安全监管监察部门管辖。

第十条　上级安全监管监察部门可以直接查处下级安全监管监察部门管辖的案件，也可以将自己管辖的案件交由下级安全监管监察部门管辖。

下级安全监管监察部门可以将重大、疑难案件报请上级安全监管监察部门管辖。

第十一条　上级安全监管监察部门有权对下级安全监管监察部门违法或者不适当的行政处罚予以纠正或者撤销。

第十二条　安全监管监察部门根据需要，可以在其法定职权范围内委托符合《行政处罚法》第十九条规定条件的组织或者乡、镇人民政府以及街道办事处、开发区管理机构等地方人民政府的派出机构实施行政处罚。受委托的单位在委托范围内，以委托的安全监管监察部门名义实施行政处罚。

委托的安全监管监察部门应当监督检查受委托的单位实施行政处罚，并对其实施行政处罚的后果承担法律责任。

第三章　行政处罚的程序

第十三条　安全生产行政执法人员在执行公务时，必须出示省级以上安全生产监督管理部门或者县级以上地方人民政府统一制作的有效行政执法证件。其中对煤矿进行安全监察，必须出示国家安全生产监督管理总局统一制作的煤矿安全监察员证。

第十四条　安全监管监察部门及其行政执法人员在监督检查时发现生产经营单位存在事故隐患的，应当按照下列规定采取现场处理措施：

（一）能够立即排除的，应当责令立即排除；

（二）重大事故隐患排除前或者排除过程中无法保证安全的，应当责令从危险区域撤出作业人员，并责令暂时停产停业、停止建设、停止施工或者停止使用相关设施、设备，限期排除隐患。

隐患排除后，经安全监管监察部门审查同意，方可恢复生产经营和使用。

本条第一款第（二）项规定的责令暂时停产停业、停止建设、停止施工或者停止使用相关设施、设备的期限一般不超过 6 个月；法律、行政法规另有规定的，依照其规定。

第十五条　对有根据认为不符合安全生产的国家标准或者行业标准的在用设施、设备、器材，违法生产、储存、使用、经营、运输的危险物品，以及违法生产、储存、使用、经营危险物品的作业场所，安全监管监察部门应当依照《行政强制法》的规定予以查封或者扣押。查封或者扣押的期限不得超过 30 日，情况复杂的，经安全监管监察部门负责人批准，最多可以延长 30 日，并在查封或者扣押期限内作出处理决定：

（一）对违法事实清楚、依法应当没收的非法财物予以没收；

（二）法律、行政法规规定应当销毁的，依法销毁；

（三）法律、行政法规规定应当解除查封、扣押的，作出解除查封、扣押的决定。

实施查封、扣押，应当制作并当场交付查封、扣押决定书和清单。

第十六条　安全监管监察部门依法对存在重大事故

隐患的生产经营单位作出停产停业、停止施工、停止使用相关设施、设备的决定，生产经营单位应当依法执行，及时消除事故隐患。生产经营单位拒不执行，有发生生产安全事故的现实危险的，在保证安全的前提下，经本部门主要负责人批准，安全监管监察部门可以采取通知有关单位停止供电、停止供应民用爆炸物品等措施，强制生产经营单位履行决定。通知应当采用书面形式，有关单位应当予以配合。

安全监管监察部门依照前款规定采取停止供电措施，除有危及生产安全的紧急情形外，应当提前 24 小时通知生产经营单位。生产经营单位依法履行行政决定、采取相应措施消除事故隐患的，安全监管监察部门应当及时解除前款规定的措施。

第十七条　生产经营单位被责令限期改正或者限期进行隐患排除治理的，应当在规定限期内完成。因不可抗力无法在规定限期内完成的，应当在进行整改或者治理的同时，于限期届满前 10 日内提出书面延期申请，安全监管监察部门应当在收到申请之日起 5 日内书面答复是否准予延期。

生产经营单位提出复查申请或者整改、治理限期届满的，安全监管监察部门应当自申请或者限期届满之日起 10 日内进行复查，填写复查意见书，由被复查单位和安全监管监察部门复查人员签名后存档。逾期未整改、未治理或者整改、治理不合格的，安全监管监察部门应当依法给予行政处罚。

第十八条　安全监管监察部门在作出行政处罚决定前，应当填写行政处罚告知书，告知当事人作出行政处罚决定的事实、理由、依据，以及当事人依法享有的权利，并送达当事人。当事人应当在收到行政处罚告知书之日起 3 日内进行陈述、申辩，或者依法提出听证要求，逾期视为放弃上述权利。

第十九条　安全监管监察部门应当充分听取当事人的陈述和申辩，对当事人提出的事实、理由和证据，应当进行复核；当事人提出的事实、理由和证据成立的，安全监管监察部门应当采纳。

安全监管监察部门不得因当事人陈述或者申辩而加重处罚。

第二十条　安全监管监察部门对安全生产违法行为实施行政处罚，应当符合法定程序，制作行政执法文书。

第一节　简易程序

第二十一条　违法事实确凿并有法定依据，对个人处以 50 元以下罚款、对生产经营单位处以 1000 元以下罚款或者警告的行政处罚的，安全生产行政执法人员可以当场作出行政处罚决定。

第二十二条　安全生产行政执法人员当场作出行政处罚决定，应当填写预定格式、编有号码的行政处罚决定书并当场交付当事人。

安全生产行政执法人员当场作出行政处罚决定后应当及时报告，并在 5 日内报所属安全监管监察部门备案。

第二节　一般程序

第二十三条　除依照简易程序当场作出的行政处罚外，安全监管监察部门发现生产经营单位及其有关人员有应当给予行政处罚的行为的，应当予以立案，填写立案审批表，并全面、客观、公正地进行调查，收集有关证据。对确需立即查处的安全生产违法行为，可以先行调查取证，并在 5 日内补办立案手续。

第二十四条　对已经立案的案件，由立案审批人指定两名或者两名以上安全生产行政执法人员进行调查。

有下列情形之一的，承办案件的安全生产行政执法人员应当回避：

（一）本人是本案的当事人或者当事人的近亲属的；

（二）本人或者其近亲属与本案有利害关系的；

（三）与本人有其他利害关系，可能影响案件的公正处理的。

安全生产行政执法人员的回避，由派出其进行调查的安全监管监察部门的负责人决定。进行调查的安全监管监察部门负责人的回避，由该部门负责人集体讨论决定。回避决定作出之前，承办案件的安全生产行政执法人员不得擅自停止对案件的调查。

第二十五条　进行案件调查时，安全生产行政执法人员不得少于两名。当事人或者有关人员应当如实回答安全生产行政执法人员的询问，并协助调查或者检查，不得拒绝、阻挠或者提供虚假情况。

询问或者检查应当制作笔录。笔录应当记载时间、地点、询问和检查情况，并由被询问人、被检查单位和安全生产行政执法人员签名或者盖章；被询问人、被检查单位要求补正的，应当允许。被询问人或者被检查单位拒绝签名或者盖章的，安全生产行政执法人员应当在笔录上注明原因并签名。

第二十六条　安全生产行政执法人员应当收集、调取与案件有关的原始凭证作为证据。调取原始凭证确有困难的，可以复制，复制件应当注明"经核对与原件无异"的字样和原始凭证存放的单位及其处所，并由出具证据的人员签名或者单位盖章。

第二十七条　安全生产行政执法人员在收集证据时,可以采取抽样取证的方法;在证据可能灭失或者以后难以取得的情况下,经本单位负责人批准,可以先行登记保存,并应当在 7 日内作出处理决定:

(一)违法事实成立依法应当没收的,作出行政处罚决定,予以没收;依法应当扣留或者封存的,予以扣留或者封存;

(二)违法事实不成立,或者依法不应当予以没收、扣留、封存的,解除登记保存。

第二十八条　安全生产行政执法人员对与案件有关的物品、场所进行勘验检查时,应当通知当事人到场,制作勘验笔录,并由当事人核对无误后签名或者盖章。当事人拒绝到场的,可以邀请在场的其他人员作证,并在勘验笔录中注明原因并签名;也可以采用录音、录像等方式记录有关物品、场所的情况后,再进行勘验检查。

第二十九条　案件调查终结后,负责承办案件的安全生产行政执法人员应当填写案件处理呈批表,连同有关证据材料一并报本部门负责人审批。

安全监管监察部门负责人应当及时对案件调查结果进行审查,根据不同情况,分别作出以下决定:

(一)确有应受行政处罚的违法行为的,根据情节轻重及具体情况,作出行政处罚决定;

(二)违法行为轻微,依法可以不予行政处罚的,不予行政处罚;

(三)违法事实不能成立,不得给予行政处罚;

(四)违法行为涉嫌犯罪的,移送司法机关处理。

对严重安全生产违法行为给予责令停产停业整顿、责令停产停业、责令停止建设、责令停止施工、吊销有关许可证、撤销有关执业资格或者岗位证书、5 万元以上罚款、没收违法所得、没收非法开采的煤炭产品或者采掘设备价值 5 万元以上的行政处罚的,应当由安全监管监察部门的负责人集体讨论决定。

第三十条　安全监管监察部门依照本办法第二十九条的规定给予行政处罚,应当制作行政处罚决定书。行政处罚决定书应当载明下列事项:

(一)当事人的姓名或者名称、地址或者住址;

(二)违法事实和证据;

(三)行政处罚的种类和依据;

(四)行政处罚的履行方式和期限;

(五)不服行政处罚决定,申请行政复议或者提起行政诉讼的途径和期限;

(六)作出行政处罚决定的安全监管监察部门的名称和作出决定的日期。

行政处罚决定书必须盖有作出行政处罚决定的安全监管监察部门的印章。

第三十一条　行政处罚决定书应当在宣告后当场交付当事人;当事人不在场的,安全监管监察部门应当在 7 日内依照民事诉讼法的有关规定,将行政处罚决定书送达当事人或者其他的法定受送达人:

(一)送达必须有送达回执,由受送达人在送达回执上注明收到日期,签名或者盖章;

(二)送达应当直接送交受送达人。受送达人是个人的,本人不在交他的同住成年家属签收,并在行政处罚决定书送达回执的备注栏内注明与受送达人的关系;

(三)受送达人是法人或者其他组织的,应当由法人的法定代表人、其他组织的主要负责人或者该法人、组织负责收件的人签收;

(四)受送达人指定代收人的,交代收人签收并注明受当事人委托的情况;

(五)直接送达确有困难的,可以挂号邮寄送达,也可以委托当地安全监管监察部门代为送达,代为送达的安全监管监察部门收到文书后,必须立即交受送达人签收;

(六)当事人或者他的同住成年家属拒绝接收的,送达人应当邀请有关基层组织或者所在单位的代表到场,说明情况,在行政处罚决定书送达回执上记明拒收的事由和日期,由送达人、见证人签名或者盖章,把行政处罚决定书留在受送达人的住所;也可以把行政处罚决定书留在受送达人的住所,并采用拍照、录像等方式记录送达过程,即视为送达;

(七)受送达人下落不明,或者用以上方式无法送达的,可以公告送达,自公告发布之日起经过 60 日,即视为送达。公告送达,应当在案卷中注明原因和经过。

安全监管监察部门送达其他行政处罚执法文书,按照前款规定办理。

第三十二条　行政处罚案件应当自立案之日起 30 日内作出行政处罚决定;由于客观原因不能完成的,经安全监管监察部门负责人同意,可以延长,但不得超过 90 日;特殊情况需进一步延长的,应当经上一级安全监管监察部门批准,可延长至 180 日。

第三节　听证程序

第三十三条　安全监管监察部门作出责令停产停业整顿、责令停产停业、吊销有关许可证、撤销有关执业资格、岗位证书或者较大数额罚款的行政处罚决定之前,应当告知当事人有要求举行听证的权利；当事人要求听证的，安全监管监察部门应当组织听证，不得向当事人收取听证费用。

前款所称较大数额罚款，为省、自治区、直辖市人大常委会或者人民政府规定的数额；没有规定数额的，其数额对个人罚款为 2 万元以上，对生产经营单位罚款为 5 万元以上。

第三十四条　当事人要求听证的，应当在安全监管监察部门依照本办法第十八条规定告知后 3 日内以书面方式提出。

第三十五条　当事人提出听证要求后，安全监管监察部门应当在收到书面申请之日起 15 日内举行听证会，并在举行听证会的 7 日前，通知当事人举行听证的时间、地点。

当事人应当按期参加听证。当事人有正当理由要求延期的，经组织听证的安全监管监察部门负责人批准可以延期 1 次；当事人未按期参加听证，并且未事先说明理由的，视为放弃听证权利。

第三十六条　听证参加人由听证主持人、听证员、案件调查人员、当事人及其委托代理人、书记员组成。

听证主持人、听证员、书记员应当由组织听证的安全监管监察部门负责人指定的非本案调查人员担任。

当事人可以委托 1 至 2 名代理人参加听证，并提交委托书。

第三十七条　除涉及国家秘密、商业秘密或者个人隐私外，听证应当公开举行。

第三十八条　当事人在听证中的权利和义务：

（一）有权对案件涉及的事实、适用法律及有关情况进行陈述和申辩；

（二）有权对案件调查人员提出的证据质证并提出新的证据；

（三）如实回答主持人的提问；

（四）遵守听证会场纪律，服从听证主持人指挥。

第三十九条　听证按照下列程序进行：

（一）书记员宣布听证会场纪律、当事人的权利和义务。听证主持人宣布案由，核实听证参加人名单，宣布听证开始；

（二）案件调查人员提出当事人的违法事实、出示证据，说明拟作出的行政处罚的内容及法律依据；

（三）当事人或者其委托代理人对案件的事实、证据、适用的法律等进行陈述和申辩，提交新的证据材料；

（四）听证主持人就案件的有关问题向当事人、案件调查人员、证人询问；

（五）案件调查人员、当事人或者其委托代理人相互辩论；

（六）当事人或者其委托代理人作最后陈述；

（七）听证主持人宣布听证结束。

听证笔录应当当场交当事人核对无误后签名或者盖章。

第四十条　有下列情形之一的，应当中止听证：

（一）需要重新调查取证的；

（二）需要通知新证人到场作证的；

（三）因不可抗力无法继续进行听证的。

第四十一条　有下列情形之一的，应当终止听证：

（一）当事人撤回听证要求的；

（二）当事人无正当理由不按时参加听证的；

（三）拟作出的行政处罚决定已经变更，不适用听证程序的。

第四十二条　听证结束后，听证主持人应当依据听证情况，填写听证会报告书，提出处理意见并附听证笔录报安全监管监察部门负责人审查。安全监管监察部门依照本办法第二十九条的规定作出决定。

第四章　行政处罚的适用

第四十三条　生产经营单位的决策机构、主要负责人、个人经营的投资人（包括实际控制人，下同）未依法保证下列安全生产所必需的资金投入之一，致使生产经营单位不具备安全生产条件的，责令限期改正，提供必需的资金，可以对生产经营单位处 1 万元以上 3 万元以下罚款，对生产经营单位的主要负责人、个人经营的投资人处 5000 元以上 1 万元以下罚款；逾期未改正的，责令生产经营单位停产停业整顿：

（一）提取或者使用安全生产费用；

（二）用于配备劳动防护用品的经费；

（三）用于安全生产教育和培训的经费。

（四）国家规定的其他安全生产所必须的资金投入。

生产经营单位主要负责人、个人经营的投资人有前款违法行为，导致发生生产安全事故的，依照《生产安全事故罚款处罚规定（试行）》的规定给予处罚。

第四十四条　生产经营单位的主要负责人未依法履行安全生产管理职责，导致生产安全事故发生的，依照《生产安全事故罚款处罚规定（试行）》的规定给予处罚。

第四十五条　生产经营单位及其主要负责人或者其他人员有下列行为之一的，给予警告，并可以对生产经营单位处 1 万元以上 3 万元以下罚款，对其主要负责人、其

他有关人员处 1000 元以上 1 万元以下的罚款:

(一)违反操作规程或者安全管理规定作业的;

(二)违章指挥从业人员或者强令从业人员违章、冒险作业的;

(三)发现从业人员违章作业不加制止的;

(四)超过核定的生产能力、强度或者定员进行生产的;

(五)对被查封或者扣押的设施、设备、器材、危险物品和作业场所,擅自启封或者使用的;

(六)故意提供虚假情况或者隐瞒存在的事故隐患以及其他安全问题的;

(七)拒不执行安全监管监察部门依法下达的安全监管监察指令的。

第四十六条 危险物品的生产、经营、储存单位以及矿山、金属冶炼单位有下列行为之一的,责令改正,并可以处 1 万元以上 3 万元以下的罚款:

(一)未建立应急救援组织或者生产经营规模较小、未指定兼职应急救援人员的;

(二)未配备必要的应急救援器材、设备和物资,并进行经常性维护、保养,保证正常运转的。

第四十七条 生产经营单位与从业人员订立协议,免除或者减轻其对从业人员因生产安全事故伤亡依法应承担的责任的,该协议无效;对生产经营单位的主要负责人、个人经营的投资人按照下列规定处以罚款:

(一)在协议中减轻因生产安全事故伤亡对从业人员依法应承担的责任的,处 2 万元以上 5 万元以下的罚款;

(二)在协议中免除因生产安全事故伤亡对从业人员依法应承担的责任的,处 5 万元以上 10 万元以下的罚款。

第四十八条 生产经营单位不具备法律、行政法规和国家标准、行业标准规定的安全生产条件,经责令停产停业整顿仍不具备安全生产条件的,安全监管监察部门应当提请有管辖权的人民政府予以关闭;人民政府决定关闭的,安全监管监察部门应当依法吊销其有关许可证。

第四十九条 生产经营单位转让安全生产许可证的,没收违法所得,吊销安全生产许可证,并按照下列规定处以罚款:

(一)接受转让的单位和个人未发生生产安全事故的,处 10 万元以上 30 万元以下的罚款;

(二)接受转让的单位和个人发生生产安全事故但没有造成人员死亡的,处 30 万元以上 40 万元以下的罚款;

(三)接受转让的单位和个人发生人员死亡生产安全事故的,处 40 万元以上 50 万元以下的罚款。

第五十条 知道或者应当知道生产经营单位未取得安全生产许可证或者其他批准文件擅自从事生产经营活动,仍为其提供生产经营场所、运输、保管、仓储等条件的,责令立即停止违法行为,有违法所得的,没收违法所得,并处违法所得 1 倍以上 3 倍以下的罚款,但是最高不得超过 3 万元;没有违法所得的,并处 5000 元以上 1 万元以下的罚款。

第五十一条 生产经营单位及其有关人员弄虚作假,骗取或者勾结、串通行政审批工作人员取得安全生产许可证书及其他批准文件的,撤销许可及批准文件,并按照下列规定处以罚款:

(一)生产经营单位有违法所得的,没收违法所得,并处违法所得 1 倍以上 3 倍以下的罚款,但是最高不得超过 3 万元;没有违法所得的,并处 5000 元以上 1 万元以下的罚款;

(二)对有关人员处 1000 元以上 1 万元以下的罚款。

有前款规定违法行为的生产经营单位及其有关人员在 3 年内不得再次申请该行政许可。

生产经营单位及其有关人员未依法办理安全生产许可证书变更手续的,责令限期改正,并对生产经营单位处 1 万元以上 3 万元以下的罚款,对有关人员处 1000 元以上 5000 元以下的罚款。

第五十二条 未取得相应资格、资质证书的机构及其有关人员从事安全评价、认证、检测、检验工作,责令停止违法行为,并按照下列规定处以罚款:

(一)机构有违法所得的,没收违法所得,并处违法所得 1 倍以上 3 倍以下的罚款,但是最高不得超过 3 万元;没有违法所得的,并处 5000 元以上 1 万元以下的罚款;

(二)有关人员处 5000 元以上 1 万元以下的罚款。

第五十三条 生产经营单位及其有关人员触犯不同的法律规定,有两个以上应当给予行政处罚的安全生产违法行为的,安全监管监察部门应当适用不同的法律规定,分别裁量,合并处罚。

第五十四条 对同一生产经营单位及其有关人员的同一安全生产违法行为,不得给予两次以上罚款的行政处罚。

第五十五条 生产经营单位及其有关人员有下列情形之一的,应当从重处罚:

(一)危及公共安全或者其他生产经营单位安全的,经责令限期改正,逾期未改正的;

（二）一年内因同一违法行为受到两次以上行政处罚的；

（三）拒不整改或者整改不力，其违法行为呈持续状态的；

（四）拒绝、阻碍或者以暴力威胁行政执法人员的。

第五十六条　生产经营单位及其有关人员有下列情形之一的，应当依法从轻或者减轻行政处罚：

（一）已满14周岁不满18周岁的公民实施安全生产违法行为的；

（二）主动消除或者减轻安全生产违法行为危害后果的；

（三）受他人胁迫实施安全生产违法行为的；

（四）配合安全监管监察部门查处安全生产违法行为，有立功表现的；

（五）主动投案，向安全监管监察部门如实交待自己的违法行为的；

（六）具有法律、行政法规规定的其他从轻或者减轻处罚情形的。

有从轻处罚情节的，应当在法定处罚幅度的中档以下确定行政处罚标准，但不得低于法定处罚幅度的下限。

本条第一款第四项所称的立功表现，是指当事人有揭发他人安全生产违法行为，并经查证属实；或者提供查处其他安全生产违法行为的重要线索，并经查证属实；或者阻止他人实施安全生产违法行为；或者协助司法机关抓捕其他违法犯罪嫌疑人的行为。

安全生产违法行为轻微并及时纠正，没有造成危害后果的，不予行政处罚。

第五章　行政处罚的执行和备案

第五十七条　安全监管监察部门实施行政处罚时，应当同时责令生产经营单位及其有关人员停止、改正或者限期改正违法行为。

第五十八条　本办法所称的违法所得，按照下列规定计算：

（一）生产、加工产品的，以生产、加工产品的销售收入作为违法所得；

（二）销售商品的，以销售收入作为违法所得；

（三）提供安全生产中介、租赁等服务的，以服务收入或者报酬作为违法所得；

（四）销售收入无法计算的，按当地同类同等规模的生产经营单位的平均销售收入计算；

（五）服务收入、报酬无法计算的，按照当地同行业同种服务的平均收入或者报酬计算。

第五十九条　行政处罚决定依法作出后，当事人应当在行政处罚决定的期限内，予以履行；当事人逾期不履行的，作出行政处罚决定的安全监管监察部门可以采取下列措施：

（一）到期不缴纳罚款的，每日按罚款数额的3%加处罚款，但不得超过罚款数额；

（二）根据法律规定，将查封、扣押的设施、设备、器材和危险物品拍卖所得价款抵缴罚款；

（三）申请人民法院强制执行。

当事人对行政处罚决定不服申请行政复议或者提起行政诉讼的，行政处罚不停止执行，法律另有规定的除外。

第六十条　安全生产行政执法人员当场收缴罚款的，应当出具省、自治区、直辖市财政部门统一制发的罚款收据；当场收缴的罚款，应当自收缴罚款之日起2日内，交至所属安全监管监察部门；安全监管监察部门应当在2日内将罚款缴付指定的银行。

第六十一条　除依法应当予以销毁的物品外，需要将查封、扣押的设施、设备、器材和危险物品拍卖抵缴罚款的，依照法律或者国家有关规定处理。销毁物品，依照国家有关规定处理；没有规定的，经县级以上安全监管监察部门负责人批准，由两名以上安全生产行政执法人员监督销毁，并制作销毁记录。处理物品，应当制作清单。

第六十二条　罚款、没收违法所得的款项和没收非法开采的煤炭产品、采掘设备，必须按照有关规定上缴，任何单位和个人不得截留、私分或者变相私分。

第六十三条　县级安全生产监督管理部门处以5万元以上罚款、没收违法所得、没收非法生产的煤炭产品或者采掘设备价值5万元以上、责令停产停业、停止建设、停止施工、停产停业整顿、吊销有关资格、岗位证书或者许可证的行政处罚的，应当自作出行政处罚决定之日起10日内报设区的市级安全生产监督管理部门备案。

第六十四条　设区的市级安全生产监管监察部门处以10万元以上罚款、没收违法所得、没收非法生产的煤炭产品或者采掘设备价值10万元以上、责令停产停业、停止建设、停止施工、停产停业整顿、吊销有关资格、岗位证书或者许可证的行政处罚的，应当自作出行政处罚决定之日起10日内报省级安全监管监察部门备案。

第六十五条　省级安全监管监察部门处以50万元以上罚款、没收违法所得、没收非法生产的煤炭产品或者采掘设备价值50万元以上、责令停产停业、停止建设、停止施工、停产停业整顿、吊销有关资格、岗位证书或者许可证的行政处罚的,应当自作出行政处罚决定之日起 10 日内报国家安全生产监督管理总局或者国家煤矿安全监察局备案。

对上级安全监管监察部门交办案件给予行政处罚的,由决定行政处罚的安全监管监察部门自作出行政处罚决定之日起 10 日内报上级安全监管监察部门备案。

第六十六条　行政处罚执行完毕后,案件材料应当按照有关规定立卷归档。

案卷立案归档后,任何单位和个人不得擅自增加、抽取、涂改和销毁案卷材料。未经安全监管监察部门负责人批准,任何单位和个人不得借阅案卷。

第六章　附　则

第六十七条　安全生产监督管理部门所用的行政处罚文书式样,由国家安全生产监督管理总局统一制定。

煤矿安全监察机构所用的行政处罚文书式样,由国家煤矿安全监察局统一制定。

第六十八条　本办法所称的生产经营单位,是指合法和非法从事生产或者经营活动的基本单元,包括企业法人、不具备企业法人资格的合伙组织、个体工商户和自然人等生产经营主体。

第六十九条　本办法自 2008 年 1 月 1 日起施行。原国家安全生产监督管理局(国家煤矿安全监察局)2003 年 5 月 19 日公布的《安全生产违法行为行政处罚办法》、2001 年 4 月 27 日公布的《煤矿安全监察程序暂行规定》同时废止。

建设项目安全设施"三同时"监督管理办法

· 2010 年 12 月 14 日国家安全生产监管总局令第 36 号公布
· 根据 2015 年 4 月 2 日《国家安全监管总局关于修改〈《生产安全事故报告和调查处理条例》罚款处罚暂行规定〉等四部规章的决定》修订

第一章　总　则

第一条　为加强建设项目安全管理,预防和减少生产安全事故,保障从业人员生命和财产安全,根据《中华人民共和国安全生产法》和《国务院关于进一步加强企业安全生产工作的通知》等法律、行政法规和规定,制定本办法。

第二条　经县级以上人民政府及其有关主管部门依法审批、核准或者备案的生产经营单位新建、改建、扩建工程项目(以下统称建设项目)安全设施的建设及其监督管理,适用本办法。

法律、行政法规及国务院对建设项目安全设施建设及其监督管理另有规定的,依照其规定。

第三条　本办法所称的建设项目安全设施,是指生产经营单位在生产经营活动中用于预防生产安全事故的设备、设施、装置、构(建)筑物和其他技术措施的总称。

第四条　生产经营单位是建设项目安全设施建设的责任主体。建设项目安全设施必须与主体工程同时设计、同时施工、同时投入生产和使用(以下简称"三同时")。安全设施投资应当纳入建设项目概算。

第五条　国家安全生产监督管理总局对全国建设项目安全设施"三同时"实施综合监督管理,并在国务院规定的职责范围内承担有关建设项目安全设施"三同时"的监督管理。

县级以上地方各级安全生产监督管理部门对本行政区域内的建设项目安全设施"三同时"实施综合监督管理,并在本级人民政府规定的职责范围内承担本级人民政府及其有关主管部门审批、核准或者备案的建设项目安全设施"三同时"的监督管理。

跨两个及两个以上行政区域的建设项目安全设施"三同时"由其共同的上一级人民政府安全生产监督管理部门实施监督管理。

上一级人民政府安全生产监督管理部门根据工作需要,可以将其负责监督管理的建设项目安全设施"三同时"工作委托下一级人民政府安全生产监督管理部门实施监督管理。

第六条　安全生产监督管理部门应当加强建设项目安全设施建设的日常安全监管,落实有关行政许可及其监管责任,督促生产经营单位落实安全设施建设责任。

第二章　建设项目安全预评价

第七条　下列建设项目在进行可行性研究时,生产经营单位应当按照国家规定,进行安全预评价:

(一)非煤矿矿山建设项目;

(二)生产、储存危险化学品(包括使用长输管道输送危险化学品,下同)的建设项目;

(三)生产、储存烟花爆竹的建设项目;

(四)金属冶炼建设项目;

(五)使用危险化学品从事生产并且使用量达到规定数量的化工建设项目(属于危险化学品生产的除外,下同);

(六)法律、行政法规和国务院规定的其他建设项目。

第八条　生产经营单位应当委托具有相应资质的安全评价机构,对其建设项目进行安全预评价,并编制安全预评价报告。

建设项目安全预评价报告应当符合国家标准或者行业标准的规定。

生产、储存危险化学品的建设项目和化工建设项目安全预评价报告除符合本条第二款的规定外，还应当符合有关危险化学品建设项目的规定。

第九条　本办法第七条规定以外的其他建设项目，生产经营单位应当对其安全生产条件和设施进行综合分析，形成书面报告备查。

第三章　建设项目安全设施设计审查

第十条　生产经营单位在建设项目初步设计时，应当委托有相应资质的设计单位对建设项目安全设施同时进行设计，编制安全设施设计。

安全设施设计必须符合有关法律、法规、规章和国家标准或者行业标准、技术规范的规定，并尽可能采用先进适用的工艺、技术和可靠的设备、设施。本办法第七条规定的建设项目安全设施设计还应当充分考虑建设项目安全预评价报告提出的安全对策措施。

安全设施设计单位、设计人应当对其编制的设计文件负责。

第十一条　建设项目安全设施设计应当包括下列内容：

（一）设计依据；

（二）建设项目概述；

（三）建设项目潜在的危险、有害因素和危险、有害程度及周边环境安全分析；

（四）建筑及场地布置；

（五）重大危险源分析及检测监控；

（六）安全设施设计采取的防范措施；

（七）安全生产管理机构设置或者安全生产管理人员配备要求；

（八）从业人员安全生产教育和培训要求；

（九）工艺、技术和设备、设施的先进性和可靠性分析；

（十）安全设施专项投资概算；

（十一）安全预评价报告中的安全对策及建议采纳情况；

（十二）预期效果以及存在的问题与建议；

（十三）可能出现的事故预防及应急救援措施；

（十四）法律、法规、规章、标准规定需要说明的其他事项。

第十二条　本办法第七条第（一）项、第（二）项、第（三）项、第（四）项规定的建设项目安全设施设计完成后，生产经营单位应当按照本办法第五条的规定向安全生产监督管理部门提出审查申请，并提交下列文件资料：

（一）建设项目审批、核准或者备案的文件；

（二）建设项目安全设施设计审查申请；

（三）设计单位的设计资质证明文件；

（四）建设项目安全设施设计；

（五）建设项目安全预评价报告及相关文件资料；

（六）法律、行政法规、规章规定的其他文件资料。

安全生产监督管理部门收到申请后，对属于本部门职责范围内的，应当及时进行审查，并在收到申请后5个工作日内作出受理或者不予受理的决定，书面告知申请人；对不属于本部门职责范围内的，应当将有关文件资料转送有审查权的安全生产监督管理部门，并书面告知申请人。

第十三条　对已经受理的建设项目安全设施设计审查申请，安全生产监督管理部门应当自受理之日起20个工作日内作出是否批准的决定，并书面告知申请人。20个工作日内不能作出决定的，经本部门负责人批准，可以延长10个工作日，并应当将延长期限的理由书面告知申请人。

第十四条　建设项目安全设施设计有下列情形之一的，不予批准，并不得开工建设：

（一）无建设项目审批、核准或者备案文件的；

（二）未委托具有相应资质的设计单位进行设计的；

（三）安全预评价报告由未取得相应资质的安全评价机构编制的；

（四）设计内容不符合有关安全生产的法律、法规、规章和国家标准或者行业标准、技术规范的规定的；

（五）未采纳安全预评价报告中的安全对策和建议，且未作充分论证说明的；

（六）不符合法律、行政法规规定的其他条件的。

建设项目安全设施设计审查未予批准的，生产经营单位经过整改后可以向原审查部门申请再审。

第十五条　已经批准的建设项目及其安全设施设计有下列情形之一的，生产经营单位应当报原批准部门审查同意；未经审查同意的，不得开工建设：

（一）建设项目的规模、生产工艺、原料、设备发生重大变更的；

（二）改变安全设施设计且可能降低安全性能的；

（三）在施工期间重新设计的。

第十六条　本办法第七条第（一）项、第（二）项、第（三）项和第（四）项规定以外的建设项目安全设施设计，由生产经营单位组织审查，形成书面报告备查。

第四章　建设项目安全设施施工和竣工验收

第十七条　建设项目安全设施的施工应当由取得相应资质的施工单位进行,并与建设项目主体工程同时施工。

施工单位应当在施工组织设计中编制安全技术措施和施工现场临时用电方案,同时对危险性较大的分部分项工程依法编制专项施工方案,并附具安全验算结果,经施工单位技术负责人、总监理工程师签字后实施。

施工单位应当严格按照安全设施设计和相关施工技术标准、规范施工,并对安全设施的工程质量负责。

第十八条　施工单位发现安全设施设计文件有错漏的,应当及时向生产经营单位、设计单位提出。生产经营单位、设计单位应当及时处理。

施工单位发现安全设施存在重大事故隐患时,应当立即停止施工并报告生产经营单位进行整改。整改合格后,方可恢复施工。

第十九条　工程监理单位应当审查施工组织设计中的安全技术措施或者专项施工方案是否符合工程建设强制性标准。

工程监理单位在实施监理过程中,发现存在事故隐患的,应当要求施工单位整改;情况严重的,应当要求施工单位暂时停止施工,并及时报告生产经营单位。施工单位拒不整改或者不停止施工的,工程监理单位应当及时向有关主管部门报告。

工程监理单位、监理人员应当按照法律、法规和工程建设强制性标准实施监理,并对安全设施工程的工程质量承担监理责任。

第二十条　建设项目安全设施建成后,生产经营单位应当对安全设施进行检查,对发现的问题及时整改。

第二十一条　本办法第七条规定的建设项目竣工后,根据规定建设项目需要试运行(包括生产、使用,下同)的,应当在正式投入生产或者使用前进行试运行。

试运行时间应当不少于 30 日,最长不得超过 180 日,国家有关部门有规定或者特殊要求的行业除外。

生产、储存危险化学品的建设项目和化工建设项目,应当在建设项目试运行前将试运行方案报负责建设项目安全许可的安全生产监督管理部门备案。

第二十二条　本办法第七条规定的建设项目安全设施竣工或者试运行完成后,生产经营单位应当委托具有相应资质的安全评价机构对安全设施进行验收评价,并编制建设项目安全验收评价报告。

建设项目安全验收评价报告应当符合国家标准或者行业标准的规定。

生产、储存危险化学品的建设项目和化工建设项目安全验收评价报告除符合本条第二款的规定外,还应当符合有关危险化学品建设项目的规定。

第二十三条　建设项目竣工投入生产或者使用前,生产经营单位应当组织对安全设施进行竣工验收,并形成书面报告备查。安全设施竣工验收合格后,方可投入生产和使用。

安全监管部门应当按照下列方式之一对本办法第七条第(一)项、第(二)项、第(三)项和第(四)项规定建设项目的竣工验收活动和验收结果的监督核查:

(一)对安全设施竣工验收报告按照不少于总数 10% 的比例进行随机抽查;

(二)在实施有关安全许可时,对建设项目安全设施竣工验收报告进行审查。

抽查和审查以书面方式为主。对竣工验收报告的实质内容存在疑问,需要到现场核查的,安全监管部门应当指派两名以上工作人员对有关内容进行现场核查。工作人员应当提出现场核查意见,并如实记录在案。

第二十四条　建设项目的安全设施有下列情形之一的,建设单位不得通过竣工验收,并不得投入生产或者使用:

(一)未选择具有相应资质的施工单位施工的;

(二)未按照建设项目安全设施设计文件施工或者施工质量未达到建设项目安全设施设计文件要求的;

(三)建设项目安全设施的施工不符合国家有关施工技术标准的;

(四)未选择具有相应资质的安全评价机构进行安全验收评价或者安全验收评价不合格的;

(五)安全设施和安全生产条件不符合有关安全生产法律、法规、规章和国家标准或者行业标准、技术规范规定的;

(六)发现建设项目试运行期间存在事故隐患未整改的;

(七)未依法设置安全生产管理机构或者配备安全生产管理人员的;

(八)从业人员未经过安全生产教育和培训或者不具备相应资格的;

(九)不符合法律、行政法规规定的其他条件的。

第二十五条　生产经营单位应当按照档案管理的规定,建立建设项目安全设施"三同时"文件资料档案,并妥善保存。

第二十六条　建设项目安全设施未与主体工程同时

设计、同时施工或者同时投入使用的，安全生产监督管理部门对与此有关的行政许可一律不予审批，同时责令生产经营单位立即停止施工、限期改正违法行为，对有关生产经营单位和人员依法给予行政处罚。

第五章　法律责任

第二十七条　建设项目安全设施"三同时"违反本办法的规定，安全生产监督管理部门及其工作人员给予审批通过或者颁发有关许可证的，依法给予行政处分。

第二十八条　生产经营单位对本办法第七条第（一）项、第（二）项、第（三）项和第（四）项规定的建设项目有下列情形之一的，责令停止建设或者停产停业整顿，限期改正；逾期未改正的，处 50 万元以上 100 万元以下的罚款，对其直接负责的主管人员和其他直接责任人员处 2 万元以上 5 万元以下的罚款；构成犯罪的，依照刑法有关规定追究刑事责任：

（一）未按照本办法规定对建设项目进行安全评价的；

（二）没有安全设施设计或者安全设施设计未按照规定报经安全生产监督管理部门审查同意，擅自开工的；

（三）施工单位未按照批准的安全设施设计施工的；

（四）投入生产或者使用前，安全设施未经验收合格的。

第二十九条　已经批准的建设项目安全设施设计发生重大变更，生产经营单位未报原批准部门审查同意擅自开工建设的，责令限期改正，可以并处 1 万元以上 3 万元以下的罚款。

第三十条　本办法第七条第（一）项、第（二）项、第（三）项和第（四）项规定以外的建设项目有下列情形之一的，对有关生产经营单位责令限期改正，可以并处 5000 元以上 3 万元以下的罚款：

（一）没有安全设施设计的；

（二）安全设施设计未组织审查，并形成书面审查报告的；

（三）施工单位未按照安全设施设计施工的；

（四）投入生产或者使用前，安全设施未经竣工验收合格，并形成书面报告的。

第三十一条　承担建设项目安全评价的机构弄虚作假、出具虚假报告，尚未构成犯罪的，没收违法所得，违法所得在 10 万元以上的，并处违法所得二倍以上五倍以下的罚款；没有违法所得或者违法所得不足 10 万元的，单处或者并处 10 万元以上 20 万元以下的罚款，对其直接负责的主管人员和其他直接责任人员处 2 万元以上 5 万元以下的罚款；给他人造成损害的，与生产经营单位承担连带赔偿责任。

对有前款违法行为的机构，吊销其相应资质。

第三十二条　本办法规定的行政处罚由安全生产监督管理部门决定。法律、行政法规对行政处罚的种类、幅度和决定机关另有规定的，依照其规定。

安全生产监督管理部门对应当由其他有关部门进行处理的"三同时"问题，应当及时移送有关部门并形成记录备查。

第六章　附　则

第三十三条　本办法自 2011 年 2 月 1 日起施行。

建筑施工安全生产标准化考评暂行办法

· 2014 年 7 月 31 日
· 建质〔2014〕111 号

第一章　总　则

第一条　为进一步加强建筑施工安全生产管理，落实企业安全生产主体责任，规范建筑施工安全生产标准化考评工作，根据《国务院关于进一步加强企业安全生产工作的通知》（国发〔2010〕23 号）、《国务院关于坚持科学发展安全发展促进安全生产形势持续稳定好转的意见》（国发〔2011〕40 号）等文件，制定本办法。

第二条　本办法所称建筑施工安全生产标准化是指建筑施工企业在建筑施工活动中，贯彻执行建筑施工安全法律法规和标准规范，建立企业和项目安全生产责任制，制定安全管理制度和操作规程，监控危险性较大分部分项工程，排查治理安全生产隐患，使人、机、物、环始终处于安全状态，形成过程控制、持续改进的安全管理机制。

第三条　本办法所称建筑施工安全生产标准化考评包括建筑施工项目安全生产标准化考评和建筑施工企业安全生产标准化考评。

建筑施工项目是指新建、扩建、改建房屋建筑和市政基础设施工程项目。

建筑施工企业是指从事新建、扩建、改建房屋建筑和市政基础设施工程施工活动的建筑施工总承包及专业承包企业。

第四条　国务院住房城乡建设主管部门监督指导全国建筑施工安全生产标准化考评工作。

县级以上地方人民政府住房城乡建设主管部门负责本行政区域内建筑施工安全生产标准化考评工作。

县级以上地方人民政府住房城乡建设主管部门可以委托建筑施工安全监督机构具体实施建筑施工安全生产

标准化考评工作。

第五条　建筑施工安全生产标准化考评工作应坚持客观、公正、公开的原则。

第六条　鼓励应用信息化手段开展建筑施工安全生产标准化考评工作。

第二章　项目考评

第七条　建筑施工企业应当建立健全以项目负责人为第一责任人的项目安全生产管理体系,依法履行安全生产职责,实施项目安全生产标准化工作。

建筑施工项目实行施工总承包的,施工总承包单位对项目安全生产标准化工作负总责。施工总承包单位应当组织专业承包单位等开展项目安全生产标准化工作。

第八条　工程项目应当成立由施工总承包及专业承包单位等组成的项目安全生产标准化自评机构,在项目施工过程中每月主要依据《建筑施工安全检查标准》(JGJ59)等开展安全生产标准化自评工作。

第九条　建筑施工企业安全生产管理机构应当定期对项目安全生产标准化工作进行监督检查,检查及整改情况应当纳入项目自评材料。

第十条　建设、监理单位应当对建筑施工企业实施的项目安全生产标准化工作进行监督检查,并对建筑施工企业的项目自评材料进行审核并签署意见。

第十一条　对建筑施工项目实施安全生产监督的住房城乡建设主管部门或其委托的建筑施工安全监督机构(以下简称"项目考评主体")负责建筑施工项目安全生产标准化考评工作。

第十二条　项目考评主体应当对已办理施工安全监督手续并取得施工许可证的建筑施工项目实施安全生产标准化考评。

第十三条　项目考评主体应当对建筑施工项目实施日常安全监督时同步开展项目考评工作,指导监督项目自评工作。

第十四条　项目完工后办理竣工验收前,建筑施工企业应当向项目考评主体提交项目安全生产标准化自评材料。

项目自评材料主要包括:

(一)项目建设、监理、施工总承包、专业承包等单位及其项目主要负责人名录;

(二)项目主要依据《建筑施工安全检查标准》(JGJ59)等进行自评结果及项目建设、监理单位审核意见;

(三)项目施工期间因安全生产受到住房城乡建设主管部门奖惩情况(包括限期整改、停工整改、通报批评、

行政处罚、通报表扬、表彰奖励等);

(四)项目发生生产安全责任事故情况;

(五)住房城乡建设主管部门规定的其他材料。

第十五条　项目考评主体收到建筑施工企业提交的材料后,经查验符合要求的,以项目自评为基础,结合日常监管情况对项目安全生产标准化工作进行评定,在10个工作日内向建筑施工企业发放项目考评结果告知书。

评定结果为"优良"、"合格"及"不合格"。

项目考评结果告知书中应包括项目建设、监理、施工总承包、专业承包等单位及其项目主要负责人信息。

评定结果为不合格的,应当在项目考评结果告知书中说明理由及项目考评不合格的责任单位。

第十六条　建筑施工项目具有下列情形之一的,安全生产标准化评定为不合格:

(一)未按规定开展项目自评工作的;

(二)发生生产安全责任事故的;

(三)因项目存在安全隐患在一年内受到住房城乡建设主管部门2次及以上停工整改的;

(四)住房城乡建设主管部门规定的其他情形。

第十七条　各省级住房城乡建设部门可结合本地区实际确定建筑施工项目安全生产标准化优良标准。

安全生产标准化评定为优良的建筑施工项目数量,原则上不超过所辖区域内本年度拟竣工项目数量的10%。

第十八条　项目考评主体应当及时向社会公布本行政区域内建筑施工项目安全生产标准化考评结果,并逐级上报至省级住房城乡建设主管部门。

建筑施工企业跨地区承建的工程项目,项目所在地省级住房城乡建设主管部门应当及时将项目的考评结果转送至该企业注册地省级住房城乡建设主管部门。

第十九条　项目竣工验收时建筑施工企业未提交项目自评材料的,视同项目考评不合格。

第三章　企业考评

第二十条　建筑施工企业应当建立健全以法定代表人为第一责任人的企业安全生产管理体系,依法履行安全生产职责,实施企业安全生产标准化工作。

第二十一条　建筑施工企业应当成立企业安全生产标准化自评机构,每年主要依据《施工企业安全生产评价标准》JGJ/T77等开展企业安全生产标准化自评工作。

第二十二条　对建筑施工企业颁发安全生产许可证的住房城乡建设主管部门或其委托的建筑施工安全监督机构(以下简称"企业考评主体")负责建筑施工企业的安全生产标准化考评工作。

第二十三条　企业考评主体应当对取得安全生产许可证且许可证在有效期内的建筑施工企业实施安全生产标准化考评。

第二十四条　企业考评主体应当对建筑施工企业安全生产许可证实施动态监管时同步开展企业安全生产标准化考评工作，指导监督建筑施工企业开展自评工作。

第二十五条　建筑施工企业在办理安全生产许可证延期时，应当向企业考评主体提交企业自评材料。

企业自评材料主要包括：

（一）企业承建项目台账及项目考评结果；

（二）企业主要依据《施工企业安全生产评价标准》JGJ/T77等进行自评结果；

（三）企业近三年内因安全生产受到住房城乡建设主管部门奖惩情况（包括通报批评、行政处罚、通报表扬、表彰奖励等）；

（四）企业承建项目发生生产安全责任事故情况；

（五）省级及以上住房城乡建设主管部门规定的其他材料。

第二十六条　企业考评主体收到建筑施工企业提交的材料后，经查验符合要求的，以企业自评为基础，以企业承建项目安全生产标准化考评结果为主要依据，综合安全生产许可证动态监管情况对企业安全生产标准化工作进行评定，在20个工作日内向建筑施工企业发放企业考评结果告知书。

评定结果为"优良"、"合格"及"不合格"。

企业考评结果告知书应包括企业考评年度及企业主要负责人信息。

评定结果为不合格的，应当说明理由，责令限期整改。

第二十七条　建筑施工企业具有下列情形之一的，安全生产标准化评定为不合格：

（一）未按规定开展企业自评工作的；

（二）企业近三年所承建的项目发生较大及以上生产安全责任事故的；

（三）企业近三年所承建已竣工项目不合格率超过5%的（不合格率是指企业近三年作为项目考评不合格责任主体的竣工工程数量与企业承建已竣工工程数量之比）；

（四）省级及以上住房城乡建设主管部门规定的其他情形。

第二十八条　各省级住房城乡建设部门可结合本地区实际确定建筑施工企业安全生产标准化优良标准。

安全生产标准化评定为优良的建筑施工企业数量，原则上不超过本年度拟办理安全生产许可证延期企业数量的10%。

第二十九条　企业考评主体应当及时向社会公布建筑施工企业安全生产标准化考评结果。

对跨地区承建工程项目的建筑施工企业，项目所在地省级住房城乡建设主管部门可以参照本办法对该企业进行考评，考评结果及时转送至该企业注册地省级住房城乡建设主管部门。

第三十条　建筑施工企业在办理安全生产许可证延期时未提交企业自评材料的，视同企业考评不合格。

第四章　奖励和惩戒

第三十一条　建筑施工安全生产标准化考评结果作为政府相关部门进行绩效考核、信用评级、诚信评价、评先推优、投融资风险评估、保险费率浮动等重要参考依据。

第三十二条　政府投资项目招投标应优先选择建筑施工安全生产标准化工作业绩突出的建筑施工企业及项目负责人。

第三十三条　住房城乡建设主管部门应当将建筑施工安全生产标准化考评情况记入安全生产信用档案。

第三十四条　对于安全生产标准化考评不合格的建筑施工企业，住房城乡建设主管部门应当责令限期整改，在企业办理安全生产许可证延期时，复核其安全生产条件，对整改后具备安全生产条件的，安全生产标准化考评结果为"整改后合格"，核发安全生产许可证；对不再具备安全生产条件的，不予核发安全生产许可证。

第三十五条　对于安全生产标准化考评不合格的建筑施工企业及项目，住房城乡建设主管部门应当在企业主要负责人、项目负责人办理安全生产考核合格证书延期时，责令限期重新考核，对重新考核合格的，核发安全生产考核合格证；对重新考核不合格的，不予核发安全生产考核合格证。

第三十六条　经安全生产标准化考评合格或优良的建筑施工企业及项目，发现有下列情形之一的，由考评主体撤销原安全生产标准化考评结果，直接评定为不合格，并对有关责任单位和责任人员依法予以处罚。

（一）提交的自评材料弄虚作假的；

（二）漏报、谎报、瞒报生产安全事故的；

（三）考评过程中有其他违法违规行为的。

第五章　附　则

第三十七条　省、自治区、直辖市人民政府住房城乡建设主管部门可根据本办法制定实施细则并报国务院住房城乡建设主管部门备案。

第三十八条　本办法自发布之日起施行。

建设领域安全生产行政责任规定

· 2002 年 9 月 9 日
· 建发〔2002〕223 号

第一条　为有效防范建设领域安全事故的发生,规范涉及安全的行政管理行为,认真履行安全生产管理职责,保障人民群众生命、财产安全,制定本规定。

第二条　本规定适用于下列涉及安全的行政管理事项:

(一)城市详细规划审批,建设项目选址意见,建设用地规划许可,建设工程规划许可,施工图设计文件审查,建筑工程施工许可;

(二)乡(镇)村企业、乡(镇)村公共设施、公益事业等建设开工审批,在建筑物、构筑物上设置大型户外广告审批,城市公共场所堆放物料、搭建临时建筑、设施审批;

(三)工程建设、城市建设和房地产业单位资质审批;

(四)建筑工程竣工验收备案;

(五)其他涉及安全的行政管理事项。

第三条　本规定所称安全事故是指:

(一)建设工程安全事故;

(二)城市道路、桥梁、隧道、涵洞等设施管理安全事故;

(三)城镇燃气设施、管道及燃烧器具管理安全事故;

(四)城市公共客运车辆运营及场(厂)站设施安全事故;

(五)风景名胜区、城市公园、游乐园安全事故;

(六)城市危险房屋倒塌安全事故;

(七)其他安全事故。

安全事故的具体标准,按照国家有关规定执行。

第四条　县级以上人民政府建设行政主管部门(含城市规划、城市建设、城市管理、房地产行政主管部门,以下简称建设行政主管部门)应当依照有关法律、法规和规章的规定履行行政管理职责,实施安全监督管理。

第五条　建设行政主管部门在行政管理中应当建立防范和处理安全事故的责任制度。建设行政主管部门正职负责人是涉及安全的行政管理事项和安全事故防范第一责任人。

根据地方人民政府的规定,建设领域中部分或者全部由专门部门或者专门执法机构实施执法监督的,其行政管理事项实施过程中防范、处理安全事故的行政责任,按照地方政府有关规定执行。

第六条　涉及安全的行政审批事项,建设行政主管部门必须严格依照法律、法规、规章和强制性标准进行审查;不符合法律、法规、规章和强制性标准的,不得批准。

第七条　建设行政主管部门在城市详细规划审批中,应当严格按照规定的程序,组织对城市防火、防爆、抗震、防洪、防范自然灾害和人民防空建设规划等安全要求进行审查。

第八条　建设行政主管部门在建设工程选址意见、建设用地规划许可、建设工程规划许可的行政审批中,应当严格审查建设项目的有关安全条件以及防范地质灾害等安全要求。

第九条　施工图设计文件审查机构应当对施工图的结构安全和消防、抗震等强制性标准、规范执行情况,建筑物的稳定性、安全性以及施工图是否达到规定的深度要求等进行审查;对不符合安全要求的施工图设计文件,应当要求设计单位修改,并向委托审查的建设行政主管部门报告。

建设行政主管部门对审查不合格或者未经审查的施工图设计文件,不得签发施工图设计文件审查合格批准书。

第十条　建设行政主管部门在建筑工程施工许可的行政审批中,应当严格对建设项目的施工安全条件、安全标准、安全生产责任制度等进行审查;未经审查或者审查不合格,不得颁发施工许可证。

第十一条　建设行政主管部门对乡(镇)村企业、乡(镇)村公共设施、公益事业等建设开工审批时,应当严格对建设开工所必须具备的设计、施工条件及安全条件进行审查。

第十二条　建设行政主管部门在建筑物、构筑物上设置大型户外广告审批中,应当严格对大型户外广告的安全性进行审查。

第十三条　建设行政主管部门在对因建设等特殊需要,在街道两侧和公共场地临时堆放物料,搭建非永久性建筑物、构筑物或者其他设施的审批中,应当严格对堆放物料,搭建非永久性建筑物、构筑物或者其他设施可能出现的安全问题进行审查。

第十四条　建设行政主管部门对城市房屋安全鉴定机构、施工现场机械设备检测检验机构的设立及委托的施工图设计文件审查机构,应当依法进行严格审查;对不符合条件的,不得批准或者委托。

第十五条　建设行政主管部门在对工程建设、城市建设和房地产业单位资质的审批中,应当按照规定的注册资本、专业技术人员、技术装备和已完成的建设工程业绩等条件进行审查。

第十六条　工程质量监督机构应当对工程的地基基础和结构安全进行严格监督检查,发现隐患,及时向建设行政主管部门报告。

建设行政主管部门对建设工程的竣工备案,根据建设单位提交的竣工备案文件和工程质量监督机构提交的监督报告,发现有违反国家有关工程建设质量管理规定行为的,应当责令停止使用,重新组织竣工验收。

第十七条　建设行政主管部门必须依法对已批准的行政审批事项进行监督检查,发现不符合法律、法规、规章规定的安全条件的,应当依法撤销原批准。

按照地方人民政府的规定,由专门部门或者专门执法机构实施执法监督的,建设行政主管部门在接到专门部门或者专门执法机构的报告后,应当依法撤销不符合法律、法规、规章规定安全条件的行政审批。

第十八条　应批准而未经批准擅自从事工程建设、城市建设、房地产经营活动的,负责行政审批的建设行政主管部门应当予以取缔,并依法给予行政处罚。

第十九条　施工图设计文件审查机构、建设工程安全监督机构、建设工程质量监督机构、城市房屋安全鉴定机构、施工现场机械设备检测检验机构,应当依法履行职责,及时发现安全隐患,并立即向建设行政主管部门报告。

建设行政主管部门在接到报告后,应当立即采取措施,防范安全事故的发生。

第二十条　施工现场、停建工程、城市危险房屋、燃气设施及管道、公共交通运营场(厂)站、风景名胜区和城市公园、游乐园的危险地段等安全事故易发部位,各项作业必须按照规范操作,并设置安全警示标志和说明。

建设行政主管部门应当加强对设置安全警示标志和说明的监督,并及时进行检查。

第二十一条　国务院建设行政主管部门和省、自治区、直辖市人民政府建设行政主管部门应当依据本规定,定期对下级建设行政主管部门的安全生产管理工作进行评价。省、自治区、直辖市人民政府建设行政主管部门对下级建设行政主管部门的安全生产管理工作评价原则上每年进行一次,并将评价结果报国务院建设行政主管部门备案。

第二十二条　建设行政主管部门在安全生产管理工作评价中,应当重点对各级建设行政主管部门安全生产责任制的落实情况及其在涉及安全的行政管理中履行安全审查责任和监督管理责任的情况等进行评价。

省、自治区、直辖市人民政府建设行政主管部门安全生产管理工作评价的具体范围和标准由国务院建设行政主管部门制定;市、县人民政府建设行政主管部门安全生产管理工作评价的具体范围和标准由省、自治区、直辖市人民政府建设行政主管部门制定。

第二十三条　安全生产管理工作评价结果分为合格和不合格。安全生产管理工作评价结果不合格的,应当责令改正,追究有关人员的行政责任,并取消该部门参加评选建设领域先进单位的资格。

第二十四条　建设行政主管部门正职负责人和行政管理的直接责任人员,违反本规定,对建设领域安全事故的防范、发生有失职、渎职情形或者负有领导责任的,依照有关规定处理。

安全生产严重失信主体名单管理办法

· 2023 年 8 月 8 日应急管理部令第 11 号公布
· 自 2023 年 10 月 1 日起施行

第一章　总　则

第一条　为了加强安全生产领域信用体系建设,规范安全生产严重失信主体名单管理,依据《中华人民共和国安全生产法》等有关法律、行政法规,制定本办法。

第二条　矿山(含尾矿库)、化工(含石油化工)、医药、危险化学品、烟花爆竹、石油开采、冶金、有色、建材、机械、轻工、纺织、烟草、商贸等行业领域生产经营单位和承担安全评价、认证、检测、检验职责的机构及其人员的安全生产严重失信名单管理适用本办法。

第三条　本办法所称安全生产严重失信(以下简称严重失信)是指有关生产经营单位和承担安全评价、认证、检测、检验职责的机构及其人员因生产安全事故或者违反安全生产法律法规,受到行政处罚,并且性质恶劣、情节严重的行为。

严重失信主体名单管理是指应急管理部门依法将严重失信的生产经营单位或者机构及其有关人员列入、移出严重失信主体名单,实施惩戒或者信用修复,并记录、共享、公示相关信息等管理活动。

第四条　国务院应急管理部门负责组织、指导全国严重失信主体名单管理工作;省级、设区的市级应急管理部门负责组织、实施并指导下一级应急管理部门严重失信主体名单管理工作。

县级以上地方应急管理部门负责本行政区域内严重失信主体名单管理工作。按照"谁处罚、谁决定、谁负责"的原则，由作出行政处罚决定的应急管理部门负责严重失信主体名单管理工作。

第五条　各级应急管理部门应当建立健全严重失信主体名单信息管理制度，加大信息保护力度。推进与其他部门间的信息共享共用，健全严重失信主体名单信息查询、应用和反馈机制，依法依规实施联合惩戒。

第二章　列入条件和管理措施

第六条　下列发生生产安全事故的生产经营单位及其有关人员应当列入严重失信主体名单：

（一）发生特别重大、重大生产安全事故的生产经营单位及其主要负责人，以及经调查认定对该事故发生负有责任，应当列入名单的其他单位和人员；

（二）12个月内累计发生2起以上较大生产安全事故的生产经营单位及其主要负责人；

（三）发生生产安全事故，情节特别严重、影响特别恶劣，依照《中华人民共和国安全生产法》第一百一十四条的规定被处以罚款数额2倍以上5倍以下罚款的生产经营单位及其主要负责人；

（四）瞒报、谎报生产安全事故的生产经营单位及其有关责任人员；

（五）发生生产安全事故后，不立即组织抢救或者在事故调查处理期间擅离职守或者逃匿的生产经营单位主要负责人。

第七条　下列未发生生产安全事故，但因安全生产违法行为，受到行政处罚的生产经营单位或者机构及其有关人员，应当列入严重失信主体名单：

（一）未依法取得安全生产相关许可或者许可被暂扣、吊销期间从事相关生产经营活动的生产经营单位及其主要负责人；

（二）承担安全评价、认证、检测、检验职责的机构及其直接责任人员租借资质、挂靠、出具虚假报告或者证书的；

（三）在应急管理部门作出行政处罚后，有执行能力拒不执行或者逃避执行的生产经营单位及其主要负责人；

（四）其他违反安全生产法律法规受到行政处罚，且性质恶劣、情节严重的。

第八条　应急管理部门对被列入严重失信主体名单的对象（以下简称被列入对象）可以采取下列管理措施：

（一）在国家有关信用信息共享平台、国家企业信用信息公示系统和部门政府网站等公示相关信息；

（二）加大执法检查频次、暂停项目审批、实施行业或者职业禁入；

（三）不适用告知承诺制等基于诚信的管理措施；

（四）取消参加应急管理部门组织的评先评优资格；

（五）在政府资金项目申请、财政支持等方面予以限制；

（六）法律、行政法规和党中央、国务院政策文件规定的其他管理措施。

第三章　列入和移出程序

第九条　应急管理部门作出列入严重失信主体名单书面决定前，应当告知当事人。告知内容应当包括列入时间、事由、依据、管理措施提示以及依法享有的权利等事项。

第十条　应急管理部门作出列入严重失信主体名单决定的，应当出具书面决定。书面决定内容应当包括市场主体名称、统一社会信用代码、有关人员姓名和有效身份证件号码、列入时间、事由、依据、管理措施提示、信用修复条件和程序、救济途径等事项。

告知、送达、异议处理等程序参照《中华人民共和国行政处罚法》有关规定执行。

第十一条　应急管理部门应当自作出列入严重失信主体名单决定后3个工作日内将相关信息录入安全生产信用信息管理系统；自作出列入严重失信主体名单决定后20个工作日内，通过国家有关信用信息共享平台、国家企业信用信息公示系统和部门政府网站等公示严重失信主体信息。

第十二条　被列入对象公示信息包括市场主体名称、登记注册地址、统一社会信用代码、有关人员姓名和有效身份证件号码、管理期限、作出决定的部门等事项。用于对社会公示的信息，应当加强对信息安全、个人隐私和商业秘密的保护。

第十三条　严重失信主体名单管理期限为3年。管理期满后由作出列入严重失信主体名单决定的应急管理部门负责移出，并停止公示和解除管理措施。

被列入对象自列入严重失信主体名单之日起满12个月，可以申请提前移出。依照法律、行政法规或者国务院规定实施职业或者行业禁入期限尚未届满的不予提前移出。

第十四条　在作出移出严重失信主体名单决定后3

个工作日内,负责移出的应急管理部门应当在安全生产信用信息管理系统修改有关信息,并在10个工作日内停止公示和解除管理措施。

第十五条　列入严重失信主体名单的依据发生变化的,应急管理部门应当重新进行审核认定。不符合列入严重失信主体名单情形的,作出列入决定的应急管理部门应当撤销列入决定,立即将当事人移出严重失信主体名单并停止公示和解除管理措施。

第十六条　被列入对象对列入决定不服的,可以依法申请行政复议或者提起行政诉讼。

第四章　信用修复

第十七条　鼓励被列入对象进行信用修复,纠正失信行为、消除不良影响。符合信用修复条件的,应急管理部门应当按照有关规定将其移出严重失信主体名单并解除管理措施。

第十八条　被列入对象列入严重失信主体名单满12个月并符合下列条件的,可以向作出列入决定的应急管理部门提出提前移出申请:

(一)已经履行行政处罚决定中规定的义务;

(二)已经主动消除危害后果或者不良影响;

(三)未再发生本办法第六条、第七条规定的严重失信行为。

第十九条　被列入对象申请提前移出严重失信主体名单的,应当向作出列入决定的应急管理部门提出申请。申请材料包括申请书和本办法第十八条规定的相关证明材料。

应急管理部门应当在收到提前移出严重失信主体名单申请后5个工作日内作出是否受理的决定。申请材料齐全、符合条件的,应当予以受理。

第二十条　应急管理部门自受理提前移出严重失信主体名单申请之日起20个工作日内进行核实,决定是否准予提前移出。制作决定书并按照有关规定送达被列入对象;不予提前移出的,应当说明理由。

设区的市级、县级应急管理部门作出准予提前移出严重失信主体名单决定的,应当通过安全生产信用信息管理系统报告上一级应急管理部门。

第二十一条　应急管理部门发现被列入对象申请提前移出严重失信主体名单存在隐瞒真实情况、弄虚作假情形的,应当撤销提前移出决定,恢复列入状态。名单管理期自恢复列入状态之日起重新计算。

第二十二条　被列入对象对不予提前移出决定不服的,可以依法申请行政复议或者提起行政诉讼。

第五章　附　则

第二十三条　法律、行政法规和党中央、国务院政策文件对严重失信主体名单管理另有规定的,依照其规定执行。

第二十四条　矿山安全监察机构对严重失信主体名单的管理工作可以参照本办法执行。

第二十五条　本办法自2023年10月1日起施行。《国家安全监管总局关于印发〈对安全生产领域失信行为开展联合惩戒的实施办法〉的通知》(安监总办〔2017〕49号)、《国家安全监管总局办公厅关于进一步加强安全生产领域失信行为信息管理工作的通知》(安监总厅〔2017〕59号)同时废止。

危险性较大的分部分项工程安全管理规定

· 2018年3月8日住房和城乡建设部令第37号公布
· 根据2019年3月13日《住房和城乡建设部关于修改部分部门规章的决定》修正

第一章　总　则

第一条　为加强对房屋建筑和市政基础设施工程中危险性较大的分部分项工程安全管理,有效防范生产安全事故,依据《中华人民共和国建筑法》《中华人民共和国安全生产法》《建设工程安全生产管理条例》等法律法规,制定本规定。

第二条　本规定适用于房屋建筑和市政基础设施工程中危险性较大的分部分项工程安全管理。

第三条　本规定所称危险性较大的分部分项工程(以下简称"危大工程"),是指房屋建筑和市政基础设施工程在施工过程中,容易导致人员群死群伤或者造成重大经济损失的分部分项工程。

危大工程及超过一定规模的危大工程范围由国务院住房城乡建设主管部门制定。

省级住房城乡建设主管部门可以结合本地区实际情况,补充本地区危大工程范围。

第四条　国务院住房城乡建设主管部门负责全国危大工程安全管理的指导监督。

县级以上地方人民政府住房城乡建设主管部门负责本行政区域内危大工程的安全监督管理。

第二章　前期保障

第五条　建设单位应当依法提供真实、准确、完整的工程地质、水文地质和工程周边环境等资料。

第六条　勘察单位应当根据工程实际及工程周边环

境资料,在勘察文件中说明地质条件可能造成的工程风险。

设计单位应当在设计文件中注明涉及危大工程的重点部位和环节,提出保障工程周边环境安全和工程施工安全的意见,必要时进行专项设计。

第七条　建设单位应当组织勘察、设计等单位在施工招标文件中列出危大工程清单,要求施工单位在投标时补充完善危大工程清单并明确相应的安全管理措施。

第八条　建设单位应当按照施工合同约定及时支付危大工程施工技术措施费以及相应的安全防护文明施工措施费,保障危大工程施工安全。

第九条　建设单位在申请办理施工许可手续时,应当提交危大工程清单及其安全管理措施等资料。

第三章　专项施工方案

第十条　施工单位应当在危大工程施工前组织工程技术人员编制专项施工方案。

实行施工总承包的,专项施工方案应当由施工总承包单位组织编制。危大工程实行分包的,专项施工方案可以由相关专业分包单位组织编制。

第十一条　专项施工方案应当由施工单位技术负责人审核签字、加盖单位公章,并由总监理工程师审查签字、加盖执业印章后方可实施。

危大工程实行分包并由分包单位编制专项施工方案的,专项施工方案应当由总承包单位技术负责人及分包单位技术负责人共同审核签字并加盖单位公章。

第十二条　对于超过一定规模的危大工程,施工单位应当组织召开专家论证会对专项施工方案进行论证。实行施工总承包的,由施工总承包单位组织召开专家论证会。专家论证前专项施工方案应当通过施工单位审核和总监理工程师审查。

专家应当从地方人民政府住房城乡建设主管部门建立的专家库中选取,符合专业要求且人数不得少于5名。与本工程有利害关系的人员不得以专家身份参加专家论证会。

第十三条　专家论证会后,应当形成论证报告,对专项施工方案提出通过、修改后通过或者不通过的一致意见。专家对论证报告负责并签字确认。

专项施工方案经论证需修改后通过的,施工单位应当根据论证报告修改完善后,重新履行本规定第十一条的程序。

专项施工方案经论证不通过的,施工单位修改后应当按照本规定的要求重新组织专家论证。

第四章　现场安全管理

第十四条　施工单位应当在施工现场显著位置公告危大工程名称、施工时间和具体责任人员,并在危险区域设置安全警示标志。

第十五条　专项施工方案实施前,编制人员或者项目技术负责人应当向施工现场管理人员进行方案交底。

施工现场管理人员应当向作业人员进行安全技术交底,并由双方和项目专职安全生产管理人员共同签字确认。

第十六条　施工单位应当严格按照专项施工方案组织施工,不得擅自修改专项施工方案。

因规划调整、设计变更等原因确需调整的,修改后的专项施工方案应当按照本规定重新审核和论证。涉及资金或者工期调整的,建设单位应当按照约定予以调整。

第十七条　施工单位应当对危大工程施工作业人员进行登记,项目负责人应当在施工现场履职。

项目专职安全生产管理人员应当对专项施工方案实施情况进行现场监督,对未按照专项施工方案施工的,应当要求立即整改,并及时报告项目负责人,项目负责人应当及时组织限期整改。

施工单位应当按照规定对危大工程进行施工监测和安全巡视,发现危及人身安全的紧急情况,应当立即组织作业人员撤离危险区域。

第十八条　监理单位应当结合危大工程专项施工方案编制监理实施细则,并对危大工程施工实施专项巡视检查。

第十九条　监理单位发现施工单位未按照专项施工方案施工的,应当要求其进行整改;情节严重的,应当要求其暂停施工,并及时报告建设单位。施工单位拒不整改或者不停止施工的,监理单位应当及时报告建设单位和工程所在地住房城乡建设主管部门。

第二十条　对于按照规定需要进行第三方监测的危大工程,建设单位应当委托具有相应勘察资质的单位进行监测。

监测单位应当编制监测方案。监测方案由监测单位技术负责人审核签字并加盖单位公章,报送监理单位后方可实施。

监测单位应当按照监测方案开展监测,及时向建设单位报送监测成果,并对监测成果负责;发现异常时,及时向建设、设计、施工、监理单位报告,建设单位应当立即组织相关单位采取处置措施。

第二十一条　对于按照规定需要验收的危大工程,

施工单位、监理单位应当组织相关人员进行验收。验收合格的，经施工单位项目技术负责人及总监理工程师签字确认后，方可进入下一道工序。

危大工程验收合格后，施工单位应当在施工现场明显位置设置验收标识牌，公示验收时间及责任人员。

第二十二条　危大工程发生险情或者事故时，施工单位应当立即采取应急处置措施，并报告工程所在地住房城乡建设主管部门。建设、勘察、设计、监理等单位应当配合施工单位开展应急抢险工作。

第二十三条　危大工程应急抢险结束后，建设单位应当组织勘察、设计、施工、监理等单位制定工程恢复方案，并对应急抢险工作进行后评估。

第二十四条　施工、监理单位应当建立危大工程安全管理档案。

施工单位应当将专项施工方案及审核、专家论证、交底、现场检查、验收及整改等相关资料纳入档案管理。

监理单位应当将监理实施细则、专项施工方案审查、专项巡视检查、验收及整改等相关资料纳入档案管理。

第五章　监督管理

第二十五条　设区的市级以上地方人民政府住房城乡建设主管部门应当建立专家库，制定专家库管理制度，建立专家诚信档案，并向社会公布，接受社会监督。

第二十六条　县级以上地方人民政府住房城乡建设主管部门或者所属施工安全监督机构，应当根据监督工作计划对危大工程进行抽查。

县级以上地方人民政府住房城乡建设主管部门或者所属施工安全监督机构，可以通过政府购买技术服务方式，聘请具有专业技术能力的单位和人员对危大工程进行检查，所需费用向本级财政申请予以保障。

第二十七条　县级以上地方人民政府住房城乡建设主管部门或者所属施工安全监督机构，在监督抽查中发现危大工程存在安全隐患的，应当责令施工单位整改；重大安全事故隐患排除前或者排除过程中无法保证安全的，责令从危险区域内撤出作业人员或者暂时停止施工；对依法应当给予行政处罚的行为，应当依法作出行政处罚决定。

第二十八条　县级以上地方人民政府住房城乡建设主管部门应当将单位和个人的处罚信息纳入建筑施工安全生产不良信用记录。

第六章　法律责任

第二十九条　建设单位有下列行为之一的，责令限期改正，并处 1 万元以上 3 万元以下的罚款；对直接负责的主管人员和其他直接责任人员处 1000 元以上 5000 元以下的罚款：

（一）未按照本规定提供工程周边环境等资料的；

（二）未按照本规定在招标文件中列出危大工程清单的；

（三）未按照施工合同约定及时支付危大工程施工技术措施费或者相应的安全防护文明施工措施费的；

（四）未按照本规定委托具有相应勘察资质的单位进行第三方监测的；

（五）未对第三方监测单位报告的异常情况组织采取处置措施的。

第三十条　勘察单位未在勘察文件中说明地质条件可能造成的工程风险的，责令限期改正，依照《建设工程安全生产管理条例》对单位进行处罚；对直接负责的主管人员和其他直接责任人员处 1000 元以上 5000 元以下的罚款。

第三十一条　设计单位未在设计文件中注明涉及危大工程的重点部位和环节，未提出保障工程周边环境安全和工程施工安全的意见的，责令限期改正，并处 1 万元以上 3 万元以下的罚款；对直接负责的主管人员和其他直接责任人员处 1000 元以上 5000 元以下的罚款。

第三十二条　施工单位未按照本规定编制并审核危大工程专项施工方案的，依照《建设工程安全生产管理条例》对单位进行处罚，并暂扣安全生产许可证 30 日；对直接负责的主管人员和其他直接责任人员处 1000 元以上 5000 元以下的罚款。

第三十三条　施工单位有下列行为之一的，依照《中华人民共和国安全生产法》《建设工程安全生产管理条例》对单位和相关责任人员进行处罚：

（一）未向施工现场管理人员和作业人员进行方案交底和安全技术交底的；

（二）未在施工现场显著位置公告危大工程，并在危险区域设置安全警示标志的；

（三）项目专职安全生产管理人员未对专项施工方案实施情况进行现场监督的。

第三十四条　施工单位有下列行为之一的，责令限期改正，处 1 万元以上 3 万元以下的罚款，并暂扣安全生产许可证 30 日；对直接负责的主管人员和其他直接责任人员处 1000 元以上 5000 元以下的罚款：

（一）未对超过一定规模的危大工程专项施工方案进行专家论证的；

（二）未根据专家论证报告对超过一定规模的危大工程专项施工方案进行修改，或者未按照本规定重新组织专家论证的；

（三）未严格按照专项施工方案组织施工，或者擅自修改专项施工方案的。

第三十五条　施工单位有下列行为之一的，责令限期改正，并处 1 万元以上 3 万元以下的罚款；对直接负责的主管人员和其他直接责任人员处 1000 元以上 5000 元以下的罚款：

（一）项目负责人未按照本规定现场履职或者组织限期整改的；

（二）施工单位未按照本规定进行施工监测和安全巡视的；

（三）未按照本规定组织危大工程验收的；

（四）发生险情或者事故时，未采取应急处置措施的；

（五）未按照本规定建立危大工程安全管理档案的。

第三十六条　监理单位有下列行为之一的，依照《中华人民共和国安全生产法》《建设工程安全生产管理条例》对单位进行处罚；对直接负责的主管人员和其他直接责任人员处 1000 元以上 5000 元以下的罚款：

（一）总监理工程师未按照本规定审查危大工程专项施工方案的；

（二）发现施工单位未按照专项施工方案实施，未要求其整改或者停工的；

（三）施工单位拒不整改或者不停止施工时，未向建设单位和工程所在地住房城乡建设主管部门报告的。

第三十七条　监理单位有下列行为之一的，责令限期改正，并处 1 万元以上 3 万元以下的罚款；对直接负责的主管人员和其他直接责任人员处 1000 元以上 5000 元以下的罚款：

（一）未按照本规定编制监理实施细则的；

（二）未对危大工程施工实施专项巡视检查的；

（三）未按照本规定参与组织危大工程验收的；

（四）未按照本规定建立危大工程安全管理档案的。

第三十八条　监测单位有下列行为之一的，责令限期改正，并处 1 万元以上 3 万元以下的罚款；对直接负责的主管人员和其他直接责任人员处 1000 元以上 5000 元以下的罚款：

（一）未取得相应勘察资质从事第三方监测的；

（二）未按照本规定编制监测方案的；

（三）未按照监测方案开展监测的；

（四）发现异常未及时报告的。

第三十九条　县级以上地方人民政府住房城乡建设主管部门或者所属施工安全监督机构的工作人员，未依法履行危大工程安全监督管理职责的，依照有关规定给予处分。

第七章　附　则

第四十条　本规定自 2018 年 6 月 1 日起施行。

房屋建筑和市政基础设施工程施工安全监督规定

·2014 年 10 月 24 日建质〔2014〕153 号公布
·根据 2019 年 3 月 18 日《住房和城乡建设部关于修改有关文件的通知》修正

第一条　为了加强房屋建筑和市政基础设施工程施工安全监督，保护人民群众生命财产安全，规范住房城乡建设主管部门安全监督行为，根据《中华人民共和国建筑法》《中华人民共和国安全生产法》《建设工程安全生产管理条例》等有关法律、行政法规，制定本规定。

第二条　本规定所称施工安全监督，是指住房城乡建设主管部门依据有关法律法规，对房屋建筑和市政基础设施工程的建设、勘察、设计、施工、监理等单位及人员（以下简称工程建设责任主体）履行安全生产职责，执行法律、法规、规章、制度及工程建设强制性标准等情况实施抽查并对违法违规行为进行处理的行政执法活动。

第三条　国务院住房城乡建设主管部门负责指导全国房屋建筑和市政基础设施工程施工安全监督工作。

县级以上地方人民政府住房城乡建设主管部门负责本行政区域内房屋建筑和市政基础设施工程施工安全监督工作。

县级以上地方人民政府住房城乡建设主管部门可以将施工安全监督工作委托所属的施工安全监督机构具体实施。

第四条　住房城乡建设主管部门应当加强施工安全监督机构建设，建立施工安全监督工作考核制度。

第五条　施工安全监督机构应当具备以下条件：

（一）具有完整的组织体系，岗位职责明确；

（二）具有符合本规定第六条规定的施工安全监督人员，人员数量满足监督工作需要且专业结构合理，其中监督人员应当占监督机构总人数的 75% 以上；

（三）具有固定的工作场所，配备满足监督工作需要的仪器、设备、工具及安全防护用品；

（四）有健全的施工安全监督工作制度，具备与监督工作相适应的信息化管理条件。

第六条　施工安全监督人员应当具备下列条件：

（一）具有工程类相关专业大专及以上学历或初级及以上专业技术职称；

（二）具有两年及以上施工安全管理经验；

（三）熟悉掌握相关法律法规和工程建设标准规范；

（四）经业务培训考核合格，取得相关执法证书；

（五）具有良好的职业道德。

第七条　县级以上地方人民政府住房城乡建设主管部门或其所属的施工安全监督机构（以下合称监督机构）应当对本行政区域内已取得施工许可证的工程项目实施施工安全监督。

第八条　施工安全监督主要包括以下内容：

（一）抽查工程建设责任主体履行安全生产职责情况；

（二）抽查工程建设责任主体执行法律、法规、规章、制度及工程建设强制性标准情况；

（三）抽查建筑施工安全生产标准化开展情况；

（四）组织或参与工程项目施工安全事故的调查处理；

（五）依法对工程建设责任主体违法违规行为实施行政处罚；

（六）依法处理与工程项目施工安全相关的投诉、举报。

第九条　监督机构实施工程项目的施工安全监督，应当依照下列程序进行：

（一）建设单位申请办理工程项目施工许可证；

（二）制定工程项目施工安全监督工作计划并组织实施；

（三）实施工程项目施工安全监督抽查并形成监督记录；

（四）评定工程项目安全生产标准化工作并办理终止施工安全监督手续；

（五）整理工程项目施工安全监督资料并立卷归档。

第十条　监督机构实施工程项目的施工安全监督，有权采取下列措施：

（一）要求工程建设责任主体提供有关工程项目安全管理的文件和资料；

（二）进入工程项目施工现场进行安全监督抽查；

（三）发现安全隐患，责令整改或暂时停止施工；

（四）发现违法违规行为，按权限实施行政处罚或移交有关部门处理。

（五）向社会公布工程建设责任主体安全生产不良信息。

第十一条　工程项目因故中止施工的，监督机构对工程项目中止施工安全监督。

工程项目经建设、监理、施工单位确认施工结束的，监督机构对工程项目终止施工安全监督。

第十二条　施工安全监督人员有下列玩忽职守、滥用职权、徇私舞弊情形之一，造成严重后果的，给予行政处分；构成犯罪的，依法追究刑事责任：

（一）发现施工安全违法违规行为不予查处的；

（二）在监督过程中，索取或者接受他人财物，或者谋取其他利益的；

（三）对涉及施工安全的举报、投诉不处理的。

第十三条　有下列情形之一的，监督机构和施工安全监督人员不承担责任：

（一）工程项目中止施工安全监督期间或者施工安全监督终止后，发生安全事故的；

（二）对发现的施工安全违法行为和安全隐患已经依法查处，工程建设责任主体拒不执行安全监管指令发生安全事故的；

（三）现行法规标准尚无规定或工程建设责任主体弄虚作假，致使无法作出正确执法行为的；

（四）因自然灾害等不可抗力导致安全事故的；

（五）按照工程项目监督工作计划已经履行监督职责的。

第十四条　省、自治区、直辖市人民政府住房城乡建设主管部门可以根据本规定制定具体实施办法。

第十五条　本规定自发布之日起施行。原《建筑工程安全生产监督管理工作导则》同时废止。

房屋建筑和市政基础设施工程施工安全监督工作规程

·2014 年 10 月 28 日建质〔2014〕154 号公布
·根据 2019 年 3 月 18 日《住房和城乡建设部关于修改有关文件的通知》修正

第一条　为规范房屋建筑和市政基础设施工程施工安全监督工作程序，依据有关法律法规，制定本规程。

第二条　县级以上地方人民政府住房城乡建设主管部门或其所属的施工安全监督机构（以下合称监督机构）对新建、扩建、改建房屋建筑和市政基础设施工程实施施工安全监督的，适用本规程。

第三条　监督机构应当在办公场所、有关网站公示施工安全监督工作流程。

第四条 工程项目施工前，建设单位应当申请办理施工许可证。住房城乡建设主管部门可以将建设单位提交的保证安全施工具体措施的资料(包括工程项目及参建单位基本信息)委托监督机构进行查验，必要时可以进行现场踏勘，对不符合施工许可条件的，不得颁发施工许可证。

第五条 监督机构应当根据工程项目实际情况，编制《施工安全监督工作计划》，明确主要监督内容、抽查频次、监督措施等。对含有超过一定规模的危险性较大分部分项工程的工程项目、近一年发生过生产安全事故的施工企业承接的工程项目应当增加抽查次数。

施工安全监督过程中，对发生过生产安全事故以及检查中发现安全隐患较多的工程项目，应当调整监督工作计划，增加抽查次数。

第六条 已取得施工许可证的工程项目，监督机构应当组织建设、勘察、设计、施工、监理等单位及人员(以下简称工程建设责任主体)召开施工安全监督告知会议，提出安全监督要求。

第七条 监督机构应当委派2名及以上监督人员按照监督计划对工程项目施工现场进行随机抽查。

监督人员应当在抽查前了解工程项目有关情况，确定抽查范围和内容，备好所需设备、资料和文书等。

第八条 监督人员应当依据法律法规和工程建设强制性标准，对工程建设责任主体的安全生产行为、施工现场的安全生产状况和安全生产标准化开展情况进行抽查。工程项目危险性较大分部分项工程应当作为重点抽查内容。

监督人员实施施工安全监督，可采用抽查、抽测现场实物，查阅施工合同、施工图纸、管理资料，询问现场有关人员等方式。

监督人员进入工程项目施工现场抽查时，应当向工程建设责任主体出示有效证件。

第九条 监督人员在抽查过程中发现工程项目施工现场存在安全生产隐患的，应当责令立即整改；无法立即整改的，下达《限期整改通知书》，责令限期整改；安全生产隐患排除前或排除过程中无法保证安全的，下达《停工整改通知书》，责令从危险区域内撤出作业人员。对抽查中发现的违反相关法律、法规规定的行为，依法实施行政处罚或移交有关部门处理。

第十条 被责令限期整改、停工整改的工程项目，施工单位应当在排除安全隐患后，由监理单位组织验收，验收合格后形成安全隐患整改报告，经建设、施工、监理单

位项目负责人签字并加盖单位公章，提交监督机构。

监督机构收到施工单位提交的安全隐患整改报告后进行查验，必要时进行现场抽查。经查验符合要求的，监督机构向停工整改的工程项目，发放《恢复施工通知书》。

责令限期整改、停工整改的工程项目，逾期不整改的，监督机构应当按权限实施行政处罚或移交有关部门处理。

第十一条 监督人员应当如实记录监督抽查情况，监督抽查结束后形成监督记录并整理归档。监督记录包括抽查时间、范围、部位、内容、结果及必要的影像资料等。

第十二条 工程项目因故中止施工的，建设单位应当向监督机构申请办理中止施工安全监督手续，并提交中止施工的时间、原因、在施部位及安全保障措施等资料。

监督机构收到建设单位提交的资料后，经查验符合要求的，应当在5个工作日内向建设单位发放《中止施工安全监督告知书》。监督机构对工程项目中止施工期间不实施施工安全监督。

第十三条 中止施工的工程项目恢复施工，建设单位应当向监督机构申请办理恢复施工安全监督手续，并提交经建设、监理、施工单位项目负责人签字并加盖单位公章的复工条件验收报告。

监督机构收到建设单位提交的复工条件验收报告后，经查验符合复工条件的，应当在5个工作日内向建设单位发放《恢复施工安全监督告知书》，对工程项目恢复实施施工安全监督。

第十四条 工程项目完工办理竣工验收前，建设单位应当向监督机构申请办理终止施工安全监督手续，并提交经建设、监理、施工单位确认的工程施工结束证明，施工单位应当提交经建设、监理单位审核的项目安全生产标准化自评材料。

监督机构收到建设单位提交的资料后，经查验符合要求的，在5个工作日内向建设单位发放《终止施工安全监督告知书》，同时终止对工程项目的施工安全监督。

监督机构应当按照有关规定，对项目安全生产标准化作出评定，并向施工单位发放《项目安全生产标准化考评结果告知书》。

第十五条 工程项目终止施工安全监督后，监督机构应当整理工程项目的施工安全监督资料，包括监督文书、抽查记录、项目安全生产标准化自评材料等，形成工程项目的施工安全监督档案。工程项目施工安全监督档

案保存期限三年,自归档之日起计算。

第十六条　监督机构应当将工程建设责任主体安全生产不良行为及处罚结果、工程项目安全生产标准化考评结果记入施工安全信用档案,并向社会公开。

第十七条　鼓励监督机构建立施工安全监管信息平台,应用信息化手段实施施工安全监督。

第十八条　监督机构应当制作统一的监督文书,并对监督文书进行统一编号,加盖监督机构公章。

第十九条　本规程自发布之日起实施。

最高人民法院、最高人民检察院关于办理危害生产安全刑事案件适用法律若干问题的解释

· 2015 年 11 月 9 日最高人民法院审判委员会第 1665 次会议、2015 年 12 月 9 日最高人民检察院第十二届检察委员会第 44 次会议通过
· 2015 年 12 月 14 日最高人民法院、最高人民检察院公告公布
· 自 2015 年 12 月 16 日起施行
· 法释〔2015〕22 号

为依法惩治危害生产安全犯罪,根据刑法有关规定,现就办理此类刑事案件适用法律的若干问题解释如下:

第一条　刑法第一百三十四条第一款规定的犯罪主体,包括对生产、作业负有组织、指挥或者管理职责的负责人、管理人员、实际控制人、投资人等人员,以及直接从事生产、作业的人员。

第二条　刑法第一百三十四条第二款规定的犯罪主体,包括对生产、作业负有组织、指挥或者管理职责的负责人、管理人员、实际控制人、投资人等人员。

第三条　刑法第一百三十五条规定的"直接负责的主管人员和其他直接责任人员",是指对安全生产设施或者安全生产条件不符合国家规定负有直接责任的生产经营单位负责人、管理人员、实际控制人、投资人,以及其他对安全生产设施或者安全生产条件负有管理、维护职责的人员。

第四条　刑法第一百三十九条之一规定的"负有报告职责的人员",是指负有组织、指挥或者管理职责的负责人、管理人员、实际控制人、投资人,以及其他负有报告职责的人员。

第五条　明知存在事故隐患、继续作业存在危险,仍然违反有关安全管理的规定,实施下列行为之一的,应当认定为刑法第一百三十四条第二款规定的"强令他人违章冒险作业":

(一)利用组织、指挥、管理职权,强制他人违章作业的;

(二)采取威逼、胁迫、恐吓等手段,强制他人违章作业的;

(三)故意掩盖事故隐患,组织他人违章作业的;

(四)其他强令他人违章作业的行为。

第六条　实施刑法第一百三十二条、第一百三十四条第一款、第一百三十五条、第一百三十五条之一、第一百三十六条、第一百三十九条规定的行为,因而发生安全事故,具有下列情形之一的,应当认定为"造成严重后果"或者"发生重大伤亡事故或者造成其他严重后果",对相关责任人员,处三年以下有期徒刑或者拘役:

(一)造成死亡一人以上,或者重伤三人以上的;

(二)造成直接经济损失一百万元以上的;

(三)其他造成严重后果或者重大安全事故的情形。

实施刑法第一百三十四条第二款规定的行为,因而发生安全事故,具有本条第一款规定情形的,应当认定为"发生重大伤亡事故或者造成其他严重后果",对相关责任人员,处五年以下有期徒刑或者拘役。

实施刑法第一百三十七条规定的行为,因而发生安全事故,具有本条第一款规定情形的,应当认定为"造成重大安全事故",对直接责任人员,处五年以下有期徒刑或者拘役,并处罚金。

实施刑法第一百三十八条规定的行为,因而发生安全事故,具有本条第一款第一项规定情形的,应当认定为"发生重大伤亡事故",对直接责任人员,处三年以下有期徒刑或者拘役。

第七条　实施刑法第一百三十二条、第一百三十四条第一款、第一百三十五条、第一百三十五条之一、第一百三十六条、第一百三十九条规定的行为,因而发生安全事故,具有下列情形之一的,对相关责任人员,处三年以上七年以下有期徒刑:

(一)造成死亡三人以上或者重伤十人以上,负事故主要责任的;

(二)造成直接经济损失五百万元以上,负事故主要责任的;

(三)其他造成特别严重后果、情节特别恶劣或者后果特别严重的情形。

实施刑法第一百三十四条第二款规定的行为,因而发生安全事故,具有本条第一款规定情形的,对相关责任人员,处五年以上有期徒刑。

实施刑法第一百三十七条规定的行为,因而发生安

全事故,具有本条第一款规定情形的,对直接责任人员处五年以上十年以下有期徒刑,并处罚金。

实施刑法第一百三十八条规定的行为,因而发生安全事故,具有下列情形之一的,对直接责任人员,处三年以上七年以下有期徒刑:

(一)造成死亡三人以上或者重伤十人以上,负事故主要责任的;

(二)具有本解释第六条第一款第一项规定情形,同时造成直接经济损失五百万元以上并负事故主要责任的,或者同时造成恶劣社会影响的。

第八条　在安全事故发生后,负有报告职责的人员不报或者谎报事故情况,贻误事故抢救,具有下列情形之一的,应当认定为刑法第一百三十九条之一规定的"情节严重":

(一)导致事故后果扩大,增加死亡一人以上,或者增加重伤三人以上,或者增加直接经济损失一百万元以上的;

(二)实施下列行为之一,致使不能及时有效开展事故抢救的:

1. 决定不报、迟报、谎报事故情况或者指使、串通有关人员不报、迟报、谎报事故情况的;

2. 在事故抢救期间擅离职守或者逃匿的;

3. 伪造、破坏事故现场,或者转移、藏匿、毁灭遇难人员尸体,或者转移、藏匿受伤人员的;

4. 毁灭、伪造、隐匿与事故有关的图纸、记录、计算机数据等资料以及其他证据的;

(三)其他情节严重的情形。

具有下列情形之一的,应当认定为刑法第一百三十九条之一规定的"情节特别严重":

(一)导致事故后果扩大,增加死亡三人以上,或者增加重伤十人以上,或者增加直接经济损失五百万元以上的;

(二)采用暴力、胁迫、命令等方式阻止他人报告事故情况,导致事故后果扩大的;

(三)其他情节特别严重的情形。

第九条　在安全事故发生后,与负有报告职责的人员串通,不报或者谎报事故情况,贻误事故抢救,情节严重的,依照刑法第一百三十九条之一的规定,以共犯论处。

第十条　在安全事故发生后,直接负责的主管人员和其他直接责任人员故意阻挠开展抢救,导致人员死亡或者重伤,或者为了逃避法律追究,对被害人进行隐藏、遗弃,致使被害人因无法得到救助而死亡或者重度残疾

的,分别依照刑法第二百三十二条、第二百三十四条的规定,以故意杀人罪或者故意伤害罪定罪处罚。

第十一条　生产不符合保障人身、财产安全的国家标准、行业标准的安全设备,或者明知安全设备不符合保障人身、财产安全的国家标准、行业标准而进行销售,致使发生安全事故,造成严重后果的,依照刑法第一百四十六条的规定,以生产、销售不符合安全标准的产品罪定罪处罚。

第十二条　实施刑法第一百三十二条、第一百三十四条至第一百三十九条之一规定的犯罪行为,具有下列情形之一的,从重处罚:

(一)未依法取得安全许可证件或者安全许可证件过期、被暂扣、吊销、注销后从事生产经营活动的;

(二)关闭、破坏必要的安全监控和报警设备的;

(三)已经发现事故隐患,经有关部门或者个人提出后,仍不采取措施的;

(四)一年内曾因危害生产安全违法犯罪活动受过行政处罚或者刑事处罚的;

(五)采取弄虚作假、行贿等手段,故意逃避、阻挠负有安全监督管理职责的部门实施监督检查的;

(六)安全事故发生后转移财产意图逃避承担责任的;

(七)其他从重处罚的情形。

实施前款第五项规定的行为,同时构成刑法第三百八十九条规定的犯罪的,依照数罪并罚的规定处罚。

第十三条　实施刑法第一百三十二条、第一百三十四条至第一百三十九条之一规定的犯罪行为,在安全事故发生后积极组织、参与事故抢救,或者积极配合调查、主动赔偿损失的,可以酌情从轻处罚。

第十四条　国家工作人员违反规定投资入股生产经营,构成本解释规定的有关犯罪的,或者国家工作人员的贪污、受贿犯罪行为与安全事故发生存在关联性的,从重处罚;同时构成贪污、受贿犯罪和危害生产安全犯罪的,依照数罪并罚的规定处罚。

第十五条　国家机关工作人员在履行安全监督管理职责时滥用职权、玩忽职守,致使公共财产、国家和人民利益遭受重大损失的,或者徇私舞弊,对发现的刑事案件依法应当移交司法机关追究刑事责任而不移交,情节严重的,分别依照刑法第三百九十七条、第四百零二条的规定,以滥用职权罪、玩忽职守罪或者徇私舞弊不移交刑事案件罪定罪处罚。

公司、企业、事业单位的工作人员在依法或者受委托行使安全监督管理职责时滥用职权或者玩忽职守,构成

犯罪的,应当依照《全国人民代表大会常务委员会关于〈中华人民共和国刑法〉第九章渎职罪主体适用问题的解释》的规定,适用渎职罪的规定追究刑事责任。

第十六条　对于实施危害生产安全犯罪适用缓刑的犯罪分子,可以根据犯罪情况,禁止其在缓刑考验期限内从事与安全生产相关联的特定活动;对于被判处刑罚的犯罪分子,可以根据犯罪情况和预防再犯罪的需要,禁止其自刑罚执行完毕之日或者假释之日起三年至五年内从事与安全生产相关的职业。

第十七条　本解释自2015年12月16日起施行。本解释施行后,《最高人民法院、最高人民检察院关于办理危害矿山生产安全刑事案件具体应用法律若干问题的解释》(法释〔2007〕5号)同时废止。最高人民法院、最高人民检察院此前发布的司法解释和规范性文件与本解释不一致的,以本解释为准。

最高人民法院、最高人民检察院关于办理危害生产安全刑事案件适用法律若干问题的解释(二)

· 2022年9月19日最高人民法院审判委员会第1875次会议、2022年10月25日由最高人民检察院第十三届检察委员会第一百零六次会议通过
· 2022年12月15日最高人民法院、最高人民检察院公告公布
· 自2022年12月19日起施行
· 法释〔2022〕19号

为依法惩治危害生产安全犯罪,维护公共安全,保护人民群众生命安全和公私财产安全,根据《中华人民共和国刑法》《中华人民共和国刑事诉讼法》和《中华人民共和国安全生产法》等规定,现就办理危害生产安全刑事案件适用法律的若干问题解释如下:

第一条　明知存在事故隐患,继续作业存在危险,仍然违反有关安全管理的规定,有下列情形之一的,属于刑法第一百三十四条第二款规定的"强令他人违章冒险作业":

(一)以威逼、胁迫、恐吓等手段,强制他人违章作业的;

(二)利用组织、指挥、管理职权,强制他人违章作业的;

(三)其他强令他人违章冒险作业的情形。

明知存在重大事故隐患,仍然违反有关安全管理的规定,不排除或者故意掩盖重大事故隐患,组织他人作业的,属于刑法第一百三十四条第二款规定的"冒险组织作业"。

第二条　刑法第一百三十四条之一规定的犯罪主体,包括对生产、作业负有组织、指挥或者管理职责的负责人、管理人员、实际控制人、投资人等人员,以及直接从事生产、作业的人员。

第三条　因存在重大事故隐患被依法责令停产停业、停止施工、停止使用有关设备、设施、场所或者立即采取排除危险的整改措施,有下列情形之一的,属于刑法第一百三十四条之一第二项规定的"拒不执行":

(一)无正当理由故意不执行各级人民政府或者负有安全生产监督管理职责的部门依法作出的上述行政决定、命令的;

(二)虚构重大事故隐患已经排除的事实,规避、干扰执行各级人民政府或者负有安全生产监督管理职责的部门依法作出的上述行政决定、命令的;

(三)以行贿等不正当手段,规避、干扰执行各级人民政府或者负有安全生产监督管理职责的部门依法作出的上述行政决定、命令的。

有前款第三项行为,同时构成刑法第三百八十九条行贿罪、第三百九十三条单位行贿罪等犯罪的,依照数罪并罚的规定处罚。

认定是否属于"拒不执行",应当综合考虑行政决定、命令是否具有法律、行政法规等依据,行政决定、命令的内容和期限要求是否明确、合理,行为人是否具有按照要求执行的能力等因素进行判断。

第四条　刑法第一百三十四条第二款和第一百三十四条之一第二项规定的"重大事故隐患",依照法律、行政法规、部门规章、强制性标准以及有关行政规范性文件进行认定。

刑法第一百三十四条之一第三项规定的"危险物品",依照安全生产法第一百一十七条的规定确定。

对于是否属于"重大事故隐患"或者"危险物品"难以确定的,可以依据司法鉴定机构出具的鉴定意见、地市级以上负有安全生产监督管理职责的部门或者其指定的机构出具的意见,结合其他证据综合审查,依法作出认定。

第五条　在生产、作业中违反有关安全管理的规定,有刑法第一百三十四条之一规定情形之一,因而发生重大伤亡事故或者造成其他严重后果,构成刑法第一百三十四条、第一百三十五条至第一百三十九条等规定的重大责任事故罪、重大劳动安全事故罪、危险物品肇事罪、工程重大安全事故罪等犯罪的,依照该规定定罪处罚。

第六条　承担安全评价职责的中介组织的人员提供

的证明文件有下列情形之一的,属于刑法第二百二十九条第一款规定的"虚假证明文件":

(一)故意伪造的;

(二)在周边环境、主要建(构)筑物、工艺、装置、设备设施等重要内容上弄虚作假,导致与评价期间实际情况不符,影响评价结论的;

(三)隐瞒生产经营单位重大事故隐患及整改落实情况、主要灾害等级等情况,影响评价结论的;

(四)伪造、篡改生产经营单位相关信息、数据、技术报告或者结论等内容,影响评价结论的;

(五)故意采用存疑的第三方证明材料、监测检验报告,影响评价结论的;

(六)有其他弄虚作假行为,影响评价结论的情形。

生产经营单位提供虚假材料、影响评价结论,承担安全评价职责的中介组织的人员对评价结论与实际情况不符无主观故意的,不属于刑法第二百二十九条第一款规定的"故意提供虚假证明文件"。

有本条第二款情形,承担安全评价职责的中介组织的人员严重不负责任,导致出具的证明文件有重大失实,造成严重后果的,依照刑法第二百二十九条第三款的规定追究刑事责任。

第七条　承担安全评价职责的中介组织的人员故意提供虚假证明文件,有下列情形之一的,属于刑法第二百二十九条第一款规定的"情节严重":

(一)造成死亡一人以上或者重伤三人以上安全事故的;

(二)造成直接经济损失五十万元以上安全事故的;

(三)违法所得数额十万元以上的;

(四)两年内因故意提供虚假证明文件受过两次以上行政处罚,又故意提供虚假证明文件的;

(五)其他情节严重的情形。

在涉及公共安全的重大工程、项目中提供虚假的安全评价文件,有下列情形之一的,属于刑法第二百二十九条第一款第三项规定的"致使公共财产、国家和人民利益遭受特别重大损失":

(一)造成死亡三人以上或者重伤十人以上安全事故的;

(二)造成直接经济损失五百万元以上安全事故的;

(三)其他致使公共财产、国家和人民利益遭受特别重大损失的情形。

承担安全评价职责的中介组织的人员有刑法第二百二十九条第一款行为,在裁量刑罚时,应当考虑其行为手段、主观过错程度、对安全事故的发生所起作用大小及其获利情况、一贯表现等因素,综合评估社会危害性,依法裁量刑罚,确保罪责刑相适应。

第八条　承担安全评价职责的中介组织的人员,严重不负责任,出具的证明文件有重大失实,有下列情形之一的,属于刑法第二百二十九条第三款规定的"造成严重后果":

(一)造成死亡一人以上或者重伤三人以上安全事故的;

(二)造成直接经济损失一百万元以上安全事故的;

(三)其他造成严重后果的情形。

第九条　承担安全评价职责的中介组织犯刑法第二百二十九条规定之罪的,对该中介组织判处罚金,并对其直接负责的主管人员和其他直接责任人员,依照本解释第七条、第八条的规定处罚。

第十条　有刑法第一百三十四条之一行为,积极配合公安机关或者负有安全生产监督管理职责的部门采取措施排除事故隐患,确有悔改表现,认罪认罚的,可以依法从宽处罚;犯罪情节轻微不需要判处刑罚的,可以不起诉或者免予刑事处罚;情节显著轻微危害不大的,不作为犯罪处理。

第十一条　有本解释规定的行为,被不起诉或者免予刑事处罚,需要给予行政处罚、政务处分或者其他处分的,依法移送有关主管机关处理。

第十二条　本解释自2022年12月19日起施行。最高人民法院、最高人民检察院此前发布的司法解释与本解释不一致的,以本解释为准。

(2)安全生产许可证

安全生产许可证条例

· 2004年1月13日中华人民共和国国务院令第397号公布
· 根据2013年7月18日《国务院关于废止和修改部分行政法规的决定》第一次修订
· 根据2014年7月29日《国务院关于修改部分行政法规的决定》第二次修订

第一条　为了严格规范安全生产条件,进一步加强安全生产监督管理,防止和减少生产安全事故,根据《中华人民共和国安全生产法》的有关规定,制定本条例。

第二条　国家对矿山企业、建筑施工企业和危险化学品、烟花爆竹、民用爆炸物品生产企业(以下统称企业)实行安全生产许可制度。

企业未取得安全生产许可证的,不得从事生产活动。

第三条　国务院安全生产监督管理部门负责中央管理的非煤矿矿山企业和危险化学品、烟花爆竹生产企业安全生产许可证的颁发和管理。

省、自治区、直辖市人民政府安全生产监督管理部门负责前款规定以外的非煤矿矿山企业和危险化学品、烟花爆竹生产企业安全生产许可证的颁发和管理,并接受国务院安全生产监督管理部门的指导和监督。

国家煤矿安全监察机构负责中央管理的煤矿企业安全生产许可证的颁发和管理。

在省、自治区、直辖市设立的煤矿安全监察机构负责前款规定以外的其他煤矿企业安全生产许可证的颁发和管理,并接受国家煤矿安全监察机构的指导和监督。

第四条　省、自治区、直辖市人民政府建设主管部门负责建筑施工企业安全生产许可证的颁发和管理,并接受国务院建设主管部门的指导和监督。

第五条　省、自治区、直辖市人民政府民用爆炸物品行业主管部门负责民用爆炸物品生产企业安全生产许可证的颁发和管理,并接受国务院民用爆炸物品行业主管部门的指导和监督。

第六条　企业取得安全生产许可证,应当具备下列安全生产条件:

(一)建立、健全安全生产责任制,制定完备的安全生产规章制度和操作规程;

(二)安全投入符合安全生产要求;

(三)设置安全生产管理机构,配备专职安全生产管理人员;

(四)主要负责人和安全生产管理人员经考核合格;

(五)特种作业人员经有关业务主管部门考核合格,取得特种作业操作资格证书;

(六)从业人员经安全生产教育和培训合格;

(七)依法参加工伤保险,为从业人员缴纳保险费;

(八)厂房、作业场所和安全设施、设备、工艺符合有关安全生产法律、法规、标准和规程的要求;

(九)有职业危害防治措施,并为从业人员配备符合国家标准或者行业标准的劳动防护用品;

(十)依法进行安全评价;

(十一)有重大危险源检测、评估、监控措施和应急预案;

(十二)有生产安全事故应急救援预案、应急救援组织或者应急救援人员,配备必要的应急救援器材、设备;

(十三)法律、法规规定的其他条件。

第七条　企业进行生产前,应当依照本条例的规定向安全生产许可证颁发管理机关申请领取安全生产许可证,并提供本条例第六条规定的相关文件、资料。安全生产许可证颁发管理机关应当自收到申请之日起45日内审查完毕,经审查符合本条例规定的安全生产条件的,颁发安全生产许可证;不符合本条例规定的安全生产条件的,不予颁发安全生产许可证,书面通知企业并说明理由。

煤矿企业应当以矿(井)为单位,依照本条例的规定取得安全生产许可证。

第八条　安全生产许可证由国务院安全生产监督管理部门规定统一的式样。

第九条　安全生产许可证的有效期为3年。安全生产许可证有效期满需要延期的,企业应当于期满前3个月向原安全生产许可证颁发管理机关办理延期手续。

企业在安全生产许可证有效期内,严格遵守有关安全生产的法律法规,未发生死亡事故的,安全生产许可证有效期届满时,经原安全生产许可证颁发管理机关同意,不再审查,安全生产许可证有效期延期3年。

第十条　安全生产许可证颁发管理机关应当建立、健全安全生产许可证档案管理制度,并定期向社会公布企业取得安全生产许可证的情况。

第十一条　煤矿企业安全生产许可证颁发管理机关、建筑施工企业安全生产许可证颁发管理机关、民用爆炸物品生产企业安全生产许可证颁发管理机关,应当每年向同级安全生产监督管理部门通报其安全生产许可证颁发和管理情况。

第十二条　国务院安全生产监督管理部门和省、自治区、直辖市人民政府安全生产监督管理部门对建筑施工企业、民用爆炸物品生产企业、煤矿企业取得安全生产许可证的情况进行监督。

第十三条　企业不得转让、冒用安全生产许可证或者使用伪造的安全生产许可证。

第十四条　企业取得安全生产许可证后,不得降低安全生产条件,并应当加强日常安全生产管理,接受安全生产许可证颁发管理机关的监督检查。

安全生产许可证颁发管理机关应当加强对取得安全生产许可证的企业的监督检查,发现其不再具备本条例规定的安全生产条件的,应当暂扣或者吊销安全生产许可证。

第十五条　安全生产许可证颁发管理机关工作人员在安全生产许可证颁发、管理和监督检查工作中,不得索取或者接受企业的财物,不得谋取其他利益。

第十六条　监察机关依照《中华人民共和国行政监

察法》的规定,对安全生产许可证颁发管理机关及其工作人员履行本条例规定的职责实施监察。

第十七条　任何单位或者个人对违反本条例规定的行为,有权向安全生产许可证颁发管理机关或者监察机关等有关部门举报。

第十八条　安全生产许可证颁发管理机关工作人员有下列行为之一的,给予降级或者撤职的行政处分;构成犯罪的,依法追究刑事责任:

(一)向不符合本条例规定的安全生产条件的企业颁发安全生产许可证的;

(二)发现企业未依法取得安全生产许可证擅自从事生产活动,不依法处理的;

(三)发现取得安全生产许可证的企业不再具备本条例规定的安全生产条件,不依法处理的;

(四)接到对违反本条例规定行为的举报后,不及时处理的;

(五)在安全生产许可证颁发、管理和监督检查工作中,索取或者接受企业的财物,或者谋取其他利益的。

第十九条　违反本条例规定,未取得安全生产许可证擅自进行生产的,责令停止生产,没收违法所得,并处10万元以上50万元以下的罚款;造成重大事故或者其他严重后果,构成犯罪的,依法追究刑事责任。

第二十条　违反本条例规定,安全生产许可证有效期满未办理延期手续,继续进行生产的,责令停止生产,限期补办延期手续,没收违法所得,并处5万元以上10万元以下的罚款;逾期仍不办理延期手续,继续进行生产的,依照本条例第十九条的规定处罚。

第二十一条　违反本条例规定,转让安全生产许可证的,没收违法所得,处10万元以上50万元以下的罚款,并吊销其安全生产许可证;构成犯罪的,依法追究刑事责任;接受转让的,依照本条例第十九条的规定处罚。

冒用安全生产许可证或者使用伪造的安全生产许可证的,依照本条例第十九条的规定处罚。

第二十二条　本条例施行前已经进行生产的企业,应当自本条例施行之日起1年内,依照本条例的规定向安全生产许可证颁发管理机关申请办理安全生产许可证;逾期不办理安全生产许可证,或者经审查不符合本条例规定的安全生产条件,未取得安全生产许可证,继续进行生产的,依照本条例第十九条的规定处罚。

第二十三条　本条例规定的行政处罚,由安全生产许可证颁发管理机关决定。

第二十四条　本条例自公布之日起施行。

建筑施工企业安全生产许可证管理规定

· 2004 年 7 月 5 日建设部令第 128 号公布
· 根据 2015 年 1 月 22 日《住房和城乡建设部关于修改〈市政公用设施抗灾设防管理规定〉等部门规章的决定》修订

第一章　总　则

第一条　为了严格规范建筑施工企业安全生产条件,进一步加强安全生产监督管理,防止和减少生产安全事故,根据《安全生产许可证条例》《建设工程安全生产管理条例》等有关行政法规,制定本规定。

第二条　国家对建筑施工企业实行安全生产许可制度。

建筑施工企业未取得安全生产许可证的,不得从事建筑施工活动。

本规定所称建筑施工企业,是指从事土木工程、建筑工程、线路管道和设备安装工程及装修工程的新建、扩建、改建和拆除等有关活动的企业。

第三条　国务院住房城乡建设主管部门负责对全国建筑施工企业安全生产许可证的颁发和管理工作进行监督指导。

省、自治区、直辖市人民政府住房城乡建设主管部门负责本行政区域内建筑施工企业安全生产许可证的颁发和管理工作。

市、县人民政府住房城乡建设主管部门负责本行政区域内建筑施工企业安全生产许可证的监督管理,并将监督检查中发现的企业违法行为及时报告安全生产许可证颁发管理机关。

第二章　安全生产条件

第四条　建筑施工企业取得安全生产许可证,应当具备下列安全生产条件:

(一)建立、健全安全生产责任制,制定完备的安全生产规章制度和操作规程;

(二)保证本单位安全生产条件所需资金的投入;

(三)设置安全生产管理机构,按照国家有关规定配备专职安全生产管理人员;

(四)主要负责人、项目负责人、专职安全生产管理人员经住房城乡建设主管部门或者其他有关部门考核合格;

(五)特种作业人员经有关业务主管部门考核合格,取得特种作业操作资格证书;

(六)管理人员和作业人员每年至少进行一次安全生产教育培训并考核合格;

(七)依法参加工伤保险,依法为施工现场从事危险作业的人员办理意外伤害保险，为从业人员交纳保险费；

（八）施工现场的办公、生活区及作业场所和安全防护用具、机械设备、施工机具及配件符合有关安全生产法律、法规、标准和规程的要求；

（九）有职业危害防治措施，并为作业人员配备符合国家标准或者行业标准的安全防护用具和安全防护服装；

（十）有对危险性较大的分部分项工程及施工现场易发生重大事故的部位、环节的预防、监控措施和应急预案；

（十一）有生产安全事故应急救援预案、应急救援组织或者应急救援人员，配备必要的应急救援器材、设备；

（十二）法律、法规规定的其他条件。

第三章　安全生产许可证的申请与颁发

第五条　建筑施工企业从事建筑施工活动前，应当依照本规定向企业注册所在地省、自治区、直辖市人民政府住房城乡建设主管部门申请领取安全生产许可证。

第六条　建筑施工企业申请安全生产许可证时，应当向住房城乡建设主管部门提供下列材料：

（一）建筑施工企业安全生产许可证申请表；

（二）企业法人营业执照；

（三）第四条规定的相关文件、材料。

建筑施工企业申请安全生产许可证，应当对申请材料实质内容的真实性负责，不得隐瞒有关情况或者提供虚假材料。

第七条　住房城乡建设主管部门应当自受理建筑施工企业的申请之日起45日内审查完毕；经审查符合安全生产条件的，颁发安全生产许可证；不符合安全生产条件的，不予颁发安全生产许可证，书面通知企业并说明理由。企业自接到通知之日起应当进行整改，整改合格后方可再次提出申请。

住房城乡建设主管部门审查建筑施工企业安全生产许可证申请，涉及铁路、交通、水利等有关专业工程时，可以征求铁路、交通、水利等有关部门的意见。

第八条　安全生产许可证的有效期为3年。安全生产许可证有效期满需要延期的，企业应当于期满前3个月向原安全生产许可证颁发管理机关申请办理延期手续。

企业在安全生产许可证有效期内，严格遵守有关安全生产的法律法规，未发生死亡事故的，安全生产许可证有效期届满时，经原安全生产许可证颁发管理机关同意，不再审查，安全生产许可证有效期延期3年。

第九条　建筑施工企业变更名称、地址、法定代表人等，应当在变更后10日内，到原安全生产许可证颁发管理机关办理安全生产许可证变更手续。

第十条　建筑施工企业破产、倒闭、撤销的，应当将安全生产许可证交回原安全生产许可证颁发管理机关予以注销。

第十一条　建筑施工企业遗失安全生产许可证，应当立即向原安全生产许可证颁发管理机关报告，并在公众媒体上声明作废后，方可申请补办。

第十二条　安全生产许可证申请表采用建设部规定的统一式样。

安全生产许可证采用国务院安全生产监督管理部门规定的统一式样。

安全生产许可证分正本和副本，正、副本具有同等法律效力。

第四章　监督管理

第十三条　县级以上人民政府住房城乡建设主管部门应当加强对建筑施工企业安全生产许可证的监督管理。住房城乡建设主管部门在审核发放施工许可证时，应当对已经确定的建筑施工企业是否有安全生产许可证进行审查，对没有取得安全生产许可证的，不得颁发施工许可证。

第十四条　跨省从事建筑施工活动的建筑施工企业有违反本规定行为的，由工程所在地的省级人民政府住房城乡建设主管部门将建筑施工企业在本地区的违法事实、处理结果和处理建议抄告原安全生产许可证颁发管理机关。

第十五条　建筑施工企业取得安全生产许可证后，不得降低安全生产条件，并应当加强日常安全生产管理，接受住房城乡建设主管部门的监督检查。安全生产许可证颁发管理机关发现企业不再具备安全生产条件的，应当暂扣或者吊销安全生产许可证。

第十六条　安全生产许可证颁发管理机关或者其上级行政机关发现有下列情形之一的，可以撤销已经颁发的安全生产许可证：

（一）安全生产许可证颁发管理机关工作人员滥用职权、玩忽职守颁发安全生产许可证的；

（二）超越法定职权颁发安全生产许可证的；

（三）违反法定程序颁发安全生产许可证的；

（四）对不具备安全生产条件的建筑施工企业颁发安全生产许可证的；

（五）依法可以撤销已经颁发的安全生产许可证的其他情形。

依照前款规定撤销安全生产许可证，建筑施工企业的合法权益受到损害的，住房城乡建设主管部门应当依法给予赔偿。

第十七条 安全生产许可证颁发管理机关应当建立、健全安全生产许可证档案管理制度,定期向社会公布企业取得安全生产许可证的情况,每年向同级安全生产监督管理部门通报建筑施工企业安全生产许可证颁发和管理情况。

第十八条 建筑施工企业不得转让、冒用安全生产许可证或者使用伪造的安全生产许可证。

第十九条 住房城乡建设主管部门工作人员在安全生产许可证颁发、管理和监督检查工作中,不得索取或者接受建筑施工企业的财物,不得谋取其他利益。

第二十条 任何单位或者个人对违反本规定的行为,有权向安全生产许可证颁发管理机关或者监察机关等有关部门举报。

第五章 罚 则

第二十一条 违反本规定,住房城乡建设主管部门工作人员有下列行为之一的,给予降级或者撤职的行政处分;构成犯罪的,依法追究刑事责任:

(一)向不符合安全生产条件的建筑施工企业颁发安全生产许可证的;

(二)发现建筑施工企业未依法取得安全生产许可证擅自从事建筑施工活动,不依法处理的;

(三)发现取得安全生产许可证的建筑施工企业不再具备安全生产条件,不依法处理的;

(四)接到对违反本规定行为的举报后,不及时处理的;

(五)在安全生产许可证颁发、管理和监督检查工作中,索取或者接受建筑施工企业的财物,或者谋取其他利益的。

由于建筑施工企业弄虚作假,造成前款第(一)项行为的,对住房城乡建设主管部门工作人员不予处分。

第二十二条 取得安全生产许可证的建筑施工企业,发生重大安全事故的,暂扣安全生产许可证并限期整改。

第二十三条 建筑施工企业不再具备安全生产条件的,暂扣安全生产许可证并限期整改;情节严重的,吊销安全生产许可证。

第二十四条 违反本规定,建筑施工企业未取得安全生产许可证擅自从事建筑施工活动的,责令其在建项目停止施工,没收违法所得,并处 10 万元以上 50 万元以下的罚款;造成重大安全事故或者其他严重后果,构成犯罪的,依法追究刑事责任。

第二十五条 违反本规定,安全生产许可证有效期满未办理延期手续,继续从事建筑施工活动的,责令其在建项目停止施工,限期补办延期手续,没收违法所得,并处 5 万元以上 10 万元以下的罚款;逾期仍不办理延期手续,继续从事建筑施工活动的,依照本规定第二十四条的规定处罚。

第二十六条 违反本规定,建筑施工企业转让安全生产许可证的,没收违法所得,处 10 万元以上 50 万元以下的罚款,并吊销安全生产许可证;构成犯罪的,依法追究刑事责任;接受转让的,依照本规定第二十四条的规定处罚。

冒用安全生产许可证或者使用伪造的安全生产许可证的,依照本规定第二十四条的规定处罚。

第二十七条 违反本规定,建筑施工企业隐瞒有关情况或者提供虚假材料申请安全生产许可证的,不予受理或者不予颁发安全生产许可证,并给予警告,1 年内不得申请安全生产许可证。

建筑施工企业以欺骗、贿赂等不正当手段取得安全生产许可证的,撤销安全生产许可证,3 年内不得再次申请安全生产许可证;构成犯罪的,依法追究刑事责任。

第二十八条 本规定的暂扣、吊销安全生产许可证的行政处罚,由安全生产许可证的颁发管理机关决定;其他行政处罚,由县级以上地方人民政府住房城乡建设主管部门决定。

第六章 附 则

第二十九条 本规定施行前已依法从事建筑施工活动的建筑施工企业,应当自《安全生产许可证条例》施行之日起(2004 年 1 月 13 日起)1 年内向住房城乡建设主管部门申请办理建筑施工企业安全生产许可证;逾期不办理安全生产许可证,或者经审查不符合本规定的安全生产条件,未取得安全生产许可证,继续进行建筑施工活动的,依照本规定第二十四条的规定处罚。

第三十条 本规定自公布之日起施行。

建筑施工企业安全生产许可证管理规定实施意见

·2004 年 8 月 27 日
·建质〔2004〕148 号

为了贯彻落实《建筑施工企业安全生产许可证管理规定》(建设部令第 128 号,以下简称《规定》),制定本实施意见。

一、安全生产许可证的适用对象

（一）建筑施工企业安全生产许可证的适用对象为：在中华人民共和国境内从事土木工程、建筑工程、线路管道和设备安装工程及装修工程的新建、扩建、改建和拆除等有关活动，依法取得工商行政管理部门颁发的《企业法人营业执照》，符合《规定》要求的安全生产条件的建筑施工企业。

二、安全生产许可证的申请

（二）安全生产许可证颁发管理机关应当在办公场所、本机关网站上公示审批安全生产许可证的依据、条件、程序、期限，申请所需提交的全部资料目录以及申请书示范文本等。

（三）建筑施工企业从事建筑施工活动前，应当按照分级、属地管理的原则，向企业注册地省级以上人民政府建设主管部门申请领取安全生产许可证。

（四）中央管理的建筑施工企业（集团公司、总公司）应当向建设部申请领取安全生产许可证，建设部主管业务司局为工程质量安全监督与行业发展司。中央管理的建筑施工企业（集团公司、总公司）是指国资委代表国务院履行出资人职责的建筑施工类企业总部（名单见附件一）。

（五）中央管理的建筑施工企业（集团公司、总公司）下属的建筑施工企业，以及其他建筑施工企业向注册所在地省、自治区、直辖市人民政府建设主管部门申请领取安全生产许可证。

三、申请材料

（六）申请人申请安全生产许可证时，应当按照《规定》第六条的要求，向安全生产许可证颁发管理机关提供下列材料（括号里为材料的具体要求）：

1. 建筑施工企业安全生产许可证申请表（一式三份，样式见附件二）；

2. 企业法人营业执照（复印件）；

3. 各级安全生产责任制和安全生产规章制度目录及文件，操作规程目录；

4. 保证安全生产投入的证明文件（包括企业保证安全生产投入的管理办法或规章制度、年度安全资金投入计划及实施情况）；

5. 设置安全生产管理机构和配备专职安全生产管理人员的文件（包括企业设置安全管理机构的文件、安全管理机构的工作职责、安全机构负责人的任命文件、安全管理机构组成人员明细表）；

6. 主要负责人、项目负责人、专职安全生产管理人员安全生产考核合格名单及证书（复印件）；

7. 本企业特种作业人员名单及操作资格证书（复印件）；

8. 本企业管理人员和作业人员年度安全培训教育材料（包括企业培训计划、培训考核记录）；

9. 从业人员参加工伤保险以及施工现场从事危险作业人员参加意外伤害保险有关证明；

10. 施工起重机械设备检测合格证明；

11. 职业危害防治措施（要针对本企业业务特点可能会导致的职业病种类制定相应的预防措施）；

12. 危险性较大分部分项工程及施工现场易发生重大事故的部位、环节的预防监控措施和应急预案（根据本企业业务特点，详细列出危险性较大分部分项工程和事故易发部位、环节及有针对性和可操作性的控制措施和应急预案）；

13. 生产安全事故应急救援预案（应本着事故发生后有效救援原则，列出救援组织人员详细名单、救援器材、设备清单和救援演练记录）。

其中，第 2 至第 13 项统一装订成册。企业在申请安全生产许可证时，需要交验所有证件、凭证原件。

（七）申请人应对申请材料实质内容的真实性负责。

四、安全生产许可证申请的受理和颁发

（八）安全生产许可证颁发管理机关对申请人提交的申请，应当按照下列规定分别处理：

1. 对申请事项不属于本机关职权范围的申请，应当及时作出不予受理的决定，并告知申请人向有关安全生产许可证颁发管理机关申请；

2. 对申请材料存在可以当场更正的错误的，应当允许申请人当场更正；

3. 申请材料不齐全或者不符合要求的，应当当场或者在 5 个工作日内书面一次告知申请人需要补正的全部内容，逾期不告知的，自收到申请材料之日起即为受理。

4. 申请材料齐全、符合要求或者按要求全部补正的，自收到申请材料或者全部补正之日起为受理。

（九）对于隐瞒有关情况或者提供虚假材料申请安全生产许可证的，安全生产许可证颁发管理机关不予受理，该企业一年之内不得再次申请安全生产许可证。

（十）对已经受理的申请，安全生产许可证颁发管理机关对申请材料进行审查，必要时应到企业施工现场进行抽查。涉及铁路、交通、水利等有关专业工程时，可以征求铁道、交通、水利等部门的意见。安全生产许可证颁发管理机关在受理申请之日起 45 个工作日内应作出颁发或者不予颁发安全生产许可证的决定。

安全生产许可证颁发管理机关作出准予颁发申请人安全生产许可证决定的,应当自决定之日起 10 个工作日内向申请人颁发、送达安全生产许可证;对作出不予颁发决定的,应当在 10 个工作日内书面通知申请人并说明理由。

(十一)安全生产许可证有效期为 3 年。安全生产许可证有效期满需要延期的,企业应当于期满前 3 个月向原安全生产许可证颁发管理机关提出延期申请,并提交本意见第 6 条规定的文件、资料以及原安全生产许可证。

建筑施工企业在安全生产许可证有效期内,严格遵守有关安全生产法律、法规和规章,未发生死亡事故的,安全生产许可证有效期届满时,经原安全生产许可证颁发管理机关同意,不再审查,直接办理延期手续。

对于本条第二款规定情况以外的建筑施工企业,安全生产许可证颁发管理机关应当对其安全生产条件重新进行审查,审查合格的,办理延期手续。

(十二)对申请延期的申请人审查合格或有效期满经原安全生产许可证颁发管理机关同意不再审查直接办理延期手续的企业,安全生产许可证颁发管理机关收回原安全生产许可证,换发新的安全生产许可证。

五、安全生产许可证证书

(十三)建筑施工企业安全生产许可证采用国家安全生产监督管理局规定的统一样式。证书分为正本和副本,正本为悬挂式,副本为折页式,正、副本具有同等法律效力。建筑施工企业安全生产许可证证书由建设部统一印制,实行全国统一编码。证书式样、编码方法和证书订购等有关事宜见附件三。

(十四)中央管理的建筑施工企业(集团公司、总公司)的安全生产许可证加盖建设部公章有效。中央管理的建筑施工企业(集团公司、总公司)下属的建筑施工企业,以及其他建筑施工企业的安全生产许可证加盖省、自治区、直辖市人民政府建设主管部门公章有效。由建设部以及各省、自治区、直辖市人民政府建设主管部门颁发的安全生产许可证均在全国范围内有效。

(十五)每个具有独立企业法人资格的建筑施工企业只能取得一套安全生产许可证,包括一个正本,两个副本。企业需要增加副本的,经原安全生产许可证颁发管理机关批准,可以适当增加。

(十六)建筑施工企业的名称、地址、法定代表人等内容发生变化的,应当自工商营业执照变更之日起 10 个工作日内提出申请,持原安全生产许可证和变更后的工商营业执照、变更批准文件等相关证明材料,向原安全生产许可证颁发管理机关申请变更安全生产许可证。安全生产许可证颁发管理机关在对申请人提交的相关文件、资料审查后,及时办理安全生产许可证变更手续。

(十七)建筑施工企业遗失安全生产许可证,应持申请补办的报告及在公众媒体上刊登的遗失作废声明向原安全生产许可证颁发管理机关申请补办。

六、对取得安全生产许可证单位的监督管理

(十八)2005 年 1 月 13 日以后,建设主管部门在向建设单位审核发放施工许可证时,应当对已经确定的建筑施工企业是否取得安全生产许可证进行审查,没有取得安全生产许可证的,不得颁发施工许可证。对于依法批准开工报告的建设工程,在建设单位报送建设工程所在地县级以上地方人民政府或者其他有关部门备案的安全施工措施资料中,应包括承接工程项目的建筑施工企业的安全生产许可证。

(十九)市、县级人民政府建设主管部门负责本行政区域内取得安全生产许可证的建筑施工企业的日常监督管理工作。在监督检查过程中发现企业有违反《规定》行为的,市、县级人民政府建设主管部门应及时、逐级向本地安全生产许可证颁发管理机关报告。本行政区域内取得安全生产许可证的建筑施工企业既包括在本地区注册的建筑施工企业,也包括跨省在本地区从事建筑施工活动的建筑施工企业。

跨省从事建筑施工活动的建筑施工企业有违反《规定》行为的,由工程所在地的省级人民政府建设主管部门将其在本地区的违法事实、处理建议和处理结果抄告其安全生产许可证颁发管理机关。

安全生产许可证颁发管理机关根据下级建设主管部门报告或者其他省级人民政府建设主管部门抄告的违法事实、处理建议和处理结果,按照《规定》对企业进行相应处罚,并将处理结果通告原报告或抄告部门。

(二十)根据《建设工程安全生产管理条例》,县级以上地方人民政府交通、水利等有关部门负责本行政区域内有关专业建设工程安全生产的监督管理,对从事有关专业建设工程的建筑施工企业违反《规定》的,将其违法事实抄告同级建设主管部门;铁路建设安全生产监督管理机构负责铁路建设工程安全生产监督管理,对从事铁路建设工程的建筑施工企业违反《规定》的,将其违法事实抄告省级以上人民政府建设主管部门。

(二十一)安全生产许可证颁发管理机关或者其上级行政机关发现有下列情形之一的,可以撤销已经颁发的安全生产许可证:

1. 安全生产许可证颁发管理机关工作人员滥用职权、玩忽职守颁发安全生产许可证的；

2. 超越法定职权颁发安全生产许可证的；

3. 违反法定程序颁发安全生产许可证的；

4. 对不具备安全生产条件的建筑施工企业颁发安全生产许可证的；

5. 依法可以撤销已经颁发的安全生产许可证的其他情形。

依照前款规定撤销安全生产许可证，建筑施工企业的合法权益受到损害的，建设主管部门应当依法给予赔偿。

（二十二）发生下列情形之一的，安全生产许可证颁发管理机关应当依法注销已经颁发的安全生产许可证：

1. 企业依法终止的；

2. 安全生产许可证有效期届满未延续的；

3. 安全生产许可证依法被撤销、吊销的；

4. 因不可抗力导致行政许可事项无法实施的；

5. 依法应当注销安全生产许可证的其他情形。

（二十三）安全生产许可证颁发管理机关应当建立健全安全生产许可证档案，定期通过报纸、网络等公众媒体向社会公布企业取得安全生产许可证的情况，以及暂扣、吊销安全生产许可证等行政处罚情况。

七、对取得安全生产许可证单位的行政处罚

（二十四）安全生产许可证颁发管理机关或市、县级人民政府建设主管部门发现取得安全生产许可证的建筑施工企业不再具备《规定》第四条规定安全生产条件的，责令限期改正；经整改仍未达到规定安全生产条件的，处以暂扣安全生产许可证7至30日的处罚；安全生产许可证暂扣期间，拒不整改或经整改仍未达到规定安全生产条件的，处以延长暂扣期7至15天直至吊销安全生产许可证的处罚。

（二十五）企业发生死亡事故的，安全生产许可证颁发管理机关应当立即对企业安全生产条件进行复查，发现企业不再具备《规定》第四条规定安全生产条件的，处以暂扣安全生产许可证30日至90日的处罚；安全生产许可证暂扣期间，拒不整改或经整改仍未达到规定安全生产条件的，处以延长暂扣期30日至60日直至吊销安全生产许可证的处罚。

（二十六）企业安全生产许可证被暂扣期间，不得承揽新的工程项目，发生问题的在建项目停工整改，整改合格后方可继续施工；企业安全生产许可证被吊销后，该企业不得进行任何施工活动，且一年之内不得重新申请安全生产许可证。

八、附则

（二十七）由建设部直接实施的建筑施工企业安全生产许可证审批，按照《关于印发〈建设部机关实施行政许可工作规程〉的通知》（建法〔2004〕111号）进行，使用规范许可文书并加盖建设部行政许可专用章。各省、自治区、直辖市人民政府建设主管部门参照上述文件规定，规范许可程序和各项许可文书。

（二十八）各省、自治区、直辖市人民政府建设主管部门可依照《规定》和本意见，制定本地区的实施细则。

附件一：中央管理的建筑施工企业（集团公司、总公司）名单（略）

附件二：建筑施工企业安全生产许可证申请表样式（略）

附件三：关于建筑施工企业安全生产许可证的有关事宜（略）

建筑施工企业安全生产许可证动态监管暂行办法

· 2008年6月30日
· 建质〔2008〕121号

第一条　为加强建筑施工企业安全生产许可证的动态监管，促进建筑施工企业保持和改善安全生产条件，控制和减少生产安全事故，根据《安全生产许可证条例》、《建设工程安全生产管理条例》和《建筑施工企业安全生产许可证管理规定》等法规规章，制定本办法。

第二条　建设单位或其委托的工程招标代理机构在编制资格预审文件和招标文件时，应当明确要求建筑施工企业提供安全生产许可证，以及企业主要负责人、拟担任该项目负责人和专职安全生产管理人员（以下简称"三类人员"）相应的安全生产考核合格证书。

第三条　建设主管部门在审核发放施工许可证时，应当对已经确定的建筑施工企业是否具有安全生产许可证以及安全生产许可证是否处于暂扣期内进行审查，对未取得安全生产许可证及安全生产许可证处于暂扣期内的，不得颁发施工许可证。

第四条　建设工程实行施工总承包的，建筑施工总承包企业应当依法将工程分包给具有安全生产许可证的专业承包企业或劳务分包企业，并加强对分包企业安全生产条件的监督检查。

第五条　工程监理单位应当查验承建工程的施工企业安全生产许可证和有关"三类人员"安全生产考核合

格证书持证情况,发现其持证情况不符合规定的或施工现场降低安全生产条件的,应当要求其立即整改。施工企业拒不整改的,工程监理单位应当向建设单位报告。建设单位接到工程监理单位报告后,应当责令施工企业立即整改。

第六条　建筑施工企业应当加强对本企业和承建工程安全生产条件的日常动态检查,发现不符合法定安全生产条件的,应当立即进行整改,并做好自查和整改记录。

第七条　建筑施工企业在"三类人员"配备、安全生产管理机构设置及其他法定安全生产条件发生变化以及因施工资质升级、增项而使得安全生产条件发生变化时,应当向安全生产许可证颁发管理机关(以下简称颁发管理机关)和当地建设主管部门报告。

第八条　颁发管理机关应当建立建筑施工企业安全生产条件的动态监督检查制度,并将安全生产管理薄弱、事故频发的企业作为监督检查的重点。

颁发管理机关根据监管情况、群众举报投诉和企业安全生产条件变化报告,对相关建筑施工企业及其承建工程项目的安全生产条件进行核查,发现企业降低安全生产条件的,应当视其安全生产条件降低情况对其依法实施暂扣或吊销安全生产许可证的处罚。

第九条　市、县级人民政府建设主管部门或其委托的建筑安全监督机构在日常安全生产监督检查中,应当查验承建工程施工企业的安全生产许可证。发现企业降低施工现场安全生产条件的或存在事故隐患的,应立即提出整改要求;情节严重的,应责令工程项目停止施工并限期整改。

第十条　依据本办法第九条责令停止施工符合下列情形之一的,市、县级人民政府建设主管部门应当于作出最后一次停止施工决定之日起15日内以书面形式向颁发管理机关(县级人民政府建设主管部门同时抄报设区市级人民政府建设主管部门;工程承建企业跨省施工的,通过省级人民政府建设主管部门抄报)提出暂扣企业安全生产许可证的建议,并附具企业及有关工程项目违法违规事实和证明安全生产条件降低的相关询问笔录或其他证据材料。

(一)在12个月内,同一企业同一项目被两次责令停止施工的。

(二)在12个月内,同一企业在同一市、县内三个项目被责令停止施工的;

(三)施工企业承建工程经责令停止施工后,整改仍达不到要求或拒不停工整改的。

第十一条　颁发管理机关接到本办法第十条规定的暂扣安全生产许可证建议后,应当于5个工作日内立案,并根据情节轻重依法给予企业暂扣安全生产许可证30日至60日的处罚。

第十二条　工程项目发生一般及以上生产安全事故的,工程所在地市、县级人民政府建设主管部门应当立即按照事故报告要求向本地区颁发管理机关报告。

工程承建企业跨省施工的,工程所在地省级建设主管部门应当在事故发生之日起15日内将事故基本情况书面通报颁发管理机关,同时附具企业及有关项目违法违规事实和证明安全生产条件降低的相关询问笔录或其他证据材料。

第十三条　颁发管理机关接到本办法第十二条规定的报告或通报后,应立即组织对相关建筑施工企业(含施工总承包企业和与发生事故直接相关的分包企业)安全生产条件进行复核,并于接到报告或通报之日起20日内复核完毕。

颁发管理机关复核施工企业及其工程项目安全生产条件,可以直接复核或委托工程所在地建设主管部门复核。被委托的建设主管部门应严格按照法律规章和相关标准进行复核,并及时向颁发管理机关反馈复核结果。

第十四条　依据本办法第十三条进行复核,对企业降低安全生产条件的,颁发管理机关应当依法给予企业暂扣安全生产许可证的处罚;属情节特别严重的或者发生特别重大事故的,依法吊销安全生产许可证。

暂扣安全生产许可证处罚视事故发生级别和安全生产条件降低情况,按下列标准执行:

(一)发生一般事故的,暂扣安全生产许可证30至60日。

(二)发生较大事故的,暂扣安全生产许可证60至90日。

(三)发生重大事故的,暂扣安全生产许可证90至120日。

第十五条　建筑施工企业在12个月内第二次发生生产安全事故的,视事故级别和安全生产条件降低情况,分别按下列标准进行处罚:

(一)发生一般事故的,暂扣时限为在上一次暂扣时限的基础上再增加30日。

(二)发生较大事故的,暂扣时限为在上一次暂扣时限的基础上再增加60日。

（三）发生重大事故的，或按本条（一）、（二）处罚暂扣时限超过 120 日的，吊销安全生产许可证。

12 个月内同一企业连续发生三次生产安全事故的，吊销安全生产许可证。

第十六条　建筑施工企业瞒报、谎报、迟报或漏报事故的，在本办法第十四条、第十五条处罚的基础上，再处延长暂扣期 30 日至 60 日的处罚。暂扣时限超过 120 日的，吊销安全生产许可证。

第十七条　建筑施工企业在安全生产许可证暂扣期内，拒不整改的，吊销其安全生产许可证。

第十八条　建筑施工企业安全生产许可证被暂扣期间，企业在全国范围内不得承揽新的工程项目。发生问题或事故的工程项目停工整改，经工程所在地有关建设主管部门核查合格后方可继续施工。

第十九条　建筑施工企业安全生产许可证被吊销后，自吊销决定作出之日起一年内不得重新申请安全生产许可证。

第二十条　建筑施工企业安全生产许可证暂扣期满前 10 个工作日，企业需向颁发管理机关提出发还安全生产许可证申请。颁发管理机关接到申请后，应当对被暂扣企业安全生产条件进行复查，复查合格的，应当在暂扣期满时发还安全生产许可证；复查不合格的，增加暂扣期限直至吊销安全生产许可证。

第二十一条　颁发管理机关应建立建筑施工企业安全生产许可动态监管激励制度。对于安全生产工作成效显著、连续三年及以上未被暂扣安全生产许可证的企业，在评选各级各类安全生产先进集体和个人、文明工地、优质工程等时可以优先考虑，并可根据本地实际情况在监督管理时采取有关优惠政策措施。

第二十二条　颁发管理机关应将建筑施工企业安全生产许可证审批、延期、暂扣、吊销情况，于做出有关行政决定之日起 5 个工作日内录入全国建筑施工企业安全生产许可证管理信息系统，并对录入信息的真实性和准确性负责。

第二十三条　在建筑施工企业安全生产许可证动态监管中，涉及有关专业建设工程主管部门的，依照有关职责分工实施。

各省、自治区、直辖市人民政府建设主管部门可根据本办法，制定本地区的实施细则。

（3）事故预防与报告查处

生产安全事故报告和调查处理条例

· 2007 年 3 月 28 日国务院第 172 次常务会议通过
· 2007 年 4 月 9 日中华人民共和国国务院令第 493 号公布
· 自 2007 年 6 月 1 日起施行

第一章　总　则

第一条　为了规范生产安全事故的报告和调查处理，落实生产安全事故责任追究制度，防止和减少生产安全事故，根据《中华人民共和国安全生产法》和有关法律，制定本条例。

第二条　生产经营活动中发生的造成人身伤亡或者直接经济损失的生产安全事故的报告和调查处理，适用本条例；环境污染事故、核设施事故、国防科研生产事故的报告和调查处理不适用本条例。

第三条　根据生产安全事故（以下简称事故）造成的人员伤亡或者直接经济损失，事故一般分为以下等级：

（一）特别重大事故，是指造成 30 人以上死亡，或者 100 人以上重伤（包括急性工业中毒，下同），或者 1 亿元以上直接经济损失的事故；

（二）重大事故，是指造成 10 人以上 30 人以下死亡，或者 50 人以上 100 人以下重伤，或者 5000 万元以上 1 亿元以下直接经济损失的事故；

（三）较大事故，是指造成 3 人以上 10 人以下死亡，或者 10 人以上 50 人以下重伤，或者 1000 万元以上 5000 万元以下直接经济损失的事故；

（四）一般事故，是指造成 3 人以下死亡，或者 10 人以下重伤，或者 1000 万元以下直接经济损失的事故。

国务院安全生产监督管理部门可以会同国务院有关部门，制定事故等级划分的补充性规定。

本条第一款所称的"以上"包括本数，所称的"以下"不包括本数。

第四条　事故报告应当及时、准确、完整，任何单位和个人对事故不得迟报、漏报、谎报或者瞒报。

事故调查处理应当坚持实事求是、尊重科学的原则，及时、准确地查清事故经过、事故原因和事故损失，查明事故性质，认定事故责任，总结事故教训，提出整改措施，并对事故责任者依法追究责任。

第五条　县级以上人民政府应当依照本条例的规定，严格履行职责，及时、准确地完成事故调查处理工作。

事故发生地有关地方人民政府应当支持、配合上级人民政府或者有关部门的事故调查处理工作，并提供必要的便利条件。

参加事故调查处理的部门和单位应当互相配合,提高事故调查处理工作的效率。

第六条　工会依法参加事故调查处理,有权向有关部门提出处理意见。

第七条　任何单位和个人不得阻挠和干涉对事故的报告和依法调查处理。

第八条　对事故报告和调查处理中的违法行为,任何单位和个人有权向安全生产监督管理部门、监察机关或者其他有关部门举报,接到举报的部门应当依法及时处理。

第二章　事故报告

第九条　事故发生后,事故现场有关人员应当立即向本单位负责人报告;单位负责人接到报告后,应当于1小时内向事故发生地县级以上人民政府安全生产监督管理部门和负有安全生产监督管理职责的有关部门报告。

情况紧急时,事故现场有关人员可以直接向事故发生地县级以上人民政府安全生产监督管理部门和负有安全生产监督管理职责的有关部门报告。

第十条　安全生产监督管理部门和负有安全生产监督管理职责的有关部门接到事故报告后,应当依照下列规定上报事故情况,并通知公安机关、劳动保障行政部门、工会和人民检察院:

(一)特别重大事故、重大事故逐级上报至国务院安全生产监督管理部门和负有安全生产监督管理职责的有关部门;

(二)较大事故逐级上报至省、自治区、直辖市人民政府安全生产监督管理部门和负有安全生产监督管理职责的有关部门;

(三)一般事故上报至设区的市级人民政府安全生产监督管理部门和负有安全生产监督管理职责的有关部门。

安全生产监督管理部门和负有安全生产监督管理职责的有关部门依照前款规定上报事故情况,应当同时报告本级人民政府。国务院安全生产监督管理部门和负有安全生产监督管理职责的有关部门以及省级人民政府接到发生特别重大事故、重大事故的报告后,应当立即报告国务院。

必要时,安全生产监督管理部门和负有安全生产监督管理职责的有关部门可以越级上报事故情况。

第十一条　安全生产监督管理部门和负有安全生产监督管理职责的有关部门逐级上报事故情况,每级上报

的时间不得超过2小时。

第十二条　报告事故应当包括下列内容:

(一)事故发生单位概况;

(二)事故发生的时间、地点以及事故现场情况;

(三)事故的简要经过;

(四)事故已经造成或者可能造成的伤亡人数(包括下落不明的人数)和初步估计的直接经济损失;

(五)已经采取的措施;

(六)其他应当报告的情况。

第十三条　事故报告后出现新情况的,应当及时补报。

自事故发生之日起30日内,事故造成的伤亡人数发生变化的,应当及时补报。道路交通事故、火灾事故自发生之日起7日内,事故造成的伤亡人数发生变化的,应当及时补报。

第十四条　事故发生单位负责人接到事故报告后,应当立即启动事故相应应急预案,或者采取有效措施,组织抢救,防止事故扩大,减少人员伤亡和财产损失。

第十五条　事故发生地有关地方人民政府、安全生产监督管理部门和负有安全生产监督管理职责的有关部门接到事故报告后,其负责人应当立即赶赴事故现场,组织事故救援。

第十六条　事故发生后,有关单位和人员应当妥善保护事故现场以及相关证据,任何单位和个人不得破坏事故现场、毁灭相关证据。

因抢救人员、防止事故扩大以及疏通交通等原因,需要移动事故现场物件的,应当做出标志,绘制现场简图并做出书面记录,妥善保存现场重要痕迹、物证。

第十七条　事故发生地公安机关根据事故的情况,对涉嫌犯罪的,应当依法立案侦查,采取强制措施和侦查措施。犯罪嫌疑人逃匿的,公安机关应当迅速追捕归案。

第十八条　安全生产监督管理部门和负有安全生产监督管理职责的有关部门应当建立值班制度,并向社会公布值班电话,受理事故报告和举报。

第三章　事故调查

第十九条　特别重大事故由国务院或者国务院授权有关部门组织事故调查组进行调查。

重大事故、较大事故、一般事故分别由事故发生地省级人民政府、设区的市级人民政府、县级人民政府负责调查。省级人民政府、设区的市级人民政府、县级人民政府可以直接组织事故调查组进行调查,也可以授权或者委托有关部门组织事故调查组进行调查。

未造成人员伤亡的一般事故，县级人民政府也可以委托事故发生单位组织事故调查组进行调查。

第二十条　上级人民政府认为必要时，可以调查由下级人民政府负责调查的事故。

自事故发生之日起 30 日内（道路交通事故、火灾事故自发生之日起 7 日内），因事故伤亡人数变化导致事故等级发生变化，依照本条例规定应当由上级人民政府负责调查的，上级人民政府可以另行组织事故调查组进行调查。

第二十一条　特别重大事故以下等级事故，事故发生地与事故发生单位不在同一个县级以上行政区域的，由事故发生地人民政府负责调查，事故发生单位所在地人民政府应当派人参加。

第二十二条　事故调查组的组成应当遵循精简、效能的原则。

根据事故的具体情况，事故调查组由有关人民政府、安全生产监督管理部门、负有安全生产监督管理职责的有关部门、监察机关、公安机关以及工会派人组成，并应当邀请人民检察院派人参加。

事故调查组可以聘请有关专家参与调查。

第二十三条　事故调查组成员应当具有事故调查所需要的知识和专长，并与所调查的事故没有直接利害关系。

第二十四条　事故调查组组长由负责事故调查的人民政府指定。事故调查组组长主持事故调查组的工作。

第二十五条　事故调查组履行下列职责：

（一）查明事故发生的经过、原因、人员伤亡情况及直接经济损失；

（二）认定事故的性质和事故责任；

（三）提出对事故责任者的处理建议；

（四）总结事故教训，提出防范和整改措施；

（五）提交事故调查报告。

第二十六条　事故调查组有权向有关单位和个人了解与事故有关的情况，并要求其提供相关文件、资料，有关单位和个人不得拒绝。

事故发生单位的负责人和有关人员在事故调查期间不得擅离职守，并应当随时接受事故调查组的询问，如实提供有关情况。

事故调查中发现涉嫌犯罪的，事故调查组应当及时将有关材料或者其复印件移交司法机关处理。

第二十七条　事故调查中需要进行技术鉴定的，事故调查组应当委托具有国家规定资质的单位进行技术鉴定。必要时，事故调查组可以直接组织专家进行技术鉴定。技术鉴定所需时间不计入事故调查期限。

第二十八条　事故调查组成员在事故调查工作中应当诚信公正、恪尽职守，遵守事故调查组的纪律，保守事故调查的秘密。

未经事故调查组组长允许，事故调查组成员不得擅自发布有关事故的信息。

第二十九条　事故调查组应当自事故发生之日起 60 日内提交事故调查报告；特殊情况下，经负责事故调查的人民政府批准，提交事故调查报告的期限可以适当延长，但延长的期限最长不超过 60 日。

第三十条　事故调查报告应当包括下列内容：

（一）事故发生单位概况；

（二）事故发生经过和事故救援情况；

（三）事故造成的人员伤亡和直接经济损失；

（四）事故发生的原因和事故性质；

（五）事故责任的认定以及对事故责任者的处理建议；

（六）事故防范和整改措施。

事故调查报告应当附具有关证据材料。事故调查组成员应当在事故调查报告上签名。

第三十一条　事故调查报告报送负责事故调查的人民政府后，事故调查工作即告结束。事故调查的有关资料应当归档保存。

第四章　事故处理

第三十二条　重大事故、较大事故、一般事故，负责事故调查的人民政府应当自收到事故调查报告之日起 15 日内做出批复；特别重大事故，30 日内做出批复，特殊情况下，批复时间可以适当延长，但延长的时间最长不超过 30 日。

有关机关应当按照人民政府的批复，依照法律、行政法规规定的权限和程序，对事故发生单位和有关人员进行行政处罚，对负有事故责任的国家工作人员进行处分。

事故发生单位应当按照负责事故调查的人民政府的批复，对本单位负有事故责任的人员进行处理。

负有事故责任的人员涉嫌犯罪的，依法追究刑事责任。

第三十三条　事故发生单位应当认真吸取事故教训，落实防范和整改措施，防止事故再次发生。防范和整改措施的落实情况应当接受工会和职工的监督。

安全生产监督管理部门和负有安全生产监督管理职责的有关部门应当对事故发生单位落实防范和整改措施

的情况进行监督检查。

第三十四条　事故处理的情况由负责事故调查的人民政府或者其授权的有关部门、机构向社会公布,依法应当保密的除外。

第五章　法律责任

第三十五条　事故发生单位主要负责人有下列行为之一的,处上一年年收入40%至80%的罚款;属于国家工作人员的,并依法给予处分;构成犯罪的,依法追究刑事责任:

(一)不立即组织事故抢救的;

(二)迟报或者漏报事故的;

(三)在事故调查处理期间擅离职守的。

第三十六条　事故发生单位及其有关人员有下列行为之一的,对事故发生单位处100万元以上500万元以下的罚款;对主要负责人、直接负责的主管人员和其他直接责任人员处上一年年收入60%至100%的罚款;属于国家工作人员的,并依法给予处分;构成违反治安管理行为的,由公安机关依法给予治安管理处罚;构成犯罪的,依法追究刑事责任:

(一)谎报或者瞒报事故的;

(二)伪造或者故意破坏事故现场的;

(三)转移、隐匿资金、财产,或者销毁有关证据、资料的;

(四)拒绝接受调查或者拒绝提供有关情况和资料的;

(五)在事故调查中作伪证或者指使他人作伪证的;

(六)事故发生后逃匿的。

第三十七条　事故发生单位对事故发生负有责任的,依照下列规定处以罚款:

(一)发生一般事故的,处10万元以上20万元以下的罚款;

(二)发生较大事故的,处20万元以上50万元以下的罚款;

(三)发生重大事故的,处50万元以上200万元以下的罚款;

(四)发生特别重大事故的,处200万元以上500万元以下的罚款。

第三十八条　事故发生单位主要负责人未依法履行安全生产管理职责,导致事故发生的,依照下列规定处以罚款;属于国家工作人员的,并依法给予处分;构成犯罪的,依法追究刑事责任:

(一)发生一般事故的,处上一年年收入30%的罚款;

(二)发生较大事故的,处上一年年收入40%的罚款;

(三)发生重大事故的,处上一年年收入60%的罚款;

(四)发生特别重大事故的,处上一年年收入80%的罚款。

第三十九条　有关地方人民政府、安全生产监督管理部门和负有安全生产监督管理职责的有关部门有下列行为之一的,对直接负责的主管人员和其他直接责任人员依法给予处分;构成犯罪的,依法追究刑事责任:

(一)不立即组织事故抢救的;

(二)迟报、漏报、谎报或者瞒报事故的;

(三)阻碍、干涉事故调查工作的;

(四)在事故调查中作伪证或者指使他人作伪证的。

第四十条　事故发生单位对事故发生负有责任的,由有关部门依法暂扣或者吊销其有关证照;对事故发生单位负有事故责任的有关人员,依法暂停或者撤销其与安全生产有关的执业资格、岗位证书;事故发生单位主要负责人受到刑事处罚或者撤职处分的,自刑罚执行完毕或者受处分之日起,5年内不得担任任何生产经营单位的主要负责人。

为发生事故的单位提供虚假证明的中介机构,由有关部门依法暂扣或者吊销其有关证照及其相关人员的执业资格;构成犯罪的,依法追究刑事责任。

第四十一条　参与事故调查的人员在事故调查中有下列行为之一的,依法给予处分;构成犯罪的,依法追究刑事责任:

(一)对事故调查工作不负责任,致使事故调查工作有重大疏漏的;

(二)包庇、袒护负有事故责任的人员或者借机打击报复的。

第四十二条　违反本条例规定,有关地方人民政府或者有关部门故意拖延或者拒绝落实经批复的对事故责任人的处理意见的,由监察机关对有关责任人员依法给予处分。

第四十三条　本条例规定的罚款的行政处罚,由安全生产监督管理部门决定。

法律、行政法规对行政处罚的种类、幅度和决定机关另有规定的,依照其规定。

第六章　附　则

第四十四条　没有造成人员伤亡,但是社会影响恶劣的事故,国务院或者有关地方人民政府认为需要调查处理的,依照本条例的有关规定执行。

国家机关、事业单位、人民团体发生的事故的报告和调查处理,参照本条例的规定执行。

第四十五条 特别重大事故以下等级事故的报告和调查处理,有关法律、行政法规或者国务院另有规定的,依照其规定。

第四十六条 本条例自 2007 年 6 月 1 日起施行。国务院 1989 年 3 月 29 日公布的《特别重大事故调查程序暂行规定》和 1991 年 2 月 22 日公布的《企业职工伤亡事故报告和处理规定》同时废止。

国务院关于特大安全事故行政责任追究的规定

· 2001 年 4 月 21 日中华人民共和国国务院令第 302 号公布
· 自公布之日起施行

第一条 为了有效地防范特大安全事故的发生,严肃追究特大安全事故的行政责任,保障人民群众生命、财产安全,制定本规定。

第二条 地方人民政府主要领导人和政府有关部门正职负责人对下列特大安全事故的防范、发生,依照法律、行政法规和本规定的规定有失职、渎职情形或者负有领导责任的,依照本规定给予行政处分;构成玩忽职守罪或者其他罪的,依法追究刑事责任:

(一)特大火灾事故;

(二)特大交通安全事故;

(三)特大建筑质量安全事故;

(四)民用爆炸物品和化学危险品特大安全事故;

(五)煤矿和其他矿山特大安全事故;

(六)锅炉、压力容器、压力管道和特种设备特大安全事故;

(七)其他特大安全事故。

地方人民政府和政府有关部门对特大安全事故的防范、发生直接负责的主管人员和其他直接责任人员,比照本规定给予行政处分;构成玩忽职守罪或者其他罪的,依法追究刑事责任。

特大安全事故肇事单位和个人的刑事处罚、行政处罚和民事责任,依照有关法律、法规和规章的规定执行。

第三条 特大安全事故的具体标准,按照国家有关规定执行。

第四条 地方各级人民政府及政府有关部门应当依照有关法律、法规和规章的规定,采取行政措施,对本地区实施安全监督管理,保障本地区人民群众生命、财产安全,对本地区或者职责范围内防范特大安全事故的发生、特大安全事故发生后的迅速和妥善处理负责。

第五条 地方各级人民政府应当每个季度至少召开一次防范特大安全事故工作会议,由政府主要领导人或者政府主要领导人委托政府分管领导人召集有关部门正职负责人参加,分析、布置、督促、检查本地区防范特大安全事故的工作。会议应当作出决定并形成纪要,会议确定的各项防范措施必须严格实施。

第六条 市(地、州)、县(市、区)人民政府应当组织有关部门按照职责分工对本地区容易发生特大安全事故的单位、设施和场所安全事故的防范明确责任、采取措施,并组织有关部门对上述单位、设施和场所进行严格检查。

第七条 市(地、州)、县(市、区)人民政府必须制定本地区特大安全事故应急处理预案。本地区特大安全事故应急处理预案经政府主要领导人签署后,报上一级人民政府备案。

第八条 市(地、州)、县(市、区)人民政府应当组织有关部门对本规定第二条所列各类特大安全事故的隐患进行查处;发现特大安全事故隐患的,责令立即排除;特大安全事故隐患排除前或者排除过程中,无法保证安全的,责令暂时停产、停业或者停止使用。法律、行政法规对查处机关另有规定的,依照其规定。

第九条 市(地、州)、县(市、区)人民政府及其有关部门对本地区存在的特大安全事故隐患,超出其管辖或者职责范围的,应当立即向有管辖权或者负有职责的上级人民政府或者政府有关部门报告;情况紧急的,可以立即采取包括责令暂时停产、停业在内的紧急措施,同时报告;有关上级人民政府或者政府有关部门接到报告后,应当立即组织查处。

第十条 中小学校对学生进行劳动技能教育以及组织学生参加公益劳动等社会实践活动,必须确保学生安全。严禁以任何形式、名义组织学生从事接触易燃、易爆、有毒、有害等危险品的劳动或者其他危险性劳动。严禁将学校场地出租作为从事易燃、易爆、有毒、有害等危险品的生产、经营场所。

中小学校违反前款规定的,按照学校隶属关系,对县(市、区)、乡(镇)人民政府主要领导人和县(市、区)人民政府教育行政部门正职负责人,根据情节轻重,给予记过、降级直至撤职的行政处分;构成玩忽职守罪或者其他罪的,依法追究刑事责任。

中小学校违反本条第一款规定的,对校长给予撤职的行政处分,对直接组织者给予开除公职的行政处分;构成非法制造爆炸物罪或者其他罪的,依法追究刑事责任。

第十一条　依法对涉及安全生产事项负责行政审批(包括批准、核准、许可、注册、认证、颁发证照、竣工验收等,下同)的政府部门或者机构,必须严格依照法律、法规和规章规定的安全条件和程序进行审查;不符合法律、法规和规章规定的安全条件的,不得批准;不符合法律、法规和规章规定的安全条件,弄虚作假,骗取批准或者勾结串通行政审批工作人员取得批准的,负责行政审批的政府部门或者机构除必须立即撤销原批准外,应当对弄虚作假骗取批准或者勾结串通行政审批工作人员的当事人依法给予行政处罚;构成行贿罪或者其他罪的,依法追究刑事责任。

负责行政审批的政府部门或者机构违反前款规定,对不符合法律、法规和规章规定的安全条件予以批准的,对部门或者机构的正职负责人,根据情节轻重,给予降级、撤职直至开除公职的行政处分;与当事人勾结串通的,应当开除公职;构成受贿罪、玩忽职守罪或者其他罪的,依法追究刑事责任。

第十二条　对依照本规定第十一条第一款的规定取得批准的单位和个人,负责行政审批的政府部门或者机构必须对其实施严格监督检查;发现其不再具备安全条件的,必须立即撤销原批准。

负责行政审批的政府部门或者机构违反前款规定,不对取得批准的单位和个人实施严格监督检查,或者发现其不再具备安全条件而不立即撤销原批准的,对部门或者机构的正职负责人,根据情节轻重,给予降级或者撤职的行政处分;构成受贿罪、玩忽职守罪或者其他罪的,依法追究刑事责任。

第十三条　对未依法取得批准,擅自从事有关活动的,负责行政审批的政府部门或者机构发现或者接到举报后,应当立即予以查封、取缔,并依法给予行政处罚;属于经营单位的,由工商行政管理部门依法相应吊销营业执照。

负责行政审批的政府部门或者机构违反前款规定,对发现或者举报的未依法取得批准而擅自从事有关活动的,不予查封、取缔、不依法给予行政处罚,工商行政管理部门不予吊销营业执照的,对部门或者机构的正职负责人,根据情节轻重,给予降级或者撤职的行政处分;构成受贿罪、玩忽职守罪或者其他罪的,依法追究刑事责任。

第十四条　市(地、州)、县(市、区)人民政府依照本规定应当履行职责而未履行,或者未按照规定的职责和

程序履行,本地区发生特大安全事故的,对政府主要领导人,根据情节轻重,给予降级或者撤职的行政处分;构成玩忽职守罪的,依法追究刑事责任。

负责行政审批的政府部门或者机构、负责安全监督管理的政府有关部门,未依照本规定履行职责,发生特大安全事故的,对部门或者机构的正职负责人,根据情节轻重,给予撤职或者开除公职的行政处分;构成玩忽职守罪或者其他罪的,依法追究刑事责任。

第十五条　发生特大安全事故,社会影响特别恶劣或者性质特别严重的,由国务院对负有领导责任的省长、自治区主席、直辖市市长和国务院有关部门正职负责人给予行政处分。

第十六条　特大安全事故发生后,有关县(市、区)、市(地、州)和省、自治区、直辖市人民政府及政府有关部门应当按照国家规定的程序和时限立即上报,不得隐瞒不报、谎报或者拖延报告,并应当配合、协助事故调查,不得以任何方式阻碍、干涉事故调查。

特大安全事故发生后,有关地方人民政府及政府有关部门违反前款规定的,对政府主要领导人和政府部门正职负责人给予降级的行政处分。

第十七条　特大安全事故发生后,有关地方人民政府应当迅速组织救助,有关部门应当服从指挥、调度,参加或者配合救助,将事故损失降到最低限度。

第十八条　特大安全事故发生后,省、自治区、直辖市人民政府应当按照国家有关规定迅速、如实发布事故消息。

第十九条　特大安全事故发生后,按照国家有关规定组织调查组对事故进行调查。事故调查工作应当自事故发生之日起60日内完成,并由调查组提出调查报告;遇有特殊情况的,经调查组提出并报国家安全生产监督管理机构批准后,可以适当延长时间。调查报告应当包括依照本规定对有关责任人员追究行政责任或者其他法律责任的意见。

省、自治区、直辖市人民政府应当自调查报告提交之日起30日内,对有关责任人员作出处理决定;必要时,国务院可以对特大安全事故的有关责任人员作出处理决定。

第二十条　地方人民政府或者政府部门阻挠、干涉对特大安全事故有关责任人员追究行政责任的,对该地方人民政府主要领导人或者政府部门正职负责人,根据情节轻重,给予降级或者撤职的行政处分。

第二十一条　任何单位和个人均有权向有关地方人

民政府或者政府部门报告特大安全事故隐患,有权向上级人民政府或者政府部门举报地方人民政府或者政府部门不履行安全监督管理职责或者不按照规定履行职责的情况。接到报告或者举报的有关人民政府或者政府部门,应当立即组织对事故隐患进行查处,或者对举报的不履行、不按照规定履行安全监督管理职责的情况进行调查处理。

第二十二条 监察机关依照行政监察法的规定,对地方各级人民政府和政府部门及其工作人员履行安全监督管理职责实施监察。

第二十三条 对特大安全事故以外的其他安全事故的防范、发生追究行政责任的办法,由省、自治区、直辖市人民政府参照本规定制定。

第二十四条 本规定自公布之日起施行。

生产安全事故罚款处罚规定(试行)

· 2007 年 7 月 12 日国家安全生产监管总局令第 13 号公布
· 根据 2011 年 9 月 1 日《国家安全监管总局关于修改〈《生产安全事故报告和调查处理条例》罚款处罚暂行规定〉部分条款的决定》第一次修订
· 根据 2015 年 4 月 2 日《国家安全监管总局关于修改〈《生产安全事故报告和调查处理条例》罚款处罚暂行规定〉等四部规章的决定》第二次修订

第一条 为防止和减少生产安全事故,严格追究生产安全事故发生单位及其有关责任人员的法律责任,正确适用事故罚款的行政处罚,依照《安全生产法》、《生产安全事故报告和调查处理条例》(以下简称《条例》)的规定,制定本规定。

第二条 安全生产监督管理部门和煤矿安全监察机构对生产安全事故发生单位(以下简称事故发生单位)及其主要负责人、直接负责的主管人员和其他责任人员等有关责任人员依照《安全生产法》和《条例》实施罚款的行政处罚,适用本规定。

第三条 本规定所称事故发生单位是指对事故负有责任的生产经营单位。

本规定所称主要负责人是指有限责任公司、股份有限公司的董事长或者总经理或者个人经营的投资人,其他生产经营单位的厂长、经理、局长、矿长(含实际控制人)等人员。

第四条 本规定所称事故发生单位主要负责人、直接负责的主管人员和其他直接责任人员的上一年年收入,属于国有生产经营单位的,是指该单位上级主管部门所确定的上一年年收入总额;属于非国有生产经营单位的,是指经财务、税务部门核定的上一年年收入总额。

生产经营单位提供虚假资料或者由于财务、税务部门无法核定等原因致使有关人员的上一年年收入难以确定的,按照下列办法确定:

(一)主要负责人的上一年年收入,按照本省、自治区、直辖市上一年度职工平均工资的 5 倍以上 10 倍以下计算;

(二)直接负责的主管人员和其他直接责任人员的上一年年收入,按照本省、自治区、直辖市上一年度职工平均工资的 1 倍以上 5 倍以下计算。

第五条 《条例》所称的迟报、漏报、谎报和瞒报,依照下列情形认定:

(一)报告事故的时间超过规定时限的,属于迟报;

(二)因过失对应当上报的事故或者事故发生的时间、地点、类别、伤亡人数、直接经济损失等内容遗漏未报的,属于漏报;

(三)故意不如实报告事故发生的时间、地点、初步原因、性质、伤亡人数和涉险人数、直接经济损失等有关内容的,属于谎报;

(四)隐瞒已经发生的事故,超过规定时限未向安全监管监察部门和有关部门报告,经查证属实的,属于瞒报。

第六条 对事故发生单位及其有关责任人员处以罚款的行政处罚,依照下列规定决定:

(一)对发生特别重大事故的单位及其有关责任人员罚款的行政处罚,由国家安全生产监督管理总局决定;

(二)对发生重大事故的单位及其有关责任人员罚款的行政处罚,由省级人民政府安全生产监督管理部门决定;

(三)对发生较大事故的单位及其有关责任人员罚款的行政处罚,由设区的市级人民政府安全生产监督管理部门决定;

(四)对发生一般事故的单位及其有关责任人员罚款的行政处罚,由县级人民政府安全生产监督管理部门决定。

上级安全生产监督管理部门可以指定下一级安全生产监督管理部门对事故发生单位及其有关责任人员实施行政处罚。

第七条 对煤矿事故发生单位及其有关责任人员处以罚款的行政处罚,依照下列规定执行:

（一）对发生特别重大事故的煤矿及其有关责任人员罚款的行政处罚，由国家煤矿安全监察局决定；

（二）对发生重大事故和较大事故的煤矿及其有关责任人员罚款的行政处罚，由省级煤矿安全监察机构决定；

（三）对发生一般事故的煤矿及其有关责任人员罚款的行政处罚，由省级煤矿安全监察机构所属分局决定。

上级煤矿安全监察机构可以指定下一级煤矿安全监察机构对事故发生单位及其有关责任人员实施行政处罚。

第八条　特别重大事故以下等级事故，事故发生地与事故发生单位所在地不在同一个县级以上行政区域的，由事故发生地的安全生产监督管理部门或者煤矿安全监察机构依照本规定第六条或者第七条规定的权限实施行政处罚。

第九条　安全生产监督管理部门和煤矿安全监察机构对事故发生单位及其有关责任人员实施罚款的行政处罚，依照《安全生产违法行为行政处罚办法》规定的程序执行。

第十条　事故发生单位及其有关责任人员对安全生产监督管理部门和煤矿安全监察机构给予的行政处罚，享有陈述、申辩的权利；对行政处罚不服的，有权依法申请行政复议或者提起行政诉讼。

第十一条　事故发生单位主要负责人有《安全生产法》第一百零六条、《条例》第三十五条规定的下列行为之一的，依照下列规定处以罚款：

（一）事故发生单位主要负责人在事故发生后不立即组织事故抢救的，处上一年年收入100%的罚款；

（二）事故发生单位主要负责人迟报事故的，处上一年年收入60%至80%的罚款；漏报事故的，处上一年年收入40%至60%的罚款；

（三）事故发生单位主要负责人在事故调查处理期间擅离职守的，处上一年年收入80%至100%的罚款。

第十二条　事故发生单位有《条例》第三十六条规定行为之一的，依照《国家安全监管总局关于印发〈安全生产行政处罚自由裁量标准〉的通知》（安监总政法〔2010〕137号）等规定给予罚款。

第十三条　事故发生单位的主要负责人、直接负责的主管人员和其他直接责任人员有《安全生产法》第一百零六条、《条例》第三十六条规定的下列行为之一的，依照下列规定处以罚款：

（一）伪造、故意破坏事故现场，或者转移、隐匿资金、财产、销毁有关证据、资料，或者拒绝接受调查，或者拒绝提供有关情况和资料，或者在事故调查中作伪证，或者指使他人作伪证的，处上一年年收入80%至90%的罚款；

（二）谎报、瞒报事故或者事故发生后逃匿的，处上一年年收入100%的罚款。

第十四条　事故发生单位对造成3人以下死亡，或者3人以上10人以下重伤（包括急性工业中毒，下同），或者300万元以上1000万元以下直接经济损失的一般事故负有责任的，处20万元以上50万元以下的罚款。

事故发生单位有本条第一款规定的行为且有谎报或者瞒报事故情节的，处50万元的罚款。

第十五条　事故发生单位对较大事故发生负有责任的，依照下列规定处以罚款：

（一）造成3人以上6人以下死亡，或者10人以上30人以下重伤，或者1000万元以上3000万元以下直接经济损失的，处50万元以上70万元以下的罚款；

（二）造成6人以上10人以下死亡，或者30人以上50人以下重伤，或者3000万元以上5000万元以下直接经济损失的，处70万元以上100万元以下的罚款。

事故发生单位对较大事故发生负有责任且有谎报或者瞒报情节的，处100万元的罚款。

第十六条　事故发生单位对重大事故发生负有责任的，依照下列规定处以罚款：

（一）造成10人以上15人以下死亡，或者50人以上70人以下重伤，或者5000万元以上7000万元以下直接经济损失的，处100万元以上300万元以下的罚款；

（二）造成15人以上30人以下死亡，或者70人以上100人以下重伤，或者7000万元以上1亿元以下直接经济损失的，处300万元以上500万元以下的罚款。

事故发生单位对重大事故发生负有责任且有谎报或者瞒报情节的，处500万元的罚款。

第十七条　事故发生单位对特别重大事故发生负有责任的，依照下列规定处以罚款：

（一）造成30人以上40人以下死亡，或者100人以上120人以下重伤，或者1亿元以上1.2亿元以下直接经济损失的，处500万元以上1000万元以下的罚款；

（二）造成40人以上50人以下死亡，或者120人以上150人以下重伤，或者1.2亿元以上1.5亿元以下直接经济损失的，处1000万元以上1500万元以下的罚款；

（三）造成50人以上死亡，或者150人以上重伤，或者1.5亿元以上直接经济损失的，处1500万元以上2000

万元以下的罚款。

事故发生单位对特别重大事故发生负有责任且有下列情形之一的,处 2000 万元的罚款:

(一)谎报特别重大事故的;

(二)瞒报特别重大事故的;

(三)未依法取得有关行政审批或者证照擅自从事生产经营活动的;

(四)拒绝、阻碍行政执法的;

(五)拒不执行有关停产停业、停止施工、停止使用相关设备或者设施的行政执法指令的;

(六)明知存在事故隐患,仍然进行生产经营活动的;

(七)一年内已经发生 2 起以上较大事故,或者 1 起重大以上事故,再次发生特别重大事故的;

(八)地下矿山负责人未按规定带班下井的。

第十八条　事故发生单位主要负责人未依法履行安全生产管理职责,导致事故发生的,依照下列规定处以罚款:

(一)发生一般事故的,处上一年年收入 30% 的罚款;

(二)发生较大事故的,处上一年年收入 40% 的罚款;

(三)发生重大事故的,处上一年年收入 60% 的罚款;

(四)发生特别重大事故的,处上一年年收入 80% 的罚款。

第十九条　个人经营的投资人未依照《安全生产法》的规定保证安全生产所必需的资金投入,致使生产经营单位不具备安全生产条件,导致发生生产安全事故的,依照下列规定对个人经营的投资人处以罚款:

(一)发生一般事故的,处 2 万元以上 5 万元以下的罚款;

(二)发生较大事故的,处 5 万元以上 10 万元以下的罚款;

(三)发生重大事故的,处 10 万元以上 15 万元以下的罚款;

(四)发生特别重大事故的,处 15 万元以上 20 万元以下的罚款。

第二十条　违反《条例》和本规定,事故发生单位及其有关责任人员有两种以上应当处以罚款的行为的,安全生产

监督管理部门或者煤矿安全监察机构应当分别裁量,合并作出处罚决定。

第二十一条　对事故发生负有责任的其他单位及其有关责任人员处以罚款的行政处罚,依照相关法律、法规和规章的规定实施。

第二十二条　本规定自公布之日起施行。

建筑工程预防高处坠落事故若干规定

· 2003 年 4 月 17 日
· 建质〔2003〕82 号

第一条　为预防高处坠落事故发生,保证施工安全,依据《建筑法》和《安全生产法》对施工企业提出的有关要求,制定本规定。

第二条　本规定适用于脚手架上作业、各类登高作业、外用电梯安装作业及洞口临边作业等可能发生高处坠落的施工作业。

第三条　施工单位的法定代表人对本单位的安全生产全面负责。施工单位在编制施工组织设计时,应制定预防高处坠落事故的安全技术措施。

项目经理对本项目的安全生产全面负责。项目经理部应结合施工组织设计,根据建筑工程特点编制预防高处坠落事故的专项施工方案,并组织实施。

第四条　施工单位应做好高处作业人员的安全教育及相关的安全预防工作。

(一)所有高处作业人员应接受高处作业安全知识的教育;特种高处作业人员应持证上岗,上岗前应依据有关规定进行专门的安全技术签字交底。采用新工艺、新技术、新材料和新设备的,应按规定对作业人员进行相关安全技术签字交底。

(二)高处作业人员应经过体检,合格后方可上岗。施工单位应为作业人员提供合格的安全帽、安全带等必备的安全防护用具,作业人员应按规定正确佩戴和使用。

第五条　施工单位应按类别,有针对性地将各类安全警示标志悬挂于施工现场各相应部位,夜间应设红灯示警。

第六条　高处作业前,应由项目分管负责人组织有关部门对安全防护设施进行验收,经验收合格签字后,方可作业。安全防护设施应做到定型化、工具化,防护栏杆以黄黑(或红白)相间的条纹标示,盖件等以黄(或红)色标示。需要临时拆除或变动安全设施的,应经项目分管负责人审批签字,并组织有关部门验收,经验收合格签字后,方可实施。

第七条　物料提升机应按有关规定由其产权单位编制安装拆卸施工方案，产权单位分管负责人审批签字，并负责安装和拆卸；使用前与施工单位共同进行验收，经验收合格签字后，方可作业。物料提升机应有完好的停层装置，各层联络要有明确信号和楼层标记。物料提升机上料口应装设有联锁装置的安全门，同时采用断绳保护装置或安全停靠装置。通道口走道板应满铺并固定牢靠，两侧边应设置符合要求的防护栏杆和挡脚板，并用密目式安全网封闭两侧。物料提升机严禁乘人。

第八条　施工外用电梯应按有关规定由其产权单位编制安装拆卸施工方案，产权单位分管负责人审批签字，并负责安装和拆卸；使用前与施工单位共同进行验收，经验收合格签字后，方可作业。施工外用电梯各种限位应灵敏可靠，楼层门应采取防止人员和物料坠落措施，电梯上下运行行程内应保证无障碍物。电梯轿厢内乘人、载物时，严禁超载，载荷应均匀分布，防止偏重。

第九条　移动式操作平台应按相关规定编制施工方案，项目分管负责人审批签字并组织有关部门验收，经验收合格签字后，方可作业。移动式操作平台立杆应保持垂直，上部适当向内收紧，平台作业面不得超出底脚。立杆底部和平台立面应分别设置扫地杆、剪刀撑或斜撑，平台应用坚实木板满铺，并设置防护栏杆和登高扶梯。

第十条　各类作业平台、卸料平台应按相关规定编制施工方案，项目分管负责人审批签字并组织有关部门验收，经验收合格签字后，方可作业。架体应保持稳固，不得与施工脚手架连接。作业平台上严禁超载。

第十一条　脚手架应按相关规定编制施工方案，施工单位分管负责人审批签字，项目分管负责人组织有关部门验收，经验收合格签字后，方可作业。作业层脚手架的脚手板应铺设严密，下部应用安全平网兜底。脚手架外侧应采用密目式安全网做全封闭，不得留有空隙。密目式安全网应可靠固定在架体上。作业层脚手板与建筑物之间的空隙大于15cm时应作全封闭，防止人员和物料坠落。作业人员上下应有专用通道，不得攀爬架体。

第十二条　附着式升降脚手架和其他外挂式脚手架应按相关规定由其产权单位编制施工方案，产权单位分管负责人审批签字，并与施工单位在使用前进行验收，经验收合格签字后，方可作业。附着式升降脚手架和其他外挂式脚手架每提升一次，都应由项目分管负责人组织有关部门验收，经验收合格签字后，方可作业。附着式升降脚手架和其他外挂式脚手架应设置安全可靠的防倾覆、防坠落装置，每一作业层架体外侧应设置符合要求的防护栏杆和挡脚板。附着式升降脚手架和其他外挂式脚手架升降时，应设专人对脚手架作业区域进行监护。

第十三条　模板工程应按相关规定编制施工方案，施工单位分管负责人审批签字；项目分管负责人组织有关部门验收，经验收合格签字后，方可作业。模板工程在绑扎钢筋、粉刷模板、支拆模板时应保证作业人员有可靠立足点，作业面应按规定设置安全防护设施。模板及其支撑体系的施工荷载应均匀堆置，并不得超过设计计算要求。

第十四条　吊篮应按相关规定由其产权单位编制施工方案，产权单位分管负责人审批签字，并与施工单位在使用前进行验收，经验收合格签字后，方可作业。吊篮产权单位应做好日常例保和记录。吊篮悬挂机构的结构件应选用钢材或其他适合的金属结构材料制造，其结构应具有足够的强度和刚度。作业人员应按规定佩戴安全带；安全带应挂设在单独设置的安全绳上，严禁安全绳与吊篮连接。

第十五条　施工单位对电梯井门应按定型化、工具化的要求设计制作，其高度应在15m至18m范围内。电梯井内不超过10m应设置一道安全平网；安装拆卸电梯井内安全平网时，作业人员应按规定佩戴安全带。

第十六条　施工单位进行屋面卷材防水层施工时，屋面周围应设置符合要求的防护栏杆。屋面上的孔洞应加盖封严，短边尺寸大于15m时，孔洞周边也应设置符合要求的防护栏杆，底部加设安全平网。在坡度较大的屋面作业时，应采取专门的安全措施。

建筑工程预防坍塌事故若干规定

· 2003 年 4 月 17 日
· 建质〔2003〕82 号

第一条　为预防坍塌事故发生，保证施工安全，依据《建筑法》和《安全生产法》对施工企业提出的有关要求，制定本规定。

第二条　凡从事建筑工程新建、改建、扩建等活动的有关单位，应当遵守本规定。

第三条　本规定所称坍塌是指施工基坑（槽）坍塌、边坡坍塌、基础桩壁坍塌、模板支撑系统失稳坍塌及施工现场临时建筑（包括施工围墙）倒塌等。

第四条　施工单位的法定代表人对本单位的安全生产全面负责，施工单位在编制施工组织设计时，应制定预防坍塌事故的安全技术措施。

项目对本项目的安全生产全面负责。项目经理部应结合施工组织设计,根据建筑工程特点,编制预防坍塌事故的专项施工方案,并组织实施。

第五条 基坑(槽)、边坡、基础桩、模板和临时建筑作业前,施工单位应按设计单位要求,根据地质情况、施工工艺、作业条件及周边环境编制施工方案,单位分管负责人审批签字,项目分管负责人组织有关部门验收,经验收合格签字后,方可作业。

第六条 土方开挖前,施工单位应确认地下管线的埋置深度、位置及防护要求后,制定防护措施,经项目分管负责人审批签字后,方可作业。土方开挖时,施工单位应对相邻建(构)筑物、道路的沉降和位移情况进行观测。

第七条 施工单位应编制深基坑(槽)、高切坡、桩基和超高、超重、大跨度模板支撑系统等专项施工方案,并组织专家审查。

本规定所称深基坑(槽)是指开挖深度超过5m的基坑(槽)、或深度未超过5m但地质情况和周边环境复杂的基坑(槽)。高切坡是指岩质边坡超过30m,或土质边坡超过15m的边坡。超高、超重、大跨度模板支撑系统是指高度超过8m,或跨度超过18m,或施工总荷载大于10KN/m,或集中线荷载大于15KN/m的模板支撑系统。

第八条 施工单位应作好施工区域内临时排水系统规划,临时排水不得破坏相邻建(构)筑物的地基和挖、填土方的边坡。在地形、地质条件复杂,可能发生滑坡、坍塌的地段挖方时,应由设计单位确定排水方案。场地周围出现地表水汇流、排泻或地下水管渗漏时,施工单位应组织排水,对基坑采取保护措施。开挖低于地下水位的基坑(槽)、边坡和基础桩时,施工单位应合理选用降水措施降低地下水位。

第九条 基坑(槽)、边坡设置坑(槽)壁支撑时,施工单位应根据开挖深度、土质条件、地下水位、施工方法及相邻建(构)筑物等情况设计支撑。拆除支撑时应按基坑(槽)回填顺序自下而上逐层拆除,随拆随填,防止边坡塌方或相邻建(构)筑物产生破坏,必要时应采取加固措施。

第十条 基坑(槽)、边坡和基础桩孔边堆置各类建筑材料的,应按规定距离堆置。各类施工机械距基坑(槽)、边坡和基础桩孔边的距离,应根据设备重量、基坑(槽)、边坡和基础桩的支护、土质情况确定,并不得小于1.5m。

第十一条 基坑(槽)作业时,施工单位应在施工方案中确定攀登设施及专用通道,作业人员不得攀爬模板、脚手架等临时设施。

第十二条 机械开挖土方时,作业人员不得进入机械作业范围内进行清理或找坡作业。

第十三条 地质灾害易发区内施工时,施工单位应根据地质勘察资料编制施工方案,单位分管负责人审批签字,项目分管负责人组织有关部门验收,经验收合格签字后,方可作业。施工时应遵循自上而下的开挖顺序,严禁先切除坡脚。爆破施工时,应防止爆破震动影响边坡稳定。

第十四条 施工单位应防止地面水流入基坑(槽)内造成边坡塌方或土体破坏。基坑(槽)开挖后,应及时进行地下结构和安装工程施工,基坑(槽)开挖或回填应连续进行。在施工过程中,应随时检查坑(槽)壁的稳定情况。

第十五条 模板作业时,施工单位对模板支撑宜采用钢支撑材料作支撑立柱,不得使用严重锈蚀、变形、断裂、脱焊、螺栓松动的钢支撑材料和竹材作立柱。支撑立柱基础应牢固,并按设计计算严格控制模板支撑系统的沉降量。支撑立柱基础是泥土地面时,应采取排水措施,对地面平整、夯实,并加设满足支撑承载力要求的垫板后,方可用以支撑立柱。斜支撑和立柱应牢固拉接,行成整体。

第十六条 基坑(槽)、边坡和基础桩施工及模板作业时,施工单位应指定专人指挥、监护,出现位移、开裂及渗漏时,应立即停止施工,将作业人员撤离作业现场,待险情排除后,方可作业。

第十七条 楼面、屋面堆放建筑材料、模板、施工机具或其他物料时,施工单位应严格控制数量、重量,防止超载。堆放数量较多时,应进行荷载计算,并对楼面、屋面进行加固。

第十八条 施工单位应按地质资料和设计规范,确定临时建筑的基础型式和平面布局,并按施工规范进行施工。施工现场临时建筑与建筑材料等的间距应符合技术标准。

第十九条 临时建筑外侧为街道或行人通道的,施工单位应采取加固措施。禁止在施工围墙墙体上方或紧靠施工围墙架设广告或宣传标牌。施工围墙外侧应有禁止人群停留、聚集和堆砌土方、货物等的警示。

第二十条 施工现场使用的组装式活动房屋应有产品合格证。施工单位在组装后进行验收,经验收合格签字后,方能使用。对搭设在空旷、山脚等处的活动房应采取防风、防洪和防暴雨等措施。

第二十一条　雨期施工,施工单位应对施工现场的排水系统进行检查和维护,保证排水畅通。在傍山、沿河地区施工时,应采取必要的防洪、防泥石流措施。

深基坑特别是稳定性差的土质边坡、顺向坡,施工方案应充分考虑雨季施工等诱发因素,提出预案措施。

第二十二条　冬季解冻期施工时,施工单位应对基坑(槽)和基础桩支护进行检查,无异常情况后,方可施工。

房屋市政工程生产安全重大隐患排查治理挂牌督办暂行办法

· 2011 年 10 月 8 日
· 建质〔2011〕158 号

第一条　为推动企业落实房屋市政工程生产安全重大隐患排查治理责任,积极防范和有效遏制事故的发生,根据《国务院关于进一步加强企业安全生产工作的通知》(国发〔2010〕23 号),对房屋市政工程生产安全重大隐患排查治理实行挂牌督办。

第二条　本办法所称重大隐患是指在房屋建筑和市政工程施工过程中,存在的危害程度较大、可能导致群死群伤或造成重大经济损失的生产安全隐患。

本办法所称挂牌督办是指住房城乡建设主管部门以下达督办通知书以及信息公开等方式,督促企业按照法律法规和技术标准,做好房屋市政工程生产安全重大隐患排查治理的工作。

第三条　建筑施工企业是房屋市政工程生产安全重大隐患排查治理的责任主体,应当建立健全重大隐患排查治理工作制度,并落实到每一个工程项目。企业及工程项目的主要负责人对重大隐患排查治理工作全面负责。

第四条　建筑施工企业应当定期组织安全生产管理人员、工程技术人员和其他相关人员排查每一个工程项目的重大隐患,特别是对深基坑、高支模、地铁隧道等技术难度大、风险大的重要工程应重点定期排查。对排查出的重大隐患,应及时实施治理消除,并将相关情况进行登记存档。

第五条　建筑施工企业应及时将工程项目重大隐患排查治理的有关情况向建设单位报告。建设单位应积极协调勘察、设计、施工、监理、监测等单位,并在资金、人员等方面积极配合做好重大隐患排查治理工作。

第六条　房屋市政工程生产安全重大隐患治理挂牌督办按照属地管理原则,由工程所在地住房城乡建设主管部门组织实施。省级住房城乡建设主管部门进行指导和监督。

第七条　住房城乡建设主管部门接到工程项目重大隐患举报,应立即组织核实,属实的由工程所在地住房城乡建设主管部门及时向承建工程的建筑施工企业下达《房屋市政工程生产安全重大隐患治理挂牌督办通知书》,并公开有关信息,接受社会监督。

第八条　《房屋市政工程生产安全重大隐患治理挂牌督办通知书》包括下列内容:

(一)工程项目的名称;

(二)重大隐患的具体内容;

(三)治理要求及期限;

(四)督办解除的程序;

(五)其他有关的要求。

第九条　承建工程的建筑施工企业接到《房屋市政工程生产安全重大隐患治理挂牌督办通知书》后,应立即组织进行治理。确认重大隐患消除后,向工程所在地住房城乡建设主管部门报送治理报告,并提请解除督办。

第十条　工程所在地住房城乡建设主管部门收到建筑施工企业提出的重大隐患解除督办申请后,应当立即进行现场审查。审查合格的,依照规定解除督办。审查不合格的,继续实施挂牌督办。

第十一条　建筑施工企业不认真执行《房屋市政工程生产安全重大隐患治理挂牌督办通知书》的,应依法责令整改;情节严重的要依法责令停工整改;不认真整改导致生产安全事故发生的,依法从重追究企业和相关负责人的责任。

第十二条　省级住房城乡建设主管部门应定期总结本地区房屋市政工程生产安全重大隐患治理挂牌督办工作经验教训,并将相关情况报告住房和城乡建设部。

第十三条　省级住房城乡建设主管部门可根据本地区实际,制定具体实施细则。

第十四条　本办法自印发之日起施行。

房屋市政工程生产安全和质量事故查处督办暂行办法

· 2011 年 5 月 11 日
· 建质〔2011〕66 号

第一条　为依法严肃查处房屋市政工程生产安全和质量事故,有效防范和遏制事故发生,保障人民群众生命和财产安全,根据《国务院关于进一步加强企业安全生产工作的通知》(国发〔2010〕23号),制定本办法。

第二条　本办法所称房屋市政工程生产安全和质量事故查处督办,是指上级住房城乡建设行政主管部门督促下级住房城乡建设行政主管部门,依照有关法律法规做好房屋建筑和市政工程生产安全和质量事故的调查处理工作。

第三条　依照《关于进一步规范房屋建筑和市政工程生产安全事故报告和调查处理工作的若干意见》(建质〔2007〕257号)和《关于做好房屋建筑和市政基础设施工程质量事故报告和调查处理工作的通知》(建质〔2010〕111号)的事故等级划分,住房城乡建设部负责房屋市政工程生产安全和质量较大及以上事故的查处督办,省级住房城乡建设行政主管部门负责一般事故的查处督办。

第四条　房屋市政工程生产安全和质量较大及以上事故的查处督办,按照以下程序办理:

(一)较大及以上事故发生后,住房城乡建设部质量安全司提出督办建议,并报部领导审定同意后,以住房城乡建设部安委会或办公厅名义向省级住房城乡建设行政主管部门下达《房屋市政工程生产安全和质量较大及以上事故查处督办通知书》;

(二)在住房城乡建设部网站上公布较大及以上事故的查处督办信息,接受社会监督。

第五条　《房屋市政工程生产安全和质量较大及以上事故查处督办通知书》包括下列内容:

(一)事故名称;

(二)事故概况;

(三)督办事项;

(四)办理期限;

(五)督办解除方式、程序。

第六条　省级住房城乡建设行政主管部门接到《房屋市政工程生产安全和质量较大及以上事故查处督办通知书》后,应当依据有关规定,组织本部门及督促下级住房城乡建设行政主管部门按要求做好下列事项:

(一)在地方人民政府的领导下,积极组织或参与事故的调查工作,提出意见;

(二)依据事故事实和有关法律法规,对违法违规企业给予吊销资质证书或降低资质等级、吊销或暂扣安全生产许可证、责令停业整顿、罚款等处罚,对违法违规人员给予吊销执业资格注册证书或责令停止执业、吊销或暂扣安全生产考核合格证书、罚款等处罚;

(三)对违法违规企业和人员处罚权限不在本级或本地的,向有处罚权限的住房城乡建设行政主管部门及时上报或转送事故事实材料,并提出处罚建议;

(四)其他相关的工作。

第七条　省级住房城乡建设行政主管部门应当在房屋市政工程生产安全和质量较大及以上事故发生之日起60日内,完成事故查处督办事项。有特殊情况不能完成的,要向住房城乡建设部作出书面说明。

第八条　省级住房城乡建设行政主管部门完成房屋市政工程生产安全和质量较大及以上事故查处督办事项后,要向住房城乡建设部作出书面报告,并附送有关材料。住房城乡建设部审核后,依照规定解除督办。

第九条　在房屋市政工程生产安全和质量较大及以上事故查处督办期间,省级住房城乡建设行政主管部门应当加强与住房城乡建设部质量安全司的沟通,及时汇报有关情况。住房城乡建设部质量安全司负责对事故查处督办事项的指导和协调。

第十条　房屋市政工程生产安全和质量一般事故的查处督办参照本办法执行。省级住房城乡建设行政主管部门可制定具体实施细则。

第十一条　各级住房城乡建设行政主管部门不得对房屋市政工程生产安全和质量事故查处督办事项无故拖延、敷衍塞责,或者在解除督办过程中弄虚作假。

第十二条　各级住房城乡建设行政主管部门要将房屋市政工程生产安全和质量事故查处情况,及时予以公告,接受社会监督。

第十三条　各级住房城乡建设行政主管部门要定期总结房屋市政工程生产安全和质量事故查处工作,并报告上级住房城乡建设行政主管部门。

第十四条　房屋市政工程生产安全和质量事故查处工作实行通报和约谈制度,上级住房城乡建设行政主管部门对工作不力的下级住房城乡建设行政主管部门予以通报批评,并约谈部门的主要负责人。

第十五条　本办法自印发之日起施行。

房屋市政工程生产安全事故报告和查处工作规程

· 2013年1月14日
· 建质〔2013〕4号

第一条　为规范房屋市政工程生产安全事故报告和查处工作,落实事故责任追究制度,防止和减少事故发生,根据《建设工程安全生产管理条例》、《生产安全事故报告和调查处理条例》等有关规定,制定本规程。

第二条　房屋市政工程生产安全事故,是指在房屋建筑和市政基础设施工程施工过程中发生的造成人身伤亡或者重大直接经济损失的生产安全事故。

第三条　根据造成的人员伤亡或者直接经济损失,房屋市政工程生产安全事故分为以下等级:

(一)特别重大事故,是指造成30人以上死亡,或者100人以上重伤,或者1亿元以上直接经济损失的事故;

(二)重大事故,是指造成10人以上30人以下死亡,或者50人以上100人以下重伤,或者5000万元以上1亿元以下直接经济损失的事故;

(三)较大事故,是指造成3人以上10人以下死亡,或者10人以上50人以下重伤,或者1000万元以上5000万元以下直接经济损失的事故;

(四)一般事故,是指造成3人以下死亡,或者10人以下重伤,或者100万元以上1000万元以下直接经济损失的事故。

本等级划分所称的"以上"包括本数,所称的"以下"不包括本数。

第四条　房屋市政工程生产安全事故的报告,应当及时、准确、完整,任何单位和个人对事故不得迟报、漏报、谎报或者瞒报。

房屋市政工程生产安全事故的查处,应当坚持实事求是、尊重科学的原则,及时、准确地查明事故原因,总结事故教训,并对事故责任者依法追究责任。

第五条　事故发生地住房城乡建设主管部门接到施工单位负责人或者事故现场有关人员的事故报告后,应当逐级上报事故情况。

特别重大、重大、较大事故逐级上报至国务院住房城乡建设主管部门,一般事故逐级上报至省级住房城乡建设主管部门。

必要时,住房城乡建设主管部门可以越级上报事故情况。

第六条　国务院住房城乡建设主管部门应当在特别重大和重大事故发生后4小时内,向国务院上报事故情况。

省级住房城乡建设主管部门应当在特别重大、重大事故或者可能演化为特别重大、重大的事故发生后3小时内,向国务院住房城乡建设主管部门上报事故情况。

第七条　较大事故、一般事故发生后,住房城乡建设主管部门每级上报事故情况的时间不得超过2小时。

第八条　事故报告主要应当包括以下内容:

(一)事故的发生时间、地点和工程项目名称;

(二)事故已经造成或者可能造成的伤亡人数(包括下落不明人数);

(三)事故工程项目的建设单位及项目负责人、施工单位及其法定代表人和项目经理、监理单位及其法定代表人和项目总监;

(四)事故的简要经过和初步原因;

(五)其他应当报告的情况。

第九条　省级住房城乡建设主管部门应当通过传真向国务院住房城乡建设主管部门书面上报特别重大、重大、较大事故情况。

特殊情形下确实不能按时书面上报的,可先电话报告,了解核实情况后及时书面上报。

第十条　事故报告后出现新情况,以及事故发生之日起30日内伤亡人数发生变化的,住房城乡建设主管部门应当及时补报。

第十一条　住房城乡建设主管部门应当及时通报事故基本情况以及事故工程项目的建设单位及项目负责人、施工单位及其法定代表人和项目经理、监理单位及其法定代表人和项目总监。

国务院住房城乡建设主管部门对特别重大、重大、较大事故进行全国通报。

第十二条　住房城乡建设主管部门应当按照有关人民政府的要求,依法组织或者参与事故调查工作。

第十三条　住房城乡建设主管部门应当积极参加事故调查工作,应当选派具有事故调查所需要的知识和专长,并与所调查的事故没有直接利害关系的人员参加事故调查工作。

参加事故调查工作的人员应当诚信公正、恪尽职守,遵守事故调查组的纪律。

第十四条　住房城乡建设主管部门应当按照有关人民政府对事故调查报告的批复,依照法律法规,对事故责任企业实施吊销资质证书或者降低资质等级、吊销或者暂扣安全生产许可证、责令停业整顿、罚款等处罚,对事故责任人员实施吊销执业资格注册证书或者责令停止执业、吊销或者暂扣安全生产考核合格证书、罚款等处罚。

第十五条　对事故责任企业或者人员的处罚权限在上级住房城乡建设主管部门的,当地住房城乡建设主管部门应当在收到有关人民政府对事故调查报告的批复后15日内,逐级将事故调查报告(附具有关证据材料)、有关人民政府批复文件、本部门处罚建议等材料报送至有处罚权限的住房城乡建设主管部门。

接收到材料的住房城乡建设主管部门应当按照有关

人民政府对事故调查报告的批复,依照法律法规,对事故责任企业或者人员实施处罚,并向报送材料的住房城乡建设主管部门反馈处罚情况。

第十六条　对事故责任企业或者人员的处罚权限在其他省级住房城乡建设主管部门的,事故发生地省级住房城乡建设主管部门应当将事故调查报告(附具有关证据材料)、有关人民政府批复文件、本部门处罚建议等材料转送至有处罚权限的其他省级住房城乡建设主管部门,同时抄报国务院住房城乡建设主管部门。

接收到材料的其他省级住房城乡建设主管部门应当按照有关人民政府对事故调查报告的批复,依照法律法规,对事故责任企业或者人员实施处罚,并向转送材料的事故发生地省级住房城乡建设主管部门反馈处罚情况,同时抄报国务院住房城乡建设主管部门。

第十七条　住房城乡建设主管部门应当按照规定,对下级住房城乡建设主管部门的房屋市政工程生产安全事故查处工作进行督办。

国务院住房城乡建设主管部门对重大、较大事故查处工作进行督办,省级住房城乡建设主管部门对一般事故查处工作进行督办。

第十八条　住房城乡建设主管部门应当对发生事故的企业和工程项目吸取事故教训、落实防范和整改措施的情况进行监督检查。

第十九条　住房城乡建设主管部门应当及时向社会公布事故责任企业和人员的处罚情况,接受社会监督。

第二十条　对于经调查认定为非生产安全事故的,住房城乡建设主管部门应当在事故性质认定后10日内,向上级住房城乡建设主管部门报送有关材料。

第二十一条　省级住房城乡建设主管部门应当按照规定,通过"全国房屋市政工程生产安全事故信息报送及统计分析系统"及时、全面、准确地报送事故简要信息、事故调查信息和事故处罚信息。

第二十二条　住房城乡建设主管部门应当定期总结分析事故报告和查处工作,并将有关情况报送上级住房城乡建设主管部门。

国务院住房城乡建设主管部门定期对事故报告和查处工作进行通报。

第二十三条　省级住房城乡建设主管部门可结合本地区实际,依照本规程制定具体实施细则。

第二十四条　本规程自印发之日起施行。

安全生产责任保险实施办法

· 2017 年 12 月 12 日
· 安监总办〔2017〕140 号

第一章　总　则

第一条　为了规范安全生产责任保险工作,强化事故预防,切实保障投保的生产经营单位及有关人员的合法权益,根据相关法律法规和规定,制定本办法。

第二条　本办法所称安全生产责任保险,是指保险机构对投保的生产经营单位发生的生产安全事故造成的人员伤亡和有关经济损失等予以赔偿,并且为投保的生产经营单位提供生产安全事故预防服务的商业保险。

第三条　按照本办法请求的经济赔偿,不影响参保的生产经营单位从业人员(含劳务派遣人员,下同)依法请求工伤保险赔偿的权利。

第四条　坚持风险防控、费率合理、理赔及时的原则,按照政策引导、政府推动、市场运作的方式推行安全生产责任保险工作。

第五条　安全生产责任保险的保费由生产经营单位缴纳,不得以任何方式摊派给从业人员个人。

第六条　煤矿、非煤矿山、危险化学品、烟花爆竹、交通运输、建筑施工、民用爆炸物品、金属冶炼、渔业生产等高危行业领域的生产经营单位应当投保安全生产责任保险。鼓励其他行业领域生产经营单位投保安全生产责任保险。各地区可针对本地区安全生产特点,明确应当投保的生产经营单位。

对存在高危粉尘作业、高毒作业或其他严重职业病危害的生产经营单位,可以投保职业病相关保险。

对生产经营单位已投保的与安全生产相关的其他险种,应当增加或将其调整为安全生产责任保险,增强事故预防功能。

第二章　承保与投保

第七条　承保安全生产责任保险的保险机构应当具有相应的专业资质和能力,主要包含以下方面:

(一)商业信誉情况;

(二)偿付能力水平;

(三)开展责任保险的业绩和规模;

(四)拥有风险管理专业人员的数量和相应专业资格情况;

(五)为生产经营单位提供事故预防服务情况。

第八条　根据实际需要,鼓励保险机构采取共保方式开展安全生产责任保险工作。

第九条　安全生产责任保险的保险责任包括投保的生产经营单位的从业人员人身伤亡赔偿,第三者人身伤亡和财产损失赔偿,事故抢险救援、医疗救护、事故鉴定、法律诉讼等费用。

保险机构可以开发适应各类生产经营单位安全生产保障需求的个性化保险产品。

第十条　除被依法关闭取缔、完全停止生产经营活动外,应当投保安全生产责任保险的生产经营单位不得延迟续保、退保。

第十一条　制定各行业领域安全生产责任保险基准指导费率,实行差别费率和浮动费率。建立费率动态调整机制,费率调整根据以下因素综合确定:

(一)事故记录和等级:费率调整根据生产经营单位是否发生事故、事故次数和等级确定,可以根据发生人员伤亡的一般事故、较大事故、重大及以上事故次数进行调整。

(二)其他:投保生产经营单位的安全风险程度、安全生产标准化等级、隐患排查治理情况、安全生产诚信等级、是否被纳入安全生产领域联合惩戒"黑名单"、赔付率等。

各地区可以参考以上因素,根据不同行业领域实际情况进一步确定具体的费率浮动。

第十二条　生产经营单位投保安全生产责任保险的保障范围应当覆盖全体从业人员。

第三章　事故预防与理赔

第十三条　保险机构应当建立生产安全事故预防服务制度,协助投保的生产经营单位开展以下工作:

(一)安全生产和职业病防治宣传教育培训;

(二)安全风险辨识、评估和安全评价;

(三)安全生产标准化建设;

(四)生产安全事故隐患排查;

(五)安全生产应急预案编制和应急救援演练;

(六)安全生产科技推广应用;

(七)其他有关事故预防工作。

第十四条　保险机构应当按照本办法第十三条规定的服务范围,在安全生产责任保险合同中约定具体服务项目及频次。

保险机构开展安全风险评估、生产安全事故隐患排查等服务工作时,投保的生产经营单位应当予以配合,并对评估发现的生产安全事故隐患进行整改;对拒不整改重大事故隐患的,保险机构可在下一投保年度上浮保险费率,并报告安全生产监督管理部门和相关部门。

第十五条　保险机构应当严格按照合同约定及时赔偿保险金;建立快速理赔机制,在事故发生后按照法律规定或者合同约定先行支付确定的赔偿保险金。

生产经营单位应当及时将赔偿保险金支付给受伤人员或者死亡人员的受益人(以下统称受害人),或者请求保险机构直接向受害人赔付。生产经营单位怠于请求的,受害人有权就其应获赔偿部分直接向保险机构请求赔付。

第十六条　同一生产经营单位的从业人员获取的保险金额应当实行同一标准,不得因用工方式、工作岗位等差别对待。

第十七条　各地区根据实际情况确定安全生产责任保险中涉及人员死亡的最低赔偿金额,每死亡一人按不低于30万元赔偿,并按本地区城镇居民上一年度人均可支配收入的变化进行调整。

对未造成人员死亡事故的赔偿保险金额度在保险合同中约定。

第四章　激励与保障

第十八条　安全生产监督管理部门和有关部门应当将安全生产责任保险投保情况作为生产经营单位安全生产标准化、安全生产诚信等级等评定的必要条件,作为安全生产与职业健康风险分类监管,以及取得安全生产许可证的重要参考。

安全生产和职业病预防相关法律法规另有规定的,从其规定。

第十九条　各地区应当在安全生产相关财政资金投入、信贷融资、项目立项、进入工业园区以及相关产业扶持政策等方面,在同等条件下优先考虑投保安全生产责任保险的生产经营单位。

第二十条　对赔付及时、事故预防成效显著的保险机构,纳入安全生产诚信管理体系,实行联合激励。

第二十一条　各地区将推行安全生产责任保险情况,纳入对本级政府有关部门和下级人民政府安全生产工作巡查和考核内容。

第二十二条　鼓励安全生产社会化服务机构为保险机构开展生产安全事故预防提供技术支撑。

第五章　监督与管理

第二十三条　建立安全生产监督管理部门和保险监督管理机构信息共享机制。安全生产监督管理部门和有关部门应当建立安全生产责任保险信息管理平台,并与安全生产监管信息平台对接,对保险机构开展生产安全事故预防服务及服务费用支出使用情况定期进行分析评估。安全生产监督管理部门可以引入第三方机构对安全生产责任保险信息管理平台进行建设维护及对保险机构开展预防服务情况开展评估，并依法保守有关商业秘密。

第二十四条 支持投保的生产经营单位、保险机构和相关社会组织建立协商机制，加强自主管理。

第二十五条 安全生产监督管理部门、保险监督管理机构和有关部门应当依据工作职责依法加强对生产经营单位和保险机构的监督管理，对实施安全生产责任保险情况开展监督检查。

第二十六条 对生产经营单位应当投保但未按规定投保或续保、将保费以各种形式摊派给从业人员个人、未及时将赔偿保险金支付给受害人的，保险机构预防费用投入不足、未履行事故预防责任、委托不合法的社会化服务机构开展事故预防工作的，安全生产监督管理部门、保险监督管理机构及有关部门应当提出整改要求；对拒不整改的，应当将其纳入安全生产领域联合惩戒"黑名单"管理，对违反相关法律法规规定的，依法追究其法律责任。

第二十七条 相关部门及其工作人员在对安全生产责任保险的监督管理中收取贿赂、滥用职权、玩忽职守、徇私舞弊的，依法依规对相关责任人严肃追责；涉嫌犯罪的，移交司法机关依法处理。

第六章 附 则

第二十八条 各省级安全生产监督管理部门、保险监督管理机构和有关部门依据本办法制定具体实施细则。

第二十九条 本办法由国家安全生产监督管理总局、中国保险监督管理委员会和财政部负责解释。

第三十条 本办法自 2018 年 1 月 1 日起施行。

(4) 安全培训与劳动保护

中华人民共和国劳动法

· 1994 年 7 月 5 日第八届全国人民代表大会常务委员会第八次会议通过
· 根据 2009 年 8 月 27 日第十一届全国人民代表大会常务委员会第十次会议《关于修改部分法律的决定》第一次修正
· 根据 2018 年 12 月 29 日第十三届全国人民代表大会常务委员会第七次会议《关于修改〈中华人民共和国劳动法〉等七部法律的决定》第二次修正

第一章 总 则

第一条 【立法宗旨】为了保护劳动者的合法权益，调整劳动关系，建立和维护适应社会主义市场经济的劳动制度，促进经济发展和社会进步，根据宪法，制定本法。

第二条 【适用范围】在中华人民共和国境内的企业、个体经济组织(以下统称用人单位)和与之形成劳动关系的劳动者，适用本法。

国家机关、事业组织、社会团体和与之建立劳动合同关系的劳动者，依照本法执行。

第三条 【劳动者的权利和义务】劳动者享有平等就业和选择职业的权利、取得劳动报酬的权利、休息休假的权利、获得劳动安全卫生保护的权利、接受职业技能培训的权利、享受社会保险和福利的权利、提请劳动争议处理的权利以及法律规定的其他劳动权利。

劳动者应当完成劳动任务，提高职业技能，执行劳动安全卫生规程，遵守劳动纪律和职业道德。

第四条 【用人单位规章制度】用人单位应当依法建立和完善规章制度，保障劳动者享有劳动权利和履行劳动义务。

第五条 【国家发展劳动事业】国家采取各种措施，促进劳动就业，发展职业教育，制定劳动标准，调节社会收入，完善社会保险，协调劳动关系，逐步提高劳动者的生活水平。

第六条 【国家的倡导、鼓励和奖励政策】国家提倡劳动者参加社会义务劳动，开展劳动竞赛和合理化建议活动，鼓励和保护劳动者进行科学研究、技术革新和发明创造，表彰和奖励劳动模范和先进工作者。

第七条 【工会的组织和权利】劳动者有权依法参加和组织工会。

工会代表和维护劳动者的合法权益，依法独立自主地开展活动。

第八条 【劳动者参与民主管理和平等协商】劳动者依照法律规定，通过职工大会、职工代表大会或者其他形式，参与民主管理或者就保护劳动者合法权益与用人单位进行平等协商。

第九条 【劳动行政部门设置】国务院劳动行政部门主管全国劳动工作。

县级以上地方人民政府劳动行政部门主管本行政区域内的劳动工作。

第二章 促进就业

第十条 【国家促进就业政策】国家通过促进经济和社会发展，创造就业条件，扩大就业机会。

国家鼓励企业、事业组织、社会团体在法律、行政法规规定的范围内兴办产业或者拓展经营，增加就业。

国家支持劳动者自愿组织起来就业和从事个体经营

实现就业。

第十一条　【地方政府促进就业措施】地方各级人民政府应当采取措施,发展多种类型的职业介绍机构,提供就业服务。

第十二条　【就业平等原则】劳动者就业,不因民族、种族、性别、宗教信仰不同而受歧视。

第十三条　【妇女享有与男子平等的就业权利】妇女享有与男子平等的就业权利。在录用职工时,除国家规定的不适合妇女的工种或者岗位外,不得以性别为由拒绝录用妇女或者提高对妇女的录用标准。

第十四条　【特殊就业群体的就业保护】残疾人、少数民族人员、退出现役的军人的就业,法律、法规有特别规定的,从其规定。

第十五条　【使用童工的禁止】禁止用人单位招用未满十六周岁的未成年人。

文艺、体育和特种工艺单位招用未满十六周岁的未成年人,必须遵守国家有关规定,并保障其接受义务教育的权利。

第三章　劳动合同和集体合同

第十六条　【劳动合同的概念】劳动合同是劳动者与用人单位确立劳动关系、明确双方权利和义务的协议。

建立劳动关系应当订立劳动合同。

第十七条　【订立和变更劳动合同的原则】订立和变更劳动合同,应当遵循平等自愿、协商一致的原则,不得违反法律、行政法规的规定。

劳动合同依法订立即具有法律约束力,当事人必须履行劳动合同规定的义务。

第十八条　【无效劳动合同】下列劳动合同无效:

(一)违反法律、行政法规的劳动合同;

(二)采取欺诈、威胁等手段订立的劳动合同。

无效的劳动合同,从订立的时候起,就没有法律约束力。确认劳动合同部分无效的,如果不影响其余部分的效力,其余部分仍然有效。

劳动合同的无效,由劳动争议仲裁委员会或者人民法院确认。

第十九条　【劳动合同的形式和内容】劳动合同应当以书面形式订立,并具备以下条款:

(一)劳动合同期限;

(二)工作内容;

(三)劳动保护和劳动条件;

(四)劳动报酬;

(五)劳动纪律;

(六)劳动合同终止的条件;

(七)违反劳动合同的责任。

劳动合同除前款规定的必备条款外,当事人可以协商约定其他内容。

第二十条　【劳动合同的期限】劳动合同的期限分为有固定期限、无固定期限和以完成一定的工作为期限。

劳动者在同一用人单位连续工作满 10 年以上,当事人双方同意续延劳动合同的,如果劳动者提出订立无固定期限的劳动合同,应当订立无固定期限的劳动合同。

第二十一条　【试用期条款】劳动合同可以约定试用期。试用期最长不得超过 6 个月。

第二十二条　【保守商业秘密之约定】劳动合同当事人可以在劳动合同中约定保守用人单位商业秘密的有关事项。

第二十三条　【劳动合同的终止】劳动合同期满或者当事人约定的劳动合同终止条件出现,劳动合同即行终止。

第二十四条　【劳动合同的合意解除】经劳动合同当事人协商一致,劳动合同可以解除。

第二十五条　【过失性辞退】劳动者有下列情形之一的,用人单位可以解除劳动合同:

(一)在试用期间被证明不符合录用条件的;

(二)严重违反劳动纪律或者用人单位规章制度的;

(三)严重失职,营私舞弊,对用人单位利益造成重大损害的;

(四)被依法追究刑事责任的。

第二十六条　【非过失性辞退】有下列情形之一的,用人单位可以解除劳动合同,但是应当提前 30 日以书面形式通知劳动者本人:

(一)劳动者患病或者非因工负伤,医疗期满后,不能从事原工作也不能从事由用人单位另行安排的工作的;

(二)劳动者不能胜任工作,经过培训或者调整工作岗位,仍不能胜任工作的;

(三)劳动合同订立时所依据的客观情况发生重大变化,致使原劳动合同无法履行,经当事人协商不能就变更劳动合同达成协议的。

第二十七条　【用人单位经济性裁员】用人单位濒临破产进行法定整顿期间或者生产经营状况发生严重困难,确需裁减人员的,应当提前 30 日向工会或者全体职工说明情况,听取工会或者职工的意见,经向劳动行政部门报告后,可以裁减人员。

用人单位依据本条规定裁减人员,在6个月内录用人员的,应当优先录用被裁减的人员。

第二十八条　【用人单位解除劳动合同的经济补偿】用人单位依照本法第二十四条、第二十六条、第二十七条的规定解除劳动合同的,应当依照国家有关规定给予经济补偿。

第二十九条　【用人单位不得解除劳动合同的情形】劳动者有下列情形之一的,用人单位不得依据本法第二十六条、第二十七条的规定解除劳动合同:

(一)患职业病或者因工负伤并被确认丧失或者部分丧失劳动能力的;

(二)患病或者负伤,在规定的医疗期内的;

(三)女职工在孕期、产期、哺乳期内的;

(四)法律、行政法规规定的其他情形。

第三十条　【工会对用人单位解除劳动合同的监督权】用人单位解除劳动合同,工会认为不适当的,有权提出意见。如果用人单位违反法律、法规或者劳动合同,工会有权要求重新处理;劳动者申请仲裁或者提起诉讼的,工会应当依法给予支持和帮助。

第三十一条　【劳动者单方解除劳动合同】劳动者解除劳动合同,应当提前30日以书面形式通知用人单位。

第三十二条　【劳动者无条件解除劳动合同的情形】有下列情形之一的,劳动者可以随时通知用人单位解除劳动合同:

(一)在试用期内的;

(二)用人单位以暴力、威胁或者非法限制人身自由的手段强迫劳动的;

(三)用人单位未按照劳动合同约定支付劳动报酬或者提供劳动条件的。

第三十三条　【集体合同的内容和签订程序】企业职工一方与企业可以就劳动报酬、工作时间、休息休假、劳动安全卫生、保险福利等事项,签订集体合同。集体合同草案应当提交职工代表大会或者全体职工讨论通过。

集体合同由工会代表职工与企业签订;没有建立工会的企业,由职工推举的代表与企业签订。

第三十四条　【集体合同的审查】集体合同签订后应当报送劳动行政部门;劳动行政部门自收到集体合同文本之日起15日内未提出异议的,集体合同即行生效。

第三十五条　【集体合同的效力】依法签订的集体合同对企业和企业全体职工具有约束力。职工个人与企业订立的劳动合同中劳动条件和劳动报酬等标准不得低于集体合同的规定。

第四章　工作时间和休息休假

第三十六条　【标准工作时间】国家实行劳动者每日工作时间不超过8小时、平均每周工作时间不超过44小时的工时制度。

第三十七条　【计件工作时间】对实行计件工作的劳动者,用人单位应当根据本法第三十六条规定的工时制度合理确定其劳动定额和计件报酬标准。

第三十八条　【劳动者的周休日】用人单位应当保证劳动者每周至少休息1日。

第三十九条　【其他工时制度】企业因生产特点不能实行本法第三十六条、第三十八条规定的,经劳动行政部门批准,可以实行其他工作和休息办法。

第四十条　【法定休假节日】用人单位在下列节日期间应当依法安排劳动者休假:

(一)元旦;

(二)春节;

(三)国际劳动节;

(四)国庆节;

(五)法律、法规规定的其他休假节日。

第四十一条　【延长工作时间】用人单位由于生产经营需要,经与工会和劳动者协商后可以延长工作时间,一般每日不得超过1小时;因特殊原因需要延长工作时间的,在保障劳动者身体健康的条件下延长工作时间每日不得超过3小时,但是每月不得超过36小时。

第四十二条　【特殊情况下的延长工作时间】有下列情形之一的,延长工作时间不受本法第四十一条规定的限制:

(一)发生自然灾害、事故或者因其他原因,威胁劳动者生命健康和财产安全,需要紧急处理的;

(二)生产设备、交通运输线路、公共设施发生故障,影响生产和公众利益,必须及时抢修的;

(三)法律、行政法规规定的其他情形。

第四十三条　【用人单位延长工作时间的禁止】用人单位不得违反本法规定延长劳动者的工作时间。

第四十四条　【延长工作时间的工资支付】有下列情形之一的,用人单位应当按照下列标准支付高于劳动者正常工作时间工资的工资报酬:

(一)安排劳动者延长工作时间的,支付不低于工资的150%的工资报酬;

(二)休息日安排劳动者工作又不能安排补休的,支付不低于工资的200%的工资报酬;

(三)法定休假日安排劳动者工作的,支付不低于工资的 300% 的工资报酬。

第四十五条 【年休假制度】国家实行带薪年休假制度。

劳动者连续工作 1 年以上的,享受带薪年休假。具体办法由国务院规定。

第五章 工 资

第四十六条 【工资分配基本原则】工资分配应当遵循按劳分配原则,实行同工同酬。

工资水平在经济发展的基础上逐步提高。国家对工资总量实行宏观调控。

第四十七条 【用人单位自主确定工资分配】用人单位根据本单位的生产经营特点和经济效益,依法自主确定本单位的工资分配方式和工资水平。

第四十八条 【最低工资保障】国家实行最低工资保障制度。最低工资的具体标准由省、自治区、直辖市人民政府规定,报国务院备案。

用人单位支付劳动者的工资不得低于当地最低工资标准。

第四十九条 【确定和调整最低工资标准的因素】确定和调整最低工资标准应当综合参考下列因素:

(一)劳动者本人及平均赡养人口的最低生活费用;

(二)社会平均工资水平;

(三)劳动生产率;

(四)就业状况;

(五)地区之间经济发展水平的差异。

第五十条 【工资支付形式和不得克扣、拖欠工资】工资应当以货币形式按月支付给劳动者本人。不得克扣或者无故拖欠劳动者的工资。

第五十一条 【法定休假日等的工资支付】劳动者在法定休假日和婚丧假期间以及依法参加社会活动期间,用人单位应当依法支付工资。

第六章 劳动安全卫生

第五十二条 【劳动安全卫生制度的建立】用人单位必须建立、健全劳动安全卫生制度,严格执行国家劳动安全卫生规程和标准,对劳动者进行劳动安全卫生教育,防止劳动过程中的事故,减少职业危害。

第五十三条 【劳动安全卫生设施】劳动安全卫生设施必须符合国家规定的标准。

新建、改建、扩建工程的劳动安全卫生设施必须与主体工程同时设计、同时施工、同时投入生产和使用。

第五十四条 【用人单位的劳动保护义务】用人单位必须为劳动者提供符合国家规定的劳动安全卫生条件和必要的劳动防护用品,对从事有职业危害作业的劳动者应当定期进行健康检查。

第五十五条 【特种作业的上岗要求】从事特种作业的劳动者必须经过专门培训并取得特种作业资格。

第五十六条 【劳动者在安全生产中的权利和义务】劳动者在劳动过程中必须严格遵守安全操作规程。

劳动者对用人单位管理人员违章指挥、强令冒险作业,有权拒绝执行;对危害生命安全和身体健康的行为,有权提出批评、检举和控告。

第五十七条 【伤亡事故和职业病的统计、报告、处理】国家建立伤亡事故和职业病统计报告和处理制度。县级以上各级人民政府劳动行政部门、有关部门和用人单位应当依法对劳动者在劳动过程中发生的伤亡事故和劳动者的职业病状况,进行统计、报告和处理。

第七章 女职工和未成年工特殊保护

第五十八条 【女职工和未成年工的特殊劳动保护】国家对女职工和未成年工实行特殊劳动保护。

未成年工是指年满 16 周岁未满 18 周岁的劳动者。

第五十九条 【女职工禁忌劳动的范围】禁止安排女职工从事矿山井下、国家规定的第四级体力劳动强度的劳动和其他禁忌从事的劳动。

第六十条 【女职工经期的保护】不得安排女职工在经期从事高处、低温、冷水作业和国家规定的第三级体力劳动强度的劳动。

第六十一条 【女职工孕期的保护】不得安排女职工在怀孕期间从事国家规定的第三级体力劳动强度的劳动和孕期禁忌从事的劳动。对怀孕 7 个月以上的女职工,不得安排其延长工作时间和夜班劳动。

第六十二条 【女职工产期的保护】女职工生育享受不少于 90 天的产假。

第六十三条 【女职工哺乳期的保护】不得安排女职工在哺乳未满 1 周岁的婴儿期间从事国家规定的第三级体力劳动强度的劳动和哺乳期禁忌从事的其他劳动,不得安排其延长工作时间和夜班劳动。

第六十四条 【未成年工禁忌劳动的范围】不得安排未成年工从事矿山井下、有毒有害、国家规定的第四级体力劳动强度的劳动和其他禁忌从事的劳动。

第六十五条 【未成年工定期健康检查】用人单位应当对未成年工定期进行健康检查。

第八章 职业培训

第六十六条 【国家发展职业培训事业】国家通过

各种途径,采取各种措施,发展职业培训事业,开发劳动者的职业技能,提高劳动者素质,增强劳动者的就业能力和工作能力。

第六十七条　【各级政府的职责】各级人民政府应当把发展职业培训纳入社会经济发展的规划,鼓励和支持有条件的企业、事业组织、社会团体和个人进行各种形式的职业培训。

第六十八条　【用人单位建立职业培训制度】用人单位应当建立职业培训制度,按照国家规定提取和使用职业培训经费,根据本单位实际,有计划地对劳动者进行职业培训。

从事技术工种的劳动者,上岗前必须经过培训。

第六十九条　【职业技能资格】国家确定职业分类,对规定的职业制定职业技能标准,实行职业资格证书制度,由经备案的考核鉴定机构负责对劳动者实施职业技能考核鉴定。

第九章　社会保险和福利

第七十条　【社会保险制度】国家发展社会保险事业,建立社会保险制度,设立社会保险基金,使劳动者在年老、患病、工伤、失业、生育等情况下获得帮助和补偿。

第七十一条　【社会保险水平】社会保险水平应当与社会经济发展水平和社会承受能力相适应。

第七十二条　【社会保险基金】社会保险基金按照保险类型确定资金来源,逐步实行社会统筹。用人单位和劳动者必须依法参加社会保险,缴纳社会保险费。

第七十三条　【享受社会保险待遇的条件和标准】劳动者在下列情形下,依法享受社会保险待遇:

(一)退休;

(二)患病、负伤;

(三)因工伤残或者患职业病;

(四)失业;

(五)生育。

劳动者死亡后,其遗属依法享受遗属津贴。

劳动者享受社会保险待遇的条件和标准由法律、法规规定。

劳动者享受的社会保险金必须按时足额支付。

第七十四条　【社会保险基金管理】社会保险基金经办机构依照法律规定收支、管理和运营社会保险基金,并负有使社会保险基金保值增值的责任。

社会保险基金监督机构依照法律规定,对社会保险基金的收支、管理和运营实施监督。

社会保险基金经办机构和社会保险基金监督机构的设立和职能由法律规定。

任何组织和个人不得挪用社会保险基金。

第七十五条　【补充保险和个人储蓄保险】国家鼓励用人单位根据本单位实际情况为劳动者建立补充保险。

国家提倡劳动者个人进行储蓄性保险。

第七十六条　【职工福利】国家发展社会福利事业,兴建公共福利设施,为劳动者休息、休养和疗养提供条件。

用人单位应当创造条件,改善集体福利,提高劳动者的福利待遇。

第十章　劳动争议

第七十七条　【劳动争议的解决途径】用人单位与劳动者发生劳动争议,当事人可以依法申请调解、仲裁、提起诉讼,也可以协商解决。

调解原则适用于仲裁和诉讼程序。

第七十八条　【劳动争议的处理原则】解决劳动争议,应当根据合法、公正、及时处理的原则,依法维护劳动争议当事人的合法权益。

第七十九条　【劳动争议的调解、仲裁和诉讼的相互关系】劳动争议发生后,当事人可以向本单位劳动争议调解委员会申请调解;调解不成,当事人一方要求仲裁的,可以向劳动争议仲裁委员会申请仲裁。当事人一方也可以直接向劳动争议仲裁委员会申请仲裁。对仲裁裁决不服的,可以向人民法院提起诉讼。

第八十条　【劳动争议的调解】在用人单位内,可以设立劳动争议调解委员会。劳动争议调解委员会由职工代表、用人单位代表和工会代表组成。劳动争议调解委员会主任由工会代表担任。

劳动争议经调解达成协议的,当事人应当履行。

第八十一条　【劳动争议仲裁委员会的组成】劳动争议仲裁委员会由劳动行政部门代表、同级工会代表、用人单位方面的代表组成。劳动争议仲裁委员会主任由劳动行政部门代表担任。

第八十二条　【劳动争议仲裁的程序】提出仲裁要求的一方应当自劳动争议发生之日起 60 日内向劳动争议仲裁委员会提出书面申请。仲裁裁决一般应在收到仲裁申请的 60 日内作出。对仲裁裁决无异议的,当事人必须履行。

第八十三条　【仲裁裁决的效力】劳动争议当事人对仲裁裁决不服的,可以自收到仲裁裁决书之日起 15 日内向人民法院提起诉讼。一方当事人在法定期限内不起诉又不履行仲裁裁决的，另一方当事人可以申请人民法院强制执行。

第八十四条　【集体合同争议的处理】因签订集体合同发生争议，当事人协商解决不成的，当地人民政府劳动行政部门可以组织有关各方协调处理。

因履行集体合同发生争议，当事人协商解决不成的，可以向劳动争议仲裁委员会申请仲裁；对仲裁裁决不服的，可以自收到仲裁裁决书之日起15日内向人民法院提起诉讼。

第十一章　监督检查

第八十五条　【劳动行政部门的监督检查】县级以上各级人民政府劳动行政部门依法对用人单位遵守劳动法律、法规的情况进行监督检查，对违反劳动法律、法规的行为有权制止，并责令改正。

第八十六条　【劳动监察机构的监察程序】县级以上各级人民政府劳动行政部门监督检查人员执行公务，有权进入用人单位了解执行劳动法律、法规的情况，查阅必要的资料，并对劳动场所进行检查。

县级以上各级人民政府劳动行政部门监督检查人员执行公务，必须出示证件，秉公执法并遵守有关规定。

第八十七条　【政府有关部门的监察】县级以上各级人民政府有关部门在各自职责范围内，对用人单位遵守劳动法律、法规的情况进行监督。

第八十八条　【工会监督、社会监督】各级工会依法维护劳动者的合法权益，对用人单位遵守劳动法律、法规的情况进行监督。

任何组织和个人对于违反劳动法律、法规的行为有权检举和控告。

第十二章　法律责任

第八十九条　【劳动规章制度违法的法律责任】用人单位制定的劳动规章制度违反法律、法规规定的，由劳动行政部门给予警告，责令改正；对劳动者造成损害的，应当承担赔偿责任。

第九十条　【违法延长工时的法律责任】用人单位违反本法规定，延长劳动者工作时间的，由劳动行政部门给予警告，责令改正，并可以处以罚款。

第九十一条　【用人单位侵权的民事责任】用人单位有下列侵害劳动者合法权益情形之一的，由劳动行政部门责令支付劳动者的工资报酬、经济补偿，并可以责令支付赔偿金：

（一）克扣或者无故拖欠劳动者工资的；

（二）拒不支付劳动者延长工作时间工资报酬的；

（三）低于当地最低工资标准支付劳动者工资的；

（四）解除劳动合同后，未依照本法规定给予劳动者经济补偿的。

第九十二条　【用人单位违反劳动安全卫生规定的法律责任】用人单位的劳动安全设施和劳动卫生条件不符合国家规定或者未向劳动者提供必要的劳动防护用品和劳动保护设施的，由劳动行政部门或者有关部门责令改正，可以处以罚款；情节严重的，提请县级以上人民政府决定责令停产整顿；对事故隐患不采取措施，致使发生重大事故，造成劳动者生命和财产损失的，对责任人员依照刑法有关规定追究刑事责任。

第九十三条　【强令劳动者违章作业的法律责任】用人单位强令劳动者违章冒险作业，发生重大伤亡事故，造成严重后果的，对责任人员依法追究刑事责任。

第九十四条　【用人单位非法招用未成年工的法律责任】用人单位非法招用未满十六周岁的未成年人的，由劳动行政部门责令改正，处以罚款；情节严重的，由市场监督管理部门吊销营业执照。

第九十五条　【违反女职工和未成年工保护规定的法律责任】用人单位违反本法对女职工和未成年工的保护规定，侵害其合法权益的，由劳动行政部门责令改正，处以罚款；对女职工或者未成年工造成损害的，应当承担赔偿责任。

第九十六条　【侵犯劳动者人身自由的法律责任】用人单位有下列行为之一，由公安机关对责任人员处以15日以下拘留、罚款或者警告；构成犯罪的，对责任人员依法追究刑事责任：

（一）以暴力、威胁或者非法限制人身自由的手段强迫劳动的；

（二）侮辱、体罚、殴打、非法搜查和拘禁劳动者的。

第九十七条　【订立无效合同的民事责任】由于用人单位的原因订立的无效合同，对劳动者造成损害的，应当承担赔偿责任。

第九十八条　【违法解除或故意拖延不订立劳动合同的法律责任】用人单位违反本法规定的条件解除劳动合同或者故意拖延不订立劳动合同的，由劳动行政部门责令改正；对劳动者造成损害的，应当承担赔偿责任。

第九十九条　【招用尚未解除劳动合同者的法律责任】用人单位招用尚未解除劳动合同的劳动者，对原用人单位造成经济损失的，该用人单位应当依法承担连带赔偿责任。

第一百条 　【用人单位不缴纳社会保险费的法律责任】用人单位无故不缴纳社会保险费的,由劳动行政部门责令其限期缴纳;逾期不缴的,可以加收滞纳金。

第一百零一条 　【阻挠监督检查、打击报复举报人员的法律责任】用人单位无理阻挠劳动行政部门、有关部门及其工作人员行使监督检查权,打击报复举报人员的,由劳动行政部门或者有关部门处以罚款;构成犯罪的,对责任人员依法追究刑事责任。

第一百零二条 　【劳动者违法解除劳动合同或违反保密约定的民事责任】劳动者违反本法规定的条件解除劳动合同或者违反劳动合同中约定的保密事项,对用人单位造成经济损失的,应当依法承担赔偿责任。

第一百零三条 　【劳动行政部门和有关部门工作人员渎职的法律责任】劳动行政部门或者有关部门的工作人员滥用职权、玩忽职守、徇私舞弊,构成犯罪的,依法追究刑事责任;不构成犯罪的,给予行政处分。

第一百零四条 　【挪用社会保险基金的法律责任】国家工作人员和社会保险基金经办机构的工作人员挪用社会保险基金,构成犯罪的,依法追究刑事责任。

第一百零五条 　【其他法律、行政法规的处罚效力】违反本法规定侵害劳动者合法权益,其他法律、行政法规已规定处罚的,依照该法律、行政法规的规定处罚。

第十三章　附　则

第一百零六条 　【省级人民政府实施步骤的制定和备案】省、自治区、直辖市人民政府根据本法和本地区的实际情况,规定劳动合同制度的实施步骤,报国务院备案。

第一百零七条 　【施行时间】本法自 1995 年 1 月 1 日起施行。

中华人民共和国劳动合同法

· 2007 年 6 月 29 日第十届全国人民代表大会常务委员会第二十八次会议通过
· 根据 2012 年 12 月 28 日第十一届全国人民代表大会常务委员会第三十次会议《关于修改〈中华人民共和国劳动合同法〉的决定》修正

第一章　总　则

第一条 　【立法宗旨】为了完善劳动合同制度,明确劳动合同双方当事人的权利和义务,保护劳动者的合法权益,构建和发展和谐稳定的劳动关系,制定本法。

第二条 　【适用范围】中华人民共和国境内的企业、个体经济组织、民办非企业单位等组织(以下称用人单位)与劳动者建立劳动关系,订立、履行、变更、解除或者终止劳动合同,适用本法。

国家机关、事业单位、社会团体和与其建立劳动关系的劳动者,订立、履行、变更、解除或者终止劳动合同,依照本法执行。

第三条 　【基本原则】订立劳动合同,应当遵循合法、公平、平等自愿、协商一致、诚实信用的原则。

依法订立的劳动合同具有约束力,用人单位与劳动者应当履行劳动合同约定的义务。

第四条 　【规章制度】用人单位应当依法建立和完善劳动规章制度,保障劳动者享有劳动权利、履行劳动义务。

用人单位在制定、修改或者决定有关劳动报酬、工作时间、休息休假、劳动安全卫生、保险福利、职工培训、劳动纪律以及劳动定额管理等直接涉及劳动者切身利益的规章制度或者重大事项时,应当经职工代表大会或者全体职工讨论,提出方案和意见,与工会或者职工代表平等协商确定。

在规章制度和重大事项决定实施过程中,工会或者职工认为不适当的,有权向用人单位提出,通过协商予以修改完善。

用人单位应当将直接涉及劳动者切身利益的规章制度和重大事项决定公示,或者告知劳动者。

第五条 　【协调劳动关系三方机制】县级以上人民政府劳动行政部门会同工会和企业方面代表,建立健全协调劳动关系三方机制,共同研究解决有关劳动关系的重大问题。

第六条 　【集体协商机制】工会应当帮助、指导劳动者与用人单位依法订立和履行劳动合同,并与用人单位建立集体协商机制,维护劳动者的合法权益。

第二章　劳动合同的订立

第七条 　【劳动关系的建立】用人单位自用工之日起即与劳动者建立劳动关系。用人单位应当建立职工名册备查。

第八条 　【用人单位的告知义务和劳动者的说明义务】用人单位招用劳动者时,应当如实告知劳动者工作内容、工作条件、工作地点、职业危害、安全生产状况、劳动报酬,以及劳动者要求了解的其他情况;用人单位有权了解劳动者与劳动合同直接相关的基本情况,劳动者应当如实说明。

第九条 　【用人单位不得扣押劳动者证件和要求提供担保】用人单位招用劳动者,不得扣押劳动者的居民身份证和其他证件,不得要求劳动者提供担保或者以其他名义向劳动者收取财物。

第十条 【订立书面劳动合同】 建立劳动关系,应当订立书面劳动合同。

已建立劳动关系,未同时订立书面劳动合同的,应当自用工之日起一个月内订立书面劳动合同。

用人单位与劳动者在用工前订立劳动合同的,劳动关系自用工之日起建立。

第十一条 【未订立书面劳动合同时劳动报酬不明确的解决】 用人单位未在用工的同时订立书面劳动合同,与劳动者约定的劳动报酬不明确的,新招用的劳动者的劳动报酬按照集体合同规定的标准执行;没有集体合同或者集体合同未规定的,实行同工同酬。

第十二条 【劳动合同的种类】 劳动合同分为固定期限劳动合同、无固定期限劳动合同和以完成一定工作任务为期限的劳动合同。

第十三条 【固定期限劳动合同】 固定期限劳动合同,是指用人单位与劳动者约定合同终止时间的劳动合同。

用人单位与劳动者协商一致,可以订立固定期限劳动合同。

第十四条 【无固定期限劳动合同】 无固定期限劳动合同,是指用人单位与劳动者约定无确定终止时间的劳动合同。

用人单位与劳动者协商一致,可以订立无固定期限劳动合同。有下列情形之一,劳动者提出或者同意续订、订立劳动合同的,除劳动者提出订立固定期限劳动合同外,应当订立无固定期限劳动合同:

(一)劳动者在该用人单位连续工作满十年的;

(二)用人单位初次实行劳动合同制度或者国有企业改制重新订立劳动合同时,劳动者在该用人单位连续工作满十年且距法定退休年龄不足十年的;

(三)连续订立二次固定期限劳动合同,且劳动者没有本法第三十九条和第四十条第一项、第二项规定的情形,续订劳动合同的。

用人单位自用工之日起满一年不与劳动者订立书面劳动合同的,视为用人单位与劳动者已订立无固定期限劳动合同。

第十五条 【以完成一定工作任务为期限的劳动合同】 以完成一定工作任务为期限的劳动合同,是指用人单位与劳动者约定以某项工作的完成为合同期限的劳动合同。

用人单位与劳动者协商一致,可以订立以完成一定工作任务为期限的劳动合同。

第十六条 【劳动合同的生效】 劳动合同由用人单位与劳动者协商一致,并经用人单位与劳动者在劳动合同文本上签字或者盖章生效。

劳动合同文本由用人单位和劳动者各执一份。

第十七条 【劳动合同的内容】 劳动合同应当具备以下条款:

(一)用人单位的名称、住所和法定代表人或者主要负责人;

(二)劳动者的姓名、住址和居民身份证或者其他有效身份证件号码;

(三)劳动合同期限;

(四)工作内容和工作地点;

(五)工作时间和休息休假;

(六)劳动报酬;

(七)社会保险;

(八)劳动保护、劳动条件和职业危害防护;

(九)法律、法规规定应当纳入劳动合同的其他事项。

劳动合同除前款规定的必备条款外,用人单位与劳动者可以约定试用期、培训、保守秘密、补充保险和福利待遇等其他事项。

第十八条 【劳动合同对劳动报酬和劳动条件约定不明确的解决】 劳动合同对劳动报酬和劳动条件等标准约定不明确,引发争议的,用人单位与劳动者可以重新协商;协商不成的,适用集体合同规定;没有集体合同或者集体合同未规定劳动报酬的,实行同工同酬;没有集体合同或者集体合同未规定劳动条件等标准的,适用国家有关规定。

第十九条 【试用期】 劳动合同期限三个月以上不满一年的,试用期不得超过一个月;劳动合同期限一年以上不满三年的,试用期不得超过二个月;三年以上固定期限和无固定期限的劳动合同,试用期不得超过六个月。

同一用人单位与同一劳动者只能约定一次试用期。

以完成一定工作任务为期限的劳动合同或者劳动合同期限不满三个月的,不得约定试用期。

试用期包含在劳动合同期限内。劳动合同仅约定试用期的,试用期不成立,该期限为劳动合同期限。

第二十条 【试用期工资】 劳动者在试用期的工资不得低于本单位相同岗位最低档工资或者劳动合同约定工资的百分之八十,并不得低于用人单位所在地的最低工资标准。

第二十一条 【试用期内解除劳动合同】在试用期中，除劳动者有本法第三十九条和第四十条第一项、第二项规定的情形外，用人单位不得解除劳动合同。用人单位在试用期解除劳动合同的，应当向劳动者说明理由。

第二十二条 【服务期】用人单位为劳动者提供专项培训费用，对其进行专业技术培训的，可以与该劳动者订立协议，约定服务期。

劳动者违反服务期约定的，应当按照约定向用人单位支付违约金。违约金的数额不得超过用人单位提供的培训费用。用人单位要求劳动者支付的违约金不得超过服务期尚未履行部分所应分摊的培训费用。

用人单位与劳动者约定服务期的，不影响按照正常的工资调整机制提高劳动者在服务期期间的劳动报酬。

第二十三条 【保密义务和竞业限制】用人单位与劳动者可以在劳动合同中约定保守用人单位的商业秘密和与知识产权相关的保密事项。

对负有保密义务的劳动者，用人单位可以在劳动合同或者保密协议中与劳动者约定竞业限制条款，并约定在解除或者终止劳动合同后，在竞业限制期限内按月给予劳动者经济补偿。劳动者违反竞业限制约定的，应当按照约定向用人单位支付违约金。

第二十四条 【竞业限制的范围和期限】竞业限制的人员限于用人单位的高级管理人员、高级技术人员和其他负有保密义务的人员。竞业限制的范围、地域、期限由用人单位与劳动者约定，竞业限制的约定不得违反法律、法规的规定。

在解除或者终止劳动合同后，前款规定的人员到与本单位生产或者经营同类产品、从事同类业务的有竞争关系的其他用人单位，或者自己开业生产或者经营同类产品、从事同类业务的竞业限制期限，不得超过二年。

第二十五条 【违约金】除本法第二十二条和第二十三条规定的情形外，用人单位不得与劳动者约定由劳动者承担违约金。

第二十六条 【劳动合同的无效】下列劳动合同无效或者部分无效：

（一）以欺诈、胁迫的手段或者乘人之危，使对方在违背真实意思的情况下订立或者变更劳动合同的；

（二）用人单位免除自己的法定责任、排除劳动者权利的；

（三）违反法律、行政法规强制性规定的。

对劳动合同的无效或者部分无效有争议的，由劳动争议仲裁机构或者人民法院确认。

第二十七条 【劳动合同部分无效】劳动合同部分无效，不影响其他部分效力的，其他部分仍然有效。

第二十八条 【劳动合同无效后劳动报酬的支付】劳动合同被确认无效，劳动者已付出劳动的，用人单位应当向劳动者支付劳动报酬。劳动报酬的数额，参照本单位相同或者相近岗位劳动者的劳动报酬确定。

第三章 劳动合同的履行和变更

第二十九条 【劳动合同的履行】用人单位与劳动者应当按照劳动合同的约定，全面履行各自的义务。

第三十条 【劳动报酬】用人单位应当按照劳动合同约定和国家规定，向劳动者及时足额支付劳动报酬。

用人单位拖欠或者未足额支付劳动报酬的，劳动者可以依法向当地人民法院申请支付令，人民法院应当依法发出支付令。

第三十一条 【加班】用人单位应当严格执行劳动定额标准，不得强迫或者变相强迫劳动者加班。用人单位安排加班的，应当按照国家有关规定向劳动者支付加班费。

第三十二条 【劳动者拒绝违章指挥、强令冒险作业】劳动者拒绝用人单位管理人员违章指挥、强令冒险作业的，不视为违反劳动合同。

劳动者对危害生命安全和身体健康的劳动条件，有权对用人单位提出批评、检举和控告。

第三十三条 【用人单位名称、法定代表人等的变更】用人单位变更名称、法定代表人、主要负责人或者投资人等事项，不影响劳动合同的履行。

第三十四条 【用人单位合并或者分立】用人单位发生合并或者分立等情况，原劳动合同继续有效，劳动合同由承继其权利和义务的用人单位继续履行。

第三十五条 【劳动合同的变更】用人单位与劳动者协商一致，可以变更劳动合同约定的内容。变更劳动合同，应当采用书面形式。

变更后的劳动合同文本由用人单位和劳动者各执一份。

第四章 劳动合同的解除和终止

第三十六条 【协商解除劳动合同】用人单位与劳动者协商一致，可以解除劳动合同。

第三十七条 【劳动者提前通知解除劳动合同】劳动者提前三十日以书面形式通知用人单位，可以解除劳动合同。劳动者在试用期内提前三日通知用人单位，可以解除劳动合同。

第三十八条　【劳动者解除劳动合同】用人单位有下列情形之一的,劳动者可以解除劳动合同:

(一)未按照劳动合同约定提供劳动保护或者劳动条件的;

(二)未及时足额支付劳动报酬的;

(三)未依法为劳动者缴纳社会保险费的;

(四)用人单位的规章制度违反法律、法规的规定,损害劳动者权益的;

(五)因本法第二十六条第一款规定的情形致使劳动合同无效的;

(六)法律、行政法规规定劳动者可以解除劳动合同的其他情形。

用人单位以暴力、威胁或者非法限制人身自由的手段强迫劳动者劳动的,或者用人单位违章指挥、强令冒险作业危及劳动者人身安全的,劳动者可以立即解除劳动合同,不需事先告知用人单位。

第三十九条　【用人单位单方解除劳动合同】劳动者有下列情形之一的,用人单位可以解除劳动合同:

(一)在试用期间被证明不符合录用条件的;

(二)严重违反用人单位的规章制度的;

(三)严重失职,营私舞弊,给用人单位造成重大损害的;

(四)劳动者同时与其他用人单位建立劳动关系,对完成本单位的工作任务造成严重影响,或者经用人单位提出,拒不改正的;

(五)因本法第二十六条第一款第一项规定的情形致使劳动合同无效的;

(六)被依法追究刑事责任的。

第四十条　【无过失性辞退】有下列情形之一的,用人单位提前三十日以书面形式通知劳动者本人或者额外支付劳动者一个月工资后,可以解除劳动合同:

(一)劳动者患病或者非因工负伤,在规定的医疗期满后不能从事原工作,也不能从事由用人单位另行安排的工作的;

(二)劳动者不能胜任工作,经过培训或者调整工作岗位,仍不能胜任工作的;

(三)劳动合同订立时所依据的客观情况发生重大变化,致使劳动合同无法履行,经用人单位与劳动者协商,未能就变更劳动合同内容达成协议的。

第四十一条　【经济性裁员】有下列情形之一,需要裁减人员二十人以上或者裁减不足二十人但占企业职工

总数百分之十以上的,用人单位提前三十日向工会或者全体职工说明情况,听取工会或者职工的意见后,裁减人员方案经向劳动行政部门报告,可以裁减人员:

(一)依照企业破产法规定进行重整的;

(二)生产经营发生严重困难的;

(三)企业转产、重大技术革新或者经营方式调整,经变更劳动合同后,仍需裁减人员的;

(四)其他因劳动合同订立时所依据的客观经济情况发生重大变化,致使劳动合同无法履行的。

裁减人员时,应当优先留用下列人员:

(一)与本单位订立较长期限的固定期限劳动合同的;

(二)与本单位订立无固定期限劳动合同的;

(三)家庭无其他就业人员,有需要扶养的老人或者未成年人的。

用人单位依照本条第一款规定裁减人员,在六个月内重新招用人员的,应当通知被裁减的人员,并在同等条件下优先招用被裁减的人员。

第四十二条　【用人单位不得解除劳动合同的情形】劳动者有下列情形之一的,用人单位不得依照本法第四十条、第四十一条的规定解除劳动合同:

(一)从事接触职业病危害作业的劳动者未进行离岗前职业健康检查,或者疑似职业病病人在诊断或者医学观察期间的;

(二)在本单位患职业病或者因工负伤并被确认丧失或者部分丧失劳动能力的;

(三)患病或者非因工负伤,在规定的医疗期内的;

(四)女职工在孕期、产期、哺乳期的;

(五)在本单位连续工作满十五年,且距法定退休年龄不足五年的;

(六)法律、行政法规规定的其他情形。

第四十三条　【工会在劳动合同解除中的监督作用】用人单位单方解除劳动合同,应当事先将理由通知工会。用人单位违反法律、行政法规规定或者劳动合同约定的,工会有权要求用人单位纠正。用人单位应当研究工会的意见,并将处理结果书面通知工会。

第四十四条　【劳动合同的终止】有下列情形之一的,劳动合同终止:

(一)劳动合同期满的;

(二)劳动者开始依法享受基本养老保险待遇的;

(三)劳动者死亡,或者被人民法院宣告死亡或者宣告失踪的;

（四）用人单位被依法宣告破产的；

（五）用人单位被吊销营业执照、责令关闭、撤销或者用人单位决定提前解散的；

（六）法律、行政法规规定的其他情形。

第四十五条　【劳动合同的逾期终止】劳动合同期满，有本法第四十二条规定情形之一的，劳动合同应当续延至相应的情形消失时终止。但是，本法第四十二条第二项规定丧失或者部分丧失劳动能力劳动者的劳动合同的终止，按照国家有关工伤保险的规定执行。

第四十六条　【经济补偿】有下列情形之一的，用人单位应当向劳动者支付经济补偿：

（一）劳动者依照本法第三十八条规定解除劳动合同的；

（二）用人单位依照本法第三十六条规定向劳动者提出解除劳动合同并与劳动者协商一致解除劳动合同的；

（三）用人单位依照本法第四十条规定解除劳动合同的；

（四）用人单位依照本法第四十一条第一款规定解除劳动合同的；

（五）除用人单位维持或者提高劳动合同约定条件续订劳动合同，劳动者不同意续订的情形外，依照本法第四十四条第一项规定终止固定期限劳动合同的；

（六）依照本法第四十四条第四项、第五项规定终止劳动合同的；

（七）法律、行政法规规定的其他情形。

第四十七条　【经济补偿的计算】经济补偿按劳动者在本单位工作的年限，每满一年支付一个月工资的标准向劳动者支付。六个月以上不满一年的，按一年计算；不满六个月的，向劳动者支付半个月工资的经济补偿。

劳动者月工资高于用人单位所在直辖市、设区的市级人民政府公布的本地区上年度职工月平均工资三倍的，向其支付经济补偿的标准按职工月平均工资三倍的数额支付，向其支付经济补偿的年限最高不超过十二年。

本条所称月工资是指劳动者在劳动合同解除或者终止前十二个月的平均工资。

第四十八条　【违法解除或者终止劳动合同的法律后果】用人单位违反本法规定解除或者终止劳动合同，劳动者要求继续履行劳动合同的，用人单位应当继续履行；劳动者不要求继续履行劳动合同或者劳动合同已经不能继续履行的，用人单位应当依照本法第八十七条规定支付赔偿金。

第四十九条　【社会保险关系跨地区转移接续】国家采取措施，建立健全劳动者社会保险关系跨地区转移接续制度。

第五十条　【劳动合同解除或者终止后双方的义务】用人单位应当在解除或者终止劳动合同时出具解除或者终止劳动合同的证明，并在十五日内为劳动者办理档案和社会保险关系转移手续。

劳动者应当按照双方约定，办理工作交接。用人单位依照本法有关规定应当向劳动者支付经济补偿的，在办结工作交接时支付。

用人单位对已经解除或者终止的劳动合同的文本，至少保存二年备查。

第五章　特别规定
第一节　集体合同

第五十一条　【集体合同的订立和内容】企业职工一方与用人单位通过平等协商，可以就劳动报酬、工作时间、休息休假、劳动安全卫生、保险福利等事项订立集体合同。集体合同草案应当提交职工代表大会或者全体职工讨论通过。

集体合同由工会代表企业职工一方与用人单位订立；尚未建立工会的用人单位，由上级工会指导劳动者推举的代表与用人单位订立。

第五十二条　【专项集体合同】企业职工一方与用人单位可以订立劳动安全卫生、女职工权益保护、工资调整机制等专项集体合同。

第五十三条　【行业性集体合同、区域性集体合同】在县级以下区域内，建筑业、采矿业、餐饮服务业等行业可以由工会与企业方面代表订立行业性集体合同，或者订立区域性集体合同。

第五十四条　【集体合同的报送和生效】集体合同订立后，应当报送劳动行政部门；劳动行政部门自收到集体合同文本之日起十五日内未提出异议的，集体合同即行生效。

依法订立的集体合同对用人单位和劳动者具有约束力。行业性、区域性集体合同对当地本行业、本区域的用人单位和劳动者具有约束力。

第五十五条　【集体合同中劳动报酬、劳动条件等标准】集体合同中劳动报酬和劳动条件等标准不得低于当地人民政府规定的最低标准；用人单位与劳动者订立的劳动合同中劳动报酬和劳动条件等标准不得低于集体合同规定的标准。

第五十六条　【集体合同纠纷和法律救济】用人单位违反集体合同，侵犯职工劳动权益的，工会可以依法要求用人单位承担责任；因履行集体合同发生争议，经协商解决不成的，工会可以依法申请仲裁、提起诉讼。

第二节　劳务派遣

第五十七条　【劳务派遣单位的设立】经营劳务派遣业务应当具备下列条件：

（一）注册资本不得少于人民币二百万元；

（二）有与开展业务相适应的固定的经营场所和设施；

（三）有符合法律、行政法规规定的劳务派遣管理制度；

（四）法律、行政法规规定的其他条件。

经营劳务派遣业务，应当向劳动行政部门依法申请行政许可；经许可的，依法办理相应的公司登记。未经许可，任何单位和个人不得经营劳务派遣业务。

第五十八条　【劳务派遣单位、用工单位及劳动者的权利义务】劳务派遣单位是本法所称用人单位，应当履行用人单位对劳动者的义务。劳务派遣单位与被派遣劳动者订立的劳动合同，除应当载明本法第十七条规定的事项外，还应当载明被派遣劳动者的用工单位以及派遣期限、工作岗位等情况。

劳务派遣单位应当与被派遣劳动者订立二年以上的固定期限劳动合同，按月支付劳动报酬；被派遣劳动者在无工作期间，劳务派遣单位应当按照所在地人民政府规定的最低工资标准，向其按月支付报酬。

第五十九条　【劳务派遣协议】劳务派遣单位派遣劳动者应当与接受以劳务派遣形式用工的单位（以下称用工单位）订立劳务派遣协议。劳务派遣协议应当约定派遣岗位和人员数量、派遣期限、劳动报酬和社会保险费的数额与支付方式以及违反协议的责任。

用工单位应当根据工作岗位的实际需要与劳务派遣单位确定派遣期限，不得将连续用工期限分割订立数个短期劳务派遣协议。

第六十条　【劳务派遣单位的告知义务】劳务派遣单位应当将劳务派遣协议的内容告知被派遣劳动者。

劳务派遣单位不得克扣用工单位按照劳务派遣协议支付给被派遣劳动者的劳动报酬。

劳务派遣单位和用工单位不得向被派遣劳动者收取费用。

第六十一条　【跨地区派遣劳动者的劳动报酬、劳动条件】劳务派遣单位跨地区派遣劳动者的，被派遣劳动者享有的劳动报酬和劳动条件，按照用工单位所在地的标准执行。

第六十二条　【用工单位的义务】用工单位应当履行下列义务：

（一）执行国家劳动标准，提供相应的劳动条件和劳动保护；

（二）告知被派遣劳动者的工作要求和劳动报酬；

（三）支付加班费、绩效奖金，提供与工作岗位相关的福利待遇；

（四）对在岗被派遣劳动者进行工作岗位所必需的培训；

（五）连续用工的，实行正常的工资调整机制。

用工单位不得将被派遣劳动者再派遣到其他用人单位。

第六十三条　【被派遣劳动者同工同酬】被派遣劳动者享有与用工单位的劳动者同工同酬的权利。用工单位应当按照同工同酬原则，对被派遣劳动者与本单位同类岗位的劳动者实行相同的劳动报酬分配办法。用工单位无同类岗位劳动者的，参照用工单位所在地相同或者相近岗位劳动者的劳动报酬确定。

劳务派遣单位与被派遣劳动者订立的劳动合同和与用工单位订立的劳务派遣协议，载明或者约定的向被派遣劳动者支付的劳动报酬应当符合前款规定。

第六十四条　【被派遣劳动者参加或者组织工会】被派遣劳动者有权在劳务派遣单位或者用工单位依法参加或者组织工会，维护自身的合法权益。

第六十五条　【劳务派遣中解除劳动合同】被派遣劳动者可以依照本法第三十六条、第三十八条的规定与劳务派遣单位解除劳动合同。

被派遣劳动者有本法第三十九条和第四十条第一项、第二项规定情形的，用工单位可以将劳动者退回劳务派遣单位，劳务派遣单位依照本法有关规定，可以与劳动者解除劳动合同。

第六十六条　【劳务派遣的适用岗位】劳动合同用工是我国的企业基本用工形式。劳务派遣用工是补充形式，只能在临时性、辅助性或者替代性的工作岗位上实施。

前款规定的临时性工作岗位是指存续时间不超过六个月的岗位；辅助性工作岗位是指为主营业务岗位提供服务的非主营业务岗位；替代性工作岗位是指用工单位的劳动者因脱产学习、休假等原因无法工作的一定期间内，可以由其他劳动者替代工作的岗位。

用工单位应当严格控制劳务派遣用工数量，不得超过其用工总量的一定比例，具体比例由国务院劳动行政部门规定。

第六十七条　【用人单位不得自设劳务派遣单位】用人单位不得设立劳务派遣单位向本单位或者所属单位派遣劳动者。

第三节　非全日制用工

第六十八条　【非全日制用工的概念】非全日制用工，是指以小时计酬为主，劳动者在同一用人单位一般平均每日工作时间不超过四小时，每周工作时间累计不超过二十四小时的用工形式。

第六十九条　【非全日制用工的劳动合同】非全日制用工双方当事人可以订立口头协议。

从事非全日制用工的劳动者可以与一个或者一个以上用人单位订立劳动合同；但是，后订立的劳动合同不得影响先订立的劳动合同的履行。

第七十条　【非全日制用工不得约定试用期】非全日制用工双方当事人不得约定试用期。

第七十一条　【非全日制用工的终止用工】非全日制用工双方当事人任何一方都可以随时通知对方终止用工。终止用工，用人单位不向劳动者支付经济补偿。

第七十二条　【非全日制用工的劳动报酬】非全日制用工小时计酬标准不得低于用人单位所在地人民政府规定的最低小时工资标准。

非全日制用工劳动报酬结算支付周期最长不得超过十五日。

第六章　监督检查

第七十三条　【劳动合同制度的监督管理体制】国务院劳动行政部门负责全国劳动合同制度实施的监督管理。

县级以上地方人民政府劳动行政部门负责本行政区域内劳动合同制度实施的监督管理。

县级以上各级人民政府劳动行政部门在劳动合同制度实施的监督管理工作中，应当听取工会、企业方面代表以及有关行业主管部门的意见。

第七十四条　【劳动行政部门监督检查事项】县级以上地方人民政府劳动行政部门依法对下列实施劳动合同制度的情况进行监督检查：

（一）用人单位制定直接涉及劳动者切身利益的规章制度及其执行的情况；

（二）用人单位与劳动者订立和解除劳动合同的情况；

（三）劳务派遣单位和用工单位遵守劳务派遣有关规定的情况；

（四）用人单位遵守国家关于劳动者工作时间和休息休假规定的情况；

（五）用人单位支付劳动合同约定的劳动报酬和执行最低工资标准的情况；

（六）用人单位参加各项社会保险和缴纳社会保险费的情况；

（七）法律、法规规定的其他劳动监察事项。

第七十五条　【监督检查措施和依法行政、文明执法】县级以上地方人民政府劳动行政部门实施监督检查时，有权查阅与劳动合同、集体合同有关的材料，有权对劳动场所进行实地检查，用人单位和劳动者都应当如实提供有关情况和材料。

劳动行政部门的工作人员进行监督检查，应当出示证件，依法行使职权，文明执法。

第七十六条　【其他有关主管部门的监督管理】县级以上人民政府建设、卫生、安全生产监督管理等有关主管部门在各自职责范围内，对用人单位执行劳动合同制度的情况进行监督管理。

第七十七条　【劳动者权利救济途径】劳动者合法权益受到侵害的，有权要求有关部门依法处理，或者依法申请仲裁、提起诉讼。

第七十八条　【工会监督检查的权利】工会依法维护劳动者的合法权益，对用人单位履行劳动合同、集体合同的情况进行监督。用人单位违反劳动法律、法规和劳动合同、集体合同的，工会有权提出意见或者要求纠正；劳动者申请仲裁、提起诉讼的，工会依法给予支持和帮助。

第七十九条　【对违法行为的举报】任何组织或者个人对违反本法的行为都有权举报，县级以上人民政府劳动行政部门应当及时核实、处理，并对举报有功人员给予奖励。

第七章　法律责任

第八十条　【规章制度违法的法律责任】用人单位直接涉及劳动者切身利益的规章制度违反法律、法规规定的，由劳动行政部门责令改正，给予警告；给劳动者造成损害的，应当承担赔偿责任。

第八十一条　【缺乏必备条款、不提供劳动合同文本的法律责任】用人单位提供的劳动合同文本未载明本法规定的劳动合同必备条款或者用人单位未将劳动合同文本交付劳动者的，由劳动行政部门责令改正；给劳动者造成损害的,应当承担赔偿责任。

第八十二条　【不订立书面劳动合同的法律责任】用人单位自用工之日起超过一个月不满一年未与劳动者订立书面劳动合同的,应当向劳动者每月支付二倍的工资。

用人单位违反本法规定不与劳动者订立无固定期限劳动合同的,自应当订立无固定期限劳动合同之日起向劳动者每月支付二倍的工资。

第八十三条　【违法约定试用期的法律责任】用人单位违反本法规定与劳动者约定试用期的,由劳动行政部门责令改正;违法约定的试用期已经履行的,由用人单位以劳动者试用期满月工资为标准,按已经履行的超过法定试用期的期间向劳动者支付赔偿金。

第八十四条　【扣押劳动者身份证等证件的法律责任】用人单位违反本法规定,扣押劳动者居民身份证等证件的,由劳动行政部门责令限期退还劳动者本人,并依照有关法律规定给予处罚。

用人单位违反本法规定,以担保或者其他名义向劳动者收取财物的,由劳动行政部门责令限期退还劳动者本人,并以每人五百元以上二千元以下的标准处以罚款;给劳动者造成损害的,应当承担赔偿责任。

劳动者依法解除或者终止劳动合同,用人单位扣押劳动者档案或者其他物品的,依照前款规定处罚。

第八十五条　【未依法支付劳动报酬、经济补偿等的法律责任】用人单位有下列情形之一的,由劳动行政部门责令限期支付劳动报酬、加班费或者经济补偿;劳动报酬低于当地最低工资标准的,应当支付其差额部分;逾期不支付的,责令用人单位按应付金额百分之五十以上百分之一百以下的标准向劳动者加付赔偿金:

(一)未按照劳动合同的约定或者国家规定及时足额支付劳动者劳动报酬的;

(二)低于当地最低工资标准支付劳动者工资的;

(三)安排加班不支付加班费的;

(四)解除或者终止劳动合同,未依照本法规定向劳动者支付经济补偿的。

第八十六条　【订立无效劳动合同的法律责任】劳动合同依照本法第二十六条规定被确认无效,给对方造成损害的,有过错的一方应当承担赔偿责任。

第八十七条　【违法解除或者终止劳动合同的法律责任】用人单位违反本法规定解除或者终止劳动合同的,应当依照本法第四十七条规定的经济补偿标准的二倍向劳动者支付赔偿金。

第八十八条　【侵害劳动者人身权益的法律责任】用人单位有下列情形之一的,依法给予行政处罚;构成犯罪的,依法追究刑事责任;给劳动者造成损害的,应当承担赔偿责任:

(一)以暴力、威胁或者非法限制人身自由的手段强迫劳动的;

(二)违章指挥或者强令冒险作业危及劳动者人身安全的;

(三)侮辱、体罚、殴打、非法搜查或者拘禁劳动者的;

(四)劳动条件恶劣、环境污染严重,给劳动者身心健康造成严重损害的。

第八十九条　【不出具解除、终止书面证明的法律责任】用人单位违反本法规定未向劳动者出具解除或者终止劳动合同的书面证明,由劳动行政部门责令改正;给劳动者造成损害的,应当承担赔偿责任。

第九十条　【劳动者的赔偿责任】劳动者违反本法规定解除劳动合同,或者违反劳动合同中约定的保密义务或者竞业限制,给用人单位造成损失的,应当承担赔偿责任。

第九十一条　【用人单位的连带赔偿责任】用人单位招用与其他用人单位尚未解除或者终止劳动合同的劳动者,给其他用人单位造成损失的,应当承担连带赔偿责任。

第九十二条　【劳务派遣单位的法律责任】违反本法规定,未经许可,擅自经营劳务派遣业务的,由劳动行政部门责令停止违法行为,没收违法所得,并处违法所得一倍以上五倍以下的罚款;没有违法所得的,可以处五万元以下的罚款。

劳务派遣单位、用工单位违反本法有关劳务派遣规定的,由劳动行政部门责令限期改正;逾期不改正的,以每人五千元以上一万元以下的标准处以罚款,对劳务派遣单位,吊销其劳务派遣业务经营许可证。用工单位给被派遣劳动者造成损害的,劳务派遣单位与用工单位承担连带赔偿责任。

第九十三条　【无营业执照经营单位的法律责任】对不具备合法经营资格的用人单位的违法犯罪行为,依法追究法律责任;劳动者已经付出劳动的,该单位或者其出资人应当依照本法有关规定向劳动者支付劳动报酬、经济补偿、赔偿金;给劳动者造成损害的,应当承担赔偿责任。

第九十四条　【个人承包经营者的连带赔偿责任】个人承包经营违反本法规定招用劳动者,给劳动者造成损害的,发包的组织与个人承包经营者承担连带赔偿责任。

第九十五条　【不履行法定职责、违法行使职权的法律责任】劳动行政部门和其他有关主管部门及其工作人员玩忽职守、不履行法定职责,或者违法行使职权,给劳动者或者用人单位造成损害的,应当承担赔偿责任;对直接负责的主管人员和其他直接责任人员,依法给予行政处分;构成犯罪的,依法追究刑事责任。

第八章　附　则

第九十六条　【事业单位聘用制劳动合同的法律适用】事业单位与实行聘用制的工作人员订立、履行、变更、解除或者终止劳动合同,法律、行政法规或者国务院另有规定的,依照其规定;未作规定的,依照本法有关规定执行。

第九十七条　【过渡性条款】本法施行前已依法订立且在本法施行之日存续的劳动合同,继续履行;本法第十四条第二款第三项规定连续订立固定期限劳动合同的次数,自本法施行后续订固定期限劳动合同时开始计算。

本法施行前已建立劳动关系,尚未订立书面劳动合同的,应当自本法施行之日起一个月内订立。

本法施行之日存续的劳动合同在本法施行后解除或者终止,依照本法第四十六条规定应当支付经济补偿的,经济补偿年限自本法施行之日起计算;本法施行前按照当时有关规定,用人单位应当向劳动者支付经济补偿的,按照当时有关规定执行。

第九十八条　【施行时间】本法自 2008 年 1 月 1 日起施行。

保障农民工工资支付条例

· 2019 年 12 月 4 日国务院第 73 次常务会议通过
· 2019 年 12 月 30 日中华人民共和国国务院令第 724 号公布
· 自 2020 年 5 月 1 日起施行

第一章　总　则

第一条　为了规范农民工工资支付行为,保障农民工按时足额获得工资,根据《中华人民共和国劳动法》及有关法律规定,制定本条例。

第二条　保障农民工工资支付,适用本条例。

本条例所称农民工,是指为用人单位提供劳动的农村居民。

本条例所称工资,是指农民工为用人单位提供劳动后应当获得的劳动报酬。

第三条　农民工有按时足额获得工资的权利。任何单位和个人不得拖欠农民工工资。

农民工应当遵守劳动纪律和职业道德,执行劳动安全卫生规程,完成劳动任务。

第四条　县级以上地方人民政府对本行政区域内保障农民工工资支付工作负责,建立保障农民工工资支付工作协调机制,加强监管能力建设,健全保障农民工工资支付工作目标责任制,并纳入对本级人民政府有关部门和下级人民政府进行考核和监督的内容。

乡镇人民政府、街道办事处应当加强对拖欠农民工工资矛盾的排查和调处工作,防范和化解矛盾,及时调解纠纷。

第五条　保障农民工工资支付,应当坚持市场主体负责、政府依法监管、社会协同监督,按照源头治理、预防为主、防治结合、标本兼治的要求,依法根治拖欠农民工工资问题。

第六条　用人单位实行农民工劳动用工实名制管理,与招用的农民工书面约定或者通过依法制定的规章制度规定工资支付标准、支付时间、支付方式等内容。

第七条　人力资源社会保障行政部门负责保障农民工工资支付工作的组织协调、管理指导和农民工工资支付情况的监督检查,查处有关拖欠农民工工资案件。

住房城乡建设、交通运输、水利等相关行业工程建设主管部门按照职责履行行业监管责任,督办因违法发包、转包、违法分包、挂靠、拖欠工程款等导致的拖欠农民工工资案件。

发展改革等部门按照职责负责政府投资项目的审批管理,依法审查政府投资项目的资金来源和筹措方式,按规定及时安排政府投资,加强社会信用体系建设,组织对拖欠农民工工资失信联合惩戒对象依法依规予以限制和惩戒。

财政部门负责政府投资资金的预算管理,根据经批准的预算按规定及时足额拨付政府投资资金。

公安机关负责及时受理、侦办涉嫌拒不支付劳动报酬刑事案件,依法处置因农民工工资拖欠引发的社会治安案件。

司法行政、自然资源、人民银行、审计、国有资产管理、税务、市场监管、金融监管等部门,按照职责做好与保障农民工工资支付相关的工作。

第八条　工会、共产主义青年团、妇女联合会、残疾人联合会等组织按照职责依法维护农民工获得工资的权利。

第九条　新闻媒体应当开展保障农民工工资支付法

律法规政策的公益宣传和先进典型的报道，依法加强对拖欠农民工工资违法行为的舆论监督，引导用人单位增强依法用工、按时足额支付工资的法律意识，引导农民工依法维权。

第十条　被拖欠工资的农民工有权依法投诉，或者申请劳动争议调解仲裁和提起诉讼。

任何单位和个人对拖欠农民工工资的行为，有权向人力资源社会保障行政部门或者其他有关部门举报。

人力资源社会保障行政部门和其他有关部门应当公开举报投诉电话、网站等渠道，依法接受对拖欠农民工工资行为的举报、投诉。对于举报、投诉的处理实行首问负责制，属于本部门受理的，应当依法及时处理；不属于本部门受理的，应当及时转送相关部门，相关部门应当依法及时处理，并将处理结果告知举报、投诉人。

第二章　工资支付形式与周期

第十一条　农民工工资应当以货币形式，通过银行转账或者现金支付给农民工本人，不得以实物或者有价证券等其他形式替代。

第十二条　用人单位应当按照与农民工书面约定或者依法制定的规章制度规定的工资支付周期和具体支付日期足额支付工资。

第十三条　实行月、周、日、小时工资制的，按照月、周、日、小时为周期支付工资；实行计件工资制的，工资支付周期由双方依法约定。

第十四条　用人单位与农民工书面约定或者依法制定的规章制度规定的具体支付日期，可以在农民工提供劳动的当期或者次期。具体支付日期遇法定节假日或者休息日的，应当在法定节假日或者休息日前支付。

用人单位因不可抗力未能在支付日期支付工资的，应当在不可抗力消除后及时支付。

第十五条　用人单位应当按照工资支付周期编制书面工资支付台账，并至少保存3年。

书面工资支付台账应当包括用人单位名称、支付周期、支付日期、支付对象姓名、身份证号码、联系方式、工作时间、应发工资项目及数额、代扣、代缴、扣除项目和数额、实发工资数额、银行代发工资凭证或者农民工签字等内容。

用人单位向农民工支付工资时，应当提供农民工本人的工资清单。

第三章　工资清偿

第十六条　用人单位拖欠农民工工资的，应当依法予以清偿。

第十七条　不具备合法经营资格的单位招用农民工，农民工已经付出劳动而未获得工资的，依照有关法律规定执行。

第十八条　用工单位使用个人、不具备合法经营资格的单位或者未依法取得劳务派遣许可证的单位派遣的农民工，拖欠农民工工资的，由用工单位清偿，并可以依法进行追偿。

第十九条　用人单位将工作任务发包给个人或者不具备合法经营资格的单位，导致拖欠所招用农民工工资的，依照有关法律规定执行。

用人单位允许个人、不具备合法经营资格或者未取得相应资质的单位以用人单位的名义对外经营，导致拖欠所招用农民工工资的，由用人单位清偿，并可以依法进行追偿。

第二十条　合伙企业、个人独资企业、个体经济组织等用人单位拖欠农民工工资的，应当依法予以清偿；不清偿的，由出资人依法清偿。

第二十一条　用人单位合并或者分立时，应当在实施合并或者分立前依法清偿拖欠的农民工工资；经与农民工书面协商一致的，可以由合并或者分立后承继其权利和义务的用人单位清偿。

第二十二条　用人单位被依法吊销营业执照或者登记证书、被责令关闭、被撤销或者依法解散的，应当在申请注销登记前依法清偿拖欠的农民工工资。

未依据前款规定清偿农民工工资的用人单位主要出资人，应当在注册新用人单位前清偿拖欠的农民工工资。

第四章　工程建设领域特别规定

第二十三条　建设单位应当有满足施工所需要的资金安排。没有满足施工所需要的资金安排的，工程建设项目不得开工建设；依法需要办理施工许可证的，相关行业工程建设主管部门不予颁发施工许可证。

政府投资项目所需资金，应当按照国家有关规定落实到位，不得由施工单位垫资建设。

第二十四条　建设单位应当向施工单位提供工程款支付担保。

建设单位与施工总承包单位依法订立书面工程施工合同，应当约定工程款计量周期、工程款进度结算办法以及人工费用拨付周期，并按照保障农民工工资按时足额支付的要求约定人工费用。人工费用拨付周期不得超过1个月。

建设单位与施工总承包单位应当将工程施工合同保

存备查。

第二十五条　施工总承包单位与分包单位依法订立书面分包合同,应当约定工程款计量周期、工程款进度结算办法。

第二十六条　施工总承包单位应当按照有关规定开设农民工工资专用账户,专项用于支付该工程建设项目农民工工资。

开设、使用农民工工资专用账户有关资料应当由施工总承包单位妥善保存备查。

第二十七条　金融机构应当优化农民工工资专用账户开设服务流程,做好农民工工资专用账户的日常管理工作;发现资金未按约定拨付等情况的,及时通知施工总承包单位,由施工总承包单位报告人力资源社会保障行政部门和相关行业工程建设主管部门,并纳入欠薪预警系统。

工程完工且未拖欠农民工工资的,施工总承包单位公示30日后,可以申请注销农民工工资专用账户,账户内余额归施工总承包单位所有。

第二十八条　施工总承包单位或者分包单位应当依法与所招用的农民工订立劳动合同并进行用工实名登记,具备条件的行业应当通过相应的管理服务信息平台进行用工实名登记、管理。未与施工总承包单位或者分包单位订立劳动合同并进行用工实名登记的人员,不得进入项目现场施工。

施工总承包单位应当在工程项目部配备劳资专管员,对分包单位劳动用工实施监督管理,掌握施工现场用工、考勤、工资支付等情况,审核分包单位编制的农民工工资支付表,分包单位应当予以配合。

施工总承包单位、分包单位应当建立用工管理台账,并保存至工程完工且工资全部结清后至少3年。

第二十九条　建设单位应当按照合同约定及时拨付工程款,并将人工费用及时足额拨付至农民工工资专用账户,加强对施工总承包单位按时足额支付农民工工资的监督。

因建设单位未按照合同约定及时拨付工程款导致农民工工资拖欠的,建设单位应当以未结清的工程款为限先行垫付被拖欠的农民工工资。

建设单位应当以项目为单位建立保障农民工工资支付协调机制和工资拖欠预防机制,督促施工总承包单位加强劳动用工管理,妥善处理与农民工工资支付相关的矛盾纠纷。发生农民工集体讨薪事件的,建设单位应当会同施工总承包单位及时处理,并向项目所在地人力资源社会保障行政部门和相关行业工程建设主管部门报告有关情况。

第三十条　分包单位对所招用农民工的实名制管理和工资支付负直接责任。

施工总承包单位对分包单位劳动用工和工资发放等情况进行监督。

分包单位拖欠农民工工资的,由施工总承包单位先行清偿,再依法进行追偿。

工程建设项目转包,拖欠农民工工资的,由施工总承包单位先行清偿,再依法进行追偿。

第三十一条　工程建设领域推行分包单位农民工工资委托施工总承包单位代发制度。

分包单位应当按月考核农民工工作量并编制工资支付表,经农民工本人签字确认后,与当月工程进度等情况一并交施工总承包单位。

施工总承包单位根据分包单位编制的工资支付表,通过农民工工资专用账户直接将工资支付到农民工本人的银行账户,并向分包单位提供代发工资凭证。

用于支付农民工工资的银行账户所绑定的农民工本人社会保障卡或者银行卡,用人单位或者其他人员不得以任何理由扣押或者变相扣押。

第三十二条　施工总承包单位应当按照有关规定存储工资保证金,专项用于支付为所承包工程提供劳动的农民工被拖欠的工资。

工资保证金实行差异化存储办法,对一定时期内未发生工资拖欠的单位实行减免措施,对发生工资拖欠的单位适当提高存储比例。工资保证金可以用金融机构保函替代。

工资保证金的存储比例、存储形式、减免措施等具体办法,由国务院人力资源社会保障行政部门会同有关部门制定。

第三十三条　除法律另有规定外,农民工工资专用账户资金和工资保证金不得因支付为本项目提供劳动的农民工工资之外的原因被查封、冻结或者划拨。

第三十四条　施工总承包单位应当在施工现场醒目位置设立维权信息告示牌,明示下列事项:

(一)建设单位、施工总承包单位及所在项目部、分包单位、相关行业工程建设主管部门、劳资专管员等基本信息;

(二)当地最低工资标准、工资支付日期等基本信息;

(三)相关行业工程建设主管部门和劳动保障监察

投诉举报电话、劳动争议调解仲裁申请渠道、法律援助申请渠道、公共法律服务热线等信息。

第三十五条　建设单位与施工总承包单位或者承包单位与分包单位因工程数量、质量、造价等产生争议的，建设单位不得因争议不按照本条例第二十四条的规定拨付工程款中的人工费用，施工总承包单位也不得因争议不按照规定代发工资。

第三十六条　建设单位或者施工总承包单位将建设工程发包或者分包给个人或者不具备合法经营资格的单位，导致拖欠农民工工资的，由建设单位或者施工总承包单位清偿。

施工单位允许其他单位和个人以施工单位的名义对外承揽建设工程，导致拖欠农民工工资的，由施工单位清偿。

第三十七条　工程建设项目违反国土空间规划、工程建设等法律法规，导致拖欠农民工工资的，由建设单位清偿。

第五章　监督检查

第三十八条　县级以上地方人民政府应当建立农民工工资支付监控预警平台，实现人力资源社会保障、发展改革、司法行政、财政、住房城乡建设、交通运输、水利等部门的工程项目审批、资金落实、施工许可、劳动用工、工资支付等信息及时共享。

人力资源社会保障行政部门根据水电燃气供应、物业管理、信贷、税收等反映企业生产经营相关指标的变化情况，及时监控和预警工资支付隐患并做好防范工作，市场监管、金融监管、税务等部门应当予以配合。

第三十九条　人力资源社会保障行政部门、相关行业工程建设主管部门和其他有关部门应当按照职责，加强对用人单位与农民工签订劳动合同、工资支付以及工程建设项目实行农民工实名制管理、农民工工资专用账户管理、施工总承包单位代发工资、工资保证金存储、维权信息公示等情况的监督检查，预防和减少拖欠农民工工资行为的发生。

第四十条　人力资源社会保障行政部门在查处拖欠农民工工资案件时，需要依法查询相关单位金融账户和相关当事人拥有房产、车辆等情况的，应当经设区的市级以上地方人民政府人力资源社会保障行政部门负责人批准，有关金融机构和登记部门应当予以配合。

第四十一条　人力资源社会保障行政部门在查处拖欠农民工工资案件时，发生用人单位拒不配合调查、清偿责任主体及相关当事人无法联系等情形的，可以请求公安机关和其他有关部门协助处理。

人力资源社会保障行政部门发现拖欠农民工工资的违法行为涉嫌构成拒不支付劳动报酬罪的，应当按照有关规定及时移送公安机关审查并作出决定。

第四十二条　人力资源社会保障行政部门作出责令支付被拖欠的农民工工资的决定，相关单位不支付的，可以依法申请人民法院强制执行。

第四十三条　相关行业工程建设主管部门应当依法规范本领域建设市场秩序，对违法发包、转包、违法分包、挂靠等行为进行查处，并对导致拖欠农民工工资的违法行为及时予以制止、纠正。

第四十四条　财政部门、审计机关和相关行业工程建设主管部门按照职责，依法对政府投资项目建设单位按照工程施工合同约定向农民工工资专用账户拨付资金情况进行监督。

第四十五条　司法行政部门和法律援助机构应当将农民工列为法律援助的重点对象，并依法为请求支付工资的农民工提供便捷的法律援助。

公共法律服务相关机构应当积极参与相关诉讼、咨询、调解等活动，帮助解决拖欠农民工工资问题。

第四十六条　人力资源社会保障行政部门、相关行业工程建设主管部门和其他有关部门应当按照"谁执法谁普法"普法责任制的要求，通过以案释法等多种形式，加大对保障农民工工资支付相关法律法规的普及宣传。

第四十七条　人力资源社会保障行政部门应当建立用人单位及相关责任人劳动保障守法诚信档案，对用人单位开展守法诚信等级评价。

用人单位有严重拖欠农民工工资违法行为的，由人力资源社会保障行政部门向社会公布，必要时可以通过召开新闻发布会等形式向媒体公开曝光。

第四十八条　用人单位拖欠农民工工资，情节严重或者造成严重不良社会影响的，有关部门应当将该用人单位及其法定代表人或者主要负责人、直接负责的主管人员和其他直接责任人员列入拖欠农民工工资失信联合惩戒对象名单，在政府资金支持、政府采购、招投标、融资贷款、市场准入、税收优惠、评优评先、交通出行等方面依法依规予以限制。

拖欠农民工工资需要列入失信联合惩戒名单的具体情形，由国务院人力资源社会保障行政部门规定。

第四十九条　建设单位未依法提供工程款支付担保或者政府投资项目拖欠工程款，导致拖欠农民工工资的，县级以上地方人民政府应当限制其新建项目，并记入信用记录,纳入国家信用信息系统进行公示。

第五十条　农民工与用人单位就拖欠工资存在争议,用人单位应当提供依法由其保存的劳动合同、职工名册、工资支付台账和清单等材料;不提供的,依法承担不利后果。

第五十一条　工会依法维护农民工工资权益,对用人单位工资支付情况进行监督;发现拖欠农民工工资的,可以要求用人单位改正,拒不改正的,可以请求人力资源社会保障行政部门和其他有关部门依法处理。

第五十二条　单位或者个人编造虚假事实或者采取非法手段讨要农民工工资,或者以拖欠农民工工资为名讨要工程款的,依法予以处理。

第六章　法律责任

第五十三条　违反本条例规定拖欠农民工工资的,依照有关法律规定执行。

第五十四条　有下列情形之一的,由人力资源社会保障行政部门责令限期改正;逾期不改正的,对单位处2万元以上5万元以下的罚款,对法定代表人或者主要负责人、直接负责的主管人员和其他直接责任人员处1万元以上3万元以下的罚款:

(一)以实物、有价证券等形式代替货币支付农民工工资;

(二)未编制工资支付台账并依法保存,或者未向农民工提供工资清单;

(三)扣押或者变相扣押用于支付农民工工资的银行账户所绑定的农民工本人社会保障卡或者银行卡。

第五十五条　有下列情形之一的,由人力资源社会保障行政部门、相关行业工程建设主管部门按照职责责令限期改正;逾期不改正的,责令项目停工,并处5万元以上10万元以下的罚款;情节严重的,给予施工单位限制承接新工程、降低资质等级、吊销资质证书等处罚:

(一)施工总承包单位未按规定开设或者使用农民工工资专用账户;

(二)施工总承包单位未按规定存储工资保证金或者未提供金融机构保函;

(三)施工总承包单位、分包单位未实行劳动用工实名制管理。

第五十六条　有下列情形之一的,由人力资源社会保障行政部门、相关行业工程建设主管部门按照职责责令限期改正;逾期不改正的,处5万元以上10万元以下的罚款:

(一)分包单位未按月考核农民工工作量、编制工资

支付表并经农民工本人签字确认;

(二)施工总承包单位未对分包单位劳动用工实施监督管理;

(三)分包单位未配合施工总承包单位对其劳动用工进行监督管理;

(四)施工总承包单位未实行施工现场维权信息公示制度。

第五十七条　有下列情形之一的,由人力资源社会保障行政部门、相关行业工程建设主管部门按照职责责令限期改正;逾期不改正的,责令项目停工,并处5万元以上10万元以下的罚款:

(一)建设单位未依法提供工程款支付担保;

(二)建设单位未按约定及时足额向农民工工资专用账户拨付工程款中的人工费用;

(三)建设单位或者施工总承包单位拒不提供或者无法提供工程施工合同、农民工工资专用账户有关资料。

第五十八条　不依法配合人力资源社会保障行政部门查询相关单位金融账户的,由金融监管部门责令改正;拒不改正的,处2万元以上5万元以下的罚款。

第五十九条　政府投资项目政府投资资金不到位拖欠农民工工资的,由人力资源社会保障行政部门报本级人民政府批准,责令限期足额拨付所拖欠的资金;逾期不拨付的,由上一级人民政府人力资源社会保障行政部门约谈直接责任部门和相关监管部门负责人,必要时进行通报,约谈地方人民政府负责人。情节严重的,对地方人民政府及其有关部门负责人、直接负责的主管人员和其他直接责任人员依法依规给予处分。

第六十条　政府投资项目建设单位未经批准立项建设、擅自扩大建设规模、擅自增加投资概算、未及时拨付工程款等导致拖欠农民工工资的,除依法承担责任外,由人力资源社会保障行政部门、其他有关部门按照职责约谈建设单位负责人,并作为其业绩考核、薪酬分配、评优评先、职务晋升等的重要依据。

第六十一条　对于建设资金不到位、违法违规开工建设的社会投资工程建设项目拖欠农民工工资的,由人力资源社会保障行政部门、其他有关部门按照职责依法对建设单位进行处罚;对建设单位负责人依法依规给予处分。相关部门工作人员未依法履行职责的,由有关机关依法依规给予处分。

第六十二条　县级以上地方人民政府人力资源社会保障、发展改革、财政、公安等部门和相关行业工程建设主管部门工作人员,在履行农民工工资支付监督管理职

责过程中滥用职权、玩忽职守、徇私舞弊的，依法依规给予处分；构成犯罪的，依法追究刑事责任。

第七章 附 则

第六十三条 用人单位一时难以支付拖欠的农民工工资或者拖欠农民工工资逃匿的，县级以上地方人民政府可以动用应急周转金，先行垫付用人单位拖欠的农民工部分工资或者基本生活费。对已经垫付的应急周转金，应当依法向拖欠农民工工资的用人单位进行追偿。

第六十四条 本条例自 2020 年 5 月 1 日起施行。

建设领域农民工工资支付管理暂行办法

· 2004 年 9 月 6 日
· 劳社部发〔2004〕22 号

为规范建设领域农民工工资支付行为，预防和解决建筑业企业拖欠或克扣农民工工资问题，根据《中华人民共和国劳动法》、《工资支付暂行规定》等有关规定，制定本办法。

一、本办法适用于在中华人民共和国境内的建筑业企业（以下简称企业）和与之形成劳动关系的农民工。

本办法所指建筑业企业，是指从事土木工程、建筑工程、线路管道设备安装工程、装修工程的新建、扩建、改建活动的企业。

二、县级以上劳动和社会保障行政部门负责企业工资支付的监督管理，建设行政主管部门协助劳动和社会保障行政部门对企业执行本办法的情况进行监督检查。

三、企业必须严格按照《劳动法》、《工资支付暂行规定》和《最低工资规定》等有关规定支付农民工工资，不得拖欠或克扣。

四、企业应依法通过集体协商或其他民主协商形式制定内部工资支付办法，并告知本企业全体农民工，同时抄报当地劳动和社会保障行政部门与建设行政主管部门。

五、企业内部工资支付办法应包括以下内容：支付项目、支付标准、支付方式、支付周期和日期、加班工资计算基数、特殊情况下的工资支付以及其他工资支付内容。

六、企业应当根据劳动合同约定的农民工工资标准等内容，按照依法签订的集体合同或劳动合同约定的日期按月支付工资，并不得低于当地最低工资标准。具体支付方式可由企业结合建筑行业特点在内部工资支付办法中规定。

七、企业应将工资直接发放给农民工本人，严禁发放给"包工头"或其他不具备用工主体资格的组织和个人。

企业可委托银行发放农民工工资。

八、企业支付农民工工资应编制工资支付表，如实记录支付单位、支付时间、支付对象、支付数额等工资支付情况，并保存两年以上备查。

九、工程总承包企业应对劳务分包企业工资支付进行监督，督促其依法支付农民工工资。

十、业主或工程总承包企业未按合同约定与建设工程承包企业结清工程款，致使建设工程承包企业拖欠农民工工资的，由业主或工程总承包企业先行垫付农民工被拖欠的工资，先行垫付的工资数额以未结清的工程款为限。

十一、企业因被拖欠工程款导致拖欠农民工工资的，企业追回的被拖欠工程款，应优先用于支付拖欠的农民工工资。

十二、工程总承包企业不得将工程违反规定发包、分包给不具备用工主体资格的组织或个人，否则应承担清偿拖欠工资连带责任。

十三、企业应定期如实向当地劳动和社会保障行政部门及建设行政主管部门报送本单位工资支付情况。

十四、企业违反国家工资支付规定拖欠或克扣农民工工资的，记入信用档案，并通报有关部门。

建设行政主管部门可依法对其市场准入、招投标资格和新开工项目施工许可等进行限制，并予以相应处罚。

十五、企业应按有关规定缴纳工资保障金，存入当地政府指定的专户，用于垫付拖欠的农民工工资。

十六、农民工发现企业有下列情形之一的，有权向劳动和社会保障行政部门举报：

（一）未按照约定支付工资的；

（二）支付工资低于当地最低工资标准的；

（三）拖欠或克扣工资的；

（四）不支付加班工资的；

（五）侵害工资报酬权益的其他行为。

十七、各级劳动和社会保障行政部门依法对企业支付农民工工资情况进行监察，对违法行为进行处理。企业在接受监察时应当如实报告情况，提供必要的资料和证明。

十八、农民工与企业因工资支付发生争议的，按照国家劳动争议处理有关规定处理。

对事实清楚、不及时裁决会导致农民工生活困难的工资争议案件，以及涉及农民工工伤、患病期间工资待遇的争议案件,劳动争议仲裁委员会可部分裁决;企业不执行部分裁决的,当事人可依法向人民法院申请强制执行。

十九、本办法自发布之日起执行。

工程建设领域农民工工资保证金规定

· 2021 年 8 月 17 日
· 人社部发〔2021〕65 号

第一章　总　则

第一条　为依法保护农民工工资权益,发挥工资保证金在解决拖欠农民工工资问题中的重要作用,根据《保障农民工工资支付条例》,制定本规定。

第二条　本规定所指工资保证金,是指工程建设领域施工总承包单位(包括直接承包建设单位发包工程的专业承包企业)在银行设立账户并按照工程施工合同额的一定比例存储,专项用于支付为所承包工程提供劳动的农民工被拖欠工资的专项资金。

工资保证金可以用银行类金融机构出具的银行保函替代,有条件的地区还可探索引入工程担保公司保函或工程保证保险。

第三条　工程建设领域工资保证金的存储比例、存储形式、减免措施以及使用返还等事项适用本规定。

第四条　各省级人力资源社会保障行政部门负责组织实施本行政区工资保证金制度。

地方人力资源社会保障行政部门应建立健全与本地区行业工程建设主管部门和金融监管部门的会商机制,加强信息通报和执法协作,确保工资保证金制度规范平稳运行。

第五条　工资保证金制度原则上由地市级人力资源社会保障行政部门具体管理,有条件的地区可逐步将管理层级上升为省级人力资源社会保障行政部门。

实施具体管理的地市级或省级人力资源社会保障行政部门,以下简称"属地人力资源社会保障行政部门";对应的行政区,以下统称"工资保证金管理地区"。

同一工程地理位置涉及两个或两个以上工资保证金管理地区,发生管辖争议的,由共同的上一级人力资源社会保障行政部门商同级行业工程建设主管部门指定管辖。

第二章　工资保证金存储

第六条　施工总承包单位应当在工程所在地的银行存储工资保证金或申请开立银行保函。

第七条　经办工资保证金的银行(以下简称经办银行)依法办理工资保证金账户开户、存储、查询、支取、销户及开立保函等业务,应具备以下条件:

(一)在工程所在的工资保证金管理地区设有分支机构;

(二)信用等级良好、服务水平优良,并承诺按照监管要求提供工资保证金业务服务。

第八条　施工总承包单位应当自工程取得施工许可证(开工报告批复)之日起 20 个工作日内(依法不需要办理施工许可证或批准开工报告的工程自签订施工合同之日起 20 个工作日之内),持营业执照副本、与建设单位签订的施工合同在经办银行开立工资保证金专门账户存储工资保证金。

行业工程建设主管部门应当在颁发施工许可证或批准开工报告时告知相关单位及时存储工资保证金。

第九条　存储工资保证金的施工总承包单位应与经办银行签订《农民工工资保证金存款协议书》(附件 1),并将协议书副本送属地人力资源社会保障行政部门备案。

第十条　经办银行应当规范工资保证金账户开户工作,为存储工资保证金提供必要的便利,与开户单位核实账户性质,在业务系统中对工资保证金账户进行特殊标识,并在相关网络查控平台、电子化专线信息传输系统等作出整体限制查封、冻结或划拨设置,防止被不当查封、冻结或划拨,保障资金安全。

第十一条　工资保证金按工程施工合同额(或年度合同额)的一定比例存储,原则上不低于 1%,不超过 3%,单个工程合同额较高的,可设定存储上限。

施工总承包单位在同一工资保证金管理地区有多个在建工程,存储比例可适当下浮但不得低于施工合同额(或年度合同额)的 0.5%。

施工合同额低于 300 万元的工程,且该工程的施工总承包单位在签订施工合同前一年内承建的工程未发生工资拖欠的,各地区可结合行业保障农民工工资支付实际,免除该工程存储工资保证金。

前款规定的施工合同额可适当调整,调整范围由省级人力资源社会保障行政部门会同行业工程建设主管部门确定,并报人力资源社会保障部、住房和城乡建设部、交通运输部、水利部、铁路局、民航局备案。

第十二条　施工总承包单位存储工资保证金或提交银行保函后,在工资保证金管理地区承建工程连续 2 年未发生工资拖欠的,其新增工程应降低存储比例,降幅不低于 50%;连续 3 年未发生工资拖欠且按要求落实用工实名制管理和农民工工资专用账户制度的,其新增工程可免于存储工资保证金。

施工总承包单位存储工资保证金或提交银行保函前2年内在工资保证金管理地区承建工程发生工资拖欠的,工资保证金存储比例应适当提高,增幅不低于50%;因拖欠农民工工资被纳入"严重失信主体名单"的,增幅不低于100%。

第十三条　工资保证金具体存储比例及浮动办法由省级人力资源社会保障行政部门商同级行业工程建设主管部门研究确定,报人力资源社会保障部备案。工资保证金存储比例应根据本行政区保障农民工工资支付实际情况实行定期动态调整,主动向社会公布。

第十四条　工资保证金账户内本金和利息归开立账户的施工总承包单位所有。在工资保证金账户被监管期间,企业可自由提取和使用工资保证金的利息及其他合法收益。

除符合本规定第十九条规定的情形,其他任何单位和个人不得动用工资保证金账户内本金。

第十五条　施工总承包单位可选择以银行保函替代现金存储工资保证金,保函担保金额不得低于按规定比例计算应存储的工资保证金数额。

保函正本由属地人力资源社会保障行政部门保存。

第十六条　银行保函应以属地人力资源社会保障行政部门为受益人,保函性质为不可撤销见索即付保函(附件2)。

施工总承包单位所承包工程发生拖欠农民工工资,经人力资源社会保障行政部门依法作出责令限期清偿或先行清偿的行政处理决定,到期拒不清偿时,由经办银行依照保函承担担保责任。

第十七条　施工总承包单位应在其工程施工期内提供有效的保函,保函有效期至少为1年并不得短于合同期。工程未完工保函到期的,属地人力资源社会保障行政部门应在保函到期前一个月提醒施工总承包单位更换新的保函或延长保函有效期。

第十八条　属地人力资源社会保障行政部门应当将存储工资保证金或开立银行保函的施工总承包单位名单及对应的工程名称向社会公布,施工总承包单位应当将本工程落实工资保证金制度情况纳入维权信息告示牌内容。

第三章　工资保证金使用

第十九条　施工总承包单位所承包工程发生拖欠农民工工资的,经人力资源社会保障行政部门依法作出责令限期清偿或先行清偿的行政处理决定,施工总承包单位到期拒不履行的,属地人力资源社会保障行政部门可以向经办银行出具《农民工工资保证金支付通知书》(附件3,以下简称《支付通知书》),书面通知有关施工总承包单位和经办银行。经办银行应在收到《支付通知书》5个工作日内,从工资保证金账户中将相应数额的款项以银行转账方式支付给属地人力资源社会保障行政部门指定的被拖欠工资农民工本人。

施工总承包单位采用银行保函替代工资保证金,发生前款情形的,提供银行保函的经办银行应在收到《支付通知书》5个工作日内,依照银行保函约定支付农民工工资。

第二十条　工资保证金使用后,施工总承包单位应当自使用之日起10个工作日内将工资保证金补足。

采用银行保函替代工资保证金发生前款情形的,施工总承包单位应在10个工作日内提供与原保函相同担保范围和担保金额的新保函。施工总承包单位开立新保函后,原保函即行失效。

第二十一条　经办银行应每季度分别向施工总承包单位和属地人力资源社会保障行政部门提供工资保证金存款对账单。

第二十二条　工资保证金对应的工程完工,施工总承包单位作出书面承诺该工程不存在未解决的拖欠农民工工资问题,并在施工现场维权信息告示牌及属地人力资源社会保障行政部门门户网站公示30日后,可以申请返还工资保证金或银行保函正本。

属地人力资源社会保障行政部门自施工总承包单位提交书面申请5个工作日内审核完毕,并在审核完毕3个工作日内向经办银行和施工总承包单位出具工资保证金返还(销户)确认书。经办银行收到确认书后,工资保证金账户解除监管,相应款项不再属于工资保证金,施工总承包单位可自由支配账户资金或办理账户销户。

选择使用银行保函替代现金存储工资保证金并符合本条第一款规定的,属地人力资源社会保障行政部门自施工总承包单位提交书面申请5个工作日内审核完毕,并在审核完毕3个工作日内返还银行保函正本。

属地人力资源社会保障行政部门在审核过程中发现工资保证金对应工程存在未解决的拖欠农民工工资问题,应在审核完毕3个工作日内书面告知施工总承包单位,施工总承包单位依法履行清偿(先行清偿)责任后,可再次提交返还工资保证金或返还银行保函正本的书面申请。

属地人力资源社会保障行政部门应建立工资保证金定期(至少每半年一次)清查机制,对经核实工程完工且不存在拖欠农民工工资问题,施工总承包单位在一定期限内未提交返还申请的,应主动启动返还程序。

第二十三条　施工总承包单位认为行政部门的行政行为损害其合法权益的,可以依法申请行政复议或者向人民法院提起行政诉讼。

第四章　工资保证金监管

第二十四条　工资保证金实行专款专用,除用于清偿或先行清偿施工总承包单位所承包工程拖欠农民工工资外,不得用于其他用途。

除法律另有规定外,工资保证金不得因支付为本工程提供劳动的农民工工资之外的原因被查封、冻结或者划拨。

第二十五条　人力资源社会保障行政部门应加强监管,对施工总承包单位未依据《保障农民工工资支付条例》和本规定存储、补足工资保证金(或提供、更新保函)的,应按照《保障农民工工资支付条例》第五十五条规定追究其法律责任。

第二十六条　属地人力资源社会保障行政部门要建立工资保证金管理台账,严格规范财务、审计制度,加强账户监管,确保专款专用。

行业工程建设主管部门对在日常监督检查中发现的未按规定存储工资保证金问题,应及时通报同级人力资源社会保障行政部门。对未按规定执行工资保证金制度的施工单位,除依法给予行政处罚(处理)外,应按照有关规定计入其信用记录,依法实施信用惩戒。

对行政部门擅自减免、超限额收缴、违规挪用、无故拖延返还工资保证金的,要严肃追究责任,依法依规对有关责任人员实行问责;涉嫌犯罪的,移送司法机关处理。

第五章　附　则

第二十七条　房屋市政、铁路、公路、水路、民航、水利领域之外的其他工程,参照本规定执行。

采用工程担保公司保函或工程保证保险方式代替工资保证金的,参照银行保函的相关规定执行。

第二十八条　本规定由人力资源社会保障部会同住房和城乡建设部、交通运输部、水利部、银保监会、铁路局、民航局负责解释。各地区可根据本规定并结合工作实际,制定具体实施办法,并向人力资源社会保障部、住房和城乡建设部、交通运输部、水利部、银保监会、铁路局、民航局备案。在贯彻实施中遇到的重大问题,请及时向人力资源社会保障部报告。

第二十九条　本规定自2021年11月1日起施行。

本规定施行前已按属地原有工资保证金政策存储的工资保证金或保函继续有效,其日常管理、动用和返还等按照原有规定执行;本规定施行后新开工工程和尚未存储工资保证金的在建工程工资保证金按照本规定及各地区具体实施办法执行。

附件:1.农民工工资保证金存款协议书(样本)(略)
　　　2.农民工工资保证金银行保函(样本)(略)
　　　3.农民工工资保证金支付通知书(样本)(略)

工程建设领域农民工工资专用账户管理暂行办法

· 2021年7月7日
· 人社部发〔2021〕53号

第一章　总　则

第一条　为根治工程建设领域拖欠农民工工资问题,规范农民工工资专用账户管理,切实维护农民工劳动报酬权益,根据《保障农民工工资支付条例》《人民币银行结算账户管理办法》等有关法规规定,制定本办法。

第二条　本办法所称农民工工资专用账户(以下简称专用账户)是指施工总承包单位(以下简称总包单位)在工程建设项目所在地银行业金融机构(以下简称银行)开立的,专项用于支付农民工工资的专用存款账户。人工费用是指建设单位向总包单位专用账户拨付的专项用于支付农民工工资的工程款。

第三条　本办法所称建设单位是指工程建设项目的项目法人或负有建设管理责任的相关单位;总包单位是指从建设单位承包施工任务,具有施工承包资质的企业,包括工程总承包单位、施工总承包企业、直接承包建设单位发包工程的专业承包企业;分包单位是指承包总包单位发包的专业工程或者劳务作业,具有相应资质的企业;监理单位是指受建设单位委托依法执行工程监理任务,取得监理资质证书,具有法人资格的监理公司等单位。

本办法所称相关行业工程建设主管部门是指各级住房和城乡建设、交通运输、水利、铁路、民航等工程建设项目的行政主管部门。

第四条　本办法适用于房屋建筑、市政、交通运输、水利及基础设施建设的建筑工程、线路管道、设备安装、工程装饰装修、城市园林绿化等各种新建、扩建、改建工程建设项目。

第二章　专用账户的开立、撤销

第五条　建设单位与总包单位订立书面工程施工合同时,应当约定以下事项:

（一）工程款计量周期和工程款进度结算办法；

（二）建设单位拨付人工费用的周期和拨付日期；

（三）人工费用的数额或者占工程款的比例等。

前款第三项应当满足农民工工资按时足额支付的要求。

第六条　专用账户按工程建设项目开立。总包单位应当在工程施工合同签订之日起 30 日内开立专用账户，并与建设单位、开户银行签订资金管理三方协议。专用账户名称为总包单位名称加工程建设项目名称后加"农民工工资专用账户"。总包单位应当在专用账户开立后的 30 日内报项目所在地专用账户监管部门备案。监管部门由各省、自治区、直辖市根据《保障农民工工资支付条例》确定。

总包单位有 2 个及以上工程建设项目的，可开立新的专用账户，也可在符合项目所在地监管要求的情况下，在已有专用账户下按项目分别管理。

第七条　开户银行应当规范优化农民工工资专用账户开立服务流程，配合总包单位及时做好专用账户开立和管理工作，在业务系统中对账户进行特殊标识。

开户银行不得将专用账户资金转入除本项目农民工本人银行账户以外的账户，不得为专用账户提供现金支取和其他转账结算服务。

第八条　除法律另有规定外，专用账户资金不得因支付为本项目提供劳动的农民工工资之外的原因被查封、冻结或者划拨。

第九条　工程完工、总包单位或者开户银行发生变更需要撤销专用账户的，总包单位将本工程建设项目无拖欠农民工工资情况公示 30 日，并向项目所在地人力资源社会保障行政部门、相关行业工程建设主管部门出具无拖欠农民工工资承诺书。

开户银行依据专用账户监管部门通知取消账户特殊标识，按程序办理专用账户撤销手续，专用账户余额归总包单位所有。总包单位或者开户银行发生变更，撤销账户后可按照第六条规定开立新的专用账户。

第十条　工程建设项目存在以下情况，总包单位不得向开户银行申请撤销专用账户：

（一）尚有拖欠农民工工资案件正在处理的；

（二）农民工因工资支付问题正在申请劳动争议仲裁或者向人民法院提起诉讼的；

（三）其他拖欠农民工工资的情形。

第十一条　建设单位应当加强对总包单位开立、撤销专用账户情况的监督。

第三章　人工费用的拨付

第十二条　建设单位应当按工程施工合同约定的数额或者比例等，按时将人工费用拨付到总包单位专用账户。人工费用拨付周期不得超过 1 个月。

开户银行应当做好专用账户日常管理工作。出现未按约定拨付人工费用等情况的，开户银行应当通知总包单位，由总包单位报告项目所在地人力资源社会保障行政部门和相关行业工程建设主管部门，相关部门应当纳入欠薪预警并及时进行处置。

建设单位已经按约定足额向专用账户拨付资金，但总包单位依然拖欠农民工工资的，建设单位应及时报告有关部门。

第十三条　因用工量增加等原因导致专用账户余额不足以按时足额支付农民工工资时，总包单位提出需增加的人工费用数额，由建设单位核准后及时追加拨付。

第十四条　工程建设项目开工后，工程施工合同约定的人工费用的数额、占工程款的比例等需要修改的，总包单位可与建设单位签订补充协议并将相关修改情况通知开户银行。

第四章　农民工工资的支付

第十五条　工程建设领域总包单位对农民工工资支付负总责，推行分包单位农民工工资委托总包单位代发制度（以下简称总包代发制度）。

工程建设项目施行总包代发制度的，总包单位与分包单位签订委托工资支付协议。

第十六条　总包单位或者分包单位应当按照相关行业工程建设主管部门的要求开展农民工实名制管理工作，依法与所招用的农民工订立劳动合同并进行用工实名登记。总包单位和分包单位对农民工实名制基本信息进行采集、核实、更新，建立实名制管理台账。工程建设项目应结合行业特点配备农民工实名制管理所必需的软硬件设施设备。

未与总包单位或者分包单位订立劳动合同并进行用工实名登记的人员，不得进入项目现场施工。

第十七条　施行总包代发制度的，分包单位以实名制管理信息为基础，按月考核农民工工作量并编制工资支付表，经农民工本人签字确认后，与农民工考勤表、当月工程进度等情况一并交总包单位，并协助总包单位做好农民工工资支付工作。

总包单位应当在工程建设项目部配备劳资专管员，对分包单位劳动用工实施监督管理，审核分包单位编制的农民工考勤表、工资支付表等工资发放资料。

第十八条　总包单位应当按时将审核后的工资支付表等工资发放资料报送开户银行，开户银行应当及时将工资通过专用账户直接支付到农民工本人的银行账户，并由总包单位向分包单位提供代发工资凭证。

第十九条　农民工工资卡实行一人一卡、本人持卡，用人单位或者其他人员不得以任何理由扣押或者变相扣押。

开户银行应采取有效措施，积极防范本机构农民工工资卡被用于出租、出售、洗钱、赌博、诈骗和其他非法活动。

第二十条　开户银行支持农民工使用本人的具有金融功能的社会保障卡或者现有银行卡领取工资，不得拒绝其使用他行社会保障卡银行账户或他行银行卡。任何单位和个人不得强制要求农民工重新办理工资卡。农民工使用他行社会保障卡银行账户或他行银行卡的，鼓励执行优惠的跨行代发工资手续费率。

农民工本人确需办理新工资卡的，优先办理具有金融功能的社会保障卡，鼓励开户银行提供便利化服务，上门办理。

第二十一条　总包单位应当将专用账户有关资料、用工管理台账等妥善保存，至少保存至工程完工且工资全部结清后 3 年。

第二十二条　建设单位在签订工程监理合同时，可通过协商委托监理单位实施农民工工资支付审核及监督。

第五章　工资支付监控预警平台建设

第二十三条　人力资源社会保障部会同相关部门统筹做好全国农民工工资支付监控预警平台的规划和建设指导工作。

省级应当建立全省集中的农民工工资支付监控预警平台，支持辖区内省、市、县各级开展农民工工资支付监控预警。同时，按照网络安全和信息化有关要求，做好平台安全保障工作。

国家、省、市、县逐步实现农民工工资支付监控预警数据信息互联互通，与建筑工人管理服务、投资项目在线审批监管、全国信用信息共享、全国水利建设市场监管、铁路工程监督管理等信息平台对接，实现信息比对、分析预警等功能。

第二十四条　相关单位应当依法将工程施工合同中有关专用账户和工资支付的内容及修改情况、专用账户开立和撤销情况、劳动合同签订情况、实名制管理信息、考勤表信息、工资支付表信息、工资支付信息等实时上传农民工工资支付监控预警平台。

第二十五条　各地人力资源社会保障、发展改革、财政、住房和城乡建设、交通运输、水利等部门应当加强工程建设项目审批、资金落实、施工许可、劳动用工、工资支付等信息的及时共享，依托农民工工资支付监控预警平台开展多部门协同监管。

各地要统筹做好农民工工资支付监控预警平台与工程建设领域其他信息化平台的数据信息共享，避免企业重复采集、重复上传相关信息。

第二十六条　农民工工资支付监控预警平台依法归集专用账户管理、实名制管理和工资支付等方面信息，对违反专用账户管理、人工费用拨付、工资支付规定的情况及时进行预警，逐步实现工程建设项目农民工工资支付全过程动态监管。

第二十七条　加强劳动保障监察相关系统与农民工工资支付监控预警平台的协同共享和有效衔接，开通工资支付通知、查询功能和拖欠工资的举报投诉功能，方便农民工及时掌握本人工资支付情况，依法维护劳动报酬权益。

第二十八条　已建立农民工工资支付监控预警平台并实现工资支付动态监管的地区，专用账户开立、撤销不再要求进行书面备案。

第六章　监督管理

第二十九条　各地应当依据本办法完善工程建设领域农民工工资支付保障制度体系，坚持市场主体负责、政府依法监管、社会协同监督，按照源头治理、预防为主、防治结合、标本兼治的要求，依法根治工程建设领域拖欠农民工工资问题。

第三十条　各地人力资源社会保障行政部门和相关行业工程建设主管部门应当按职责对工程建设项目专用账户管理、人工费用拨付、农民工工资支付等情况进行监督检查，并及时处理有关投诉、举报、报告。

第三十一条　人民银行及其分支机构、银保监会及其派出机构应当采取必要措施支持银行为专用账户管理提供便利化服务。

第三十二条　各级人力资源社会保障行政部门和相关行业工程建设主管部门不得借推行专用账户制度的名义，指定开户银行和农民工工资卡办卡银行；不得巧立名目收取费用，增加企业负担。

第七章　附　则

第三十三条　各省级人力资源社会保障行政部门可

根据本暂行办法,会同相关部门结合本地区实际情况制定实施细则。

第三十四条　同一工程建设项目发生管辖争议的,由共同的上一级人力资源社会保障部门会同相关行业工程建设主管部门指定管辖。

第三十五条　本暂行办法自印发之日起施行。办法施行前已开立的专用账户,可继续保留使用。

工伤保险条例

· 2003 年 4 月 27 日中华人民共和国国务院令第 375 号公布
· 根据 2010 年 12 月 20 日《国务院关于修改〈工伤保险条例〉的决定》修订

第一章　总　则

第一条　【立法目的】为了保障因工作遭受事故伤害或者患职业病的职工获得医疗救治和经济补偿,促进工伤预防和职业康复,分散用人单位的工伤风险,制定本条例。

第二条　【适用范围】中华人民共和国境内的企业、事业单位、社会团体、民办非企业单位、基金会、律师事务所、会计师事务所等组织和有雇工的个体工商户(以下称用人单位)应当依照本条例规定参加工伤保险,为本单位全部职工或者雇工(以下称职工)缴纳工伤保险费。

中华人民共和国境内的企业、事业单位、社会团体、民办非企业单位、基金会、律师事务所、会计师事务所等组织的职工和个体工商户的雇工,均有依照本条例的规定享受工伤保险待遇的权利。

第三条　【保费征缴】工伤保险费的征缴按照《社会保险费征缴暂行条例》关于基本养老保险费、基本医疗保险费、失业保险费的征缴规定执行。

第四条　【用人单位责任】用人单位应当将参加工伤保险的有关情况在本单位内公示。

用人单位和职工应当遵守有关安全生产和职业病防治的法律法规,执行安全卫生规程和标准,预防工伤事故发生,避免和减少职业病危害。

职工发生工伤时,用人单位应当采取措施使工伤职工得到及时救治。

第五条　【主管部门与经办机构】国务院社会保险行政部门负责全国的工伤保险工作。

县级以上地方各级人民政府社会保险行政部门负责本行政区域内的工伤保险工作。

社会保险行政部门按照国务院有关规定设立的社会保险经办机构(以下称经办机构)具体承办工伤保险事务。

第六条　【工伤保险政策、标准的制定】社会保险行政部门等部门制定工伤保险的政策、标准,应当征求工会组织、用人单位代表的意见。

第二章　工伤保险基金

第七条　【工伤保险基金构成】工伤保险基金由用人单位缴纳的工伤保险费、工伤保险基金的利息和依法纳入工伤保险基金的其他资金构成。

第八条　【工伤保险费】工伤保险费根据以支定收、收支平衡的原则,确定费率。

国家根据不同行业的工伤风险程度确定行业的差别费率,并根据工伤保险费使用、工伤发生率等情况在每个行业内确定若干费率档次。行业差别费率及行业内费率档次由国务院社会保险行政部门制定,报国务院批准后公布施行。

统筹地区经办机构根据用人单位工伤保险费使用、工伤发生率等情况,适用所属行业内相应的费率档次确定单位缴费费率。

第九条　【行业差别费率及档次调整】国务院社会保险行政部门应当定期了解全国各统筹地区工伤保险基金收支情况,及时提出调整行业差别费率及行业内费率档次的方案,报国务院批准后公布施行。

第十条　【缴费主体、缴费基数与费率】用人单位应当按时缴纳工伤保险费。职工个人不缴纳工伤保险费。

用人单位缴纳工伤保险费的数额为本单位职工工资总额乘以单位缴费费率之积。

对难以按照工资总额缴纳工伤保险费的行业,其缴纳工伤保险费的具体方式,由国务院社会保险行政部门规定。

第十一条　【统筹层次、特殊行业异地统筹】工伤保险基金逐步实行省级统筹。

跨地区、生产流动性较大的行业,可以采取相对集中的方式异地参加统筹地区的工伤保险。具体办法由国务院社会保险行政部门会同有关行业的主管部门制定。

第十二条　【工伤保险基金和用途】工伤保险基金存入社会保障基金财政专户,用于本条例规定的工伤保险待遇,劳动能力鉴定,工伤预防的宣传、培训等费用,以及法律、法规规定的用于工伤保险的其他费用的支付。

工伤预防费用的提取比例、使用和管理的具体办法,由国务院社会保险行政部门会同国务院财政、卫生行政、安全生产监督管理等部门规定。

任何单位或者个人不得将工伤保险基金用于投资运营、兴建或者改建办公场所、发放奖金，或者挪作其他用途。

第十三条　【工伤保险储备金】工伤保险基金应当留有一定比例的储备金，用于统筹地区重大事故的工伤保险待遇支付；储备金不足支付的，由统筹地区的人民政府垫付。储备金占基金总额的具体比例和储备金的使用办法，由省、自治区、直辖市人民政府规定。

第三章　工伤认定

第十四条　【应当认定工伤的情形】职工有下列情形之一的，应当认定为工伤：

（一）在工作时间和工作场所内，因工作原因受到事故伤害的；

（二）工作时间前后在工作场所内，从事与工作有关的预备性或者收尾性工作受到事故伤害的；

（三）在工作时间和工作场所内，因履行工作职责受到暴力等意外伤害的；

（四）患职业病的；

（五）因工外出期间，由于工作原因受到伤害或者发生事故下落不明的；

（六）在上下班途中，受到非本人主要责任的交通事故或者城市轨道交通、客运轮渡、火车事故伤害的；

（七）法律、行政法规规定应当认定为工伤的其他情形。

第十五条　【视同工伤的情形及其保险待遇】职工有下列情形之一的，视同工伤：

（一）在工作时间和工作岗位，突发疾病死亡或者在48小时之内经抢救无效死亡的；

（二）在抢险救灾等维护国家利益、公共利益活动中受到伤害的；

（三）职工原在军队服役，因战、因公负伤致残，已取得革命伤残军人证，到用人单位后旧伤复发的。

职工有前款第（一）项、第（二）项情形的，按照本条例的有关规定享受工伤保险待遇；职工有前款第（三）项情形的，按照本条例的有关规定享受除一次性伤残补助金以外的工伤保险待遇。

第十六条　【不属于工伤的情形】职工符合本条例第十四条、第十五条的规定，但是有下列情形之一的，不得认定为工伤或者视同工伤：

（一）故意犯罪的；

（二）醉酒或者吸毒的；

（三）自残或者自杀的。

第十七条　【申请工伤认定的主体、时限及受理部门】职工发生事故伤害或者按照职业病防治法规定被诊断、鉴定为职业病，所在单位应当自事故伤害发生之日或者被诊断、鉴定为职业病之日起30日内，向统筹地区社会保险行政部门提出工伤认定申请。遇有特殊情况，经报社会保险行政部门同意，申请时限可以适当延长。

用人单位未按前款规定提出工伤认定申请的，工伤职工或者其近亲属、工会组织在事故伤害发生之日或者被诊断、鉴定为职业病之日起1年内，可以直接向用人单位所在地统筹地区社会保险行政部门提出工伤认定申请。

按照本条第一款规定应当由省级社会保险行政部门进行工伤认定的事项，根据属地原则由用人单位所在地的设区的市级社会保险行政部门办理。

用人单位未在本条第一款规定的时限内提交工伤认定申请，在此期间发生符合本条例规定的工伤待遇等有关费用由该用人单位负担。

第十八条　【申请材料】提出工伤认定申请应当提交下列材料：

（一）工伤认定申请表；

（二）与用人单位存在劳动关系（包括事实劳动关系）的证明材料；

（三）医疗诊断证明或者职业病诊断证明书（或者职业病诊断鉴定书）。

工伤认定申请表应当包括事故发生的时间、地点、原因以及职工伤害程度等基本情况。

工伤认定申请人提供材料不完整的，社会保险行政部门应当一次性书面告知工伤认定申请人需要补正的全部材料。申请人按照书面告知要求补正材料后，社会保险行政部门应当受理。

第十九条　【事故调查及举证责任】社会保险行政部门受理工伤认定申请后，根据审核需要可以对事故伤害进行调查核实，用人单位、职工、工会组织、医疗机构以及有关部门应当予以协助。职业病诊断和诊断争议的鉴定，依照职业病防治法的有关规定执行。对依法取得职业病诊断证明书或者职业病诊断鉴定书的，社会保险行政部门不再进行调查核实。

职工或者其近亲属认为是工伤，用人单位不认为是工伤的，由用人单位承担举证责任。

第二十条　【工伤认定的时限、回避】社会保险行政部门应当自受理工伤认定申请之日起60日内作出工伤认定的决定，并书面通知申请工伤认定的职工或者其近亲属和该职工所在单位。

社会保险行政部门对受理的事实清楚、权利义务明确的工伤认定申请,应当在 15 日内作出工伤认定的决定。

作出工伤认定决定需要以司法机关或者有关行政主管部门的结论为依据的,在司法机关或者有关行政主管部门尚未作出结论期间,作出工伤认定决定的时限中止。

社会保险行政部门工作人员与工伤认定申请人有利害关系的,应当回避。

第四章　劳动能力鉴定

第二十一条　【鉴定的条件】职工发生工伤,经治疗伤情相对稳定后存在残疾、影响劳动能力的,应当进行劳动能力鉴定。

第二十二条　【劳动能力鉴定等级】劳动能力鉴定是指劳动功能障碍程度和生活自理障碍程度的等级鉴定。

劳动功能障碍分为十个伤残等级,最重的为一级,最轻的为十级。

生活自理障碍分为三个等级:生活完全不能自理、生活大部分不能自理和生活部分不能自理。

劳动能力鉴定标准由国务院社会保险行政部门会同国务院卫生行政部门等部门制定。

第二十三条　【申请鉴定的主体、受理机构、申请材料】劳动能力鉴定由用人单位、工伤职工或者其近亲属向设区的市级劳动能力鉴定委员会提出申请,并提供工伤认定决定和职工工伤医疗的有关资料。

第二十四条　【鉴定委员会人员构成、专家库】省、自治区、直辖市劳动能力鉴定委员会和设区的市级劳动能力鉴定委员会分别由省、自治区、直辖市和设区的市级社会保险行政部门、卫生行政部门、工会组织、经办机构代表以及用人单位代表组成。

劳动能力鉴定委员会建立医疗卫生专家库。列入专家库的医疗卫生专业技术人员应当具备下列条件:

(一)具有医疗卫生高级专业技术职务任职资格;

(二)掌握劳动能力鉴定的相关知识;

(三)具有良好的职业品德。

第二十五条　【鉴定步骤、时限】设区的市级劳动能力鉴定委员会收到劳动能力鉴定申请后,应当从其建立的医疗卫生专家库中随机抽取 3 名或者 5 名相关专家组成专家组,由专家组提出鉴定意见。设区的市级劳动能力鉴定委员会根据专家组的鉴定意见作出工伤职工劳动能力鉴定结论;必要时,可以委托具备资格的医疗机构协

助进行有关的诊断。

设区的市级劳动能力鉴定委员会应当自收到劳动能力鉴定申请之日起 60 日内作出劳动能力鉴定结论,必要时,作出劳动能力鉴定结论的期限可以延长 30 日。劳动能力鉴定结论应当及时送达申请鉴定的单位和个人。

第二十六条　【再次鉴定】申请鉴定的单位或者个人对设区的市级劳动能力鉴定委员会作出的鉴定结论不服的,可以在收到该鉴定结论之日起 15 日内向省、自治区、直辖市劳动能力鉴定委员会提出再次鉴定申请。省、自治区、直辖市劳动能力鉴定委员会作出的劳动能力鉴定结论为最终结论。

第二十七条　【鉴定工作原则、回避制度】劳动能力鉴定工作应当客观、公正。劳动能力鉴定委员会组成人员或者参加鉴定的专家与当事人有利害关系的,应当回避。

第二十八条　【复查鉴定】自劳动能力鉴定结论作出之日起 1 年后,工伤职工或者其近亲属、所在单位或者经办机构认为伤残情况发生变化的,可以申请劳动能力复查鉴定。

第二十九条　【再次鉴定和复查鉴定的时限】劳动能力鉴定委员会依照本条例第二十六条和第二十八条的规定进行再次鉴定和复查鉴定的期限,依照本条例第二十五条第二款的规定执行。

第五章　工伤保险待遇

第三十条　【工伤职工的治疗】职工因工作遭受事故伤害或者患职业病进行治疗,享受工伤医疗待遇。

职工治疗工伤应当在签订服务协议的医疗机构就医,情况紧急时可以先到就近的医疗机构急救。

治疗工伤所需费用符合工伤保险诊疗项目目录、工伤保险药品目录、工伤保险住院服务标准的,从工伤保险基金支付。工伤保险诊疗项目目录、工伤保险药品目录、工伤保险住院服务标准,由国务院社会保险行政部门会同国务院卫生行政部门、食品药品监督管理部门等部门规定。

职工住院治疗工伤的伙食补助费,以及经医疗机构出具证明,报经办机构同意,工伤职工到统筹地区以外就医所需的交通、食宿费用从工伤保险基金支付,基金支付的具体标准由统筹地区人民政府规定。

工伤职工治疗非工伤引发的疾病,不享受工伤医疗待遇,按照基本医疗保险办法处理。

工伤职工到签订服务协议的医疗机构进行工伤康复的费用,符合规定的,从工伤保险基金支付。

第三十一条　【复议和诉讼期间不停止支付医疗费

用】社会保险行政部门作出认定为工伤的决定后发生行政复议、行政诉讼的，行政复议和行政诉讼期间不停止支付工伤职工治疗工伤的医疗费用。

第三十二条　【配置辅助器具】工伤职工因日常生活或者就业需要，经劳动能力鉴定委员会确认，可以安装假肢、矫形器、假眼、假牙和配置轮椅等辅助器具，所需费用按照国家规定的标准从工伤保险基金支付。

第三十三条　【工伤治疗期间待遇】职工因工作遭受事故伤害或者患职业病需要暂停工作接受工伤医疗的，在停工留薪期内，原工资福利待遇不变，由所在单位按月支付。

停工留薪期一般不超过 12 个月。伤情严重或者情况特殊，经设区的市级劳动能力鉴定委员会确认，可以适当延长，但延长不得超过 12 个月。工伤职工评定伤残等级后，停发原待遇，按照本章的有关规定享受伤残待遇。工伤职工在停工留薪期满后仍需治疗的，继续享受工伤医疗待遇。

生活不能自理的工伤职工在停工留薪期需要护理的，由所在单位负责。

第三十四条　【生活护理费】工伤职工已经评定伤残等级并经劳动能力鉴定委员会确认需要生活护理的，从工伤保险基金按月支付生活护理费。

生活护理费按照生活完全不能自理、生活大部分不能自理或者生活部分不能自理 3 个不同等级支付，其标准分别为统筹地区上年度职工月平均工资的 50%、40% 或者 30%。

第三十五条　【一至四级工伤待遇】职工因工致残被鉴定为一级至四级伤残的，保留劳动关系，退出工作岗位，享受以下待遇：

（一）从工伤保险基金按伤残等级支付一次性伤残补助金，标准为：一级伤残为 27 个月的本人工资，二级伤残为 25 个月的本人工资，三级伤残为 23 个月的本人工资，四级伤残为 21 个月的本人工资；

（二）从工伤保险基金按月支付伤残津贴，标准为：一级伤残为本人工资的 90%，二级伤残为本人工资的 85%，三级伤残为本人工资的 80%，四级伤残为本人工资的 75%。伤残津贴实际金额低于当地最低工资标准的，由工伤保险基金补足差额；

（三）工伤职工达到退休年龄并办理退休手续后，停发伤残津贴，按照国家有关规定享受基本养老保险待遇。基本养老保险待遇低于伤残津贴的，由工伤保险基金补足差额。

职工因工致残被鉴定为一级至四级伤残的，由用人单位和职工个人以伤残津贴为基数，缴纳基本医疗保险费。

第三十六条　【五至六级工伤待遇】职工因工致残被鉴定为五级、六级伤残的，享受以下待遇：

（一）从工伤保险基金按伤残等级支付一次性伤残补助金，标准为：五级伤残为 18 个月的本人工资，六级伤残为 16 个月的本人工资；

（二）保留与用人单位的劳动关系，由用人单位安排适当工作。难以安排工作的，由用人单位按月发给伤残津贴，标准为：五级伤残为本人工资的 70%，六级伤残为本人工资的 60%，并由用人单位按照规定为其缴纳应缴纳的各项社会保险费。伤残津贴实际金额低于当地最低工资标准的，由用人单位补足差额。

经工伤职工本人提出，该职工可以与用人单位解除或者终止劳动关系，由工伤保险基金支付一次性工伤医疗补助金，由用人单位支付一次性伤残就业补助金。一次性工伤医疗补助金和一次性伤残就业补助金的具体标准由省、自治区、直辖市人民政府规定。

第三十七条　【七至十级工伤待遇】职工因工致残被鉴定为七级至十级伤残的，享受以下待遇：

（一）从工伤保险基金按伤残等级支付一次性伤残补助金，标准为：七级伤残为 13 个月的本人工资，八级伤残为 11 个月的本人工资，九级伤残为 9 个月的本人工资，十级伤残为 7 个月的本人工资；

（二）劳动、聘用合同期满终止，或者职工本人提出解除劳动、聘用合同的，由工伤保险基金支付一次性工伤医疗补助金，由用人单位支付一次性伤残就业补助金。一次性工伤医疗补助金和一次性伤残就业补助金的具体标准由省、自治区、直辖市人民政府规定。

第三十八条　【旧伤复发待遇】工伤职工工伤复发，确认需要治疗的，享受本条例第三十条、第三十二条和第三十三条规定的工伤待遇。

第三十九条　【工亡待遇】职工因工死亡，其近亲属按照下列规定从工伤保险基金领取丧葬补助金、供养亲属抚恤金和一次性工亡补助金：

（一）丧葬补助金为 6 个月的统筹地区上年度职工月平均工资；

（二）供养亲属抚恤金按照职工本人工资的一定比例发给由因工死亡职工生前提供主要生活来源、无劳动能力的亲属。标准为：配偶每月 40%，其他亲属每人每月 30%，孤寡老人或者孤儿每人每月在上述标准的基础上增加 10%。核定的各供养亲属的抚恤金之和不应高于因工死亡职工生前的工资。供养亲属的具体范围由国务院社会保险行政部门规定;

(三)一次性工亡补助金标准为上一年度全国城镇居民人均可支配收入的 20 倍。

伤残职工在停工留薪期内因工伤导致死亡的,其近亲属享受本条第一款规定的待遇。

一级至四级伤残职工在停工留薪期满后死亡的,其近亲属可以享受本条第一款第(一)项、第(二)项规定的待遇。

第四十条 【工伤待遇调整】伤残津贴、供养亲属抚恤金、生活护理费由统筹地区社会保险行政部门根据职工平均工资和生活费用变化等情况适时调整。调整办法由省、自治区、直辖市人民政府规定。

第四十一条 【职工抢险救灾、因工外出下落不明时的处理】职工因工外出期间发生事故或者在抢险救灾中下落不明的,从事故发生当月起 3 个月内照发工资,从第 4 个月起停发工资,由工伤保险基金向其供养亲属按月支付供养亲属抚恤金。生活有困难的,可以预支一次性工亡补助金的 50%。职工被人民法院宣告死亡的,按照本条例第三十九条职工因工死亡的规定处理。

第四十二条 【停止支付工伤保险待遇的情形】工伤职工有下列情形之一的,停止享受工伤保险待遇:

(一)丧失享受待遇条件的;

(二)拒不接受劳动能力鉴定的;

(三)拒绝治疗的。

第四十三条 【用人单位分立合并等情况下的责任】用人单位分立、合并、转让的,承继单位应当承担原用人单位的工伤保险责任;原用人单位已经参加工伤保险的,承继单位应当到当地经办机构办理工伤保险变更登记。

用人单位实行承包经营的,工伤保险责任由职工劳动关系所在单位承担。

职工被借调期间受到工伤事故伤害的,由原用人单位承担工伤保险责任,但原用人单位与借调单位可以约定补偿办法。

企业破产的,在破产清算时依法拨付应当由单位支付的工伤保险待遇费用。

第四十四条 【派遣出境期间的工伤保险关系】职工被派遣出境工作,依据前往国家或者地区的法律应当参加当地工伤保险的,参加当地工伤保险,其国内工伤保险关系中止;不能参加当地工伤保险的,其国内工伤保险关系不中止。

第四十五条 【再次发生工伤的待遇】职工再次发生工伤,根据规定应当享受伤残津贴的,按照新认定的伤残等级享受伤残津贴待遇。

第六章 监督管理

第四十六条 【经办机构职责范围】经办机构具体承办工伤保险事务,履行下列职责:

(一)根据省、自治区、直辖市人民政府规定,征收工伤保险费;

(二)核查用人单位的工资总额和职工人数,办理工伤保险登记,并负责保存用人单位缴费和职工享受工伤保险待遇情况的记录;

(三)进行工伤保险的调查、统计;

(四)按照规定管理工伤保险基金的支出;

(五)按照规定核定工伤保险待遇;

(六)为工伤职工或者其近亲属免费提供咨询服务。

第四十七条 【服务协议】经办机构与医疗机构、辅助器具配置机构在平等协商的基础上签订服务协议,并公布签订服务协议的医疗机构、辅助器具配置机构的名单。具体办法由国务院社会保险行政部门分别会同国务院卫生行政部门、民政部门等部门制定。

第四十八条 【工伤保险费用的核查、结算】经办机构按照协议和国家有关目录、标准对工伤职工医疗费用、康复费用、辅助器具费用的使用情况进行核查,并按时足额结算费用。

第四十九条 【公布基金收支情况、费率调整建议】经办机构应当定期公布工伤保险基金的收支情况,及时向社会保险行政部门提出调整费率的建议。

第五十条 【听取社会意见】社会保险行政部门、经办机构应当定期听取工伤职工、医疗机构、辅助器具配置机构以及社会各界对改进工伤保险工作的意见。

第五十一条 【对工伤保险基金的监督】社会保险行政部门依法对工伤保险费的征缴和工伤保险基金的支付情况进行监督检查。

财政部门和审计机关依法对工伤保险基金的收支、管理情况进行监督。

第五十二条 【群众监督】任何组织和个人对有关工伤保险的违法行为,有权举报。社会保险行政部门对举报应当及时调查,按照规定处理,并为举报人保密。

第五十三条 【工会监督】工会组织依法维护工伤职工的合法权益,对用人单位的工伤保险工作实行监督。

第五十四条 【工伤待遇争议处理】职工与用人单

位发生工伤待遇方面的争议,按照处理劳动争议的有关规定处理。

第五十五条 【其他工伤保险争议处理】有下列情形之一的,有关单位或者个人可以依法申请行政复议,也可以依法向人民法院提起行政诉讼:

(一)申请工伤认定的职工或者其近亲属、该职工所在单位对工伤认定申请不予受理的决定不服的;

(二)申请工伤认定的职工或者其近亲属、该职工所在单位对工伤认定结论不服的;

(三)用人单位对经办机构确定的单位缴费费率不服的;

(四)签订服务协议的医疗机构、辅助器具配置机构认为经办机构未履行有关协议或者规定的;

(五)工伤职工或者其近亲属对经办机构核定的工伤保险待遇有异议的。

第七章 法律责任

第五十六条 【挪用工伤保险基金的责任】单位或者个人违反本条例第十二条规定挪用工伤保险基金,构成犯罪的,依法追究刑事责任;尚不构成犯罪的,依法给予处分或者纪律处分。被挪用的基金由社会保险行政部门追回,并入工伤保险基金;没收的违法所得依法上缴国库。

第五十七条 【社会保险行政部门工作人员违法违纪责任】社会保险行政部门工作人员有下列情形之一的,依法给予处分;情节严重,构成犯罪的,依法追究刑事责任:

(一)无正当理由不受理工伤认定申请,或者弄虚作假将不符合工伤条件的人员认定为工伤职工的;

(二)未妥善保管申请工伤认定的证据材料,致使有关证据灭失的;

(三)收受当事人财物的。

第五十八条 【经办机构违规的责任】经办机构有下列行为之一的,由社会保险行政部门责令改正,对直接负责的主管人员和其他责任人员依法给予纪律处分;情节严重,构成犯罪的,依法追究刑事责任;造成当事人经济损失的,由经办机构依法承担赔偿责任:

(一)未按规定保存用人单位缴费和职工享受工伤保险待遇情况记录的;

(二)不按规定核定工伤保险待遇的;

(三)收受当事人财物的。

第五十九条 【医疗机构、辅助器具配置机构、经办机构间的关系】医疗机构、辅助器具配置机构不按服务协议提供服务的,经办机构可以解除服务协议。

经办机构不按时足额结算费用的,由社会保险行政部门责令改正;医疗机构、辅助器具配置机构可以解除服务协议。

第六十条 【对骗取工伤保险待遇的处罚】用人单位、工伤职工或者其近亲属骗取工伤保险待遇,医疗机构、辅助器具配置机构骗取工伤保险基金支出的,由社会保险行政部门责令退还,处骗取金额 2 倍以上 5 倍以下的罚款;情节严重,构成犯罪的,依法追究刑事责任。

第六十一条 【鉴定组织与个人违规的责任】从事劳动能力鉴定的组织或者个人有下列情形之一的,由社会保险行政部门责令改正,处 2000 元以上 1 万元以下的罚款;情节严重,构成犯罪的,依法追究刑事责任:

(一)提供虚假鉴定意见的;

(二)提供虚假诊断证明的;

(三)收受当事人财物的。

第六十二条 【未按规定参保的情形】用人单位依照本条例规定应当参加工伤保险而未参加的,由社会保险行政部门责令限期参加,补缴应当缴纳的工伤保险费,并自欠缴之日起,按日加收万分之五的滞纳金;逾期仍不缴纳的,处欠缴数额 1 倍以上 3 倍以下的罚款。

依照本条例规定应当参加工伤保险而未参加工伤保险的用人单位职工发生工伤的,由该用人单位按照本条例规定的工伤保险待遇项目和标准支付费用。

用人单位参加工伤保险并补缴应当缴纳的工伤保险费、滞纳金后,由工伤保险基金和用人单位依照本条例的规定支付新发生的费用。

第六十三条 【用人单位不协助调查的责任】用人单位违反本条例第十九条的规定,拒不协助社会保险行政部门对事故进行调查核实的,由社会保险行政部门责令改正,处 2000 元以上 2 万元以下的罚款。

第八章 附 则

第六十四条 【相关名词解释】本条例所称工资总额,是指用人单位直接支付给本单位全部职工的劳动报酬总额。

本条例所称本人工资,是指工伤职工因工作遭受事故伤害或者患职业病前 12 个月平均月缴费工资。本人工资高于统筹地区职工平均工资300%的,按照统筹地区职工平均工资的 300%计算;本人工资低于统筹地区职工平均工资 60%的,按照统筹地区职工平均工资的 60%计算。

第六十五条 【公务员等的工伤保险】公务员和参

照公务员法管理的事业单位、社会团体的工作人员因工作遭受事故伤害或者患职业病的，由所在单位支付费用。具体办法由国务院社会保险行政部门会同国务院财政部门规定。

第六十六条　【非法经营单位工伤一次性赔偿及争议处理】无营业执照或者未经依法登记、备案的单位以及被依法吊销营业执照或者撤销登记、备案的单位的职工受到事故伤害或者患职业病的，由该单位向伤残职工或者死亡职工的近亲属给予一次性赔偿，赔偿标准不得低于本条例规定的工伤保险待遇；用人单位不得使用童工，用人单位使用童工造成童工伤残、死亡的，由该单位向童工或者童工的近亲属给予一次性赔偿，赔偿标准不得低于本条例规定的工伤保险待遇。具体办法由国务院社会保险行政部门规定。

前款规定的伤残职工或者死亡职工的近亲属就赔偿数额与单位发生争议的，以及前款规定的童工或者童工的近亲属就赔偿数额与单位发生争议的，按照处理劳动争议的有关规定处理。

第六十七条　【实施日期及过渡事项】本条例自2004年1月1日起施行。本条例施行前已受到事故伤害或者患职业病的职工尚未完成工伤认定的，按照本条例的规定执行。

女职工劳动保护特别规定

·2012年4月18日国务院第200次常务会议通过
·2012年4月28日中华人民共和国国务院令第619号公布
·自公布之日起施行

第一条　为了减少和解决女职工在劳动中因生理特点造成的特殊困难，保护女职工健康，制定本规定。

第二条　中华人民共和国境内的国家机关、企业、事业单位、社会团体、个体经济组织以及其他社会组织等用人单位及其女职工，适用本规定。

第三条　用人单位应当加强女职工劳动保护，采取措施改善女职工劳动安全卫生条件，对女职工进行劳动安全卫生知识培训。

第四条　用人单位应当遵守女职工禁忌从事的劳动范围的规定。用人单位应当将本单位属于女职工禁忌从事的劳动范围的岗位书面告知女职工。

女职工禁忌从事的劳动范围由本规定附录列示。国务院安全生产监督管理部门会同国务院人力资源社会保障行政部门、国务院卫生行政部门根据经济社会发展情况，对女职工禁忌从事的劳动范围进行调整。

第五条　用人单位不得因女职工怀孕、生育、哺乳降低其工资、予以辞退、与其解除劳动或者聘用合同。

第六条　女职工在孕期不能适应原劳动的，用人单位应当根据医疗机构的证明，予以减轻劳动量或者安排其他能够适应的劳动。

对怀孕7个月以上的女职工，用人单位不得延长劳动时间或者安排夜班劳动，并应当在劳动时间内安排一定的休息时间。

怀孕女职工在劳动时间内进行产前检查，所需时间计入劳动时间。

第七条　女职工生育享受98天产假，其中产前可以休假15天；难产的，增加产假15天；生育多胞胎的，每多生育1个婴儿，增加产假15天。

女职工怀孕未满4个月流产的，享受15天产假；怀孕满4个月流产的，享受42天产假。

第八条　女职工产假期间的生育津贴，对已经参加生育保险的，按照用人单位上年度职工月平均工资的标准由生育保险基金支付；对未参加生育保险的，按照女职工产假前工资的标准由用人单位支付。

女职工生育或者流产的医疗费用，按照生育保险规定的项目和标准，对已经参加生育保险的，由生育保险基金支付；对未参加生育保险的，由用人单位支付。

第九条　对哺乳未满1周岁婴儿的女职工，用人单位不得延长劳动时间或者安排夜班劳动。

用人单位应当在每天的劳动时间内为哺乳期女职工安排1小时哺乳时间；女职工生育多胞胎的，每多哺乳1个婴儿每天增加1小时哺乳时间。

第十条　女职工比较多的用人单位应当根据女职工的需要，建立女职工卫生室、孕妇休息室、哺乳室等设施，妥善解决女职工在生理卫生、哺乳方面的困难。

第十一条　在劳动场所，用人单位应当预防和制止对女职工的性骚扰。

第十二条　县级以上人民政府人力资源社会保障行政部门、安全生产监督管理部门按照各自职责负责对用人单位遵守本规定的情况进行监督检查。

工会、妇女组织依法对用人单位遵守本规定的情况进行监督。

第十三条　用人单位违反本规定第六条第二款、第七条、第九条第一款规定的，由县级以上人民政府人力资源社会保障行政部门责令限期改正，按照受侵害女职工每人1000元以上5000元以下的标准计算，处以罚款。

用人单位违反本规定附录第一条、第二条规定的,由县级以上人民政府安全生产监督管理部门责令限期改正,按照受侵害女职工每人1000元以上5000元以下的标准计算,处以罚款。用人单位违反本规定附录第三条、第四条规定的,由县级以上人民政府安全生产监督管理部门责令限期治理,处5万元以上30万元以下的罚款;情节严重的,责令停止有关作业,或者提请有关人民政府按照国务院规定的权限责令关闭。

第十四条　用人单位违反本规定,侵害女职工合法权益的,女职工可以依法投诉、举报、申诉,依法向劳动人事争议调解仲裁机构申请调解仲裁,对仲裁裁决不服的,依法向人民法院提起诉讼。

第十五条　用人单位违反本规定,侵害女职工合法权益,造成女职工损害的,依法给予赔偿;用人单位及其直接负责的主管人员和其他直接责任人员构成犯罪的,依法追究刑事责任。

第十六条　本规定自公布之日起施行。1988年7月21日国务院发布的《女职工劳动保护规定》同时废止。

附录:

女职工禁忌从事的劳动范围

一、女职工禁忌从事的劳动范围:

(一)矿山井下作业;

(二)体力劳动强度分级标准中规定的第四级体力劳动强度的作业;

(三)每小时负重6次以上、每次负重超过20公斤的作业,或者间断负重、每次负重超过25公斤的作业。

二、女职工在经期禁忌从事的劳动范围:

(一)冷水作业分级标准中规定的第二级、第三级、第四级冷水作业;

(二)低温作业分级标准中规定的第二级、第三级、第四级低温作业;

(三)体力劳动强度分级标准中规定的第三级、第四级体力劳动强度的作业;

(四)高处作业分级标准中规定的第三级、第四级高处作业。

三、女职工在孕期禁忌从事的劳动范围:

(一)作业场所空气中铅及其化合物、汞及其化合物、苯、镉、铍、砷、氰化物、氮氧化物、一氧化碳、二硫化碳、氯、己内酰胺、氯丁二烯、氯乙烯、环氧乙烷、苯胺、甲醛等有毒物质浓度超过国家职业卫生标准的作业;

(二)从事抗癌药物、己烯雌酚生产,接触麻醉剂气体等的作业;

(三)非密封源放射性物质的操作,核事故与放射事故的应急处置;

(四)高处作业分级标准中规定的高处作业;

(五)冷水作业分级标准中规定的冷水作业;

(六)低温作业分级标准中规定的低温作业;

(七)高温作业分级标准中规定的第三级、第四级的作业;

(八)噪声作业分级标准中规定的第三级、第四级的作业;

(九)体力劳动强度分级标准中规定的第三级、第四级体力劳动强度的作业;

(十)在密闭空间、高压室作业或者潜水作业,伴有强烈振动的作业,或者需要频繁弯腰、攀高、下蹲的作业。

四、女职工在哺乳期禁忌从事的劳动范围:

(一)孕期禁忌从事的劳动范围的第一项、第三项、第九项;

(二)作业场所空气中锰、氟、溴、甲醇、有机磷化合物、有机氯化合物等有毒物质浓度超过国家职业卫生标准的作业。

建设项目职业病防护设施"三同时"监督管理办法

·2017年3月9日国家安全生产监督管理总局令第90号公布
·自2017年5月1日起施行

第一章　总　则

第一条　为了预防、控制和消除建设项目可能产生的职业病危害,加强和规范建设项目职业病防护设施建设的监督管理,根据《中华人民共和国职业病防治法》,制定本办法。

第二条　安全生产监督管理部门职责范围内、可能产生职业病危害的新建、改建、扩建和技术改造、技术引进建设项目(以下统称建设项目)职业病防护设施建设及其监督管理,适用本办法。

本办法所称的可能产生职业病危害的建设项目,是指存在或者产生职业病危害因素分类目录所列职业病危害因素的建设项目。

本办法所称的职业病防护设施,是指消除或者降低工作场所的职业病危害因素的浓度或者强度,预防和减少职业病危害因素对劳动者健康的损害或者影响,保护劳动者健康的设备、设施、装置、构(建)筑物等的总称。

第三条　负责本办法第二条规定建设项目投资、管理的单位(以下简称建设单位)是建设项目职业病防护设施建设的责任主体。

建设项目职业病防护设施必须与主体工程同时设计、同时施工、同时投入生产和使用(以下统称建设项目职业病防护设施"三同时")。建设单位应当优先采用有利于保护劳动者健康的新技术、新工艺、新设备和新材料,职业病防护设施所需费用应当纳入建设项目工程预算。

第四条　建设单位对可能产生职业病危害的建设项目,应当依照本办法进行职业病危害预评价、职业病防护设施设计、职业病危害控制效果评价及相应的评审,组织职业病防护设施验收,建立健全建设项目职业卫生管理制度与档案。

建设项目职业病防护设施"三同时"工作可以与安全设施"三同时"工作一并进行。建设单位可以将建设项目职业病危害预评价和安全预评价、职业病防护设施设计和安全设施设计、职业病危害控制效果评价和安全验收评价合并出具报告或者设计,并对职业病防护设施与安全设施一并组织验收。

第五条　国家安全生产监督管理总局在国务院规定的职责范围内对全国建设项目职业病防护设施"三同时"实施监督管理。

县级以上地方各级人民政府安全生产监督管理部门依法在本级人民政府规定的职责范围内对本行政区域内的建设项目职业病防护设施"三同时"实施分类分级监督管理,具体办法由省级安全生产监督管理部门制定,并报国家安全生产监督管理总局备案。

跨两个及两个以上行政区域的建设项目职业病防护设施"三同时"由其共同的上一级人民政府安全生产监督管理部门实施监督管理。

上一级人民政府安全生产监督管理部门根据工作需要,可以将其负责的建设项目职业病防护设施"三同时"监督管理工作委托下一级人民政府安全生产监督管理部门实施;接受委托的安全生产监督管理部门不得再委托。

第六条　国家根据建设项目可能产生职业病危害的风险程度,将建设项目分为职业病危害一般、较重和严重3个类别,并对职业病危害严重建设项目实施重点监督检查。

建设项目职业病危害分类管理目录由国家安全生产监督管理总局制定并公布。省级安全生产监督管理部门可以根据本地区实际情况,对建设项目职业病危害分类管理目录作出补充规定,但不得低于国家安全生产监督管理总局规定的管理层级。

第七条　安全生产监督管理部门应当建立职业卫生专家库(以下简称专家库),并根据需要聘请专家库专家参与建设项目职业病防护设施"三同时"的监督检查工作。

专家库专家应当熟悉职业病危害防治有关法律、法规、规章、标准,具有较高的专业技术水平、实践经验和有关业务背景及良好的职业道德,按照客观、公正的原则,对所参与的工作提出技术意见,并对该意见负责。

专家库专家实行回避制度,参加监督检查的专家库专家不得参与该建设项目职业病防护设施"三同时"的评审及验收等相应工作,不得与该建设项目建设单位、评价单位、设计单位、施工单位或者监理单位等相关单位存在直接利害关系。

第八条　除国家保密的建设项目外,产生职业病危害的建设单位应当通过公告栏、网站等方式及时公布建设项目职业病危害预评价、职业病防护设施设计、职业病危害控制效果评价的承担单位、评价结论、评审时间及评审意见,以及职业病防护设施验收时间、验收方案和验收意见等信息,供本单位劳动者和安全生产监督管理部门查询。

第二章　职业病危害预评价

第九条　对可能产生职业病危害的建设项目,建设单位应当在建设项目可行性论证阶段进行职业病危害预评价,编制预评价报告。

第十条　建设项目职业病危害预评价报告应当符合职业病防治有关法律、法规、规章和标准的要求,并包括下列主要内容:

(一)建设项目概况,主要包括项目名称、建设地点、建设内容、工作制度、岗位设置及人员数量等;

(二)建设项目可能产生的职业病危害因素及其对工作场所、劳动者健康影响与危害程度的分析与评价;

(三)对建设项目拟采取的职业病防护设施和防护措施进行分析、评价,并提出对策与建议;

(四)评价结论,明确建设项目的职业病危害风险类别及拟采取的职业病防护设施和防护措施是否符合职业病防治有关法律、法规、规章和标准的要求。

第十一条　建设单位进行职业病危害预评价时,对建设项目可能产生的职业病危害因素及其对工作场所、劳动者健康影响与危害程度的分析与评价,可以运用工程分析、类比调查等方法。其中,类比调查数据应当采用获得资质认可的职业卫生技术服务机构出具的、与建设项目规模和工艺类似的用人单位职业病危害因素检测结果。

第十二条　职业病危害预评价报告编制完成后,属于职业病危害一般或者较重的建设项目,其建设单位主要负责人或其指定的负责人应当组织具有职业卫生相关专业背景的中级及中级以上专业技术职称人员或者具有职业卫生相关专业背景的注册安全工程师(以下统称职业卫生专业技术人员)对职业病危害预评价报告进行评审,并形成是否符合职业病防治有关法律、法规、规章和标准要求的评审意见;属于职业病危害严重的建设项目,其建设单位主要负责人或其指定的负责人应当组织外单位职业卫生专业技术人员参加评审工作,并形成评审意见。

建设单位应当按照评审意见对职业病危害预评价报告进行修改完善,并对最终的职业病危害预评价报告的真实性、客观性和合规性负责。职业病危害预评价工作过程应当形成书面报告备查。书面报告的具体格式由国家安全生产监督管理总局另行制定。

第十三条　建设项目职业病危害预评价报告有下列情形之一的,建设单位不得通过评审:

(一)对建设项目可能产生的职业病危害因素识别不全,未对工作场所职业病危害对劳动者健康影响与危害程度进行分析与评价的,或者评价不符合要求的;

(二)未对建设项目拟采取的职业病防护设施和防护措施进行分析、评价,对存在的问题未提出对策措施的;

(三)建设项目职业病危害风险分析与评价不正确的;

(四)评价结论和对策措施不正确的;

(五)不符合职业病防治有关法律、法规、规章和标准规定的其他情形的。

第十四条　建设项目职业病危害预评价报告通过评审后,建设项目的生产规模、工艺等发生变更导致职业病危害风险发生重大变化的,建设单位应当对变更内容重新进行职业病危害预评价和评审。

第三章　职业病防护设施设计

第十五条　存在职业病危害的建设项目,建设单位应当在施工前按照职业病防治有关法律、法规、规章和标准的要求,进行职业病防护设施设计。

第十六条　建设项目职业病防护设施设计应当包括下列内容:

(一)设计依据;

(二)建设项目概况及工程分析;

(三)职业病危害因素分析及危害程度预测;

(四)拟采取的职业病防护设施和应急救援设施的名称、规格、型号、数量、分布,并对防控性能进行分析;

(五)辅助用室及卫生设施的设置情况;

(六)对预评价报告中拟采取的职业病防护设施、防护措施及对策措施采纳情况的说明;

(七)职业病防护设施和应急救援设施投资预算明细表;

(八)职业病防护设施和应急救援设施可以达到的预期效果及评价。

第十七条　职业病防护设施设计完成后,属于职业病危害一般或者较重的建设项目,其建设单位主要负责人或其指定的负责人应当组织职业卫生专业技术人员对职业病防护设施设计进行评审,并形成是否符合职业病防治有关法律、法规、规章和标准要求的评审意见;属于职业病危害严重的建设项目,其建设单位主要负责人或其指定的负责人应当组织外单位职业卫生专业技术人员参加评审工作,并形成评审意见。

建设单位应当按照评审意见对职业病防护设施设计进行修改完善,并对最终的职业病防护设施设计的真实性、客观性和合规性负责。职业病防护设施设计工作过程应当形成书面报告备查。书面报告的具体格式由国家安全生产监督管理总局另行制定。

第十八条　建设项目职业病防护设施设计有下列情形之一的,建设单位不得通过评审和开工建设:

(一)未对建设项目主要职业病危害进行防护设施设计或者设计内容不全的;

(二)职业病防护设施设计未按照评审意见进行修改完善的;

(三)未采纳职业病危害预评价报告中的对策措施,且未作充分论证说明的;

(四)未对职业病防护设施和应急救援设施的预期效果进行评价的;

(五)不符合职业病防治有关法律、法规、规章和标准规定的其他情形的。

第十九条　建设单位应当按照评审通过的设计和有关规定组织职业病防护设施的采购和施工。

第二十条　建设项目职业病防护设施设计在完成评

审后,建设项目的生产规模、工艺等发生变更导致职业病危害风险发生重大变化的,建设单位应当对变更的内容重新进行职业病防护设施设计和评审。

第四章 职业病危害控制效果评价与防护设施验收

第二十一条 建设项目职业病防护设施建设期间,建设单位应当对其进行经常性的检查,对发现的问题及时进行整改。

第二十二条 建设项目投入生产或者使用前,建设单位应当依照职业病防治有关法律、法规、规章和标准要求,采取下列职业病危害防治管理措施:

(一)设置或者指定职业卫生管理机构,配备专职或者兼职的职业卫生管理人员;

(二)制定职业病防治计划和实施方案;

(三)建立、健全职业卫生管理制度和操作规程;

(四)建立、健全职业卫生档案和劳动者健康监护档案;

(五)实施由专人负责的职业病危害因素日常监测,并确保监测系统处于正常运行状态;

(六)对工作场所进行职业病危害因素检测、评价;

(七)建设单位的主要负责人和职业卫生管理人员应当接受职业卫生培训,并组织劳动者进行上岗前的职业卫生培训;

(八)按照规定组织从事接触职业病危害作业的劳动者进行上岗前职业健康检查,并将检查结果书面告知劳动者;

(九)在醒目位置设置公告栏,公布有关职业病防治的规章制度、操作规程、职业病危害事故应急救援措施和工作场所职业病危害因素检测结果。对产生严重职业病危害的作业岗位,应当在其醒目位置,设置警示标识和中文警示说明;

(十)为劳动者个人提供符合要求的职业病防护用品;

(十一)建立、健全职业病危害事故应急救援预案;

(十二)职业病防治有关法律、法规、规章和标准要求的其他管理措施。

第二十三条 建设项目完工后,需要进行试运行的,其配套建设的职业病防护设施必须与主体工程同时投入试运行。

试运行时间应当不少于 30 日,最长不得超过 180日,国家有关部门另有规定或者特殊要求的行业除外。

第二十四条 建设项目在竣工验收前或者试运行期间,建设单位应当进行职业病危害控制效果评价,编制评价报告。建设项目职业病危害控制效果评价报告应当符合职业病防治有关法律、法规、规章和标准的要求,包括下列主要内容:

(一)建设项目概况;

(二)职业病防护设施设计执行情况分析、评价;

(三)职业病防护设施检测和运行情况分析、评价;

(四)工作场所职业病危害因素检测分析、评价;

(五)工作场所职业病危害因素日常监测情况分析、评价;

(六)职业病危害因素对劳动者健康危害程度分析、评价;

(七)职业病危害防治管理措施分析、评价;

(八)职业健康监护状况分析、评价;

(九)职业病危害事故应急救援和控制措施分析、评价;

(十)正常生产后建设项目职业病防治效果预期分析、评价;

(十一)职业病危害防护补充措施及建议;

(十二)评价结论,明确建设项目的职业病危害风险类别,以及采取控制效果评价报告所提对策建议后,职业病防护设施和防护措施是否符合职业病防治有关法律、法规、规章和标准的要求。

第二十五条 建设单位在职业病防护设施验收前,应当编制验收方案。验收方案应当包括下列内容:

(一)建设项目概况和风险类别,以及职业病危害预评价、职业病防护设施设计执行情况;

(二)参与验收的人员及其工作内容、责任;

(三)验收工作时间安排、程序等。

建设单位应当在职业病防护设施验收前 20 日将验收方案向管辖该建设项目的安全生产监督管理部门进行书面报告。

第二十六条 属于职业病危害一般或者较重的建设项目,其建设单位主要负责人或其指定的负责人应当组织职业卫生专业技术人员对职业病危害控制效果评价报告进行评审以及对职业病防护设施进行验收,并形成是否符合职业病防治有关法律、法规、规章和标准要求的评审意见和验收意见。属于职业病危害严重的建设项目,其建设单位主要负责人或其指定的负责人应当组织外单位职业卫生专业技术人员参加评审和验收工作,并形成评审和验收意见。

建设单位应当按照评审与验收意见对职业病危害控制效果评价报告和职业病防护设施进行整改完善,并对最终的职业病危害控制效果评价报告和职业病防护设施验收结果的真实性、合规性和有效性负责。

建设单位应当将职业病危害控制效果评价和职业病防护设施验收工作过程形成书面报告备查,其中职业病危害严重的建设项目应当在验收完成之日起 20 日内向管辖该建设项目的安全生产监督管理部门提交书面报告。书面报告的具体格式由国家安全生产监督管理总局另行制定。

第二十七条　有下列情形之一的,建设项目职业病危害控制效果评价报告不得通过评审、职业病防护设施不得通过验收:

(一)评价报告内容不符合本办法第二十四条要求的;

(二)评价报告未按照评审意见整改的;

(三)未按照建设项目职业病防护设施设计组织施工,且未充分论证说明的;

(四)职业病危害防治管理措施不符合本办法第二十二条要求的;

(五)职业病防护设施未按照验收意见整改的;

(六)不符合职业病防治有关法律、法规、规章和标准规定的其他情形的。

第二十八条　分期建设、分期投入生产或者使用的建设项目,其配套的职业病防护设施应当分期与建设项目同步进行验收。

第二十九条　建设项目职业病防护设施未按照规定验收合格的,不得投入生产或者使用。

第五章　监督检查

第三十条　安全生产监督管理部门应当在职责范围内按照分类分级监管的原则,将建设单位开展建设项目职业病防护设施"三同时"情况的监督检查纳入安全生产年度监督检查计划,并按照监督检查计划与安全设施"三同时"实施一体化监督检查,对发现的违法行为应当依法予以处理;对违法行为情节严重的,应当按照规定纳入安全生产不良记录"黑名单"管理。

第三十一条　安全生产监督管理部门应当依法对建设单位开展建设项目职业病危害预评价情况进行监督检查,重点监督检查下列事项:

(一)是否进行建设项目职业病危害预评价;

(二)是否对建设项目可能产生的职业病危害因素及其对工作场所、劳动者健康影响与危害程度进行分析、评价;

(三)是否对建设项目拟采取的职业病防护设施和防护措施进行评价,是否提出对策与建议;

(四)是否明确建设项目职业病危害风险类别;

(五)主要负责人或其指定的负责人是否组织职业卫生专业技术人员对职业病危害预评价报告进行评审,职业病危害预评价报告是否按照评审意见进行修改完善;

(六)职业病危害预评价工作过程是否形成书面报告备查;

(七)是否按照本办法规定公布建设项目职业病危害预评价情况;

(八)依法应当监督检查的其他事项。

第三十二条　安全生产监督管理部门应当依法对建设单位开展建设项目职业病防护设施设计情况进行监督检查,重点监督检查下列事项:

(一)是否进行职业病防护设施设计;

(二)是否采纳职业病危害预评价报告中的对策与建议,如未采纳是否进行充分论证说明;

(三)是否明确职业病防护设施和应急救援设施的名称、规格、型号、数量、分布,并对防控性能进行分析;

(四)是否明确辅助用室及卫生设施的设置情况;

(五)是否明确职业病防护设施和应急救援设施投资预算;

(六)主要负责人或其指定的负责人是否组织职业卫生专业技术人员对职业病防护设施设计进行评审,职业病防护设施设计是否按照评审意见进行修改完善;

(七)职业病防护设施设计工作过程是否形成书面报告备查;

(八)是否按照本办法规定公布建设项目职业病防护设施设计情况;

(九)依法应当监督检查的其他事项。

第三十三条　安全生产监督管理部门应当依法对建设单位开展建设项目职业病危害控制效果评价及职业病防护设施验收情况进行监督检查,重点监督检查下列事项:

(一)是否进行职业病危害控制效果评价及职业病防护设施验收;

(二)职业病危害防治管理措施是否齐全;

(三)主要负责人或其指定的负责人是否组织职业卫生专业技术人员对建设项目职业病危害控制效果评价报告进行评审和对职业病防护设施进行验收,是否按照评审意见和验收意见对职业病危害控制效果评价报告和职业病防护设施进行整改完善;

(四)建设项目职业病危害控制效果评价及职业病防护设施验收工作过程是否形成书面报告备查;

（五）建设项目职业病防护设施验收方案、职业病危害严重建设项目职业病危害控制效果评价与职业病防护设施验收工作报告是否按照规定向安全生产监督管理部门进行报告；

（六）是否按照本办法规定公布建设项目职业病危害控制效果评价和职业病防护设施验收情况；

（七）依法应当监督检查的其他事项。

第三十四条　安全生产监督管理部门应当按照下列规定对建设单位组织的验收活动和验收结果进行监督核查，并纳入安全生产年度监督检查计划：

（一）对职业病危害严重建设项目的职业病防护设施的验收方案和验收工作报告，全部进行监督核查；

（二）对职业病危害较重和一般的建设项目职业病防护设施的验收方案和验收工作报告，按照国家安全生产监督管理总局规定的"双随机"方式实施抽查。

第三十五条　安全生产监督管理部门应当加强监督检查人员建设项目职业病防护设施"三同时"知识的培训，提高业务素质。

第三十六条　安全生产监督管理部门及其工作人员不得有下列行为：

（一）强制要求建设单位接受指定的机构、职业卫生专业技术人员开展建设项目职业病防护设施"三同时"有关工作；

（二）以任何理由或者方式向建设单位和有关机构收取或者变相收取费用；

（三）向建设单位摊派财物、推销产品；

（四）在建设单位和有关机构报销任何费用。

第三十七条　任何单位或者个人发现建设单位、安全生产监督管理部门及其工作人员、有关机构和人员违反职业病防治有关法律、法规、标准和本办法规定的行为，均有权向安全生产监督管理部门或者有关部门举报。

受理举报的安全生产监督管理部门应当为举报人保密，并依法对举报内容进行核查和处理。

第三十八条　上级安全生产监督管理部门应当加强对下级安全生产监督管理部门建设项目职业病防护设施"三同时"监督执法工作的检查、指导。

地方各级安全生产监督管理部门应当定期汇总分析有关监督执法情况，并按照要求逐级上报。

第六章　法律责任

第三十九条　建设单位有下列行为之一的，由安全生产监督管理部门给予警告，责令限期改正；逾期不改正的，处 10 万元以上 50 万元以下的罚款；情节严重的，责

令停止产生职业病危害的作业，或者提请有关人民政府按照国务院规定的权限责令停建、关闭：

（一）未按照本办法规定进行职业病危害预评价的；

（二）建设项目的职业病防护设施未按照规定与主体工程同时设计、同时施工、同时投入生产和使用的；

（三）建设项目的职业病防护设施设计不符合国家职业卫生标准和卫生要求的；

（四）未按照本办法规定对职业病防护设施进行职业病危害控制效果评价的；

（五）建设项目竣工投入生产和使用前，职业病防护设施未按照本办法规定验收合格的。

第四十条　建设单位有下列行为之一的，由安全生产监督管理部门给予警告，责令限期改正；逾期不改正的，处 5000 元以上 3 万元以下的罚款：

（一）未按照本办法规定，对职业病危害预评价报告、职业病防护设施设计、职业病危害控制效果评价报告进行评审或者组织职业病防护设施验收的；

（二）职业病危害预评价、职业病防护设施设计、职业病危害控制效果评价或者职业病防护设施验收工作过程未形成书面报告备查的；

（三）建设项目的生产规模、工艺等发生变更导致职业病危害风险发生重大变化的，建设单位对变更内容未重新进行职业病危害预评价和评审，或者未重新进行职业病防护设施设计和评审的；

（四）需要试运行的职业病防护设施未与主体工程同时试运行的；

（五）建设单位未按照本办法第八条规定公布有关信息的。

第四十一条　建设单位在职业病危害预评价报告、职业病防护设施设计、职业病危害控制效果评价报告编制、评审以及职业病防护设施验收等过程中弄虚作假的，由安全生产监督管理部门责令限期改正，给予警告，可以并处 5000 元以上 3 万元以下的罚款。

第四十二条　建设单位未按照规定及时、如实报告建设项目职业病防护设施验收方案，或者职业病危害严重建设项目未提交职业病危害控制效果评价与职业病防护设施验收的书面报告的，由安全生产监督管理部门责令限期改正，给予警告，可以并处 5000 元以上 3 万元以下的罚款。

第四十三条　参与建设项目职业病防护设施"三同时"监督检查工作的专家库专家违反职业道德或者行为规范、降低标准、弄虚作假、牟取私利，作出显失公正或者

虚假意见的,由安全生产监督管理部门将其从专家库除名,终身不得再担任专家库专家。职业卫生专业技术人员在建设项目职业病防护设施"三同时"评审、验收等活动中涉嫌犯罪的,移送司法机关依法追究刑事责任。

第四十四条 违反本办法规定的其他行为,依照《中华人民共和国职业病防治法》有关规定给予处理。

第七章 附 则

第四十五条 煤矿建设项目职业病防护设施"三同时"的监督检查工作按照新修订发布的《煤矿和煤层气地面开采建设项目安全设施监察规定》执行,煤矿安全监察机构按照规定履行国家监察职责。

第四十六条 本办法自 2017 年 5 月 1 日起施行。国家安全安全生产监督管理总局 2012 年 4 月 27 日公布的《建设项目职业卫生"三同时"监督管理暂行办法》同时废止。

生产经营单位安全培训规定

· 2006 年 1 月 17 日国家安全生产监管总局令第 3 号公布
· 根据 2013 年 8 月 29 日《国家安全监管总局关于修改〈生产经营单位培训规定〉等 11 件规章的决定》第一次修订
· 根据 2015 年 5 月 29 日《国家安全监管总局关于废止和修改劳动防护用品和安全培训等领域十部规章的决定》第二次修订

第一章 总 则

第一条 为加强和规范生产经营单位安全培训工作,提高从业人员安全素质,防范伤亡事故,减轻职业危害,根据安全生产法和有关法律、行政法规,制定本规定。

第二条 工矿商贸生产经营单位(以下简称生产经营单位)从业人员的安全培训,适用本规定。

第三条 生产经营单位负责本单位从业人员安全培训工作。

生产经营单位应当按照安全生产法和有关法律、行政法规和本规定,建立健全安全培训工作制度。

第四条 生产经营单位应当进行安全培训的从业人员包括主要负责人、安全生产管理人员、特种作业人员和其他从业人员。

生产经营单位使用被派遣劳动者的,应当将被派遣劳动者纳入本单位从业人员统一管理,对被派遣劳动者进行岗位安全操作规程和安全操作技能的教育和培训。劳务派遣单位应当对被派遣劳动者进行必要的安全生产教育和培训。

生产经营单位接收中等职业学校、高等学校学生实习的,应当对实习学生进行相应的安全生产教育和培训,提供必要的劳动防护用品。学校应当协助生产经营单位对实习学生进行安全生产教育和培训。

生产经营单位从业人员应当接受安全培训,熟悉有关安全生产规章制度和安全操作规程,具备必要的安全生产知识,掌握本岗位的安全操作技能,了解事故应急处理措施,知悉自身在安全生产方面的权利和义务。

未经安全培训合格的从业人员,不得上岗作业。

第五条 国家安全生产监督管理总局指导全国安全培训工作,依法对全国的安全培训工作实施监督管理。

国务院有关主管部门按照各自职责指导监督本行业安全培训工作,并按照本规定制定实施办法。

国家煤矿安全监察局指导监督检查全国煤矿安全培训工作。

各级安全生产监督管理部门和煤矿安全监察机构(以下简称安全生产监管监察部门)按照各自的职责,依法对生产经营单位的安全培训工作实施监督管理。

第二章 主要负责人、安全生产管理人员的安全培训

第六条 生产经营单位主要负责人和安全生产管理人员应当接受安全培训,具备与所从事的生产经营活动相适应的安全生产知识和管理能力。

第七条 生产经营单位主要负责人安全培训应当包括下列内容:

(一)国家安全生产方针、政策和有关安全生产的法律、法规、规章及标准;

(二)安全生产管理基本知识、安全生产技术、安全生产专业知识;

(三)重大危险源管理、重大事故防范、应急管理和救援组织以及事故调查处理的有关规定;

(四)职业危害及其预防措施;

(五)国内外先进的安全生产管理经验;

(六)典型事故和应急救援案例分析;

(七)其他需要培训的内容。

第八条 生产经营单位安全生产管理人员安全培训应当包括下列内容:

(一)国家安全生产方针、政策和有关安全生产的法律、法规、规章及标准;

(二)安全生产管理、安全生产技术、职业卫生等知识;

(三)伤亡事故统计、报告及职业危害的调查处理方法;

（四）应急管理、应急预案编制以及应急处置的内容和要求；

（五）国内外先进的安全生产管理经验；

（六）典型事故和应急救援案例分析；

（七）其他需要培训的内容。

第九条　生产经营单位主要负责人和安全生产管理人员初次安全培训时间不得少于 32 学时。每年再培训时间不得少于 12 学时。

煤矿、非煤矿山、危险化学品、烟花爆竹、金属冶炼等生产经营单位主要负责人和安全生产管理人员初次安全培训时间不得少于 48 学时，每年再培训时间不得少于 16 学时。

第十条　生产经营单位主要负责人和安全生产管理人员的安全培训必须依照安全生产监管监察部门制定的安全培训大纲实施。

非煤矿山、危险化学品、烟花爆竹、金属冶炼等生产经营单位主要负责人和安全生产管理人员的安全培训大纲及考核标准由国家安全生产监督管理总局统一制定。

煤矿主要负责人和安全生产管理人员的安全培训大纲及考核标准由国家煤矿安全监察局制定。

煤矿、非煤矿山、危险化学品、烟花爆竹、金属冶炼以外的其他生产经营单位主要负责人和安全管理人员的安全培训大纲及考核标准，由省、自治区、直辖市安全生产监督管理部门制定。

第三章　其他从业人员的安全培训

第十一条　煤矿、非煤矿山、危险化学品、烟花爆竹、金属冶炼等生产经营单位必须对新上岗的临时工、合同工、劳务工、轮换工、协议工等进行强制性安全培训，保证其具备本岗位安全操作、自救互救以及应急处置所需的知识和技能后，方能安排上岗作业。

第十二条　加工、制造业等生产单位的其他从业人员，在上岗前必须经过厂（矿）、车间（工段、区、队）、班组三级安全培训教育。

生产经营单位应当根据工作性质对其他从业人员进行安全培训，保证其具备本岗位安全操作、应急处置等知识和技能。

第十三条　生产经营单位新上岗的从业人员，岗前安全培训时间不得少于 24 学时。

煤矿、非煤矿山、危险化学品、烟花爆竹、金属冶炼等生产经营单位新上岗的从业人员安全培训时间不得少于 72 学时，每年再培训的时间不得少于 20 学时。

第十四条　厂（矿）级岗前安全培训内容应当包括：

（一）本单位安全生产情况及安全生产基本知识；

（二）本单位安全生产规章制度和劳动纪律；

（三）从业人员安全生产权利和义务；

（四）有关事故案例等。

煤矿、非煤矿山、危险化学品、烟花爆竹、金属冶炼等生产经营单位厂（矿）级安全培训除包括上述内容外，应当增加事故应急救援、事故应急预案演练及防范措施等内容。

第十五条　车间（工段、区、队）级岗前安全培训内容应当包括：

（一）工作环境及危险因素；

（二）所从事工种可能遭受的职业伤害和伤亡事故；

（三）所从事工种的安全职责、操作技能及强制性标准；

（四）自救互救、急救方法、疏散和现场紧急情况的处理；

（五）安全设备设施、个人防护用品的使用和维护；

（六）本车间（工段、区、队）安全生产状况及规章制度；

（七）预防事故和职业危害的措施及应注意的安全事项；

（八）有关事故案例；

（九）其他需要培训的内容。

第十六条　班组级岗前安全培训内容应当包括：

（一）岗位安全操作规程；

（二）岗位之间工作衔接配合的安全与职业卫生事项；

（三）有关事故案例；

（四）其他需要培训的内容。

第十七条　从业人员在本生产经营单位内调整工作岗位或离岗一年以上重新上岗时，应当重新接受车间（工段、区、队）和班组级的安全培训。

生产经营单位采用新工艺、新技术、新材料或者使用新设备时，应当对有关从业人员重新进行有针对性的安全培训。

第十八条　生产经营单位的特种作业人员，必须按照国家有关法律、法规的规定接受专门的安全培训，经考核合格，取得特种作业操作资格证书后，方可上岗作业。

特种作业人员的范围和培训考核管理办法，另行规定。

第四章　安全培训的组织实施

第十九条　生产经营单位从业人员的安全培训工作，由生产经营单位组织实施。

生产经营单位应当坚持以考促学、以讲促学,确保全体从业人员熟练掌握岗位安全生产知识和技能;煤矿、非煤矿山、危险化学品、烟花爆竹、金属冶炼等生产经营单位还应当完善和落实师傅带徒弟制度。

第二十条　具备安全培训条件的生产经营单位,应当以自主培训为主;可以委托具备安全培训条件的机构,对从业人员进行安全培训。

不具备安全培训条件的生产经营单位,应当委托具备安全培训条件的机构,对从业人员进行安全培训。

生产经营单位委托其他机构进行安全培训的,保证安全培训的责任仍由本单位负责。

第二十一条　生产经营单位应当将安全培训工作纳入本单位年度工作计划。保证本单位安全培训工作所需资金。

生产经营单位的主要负责人负责组织制定并实施本单位安全培训计划。

第二十二条　生产经营单位应当建立健全从业人员安全生产教育和培训档案,由生产经营单位的安全生产管理机构以及安全生产管理人员详细、准确记录培训的时间、内容、参加人员以及考核结果等情况。

第二十三条　生产经营单位安排从业人员进行安全培训期间,应当支付工资和必要的费用。

第五章　监督管理

第二十四条　煤矿、非煤矿山、危险化学品、烟花爆竹、金属冶炼等生产经营单位主要负责人和安全生产管理人员,自任职之日起6个月内,必须经安全生产监管监察部门对其安全生产知识和管理能力考核合格。

第二十五条　安全生产监管监察部门依法对生产经营单位安全培训情况进行监督检查,督促生产经营单位按照国家有关法律法规和本规定开展安全培训工作。

县级以上地方人民政府负责煤矿安全生产监督管理的部门对煤矿井下作业人员的安全培训情况进行监督检查。煤矿安全监察机构对煤矿特种作业人员安全培训及其持证上岗的情况进行监督检查。

第二十六条　各级安全生产监管监察部门对生产经营单位安全培训及其持证上岗的情况进行监督检查,主要包括以下内容:

(一)安全培训制度、计划的制定及其实施的情况;

(二)煤矿、非煤矿山、危险化学品、烟花爆竹、金属冶炼等生产经营单位主要负责人和安全生产管理人员安全培训以及安全生产知识和管理能力考核的情况;其他生产经营单位主要负责人和安全生产管理人员培训的情况;

(三)特种作业人员操作资格证持证上岗的情况;

(四)建立安全生产教育和培训档案,并如实记录的情况;

(五)对从业人员现场抽考本职工作的安全生产知识;

(六)其他需要检查的内容。

第二十七条　安全生产监管监察部门对煤矿、非煤矿山、危险化学品、烟花爆竹、金属冶炼等生产经营单位的主要负责人、安全管理人员应当按照本规定严格考核。考核不得收费。

安全生产监管监察部门负责考核的有关人员不得玩忽职守和滥用职权。

第二十八条　安全生产监管监察部门检查中发现安全生产教育和培训责任落实不到位、有关从业人员未经培训合格的,应当视为生产安全事故隐患,责令生产经营单位立即停止违法行为,限期整改,并依法予以处罚。

第六章　罚　则

第二十九条　生产经营单位有下列行为之一的,由安全生产监管监察部门责令其限期改正,可以处1万元以上3万元以下的罚款:

(一)未将安全培训工作纳入本单位工作计划并保证安全培训工作所需资金的;

(二)从业人员进行安全培训期间未支付工资并承担安全培训费用的。

第三十条　生产经营单位有下列行为之一的,由安全生产监管监察部门责令其限期改正,可以处5万元以下的罚款;逾期未改正的,责令停产停业整顿,并处5万元以上10万元以下的罚款,对其直接负责的主管人员和其他直接责任人员处1万元以上2万元以下的罚款:

(一)煤矿、非煤矿山、危险化学品、烟花爆竹、金属冶炼等生产经营单位主要负责人和安全管理人员未按照规定经考核合格的;

(二)未按照规定对从业人员、被派遣劳动者、实习学生进行安全生产教育和培训或者未如实告知其有关安全生产事项的;

(三)未如实记录安全生产教育和培训情况的;

(四)特种作业人员未按照规定经专门的安全技术培训并取得特种作业人员操作资格证书,上岗作业的。

县级以上地方人民政府负责煤矿安全生产监督管理的部门发现煤矿未按照本规定对井下作业人员进行安全培训的,责令限期改正,处10万元以上50万元以下的罚款;逾期未改正的,责令停产停业整顿。

煤矿安全监察机构发现煤矿特种作业人员无证上岗

作业的,责令限期改正,处 10 万元以上 50 万元以下的罚款;逾期未改正的,责令停产停业整顿。

第三十一条　安全生产监管监察部门有关人员在考核、发证工作中玩忽职守、滥用职权的,由上级安全生产监管监察部门或者行政监察部门给予记过、记大过的行政处分。

第七章　附　则

第三十二条　生产经营单位主要负责人是指有限责任公司或者股份有限公司的董事长、总经理,其他生产经营单位的厂长、经理、(矿务局)局长、矿长(含实际控制人)等。

生产经营单位安全生产管理人员是指生产经营单位分管安全生产的负责人、安全生产管理机构负责人及其管理人员,以及未设安全生产管理机构的生产经营单位专、兼职安全生产管理人员等。

生产经营单位其他从业人员是指除主要负责人、安全生产管理人员和特种作业人员以外,该单位从事生产经营活动的所有人员,包括其他负责人、其他管理人员、技术人员和各岗位的工人以及临时聘用的人员。

第三十三条　省、自治区、直辖市安全生产监督管理部门和省级煤矿安全监察机构可以根据本规定制定实施细则,报国家安全生产监督管理总局和国家煤矿安全监察局备案。

第三十四条　本规定自 2006 年 3 月 1 日起施行。

建筑施工人员个人劳动保护用品使用管理暂行规定

·2007 年 11 月 5 日
·建质〔2007〕255 号

第一条　为加强对建筑施工人员个人劳动保护用品的使用管理,保障施工作业人员安全与健康,根据《中华人民共和国建筑法》、《建设工程安全生产管理条例》、《安全生产许可证条例》等法律法规,制定本规定。

第二条　本规定所称个人劳动保护用品,是指在建筑施工现场,从事建筑施工活动的人员使用的安全帽、安全带以及安全(绝缘)鞋、防护眼镜、防护手套、防尘(毒)口罩等个人劳动保护用品(以下简称"劳动保护用品")。

第三条　凡从事建筑施工活动的企业和个人,劳动保护用品的采购、发放、使用、管理等必须遵守本规定。

第四条　劳动保护用品的发放和管理,坚持"谁用工,谁负责"的原则。施工作业人员所在企业(包括总承包企业、专业承包企业、劳务企业等,下同)必须按国家规定免费发放劳动保护用品,更换已损坏或已到使用期限的劳动保护用品,不得收取或变相收取任何费用。

劳动保护用品必须以实物形式发放,不得以货币或其他物品替代。

第五条　企业应建立完善劳动保护用品的采购、验收、保管、发放、使用、更换、报废等规章制度。同时应建立相应的管理台账,管理台账保存期限不得少于两年,以保证劳动保护用品的质量具有可追溯性。

第六条　企业采购、个人使用的安全帽、安全带及其他劳动防护用品等,必须符合《安全帽》(GB2811)、《安全带》(GB6095)及其他劳动保护用品相关国家标准的要求。

企业、施工作业人员,不得采购和使用无安全标记或不符合国家相关标准要求的劳动保护用品。

第七条　企业应当按照劳动保护用品采购管理制度的要求,明确企业内部有关部门、人员的采购管理职责。企业在一个地区组织施工的,可以集中统一采购;对企业工程项目分布在多个地区,集中统一采购有困难的,可由各地区或项目部集中采购。

第八条　企业采购劳动保护用品时,应查验劳动保护用品生产厂家或供货商的生产、经营资格,验明商品合格证明和商品标识,以确保采购劳动保护用品的质量符合安全使用要求。

企业应当向劳动保护用品生产厂家或供货商索要法定检验机构出具的检验报告或由供货商签字盖章的检验报告复印件,不能提供检验报告或检验报告复印件的劳动保护用品不得采购。

第九条　企业应加强对施工作业人员的教育培训,保证施工作业人员能正确使用劳动保护用品。

工程项目部应有教育培训的记录,有培训人员和被培训人员的签名和时间。

第十条　企业应当加强对施工作业人员劳动保护用品使用情况的检查,并对施工作业人员劳动保护用品的质量和正确使用负责。实行施工总承包的工程项目,施工总承包企业应加强对施工现场内所有施工作业人员劳动保护用品的监督检查。督促相关分包企业和人员正确使用劳动保护用品。

第十一条　施工作业人员有接受安全教育培训的权利,有按照工作岗位规定使用合格的劳动保护用品的权利;有拒绝违章指挥、拒绝使用不合格劳动保护用品的权利。同时,也负有正确使用劳动保护用品的义务。

第十二条　监理单位要加强对施工现场劳动保护用

品的监督检查。发现有不使用、或使用不符合要求的劳动保护用品,应责令相关企业立即改正。对拒不改正的,应当向建设行政主管部门报告。

第十三条　建设单位应当及时、足额向施工企业支付安全措施专项经费,并督促施工企业落实安全防护措施,使用符合相关国家产品质量要求的劳动保护用品。

第十四条　各级建设行政主管部门应当加强对施工现场劳动保护用品使用情况的监督管理。发现有不使用、或使用不符合要求的劳动保护用品的违法违规行为的,应当责令改正;对因不使用或使用不符合要求的劳动保护用品造成事故或伤害的,应当依据《建设工程安全生产管理条例》和《安全生产许可证条例》等法律法规,对有关责任方给予行政处罚。

第十五条　各级建设行政主管部门应将企业劳动保护用品的发放、管理情况列入建筑施工企业《安全生产许可证》条件的审查内容之一;施工现场劳动保护用品的质量情况作为认定企业是否降低安全生产条件的内容之一;施工作业人员是否正确使用劳动保护用品情况作为考核企业安全生产教育培训是否到位的依据之一。

第十六条　各地建设行政主管部门可建立合格劳动保护用品的信息公告制度,为企业购买合格的劳动保护用品提供信息服务。同时依法加大对采购、使用不合格劳动保护用品的处罚力度。

第十七条　施工现场内,为保证施工作业人员安全与健康所需的其他劳动保护用品可参照本规定执行。

第十八条　各地可根据本规定,制定具体的实施办法。

第十九条　本规定自发布之日起施行。

施工现场安全防护用具及
机械设备使用监督管理规定

· 1998 年 9 月 4 日
· 建建〔1998〕164 号

第一条　为加强对施工现场上使用的安全防护用具及机械设备的监督管理,防止因不合格产品流入施工现场而造成伤亡事故,确保施工安全,制定本规定。

第二条　凡从事建筑施工(包括土木建筑、线路管道设备安装、装饰装修)的企业和个人以及为其提供安全防护用具及机械设备的单位和个人,必须遵守本规定。

第三条　本规定所指的安全防护用具及机械设备,是指在施工现场上使用的安全防护用品、安全防护设施、电气产品、架设机具和施工机械设备:

(一)安全防护用具

1. 安全防护用品,包括安全帽、安全带、安全网、安全绳及其他个人防护用品等;

2. 安全防护设施,包括各种"临边、洞口"的防护用具等;

3. 电气产品,包括手持电动工具、木工机具、钢筋机械、振动机具、漏电保护器、电闸箱、电缆、电器开关、插座及电工元器件等;

4. 架设机具,包括用竹、木、钢等材料组成的各类脚手架及其零部件、登高设施、简易起重吊装机具等。

(二)施工机械设备

包括大中型起重机械、施工电梯、挖掘机、打桩机、混凝土搅拌机等施工机械设备。

第四条　各级建设行政主管部门负责对施工现场安全防护用具及施工机械设备的使用实施监督管理。施工现场安全防护用具及机械设备使用的具体监督管理工作,可以委托所属的建筑安全监督管理机构负责实施。

工商行政管理机关负责查处市场管理和商标管理中发现的经销掺假或假冒的安全防护用具及机械设备;质量技术监督机关负责查处生产和流通领域中安全防护用具及机械设备的质量违法行为。

第五条　为施工现场提供安全防护用具及机械设备的生产、销售单位,必须遵守有关的法律、法规、规章和标准,设计、生产、销售符合施工安全要求的产品。

第六条　向建筑施工企业或者施工现场销售安全防护用具及机械设备的单位,应当提供检测合格证明及下列资料:

(一)产品的生产许可证(指实行生产许可证的产品)和出厂产品合格证;

(二)产品的有关技术标准、规范;

(三)产品的有关图纸及技术资料;

(四)产品的技术性能、安全防护装置的说明。

第七条　建筑安全监督管理机构要对建筑施工企业或者施工现场使用的安全防护用具及机械设备,进行定期或者不定期的抽检,发现不合格产品或者技术指标和安全性能不能满足施工安全需要的产品,必须立即停止使用,并清除出施工现场。

第八条　建筑施工企业和施工现场必须采购、使用具有生产许可证、产品合格证的产品,并建立安全防护用具及机械设备的采购、使用、检查、维修、保养的责任制。

第九条　施工现场新安装或者停工 6 个月以上又重

新使用的塔式起重机、龙门架（井字架）、整体提升脚手架等，在使用前必须组织由本企业的安全、施工等技术管理人员参加的检验，经检验合格后方可使用。不能自行检验的，可以委托当地建筑安全监督管理机构进行检验。

第十条　建筑施工企业及其项目经理部必须对施工中使用的安全防护用具及机械设备进行定期检查，发现隐患或者不符合要求的，应当立即采取措施解决。

第十一条　建设、工商行政管理、质量技术监督行政主管部门根据职能分工，可以对施工现场安全防护用具及机械设备组织联合检查，并公布合格或者不合格产品名录。

有条件的城市可以建立安全防护用具及机械设备交易市场，为生产、销售单位和建筑施工企业提供服务，并加强监督管理。

第十二条　对于违反本规定的生产、销售单位和建筑施工企业，由建设、工商行政管理、质量技术监督行政主管部门根据各自的职责，依法作出处罚。

第十三条　本规定自发布之日起施行。

· 典型案例

最高人民法院发布的六起涉民生执行典型案例
——杜开均申请执行四川科茂建筑劳务有限公司工伤赔偿纠纷案

（一）基本案情

杜开均于 2013 年 3 月底到四川科茂建筑劳务有限公司从事泥工工作，系泥工班班头。2014 年 4 月 13 日，杜开均在科茂公司九楼工地施工过程中，右手被电切割机割伤。2015 年 3 月，经泸州市人力和社会资源保障局认定为工伤。同年 8 月，泸州市劳动能力鉴定委员会认定杜开均伤残等级为七级，无生活自理能力。由于杜开均在科茂公司上班期间，该公司未为其办理工伤保险，科茂公司就工伤保险待遇问题与杜开均发生纠纷，并于 2015 年 10 月经泸县劳动争议仲裁委员会裁决，科茂公司承担杜开均工伤保险待遇共计 226496.5 元。2015 年 11 月，科茂公司不服该仲裁裁决向泸县人民法院提起诉讼。2016 年 3 月，泸县人民法院作出（2016）川 0521 民初 142 号判决：杜开均因工伤致七级伤残享受工伤保险待遇共计 211496.5 元，由科茂公司在判决生效后 10 日内支付。科茂公司不服该判决，向泸州市中级人民法院提起上诉，2016 年 6 月二审判决驳回上诉，维持原判。

因科茂公司拒不履行判决确定义务，2016 年 7 月，杜开均向泸县人民法院申请强制执行。泸县人民法院立即开展执行工作，通过"点对点""总对总"系统进行查控，发现被执行人账户仅余 7000 元；核查工商、不动产等登记情况，均未发现可执行财产线索；承办法官找到被执行人并向被执行人下达财产报告令，要求其主动履行判决确定义务，释明拒不执行可能带来的失信惩戒后果，但被执行人报告仍无财产。为此，承办法官将被执行人列入失信被执行人名单，冻结被执行人账户。2016 年 11 月 30 日，在泸县人民法院主持下，被执行人科茂公司与申请人杜开均通过协商达成和解协议，科茂公司支付 150000 元，其余款项杜开均予以放弃。12 月 1 日，杜开均终于领到第一笔工伤保险金 110000 元。另外 4 万元工伤保险金，被执行人于 12 月 5 日支付申请执行人。

（二）典型意义

本案是工伤保险执行案件，此类执行案件的申请执行人多为弱势群体，经济困难，被执行人拒不支付工伤保险的行为，会使申请执行人陷入困境。本案通过将被执行人纳入失信名单，对其商誉形成压力，促使被执行人与申请执行人达成执行和解协议。

（5）建筑机械安全监督

建筑起重机械安全监督管理规定

· 2008 年 1 月 28 日建设部令第 166 号公布
· 自 2008 年 6 月 1 日起施行

第一条　为了加强建筑起重机械的安全监督管理，防止和减少生产安全事故，保障人民群众生命和财产安全，依据《建设工程安全生产管理条例》、《特种设备安全监察条例》、《安全生产许可证条例》，制定本规定。

第二条　建筑起重机械的租赁、安装、拆卸、使用及其监督管理，适用本规定。

本规定所称建筑起重机械，是指纳入特种设备目录，在房屋建筑工地和市政工程工地安装、拆卸、使用的起重机械。

第三条　国务院建设主管部门对全国建筑起重机械的租赁、安装、拆卸、使用实施监督管理。

县级以上地方人民政府建设主管部门对本行政区域内的建筑起重机械的租赁、安装、拆卸、使用实施监督管理。

第四条　出租单位出租的建筑起重机械和使用单位购置、租赁、使用的建筑起重机械应当具有特种设备制造许可证、产品合格证、制造监督检验证明。

第五条　出租单位在建筑起重机械首次出租前，自购建筑起重机械的使用单位在建筑起重机械首次安装前，应当持建筑起重机械特种设备制造许可证、产品合格证和制造监督检验证明到本单位工商注册所在地县级以上地方人民政府建设主管部门办理备案。

第六条　出租单位应当在签订的建筑起重机械租赁合同中，明确租赁双方的安全责任，并出具建筑起重机械特种设备制造许可证、产品合格证、制造监督检验证明、备案证明和自检合格证明，提交安装使用说明书。

第七条　有下列情形之一的建筑起重机械，不得出租、使用：

（一）属国家明令淘汰或者禁止使用的；

（二）超过安全技术标准或者制造厂家规定的使用年限的；

（三）经检验达不到安全技术标准规定的；

（四）没有完整安全技术档案的；

（五）没有齐全有效的安全保护装置的。

第八条　建筑起重机械有本规定第七条第（一）、（二）、（三）项情形之一的，出租单位或者自购建筑起重机械的使用单位应当予以报废，并向原备案机关办理注销手续。

第九条　出租单位、自购建筑起重机械的使用单位，应当建立建筑起重机械安全技术档案。

建筑起重机械安全技术档案应当包括以下资料：

（一）购销合同、制造许可证、产品合格证、制造监督检验证明、安装使用说明书、备案证明等原始资料；

（二）定期检验报告、定期自行检查记录、定期维护保养记录、维修和技术改造记录、运行故障和生产安全事故记录、累计运转记录等运行资料；

（三）历次安装验收资料。

第十条　从事建筑起重机械安装、拆卸活动的单位（以下简称安装单位）应当依法取得建设主管部门颁发的相应资质和建筑施工企业安全生产许可证，并在其资质许可范围内承揽建筑起重机械安装、拆卸工程。

第十一条　建筑起重机械使用单位和安装单位应当在签订的建筑起重机械安装、拆卸合同中明确双方的安全生产责任。

实行施工总承包的，施工总承包单位应当与安装单位签订建筑起重机械安装、拆卸工程安全协议书。

第十二条　安装单位应当履行下列安全职责：

（一）按照安全技术标准及建筑起重机械性能要求，编制建筑起重机械安装、拆卸工程专项施工方案，并由本单位技术负责人签字；

（二）按照安全技术标准及安装使用说明书等检查建筑起重机械及现场施工条件；

（三）组织安全施工技术交底并签字确认；

（四）制定建筑起重机械安装、拆卸工程生产安全事故应急救援预案；

（五）将建筑起重机械安装、拆卸工程专项施工方案，安装、拆卸人员名单，安装、拆卸时间等材料报施工总承包单位和监理单位审核后，告知工程所在地县级以上地方人民政府建设主管部门。

第十三条　安装单位应当按照建筑起重机械安装、拆卸工程专项施工方案及安全操作规程组织安装、拆卸作业。

安装单位的专业技术人员、专职安全生产管理人员应当进行现场监督，技术负责人应当定期巡查。

第十四条　建筑起重机械安装完毕后，安装单位应当按照安全技术标准及安装使用说明书的有关要求对建筑起重机械进行自检、调试和试运转。自检合格的，应当出具自检合格证明，并向使用单位进行安全使用说明。

第十五条　安装单位应当建立建筑起重机械安装、拆卸工程档案。

建筑起重机械安装、拆卸工程档案应当包括以下资料：

（一）安装、拆卸合同及安全协议书；

（二）安装、拆卸工程专项施工方案；

（三）安全施工技术交底的有关资料；

（四）安装工程验收资料；

（五）安装、拆卸工程生产安全事故应急救援预案。

第十六条　建筑起重机械安装完毕后，使用单位应当组织出租、安装、监理等有关单位进行验收，或者委托具有相应资质的检验检测机构进行验收。建筑起重机械经验收合格后方可投入使用，未经验收或者验收不合格的不得使用。

实行施工总承包的，由施工总承包单位组织验收。

建筑起重机械在验收前应当经有相应资质的检验检测机构监督检验合格。

检验检测机构和检验检测人员对检验检测结果、鉴定结论依法承担法律责任。

第十七条　使用单位应当自建筑起重机械安装验收

合格之日起 30 日内,将建筑起重机械安装验收资料、建筑起重机械安全管理制度、特种作业人员名单等,向工程所在地县级以上地方人民政府建设主管部门办理建筑起重机械使用登记。登记标志置于或者附着于该设备的显著位置。

第十八条　使用单位应当履行下列安全职责:

(一)根据不同施工阶段、周围环境以及季节、气候的变化,对建筑起重机械采取相应的安全防护措施;

(二)制定建筑起重机械生产安全事故应急救援预案;

(三)在建筑起重机械活动范围内设置明显的安全警示标志,对集中作业区做好安全防护;

(四)设置相应的设备管理机构或者配备专职的设备管理人员;

(五)指定专职设备管理人员、专职安全生产管理人员进行现场监督检查;

(六)建筑起重机械出现故障或者发生异常情况的,立即停止使用,消除故障和事故隐患后,方可重新投入使用。

第十九条　使用单位应当对在用的建筑起重机械及其安全保护装置、吊具、索具等进行经常性和定期的检查、维护和保养,并做好记录。

使用单位在建筑起重机械租期结束后,应当将定期检查、维护和保养记录移交出租单位。

建筑起重机械租赁合同对建筑起重机械的检查、维护、保养另有约定的,从其约定。

第二十条　建筑起重机械在使用过程中需要附着的,使用单位应当委托原安装单位或者具有相应资质的安装单位按照专项施工方案实施,并按照本规定第十六条规定组织验收。验收合格后方可投入使用。

建筑起重机械在使用过程中需要顶升的,使用单位委托原安装单位或者具有相应资质的安装单位按照专项施工方案实施后,即可投入使用。

禁止擅自在建筑起重机械上安装非原制造厂制造的标准节和附着装置。

第二十一条　施工总承包单位应当履行下列安全职责:

(一)向安装单位提供拟安装设备位置的基础施工资料,确保建筑起重机械进场安装、拆卸所需的施工条件;

(二)审核建筑起重机械的特种设备制造许可证、产品合格证、制造监督检验证明、备案证明等文件;

(三)审核安装单位、使用单位的资质证书、安全生产许可证和特种作业人员的特种作业操作资格证书;

(四)审核安装单位制定的建筑起重机械安装、拆卸工程专项施工方案和生产安全事故应急救援预案;

(五)审核使用单位制定的建筑起重机械生产安全事故应急救援预案;

(六)指定专职安全生产管理人员监督检查建筑起重机械安装、拆卸、使用情况;

(七)施工现场有多台塔式起重机作业时,应当组织制定并实施防止塔式起重机相互碰撞的安全措施。

第二十二条　监理单位应当履行下列安全职责:

(一)审核建筑起重机械特种设备制造许可证、产品合格证、制造监督检验证明、备案证明等文件;

(二)审核建筑起重机械安装单位、使用单位的资质证书、安全生产许可证和特种作业人员的特种作业操作资格证书;

(三)审核建筑起重机械安装、拆卸工程专项施工方案;

(四)监督安装单位执行建筑起重机械安装、拆卸工程专项施工方案情况;

(五)监督检查建筑起重机械的使用情况;

(六)发现存在生产安全事故隐患的,应当要求安装单位、使用单位限期整改,对安装单位、使用单位拒不整改的,及时向建设单位报告。

第二十三条　依法发包给两个及两个以上施工单位的工程,不同施工单位在同一施工现场使用多台塔式起重机作业时,建设单位应当协调组织制定防止塔式起重机相互碰撞的安全措施。

安装单位、使用单位拒不整改生产安全事故隐患的,建设单位接到监理单位报告后,应当责令安装单位、使用单位立即停工整改。

第二十四条　建筑起重机械特种作业人员应当遵守建筑起重机械安全操作规程和安全管理制度,在作业中有权拒绝违章指挥和强令冒险作业,有权在发生危及人身安全的紧急情况时立即停止作业或者采取必要的应急措施后撤离危险区域。

第二十五条　建筑起重机械安装拆卸工、起重信号工、起重司机、司索工等特种作业人员应当经建设主管部门考核合格,并取得特种作业操作资格证书后,方可上岗作业。

省、自治区、直辖市人民政府建设主管部门负责组织实施建筑施工企业特种作业人员的考核。

特种作业人员的特种作业操作资格证书由国务院建设主管部门规定统一的样式。

第二十六条 建设主管部门履行安全监督检查职责时,有权采取下列措施:

(一)要求被检查的单位提供有关建筑起重机械的文件和资料;

(二)进入被检查单位和被检查单位的施工现场进行检查;

(三)对检查中发现的建筑起重机械生产安全事故隐患,责令立即排除;重大生产安全事故隐患排除前或者排除过程中无法保证安全的,责令从危险区域撤出作业人员或者暂时停止施工。

第二十七条 负责办理备案或者登记的建设主管部门应当建立本行政区域内的建筑起重机械档案,按照有关规定对建筑起重机械进行统一编号,并定期向社会公布建筑起重机械的安全状况。

第二十八条 违反本规定,出租单位、自购建筑起重机械的使用单位,有下列行为之一的,由县级以上地方人民政府建设主管部门责令限期改正,予以警告,并处以5000元以上1万元以下罚款:

(一)未按照规定办理备案的;

(二)未按照规定办理注销手续的;

(三)未按照规定建立建筑起重机械安全技术档案的。

第二十九条 违反本规定,安装单位有下列行为之一的,由县级以上地方人民政府建设主管部门责令限期改正,予以警告,并处以5000元以上3万元以下罚款:

(一)未履行第十二条第(二)、(四)、(五)项安全职责的;

(二)未按照规定建立建筑起重机械安装、拆卸工程档案的;

(三)未按照建筑起重机械安装、拆卸工程专项施工方案及安全操作规程组织安装、拆卸作业的。

第三十条 违反本规定,使用单位有下列行为之一的,由县级以上地方人民政府建设主管部门责令限期改正,予以警告,并处以5000元以上3万元以下罚款:

(一)未履行第十八条第(一)、(二)、(四)、(六)项安全职责的;

(二)未指定专职设备管理人员进行现场监督检查的;

(三)擅自在建筑起重机械上安装非原制造厂制造的标准节和附着装置的。

第三十一条 违反本规定,施工总承包单位未履行第二十一条第(一)、(三)、(四)、(五)、(七)项安全职责的,由县级以上地方人民政府建设主管部门责令限期改正,予以警告,并处以5000元以上3万元以下罚款。

第三十二条 违反本规定,监理单位未履行第二十二条第(一)、(二)、(四)、(五)项安全职责的,由县级以上地方人民政府建设主管部门责令限期改正,予以警告,并处以5000元以上3万元以下罚款。

第三十三条 违反本规定,建设单位有下列行为之一的,由县级以上地方人民政府建设主管部门责令限期改正,予以警告,并处以5000元以上3万元以下罚款;逾期未改的,责令停止施工:

(一)未按照规定协调组织制定防止多台塔式起重机相互碰撞的安全措施的;

(二)接到监理单位报告后,未责令安装单位、使用单位立即停工整改的。

第三十四条 违反本规定,建设主管部门的工作人员有下列行为之一的,依法给予处分;构成犯罪的,依法追究刑事责任:

(一)发现违反本规定的违法行为不依法查处的;

(二)发现在用的建筑起重机械存在严重生产安全事故隐患不依法处理的;

(三)不依法履行监督管理职责的其他行为。

第三十五条 本规定自2008年6月1日起施行。

建筑起重机械备案登记办法

· 2008 年 4 月 18 日
· 建质〔2008〕76 号

第一条 为加强建筑起重机械备案登记管理,根据《建筑起重机械安全监督管理规定》(建设部令第166号),制定本办法。

第二条 本办法所称建筑起重机械备案登记包括建筑起重机械备案、安装(拆卸)告知和使用登记。

第三条 县级以上地方人民政府建设主管部门可以使用计算机信息管理系统办理建筑起重机械备案登记,并建立数据库。

县级以上地方人民政府建设主管部门应当提供本行政区域内建筑起重机械备案登记查询服务。

第四条 出租、安装、使用单位应当按规定提交建筑起重机械备案登记资料,并对所提供资料的真实性负责。

县级以上地方人民政府建设主管部门应当建立建筑

起重机械备案登记诚信考核制度。

第五条　建筑起重机械出租单位或者自购建筑起重机械使用单位(以下简称"产权单位")在建筑起重机械首次出租或安装前,应当向本单位工商注册所在地县级以上地方人民政府建设主管部门(以下简称"设备备案机关")办理备案。

第六条　产权单位在办理备案手续时,应当向设备备案机关提交以下资料:

(一)产权单位法人营业执照副本;

(二)特种设备制造许可证;

(三)产品合格证;

(四)制造监督检验证明;

(五)建筑起重机械设备购销合同、发票或相应有效凭证;

(六)设备备案机关规定的其他资料。

所有资料复印件应当加盖产权单位公章。

第七条　设备备案机关应当自收到产权单位提交的备案资料之日起7个工作日内,对符合备案条件且资料齐全的建筑起重机械进行编号,向产权单位核发建筑起重机械备案证明。

建筑起重机械备案编号规则见附件一。

第八条　有下列情形之一的建筑起重机械,设备备案机关不予备案,并通知产权单位:

(一)属国家和地方明令淘汰或者禁止使用的;

(二)超过制造厂家或者安全技术标准规定的使用年限的;

(三)经检验达不到安全技术标准规定的。

第九条　起重机械产权单位变更时,原产权单位应当持建筑起重机械备案证明到设备备案机关办理备案注销手续。设备备案机关应当收回其建筑起重机械备案证明。

原产权单位应当将建筑起重机械的安全技术档案移交给现产权单位。

现产权单位应当按照本办法办理建筑起重机械备案手续。

第十条　建筑起重机械属于本办法第八条情形之一的,产权单位应当及时采取解体等销毁措施予以报废,并向设备备案机关办理备案注销手续。

第十一条　从事建筑起重机械安装、拆卸活动的单位(以下简称"安装单位")办理建筑起重机械安装(拆卸)告知手续前,应当将以下资料报送施工总承包单位、监理单位审核:

(一)建筑起重机械备案证明;

(二)安装单位资质证书、安全生产许可证副本;

(三)安装单位特种作业人员证书;

(四)建筑起重机械安装(拆卸)工程专项施工方案;

(五)安装单位与使用单位签订的安装(拆卸)合同及安装单位与施工总承包单位签订的安全协议书;

(六)安装单位负责建筑起重机械安装(拆卸)工程专职安全生产管理人员、专业技术人员名单;

(七)建筑起重机械安装(拆卸)工程生产安全事故应急救援预案;

(八)辅助起重机械资料及其特种作业人员证书;

(九)施工总承包单位、监理单位要求的其他资料。

第十二条　施工总承包单位、监理单位应当在收到安装单位提交的齐全有效的资料之日起2个工作日内审核完毕并签署意见。

第十三条　安装单位应当在建筑起重机械安装(拆卸)前2个工作日内通过书面形式、传真或者计算机信息系统告知工程所在地县级以上地方人民政府建设主管部门,同时按规定提交经施工总承包单位、监理单位审核合格的有关资料。

第十四条　建筑起重机械使用单位在建筑起重机械安装验收合格之日起30日内,向工程所在地县级以上地方人民政府建设主管部门(以下简称"使用登记机关")办理使用登记。

第十五条　使用单位在办理建筑起重机械使用登记时,应当向使用登记机关提交下列资料:

(一)建筑起重机械备案证明;

(二)建筑起重机械租赁合同;

(三)建筑起重机械检验检测报告和安装验收资料;

(四)使用单位特种作业人员资格证书;

(五)建筑起重机械维护保养等管理制度;

(六)建筑起重机械生产安全事故应急救援预案;

(七)使用登记机关规定的其他资料。

第十六条　使用登记机关应当自收到使用单位提交的资料之日起7个工作日内,对于符合登记条件且资料齐全的建筑起重机械核发建筑起重机械使用登记证明。

第十七条　有下列情形之一的建筑起重机械,使用登记机关不予使用登记并有权责令使用单位立即停止使用或者拆除:

(一)属于本办法第八条情形之一的;

(二)未经检验检测或者经检验检测不合格的;

(三)未经安装验收或者经安装验收不合格的。

第十八条　使用登记机关应当在安装单位办理建筑

起重机械拆卸告知手续时，注销建筑起重机械使用登记证明。

第十九条　建筑起重机械实行年度统计上报制度。省、自治区、直辖市人民政府建设主管部门应当在每年年底将本地区建筑起重机械备案登记情况汇总后上报国务院建设主管部门。

建筑起重机械备案登记汇总表见附件二。

第二十条　县级以上地方人民政府建设主管部门应当对施工现场的建筑起重机械备案登记情况进行监督检查。

第二十一条　省级以上人民政府建设主管部门应当按照有关规定及时公布限制或禁止使用的建筑起重机械。

第二十二条　出租、安装、使用单位未按规定办理建筑起重机械备案、安装（拆卸）告知、使用登记及注销手续的，由建设主管部门依照有关法规和规章进行处罚。

第二十三条　省、自治区、直辖市人民政府建设主管部门可结合本地区实际制定实施细则。

第二十四条　本办法自 2008 年 6 月 1 日起施行。

附件一：建筑起重机械备案编号规则（略）

附件二：建筑起重机械备案登记汇总表（略）

（6）项目负责人安全责任

建设单位项目负责人质量安全责任八项规定（试行）

· 2015 年 3 月 6 日

· 建市〔2015〕35 号

建设单位项目负责人是指建设单位法定代表人或经法定代表人授权，代表建设单位全面负责工程项目建设全过程管理，并对工程质量承担终身责任的人员。建筑工程开工建设前，建设单位法定代表人应当签署授权书，明确建设单位项目负责人。建设单位项目负责人应当严格遵守以下规定并承担相应责任：

一、建设单位项目负责人应当依法组织发包，不得将工程发包给个人或不具有相应资质等级的单位；不得将一个单位工程的施工分解成若干部分发包给不同的施工总承包或专业承包单位；不得将施工合同范围内的单位工程或分部分项工程又另行发包；不得违反合同约定，通过各种形式要求承包单位选择指定的分包单位。建设单位项目负责人发现承包单位有转包、违法分包及挂靠等违法行为的，应当及时向住房城乡建设主管部门报告。

二、建设单位项目负责人在组织发包时应当提出合理的造价和工期要求，不得迫使承包单位以低于成本的价格竞标，不得与承包单位签订"阴阳合同"，不得拖欠勘察设计、工程监理费用和工程款，不得任意压缩合理工期。确需压缩工期的，应当组织专家予以论证，并采取保证建筑工程质量安全的相应措施，支付相应的费用。

三、建设单位项目负责人在组织编制工程概算时，应当将建筑工程安全生产措施费用和工伤保险费用单独列支，作为不可竞争费，不参与竞标。

四、建设单位项目负责人应当负责向勘察、设计、施工、工程监理等单位提供与建筑工程有关的真实、准确、齐全的原始资料，应当严格执行施工图设计文件审查制度，及时将施工图设计文件报有关机构审查，未经审查批准的，不得使用；发生重大设计变更的，应送原审图机构审查。

五、建设单位项目负责人应当在项目开工前按照国家有关规定办理工程质量、安全监督手续，申请领取施工许可证。依法应当实行监理的工程，应当委托工程监理单位进行监理。

六、建设单位项目负责人应当加强对工程质量安全的控制和管理，不得以任何方式要求设计单位或者施工单位违反工程建设强制性标准，降低工程质量；不得以任何方式要求检测机构出具虚假报告；不得以任何方式要求施工单位使用不合格或者不符合设计要求的建筑材料、建筑构配件和设备；不得违反合同约定，指定承包单位购入用于工程建设的建筑材料、建筑构配件和设备或者指定生产厂、供应商。

七、建设单位项目负责人应当按照有关规定组织勘察、设计、施工、工程监理等有关单位进行竣工验收，并按照规定将竣工验收报告、有关认可文件或者准许使用文件报送备案。未组织竣工验收或验收不合格的，不得交付使用。

八、建设单位项目负责人应当严格按照国家有关档案管理的规定，及时收集、整理建设项目各环节的文件资料，建立、健全建设项目档案和建筑工程各方主体项目负责人质量终身责任信息档案，并在建筑工程竣工验收后，及时向住房城乡建设主管部门或者其他有关部门移交建设项目档案及各方主体项目负责人的质量终身责任信息档案。

各级住房城乡建设主管部门应当加强对建设单位项目负责人履职情况的监督检查，发现存在违反上述规定的，依照相关法律法规和规章实施行政处罚或处理（建设单位项目负责人质量安全违法违规行为行政处罚规定见附件）。应当建立健全建设单位和建设单位项目负责人的信用档案,将其违法违规行为及处罚处理结果记入信用档案,并在建筑市场监管与诚信信息发布平台上予以曝光。

附件:建设单位项目负责人质量安全违法违规行为行政处罚规定

附件

建设单位项目负责人质量
安全违法违规行为行政处罚规定

一、违反第一项规定的行政处罚

(一)将建筑工程发包给不具有相应资质等级的勘察、设计、施工、工程监理单位的,按照《中华人民共和国建筑法》第六十五条、《建设工程质量管理条例》第五十四条规定对建设单位实施行政处罚;按照《建设工程质量管理条例》第七十三条规定对建设单位项目负责人实施行政处罚。

(二)将建筑工程肢解发包的,按照《中华人民共和国建筑法》第六十五条、《建设工程质量管理条例》第五十五条规定对建设单位实施行政处罚;按照《建设工程质量管理条例》第七十三条规定对建设单位项目负责人实施行政处罚。

二、违反第二项规定的行政处罚

(一)迫使承包方以低于成本的价格竞标的,按照《建设工程质量管理条例》第五十六条规定对建设单位实施行政处罚;按照《建设工程质量管理条例》第七十三条规定对建设单位项目负责人实施行政处罚。

(二)任意压缩合理工期的,按照《建设工程质量管理条例》第五十六条规定对建设单位实施行政处罚;按照《建设工程质量管理条例》第七十三条规定对建设单位项目负责人实施行政处罚。

三、违反第三条规定的行政处罚

未提供建筑工程安全生产作业环境及安全施工措施所需费用的,按照《建设工程安全生产管理条例》第五十四条规定对建设单位实施行政处罚。

四、违反第四项规定的行政处罚

施工图设计文件未经审查或者审查不合格,擅自施工的,按照《建设工程质量管理条例》第五十六条规定对建设单位实施行政处罚;按照《建设工程质量管理条例》第七十三条规定对建设单位项目负责人实施行政处罚。

五、违反第五项规定的行政处罚

(一)未按照国家规定办理工程质量监督手续的,按

照《建设工程质量管理条例》第五十六条规定对建设单位实施行政处罚;按照《建设工程质量管理条例》第七十三条规定对建设单位项目负责人实施行政处罚。

(二)未取得施工许可证擅自施工的,按照《中华人民共和国建筑法》第六十四条、《建设工程质量管理条例》第五十七条规定对建设单位实施行政处罚;按照《建设工程质量管理条例》第七十三条规定对建设单位项目负责人实施行政处罚。

(三)必须实行工程监理而未实行工程监理的,按照《建设工程质量管理条例》第五十六条规定对建设单位实施行政处罚;按照《建设工程质量管理条例》第七十三条规定对建设单位项目负责人实施行政处罚。

六、违反第六项规定的行政处罚

(一)明示或者暗示设计单位或者施工单位违反工程建设强制性标准,降低工程质量的,按照《中华人民共和国建筑法》第七十二条、《建设工程质量管理条例》第五十六条规定对建设单位实施行政处罚;按照《建设工程质量管理条例》第七十三条规定对建设单位项目负责人实施行政处罚。

(二)明示或者暗示检测机构出具虚假检测报告的,按照《建设工程质量检测管理办法》(建设部令第 141号)第三十一条规定对建设单位实施行政处罚。

(三)明示或者暗示施工单位使用不合格的建筑材料、建筑构配件和设备的,按照《建设工程质量管理条例》第五十六条规定对建设单位实施行政处罚;按照《建设工程质量管理条例》第七十三条规定对建设单位项目负责人实施行政处罚。

七、违反第七项规定的行政处罚

(一)未组织竣工验收或验收不合格,擅自交付使用的;对不合格的建筑工程按照合格工程验收的,按照《建设工程质量管理条例》第五十八条规定对建设单位实施行政处罚;按照《建设工程质量管理条例》第七十三条规定对建设单位项目负责人实施行政处罚。

(二)未按照国家规定将竣工验收报告、有关认可文件或者准许使用文件报送备案的,按照《建设工程质量管理条例》第五十六条规定对建设单位实施行政处罚;按照《建设工程质量管理条例》第七十三条规定对建设单位项目负责人实施行政处罚。

八、违反第八项规定的行政处罚

工程竣工验收后,未向住房城乡建设主管部门或者其他有关部门移交建设项目档案的,按照《建设工程质量管理条例》第五十九条规定对建设单位实施行政处罚;按

照《建设工程质量管理条例》第七十三条规定对建设单位项目负责人实施行政处罚。

建筑工程勘察单位项目负责人质量安全责任七项规定（试行）

· 2015 年 3 月 6 日
· 建市〔2015〕35 号

建筑工程勘察单位项目负责人（以下简称勘察项目负责人）是指经勘察单位法定代表人授权，代表勘察单位负责建筑工程项目全过程勘察质量管理，并对建筑工程勘察质量安全承担总体责任的人员。勘察项目负责人应当由具备勘察质量安全管理能力的专业技术人员担任。甲、乙级岩土工程勘察的项目负责人应由注册土木工程师（岩土）担任。建筑工程勘察工作开始前，勘察单位法定代表人应当签署授权书，明确勘察项目负责人。勘察项目负责人应当严格遵守以下规定并承担相应责任：

一、勘察项目负责人应当确认承担项目的勘察人员符合相应的注册执业资格要求，具备相应的专业技术能力，观测员、记录员、机长等现场作业人员符合专业培训要求。不得允许他人以本人的名义承担工程勘察项目。

二、勘察项目负责人应当依据有关法律法规、工程建设强制性标准和勘察合同（包括勘察任务委托书），组织编写勘察纲要，就相关要求向勘察人员交底，组织开展工程勘察工作。

三、勘察项目负责人应当负责勘察现场作业安全，要求勘察作业人员严格执行操作规程，并根据建设单位提供的资料和场地情况，采取措施保证各类人员，场地内和周边建筑物、构筑物及各类管线设施的安全。

四、勘察项目负责人应当对原始取样、记录的真实性和准确性负责，组织人员及时整理、核对原始记录，核验有关现场和试验人员在记录上的签字，对原始记录、测试报告、土工试验成果等各项作业资料验收签字。

五、勘察项目负责人应当对勘察成果的真实性和准确性负责，保证勘察文件符合国家规定的深度要求，在勘察文件上签字盖章。

六、勘察项目负责人应当对勘察后期服务工作负责，组织相关勘察人员及时解决工程设计和施工中与勘察工作有关的问题；组织参与施工验槽；组织勘察人员参加工程竣工验收，验收合格后在相关验收文件上签字，对城市轨道交通工程，还应参加单位工程、项目工程验收并在验收文件上签字；组织勘察人员参与相关工程质量安全事

故分析，并对因勘察原因造成的质量安全事故，提出与勘察工作有关的技术处理措施。

七、勘察项目负责人应当对勘察资料的归档工作负责，组织相关勘察人员将全部资料分类编目，装订成册，归档保存。

勘察项目负责人对以上行为承担责任，并不免除勘察单位和其他人员的法定责任。

勘察单位应当加强对勘察项目负责人履职情况的检查，发现勘察项目负责人履职不到位的，及时予以纠正，或按照规定程序更换符合条件的勘察项目负责人，由更换后的勘察项目负责人承担项目的全面勘察质量责任。

各级住房城乡建设主管部门应加强对勘察项目负责人履职情况的监管，在检查中发现勘察项目负责人违反上述规定的，记入不良记录，并依照相关法律法规和规章实施行政处罚（勘察项目负责人质量安全违法违规行为行政处罚规定见附件）。

附件：勘察项目负责人质量安全违法违规行为行政处罚规定

附件

勘察项目负责人质量安全违法违规行为行政处罚规定

一、违反第一项规定的行政处罚

勘察单位允许其他单位或者个人以本单位名义承揽工程或将承包的工程转包或违法分包，依照《建设工程质量管理条例》第六十一条、六十二条规定被处罚的，应当依照该条例第七十三条规定对负有直接责任的勘察项目负责人进行处罚。

二、违反第二项规定的行政处罚

勘察单位违反工程强制性标准，依照《建设工程质量管理条例》第六十三条规定被处罚的，应当依照该条例第七十三条规定对负有直接责任的勘察项目负责人进行处罚。

三、违反第三项规定的行政处罚

勘察单位未执行《建设工程安全生产管理条例》第十二条规定的，应当依照该条例第五十八条规定，对担任勘察项目负责人的注册执业人员进行处罚。

四、违反第四项规定的行政处罚

勘察单位不按照规定记录原始记录或记录不完整、作业资料无责任人签字或签字不全，依照《建设工程勘察质量管理办法》第二十五条规定被处罚的，应当依照该办法第二十七条规定对负有直接责任的勘察项目负责人进

行处罚。

五、违反第五项规定的行政处罚

勘察单位弄虚作假、提供虚假成果资料，依照《建设工程勘察质量管理办法》第二十四条规定被处罚的，应当依照该办法第二十七条规定对负有直接责任的勘察项目负责人进行处罚。

勘察文件没有勘察项目负责人签字，依照《建设工程勘察质量管理办法》第二十五条规定被处罚的，应当依照该办法第二十七条规定对负有直接责任的勘察项目负责人进行处罚。

六、违反第六项规定的行政处罚

勘察单位不组织相关勘察人员参加施工验槽，依照《建设工程勘察质量管理办法》第二十五条规定被处罚的，应当依照该办法第二十七条规定对负有直接责任的勘察项目负责人进行处罚。

七、违反第七项规定的行政处罚

项目完成后，勘察单位不进行勘察文件归档保存，依照《建设工程勘察质量管理办法》第二十五条规定被处罚的，应当依照该办法第二十七条规定对负有直接责任的勘察项目负责人进行处罚。

地方有关法规和规章条款不在此详细列出，各地可自行补充有关规定。

建筑工程设计单位项目负责人质量安全责任七项规定（试行）

· 2015 年 3 月 6 日
· 建市〔2015〕35 号

建筑工程设计单位项目负责人（以下简称设计项目负责人）是指经设计单位法定代表人授权，代表设计单位负责建筑工程项目全过程设计质量管理，对工程设计质量承担总体责任的人员。设计项目负责人应当由取得相应的工程建设类注册执业资格（主导专业未实行注册执业制度的除外），并具备设计质量管理能力的人员担任。承担民用房屋建筑工程的设计项目负责人原则上由注册建筑师担任。建筑工程设计工作开始前，设计单位法定代表人应当签署授权书，明确设计项目负责人。设计项目负责人应当严格遵守以下规定并承担相应责任：

一、设计项目负责人应当确认承担项目的设计人员符合相应的注册执业资格要求，具备相应的专业技术能力。不得允许他人以本人的名义承担工程设计项目。

二、设计项目负责人应当依据有关法律法规、项目批准文件、城乡规划、工程建设强制性标准、设计深度要求、设计合同（包括设计任务书）和工程勘察成果文件，就相关要求向设计人员交底，组织开展建筑工程设计工作，协调各专业之间及与外部各单位之间的技术接口工作。

三、设计项目负责人应当要求设计人员在设计文件中注明建筑工程合理使用年限，标明采用的建筑材料、建筑构配件和设备的规格、性能等技术指标，其质量要求必须符合国家规定的标准及建筑工程的功能需求。

四、设计项目负责人应当要求设计人员考虑施工安全操作和防护的需要，在设计文件中注明涉及施工安全的重点部位和环节，并对防范安全生产事故提出指导意见；采用新结构、新材料、新工艺和特殊结构的，应在设计中提出保障施工作业人员安全和预防生产安全事故的措施建议。

五、设计项目负责人应当核验各专业设计、校核、审核、审定等技术人员在相关设计文件上的签字，核验注册建筑师、注册结构工程师等注册执业人员在设计文件上的签章，并对各专业设计文件验收签字。

六、设计项目负责人应当在施工前就审查合格的施工图设计文件，组织设计人员向施工及监理单位做出详细说明；组织设计人员解决施工中出现的设计问题。不得在违反强制性标准或不满足设计要求的变更文件上签字。应当根据设计合同中约定的责任、权利、费用和时限，组织开展后期服务工作。

七、设计项目负责人应当组织设计人员参加建筑工程竣工验收，验收合格后在相关验收文件上签字；组织设计人员参与相关工程质量安全事故分析，并对因设计原因造成的质量安全事故，提出与设计工作相关的技术处理措施；组织相关人员及时将设计资料归档保存。

设计项目负责人对以上行为承担责任，并不免除设计单位和其他人员的法定责任。

设计单位应当加强对设计项目负责人履职情况的检查，发现设计项目负责人履职不到位的，及时予以纠正，或按照规定程序更换符合条件的设计项目负责人，由更换后的设计项目负责人承担项目的全面设计质量责任。

各级住房城乡建设主管部门应加强对设计项目负责人履职情况的监管，在检查中发现设计项目负责人违反上述规定的，记入不良记录，并依照相关法律法规和规章实施行政处罚或依照相关规定进行处理（设计项目负责人质量安全违法违规行为行政处罚（处理）规定见附件）。

附件：设计项目负责人质量安全违法违规行为行政处罚（处理）规定

附件

设计项目负责人质量安全
违法违规行为行政处罚（处理）规定

一、违反第一项规定的行政处罚

设计单位允许其他单位或者个人以本单位名义承揽工程或将承包的工程转包或违法分包，依照《建设工程质量管理条例》第六十一条、六十二条规定被处罚的，应当依照该条例第七十三条规定对负有直接责任的设计项目负责人进行处罚。

二、违反第二项规定的行政处罚

设计单位未依据勘察成果文件或未按照工程建设强制性标准进行工程设计，依照《建设工程质量管理条例》第六十三条规定被处罚的，应当依照该条例第七十三条规定对负有直接责任的设计项目负责人进行处罚。

三、违反第三项规定的处理

设计单位违反《建设工程质量管理条例》第二十二条第一款的，对设计项目负责人予以通报批评。

四、违反第四项规定的处罚

设计单位未执行《建设工程安全生产管理条例》第十三条第三款的，按照《建设工程安全生产管理条例》第五十六条规定对负有直接责任的设计项目负责人进行处罚。

五、违反第五项规定的处理

设计文件签章不全的，对设计项目负责人予以通报批评。

六、违反第六项规定的处理

设计项目负责人在施工前未组织设计人员向施工单位进行设计交底的，对设计项目负责人予以通报批评。

七、违反第七项规定的处理

设计项目负责人未组织设计人员参加建筑工程竣工验收或未组织设计人员参与建筑工程质量事故分析的，对设计项目负责人予以通报批评。

地方有关法规和规章条款不在此详细列出，各地可自行补充有关规定。

建筑工程项目总监理工程师
质量安全责任六项规定（试行）

·2015 年 3 月 6 日
·建市〔2015〕35 号

建筑工程项目总监理工程师（以下简称项目总监）是指经工程监理单位法定代表人授权，代表工程监理单位主持建筑工程项目的全面监理工作并对其承担终身责任的人员。建筑工程项目开工前，监理单位法定代表人应当签署授权书，明确项目总监。项目总监应当严格执行以下规定并承担相应责任：

一、项目监理工作实行项目总监负责制。项目总监应当按规定取得注册执业资格；不得违反规定受聘于两个及以上单位从事执业活动。

二、项目总监应当在岗履职。应当组织审查施工单位提交的施工组织设计中的安全技术措施或者专项施工方案，并监督施工单位按已批准的施工组织设计中的安全技术措施或者专项施工方案组织施工；应当组织审查施工单位报审的分包单位资格，督促施工单位落实劳务人员持证上岗制度；发现施工单位存在转包和违法分包的，应当及时向建设单位和有关主管部门报告。

三、工程监理单位应当选派具备相应资格的监理人员进驻项目现场，项目总监应当组织项目监理人员采取旁站、巡视和平行检验等形式实施工程监理，按照规定对施工单位报审的建筑材料、建筑构配件和设备进行检查，不得将不合格的建筑材料、建筑构配件和设备按合格签字。

四、项目总监发现施工单位未按照设计文件施工、违反工程建设强制性标准施工或者发生质量事故的，应当按照建设工程监理规范规定及时签发工程暂停令。

五、在实施监理过程中，发现存在安全事故隐患的，项目总监应当要求施工单位整改；情况严重的，应当要求施工单位暂时停止施工，并及时报告建设单位；施工单位拒不整改或者不停止施工的，项目总监应当及时向有关主管部门报告，主管部门接到项目总监报告后，应当及时处理。

六、项目总监应当审查施工单位的竣工申请，并参加建设单位组织的工程竣工验收，不得将不合格工程按照合格签认。

项目总监责任的落实不免除工程监理单位和其他监理人员按照法律法规和监理合同应当承担和履行的相应责任。

各级住房城乡建设主管部门应当加强对项目总监履职情况的监督检查，发现存在违反上述规定的，依照相关法律法规和规章实施行政处罚或处理（建筑工程项目总监理工程师质量安全违法违规行为行政处罚规定见附件）。应当建立健全监理企业和项目总监的信用档案，将其违法违规行为及处罚处理结果记入信用档案，并在建筑市场监管与诚信信息发布平台上公布。

附件:建筑工程项目总监理工程师质量安全违法违规行为行政处罚规定

附件

建筑工程项目总监理工程师质量
安全违法违规行为行政处罚规定

一、违反第一项规定的行政处罚

项目总监未按规定取得注册执业资格的,按照《注册监理工程师管理规定》第二十九条规定对项目总监实施行政处罚。项目总监违反规定受聘于两个及以上单位并执业的,按照《注册监理工程师管理规定》第三十一条规定对项目总监实施行政处罚。

二、违反第二项规定的行政处罚

项目总监未按规定组织审查施工单位提交的施工组织设计中的安全技术措施或者专项施工方案,按照《建设工程安全生产管理条例》第五十七条规定对监理单位实施行政处罚;按照《建设工程安全生产管理条例》第五十八条规定对项目总监实施行政处罚。

三、违反第三项规定的行政处罚

项目总监未按规定组织项目监理机构人员采取旁站、巡视和平行检验等形式实施监理造成质量事故的,按照《建设工程质量管理条例》第七十二条规定对项目总监实施行政处罚。项目总监将不合格的建筑材料、建筑构配件和设备按合格签字的,按照《建设工程质量管理条例》第六十七条规定对监理单位实施行政处罚;按照《建设工程质量管理条例》第七十三条规定对项目总监实施行政处罚。

四、违反第四项规定的行政处罚

项目总监发现施工单位未按照法律法规以及有关技术标准、设计文件和建设工程承包合同施工未要求施工单位整改,造成质量事故的,按照《建设工程质量管理条例》第七十二条规定对项目总监实施行政处罚。

五、违反第五项规定的行政处罚

项目总监发现存在安全事故隐患,未要求施工单位整改;情况严重的,未要求施工单位暂时停止施工,未及时报告建设单位;施工单位拒不整改或者不停止施工,未及时向有关主管部门报告的,按照《建设工程安全生产管理条例》第五十七条规定对监理单位实施行政处罚;按照《建设工程安全生产管理条例》第五十八条规定对项目总监实施行政处罚。

六、违反第六项规定的行政处罚

项目总监未按规定审查施工单位的竣工申请,未参加建设单位组织的工程竣工验收的,按照《注册监理工程师管理规定》第三十一条规定对项目总监实施行政处罚。项目总监将不合格工程按照合格签认的,按照《建设工程质量管理条例》第六十七条规定对监理单位实施行政处罚;按照《建设工程质量管理条例》第七十三条规定对项目总监实施行政处罚。

建筑工程五方责任主体项目负责人
质量终身责任追究暂行办法

·2014 年 8 月 25 日
·建质〔2014〕124 号

第一条 为加强房屋建筑和市政基础设施工程(以下简称建筑工程)质量管理,提高质量责任意识,强化质量责任追究,保证工程建设质量,根据《中华人民共和国建筑法》、《建设工程质量管理条例》等法律法规,制定本办法。

第二条 建筑工程五方责任主体项目负责人是指承担建筑工程项目建设的建设单位项目负责人、勘察单位项目负责人、设计单位项目负责人、施工单位项目经理、监理单位总监理工程师。

建筑工程开工建设前,建设、勘察、设计、施工、监理单位法定代表人应当签署授权书,明确本单位项目负责人。

第三条 建筑工程五方责任主体项目负责人质量终身责任,是指参与新建、扩建、改建的建筑工程项目负责人按照国家法律法规和有关规定,在工程设计使用年限内对工程质量承担相应责任。

第四条 国务院住房城乡建设主管部门负责对全国建筑工程项目负责人质量终身责任追究工作进行指导和监督管理。

县级以上地方人民政府住房城乡建设主管部门负责对本行政区域内的建筑工程项目负责人质量终身责任追究工作实施监督管理。

第五条 建设单位项目负责人对工程质量承担全面责任,不得违法发包、肢解发包,不得以任何理由要求勘察、设计、施工、监理单位违反法律法规和工程建设标准,降低工程质量,其违法违规或不当行为造成工程质量事故或质量问题应当承担责任。

勘察、设计单位项目负责人应当保证勘察设计文件符合法律法规和工程建设强制性标准的要求,对因勘察、设计导致的工程质量事故或质量问题承担责任。

施工单位项目经理应当按照经审查合格的施工图设计文件和施工技术标准进行施工,对因施工导致的工程质量事故或质量问题承担责任。

监理单位总监理工程师应当按照法律法规、有关技术标准、设计文件和工程承包合同进行监理,对施工质量承担监理责任。

第六条 符合下列情形之一的,县级以上地方人民政府住房城乡建设主管部门应当依法追究项目负责人的质量终身责任:

(一)发生工程质量事故;

(二)发生投诉、举报、群体性事件、媒体报道并造成恶劣社会影响的严重工程质量问题;

(三)由于勘察、设计或施工原因造成尚在设计使用年限内的建筑工程不能正常使用;

(四)存在其他需追究责任的违法违规行为。

第七条 工程质量终身责任实行书面承诺和竣工后永久性标牌等制度。

第八条 项目负责人应当在办理工程质量监督手续前签署工程质量终身责任承诺书,连同法定代表人授权书,报工程质量监督机构备案。项目负责人如有更换的,应当按规定办理变更程序,重新签署工程质量终身责任承诺书,连同法定代表人授权书,报工程质量监督机构备案。

第九条 建筑工程竣工验收合格后,建设单位应当在建筑物明显部位设置永久性标牌,载明建设、勘察、设计、施工、监理单位名称和项目负责人姓名。

第十条 建设单位应当建立建筑工程各方主体项目负责人质量终身责任信息档案,工程竣工验收合格后移交城建档案管理部门。项目负责人质量终身责任信息档案包括下列内容:

(一)建设、勘察、设计、施工、监理单位项目负责人姓名,身份证号码,执业资格,所在单位,变更情况等;

(二)建设、勘察、设计、施工、监理单位项目负责人签署的工程质量终身责任承诺书;

(三)法定代表人授权书。

第十一条 发生本办法第六条所列情形之一的,对建设单位项目负责人按以下方式进行责任追究:

(一)项目负责人为国家公职人员的,将其违法违规行为告知其上级主管部门及纪检监察部门,并建议对项目负责人给予相应的行政、纪律处分;

(二)构成犯罪的,移送司法机关依法追究刑事责任;

(三)处单位罚款数额5%以上10%以下的罚款;

(四)向社会公布曝光。

第十二条 发生本办法第六条所列情形之一的,对勘察单位项目负责人、设计单位项目负责人按以下方式进行责任追究:

(一)项目负责人为注册建筑师、勘察设计注册工程师的,责令停止执业1年;造成重大质量事故的,吊销执业资格证书,5年以内不予注册;情节特别恶劣的,终身不予注册;

(二)构成犯罪的,移送司法机关依法追究刑事责任;

(三)处单位罚款数额5%以上10%以下的罚款;

(四)向社会公布曝光。

第十三条 发生本办法第六条所列情形之一的,对施工单位项目经理按以下方式进行责任追究:

(一)项目经理为相关注册执业人员的,责令停止执业1年;造成重大质量事故的,吊销执业资格证书,5年以内不予注册;情节特别恶劣的,终身不予注册;

(二)构成犯罪的,移送司法机关依法追究刑事责任;

(三)处单位罚款数额5%以上10%以下的罚款;

(四)向社会公布曝光。

第十四条 发生本办法第六条所列情形之一的,对监理单位总监理工程师按以下方式进行责任追究:

(一)责令停止注册监理工程师执业1年;造成重大质量事故的,吊销执业资格证书,5年以内不予注册;情节特别恶劣的,终身不予注册;

(二)构成犯罪的,移送司法机关依法追究刑事责任;

(三)处单位罚款数额5%以上10%以下的罚款;

(四)向社会公布曝光。

第十五条 住房城乡建设主管部门应当及时公布项目负责人质量责任追究情况,将其违法违规等不良行为及处罚结果记入个人信用档案,给予信用惩戒。

鼓励住房城乡建设主管部门向社会公开项目负责人终身质量责任承诺等质量责任信息。

第十六条 项目负责人因调动工作等原因离开原单位后,被发现在原单位工作期间违反国家法律法规、工程建设标准及有关规定,造成所负责项目发生工程质量事故或严重质量问题的,仍应按本办法第十一条、第十二条、第十三条、第十四条规定依法追究相应责任。

项目负责人已退休的,被发现在工作期间违反国家法律法规、工程建设标准及有关规定,造成所负责项目发生工程质量事故或严重质量问题的,仍应按本办法第十一条、第十二条、第十三条、第十四条规定依法追究相应责任,且不得返聘从事相关技术工作。项目负责人为国家公职人员的,根据其承担责任依法应当给予降级、撤职、开除处分的,按照规定相应降低或取消其享受的待遇。

第十七条　工程质量事故或严重质量问题相关责任单位已被撤销、注销、吊销营业执照或者宣告破产的,仍应按本办法第十一条、第十二条、第十三条、第十四条规定依法追究项目负责人的责任。

第十八条　违反法律法规规定,造成工程质量事故或严重质量问题,除依照本办法规定追究项目负责人终身责任外,还应依法追究相关责任单位和责任人员的责任。

第十九条　省、自治区、直辖市住房城乡建设主管部门可以根据本办法,制定实施细则。

第二十条　本办法自印发之日起施行。

住房和城乡建设部办公厅关于严格落实建筑工程质量终身责任承诺制的通知

· 2014 年 11 月 5 日
· 建办质〔2014〕44 号

各省、自治区住房城乡建设厅,直辖市建委(规委),新疆生产建设兵团建设局:

为贯彻实施《建筑工程五方责任主体项目负责人质量终身责任追究暂行办法》〔建质〔2014〕124 号,以下简称《暂行办法》〕,严格落实工程质量终身责任承诺制,现将有关工作通知如下:

一、对《暂行办法》施行后新开工建设的工程项目,建设、勘察、设计、施工、监理单位的法定代表人应当及时签署授权书,明确本单位在该工程的项目负责人。经授权的建设单位项目负责人、勘察单位项目负责人、设计单位项目负责人、施工单位项目经理和监理单位总监理工程师应当在办理工程质量监督手续前签署工程质量终身责任承诺书,连同法定代表人授权书,报工程质量监督机构备案。对未办理授权书、承诺书备案的,住房城乡建设主管部门不予办理工程质量监督手续、不予颁发施工许可证、不予办理工程竣工验收备案。授权书、承诺书式样可参考附件 1、附件 2。

二、对已经开工正在建设的工程项目,建设、勘察、设计、施工、监理单位的法定代表人应当补签授权书,明确

本单位在该工程的项目负责人。经授权的建设单位项目负责人、勘察单位项目负责人、设计单位项目负责人、施工单位项目经理和监理单位总监理工程师应当补签工程质量终身责任承诺书,连同法定代表人授权书,报工程质量监督机构备案。对未办理授权书、承诺书备案的,住房城乡建设主管部门不予办理工程竣工验收备案。

三、各地住房城乡建设主管部门或其委托的工程质量监督机构应当督促五方主体法定代表人、项目负责人及时签署或补签授权书、承诺书。

四、各省、自治区、直辖市住房城乡建设主管部门可根据本地实际情况,细化、完善授权书、承诺书内容及要求。

附件:1. 法定代表人授权书(式样)
　　　2. 工程质量终身责任承诺书(式样)

附件 1

法定代表人授权书(式样)

兹授权我单位_____(姓名)担任_____工程项目的(建设、勘察、设计、施工、监理)项目负责人,对该工程项目的(建设、勘察、设计、施工、监理)工作实施组织管理,依据国家有关法律法规及标准规范履行职责,并依法对设计使用年限内的工程质量承担相应终身责任。

本授权书自授权之日起生效。

被授权人基本情况			
姓　名		身份证号	
注册执业资格		注册执业证号	
被授权人签字:			

授权单位(盖章):_____
法定代表人(签字):_____
授权日期:_____年____月____日

附件 2

工程质量终身责任承诺书(式样)

本人受_____单位(法定代表人_____)授权,担任_____工程项目的

（建设、勘察、设计、施工、监理）项目负责人，对该工程项目的（建设、勘察、设计、施工、监理）工作实施组织管理。本人承诺严格依据国家有关法律法规及标准规范履行职责，并对设计使用年限内的工程质量承担相应终身责任。

　　承诺人签字：_____
　　身份证号：_____
　　注册执业资格：_____
　　注册执业证号：_____
　　签字日期：_____年_____月_____日

建筑施工项目经理质量安全责任十项规定（试行）

· 2014 年 8 月 25 日
· 建质〔2014〕123 号

　　一、建筑施工项目经理（以下简称项目经理）必须按规定取得相应执业资格和安全生产考核合格证书；合同约定的项目经理必须在岗履职，不得违反规定同时在两个及两个以上的工程项目担任项目经理。

　　二、项目经理必须对工程项目施工质量安全负责，负责建立质量安全管理体系，负责配备专职质量、安全等施工现场管理人员，负责落实质量安全责任制、质量安全管理规章制度和操作规程。

　　三、项目经理必须按照工程设计图纸和技术标准组织施工，不得偷工减料；负责组织编制施工组织设计，负责组织制定质量安全技术措施，负责组织编制、论证和实施危险性较大分部分项工程专项施工方案；负责组织质量安全技术交底。

　　四、项目经理必须组织对进入现场的建筑材料、构配件、设备、预拌混凝土等进行检验，未经检验或检验不合格，不得使用；必须组织对涉及结构安全的试块、试件以及有关材料进行取样检测，送检试样不得弄虚作假，不得篡改或者伪造检测报告，不得明示或暗示检测机构出具虚假检测报告。

　　五、项目经理必须组织做好隐蔽工程的验收工作，参加地基基础、主体结构等分部工程的验收，参加单位工程和工程竣工验收；必须在验收文件上签字，不得签署虚假文件。

　　六、项目经理必须在起重机械安装、拆卸，模板支架搭设等危险性较大分部分项工程施工期间现场带班；必须组织起重机械、模板支架等使用前验收，未经验收或验收不合格，不得使用；必须组织起重机械使用过程日常检查，不得使用安全保护装置失效的起重机械。

　　七、项目经理必须将安全生产费用足额用于安全防护和安全措施，不得挪作他用；作业人员未配备安全防护用具，不得上岗；严禁使用国家明令淘汰、禁止使用的危及施工质量安全的工艺、设备、材料。

　　八、项目经理必须定期组织质量安全隐患排查，及时消除质量安全隐患；必须落实住房城乡建设主管部门和工程建设相关单位提出的质量安全隐患整改要求，在隐患整改报告上签字。

　　九、项目经理必须组织对施工现场作业人员进行岗前质量安全教育，组织审核建筑施工特种作业人员操作资格证书，未经质量安全教育和无证人员不得上岗。

　　十、项目经理必须按规定报告质量安全事故，立即启动应急预案，保护事故现场，开展应急救援。

　　建筑施工企业应当定期或不定期对项目经理履职情况进行检查，发现项目经理履职不到位的，及时予以纠正；必要时，按照规定程序更换符合条件的项目经理。

　　住房城乡建设主管部门应当加强对项目经理履职情况的动态监管，在检查中发现项目经理违反上述规定的，依照相关法律法规和规章实施行政处罚（建筑施工项目经理质量安全违法违规行为行政处罚规定见附件 1），同时对相应违法违规行为实行记分管理（建筑施工项目经理质量安全违法违规行为记分管理规定见附件 2），行政处罚及记分情况应当在建筑市场监管与诚信信息发布平台上公布。

　　附件：1. 建筑施工项目经理质量安全违法违规行为行政处罚规定
　　2. 建筑施工项目经理质量安全违法违规行为记分管理规定

附件 1

建筑施工项目经理质量安全违法违规行为行政处罚规定

一、违反第一项规定的行政处罚

　　（一）未按规定取得建造师执业资格注册证书担任大中型工程项目经理的，对项目经理按照《注册建造师管理规定》第 35 条规定实施行政处罚。

　　（二）未取得安全生产考核合格证书担任项目经理的，对施工单位按照《建设工程安全生产管理条例》第 62 条规定实施行政处罚，对项目经理按照《建设工程安全生产管理条例》第 58 条或第 66 条规定实施行政处罚。

　　（三）违反规定同时在两个及两个以上工程项目担

任项目经理的,对项目经理按照《注册建造师管理规定》第37条规定实施行政处罚。

二、违反第二项规定的行政处罚

(一)未落实项目安全生产责任制,或者未落实质量安全管理规章制度和操作规程的,对项目经理按照《建设工程安全生产管理条例》第58条或第66条规定实施行政处罚。

(二)未按规定配备专职安全生产管理人员的,对施工单位按照《建设工程安全生产管理条例》第62条规定实施行政处罚,对项目经理按照《建设工程安全生产管理条例》第58条或第66条规定实施行政处罚。

三、违反第三项规定的行政处罚

(一)未按照工程设计图纸和技术标准组织施工的,对施工单位按照《建设工程质量管理条例》第64条规定实施行政处罚;对项目经理按照《建设工程质量管理条例》第73条规定实施行政处罚。

(二)在施工组织设计中未编制安全技术措施的,对施工单位按照《建设工程安全生产管理条例》第65条规定实施行政处罚;对项目经理按照《建设工程安全生产管理条例》第58条或第66条规定实施行政处罚。

(三)未编制危险性较大分部分项工程专项施工方案的,对施工单位按照《建设工程安全生产管理条例》第65条规定实施行政处罚;对项目经理按照《建设工程安全生产管理条例》第58条或第66条规定实施行政处罚。

(四)未进行安全技术交底的,对施工单位按照《建设工程安全生产管理条例》第64条规定实施行政处罚;对项目经理按照《建设工程安全生产管理条例》第58条或第66条规定实施行政处罚。

四、违反第四项规定的行政处罚

(一)未对进入现场的建筑材料、建筑构配件、设备、预拌混凝土等进行检验的,对施工单位按照《建设工程质量管理条例》第65条规定实施行政处罚;对项目经理按照《建设工程质量管理条例》第73条规定实施行政处罚。

(二)使用不合格的建筑材料、建筑构配件、设备的,对施工单位按照《建设工程质量管理条例》第64条规定实施行政处罚;对项目经理按照《建设工程质量管理条例》第73条规定实施行政处罚。

(三)未对涉及结构安全的试块、试件以及有关材料取样检测的,对施工单位按照《建设工程质量管理条例》第65条规定实施行政处罚;对项目经理按照《建设工程质量管理条例》第73条规定实施行政处罚。

五、违反第五项规定的行政处罚

(一)未参加分部工程、单位工程和工程竣工验收的,对施工单位按照《建设工程质量管理条例》第64条规定实施行政处罚;对项目经理按照《建设工程质量管理条例》第73条规定实施行政处罚。

(二)签署虚假文件的,对项目经理按照《注册建造师管理规定》第37条规定实施行政处罚。

六、违反第六项规定的行政处罚

使用未经验收或者验收不合格的起重机械的,对施工单位按照《建设工程安全生产管理条例》第65条规定实施行政处罚;对项目经理按照《建设工程安全生产管理条例》第58条或第66条规定实施行政处罚。

七、违反第七项规定的行政处罚

(一)挪用安全生产费用的,对施工单位按照《建设工程安全生产管理条例》第63条规定实施行政处罚;对项目经理按照《建设工程安全生产管理条例》第58条或第66条规定实施行政处罚。

(二)未向作业人员提供安全防护用具的,对施工单位按照《建设工程安全生产管理条例》第62条规定实施行政处罚;对项目经理按照《建设工程安全生产管理条例》第58条或第66条规定实施行政处罚。

(三)使用国家明令淘汰、禁止使用的危及施工安全的工艺、设备、材料的,对施工单位按照《建设工程安全生产管理条例》第62条规定实施行政处罚;对项目经理按照《建设工程安全生产管理条例》第58条或第66条规定实施行政处罚。

八、违反第八项规定的行政处罚

对建筑安全事故隐患不采取措施予以消除的,对施工单位按照《建筑法》第71条规定实施行政处罚,对项目经理按照《建设工程安全生产管理条例》第58条或第66条规定实施行政处罚。

九、违反第九项规定的行政处罚

作业人员或者特种作业人员未经安全教育培训或者经考核不合格即从事相关工作的,对施工单位按照《建设工程安全生产管理条例》第62条规定实施行政处罚;对项目经理按照《建设工程安全生产管理条例》第58条或第66条规定实施行政处罚。

十、违反第十项规定的行政处罚

未按规定报告生产安全事故的,对项目经理按照《建设工程安全生产管理条例》第58条或第66条规定实施行政处罚。

附件2

建筑施工项目经理质量安全违法违规行为记分管理规定

一、建筑施工项目经理(以下简称项目经理)质量安全违法违规行为记分周期为12个月,满分为12分。自项目经理所负责的工程项目取得《建筑工程施工许可证》之日起计算。

二、依据项目经理质量安全违法违规行为的类别以及严重程度,一次记分的分值分为12分、6分、3分、1分四种。

三、项目经理有下列行为之一的,一次记12分:

(一)超越执业范围或未取得安全生产考核合格证书担任项目经理的;

(二)执业资格证书或安全生产考核合格证书过期仍担任项目经理的;

(三)因未履行安全生产管理职责或未执行法律法规、工程建设强制性标准造成质量安全事故的;

(四)谎报、瞒报质量安全事故的;

(五)发生质量安全事故后故意破坏事故现场或未开展应急救援的。

四、项目经理有下列行为之一的,一次记6分:

(一)违反规定同时在两个或两个以上工程项目上担任项目经理的;

(二)未按照工程设计图纸和施工技术标准组织施工的;

(三)未按规定组织编制、论证和实施危险性较大分部分项工程专项施工方案的;

(四)未按规定组织对涉及结构安全的试块、试件以及有关材料进行见证取样的;

(五)送检试样弄虚作假的;

(六)篡改或者伪造检测报告的;

(七)明示或暗示检测机构出具虚假检测报告的;

(八)未参加分部工程验收,或未参加单位工程和工程竣工验收的;

(九)签署虚假文件的;

(十)危险性较大分部分项工程施工期间未在现场带班的;

(十一)未组织起重机械、模板支架等使用前验收的;

(十二)使用安全保护装置失效的起重机械的;

(十三)使用国家明令淘汰、禁止使用的危及施工质量安全的工艺、设备、材料的;

(十四)未组织落实住房城乡建设主管部门和工程建设相关单位提出的质量安全隐患整改要求的。

五、项目经理有下列行为之一的,一次记3分:

(一)合同约定的项目经理未在岗履职的;

(二)未按规定组织对进入现场的建筑材料、构配件、设备、预拌混凝土等进行检验的;

(三)未按规定组织做好隐蔽工程验收的;

(四)挪用安全生产费用的;

(五)现场作业人员未配备安全防护用具上岗作业的;

(六)未组织质量安全隐患排查,或隐患排查治理不到位的;

(七)特种作业人员无证上岗作业的;

(八)作业人员未经质量安全教育上岗作业的。

六、项目经理有下列行为之一的,一次记1分:

(一)未按规定配备专职质量、安全管理人员的;

(二)未落实质量安全责任制的;

(三)未落实企业质量安全管理规章制度和操作规程的;

(四)未按规定组织编制施工组织设计或制定质量安全技术措施的;

(五)未组织实施质量安全技术交底的;

(六)未按规定在验收文件或隐患整改报告上签字,或由他人代签的。

七、工程所在地住房城乡建设主管部门在检查中发现项目经理有质量安全违法违规行为的,应当责令其改正,并按本规定进行记分;在一次检查中发现项目经理有两个及以上质量安全违法违规行为的,应当分别记分,累加分值。

八、项目经理在一个记分周期内累积记分超过6分的,工程所在地住房城乡建设主管部门应当对其负责的工程项目实施重点监管,增加监督执法抽查频次。

九、项目经理在一个记分周期内累积记分达到12分的,住房城乡建设主管部门应当依法责令该项目经理停止执业1年;情节严重的,吊销执业资格证书,5年内不予注册;造成重大质量安全事故的,终身不予注册。项目经理在停止执业期间,应当接受住房城乡建设主管部门组织的质量安全教育培训,其所属施工单位应当按规定程序更换符合条件的项目经理。

十、各省、自治区、直辖市人民政府住房城乡建设主管部门可以根据本办法,结合本地区实际制定实施细则。

建筑施工企业安全生产管理机构
设置及专职安全生产管理人员配备办法

· 2008 年 5 月 13 日
· 建质〔2008〕91 号

第一条　为规范建筑施工企业安全生产管理机构的设置,明确建筑施工企业和项目专职安全生产管理人员的配备标准,根据《中华人民共和国安全生产法》、《建设工程安全生产管理条例》、《安全生产许可证条例》及《建筑施工企业安全生产许可证管理规定》,制定本办法。

第二条　从事土木工程、建筑工程、线路管道和设备安装工程及装修工程的新建、改建、扩建和拆除等活动的建筑施工企业安全生产管理机构的设置及其专职安全生产管理人员的配备,适用本办法。

第三条　本办法所称安全生产管理机构是指建筑施工企业设置的负责安全生产管理工作的独立职能部门。

第四条　本办法所称专职安全生产管理人员是指经建设主管部门或者其他有关部门安全生产考核合格取得安全生产考核合格证书,并在建筑施工企业及其项目从事安全生产管理工作的专职人员。

第五条　建筑施工企业应当依法设置安全生产管理机构,在企业主要负责人的领导下开展本企业的安全生产管理工作。

第六条　建筑施工企业安全生产管理机构具有以下职责:

(一)宣传和贯彻国家有关安全生产法律法规和标准;

(二)编制并适时更新安全生产管理制度并监督实施;

(三)组织或参与企业生产安全事故应急救援预案的编制及演练;

(四)组织开展安全教育培训与交流;

(五)协调配备项目专职安全生产管理人员;

(六)制订企业安全生产检查计划并组织实施;

(七)监督在建项目安全生产费用的使用;

(八)参与危险性较大工程安全专项施工方案专家论证会;

(九)通报在建项目违规违章查处情况;

(十)组织开展安全生产评优评先表彰工作;

(十一)建立企业在建项目安全生产管理档案;

(十二)考核评价分包企业安全生产业绩及项目安全生产管理情况;

(十三)参加生产安全事故的调查和处理工作;

(十四)企业明确的其他安全生产管理职责。

第七条　建筑施工企业安全生产管理机构专职安全生产管理人员在施工现场检查过程中具有以下职责:

(一)查阅在建项目安全生产有关资料、核实有关情况;

(二)检查危险性较大工程安全专项施工方案落实情况;

(三)监督项目专职安全生产管理人员履责情况;

(四)监督作业人员安全防护用品的配备及使用情况;

(五)对发现的安全生产违章违规行为或安全隐患,有权当场予以纠正或作出处理决定;

(六)对不符合安全生产条件的设施、设备、器材,有权当场作出查封的处理决定;

(七)对施工现场存在的重大安全隐患有权越级报告或直接向建设主管部门报告。

(八)企业明确的其他安全生产管理职责。

第八条　建筑施工企业安全生产管理机构专职安全生产管理人员的配备应满足下列要求,并应根据企业经营规模、设备管理和生产需要予以增加:

(一)建筑施工总承包资质序列企业:特级资质不少于 6 人;一级资质不少于 4 人;二级和二级以下资质企业不少于 3 人。

(二)建筑施工专业承包资质序列企业:一级资质不少于 3 人;二级和二级以下资质企业不少于 2 人。

(三)建筑施工劳务分包资质序列企业:不少于 2 人。

(四)建筑施工企业的分公司、区域公司等较大的分支机构(以下简称分支机构)应依据实际生产情况配备不少于 2 人的专职安全生产管理人员。

第九条　建筑施工企业应当实行建设工程项目专职安全生产管理人员委派制度。建设工程项目的专职安全生产管理人员应当定期将项目安全生产管理情况报告企业安全生产管理机构。

第十条　建筑施工企业应当在建设工程项目组建安全生产领导小组。建设工程实行施工总承包的,安全生产领导小组由总承包企业、专业承包企业和劳务分包企业项目经理、技术负责人和专职安全生产管理人员组成。

第十一条　安全生产领导小组的主要职责:

(一)贯彻落实国家有关安全生产法律法规和标准;

(二)组织制定项目安全生产管理制度并监督实施;

(三)编制项目生产安全事故应急救援预案并组织演练;

（四）保证项目安全生产费用的有效使用；

（五）组织编制危险性较大工程安全专项施工方案；

（六）开展项目安全教育培训；

（七）组织实施项目安全检查和隐患排查；

（八）建立项目安全生产管理档案；

（九）及时、如实报告安全生产事故。

第十二条　项目专职安全生产管理人员具有以下主要职责：

（一）负责施工现场安全生产日常检查并做好检查记录；

（二）现场监督危险性较大工程安全专项施工方案实施情况；

（三）对作业人员违规违章行为有权予以纠正或查处；

（四）对施工现场存在的安全隐患有权责令立即整改；

（五）对于发现的重大安全隐患，有权向企业安全生产管理机构报告；

（六）依法报告生产安全事故情况。

第十三条　总承包单位配备项目专职安全生产管理人员应当满足下列要求：

（一）建筑工程、装修工程按照建筑面积配备：

1.1 万平方米以下的工程不少于 1 人；

2.1 万~5 万平方米的工程不少于 2 人；

3.5 万平方米及以上的工程不少于 3 人，且按专业配备专职安全生产管理人员。

（二）土木工程、线路管道、设备安装工程按照工程合同价配备：

1.5000 万元以下的工程不少于 1 人；

2.5000 万~1 亿元的工程不少于 2 人；

3.1 亿元及以上的工程不少于 3 人，且按专业配备专职安全生产管理人员。

第十四条　分包单位配备项目专职安全生产管理人员应当满足下列要求：

（一）专业承包单位应当配置至少 1 人，并根据所承担的分部分项工程的工程量和施工危险程度增加。

（二）劳务分包单位施工人员在 50 人以下的，应当配备 1 名专职安全生产管理人员；50 人–200 人的，应当配备 2 名专职安全生产管理人员；200 人及以上的，应当配备 3 名及以上专职安全生产管理人员，并根据所承担的分部分项工程施工危险实际情况增加，不得少于工程施工人员总人数的 5‰。

第十五条　采用新技术、新工艺、新材料或致害因素多、施工作业难度大的工程项目，项目专职安全生产管理人员的数量应当根据施工实际情况，在第十三条、第十四条规定的配备标准上增加。

第十六条　施工作业班组可以设置兼职安全巡查员，对本班组的作业场所进行安全监督检查。

建筑施工企业应当定期对兼职安全巡查员进行安全教育培训。

第十七条　安全生产许可证颁发管理机关颁发安全生产许可证时，应当审查建筑施工企业安全生产管理机构设置及其专职安全生产管理人员的配备情况。

第十八条　建设主管部门核发施工许可证或者核准开工报告时，应当审查该工程项目专职安全生产管理人员的配备情况。

第十九条　建设主管部门应当监督检查建筑施工企业安全生产管理机构及其专职安全生产管理人员履责情况。

第二十条　本办法自颁发之日起实施，原《关于印发〈建筑施工企业安全生产管理机构设置及专职安全管理人员配备办法〉和〈危险性较大工程安全专项施工方案编制及专家论证审查办法〉的通知》（建质〔2004〕213 号）中的《建筑施工企业安全生产管理机构设置及专职安全生产管理人员配备办法》废止。

建筑施工企业主要负责人、项目负责人和专职安全生产管理人员安全生产管理规定

·2014 年 6 月 25 日住房和城乡建设部令第 17 号公布
·自 2014 年 9 月 1 日起施行

第一章　总　则

第一条　为了加强房屋建筑和市政基础设施工程施工安全监督管理，提高建筑施工企业主要负责人、项目负责人和专职安全生产管理人员（以下合称"安管人员"）的安全生产管理能力，根据《中华人民共和国安全生产法》、《建设工程安全生产管理条例》等法律法规，制定本规定。

第二条　在中华人民共和国境内从事房屋建筑和市政基础设施工程施工活动的建筑施工企业的"安管人员"，参加安全生产考核，履行安全生产责任，以及对其实施安全生产监督管理，应当符合本规定。

第三条　企业主要负责人，是指对本企业生产经营活动和安全生产工作具有决策权的领导人员。

项目负责人，是指取得相应注册执业资格，由企业法定代表人授权，负责具体工程项目管理的人员。

专职安全生产管理人员,是指在企业专职从事安全生产管理工作的人员,包括企业安全生产管理机构的人员和工程项目专职从事安全生产管理工作的人员。

第四条　国务院住房城乡建设主管部门负责对全国"安管人员"安全生产工作进行监督管理。

县级以上地方人民政府住房城乡建设主管部门负责对本行政区域内"安管人员"安全生产工作进行监督管理。

第二章　考核发证

第五条　"安管人员"应当通过其受聘企业,向企业工商注册地的省、自治区、直辖市人民政府住房城乡建设主管部门(以下简称考核机关)申请安全生产考核,并取得安全生产考核合格证书。安全生产考核不得收费。

第六条　申请参加安全生产考核的"安管人员",应当具备相应文化程度、专业技术职称和一定安全生产工作经历,与企业确立劳动关系,并经企业年度安全生产教育培训合格。

第七条　安全生产考核包括安全生产知识考核和管理能力考核。

安全生产知识考核内容包括:建筑施工安全的法律法规、规章制度、标准规范,建筑施工安全管理基本理论等。

安全生产管理能力考核内容包括:建立和落实安全生产管理制度、辨识和监控危险性较大的分部分项工程、发现和消除安全事故隐患、报告和处置生产安全事故等方面的能力。

第八条　对安全生产考核合格的,考核机关应当在20个工作日内核发安全生产考核合格证书,并予以公告;对不合格的,应当通过"安管人员"所在企业通知本人并说明理由。

第九条　安全生产考核合格证书有效期为3年,证书在全国范围内有效。

证书式样由国务院住房城乡建设主管部门统一规定。

第十条　安全生产考核合格证书有效期届满需要延续的,"安管人员"应当在有效期届满前3个月内,由本人通过受聘企业向原考核机关申请证书延续。准予证书延续的,证书有效期延续3年。

对证书有效期内未因生产安全事故或者违反本规定受到行政处罚,信用档案中无不良行为记录,且已按规定参加企业和县级以上人民政府住房城乡建设主管部门组织的安全生产教育培训的,考核机关应当在受理延续申请之日起20个工作日内,准予证书延续。

第十一条　"安管人员"变更受聘企业的,应当与原聘用企业解除劳动关系,并通过新聘用企业到考核机关申请办理证书变更手续。考核机关应当在受理变更申请之日起5个工作日内办理完毕。

第十二条　"安管人员"遗失安全生产考核合格证书的,应当在公共媒体上声明作废,通过其受聘企业向原考核机关申请补办。考核机关应当在受理申请之日起5个工作日内办理完毕。

第十三条　"安管人员"不得涂改、倒卖、出租、出借或者以其他形式非法转让安全生产考核合格证书。

第三章　安全责任

第十四条　主要负责人对本企业安全生产工作全面负责,应当建立健全企业安全生产管理体系,设置安全生产管理机构,配备专职安全生产管理人员,保证安全生产投入,督促检查本企业安全生产工作,及时消除安全事故隐患,落实安全生产责任。

第十五条　主要负责人应当与项目负责人签订安全生产责任书,确定项目安全生产考核目标、奖惩措施,以及企业为项目提供的安全管理和技术保障措施。

工程项目实行总承包的,总承包企业应当与分包企业签订安全生产协议,明确双方安全生产责任。

第十六条　主要负责人应当按规定检查企业所承担的工程项目,考核项目负责人安全生产管理能力。发现项目负责人履职不到位的,应当责令其改正;必要时,调整项目负责人。检查情况应当记入企业和项目安全管理档案。

第十七条　项目负责人对本项目安全生产管理全面负责,应当建立项目安全生产管理体系,明确项目管理人员安全职责,落实安全生产管理制度,确保安全生产费用有效使用。

第十八条　项目负责人应当按规定实施项目安全生产管理,监控危险性较大分部分项工程,及时排查处理施工现场安全事故隐患,隐患排查处理情况应当记入项目安全管理档案;发生事故时,应当按规定及时报告并开展现场救援。

工程项目实行总承包的,总承包企业项目负责人应当定期考核分包企业安全生产管理情况。

第十九条　企业安全生产管理机构专职安全生产管理人员应当检查在建项目安全生产管理情况,重点检查项目负责人、项目专职安全生产管理人员履责情况,处理在建项目违规违章行为,并记入企业安全管理档案。

第二十条　项目专职安全生产管理人员应当每天在施工现场开展安全检查,现场监督危险性较大的分部分项工程安全专项施工方案实施。对检查中发现的安全事故隐患，应当立即处理；不能处理的，应当及时报告项目负责人和企业安全生产管理机构。项目负责人应当及时处理。检查及处理情况应当记入项目安全管理档案。

第二十一条 建筑施工企业应当建立安全生产教育培训制度，制定年度培训计划，每年对"安管人员"进行培训和考核，考核不合格的，不得上岗。培训情况应当记入企业安全生产教育培训档案。

第二十二条 建筑施工企业安全生产管理机构和工程项目应当按规定配备相应数量和相关专业的专职安全生产管理人员。危险性较大的分部分项工程施工时，应当安排专职安全生产管理人员现场监督。

第四章　监督管理

第二十三条 县级以上人民政府住房城乡建设主管部门应当依照有关法律法规和本规定，对"安管人员"持证上岗、教育培训和履行职责等情况进行监督检查。

第二十四条 县级以上人民政府住房城乡建设主管部门在实施监督检查时，应当有两名以上监督检查人员参加，不得妨碍企业正常的生产经营活动，不得索取或者收受企业的财物，不得谋取其他利益。

有关企业和个人对依法进行的监督检查应当协助与配合，不得拒绝或者阻挠。

第二十五条 县级以上人民政府住房城乡建设主管部门依法进行监督检查时，发现"安管人员"有违反本规定行为的，应当依法查处并将违法事实、处理结果或者处理建议告知考核机关。

第二十六条 考核机关应当建立本行政区域内"安管人员"的信用档案。违法违规行为、被投诉举报处理、行政处罚等情况应当作为不良行为记入信用档案，并按规定向社会公开。

"安管人员"及其受聘企业应当按规定向考核机关提供相关信息。

第五章　法律责任

第二十七条 "安管人员"隐瞒有关情况或者提供虚假材料申请安全生产考核的，考核机关不予考核，并给予警告；"安管人员"1年内不得再次申请考核。

"安管人员"以欺骗、贿赂等不正当手段取得安全生产考核合格证书的，由原考核机关撤销安全生产考核合格证书；"安管人员"3年内不得再次申请考核。

第二十八条 "安管人员"涂改、倒卖、出租、出借或者以其他形式非法转让安全生产考核合格证书的，由县级以上地方人民政府住房城乡建设主管部门给予警告，并处1000元以上5000元以下的罚款。

第二十九条 建筑施工企业未按规定开展"安管人员"安全生产教育培训考核，或者未按规定如实将考核情况记入安全生产教育培训档案的，由县级以上地方人民政府住房城乡建设主管部门责令限期改正，并处2万元以下的罚款。

第三十条 建筑施工企业有下列行为之一的，由县级以上人民政府住房城乡建设主管部门责令限期改正；逾期未改正的，责令停业整顿，并处2万元以下的罚款；导致不具备《安全生产许可证条例》规定的安全生产条件的，应当依法暂扣或者吊销安全生产许可证：

（一）未按规定设立安全生产管理机构的；

（二）未按规定配备专职安全生产管理人员的；

（三）危险性较大的分部分项工程施工时未安排专职安全生产管理人员现场监督的；

（四）"安管人员"未取得安全生产考核合格证书的。

第三十一条 "安管人员"未按规定办理证书变更的，由县级以上地方人民政府住房城乡建设主管部门责令限期改正，并处1000元以上5000元以下的罚款。

第三十二条 主要负责人、项目负责人未按规定履行安全生产管理职责的，由县级以上人民政府住房城乡建设主管部门责令限期改正；逾期未改正的，责令建筑施工企业停业整顿；造成生产安全事故或者其他严重后果的，按照《生产安全事故报告和调查处理条例》的有关规定，依法暂扣或者吊销安全生产考核合格证书；构成犯罪的，依法追究刑事责任。

主要负责人、项目负责人有前款违法行为，尚不够刑事处罚的，处2万元以上20万元以下的罚款或者按照管理权限给予撤职处分；自刑罚执行完毕或者受处分之日起，5年内不得担任建筑施工企业的主要负责人、项目负责人。

第三十三条 专职安全生产管理人员未按规定履行安全生产管理职责的，由县级以上地方人民政府住房城乡建设主管部门责令限期改正，并处1000元以上5000元以下的罚款；造成生产安全事故或者其他严重后果的，按照《生产安全事故报告和调查处理条例》的有关规定，依法暂扣或者吊销安全生产考核合格证书；构成犯罪的，依法追究刑事责任。

第三十四条 县级以上人民政府住房城乡建设主管部门及其工作人员，有下列情形之一的，由其上级行政机关或者监察机关责令改正，对直接负责的主管人员和其他直接责任人员依法给予处分；构成犯罪的，依法追究刑事责任：

　　（一）向不具备法定条件的"安管人员"核发安全生产考核合格证书的；

　　（二）对符合法定条件的"安管人员"不予核发或者不在法定期限内核发安全生产考核合格证书的；

　　（三）对符合法定条件的申请不予受理或者未在法定期限内办理完毕的；

　　（四）利用职务上的便利，索取或者收受他人财物或者谋取其他利益的；

　　（五）不依法履行监督管理职责，造成严重后果的。

第六章　附　则

第三十五条　本规定自 2014 年 9 月 1 日起施行。

建筑施工企业主要负责人、项目负责人和专职安全生产管理人员安全生产管理规定实施意见

· 2015 年 12 月 10 日
· 建质〔2015〕206 号

　　为贯彻落实《建筑施工企业主要负责人、项目负责人和专职安全生产管理人员安全生产管理规定》（住房城乡建设部令第 17 号），制定本实施意见。

　　一、企业主要负责人的范围

　　企业主要负责人包括法定代表人、总经理（总裁）、分管安全生产的副总经理（副总裁）、分管生产经营的副总经理（副总裁）、技术负责人、安全总监等。

　　二、专职安全生产管理人员的分类

　　专职安全生产管理人员分为机械、土建、综合三类。机械类专职安全生产管理人员可以从事起重机械、土石方机械、桩工机械等安全生产管理工作。土建类专职安全生产管理人员可以从事除起重机械、土石方机械、桩工机械等安全生产管理工作以外的安全生产管理工作。综合类专职安全生产管理人员可以从事全部安全生产管理工作。

　　新申请专职安全生产管理人员安全生产考核只可以在机械、土建、综合三类中选择一类。机械类专职安全生产管理人员在参加土建类安全生产管理专业考试合格后，可以申请取得综合类专职安全生产管理人员安全生产考核合格证书。土建类专职安全生产管理人员在参加机械类安全生产管理专业考试合格后，可以申请取得综合类专职安全生产管理人员安全生产考核合格证书。

　　三、申请安全生产考核应具备的条件

　　（一）申请建筑施工企业主要负责人安全生产考核，应当具备下列条件：

　　1. 具有相应的文化程度、专业技术职称（法定代表人除外）；

　　2. 与所在企业确立劳动关系；

　　3. 经所在企业年度安全生产教育培训合格。

　　（二）申请建筑施工企业项目负责人安全生产考核，应当具备下列条件：

　　1. 取得相应注册执业资格；

　　2. 与所在企业确立劳动关系；

　　3. 经所在企业年度安全生产教育培训合格。

　　（三）申请专职安全生产管理人员安全生产考核，应当具备下列条件：

　　1. 年龄已满 18 周岁未满 60 周岁，身体健康；

　　2. 具有中专（含高中、中技、职高）及以上文化程度或初级及以上技术职称；

　　3. 与所在企业确立劳动关系，从事施工管理工作两年以上；

　　4. 经所在企业年度安全生产教育培训合格。

　　四、安全生产考核的内容与方式

　　安全生产考核包括安全生产知识考核和安全生产管理能力考核。安全生产考核要点见附件 1。

　　安全生产知识考核可采用书面或计算机答卷的方式；安全生产管理能力考核可采用现场实操考核或通过视频、图片等模拟现场考核方式。

　　机械类专职安全生产管理人员及综合类专职安全生产管理人员安全生产管理能力考核内容必须包括攀爬塔吊及起重机械隐患识别等。

　　五、安全生产考核合格证书的样式

　　建筑施工企业主要负责人、项目负责人和专职安全生产管理人员的安全生产考核合格证书由我部统一规定样式（见附件 2）。主要负责人证书封皮为红色，项目负责人证书封皮为绿色，专职安全生产管理人员证书封皮为蓝色。

　　六、安全生产考核合格证书的编号

　　建筑施工企业主要负责人、项目负责人安全生产考核合格证书编号应遵照《关于建筑施工企业主要负责人、项目负责人和专职安全生产管理人员安全生产考核合格证书有关问题的通知》（建办质〔2004〕23 号）有关规定。

　　专职安全生产管理人员安全生产考核合格证书按照下列规定编号：

　　（一）机械类专职安全生产管理人员，代码为 C1，编号组成：省、自治区、直辖市简称+建安+C1+（证书颁发年

份全称)+证书颁发当年流水次序号(7位),如京建安C1(2015)0000001;

(二)土建类专职安全生产管理人员,代码为C2,编号组成:省、自治区、直辖市简称+建安+C2+(证书颁发年份全称)+证书颁发当年流水次序号(7位),如京建安C2(2015)0000001;

(三)综合类专职安全生产管理人员,代码为C3,编号组成:省、自治区、直辖市简称+建安+C3+(证书颁发年份全称)+证书颁发当年流水次序号(7位),如京建安C3(2015)0000001。

七、安全生产考核合格证书的延续

建筑施工企业主要负责人、项目负责人和专职安全生产管理人员应当在安全生产考核合格证书有效期届满前3个月内,经所在企业向原考核机关申请证书延续。

符合下列条件的准予证书延续:

(一)在证书有效期内未因生产安全事故或者安全生产违法违规行为受到行政处罚;

(二)信用档案中无安全生产不良行为记录;

(三)企业年度安全生产教育培训合格,且在证书有效期内参加县级以上住房城乡建设主管部门组织的安全生产教育培训时间满24学时。

不符合证书延续条件的应当申请重新考核。不办理证书延续的,证书自动失效。

八、安全生产考核合格证书的换发

在本意见实施前已经取得专职安全生产管理人员安全生产考核合格证书且证书在有效期内的人员,经所在企业向原考核机关提出换发证书申请,可以选择换发土建类专职安全生产管理人员安全生产考核合格证书或者机械类专职安全生产管理人员安全生产考核合格证书。

九、安全生产考核合格证书的跨省变更

建筑施工企业主要负责人、项目负责人和专职安全生产管理人员跨省更换受聘企业的,应到原考核发证机关办理证书转出手续。原考核发证机关应为其办理包含原证书有效期限等信息的证书转出证明。

建筑施工企业主要负责人、项目负责人和专职安全生产管理人员持相关证明通过新受聘企业到该企业工商注册所在地的考核发证机关办理新证书。新证书应延续原证书的有效期。

十、专职安全生产管理人员的配备

建筑施工企业应当按照《建筑施工企业安全生产管理机构设置及专职安全生产管理人员配备办法》(建质〔2008〕91号)的有关规定配备专职安全生产管理人员。

建筑施工企业安全生产管理机构和建设工程项目中,应当既有可以从事起重机械、土石方机械、桩工机械等安全生产管理工作的专职安全生产管理人员,也有可以从事除起重机械、土石方机械、桩工机械等安全生产管理工作以外的安全生产管理工作的专职安全生产管理人员。

十一、安全生产考核合格证书的暂扣和撤销

建筑施工企业专职安全生产管理人员未按规定履行安全生产管理职责,导致发生一般生产安全事故的,考核机关应当暂扣其安全生产考核合格证书六个月以上一年以下。建筑施工企业主要负责人、项目负责人和专职安全生产管理人员未按规定履行安全生产管理职责,导致发生较大及以上生产安全事故的,考核机关应当撤销其安全生产考核合格证书。

十二、安全生产考核费用

建筑施工企业主要负责人、项目负责人和专职安全生产管理人员安全生产考核不得收取费用,考核工作所需相关费用,由省级人民政府住房城乡建设主管部门商同级财政部门予以保障。

附件:1. 安全生产考核要点(略)

2. 安全生产考核合格证书样式(略)

住房和城乡建设部关于落实
建设单位工程质量首要责任的通知

·2020年9月11日
·建质规〔2020〕9号

各省、自治区住房和城乡建设厅,直辖市住房和城乡建设(管)委,北京市规划和自然资源委,新疆生产建设兵团住房和城乡建设局:

为贯彻落实《国务院办公厅关于促进建筑业持续健康发展的意见》(国办发〔2017〕19号)和《国务院办公厅转发住房城乡建设部关于完善质量保障体系提升建筑工程品质指导意见的通知》(国办函〔2019〕92号)精神,依法界定并严格落实建设单位工程质量首要责任,不断提高房屋建筑和市政基础设施工程质量水平,现就有关事项通知如下:

一、充分认识落实建设单位工程质量首要责任重要意义

党的十八大以来,在以习近平同志为核心的党中央坚强领导下,我国工程质量水平不断提升,质量常见问题治理取得积极成效,工程质量事故得到有效遏制。但我国工程质量责任体系尚不完善，特别是建设单位首要责任不明确、不落实，存在违反基本建设程序，任意赶工期、压造价，拖欠工程款，不履行质量保修义务等问题，严重影响工程质量。

建设单位作为工程建设活动的总牵头单位，承担着重要的工程质量管理职责，对保障工程质量具有主导作用。各地要充分认识严格落实建设单位工程质量首要责任的必要性和重要性，进一步建立健全工程质量责任体系，推动工程质量提升，保障人民群众生命财产安全，不断满足人民群众对高品质工程和美好生活的需求。

二、准确把握落实建设单位工程质量首要责任内涵要求

建设单位是工程质量第一责任人，依法对工程质量承担全面责任。对因工程质量给工程所有权人、使用人或第三方造成的损失，建设单位依法承担赔偿责任，有其他责任人的，可以向其他责任人追偿。建设单位要严格落实项目法人责任制，依法开工建设，全面履行管理职责，确保工程质量符合国家法律法规、工程建设强制性标准和合同约定。

（一）严格执行法定程序和发包制度。建设单位要严格履行基本建设程序，禁止未取得施工许可等建设手续开工建设。严格执行工程发包承包法规制度，依法将工程发包给具备相应资质的勘察、设计、施工、监理等单位，不得肢解发包工程、违规指定分包单位，不得直接发包预拌混凝土等专业分包工程，不得指定按照合同约定应由施工单位购入用于工程的装配式建筑构配件、建筑材料和设备或者指定生产厂、供应商。按规定提供与工程建设有关的原始资料，并保证资料真实、准确、齐全。

（二）保证合理工期和造价。建设单位要科学合理确定工程建设工期和造价，严禁盲目赶工期、抢进度，不得迫使工程其他参建单位简化工序、降低质量标准。调整合同约定的勘察、设计周期和施工工期的，应相应调整相关费用。因极端恶劣天气等不可抗力以及重污染天气、重大活动保障等原因停工的，应给予合理的工期补偿。因材料、工程设备价格变化等原因，需要调整合同价款的，应按照合同约定给予调整。落实优质优价，鼓励和支持工程相关参建单位创建品质示范工程。

（三）推行施工过程结算。建设单位应有满足施工所需的资金安排，并向施工单位提供工程款支付担保。建设合同应约定施工过程结算周期、工程进度款结算办法等内容。分部工程验收通过时原则上应同步完成工程款结算，不得以设计变更、工程洽商等理由变相拖延结算。

政府投资工程应当按照国家有关规定确保资金按时支付到位，不得以未完成审计作为延期工程款结算的理由。

（四）全面履行质量管理职责。建设单位要健全工程项目质量管理体系，配备专职人员并明确其质量管理职责，不具备条件的可聘用专业机构或人员。加强对按照合同约定自行采购的建筑材料、构配件和设备等的质量管理，并承担相应的质量责任。不得明示或者暗示设计、施工等单位违反工程建设强制性标准，禁止以"优化设计"等名义变相违反工程建设强制性标准。严格质量检测管理，按时足额支付检测费用，不得违规减少依法应由建设单位委托的检测项目和数量，非建设单位委托的检测机构出具的检测报告不得作为工程质量验收依据。

（五）严格工程竣工验收。建设单位要在收到工程竣工报告后及时组织竣工验收，重大工程或技术复杂工程可邀请有关专家参加，未经验收合格不得交付使用。住宅工程竣工验收前，应组织施工、监理等单位进行分户验收，未组织分户验收或分户验收不合格，不得组织竣工验收。加强工程竣工验收资料管理，建立质量终身责任信息档案，落实竣工后永久性标牌制度，强化质量主体责任追溯。

三、切实加强住宅工程质量管理

各地要完善住宅工程质量与市场监管联动机制，督促建设单位加强工程质量管理，严格履行质量保修责任，推进质量信息公开，切实保障商品住房和保障性安居工程等住宅工程质量。

（一）严格履行质量保修责任。建设单位要建立质量回访和质量投诉处理机制，及时组织处理保修范围和保修期限内出现的质量问题，并对造成的损失先行赔偿。建设单位对房屋所有权人的质量保修期限自交付之日起计算，经维修合格的部位可重新约定保修期限。房地产开发企业应当在商品房买卖合同中明确企业发生注销情形下由其他房地产开发企业或具有承接能力的法人承接质量保修责任。房地产开发企业未投保工程质量保险的，在申请住宅工程竣工验收备案时应提供保修责任承接说明材料。

（二）加强质量信息公开。住宅工程开工前，建设单位要公开工程规划许可、施工许可、工程结构形式、设计使用年限、主要建筑材料、参建单位及项目负责人等信息；交付使用前，应公开质量承诺书、工程竣工验收报告、质量保修负责人及联系方式等信息。鼓励组织业主开放日、邀请业主代表和物业单位参加分户验收。试行按套出具质量合格证明文件。

（三）加强工程质量与房屋预售联动管理。因发生违法违规行为、质量安全事故或重大质量安全问题被责令全面停工的住宅工程，应暂停其项目预售或房屋交易合同网签备案，待批准复工后方可恢复。

（四）强化保障性安居工程质量管理。各地要制定保障性安居工程设计导则，明确室内面积标准、层高、装修设计、绿化景观等内容，探索建立标准化设计制度，突出住宅宜居属性。政府投资保障性安居工程应完善建设管理模式，带头推行工程总承包和全过程工程咨询。依法限制有严重违约失信记录的建设单位参与建设。

四、全面加强对建设单位的监督管理

各地要建立健全建设单位落实首要责任监管机制，加大政府监管力度，强化信用管理和责任追究，切实激发建设单位主动关心质量、追求质量、创造质量的内生动力，确保建设单位首要责任落到实处。

（一）强化监督检查。建立日常巡查和差别化监管制度，对质量责任落实不到位、有严重违法违规行为的建设单位，加大对其建设项目的检查频次和力度，发现存在严重质量安全问题的，坚决责令停工整改。督促建设单位严格整改检查中发现的质量问题，整改报告经建设单位项目负责人签字确认并加盖单位公章后报工程所在地住房和城乡建设主管部门。工程质量监督中发现的涉及主体结构安全、主要使用功能的质量问题和整改情况，要及时向社会公布。

（二）强化信用管理。加快推进行业信用体系建设，加强对建设单位及其法定代表人、项目负责人质量信用信息归集，及时向社会公开相关行政许可、行政处罚、抽查检查、质量投诉处理情况等信息，记入企业和个人信用档案，并与工程建设项目审批管理系统等实现数据共享和交换。充分运用守信激励和失信惩戒手段，加大对守信建设单位的政策支持和失信建设单位的联合惩戒力度，营造"一处失信，处处受罚"的良好信用环境。对实行告知承诺制的审批事项，发现建设单位承诺内容与实际不符的，依法从严从重处理。

（三）强化责任追究。对建设单位违反相关法律法规及本通知规定的行为，要依法严肃查处，并追究其法定代表人和项目负责人的责任；涉嫌犯罪的，移送监察或司法机关依法追究刑事责任。对于政府投资项目，除依法追究相关责任人责任外，还要依据相关规定追究政府部门有关负责人的领导责任。

本通知适用于房屋建筑和市政基础设施工程。各省、自治区、直辖市住房和城乡建设主管部门可根据本通知要求，制定具体办法。

7. 环保、抗震、消防、节能、人防

（1）环保

中华人民共和国环境保护法

· 1989年12月26日第七届全国人民代表大会常务委员会第十一次会议通过
· 2014年4月24日第十二届全国人民代表大会常务委员会第八次会议修订
· 2014年4月24日中华人民共和国主席令第9号公布
· 自2015年1月1日起施行

第一章　总　则

第一条　【立法目的】为保护和改善环境，防治污染和其他公害，保障公众健康，推进生态文明建设，促进经济社会可持续发展，制定本法。

第二条　【环境定义】本法所称环境，是指影响人类生存和发展的各种天然的和经过人工改造的自然因素的总体，包括大气、水、海洋、土地、矿藏、森林、草原、湿地、野生生物、自然遗迹、人文遗迹、自然保护区、风景名胜区、城市和乡村等。

第三条　【适用范围】本法适用于中华人民共和国领域和中华人民共和国管辖的其他海域。

第四条　【基本国策】保护环境是国家的基本国策。

国家采取有利于节约和循环利用资源、保护和改善环境、促进人与自然和谐的经济、技术政策和措施，使经济社会发展与环境保护相协调。

第五条　【基本原则】环境保护坚持保护优先、预防为主、综合治理、公众参与、损害担责的原则。

第六条　【保护环境的义务】一切单位和个人都有保护环境的义务。

地方各级人民政府应当对本行政区域的环境质量负责。

企业事业单位和其他生产经营者应当防止、减少环境污染和生态破坏，对所造成的损害依法承担责任。

公民应当增强环境保护意识，采取低碳、节俭的生活方式，自觉履行环境保护义务。

第七条　【环保发展方针】国家支持环境保护科学技术研究、开发和应用，鼓励环境保护产业发展，促进环境保护信息化建设，提高环境保护科学技术水平。

第八条　【财政投入】各级人民政府应当加大保护和改善环境、防治污染和其他公害的财政投入，提高财政资金的使用效益。

第九条　【宣传教育】各级人民政府应当加强环境保护宣传和普及工作，鼓励基层群众性自治组织、社会组织、环境保护志愿者开展环境保护法律法规和环境保护知识的宣传，营造保护环境的良好风气。

教育行政部门、学校应当将环境保护知识纳入学校教育内容，培养学生的环境保护意识。

新闻媒体应当开展环境保护法律法规和环境保护知识的宣传，对环境违法行为进行舆论监督。

第十条　【管理体制】国务院环境保护主管部门，对全国环境保护工作实施统一监督管理；县级以上地方人民政府环境保护主管部门，对本行政区域环境保护工作实施统一监督管理。

县级以上人民政府有关部门和军队环境保护部门，依照有关法律的规定对资源保护和污染防治等环境保护工作实施监督管理。

第十一条　【奖励措施】对保护和改善环境有显著成绩的单位和个人，由人民政府给予奖励。

第十二条　【环境日】每年6月5日为环境日。

第二章　监督管理

第十三条　【环境保护规划】县级以上人民政府应当将环境保护工作纳入国民经济和社会发展规划。

国务院环境保护主管部门会同有关部门，根据国民经济和社会发展规划编制国家环境保护规划，报国务院批准并公布实施。

县级以上地方人民政府环境保护主管部门会同有关部门，根据国家环境保护规划的要求，编制本行政区域的环境保护规划，报同级人民政府批准并公布实施。

环境保护规划的内容应当包括生态保护和污染防治的目标、任务、保障措施等，并与主体功能区规划、土地利用总体规划和城乡规划等相衔接。

第十四条　【政策制定考虑环境影响】国务院有关部门和省、自治区、直辖市人民政府组织制定经济、技术政策，应当充分考虑对环境的影响，听取有关方面和专家的意见。

第十五条　【环境质量标准及环境基准】国务院环境保护主管部门制定国家环境质量标准。

省、自治区、直辖市人民政府对国家环境质量标准中未作规定的项目，可以制定地方环境质量标准；对国家环境质量标准中已作规定的项目，可以制定严于国家环境质量标准的地方环境质量标准。地方环境质量标准应当报国务院环境保护主管部门备案。

国家鼓励开展环境基准研究。

第十六条　【污染物排放标准】国务院环境保护主管部门根据国家环境质量标准和国家经济、技术条件，制定国家污染物排放标准。

省、自治区、直辖市人民政府对国家污染物排放标准中未作规定的项目，可以制定地方污染物排放标准；对国家污染物排放标准中已作规定的项目，可以制定严于国家污染物排放标准的地方污染物排放标准。地方污染物排放标准应当报国务院环境保护主管部门备案。

第十七条　【环境监测】国家建立、健全环境监测制度。国务院环境保护主管部门制定监测规范，会同有关部门组织监测网络，统一规划国家环境质量监测站（点）的设置，建立监测数据共享机制，加强对环境监测的管理。

有关行业、专业等各类环境质量监测站（点）的设置应当符合法律法规规定和监测规范的要求。

监测机构应当使用符合国家标准的监测设备，遵守监测规范。监测机构及其负责人对监测数据的真实性和准确性负责。

第十八条　【环境资源承载能力监测预警机制】省级以上人民政府应当组织有关部门或者委托专业机构，对环境状况进行调查、评价，建立环境资源承载能力监测预警机制。

第十九条　【环境影响评价】编制有关开发利用规划，建设对环境有影响的项目，应当依法进行环境影响评价。

未依法进行环境影响评价的开发利用规划，不得组织实施；未依法进行环境影响评价的建设项目，不得开工建设。

第二十条　【联防联控】国家建立跨行政区域的重点区域、流域环境污染和生态破坏联合防治协调机制，实行统一规划、统一标准、统一监测、统一的防治措施。

前款规定以外的跨行政区域的环境污染和生态破坏的防治，由上级人民政府协调解决，或者由有关地方人民政府协商解决。

第二十一条　【环境保护产业】国家采取财政、税收、价格、政府采购等方面的政策和措施，鼓励和支持环境保护技术装备、资源综合利用和环境服务等环境保护产业的发展。

第二十二条　【对减排企业鼓励和支持】企业事业单位和其他生产经营者，在污染物排放符合法定要求的基础上，进一步减少污染物排放的，人民政府应当依法采取财政、税收、价格、政府采购等方面的政策和措施予以鼓励和支持。

第二十三条　【环境污染整治企业的支持】企业事

业单位和其他生产经营者,为改善环境,依照有关规定转产、搬迁、关闭的,人民政府应当予以支持。

第二十四条 【现场检查】县级以上人民政府环境保护主管部门及其委托的环境监察机构和其他负有环境保护监督管理职责的部门,有权对排放污染物的企业事业单位和其他生产经营者进行现场检查。被检查者应当如实反映情况,提供必要的资料。实施现场检查的部门、机构及其工作人员应当为被检查者保守商业秘密。

第二十五条 【查封、扣押】企业事业单位和其他生产经营者违反法律法规规定排放污染物,造成或者可能造成严重污染的,县级以上人民政府环境保护主管部门和其他负有环境保护监督管理职责的部门,可以查封、扣押造成污染物排放的设施、设备。

第二十六条 【目标责任制和考核评价制度】国家实行环境保护目标责任制和考核评价制度。县级以上人民政府应当将环境保护目标完成情况纳入对本级人民政府负有环境保护监督管理职责的部门及其负责人和下级人民政府及其负责人的考核内容,作为对其考核评价的重要依据。考核结果应当向社会公开。

第二十七条 【人大监督】县级以上人民政府应当每年向本级人民代表大会或者人民代表大会常务委员会报告环境状况和环境保护目标完成情况,对发生的重大环境事件应当及时向本级人民代表大会常务委员会报告,依法接受监督。

第三章 保护和改善环境

第二十八条 【环境质量责任】地方各级人民政府应当根据环境保护目标和治理任务,采取有效措施,改善环境质量。

未达到国家环境质量标准的重点区域、流域的有关地方人民政府,应当制定限期达标规划,并采取措施按期达标。

第二十九条 【生态保护红线】国家在重点生态功能区、生态环境敏感区和脆弱区等区域划定生态保护红线,实行严格保护。

各级人民政府对具有代表性的各种类型的自然生态系统区域,珍稀、濒危的野生动植物自然分布区域,重要的水源涵养区域,具有重大科学文化价值的地质构造、著名溶洞和化石分布区、冰川、火山、温泉等自然遗迹,以及人文遗迹、古树名木,应当采取措施予以保护,严禁破坏。

第三十条 【保护生物多样性】开发利用自然资源,应当合理开发,保护生物多样性,保障生态安全,依法制定有关生态保护和恢复治理方案并予以实施。

引进外来物种以及研究、开发和利用生物技术,应当采取措施,防止对生物多样性的破坏。

第三十一条 【生态保护补偿制度】国家建立、健全生态保护补偿制度。

国家加大对生态保护地区的财政转移支付力度。有关地方人民政府应当落实生态保护补偿资金,确保其用于生态保护补偿。

国家指导受益地区和生态保护地区人民政府通过协商或者按照市场规则进行生态保护补偿。

第三十二条 【调查、监测、评估和修复制度】国家加强对大气、水、土壤等的保护,建立和完善相应的调查、监测、评估、修复制度。

第三十三条 【农业与农村环境保护】各级人民政府应当加强对农业环境的保护,促进农业环境保护新技术的使用,加强对农业污染源的监测预警,统筹有关部门采取措施,防治土壤污染和土地沙化、盐渍化、贫瘠化、石漠化、地面沉降以及防治植被破坏、水土流失、水体富营养化、水源枯竭、种源灭绝等生态失调现象,推广植物病虫害的综合防治。

县级、乡级人民政府应当提高农村环境保护公共服务水平,推动农村环境综合整治。

第三十四条 【海洋环境保护】国务院和沿海地方各级人民政府应当加强对海洋环境的保护。向海洋排放污染物、倾倒废弃物,进行海岸工程和海洋工程建设,应当符合法律法规规定和有关标准,防止和减少对海洋环境的污染损害。

第三十五条 【城乡建设中环境保护】城乡建设应当结合当地自然环境的特点,保护植被、水域和自然景观,加强城市园林、绿地和风景名胜区的建设与管理。

第三十六条 【使用环保产品】国家鼓励和引导公民、法人和其他组织使用有利于保护环境的产品和再生产品,减少废弃物的产生。

国家机关和使用财政资金的其他组织应当优先采购和使用节能、节水、节材等有利于保护环境的产品、设备和设施。

第三十七条 【生活废弃物的分类与回收】地方各级人民政府应当采取措施,组织对生活废弃物的分类处置、回收利用。

第三十八条 【公民的环保义务】公民应当遵守环境保护法律法规,配合实施环境保护措施,按照规定对生活废弃物进行分类放置,减少日常生活对环境造成的损害。

第三十九条　【环境质量与公众健康】国家建立、健全环境与健康监测、调查和风险评估制度;鼓励和组织开展环境质量对公众健康影响的研究,采取措施预防和控制与环境污染有关的疾病。

第四章　防治污染和其他公害

第四十条　【清洁生产和清洁能源】国家促进清洁生产和资源循环利用。

国务院有关部门和地方各级人民政府应当采取措施,推广清洁能源的生产和使用。

企业应当优先使用清洁能源,采用资源利用率高、污染物排放量少的工艺、设备以及废弃物综合利用技术和污染物无害化处理技术,减少污染物的产生。

第四十一条　【"三同时"制度】建设项目中防治污染的设施,应当与主体工程同时设计、同时施工、同时投产使用。防治污染的设施应当符合经批准的环境影响评价文件的要求,不得擅自拆除或者闲置。

第四十二条　【生产经营者的防治污染责任】排放污染物的企业事业单位和其他生产经营者,应当采取措施,防治在生产建设或者其他活动中产生的废气、废水、废渣、医疗废物、粉尘、恶臭气体、放射性物质以及噪声、振动、光辐射、电磁辐射等对环境的污染和危害。

排放污染物的企业事业单位,应当建立环境保护责任制度,明确单位负责人和相关人员的责任。

重点排污单位应当按照国家有关规定和监测规范安装使用监测设备,保证监测设备正常运行,保存原始监测记录。

严禁通过暗管、渗井、渗坑、灌注或者篡改、伪造监测数据,或者不正常运行防治污染设施等逃避监管的方式违法排放污染物。

第四十三条　【排污费和环境保护税】排放污染物的企业事业单位和其他生产经营者,应当按照国家有关规定缴纳排污费。排污费应当全部专项用于环境污染防治,任何单位和个人不得截留、挤占或者挪作他用。

依照法律规定征收环境保护税的,不再征收排污费。

第四十四条　【重点污染物排放总量控制】国家实行重点污染物排放总量控制制度。重点污染物排放总量控制指标由国务院下达,省、自治区、直辖市人民政府分解落实。企业事业单位在执行国家和地方污染物排放标准的同时,应当遵守分解落实到本单位的重点污染物排放总量控制指标。

对超过国家重点污染物排放总量控制指标或者未完成国家确定的环境质量目标的地区,省级以上人民政府

环境保护主管部门应当暂停审批其新增重点污染物排放总量的建设项目环境影响评价文件。

第四十五条　【排污许可管理制度】国家依照法律规定实行排污许可管理制度。

实行排污许可管理的企业事业单位和其他生产经营者应当按照排污许可证的要求排放污染物;未取得排污许可证的,不得排放污染物。

第四十六条　【淘汰制度与禁止引进制度】国家对严重污染环境的工艺、设备和产品实行淘汰制度。任何单位和个人不得生产、销售或者转移、使用严重污染环境的工艺、设备和产品。

禁止引进不符合我国环境保护规定的技术、设备、材料和产品。

第四十七条　【突发环境事件】各级人民政府及其有关部门和企业事业单位,应当依照《中华人民共和国突发事件应对法》的规定,做好突发环境事件的风险控制、应急准备、应急处置和事后恢复等工作。

县级以上人民政府应当建立环境污染公共监测预警机制,组织制定预警方案;环境受到污染,可能影响公众健康和环境安全时,依法及时公布预警信息,启动应急措施。

企业事业单位应当按照国家有关规定制定突发环境事件应急预案,报环境保护主管部门和有关部门备案。在发生或者可能发生突发环境事件时,企业事业单位应当立即采取措施处理,及时通报可能受到危害的单位和居民,并向环境保护主管部门和有关部门报告。

突发环境事件应急处置工作结束后,有关人民政府应当立即组织评估事件造成的环境影响和损失,并及时将评估结果向社会公布。

第四十八条　【化学物品和含有放射性物质物品的管理】生产、储存、运输、销售、使用、处置化学物品和含有放射性物质的物品,应当遵守国家有关规定,防止污染环境。

第四十九条　【农业、农村环境污染防治】各级人民政府及其农业等有关部门和机构应当指导农业生产经营者科学种植和养殖,科学合理施用农药、化肥等农业投入品,科学处置农用薄膜、农作物秸秆等农业废弃物,防止农业面源污染。

禁止将不符合农用标准和环境保护标准的固体废物、废水施入农田。施用农药、化肥等农业投入品及进行灌溉,应当采取措施,防止重金属和其他有毒有害物质污染环境。

畜禽养殖场、养殖小区、定点屠宰企业等的选址、建设和管理应当符合有关法律法规规定。从事畜禽养殖和

屠宰的单位和个人应当采取措施,对畜禽粪便、尸体和污水等废弃物进行科学处置,防止污染环境。

县级人民政府负责组织农村生活废弃物的处置工作。

第五十条 【农村环境污染防治资金支持】各级人民政府应当在财政预算中安排资金,支持农村饮用水水源地保护、生活污水和其他废弃物处理、畜禽养殖和屠宰污染防治、土壤污染防治和农村工矿污染治理等环境保护工作。

第五十一条 【统筹城乡建设环境卫生设施和环境保护公共设施】各级人民政府应当统筹城乡建设污水处理设施及配套管网,固体废物的收集、运输和处置等环境卫生设施,危险废物集中处置设施、场所以及其他环境保护公共设施,并保障其正常运行。

第五十二条 【环境责任险】国家鼓励投保环境污染责任保险。

第五章 信息公开和公众参与

第五十三条 【公众参与】公民、法人和其他组织依法享有获取环境信息、参与和监督环境保护的权利。

各级人民政府环境保护主管部门和其他负有环境保护监督管理职责的部门,应当依法公开环境信息、完善公众参与程序,为公民、法人和其他组织参与和监督环境保护提供便利。

第五十四条 【政府环境信息公开】国务院环境保护主管部门统一发布国家环境质量、重点污染源监测信息及其他重大环境信息。省级以上人民政府环境保护主管部门定期发布环境状况公报。

县级以上人民政府环境保护主管部门和其他负有环境保护监督管理职责的部门,应当依法公开环境质量、环境监测、突发环境事件以及环境行政许可、行政处罚、排污费的征收和使用情况等信息。

县级以上地方人民政府环境保护主管部门和其他负有环境保护监督管理职责的部门,应当将企业事业单位和其他生产经营者的环境违法信息记入社会诚信档案,及时向社会公布违法者名单。

第五十五条 【企业环境信息公开】重点排污单位应当如实向社会公开其主要污染物的名称、排放方式、排放浓度和总量、超标排放情况,以及防治污染设施的建设和运行情况,接受社会监督。

第五十六条 【公众参与建设项目环境影响评价】对依法应当编制环境影响报告书的建设项目,建设单位应当在编制时向可能受影响的公众说明情况,充分征求意见。

负责审批建设项目环境影响评价文件的部门在收到建设项目环境影响报告书后,除涉及国家秘密和商业秘密的事项外,应当全文公开;发现建设项目未充分征求公众意见的,应当责成建设单位征求公众意见。

第五十七条 【举报】公民、法人和其他组织发现任何单位和个人有污染环境和破坏生态行为的,有权向环境保护主管部门或者其他负有环境保护监督管理职责的部门举报。

公民、法人和其他组织发现地方各级人民政府、县级以上人民政府环境保护主管部门和其他负有环境保护监督管理职责的部门不依法履行职责的,有权向其上级机关或者监察机关举报。

接受举报的机关应当对举报人的相关信息予以保密,保护举报人的合法权益。

第五十八条 【环境公益诉讼】对污染环境、破坏生态,损害社会公共利益的行为,符合下列条件的社会组织可以向人民法院提起诉讼:

(一)依法在设区的市级以上人民政府民政部门登记;

(二)专门从事环境保护公益活动连续五年以上且无违法记录。

符合前款规定的社会组织向人民法院提起诉讼,人民法院应当依法受理。

提起诉讼的社会组织不得通过诉讼牟取经济利益。

第六章 法律责任

第五十九条 【按日计罚】企业事业单位和其他生产经营者违法排放污染物,受到罚款处罚,被责令改正,拒不改正的,依法作出处罚决定的行政机关可以自责令改正之日的次日起,按照原处罚数额按日连续处罚。

前款规定的罚款处罚,依照有关法律法规按照防治污染设施的运行成本、违法行为造成的直接损失或者违法所得等因素确定的规定执行。

地方性法规可以根据环境保护的实际需要,增加第一款规定的按日连续处罚的违法行为的种类。

第六十条 【超标超总量的法律责任】企业事业单位和其他生产经营者超过污染物排放标准或者超过重点污染物排放总量控制指标排放污染物的,县级以上人民政府环境保护主管部门可以责令其采取限制生产、停产整治等措施;情节严重的,报经有批准权的人民政府批准,责令停业、关闭。

第六十一条 【未批先建的法律责任】建设单位未依法提交建设项目环境影响评价文件或者环境影响评价文件未经批准,擅自开工建设的,由负有环境保护监督管理职责的部门责令停止建设,处以罚款,并可以责令恢复原状。

第六十二条　【不依法公开环境信息的法律责任】违反本法规定,重点排污单位不公开或者不如实公开环境信息的,由县级以上地方人民政府环境保护主管部门责令公开,处以罚款,并予以公告。

第六十三条　【行政处罚】企业事业单位和其他生产经营者有下列行为之一,尚不构成犯罪的,除依照有关法律法规规定予以处罚外,由县级以上人民政府环境保护主管部门或者其他有关部门将案件移送公安机关,对其直接负责的主管人员和其他直接责任人员,处十日以上十五日以下拘留;情节较轻的,处五日以上十日以下拘留:

(一)建设项目未依法进行环境影响评价,被责令停止建设,拒不执行的;

(二)违反法律规定,未取得排污许可证排放污染物,被责令停止排污,拒不执行的;

(三)通过暗管、渗井、渗坑、灌注或者篡改、伪造监测数据,或者不正常运行防治污染设施等逃避监管的方式违法排放污染物的;

(四)生产、使用国家明令禁止生产、使用的农药,被责令改正,拒不改正的。

第六十四条　【民事责任】因污染环境和破坏生态造成损害的,应当依照《中华人民共和国侵权责任法》的有关规定承担侵权责任。

第六十五条　【连带责任】环境影响评价机构、环境监测机构以及从事环境监测设备和防治污染设施维护、运营的机构,在有关环境服务活动中弄虚作假,对造成的环境污染和生态破坏负有责任的,除依照有关法律法规规定予以处罚外,还应当与造成环境污染和生态破坏的其他责任者承担连带责任。

第六十六条　【诉讼时效】提起环境损害赔偿诉讼的时效期间为三年,从当事人知道或者应当知道其受到损害时起计算。

第六十七条　【内部监督】上级人民政府及其环境保护主管部门应当加强对下级人民政府及其有关部门环境保护工作的监督。发现有关工作人员有违法行为,依法应当给予处分的,应当向其任免机关或者监察机关提出处分建议。

依法应当给予行政处罚,而有关环境保护主管部门不给予行政处罚的,上级人民政府环境保护主管部门可以直接作出行政处罚的决定。

第六十八条　【行政处分】地方各级人民政府、县级以上人民政府环境保护主管部门和其他负有环境保护监督管理职责的部门有下列行为之一的,对直接负责的主管人员和其他直接责任人员给予记过、记大过或者降级处分;造成严重后果的,给予撤职或者开除处分,其主要负责人应当引咎辞职:

(一)不符合行政许可条件准予行政许可的;

(二)对环境违法行为进行包庇的;

(三)依法应当作出责令停业、关闭的决定而未作出的;

(四)对超标排放污染物、采用逃避监管的方式排放污染物、造成环境事故以及不落实生态保护措施造成生态破坏等行为,发现或者接到举报未及时查处的;

(五)违反本法规定,查封、扣押企业事业单位和其他生产经营者的设施、设备的;

(六)篡改、伪造或者指使篡改、伪造监测数据的;

(七)应当依法公开环境信息而未公开的;

(八)将征收的排污费截留、挤占或者挪作他用的;

(九)法律法规规定的其他违法行为。

第六十九条　【刑事责任】违反本法规定,构成犯罪的,依法追究刑事责任。

第七章　附　则

第七十条　【实施日期】本法自 2015 年 1 月 1 日起施行。

中华人民共和国环境影响评价法

- 2002 年 10 月 28 日第九届全国人民代表大会常务委员会第三十次会议通过
- 根据 2016 年 7 月 2 日第十二届全国人民代表大会常务委员会第二十一次会议《关于修改〈中华人民共和国节约能源法〉等六部法律的决定》第一次修正
- 根据 2018 年 12 月 29 日第十三届全国人民代表大会常务委员会第七次会议《关于修改〈中华人民共和国劳动法〉等七部法律的决定》第二次修正

第一章　总　则

第一条　为了实施可持续发展战略,预防因规划和建设项目实施后对环境造成不良影响,促进经济、社会、环境的协调发展,制定本法。

第二条　本法所称环境影响评价,是指对规划和建设项目实施后可能造成的环境影响进行分析、预测和评估,提出预防或者减轻不良环境影响的对策和措施,进行跟踪监测的方法与制度。

第三条　编制本法第九条所规定的范围内的规划,

在中华人民共和国领域和中华人民共和国管辖的其他海域内建设对环境有影响的项目,应当依照本法进行环境影响评价。

第四条　环境影响评价必须客观、公开、公正,综合考虑规划或者建设项目实施后对各种环境因素及其所构成的生态系统可能造成的影响,为决策提供科学依据。

第五条　国家鼓励有关单位、专家和公众以适当方式参与环境影响评价。

第六条　国家加强环境影响评价的基础数据库和评价指标体系建设,鼓励和支持对环境影响评价的方法、技术规范进行科学研究,建立必要的环境影响评价信息共享制度,提高环境影响评价的科学性。

国务院生态环境主管部门应当会同国务院有关部门,组织建立和完善环境影响评价的基础数据库和评价指标体系。

第二章　规划的环境影响评价

第七条　国务院有关部门、设区的市级以上地方人民政府及其有关部门,对其组织编制的土地利用的有关规划,区域、流域、海域的建设、开发利用规划,应当在规划编制过程中组织进行环境影响评价,编写该规划有关环境影响的篇章或者说明。

规划有关环境影响的篇章或者说明,应当对规划实施后可能造成的环境影响作出分析、预测和评估,提出预防或者减轻不良环境影响的对策和措施,作为规划草案的组成部分一并报送规划审批机关。

未编写有关环境影响的篇章或者说明的规划草案,审批机关不予审批。

第八条　国务院有关部门、设区的市级以上地方人民政府及其有关部门,对其组织编制的工业、农业、畜牧业、林业、能源、水利、交通、城市建设、旅游、自然资源开发的有关专项规划(以下简称专项规划),应当在该专项规划草案上报审批前,组织进行环境影响评价,并向审批该专项规划的机关提出环境影响报告书。

前款所列专项规划中的指导性规划,按照本法第七条的规定进行环境影响评价。

第九条　依照本法第七条、第八条的规定进行环境影响评价的规划的具体范围,由国务院生态环境主管部门会同国务院有关部门规定,报国务院批准。

第十条　专项规划的环境影响报告书应当包括下列内容:

(一)实施该规划对环境可能造成影响的分析、预测和评估;

(二)预防或者减轻不良环境影响的对策和措施;

(三)环境影响评价的结论。

第十一条　专项规划的编制机关对可能造成不良环境影响并直接涉及公众环境权益的规划,应当在该规划草案报送审批前,举行论证会、听证会,或者采取其他形式,征求有关单位、专家和公众对环境影响报告书草案的意见。但是,国家规定需要保密的情形除外。

编制机关应当认真考虑有关单位、专家和公众对环境影响报告书草案的意见,并应当在报送审查的环境影响报告书中附具对意见采纳或者不采纳的说明。

第十二条　专项规划的编制机关在报批规划草案时,应当将环境影响报告书一并附送审批机关审查;未附送环境影响报告书的,审批机关不予审批。

第十三条　设区的市级以上人民政府在审批专项规划草案,作出决策前,应当先由人民政府指定的生态环境主管部门或者其他部门召集有关部门代表和专家组成审查小组,对环境影响报告书进行审查。审查小组应当提出书面审查意见。

参加前款规定的审查小组的专家,应当从按照国务院生态环境主管部门的规定设立的专家库内的相关专业的专家名单中,以随机抽取的方式确定。

由省级以上人民政府有关部门负责审批的专项规划,其环境影响报告书的审查办法,由国务院生态环境主管部门会同国务院有关部门制定。

第十四条　审查小组提出修改意见的,专项规划的编制机关应当根据环境影响报告书结论和审查意见对规划草案进行修改完善,并对环境影响报告书结论和审查意见的采纳情况作出说明;不采纳的,应当说明理由。

设区的市级以上人民政府或者省级以上人民政府有关部门在审批专项规划草案时,应当将环境影响报告书结论以及审查意见作为决策的重要依据。

在审批中未采纳环境影响报告书结论以及审查意见的,应当作出说明,并存档备查。

第十五条　对环境有重大影响的规划实施后,编制机关应当及时组织环境影响的跟踪评价,并将评价结果报告审批机关;发现有明显不良环境影响的,应当及时提出改进措施。

第三章　建设项目的环境影响评价

第十六条　国家根据建设项目对环境的影响程度,对建设项目的环境影响评价实行分类管理。

建设单位应当按照下列规定组织编制环境影响报告书、环境影响报告表或者填报环境影响登记表(以下统称

环境影响评价文件):

(一)可能造成重大环境影响的,应当编制环境影响报告书,对产生的环境影响进行全面评价;

(二)可能造成轻度环境影响的,应当编制环境影响报告表,对产生的环境影响进行分析或者专项评价;

(三)对环境影响很小、不需要进行环境影响评价的,应当填报环境影响登记表。

建设项目的环境影响评价分类管理名录,由国务院生态环境主管部门制定并公布。

第十七条 建设项目的环境影响报告书应当包括下列内容:

(一)建设项目概况;

(二)建设项目周围环境现状;

(三)建设项目对环境可能造成影响的分析、预测和评估;

(四)建设项目环境保护措施及其技术、经济论证;

(五)建设项目对环境影响的经济损益分析;

(六)对建设项目实施环境监测的建议;

(七)环境影响评价的结论。

环境影响报告表和环境影响登记表的内容和格式,由国务院生态环境主管部门制定。

第十八条 建设项目的环境影响评价,应当避免与规划的环境影响评价相重复。

作为一项整体建设项目的规划,按照建设项目进行环境影响评价,不进行规划的环境影响评价。

已经进行了环境影响评价的规划包含具体建设项目的,规划的环境影响评价结论应当作为建设项目环境影响评价的重要依据,建设项目环境影响评价的内容应当根据规划的环境影响评价审查意见予以简化。

第十九条 建设单位可以委托技术单位对其建设项目开展环境影响评价,编制建设项目环境影响报告书、环境影响报告表;建设单位具备环境影响评价技术能力的,可以自行对其建设项目开展环境影响评价,编制建设项目环境影响报告书、环境影响报告表。

编制建设项目环境影响报告书、环境影响报告表应当遵守国家有关环境影响评价标准、技术规范等规定。

国务院生态环境主管部门应当制定建设项目环境影响报告书、环境影响报告表编制的能力建设指南和监管办法。

接受委托为建设单位编制建设项目环境影响报告书、环境影响报告表的技术单位,不得与负责审批建设项目环境影响报告书、环境影响报告表的生态环境主管部门或者其他有关审批部门存在任何利益关系。

第二十条 建设单位应当对建设项目环境影响报告书、环境影响报告表的内容和结论负责,接受委托编制建设项目环境影响报告书、环境影响报告表的技术单位对其编制的建设项目环境影响报告书、环境影响报告表承担相应责任。

设区的市级以上人民政府生态环境主管部门应当加强对建设项目环境影响报告书、环境影响报告表编制单位的监督管理和质量考核。

负责审批建设项目环境影响报告书、环境影响报告表的生态环境主管部门应当将编制单位、编制主持人和主要编制人员的相关违法信息记入社会诚信档案,并纳入全国信用信息共享平台和国家企业信用信息公示系统向社会公布。

任何单位和个人不得为建设单位指定编制建设项目环境影响报告书、环境影响报告表的技术单位。

第二十一条 除国家规定需要保密的情形外,对环境可能造成重大影响、应当编制环境影响报告书的建设项目,建设单位应当在报批建设项目环境影响报告书前,举行论证会、听证会,或者采取其他形式,征求有关单位、专家和公众的意见。

建设单位报批的环境影响报告书应当附具对有关单位、专家和公众的意见采纳或者不采纳的说明。

第二十二条 建设项目的环境影响报告书、报告表,由建设单位按照国务院的规定报有审批权的生态环境主管部门审批。

海洋工程建设项目的海洋环境影响报告书的审批,依照《中华人民共和国海洋环境保护法》的规定办理。

审批部门应当自收到环境影响报告书之日起六十日内,收到环境影响报告表之日起三十日内,分别作出审批决定并书面通知建设单位。

国家对环境影响登记表实行备案管理。

审核、审批建设项目环境影响报告书、报告表以及备案环境影响登记表,不得收取任何费用。

第二十三条 国务院生态环境主管部门负责审批下列建设项目的环境影响评价文件:

(一)核设施、绝密工程等特殊性质的建设项目;

(二)跨省、自治区、直辖市行政区域的建设项目;

(三)由国务院审批的或者由国务院授权有关部门审批的建设项目。

前款规定以外的建设项目的环境影响评价文件的审批权限,由省、自治区、直辖市人民政府规定。

建设项目可能造成跨行政区域的不良环境影响，有关生态环境主管部门对该项目的环境影响评价结论有争议的，其环境影响评价文件由共同的上一级生态环境主管部门审批。

第二十四条 建设项目的环境影响评价文件经批准后，建设项目的性质、规模、地点、采用的生产工艺或者防治污染、防止生态破坏的措施发生重大变动的，建设单位应当重新报批建设项目的环境影响评价文件。

建设项目的环境影响评价文件自批准之日起超过五年，方决定该项目开工建设的，其环境影响评价文件应当报原审批部门重新审核；原审批部门应当自收到建设项目环境影响评价文件之日起十日内，将审核意见书面通知建设单位。

第二十五条 建设项目的环境影响评价文件未依法经审批部门审查或者审查后未予批准的，建设单位不得开工建设。

第二十六条 建设项目建设过程中，建设单位应当同时实施环境影响报告书、环境影响报告表以及环境影响评价文件审批部门审批意见中提出的环境保护对策措施。

第二十七条 在项目建设、运行过程中产生不符合经审批的环境影响评价文件的情形的，建设单位应当组织环境影响的后评价，采取改进措施，并报原环境影响评价文件审批部门和建设项目审批部门备案；原环境影响评价文件审批部门也可以责成建设单位进行环境影响的后评价，采取改进措施。

第二十八条 生态环境主管部门应当对建设项目投入生产或者使用后所产生的环境影响进行跟踪检查，对造成严重环境污染或者生态破坏的，应当查清原因、查明责任。对属于建设项目环境影响报告书、环境影响报告表存在基础资料明显不实，内容存在重大缺陷、遗漏或者虚假，环境影响评价结论不正确或者不合理等严重质量问题的，依照本法第三十二条的规定追究建设单位及其相关责任人员和接受委托编制建设项目环境影响报告书、环境影响报告表的技术单位及其相关人员的法律责任；属于审批部门工作人员失职、渎职，对依法不应批准的建设项目环境影响报告书、环境影响报告表予以批准的，依照本法第三十四条的规定追究其法律责任。

第四章　法律责任

第二十九条 规划编制机关违反本法规定，未组织环境影响评价，或者组织环境影响评价时弄虚作假或者有失职行为，造成环境影响评价严重失实的，对直接负责的主管人员和其他直接责任人员，由上级机关或者监察机关依法给予行政处分。

第三十条 规划审批机关对依法应当编写有关环境影响的篇章或者说明而未编写的规划草案，依法应当附送环境影响报告书而未附送的专项规划草案，违法予以批准的，对直接负责的主管人员和其他直接责任人员，由上级机关或者监察机关依法给予行政处分。

第三十一条 建设单位未依法报批建设项目环境影响报告书、报告表，或者未依照本法第二十四条的规定重新报批或者报请重新审核环境影响报告书、报告表，擅自开工建设的，由县级以上生态环境主管部门责令停止建设，根据违法情节和危害后果，处建设项目总投资额百分之一以上百分之五以下的罚款，并可以责令恢复原状；对建设单位直接负责的主管人员和其他直接责任人员，依法给予行政处分。

建设项目环境影响报告书、报告表未经批准或者未经原审批部门重新审核同意，建设单位擅自开工建设的，依照前款的规定处罚、处分。

建设单位未依法备案建设项目环境影响登记表的，由县级以上生态环境主管部门责令备案，处五万元以下的罚款。

海洋工程建设项目的建设单位有本条所列违法行为的，依照《中华人民共和国海洋环境保护法》的规定处罚。

第三十二条 建设项目环境影响报告书、环境影响报告表存在基础资料明显不实，内容存在重大缺陷、遗漏或者虚假，环境影响评价结论不正确或者不合理等严重质量问题的，由设区的市级以上人民政府生态环境主管部门对建设单位处五十万元以上二百万元以下的罚款，并对建设单位的法定代表人、主要负责人、直接负责的主管人员和其他直接责任人员，处五万元以上二十万元以下的罚款。

接受委托编制建设项目环境影响报告书、环境影响报告表的技术单位违反国家有关环境影响评价标准和技术规范等规定，致使其编制的建设项目环境影响报告书、环境影响报告表存在基础资料明显不实，内容存在重大缺陷、遗漏或者虚假，环境影响评价结论不正确或者不合理等严重质量问题的，由设区的市级以上人民政府生态环境主管部门对技术单位处所收费用三倍以上五倍以下的罚款；情节严重的，禁止从事环境影响报告书、环境影响报告表编制工作；有违法所得的，没收违法所得。

编制单位有本条第一款、第二款规定的违法行为的，编制主持人和主要编制人员五年内禁止从事环境影响报告书、环境影响报告表编制工作；构成犯罪的，依法追究刑事责任，并终身禁止从事环境影响报告书、环境影响报告表编制工作。

第三十三条 负责审核、审批、备案建设项目环境影响评价文件的部门在审批、备案中收取费用的，由其上级机关或者监察机关责令退还；情节严重的，对直接负责的主管人员和其他直接责任人员依法给予行政处分。

第三十四条 生态环境主管部门或者其他部门的工作人员徇私舞弊，滥用职权，玩忽职守，违法批准建设项目环境影响评价文件的，依法给予行政处分；构成犯罪的，依法追究刑事责任。

第五章 附　则

第三十五条 省、自治区、直辖市人民政府可以根据本地的实际情况，要求对本辖区的县级人民政府编制的规划进行环境影响评价。具体办法由省、自治区、直辖市参照本法第二章的规定制定。

第三十六条 军事设施建设项目的环境影响评价办法，由中央军事委员会依照本法的原则制定。

第三十七条 本法自 2003 年 9 月 1 日起施行。

中华人民共和国固体废物污染环境防治法

- 1995 年 10 月 30 日第八届全国人民代表大会常务委员会第十六次会议通过
- 2004 年 12 月 29 日第十届全国人民代表大会常务委员会第十三次会议第一次修订
- 根据 2013 年 6 月 29 日第十二届全国人民代表大会常务委员会第三次会议《关于修改〈中华人民共和国文物保护法〉等十二部法律的决定》第一次修正
- 根据 2015 年 4 月 24 日第十二届全国人民代表大会常务委员会第十四次会议《关于修改〈中华人民共和国港口法〉等七部法律的决定》第二次修正
- 根据 2016 年 11 月 7 日第十二届全国人民代表大会常务委员会第二十四次会议《关于修改〈中华人民共和国对外贸易法〉等十二部法律的决定》第三次修正
- 2020 年 4 月 29 日第十三届全国人民代表大会常务委员会第十七次会议第二次修订
- 2020 年 4 月 29 日中华人民共和国主席令第 43 号公布
- 自 2020 年 9 月 1 日起施行

第一章 总　则

第一条 为了保护和改善生态环境，防治固体废物污染环境，保障公众健康，维护生态安全，推进生态文明建设，促进经济社会可持续发展，制定本法。

第二条 固体废物污染环境的防治适用本法。

固体废物污染海洋环境的防治和放射性固体废染环境的防治不适用本法。

第三条 国家推行绿色发展方式，促进清洁生产和循环经济发展。

国家倡导简约适度、绿色低碳的生活方式，引导公众积极参与固体废物污染环境防治。

第四条 固体废物污染环境防治坚持减量化、资源化和无害化的原则。

任何单位和个人都应当采取措施，减少固体废物的产生量，促进固体废物的综合利用，降低固体废物的危害性。

第五条 固体废物污染环境防治坚持污染担责的原则。

产生、收集、贮存、运输、利用、处置固体废物的单位和个人，应当采取措施，防止或者减少固体废物对环境的污染，对所造成的环境污染依法承担责任。

第六条 国家推行生活垃圾分类制度。

生活垃圾分类坚持政府推动、全民参与、城乡统筹、因地制宜、简便易行的原则。

第七条 地方各级人民政府对本行政区域固体废物污染环境防治负责。

国家实行固体废物污染环境防治目标责任制和考核评价制度，将固体废物污染环境防治目标完成情况纳入考核评价的内容。

第八条 各级人民政府应当加强对固体废物污染环境防治工作的领导，组织、协调、督促有关部门依法履行固体废物污染环境防治监督管理职责。

省、自治区、直辖市之间可以协商建立跨行政区域固体废物污染环境的联防联控机制，统筹规划制定、设施建设、固体废物转移等工作。

第九条 国务院生态环境主管部门对全国固体废物污染环境防治工作实施统一监督管理。国务院发展改革、工业和信息化、自然资源、住房城乡建设、交通运输、农业农村、商务、卫生健康、海关等主管部门在各自职责范围内负责固体废物污染环境防治的监督管理工作。

地方人民政府生态环境主管部门对本行政区域固体废物污染环境防治工作实施统一监督管理。地方人民政府发展改革、工业和信息化、自然资源、住房城乡建设、交通运输、农业农村、商务、卫生健康等主管部门在各自职责范围内负责固体废物污染环境防治的监督管理工作。

第十条 国家鼓励、支持固体废物污染环境防治的科学研究、技术开发、先进技术推广和科学普及，加强固体废物污染环境防治科技支撑。

第十一条　国家机关、社会团体、企业事业单位、基层群众性自治组织和新闻媒体应当加强固体废物污染环境防治宣传教育和科学普及，增强公众固体废物污染环境防治意识。

学校应当开展生活垃圾分类以及其他固体废物污染环境防治知识普及和教育。

第十二条　各级人民政府对在固体废物污染环境防治工作以及相关的综合利用活动中做出显著成绩的单位和个人，按照国家有关规定给予表彰、奖励。

第二章　监督管理

第十三条　县级以上人民政府应当将固体废物污染环境防治工作纳入国民经济和社会发展规划、生态环境保护规划，并采取有效措施减少固体废物的产生量、促进固体废物的综合利用、降低固体废物的危害性，最大限度降低固体废物填埋量。

第十四条　国务院生态环境主管部门应当会同国务院有关部门根据国家环境质量标准和国家经济、技术条件，制定固体废物鉴别标准、鉴别程序和国家固体废物污染环境防治技术标准。

第十五条　国务院标准化主管部门应当会同国务院发展改革、工业和信息化、生态环境、农业农村等主管部门，制定固体废物综合利用标准。

综合利用固体废物应当遵守生态环境法律法规，符合固体废物污染环境防治技术标准。使用固体废物综合利用产物应当符合国家规定的用途、标准。

第十六条　国务院生态环境主管部门应当会同国务院有关部门建立全国危险废物等固体废物污染环境防治信息平台，推进固体废物收集、转移、处置等全过程监控和信息化追溯。

第十七条　建设产生、贮存、利用、处置固体废物的项目，应当依法进行环境影响评价，并遵守国家有关建设项目环境保护管理的规定。

第十八条　建设项目的环境影响评价文件确定需要配套建设的固体废物污染环境防治设施，应当与主体工程同时设计、同时施工、同时投入使用。建设项目的初步设计，应当按照环境保护设计规范的要求，将固体废物污染环境防治内容纳入环境影响评价文件，落实防治固体废物污染环境和破坏生态的措施以及固体废物污染环境防治设施投资概算。

建设单位应当依照有关法律法规的规定，对配套建设的固体废物污染环境防治设施进行验收，编制验收报告，并向社会公开。

第十九条　收集、贮存、运输、利用、处置固体废物的单位和其他生产经营者，应当加强对相关设施、设备和场所的管理和维护，保证其正常运行和使用。

第二十条　产生、收集、贮存、运输、利用、处置固体废物的单位和其他生产经营者，应当采取防扬散、防流失、防渗漏或者其他防止污染环境的措施，不得擅自倾倒、堆放、丢弃、遗撒固体废物。

禁止任何单位或者个人向江河、湖泊、运河、渠道、水库及其最高水位线以下的滩地和岸坡以及法律法规规定的其他地点倾倒、堆放、贮存固体废物。

第二十一条　在生态保护红线区域，永久基本农田集中区域和其他需要特别保护的区域内，禁止建设工业固体废物、危险废物集中贮存、利用、处置的设施、场所和生活垃圾填埋场。

第二十二条　转移固体废物出省、自治区、直辖市行政区域贮存、处置的，应当向固体废物移出地的省、自治区、直辖市人民政府生态环境主管部门提出申请。移出地的省、自治区、直辖市人民政府生态环境主管部门应当及时商经接受地的省、自治区、直辖市人民政府生态环境主管部门同意后，在规定期限内批准转移该固体废物出省、自治区、直辖市行政区域。未经批准的，不得转移。

转移固体废物出省、自治区、直辖市行政区域利用的，应当报固体废物移出地的省、自治区、直辖市人民政府生态环境主管部门备案。移出地的省、自治区、直辖市人民政府生态环境主管部门应当将备案信息通报接受地的省、自治区、直辖市人民政府生态环境主管部门。

第二十三条　禁止中华人民共和国境外的固体废物进境倾倒、堆放、处置。

第二十四条　国家逐步实现固体废物零进口，由国务院生态环境主管部门会同国务院商务、发展改革、海关等主管部门组织实施。

第二十五条　海关发现进口货物疑似固体废物的，可以委托专业机构开展属性鉴别，并根据鉴别结论依法管理。

第二十六条　生态环境主管部门及其环境执法机构和其他负有固体废物污染环境防治监督管理职责的部门，在各自职责范围内有权对从事产生、收集、贮存、运输、利用、处置固体废物等活动的单位和其他生产经营者进行现场检查。被检查者应当如实反映情况，并提供必要的资料。

实施现场检查，可以采取现场监测、采集样品、查阅或者复制与固体废物污染环境防治相关的资料等措施。

检查人员进行现场检查,应当出示证件。对现场检查中知悉的商业秘密应当保密。

第二十七条 有下列情形之一,生态环境主管部门和其他负有固体废物污染环境防治监督管理职责的部门,可以对违法收集、贮存、运输、利用、处置的固体废物及设施、设备、场所、工具、物品予以查封、扣押:

(一)可能造成证据灭失、被隐匿或者非法转移的;

(二)造成或者可能造成严重环境污染的。

第二十八条 生态环境主管部门应当会同有关部门建立产生、收集、贮存、运输、利用、处置固体废物的单位和其他生产经营者信用记录制度,将相关信用记录纳入全国信用信息共享平台。

第二十九条 设区的市级人民政府生态环境主管部门应当会同住房城乡建设、农业农村、卫生健康等主管部门,定期向社会发布固体废物的种类、产生量、处置能力、利用处置状况等信息。

产生、收集、贮存、运输、利用、处置固体废物的单位,应当依法及时公开固体废物污染环境防治信息,主动接受社会监督。

利用、处置固体废物的单位,应当依法向公众开放设施、场所,提高公众环境保护意识和参与程度。

第三十条 县级以上人民政府应当将工业固体废物、生活垃圾、危险废物等固体废物污染环境防治情况纳入环境状况和环境保护目标完成情况年度报告,向本级人民代表大会或者人民代表大会常务委员会报告。

第三十一条 任何单位和个人都有权对造成固体废物污染环境的单位和个人进行举报。

生态环境主管部门和其他负有固体废物污染环境防治监督管理职责的部门应当将固体废物污染环境防治举报方式向社会公布,方便公众举报。

接到举报的部门应当及时处理并对举报人的相关信息予以保密;对实名举报并查证属实的,给予奖励。

举报人举报所在单位的,该单位不得以解除、变更劳动合同或者其他方式对举报人进行打击报复。

第三章　工业固体废物

第三十二条 国务院生态环境主管部门应当会同国务院发展改革、工业和信息化等主管部门对工业固体废物对公众健康、生态环境的危害和影响程度等作出界定,制定防治工业固体废物污染环境的技术政策,组织推广先进的防治工业固体废物污染环境的生产工艺和设备。

第三十三条 国务院工业和信息化主管部门应当会同国务院有关部门组织研究开发、推广减少工业固体废物产生量和降低工业固体废物危害性的生产工艺和设备,公布限期淘汰产生严重污染环境的工业固体废物的落后生产工艺、设备的名录。

生产者、销售者、进口者、使用者应当在国务院工业和信息化主管部门会同国务院有关部门规定的期限内分别停止生产、销售、进口或者使用列入前款规定名录中的设备。生产工艺的采用者应当在国务院工业和信息化主管部门会同国务院有关部门规定的期限内停止采用列入前款规定名录中的工艺。

列入限期淘汰名录被淘汰的设备,不得转让给他人使用。

第三十四条 国务院工业和信息化主管部门应当会同国务院发展改革、生态环境等主管部门,定期发布工业固体废物综合利用技术、工艺、设备和产品导向目录,组织开展工业固体废物资源综合利用评价,推动工业固体废物综合利用。

第三十五条 县级以上地方人民政府应当制定工业固体废物污染环境防治工作规划,组织建设工业固体废物集中处置等设施,推动工业固体废物污染环境防治工作。

第三十六条 产生工业固体废物的单位应当建立健全工业固体废物产生、收集、贮存、运输、利用、处置全过程的污染环境防治责任制度,建立工业固体废物管理台账,如实记录产生工业固体废物的种类、数量、流向、贮存、利用、处置等信息,实现工业固体废物可追溯、可查询,并采取防治工业固体废物污染环境的措施。

禁止向生活垃圾收集设施中投放工业固体废物。

第三十七条 产生工业固体废物的单位委托他人运输、利用、处置工业固体废物的,应当对受托方的主体资格和技术能力进行核实,依法签订书面合同,在合同中约定污染防治要求。

受托方运输、利用、处置工业固体废物,应当依照有关法律法规的规定和合同约定履行污染防治要求,并将运输、利用、处置情况告知产生工业固体废物的单位。

产生工业固体废物的单位违反本条第一款规定的,除依照有关法律法规的规定予以处罚外,还应当与造成环境污染和生态破坏的受托方承担连带责任。

第三十八条 产生工业固体废物的单位应当依法实施清洁生产审核,合理选择和利用原材料、能源和其他资源,采用先进的生产工艺和设备,减少工业固体废物的产生量,降低工业固体废物的危害性。

第三十九条 产生工业固体废物的单位应当取得排

污许可证。排污许可的具体办法和实施步骤由国务院规定。

产生工业固体废物的单位应当向所在地生态环境主管部门提供工业固体废物的种类、数量、流向、贮存、利用、处置等有关资料，以及减少工业固体废物产生、促进综合利用的具体措施，并执行排污许可管理制度的相关规定。

第四十条 产生工业固体废物的单位应当根据经济、技术条件对工业固体废物加以利用；对暂时不利用或者不能利用的，应当按照国务院生态环境等主管部门的规定建设贮存设施、场所，安全分类存放，或者采取无害化处置措施。贮存工业固体废物应采取符合国家环境保护标准的防护措施。

建设工业固体废物贮存、处置的设施、场所，应当符合国家环境保护标准。

第四十一条 产生工业固体废物的单位终止的，应当在终止前对工业固体废物的贮存、处置的设施、场所采取污染防治措施，并对未处置的工业固体废物作出妥善处置，防止污染环境。

产生工业固体废物的单位发生变更的，变更后的单位应当按照国家有关环境保护的规定对未处置的工业固体废物及其贮存、处置的设施、场所进行安全处置或者采取有效措施保证该设施、场所安全运行。变更前当事人对工业固体废物及其贮存、处置的设施、场所的污染防治责任另有约定的，从其约定；但是，不得免除当事人的污染防治义务。

对 2005 年 4 月 1 日前已经终止的单位未处置的工业固体废物及其贮存、处置的设施、场所进行安全处置的费用，由有关人民政府承担；但是，该单位享有的土地使用权依法转让的，应当由土地使用权受让人承担处置费用。当事人另有约定的，从其约定；但是，不得免除当事人的污染防治义务。

第四十二条 矿山企业应当采取科学的开采方法和选矿工艺，减少尾矿、煤矸石、废石等矿业固体废物的产生量和贮存量。

国家鼓励采取先进工艺对尾矿、煤矸石、废石等矿业固体废物进行综合利用。

尾矿、煤矸石、废石等矿业固体废物贮存设施停止使用后，矿山企业应当按照国家有关环境保护等规定进行封场，防止造成环境污染和生态破坏。

第四章　生活垃圾

第四十三条 县级以上地方人民政府应当加快建立分类投放、分类收集、分类运输、分类处理的生活垃圾管理系统，实现生活垃圾分类制度有效覆盖。

县级以上地方人民政府应当建立生活垃圾分类工作协调机制，加强和统筹生活垃圾分类管理能力建设。

各级人民政府及其有关部门应当组织开展生活垃圾分类宣传，教育引导公众养成生活垃圾分类习惯，督促和指导生活垃圾分类工作。

第四十四条 县级以上地方人民政府应当有计划地改进燃料结构，发展清洁能源，减少燃料废渣等固体废物的产生量。

县级以上地方人民政府有关部门应当加强产品生产和流通过程管理，避免过度包装，组织净菜上市，减少生活垃圾的产生量。

第四十五条 县级以上人民政府应当统筹安排建设城乡生活垃圾收集、运输、处理设施，确定设施厂址，提高生活垃圾的综合利用和无害化处置水平，促进生活垃圾收集、处理的产业化发展，逐步建立和完善生活垃圾污染环境防治的社会服务体系。

县级以上地方人民政府有关部门应当统筹规划，合理安排回收、分拣、打包网点，促进生活垃圾的回收利用工作。

第四十六条 地方各级人民政府应当加强农村生活垃圾污染环境的防治，保护和改善农村人居环境。

国家鼓励农村生活垃圾源头减量。城乡结合部、人口密集的农村地区和其他有条件的地方，应当建立城乡一体的生活垃圾管理系统；其他农村地区应当积极探索生活垃圾管理模式，因地制宜，就近就地利用或者妥善处理生活垃圾。

第四十七条 设区的市级以上人民政府环境卫生主管部门应当制定生活垃圾清扫、收集、贮存、运输和处理设施、场所建设运行规范，发布生活垃圾分类指导目录，加强监督管理。

第四十八条 县级以上地方人民政府环境卫生等主管部门应当组织对城乡生活垃圾进行清扫、收集、运输和处理，可以通过招标等方式选择具备条件的单位从事生活垃圾的清扫、收集、运输和处理。

第四十九条 产生生活垃圾的单位、家庭和个人应当依法履行生活垃圾源头减量和分类投放义务，承担生活垃圾产生者责任。

任何单位和个人都应当依法在指定的地点分类投放生活垃圾。禁止随意倾倒、抛撒、堆放或者焚烧生活垃圾。

机关、事业单位等应当在生活垃圾分类工作中起示范带头作用。

已经分类投放的生活垃圾，应当按照规定分类收集、分类运输、分类处理。

第五十条 清扫、收集、运输、处理城乡生活垃圾，应当遵守国家有关环境保护和环境卫生管理的规定，防止污染环境。

从生活垃圾中分类并集中收集的有害垃圾，属于危险废物的，应当按照危险废物管理。

第五十一条 从事公共交通运输的经营单位，应当及时清扫、收集运输过程中产生的生活垃圾。

第五十二条 农贸市场、农产品批发市场等应当加强环境卫生管理，保持环境卫生清洁，对所产生的垃圾及时清扫、分类收集、妥善处理。

第五十三条 从事城市新区开发、旧区改建和住宅小区开发建设、村镇建设的单位，以及机场、码头、车站、公园、商场、体育场馆等公共设施、场所的经营管理单位，应当按照国家有关环境卫生的规定，配套建设生活垃圾收集设施。

县级以上地方人民政府应当统筹生活垃圾公共转运、处理设施与前款规定的收集设施的有效衔接，并加强生活垃圾分类收运体系和再生资源回收体系在规划、建设、运营等方面的融合。

第五十四条 从生活垃圾中回收的物质应当按照国家规定的用途、标准使用，不得用于生产可能危害人体健康的产品。

第五十五条 建设生活垃圾处理设施、场所，应当符合国务院生态环境主管部门和国务院住房城乡建设主管部门规定的环境保护和环境卫生标准。

鼓励相邻地区统筹生活垃圾处理设施建设，促进生活垃圾处理设施跨行政区域共建共享。

禁止擅自关闭、闲置或者拆除生活垃圾处理设施、场所；确有必要关闭、闲置或者拆除的，应当经所在地的市、县级人民政府环境卫生主管部门商所在地生态环境主管部门同意后核准，并采取防止污染环境的措施。

第五十六条 生活垃圾处理单位应当按照国家有关规定，安装使用监测设备，实时监测污染物的排放情况，将污染排放数据实时公开。监测设备应当与所在地生态环境主管部门的监控设备联网。

第五十七条 县级以上地方人民政府环境卫生主管部门负责组织开展厨余垃圾资源化、无害化处理工作。

产生、收集厨余垃圾的单位和其他生产经营者，应当将厨余垃圾交由具备相应资质条件的单位进行无害化处理。

禁止畜禽养殖场、养殖小区利用未经无害化处理的厨余垃圾饲喂畜禽。

第五十八条 县级以上地方人民政府应当按照产生者付费原则，建立生活垃圾处理收费制度。

县级以上地方人民政府制定生活垃圾处理收费标准，应当根据本地实际，结合生活垃圾分类情况，体现分类计价、计量收费等差别化管理，并充分征求公众意见。生活垃圾处理收费标准应当向社会公布。

生活垃圾处理费应当专项用于生活垃圾的收集、运输和处理等，不得挪作他用。

第五十九条 省、自治区、直辖市和设区的市、自治州可以结合实际，制定本地方生活垃圾具体管理办法。

第五章 建筑垃圾、农业固体废物等

第六十条 县级以上地方人民政府应当加强建筑垃圾污染环境的防治，建立建筑垃圾分类处理制度。

县级以上地方人民政府应当制定包括源头减量、分类处理、消纳设施和场所布局及建设等在内的建筑垃圾污染环境防治工作规划。

第六十一条 国家鼓励采用先进技术、工艺、设备和管理措施，推进建筑垃圾源头减量，建立建筑垃圾回收利用体系。

县级以上地方人民政府应当推动建筑垃圾综合利用产品应用。

第六十二条 县级以上地方人民政府环境卫生主管部门负责建筑垃圾污染环境防治工作，建立建筑垃圾全过程管理制度，规范建筑垃圾产生、收集、贮存、运输、利用、处置行为，推进综合利用，加强建筑垃圾处置设施、场所建设，保障处置安全，防止污染环境。

第六十三条 工程施工单位应当编制建筑垃圾处理方案，采取污染防治措施，并报县级以上地方人民政府环境卫生主管部门备案。

工程施工单位应当及时清运工程施工过程中产生的建筑垃圾等固体废物，并按照环境卫生主管部门的规定进行利用或者处置。

工程施工单位不得擅自倾倒、抛撒或者堆放工程施工过程中产生的建筑垃圾。

第六十四条 县级以上人民政府农业农村主管部门负责指导农业固体废物回收利用体系建设，鼓励和引导有关单位和其他生产经营者依法收集、贮存、运输、利用、处置农业固体废物，加强监督管理，防止污染环境。

第六十五条 产生秸秆、废弃农用薄膜、农药包装废弃物等农业固体废物的单位和其他生产经营者,应当采取回收利用和其他防止污染环境的措施。

从事畜禽规模养殖应当及时收集、贮存、利用或者处置养殖过程中产生的畜禽粪污等固体废物,避免造成环境污染。

禁止在人口集中地区、机场周围、交通干线附近以及当地人民政府划定的其他区域露天焚烧秸秆。

国家鼓励研究开发、生产、销售、使用在环境中可降解且无害的农用薄膜。

第六十六条 国家建立电器电子、铅蓄电池、车用动力电池等产品的生产者责任延伸制度。

电器电子、铅蓄电池、车用动力电池等产品的生产者应当按照规定以自建或者委托等方式建立与产品销售量相匹配的废旧产品回收体系,并向社会公开,实现有效回收和利用。

国家鼓励产品的生产者开展生态设计,促进资源回收利用。

第六十七条 国家对废弃电器电子产品等实行多渠道回收和集中处理制度。

禁止将废弃机动车船等交由不符合规定条件的企业或者个人回收、拆解。

拆解、利用、处置废弃电器电子产品、废弃机动车船等,应当遵守有关法律法规的规定,采取防止污染环境的措施。

第六十八条 产品和包装物的设计、制造,应当遵守国家有关清洁生产的规定。国务院标准化主管部门应当根据国家经济和技术条件、固体废物污染环境防治状况以及产品的技术要求,组织制定有关标准,防止过度包装造成环境污染。

生产经营者应当遵守限制商品过度包装的强制性标准,避免过度包装。县级以上地方人民政府市场监督管理部门和有关部门应当按照各自职责,加强对过度包装的监督管理。

生产、销售、进口依法被列入强制回收目录的产品和包装物的企业,应当按照国家有关规定对该产品和包装物进行回收。

电子商务、快递、外卖等行业应当优先采用可重复使用、易回收利用的包装物,优化物品包装,减少包装物的使用,并积极回收利用包装物。县级以上地方人民政府商务、邮政等主管部门应当加强监督管理。

国家鼓励和引导消费者使用绿色包装和减量包装。

第六十九条 国家依法禁止、限制生产、销售和使用不可降解塑料袋等一次性塑料制品。

商品零售场所开办单位、电子商务平台企业和快递企业、外卖企业应当按照国家有关规定向商务、邮政等主管部门报告塑料袋等一次性塑料制品的使用、回收情况。

国家鼓励和引导减少使用、积极回收塑料袋等一次性塑料制品,推广应用可循环、易回收、可降解的替代产品。

第七十条 旅游、住宿等行业应当按照国家有关规定推行不主动提供一次性用品。

机关、企业事业单位等的办公场所应当使用有利于保护环境的产品、设备和设施,减少使用一次性办公用品。

第七十一条 城镇污水处理设施维护运营单位或者污泥处理单位应当安全处理污泥,保证处理后的污泥符合国家有关标准,对污泥的流向、用途、用量等进行跟踪、记录,并报告城镇排水主管部门、生态环境主管部门。

县级以上人民政府城镇排水主管部门应当将污泥处理设施纳入城镇排水与污水处理规划,推动同步建设污泥处理设施与污水处理设施,鼓励协同处理,污水处理费征收标准和补偿范围应当覆盖污泥处理成本和污水处理设施正常运营成本。

第七十二条 禁止擅自倾倒、堆放、丢弃、遗撒城镇污水处理设施产生的污泥和处理后的污泥。

禁止重金属或者其他有毒有害物质含量超标的污泥进入农用地。

从事水体清淤疏浚应当按照国家有关规定处理清淤疏浚过程中产生的底泥,防止污染环境。

第七十三条 各级各类实验室及其设立单位应当加强对实验室产生的固体废物的管理,依法收集、贮存、运输、利用、处置实验室固体废物。实验室固体废物属于危险废物的,应当按照危险废物管理。

第六章 危险废物

第七十四条 危险废物污染环境的防治,适用本章规定;本章未作规定的,适用本法其他有关规定。

第七十五条 国务院生态环境主管部门应当会同国务院有关部门制定国家危险废物名录,规定统一的危险废物鉴别标准、鉴别方法、识别标志和鉴别单位管理要求。国家危险废物名录应当动态调整。

国务院生态环境主管部门根据危险废物的危害特性和产生数量,科学评估其环境风险,实施分级分类管理,建立信息化监管体系,并通过信息手段管理、共享危险废物转移数据和信息。

第七十六条　省、自治区、直辖市人民政府应当组织有关部门编制危险废物集中处置设施、场所的建设规划,科学评估危险废物处置需求,合理布局危险废物集中处置设施、场所,确保本行政区域的危险废物得到妥善处置。

编制危险废物集中处置设施、场所的建设规划,应当征求有关行业协会、企业事业单位、专家和公众等方面的意见。

相邻省、自治区、直辖市之间可以开展区域合作,统筹建设区域性危险废物集中处置设施、场所。

第七十七条　对危险废物的容器和包装物以及收集、贮存、运输、利用、处置危险废物的设施、场所,应当按照规定设置危险废物识别标志。

第七十八条　产生危险废物的单位,应当按照国家有关规定制定危险废物管理计划;建立危险废物管理台账,如实记录有关信息,并通过国家危险废物信息管理系统向所在地生态环境主管部门申报危险废物的种类、产生量、流向、贮存、处置等有关资料。

前款所称危险废物管理计划应当包括减少危险废物产生量和降低危险废物危害性的措施以及危险废物贮存、利用、处置措施。危险废物管理计划应当报产生危险废物的单位所在地生态环境主管部门备案。

产生危险废物的单位已经取得排污许可证的,执行排污许可管理制度的规定。

第七十九条　产生危险废物的单位,应当按照国家有关规定和环境保护标准要求贮存、利用、处置危险废物,不得擅自倾倒、堆放。

第八十条　从事收集、贮存、利用、处置危险废物经营活动的单位,应当按照国家有关规定申请取得许可证。许可证的具体管理办法由国务院制定。

禁止无许可证或者未按照许可证规定从事危险废物收集、贮存、利用、处置的经营活动。

禁止将危险废物提供或者委托给无许可证的单位或者其他生产经营者从事收集、贮存、利用、处置活动。

第八十一条　收集、贮存危险废物,应当按照危险废物特性分类进行。禁止混合收集、贮存、运输、处置性质不相容而未经安全性处置的危险废物。

贮存危险废物应当采取符合国家环境保护标准的防护措施。禁止将危险废物混入非危险废物中贮存。

从事收集、贮存、利用、处置危险废物经营活动的单位,贮存危险废物不得超过一年;确需延长期限的,应当报经颁发许可证的生态环境主管部门批准;法律、行政法规另有规定的除外。

第八十二条　转移危险废物的,应当按照国家有关规定填写、运行危险废物电子或者纸质转移联单。

跨省、自治区、直辖市转移危险废物的,应当向危险废物移出地省、自治区、直辖市人民政府生态环境主管部门申请。移出地省、自治区、直辖市人民政府生态环境主管部门应当及时商经接受地省、自治区、直辖市人民政府生态环境主管部门同意后,在规定期限内批准转移该危险废物,并将批准信息通报相关省、自治区、直辖市人民政府生态环境主管部门和交通运输主管部门。未经批准的,不得转移。

危险废物转移管理应当全程管控、提高效率,具体办法由国务院生态环境主管部门会同国务院交通运输主管部门和公安部门制定。

第八十三条　运输危险废物,应当采取防止污染环境的措施,并遵守国家有关危险货物运输管理的规定。

禁止将危险废物与旅客在同一运输工具上载运。

第八十四条　收集、贮存、运输、利用、处置危险废物的场所、设施、设备和容器、包装物及其他物品转作他用时,应当按照国家有关规定经过消除污染处理,方可使用。

第八十五条　产生、收集、贮存、运输、利用、处置危险废物的单位,应当依法制定意外事故的防范措施和应急预案,并向所在地生态环境主管部门和其他负有固体废物污染环境防治监督管理职责的部门备案;生态环境主管部门和其他负有固体废物污染环境防治监督管理职责的部门应当进行检查。

第八十六条　因发生事故或者其他突发性事件,造成危险废物严重污染环境的单位,应当立即采取有效措施消除或者减轻对环境的污染危害,及时通报可能受到污染危害的单位和居民,并向所在地生态环境主管部门和有关部门报告,接受调查处理。

第八十七条　在发生或者有证据证明可能发生危险废物严重污染环境、威胁居民生命财产安全时,生态环境主管部门或者其他负有固体废物污染环境防治监督管理职责的部门应当立即向本级人民政府和上一级人民政府有关部门报告,由人民政府采取防止或者减轻危害的有效措施。有关人民政府可以根据需要责令停止导致或者可能导致环境污染事故的作业。

第八十八条　重点危险废物集中处置设施、场所退役前,运营单位应当按照国家有关规定对设施、场所采取污染防治措施。退役的费用应当预提,列入投资概算或者生产成本,专门用于重点危险废物集中处置设施、场所的退役。具体提取和管理办法,由国务院财政部门、价格主管部门会同国务院生态环境主管部门规定。

第八十九条 禁止经中华人民共和国过境转移危险废物。

第九十条 医疗废物按照国家危险废物名录管理。县级以上地方人民政府应当加强医疗废物集中处置能力建设。

县级以上人民政府卫生健康、生态环境等主管部门应当在各自职责范围内加强对医疗废物收集、贮存、运输、处置的监督管理,防止危害公众健康、污染环境。

医疗卫生机构应当依法分类收集本单位产生的医疗废物,交由医疗废物集中处置单位处置。医疗废物集中处置单位应当及时收集、运输和处置医疗废物。

医疗卫生机构和医疗废物集中处置单位,应当采取有效措施,防止医疗废物流失、泄漏、渗漏、扩散。

第九十一条 重大传染病疫情等突发事件发生时,县级以上人民政府应当统筹协调医疗废物等危险废物收集、贮存、运输、处置等工作,保障所需的车辆、场地、处置设施和防护物资。卫生健康、生态环境、环境卫生、交通运输等主管部门应当协同配合,依法履行应急处置职责。

第七章 保障措施

第九十二条 国务院有关部门、县级以上地方人民政府及其有关部门在编制国土空间规划和相关专项规划时,应当统筹生活垃圾、建筑垃圾、危险废物等固体废物转运、集中处置等设施建设需求,保障转运、集中处置等设施用地。

第九十三条 国家采取有利于固体废物污染环境防治的经济、技术政策和措施,鼓励、支持有关方面采取有利于固体废物污染环境防治的措施,加强对从事固体废物污染环境防治工作人员的培训和指导,促进固体废物污染环境防治产业专业化、规模化发展。

第九十四条 国家鼓励和支持科研单位、固体废物产生单位、固体废物利用单位、固体废物处置单位等联合攻关,研究开发固体废物综合利用、集中处置等的新技术,推动固体废物污染环境防治技术进步。

第九十五条 各级人民政府应当加强固体废物污染环境的防治,按照事权划分的原则安排必要的资金用于下列事项:

(一)固体废物污染环境防治的科学研究、技术开发;

(二)生活垃圾分类;

(三)固体废物集中处置设施建设;

(四)重大传染病疫情等突发事件产生的医疗废物等危险废物应急处置;

(五)涉及固体废物污染环境防治的其他事项。

使用资金应当加强绩效管理和审计监督,确保资金使用效益。

第九十六条 国家鼓励和支持社会力量参与固体废物污染环境防治工作,并按照国家有关规定给予政策扶持。

第九十七条 国家发展绿色金融,鼓励金融机构加大对固体废物污染环境防治项目的信贷投放。

第九十八条 从事固体废物综合利用等固体废物污染环境防治工作的,依照法律、行政法规的规定,享受税收优惠。

国家鼓励并提倡社会各界为防治固体废物污染环境捐赠财产,并依照法律、行政法规的规定,给予税收优惠。

第九十九条 收集、贮存、运输、利用、处置危险废物的单位,应当按照国家有关规定,投保环境污染责任保险。

第一百条 国家鼓励单位和个人购买、使用综合利用产品和可重复使用产品。

县级以上人民政府及其有关部门在政府采购过程中,应当优先采购综合利用产品和可重复使用产品。

第八章 法律责任

第一百零一条 生态环境主管部门或者其他负有固体废物污染环境防治监督管理职责的部门违反本法规定,有下列行为之一,由本级人民政府或者上级人民政府有关部门责令改正,对直接负责的主管人员和其他直接责任人员依法给予处分:

(一)未依法作出行政许可或者办理批准文件的;

(二)对违法行为进行包庇的;

(三)未依法查封、扣押的;

(四)发现违法行为或者接到对违法行为的举报后未予查处的;

(五)有其他滥用职权、玩忽职守、徇私舞弊等违法行为的。

依照本法规定应当作出行政处罚决定而未作出的,上级主管部门可以直接作出行政处罚决定。

第一百零二条 违反本法规定,有下列行为之一,由生态环境主管部门责令改正,处以罚款,没收违法所得;情节严重的,报经有批准权的人民政府批准,可以责令停业或者关闭：

（一）产生、收集、贮存、运输、利用、处置固体废物的单位未依法及时公开固体废物污染环境防治信息的；

（二）生活垃圾处理单位未按照国家有关规定安装使用监测设备、实时监测污染物的排放情况并公开污染排放数据的；

（三）将列入限期淘汰名录被淘汰的设备转让给他人使用的；

（四）在生态保护红线区域、永久基本农田集中区域和其他需要特别保护的区域内，建设工业固体废物、危险废物集中贮存、利用、处置的设施、场所和生活垃圾填埋场的；

（五）转移固体废物出省、自治区、直辖市行政区域贮存、处置未经批准的；

（六）转移固体废物出省、自治区、直辖市行政区域利用未报备案的；

（七）擅自倾倒、堆放、丢弃、遗撒工业固体废物，或者未采取相应防范措施，造成工业固体废物扬散、流失、渗漏或者其他环境污染的；

（八）产生工业固体废物的单位未建立固体废物管理台账并如实记录的；

（九）产生工业固体废物的单位违反本法规定委托他人运输、利用、处置工业固体废物的；

（十）贮存工业固体废物未采取符合国家环境保护标准的防护措施的；

（十一）单位和其他生产经营者违反固体废物管理其他要求，污染环境、破坏生态的。

有前款第一项、第八项行为之一，处五万元以上二十万元以下的罚款；有前款第二项、第三项、第四项、第五项、第六项、第九项、第十项、第十一项行为之一，处十万元以上一百万元以下的罚款；有前款第七项行为，处所需处置费用一倍以上三倍以下的罚款，所需处置费用不足十万元的，按十万元计算。对前款第十一项行为的处罚，有关法律、行政法规另有规定的，适用其规定。

第一百零三条　违反本法规定，以拖延、围堵、滞留执法人员等方式拒绝、阻挠监督检查，或者在接受监督检查时弄虚作假的，由生态环境主管部门或者其他负有固体废物污染环境防治监督管理职责的部门责令改正，处五万元以上二十万元以下的罚款；对直接负责的主管人员和其他直接责任人员，处二万元以上十万元以下的罚款。

第一百零四条　违反本法规定，未依法取得排污许可证产生工业固体废物的，由生态环境主管部门责令改正或者限制生产、停产整治，处十万元以上一百万元以下的罚款；情节严重的，报经有批准权的人民政府批准，责令停业或者关闭。

第一百零五条　违反本法规定，生产经营者未遵守限制商品过度包装的强制性标准的，由县级以上地方人民政府市场监督管理部门或者有关部门责令改正；拒不改正的，处二千元以上二万元以下的罚款；情节严重的，处二万元以上十万元以下的罚款。

第一百零六条　违反本法规定，未遵守国家有关禁止、限制使用不可降解塑料袋等一次性塑料制品的规定，或者未按照国家有关规定报告塑料袋等一次性塑料制品的使用情况的，由县级以上地方人民政府商务、邮政等主管部门责令改正，处一万元以上十万元以下的罚款。

第一百零七条　从事畜禽规模养殖未及时收集、贮存、利用或者处置养殖过程中产生的畜禽粪污等固体废物的，由生态环境主管部门责令改正，可以处十万元以下的罚款；情节严重的，报经有批准权的人民政府批准，责令停业或者关闭。

第一百零八条　违反本法规定，城镇污水处理设施维护运营单位或者污泥处理单位对污泥流向、用途、用量等未进行跟踪、记录，或者处理后的污泥不符合国家有关标准的，由城镇排水主管部门责令改正，给予警告；造成严重后果的，处十万元以上二十万元以下的罚款；拒不改正的，城镇排水主管部门可以指定有治理能力的单位代为治理，所需费用由违法者承担。

违反本法规定，擅自倾倒、堆放、丢弃、遗撒城镇污水处理设施产生的污泥和处理后的污泥的，由城镇排水主管部门责令改正，处二十万元以上二百万元以下的罚款，对直接负责的主管人员和其他直接责任人员处二万元以上十万元以下的罚款；造成严重后果的，处二百万元以上五百万元以下的罚款，对直接负责的主管人员和其他直接责任人员处五万元以上五十万元以下的罚款；拒不改正的，城镇排水主管部门可以指定有治理能力的单位代为治理，所需费用由违法者承担。

第一百零九条　违反本法规定，生产、销售、进口或者使用淘汰的设备，或者采用淘汰的生产工艺的，由县级以上地方人民政府指定的部门责令改正，处十万元以上一百万元以下的罚款，没收违法所得；情节严重的，由县级以上地方人民政府指定的部门提出意见，报经有批准权的人民政府批准，责令停业或者关闭。

第一百一十条　尾矿、煤矸石、废石等矿业固体废物贮存设施停止使用后,未按照国家有关环境保护规定进行封场的,由生态环境主管部门责令改正,处二十万元以上一百万元以下的罚款。

第一百一十一条　违反本法规定,有下列行为之一,由县级以上地方人民政府环境卫生主管部门责令改正,处以罚款,没收违法所得:

(一)随意倾倒、抛撒、堆放或者焚烧生活垃圾的;

(二)擅自关闭、闲置或者拆除生活垃圾处理设施、场所的;

(三)工程施工单位未编制建筑垃圾处理方案报备案,或者未及时清运施工过程中产生的固体废物的;

(四)工程施工单位擅自倾倒、抛撒或者堆放工程施工过程中产生的建筑垃圾,或者未按照规定对施工过程中产生的固体废物进行利用或者处置的;

(五)产生、收集厨余垃圾的单位和其他生产经营者未将厨余垃圾交由具备相应资质条件的单位进行无害化处理的;

(六)畜禽养殖场、养殖小区利用未经无害化处理的厨余垃圾饲喂畜禽的;

(七)在运输过程中沿途丢弃、遗撒生活垃圾的。

单位有前款第一项、第七项行为之一,处五万元以上五十万元以下的罚款;单位有前款第二项、第三项、第四项、第五项、第六项行为之一,处十万元以上一百万元以下的罚款;个人有前款第一项、第五项、第七项行为之一,处一百元以上五百元以下的罚款。

违反本法规定,未在指定的地点分类投放生活垃圾的,由县级以上地方人民政府环境卫生主管部门责令改正;情节严重的,对单位处五万元以上五十万元以下的罚款,对个人依法处以罚款。

第一百一十二条　违反本法规定,有下列行为之一,由生态环境主管部门责令改正,处以罚款,没收违法所得;情节严重的,报经有批准权的人民政府批准,可以责令停业或者关闭:

(一)未按照规定设置危险废物识别标志的;

(二)未按照国家有关规定制定危险废物管理计划或者申报危险废物有关资料的;

(三)擅自倾倒、堆放危险废物的;

(四)将危险废物提供或者委托给无许可证的单位或者其他生产经营者从事经营活动的;

(五)未按照国家有关规定填写、运行危险废物转移联单或者未经批准擅自转移危险废物的;

(六)未按照国家环境保护标准贮存、利用、处置危险废物或者将危险废物混入非危险废物中贮存的;

(七)未经安全性处置,混合收集、贮存、运输、处置具有不相容性质的危险废物的;

(八)将危险废物与旅客在同一运输工具上载运的;

(九)未经消除污染处理,将收集、贮存、运输、处置危险废物的场所、设施、设备和容器、包装物及其他物品转作他用的;

(十)未采取相应防范措施,造成危险废物扬散、流失、渗漏或者其他环境污染的;

(十一)在运输过程中沿途丢弃、遗撒危险废物的;

(十二)未制定危险废物意外事故防范措施和应急预案的;

(十三)未按照国家有关规定建立危险废物管理台账并如实记录的。

有前款第一项、第二项、第五项、第六项、第七项、第八项、第九项、第十二项、第十三项行为之一,处十万元以上一百万元以下的罚款;有前款第三项、第四项、第十项、第十一项行为之一,处所需处置费用三倍以上五倍以下的罚款,所需处置费用不足二十万元的,按二十万元计算。

第一百一十三条　违反本法规定,危险废物产生者未按照规定处置其产生的危险废物被责令改正后拒不改正的,由生态环境主管部门组织代为处置,处置费用由危险废物产生者承担;拒不承担代为处置费用的,处代为处置费用一倍以上三倍以下的罚款。

第一百一十四条　无许可证从事收集、贮存、利用、处置危险废物经营活动的,由生态环境主管部门责令改正,处一百万元以上五百万元以下的罚款,并报经有批准权的人民政府批准,责令停业或者关闭;对法定代表人、主要负责人、直接负责的主管人员和其他责任人员,处十万元以上一百万元以下的罚款。

未按照许可证规定从事收集、贮存、利用、处置危险废物经营活动的,由生态环境主管部门责令改正,限制生产、停产整治,处五十万元以上二百万元以下的罚款;对法定代表人、主要负责人、直接负责的主管人员和其他责任人员,处五万元以上五十万元以下的罚款;情节严重的,报经有批准权的人民政府批准,责令停业或者关闭,还可以由发证机关吊销许可证。

第一百一十五条　违反本法规定,将中华人民共和国境外的固体废物输入境内的,由海关责令退运该固体废物,处五十万元以上五百万元以下的罚款。

承运人对前款规定的固体废物的退运、处置,与进口者承担连带责任。

第一百一十六条　违反本法规定，经中华人民共和国过境转移危险废物的，由海关责令退运该危险废物，处五十万元以上五百万元以下的罚款。

第一百一十七条　对已经非法入境的固体废物，由省级以上人民政府生态环境主管部门依法向海关提出处理意见，海关应当依照本法第一百一十五条的规定作出处罚决定；已经造成环境污染的，由省级以上人民政府生态环境主管部门责令进口者消除污染。

第一百一十八条　违反本法规定，造成固体废物污染环境事故的，除依法承担赔偿责任外，由生态环境主管部门依照本条第二款的规定处以罚款，责令限期采取治理措施；造成重大或者特大固体废物污染环境事故的，还可以报经有批准权的人民政府批准，责令关闭。

造成一般或者较大固体废物污染环境事故的，按照事故造成的直接经济损失的一倍以上三倍以下计算罚款；造成重大或者特大固体废物污染环境事故的，按照事故造成的直接经济损失的三倍以上五倍以下计算罚款，并对法定代表人、主要负责人、直接负责的主管人员和其他责任人员处上一年度从本单位取得的收入百分之五十以下的罚款。

第一百一十九条　单位和其他生产经营者违反本法规定排放固体废物，受到罚款处罚，被责令改正的，依法作出处罚决定的行政机关应当组织复查，发现其继续实施该违法行为的，依照《中华人民共和国环境保护法》的规定按日连续处罚。

第一百二十条　违反本法规定，有下列行为之一，尚不构成犯罪的，由公安机关对法定代表人、主要负责人、直接负责的主管人员和其他责任人员处十日以上十五日以下的拘留；情节较轻的，处五日以上十日以下的拘留：

（一）擅自倾倒、堆放、丢弃、遗撒固体废物，造成严重后果的；

（二）在生态保护红线区域、永久基本农田集中区域和其他需要特别保护的区域内，建设工业固体废物、危险废物集中贮存、利用、处置的设施、场所和生活垃圾填埋场的；

（三）将危险废物提供或者委托给无许可证的单位或者其他生产经营者堆放、利用、处置的；

（四）无许可证或者未按照许可证规定从事收集、贮存、利用、处置危险废物经营活动的；

（五）未经批准擅自转移危险废物的；

（六）未采取防范措施，造成危险废物扬散、流失、渗漏或者其他严重后果的。

第一百二十一条　固体废物污染环境、破坏生态，损害国家利益、社会公共利益的，有关机关和组织可以依照《中华人民共和国环境保护法》、《中华人民共和国民事诉讼法》、《中华人民共和国行政诉讼法》等法律的规定向人民法院提起诉讼。

第一百二十二条　固体废物污染环境、破坏生态给国家造成重大损失的，由设区的市级以上地方人民政府或者其指定的部门、机构组织与造成环境污染和生态破坏的单位和其他生产经营者进行磋商，要求其承担损害赔偿责任；磋商未达成一致的，可以向人民法院提起诉讼。

对于执法过程中查获的无法确定责任人或者无法退运的固体废物，由所在地县级以上地方人民政府组织处理。

第一百二十三条　违反本法规定，构成违反治安管理行为的，由公安机关依法给予治安管理处罚；构成犯罪的，依法追究刑事责任；造成人身、财产损害的，依法承担民事责任。

第九章　附　则

第一百二十四条　本法下列用语的含义：

（一）固体废物，是指在生产、生活和其他活动中产生的丧失原有利用价值或者虽未丧失利用价值但被抛弃或者放弃的固态、半固态和置于容器中的气态的物品、物质以及法律、行政法规规定纳入固体废物管理的物品、物质。经无害化加工处理，并且符合强制性国家产品质量标准，不会危害公众健康和生态安全，或者根据固体废物鉴别标准和鉴别程序认定为不属于固体废物的除外。

（二）工业固体废物，是指在工业生产活动中产生的固体废物。

（三）生活垃圾，是指在日常生活中或者为日常生活提供服务的活动中产生的固体废物，以及法律、行政法规规定视为生活垃圾的固体废物。

（四）建筑垃圾，是指建设单位、施工单位新建、改建、扩建和拆除各类建筑物、构筑物、管网等，以及居民装饰装修房屋过程中产生的弃土、弃料和其他固体废物。

（五）农业固体废物，是指在农业生产活动中产生的固体废物。

（六）危险废物，是指列入国家危险废物名录或者根据国家规定的危险废物鉴别标准和鉴别方法认定的具有危险特性的固体废物。

（七）贮存，是指将固体废物临时置于特定设施或者场所中的活动。

（八）利用，是指从固体废物中提取物质作为原材料或者燃料的活动。

（九）处置，是指将固体废物焚烧和用其他改变固体废物的物理、化学、生物特性的方法，达到减少已产生的固体废物数量、缩小固体废物体积、减少或者消除其危险成分的活动，或者将固体废物最终置于符合环境保护规定要求的填埋场的活动。

第一百二十五条　液态废物的污染防治，适用本法；但是，排入水体的废水的污染防治适用有关法律，不适用本法。

第一百二十六条　本法自 2020 年 9 月 1 日起施行。

中华人民共和国噪声污染防治法

·2021 年 12 月 24 日第十三届全国人民代表大会常务委员会第三十二次会议通过
·2021 年 12 月 24 日中华人民共和国主席令第 104 号公布
·自 2022 年 6 月 5 日起施行

第一章　总　则

第一条　为了防治噪声污染，保障公众健康，保护和改善生活环境，维护社会和谐，推进生态文明建设，促进经济社会可持续发展，制定本法。

第二条　本法所称噪声，是指在工业生产、建筑施工、交通运输和社会生活中产生的干扰周围生活环境的声音。

本法所称噪声污染，是指超过噪声排放标准或者未依法采取防控措施产生噪声，并干扰他人正常生活、工作和学习的现象。

第三条　噪声污染的防治，适用本法。

因从事本职生产经营工作受到噪声危害的防治，适用劳动保护等其他有关法律的规定。

第四条　噪声污染防治应当坚持统筹规划、源头防控、分类管理、社会共治、损害担责的原则。

第五条　县级以上人民政府应当将噪声污染防治工作纳入国民经济和社会发展规划、生态环境保护规划，将噪声污染防治工作经费纳入本级政府预算。

生态环境保护规划应当明确噪声污染防治目标、任务、保障措施等内容。

第六条　地方各级人民政府对本行政区域声环境质量负责，采取有效措施，改善声环境质量。

国家实行噪声污染防治目标责任制和考核评价制度，将噪声污染防治目标完成情况纳入考核评价内容。

第七条　县级以上地方人民政府应当依照本法和国务院的规定，明确有关部门的噪声污染防治监督管理职责，根据需要建立噪声污染防治工作协调联动机制，加强部门协同配合、信息共享，推进本行政区域噪声污染防治工作。

第八条　国务院生态环境主管部门对全国噪声污染防治实施统一监督管理。

地方人民政府生态环境主管部门对本行政区域噪声污染防治实施统一监督管理。

各级住房和城乡建设、公安、交通运输、铁路监督管理、民用航空、海事等部门，在各自职责范围内，对建筑施工、交通运输和社会生活噪声污染防治实施监督管理。

基层群众性自治组织应当协助地方人民政府及其有关部门做好噪声污染防治工作。

第九条　任何单位和个人都有保护声环境的义务，同时依法享有获取声环境信息、参与和监督噪声污染防治的权利。

排放噪声的单位和个人应当采取有效措施，防止、减轻噪声污染。

第十条　各级人民政府及其有关部门应当加强噪声污染防治法律法规和知识的宣传教育普及工作，增强公众噪声污染防治意识，引导公众依法参与噪声污染防治工作。

新闻媒体应当开展噪声污染防治法律法规和知识的公益宣传，对违反噪声污染防治法律法规的行为进行舆论监督。

国家鼓励基层群众性自治组织、社会组织、公共场所管理者、业主委员会、物业服务人、志愿者等开展噪声污染防治法律法规和知识的宣传。

第十一条　国家鼓励、支持噪声污染防治科学技术研究开发、成果转化和推广应用，加强噪声污染防治专业技术人才培养，促进噪声污染防治科学技术进步和产业发展。

第十二条　对在噪声污染防治工作中做出显著成绩的单位和个人，按照国家规定给予表彰、奖励。

第二章　噪声污染防治标准和规划

第十三条　国家推进噪声污染防治标准体系建设。

国务院生态环境主管部门和国务院其他有关部门，在各自职责范围内，制定和完善噪声污染防治相关标准，加强标准之间的衔接协调。

第十四条　国务院生态环境主管部门制定国家声环境质量标准。

县级以上地方人民政府根据国家声环境质量标准和国土空间规划以及用地现状，划定本行政区域各类声环境质量标准的适用区域;将以用于居住、科学研究、医疗卫生、文化教育、机关团体办公、社会福利等的建筑物为主的区域,划定为噪声敏感建筑物集中区域,加强噪声污染防治。

声环境质量标准适用区域范围和噪声敏感建筑物集中区域范围应当向社会公布。

第十五条　国务院生态环境主管部门根据国家声环境质量标准和国家经济、技术条件,制定国家噪声排放标准以及相关的环境振动控制标准。

省、自治区、直辖市人民政府对尚未制定国家噪声排放标准的,可以制定地方噪声排放标准;对已经制定国家噪声排放标准的,可以制定严于国家噪声排放标准的地方噪声排放标准。地方噪声排放标准应当报国务院生态环境主管部门备案。

第十六条　国务院标准化主管部门会同国务院发展改革、生态环境、工业和信息化、住房和城乡建设、交通运输、铁路监督管理、民用航空、海事等部门,对可能产生噪声污染的工业设备、施工机械、机动车、铁路机车车辆、城市轨道交通车辆、民用航空器、机动船舶、电气电子产品、建筑附属设备等产品,根据声环境保护的要求和国家经济、技术条件,在其技术规范或者产品质量标准中规定噪声限值。

前款规定的产品使用时产生噪声的限值,应当在有关技术文件中注明。禁止生产、进口或者销售不符合噪声限值的产品。

县级以上人民政府市场监督管理等部门对生产、销售的有噪声限值的产品进行监督抽查,对电梯等特种设备使用时发出的噪声进行监督抽测,生态环境主管部门予以配合。

第十七条　声环境质量标准、噪声排放标准和其他噪声污染防治相关标准应当定期评估,并根据评估结果适时修订。

第十八条　各级人民政府及其有关部门制定、修改国土空间规划和相关规划,应当依法进行环境影响评价,充分考虑城乡区域开发、改造和建设项目产生的噪声对周围生活环境的影响,统筹规划,合理安排土地用途和建设布局,防止、减轻噪声污染。有关环境影响篇章、说明或者报告书中应当包括噪声污染防治内容。

第十九条　确定建设布局,应当根据国家声环境质量标准和民用建筑隔声设计相关标准,合理划定建筑物与交通干线等的防噪声距离,并提出相应的规划设计要求。

第二十条　未达到国家声环境质量标准的区域所在的设区的市、县级人民政府,应当及时编制声环境质量改善规划及其实施方案,采取有效措施,改善声环境质量。

声环境质量改善规划及其实施方案应当向社会公开。

第二十一条　编制声环境质量改善规划及其实施方案,制定、修订噪声污染防治相关标准,应当征求有关行业协会、企业事业单位、专家和公众等的意见。

第三章　噪声污染防治的监督管理

第二十二条　排放噪声、产生振动,应当符合噪声排放标准以及相关的环境振动控制标准和有关法律、法规、规章的要求。

排放噪声的单位和公共场所管理者,应当建立噪声污染防治责任制度,明确负责人和相关人员的责任。

第二十三条　国务院生态环境主管部门负责制定噪声监测和评价规范,会同国务院有关部门组织声环境质量监测网络,规划国家声环境质量监测站(点)的设置,组织开展全国声环境质量监测,推进监测自动化,统一发布全国声环境质量状况信息。

地方人民政府生态环境主管部门会同有关部门按照规定设置本行政区域声环境质量监测站(点),组织开展本行政区域声环境质量监测,定期向社会公布声环境质量状况信息。

地方人民政府生态环境等部门应当加强对噪声敏感建筑物周边等重点区域噪声排放情况的调查、监测。

第二十四条　新建、改建、扩建可能产生噪声污染的建设项目,应当依法进行环境影响评价。

第二十五条　建设项目的噪声污染防治设施应当与主体工程同时设计、同时施工、同时投产使用。

建设项目在投入生产或者使用之前,建设单位应当依照有关法律法规的规定,对配套建设的噪声污染防治设施进行验收,编制验收报告,并向社会公开。未经验收或者验收不合格的,该建设项目不得投入生产或者使用。

第二十六条　建设噪声敏感建筑物,应当符合民用建筑隔声设计相关标准要求,不符合标准要求的,不得通过验收、交付使用;在交通干线两侧、工业企业周边等地方建设噪声敏感建筑物,还应当按照规定间隔一定距离,并采取减少振动、降低噪声的措施。

第二十七条　国家鼓励、支持低噪声工艺和设备的研究开发和推广应用,实行噪声污染严重的落后工艺和设备淘汰制度。

国务院发展改革部门会同国务院有关部门确定噪声污染严重的工艺和设备淘汰期限,并纳入国家综合性产业政策目录。

生产者、进口者、销售者或者使用者应当在规定期限内停止生产、进口、销售或者使用列入前款规定目录的设备。工艺的采用者应当在规定期限内停止采用列入前款规定目录的工艺。

第二十八条 对未完成声环境质量改善规划设定目标的地区以及噪声污染问题突出、群众反映强烈的地区，省级以上人民政府生态环境主管部门会同其他负有噪声污染防治监督管理职责的部门约谈该地区人民政府及其有关部门的主要负责人，要求其采取有效措施及时整改。约谈和整改情况应当向社会公开。

第二十九条 生态环境主管部门和其他负有噪声污染防治监督管理职责的部门，有权对排放噪声的单位或者场所进行现场检查。被检查者应当如实反映情况，提供必要的资料，不得拒绝或者阻挠。实施检查的部门、人员对现场检查中知悉的商业秘密应当保密。

检查人员进行现场检查，不得少于两人，并应当主动出示执法证件。

第三十条 排放噪声造成严重污染，被责令改正拒不改正的，生态环境主管部门或者其他负有噪声污染防治监督管理职责的部门，可以查封、扣押排放噪声的场所、设施、设备、工具和物品。

第三十一条 任何单位和个人都有权向生态环境主管部门或者其他负有噪声污染防治监督管理职责的部门举报造成噪声污染的行为。

生态环境主管部门和其他负有噪声污染防治监督管理职责的部门应当公布举报电话、电子邮箱等，方便公众举报。

接到举报的部门应当及时处理并对举报人的相关信息保密。举报事项属于其他部门职责的，接到举报的部门应当及时移送相关部门并告知举报人。举报人要求答复并提供有效联系方式的，处理举报事项的部门应反馈处理结果等情况。

第三十二条 国家鼓励开展宁静小区、静音车厢等宁静区域创建活动，共同维护生活环境和谐安宁。

第三十三条 在举行中等学校招生考试、高等学校招生统一考试等特殊活动期间，地方人民政府或者其指定的部门可以对可能产生噪声影响的活动，作出时间和区域的限制性规定，并提前向社会公告。

第四章 工业噪声污染防治

第三十四条 本法所称工业噪声，是指在工业生产活动中产生的干扰周围生活环境的声音。

第三十五条 工业企业选址应当符合国土空间规划以及相关规划要求，县级以上地方人民政府应当按照规划要求优化工业企业布局，防止工业噪声污染。

在噪声敏感建筑物集中区域，禁止新建排放噪声的工业企业，改建、扩建工业企业的，应当采取有效措施防止工业噪声污染。

第三十六条 排放工业噪声的企业事业单位和其他生产经营者，应当采取有效措施，减少振动、降低噪声，依法取得排污许可证或者填报排污登记表。

实行排污许可管理的单位，不得无排污许可证排放工业噪声，并应当按照排污许可证的要求进行噪声污染防治。

第三十七条 设区的市级以上地方人民政府生态环境主管部门应当按照国务院生态环境主管部门的规定，根据噪声排放、声环境质量改善要求等情况，制定本行政区域噪声重点排污单位名录，向社会公开并适时更新。

第三十八条 实行排污许可管理的单位应当按照规定，对工业噪声开展自行监测，保存原始监测记录，向社会公开监测结果，对监测数据的真实性和准确性负责。

噪声重点排污单位应当按照国家规定，安装、使用、维护噪声自动监测设备，与生态环境主管部门的监控设备联网。

第五章 建筑施工噪声污染防治

第三十九条 本法所称建筑施工噪声，是指在建筑施工过程中产生的干扰周围生活环境的声音。

第四十条 建设单位应当按照规定将噪声污染防治费用列入工程造价，在施工合同中明确施工单位的噪声污染防治责任。

施工单位应当按照规定制定噪声污染防治实施方案，采取有效措施，减少振动、降低噪声。建设单位应当监督施工单位落实噪声污染防治实施方案。

第四十一条 在噪声敏感建筑物集中区域施工作业，应当优先使用低噪声施工工艺和设备。

国务院工业和信息化主管部门会同国务院生态环境、住房和城乡建设、市场监督管理等部门，公布低噪声施工设备指导名录并适时更新。

第四十二条 在噪声敏感建筑物集中区域施工作业，建设单位应当按照国家规定，设置噪声自动监测系统，与监督管理部门联网，保存原始监测记录，对监测数据的真实性和准确性负责。

第四十三条 在噪声敏感建筑物集中区域，禁止夜间进行产生噪声的建筑施工作业，但抢修、抢险施工作业，因生产工艺要求或者其他特殊需要必须连续施工作业的除外。

因特殊需要必须连续施工作业的,应当取得地方人民政府住房和城乡建设、生态环境主管部门或者地方人民政府指定的部门的证明,并在施工现场显著位置公示或者以其他方式公告附近居民。

第六章　交通运输噪声污染防治

第四十四条　本法所称交通运输噪声,是指机动车、铁路机车车辆、城市轨道交通车辆、机动船舶、航空器等交通运输工具在运行时产生的干扰周围生活环境的声音。

第四十五条　各级人民政府及其有关部门制定、修改国土空间规划和交通运输等相关规划,应当综合考虑公路、城市道路、铁路、城市轨道交通线路、水路、港口和民用机场及其起降航线对周围声环境的影响。

新建公路、铁路线路选线设计,应当尽量避开噪声敏感建筑物集中区域。

新建民用机场选址与噪声敏感建筑物集中区域的距离应当符合标准要求。

第四十六条　制定交通基础设施工程技术规范,应当明确噪声污染防治要求。

新建、改建、扩建经过噪声敏感建筑物集中区域的高速公路、城市高架、铁路和城市轨道交通线路等的,建设单位应当在可能造成噪声污染的重点路段设置声屏障或者采取其他减少振动、降低噪声的措施,符合有关交通基础设施工程技术规范以及标准要求。

建设单位违反前款规定的,由县级以上人民政府指定的部门责令制定、实施治理方案。

第四十七条　机动车的消声器和喇叭应当符合国家规定。禁止驾驶拆除或者损坏消声器、加装排气管等擅自改装的机动车以轰鸣、疾驶等方式造成噪声污染。

使用机动车音响器材,应当控制音量,防止噪声污染。

机动车应当加强维修和保养,保持性能良好,防止噪声污染。

第四十八条　机动车、铁路机车车辆、城市轨道交通车辆、机动船舶等交通运输工具运行时,应当按照规定使用喇叭等声响装置。

警车、消防救援车、工程救险车、救护车等机动车安装、使用警报器,应当符合国务院公安等部门的规定;非执行紧急任务,不得使用警报器。

第四十九条　地方人民政府生态环境主管部门会同公安机关根据声环境保护的需要,可以划定禁止机动车行驶和使用喇叭等声响装置的路段和时间,向社会公告,并由公安机关交通管理部门依法设置相关标志、标线。

第五十条　在车站、铁路站场、港口等地指挥作业时使用广播喇叭的,应当控制音量,减轻噪声污染。

第五十一条　公路养护管理单位、城市道路养护维修单位应当加强对公路、城市道路的维护和保养,保持减少振动、降低噪声设施正常运行。

城市轨道交通运营单位、铁路运输企业应当加强对城市轨道交通线路和城市轨道交通车辆、铁路线路和铁路机车车辆的维护和保养,保持减少振动、降低噪声设施正常运行,并按照国家规定进行监测,保存原始监测记录,对监测数据的真实性和准确性负责。

第五十二条　民用机场所在地人民政府,应当根据环境影响评价以及监测结果确定的民用航空器噪声对机场周围生活环境产生影响的范围和程度,划定噪声敏感建筑物禁止建设区域和限制建设区域,并实施控制。

在禁止建设区域禁止新建与航空无关的噪声敏感建筑物。

在限制建设区域确需建设噪声敏感建筑物的,建设单位应当对噪声敏感建筑物进行建筑隔声设计,符合民用建筑隔声设计相关标准要求。

第五十三条　民用航空器应当符合国务院民用航空主管部门规定的适航标准中的有关噪声要求。

第五十四条　民用机场管理机构负责机场起降航空器噪声的管理,会同航空运输企业、通用航空企业、空中交通管理部门等单位,采取低噪声飞行程序、起降跑道优化、运行架次和时段控制、高噪声航空器运行限制或者周围噪声敏感建筑物隔声降噪等措施,防止、减轻民用航空器噪声污染。

民用机场管理机构应当按照国家规定,对机场周围民用航空器噪声进行监测,保存原始监测记录,对监测数据的真实性和准确性负责,监测结果定期向民用航空、生态环境主管部门报送。

第五十五条　因公路、城市道路和城市轨道交通运行排放噪声造成严重污染的,设区的市、县级人民政府应当组织有关部门和其他有关单位对噪声污染情况进行调查评估和责任认定,制定噪声污染综合治理方案。

噪声污染责任单位应当按照噪声污染综合治理方案的要求采取管理或者工程措施,减轻噪声污染。

第五十六条　因铁路运行排放噪声造成严重污染的,铁路运输企业和设区的市、县级人民政府应当对噪声污染情况进行调查,制定噪声污染综合治理方案。

铁路运输企业和设区的市、县级人民政府有关部门和其他有关单位应当按照噪声污染综合治理方案的要求采取有效措施,减轻噪声污染。

第五十七条 因民用航空器起降排放噪声造成严重污染的,民用机场所在地人民政府应当组织有关部门和其他有关单位对噪声污染情况进行调查,综合考虑经济、技术和管理措施,制定噪声污染综合治理方案。

民用机场管理机构、地方各级人民政府和其他有关单位应当按照噪声污染综合治理方案的要求采取有效措施,减轻噪声污染。

第五十八条 制定噪声污染综合治理方案,应当征求有关专家和公众等的意见。

第七章 社会生活噪声污染防治

第五十九条 本法所称社会生活噪声,是指人为活动产生的除工业噪声、建筑施工噪声和交通运输噪声之外的干扰周围生活环境的声音。

第六十条 全社会应当增强噪声污染防治意识,自觉减少社会生活噪声排放,积极开展噪声污染防治活动,形成人人有责、人人参与、人人受益的良好噪声污染防治氛围,共同维护生活环境和谐安宁。

第六十一条 文化娱乐、体育、餐饮等场所的经营管理者应当采取有效措施,防止、减轻噪声污染。

第六十二条 使用空调器、冷却塔、水泵、油烟净化器、风机、发电机、变压器、锅炉、装卸设备等可能产生社会生活噪声污染的设备、设施的企业事业单位和其他经营管理者等,应当采取优化布局、集中排放等措施,防止、减轻噪声污染。

第六十三条 禁止在商业经营活动中使用高音广播喇叭或者采用其他持续反复发出高噪声的方法进行广告宣传。

对商业经营活动中产生的其他噪声,经营者应当采取有效措施,防止噪声污染。

第六十四条 禁止在噪声敏感建筑物集中区域使用高音广播喇叭,但紧急情况以及地方人民政府规定的特殊情形除外。

在街道、广场、公园等公共场所组织或者开展娱乐、健身等活动,应当遵守公共场所管理者有关活动区域、时段、音量等规定,采取有效措施,防止噪声污染;不得违反规定使用音响器材产生过大音量。

公共场所管理者应当合理规定娱乐、健身等活动的区域、时段、音量,可以采取设置噪声自动监测和显示设施等措施加强管理。

第六十五条 家庭及其成员应当培养形成减少噪声产生的良好习惯,乘坐公共交通工具、饲养宠物和其他日常活动尽量避免产生噪声对周围人员造成干扰,互谅互让解决噪声纠纷,共同维护声环境质量。

使用家用电器、乐器或者进行其他家庭室内活动,应当控制音量或者采取其他有效措施,防止噪声污染。

第六十六条 对已竣工交付使用的住宅楼、商铺、办公楼等建筑物进行室内装修活动,应当按照规定限定作业时间,采取有效措施,防止、减轻噪声污染。

第六十七条 新建居民住房的房地产开发经营者应当在销售场所公示住房可能受到噪声影响的情况以及采取或者拟采取的防治措施,并纳入买卖合同。

新建居民住房的房地产开发经营者应当在买卖合同中明确住房的共用设施设备位置和建筑隔声情况。

第六十八条 居民住宅区安装电梯、水泵、变压器等共用设施设备的,建设单位应当合理设置,采取减少振动、降低噪声的措施,符合民用建筑隔声设计相关标准要求。

已建成使用的居民住宅区电梯、水泵、变压器等共用设施设备由专业运营单位负责维护管理,符合民用建筑隔声设计相关标准要求。

第六十九条 基层群众性自治组织指导业主委员会、物业服务人、业主通过制定管理规约或者其他形式,约定本物业管理区域噪声污染防治要求,由业主共同遵守。

第七十条 对噪声敏感建筑物集中区域的社会生活噪声扰民行为,基层群众性自治组织、业主委员会、物业服务人应当及时劝阻、调解;劝阻、调解无效的,可以向负有社会生活噪声污染防治监督管理职责的部门或者地方人民政府指定的部门报告或者投诉,接到报告或者投诉的部门应当依法处理。

第八章 法律责任

第七十一条 违反本法规定,拒绝、阻挠监督检查,或者在接受监督检查时弄虚作假的,由生态环境主管部门或者其他负有噪声污染防治监督管理职责的部门责令改正,处二万元以上二十万元以下的罚款。

第七十二条 违反本法规定,生产、进口、销售超过噪声限值的产品的,由县级以上人民政府市场监督管理部门、海关按照职责责令改正,没收违法所得,并处货值金额一倍以上三倍以下的罚款;情节严重的,报经有批准权的人民政府批准,责令停业、关闭。

违反本法规定,生产、进口、销售、使用淘汰的设备,或者采用淘汰的工艺的,由县级以上人民政府指定的部门责令改正,没收违法所得,并处货值金额一倍以上三倍以下的罚款;情节严重的,报经有批准权的人民政府批准,责令停业、关闭。

第七十三条 违反本法规定,建设单位建设噪声敏感建筑物不符合民用建筑隔声设计相关标准要求的,由县级以上地方人民政府住房和城乡建设主管部门责令改正,处建设工程合同价款百分之二以上百分之四以下的罚款。

违反本法规定,建设单位在噪声敏感建筑物禁止建设区域新建与航空无关的噪声敏感建筑物的,由地方人民政府指定的部门责令停止违法行为,处建设工程合同价款百分之二以上百分之十以下的罚款,并报经有批准权的人民政府批准,责令拆除。

第七十四条 违反本法规定,在噪声敏感建筑物集中区域新建排放噪声的工业企业的,由生态环境主管部门责令停止违法行为,处十万元以上五十万元以下的罚款,并报经有批准权的人民政府批准,责令关闭。

违反本法规定,在噪声敏感建筑物集中区域改建、扩建工业企业,未采取有效措施防止工业噪声污染的,由生态环境主管部门责令改正,处十万元以上五十万元以下的罚款;拒不改正的,报经有批准权的人民政府批准,责令关闭。

第七十五条 违反本法规定,无排污许可证或者超过噪声排放标准排放工业噪声的,由生态环境主管部门责令改正或者限制生产、停产整治,并处二万元以上二十万元以下的罚款;情节严重的,报经有批准权的人民政府批准,责令停业、关闭。

第七十六条 违反本法规定,有下列行为之一,由生态环境主管部门责令改正,处二万元以上二十万元以下的罚款;拒不改正的,责令限制生产、停产整治:

(一)实行排污许可管理的单位未按照规定对工业噪声开展自行监测,未保存原始监测记录,或者未向社会公开监测结果的;

(二)噪声重点排污单位未按照国家规定安装、使用、维护噪声自动监测设备,或者未与生态环境主管部门的监控设备联网的。

第七十七条 违反本法规定,建设单位、施工单位有下列行为之一,由工程所在地人民政府指定的部门责令改正,处一万元以上十万元以下的罚款;拒不改正的,可以责令暂停施工:

(一)超过噪声排放标准排放建筑施工噪声的;

(二)未按照规定取得证明,在噪声敏感建筑物集中区域夜间进行产生噪声的建筑施工作业的。

第七十八条 违反本法规定,有下列行为之一,由工程所在地人民政府指定的部门责令改正,处五千元以上五万元以下的罚款;拒不改正的,处五万元以上二十万元

以下的罚款:

(一)建设单位未按照规定将噪声污染防治费用列入工程造价的;

(二)施工单位未按照规定制定噪声污染防治实施方案,或者未采取有效措施减少振动、降低噪声的;

(三)在噪声敏感建筑物集中区域施工作业的建设单位未按照国家规定设置噪声自动监测系统,未与监督管理部门联网,或者未保存原始监测记录的;

(四)因特殊需要必须连续施工作业,建设单位未按照规定公告附近居民的。

第七十九条 违反本法规定,驾驶拆除或者损坏消声器、加装排气管等擅自改装的机动车轰鸣、疾驶,机动车运行时未按照规定使用声响装置,或者违反禁止机动车行驶和使用声响装置的路段和时间规定的,由县级以上地方人民政府公安机关交通管理部门依照有关道路交通安全的法律法规处罚。

违反本法规定,铁路机车车辆、城市轨道交通车辆、机动船舶等交通运输工具运行时未按照规定使用声响装置的,由交通运输、铁路监督管理、海事等部门或者地方人民政府指定的城市轨道交通有关部门按照职责责令改正,处五千元以上一万元以下的罚款。

第八十条 违反本法规定,有下列行为之一,由交通运输、铁路监督管理、民用航空等部门或者地方人民政府指定的城市道路、城市轨道交通有关部门,按照职责责令改正,处五千元以上五万元以下的罚款;拒不改正的,处五万元以上二十万元以下的罚款:

(一)公路养护管理单位、城市道路养护维修单位、城市轨道交通运营单位、铁路运输企业未履行维护和保养义务,未保持减少振动、降低噪声设施正常运行的;

(二)城市轨道交通运营单位、铁路运输企业未按照国家规定进行监测,或者未保存原始监测记录的;

(三)民用机场管理机构、航空运输企业、通用航空企业未采取措施防止、减轻民用航空器噪声污染的;

(四)民用机场管理机构未按照国家规定对机场周围民用航空器噪声进行监测,未保存原始监测记录,或者监测结果未定期报送的。

第八十一条 违反本法规定,有下列行为之一,由地方人民政府指定的部门责令改正,处五千元以上五万元以下的罚款;拒不改正的,处五万元以上二十万元以下的罚款,并可以报经有批准权的人民政府批准,责令停业:

(一)超过噪声排放标准排放社会生活噪声的;

(二)在商业经营活动中使用高音广播喇叭或者采

用其他持续反复发出高噪声的方法进行广告宣传的;

（三）未对商业经营活动中产生的其他噪声采取有效措施造成噪声污染的。

第八十二条　违反本法规定，有下列行为之一，由地方人民政府指定的部门说服教育，责令改正;拒不改正的，给予警告，对个人可以处二百元以上一千元以下的罚款，对单位可以处二千元以上二万元以下的罚款:

（一）在噪声敏感建筑物集中区域使用高音广播喇叭的;

（二）在公共场所组织或者开展娱乐、健身等活动，未遵守公共场所管理者有关活动区域、时段、音量等规定，未采取有效措施造成噪声污染，或者违反规定使用音响器材产生过大音量的;

（三）对已竣工交付使用的建筑物进行室内装修活动，未按照规定在限定的作业时间内进行，或者未采取有效措施造成噪声污染的;

（四）其他违反法律规定造成社会生活噪声污染的。

第八十三条　违反本法规定，有下列行为之一，由县级以上地方人民政府房产管理部门责令改正，处一万元以上五万元以下的罚款;拒不改正的，责令暂停销售:

（一）新建居民住房的房地产开发经营者未在销售场所公示住房可能受到噪声影响的情况以及采取或者拟采取的防治措施，或者未纳入买卖合同的;

（二）新建居民住房的房地产开发经营者未在买卖合同中明确住房的共用设施设备位置或者建筑隔声情况的。

第八十四条　违反本法规定，有下列行为之一，由地方人民政府指定的部门责令改正，处五千元以上五万元以下的罚款;拒不改正的，处五万元以上二十万元以下的罚款:

（一）居民住宅区安装共用设施设备，设置不合理或者未采取减少振动、降低噪声的措施，不符合民用建筑隔声设计相关标准要求的;

（二）对已建成使用的居民住宅区共用设施设备，专业运营单位未进行维护管理，不符合民用建筑隔声设计相关标准要求的。

第八十五条　噪声污染防治监督管理人员滥用职权、玩忽职守、徇私舞弊的，由监察机关或者任免机关、单位依法给予处分。

第八十六条　受到噪声侵害的单位和个人，有权要求侵权人依法承担民事责任。

对赔偿责任和赔偿金额纠纷，可以根据当事人的请求，由相应的负有噪声污染防治监督管理职责的部门、人民调解委员会调解处理。

国家鼓励排放噪声的单位、个人和公共场所管理者与受到噪声侵害的单位和个人友好协商，通过调整生产经营时间、施工作业时间，采取减少振动、降低噪声措施，支付补偿金、异地安置等方式，妥善解决噪声纠纷。

第八十七条　违反本法规定，产生社会生活噪声，经劝阻、调解和处理未能制止，持续干扰他人正常生活、工作和学习，或者有其他扰乱公共秩序、妨害社会管理等违反治安管理行为的，由公安机关依法给予治安管理处罚。

违反本法规定，构成犯罪的，依法追究刑事责任。

第九章　附　则

第八十八条　本法中下列用语的含义:

（一）噪声排放，是指噪声源向周围生活环境辐射噪声;

（二）夜间，是指晚上十点至次日早晨六点之间的期间，设区的市级以上人民政府可以另行规定本行政区域夜间的起止时间，夜间时段长度为八小时;

（三）噪声敏感建筑物，是指用于居住、科学研究、医疗卫生、文化教育、机关团体办公、社会福利等需要保持安静的建筑物;

（四）交通干线，是指铁路、高速公路、一级公路、二级公路、城市快速路、城市主干路、城市次干路、城市轨道交通线路、内河高等级航道。

第八十九条　省、自治区、直辖市或者设区的市、自治州根据实际情况，制定本地方噪声污染防治具体办法。

第九十条　本法自 2022 年 6 月 5 日起施行。《中华人民共和国环境噪声污染防治法》同时废止。

建设项目环境保护管理条例

· 1998 年 11 月 29 日中华人民共和国国务院令第 253 号发布
· 根据 2017 年 7 月 16 日《国务院关于修改〈建设项目环境保护管理条例〉的决定》修订

第一章　总　则

第一条　为了防止建设项目产生新的污染、破坏生态环境，制定本条例。

第二条　在中华人民共和国领域和中华人民共和国管辖的其他海域内建设对环境有影响的建设项目，适用本条例。

第三条　建设产生污染的建设项目，必须遵守污染物排放的国家标准和地方标准;在实施重点污染物排放总量控制的区域内，还必须符合重点污染物排放总量控制的要求。

第四条　工业建设项目应当采用能耗物耗小、污染物产生量少的清洁生产工艺,合理利用自然资源,防止环境污染和生态破坏。

第五条　改建、扩建项目和技术改造项目必须采取措施,治理与该项目有关的原有环境污染和生态破坏。

第二章　环境影响评价

第六条　国家实行建设项目环境影响评价制度。

第七条　国家根据建设项目对环境的影响程度,按照下列规定对建设项目的环境保护实行分类管理:

(一)建设项目对环境可能造成重大影响的,应当编制环境影响报告书,对建设项目产生的污染和对环境的影响进行全面、详细的评价;

(二)建设项目对环境可能造成轻度影响的,应当编制环境影响报告表,对建设项目产生的污染和对环境的影响进行分析或者专项评价;

(三)建设项目对环境影响很小,不需要进行环境影响评价的,应当填报环境影响登记表。

建设项目环境影响评价分类管理名录,由国务院环境保护行政主管部门在组织专家进行论证和征求有关部门、行业协会、企事业单位、公众等意见的基础上制定并公布。

第八条　建设项目环境影响报告书,应当包括下列内容:

(一)建设项目概况;

(二)建设项目周围环境现状;

(三)建设项目对环境可能造成影响的分析和预测;

(四)环境保护措施及其经济、技术论证;

(五)环境影响经济损益分析;

(六)对建设项目实施环境监测的建议;

(七)环境影响评价结论。

建设项目环境影响报告表、环境影响登记表的内容和格式,由国务院环境保护行政主管部门规定。

第九条　依法应当编制环境影响报告书、环境影响报告表的建设项目,建设单位应当在开工建设前将环境影响报告书、环境影响报告表报有审批权的环境保护行政主管部门审批;建设项目的环境影响评价文件未依法经审批部门审查或者审查后未予批准的,建设单位不得开工建设。

环境保护行政主管部门审批环境影响报告书、环境影响报告表,应当重点审查建设项目的环境可行性、环境影响分析预测评估的可靠性、环境保护措施的有效性、环境影响评价结论的科学性等,并分别自收到环境影响报告书之日起60日内、收到环境影响报告表之日起30日内,作出审批决定并书面通知建设单位。

环境保护行政主管部门可以组织技术机构对建设项目环境影响报告书、环境影响报告表进行技术评估,并承担相应费用;技术机构应当对其提出的技术评估意见负责,不得向建设单位、从事环境影响评价工作的单位收取任何费用。

依法应当填报环境影响登记表的建设项目,建设单位应当按照国务院环境保护行政主管部门的规定将环境影响登记表报建设项目所在地县级环境保护行政主管部门备案。

环境保护行政主管部门应当开展环境影响评价文件网上审批、备案和信息公开。

第十条　国务院环境保护行政主管部门负责审批下列建设项目环境影响报告书、环境影响报告表:

(一)核设施、绝密工程等特殊性质的建设项目;

(二)跨省、自治区、直辖市行政区域的建设项目;

(三)国务院审批的或者国务院授权有关部门审批的建设项目。

前款规定以外的建设项目环境影响报告书、环境影响报告表的审批权限,由省、自治区、直辖市人民政府规定。

建设项目造成跨行政区域环境影响,有关环境保护行政主管部门对环境影响评价结论有争议的,其环境影响报告书或者环境影响报告表由共同上一级环境保护行政主管部门审批。

第十一条　建设项目有下列情形之一的,环境保护行政主管部门应当对环境影响报告书、环境影响报告表作出不予批准的决定:

(一)建设项目类型及其选址、布局、规模等不符合环境保护法律法规和相关法定规划;

(二)所在区域环境质量未达到国家或者地方环境质量标准,且建设项目拟采取的措施不能满足区域环境质量改善目标管理要求;

(三)建设项目采取的污染防治措施无法确保污染物排放达到国家和地方排放标准,或者未采取必要措施预防和控制生态破坏;

(四)改建、扩建和技术改造项目,未针对项目原有环境污染和生态破坏提出有效防治措施;

(五)建设项目的环境影响报告书、环境影响报告表的基础资料数据明显不实,内容存在重大缺陷、遗漏,或者环境影响评价结论不明确、不合理。

第十二条　建设项目环境影响报告书、环境影响报告表经批准后,建设项目的性质、规模、地点、采用的生产工艺或者防治污染、防止生态破坏的措施发生重大变动的,建设单位应当重新报批建设项目环境影响报告书、环境影响报告表。

建设项目环境影响报告书、环境影响报告表自批准之日起满5年,建设项目方开工建设的,其环境影响报告书、环境影响报告表应当报原审批部门重新审核。原审批部门应当自收到建设项目环境影响报告书、环境影响报告表之日起10日内,将审核意见书面通知建设单位;逾期未通知的,视为审核同意。

审核、审批建设项目环境影响报告书、环境影响报告表及备案环境影响登记表,不得收取任何费用。

第十三条　建设单位可以采取公开招标的方式,选择从事环境影响评价工作的单位,对建设项目进行环境影响评价。

任何行政机关不得为建设单位指定从事环境影响评价工作的单位,进行环境影响评价。

第十四条　建设单位编制环境影响报告书,应当依照有关法律规定,征求建设项目所在地有关单位和居民的意见。

第三章　环境保护设施建设

第十五条　建设项目需要配套建设的环境保护设施,必须与主体工程同时设计、同时施工、同时投产使用。

第十六条　建设项目的初步设计,应当按照环境保护设计规范的要求,编制环境保护篇章,落实防治环境污染和生态破坏的措施以及环境保护设施投资概算。

建设单位应当将环境保护设施建设纳入施工合同,保证环境保护设施建设进度和资金,并在项目建设过程中同时组织实施环境影响报告书、环境影响报告表及其审批部门审批决定中提出的环境保护对策措施。

第十七条　编制环境影响报告书、环境影响报告表的建设项目竣工后,建设单位应当按照国务院环境保护行政主管部门规定的标准和程序,对配套建设的环境保护设施进行验收,编制验收报告。

建设单位在环境保护设施验收过程中,应当如实查验、监测、记载建设项目环境保护设施的建设和调试情况,不得弄虚作假。

除按照国家规定需要保密的情形外,建设单位应当依法向社会公开验收报告。

第十八条　分期建设、分期投入生产或者使用的建设项目,其相应的环境保护设施应当分期验收。

第十九条　编制环境影响报告书、环境影响报告表的建设项目,其配套建设的环境保护设施经验收合格,方可投入生产或者使用;未经验收或者验收不合格的,不得投入生产或者使用。

前款规定的建设项目投入生产或者使用后,应当按照国务院环境保护行政主管部门的规定开展环境影响后评价。

第二十条　环境保护行政主管部门应当对建设项目环境保护设施设计、施工、验收、投入生产或者使用情况,以及有关环境影响评价文件确定的其他环境保护措施的落实情况,进行监督检查。

环境保护行政主管部门应当将建设项目有关环境违法信息记入社会诚信档案,及时向社会公开违法者名单。

第四章　法律责任

第二十一条　建设单位有下列行为之一的,依照《中华人民共和国环境影响评价法》的规定处罚:

(一)建设项目环境影响报告书、环境影响报告表未依法报批或者报请重新审核,擅自开工建设;

(二)建设项目环境影响报告书、环境影响报告表未经批准或者重新审核同意,擅自开工建设;

(三)建设项目环境影响登记表未依法备案。

第二十二条　违反本条例规定,建设单位编制建设项目初步设计未落实防治环境污染和生态破坏的措施以及环境保护设施投资概算,未将环境保护设施建设纳入施工合同,或者未依法开展环境影响后评价的,由建设项目所在地县级以上环境保护行政主管部门责令限期改正,处5万元以上20万元以下的罚款;逾期不改正的,处20万元以上100万元以下的罚款。

违反本条例规定,建设单位在项目建设过程中未同时组织实施环境影响报告书、环境影响报告表及其审批部门审批决定中提出的环境保护对策措施的,由建设项目所在地县级以上环境保护行政主管部门责令限期改正,处20万元以上100万元以下的罚款;逾期不改正的,责令停止建设。

第二十三条　违反本条例规定,需要配套建设的环境保护设施未建成、未经验收或者验收不合格,建设项目即投入生产或者使用,或者在环境保护设施验收中弄虚作假的,由县级以上环境保护行政主管部门责令限期改正,处20万元以上100万元以下的罚款;逾期不改正的,处100万元以上200万元以下的罚款;对直接负责的主管人员和其他责任人员,处5万元以上20万元以下的罚款;造成重大环境污染或者生态破坏的,责令停止生产或者使用,或者报经有批准权的人民政府批准,责令关闭。

违反本条例规定,建设单位未依法向社会公开环境保护设施验收报告的,由县级以上环境保护行政主管部门责令公开,处5万元以上20万元以下的罚款,并予以公告。

第二十四条　违反本条例规定,技术机构向建设单位、从事环境影响评价工作的单位收取费用的,由县级以上环境保护行政主管部门责令退还所收费用,处所收费用1倍以上3倍以下的罚款。

第二十五条　从事建设项目环境影响评价工作的单位,在环境影响评价工作中弄虚作假的,由县级以上环境保护行政主管部门处所收费用1倍以上3倍以下的罚款。

第二十六条　环境保护行政主管部门的工作人员徇私舞弊、滥用职权、玩忽职守,构成犯罪的,依法追究刑事责任;尚不构成犯罪的,依法给予行政处分。

第五章　附　则

第二十七条　流域开发、开发区建设、城市新区建设和旧区改建等区域性开发,编制建设规划时,应当进行环境影响评价。具体办法由国务院环境保护行政主管部门会同国务院有关部门另行规定。

第二十八条　海洋工程建设项目的环境保护管理,按照国务院关于海洋工程环境保护管理的规定执行。

第二十九条　军事设施建设项目的环境保护管理,按照中央军事委员会的有关规定执行。

第三十条　本条例自发布之日起施行。

建设项目环境影响评价行为准则与廉政规定

·2005年11月23日国家环境保护总局令第30号公布
·根据2021年1月4日《关于废止、修改部分生态环境规章和规范性文件的决定》修订

第一章　总　则

第一条　为规范建设项目环境影响评价行为,加强建设项目环境影响评价管理和廉政建设,保证建设项目环境保护管理工作廉洁高效依法进行,制定本规定。

第二条　本规定适用于建设项目环境影响评价、技术评估、竣工环境保护验收监测或验收调查(以下简称"验收监测或调查")工作,以及建设项目环境影响评价文件审批和建设项目竣工环境保护验收的行为。

第三条　承担建设项目环境影响评价、技术评估、验收监测或调查工作的单位和个人,以及生态环境主管部门及其工作人员,应当遵守国家有关法律、法规、规章、政策和本规定的要求,坚持廉洁、独立、客观、公正的原则,并自觉接受有关方面的监督。

第二章　行为准则

第四条　承担建设项目环境影响评价工作的机构(以下简称"评价机构")或者其环境影响评价技术人员,应当遵守下列规定:

(一)评价机构及评价项目负责人应当对环境影响评价结论负责;

(二)建立严格的环境影响评价文件质量审核制度和质量保证体系,明确责任,落实环境影响评价质量保证措施,并接受生态环境主管部门的日常监督检查;

(三)不得为违反国家产业政策以及国家明令禁止建设的建设项目进行环境影响评价;

(四)必须依照有关的技术规范要求编制环境影响评价文件;

(五)应当合理收费,不得随意抬高、压低评价费用或者采取其他不正当竞争手段;

(六)评价机构不得无任何正当理由拒绝承担环境影响评价工作;

(七)不得转包或者变相转包环境影响评价业务;

(八)应当为建设单位保守技术秘密和业务秘密;

(九)在环境影响评价工作中不得隐瞒真实情况、提供虚假材料、编造数据或者实施其他弄虚作假行为;

(十)应当按照生态环境主管部门的要求,参加其所承担环境影响评价工作的建设项目竣工环境保护验收工作,并如实回答验收委员会(组)提出的问题;

(十一)不得进行其他妨碍环境影响评价工作廉洁、独立、客观、公正的活动。

第五条　承担环境影响评价技术评估工作的单位(以下简称"技术评估机构")或者其技术评估人员、评审专家等,应当遵守下列规定:

(一)技术评估机构及其主要负责人应当对环境影响评价文件的技术评估结论负责;

(二)应当以科学态度和方法,严格依照技术评估工作的有关规定和程序,实事求是,独立、客观、公正地对项目做出技术评估或者提出意见,并接受生态环境主管部门的日常监督检查;

(三)禁止索取或收受建设单位、评价机构或个人馈赠的财物或给予的其他不当利益,不得让建设单位、评价机构或个人报销应由评估机构或者其技术评估人员、评审专家个人负担的费用(按有关规定收取的咨询费等除外);

(四)禁止向建设单位、评价机构或个人提出与技术评估工作无关的要求或暗示,不得接受邀请,参加旅游、社会营业性娱乐场所的活动以及任何赌博性质的活动;

（五）技术评估人员、评审专家不得以个人名义参加环境影响报告书编制工作或者对环境影响评价大纲和环境影响报告书提供咨询；承担技术评估工作时，与建设单位、评价机构或个人有直接利害关系的，应当回避；

（六）技术评估人员、评审专家不得泄露建设单位、评价机构或个人的技术秘密和业务秘密以及评估工作内情，不得擅自对建设单位、评价机构或个人作出与评估工作有关的承诺；

（七）技术评估人员在技术评估工作中，不得接受咨询费、评审费、专家费等相关费用；

（八）不得进行其他妨碍技术评估工作廉洁、独立、客观、公正的活动。

第六条　承担验收监测或调查工作的单位及其验收监测或调查人员，应当遵守下列规定：

（一）验收监测或调查单位及其主要负责人应当对建设项目竣工环境保护验收监测报告或验收调查报告结论负责；

（二）建立严格的质量审核制度和质量保证体系，严格按照国家有关法律法规规章、技术规范和技术要求，开展验收监测或调查工作和编制验收监测或验收调查报告，并接受生态环境主管部门的日常监督检查；

（三）验收监测报告或验收调查报告应当如实反映建设项目环境影响评价文件的落实情况及其效果；

（四）禁止泄露建设项目技术秘密和业务秘密；

（五）在验收监测或调查过程中不得隐瞒真实情况、提供虚假材料、编造数据或者实施其他弄虚作假行为；

（六）验收监测或调查收费应当严格执行国家和地方有关规定；

（七）不得在验收监测或调查工作中为个人谋取私利；

（八）不得进行其他妨碍验收监测或调查工作廉洁、独立、客观、公正的行为。

第七条　建设单位应当依法开展环境影响评价，办理建设项目环境影响评价文件的审批手续，接受并配合技术评估机构的评估、验收监测或调查单位的监测或调查，按要求提供与项目有关的全部资料和信息。

建设单位应当遵守下列规定：

（一）不得在建设项目环境影响评价、技术评估、验收监测或调查和环境影响评价文件审批及环境保护验收过程中隐瞒真实情况、提供虚假材料、编造数据或者实施其他弄虚作假行为；

（二）不得向组织或承担建设项目环境影响评价、技术评估、验收监测或调查和环境影响评价文件审批及环

境保护验收工作的单位或个人馈赠或者许诺馈赠财物或给予其他不当利益；

（三）不得进行其他妨碍建设项目环境影响评价、技术评估、验收监测或调查和环境影响评价文件审批及环境保护验收工作廉洁、独立、客观、公正开展的活动。

第三章　廉政规定

第八条　生态环境主管部门应当坚持标本兼治、综合治理、惩防并举、注重预防的方针，建立健全教育、制度、监督并重的惩治和预防腐败体系。

生态环境主管部门的工作人员在环境影响评价文件审批和环境保护验收工作中应当遵循政治严肃、纪律严明、作风严谨、管理严格和形象严整的原则，在思想上、政治上、言论上、行动上与党中央保持一致，立党为公、执政为民，坚决执行廉政建设规定，开展反腐倡廉活动，严格依法行政，严格遵守组织纪律，密切联系群众，自觉维护公务员形象。

第九条　在建设项目环境影响评价文件审批及环境保护验收工作中，生态环境主管部门及其工作人员应当遵守下列规定：

（一）不得利用工作之便向任何单位指定评价机构，推销环保产品，引荐环保设计、环保设施运营单位，参与有偿中介活动；

（二）不得接受咨询费、评审费、专家费等一切相关费用；

（三）不得参加一切与建设项目环境影响评价文件审批及环境保护验收工作有关的、或由公款支付的宴请；

（四）不得利用工作之便吃、拿、卡、要，收取礼品、礼金、有价证券或物品，或以权谋私搞交易；

（五）不得参与用公款支付的一切娱乐消费活动，严禁参加不健康的娱乐活动；

（六）不得在接待来访或电话咨询中出现冷漠、生硬、蛮横、推诿等态度；

（七）不得有越权、渎职、徇私舞弊，或违反办事公平、公正、公开要求的行为；

（八）不得进行其他妨碍建设项目环境影响评价文件审批及环境保护验收工作廉洁、独立、客观、公正的活动。

第四章　监督检查与责任追究

第十条　生态环境主管部门按照建设项目环境影响评价文件的审批权限，对建设项目环境影响评价、技术评估、验收监测或调查工作进行监督检查。

驻生态环境主管部门的纪检监察部门对建设项目环

境影响评价文件审批和环境保护验收工作,进行监督检查。

上一级生态环境主管部门应对下一级生态环境主管部门的建设项目环境影响评价文件审批和环境保护验收工作,进行监督检查。

第十一条　对建设项目环境影响评价、技术评估、验收监测或调查和建设项目环境影响评价文件审批、环境保护验收工作的监督检查工作,可以采取经常性监督检查和专项性监督检查的形式。

经常性监督检查是指对建设项目环境影响评价、技术评估、验收监测或调查和建设项目环境影响评价文件审批、环境保护验收工作进行全过程的监督检查。

专项性监督检查是指对建设项目环境影响评价、技术评估、验收监测或调查和建设项目环境影响评价文件审批、环境保护验收工作的某个环节或某类项目进行监督检查。

对于重大项目的环境影响评价、技术评估、验收监测或调查和建设项目环境影响评价文件审批、环境保护验收工作,应当采取专项性监督检查方式。

第十二条　任何单位和个人发现建设项目环境影响评价、技术评估、验收监测或调查和建设项目环境影响评价文件审批、环境保护验收工作中存在问题的,可以向生态环境主管部门或者纪检监察部门举报和投诉。

对举报或投诉,应当按照下列规定处理:

(一)对署名举报的,应当为举报人保密。在对反映的问题调查核实、依法做出处理后,应当将核实、处理结果告知举报人并听取意见。对捏造事实,进行诬告陷害的,应依据有关规定处理。

(二)对匿名举报的材料,有具体事实的,应当进行初步核实,并确定处理办法,对重要问题的处理结果,应当在适当范围内通报;没有具体事实的,可登记留存。

(三)对投诉人的投诉,应当严格按照信访工作的有关规定及时办理。

第十三条　生态环境主管部门对建设项目环境影响评价、技术评估、验收监测或调查和建设项目环境影响评价文件审批、环境保护验收工作进行监督检查时,可以采取下列方式:

(一)听取各方当事人的汇报或意见;

(二)查阅与活动有关的文件、合同和其他有关材料;

(三)向有关单位和个人调查核实;

(四)其他适当方式。

第十四条　评价机构违反本规定的,依照《环境影响评价法》、《建设项目环境保护管理条例》和《建设项目环

境影响评价资质管理办法》以及其他有关法律法规的规定,视情节轻重,分别给予警告、通报批评、责令限期整改、缩减评价范围、降低资质等级或者取消评价资质,并采取适当方式向社会公布。

第十五条　技术评估机构违反本规定的,由生态环境主管部门责令改正,并根据情节轻重,给予警告、通报批评、宣布评估意见无效或者禁止该技术评估机构承担或者参加相关技术评估工作。

第十六条　验收监测或调查单位违反本规定的,按照《建设项目竣工环境保护验收管理办法》的有关规定予以处罚。

第十七条　从事环境影响评价、技术评估、验收监测或调查工作的人员违反本规定,依照国家法律法规规章或者其他有关规定给予行政处分或者纪律处分;非法收受财物的,按照国家有关规定没收、追缴或责令退还所收受财物;构成犯罪的,依法移送司法机关追究刑事责任。

对技术评估机构的评估人员或者评估专家,禁止其承担或者参加相关技术评估工作。

第十八条　建设单位违反本规定的,生态环境主管部门应当责令改正,并根据情节轻重,给予记录不良信用、给予警告、通报批评,并采取适当方式向社会公布。

第十九条　生态环境主管部门违反本规定的,按照《环境影响评价法》、《建设项目环境保护管理条例》和有关环境保护违法违纪行为处分办法以及其他有关法律法规规章的规定给予处理。

生态环境主管部门的工作人员违反本规定的,按照《环境影响评价法》、《建设项目环境保护管理条例》和有关环境保护违法违纪行为处分办法以及其他有关法律法规规章的规定给予行政处分;构成犯罪的,依法移送司法机关追究刑事责任。

第五章　附　则

第二十条　规划环境影响评价行为准则与廉政规定可参照本规定执行。

第二十一条　本规定自 2006 年 1 月 1 日起施行。

建设项目环境影响登记表备案管理办法

· 2016 年 11 月 16 日环境保护部令第 41 号公布
· 自 2017 年 1 月 1 日起施行

第一条　为规范建设项目环境影响登记表备案,依据《环境影响评价法》和《建设项目环境保护管理条例》,

制定本办法。

第二条　本办法适用于按照《建设项目环境影响评价分类管理名录》规定应当填报环境影响登记表的建设项目。

第三条　填报环境影响登记表的建设项目，建设单位应当依照本办法规定，办理环境影响登记表备案手续。

第四条　填报环境影响登记表的建设项目应当符合法律法规、政策、标准等要求。

建设单位对其填报的建设项目环境影响登记表内容的真实性、准确性和完整性负责。

第五条　县级环境保护主管部门负责本行政区域内的建设项目环境影响登记表备案管理。

按照国家有关规定，县级环境保护主管部门被调整为市级环境保护主管部门派出分局的，由市级环境保护主管部门组织所属派出分局开展备案管理。

第六条　建设项目的建设地点涉及多个县级行政区域的，建设单位应当分别向各建设地点所在地的县级环境保护主管部门备案。

第七条　建设项目环境影响登记表备案采用网上备案方式。

对国家规定需要保密的建设项目，建设项目环境影响登记表备案采用纸质备案方式。

第八条　环境保护部统一布设建设项目环境影响登记表网上备案系统(以下简称网上备案系统)。

省级环境保护主管部门在本行政区域内组织应用网上备案系统，通过提供地址链接方式，向县级环境保护主管部门分配网上备案系统使用权限。

县级环境保护主管部门应当向社会公告网上备案系统地址链接信息。

各级环境保护主管部门应当将环境保护法律、法规、规章以及规范性文件中与建设项目环境影响登记表备案相关的管理要求，及时在其网站的网上备案系统中公开，为建设单位办理备案手续提供便利。

第九条　建设单位应当在建设项目建成并投入生产运营前，登录网上备案系统，在网上备案系统注册真实信息，在线填报并提交建设项目环境影响登记表。

第十条　建设单位在办理建设项目环境影响登记表备案手续时，应当认真查阅、核对《建设项目环境影响评价分类管理名录》，确认其备案的建设项目属于按照《建设项目环境影响评价分类管理名录》规定应当填报环境影响登记表的建设项目。

对按照《建设项目环境影响评价分类管理名录》规定应当编制环境影响报告书或者报告表的建设项目，建设单位不得擅自降低环境影响评价等级，填报环境影响登记表并办理备案手续。

第十一条　建设单位填报建设项目环境影响登记表时，应当同时就其填报的环境影响登记表内容的真实、准确、完整作出承诺，并在登记表中的相应栏目由该建设单位的法定代表人或者主要负责人签署姓名。

第十二条　建设单位在线提交环境影响登记表后，网上备案系统自动生成备案编号和回执，该建设项目环境影响登记表备案即为完成。

建设单位可以自行打印留存其填报的建设项目环境影响登记表及建设项目环境影响登记表备案回执。

建设项目环境影响登记表备案回执是环境保护主管部门确认收到建设单位环境影响登记表的证明。

第十三条　建设项目环境影响登记表备案完成后，建设单位或者其法定代表人或者主要负责人在建设项目建成并投入生产运营前发生变更的，建设单位应当依照本办法规定再次办理备案手续。

第十四条　建设项目环境影响登记表备案完成后，建设单位应当严格执行相应污染物排放标准及相关环境管理规定，落实建设项目环境影响登记表中填报的环境保护措施，有效防治环境污染和生态破坏。

第十五条　建设项目环境影响登记表备案完成后，县级环境保护主管部门通过其网站的网上备案系统同步向社会公开备案信息，接受公众监督。对国家规定需要保密的建设项目，县级环境保护主管部门严格执行国家有关保密规定，备案信息不公开。

县级环境保护主管部门应当根据国务院关于加强环境监管执法的有关规定，将其完成备案的建设项目纳入有关环境监管网格管理范围。

第十六条　公民、法人和其他组织发现建设单位有以下行为的，有权向环境保护主管部门或者其他负有环境保护监督管理职责的部门举报：

(一)环境影响登记表存在弄虚作假的；

(二)有污染环境和破坏生态行为的；

(三)对按照《建设项目环境影响评价分类管理名录》规定应当编制环境影响报告书或者报告表的建设项目，建设单位擅自降低环境影响评价等级，填报环境影响登记表并办理备案手续的。

举报应当采取书面形式，有明确的被举报人，并提供相关事实和证据。

第十七条　环境保护主管部门或者其他负有环境保护监督管理职责的部门可以采取抽查、根据举报进行检

查等方式,对建设单位遵守本办法规定的情况开展监督检查,并根据监督检查认定的事实,按照以下情形处理:

(一)构成行政违法的,依照有关环境保护法律法规和规定,予以行政处罚;

(二)构成环境侵权的,依法承担环境侵权责任;

(三)涉嫌构成犯罪的,依法移送司法机关。

第十八条　建设单位未依法备案建设项目环境影响登记表的,由县级环境保护主管部门根据《环境影响评价法》第三十一条第三款的规定,责令备案,处五万元以下的罚款。

第十九条　违反本办法规定,建设单位违反承诺,在填报建设项目环境影响登记表时弄虚作假,致使备案内容失实的,由县级环境保护主管部门将该建设单位违反承诺情况记入其环境信用记录,向社会公布。

第二十条　违反本办法规定,对按照《建设项目环境影响评价分类管理名录》应当编制环境影响报告书或者报告表的建设项目,建设单位擅自降低环境影响评价等级,填报环境影响登记表并办理备案手续,经查证属实的,县级环境保护主管部门认定建设单位已经取得的备案无效,向社会公布,并按照以下规定处理:

(一)未依法报批环境影响报告书或者报告表,擅自开工建设的,依照《环境保护法》第六十一条和《环境影响评价法》第三十一条第一款的规定予以处罚、处分。

(二)未依法报批环境影响报告书或者报告表,擅自投入生产或者经营的,分别依照《环境影响评价法》第三十一条第一款和《建设项目环境保护管理条例》的有关规定作出相应处罚。

第二十一条　对依照本办法第十八条、第二十条规定处理的建设单位,由县级环境保护主管部门将该建设单位违法失信信息记入其环境信用记录,向社会公布。

第二十二条　本办法自 2017 年 1 月 1 日起施行。

附:建设项目环境影响登记表(略)

建设项目环境影响评价分类管理名录(2021 年版)

·2020 年 11 月 30 日生态环境部令第 16 号公布
·自 2021 年 1 月 1 日起施行

第一条　为了实施建设项目环境影响评价分类管理,根据《中华人民共和国环境影响评价法》的有关规定,制定本名录。

第二条　根据建设项目特征和所在区域的环境敏感程度,综合考虑建设项目可能对环境产生的影响,对建设项目的环境影响评价实行分类管理。

建设单位应当按照本名录的规定,分别组织编制建设项目环境影响报告书、环境影响报告表或者填报环境影响登记表。

第三条　本名录所称环境敏感区是指依法设立的各级各类保护区域和对建设项目产生的环境影响特别敏感的区域,主要包括下列区域:

(一)国家公园、自然保护区、风景名胜区、世界文化和自然遗产地、海洋特别保护区、饮用水水源保护区;

(二)除(一)外的生态保护红线管控范围,永久基本农田、基本草原、自然公园(森林公园、地质公园、海洋公园等)、重要湿地、天然林,重点保护野生动物栖息地,重点保护野生植物生长繁殖地,重要水生生物的自然产卵场、索饵场、越冬场和洄游通道,天然渔场,水土流失重点预防区和重点治理区、沙化土地封禁保护区、封闭及半封闭海域;

(三)以居住、医疗卫生、文化教育、科研、行政办公为主要功能的区域,以及文物保护单位。

环境影响报告书、环境影响报告表应当就建设项目对环境敏感区的影响做重点分析。

第四条　建设单位应当严格按照本名录确定建设项目环境影响评价类别,不得擅自改变环境影响评价类别。

建设内容涉及本名录中两个及以上项目类别的建设项目,其环境影响评价类别按照其中单项等级最高的确定。

建设内容不涉及主体工程的改建、扩建项目,其环境影响评价类别按照改建、扩建的工程内容确定。

第五条　本名录未作规定的建设项目,不纳入建设项目环境影响评价管理;省级生态环境主管部门对本名录未作规定的建设项目,认为确有必要纳入建设项目环境影响评价管理的,可以根据建设项目的污染因子、生态影响因子特征及其所处环境的敏感性质和敏感程度等,提出环境影响评价分类管理的建议,报生态环境部认定后实施。

第六条　本名录由生态环境部负责解释,并适时修订公布。

第七条　本名录自 2021 年 1 月 1 日起施行。《建设项目环境影响评价分类管理名录》(环境保护部令第 44号)及《关于修改〈建设项目环境影响评价分类管理名录〉部分内容的决定》(生态环境部令第 1 号)同时废止。

环评类别 项目类别	报告书	报告表	登记表	本栏目环境敏感区含义
一、农业01、林业02				
1　农产品基地项目(含药材基地)	/	涉及环境敏感区的	其他	第三条(一)中的全部区域;第三条(二)中的除(一)外的生态保护红线管控范围,基本草原、重要湿地,水土流失重点预防区和重点治理区
2　经济林基地项目	/	原料林基地	其他	
二、畜牧业03				
3　牲畜饲养031;家禽饲养032;其他畜牧业039	年出栏生猪5000头(其他畜禽种类折合猪的养殖量)及以上的规模化畜禽养殖;存栏生猪2500头(其他畜禽种类折合猪的养殖规模)及以上无出栏量的规模化畜禽养殖;涉及环境敏感区的规模化畜禽养殖	/	其他(规模化以下的除外)(具体规模化的标准按《畜禽规模化养殖污染防治条例》执行)	第三条(一)中的全部区域;第三条(三)中的全部区域
三、渔业04				
4　海水养殖0411	用海面积1000亩及以上的海水养殖(不含底播、藻类养殖);围海养殖	用海面积1000亩以下300亩及以上的网箱养殖、海洋牧场(不含海洋人工鱼礁)、苔筏养殖等;用海面积1000亩以下100亩及以上的水产养殖基地、工厂化养殖、高位池(提水)养殖;用海面积1500亩及以上的底播养殖、藻类养殖;涉及环境敏感区的	其他	第三条(一)中的自然保护区、海洋特别保护区;第三条(二)中的除(一)外的生态保护红线管控范围,海洋公园,重点保护野生动物栖息地,重点保护野生植物生长繁殖地,重要水生生物的自然产卵场、索饵场,天然渔场,封闭及半封闭海域
5　内陆养殖0412	/	网箱、围网投饵养殖;涉及环境敏感区的	其他	第三条(一)中的全部区域;第三条(二)中的除(一)外的生态保护红线管控范围,重要湿地,重要水生生物的自然产卵场、索饵场、越冬场和洄游通道

项目类别＼环评类别		报 告 书	报 告 表	登记表	本栏目环境敏感区含义
四、煤炭开采和洗选业 06					
6	烟煤和无烟煤开采洗选061;褐煤开采洗选062;其他煤炭采选069	煤炭开采	煤炭洗选、配煤;煤炭储存、集运;风井场地、瓦斯抽放站;矿区修复治理工程(含煤矿火烧区治理工程)	/	
五、石油和天然气开采业 07					
7	陆地石油开采 0711	石油开采新区块开发;页岩油开采;涉及环境敏感区的(含内部集输管线建设)	其他	/	第三条(一)中的全部区域;第三条(二)中的除(一)外的生态保护红线管控范围,永久基本农田、基本草原、森林公园、地质公园、重要湿地、天然林,重点保护野生动物栖息地,重点保护野生植物生长繁殖地,重要水生生物的自然产卵场、索饵场、越冬场和洄游通道,天然渔场,水土流失重点预防区和重点治理区、沙化土地封禁保护区;第三条(三)中的全部区域
8	陆地天然气开采 0721	新区块开发;年生产能力1亿立方米及以上的煤层气开采;涉及环境敏感区的(含内部集输管线建设)	其他	/	第三条(一)中的全部区域;第三条(二)中的除(一)外的生态保护红线管控范围,永久基本农田、基本草原、森林公园、地质公园、重要湿地、天然林,重点保护野生动物栖息地,重点保护野生植物生长繁殖地,重要水生生物的自然产卵场、索饵场、越冬场和洄游通道,天然渔场,水土流失重点预防区和重点治理区、沙化土地封禁保护区;第三条(三)中的全部区域

续表

项目类别 ＼ 环评类别	报 告 书	报 告 表	登记表	本栏目环境敏感区含义
六、黑色金属矿采选业 08				
9　铁矿采选 081；锰矿、铬矿采选 082；其他黑色金属矿采选 089	全部(含新建或扩建的独立尾矿库；不含单独的矿石破碎、集运；不含矿区修复治理工程)	单独的矿石破碎、集运；矿区修复治理工程	/	
七、有色金属矿采选业 09				
10　常用有色金属矿采选 091；贵金属矿采选 092；稀有稀土金属矿采选 093	全部(含新建或扩建的独立尾矿库；不含单独的矿石破碎、集运；不含矿区修复治理工程)	单独的矿石破碎、集运；矿区修复治理工程	/	
八、非金属矿采选业 10				
11　土砂石开采 101(不含河道采砂项目)	涉及环境敏感区的(不含单独的矿石破碎、集运；不含矿区修复治理工程)	其他	/	第三条(一)中的全部区域；第三条(二)中的除(一)外的生态保护红线管控范围，基本草原，重要水生生物的自然产卵场、索饵场、越冬场和洄游通道，沙化土地封禁保护区
12　化学矿开采 102；石棉及其他非金属矿采选 109	全部(不含单独的矿石破碎、集运；不含矿区修复治理工程)	单独的矿石破碎、集运；矿区修复治理工程	/	
13　采盐 103	井盐	湖盐、海盐	/	
九、其他采矿业 12				
14　其他采矿业 120	/	涉及环境敏感区的	其他	第三条(一)中的全部区域
十、农副食品加工业 13				
15　谷物磨制 131 *；饲料加工 132 *	/	含发酵工艺的；年加工 1 万吨及以上的	/	
16　植物油加工 133 *	/	除单纯分装、调和外的	/	
17　制糖业 134 *	日加工糖料能力 1000 吨及以上的原糖生产	其他(单纯分装的除外)	/	
18　屠宰及肉类加工 135 *	屠宰生猪 10 万头、肉牛 1 万头、肉羊 15 万只、禽类 1000 万只及以上的	其他屠宰；年加工 2 万吨及以上的肉类加工	其他肉类加工	

项目类别 ＼ 环评类别	报告书	报告表	登记表	本栏目环境敏感区含义
19　水产品加工 136	/	鱼油提取及制品制造;年加工 10 万吨及以上的;涉及环境敏感区的	/	第三条(一)中的全部区域;第三条(二)中的全部区域
20　其他农副食品加工 139 *	含发酵工艺的淀粉、淀粉糖制造	不含发酵工艺的淀粉、淀粉糖制造;淀粉制品制造;豆制品制造以上均不含单纯分装的	/	
十一、食品制造业 14				
21　糖果、巧克力及蜜饯制造 142 *;方便食品制造 143 *;罐头食品制造 145 *	/	除单纯分装外的	/	
22　乳制品制造 144 *	/	除单纯混合、分装外的	/	
23　调味品、发酵制品制造 146 *	有发酵工艺的味精、柠檬酸、赖氨酸、酵母制造;年产 2 万吨及以上且有发酵工艺的酱油、食醋制造	其他(单纯混合、分装的除外)	/	
24　其他食品制造 149 *	有发酵工艺的食品添加剂制造;有发酵工艺的饲料添加剂制造	盐加工;营养食品制造、保健食品制造、冷冻饮品及食用冰制造、无发酵工艺的食品及饲料添加剂制造、其他未列明食品制造以上均不含单纯混合、分装的	/	
十二、酒、饮料制造业 15				
25　酒的制造 151 *	有发酵工艺的(年生产能力 1000 千升以下的除外)	其他(单纯勾兑的除外)	/	
26　饮料制造 152 *	/	有发酵工艺、原汁生产的	/	
十三、烟草制品业 16				
27　卷烟制造 162	/	全部	/	
十四、纺织业 17				
28　棉纺织及印染精加工 171 *;毛纺织及染整精加工 172 *;麻纺织及染整精加工 173 *;丝绢纺织及印染精加工	有洗毛、脱胶、缫丝工艺的;染整工艺有前处理、染色、印花(喷墨印花和数码印花的除外)工序的;有使用有机溶剂的涂层工艺的	有喷墨印花或数码印花工艺的;后整理工序涉及有机溶剂的;有喷水织造工艺的;有水刺无纺布织造工艺的	/	

环评类别 项目类别	报 告 书	报 告 表	登记表	本栏目环境 敏感区含义
174 *;化纤织造及印染精加工 175 *;针织或钩针编织物及其制品制造 176 *;家用纺织制成品制造 177 *;产业用纺织制成品制造 178 *				
十五、纺织服装、服饰业 18				
29 机织服装制造 181 *;针织或钩针编织服装制造 182 *;服饰制造 183 *	有染色、印花(喷墨印花和数码印花的除外)工序的	有喷墨印花或数码印花工艺的;有洗水、砂洗工艺的	/	
十六、皮革、毛皮、羽毛及其制品和制鞋业 19				
30 皮革鞣制加工 191;皮革制品制造 192;毛皮鞣制及制品加工 193	有鞣制、染色工艺的	其他(无鞣制、染色工艺的毛皮加工除外;无鞣制、染色工艺的皮革制品制造除外)	/	
31 羽毛(绒)加工及制品制造 194 *	/	全部(无水洗工艺的羽毛(绒)加工除外;羽毛(绒)制品制造除外)	/	
32 制鞋业 195 *	/	有橡胶硫化工艺、塑料注塑工艺的;年用溶剂型胶粘剂 10 吨及以上的,或年用溶剂型处理剂 3 吨及以上的	/	
十七、木材加工和木、竹、藤、棕、草制品业 20				
33 木材加工 201;木质制品制造 203	有电镀工艺的;年用溶剂型涂料(含稀释剂)10 吨及以上的	年用溶剂型涂料(含稀释剂)10 吨以下的,或年用非溶剂型低 VOCs 含量涂料 10 吨及以上的;含木片烘干、水煮、染色等工艺的	/	
34 人造板制造 202	年产 20 万立方米及以上的	其他	/	
35 竹、藤、棕、草等制品制造 204 *	有电镀工艺的;年用溶剂型涂料(含稀释剂)10 吨及以上的	采用胶合工艺的;年用溶剂型涂料(含稀释剂)10 吨以下的,或年用非溶剂型低 VOCs 含量涂料 10 吨及以上的	/	

项目类别 环评类别		报 告 书	报 告 表	登记表	本栏目环境敏感区含义
十八、家具制造业 21					
36	木质家具制造 211 *；竹、藤家具制造 212 *；金属家具制造 213 *；塑料家具制造 214 *；其他家具制造 219 *	有电镀工艺的；年用溶剂型涂料(含稀释剂)10 吨及以上的	其他(仅分割、组装的除外；年用非溶剂型低 VOCs 含量涂料 10 吨以下的除外)	/	
十九、造纸和纸制品业 22					
37	纸浆制造 221 *；造纸 222 *(含废纸造纸)	全部(手工纸、加工纸制造除外)	手工纸制造；有涂布、浸渍、印刷、粘胶工艺的加工纸制造	/	
38	纸制品制造 223 *	/	有涂布、浸渍、印刷、粘胶工艺的		
二十、印刷和记录媒介复制业 23					
39	印刷 231 *	年用溶剂油墨 10 吨及以上的	其他(激光印刷除外；年用低 VOCs 含量油墨 10 吨以下的印刷除外)		
二十一、文教、工美、体育和娱乐用品制造业 24					
40	文教办公用品制造 241 *；乐器制造 242 *；体育用品制造 244 *；玩具制造 245 *；游艺器材及娱乐用品制造 246 *	有电镀工艺的；年用溶剂型涂料(含稀释剂)10 吨及以上的	有橡胶硫化工艺、塑料注塑工艺的；年用溶剂型涂料(含稀释剂)10 吨以下的，或年用非溶剂型低 VOCs 含量涂料 10 吨及以上的；年用溶剂型胶粘剂 10 吨及以上的，或年用溶剂型处理剂 3 吨及以上的	/	
41	工艺美术及礼仪用品制造 243 *	有电镀工艺的；年用溶剂型涂料(含稀释剂)10 吨及以上的	年用溶剂型涂料(含稀释剂)10 吨以下的，或年用非溶剂型低 VOCs 含量涂料 10 吨及以上的	/	
二十二、石油、煤炭及其他燃料加工业 25					
42	精炼石油产品制造 251；煤炭加工 252	全部(单纯物理分离、物理提纯、混合、分装的除外；煤制品制造除外；其他煤炭加工除外)	单纯物理分离、物理提纯、混合、分装的(不产生废水或挥发性有机物的除外)；煤制品制造；其他煤炭加工	/	
43	生物质燃料加工 254	生物质液体燃料生产	生物质致密成型燃料加工	/	

项目类别＼环评类别		报 告 书	报 告 表	登记表	本栏目环境敏感区含义
二十三、化学原料和化学制品制造业 26					
44	基础化学原料制造 261；农药制造 263；涂料、油墨、颜料及类似产品制造 264；合成材料制造 265；专用化学产品制造 266；炸药、火工及焰火产品制造 267	全部(含研发中试；不含单纯物理分离、物理提纯、混合、分装的)	单纯物理分离、物理提纯、混合、分装的(不产生废水或挥发性有机物的除外)	/	
45	肥料制造 262	化学方法生产氮肥、磷肥、复混肥的	其他	/	
46	日用化学产品制造 268	以油脂为原料的肥皂或皂粒制造(采用连续皂化工艺、油脂水解工艺的除外)；香料制造以上均不含单纯混合或分装的	采用连续皂化工艺、油脂水解工艺的肥皂或皂粒制造；采用高塔喷粉工艺的合成洗衣粉制造；采用热反应工艺的香精制造；烫发剂、染发剂制造	/	
二十四、医药制造业 27					
47	化学药品原料药制造 271；化学药品制剂制造 272；兽用药品制造 275；生物药品制品制造 276	全部(含研发中试；不含单纯药品复配、分装；不含化学药品制剂制造的)	单纯药品复配且产生废水或挥发性有机物的；仅化学药品制剂制造	/	
48	中药饮片加工 273＊；中成药生产 274＊	有提炼工艺的(仅醇提、水提的除外)	其他(单纯切片、制干、打包的除外)	/	
49	卫生材料及医药用品制造 277；药用辅料及包装材料制造 278	/	卫生材料及医药用品制造(仅组装、分装的除外)；含有机合成反应的药用辅料制造；含有机合成反应的包装材料制造	/	
二十五、化学纤维制造业 28					
50	纤维素纤维原料及纤维制造 281；合成纤维制造 282	全部(单纯纺丝、单纯丙纶纤维制造的除外)	单纯纺丝制造；单纯丙纶纤维制造	/	
51	生物基材料制造 283	生物基化学纤维制造(单纯纺丝的除外)	单纯纺丝制造	/	

项目类别	环评类别	报告书	报告表	登记表	本栏目环境敏感区含义
二十六、橡胶和塑料制品业 29					
52	橡胶制品业 291	轮胎制造;再生橡胶制造(常压连续脱硫工艺除外)	其他	/	
53	塑料制品业 292	以再生塑料为原料生产的;有电镀工艺的;年用溶剂型胶粘剂 10 吨及以上的;年用溶剂型涂料(含稀释剂)10 吨及以上的	其他(年用非溶剂型低VOCs 含量涂料 10 吨以下的除外)	/	
二十七、非金属矿物制品业 30					
54	水泥、石灰和石膏制造 301	水泥制造(水泥粉磨站除外)	水泥粉磨站;石灰和石膏制造	/	
55	石膏、水泥制品及类似制品制造 302	/	商品混凝土;砼结构构件制造;水泥制品制造	/	
56	砖瓦、石材等建筑材料制造 303	/	粘土砖瓦及建筑砌块制造;建筑用石加工;防水建筑材料制造;隔热、隔音材料制造;其他建筑材料制造(含干粉砂浆搅拌站)以上均不含利用石材板材切割、打磨、成型的	/	
57	玻璃制造 304;玻璃制品制造 305	平板玻璃制造	特种玻璃制造;其他玻璃制造;玻璃制品制造(电加热的除外;仅切割、打磨、成型的除外)	/	
58	玻璃纤维和玻璃纤维增强塑料制品制造 306	/	全部	/	
59	陶瓷制品制造 307 *	使用高污染燃料的(高污染燃料指国环规大气〔2017〕2 号《高污染燃料目录》中规定的燃料)	不使用高污染燃料的建筑陶瓷制品制造;不使用高污染燃料的年产 150 万件及以上的卫生陶瓷制品制造;不使用高污染燃料的年产 250 万件及以上的日用陶瓷制品制造	/	
60	耐火材料制品制造 308;石墨及其他非金属矿物制品制造 309	石棉制品;含焙烧的石墨、碳素制品	其他	/	

项目类别 ＼ 环评类别	报 告 书	报 告 表	登记表	本栏目环境敏感区含义
二十八、黑色金属冶炼和压延加工业 31				
61　炼铁 311	全部	/	/	
62　炼钢 312;铁合金冶炼 314	全部	/	/	
63　钢压延加工 313	年产 50 万吨及以上的冷轧	其他	/	
二十九、有色金属冶炼和压延加工业 32				
64　常用有色金属冶炼 321;贵金属冶炼 322;稀有稀土金属冶炼 323;有色金属合金制造 324	全部(利用单质金属混配重熔生产合金的除外)	其他	/	
65　有色金属压延加工 325	/	全部	/	
三十、金属制品业 33				
66　结构性金属制品制造 331;金属工具制造 332;集装箱及金属包装容器制造 333;金属丝绳及其制品制造 334;建筑、安全用金属制品制造 335;搪瓷制品制造 337;金属制日用品制造 338	有电镀工艺的;年用溶剂型涂料(含稀释剂)10 吨及以上的	其他(仅分割、焊接、组装的除外;年用非溶剂型低 VOCs 含量涂料 10 吨以下的除外)	/	
67　金属表面处理及热处理加工	有电镀工艺的;有钝化工艺的热镀锌;使用有机涂层的(喷粉、喷塑、浸塑和电泳除外;年用溶剂型涂料(含稀释剂)10 吨以下和用非溶剂型低 VOCs 含量涂料的除外)	其他(年用非溶剂型低 VOCs 含量涂料 10 吨以下的除外)	/	
68　铸造及其他金属制品制造 339	黑色金属铸造年产 10 万吨及以上的;有色金属铸造年产 10 万吨及以上的	其他(仅分割、焊接、组装的除外)	/	
三十一、通用设备制造业 34				
69　锅炉及原动设备制造 341;金属加工机械制造 342;物料搬运设备制造 343;泵、阀门、压缩机及类似机械制造 344;轴承、齿轮和传动部件制造 345;烘炉、风机、包装等设备制造 346;文化、办公用机械制造 347;通用零部件制造 348;其他通用设备制造业 349	有电镀工艺的;年用溶剂型涂料(含稀释剂)10 吨及以上的	其他(仅分割、焊接、组装的除外;年用非溶剂型低 VOCs 含量涂料 10 吨以下的除外)	/	

项目类别 ＼ 环评类别	报 告 书	报 告 表	登记表	本栏目环境敏感区含义
三十二、专用设备制造业 35				
70 采矿、冶金、建筑专用设备制造 351；化工、木材、非金属加工专用设备制造 352；食品、饮料、烟草及饲料生产专用设备制造 353；印刷、制药、日化及日用品生产专用设备制造 354；纺织、服装和皮革加工专用设备制造 355；电子和电工机械专用设备制造 356；农、林、牧、渔专用机械制造 357；医疗仪器设备及器械制造 358；环保、邮政、社会公共服务及其他专用设备制造 359	有电镀工艺的；年用溶剂型涂料（含稀释剂）10 吨及以上的	其他（仅分割、焊接、组装的除外）；年用非溶剂型低 VOCs 含量涂料 10 吨以下的除外）	/	
三十三、汽车制造业 36				
71 汽车整车制造 361；汽车用发动机制造 362；改装汽车制造 363；低速汽车制造 364；电车制造 365；汽车车身、挂车制造 366；汽车零部件及配件制造 367	汽车整车制造（仅组装的除外）；汽车用发动机制造（仅组装的除外）；有电镀工艺的；年用溶剂型涂料（含稀释剂）10 吨及以上的	其他（年用非溶剂型低 VOCs 含量涂料 10 吨以下的除外）	/	
三十四、铁路、船舶、航空航天和其他运输设备制造业 37				
72 铁路运输设备制造 371；城市轨道交通设备制造 372	机车、车辆、高铁车组、城市轨道交通设备制造；发动机生产；有电镀工艺的；年用溶剂型涂料（含稀释剂）10 吨及以上的	其他（年用非溶剂型低 VOCs 含量涂料 10 吨以下的除外）	/	
73 船舶及相关装置制造 373	造船、拆船、修船厂；有电镀工艺的；年用溶剂型涂料（含稀释剂）10 吨及以上的	其他（仅组装的除外；木船建造和维修除外；年用非溶剂型低 VOCs 含量涂料 10 吨以下的除外）	/	
74 航空、航天器及设备制造 374	有电镀工艺的；年用溶剂型涂料（含稀释剂）10 吨及以上的	其他（年用非溶剂型低 VOCs 含量涂料 10 吨以下的除外）	/	

续表

项目类别 / 环评类别		报 告 书	报 告 表	登记表	本栏目环境敏感区含义
75	摩托车制造 375	摩托车整车制造(仅组装的除外);发动机制造(仅组装的除外);有电镀工艺的;年用溶剂型涂料(含稀释剂)10 吨及以上的	其他(年用非溶剂型低 VOCs 含量涂料 10 吨以下的除外)	/	
76	自行车和残疾人座车制造 376;助动车制造 377;非公路休闲车及零配件制造 378;潜水救捞及其他未列明运输设备制造 379	有电镀工艺的;年用溶剂型涂料(含稀释剂)10 吨及以上的	其他(仅分割、焊接、组装的除外;年用非溶剂型低 VOCs 含量涂料 10 吨以下的除外)	/	
三十五、电气机械和器材制造业 38					
77	电机制造 381;输配电及控制设备制造 382;电线、电缆、光缆及电工器材制造 383;电池制造 384;家用电力器具制造 385;非电力家用器具制造 386;照明器具制造 387;其他电气机械及器材制造 389	铅蓄电池制造;太阳能电池片生产;有电镀工艺的;年用溶剂型涂料(含稀释剂)10 吨及以上的	其他(仅分割、焊接、组装的除外;年用非溶剂型低 VOCs 含量涂料 10 吨以下的除外)	/	
三十六、计算机、通信和其他电子设备制造业 39					
78	计算机制造 391	/	显示器件制造;集成电路制造;使用有机溶剂的;有酸洗的 以上均不含仅分割、焊接、组装的	/	
79	智能消费设备制造 396	/	全部(仅分割、焊接、组装的除外)	/	
80	电子器件制造 397	/	显示器件制造;集成电路制造;使用有机溶剂的;有酸洗的 以上均不含仅分割、焊接、组装的	/	
81	电子元件及电子专用材料制造 398	半导体材料制造;电子化工材料制造	印刷电路板制造;电子专用材料制造(电子化工材料制造除外);使用有机溶剂的;有酸洗的 以上均不含仅分割、焊接、组装的	/	

项目类别 环评类别	报告书	报告表	登记表	本栏目环境敏感区含义
82 通信设备制造 392；广播电视设备制造 393；雷达及配套设备制造 394；非专业视听设备制造 395；其他电子设备制造 399	/	全部（仅分割、焊接、组装的除外）	/	
三十七、仪器仪表制造业 40				
83 通用仪器仪表制造 401；专用仪器仪表制造 402；钟表与计时仪器制造 403 *；光学仪器制造 404；衡器制造 405；其他仪器仪表制造业 409	有电镀工艺的；年用溶剂型涂料（含稀释剂）10 吨及以上的	其他（仅分割、焊接、组装的除外；年用非溶剂型低 VOCs 含量涂料 10 吨以下的除外）	/	
三十八、其他制造业 41				
84 日用杂品制造 411 *；其他未列明制造业 419 *	有电镀工艺的；年用溶剂型涂料（含稀释剂）10 吨及以上的	年用溶剂型涂料（含稀释剂）10 吨以下的，或年用非溶剂型低 VOCs 含量涂料 10 吨及以上的	/	
三十九、废弃资源综合利用业 42				
85 金属废料和碎屑加工处理 421；非金属废料和碎屑加工处理 422（421 和 422 均不含原料为危险废物的，均不含仅分拣、破碎的）	废电池、废油加工处理	废弃电器电子产品、废机动车、废电机、废电线电缆、废钢、废铁、金属和金属化合物矿灰及残渣、有色金属废料与碎屑、废塑料、废轮胎、废船、含水洗工艺的其他废料和碎屑加工处理（农业生产产生的废旧秧盘、薄膜破碎和清洗工艺的除外）	/	
四十、金属制品、机械和设备修理业 43				
86 金属制品修理 431；通用设备修理 432；专用设备修理 433；铁路、船舶、航空航天等运输设备修理 434；电气设备修理 435；仪器仪表修理 436；其他机械和设备修理业 439	有电镀工艺的；年用溶剂型涂料（含稀释剂）10 吨及以上的	年用溶剂型涂料（含稀释剂）10 吨以下的，或年用非溶剂型低 VOCs 含量涂料 10 吨及以上的	/	

续表

项目类别 ＼ 环评类别	报告书	报告表	登记表	本栏目环境敏感区含义
四十一、电力、热力生产和供应业				
87　火力发电 4411;热电联产 4412(4411 和 4412 均含掺烧生活垃圾发电、掺烧污泥发电)	火力发电和热电联产(发电机组节能改造的除外;燃气发电除外;单纯利用余热、余压、余气(含煤矿瓦斯)发电的除外)	燃气发电;单纯利用余气(含煤矿瓦斯)发电	/	
88　水力发电 4413	总装机 1000 千瓦及以上的常规水电(仅更换发电设备的增效扩容项目除外);抽水蓄能电站;涉及环境敏感区的	其他	/	第三条(一)中的全部区域;第三条(二)中的除(一)外的生态保护红线管控范围,重要水生生物的自然产卵场、索饵场、越冬场和洄游通道
89　生物质能发电 4417	生活垃圾发电(掺烧生活垃圾发电的除外);污泥发电(掺烧污泥发电的除外)	利用农林生物质、沼气、垃圾填埋气发电的	/	
90　陆上风力发电 4415;太阳能发电 4416(不含居民家用光伏发电);其他电力生产 4419(不含海上的潮汐能、波浪能、温差能等发电)	涉及环境敏感区的总装机容量 5 万千瓦及以上的陆上风力发电	陆地利用地热、太阳能热等发电;地面集中光伏电站(总容量大于 6000 千瓦,且接入电压等级不小于 10 千伏);其他风力发电	其他光伏发电	第三条(一)中的全部区域;第三条(三)中的全部区域
91　热力生产和供应工程(包括建设单位自建自用的供热工程)	燃煤、燃油锅炉总容量 65 吨/小时(45.5 兆瓦)以上的	燃煤、燃油锅炉总容量 65 吨/小时(45.5 兆瓦)及以下的;天然气锅炉总容量 1 吨/小时(0.7 兆瓦)以上的;使用其他高污染燃料的(高污染燃料指国环规大气〔2017〕2 号《高污染燃料目录》中规定的燃料)	/	
四十二、燃气生产和供应业 45				
92　燃气生产和供应业 451(不含供应工程)	煤气生产	/	/	
93　生物质燃气生产和供应业 452(不含供应工程)	/	全部	/	

环评类别　项目类别	报 告 书	报 告 表	登记表	本栏目环境敏感区含义
四十三、水的生产和供应业				
94　自来水生产和供应 461（不含供应工程；不含村庄供应工程）	/	全部	/	
95　污水处理及其再生利用	新建、扩建日处理 10 万吨及以上城乡污水处理的；新建、扩建工业废水集中处理的	新建、扩建日处理 10 万吨以下 500 吨及以上城乡污水处理的；新建、扩建其他工业废水处理的（不含建设单位自建自用仅处理生活污水的；不含出水间接排入地表水体且不排放重金属的）	其他（不含提标改造项目；不含化粪池及化粪池处理后中水处理回用；不含仅建设沉淀池处理的）	
96　海水淡化处理 463；其他水的处理、利用与分配 469	/	全部	/	
四十四、房地产业				
97　房地产开发、商业综合体、宾馆、酒店、办公用房、标准厂房等	/	涉及环境敏感区的	/	第三条（一）中的全部区域；第三条（二）中的除（一）外的生态保护红线管控范围，永久基本农田、基本草原、森林公园、地质公园、重要湿地、天然林，重点保护野生动物栖息地，重点保护野生植物生长繁殖地；第三条（三）中的文物保护单位，针对标准厂房增加第三条（三）中的以居住、医疗卫生、文化教育、科研、行政办公等为主要功能的区域
四十五、研究和试验发展				
98　专业实验室、研发（试验）基地	P3、P4 生物安全实验室；转基因实验室	其他（不产生实验废气、废水、危险废物的除外）	/	

项目类别 \ 环评类别	报 告 书	报 告 表	登记表	本栏目环境敏感区含义
四十六、专业技术服务业				
99 陆地矿产资源地质勘查(含油气资源勘探);二氧化碳地质封存	/	全部	/	
四十七、生态保护和环境治理业				
100 脱硫、脱硝、除尘、VOCs 治理等大气污染治理工程	/	/	全部	
101 危险废物(不含医疗废物)利用及处置	危险废物利用及处置(产生单位内部回收再利用的除外;单纯收集、贮存的除外)	其他	/	
102 医疗废物处置、病死及病害动物无害化处理	医疗废物集中处置(单纯收集、贮存的除外)	其他	/	
103 一般工业固体废物(含污水处理污泥)、建筑施工废弃物处置及综合利用	一般工业固体废物(含污水处理污泥)采取填埋、焚烧(水泥窑协同处置的改造项目除外)方式的	其他	/	
104 泥石流等地质灾害治理工程(应急治理、应急排危除险工程除外)	/	涉及环境敏感区的特大型泥石流治理工程	其他(不涉及环境敏感区的小型地质灾害治理工程除外)	第三条(一)中的全部区域
四十八、公共设施管理业				
105 生活垃圾(含餐厨废弃物)转运站	/	日转运能力 150 吨及以上的	/	
106 生活垃圾(含餐厨废弃物)集中处置(生活垃圾发电除外)	采取填埋方式的;其他处置方式日处置能力 50 吨及以上的	其他处置方式日处置能力 50 吨以下 10 吨及以上的	其他处置方式日处置能力 10 吨以下 1 吨及以上的	
107 粪便处置工程	/	日处理 50 吨及以上	/	
四十九、卫生 84				
108 医院 841;专科疾病防治院(所、站)8432;妇幼保健院(所、站)8433;急救中心(站)服务 8434;采供血机构服务 8435;基层医疗卫生服务 842	新建、扩建住院床位 500 张及以上的	其他(住院床位 20 张以下的除外)	住院床位 20 张以下的(不含 20 张住院床位的)	

续表

环评类别 项目类别		报 告 书	报 告 表	登记表	本栏目环境 敏感区含义
109	疾病预防控制中心 8431	新建	其他	／	
五十、社会事业与服务业					
110	学校、福利院、养老院（建筑面积 5000 平方米及以上的）	／	新建涉及环境敏感区的；有化学、生物实验室的学校	／	第三条（一）中的全部区域；第三条（二）中的除（一）外的生态保护红线管控范围，永久基本农田、基本草原、森林公园、地质公园、重要湿地、天然林，重点保护野生动物栖息地，重点保护野生植物生长繁殖地
111	批发、零售市场（建筑面积 5000 平方米及以上的）	／	涉及环境敏感区的	／	第三条（一）中的全部区域；第三条（二）中的除（一）外的生态保护红线管控范围，永久基本农田、基本草原、森林公园、地质公园、重要湿地、天然林，重点保护野生动物栖息地，重点保护野生植物生长繁殖地
112	高尔夫球场、滑雪场、狩猎场、赛车场、跑马场、射击场、水上运动中心等	高尔夫球场	涉及环境敏感区的	其他	第三条（一）中的全部区域；第三条（二）中的全部区域
113	展览馆、博物馆、美术馆、影剧院、音乐厅、文化馆、图书馆、档案馆、纪念馆、体育场、体育馆等（不含村庄文化体育场所）	／	涉及环境敏感区的	／	第三条（一）中的全部区域；第三条（二）中的除（一）外的生态保护红线管控范围，永久基本农田、基本草原、森林公园、地质公园、重要湿地、天然林，重点保护野生动物栖息地，重点保护野生植物生长繁殖地

续表

项目类别 \ 环评类别	报告书	报告表	登记表	本栏目环境敏感区含义
114	公园(含动物园、主题公园;不含城市公园、植物园、村庄公园);人工湖、人工湿地	特大型、大型主题公园;容积500万立方米及以上的人工湖、人工湿地;涉及环境敏感区的容积5万立方米及以上500万立方米以下的人工湖、人工湿地;年补水量占引水河流引水断面天然年径流量1/4及以上的人工湖、人工湿地	其他公园;不涉及环境敏感区的容积5万立方米及以上500万立方米以下的人工湖、人工湿地;涉及环境敏感区的容积5万立方米以下的人工湖、人工湿地	不涉及环境敏感区的容积5万立方米以下的人工湖、人工湿地	第三条(一)中的全部区域
115	旅游开发	/	缆车、索道建设	其他	
116	影视基地建设	涉及环境敏感区的	其他	/	第三条(一)中的全部区域;第三条(二)中的除(一)外的生态保护红线管控范围,基本草原、森林公园、地质公园、重要湿地、天然林,重点保护野生动物栖息地,重点保护野生植物生长繁殖地;第三条(三)中的全部区域
117	胶片洗印厂	/	全部	/	
118	驾驶员训练基地、公交枢纽、长途客运站、大型停车场、机动车检测场	/	涉及环境敏感区的		第三条(一)中的全部区域;第三条(二)中的除(一)外的生态保护红线管控范围,永久基本农田、基本草原、森林公园、地质公园、重要湿地、天然林,重点保护野生动物栖息地,重点保护野生植物生长繁殖地;第三条(三)中的文物保护单位
119	加油、加气站	/	城市建成区新建、扩建加油站;涉及环境敏感区的	/	第三条(一)中的全部区域
120	洗车场	/	危险化学品运输车辆清洗场	/	

项目类别 ＼ 环评类别	报告书	报告表	登记表	本栏目环境敏感区含义
121　汽车、摩托车维修场所	/	营业面积 5000 平方米及以上且使用溶剂型涂料的；营业面积 5000 平方米及以上且年用非溶剂型低 VOCs 含量涂料 10 吨及以上的	/	
122　殡仪馆、陵园、公墓	/	殡仪馆；涉及环境敏感区的	/	第三条(一)中的全部区域；第三条(二)中的除(一)外的生态保护红线管控范围，基本农田保护区
123　动物医院	/	设有动物颅腔、胸腔或腹腔手术设施的	/	
五十一、水利				
124　水库	库容 1000 万立方米及以上；涉及环境敏感区的	其他	/	第三条(一)中的全部区域；第三条(二)中的除(一)外的生态保护红线管控范围，重要水生生物的自然产卵场、索饵场、越冬场和洄游通道
125　灌区工程(不含水源工程的)	涉及环境敏感区的	其他(不含高标准农田、滴灌等节水改造工程)	/	第三条(一)中的全部区域；第三条(二)中的除(一)外的生态保护红线管控范围，重要水生生物的自然产卵场、索饵场、越冬场和洄游通道
126　引水工程	跨流域调水；大中型河流引水；小型河流年总引水量占引水断面天然年径流量 1/4 及以上；涉及环境敏感区的(不含涉及饮用水水源保护区的水库配套引水工程)	其他	/	第三条(一)中的全部区域；第三条(二)中的除(一)外的生态保护红线管控范围，重要水生生物的自然产卵场、索饵场、越冬场和洄游通道
127　防洪除涝工程	新建大中型	其他(小型沟渠的护坡除外；城镇排涝河流水闸、排涝泵站除外)	城镇排涝河流水闸、排涝泵站	

续表

项目类别 / 环评类别	报 告 书	报 告 表	登记表	本栏目环境敏感区含义
128 河湖整治(不含农村塘堰、水渠)	涉及环境敏感区的	其他	/	第三条(一)中的全部区域;第三条(二)中的除(一)外的生态保护红线管控范围,重要湿地,重点保护野生动物栖息地,重点保护野生植物生长繁殖地,重要水生生物的自然产卵场、索饵场、越冬场和洄游通道
129 地下水开采(农村分散式家庭生活自用水井除外)	日取水量1万立方米及以上的;涉及环境敏感区的(不新增供水规模、不改变供水对象的改建工程除外)	其他	/	第三条(一)中的全部区域;第三条(二)中的除(一)外的生态保护红线管控范围,重要湿地
五十二、交通运输业、管道运输业				
130 等级公路(不含维护;不含生命救援、应急保通工程以及国防交通保障项目;不含改扩建四级公路)	新建30公里(不含)以上的二级及以上等级公路;新建涉及环境敏感区的二级及以上等级公路	其他(配套设施除外;不涉及环境敏感区的三级、四级公路除外)	配套设施;不涉及环境敏感区的三级、四级公路	第三条(一)中的全部区域;第三条(二)中的全部区域;第三条(三)中的全部区域
131 城市道路(不含维护;不含支路、人行天桥、人行地道)	/	新建快速路、主干路;城市桥梁、隧道	其他	
132 新建、增建铁路	新建、增建铁路(30公里及以下铁路联络线和30公里及以下铁路专用线除外);涉及环境敏感的	30公里及以下铁路联络线和30公里及以下铁路专用线	/	第三条(一)中的全部区域;第三条(二)中的全部区域;第三条(三)中的全部区域
133 改建铁路	200公里及以上的电气化改造(线路和站场不发生调整的除外)	其他	/	
134 铁路枢纽	涉及环境敏感区的新建枢纽	其他(不新增占地的既有枢纽中部分线路改建除外)	/	第三条(一)中的全部区域;第三条(二)中的全部区域;第三条(三)中的全部区域

续表

项目类别 \ 环评类别	报 告 书	报 告 表	登记表	本栏目环境敏感区含义
135	城市轨道交通(不新增占地的停车场改建除外)	全部	/	/	
136	机场	新建;迁建;增加航空业务量的飞行区扩建	其他	/	
137	导航台站、供油工程、维修保障等配套工程	/	供油工程;涉及环境敏感区的	其他	第三条(三)中的以居住、医疗卫生、文化教育、科研、行政办公等为主要功能的区域
138	油气、液体化工码头	新建;岸线、水工构筑物、吞吐量、储运量增加的扩建;装卸货种变化的扩建	其他	/	
139	干散货(含煤炭、矿石)、件杂、多用途、通用码头	单个泊位1000吨级及以上的内河港口;单个泊位1万吨级及以上的沿海港口;涉及环境敏感区的	其他		第三条(一)中的全部区域;第三条(二)中的除(一)外的生态保护红线管控范围,重要水生生物的自然产卵场、索饵场、越冬场和洄游通道,天然渔场
140	集装箱专用码头	单个泊位3000吨级及以上的内河港口;单个泊位3万吨级及以上的沿海港口;涉及危险品、化学品的;涉及环境敏感区的	其他	/	第三条(一)中的全部区域;第三条(二)中的除(一)外的生态保护红线管控范围,重要水生生物的自然产卵场、索饵场、越冬场和洄游通道,天然渔场
141	滚装、客运、工作船、游艇码头	涉及环境敏感区的	其他	/	第三条(一)中的全部区域;第三条(二)中的除(一)外的生态保护红线管控范围,重要水生生物的自然产卵场、索饵场、越冬场和洄游通道,天然渔场

续表

项目类别 \ 环评类别	报告书	报告表	登记表	本栏目环境敏感区含义
142　铁路轮渡码头	涉及环境敏感区的	其他	/	第三条(一)中的全部区域;第三条(二)中的除(一)外的生态保护红线管控范围,重要水生生物的自然产卵场、索饵场、越冬场和洄游通道,天然渔场
143　航道工程、水运辅助工程	新建、扩建航道工程;涉及环境敏感区的防波堤、船闸、通航建筑物	其他	/	第三条(一)中的全部区域;第三条(二)中的除(一)外的生态保护红线管控范围,重要水生生物的自然产卵场、索饵场、越冬场和洄游通道,天然渔场
144　航电枢纽工程	全部	/	/	
145　中心渔港码头	涉及环境敏感区的	其他	/	第三条(一)中的全部区域;第三条(二)中的除(一)外的生态保护红线管控范围,重要水生生物的自然产卵场、索饵场、越冬场和洄游通道,天然渔场
146　城市(镇)管网及管廊建设(不含给水管道;不含光纤;不含 1.6 兆帕及以下的天然气管道)	/	新建涉及环境敏感区的	其他	第三条(一)中的全部区域;第三条(二)中的除(一)外的生态保护红线管控范围,永久基本农田、地质公园、重要湿地、天然林
147　原油、成品油、天然气管线(不含城市天然气管线;不含城镇燃气管线;不含企业厂区内管道)	涉及环境敏感区的	其他	/	第三条(一)中的全部区域;第三条(二)中的除(一)外的生态保护红线管控范围,永久基本农田、森林公园、地质公园、重要湿地、天然林;第三条(三)中的全部区域

项目类别	环评类别	报告书	报告表	登记表	本栏目环境敏感区含义
148	危险化学品输送管线（不含企业厂区内管线）	涉及环境敏感区的	其他	/	第三条(一)中的全部区域；第三条(二)中的除(一)外的生态保护红线管控范围，永久基本农田、森林公园、地质公园、重要湿地、天然林；第三条(三)中的全部区域
五十三、装卸搬运和仓储业 59					
149	危险品仓储 594（不含加油站的油库；不含加气站的气库）	总容量 20 万立方米及以上的油库（含油品码头后方配套油库）；地下油库；地下气库	其他（含有毒、有害、危险品的仓储；含液化天然气库）	/	
五十四、海洋工程					
150	海洋矿产资源勘探开发及其附属工程	新区块油气开发及其附属工程；污水日排放量 1000 立方米及以上或年产油量 20 万吨及以上的海洋油气开发及其附属工程；挖沟埋设单条管道长度 20 公里及以上或涉及环境敏感区的油气集输管道、电（光）缆工程；海洋（海底）矿产资源开发（包括天然气水合物开发；海砂开采；矿盐卤水开发；海床底温泉开发；海底地下水开发等工程）	其他（不含海洋油气勘探工程；不含不在环境敏感区内且排污量未超出原环评批复排放总量的海洋油气调整井工程；不含为油气开采工程配套的海底输水及输送无毒无害物质的管道、电（光）缆原地弃置工程）	海洋油气勘探工程；不在环境敏感区内且排污量未超出原环评批复排放总量的海洋油气调整井工程；为油气开采工程配套的海底输水及输送无毒无害物质的管道、电(光)缆原地弃置工程	第三条(一)中的自然保护区、海洋特别保护区；第三条(二)中的除(一)外的生态保护红线管控范围，海洋公园，重点保护野生动物栖息地，重点保护野生植物生长繁殖地，封闭及半封闭海域
151	海洋能源开发利用类工程	装机容量在 20 兆瓦及以上的潮汐发电、波浪发电、温差发电、海洋生物质能等海洋能源开发利用、输送设施及网络工程；总装机容量 5 万千瓦及以上的海上风电工程及其输送设施及网络工程；涉及环境敏感区的	其他潮汐发电、波浪发电、温差发电、海洋生物质能等海洋能源开发利用、输送设施及网络工程；地热发电；太阳能发电工程及其输送设施及网络工程；其他海上风电工程及其输送设施及网络工程	/	第三条(一)中的自然保护区、海洋特别保护区；第三条(二)中的除(一)外的生态保护红线管控范围，海洋公园，重点保护野生动物栖息地，重点保护野生植物生长繁殖地，封闭及半封闭海域

环评类别 项目类别	报告书	报告表	登记表	本栏目环境 敏感区含义
152 海底隧道、管道、电(光)缆工程	海底隧道工程;挖沟埋设单条管道长度 20 公里及以上的海上和海底电(光)缆工程、海上和海底输水管道工程、天然气及无毒无害物质输送管道工程;长度 1 公里及以上的海上和海底有毒有害及危险品物质输送管道等工程;涉及环境敏感区的海底管道、电(光)缆工程	其他(海底输送无毒无害物质的管道及电(光)缆原地弃置工程除外)	海底输送无毒无害物质的管道及电(光)缆原地弃置工程	第三条(一)中的自然保护区、海洋特别保护区;第三条(二)中的除(一)外的生态保护红线管控范围,海洋公园,重点保护野生动物栖息地,重点保护野生植物生长繁殖地,封闭及半封闭海域
153 跨海桥梁工程	非单跨、长度 0.1 公里及以上的公铁桥梁工程;涉及环境敏感区的	其他	/	第三条(一)中的自然保护区、海洋特别保护区;第三条(二)中的除(一)外的生态保护红线管控范围,海洋公园,重点保护野生动物栖息地,重点保护野生植物生长繁殖地,封闭及半封闭海域
154 围填海工程及海上堤坝工程	围填海工程;长度 0.5 公里及以上的海上堤坝工程	其他	/	
155 海上娱乐及运动、海上景观开发	污水日排放量 200 立方米及以上的海上娱乐及运动、海上景观开发	污水日排放量 200 立方米以下的海上娱乐及运动、海上景观开发	/	
156 海洋人工鱼礁工程	固体物质(虚方)投放量 5 万立方米及以上的	固体物质(虚方)投放量 5 万立方米以下 5000 立方米及以上的;涉及环境敏感区的	其他	第三条(一)中的自然保护区、海洋特别保护区;第三条(二)中的除(一)外的生态保护红线管控范围,海洋公园,重点保护野生动物栖息地,重点保护野生植物生长繁殖地,重要水生生物的自然产卵场、索饵场,封闭及半封闭海域

续表

项目类别 ＼ 环评类别	报告书	报告表	登记表	本栏目环境敏感区含义
157 海上和海底物资储藏设施工程	海上和海底物资储藏设施等工程及其废弃和拆除等；原油、成品油、天然气（含 LNG、LPG）、化学品及其他危险品、其他物质的仓储、储运等工程及其废弃和拆除等；吞吐（储）50 万吨（万立方米）及以上的粉煤灰和废弃物储藏工程、海洋空间资源利用等工程	其他	/	
158 海洋生态修复工程	工程量在 10 万立方米及以上的清淤、滩涂垫高等工程；涉及环境敏感区的堤坝拆除、临时围堰等改变水动力的工程	工程量在 10 万立方米以下的清淤、滩涂垫高等工程；涉及环境敏感区的其他海洋生态修复工程	不涉及环境敏感区的退围、退养、退堤还海等近岸构筑物拆除工程；种植红树林、海草床、碱蓬等植被；修复移植珊瑚礁、牡蛎礁等	第三条（一）中的自然保护区、海洋特别保护区；第三条（二）中的除（一）外的生态保护红线管控范围，海洋公园，重点保护野生动物栖息地，重点保护野生植物生长繁殖地，封闭及半封闭海域
159 排海工程	低放射性废液排海；污水日排放量 10 万立方米及以上的城镇生活污水排污管道工程；日排放量 0.5 万立方米及以上的工业废水排放工程	其他	/	
160 其他海洋工程	工程量在 10 万立方米及以上的疏浚（不含航道工程）、取土（沙）等水下开挖工程；爆破挤淤、炸礁（岩）量在 0.2 万立方米及以上的水下炸礁（岩）及爆破工程	其他	/	
五十五、核与辐射				
161 输变电工程	500 千伏及以上的；涉及环境敏感的 330 千伏及以上的	其他（100 千伏以下除外）	/	第三条（一）中的全部区域；第三条（三）中的以居住、医疗卫生、文化教育、科研、行政办公等为主要功能的区域

续表

项目类别 \\ 环评类别	报告书	报告表	登记表	本栏目环境敏感区含义
162 广播电台、差转台	中波 50 千瓦及以上的;短波 100 千瓦及以上的;涉及环境敏感区的	其他	/	第三条(三)中的以居住、医疗卫生、文化教育、科研、行政办公等为主要功能的区域
163 电视塔台	涉及环境敏感区的 100 千瓦及以上的	其他	/	第三条(三)中的以居住、医疗卫生、文化教育、科研、行政办公等为主要功能的区域
164 卫星地球上行站	涉及环境敏感区的	其他	/	第三条(三)中的以居住、医疗卫生、文化教育、科研、行政办公等为主要功能的区域
165 雷达	涉及环境敏感区的	其他	/	第三条(三)中的以居住、医疗卫生、文化教育、科研、行政办公等为主要功能的区域
166 无线通讯	/	/	全部	
167 核动力厂(核电厂、核热电厂、核供汽供热厂等);反应堆(研究堆、实验堆、临界装置等);核燃料生产、加工、贮存、后处理设施;放射性污染治理项目	新建、扩建、退役	主生产工艺或安全重要构筑物的重大变更,但源项不显著增加;次临界装置的新建、扩建、退役	核设施控制区范围内新增的不带放射性的实验室、试验装置、维修车间、仓库、办公设施等	
168 放射性废物贮存、处理、处置设施	新建、扩建、退役;放射性废物处置设施的关闭	独立的放射性废物贮存设施	/	
169 铀矿开采、冶炼;其他方式提铀	新建、扩建、退役	其他(含工业试验)	/	
170 铀矿地质勘查、退役治理	/	全部	/	
171 伴生放射性矿	采选、冶炼	其他(含放射性污染治理)	/	

项目类别 \ 环评类别	报告书	报告表	登记表	本栏目环境敏感区含义
172　核技术利用建设项目	生产放射性同位素的（制备 PET 用放射性药物的除外）；使用 I 类放射源的（医疗使用的除外）；销售（含建造）、使用 I 类射线装置的；甲级非密封放射性物质工作场所；以上项目的改、扩建（不含在已许可场所增加不超出已许可活动种类和不高于已许可范围等级的核素或射线装置，且新增规模不超过原环评规模的 50%）	制备 PET 用放射性药物的；医疗使用 I 类放射源的；使用 II 类、III 类放射源的；生产、使用 II 类射线装置的；乙、丙级非密封放射性物质工作场所（医疗机构使用植入治疗用放射性粒子源的除外）；在野外进行放射性同位素示踪试验的；以上项目的改、扩建（不含在已许可场所增加不超出已许可活动种类和不高于已许可范围等级的核素或射线装置的）	销售 I 类、II 类、III 类、IV 类、V 类放射源的；使用 IV 类、V 类放射源的；医疗机构使用植入治疗用放射性粒子源的；销售非密封放射性物质的；销售 II 类射线装置的；生产、销售、使用 III 类射线装置的	
173　核技术利用项目退役	生产放射性同位素的（制备 PET 用放射性药物的除外）；甲级非密封放射性物质工作场所	制备 PET 用放射性药物的；乙级非密封放射性物质工作场所；使用 I 类、II 类、III 类放射源场所存在污染的；使用 I 类、II 类射线装置（X 射线装置和粒子能量不高于 10 兆电子伏的电子加速器除外）存在污染的	丙级非密封放射性物质工作场所；使用 I 类、II 类、III 类放射源场所不存在污染的	

说明：

1. 名录中项目类别后的数字为《国民经济行业分类》（GB/T 4754-2017）及第 1 号修改单行业代码。

2. 名录中涉及规模的，均指新增规模。

3. 单纯混合指不发生化学反应的物理混合过程；分装指由大包装变为小包装。

4. 名录中所标"＊"号，指在工业建筑中生产的建设项目。工业建筑的定义参见《工程结构设计基本术语标准》（GB/T 50083-2014），指提供生产用的各种建筑物，如车间、厂前区建筑、生活间、动力站、库房和运输设施等。

5. 参照《中华人民共和国环境保护税法实施条例》，建设城乡污水集中处理工程，是指为社会公众提供生活污水处理服务的工程，不包括为工业园区、开发区等工业聚集区域内的企业事业单位和其他生产经营者提供污水处理服务的工程，以及建设单位自建自用的污水处理工程。

6. 化学镀、阳极氧化生产工艺按照本名录中电镀工艺相关规定执行。

建设项目环境影响报告书（表）编制监督管理办法

· 2019 年 9 月 20 日生态环境部令第 9 号公布
· 自 2019 年 11 月 1 日起施行

第一章　总　则

第一条　为规范建设项目环境影响报告书和环境影响报告表（以下简称环境影响报告书（表））编制行为，加强监督管理，保障环境影响评价工作质量，维护环境影响评价技术服务市场秩序，根据《中华人民共和国环境影响评价法》《建设项目环境保护管理条例》等有关法律法规，制定本办法。

第二条　建设单位可以委托技术单位对其建设项目开展环境影响评价，编制环境影响报告书（表）；建设单位具备环境影响评价技术能力的，可以自行对其建设项目开展环境影响评价，编制环境影响报告书（表）。

技术单位不得与负责审批环境影响报告书（表）的生态环境主管部门或者其他有关审批部门存在任何利益关系。任何单位和个人不得为建设单位指定编制环境影响报告书（表）的技术单位。

本办法所称技术单位，是指具备环境影响评价技术能力、接受委托为建设单位编制环境影响报告书（表）的单位。

第三条　建设单位应当对环境影响报告书（表）的内容和结论负责；技术单位对其编制的环境影响报告书（表）承担相应责任。

第四条　编制单位应当加强环境影响评价技术能力建设，提高专业技术水平。环境影响报告书（表）编制能力建设指南由生态环境部另行制定。

鼓励建设单位优先选择信用良好和符合能力建设指南要求的技术单位为其编制环境影响报告书（表）。

本办法所称编制单位，是指主持编制环境影响报告书（表）的单位，包括主持编制环境影响报告书（表）的技术单位和自行主持编制环境影响报告书（表）的建设单位。

第五条　编制人员应当具备专业技术知识，不断提高业务能力。

本办法所称编制人员，是指环境影响报告书（表）的编制主持人和主要编制人员。编制主持人是环境影响报告书（表）的编制负责人。主要编制人员包括环境影响报告书各章节的编写人员和环境影响报告表主要内容的编写人员。

第六条　设区的市级以上生态环境主管部门（以下简称市级以上生态环境主管部门）应当加强对编制单位的监督管理和质量考核，开展环境影响报告书（表）编制行为监督检查和编制质量问题查处，并对编制单位和编制人员实施信用管理。

第七条　生态环境部负责建设全国统一的环境影响评价信用平台（以下简称信用平台），组织建立编制单位和编制人员诚信档案管理体系。信用平台纳入全国生态环境领域信用信息平台统一管理。

编制单位和编制人员的基础信息等相关信息应当通过信用平台公开。具体办法由生态环境部另行制定。

第二章　编制要求

第八条　编制单位和编制人员应当坚持公正、科学、诚信的原则，遵守有关环境影响评价法律法规、标准和技术规范等规定，确保环境影响报告书（表）内容真实、客观、全面和规范。

第九条　编制单位应当是能够依法独立承担法律责任的单位。

前款规定的单位中，下列单位不得作为技术单位编制环境影响报告书（表）：

（一）生态环境主管部门或者其他负责审批环境影响报告书（表）的审批部门设立的事业单位；

（二）由生态环境主管部门作为业务主管单位或者挂靠单位的社会组织，或者由其他负责审批环境影响报告书（表）的审批部门作为业务主管单位或者挂靠单位的社会组织；

（三）由本款前两项中的事业单位、社会组织出资的单位及其再出资的单位；

（四）受生态环境主管部门或者其他负责审批环境影响报告书（表）的审批部门委托，开展环境影响报告书（表）技术评估的单位；

（五）本款第四项中的技术评估单位出资的单位及其再出资的单位；

（六）本款第四项中的技术评估单位的出资单位，或者由本款第四项中的技术评估单位出资人出资的其他单位，或者由本款第四项中的技术评估单位法定代表人出资的单位。

个体工商户、农村承包经营户以及本条第一款规定单位的内设机构、分支机构或者临时机构，不得主持编制环境影响报告书（表）。

第十条　编制单位应当具备环境影响评价技术能力。环境影响报告书（表）的编制主持人和主要编制人员应当为编制单位中的全职人员，环境影响报告书（表）

的编制主持人还应当为取得环境影响评价工程师职业资格证书的人员。

第十一条　编制单位和编制人员应当通过信用平台提交本单位和本人的基本情况信息。

生态环境部在信用平台建立编制单位和编制人员的诚信档案，并生成编制人员信用编号，公开编制单位名称、统一社会信用代码等基础信息以及编制人员姓名、从业单位等基础信息。

编制单位和编制人员应当对提交信息的真实性、准确性和完整性负责。相关信息发生变化的，应当自发生变化之日起二十个工作日内在信用平台变更。

第十二条　环境影响报告书（表）应当由一个单位主持编制，并由该单位中的一名编制人员作为编制主持人。

建设单位委托技术单位编制环境影响报告书（表）的，应当与主持编制的技术单位签订委托合同，约定双方的权利、义务和费用。

第十三条　编制单位应当建立和实施覆盖环境影响评价全过程的质量控制制度，落实环境影响评价工作程序，并在现场踏勘、现状监测、数据资料收集、环境影响预测等环节以及环境影响报告书（表）编制审核阶段形成可追溯的质量管理机制。有其他单位参与编制或者协作的，编制单位应当对参与编制单位或者协作单位提供的技术报告、数据资料等进行审核。

编制主持人应当全过程组织参与环境影响报告书（表）编制工作，并加强统筹协调。

委托技术单位编制环境影响报告书（表）的建设单位，应当如实提供相关基础资料，落实环境保护投入和资金来源，加强环境影响评价过程管理，并对环境影响报告书（表）的内容和结论进行审核。

第十四条　除涉及国家秘密的建设项目外，编制单位和编制人员应当在建设单位报批环境影响报告书（表）前，通过信用平台提交编制完成的环境影响报告书（表）基本情况信息，并对提交信息的真实性、准确性和完整性负责。信用平台生成项目编号，并公开环境影响报告书（表）相关建设项目名称、类别以及建设单位、编制单位和编制人员等基础信息。

报批的环境影响报告书（表）应当附具编制单位和编制人员情况表（格式附后）。建设单位、编制单位和相关人员应当在情况表相应位置盖章或者签字。除涉及国家秘密的建设项目外，编制单位和编制人员情况表应当由信用平台导出。

第十五条　建设单位应当将环境影响报告书（表）

及其审批文件存档。

编制单位应当建立环境影响报告书（表）编制工作完整档案。档案中应当包括项目基础资料、现场踏勘记录和影像资料、质量控制记录、环境影响报告书（表）以及其他相关资料。开展环境质量现状监测和调查、环境影响预测或者科学试验的，还应当将相关监测报告和数据资料、预测过程文件或者试验报告等一并存档。

建设单位委托技术单位主持编制环境影响报告书（表）的，建设单位和受委托的技术单位应当分别将委托合同存档。

存档材料应当为原件。

第三章　监督检查

第十六条　环境影响报告书（表）编制行为监督检查包括编制规范性检查、编制质量检查以及编制单位和编制人员情况检查。

第十七条　环境影响报告书（表）编制规范性检查包括下列内容：

（一）编制单位和编制人员是否符合本办法第九条和第十条的规定，以及是否列入本办法规定的限期整改名单或者本办法规定的环境影响评价失信"黑名单"（以下简称"黑名单"）；

（二）编制单位和编制人员是否按本办法第十一条和第十四条第一款的规定在信用平台提交相关信息；

（三）环境影响报告书（表）是否符合本办法第十二条第一款和第十四条第二款的规定。

第十八条　环境影响报告书（表）编制质量检查的内容包括环境影响报告书（表）是否符合有关环境影响评价法律法规、标准和技术规范等规定，以及环境影响报告书（表）的基础资料是否明显不实，内容是否存在重大缺陷、遗漏或者虚假，环境影响评价结论是否正确、合理。

第十九条　编制单位和编制人员情况检查包括下列内容：

（一）编制单位和编制人员在信用平台提交的相关情况信息是否真实、准确、完整；

（二）编制单位建立和实施环境影响评价质量控制制度情况；

（三）编制单位环境影响报告书（表）相关档案管理情况；

（四）其他应当检查的内容。

第二十条　各级生态环境主管部门在环境影响报告书（表）受理过程中，应当对报批的环境影响报告书（表）进行编制规范性检查。

受理环境影响报告书(表)的生态环境主管部门发现环境影响报告书(表)不符合本办法第十二条第一款、第十四条第二款的规定,或者由不符合本办法第九条、第十条规定的编制单位、编制人员编制,或者编制单位、编制人员未按照本办法第十一条、第十四条第一款规定在信用平台提交相关信息的,应当在五个工作日内一次性告知建设单位需补正的全部内容;发现环境影响报告书(表)由列入本办法规定的限期整改名单或者本办法规定的"黑名单"的编制单位、编制人员编制的,不予受理。

第二十一条　各级生态环境主管部门在环境影响报告书(表)审批过程中,应当对报批的环境影响报告书(表)进行编制质量检查;发现环境影响报告书(表)基础资料明显不实,内容存在重大缺陷、遗漏或者虚假,或者环境影响评价结论不正确、不合理的,不予批准。

第二十二条　生态环境部定期或者根据实际工作需要不定期抽取一定比例地方生态环境主管部门或者其他有关审批部门审批的环境影响报告书(表)开展复核,对抽取的环境影响报告书(表)进行编制规范性检查和编制质量检查。

省级生态环境主管部门可以对本行政区域内下级生态环境主管部门或者其他有关审批部门审批的环境影响报告书(表)开展复核。

鼓励利用大数据手段开展复核工作。

第二十三条　生态环境部定期或者根据实际工作需要不定期通过抽查的方式,开展编制单位和编制人员情况检查。省级和市级生态环境主管部门可以对住所在本行政区域内或者在本行政区域内开展环境影响评价的编制单位及其编制人员相关情况进行抽查。

第二十四条　单位或者个人向生态环境主管部门举报环境影响报告书(表)编制规范性问题、编制质量问题,或者编制单位和编制人员违反本办法规定的,生态环境主管部门应当及时组织开展调查核实。

第二十五条　生态环境主管部门进行监督检查时,被监督检查的单位和人员应当如实说明情况,提供相关材料。

第二十六条　在监督检查过程中发现环境影响报告书(表)不符合有关环境影响评价法律法规、标准和技术规范等规定、存在下列质量问题之一的,由市级以上生态环境主管部门对建设单位、技术单位和编制人员给予通报批评:

(一)评价因子中遗漏建设项目相关行业污染源源强核算或者污染物排放标准规定的相关污染物的;

(二)降低环境影响评价工作等级,降低环境影响评价标准,或者缩小环境影响评价范围的;

(三)建设项目概况描述不全或者错误的;

(四)环境影响因素分析不全或者错误的;

(五)污染源源强核算内容不全,核算方法或者结果错误的;

(六)环境质量现状数据来源、监测因子、监测频次或者布点等不符合相关规定,或者所引用数据无效的;

(七)遗漏环境保护目标,或者环境保护目标与建设项目位置关系描述不明确或者错误的;

(八)环境影响评价范围内的相关环境要素现状调查与评价、区域污染源调查内容不全或者结果错误的;

(九)环境影响预测与评价方法或者结果错误,或者相关环境要素、环境风险预测与评价内容不全的;

(十)未按相关规定提出环境保护措施,所提环境保护措施或者其可行性论证不符合相关规定的。

有前款规定的情形,致使环境影响评价结论不正确、不合理或者同时有本办法第二十七条规定情形的,依照本办法第二十七条的规定予以处罚。

第二十七条　在监督检查过程中发现环境影响报告书(表)存在下列严重质量问题之一的,由市级以上生态环境主管部门依照《中华人民共和国环境影响评价法》第三十二条的规定,对建设单位及其相关人员、技术单位、编制人员予以处罚:

(一)建设项目概况中的建设地点、主体工程及其生产工艺,或者改扩建和技术改造项目的现有工程基本情况、污染物排放及达标情况等描述不全或者错误的;

(二)遗漏自然保护区、饮用水水源保护区或者以居住、医疗卫生、文化教育为主要功能的区域等环境保护目标的;

(三)未开展环境影响评价范围内的相关环境要素现状调查与评价,或者编造相关内容、结果的;

(四)未开展相关环境要素或者环境风险预测与评价,或者编造相关内容、结果的;

(五)所提环境保护措施无法确保污染物排放达到国家和地方排放标准或者有效预防和控制生态破坏,未针对建设项目可能产生的或者原有环境污染和生态破坏提出有效防治措施的;

(六)建设项目所在区域环境质量未达到国家或者地方环境质量标准,所提环境保护措施不能满足区域环境质量改善目标管理相关要求的;

(七)建设项目类型及其选址、布局、规模等不符合

环境保护法律法规和相关法定规划,但给出环境影响可行结论的;

(八)其他基础资料明显不实,内容有重大缺陷、遗漏、虚假,或者环境影响评价结论不正确、不合理的。

第二十八条　生态环境主管部门在作出通报批评和处罚决定前,应当向建设单位、技术单位和相关人员告知查明的事实和作出决定的理由及依据,并告知其享有的权利。相关单位和人员可在规定时间内作出书面陈述和申辩。

生态环境主管部门应当对相关单位和人员在陈述和申辩中提出的事实、理由或者证据进行核实。

第二十九条　生态环境主管部门应当将作出的通报批评和处罚决定向社会公开。处理和处罚决定应当包括相关单位及其人员基础信息、事实、理由及依据、处理处罚结果等内容。

第三十条　在监督检查过程中发现经批准的环境影响报告书(表)有下列情形之一的,实施监督检查的生态环境主管部门应当重新对其进行编制质量检查:

(一)不符合本办法第十二条第一款、第十四条第二款规定的;

(二)编制单位和编制人员未按照本办法第十一条、第十四条第一款规定在信用平台提交相关信息的;

(三)由不符合本办法第十条规定的编制人员编制的。

在监督检查过程中发现经批准的环境影响报告书(表)存在本办法第二十六条第二款、第二十七条所列问题的,或者由不符合本办法第九条规定以及由受理时已列入本办法规定的限期整改名单或者本办法规定的"黑名单"的编制单位或者编制人员编制的,生态环境主管部门或者其他负责审批环境影响报告书(表)的审批部门应当依法撤销相应批准文件。

在监督检查过程中发现经批准的环境影响报告书(表)存在本办法第二十六条、第二十七条所列问题的,原审批部门应当督促建设单位采取措施避免建设项目产生不良环境影响。

在监督检查过程中发现经批准的环境影响报告书(表)有本条前三款涉及情形之一的,实施监督检查的生态环境主管部门应当对原审批部门及有关情况予以通报。其中,经批准的环境影响报告书(表)存在本办法第二十六条、第二十七条所列问题的,实施监督检查的生态环境主管部门还应当一并对开展环境影响报告书(表)技术评估的单位予以通报。

第四章　信用管理

第三十一条　市级以上生态环境主管部门应当将编制单位和编制人员作为环境影响评价信用管理对象(以下简称信用管理对象)纳入信用管理;在环境影响报告书(表)编制行为监督检查过程中,发现信用管理对象存在失信行为的,应当实施失信记分。

生态环境部另行制定信用管理对象失信行为记分办法,对信用管理对象失信行为的记分规则、记分周期、警示分数和限制分数等作出规定。

第三十二条　信用管理对象的失信行为包括下列情形:

(一)编制单位不符合本办法第九条规定或者编制人员不符合本办法第十条规定的;

(二)未按照本办法及生态环境部相关规定在信用平台提交相关情况信息或者及时变更相关情况信息,或者提交的相关情况信息不真实、不准确、不完整的;

(三)违反本办法规定,由两家以上单位主持编制环境影响报告书(表)或者由两名以上编制人员作为环境影响报告书(表)编制主持人的;

(四)技术单位未按照本办法规定与建设单位签订主持编制环境影响报告书(表)委托合同的;

(五)未按照本办法规定进行环境影响评价质量控制的;

(六)未按照本办法规定在环境影响报告书(表)中附具编制单位和编制人员情况表并盖章或者签字的;

(七)未按照本办法规定将相关资料存档的;

(八)未按照本办法规定接受生态环境主管部门监督检查或者在接受监督检查时弄虚作假的;

(九)因环境影响报告书(表)存在本办法第二十六条第一款所列问题受到通报批评的;

(十)因环境影响报告书(表)存在本办法第二十六条第二款、第二十七条所列问题受到处罚的。

第三十三条　实施失信记分应当履行告知、决定和记录等程序。

市级以上生态环境主管部门在监督检查过程中发现信用管理对象存在失信行为的,应当向其告知查明的事实、记分情况以及相关依据。信用管理对象可以在规定时间内作出书面陈述和申辩。

市级以上生态环境主管部门应当对信用管理对象在陈述和申辩中提出的事实、理由或者证据进行核实。

市级以上生态环境主管部门应当对经核实无误的失信行为记分作出书面决定,并向社会公开。失信行为记分决定应当包括信用管理对象基础信息、失信行为事实、失信记分及依据、涉及的建设项目和建设单位名称等内容。

市级以上生态环境主管部门应当在作出失信行为记分决定后五个工作日内,将书面决定及有关情况上传至信用平台并记入信用管理对象诚信档案。

因环境影响报告书(表)存在本办法第二十六条、第二十七条所列问题,生态环境主管部门对信用管理对象作出处理处罚决定的,实施失信记分的告知、决定程序应当与处理处罚相关程序同步进行,并可合并作出处理处罚决定和失信行为记分决定。

同一失信行为已由其他生态环境主管部门实施失信记分的,不得重复记分。

第三十四条 失信行为和失信记分相关情况在信用平台的公开期限为五年。禁止从事环境影响报告书(表)编制工作的技术单位和终身禁止从事环境影响报告书(表)编制工作的编制人员,其失信行为和失信记分永久公开。

失信行为和失信记分公开的起始时间为生态环境主管部门作出失信记分决定的时间。

第三十五条 信用平台对信用管理对象在一个记分周期内各级生态环境主管部门实施的失信记分予以动态累计,将记分周期内累计失信记分情况作为对其实行守信激励和失信惩戒的依据。

第三十六条 信用管理对象连续两个记分周期的每个记分周期内编制过十项以上经批准的环境影响报告书(表)且无失信记分的,信用平台在后续两个记分周期内将其列入守信名单,并将相关情况记入其诚信档案。生态环境主管部门应当减少对列入守信名单的信用管理对象编制的环境影响报告书(表)复核抽取比例和抽取频次。

信用管理对象在列入守信名单期间有失信记分的,信用平台将其从守信名单中移出,并将移出情况记入其诚信档案。

第三十七条 信用管理对象在一个记分周期内累计失信记分达到警示分数的,信用平台在后续两个记分周期内将其列入重点监督检查名单,并将相关情况记入其诚信档案。生态环境主管部门应当提高对列入重点监督检查名单的信用管理对象编制的环境影响报告书(表)复核抽取比例和抽取频次。

第三十八条 信用管理对象在一个记分周期内的失信记分实时累计达到限制分数的,信用平台将其列入限期整改名单,并将相关情况记入其诚信档案。限期整改期限为六个月,自达到限制分数之日起计算。

信用管理对象在限期整改期间的失信记分再次累计达到限制分数的,应当自再次达到限制分数之日起限期整改六个月。

第三十九条 信用管理对象因环境影响报告书(表)存在本办法第二十六条第二款、第二十七条所列问题,受到禁止从事环境影响报告书(表)编制工作处罚的,失信记分直接记为限制分数。信用平台将其列入“黑名单”,并将相关情况记入其诚信档案。列入“黑名单”的期限与处罚决定中禁止从事环境影响报告书(表)编制工作的期限一致。

对信用管理对象中列入“黑名单”单位的出资人,由列入“黑名单”单位或者其法定代表人出资的单位,以及由列入“黑名单”单位出资人出资的其他单位,信用平台将其列入重点监督检查名单,并将相关情况记入其诚信档案。列入重点监督检查名单的期限为二年,自列入“黑名单”单位达到限制分数之日起计算。生态环境主管部门应当提高对上述信用管理对象编制的环境影响报告书(表)的复核抽取比例和抽取频次。

第四十条 信用管理对象列入本办法规定的守信名单、重点监督检查名单、限期整改名单和“黑名单”的相关情况在信用平台的公开期限为五年。

生态环境部每半年对列入本办法规定的限期整改名单和本办法规定的“黑名单”的信用管理对象以及相关情况予以通报,并向社会公开。

第四十一条 因环境影响报告书(表)存在本办法第二十六条第二款、第二十七条所列问题,信用管理对象受到处罚的,作出处罚决定的生态环境主管部门应当及时将其相关违法信息推送至国家企业信用信息公示系统和全国信用信息共享平台。

第四十二条 上级生态环境主管部门发现下级生态环境主管部门未按照本办法规定对发现的失信行为实施失信记分的,应当责令其限期改正。

第五章 附 则

第四十三条 鼓励环境影响评价行业组织加强行业自律,开展技术单位和编制人员水平评价。

第四十四条 本办法所称全职,是指与编制单位订立劳动合同(非全日制用工合同除外)并由该单位缴纳社会保险或者在事业单位类型的编制单位中在编等用工形式。

本办法所称从业单位,是指编制人员全职工作的编制单位。

第四十五条 负责审批环境影响报告书(表)的其他有关审批部门可以参照本办法对环境影响报告书

（表）编制实施监督管理。

第四十六条　本办法由生态环境部负责解释。

第四十七条　本办法自 2019 年 11 月 1 日起施行。《建设项目环境影响评价资质管理办法》（环境保护部令第 36 号）同时废止。

生态环境部关于发布《建设项目环境影响报告书（表）编制监督管理办法》配套文件的公告

·2019 年 10 月 24 日生态环境部公告 2019 年第 38 号公布
·自 2019 年 11 月 1 日起施行

《建设项目环境影响报告书（表）编制监督管理办法》（生态环境部令第 9 号）已于 2019 年 9 月 20 日公布，自 2019 年 11 月 1 日起施行。根据《中华人民共和国环境影响评价法》和该办法的相关规定，现将《建设项目环境影响报告书（表）编制能力建设指南（试行）》等 3 个配套文件予以公告，与该办法一并施行。

附件：1. 建设项目环境影响报告书（表）编制能力建设指南（试行）

2. 建设项目环境影响报告书（表）编制单位和编制人员信息公开管理规定（试行）

3. 建设项目环境影响报告书（表）编制单位和编制人员失信行为记分办法（试行）

附件 1

建设项目环境影响报告书（表）编制能力建设指南（试行）

第一条　为保证建设项目环境影响报告书和环境影响报告表（以下简称环境影响报告书（表））编制质量，指导主持编制环境影响报告书（表）的单位（以下简称编制单位）开展相关能力建设，根据《中华人民共和国环境影响评价法》《建设项目环境影响报告书（表）编制监督管理办法》（以下简称《监督管理办法》），制定本指南。

第二条　编制单位应当按照本指南要求，不断加强环境影响报告书（表）编制能力建设，提升环境影响评价专业技术水平。

第三条　环境影响报告书（表）编制能力建设包括编制单位的人员配备、工作实践和保障条件等三个方面。

第四条　人员配备方面的能力建设主要包括下列内容：

（一）配备一定数量的全职专业技术人员

1. 编制环境影响报告表的单位，全职人员中配备一定数量的环境影响评价工程师、掌握相关环境要素环境影响评价方法的人员、熟悉相应类别建设项目工程/工艺特点与环境保护措施的人员，以及熟悉环境影响评价相关法律法规、标准和技术规范的人员；

2. 编制环境影响报告书的单位，除配备第 1 项中的全职专业技术人员外，全职人员中配备一定数量近 3 年内作为编制主持人主持编制过相应类别环境影响报告书（表）的环境影响评价工程师和从事环境影响评价工作 5 年以上的环境影响评价工程师；

3. 编制重点项目（清单附后）环境影响报告书的单位，除配备第 1 项、第 2 项中的全职专业技术人员外，全职人员中配备一定数量近 3 年内作为编制主持人主持编制过或者作为主要编制人员编制过相应类别重点项目环境影响报告书的环境影响评价工程师，以及从事环境影响评价工作 10 年以上的环境影响评价工程师。其中，编制核与辐射类别重点项目（输变电项目除外）环境影响报告书的单位，全职人员中同时配备一定数量的注册核安全工程师。

（二）专业技术人员完成一定数量的继续教育学时

1. 每年参加一定学时的环境影响评价相关业务培训、研修、远程教育等；

2. 每年参加相当一定学时的环境影响评价相关学术会议、学术讲座等。

第五条　工作实践方面的能力建设主要包括下列内容：

（一）具备相应的基础能力

1. 建设项目工程分析能力；

2. 环境现状调查与评价能力；

3. 环境影响分析、预测与评价能力；

4. 环境保护措施比选及其技术、经济论证能力；

5. 相关技术报告和数据资料分析、审核能力。

（二）具备相应的工作业绩

1. 编制环境影响报告书的单位，近 3 年内主持编制过一定数量的环境影响报告书（表）或者规划环境影响报告书；

2. 编制重点项目环境影响报告书的单位，近 3 年内主持编制过一定数量的相应类别环境影响报告书。

（三）具备一定的科研能力

近 3 年内承担或者参与过一定数量的环境影响评价相关科学研究课题，或者环境保护相关标准、技术规范等制修订工作。

第六条　保障条件方面的能力建设主要包括下列内容:

(一)具备固定的工作场所

1. 具备必要的办公条件;

2. 具备环境影响评价档案资料管理设施及场所。

(二)具备完善的质量保证体系

1. 建立和实施环境影响评价质量控制制度;

2. 建立和运行环境影响评价质量控制信息化管理系统;

3. 建立和实施环境影响评价技术交流与培训制度。

(三)配备相应的专业软件和仪器设备

1. 配备一定数量的专业技术软件;

2. 配备一定数量的图文制作和专业仪器设备。

第七条　鼓励建设单位优先选择符合本指南要求的技术单位为其编制环境影响报告书(表)。

技术单位配备的全职专业技术人员数量、技术单位专业技术人员的继续教育学时、技术单位的工作业绩和科研工作量以及配备的专业软件和仪器设备数量等情况,可作为建设单位比选技术单位的重要量化参考指标。

第八条　本指南所称全职,是指《监督管理办法》第四十四条中规定的用工形式。

本指南所称环境影响评价工程师、注册核安全工程师,分别是指取得环境影响评价工程师职业资格证书、注册核安全工程师执业资格证书的人员。

本指南所称相应类别,是指建设项目在《建设项目环境影响评价分类管理名录》中对应的项目类别。

本指南所称近3年,以环境影响报告书(表)、规划环境影响报告书、科学研究课题、标准、技术规范等的批准、审查、验收(鉴定)或者发布时间为起点计算。

本指南所称技术单位,是指《监督管理办法》第二条中所称的技术单位。

附:重点项目清单(略)

附件2

建设项目环境影响报告书(表)编制单位和
编制人员信息公开管理规定(试行)

第一条　为规范建设项目环境影响报告书、环境影响报告表(以下简称环境影响报告书(表))的编制单位和编制人员信息公开工作,完善环境影响评价信用体系,方便建设单位查询和选择技术单位,根据《建设项目环境影响报告书(表)编制监督管理办法》(以下简称《监督管理办法》),制定本规定。

第二条　编制单位和编制人员应当通过全国统一的环境影响评价信用平台(以下简称信用平台)提交本单位、本人以及编制完成的环境影响报告书(表)基本情况信息,并对提交信息的真实性、准确性和完整性负责。

信用平台向社会公开编制单位、编制人员和环境影响报告书(表)的基础信息。

第三条　编制单位基本情况信息应当包括下列内容:

(一)单位名称、组织形式、法定代表人(负责人)及其身份证件类型和号码、住所、统一社会信用代码;

(二)出资人或者举办单位、业务主管单位、挂靠单位等的名称(姓名)和统一社会信用代码(身份证件类型及号码);

(三)与《监督管理办法》第九条规定的符合性信息;

(四)单位设立材料。

编制单位在信用平台提交前款所列信息和编制单位承诺书(格式见附1)后,信用平台建立编制单位诚信档案,向社会公开编制单位的名称、住所、统一社会信用代码等基础信息。

有《监督管理办法》第九条第三款所列不得主持编制环境影响报告书(表)情形的,信用平台不予建立诚信档案。

第四条　编制人员基本情况信息应当包括下列内容:

(一)姓名、身份证件类型及号码;

(二)从业单位名称;

(三)全职情况材料。

编制人员中的编制主持人基本情况信息还应当包括环境影响评价工程师职业资格证书管理号和取得时间。

编制人员应当在从业单位的诚信档案建立后,在信用平台提交本条第一款或者本条前两款所列信息和编制人员承诺书(格式见附2)。

编制人员基本情况信息经从业单位在信用平台确认后,信用平台建立编制人员诚信档案,生成编制人员信用编号,向社会公开编制人员的姓名、从业单位、环境影响评价工程师职业资格证书管理号和信用编号等基础信息,并将其归集至从业单位的诚信档案。

第五条　环境影响报告书(表)基本情况信息应当包括下列内容:

（一）建设项目名称、建设地点、项目类别；

（二）环境影响评价文件类型；

（三）建设单位信息；

（四）编制单位、编制人员及其编制分工、编制方式等信息。

除涉密项目外，编制单位应当在建设单位报批环境影响报告书（表）前，在信用平台提交前款所列信息和环境影响报告书（表）编制情况承诺书（格式见附3）。其中，涉及编制人员的相关信息应当在提交前经本人在信用平台确认。

信用平台生成项目编号以及环境影响报告书（表）的《编制单位和编制人员情况表》，向社会公开环境影响报告书（表）的相关建设项目名称、类别、建设单位以及编制单位、编制人员等基础信息，并将环境影响报告书（表）相关编制信息归集至编制单位和编制人员诚信档案。

第六条 编制单位的单位设立材料中的单位名称、住所或者法定代表人（负责人）变更的，应当自情形发生之日起20个工作日内在信用平台变更其基本情况信息。变更信息时，应当提交下列情况信息和编制单位承诺书：

（一）变更后的单位名称、住所或者法定代表人（负责人）及其身份证件类型和号码；

（二）变更后的单位设立材料。

编制单位在信用平台变更单位名称信息的，信用平台一并变更该单位编制人员基本情况信息中的从业单位名称信息。

第七条 编制单位的单位设立材料中的出资人或者举办单位、业务主管单位、挂靠单位等变更的，应当自情形发生之日起20个工作日内在信用平台变更其基本情况信息。变更信息时，应当提交下列情况信息和编制单位承诺书：

（一）变更后的出资人或者举办单位、业务主管单位、挂靠单位等的名称（姓名）和统一社会信用代码（身份证件类型及号码）；

（二）与《监督管理办法》第九条规定的符合性信息；

（三）变更后的单位设立材料。

第八条 编制单位未发生本规定第七条所列情形、与《监督管理办法》第九条规定的符合性发生变更的，应当自情形发生之日起20个工作日内在信用平台变更其基本情况信息。变更信息时，应当提交变更后的与《监督管理办法》第九条规定的符合性信息和编制单位承诺书。

第九条 编制单位终止的，该单位编制人员可在信

用平台变更编制单位基本情况信息。变更信息时，应当提交编制单位的单位终止材料和编制人员承诺书。变更相关信息的，信用平台将该单位及其编制人员一并予以注销。

有《监督管理办法》第九条第三款所列不得主持编制环境影响报告书（表）情形、以提交虚假信息为手段建立诚信档案的，一经发现，信用平台将其予以注销，并将其编制人员一并予以注销。

第十条 编制人员发生下列情形之一的，应当自情形发生之日起20个工作日内在信用平台变更其基本情况信息：

（一）从业单位变更的；

（二）调离从业单位的。

编制人员发生前款第一项所列情形的，变更信息时，应当提交离职情况材料、变更后从业单位名称、变更后的全职情况材料和编制人员承诺书，并经原从业单位和变更后从业单位在信用平台确认。

编制人员发生本条第一款第二项所列情形的，变更信息时，应当提交离职情况材料和编制人员承诺书，并经原从业单位在信用平台确认。变更相关信息的，信用平台将其予以注销。

本条第一款中的编制人员变更相关信息需经原从业单位在信用平台确认的，原从业单位应当在5个工作日内确认。

编制人员发生本条第一款第一项所列情形，变更后从业单位已被信用平台注销或者未在信用平台建立诚信档案的，应当按照本条第一款第二项情形变更基本情况信息。

编制人员发生本条第一款所列情形，自情形发生之日起20个工作日内未在信用平台变更相关信息的，原从业单位应当自前述情形发生之日起20个工作日内，在信用平台变更编制人员基本情况信息。变更信息时，应当提交编制人员离职情况材料和编制单位承诺书。变更相关信息的，信用平台将该编制人员予以注销。

第十一条 编制人员未发生本规定第十条所列情形，全职情况发生变更、不再属于本单位全职人员的，其从业单位应当在信用平台变更编制人员基本情况信息。变更信息时，应当提交相关情况说明和编制单位承诺书。变更相关信息的，信用平台将该编制人员予以注销。

第十二条 编制人员在建立诚信档案后取得环境影响评价工程师职业资格证书的，可在信用平台变更其基本情况信息。变更信息时，应当提交相应的证书管理号、

取得时间和编制人员承诺书。

第十三条　编制单位因未按照本规定在信用平台及时变更本单位及其编制人员相关情况信息,或者在信用平台提交的本单位及其编制人员相关情况信息不真实、不准确、不完整,被生态环境主管部门失信记分的,信用平台将该编制单位及其编制人员一并予以注销。

前款中被注销的编制单位应当在信用平台补正相关情况信息。补正信息时,应当提交编制单位承诺书。补正信息的,信用平台将其从被注销单位中移出;补正信息后,前款中被注销的编制人员仍需在该单位从业的,除有本规定第十四条第一款所列情形外,经本人在信用平台确认,信用平台将其从被注销人员中移出。

第十四条　编制人员因未按照本规定在信用平台及时变更本人相关情况信息,或者在信用平台提交的本人及其从业单位相关情况信息不真实、不准确、不完整,被生态环境主管部门失信记分的,信用平台将其予以注销。

前款中被注销的编制人员应当在信用平台补正相关情况信息。补正信息时,应当提交编制人员承诺书;其中,因提交的从业单位名称信息不真实被信用平台注销的,补正信息时,还应当提交全职情况材料,并经补正后的从业单位在信用平台确认。补正信息的,信用平台将其从被注销人员中移出,编制人员的从业单位已被信用平台注销或者未在信用平台建立诚信档案的除外。未补正信息的,不得变更其基本情况信息。

第十五条　本规定第九条、第十条第三款和第十三条第一款中被信用平台注销的编制人员从业单位变更的,除下列情形外,可在信用平台变更其基本情况信息,并从被注销人员中移出:

(一)有本规定第十四条第一款所列情形,未补正信息的;

(二)变更后的从业单位已被信用平台注销或者未在信用平台建立诚信档案的。

前款中的编制人员变更信息时,应当在信用平台提交变更后从业单位名称、变更后的全职情况材料和编制人员承诺书,并经变更后从业单位在信用平台确认。其中,本规定第十三条第一款中被注销的编制人员变更相关信息时,还应当提交离职情况材料,并经原从业单位在信用平台确认;原从业单位应当在5个工作日内确认。

第十六条　本规定第十条第三款中被信用平台注销的编制人员调回原从业单位的,除下列情形外,可在信用平台变更其基本情况信息,并从被注销人员中移出:

(一)有本规定第十四条第一款所列情形,未补正信

息的;

(二)原从业单位已被信用平台注销的。

前款中的编制人员变更信息时,应当在信用平台提交全职情况材料和编制人员承诺书,并经原从业单位在信用平台确认。

第十七条　编制单位变更单位名称或者住所信息的,信用平台向社会公开其变更后的基础信息。

编制人员变更从业单位名称信息的,信用平台向社会公开其变更后的基础信息,并将其归集至变更后从业单位的诚信档案。

信用平台及时更新编制单位的编制人员数量和编制完成的环境影响报告书(表)数量,并向社会公开。

第十八条　被信用平台注销的编制单位,不得在信用平台变更其基本情况信息。

被信用平台注销、列入《监督管理办法》规定的限期整改名单或者《监督管理办法》规定的环境影响评价失信"黑名单"的编制单位和编制人员,不得在信用平台提交本规定第五条所列信息。

编制单位属于《监督管理办法》第九条第二款所列单位的,不得作为技术单位在信用平台提交本规定第五条所列信息。其中,《监督管理办法》第九条第二款第四项所列受委托开展环境影响报告书(表)技术评估的单位,包括正在接受委托和自委托终止之日起未满6个月的单位。

第十九条　被信用平台注销的编制单位和编制人员的基础信息和失信记分等情况继续向社会公开,失信行为的记分周期不变,信用平台继续累计其失信记分。

第二十条　信用平台保存编制单位和编制人员在信用平台历次提交的情况信息、相关承诺书以及被信用平台注销等情况,将其纳入编制单位和编制人员诚信档案,并自动形成编制单位和编制人员信息变更记录。

第二十一条　各级生态环境主管部门应当在环境影响报告书(表)编制规范性检查中,对编制单位和编制人员在信用平台提交信息情况进行检查,并可在编制单位和编制人员情况检查中,对其在信用平台提交的相关情况信息是否真实、准确、完整进行检查。相关检查可通过查询信用平台、现场核实或者调取材料等方式进行。

省级和设区的市级生态环境主管部门可在信用平台查询住所在本行政区域内以及在本行政区域内开展环境影响评价的编制单位及其编制人员历次提交的情况信息和承诺书、被信用平台注销等情况以及信息变更记录,不得将信用平台未向社会公开的信息对外公开。

第二十二条 编制单位与《监督管理办法》第九条规定的符合性信息,应当包括编制单位是否存在该条款中所列情形的逐项确认信息以及下列相应信息:

(一)编制单位属于《监督管理办法》第九条第二款第三项所列单位的,应当包括相关事业单位、社会组织的单位设立材料,以及相关事业单位、社会组织及其举办单位、业务主管单位或者挂靠单位的名称和统一社会信用代码;其中,编制单位属于相关事业单位、社会组织出资的单位再出资的单位,还应当包括相关出资单位的名称、统一社会信用代码和单位设立材料;

(二)编制单位属于《监督管理办法》第九条第二款第四项所列单位的,应当包括接受委托开展技术评估的起止时间、技术评估委托合同或者相关文件,以及委托开展环境影响报告书(表)技术评估的生态环境主管部门或者其他负责审批环境影响报告书(表)的审批部门的名称和统一社会信用代码;

(三)编制单位属于《监督管理办法》第九条第二款第五项所列单位的,应当包括相关技术评估单位的名称、统一社会信用代码以及本条第二项所列相关信息。其中,编制单位属于相关技术评估单位出资的单位再出资的单位,还应当包括相关出资单位的名称、统一社会信用代码和单位设立材料;

(四)编制单位属于《监督管理办法》第九条第二款第六项所列单位的,应当包括相关技术评估单位的名称、统一社会信用代码和单位设立材料,以及本条第二项所列相关信息。其中,编制单位属于相关技术评估单位出资人出资的其他单位的,还应当包括相关出资人的名称(姓名)和统一社会信用代码(身份证件类型及号码);编制单位属于相关技术评估单位法定代表人出资的单位的,还应当包括相关法定代表人的姓名和身份证件类型及号码。

第二十三条 编制单位提交的本办法第三条第一款前两项、第六条第一款第一项、第七条第一项中的信息应当与其相应的单位设立材料中的内容一致。

第二十四条 本规定所称编制单位、编制人员、编制主持人和从业单位,是指《监督管理办法》第四条、第五条和第四十四条中的相关单位和人员。

本规定所称项目类别,是指建设项目在《建设项目环境影响评价分类管理名录》中对应的项目类别。

本规定所称建设单位信息,包括建设单位名称、统一社会信用代码,以及建设单位法定代表人、主要负责人和直接负责的主管人员的姓名。

本规定所称编制方式包括自行主持编制环境影响报告书(表)和接受委托主持编制环境影响报告书(表)。

本规定所称编制单位终止,是指编制单位注销登记或者撤销登记等。

本规定所称单位设立材料,是指企业营业执照和章程(合伙协议)、事业单位或者社会组织法人登记证书和章程,或者特别法人的登记证书等。

本规定所称单位终止材料,是指登记管理机关的注销、撤销登记公告或者准予注销通知书、撤销登记通知书等。

本规定所称全职情况材料,是指近3个月内在从业单位参加社会保险的社会保险管理机构缴费记录,或者事业单位专业技术人员离岗创业文件及其与从业单位订立的劳动合同等。

本规定所称离职情况材料,是指原从业单位办理的编制人员离职文件、与原从业单位解除劳动关系文件,或者与原从业单位解除劳动关系的劳动仲裁裁决书等。

第二十五条 负责审批环境影响报告书(表)的其他有关审批部门可参照本规定对编制单位和编制人员信息提交情况进行监督检查。

附1:编制单位承诺书(略)

附2:编制人员承诺书(略)

附3:建设项目环境影响报告书(表)编制情况承诺书(略)

附件3

建设项目环境影响报告书(表)编制单位和编制人员失信行为记分办法(试行)

第一条 为规范建设项目环境影响报告书和环境影响报告表(以下简称环境影响报告书(表))编制行为监督检查过程中,编制单位和编制人员(以下统称信用管理对象)的失信行为记分,根据《建设项目环境影响报告书(表)编制监督管理办法》(以下简称《监督管理办法》),制定本办法。

第二条 信用管理对象失信行为的记分周期(以下简称记分周期)为一年,自信用管理对象在全国统一的环境影响评价信用平台(以下简称信用平台)建立诚信档案之日起计算。

列入《监督管理办法》规定的限期整改名单的信用管理对象记分周期,自限期整改之日起重新计算。

列入《监督管理办法》规定的环境影响评价失信"黑名单"的信用管理对象,在禁止从事环境影响报告书(表)编制工作期间不再实施失信记分;禁止从事环境影响报告书(表)编制工作期满的,记分周期自期满次日起重新计算。

失信记分的警示分数为一个记分周期内累计失信记分10分。失信记分的限制分数为一个记分周期内失信记分直接达到20分或者实时累计达到20分。

第三条 主持编制环境影响报告书(表)的技术单位因环境影响报告书(表)存在《监督管理办法》第二十六条第二款、第二十七条所列问题,禁止从事环境影响报告书(表)编制工作的,失信记分20分。

第四条 编制人员因环境影响报告书(表)存在《监督管理办法》第二十六条第二款、第二十七条所列问题,五年内或者终身禁止从事环境影响报告书(表)编制工作的,失信记分20分。

第五条 编制单位有下列情形之一的,失信记分10分:

(一)自行主持编制环境影响报告书(表)的建设单位因环境影响报告书(表)存在《监督管理办法》第二十六条第二款、第二十七条所列问题受到处罚的;

(二)接受委托主持编制环境影响报告书(表)的技术单位因环境影响报告书(表)存在《监督管理办法》第二十六条第二款、第二十七条所列问题受到处罚,但未禁止从事环境影响报告书(表)编制工作的;

(三)违反《监督管理办法》第九条第二款规定,作为技术单位编制环境影响报告书(表)的;

(四)内设机构、分支机构或者临时机构违反《监督管理办法》第九条第三款规定,主持编制环境影响报告书(表)的。

第六条 编制单位或者编制人员未按照《监督管理办法》第二十五条规定接受生态环境主管部门监督检查,或者在接受监督检查时弄虚作假,未如实说明情况、提供相关材料的,失信记分10分。

第七条 编制单位和编制人员因环境影响报告书(表)存在《监督管理办法》第二十六条第一款所列问题受到通报批评的,对编制单位和编制人员分别失信记分5分。

第八条 信用管理对象有下列情形之一的,对编制单位和编制人员分别失信记分5分:

(一)未按照《监督管理办法》第十条规定由编制单位全职人员作为环境影响报告书(表)编制人员的;

(二)未按照《监督管理办法》第十条规定由取得环境影响评价工程师职业资格证书人员作为环境影响报告书(表)编制主持人的。

第九条 编制单位有下列情形之一的,失信记分4分:

(一)未按照《监督管理办法》第十一条第一款和《建设项目环境影响报告书(表)编制单位和编制人员信息公开管理规定(试行)》(以下简称《公开管理规定》)第三条规定通过信用平台提交本单位基本情况信息的;

(二)未按照《监督管理办法》第十四条第一款和《公开管理规定》第五条规定通过信用平台提交环境影响报告书(表)基本情况信息的;

(三)违反《监督管理办法》第十四条第二款规定,未在环境影响报告书(表)中附具《编制单位和编制人员情况表》或者未在《编制单位和编制人员情况表》中盖章的;

(四)违反《监督管理办法》第十四条第二款规定,在环境影响报告书(表)中附具的《编制单位和编制人员情况表》未由信用平台导出的。

第十条 编制人员未按照《监督管理办法》第十一条第一款和《公开管理规定》第四条规定通过信用平台提交本人基本情况信息的,失信记分4分。

第十一条 编制单位未按照《监督管理办法》第十三条第一款规定进行环境影响评价质量控制的,失信记分3分。

第十二条 编制单位未按照《监督管理办法》和《公开管理规定》在信用平台及时变更本单位及其编制人员相关情况信息,或者在信用平台提交的本单位及其编制人员相关情况信息不真实、不准确、不完整,有下列情形之一的,失信记分3分:

(一)提交的与《监督管理办法》第九条第二款规定的符合性信息不真实、不准确、不完整的;

(二)与《监督管理办法》第九条第二款规定的符合性发生变更,未及时变更基本情况信息的;

(三)内设机构、分支机构或者临时机构以提交虚假的《监督管理办法》第九条第三款规定的符合性信息为手段,建立诚信档案的;

(四)未按照《公开管理规定》第十条规定对编制人员相关情况信息进行确认或者变更,或者未按照《公开管理规定》第十五条规定对编制人员相关情况信息进行确认的。

第十三条 编制人员未按照《监督管理办法》和《公

开管理规定》在信用平台及时变更本人相关情况信息,或者在信用平台提交的本人及其从业单位相关情况信息不真实、不准确、不完整,有下列情形之一的,失信记分3分:

(一)提交的从业单位名称信息不真实的;

(二)提交的环境影响评价工程师职业资格证书管理号或者取得时间不真实的;

(三)发生《公开管理规定》第十条所列情形,未及时变更基本情况信息的;

(四)编制单位未发生《公开管理规定》第九条第一款所列情形,变更编制单位基本情况信息的。

编制人员有前款第一项所列情形的,还应当对其提交信息中的从业单位失信记分3分。

第十四条　信用管理对象有下列情形之一的,对编制单位失信记分2分:

(一)违反《监督管理办法》第十二条第一款规定,由两家及以上单位主持编制环境影响报告书(表)的;

(二)违反《监督管理办法》第十二条第一款规定,由两名及以上编制人员作为环境影响报告书(表)编制主持人的。

第十五条　编制单位有下列情形之一的,失信记分2分:

(一)未按照《监督管理办法》第十五条规定将相关资料存档的;

(二)主持编制环境影响报告书(表)的技术单位未按照《监督管理办法》第十二条第二款规定与建设单位签订委托合同的;

(三)在信用平台提交的环境影响报告书(表)基本情况信息不真实、不准确、不完整的;

(四)除本办法第十二条所列情形外,未按照《监督管理办法》和《公开管理规定》在信用平台及时变更本单位相关情况信息,或者提交的本单位及其编制人员的信息不真实、不准确、不完整的。

第十六条　除本办法第十三条所列情形外,编制人员在信用平台提交的信息不真实、不准确、不完整的,失信记分2分。

第十七条　编制人员有下列情形之一的,对编制单位和编制人员分别失信记分2分:

(一)未按照《监督管理办法》第十三条第二款规定进行环境影响评价质量控制的;

(二)未按照《监督管理办法》第十四条第二款规定在《编制单位和编制人员情况表》中签字的。

第十八条　生态环境主管部门在环境影响报告书(表)受理过程中发现信用管理对象有本办法第五条第三项、第五条第四项、第八条至第十条、第十四条、第十七条第二项所列情形之一的,除按照本办法对信用管理对象实施失信记分外,还应当按照《监督管理办法》第二十条规定告知建设单位需补正的全部内容。

生态环境主管部门在监督检查中发现信用管理对象有前款所列情形之一、相关环境影响报告书(表)经批准的,除按照本办法对信用管理对象实施失信记分外,还应当按照《监督管理办法》第三十条规定重新对相关环境影响报告书(表)进行编制质量检查,或者由生态环境主管部门或者其他负责审批环境影响报告书(表)的审批部门依法撤销相应批准文件。

第十九条　信用管理对象名称或者姓名发生变更,统一社会信用代码或者身份证件号码未发生变化的,信用平台按照同一信用管理对象继续累计失信记分。

信用管理对象在《监督管理办法》规定的限期整改期间,被发现存在失信行为的,生态环境主管部门应当继续对失信行为实施失信记分。

第二十条　信用管理对象失信行为有下列情形的,应当按照不同失信行为分别作出失信记分:

(一)涉及本办法第五条至第十七条中不同条款或者同一条款中不同项的;

(二)有本办法第五条、第七条、第八条、第九条第二项至第四项、第十一条、第十四条、第十五条第一项至第三项或者第十七条所列任一失信行为,涉及不同环境影响报告书(表)的;

(三)有本办法第六条、第十二条第一项、第十二条第二项或者第十三条所列任一失信行为,涉及不同时段的;

(四)有本办法第十二条第三项所列失信行为,涉及不同内设机构、分支机构或者临时机构,或者涉及不同时段的;

(五)有本办法第十二条第四项所列任一失信行为,涉及不同编制人员的;

(六)有本办法第十五条第四项或者第十六条所列任一失信行为,涉及不同信息或者不同时段的。

第二十一条　同一失信行为已由其他生态环境主管部门实施失信记分的,不得重复记分。

第二十二条　失信记分不符合本办法第二十一条规定的,信用管理对象可按照《监督管理办法》第三十三条第二款的规定作出书面陈述和申辩。

第二十三条　本办法所称技术单位、编制单位、编制人员、编制主持人和从业单位，是指《监督管理办法》第二条、第四条、第五条和第四十四条中的相关单位和人员。

生态环境部建设项目环境影响报告书（表）审批程序规定

· 2020 年 11 月 23 日生态环境部令第 14 号公布
· 自 2021 年 1 月 1 日起施行

第一章　总　则

第一条　为了规范生态环境部建设项目环境影响报告书、环境影响报告表（以下简称环境影响报告书（表））审批程序，提高审批效率和服务水平，落实深化"放管服"改革、优化营商环境要求，保障公民、法人和其他组织的合法权益，根据《中华人民共和国行政许可法》《中华人民共和国环境影响评价法》《建设项目环境保护管理条例》，以及海洋环境保护、放射性污染防治、大气污染防治、水污染防治等生态环境法律法规，制定本规定。

第二条　本规定适用于生态环境部负责审批的建设项目环境影响报告书（表）的审批。

第三条　生态环境部审批建设项目环境影响报告书（表），坚持依法依规、科学决策、公开公正、便民高效的原则。

第四条　依法应当编制环境影响报告书（表）的建设项目，建设单位应当在开工建设前将环境影响报告书（表）报生态环境部审批。

建设项目的环境影响报告书（表）经批准后，建设项目的性质、规模、地点、采用的生产工艺或者防治污染、防止生态破坏的措施发生重大变动的，建设单位应当在发生重大变动的建设内容开工建设前重新将环境影响报告书（表）报生态环境部审批。

第五条　对国家确定的重大基础设施、民生工程和国防科研生产项目，生态环境部可以根据建设单位、环境影响报告书（表）编制单位或者有关部门提供的信息，提前指导，主动服务，加快审批。

第二章　申请与受理

第六条　建设单位向生态环境部申请审批环境影响报告书（表）的，除国家规定需要保密的情形外，应当在全国一体化在线政务服务平台生态环境部政务服务大厅（网址：http://zwfw.mee.gov.cn，以下简称政务服务大厅）提交下列材料，并对材料的真实性负责：

（一）建设项目环境影响报告书（表）报批申请书；

（二）建设项目环境影响报告书（表）。环境影响报告书（表）涉及国家秘密、商业秘密和个人隐私的，建设单位应当自行作出删除、遮盖等区分处理；

（三）编制环境影响报告书的建设项目的公众参与说明。

除前款规定材料外，建设单位还应当通过邮寄或者现场递交等方式，向生态环境部提交下列材料纸质版，以及光盘等移动电子存储设备一份：

（一）建设项目环境影响报告书（表）全本，一式三份；

（二）编制环境影响报告书的建设项目的公众参与说明，一式三份；

（三）通过政务服务大厅线上提交的建设项目环境影响报告书（表）对全本中不宜公开内容作了删除、遮盖等区分处理的，还应当提交有关说明材料一份。

国家规定需要保密的建设项目应当通过现场递交方式提交申请材料。

第七条　生态环境部对建设单位提交的申请材料，根据下列情况分别作出处理：

（一）依法不需要编制环境影响报告书（表）的，应当即时告知建设单位不予受理；

（二）对不属于生态环境部审批的环境影响报告书（表），不予受理，并告知建设单位向有关机关申请；

（三）环境影响报告书（表）由列入《建设项目环境影响报告书（表）编制监督管理办法》规定的限期整改名单或者"黑名单"的编制单位、编制人员编制的，应当告知建设单位不予受理；

（四）申请材料不齐全或者不符合法定形式的，应当当场或者在五个工作日内一次性告知建设单位需要补正的内容，逾期不告知的，自收到申请材料之日起即视为受理。可以当场补正的，应当允许建设单位当场补正；

（五）申请材料齐全、符合法定形式，或者建设单位按要求提交全部补正申请材料的，予以受理，并出具电子受理通知单；国家规定需要保密的或者其他不适宜网上受理的，出具纸质受理通知单。

第八条　生态环境部受理报批的建设项目环境影响报告书（表）后，应当按照《环境影响评价公众参与办法》的规定，公开环境影响报告书（表）、公众参与说明、公众提出意见的方式和途径。环境影响报告书的公开期限不得少于十个工作日，环境影响报告表的公开期限不得少于五个工作日。

第三章　技术评估与审查

第九条　生态环境部负责审批的建设项目环境影响报告书(表)需要进行技术评估的,生态环境部应当在受理申请后一个工作日内出具委托函,委托技术评估机构开展技术评估。对符合本规定第五条规定情形的,技术评估机构应当根据生态环境部的要求做好提前指导。

第十条　受委托的技术评估机构应当在委托函确定的期限内提交技术评估报告,并对技术评估结论负责。

技术评估报告应当包括下列内容:

(一)明确的技术评估结论;

(二)环境影响报告书(表)存在的质量问题及处理建议;

(三)审批时需重点关注的问题。

环境影响报告书(表)的技术评估期限不超过三十个工作日;情况特别复杂的,生态环境部可以根据实际情况适当延长技术评估期限。

第十一条　生态环境部主要从下列方面对建设项目环境影响报告书(表)进行审查:

(一)建设项目类型及其选址、布局、规模等是否符合生态环境保护法律法规和相关法定规划、区划,是否符合规划环境影响报告书及审查意见,是否符合区域生态保护红线、环境质量底线、资源利用上线和生态环境准入清单管控要求;

(二)建设项目所在区域生态环境质量是否满足相应环境功能区划要求、区域环境质量改善目标管理要求、区域重点污染物排放总量控制要求;

(三)拟采取的污染防治措施能否确保污染物排放达到国家和地方排放标准;拟采取的生态保护措施能否有效预防和控制生态破坏;可能产生放射性污染的,拟采取的防治措施能否有效预防和控制放射性污染;

(四)改建、扩建和技术改造项目,是否针对项目原有环境污染和生态破坏提出有效防治措施;

(五)环境影响报告书(表)编制内容、编制质量是否符合有关要求。

对区域生态环境质量现状符合环境功能区划要求的,生态环境部应当重点审查拟采取的污染防治措施能否确保建设项目投入运行后,该区域的生态环境质量仍然符合相应环境功能区划要求;对区域生态环境质量现状不符合环境功能区划要求的,生态环境部应当重点审查拟采取的措施能否确保建设项目投入运行后,该区域的生态环境质量符合区域环境质量改善目标管理要求。

第十二条　生态环境部对环境影响报告书(表)作出审批决定前,应当按照《环境影响评价公众参与办法》规定,向社会公开建设项目和环境影响报告书(表)基本情况等信息,并同步告知建设单位和利害关系人享有要求听证的权利。

生态环境部召开听证会的,依照环境保护行政许可听证有关规定执行。

第十三条　建设项目环境影响报告书(表)审查过程中,建设单位申请撤回环境影响报告书(表)审批申请的,生态环境部可以终止该建设项目环境影响评价审批程序,并退回建设单位提交的所有申请材料。

第十四条　生态环境部审批建设项目环境影响报告书(表),技术评估机构对建设项目环境影响报告书(表)进行技术评估,不得向建设单位、环境影响报告书(表)编制单位收取或者转嫁任何费用。

第十五条　建设项目环境影响报告书(表)审查过程中,发现建设单位存在擅自开工建设、环境影响报告书(表)存在质量问题等违反环境影响评价有关法律法规行为的,应当依法依规予以处理;建设单位有关责任人员属于公职人员的,应当按照国家有关规定将案件移送有管辖权的监察机关,依纪依规依法给予处分。

第四章　批准与公告

第十六条　对经审查通过的建设项目环境影响报告书(表),生态环境部依法作出予以批准的决定,并书面通知建设单位。

对属于《建设项目环境保护管理条例》规定不予批准情形的建设项目环境影响报告书(表),生态环境部依法作出不予批准的决定,通知建设单位,并说明理由。

第十七条　生态环境部应当自作出环境影响报告书(表)审批决定之日起七个工作日内,在生态环境部网站向社会公告审批决定全文,并依法告知建设单位提起行政复议和行政诉讼的权利和期限。国家规定需保密的除外。

第十八条　生态环境部审批环境影响报告书的期限,依法不超过六十日;审批环境影响报告表的期限,依法不超过三十日。依法需要进行听证、专家评审、技术评估的,所需时间不计算在审批期限内。

第五章　附　则

第十九条　依法应当由生态环境部负责审批环境影响报告书(表)的建设项目,生态环境部可以委托建设项目所在的流域(海域)生态环境监管机构或者省级生态环境主管部门审批该建设项目的环境影响报告书（表），并将受委托的行政机关和受委托实施审批的内容向社会公告。

受委托行政机关在委托范围内以生态环境部的名义实施审批，不得再次委托其他机构审批建设项目环境影响报告书（表）。生态环境部对所委托事项的批准决定负责。

第二十条　实行告知承诺审批制审批建设项目环境影响报告书（表）的有关办法，由生态环境部另行制定。

第二十一条　本规定自 2021 年 1 月 1 日起实施。《国家环境保护总局建设项目环境影响评价文件审批程序规定》（国家环境保护总局令第 29 号）同时废止。

生产建设项目水土保持方案管理办法

·2023 年 1 月 17 日水利部令第 53 号发布
·自 2023 年 3 月 1 日起施行

第一章　总　则

第一条　为了规范和加强生产建设项目水土保持方案管理，预防和治理生产建设项目可能造成的水土流失，根据《中华人民共和国水土保持法》等法律法规，制定本办法。

第二条　生产建设项目水土保持方案编报和审批、方案实施、设施验收和监督检查，适用本办法。

第三条　水利部负责生产建设项目水土保持方案监督管理工作。

水利部所属流域管理机构（以下简称流域管理机构）根据法律、行政法规规定和水利部授权，负责所管辖范围内生产建设项目水土保持方案监督管理工作。

县级以上地方人民政府水行政主管部门负责本行政区域内生产建设项目水土保持方案监督管理工作。

第四条　生产建设单位是生产建设项目水土流失防治的责任主体，应当加强全过程水土保持管理，优化施工工艺和时序，提高水资源利用效率，减少地表扰动和植被损坏，及时采取水土保持措施，有效控制可能造成的水土流失。

任何单位和个人都有保护水土资源、预防和治理水土流失的义务，并有权对破坏水土资源、造成水土流失的行为进行举报。

第二章　编报和审批

第五条　在山区、丘陵区、风沙区以及县级以上人民政府或者其授权的部门批准的水土保持规划确定的容易发生水土流失的其他区域开办可能造成水土流失的生产建设项目，生产建设单位应当编报水土保持方案。

本办法所称可能造成水土流失的生产建设项目，是指在生产建设过程中进行地表扰动、土石方挖填，并依法需要办理审批、核准、备案手续的项目。

第六条　水土保持方案由生产建设单位自行或者委托具备相应技术条件和能力的单位编制。

开展水土保持方案审批、技术评审、监督检查的部门和单位不得为生产建设单位推荐或者指定水土保持方案编制单位。

第七条　水土保持方案分为报告书和报告表。

征占地面积 5 公顷以上或者挖填土石方总量 5 万立方米以上的生产建设项目，应当编制水土保持方案报告书。征占地面积 0.5 公顷以上、不足 5 公顷或者挖填土石方总量 1000 立方米以上、不足 5 万立方米的生产建设项目，应当编制水土保持方案报告表。

征占地面积不足 0.5 公顷并且挖填土石方总量不足 1000 立方米的生产建设项目，不需要编制水土保持方案，但应当按照水土保持有关技术标准做好水土流失防治工作。

第八条　水土保持方案应当包括水土流失预防和治理的范围、目标、措施和投资等内容。

水土保持方案报告书和报告表的具体内容和格式，由水利部规定。

第九条　生产建设单位应当在生产建设项目开工建设前完成水土保持方案编制并取得批准手续。生产建设单位未编制水土保持方案或者水土保持方案未经批准的，生产建设项目不得开工建设。

第十条　水土保持方案实行分级审批。

国务院或者国务院有关部门审批、核准、备案的生产建设项目，其水土保持方案由水利部审批。

县级以上地方人民政府及其有关部门审批、核准、备案的生产建设项目，其水土保持方案由同级人民政府水行政主管部门审批。

跨行政区域的生产建设项目，其水土保持方案由共同的上一级人民政府水行政主管部门审批。

第十一条　生产建设单位申请审批水土保持方案的，应当向有审批权的水行政主管部门提交申请，提供水土保持方案报告书或者水土保持方案报告表一式三份。

第十二条　水行政主管部门应当自收到全部申请材料之日起 5 个工作日内，依法作出受理或者不予受理的决定。

第十三条　水行政主管部门审批水土保持方案报告书，应当自受理申请之日起 10 个工作日内作出行政许可决定。10 个工作日内不能作出决定的，经审批部门负责人批准，可以延长 10 个工作日，并将延长期限的理由告知申请人。

水行政主管部门可以组织技术评审机构对水土保持方案报告书进行技术评审。技术评审费用由审批部门承担并按照有关规定纳入部门预算。技术评审所需时间不计算在本条第一款规定的期限内，但不得超过 30 个工作日。

水利部作出生产建设项目水土保持方案报告书审批决定前，应当征求相关流域管理机构的意见。

对水土保持方案报告表，实行承诺制管理。申请人依法履行承诺手续，水行政主管部门在受理后即时办结。

第十四条　技术评审机构应当严格按照法律法规和技术标准开展技术评审，并对技术评审意见负责。

技术评审机构不得向生产建设单位、从事水土保持方案编制工作的单位收取任何费用。

第十五条　水土保持方案应当符合法律法规和技术标准的要求。

存在下列情形之一的，水行政主管部门应当作出不予行政许可的决定：

（一）水土流失防治目标、防治责任范围不合理的；

（二）弃土弃渣未开展综合利用调查或者综合利用方案不可行，取土场、弃渣场位置不明确、选址不合理的；

（三）表土资源保护利用措施不明确，水土保持措施配置不合理、体系不完整、等级标准不明确的；

（四）生产建设项目选址选线涉及水土流失重点预防区、重点治理区，但未按照水土保持标准、规范等要求优化建设方案、提高水土保持措施等级的；

（五）水土保持方案基础资料数据明显不实，内容存在重大缺陷、遗漏的；

（六）存在法律法规和技术标准规定不得通过水土保持方案审批的其他情形的。

第十六条　水土保持方案经批准后存在下列情形之一的，生产建设单位应当补充或者修改水土保持方案，报原审批部门审批：

（一）工程扰动新涉及水土流失重点预防区或者重点治理区的；

（二）水土流失防治责任范围或者开挖填筑土石方总量增加 30% 以上的；

（三）线型工程山区、丘陵区部分线路横向位移超过 300 米的长度累计达到该部分线路长度 30% 以上的；

（四）表土剥离量或者植物措施总面积减少 30% 以上的；

（五）水土保持重要单位工程措施发生变化，可能导致水土保持功能显著降低或者丧失的。

因工程扰动范围减少，相应表土剥离和植物措施数量减少的，不需要补充或者修改水土保持方案。

第十七条　在水土保持方案确定的弃渣场以外新设弃渣场的，或者因弃渣量增加导致弃渣场等级提高的，生产建设单位应当开展弃渣减量化、资源化论证，并在弃渣前编制水土保持方案补充报告，报原审批部门审批。

第十八条　水土保持方案自批准之日起满 3 年，生产建设项目方开工建设的，其水土保持方案应当报原审批部门重新审核。原审批部门应当自收到生产建设项目水土保持方案之日起 10 个工作日内，将审核意见书面通知生产建设单位。

第三章　方案实施

第十九条　生产建设单位应当按照经批准的水土保持方案，采取水土流失预防和治理措施。

需要编制初步设计的生产建设项目，其初步设计应当包括水土保持篇章，明确水土流失防治措施、标准和水土保持投资，其施工图设计应当细化水土保持措施设计。

生产建设单位应当将水土保持工作任务和内容纳入施工合同，落实施工单位水土保持责任，在建设过程中同步实施水土保持方案提出的水土保持措施，保证水土保持措施的质量、实施进度和资金投入。

第二十条　对可能造成严重水土流失的大中型生产建设项目，生产建设单位应当组织对生产建设活动造成的水土流失进行监测，及时定量掌握水土流失及防治状况，科学评价防治成效，按照有关规定向水行政主管部门报送监测情况。

第二十一条　生产建设项目的水土保持监理，应当按照水利工程建设监理的规定和水土保持监理规范执行。

第四章　设施验收

第二十二条　生产建设项目投产使用前，生产建设单位应当按照水利部规定的标准和要求，开展水土保持设施自主验收，验收结果向社会公开并报审批水土保持方案的水行政主管部门备案。水行政主管部门应当出具备案回执。

其中，编制水土保持方案报告书的，生产建设单位组织第三方机构编制水土保持设施验收报告。承担生产建设项目水土保持方案技术评审、水土保持监测、水土保持监理工作的单位不得作为该生产建设项目水土保持设施验收报告编制的第三方机构。

第二十三条　水土保持设施未经验收或者验收不合格的,生产建设项目不得投产使用。

存在下列情形之一的,水土保持设施验收结论应当为不合格:

(一)未依法依规履行水土保持方案编报审批程序或者开展水土保持监测、监理的;

(二)弃土弃渣未堆放在经批准的水土保持方案确定的专门存放地的;

(三)水土保持措施体系、等级和标准或者水土流失防治指标未按照水土保持方案批复要求落实的;

(四)存在水土流失风险隐患的;

(五)水土保持设施验收材料明显不实、内容存在重大缺项、遗漏的;

(六)存在法律法规和技术标准规定不得通过水土保持设施验收的其他情形的。

第二十四条　生产建设项目水土保持设施验收合格后,生产建设单位或者运行管理单位应当依法防治生产运行过程中发生的水土流失,加强对水土保持设施的管理维护,确保水土保持设施长期发挥效益。

第五章　监督检查

第二十五条　县级以上人民政府水行政主管部门应当实行水土保持方案审批事项清单管理,依法公开审批范围、程序、结果,推进水土保持方案审批标准化、规范化、便利化,提高审批效率。

第二十六条　县级以上人民政府水行政主管部门、流域管理机构应当按照职责加强水土保持方案全链条全过程监管,充分运用卫星遥感、无人机、大数据、"互联网+监管"等手段,对生产建设项目水土保持方案实施、水土保持监测、水土保持监理、水土保持设施验收等情况进行监督检查,对发现的问题依法依规处理。

县级以上人民政府水行政主管部门、流域管理机构在监督检查中发现生产建设项目水土保持设施自主验收存在弄虚作假或者不满足验收标准和条件而通过验收的,视同为水土保持设施验收不合格。

县级以上人民政府水行政主管部门、流域管理机构应当建立监管信息共享、违法线索互联、案件通报移送等协同监管和联动执法制度,健全行政执法与刑事司法衔接、与检察公益诉讼协作机制,做好水土保持方案监管和监督检查工作。

第二十七条　县级以上人民政府水行政主管部门、流域管理机构应当依照有关规定加强对生产建设单位以及水土保持方案编制、技术评审、监测、监理、施工、验收等单位的信用监管;相关单位及其人员未按照规定开展工作或者在工作中弄虚作假、隐瞒问题、编造篡改数据的,依法纳入信用记录。

第二十八条　生产建设单位应当配合水行政主管部门和流域管理机构的监督检查,需要依法改正的,应当按照要求制定改正计划和措施,在规定期限内改正。

第六章　罚　则

第二十九条　县级以上人民政府水行政主管部门、流域管理机构及其工作人员在水土保持方案审批和监督检查中滥用职权、玩忽职守、徇私舞弊,构成犯罪的,依法追究刑事责任;尚不构成犯罪的,依法给予政务处分。

第三十条　违反本办法规定,生产建设单位有下列行为之一的,依照《中华人民共和国水土保持法》等法律法规的规定处罚:

(一)依法应当编制水土保持方案的生产建设项目,未编制水土保持方案或者编制的水土保持方案未经批准而开工建设的;

(二)生产建设项目的地点、规模发生重大变化,未补充、修改水土保持方案或者补充、修改的水土保持方案未经原审批机关批准的;

(三)水土保持方案实施过程中,未经原审批机关批准,对水土保持措施作出重大变更的;

(四)水土保持设施未经验收或者验收不合格,生产建设项目投产使用的;

(五)在水土保持方案确定的专门存放地以外的区域倾倒砂、石、土、矸石、尾矿、废渣等的;

(六)开办生产建设项目造成水土流失,不进行治理的。

第七章　附　则

第三十一条　县级以上地方人民政府确定的其他水土保持方案审批部门,按照本办法的规定行使水土保持方案审批职责。

第三十二条　开发区内生产建设项目水土保持方案管理的办法,由水利部另行制定。

第三十三条　省级人民政府水行政主管部门可以根据本办法制定具体规定,并报水利部备案。

第三十四条　本办法自 2023 年 3 月 1 日起施行。

1995 年 5 月 30 日水利部发布的《开发建设项目水土保持方案编报审批管理规定》同时废止。

城市建筑垃圾管理规定

· 2005 年 3 月 23 日建设部令第 139 号发布
· 自 2005 年 6 月 1 日起施行

第一条　为了加强对城市建筑垃圾的管理，保障城市市容和环境卫生，根据《中华人民共和国固体废物污染环境防治法》、《城市市容和环境卫生管理条例》和《国务院对确需保留的行政审批项目设定行政许可的决定》，制定本规定。

第二条　本规定适用于城市规划区内建筑垃圾的倾倒、运输、中转、回填、消纳、利用等处置活动。

本规定所称建筑垃圾，是指建设单位、施工单位新建、改建、扩建和拆除各类建筑物、构筑物、管网等以及居民装饰装修房屋过程中所产生的弃土、弃料及其他废弃物。

第三条　国务院建设主管部门负责全国城市建筑垃圾的管理工作。

省、自治区建设主管部门负责本行政区域内城市建筑垃圾的管理工作。

城市人民政府市容环境卫生主管部门负责本行政区域内建筑垃圾的管理工作。

第四条　建筑垃圾处置实行减量化、资源化、无害化和谁产生、谁承担处置责任的原则。

国家鼓励建筑垃圾综合利用，鼓励建设单位、施工单位优先采用建筑垃圾综合利用产品。

第五条　建筑垃圾消纳、综合利用等设施的设置，应当纳入城市市容环境卫生专业规划。

第六条　城市人民政府市容环境卫生主管部门应当根据城市内的工程施工情况，制定建筑垃圾处置计划，合理安排各类建设工程需要回填的建筑垃圾。

第七条　处置建筑垃圾的单位，应当向城市人民政府市容环境卫生主管部门提出申请，获得城市建筑垃圾处置核准后，方可处置。

城市人民政府市容环境卫生主管部门应当在接到申请后的 20 日内作出是否核准的决定。予以核准的，颁发核准文件；不予核准的，应当告知申请人，并说明理由。

城市建筑垃圾处置核准的具体条件按照《建设部关于纳入国务院决定的十五项行政许可的条件的规定》执行。

第八条　禁止涂改、倒卖、出租、出借或者以其他形式非法转让城市建筑垃圾处置核准文件。

第九条　任何单位和个人不得将建筑垃圾混入生活垃圾，不得将危险废物混入建筑垃圾，不得擅自设立弃置场受纳建筑垃圾。

第十条　建筑垃圾储运消纳场不得受纳工业垃圾、生活垃圾和有毒有害垃圾。

第十一条　居民应当将装饰装修房屋过程中产生的建筑垃圾与生活垃圾分别收集，并堆放到指定地点。建筑垃圾中转站的设置应当方便居民。

装饰装修施工单位应当按照城市人民政府市容环境卫生主管部门的有关规定处置建筑垃圾。

第十二条　施工单位应当及时清运工程施工过程中产生的建筑垃圾，并按照城市人民政府市容环境卫生主管部门的规定处置，防止污染环境。

第十三条　施工单位不得将建筑垃圾交给个人或者未经核准从事建筑垃圾运输的单位运输。

第十四条　处置建筑垃圾的单位在运输建筑垃圾时，应当随车携带建筑垃圾处置核准文件，按照城市人民政府有关部门规定的运输路线、时间运行，不得丢弃、遗撒建筑垃圾，不得超出核准范围承运建筑垃圾。

第十五条　任何单位和个人不得随意倾倒、抛撒或者堆放建筑垃圾。

第十六条　建筑垃圾处置实行收费制度，收费标准依据国家有关规定执行。

第十七条　任何单位和个人不得在街道两侧和公共场地堆放物料。因建设等特殊需要，确需临时占用街道两侧和公共场地堆放物料的，应当征得城市人民政府市容环境卫生主管部门同意后，按照有关规定办理审批手续。

第十八条　城市人民政府市容环境卫生主管部门核发城市建筑垃圾处置核准文件，有下列情形之一的，由其上级行政机关或者监察机关责令纠正，对直接负责的主管人员和其他直接责任人员依法给予行政处分；构成犯罪的，依法追究刑事责任：

（一）对不符合法定条件的申请人核发城市建筑垃圾处置核准文件或者超越法定职权核发城市建筑垃圾处置核准文件的；

（二）对符合条件的申请人不予核发城市建筑垃圾处置核准文件或者不在法定期限内核发城市建筑垃圾处置核准文件的。

第十九条　城市人民政府市容环境卫生主管部门的

工作人员玩忽职守、滥用职权、徇私舞弊的,依法给予行政处分;构成犯罪的,依法追究刑事责任。

第二十条　任何单位和个人有下列情形之一的,由城市人民政府市容环境卫生主管部门责令限期改正,给予警告,处以罚款:

(一)将建筑垃圾混入生活垃圾的;

(二)将危险废物混入建筑垃圾的;

(三)擅自设立弃置场受纳建筑垃圾的。

单位有前款第一项、第二项行为之一的,处 3000 元以下罚款;有前款第三项行为的,处 5000 元以上 1 万元以下罚款。个人有前款第一项、第二项行为之一的,处 200 元以下罚款;有前款第三项行为的,处 3000 元以下罚款。

第二十一条　建筑垃圾储运消纳场受纳工业垃圾、生活垃圾和有毒有害垃圾的,由城市人民政府市容环境卫生主管部门责令限期改正,给予警告,处 5000 元以上 1 万元以下罚款。

第二十二条　施工单位未及时清运工程施工过程中产生的建筑垃圾,造成环境污染的,由城市人民政府市容环境卫生主管部门责令限期改正,给予警告,处 5000 元以上 5 万元以下罚款。

施工单位将建筑垃圾交给个人或者未经核准从事建筑垃圾运输的单位处置的,由城市人民政府市容环境卫生主管部门责令限期改正,给予警告,处 1 万元以上 10 万元以下罚款。

第二十三条　处置建筑垃圾的单位在运输建筑垃圾过程中沿途丢弃、遗撒建筑垃圾的,由城市人民政府市容环境卫生主管部门责令限期改正,给予警告,处 5000 元以上 5 万元以下罚款。

第二十四条　涂改、倒卖、出租、出借或者以其他形式非法转让城市建筑垃圾处置核准文件的,由城市人民政府市容环境卫生主管部门责令限期改正,给予警告,处 5000 元以上 2 万元以下罚款。

第二十五条　违反本规定,有下列情形之一的,由城市人民政府市容环境卫生主管部门责令限期改正,给予警告,对施工单位处 1 万元以上 10 万元以下罚款,对建设单位、运输建筑垃圾的单位处 5000 元以上 3 万元以下罚款:

(一)未经核准擅自处置建筑垃圾的;

(二)处置超出核准范围的建筑垃圾的。

第二十六条　任何单位和个人随意倾倒、抛撒或者堆放建筑垃圾的,由城市人民政府市容环境卫生主管部

门责令限期改正,给予警告,并对单位处 5000 元以上 5 万元以下罚款,对个人处 200 元以下罚款。

第二十七条　本规定自 2005 年 6 月 1 日起施行。

绿色建筑标识管理办法

·2021 年 1 月 8 日
·建标规〔2021〕1 号

第一章　总　则

第一条　为规范绿色建筑标识管理,促进绿色建筑高质量发展,根据《中共中央 国务院关于进一步加强城市规划建设管理工作的若干意见》和《国民经济和社会发展第十三个五年(2016-2020 年)规划纲要》《中共中央关于制定国民经济和社会发展第十四个五年规划和二〇三五年远景目标的建议》要求,制定本办法。

第二条　本办法所称绿色建筑标识,是指表示绿色建筑星级并载有性能指标的信息标志,包括标牌和证书。绿色建筑标识由住房和城乡建设部统一式样,证书由授予部门制作,标牌由申请单位根据不同应用场景按照制作指南自行制作。

第三条　绿色建筑标识授予范围为符合绿色建筑星级标准的工业与民用建筑。

第四条　绿色建筑标识星级由低至高分为一星级、二星级和三星级 3 个级别。

第五条　住房和城乡建设部负责制定完善绿色建筑标识制度,指导监督地方绿色建筑标识工作,认定三星级绿色建筑并授予标识。省级住房和城乡建设部门负责本地区绿色建筑标识工作,认定二星级绿色建筑并授予标识,组织地市级住房和城乡建设部门开展本地区一星级绿色建筑认定和标识授予工作。

第六条　绿色建筑三星级标识认定统一采用国家标准,二星级、一星级标识认定可采用国家标准或与国家标准相对应的地方标准。

新建民用建筑采用《绿色建筑评价标准》GB/T50378,工业建筑采用《绿色工业建筑评价标准》GB/T50878,既有建筑改造采用《既有建筑绿色改造评价标准》GB/T51141。

第七条　省级住房和城乡建设部门制定的绿色建筑评价标准,可细化国家标准要求,补充国家标准中创新项的开放性条款,不应调整国家标准评价要素和指标权重。

第八条　住房和城乡建设部门应建立绿色建筑专家库。专家应熟悉绿色建筑标准,了解掌握工程规划、设

计、施工等相关技术要求,具有良好的职业道德,具有副高级及以上技术职称或取得相关专业执业资格。

第二章　申报和审查程序

第九条　申报绿色建筑标识遵循自愿原则,绿色建筑标识认定应科学、公开、公平、公正。

第十条　绿色建筑标识认定需经申报、推荐、审查、公示、公布等环节,审查包括形式审查和专家审查。

第十一条　绿色建筑标识申报应由项目建设单位、运营单位或业主单位提出,鼓励设计、施工和咨询等相关单位共同参与申报。申报绿色建筑标识的项目应具备以下条件:

(一)按照《绿色建筑评价标准》等相关国家标准或相应的地方标准进行设计、施工、运营、改造;

(二)已通过建设工程竣工验收并完成备案。

第十二条　申报单位应按下列要求,提供申报材料,并对材料的真实性、准确性和完整性负责。申报材料应包括以下内容:

(一)绿色建筑标识申报书和自评估报告;

(二)项目立项审批等相关文件;

(三)申报单位简介、资质证书、统一社会信用代码证等;

(四)与标识认定相关的图纸、报告、计算书、图片、视频等技术文件;

(五)每年上报主要绿色性能指标运行数据的承诺函。

第十三条　三星级绿色建筑项目应由省级住房和城乡建设部门负责组织推荐,并报住房和城乡建设部。二星级和一星级绿色建筑推荐规则由省级住房和城乡建设部门制定。

第十四条　住房和城乡建设部门应对申报推荐绿色建筑标识项目进行形式审查,主要审查以下内容:

(一)申报单位和项目是否具备申报条件;

(二)申报材料是否齐全、完整、有效。

形式审查期间可要求申报单位补充一次材料。

第十五条　住房和城乡建设部门在形式审查后,应组织专家审查,按照绿色建筑评价标准审查绿色建筑性能,确定绿色建筑等级。对于审查中无法确定的项目技术内容,可组织专家进行现场核查。

第十六条　审查结束后,住房和城乡建设部门应在门户网站进行公示。公示内容包括项目所在地、类型、名称、申报单位、绿色建筑星级和关键技术指标等。公示期不少于7个工作日。对公示项目的署名书面意见必须核

实情况并处理异议。

第十七条　对于公示无异议的项目,住房和城乡建设部门应印发公告,并授予证书。

第十八条　绿色建筑标识证书编号由地区编号、星级、建筑类型、年份和当年认定项目序号组成,中间用"-"连接。地区编号按照行政区划排序,从北京01编号到新疆31,新疆生产建设兵团编号32。建筑类型代号分别为公共建筑P、住宅建筑R、工业建筑I、混合功能建筑M。例如,北京2020年认定的第1个3星级公共建筑项目,证书编号为NO.01-3-P-2020-1。

第十九条　住房和城乡建设部负责建立完善绿色建筑标识管理信息系统,三星级绿色建筑项目应通过系统申报、推荐、审查。省级和地级市住房和城乡建设部门可依据管理权限登录绿色建筑标识管理信息系统并开展绿色建筑标识认定工作,不通过系统认定的二星级、一星级项目应及时将认定信息上报至系统。

第三章　标识管理

第二十条　住房和城乡建设部门应加强绿色建筑标识认定工作权力运行制约监督机制建设,科学设计工作流程和监管方式,明确管理责任事项和监督措施,切实防控廉政风险。

第二十一条　获得绿色建筑标识的项目运营单位或业主,应强化绿色建筑运行管理,加强运行指标与申报绿色建筑星级指标比对,每年将年度运行主要指标上报绿色建筑标识管理信息系统。

第二十二条　住房和城乡建设部门发现获得绿色建筑标识项目存在以下任一问题,应提出限期整改要求,整改期限不超过2年:

(一)项目低于已认定绿色建筑星级;

(二)项目主要性能低于绿色建筑标识证书的指标;

(三)利用绿色建筑标识进行虚假宣传;

(四)连续两年以上不如实上报主要指标数据。

第二十三条　住房和城乡建设部门发现获得绿色建筑标识项目存在以下任一问题,应撤销绿色建筑标识,并收回标牌和证书:

(一)整改期限内未完成整改;

(二)伪造技术资料和数据获得绿色建筑标识;

(三)发生重大安全事故。

第二十四条　地方住房和城乡建设部门采用不符合本办法第六条要求的地方标准开展认定的,住房和城乡建设部将责令限期整改。到期整改不到位的,将通报批评并撤销以该地方标准认定的全部绿色建筑标识。

第二十五条　参与绿色建筑标识认定的专家应坚持公平公正,回避与自己有连带关系的申报项目。对违反评审规定和评审标准的,视情节计入个人信用记录,并从专家库中清除。

第二十六条　项目建设单位或使用者对认定结果有异议的,可依法申请行政复议或者提起行政诉讼。

第四章　附　则

第二十七条　本办法由住房和城乡建设部负责解释。

第二十八条　本办法自 2021 年 6 月 1 日起施行。《建设部关于印发〈绿色建筑评价标识管理办法〉(试行)的通知》(建科〔2007〕206 号)、《住房城乡建设部关于推进一二星级绿色建筑评价标识工作的通知》(建科〔2009〕109 号)、《住房城乡建设部办公厅关于绿色建筑评价标识管理有关工作的通知》(建办科〔2015〕53 号)、《住房城乡建设部关于进一步规范绿色建筑评价管理工作的通知》(建科〔2017〕238 号)同时废止。

绿色建材评价标识管理办法

· 2014 年 5 月 21 日
· 建科〔2014〕75 号

第一章　总　则

第一条　为加快绿色建材推广应用,规范绿色建材评价标识管理,更好地支撑绿色建筑发展,制定本办法。

第二条　本办法所称绿色建材是指在全生命周期内可减少对天然资源消耗和减轻对生态环境影响,具有“节能、减排、安全、便利和可循环”特征的建材产品。

第三条　本办法所称绿色建材评价标识(以下简称评价标识),是指依据绿色建材评价技术要求,按照本办法确定的程序和要求,对申请开展评价的建材产品进行评价,确认其等级并进行信息性标识的活动。

标识包括证书和标志,具有可追溯性。标识的式样与格式由住房城乡建设部和工业和信息化部共同制定。

证书包括以下内容:

(一)申请企业名称、地址;

(二)产品名称、产品系列、规格/型号;

(三)评价依据;

(四)绿色建材等级;

(五)发证日期和有效期限;

(六)发证机构;

(七)绿色建材评价机构;

(八)证书编号;

(九)其他需要标注的内容。

第四条　每类建材产品按照绿色建材内涵和生产使用特性,分别制定绿色建材评价技术要求。

标识等级依据技术要求和评价结果,由低至高分为一星级、二星级和三星级三个等级。

第五条　评价标识工作遵循企业自愿原则,坚持科学、公开、公平和公正。

第六条　鼓励企业研发、生产、推广应用绿色建材。鼓励新建、改建、扩建的建设项目优先使用获得评价标识的绿色建材。绿色建筑、绿色生态城区、政府投资和使用财政资金的建设项目,应使用获得评价标识的绿色建材。

第二章　组织管理

第七条　住房城乡建设部、工业和信息化部负责全国绿色建材评价标识监督管理工作,指导各地开展绿色建材评价标识工作。负责制定实施细则和绿色建材评价机构管理办法,制定绿色建材评价技术要求,建立全国统一的绿色建材标识产品信息发布平台,动态发布管理所有星级产品的评价结果与标识产品目录。

第八条　住房城乡建设部、工业和信息化部负责三星级绿色建材的评价标识管理工作。省级住房城乡建设、工业和信息化主管部门负责本地区一星级、二星级绿色建材评价标识管理工作,负责在全国统一的信息发布平台上发布本地区一星级、二星级产品的评价结果与标识产品目录,省级主管部门可依据本办法制定本地区管理办法或实施细则。

第九条　绿色建材评价机构依据本办法和相应的技术要求,负责绿色建材的评价标识工作,包括受理生产企业申请,评价、公示、确认等级,颁发证书和标志。

第三章　申请和评价

第十条　绿色建材评价标识申请由生产企业向相应的绿色建材评价机构提出。

第十一条　企业可根据产品特性、评价技术要求申请相应星级的标识。

第十二条　绿色建材评价标识申请企业应当具备以下条件:

(一)具备独立法人资格;

(二)具有与申请相符的生产能力和知识产权;

(三)符合行业准入条件;

(四)具有完备的质量管理、环境管理和职业安全卫生管理体系;

（五）申请的建材产品符合绿色建材的技术要求，并在绿色建筑中有实际工程应用；

（六）其他应具备的条件。

第十三条 申请企业应当提供真实、完整的申报材料，提交评价申报书，提供相关证书、检测报告、使用报告、影像记录等资料。

第十四条 绿色建材评价机构依据本办法及每类绿色建材评价技术要求进行独立评价，必要时可进行生产现场核查和产品抽检。

第十五条 评审结果由绿色建材评价机构进行公示，依据公示结果确定标识等级，颁发证书和标志，同时报主管部门备案，由主管部门在信息平台上予以公开。

标识有效期为3年。有效期届满6个月前可申请延期复评。

第十六条 取得标识的企业，可将标识用于相应绿色建材产品的包装和宣传。

第四章　监督检查

第十七条 标识持有企业应建立标识使用管理制度，规范使用证书和标志，保证出厂产品与标识的一致性。

第十八条 标识不得转让、伪造或假冒。

第十九条 对绿色建材评价过程或评价结果有异议的，可向主管部门申诉，主管部门应及时进行调查处理。

第二十条 出现下列重大问题之一的，绿色建材评价机构撤销或者由主管部门责令绿色建材评价机构撤销已授予标识，并通过信息发布平台向社会公布。

（一）出现影响环境的恶性事件和重大质量事故的；

（二）标识产品经国家或省市质量监督抽查或工商流通领域抽查不合格的；

（三）标识产品与申请企业提供的样品不一致的；

（四）超范围使用标识的；

（五）以欺骗等不正当手段获得标识的；

（六）其他依法应当撤销的情形。

被撤销标识的企业，自撤销之日起2年内不得再次申请标识。

第五章　附　则

第二十一条 每类建材产品的评价技术要求、绿色建材评价机构管理办法等配套文件由住房城乡建设部、工业和信息化部另行发布。

第二十二条 本办法自印发之日起实施。

绿色建材评价标识管理办法实施细则

· 2015年10月14日
· 建科〔2015〕162号

第一章　总　则

第一条 为落实《绿色建筑行动方案》和《促进绿色建材生产和应用行动方案》、推动绿色建筑发展和建材工业转型升级、推进新型城镇化，依据《中华人民共和国节约能源法》、《民用建筑节能条例》有关要求和《绿色建材评价标识管理办法》，制定本细则。

第二条 本细则规定绿色建材评价标识工作（以下简称评价工作）的组织管理、专家委员会、评价机构的申请与发布、标识申请、评价及使用、监督管理。

第三条 绿色建材评价应紧密围绕绿色建筑和建材工业发展需求，促进节地与室内外环境保护、节能与能源利用、节水与水资源利用、节材与资源综合利用等方面的材料与产品以及通用绿色建材的生产与应用。

第四条 评价工作遵循企业自愿和公益性原则，政府倡导，市场化运作。评价技术要求和程序全国统一，标识全国通用，在全国绿色建材评价标识管理信息平台（以下简称信息平台）发布。

第五条 绿色建材评价机构、评价专家及有关工作人员对评价结果负责。

建材生产企业应对获得标识产品的质量及该产品的全部公开信息负责。

第二章　组织管理

第六条 住房城乡建设部、工业和信息化部绿色建材推广和应用协调组明确绿色建材评价标识日常管理机构，由该机构承担绿色建材评价标识日常实施管理和服务工作，以及住房城乡建设部、工业和信息化部（以下简称两部门）委托的相关事项。

第七条 各省、自治区、直辖市住房城乡建设、工业和信息化主管部门（以下简称省级部门。两部门和省级部门统称为主管部门），负责本地区绿色建材评价标识工作。主要职责是：

（一）明确承担省级绿色建材评价标识日常管理工作的机构；

（二）对一星级、二星级评价机构进行备案并将备案情况及时报两部门；

（三）本地区绿色建材评价标识应用的协调和监管；

（四）在信息平台发布本地区绿色建材评价标识等工作。

第三章　专家委员会

第八条　全国绿色建材评价标识专家委员会(以下简称专家委员会)由两部门负责组建。专家委员会主要职责是:

(一)提供技术咨询和支持;

(二)评审绿色建材评价技术要求;

(三)其他相关工作。

第九条　专家委员会由建筑、建材等领域专家组成,设主任委员 1 名、副主任委员 2-3 名。委员任期为 3 年,可连续聘任。委员应具备以下条件:

(一)高级技术职称且长期从事本专业工作,具有丰富的理论知识和实践经验,在专业领域有一定的学术影响;

(二)熟悉建筑或建材产业发展现状和国内外趋势,了解相关政策、法规、标准和规范;

(三)出版过相关专著、发表过相关科技论文、主持过相关国家或行业标准编制或主持国家相关科技项目;

(四)良好的科学道德、认真严谨的学风和工作精神,秉公办事,并勇于承担责任;

(五)身体健康,年龄一般不超过 68 岁。

第十条　专家委员会委员按以下程序聘任:

(一)单位或个人推荐,填写《全国绿色建材评价标识专家委员会专家登记表》,并提供相应的证明材料,经所在单位同意,报两部门审核;

(二)通过审核的,颁发《全国绿色建材评价标识专家证书》。

第十一条　省级部门可参照本章成立省级专家委员会。

第四章　评价机构

第十二条　评价机构应具备以下条件:

(一)评价工作所需要的土木工程、材料与制品、市政与环境、节能与能源利用、机电与智能化、资源利用和可持续发展等专业人员,一星级、二星级评价机构不少于 10 人,三星级评价机构不少于 30 人。

其中级及以上专业技术职称人员比例不得低于 60%,高级专业技术职称人员比例不得低于 30%;

(二)独立法人资格,在行业内具有权威性、影响力;

(三)评价机构人员应遵守国家法律法规,熟悉相关政策和标准规范,以及绿色建材评价技术要求;

(四)组织或参与过国家、行业或地方相关标准编制

工作,或从事过相关建材产品的检测、检验或认证工作;

(五)开展评价工作相适应的办公条件;

(六)所需的其他条件。

第十三条　对评价机构实施备案和动态信用清单管理。拟从事绿色建材评价标识工作的机构应提交《绿色建材评价机构备案表》。

备案表应随附相关材料复印件,如法人资格证书、营业执照和其他证明材料等。

第十四条　从事三星级绿色建材评价标识工作的机构,经所在地省级部门向两部门备案。中央企事业单位、全国性行业学(协)会可直接向两部门提交备案表,同时抄报所在地省级部门。从事各地一、二星级绿色建材评价标识工作的机构,向当地省级部门备案。

三星级评价机构如开展一星级、二星级标识评价的,向相应的省级部门备案。

从事三星级评价标识工作的机构应不少于两家,每省(自治区、直辖市)从事一、二星级评价标识工作的机构应不少于两家。

评价机构相关信息及时在信息平台发布。

第十五条　评价机构与申请评价标识的企业不得有任何经济利益关系。从事相关建材产品设计、生产和销售的企事业单位原则上不得作为绿色建材评价机构。

第五章　标识申请、评价及使用

第十六条　标识申请由建材生产企业向相应的评价机构提出。生产企业可依据评价技术要求向相应等级的评价机构,申请相应的星级评价和标识。

同一生产企业的同一种产品不得同时向多个评价机构提出相同星级的申请。

第十七条　标识申请企业应填写《绿色建材评价标识申报表》,按照评价技术要求提供相应技术数据和证明材料,并对其真实性和准确性负责。

第十八条　评价机构收到企业申请后,须在 5 个工作日内完成形式审查。通过形式审查的,评价机构向申请企业发放受理通知书。双方应以自愿为原则,协议双方的权利和义务等。

未通过形式审查的,应一次性告知申请企业应补充的材料。

第十九条　评价工作应在 30 个工作日内完成(不含抽样复测时间)。

评价通过的,予以公示,公示期为 10 个工作日。公示无异议后,评价机构向两部门申请证书编号,颁发标识;公示有异议的,由相应主管部门组织复核。

评价未通过的,如企业对评价结果有异议,应在 10 个工作日内向受理的评价机构提出申诉,评价机构应在 10 个工作日内给出答复意见;企业对评价机构的答复意见仍有异议的,可向相应的主管部门提出申诉。

第二十条 评价机构按照本办法规定和评价技术要求对企业申请的产品进行评价,出具评价报告,明确评价结论和等级等。

第二十一条 获得绿色建材评价标识的企业,应以适当、醒目的方式在产品或包装上明示绿色建材标识。

第二十二条 获得标识的企业应建立标识使用管理制度,规范标识使用,保证出厂产品各项性能指标与标识的一致性。对标识的使用情况应如实记录和存档。

第二十三条 标识有效期为 3 年,有效期内企业应于每年 12 月底前向评价机构提交标识使用情况报告。有效期满 6 个月前可向评价机构申请延期使用复评。延期复评程序与初次申请程序一致。

第二十四条 获得标识的企业如发生企业重大经营活动变化的,应及时向评价机构报备。出现下列重大变化之一的,应重新提出评价申请:

(一)企业生产装备、工艺等发生重大变化且严重影响产品性能的;

(二)企业生产地点发生转移的;

(三)产品标准发生更新且影响产品检测结论的。

第六章 监督管理

第二十五条 评价机构每年 3 月底前向相应的主管部门提交上年度工作报告。报告内容应包括:评价工作概况、当年发放标识的统计、评价工作情况分析、机构和人员情况、存在的困难、问题及建议、其他应说明的情况。

第二十六条 主管部门应对相应的评价机构和获得标识的企业进行定期或不定期抽查和检查。

第二十七条 评价机构有下列情况之一的,计入诚信记录并以适当方式公布:

(一)备案过程中提供虚假资料、信息的;

(二)未经当地主管部门备案在当地从事绿色建材评价标识工作的;

(三)评审过程中提供虚假资料、信息,造成评价结果严重失实的;

(四)出具虚假评价报告的;

(五)不能保证评价工作质量的;

(六)其他违背诚实信用原则的情况。

第二十八条 获得标识的企业出现下列重大问题之一的,评价机构应撤销或者由主管部门责令评价机构撤销已授予的标识,并通过信息平台向社会公布:

(一)出现影响环境的恶性事件和重大质量问题的;

(二)标识产品抽查不合格的;

(三)超范围使用标识的;

(四)以欺骗等不正当手段获得标识的;

(五)利用获得的标识进行虚假或夸大宣传的;

(六)其他依法应当撤销的情形。

第二十九条 被撤销标识的企业,自撤销之日起 2 年内不得再次申请标识;再次被撤销标识的企业,评价机构不得再受理其评价申请。撤销标识的有关信息在信息平台上予以公示。

第三十条 主管部门和管理机构工作人员在工作中徇私舞弊、滥用职权、玩忽职守或者干扰评价工作导致评价不公正的,依照有关规定给予纪律处分;构成犯罪的,依法移送司法机关追究刑事责任。

第三十一条 任何单位或个人对评价过程或评价结果有异议的,可向主管部门提出申诉和举报。

第七章 附 则

第三十二条 专家登记表及证书、评价机构备案表、标识申报书、标识式样与格式等另行发布。

第三十三条 省级部门可依据《绿色建材评价标识管理办法》和本细则制定本地区实施细则。

第三十四条 本细则自印发之日起实施。

城镇排水与污水处理条例

· 2013 年 9 月 18 日国务院第 24 次常务会议通过
· 2013 年 10 月 2 日中华人民共和国国务院令第 641 号公布
· 自 2014 年 1 月 1 日起施行

第一章 总 则

第一条 为了加强对城镇排水与污水处理的管理,保障城镇排水与污水处理设施安全运行,防治城镇水污染和内涝灾害,保障公民生命、财产安全和公共安全,保护环境,制定本条例。

第二条 城镇排水与污水处理的规划,城镇排水与污水处理设施的建设、维护与保护,向城镇排水设施排水与污水处理,以及城镇内涝防治,适用本条例。

第三条 县级以上人民政府应当加强对城镇排水与污水处理工作的领导,并将城镇排水与污水处理工作纳入国民经济和社会发展规划。

第四条 城镇排水与污水处理应当遵循尊重自然、统筹规划、配套建设、保障安全、综合利用的原则。

第五条　国务院住房城乡建设主管部门指导监督全国城镇排水与污水处理工作。

县级以上地方人民政府城镇排水与污水处理主管部门(以下称城镇排水主管部门)负责本行政区域内城镇排水与污水处理的监督管理工作。

县级以上人民政府其他有关部门依照本条例和其他有关法律、法规的规定,在各自的职责范围内负责城镇排水与污水处理监督管理的相关工作。

第六条　国家鼓励采取特许经营、政府购买服务等多种形式,吸引社会资金参与投资、建设和运营城镇排水与污水处理设施。

县级以上人民政府鼓励、支持城镇排水与污水处理科学技术研究,推广应用先进适用的技术、工艺、设备和材料,促进污水的再生利用和污泥、雨水的资源化利用,提高城镇排水与污水处理能力。

第二章　规划与建设

第七条　国务院住房城乡建设主管部门会同国务院有关部门,编制全国的城镇排水与污水处理规划,明确全国城镇排水与污水处理的中长期发展目标、发展战略、布局、任务以及保障措施等。

城镇排水主管部门会同有关部门,根据当地经济社会发展水平以及地理、气候特征,编制本行政区域的城镇排水与污水处理规划,明确排水与污水处理目标与标准,排水量与排水模式,污水处理与再生利用、污泥处理处置要求,排涝措施,城镇排水与污水处理设施的规模、布局、建设时序和建设用地以及保障措施等;易发生内涝的城市、镇,还应当编制城镇内涝防治专项规划,并纳入本行政区域的城镇排水与污水处理规划。

第八条　城镇排水与污水处理规划的编制,应当依据国民经济和社会发展规划、城乡规划、土地利用总体规划、水污染防治规划和防洪规划,并与城镇开发建设、道路、绿地、水系等专项规划相衔接。

城镇内涝防治专项规划的编制,应当根据城镇人口与规模、降雨规律、暴雨内涝风险等因素,合理确定内涝防治目标和要求,充分利用自然生态系统,提高雨水滞渗、调蓄和排放能力。

第九条　城镇排水主管部门应当将编制的城镇排水与污水处理规划报本级人民政府批准后组织实施,并报上一级人民政府城镇排水主管部门备案。

城镇排水与污水处理规划一经批准公布,应当严格执行;因经济社会发展确需修改的,应当按照原审批程序报送审批。

第十条　县级以上地方人民政府应当根据城镇排水与污水处理规划的要求,加大对城镇排水与污水处理设施建设和维护的投入。

第十一条　城乡规划和城镇排水与污水处理规划确定的城镇排水与污水处理设施建设用地,不得擅自改变用途。

第十二条　县级以上地方人民政府应当按照先规划后建设的原则,依据城镇排水与污水处理规划,合理确定城镇排水与污水处理设施建设标准,统筹安排管网、泵站、污水处理厂以及污泥处理处置、再生水利用、雨水调蓄和排放等排水与污水处理设施建设和改造。

城镇新区的开发和建设,应当按照城镇排水与污水处理规划确定的建设时序,优先安排排水与污水处理设施建设;未建或者已建但未达到国家有关标准的,应当按照年度改造计划进行改造,提高城镇排水与污水处理能力。

第十三条　县级以上地方人民政府应当按照城镇排涝要求,结合城镇用地性质和条件,加强雨水管网、泵站以及雨水调蓄、超标雨水径流排放等设施建设和改造。

新建、改建、扩建市政基础设施工程应当配套建设雨水收集利用设施,增加绿地、砂石地面、可渗透路面和自然地面对雨水的滞渗能力,利用建筑物、停车场、广场、道路等建设雨水收集利用设施,削减雨水径流,提高城镇内涝防治能力。

新区建设与旧城区改建,应当按照城镇排水与污水处理规划确定的雨水径流控制要求建设相关设施。

第十四条　城镇排水与污水处理规划范围内的城镇排水与污水处理设施建设项目以及需要与城镇排水与污水处理设施相连接的新建、改建、扩建建设工程,城乡规划主管部门在依法核发建设用地规划许可证时,应当征求城镇排水主管部门的意见。城镇排水主管部门应当就排水设计方案是否符合城镇排水与污水处理规划和相关标准提出意见。

建设单位应当按照排水设计方案建设连接管网等设施;未建设连接管网等设施的,不得投入使用。城镇排水主管部门或者其委托的专门机构应当加强指导和监督。

第十五条　城镇排水与污水处理设施建设工程竣工后,建设单位应当依法组织竣工验收。竣工验收合格的,方可交付使用,并自竣工验收合格之日起15日内,将竣工验收报告及相关资料报城镇排水主管部门备案。

第十六条　城镇排水与污水处理设施竣工验收合格后,由城镇排水主管部门通过招标投标、委托等方式确定符合条件的设施维护运营单位负责管理。特许经营合同、委托运营合同涉及污染物削减和污水处理运营服务费的,城镇排水主管部门应当征求环境保护主管部门、价格主管部门的意见。国家鼓励实施城镇污水处理特许经营制度。具体办法由国务院住房城乡建设主管部门会同国务院有关部门制定。

城镇排水与污水处理设施维护运营单位应当具备下列条件:

(一)有法人资格;

(二)有与从事城镇排水与污水处理设施维护运营活动相适应的资金和设备;

(三)有完善的运行管理和安全管理制度;

(四)技术负责人和关键岗位人员经专业培训并考核合格;

(五)有相应的良好业绩和维护运营经验;

(六)法律、法规规定的其他条件。

第三章　排　水

第十七条　县级以上地方人民政府应当根据当地降雨规律和暴雨内涝风险情况,结合气象、水文资料,建立排水设施地理信息系统,加强雨水排放管理,提高城镇内涝防治水平。

县级以上地方人民政府应当组织有关部门、单位采取相应的预防治理措施,建立城镇内涝防治预警、会商、联动机制,发挥河道行洪能力和水库、洼淀、湖泊调蓄洪水的功能,加强对城镇排水设施的管理和河道防护、整治,因地制宜地采取定期清淤疏浚等措施,确保雨水排放畅通,共同做好城镇内涝防治工作。

第十八条　城镇排水主管部门应当按照城镇内涝防治专项规划的要求,确定雨水收集利用设施建设标准,明确雨水的排水分区和排水出路,合理控制雨水径流。

第十九条　除干旱地区外,新区建设应当实行雨水、污水分流;对实行雨水、污水合流的地区,应当按照城镇排水与污水处理规划要求,进行雨水、污水分流改造。雨水、污水分流改造可以结合旧城区改建和道路建设同时进行。

在雨水、污水分流地区,新区建设和旧城区改建不得将雨水管网、污水管网相互混接。

在有条件的地区,应当逐步推进初期雨水收集与处理,合理确定截流倍数,通过设置初期雨水贮存池、建设截流干管等方式,加强对初期雨水的排放调控和污染防治。

第二十条　城镇排水设施覆盖范围内的排水单位和个人,应当按照国家有关规定将污水排入城镇排水设施。

在雨水、污水分流地区,不得将污水排入雨水管网。

第二十一条　从事工业、建筑、餐饮、医疗等活动的企业事业单位、个体工商户(以下称排水户)向城镇排水设施排放污水的,应当向城镇排水主管部门申请领取污水排入排水管网许可证。城镇排水主管部门应当按照国家有关标准,重点对影响城镇排水与污水处理设施安全运行的事项进行审查。

排水户应当按照污水排入排水管网许可证的要求排放污水。

第二十二条　排水户申请领取污水排入排水管网许可证应当具备下列条件:

(一)排放口的设置符合城镇排水与污水处理规划的要求;

(二)按照国家有关规定建设相应的预处理设施和水质、水量检测设施;

(三)排放的污水符合国家或者地方规定的有关排放标准;

(四)法律、法规规定的其他条件。

符合前款规定条件的,由城镇排水主管部门核发污水排入排水管网许可证;具体办法由国务院住房城乡建设主管部门制定。

第二十三条　城镇排水主管部门应当加强对排放口设置以及预处理设施和水质、水量检测设施建设的指导和监督;对不符合规划要求或者国家有关规定的,应当要求排水户采取措施,限期整改。

第二十四条　城镇排水主管部门委托的排水监测机构,应当对排水户排放污水的水质和水量进行监测,并建立排水监测档案。排水户应当接受监测,如实提供有关资料。

列入重点排污单位名录的排水户安装的水污染物排放自动监测设备,应当与环境保护主管部门的监控设备联网。环境保护主管部门应当将监测数据与城镇排水主管部门共享。

第二十五条　因城镇排水设施维护或者检修可能对排水造成影响的,城镇排水设施维护运营单位应当提前24小时通知相关排水户;可能对排水造成严重影响的,应当事先向城镇排水主管部门报告,采取应急处理措施,并向社会公告。

第二十六条　设置于机动车道路上的窨井,应当按照国家有关规定进行建设,保证其承载力和稳定性等符合相关要求。

排水管网窨井盖应当具备防坠落和防盗窃功能，满足结构强度要求。

第二十七条　城镇排水主管部门应当按照国家有关规定建立城镇排涝风险评估制度和灾害后评估制度，在汛前对城镇排水设施进行全面检查，对发现的问题，责成有关单位限期处理，并加强城镇广场、立交桥下、地下构筑物、棚户区等易涝点的治理，强化排涝措施，增加必要的强制排水设施和装备。

城镇排水设施维护运营单位应当按照防汛要求，对城镇排水设施进行全面检查、维护、清疏，确保设施安全运行。

在汛期，有管辖权的人民政府防汛指挥机构应当加强对易涝点的巡查，发现险情，立即采取措施。有关单位和个人在汛期应当服从有管辖权的人民政府防汛指挥机构的统一调度指挥或者监督。

第四章　污水处理

第二十八条　城镇排水主管部门应当与城镇污水处理设施维护运营单位签订维护运营合同，明确双方权利义务。

城镇污水处理设施维护运营单位应当依照法律、法规和有关规定以及维护运营合同进行维护运营，定期向社会公开有关维护运营信息，并接受相关部门和社会公众的监督。

第二十九条　城镇污水处理设施维护运营单位应当保证出水水质符合国家和地方规定的排放标准，不得排放不达标污水。

城镇污水处理设施维护运营单位应当按照国家有关规定检测进出水水质，向城镇排水主管部门、环境保护主管部门报送污水处理水质和水量、主要污染物削减量等信息，并按照有关规定和维护运营合同，向城镇排水主管部门报送生产运营成本等信息。

城镇污水处理设施维护运营单位应当按照国家有关规定向价格主管部门提交相关成本信息。

城镇排水主管部门核定城镇污水处理运营成本，应当考虑主要污染物削减情况。

第三十条　城镇污水处理设施维护运营单位或者污泥处理处置单位应当安全处理处置污泥，保证处理处置后的污泥符合国家有关标准，对产生的污泥以及处理处置后的污泥去向、用途、用量等进行跟踪、记录，并向城镇排水主管部门、环境保护主管部门报告。任何单位和个人不得擅自倾倒、堆放、丢弃、遗撒污泥。

第三十一条　城镇污水处理设施维护运营单位不得擅自停运城镇污水处理设施，因检修等原因需要停运或者部分停运城镇污水处理设施的，应当在90个工作日前向城镇排水主管部门、环境保护主管部门报告。

城镇污水处理设施维护运营单位在出现进水水质和水量发生重大变化可能导致出水水质超标，或者发生影响城镇污水处理设施安全运行的突发情况时，应当立即采取应急处理措施，并向城镇排水主管部门、环境保护主管部门报告。

城镇排水主管部门或者环境保护主管部门接到报告后，应当及时核查处理。

第三十二条　排水单位和个人应当按照国家有关规定缴纳污水处理费。

向城镇污水处理设施排放污水、缴纳污水处理费的，不再缴纳排污费。

排水监测机构接受城镇排水主管部门委托从事有关监测活动，不得向城镇污水处理设施维护运营单位和排水户收取任何费用。

第三十三条　污水处理费应当纳入地方财政预算管理，专项用于城镇污水处理设施的建设、运行和污泥处理处置，不得挪作他用。污水处理费的收费标准不应低于城镇污水处理设施正常运营的成本。因特殊原因，收取的污水处理费不足以支付城镇污水处理设施正常运营的成本的，地方人民政府给予补贴。

污水处理费的收取、使用情况应当向社会公开。

第三十四条　县级以上地方人民政府环境保护主管部门应当依法对城镇污水处理设施的出水水质和水量进行监督检查。

城镇排水主管部门应当对城镇污水处理设施运营情况进行监督和考核，并将监督考核情况向社会公布。有关单位和个人应当予以配合。

城镇污水处理设施维护运营单位应当为进出水在线监测系统的安全运行提供保障条件。

第三十五条　城镇排水主管部门应当根据城镇污水处理设施维护运营单位履行维护运营合同的情况以及环境保护主管部门对城镇污水处理设施出水水质和水量的监督检查结果，核定城镇污水处理设施运营服务费。地方人民政府有关部门应当及时、足额拨付城镇污水处理设施运营服务费。

第三十六条　城镇排水主管部门在监督考核中，发现城镇污水处理设施维护运营单位存在未依照法律、法规和有关规定以及维护运营合同进行维护运营，擅自停运或者部分停运城镇污水处理设施，或者其他无法安全运行等情形的,应当要求城镇污水处理设施维护运营单位采取措施,限期整改;逾期不整改的,或者整改后仍无法安全运行的,城镇排水主管部门可以终止维护运营合同。

城镇排水主管部门终止与城镇污水处理设施维护运营单位签订的维护运营合同的,应当采取有效措施保障城镇污水处理设施的安全运行。

第三十七条　国家鼓励城镇污水处理再生利用,工业生产、城市绿化、道路清扫、车辆冲洗、建筑施工以及生态景观等,应当优先使用再生水。

县级以上地方人民政府应当根据当地水资源和水环境状况,合理确定再生水利用的规模,制定促进再生水利用的保障措施。

再生水纳入水资源统一配置,县级以上地方人民政府水行政主管部门应当依法加强指导。

第五章　设施维护与保护

第三十八条　城镇排水与污水处理设施维护运营单位应当建立健全安全生产管理制度,加强对窨井盖等城镇排水与污水处理设施的日常巡查、维修和养护,保障设施安全运行。

从事管网维护、应急排水、井下及有限空间作业的,设施维护运营单位应当安排专门人员进行现场安全管理,设置醒目警示标志,采取有效措施避免人员坠落、车辆陷落,并及时复原窨井盖,确保操作规程的遵守和安全措施的落实。相关特种作业人员,应当按照国家有关规定取得相应的资格证书。

第三十九条　县级以上地方人民政府应当根据实际情况,依法组织编制城镇排水与污水处理应急预案,统筹安排应对突发事件以及城镇排涝所必需的物资。

城镇排水与污水处理设施维护运营单位应当制定本单位的应急预案,配备必要的抢险装备、器材,并定期组织演练。

第四十条　排水户因发生事故或者其他突发事件,排放的污水可能危及城镇排水与污水处理设施安全运行的,应当立即采取措施消除危害,并及时向城镇排水主管部门和环境保护主管部门等有关部门报告。

城镇排水与污水处理安全事故或者突发事件发生后,设施维护运营单位应当立即启动本单位应急预案,采取防护措施、组织抢修,并及时向城镇排水主管部门和有关部门报告。

第四十一条　城镇排水主管部门应当会同有关部门,按照国家有关规定划定城镇排水与污水处理设施保护范围,并向社会公布。

在保护范围内,有关单位从事爆破、钻探、打桩、顶进、挖掘、取土等可能影响城镇排水与污水处理设施安全的活动的,应当与设施维护运营单位等共同制定设施保护方案,并采取相应的安全防护措施。

第四十二条　禁止从事下列危及城镇排水与污水处理设施安全的活动:

(一)损毁、盗窃城镇排水与污水处理设施;

(二)穿凿、堵塞城镇排水与污水处理设施;

(三)向城镇排水与污水处理设施排放、倾倒剧毒、易燃易爆、腐蚀性废液和废渣;

(四)向城镇排水与污水处理设施倾倒垃圾、渣土、施工泥浆等废弃物;

(五)建设占压城镇排水与污水处理设施的建筑物、构筑物或者其他设施;

(六)其他危及城镇排水与污水处理设施安全的活动。

第四十三条　新建、改建、扩建建设工程,不得影响城镇排水与污水处理设施安全。

建设工程开工前,建设单位应当查明工程建设范围内地下城镇排水与污水处理设施的相关情况。城镇排水主管部门及其他相关部门和单位应当及时提供相关资料。

建设工程施工范围内有排水管网等城镇排水与污水处理设施的,建设单位应当与施工单位、设施维护运营单位共同制定设施保护方案,并采取相应的安全保护措施。

因工程建设需要拆除、改动城镇排水与污水处理设施的,建设单位应当制定拆除、改动方案,报城镇排水主管部门审核,并承担重建、改建和采取临时措施的费用。

第四十四条　县级以上人民政府城镇排水主管部门应当会同有关部门,加强对城镇排水与污水处理设施运行维护和保护情况的监督检查,并将检查情况及结果向社会公开。实施监督检查时,有权采取下列措施:

(一)进入现场进行检查、监测;

(二)查阅、复制有关文件和资料;

(三)要求被监督检查的单位和个人就有关问题作出说明。

被监督检查的单位和个人应当予以配合,不得妨碍和阻挠依法进行的监督检查活动。

第四十五条　审计机关应当加强对城镇排水与污水处理设施建设、运营、维护和保护等资金筹集、管理和使用情况的监督,并公布审计结果。

第六章　法律责任

第四十六条　违反本条例规定，县级以上地方人民政府及其城镇排水主管部门和其他有关部门，不依法作出行政许可或者办理批准文件的，发现违法行为或者接到对违法行为的举报不予查处的，或者有其他未依照本条例履行职责的行为的，对直接负责的主管人员和其他直接责任人员依法给予处分；直接负责的主管人员和其他直接责任人员的行为构成犯罪的，依法追究刑事责任。

违反本条例规定，核发污水排入排水管网许可证、排污许可证后不实施监督检查的，对核发许可证的部门及其工作人员依照前款规定处理。

第四十七条　违反本条例规定，城镇排水主管部门对不符合法定条件的排水户核发污水排入排水管网许可证的，或者对符合法定条件的排水户不予核发污水排入排水管网许可证的，对直接负责的主管人员和其他直接责任人员依法给予处分；直接负责的主管人员和其他直接责任人员的行为构成犯罪的，依法追究刑事责任。

第四十八条　违反本条例规定，在雨水、污水分流地区，建设单位、施工单位将雨水管网、污水管网相互混接的，由城镇排水主管部门责令改正，处 5 万元以上 10 万元以下的罚款；造成损失的，依法承担赔偿责任。

第四十九条　违反本条例规定，城镇排水与污水处理设施覆盖范围内的排水单位和个人，未按照国家有关规定将污水排入城镇排水设施，或者在雨水、污水分流地区将污水排入雨水管网的，由城镇排水主管部门责令改正，给予警告；逾期不改正或者造成严重后果的，对单位处 10 万元以上 20 万元以下罚款，对个人处 2 万元以上 10 万元以下罚款；造成损失的，依法承担赔偿责任。

第五十条　违反本条例规定，排水户未取得污水排入排水管网许可证向城镇排水设施排放污水的，由城镇排水主管部门责令停止违法行为，限期采取治理措施，补办污水排入排水管网许可证，可以处 50 万元以下罚款；造成损失的，依法承担赔偿责任；构成犯罪的，依法追究刑事责任。

违反本条例规定，排水户不按照污水排入排水管网许可证的要求排放污水的，由城镇排水主管部门责令停止违法行为，限期改正，可以处 5 万元以下罚款；造成严重后果的，吊销污水排入排水管网许可证，并处 5 万元以上 50 万元以下罚款，可以向社会予以通报；造成损失的，依法承担赔偿责任；构成犯罪的，依法追究刑事责任。

第五十一条　违反本条例规定，因城镇排水设施维护或者检修可能对排水造成影响或者严重影响，城镇排水设施维护运营单位未提前通知相关排水户的，或者未事先向城镇排水主管部门报告，采取应急处理措施的，或者未按照防汛要求对城镇排水设施进行全面检查、维护、清疏，影响汛期排水畅通的，由城镇排水主管部门责令改正，给予警告；逾期不改正或者造成严重后果的，处 10 万元以上 20 万元以下罚款；造成损失的，依法承担赔偿责任。

第五十二条　违反本条例规定，城镇污水处理设施维护运营单位未按照国家有关规定检测进出水水质的，或者未报送污水处理水质和水量、主要污染物削减量等信息和生产运营成本等信息的，由城镇排水主管部门责令改正，可以处 5 万元以下罚款；造成损失的，依法承担赔偿责任。

违反本条例规定，城镇污水处理设施维护运营单位擅自停运城镇污水处理设施，未按照规定事先报告或者采取应急处理措施的，由城镇排水主管部门责令改正，给予警告；逾期不改正或者造成严重后果的，处 10 万元以上 50 万元以下罚款；造成损失的，依法承担赔偿责任。

第五十三条　违反本条例规定，城镇污水处理设施维护运营单位或者污泥处理处置单位对产生的污泥以及处理处置后的污泥的去向、用途、用量等未进行跟踪、记录的，或者处理处置后的污泥不符合国家有关标准的，由城镇排水主管部门责令限期采取治理措施，给予警告；造成严重后果的，处 10 万元以上 20 万元以下罚款；逾期不采取治理措施的，城镇排水主管部门可以指定有治理能力的单位代为治理，所需费用由当事人承担；造成损失的，依法承担赔偿责任。

违反本条例规定，擅自倾倒、堆放、丢弃、遗撒污泥的，由城镇排水主管部门责令停止违法行为，限期采取治理措施，给予警告；造成严重后果的，对单位处 10 万元以上 50 万元以下罚款，对个人处 2 万元以上 10 万元以下罚款；逾期不采取治理措施的，城镇排水主管部门可以指定有治理能力的单位代为治理，所需费用由当事人承担；造成损失的，依法承担赔偿责任。

第五十四条　违反本条例规定，排水单位或者个人不缴纳污水处理费的，由城镇排水主管部门责令限期缴纳，逾期拒不缴纳的，处应缴纳污水处理费数额 1 倍以上 3 倍以下罚款。

第五十五条　违反本条例规定，城镇排水与污水处理设施维护运营单位有下列情形之一的，由城镇排水主管部门责令改正，给予警告；逾期不改正或者造成严重后果的，处 10 万元以上 50 万元以下罚款；造成损失的，依

法承担赔偿责任;构成犯罪的,依法追究刑事责任:

(一)未按照国家有关规定履行日常巡查、维修和养护责任,保障设施安全运行的;

(二)未及时采取防护措施、组织事故抢修的;

(三)因巡查、维护不到位,导致窨井盖丢失、损毁,造成人员伤亡和财产损失的。

第五十六条 违反本条例规定,从事危及城镇排水与污水处理设施安全的活动的,由城镇排水主管部门责令停止违法行为,限期恢复原状或者采取其他补救措施,给予警告;逾期不采取补救措施或者造成严重后果的,对单位处 10 万元以上 30 万元以下罚款,对个人处 2 万元以上 10 万元以下罚款;造成损失的,依法承担赔偿责任;构成犯罪的,依法追究刑事责任。

第五十七条 违反本条例规定,有关单位未与施工单位、设施维护运营单位等共同制定设施保护方案,并采取相应的安全防护措施的,由城镇排水主管部门责令改正,处 2 万元以上 5 万元以下罚款;造成严重后果的,处 5 万元以上 10 万元以下罚款;造成损失的,依法承担赔偿责任;构成犯罪的,依法追究刑事责任。

违反本条例规定,擅自拆除、改动城镇排水与污水处理设施的,由城镇排水主管部门责令改正,恢复原状或者采取其他补救措施,处 5 万元以上 10 万元以下罚款;造成严重后果的,处 10 万元以上 30 万元以下罚款;造成损失的,依法承担赔偿责任;构成犯罪的,依法追究刑事责任。

第七章 附 则

第五十八条 依照《中华人民共和国水污染防治法》的规定,排水户需要取得排污许可证的,由环境保护主管部门核发;违反《中华人民共和国水污染防治法》的规定排放污水的,由环境保护主管部门处罚。

第五十九条 本条例自 2014 年 1 月 1 日起施行。

城镇污水排入排水管网许可管理办法

·2015 年 1 月 22 日住房和城乡建设部令第 21 号发布
·根据 2022 年 12 月 1 日住房和城乡建设部令第 56 号修订

第一章 总 则

第一条 为了加强对污水排入城镇排水管网的管理,保障城镇排水与污水处理设施安全运行,防治城镇水污染,根据《中华人民共和国行政许可法》、《城镇排水与污水处理条例》等法律法规,制定本办法。

第二条 在中华人民共和国境内申请污水排入排水管网许可(以下称排水许可),对从事工业、建筑、餐饮、医疗等活动的企业事业单位、个体工商户(以下称排水户)向城镇排水设施排放污水的活动实施监督管理,适用本办法。

第三条 国务院住房和城乡建设主管部门负责全国排水许可工作的指导监督。

省、自治区人民政府住房和城乡建设主管部门负责本行政区域内排水许可工作的指导监督。

直辖市、市、县人民政府城镇排水与污水处理主管部门(以下简称城镇排水主管部门)负责本行政区域内排水许可证书的颁发和监督管理。城镇排水主管部门可以委托专门机构承担排水许可审核管理的具体工作。

第四条 城镇排水设施覆盖范围内的排水户应当按照国家有关规定,将污水排入城镇排水设施。排水户向城镇排水设施排放污水,应当按照本办法的规定,申请领取排水许可证。未取得排水许可证,排水户不得向城镇排水设施排放污水。城镇居民排放生活污水不需要申请领取排水许可证。

在雨水、污水分流排放的地区,不得将污水排入雨水管网。

工程建设疏干排水应当优先利用和补给水体。

第五条 城镇排水主管部门应当因地制宜,按照排水行为影响城镇排水与污水处理设施安全运行的程度,对排水户进行分级分类管理。

对列入重点排污单位名录的排水户和城镇排水主管部门确定的对城镇排水与污水处理设施安全运行影响较大的排水户,应当作为重点排水户进行管理。

第二章 许可申请与审查

第六条 排水户向排水行为发生地的城镇排水主管部门申请领取排水许可证。城镇排水主管部门应当自受理申请之日起 15 日内作出决定。

集中管理的建筑或者单位内有多个排水户的,可以由产权单位或者其委托的物业服务人统一申请领取排水许可证,并由领证单位对排水户的排水行为负责。

因施工作业需要向城镇排水设施排入污水的,由建设单位申请领取排水许可证。

第七条 申请领取排水许可证,应当如实提交下列材料:

(一)排水许可申请表;

(二)排水户内部排水管网、专用检测井、雨污水排放口位置和口径的图纸及说明等材料;

(三)按照国家有关规定建设污水预处理设施的有

关材料；

（四）排水隐蔽工程竣工报告，或者排水户承诺排水隐蔽工程合格且不存在雨水污水管网混接错接、雨水污水混排的书面承诺书；

（五）排水水质符合相关标准的检测报告或者排水水质符合相关标准的书面承诺书；

（六）列入重点排污单位名录的排水户应当提供已安装的主要水污染物排放自动监测设备有关材料。

第八条　城镇排水主管部门在作出许可决定前，应当按照排水户分级分类管理要求，对重点排水户进行现场核查，对其他排水户采取抽查方式进行现场核查。

第九条　符合以下条件的，由城镇排水主管部门核发排水许可证：

（一）污水排放口的设置符合城镇排水与污水处理规划的要求；

（二）排放污水的水质符合国家或者地方规定的有关排放标准；

（三）按照国家有关规定建设相应的预处理设施；

（四）按照国家有关规定在排放口设置便于采样和水量计量的专用检测井和计量设备；列入重点排污单位名录的排水户已安装主要水污染物排放自动监测设备；

（五）法律、法规规定的其他条件。

第十条　排水许可证的有效期为5年。

因施工作业需要向城镇排水设施排水的，排水许可证的有效期，由城镇排水主管部门根据排水状况确定，但不得超过施工期限。

第十一条　排水许可证有效期满需要继续排放污水的，排水户应当在有效期届满30日前，向城镇排水主管部门提出申请。城镇排水主管部门应当在有效期届满前作出是否准予延续的决定。准予延续的，有效期延续5年。

排水户在排水许可证有效期内，严格按照许可内容排放污水，且未发生违反本办法规定行为的，有效期届满30日前，排水户可提出延期申请，经原许可机关同意，不再进行审查，排水许可证有效期延期5年。

第十二条　在排水许可证的有效期内，排水口数量和位置、排水量、主要污染物项目或者浓度等排水许可内容变更的，排水户应当按照本办法规定，重新申请领取排水许可证。

排水户名称、法定代表人等其他事项变更的，排水户应当在变更之日起30日内向城镇排水主管部门申请办理变更。

第三章　管理和监督

第十三条　排水户应当按照排水许可证确定的排水类别、总量、时限、排放口位置和数量、排放的主要污染物项目和浓度等要求排放污水。

第十四条　排水户不得有下列危及城镇排水设施安全的活动：

（一）向城镇排水设施排放、倾倒剧毒、易燃易爆、腐蚀性废液和废渣；

（二）向城镇排水设施排放有害气体和烹饪油烟；

（三）堵塞城镇排水设施或者向城镇排水设施内排放、倾倒垃圾、渣土、施工泥浆、油脂、污泥等易堵塞物；

（四）擅自拆卸、移动、穿凿和接入城镇排水设施；

（五）擅自向城镇排水设施加压排放污水；

（六）其他危及城镇排水与污水处理设施安全的活动。

第十五条　排水户因发生事故或者其他突发事件，排放的污水可能危及城镇排水与污水处理设施安全运行的，应当立即暂停排放，采取措施消除危害，并按规定及时向城镇排水主管部门等有关部门报告。

第十六条　城镇排水主管部门应当加强对排水户的排放口设置、连接管网、预处理设施和水质、水量监测设施建设和运行的指导和监督。

第十七条　重点排水户应当建立档案管理制度，对污水预处理设施、内部排水管网、与市政管网的连接管、专用检测井运行维护情况、发生异常的原因和采取的措施等进行记录，记录保存期限不少于5年。

鼓励排水户推进传统载体档案数字化。电子档案与传统载体档案具有同等效力。

第十八条　城镇排水主管部门应当结合排水户分级分类情况，通过"双随机、一公开"方式，对排水户排放污水的情况实施监督检查。实施监督检查时，有权采取下列措施：

（一）进入现场开展检查、监测；

（二）要求被监督检查的排水户出示排水许可证；

（三）查阅、复制有关文件和材料；

（四）要求被监督检查的单位和个人就有关问题作出说明；

（五）依法采取禁止排水户向城镇排水设施排放污水等措施，纠正违反有关法律、法规和本办法规定的行为。

被监督检查的单位和个人应当予以配合，不得妨碍和阻挠依法进行的监督检查活动。

城镇排水主管部门可以通过政府购买服务等方式，组织或者委托排水监测机构等技术服务单位为排水许可监督检查工作提供技术服务。受委托的具有计量认证资质的排水监测机构应当对排水户排放污水的水质、水量进行监测，建立排水监测档案。

第十九条　城镇排水主管部门委托的专门机构，可以开展排水许可审查、档案管理、监督指导排水户排水行为等工作，并协助城镇排水主管部门对排水许可实施监督管理。

第二十条　城镇排水主管部门应当将排水户的基本信息、排水许可内容等信息载入城市排水信息系统。涉及排水户的排水许可内容、行政处罚、不良信用记录等信息，应当依法向社会公示。

城镇排水主管部门可以根据排水户的信用情况，依法采取守信激励、失信惩戒措施。

第二十一条　有下列情形之一的，许可机关或者其上级行政机关，根据利害关系人的请求或者依据职权，可以撤销排水许可：

（一）城镇排水主管部门工作人员滥用职权、玩忽职守作出准予排水许可决定的；

（二）超越法定职权作出准予排水许可决定的；

（三）违反法定程序作出准予排水许可决定的；

（四）对不符合许可条件的申请人作出准予排水许可决定的；

（五）依法可以撤销排水许可的其他情形。

排水户以欺骗、贿赂等不正当手段取得排水许可的，应当予以撤销。

第二十二条　有下列情形之一的，城镇排水主管部门应当依法办理排水许可的注销手续：

（一）排水户依法终止的；

（二）排水许可依法被撤销、撤回，或者排水许可证被吊销的；

（三）排水许可证有效期满且未延续许可的；

（四）法律、法规规定的应当注销排水许可的其他情形。

第二十三条　城镇排水主管部门应当按照国家有关规定将监督检查的情况向社会公开。

城镇排水主管部门及其委托的专门机构、排水监测机构的工作人员对知悉的被监督检查单位和个人的技术和商业秘密负有保密义务。

第二十四条　城镇排水主管部门实施排水许可不得收费。

城镇排水主管部门实施排水许可所需经费，应当列入城镇排水主管部门的预算，由本级财政予以保障，按照批准的预算予以核拨。

第四章　法律责任

第二十五条　城镇排水主管部门有下列情形之一的，由其上级行政机关或者监察机关责令改正，对直接负责的主管人员和其他直接责任人员依法给予处分；构成犯罪的，依法追究刑事责任：

（一）对不符合本规定条件的申请人准予排水许可的；

（二）对符合本规定条件的申请人不予核发排水许可证或者不在法定期限内作出准予许可决定的；

（三）利用职务上的便利，收受他人财物或者谋取其他利益的；

（四）泄露被监督检查单位和个人的技术或者商业秘密的；

（五）不依法履行监督管理职责或者监督不力，造成严重后果的。

第二十六条　违反本办法规定，在城镇排水与污水处理设施覆盖范围内，未按照国家有关规定将污水排入城镇排水设施，或者在雨水、污水分流地区将污水排入雨水管网的，由城镇排水主管部门责令改正，给予警告；逾期不改正或者造成严重后果的，对单位处 10 万元以上 20 万元以下罚款；对个人处 2 万元以上 10 万元以下罚款；造成损失的，依法承担赔偿责任。

第二十七条　违反本办法规定，排水户未取得排水许可，向城镇排水设施排放污水的，由城镇排水主管部门责令停止违法行为，限期采取治理措施，补办排水许可证，可以处 50 万元以下罚款；对列入重点排污单位名录的排水户，可以处 30 万元以上 50 万元以下罚款；造成损失的，依法承担赔偿责任；构成犯罪的，依法追究刑事责任。

第二十八条　排水户未按照排水许可证的要求，向城镇排水设施排放污水的，由城镇排水主管部门责令停止违法行为，限期改正，可以处 5 万元以下罚款；造成严重后果的，吊销排水许可证，并处 5 万元以上 50 万元以下罚款，对列入重点排污单位名录的排水户，处 30 万元以上 50 万元以下罚款，并将有关情况通知同级环境保护主管部门，可以向社会予以通报；造成损失的，依法承担赔偿责任；构成犯罪的，依法追究刑事责任。

第二十九条　排水户名称、法定代表人等其他事项变更，未按本办法规定及时向城镇排水主管部门申请办理变更的,由城镇排水主管部门责令改正,可以处1万元以下罚款。

第三十条 排水户以欺骗、贿赂等不正当手段取得排水许可的,可以处3万元以下罚款;造成损失的,依法承担赔偿责任;构成犯罪的,依法追究刑事责任。

第三十一条 违反本办法规定,排水户因发生事故或者其他突发事件,排放的污水可能危及城镇排水与污水处理设施安全运行,没有立即暂停排放,未采取措施消除危害,或者并未按规定及时向城镇排水主管部门等有关部门报告的,城镇排水主管部门可以处3万元以下罚款。

第三十二条 违反本办法规定,从事危及城镇排水设施安全的活动的,由城镇排水主管部门责令停止违法行为,限期恢复原状或者采取其他补救措施,并给予警告;逾期不采取补救措施或者造成严重后果的,对单位处10万元以上30万元以下罚款,对个人处2万元以上10万元以下罚款;造成损失的,依法承担赔偿责任;构成犯罪的,依法追究刑事责任。

第三十三条 重点排水户未按照本办法规定建立档案管理制度,或者档案记录保存期限少于5年的,由城镇排水主管部门责令改正,可以处3万元以下罚款。

第三十四条 排水户违反本办法规定,拒不接受水质、水量监测或者妨碍、阻挠城镇排水主管部门依法监督检查的,由城镇排水主管部门给予警告;情节严重的,处3万元以下罚款。

第五章 附 则

第三十五条 排水许可证由国务院住房和城乡建设主管部门制定格式,由省、自治区人民政府住房和城乡建设主管部门以及直辖市人民政府城镇排水主管部门组织印制。鼓励城镇排水主管部门实行电子许可证,电子许可证与纸质许可证具有同等效力。

排水许可申请表、排水户书面承诺书由国务院住房和城乡建设主管部门制定推荐格式,城镇排水主管部门可以参考制定。

第三十六条 本办法自2015年3月1日起施行。《城市排水许可管理办法》(建设部令第152号)同时废止。

住房和城乡建设部关于推进建筑垃圾减量化的指导意见

· 2020年5月8日
· 建质〔2020〕46号

各省、自治区住房和城乡建设厅,直辖市住房和城乡建设(管)委,北京市规划和自然资源委,新疆生产建设兵团住房和城乡建设局:

推进建筑垃圾减量化是建筑垃圾治理体系的重要内容,是节约资源、保护环境的重要举措。为做好建筑垃圾减量化工作,促进绿色建造和建筑业转型升级,现提出如下意见:

一、总体要求

(一)指导思想。

以习近平新时代中国特色社会主义思想为指导,深入贯彻落实新发展理念,建立健全建筑垃圾减量化工作机制,加强建筑垃圾源头管控,推动工程建设生产组织模式转变,有效减少工程建设过程建筑垃圾产生和排放,不断推进工程建设可持续发展和城乡人居环境改善。

(二)基本原则。

1.统筹规划,源头减量。统筹工程策划、设计、施工等阶段,从源头上预防和减少工程建设过程中建筑垃圾的产生,有效减少工程全寿命期的建筑垃圾排放。

2.因地制宜,系统推进。根据各地具体要求和工程项目实际情况,整合资源,制定计划,多措并举,系统推进建筑垃圾减量化工作。

3.创新驱动,精细管理。推动建筑垃圾减量化技术和管理创新,推行精细化设计和施工,实现施工现场建筑垃圾分类管控和再利用。

(三)工作目标。

2020年底,各地区建筑垃圾减量化工作机制初步建立。2025年底,各地区建筑垃圾减量化工作机制进一步完善,实现新建建筑施工现场建筑垃圾(不包括工程渣土、工程泥浆)排放量每万平方米不高于300吨,装配式建筑施工现场建筑垃圾(不包括工程渣土、工程泥浆)排放量每万平方米不高于200吨。

二、主要措施

(一)开展绿色策划。

1.落实企业主体责任。按照"谁产生、谁负责"的原则,落实建设单位建筑垃圾减量化的首要责任。建设单位应将建筑垃圾减量化目标和措施纳入招标文件和合同文本,将建筑垃圾减量化措施费纳入工程概算,并监督设计、施工、监理单位具体落实。

2. 实施新型建造方式。大力发展装配式建筑,积极推广钢结构装配式住宅,推行工厂化预制、装配化施工、信息化管理的建造模式。鼓励创新设计、施工技术与装备,优先选用绿色建材,实行全装修交付,减少施工现场建筑垃圾的产生。在建设单位主导下,推进建筑信息模型(BIM)等技术在工程设计和施工中的应用,减少设计中的"错漏碰缺",辅助施工现场管理,提高资源利用率。

3. 采用新型组织模式。推动工程建设组织方式改革,指导建设单位在工程项目中推行工程总承包和全过程工程咨询,推进建筑师负责制,加强设计与施工的深度协同,构建有利于推进建筑垃圾减量化的组织模式。

(二)实施绿色设计。

4. 树立全寿命期理念。统筹考虑工程全寿命期的耐久性、可持续性,鼓励设计单位采用高强、高性能、高耐久性和可循环材料以及先进适用技术体系等开展工程设计。根据"模数统一、模块协同"原则,推进功能模块和部品构件标准化,减少异型和非标准部品构件。对改建扩建工程,鼓励充分利用原结构及满足要求的原机电设备。

5. 提高设计质量。设计单位应根据地形地貌合理确定场地标高,开展土方平衡论证,减少渣土外运。选择适宜的结构体系,减少建筑形体不规则性。提倡建筑、结构、机电、装修、景观全专业一体化协同设计,保证设计深度满足施工需要,减少施工过程设计变更。

(三)推广绿色施工。

6. 编制专项方案。施工单位应组织编制施工现场建筑垃圾减量化专项方案,明确建筑垃圾减量化目标和职责分工,提出源头减量、分类管理、就地处置、排放控制的具体措施。

7. 做好设计深化和施工组织优化。施工单位应结合工程加工、运输、安装方案和施工工艺要求,细化节点构造和具体做法。优化施工组织设计,合理确定施工工序,推行数字化加工和信息化管理,实现精准下料、精细管理,降低建筑材料损耗率。

8. 强化施工质量管控。施工、监理等单位应严格按设计要求控制进场材料和设备的质量,严把施工质量关,强化各工序质量管控,减少因质量问题导致的返工或修补。加强对已完工工程的成品保护,避免二次损坏。

9. 提高临时设施和周转材料的重复利用率。施工现场办公用房、宿舍、围挡、大门、工具棚、安全防护栏杆等推广采用重复利用率高的标准化设施。鼓励采用工具式脚手架和模板支撑体系,推广应用铝模板、金属防护网、金属通道板、拼装式道路板等周转材料。鼓励施工单位

在一定区域范围内统筹临时设施和周转材料的调配。

10. 推行临时设施和永久性设施的结合利用。施工单位应充分考虑施工用消防立管、消防水池、照明线路、道路、围挡等与永久性设施的结合利用,减少因拆除临时设施产生的建筑垃圾。

11. 实行建筑垃圾分类管理。施工单位应建立建筑垃圾分类收集与存放管理制度,实行分类收集、分类存放、分类处置。鼓励以末端处置为导向对建筑垃圾进行细化分类。严禁将危险废物和生活垃圾混入建筑垃圾。

12. 引导施工现场建筑垃圾再利用。施工单位应充分利用混凝土、钢筋、模板、珍珠岩保温材料等余料,在满足质量要求的前提下,根据实际需求加工制作成各类工程材料,实行循环利用。施工现场不具备就地利用条件的,应按规定及时转运到建筑垃圾处置场所进行资源化处置和再利用。

13. 减少施工现场建筑垃圾排放。施工单位应实时统计并监控建筑垃圾产生量,及时采取针对性措施降低建筑垃圾排放量。鼓励采用现场泥沙分离、泥浆脱水预处理等工艺,减少工程渣土和工程泥浆排放。

三、组织保障

(一)加强统筹管理。各省级住房和城乡建设主管部门要完善建筑垃圾减量化工作机制和政策措施,将建筑垃圾减量化纳入本地绿色发展和生态文明建设体系。地方各级环境卫生主管部门要统筹建立健全建筑垃圾治理体系,进一步加强建筑垃圾收集、运输、资源化利用和处置管理,推进建筑垃圾治理能力提升。

(二)积极引导支持。地方各级住房和城乡建设主管部门要鼓励建筑垃圾减量化技术和管理创新,支持创新成果快速转化应用。确定建筑垃圾排放限额,对少排或零排放项目建立相应激励机制。

(三)完善标准体系。各省级住房和城乡建设主管部门要加快制定完善施工现场建筑垃圾分类、收集、统计、处置和再生利用等相关标准,为减量化工作提供技术支撑。

(四)加强督促指导。地方各级住房和城乡建设主管部门要将建筑垃圾减量化纳入文明施工内容,鼓励建立施工现场建筑垃圾排放量公示制度。落实建筑垃圾减量化指导手册,开展建筑垃圾减量化项目示范引领,促进建筑垃圾减量化经验交流。

(五)加大宣传力度。地方各级住房和城乡建设主管部门要充分发挥舆论导向和媒体监督作用,广泛宣传建筑垃圾减量化的重要性,普及建筑垃圾减量化和现场再利用的基础知识,增强参建单位和人员的资源节约意识、环保意识。

·指导案例

1. 北京市朝阳区自然之友环境研究所诉中国水电顾问集团新平开发有限公司、中国电建集团昆明勘测设计研究院有限公司生态环境保护民事公益诉讼案①

【关键词】

民事/生态环境保护民事公益诉讼/损害社会公共利益/重大风险/濒危野生动植物

【裁判要点】

人民法院审理环境民事公益诉讼案件,应当贯彻保护优先、预防为主原则。原告提供证据证明项目建设将对濒危野生动植物栖息地及生态系统造成毁灭性、不可逆转的损害后果,人民法院应当从被保护对象的独有价值、损害结果发生的可能性、损害后果的严重性及不可逆性等方面,综合判断被告的行为是否具有《最高人民法院关于审理环境民事公益诉讼案件适用法律若干问题的解释》第一条规定的"损害社会公共利益重大风险"。

【相关法条】

《中华人民共和国环境保护法》(2014年4月24日修订)第5条

【基本案情】

戛洒江一级水电站工程由中国水电顾问集团新平开发有限公司(以下简称新平公司)开发建设,中国电建集团昆明勘测设计研究院有限公司(以下简称昆明设计院)是该工程总承包方及受托编制《云南省红河(元江)干流戛洒江一级水电站环境影响报告书》(以下简称《环境影响报告书》)的技术单位。戛洒江一级水电站坝址位于云南省新平县境内,下游距新平县水塘镇约6.5千米,电站采用堤坝式开发,坝型为混凝土面板堆石坝,最大坝高175.5米,水库正常蓄水位675米,淹没区域涉及红河上游的戛洒江、石羊江及支流绿汁江、小江河。水库淹没影响和建设征地涉及新平县和双柏县8个乡(镇)。戛洒江一级水电站项目建设自2011年至2014年分别取得了国家发展改革委、原国土资源部、生态环境部等多个相关主管部门关于用地、环评、建设等批复和同意。2017年7月21日,生态环境部办公厅向新平公司发出《关于责成开展云南省红河(元江)干流戛洒江一级水电站环境影响后评价的函》(以下简称《责成后评价函》),责成新平公司就该项目

建设开展环境影响后评价,采取改进措施,并报生态环境部备案。后评价工作完成前,不得蓄水发电。2017年8月至今,新平公司主动停止对戛洒江一级水电站建设项目的施工。按工程进度,戛洒江一级水电站建设项目现已完成"三通一平"工程并修建了导流洞。

绿孔雀为典型热带、亚热带林栖鸟类,主要在河谷地带的常绿阔叶林、落叶阔叶林及针阔混合林中活动,杂食类,为稀有种类,属国家一级保护动物,在中国濒危动物红皮书中列为"濒危"物种。就绿孔雀相关问题,昆明市中级人民法院发函云南省林业和草原局,2019年4月4日云南省林业和草原局进行了函复。此后,昆明市中级人民法院又向该局调取了其编制的《元江中上游绿孔雀种群现状调查报告》,该报告载明戛洒江一级水电站建成后,蓄水水库将淹没海拔680米以下河谷地区,将对绿孔雀目前利用的沙浴地、河滩求偶场等适宜栖息地产生较大影响。同时,由于戛洒江一级水电站的建设,淹没区公路将改造重修,也会破坏绿孔雀等野生动物适宜栖息地。对暂停建设的戛洒江一级水电站,应评估停建影响,保护和恢复绿孔雀栖息地措施等。2018年6月29日,云南省人民政府下发《云南省人民政府关于发布云南省生态保护红线的通知》,对外发布《云南省生态保护红线》。根据《云南省生态保护红线》附件1《云南省生态保护红线分布图》所示,戛洒江一级水电站淹没区大部分被划入红河(元江)干热河谷及山原水土保持生态保护红线范围,在该区域内,绿孔雀为其中一种重点保护物种。

陈氏苏铁为国家一级保护植物。2015年后被列入《云南省生物物种红色名录(2017版)》,为极危物种。原告北京市朝阳区自然之友环境研究所(以下简称自然之友研究所)提交了其在绿汁江、石羊江河谷等戛洒江一级水电站淹没区拍摄到的陈氏苏铁照片。证人刘某(中国科学院助理研究员)出庭作证,陈氏苏铁仅在我国红河流域分布。按照世界自然保护联盟的评价标准,陈氏苏铁应为濒危。

自然之友研究所向昆明市中级人民法院起诉,请求人民法院判令新平公司及昆明设计院共同消除戛洒江一级水电站建设对绿孔雀、陈氏苏铁等珍稀濒危野生动植物以及热带季雨林和热带雨林侵害危险,立即停止水电站建设,不得截留蓄水,不得对该水电站淹没区内植被进行砍伐。

① 案例来源:2021年12月1日最高人民法院指导案例173号。

【裁判结果】

云南省昆明市中级人民法院于 2020 年 3 月 16 日作出（2017）云 01 民初 2299 号民事判决：一、新平公司立即停止基于现有环境影响评价下的戛洒江一级水电站建设项目，不得截流蓄水，不得对该水电站淹没区内植被进行砍伐。对戛洒江一级水电站的后续处理，待新平公司按生态环境部要求完成环境影响后评价，采取改进措施并报生态环境部备案后，由相关行政主管部门视具体情况依法作出决定；二、由新平公司于本判决生效后三十日内向自然之友研究所支付因诉讼发生的合理费用 8 万元；三、驳回自然之友研究所的其他诉讼请求。宣判后，自然之友研究所以戛洒江一级水电站应当永久性停建为由，新平公司以水电站已经停建且划入生态红线，应当驳回自然之友研究所诉讼请求为由，分别提起上诉。云南省高级人民法院于 2020 年 12 月 22 日作出（2020）云民终 824 号民事判决：驳回上诉，维持原判。

【裁判理由】

法院生效裁判认为：本案符合《最高人民法院关于审理环境民事公益诉讼案件适用法律若干问题的解释》第一条"对已经损害社会公共利益或者具有损害社会公共利益重大风险的污染环境、破坏生态的行为提起诉讼"规定中"具有损害社会公共利益重大风险"的法定情形，属于预防性环境公益诉讼。预防性环境公益诉讼突破了"无损害即无救济"的诉讼救济理念，是环境保护法"保护优先，预防为主"原则在环境司法中的具体落实与体现。预防性环境公益诉讼的核心要素是具有重大风险，重大风险是指对"环境"可能造成重大损害危险的一系列行为。本案中，自然之友研究所已举证证明戛洒江一级水电站如果继续建设，则案涉工程淹没区势必导致国家一级保护动物绿孔雀的栖息地及国家一级保护植物陈氏苏铁的生境被淹没，生物生境面临重大风险的可能性毋庸置疑。此外，从损害后果的严重性来看，戛洒江一级水电站下游淹没区动植物种类丰富，生物多样性价值及遗传资源价值可观，该区域不仅是绿孔雀及陈氏苏铁等珍稀物种赖以生存的栖息地，也是各类生物与大面积原始森林、热带雨林片段共同构成的一个完整生态系统，若水电站继续建设所产生的损害将是可以直观估计预测且不可逆转的。而针对该现实上的重大风险，新平公司并未就其不存在的主张加以有效证实，而仅以《环境影响报告书》加以反驳，缺乏足够证明力。因此，结合生态环境部责成新平公司对项目开展后评价工作的情况及戛洒江一级水电站未对绿孔雀采取任何保护措

施等事实，可以认定戛洒江一级水电站继续建设将对绿孔雀栖息地、陈氏苏铁生境以及整个生态系统生物多样性和生物安全构成重大风险。

根据环境影响评价法第二十七条"在项目建设、运行过程中产生不符合经审批的环境影响评价文件的情形的，建设单位应当组织环境影响后评价，采取改进措施，并报原环境影响评价文件审批部门和建设项目审批部门备案；原环境影响评价文件审批部门也可以责成建设单位进行环境影响后评价，采取改进措施"的规定，2017 年 7 月 21 日，生态环境部办公厅针对本案建设项目，向新平公司发出《责成后评价函》，责成新平公司就该项目建设开展环境影响后评价，采取改进措施，并报生态环境部备案，后评价完成前不得蓄水发电符合上述法律规定。目前，案涉电站已经处于停建状态，新平公司业已向其上级主管单位申请停建案涉项目并获批复同意，绿孔雀生态栖息地存在的重大风险已经得到了有效的控制。在新平公司对案涉项目申请停建但未向相关行政部门备案并通过审批的情况下，鉴于生态环境部已经责成新平公司开展环境影响后评价，且对于尚不明确的事实状态的重大风险程度，案涉水电站是否继续建设等一系列问题，也需经环境主管部门审批备案决定后，才能确定案涉项目今后能否继续建设或是永久性停建，因此，案涉项目应在新平公司作出环境影响后评价后由行政主管机关视具体情况依法作出决定。

2. 中国生物多样性保护与绿色发展基金会诉雅砻江流域水电开发有限公司生态环境保护民事公益诉讼案①

【关键词】

民事/生态环境保护民事公益诉讼/潜在风险/预防性措施/濒危野生植物

【裁判要点】

人民法院审理环境民事公益诉讼案件，应当贯彻绿色发展理念和风险预防原则，根据现有证据和科学技术认为项目建成后可能对案涉地濒危野生植物生存环境造成破坏，存在影响其生存的潜在风险，从而损害生态环境公共利益的，可以判决被告采取预防性措施，将对濒危野生植物生存的影响纳入建设项目的环境影响评价，促进环境保护和经济发展的协调。

① 案例来源：2021 年 12 月 1 日最高人民法院指导案例 174 号。

【相关法条】

《中华人民共和国环境保护法》(2014年4月24日修订)第5条

【基本案情】

雅砻江上的牙根梯级水电站由雅砻江流域水电开发有限公司(以下简称雅砻江公司)负责建设和管理,现处于项目预可研阶段,水电站及其辅助工程(公路等)尚未开工建设。

2013年9月2日发布的中国生物多样性红色名录中五小叶槭被评定为"极危"。2016年2月9日,五小叶槭列入《四川省重点保护植物名录》。2018年8月10日,世界自然保护联盟在其红色名录中将五小叶槭评估为"极度濒危"。当时我国《国家重点保护野生植物名录》中无五小叶槭。2016年9月26日,四川省质量技术监督局发布《五小叶槭播种育苗技术规程》。案涉五小叶槭种群位于四川省雅江县麻郎措乡沃洛希村,当地林业部门已在就近的通乡公路堡坎上设立保护牌。

2006年6月,中国水电顾问集团成都勘测设计研究院(以下简称成勘院)完成《四川省雅砻江中游(两河口至卡拉河段)水电规划报告》,报告中将牙根梯级水电站列入规划,该规划报告于2006年8月通过了水电水利规划设计总院会同四川省发展改革委组织的审查。2008年12月,四川省人民政府以川府函〔2008〕368号文批复同意该规划。2010年3月,成勘院根据牙根梯级水库淹没区最新情况将原规划的牙根梯级调整为牙根一级(正常蓄水位2602m)、牙根二级(正常蓄水位2560m)两级开发,形成《四川省雅砻江两河口至牙根河段水电开发方案研究报告》,该报告于2010年8月经水电水利规划设计总院会同四川省发展改革委审查通过。

2013年1月6日、4月13日国家发展改革委办公厅批复:同意牙根二级水电站、牙根一级水电站开展前期工作。由雅砻江公司负责建设和管理,按照项目核准的有关规定,组织开展水电站的各项前期工作。待有关前期工作落实、具备核准条件后,再分别将牙根梯级水电站项目申请报告上报我委。对项目建设的意见,以我委对项目申请报告的核准意见为准。未经核准不得开工建设。

中国生物多样性保护与绿色发展基金会(以下简称绿发会)认为,雅江县麻郎措乡沃洛希村附近的五小叶槭种群是当今世界上残存最大的五小叶槭种群,是唯一还有自然繁衍能力的种群。牙根梯级水电站即将修建,根据五小叶槭雅江种群的分布区海拔高度和水电站水位高度对比数值,牙根梯级水电站以及配套的公路建设将直接威胁到五小叶槭的生存,对社会公共利益构成直接威胁,绿发会遂提起本案预防性公益诉讼。

【裁判结果】

四川省甘孜藏族自治州中级人民法院于2020年12月17日作出(2015)甘民初字第45号民事判决:一、被告雅砻江公司应当将五小叶槭的生存作为牙根梯级水电站项目可研阶段环境评价工作的重要内容,环境影响报告书经环境保护行政主管部门审批通过后,才能继续开展下一步的工作;二、原告绿发会为本案诉讼产生的必要费用4万元、合理的律师费1万元,合计5万元,上述款项在本院其他环境民事公益诉讼案件中判决被告承担的生态环境修复费用、生态环境受到损害至恢复原状期间服务功能损失费用等费用(环境公益诉讼资金)中支付(待本院有其他环境公益诉讼资金后执行);三、驳回原告绿发会的其他诉讼请求。一审宣判后当事人未上诉,判决已发生法律效力。

【裁判理由】

法院生效裁判认为:我国是联合国《生物多样性公约》缔约国,应该遵守其约定。《生物多样性公约》中规定,我们在注意到生物多样性遭受严重减少或损失的威胁时,不应以缺乏充分的科学定论为理由,而推迟采取旨在避免或尽量减轻此种威胁的措施;各国有责任保护它自己的生物多样性并以可持续的方式使用它自己的生物资源;每一缔约国应尽可能并酌情采取适当程序,要求就其可能对生物多样性产生严重不利影响的拟议项目进行环境影响评估,以期避免或尽量减轻这种影响。因此,我国有保护生物多样性的义务。同时,《生物多样性公约》规定,认识到经济和社会发展以及根除贫困是发展中国家第一和压倒一切的优先事务。按照《中华人民共和国节约能源法》第四条"节约资源是我国的基本国策。国家实施节约与开发并举、把节约放在首位的能源发展战略"的规定和《中华人民共和国可再生能源法》第二条第一款"本法所称可再生能源,是指风能、太阳能、水能、生物质能、地热能、海洋能等非化石能源"的规定,可再生能源是我国重要的能源资源,在满足能源要求,改善能源结构,减少环境污染,促进经济发展等方面具有重要作用。而水能资源是最具规模开发效益、技术最成熟的可再生能源。因此开发建设水电站,将水能资源优势转化为经济优势,在国家有关部门的监管下,利用丰富的水能资源,合理开发水电符合我国国情。但是,我国水能资源蕴藏丰富的地区,往往也是自然环境良好、生态功能重要、生物物种丰富和地质条件脆弱的地区。根据《中华人民共和国环境保护法》《最高人民法院关于审理环境民事公益诉讼案件适用法律若干问题的解释》的相关规定,环境保护是我国的基本国策,并且环境保护应当坚持保护优先、预防为主的原则。预防原则要求在环境资源利用行为实施之前和实施之中,采取政治、法律、经济和行政等手段,防止环境利用行为导致环境污染或者生态破坏现象发生。它包括两层含义:一是运用已有的知识和经验,对开发和利用环境行为带来的可能的环境危害采取措施以避免危害的发生;二是在科学技术水平不确定的条件下,基于现实的科学知识评价风险,即对开发和利用环境的行为可能带来的尚未明确或者无法具体确定的环境危害进行事前预测、分析和评价,以促使开发决策避免可能造成的环境危害及其风险出现。因此,环境保护与经济发展的关系并不是完全对立的,而是相辅相成的,正确处理好保护与发展的关系,将生态优先的原则贯穿到水电规划开发的全过程,二者可以相互促进,达到经济和环境的协调发展。利用环境资源的行为如果造成环境污染、生态资源破坏,往往具有不可逆性,被污染的环境、被破坏的生态资源很多时候难以恢复,单纯事后的经济补偿不足以弥补对生态环境造成的损失,故对环境污染、生态破坏行为应注重防范于未然,才能真正实现环境保护的目的。

具体到本案中,鉴于五小叶槭在生物多样性红色名录中的等级及案涉牙根梯级水电站建成后可能存在对案涉地五小叶槭原生存环境造成破坏、影响其生存的潜在风险,可能损害社会公共利益。根据我国水电项目核准流程的规定,水电项目分为项目规划、项目预可研、项目可研、项目核准四个阶段,考虑到案涉牙根梯级水电站现处在项目预可研阶段,因此责令被告在项目可研阶段,加强对案涉五小叶槭的环境影响评价并履行法定审批手续后才能进行下一步的工作,尽可能避免出现危及野生五小叶槭生存的风险是必要和合理的。故绿发会作为符合条件的社会组织在牙根梯级水电站建设可能存在损害环境公共利益重大风险的情况下,提出"依法判令被告立即采取适当措施,确保不因雅砻江水电梯级开发计划的实施而破坏珍贵濒危野生植物五小叶槭的生存"的诉讼请求,于法有据,人民法院予以支持。

鉴于案涉水电站尚未开工建设,故绿发会提出"依法判令被告在采取的措施不足以消除对五小叶槭的生存威胁之前,暂停牙根梯级水电站及其辅助设施(含配套道路)的一切建设工程"的诉讼请求,无事实基础,人民法院不予支持。

(2) 抗 震

中华人民共和国防震减灾法(节录)

· 1997 年 12 月 29 日第八届全国人民代表大会常务委员会第二十九次会议通过
· 2008 年 12 月 27 日第十一届全国人民代表大会常务委员会第六次会议修订
· 2008 年 12 月 27 日中华人民共和国主席令第 7 号公布
· 自 2009 年 5 月 1 日起施行

......

第三十四条 国务院地震工作主管部门负责制定全国地震烈度区划图或者地震动参数区划图。

国务院地震工作主管部门和省、自治区、直辖市人民政府负责管理地震工作的部门或者机构,负责审定建设工程的地震安全性评价报告,确定抗震设防要求。

第三十五条 新建、扩建、改建建设工程,应当达到抗震设防要求。

重大建设工程和可能发生严重次生灾害的建设工程,应当按照国务院有关规定进行地震安全性评价,并按照经审定的地震安全性评价报告所确定的抗震设防要求进行抗震设防。建设工程的地震安全性评价单位应当按照国家有关标准进行地震安全性评价,并对地震安全性评价报告的质量负责。

前款规定以外的建设工程,应当按照地震烈度区划图或者地震动参数区划图所确定的抗震设防要求进行抗震设防;对学校、医院等人员密集场所的建设工程,应当按照高于当地房屋建筑的抗震设防要求进行设计和施工,采取有效措施,增强抗震设防能力。

第三十六条 有关建设工程的强制性标准,应当与抗震设防要求相衔接。

第三十七条 国家鼓励城市人民政府组织制定地震小区划图。地震小区划图由国务院地震工作主管部门负责审定。

第三十八条 建设单位对建设工程的抗震设计、施工的全过程负责。

设计单位应当按照抗震设防要求和工程建设强制性标准进行抗震设计,并对抗震设计的质量以及出具的施工图设计文件的准确性负责。

施工单位应当按照施工图设计文件和工程建设强制性标准进行施工,并对施工质量负责。

建设单位、施工单位应当选用符合施工图设计文件和国家有关标准规定的材料、构配件和设备。

工程监理单位应当按照施工图设计文件和工程建设强制性标准实施监理,并对施工质量承担监理责任。

第三十九条　已经建成的下列建设工程,未采取抗震设防措施或者抗震设防措施未达到抗震设防要求的,应当按照国家有关规定进行抗震性能鉴定,并采取必要的抗震加固措施:

(一)重大建设工程;

(二)可能发生严重次生灾害的建设工程;

(三)具有重大历史、科学、艺术价值或者重要纪念意义的建设工程;

(四)学校、医院等人员密集场所的建设工程;

(五)地震重点监视防御区内的建设工程。

第四十条　县级以上地方人民政府应当加强对农村村民住宅和乡村公共设施抗震设防的管理,组织开展农村实用抗震技术的研究和开发,推广达到抗震设防要求、经济适用、具有当地特色的建筑设计和施工技术,培训相关技术人员,建设示范工程,逐步提高农村村民住宅和乡村公共设施的抗震设防水平。

国家对需要抗震设防的农村村民住宅和乡村公共设施给予必要支持。

第四十一条　城乡规划应当根据地震应急避难的需要,合理确定应急疏散通道和应急避难场所,统筹安排地震应急避难所必需的交通、供水、供电、排污等基础设施建设。

第四十二条　地震重点监视防御区的县级以上地方人民政府应当根据实际需要,在本级财政预算和物资储备中安排抗震救灾资金、物资。

第四十三条　国家鼓励、支持研究开发和推广使用符合抗震设防要求、经济实用的新技术、新工艺、新材料。

……

第八十七条　未依法进行地震安全性评价,或者未按照地震安全性评价报告所确定的抗震设防要求进行抗震设防的,由国务院地震工作主管部门或者县级以上地方人民政府负责管理地震工作的部门或者机构责令限期改正;逾期不改正的,处三万元以上三十万元以下的罚款。

……

第九十一条　违反本法规定,构成犯罪的,依法追究刑事责任。

第九十二条　本法下列用语的含义:

(一)地震监测设施,是指用于地震信息检测、传输和处理的设备、仪器和装置以及配套的监测场地。

(二)地震观测环境,是指按照国家有关标准划定的保障地震监测设施不受干扰、能够正常发挥工作效能的空间范围。

(三)重大建设工程,是指对社会有重大价值或者有重大影响的工程。

(四)可能发生严重次生灾害的建设工程,是指受地震破坏后可能引发水灾、火灾、爆炸,或者剧毒、强腐蚀性、放射性物质大量泄漏,以及其他严重次生灾害的建设工程,包括水库大坝和贮油、贮气设施,贮存易燃易爆或者剧毒、强腐蚀性、放射性物质的设施,以及其他可能发生严重次生灾害的建设工程。

(五)地震烈度区划图,是指以地震烈度(以等级表示的地震影响强弱程度)为指标,将全国划分为不同抗震设防要求区域的图件。

(六)地震动参数区划图,是指以地震动参数(以加速度表示地震作用强弱程度)为指标,将全国划分为不同抗震设防要求区域的图件。

(七)地震小区划图,是指根据某一区域的具体场地条件,对该区域的抗震设防要求进行详细划分的图件。

第九十三条　本法自2009年5月1日起施行。

建设工程抗震管理条例

· 2021年5月12日国务院第135次常务会议通过
· 2021年7月19日中华人民共和国国务院令第744号公布
· 自2021年9月1日起施行

第一章　总　则

第一条　为了提高建设工程抗震防灾能力,降低地震灾害风险,保障人民生命财产安全,根据《中华人民共和国建筑法》、《中华人民共和国防震减灾法》等法律,制定本条例。

第二条　在中华人民共和国境内从事建设工程抗震的勘察、设计、施工、鉴定、加固、维护等活动及其监督管理,适用本条例。

第三条　建设工程抗震应当坚持以人为本、全面设防、突出重点的原则。

第四条　国务院住房和城乡建设主管部门对全国的建设工程抗震实施统一监督管理。国务院交通运输、水利、工业和信息化、能源等有关部门按照职责分工,负责对全国有关专业建设工程抗震的监督管理。

县级以上地方人民政府住房和城乡建设主管部门对本行政区域内的建设工程抗震实施监督管理。县级以上地方人民政府交通运输、水利、工业和信息化、能源等有关部门在各自职责范围内，负责对本行政区域内有关专业建设工程抗震的监督管理。

县级以上人民政府其他有关部门应当依照本条例和其他有关法律、法规的规定，在各自职责范围内负责建设工程抗震相关工作。

第五条　从事建设工程抗震相关活动的单位和人员，应当依法对建设工程抗震负责。

第六条　国家鼓励和支持建设工程抗震技术的研究、开发和应用。

各级人民政府应当组织开展建设工程抗震知识宣传普及，提高社会公众抗震防灾意识。

第七条　国家建立建设工程抗震调查制度。

县级以上人民政府应当组织有关部门对建设工程抗震性能、抗震技术应用、产业发展等进行调查，全面掌握建设工程抗震基本情况，促进建设工程抗震管理水平提高和科学决策。

第八条　建设工程应当避开抗震防灾专项规划确定的危险地段。确实无法避开的，应当采取符合建设工程使用功能要求和适应地震效应的抗震设防措施。

第二章　勘察、设计和施工

第九条　新建、扩建、改建建设工程，应当符合抗震设防强制性标准。

国务院有关部门和国务院标准化行政主管部门依据职责依法制定和发布抗震设防强制性标准。

第十条　建设单位应当对建设工程勘察、设计和施工全过程负责，在勘察、设计和施工合同中明确拟采用的抗震设防强制性标准，按照合同要求对勘察设计成果文件进行核验，组织工程验收，确保建设工程符合抗震设防强制性标准。

建设单位不得明示或者暗示勘察、设计、施工等单位和从业人员违反抗震设防强制性标准，降低工程抗震性能。

第十一条　建设工程勘察文件中应当说明抗震场地类别，对场地地震效应进行分析，并提出工程选址、不良地质处置等建议。

建设工程设计文件中应当说明抗震设防烈度、抗震设防类别以及拟采用的抗震设防措施。采用隔震减震技术的建设工程，设计文件中应当对隔震减震装置技术性能、检验检测、施工安装和使用维护等提出明确要求。

第十二条　对位于高烈度设防地区、地震重点监视防御区的下列建设工程，设计单位应当在初步设计阶段按照国家有关规定编制建设工程抗震设防专篇，并作为设计文件组成部分：

（一）重大建设工程；

（二）地震时可能发生严重次生灾害的建设工程；

（三）地震时使用功能不能中断或者需要尽快恢复的建设工程。

第十三条　对超限高层建筑工程，设计单位应当在设计文件中予以说明，建设单位应当在初步设计阶段将设计文件等材料报送省、自治区、直辖市人民政府住房和城乡建设主管部门进行抗震设防审批。住房和城乡建设主管部门应当组织专家审查，对采取的抗震设防措施合理可行的，予以批准。超限高层建筑工程抗震设防审批意见应当作为施工图设计和审查的依据。

前款所称超限高层建筑工程，是指超出国家现行标准所规定的适用高度和适用结构类型的高层建筑工程以及体型特别不规则的高层建筑工程。

第十四条　工程总承包单位、施工单位及工程监理单位应当建立建设工程质量责任制度，加强对建设工程抗震设防措施施工质量的管理。

国家鼓励工程总承包单位、施工单位采用信息化手段采集、留存隐蔽工程施工质量信息。

施工单位应当按照抗震设防强制性标准进行施工。

第十五条　建设单位应当将建筑的设计使用年限、结构体系、抗震设防烈度、抗震设防类别等具体情况和使用维护要求记入使用说明书，并将使用说明书交付使用人或者买受人。

第十六条　建筑工程根据使用功能以及在抗震救灾中的作用等因素，分为特殊设防类、重点设防类、标准设防类和适度设防类。学校、幼儿园、医院、养老机构、儿童福利机构、应急指挥中心、应急避难场所、广播电视等建筑，应当按照不低于重点设防类的要求采取抗震设防措施。

位于高烈度设防地区、地震重点监视防御区的新建学校、幼儿园、医院、养老机构、儿童福利机构、应急指挥中心、应急避难场所、广播电视等建筑应当按照国家有关规定采用隔震减震等技术，保证发生本区域设防地震时能够满足正常使用要求。

国家鼓励在除前款规定以外的建设工程中采用隔震减震等技术，提高抗震性能。

第十七条　国务院有关部门和国务院标准化行政主管部门应当依据各自职责推动隔震减震装置相关技术标准的制定，明确通用技术要求。鼓励隔震减震装置生产企业制定严于国家标准、行业标准的企业标准。

隔震减震装置生产经营企业应当建立唯一编码制度和产品检验合格印鉴制度，采集、存储隔震减震装置生产、经营、检测等信息，确保隔震减震装置质量信息可追溯。隔震减震装置质量应当符合有关产品质量法律、法规和国家相关技术标准的规定。

建设单位应当组织勘察、设计、施工、工程监理单位建立隔震减震工程质量可追溯制度，利用信息化手段对隔震减震装置采购、勘察、设计、进场检测、安装施工、竣工验收等全过程的信息资料进行采集和存储，并纳入建设项目档案。

第十八条　隔震减震装置用于建设工程前，施工单位应当在建设单位或者工程监理单位监督下进行取样，送建设单位委托的具有相应建设工程质量检测资质的机构进行检测。禁止使用不合格的隔震减震装置。

实行施工总承包的，隔震减震装置属于建设工程主体结构的施工，应当由总承包单位自行完成。

工程质量检测机构应当建立建设工程过程数据和结果数据、检测影像资料及检测报告记录与留存制度，对检测数据和检测报告的真实性、准确性负责，不得出具虚假的检测数据和检测报告。

第三章　鉴定、加固和维护

第十九条　国家实行建设工程抗震性能鉴定制度。

按照《中华人民共和国防震减灾法》第三十九条规定应当进行抗震性能鉴定的建设工程，由所有权人委托具有相应技术条件和技术能力的机构进行鉴定。

国家鼓励对除前款规定以外的未采取抗震设防措施或者未达到抗震设防强制性标准的已经建成的建设工程进行抗震性能鉴定。

第二十条　抗震性能鉴定结果应当对建设工程是否存在严重抗震安全隐患以及是否需要进行抗震加固作出判定。

抗震性能鉴定结果应当真实、客观、准确。

第二十一条　建设工程所有权人应当对存在严重抗震安全隐患的建设工程进行安全监测，并在加固前采取停止或者限制使用等措施。

对抗震性能鉴定结果判定需要进行抗震加固且具备加固价值的已经建成的建设工程，所有权人应当进行抗震加固。

位于高烈度设防地区、地震重点监视防御区的学校、幼儿园、医院、养老机构、儿童福利机构、应急指挥中心、应急避难场所、广播电视等已经建成的建筑进行抗震加固时，应当经充分论证后采用隔震减震等技术，保证其抗震性能符合抗震设防强制性标准。

第二十二条　抗震加固应当依照《建设工程质量管理条例》等规定执行，并符合抗震设防强制性标准。

竣工验收合格后，应当通过信息化手段或者在建设工程显著部位设置永久性标牌等方式，公示抗震加固时间、后续使用年限等信息。

第二十三条　建设工程所有权人应当按照规定对建设工程抗震构件、隔震沟、隔震缝、隔震减震装置及隔震标识进行检查、修缮和维护，及时排除安全隐患。

任何单位和个人不得擅自变动、损坏或者拆除建设工程抗震构件、隔震沟、隔震缝、隔震减震装置及隔震标识。

任何单位和个人发现擅自变动、损坏或者拆除建设工程抗震构件、隔震沟、隔震缝、隔震减震装置及隔震标识的行为，有权予以制止，并向住房和城乡建设主管部门或者其他有关监督管理部门报告。

第四章　农村建设工程抗震设防

第二十四条　各级人民政府和有关部门应当加强对农村建设工程抗震设防的管理，提高农村建设工程抗震性能。

第二十五条　县级以上人民政府对经抗震性能鉴定未达到抗震设防强制性标准的农村村民住宅和乡村公共设施建设工程抗震加固给予必要的政策支持。

实施农村危房改造、移民搬迁、灾后恢复重建等，应当保证建设工程达到抗震设防强制性标准。

第二十六条　县级以上地方人民政府应当编制、发放适合农村的实用抗震技术图集。

农村村民住宅建设可以选用抗震技术图集，也可以委托设计单位进行设计，并根据图集或者设计的要求进行施工。

第二十七条　县级以上地方人民政府应当加强对农村村民住宅和乡村公共设施建设工程抗震的指导和服务，加强技术培训，组织建设抗震示范住房，推广应用抗震性能好的结构形式及建造方法。

第五章　保障措施

第二十八条　县级以上人民政府应当加强对建设工程抗震管理工作的组织领导，建立建设工程抗震管理工作机制，将相关工作纳入本级国民经济和社会发展规划。

县级以上人民政府应当将建设工程抗震工作所需经

费列入本级预算。

县级以上地方人民政府应当组织有关部门，结合本地区实际开展地震风险分析，并按照风险程度实行分类管理。

第二十九条　县级以上地方人民政府对未采取抗震设防措施或者未达到抗震设防强制性标准的老旧房屋抗震加固给予必要的政策支持。

国家鼓励建设工程所有权人结合电梯加装、节能改造等开展抗震加固，提升老旧房屋抗震性能。

第三十条　国家鼓励金融机构开发、提供金融产品和服务，促进建设工程抗震防灾能力提高，支持建设工程抗震相关产业发展和新技术应用。

县级以上地方人民政府鼓励和引导社会力量参与抗震性能鉴定、抗震加固。

第三十一条　国家鼓励科研教育机构设立建设工程抗震技术实验室和人才实训基地。

县级以上人民政府应当依法对建设工程抗震新技术产业化项目用地、融资等给予政策支持。

第三十二条　县级以上人民政府住房和城乡建设主管部门或者其他有关监督管理部门应当制定建设工程抗震新技术推广目录，加强对建设工程抗震管理和技术人员的培训。

第三十三条　地震灾害发生后，县级以上人民政府住房和城乡建设主管部门或者其他有关监督管理部门应当开展建设工程安全应急评估和建设工程震害调查，收集、保存相关资料。

第六章　监督管理

第三十四条　县级以上人民政府住房和城乡建设主管部门和其他有关监督管理部门应当按照职责分工，加强对建设工程抗震设防强制性标准执行情况的监督检查。

县级以上人民政府住房和城乡建设主管部门应当会同有关部门建立完善建设工程抗震设防数据信息库，并与应急管理、地震等部门实时共享数据。

第三十五条　县级以上人民政府住房和城乡建设主管部门或者其他有关监督管理部门履行建设工程抗震监督管理职责时，有权采取以下措施：

（一）对建设工程或者施工现场进行监督检查；

（二）向有关单位和人员调查了解相关情况；

（三）查阅、复制被检查单位有关建设工程抗震的文件和资料；

（四）对抗震结构材料、构件和隔震减震装置实施抽样检测；

（五）查封涉嫌违反抗震设防强制性标准的施工现场；

（六）发现可能影响抗震质量的问题时，责令相关单位进行必要的检测、鉴定。

第三十六条　县级以上人民政府住房和城乡建设主管部门或者其他有关监督管理部门开展监督检查时，可以委托专业机构进行抽样检测、抗震性能鉴定等技术支持工作。

第三十七条　县级以上人民政府住房和城乡建设主管部门或者其他有关监督管理部门应当建立建设工程抗震责任企业及从业人员信用记录制度，将相关信用记录纳入全国信用信息共享平台。

第三十八条　任何单位和个人对违反本条例规定的违法行为，有权进行举报。

接到举报的住房和城乡建设主管部门或者其他有关监督管理部门应当进行调查，依法处理，并为举报人保密。

第七章　法律责任

第三十九条　违反本条例规定，住房和城乡建设主管部门或者其他有关监督管理部门工作人员在监督管理工作中玩忽职守、滥用职权、徇私舞弊的，依法给予处分。

第四十条　违反本条例规定，建设单位明示或者暗示勘察、设计、施工等单位和从业人员违反抗震设防强制性标准，降低工程抗震性能的，责令改正，处20万元以上50万元以下的罚款；情节严重的，处50万元以上500万元以下的罚款；造成损失的，依法承担赔偿责任。

违反本条例规定，建设单位未经超限高层建筑工程抗震设防审批进行施工的，责令停止施工，限期改正，处20万元以上100万元以下的罚款；造成损失的，依法承担赔偿责任。

违反本条例规定，建设单位未组织勘察、设计、施工、工程监理单位建立隔震减震工程质量可追溯制度的，或者未对隔震减震装置采购、勘察、设计、进场检测、安装施工、竣工验收等全过程的信息资料进行采集和存储，并纳入建设项目档案的，责令改正，处10万元以上30万元以下的罚款；造成损失的，依法承担赔偿责任。

第四十一条　违反本条例规定，设计单位有下列行为之一的，责令改正，处10万元以上30万元以下的罚款；情节严重的，责令停业整顿，降低资质等级或者吊销资质证书；造成损失的，依法承担赔偿责任：

（一）未按照超限高层建筑工程抗震设防审批意见进行施工图设计；

（二）未在初步设计阶段将建设工程抗震设防专篇作为设计文件组成部分；

（三）未按照抗震设防强制性标准进行设计。

第四十二条　违反本条例规定，施工单位在施工中未按照抗震设防强制性标准进行施工的，责令改正，处工程合同价款2%以上4%以下的罚款；造成建设工程不符合抗震设防强制性标准的，负责返工、加固，并赔偿因此造成的损失；情节严重的，责令停业整顿，降低资质等级或者吊销资质证书。

第四十三条　违反本条例规定，施工单位未对隔震减震装置取样送检或者使用不合格隔震减震装置的，责令改正，处10万元以上20万元以下的罚款；情节严重的，责令停业整顿，并处20万元以上50万元以下的罚款，降低资质等级或者吊销资质证书；造成损失的，依法承担赔偿责任。

第四十四条　违反本条例规定，工程质量检测机构未建立建设工程过程数据和结果数据、检测影像资料及检测报告记录与留存制度的，责令改正，处10万元以上30万元以下的罚款；情节严重的，吊销资质证书；造成损失的，依法承担赔偿责任。

违反本条例规定，工程质量检测机构出具虚假的检测数据或者检测报告的，责令改正，处10万元以上30万元以下的罚款；情节严重的，吊销资质证书和负有直接责任的注册执业人员的执业资格证书，其直接负责的主管人员和其他直接责任人员终身禁止从事工程质量检测业务；造成损失的，依法承担赔偿责任。

第四十五条　违反本条例规定，抗震性能鉴定机构未按照抗震设防强制性标准进行抗震性能鉴定的，责令改正，处10万元以上30万元以下的罚款；情节严重的，责令停业整顿，并处30万元以上50万元以下的罚款；造成损失的，依法承担赔偿责任。

违反本条例规定，抗震性能鉴定机构出具虚假鉴定结果的，责令改正，处10万元以上30万元以下的罚款；情节严重的，责令停业整顿，并处30万元以上50万元以下的罚款，吊销负有直接责任的注册执业人员的执业资格证书，其直接负责的主管人员和其他直接责任人员终身禁止从事抗震性能鉴定业务；造成损失的，依法承担赔偿责任。

第四十六条　违反本条例规定，擅自变动、损坏或者拆除建设工程抗震构件、隔震沟、隔震缝、隔震减震装置及隔震标识的，责令停止违法行为，恢复原状或者采取其他补救措施，对个人处5万元以上10万元以下的罚款，对单位处10万元以上30万元以下的罚款；造成损失的，依法承担赔偿责任。

第四十七条　依照本条例规定，给予单位罚款处罚的，对其直接负责的主管人员和其他直接责任人员处单位罚款数额5%以上10%以下的罚款。

本条例规定的降低资质等级或者吊销资质证书的行政处罚，由颁发资质证书的机关决定；其他行政处罚，由住房和城乡建设主管部门或者其他有关监督管理部门依照法定职权决定。

第四十八条　违反本条例规定，构成犯罪的，依法追究刑事责任。

第八章　附　则

第四十九条　本条例下列用语的含义：

（一）建设工程：主要包括土木工程、建筑工程、线路管道和设备安装工程等。

（二）抗震设防强制性标准：是指包括抗震设防类别、抗震性能要求和抗震设防措施等内容的工程建设强制性标准。

（三）地震时使用功能不能中断或者需要尽快恢复的建设工程：是指发生地震后提供应急医疗、供水、供电、交通、通信等保障或者应急指挥、避难疏散功能的建设工程。

（四）高烈度设防地区：是指抗震设防烈度为8度及以上的地区。

（五）地震重点监视防御区：是指未来5至10年内存在发生破坏性地震危险或者受破坏性地震影响，可能造成严重的地震灾害损失的地区和城市。

第五十条　抢险救灾及其他临时性建设工程不适用本条例。

军事建设工程的抗震管理，中央军事委员会另有规定的，适用有关规定。

第五十一条　本条例自2021年9月1日起施行。

地震安全性评价管理条例

· 2001年11月15日中华人民共和国国务院令第323号公布
· 根据2017年3月1日《国务院关于修改和废止部分行政法规的决定》第一次修订
· 根据2019年3月2日《国务院关于修改部分行政法规的决定》第二次修订

第一章　总　则

第一条　为了加强对地震安全性评价的管理，防御与减轻地震灾害，保护人民生命和财产安全，根据《中华人民共和国防震减灾法》的有关规定，制定本条例。

第二条　在中华人民共和国境内从事地震安全性评价活动,必须遵守本条例。

第三条　新建、扩建、改建建设工程,依照《中华人民共和国防震减灾法》和本条例的规定,需要进行地震安全性评价的,必须严格执行国家地震安全性评价的技术规范,确保地震安全性评价的质量。

第四条　国务院地震工作主管部门负责全国的地震安全性评价的监督管理工作。

县级以上地方人民政府负责管理地震工作的部门或者机构负责本行政区域内的地震安全性评价的监督管理工作。

第五条　国家鼓励、扶持有关地震安全性评价的科技研究,推广应用先进的科技成果,提高地震安全性评价的科技水平。

第二章　地震安全性评价单位

第六条　从事地震安全性评价的单位应当具备下列条件:

(一)有与从事地震安全性评价相适应的地震学、地震地质学、工程地震学方面的专业技术人员;

(二)有从事地震安全性评价的技术条件。

第七条　禁止地震安全性评价单位以其他地震安全性评价单位的名义承揽地震安全性评价业务。禁止地震安全性评价单位允许其他单位以本单位的名义承揽地震安全性评价业务。

第三章　地震安全性评价的范围和要求

第八条　下列建设工程必须进行地震安全性评价:

(一)国家重大建设工程;

(二)受地震破坏后可能引发水灾、火灾、爆炸、剧毒或者强腐蚀性物质大量泄露或者其他严重次生灾害的建设工程,包括水库大坝、堤防和贮油、贮气、贮存易燃易爆、剧毒或者强腐蚀性物质的设施以及其他可能发生严重次生灾害的建设工程;

(三)受地震破坏后可能引发放射性污染的核电站和核设施建设工程;

(四)省、自治区、直辖市认为对本行政区域有重大价值或者有重大影响的其他建设工程。

第九条　地震安全性评价单位对建设工程进行地震安全性评价后,应当编制该建设工程的地震安全性评价报告。

地震安全性评价报告应当包括下列内容:

(一)工程概况和地震安全性评价的技术要求;

(二)地震活动环境评价;

(三)地震地质构造评价;

(四)设防烈度或者设计地震动参数;

(五)地震地质灾害评价;

(六)其他有关技术资料。

第四章　地震安全性评价报告的审定

第十条　国务院地震工作主管部门负责下列地震安全性评价报告的审定:

(一)国家重大建设工程;

(二)跨省、自治区、直辖市行政区域的建设工程;

(三)核电站和核设施建设工程。

省、自治区、直辖市人民政府负责管理地震工作的部门或者机构负责除前款规定以外的建设工程地震安全性评价报告的审定。

第十一条　国务院地震工作主管部门和省、自治区、直辖市人民政府负责管理地震工作的部门或者机构,应当自收到地震安全性评价报告之日起15日内进行审定,确定建设工程的抗震设防要求。

第十二条　国务院地震工作主管部门或者省、自治区、直辖市人民政府负责管理地震工作的部门或者机构,在确定建设工程抗震设防要求后,应当以书面形式通知建设单位,并告知建设工程所在地的市、县人民政府负责管理地震工作的部门或者机构。

省、自治区、直辖市人民政府负责管理地震工作的部门或者机构应当将其确定的建设工程抗震设防要求报国务院地震工作主管部门备案。

第五章　监督管理

第十三条　县级以上人民政府负责项目审批的部门,应当将抗震设防要求纳入建设工程可行性研究报告的审查内容。对可行性研究报告中未包含抗震设防要求的项目,不予批准。

第十四条　国务院建设行政主管部门和国务院铁路、交通、民用航空、水利和其他有关专业主管部门制定的抗震设计规范,应当明确规定按照抗震设防要求进行抗震设计的方法和措施。

第十五条　建设工程设计单位应当按照抗震设防要求和抗震设计规范,进行抗震设计。

第十六条　国务院地震工作主管部门和县级以上地方人民政府负责管理地震工作的部门或者机构,应当会同有关专业主管部门,加强对地震安全性评价工作的监督检查。

第六章　罚　则

第十七条　违反本条例的规定,地震安全性评价单位有下列行为之一的,由国务院地震工作主管部门或者县级以上地方人民政府负责管理地震工作的部门或者机构依据职权,责令改正,没收违法所得,并处 1 万元以上 5 万元以下的罚款:

(一)以其他地震安全性评价单位的名义承揽地震安全性评价业务的;

(二)允许其他单位以本单位名义承揽地震安全性评价业务的。

第十八条　违反本条例的规定,国务院地震工作主管部门或者省、自治区、直辖市人民政府负责管理地震工作的部门或者机构不履行审定地震安全性评价报告职责,国务院地震工作主管部门或者县级以上地方人民政府负责管理地震工作的部门或者机构不履行监督管理职责,或者发现违法行为不予查处,致使公共财产、国家和人民利益遭受重大损失的,依法追究有关责任人的刑事责任;没有造成严重后果,尚不构成犯罪的,对部门或者机构负有责任的主管人员和其他直接责任人员给予降级或者撤职的处分。

第七章　附　则

第十九条　本条例自 2002 年 1 月 1 日起施行。

房屋建筑工程抗震设防管理规定

· 2006 年 1 月 27 日建设部令第 148 号发布
· 根据 2015 年 1 月 22 日《住房和城乡建设部关于修改〈市政公用设施抗灾设防管理规定〉等部门规章的决定》修订

第一条　为了加强对房屋建筑工程抗震设防的监督管理,保护人民生命和财产安全,根据《中华人民共和国防震减灾法》、《中华人民共和国建筑法》、《建设工程质量管理条例》、《建设工程勘察设计管理条例》等法律、行政法规,制定本规定。

第二条　在抗震设防区从事房屋建筑工程抗震设防的有关活动,实施对房屋建筑工程抗震设防的监督管理,适用本规定。

第三条　房屋建筑工程的抗震设防,坚持预防为主的方针。

第四条　国务院住房城乡建设主管部门负责全国房屋建筑工程抗震设防的监督管理工作。

县级以上地方人民政府住房城乡建设主管部门负责本行政区域内房屋建筑工程抗震设防的监督管理工作。

第五条　国家鼓励采用先进的科学技术进行房屋建筑工程的抗震设防。

制定、修订工程建设标准时,应当及时将先进适用的抗震新技术、新材料和新结构体系纳入标准、规范,在房屋建筑工程中推广使用。

第六条　新建、扩建、改建的房屋建筑工程,应当按照国家有关规定和工程建设强制性标准进行抗震设防。

任何单位和个人不得降低抗震设防标准。

第七条　建设单位、勘察单位、设计单位、施工单位、工程监理单位,应当遵守有关房屋建筑工程抗震设防的法律、法规和工程建设强制性标准的规定,保证房屋建筑工程的抗震设防质量,依法承担相应责任。

第八条　城市房屋建筑工程的选址,应当符合城市总体规划中城市抗震防灾专业规划的要求;村庄、集镇建设的工程选址,应当符合村庄与集镇防灾专项规划和村庄与集镇建设规划中有关抗震防灾的要求。

第九条　房屋建筑工程勘察、设计文件中规定采用的新技术、新材料,可能影响房屋建筑工程抗震安全,又没有国家技术标准的,应当按照国家有关规定经检测和审定后,方可使用。

第十条　《建筑工程抗震设防分类标准》中甲类和乙类建筑工程的初步设计文件应当有抗震设防专项内容。

超限高层建筑工程应当在初步设计阶段进行抗震设防专项审查。

新建、扩建、改建房屋建筑工程的抗震设计应当作为施工图审查的重要内容。

第十一条　产权人和使用人不得擅自变动或者破坏房屋建筑抗震构件、隔震装置、减震部件或者地震反应观测系统等抗震设施。

第十二条　已建成的下列房屋建筑工程,未采取抗震设防措施且未列入近期拆除改造计划的,应当委托具有相应设计资质的单位按现行抗震鉴定标准进行抗震鉴定:

(一)《建筑工程抗震设防分类标准》中甲类和乙类建筑工程;

(二)有重大文物价值和纪念意义的房屋建筑工程;

(三)地震重点监视防御区的房屋建筑工程。

鼓励其他未采取抗震设防措施且未列入近期拆除改造计划的房屋建筑工程产权人,委托具有相应设计资质的单位按现行抗震鉴定标准进行抗震鉴定。

经鉴定需加固的房屋建筑工程，应当在县级以上地方人民政府住房城乡建设主管部门确定的限期内采取必要的抗震加固措施；未加固前应当限制使用。

第十三条　从事抗震鉴定的单位，应当遵守有关房屋建筑工程抗震设防的法律、法规和工程建设强制性标准的规定，保证房屋建筑工程的抗震鉴定质量，依法承担相应责任。

第十四条　对经鉴定需抗震加固的房屋建筑工程，产权人应当委托具有相应资质的设计、施工单位进行抗震加固设计与施工，并按国家规定办理相关手续。

抗震加固应当与城市近期建设规划、产权人的房屋维修计划相结合。经鉴定需抗震加固的房屋建筑工程在进行装修改造时，应当同时进行抗震加固。

有重大文物价值和纪念意义的房屋建筑工程的抗震加固，应当注意保持其原有风貌。

第十五条　房屋建筑工程的抗震鉴定、抗震加固费用，由产权人承担。

第十六条　已按工程建设标准进行抗震设计或抗震加固的房屋建筑工程在合理使用年限内，因各种人为因素使房屋建筑工程抗震能力受损的，或者因改变原设计使用性质，导致荷载增加或需提高抗震设防类别的，产权人应当委托有相应资质的单位进行抗震验算、修复或加固。需要进行工程检测的，应由委托具有相应资质的单位进行检测。

第十七条　破坏性地震发生后，当地人民政府住房城乡建设主管部门应当组织对受损房屋建筑工程抗震性能的应急评估，并提出恢复重建方案。

第十八条　震后经应急评估需进行抗震鉴定的房屋建筑工程，应当按照抗震鉴定标准进行鉴定。经鉴定需修复或者抗震加固的，应当按照工程建设强制性标准进行修复或者抗震加固。需易地重建的，应当按照国家有关法律、法规的规定进行规划和建设。

第十九条　当发生地震的实际烈度大于现行地震动参数区划图对应的地震基本烈度时，震后修复或者建设的房屋建筑工程，应当以国家地震部门审定、发布的地震动参数复核结果，作为抗震设防的依据。

第二十条　县级以上地方人民政府住房城乡建设主管部门应当加强对房屋建筑工程抗震设防质量的监督管理，并对本行政区域内房屋建筑工程执行抗震设防的法律、法规和工程建设强制性标准情况，定期进行监督检查。

县级以上地方人民政府住房城乡建设主管部门应当对村镇建设抗震设防进行指导和监督。

第二十一条　县级以上地方人民政府住房城乡建设主管部门应当对农民自建低层住宅抗震设防进行技术指导和技术服务，鼓励和指导其采取经济、合理、可靠的抗震措施。

地震重点监视防御区县级以上地方人民政府住房城乡建设主管部门应当通过拍摄科普教育宣传片、发送农房抗震图集、建设抗震样板房、技术培训等多种方式，积极指导农民自建低层住宅进行抗震设防。

第二十二条　县级以上地方人民政府住房城乡建设主管部门有权组织抗震设防检查，并采取下列措施：

（一）要求被检查的单位提供有关房屋建筑工程抗震的文件和资料；

（二）发现有影响房屋建筑工程抗震设防质量的问题时，责令改正。

第二十三条　地震发生后，县级以上地方人民政府住房城乡建设主管部门应当组织专家，对破坏程度超出工程建设强制性标准允许范围的房屋建筑工程的破坏原因进行调查，并依法追究有关责任人的责任。

国务院住房城乡建设主管部门应当根据地震调查情况，及时组织力量开展房屋建筑工程抗震科学研究，并对相关工程建设标准进行修订。

第二十四条　任何单位和个人对房屋建筑工程的抗震设防质量问题都有权检举和投诉。

第二十五条　违反本规定，擅自使用没有国家技术标准又未经审定的新技术、新材料的，由县级以上地方人民政府住房城乡建设主管部门责令限期改正，并处以1万元以上3万元以下罚款。

第二十六条　违反本规定，擅自变动或者破坏房屋建筑抗震构件、隔震装置、减震部件或者地震反应观测系统等抗震设施的，由县级以上地方人民政府住房城乡建设主管部门责令限期改正，并对个人处以1000元以下罚款，对单位处以1万元以上3万元以下罚款。

第二十七条　违反本规定，未对抗震能力受损、荷载增加或者需提高抗震设防类别的房屋建筑工程，进行抗震验算、修复和加固的，由县级以上地方人民政府住房城乡建设主管部门责令限期改正，逾期不改的，处以1万元以下罚款。

第二十八条　违反本规定，经鉴定需抗震加固的房屋建筑工程在进行装修改造时未进行抗震加固的，由县级以上地方人民政府住房城乡建设主管部门责令限期改正，逾期不改的，处以1万元以下罚款。

第二十九条　本规定所称抗震设防区,是指地震基本烈度六度及六度以上地区(地震动峰值加速度≥0.05g的地区)。

本规定所称超限高层建筑工程,是指超出国家现行规范、规程所规定的适用高度和适用结构类型的高层建筑工程,体型特别不规则的高层建筑工程,以及有关规范、规程规定应当进行抗震专项审查的高层建筑工程。

第三十条　本规定自 2006 年 4 月 1 日起施行。

城市抗震防灾规划管理规定

· 2003 年 9 月 19 日建设部令第 117 号发布
· 根据 2011 年 1 月 26 日《住房和城乡建设部关于废止和修改部分规章的决定》修订

第一条　为了提高城市的综合抗震防灾能力,减轻地震灾害,根据《中华人民共和国城乡规划法》、《中华人民共和国防震减灾法》等有关法律、法规,制定本规定。

第二条　在抗震设防区的城市,编制与实施城市抗震防灾规划,必须遵守本规定。

本规定所称抗震设防区,是指地震基本烈度六度及六度以上地区(地震动峰值加速度≥0.05g 的地区)。

第三条　城市抗震防灾规划是城市总体规划中的专业规划。在抗震设防区的城市,编制城市总体规划时必须包括城市抗震防灾规划。城市抗震防灾规划的规划范围应当与城市总体规划相一致,并与城市总体规划同步实施。

城市总体规划与防震减灾规划应当相互协调。

第四条　城市抗震防灾规划的编制要贯彻“预防为主,防、抗、避、救相结合”的方针,结合实际、因地制宜、突出重点。

第五条　国务院建设行政主管部门负责全国的城市抗震防灾规划综合管理工作。

省、自治区人民政府建设行政主管部门负责本行政区域内的城市抗震防灾规划的管理工作。

直辖市、市、县人民政府城乡规划行政主管部门会同有关部门组织编制本行政区域内的城市抗震防灾规划,并监督实施。

第六条　编制城市抗震防灾规划应当对城市抗震防灾有关的城市建设、地震地质、工程地质、水文地质、地形地貌、土层分布及地震活动性等情况进行深入调查研究,取得准确的基础资料。

有关单位应当依法为编制城市抗震防灾规划提供必需的资料。

第七条　编制和实施城市抗震防灾规划应当符合有关的标准和技术规范,应当采用先进技术方法和手段。

第八条　城市抗震防灾规划编制应当达到下列基本目标:

(一) 当遭受多遇地震时,城市一般功能正常;

(二) 当遭受相当于抗震设防烈度的地震时,城市一般功能及生命线系统基本正常,重要工矿企业能正常或者很快恢复生产;

(三) 当遭受罕遇地震时,城市功能不瘫痪,要害系统和生命线工程不遭受严重破坏,不发生严重的次生灾害。

第九条　城市抗震防灾规划应当包括下列内容:

(一) 地震的危害程度估计,城市抗震防灾现状、易损性分析和防灾能力评价,不同强度地震下的震害预测等。

(二) 城市抗震防灾规划目标、抗震设防标准。

(三) 建设用地评价与要求:

1. 城市抗震环境综合评价,包括发震断裂、地震场地破坏效应的评价等;

2. 抗震设防区划,包括场地适宜性分区和危险地段、不利地段的确定,提出用地布局要求;

3. 各类用地上工程设施建设的抗震性能要求。

(四) 抗震防灾措施:

1. 市、区级避震通道及避震疏散场地(如绿地、广场等)和避难中心的设置与人员疏散的措施;

2. 城市基础设施的规划建设要求:城市交通、通讯、给排水、燃气、电力、热力等生命线系统,及消防、供油网络、医疗等重要设施的规划布局要求;

3. 防止地震次生灾害要求:对地震可能引起的水灾、火灾、爆炸、放射性辐射、有毒物质扩散或者蔓延等次生灾害的防灾对策;

4. 重要建(构)筑物、超高建(构)筑物、人员密集的教育、文化、体育等设施的布局、间距和外部通道要求;

5. 其他措施。

第十条　城市抗震防灾规划中的抗震设防标准、建设用地评价与要求、抗震防灾措施应当列为城市总体规划的强制性内容,作为编制城市详细规划的依据。

第十一条　城市抗震防灾规划应当按照城市规模、重要性和抗震防灾的要求,分为甲、乙、丙三种模式:

(一) 位于地震基本烈度七度及七度以上地区(地震动峰值加速度≥0.10g 的地区)的大城市应当按照甲类

模式编制；

（二）中等城市和位于地震基本烈度六度地区（地震动峰值加速度等于 0.05g 的地区）的大城市按照乙类模式编制；

（三）其他在抗震设防区的城市按照丙类模式编制。

甲、乙、丙类模式抗震防灾规划的编制深度应当按照有关的技术规定执行。规划成果应当包括规划文本、说明、有关图纸和软件。

第十二条 抗震防灾规划应当由省、自治区建设行政主管部门或者直辖市城乡规划行政主管部门组织专家评审，进行技术审查。专家评审委员会的组成应当包括规划、勘察、抗震等方面的专家和省级地震主管部门的专家。甲、乙类模式抗震防灾规划评审时应当有三名以上建设部全国城市抗震防灾规划审查委员会成员参加。全国城市抗震防灾规划审查委员会委员由国务院建设行政主管部门聘任。

第十三条 经过技术审查的抗震防灾规划应当作为城市总体规划的组成部分，按照法定程序审批。

第十四条 批准后的抗震防灾规划应当公布。

第十五条 城市抗震防灾规划应当根据城市发展和科学技术水平等各种因素的变化，与城市总体规划同步修订。对城市抗震防灾规划进行局部修订，涉及修改总体规划强制性内容的，应当按照原规划的审批要求评审和报批。

第十六条 抗震设防区城市的各项建设必须符合城市抗震防灾规划的要求。

第十七条 在城市抗震防灾规划所确定的危险地段不得进行新的开发建设，已建的应当限期拆除或者停止使用。

第十八条 重大建设工程和各类生命线工程的选址与建设应当避开不利地段，并采取有效的抗震措施。

第十九条 地震时可能发生严重次生灾害的工程不得建在城市人口稠密地区，已建的应当逐步迁出；正在使用的，迁出前应当采取必要的抗震防灾措施。

第二十条 任何单位和个人不得在抗震防灾规划确定的避震疏散场地和避震通道上搭建临时性建（构）筑物或者堆放物资。

重要建（构）筑物、超高建（构）筑物、人员密集的教育、文化、体育等设施的外部通道及间距应当满足抗震防灾的原则要求。

第二十一条 直辖市、市、县人民政府城乡规划行政主管部门应当建立举报投诉制度，接受社会和舆论的监督。

第二十二条 省、自治区人民政府建设行政主管部门应当定期对本行政区域内的城市抗震防灾规划的实施情况进行监督检查。

第二十三条 任何单位和个人从事建设活动违反城市抗震防灾规划的，按照《中华人民共和国城乡规划法》等有关法律、法规和规章的有关规定处罚。

第二十四条 本规定自 2003 年 11 月 1 日起施行。本规定颁布前，城市抗震防灾规划管理规定与本规定不一致的，以本规定为准。

超限高层建筑工程抗震设防管理规定

· 2002 年 7 月 25 日建设部令第 111 号公布
· 自 2002 年 9 月 1 日起施行

第一条 为了加强超限高层建筑工程的抗震设防管理，提高超限高层建筑工程抗震设计的可靠性和安全性，保证超限高层建筑工程抗震设防的质量，根据《中华人民共和国建筑法》、《中华人民共和国防震减灾法》、《建设工程质量管理条例》、《建设工程勘察设计管理条例》等法律、法规，制定本规定。

第二条 本规定适用于抗震设防区内超限高层建筑工程的抗震设防管理。

本规定所称超限高层建筑工程，是指超出国家现行规范、规程所规定的适用高度和适用结构类型的高层建筑工程，体型特别不规则的高层建筑工程，以及有关规范、规程规定应当进行抗震专项审查的高层建筑工程。

第三条 国务院建设行政主管部门负责全国超限高层建筑工程抗震设防的管理工作。

省、自治区、直辖市人民政府建设行政主管部门负责本行政区内超限高层建筑工程抗震设防的管理工作。

第四条 超限高层建筑工程的抗震设防应当采取有效的抗震措施，确保超限高层建筑工程达到规范规定的抗震设防目标。

第五条 在抗震设防区内进行超限高层建筑工程的建设时，建设单位应当在初步设计阶段向工程所在地的省、自治区、直辖市人民政府建设行政主管部门提出专项报告。

第六条 超限高层建筑工程所在地的省、自治区、直辖市人民政府建设行政主管部门，负责组织省、自治区、直辖市超限高层建筑工程抗震设防专家委员会对超限高层建筑工程进行抗震设防专项审查。

审查难度大或审查意见难以统一的，工程所在地的省、自治区、直辖市人民政府建设行政主管部门可请全国超限高层建筑工程抗震设防专家委员会提出专项审查意见，并报国务院建设行政主管部门备案。

第七条　全国和省、自治区、直辖市的超限高层建筑工程抗震设防审查专家委员会委员分别由国务院建设行政主管部门和省、自治区、直辖市人民政府建设行政主管部门聘任。

超限高层建筑工程抗震设防专家委员会应当由长期从事并精通高层建筑工程抗震的勘察、设计、科研、教学和管理专家组成，并对抗震设防专项审查意见承担相应的审查责任。

第八条　超限高层建筑工程的抗震设防专项审查内容包括：建筑的抗震设防分类、抗震设防烈度（或者设计地震动参数）、场地抗震性能评价、抗震概念设计、主要结构布置、建筑与结构的协调、使用的计算程序、结构计算结果、地基基础和上部结构抗震性能评估等。

第九条　建设单位申报超限高层建筑工程的抗震设防专项审查时，应当提供以下材料：

（一）超限高层建筑工程抗震设防专项审查表；

（二）设计的主要内容、技术依据、可行性论证及主要抗震措施；

（三）工程勘察报告；

（四）结构设计计算的主要结果；

（五）结构抗震薄弱部位的分析和相应措施；

（六）初步设计文件；

（七）设计时参照使用的国外有关抗震设计标准、工程和震害资料及计算机程序；

（八）对要求进行模型抗震性能试验研究的，应当提供抗震试验研究报告。

第十条　建设行政主管部门应当自接到抗震设防专项审查全部申报材料之日起25日内，组织专家委员会提出书面审查意见，并将审查结果通知建设单位。

第十一条　超限高层建筑工程抗震设防专项审查费用由建设单位承担。

第十二条　超限高层建筑工程的勘察、设计、施工、监理，应当由具备甲级（一级及以上）资质的勘察、设计、施工和工程监理单位承担，其中建筑设计和结构设计应当分别由具有高层建筑设计经验的一级注册建筑师和一级注册结构工程师承担。

第十三条　建设单位、勘察单位、设计单位应当严格按照抗震设防专项审查意见进行超限高层建筑工程的勘察、设计。

第十四条　未经超限高层建筑工程抗震设防专项审查，建设行政主管部门和其他有关部门不得对超限高层建筑工程施工图设计文件进行审查。

超限高层建筑工程的施工图设计文件审查应当由经国务院建设行政主管部门认定的具有超限高层建筑工程审查资格的施工图设计文件审查机构承担。

施工图设计文件审查时应当检查设计图纸是否执行了抗震设防专项审查意见；未执行专项审查意见的，施工图设计文件审查不能通过。

第十五条　建设单位、施工单位、工程监理单位应当严格按照经抗震设防专项审查和施工图设计文件审查的勘察设计文件进行超限高层建筑工程的抗震设防和采取抗震措施。

第十六条　对国家现行规范要求设置建筑结构地震反应观测系统的超限高层建筑工程，建设单位应当按照规范要求设置地震反应观测系统。

第十七条　建设单位违反本规定，施工图设计文件未经审查或者审查不合格，擅自施工的，责令改正，处以20万元以上50万元以下的罚款。

第十八条　勘察、设计单位违反本规定，未按照抗震设防专项审查意见进行超限高层建筑工程勘察、设计的，责令改正，处以1万元以上3万元以下的罚款；造成损失的，依法承担赔偿责任。

第十九条　国家机关工作人员在超限高层建筑工程抗震设防管理工作中玩忽职守，滥用职权，徇私舞弊，构成犯罪的，依法追究刑事责任；尚不构成犯罪的，依法给予行政处分。

第二十条　省、自治区、直辖市人民政府建设行政主管部门，可结合本地区的具体情况制定实施细则，并报国务院建设行政主管部门备案。

第二十一条　本规定自2002年9月1日起施行。1997年12月23日建设部颁布的《超限高层建筑工程抗震设防管理暂行规定》（建设部令第59号）同时废止。

建设工程抗震设防要求管理规定

·2002年1月28日中国地震局令第7号公布
·自公布之日起施行

第一条　为了加强对新建、扩建、改建建设工程（以下简称建设工程）抗震设防要求的管理，防御与减轻地震灾害，保护人民生命和财产安全，根据《中华人民共和国防震减灾法》和《地震安全性评价管理条例》，制定本规定。

第二条　在中华人民共和国境内进行建设工程抗震设防要求的确定、使用和监督管理，必须遵守本规定。

本规定所称抗震设防要求，是指建设工程抗御地震破坏的准则和在一定风险水准下抗震设计采用的地震烈度或地震动参数。

第三条　国务院地震工作主管部门负责全国建设工程抗震设防要求的监督管理工作。

县级以上地方人民政府负责管理地震工作的部门或者机构，负责本行政区域内建设工程抗震设防要求的监督管理工作。

第四条　建设工程必须按照抗震设防要求进行抗震设防。

应当进行地震安全性评价的建设工程，其抗震设防要求必须按照地震安全性评价结果确定；其他建设工程的抗震设防要求按照国家颁布的地震动参数区划图或者地震动参数复核、地震小区划结果确定。

第五条　应当进行地震安全性评价的建设工程的建设单位，必须在项目可行性研究阶段，委托具有资质的单位进行地震安全性评价工作，并将地震安全性评价报告报送有关地震工作主管部门或者机构审定。

第六条　国务院地震工作主管部门和省、自治区、直辖市人民政府负责管理地震工作的部门或者机构，应当设立地震安全性评审组织。

地震安全性评审组织应当由 15 名以上地震行业及有关行业的技术、管理专家组成，其中技术专家不得少于 1/2。

第七条　国务院地震工作主管部门和省、自治区、直辖市人民政府负责管理地震工作的部门或者机构，应当委托本级地震安全性评审组织，对地震安全性评价报告进行评审。

地震安全性评审组织应当按照国家地震安全性评价的技术规范和其他有关技术规范，对地震安全性评价报告的基础资料、技术途径和评价结果等进行审查，形成评审意见。

第八条　国务院地震工作主管部门和省、自治区、直辖市人民政府负责管理地震工作的部门或者机构，应当根据地震安全性评审组织的评审意见，结合建设工程特性和其他综合因素，确定建设工程的抗震设防要求。

第九条　下列区域内建设工程的抗震设防要求不应直接采用地震动参数区划图结果，必须进行地震动参数复核：

（一）位于地震动峰值加速度区划图峰值加速度分区界线两侧各 4 公里区域的建设工程；

（二）位于某些地震研究程度和资料详细程度较差的边远地区的建设工程。

第十条　下列地区应当根据需要和可能开展地震小区划工作：

（一）地震重点监视防御区内的大中城市和地震重点监视防御城市；

（二）位于地震动参数 0.15g 以上（含 0.15g）的大中城市；

（三）位于复杂工程地质条件区域内的大中城市、大型厂矿企业、长距离生命线工程和新建开发区；

（四）其他需要开展地震小区划工作的地区。

第十一条　地震动参数复核和地震小区划工作必须由具有相应地震安全性评价资质的单位进行。

第十二条　地震动参数复核结果一般由省、自治区、直辖市人民政府负责管理地震工作的部门或者机构负责审定，结果变动显著的，报国务院地震工作主管部门审定；地震小区划结果，由国务院地震工作主管部门负责审定。

地震动参数复核和地震小区划结果的审定程序按照本规定第七条、第八条的规定执行。

省、自治区、直辖市人民政府负责管理地震工作的部门或者机构，应当将审定后的地震动参数复核结果报国务院地震工作主管部门备案。

第十三条　经过地震动参数复核或者地震小区划工作的区域内不需要进行地震安全性评价的建设工程，必须按照地震动参数复核或者地震小区划结果确定的抗震设防要求进行抗震设防。

第十四条　国务院地震工作主管部门和县级以上地方人民政府负责管理地震工作的部门或者机构，应当会同同级政府有关行业主管部门，加强对建设工程抗震设防要求使用的监督检查，确保建设工程按照抗震设防要求进行抗震设防。

第十五条　国务院地震工作主管部门和县级以上地方人民政府负责管理地震工作的部门或者机构，应当按照地震动参数区划图规定的抗震设防要求，加强对村镇房屋建设抗震设防的指导，逐步增强村镇房屋抗御地震破坏的能力。

第十六条　国务院地震工作主管部门和县级以上地方人民政府负责管理地震工作的部门或者机构，应当加强对建设工程抗震设防的宣传教育，提高社会的防震减灾意识，增强社会防御地震灾害的能力。

第十七条　建设单位违反本规定第十三条的规定，由国务院地震工作主管部门或者县级以上地方人民政府负责管理地震工作的部门或者机构，责令改正，并处 5000 元以上 30000 元以下的罚款。

第十八条　本规定自公布之日起施行。

（3）消　防

中华人民共和国消防法

· 1998 年 4 月 29 日第九届全国人民代表大会常务委员会第二次会议通过
· 2008 年 10 月 28 日第十一届全国人民代表大会常务委员会第五次会议修订
· 根据 2019 年 4 月 23 日第十三届全国人民代表大会常务委员会第十次会议《关于修改〈中华人民共和国建筑法〉等八部法律的决定》第一次修正
· 根据 2021 年 4 月 29 日第十三届全国人民代表大会常务委员会第二十八次会议《关于修改〈中华人民共和国道路交通安全法〉等八部法律的决定》第二次修正

第一章　总　则

第一条　为了预防火灾和减少火灾危害，加强应急救援工作，保护人身、财产安全，维护公共安全，制定本法。

第二条　消防工作贯彻预防为主、防消结合的方针，按照政府统一领导、部门依法监管、单位全面负责、公民积极参与的原则，实行消防安全责任制，建立健全社会化的消防工作网络。

第三条　国务院领导全国的消防工作。地方各级人民政府负责本行政区域内的消防工作。

各级人民政府应当将消防工作纳入国民经济和社会发展计划，保障消防工作与经济社会发展相适应。

第四条　国务院应急管理部门对全国的消防工作实施监督管理。县级以上地方人民政府应急管理部门对本行政区域内的消防工作实施监督管理，并由本级人民政府消防救援机构负责实施。军事设施的消防工作，由其主管单位监督管理，消防救援机构协助；矿井地下部分、核电厂、海上石油天然气设施的消防工作，由其主管单位监督管理。

县级以上人民政府其他有关部门在各自的职责范围内，依照本法和其他相关法律、法规的规定做好消防工作。

法律、行政法规对森林、草原的消防工作另有规定的，从其规定。

第五条　任何单位和个人都有维护消防安全、保护消防设施、预防火灾、报告火警的义务。任何单位和成年人都有参加有组织的灭火工作的义务。

第六条　各级人民政府应当组织开展经常性的消防宣传教育，提高公民的消防安全意识。

机关、团体、企业、事业等单位，应当加强对本单位人员的消防宣传教育。

应急管理部门及消防救援机构应当加强消防法律、法规的宣传，并督促、指导、协助有关单位做好消防宣传教育工作。

教育、人力资源行政主管部门和学校、有关职业培训机构应当将消防知识纳入教育、教学、培训的内容。

新闻、广播、电视等有关单位，应当有针对性地面向社会进行消防宣传教育。

工会、共产主义青年团、妇女联合会等团体应当结合各自工作对象的特点，组织开展消防宣传教育。

村民委员会、居民委员会应当协助人民政府以及公安机关、应急管理等部门，加强消防宣传教育。

第七条　国家鼓励、支持消防科学研究和技术创新，推广使用先进的消防和应急救援技术、设备；鼓励、支持社会力量开展消防公益活动。

对在消防工作中有突出贡献的单位和个人，应当按照国家有关规定给予表彰和奖励。

第二章　火灾预防

第八条　地方各级人民政府应当将包括消防安全布局、消防站、消防供水、消防通信、消防车通道、消防装备等内容的消防规划纳入城乡规划，并负责组织实施。

城乡消防安全布局不符合消防安全要求的，应当调整、完善；公共消防设施、消防装备不足或者不适应实际需要的，应当增建、改建、配置或者进行技术改造。

第九条　建设工程的消防设计、施工必须符合国家工程建设消防技术标准。建设、设计、施工、工程监理等单位依法对建设工程的消防设计、施工质量负责。

第十条　对按照国家工程建设消防技术标准需要进行消防设计的建设工程，实行建设工程消防设计审查验收制度。

第十一条　国务院住房和城乡建设主管部门规定的特殊建设工程，建设单位应当将消防设计文件报送住房和城乡建设主管部门审查，住房和城乡建设主管部门依法对审查的结果负责。

前款规定以外的其他建设工程，建设单位申请领取施工许可证或者申请批准开工报告时应当提供满足施工需要的消防设计图纸及技术资料。

第十二条　特殊建设工程未经消防设计审查或者审查不合格的,建设单位、施工单位不得施工;其他建设工程,建设单位未提供满足施工需要的消防设计图纸及技术资料的,有关部门不得发放施工许可证或者批准开工报告。

第十三条　国务院住房和城乡建设主管部门规定应当申请消防验收的建设工程竣工,建设单位应当向住房和城乡建设主管部门申请消防验收。

前款规定以外的其他建设工程,建设单位在验收后应当报住房和城乡建设主管部门备案,住房和城乡建设主管部门应当进行抽查。

依法应当进行消防验收的建设工程,未经消防验收或者消防验收不合格的,禁止投入使用;其他建设工程经依法抽查不合格的,应当停止使用。

第十四条　建设工程消防设计审查、消防验收、备案和抽查的具体办法,由国务院住房和城乡建设主管部门规定。

第十五条　公众聚集场所投入使用、营业前消防安全检查实行告知承诺管理。公众聚集场所在投入使用、营业前,建设单位或者使用单位应当向场所所在地的县级以上地方人民政府消防救援机构申请消防安全检查,作出场所符合消防技术标准和管理规定的承诺,提交规定的材料,并对其承诺和材料的真实性负责。

消防救援机构对申请人提交的材料进行审查;申请材料齐全、符合法定形式的,应当予以许可。消防救援机构应当根据消防技术标准和管理规定,及时对作出承诺的公众聚集场所进行核查。

申请人选择不采用告知承诺方式办理的,消防救援机构应当自受理申请之日起十个工作日内,根据消防技术标准和管理规定,对该场所进行检查。经检查符合消防安全要求的,应当予以许可。

公众聚集场所未经消防救援机构许可的,不得投入使用、营业。消防安全检查的具体办法,由国务院应急管理部门制定。

第十六条　机关、团体、企业、事业等单位应当履行下列消防安全职责:

(一)落实消防安全责任制,制定本单位的消防安全制度、消防安全操作规程,制定灭火和应急疏散预案;

(二)按照国家标准、行业标准配置消防设施、器材,设置消防安全标志,并定期组织检验、维修,确保完好有效;

(三)对建筑消防设施每年至少进行一次全面检测,确保完好有效,检测记录应当完整准确,存档备查;

(四)保障疏散通道、安全出口、消防车通道畅通,保证防火防烟分区、防火间距符合消防技术标准;

(五)组织防火检查,及时消除火灾隐患;

(六)组织进行有针对性的消防演练;

(七)法律、法规规定的其他消防安全职责。

单位的主要负责人是本单位的消防安全责任人。

第十七条　县级以上地方人民政府消防救援机构应当将发生火灾可能性较大以及发生火灾可能造成重大的人身伤亡或者财产损失的单位,确定为本行政区域内的消防安全重点单位,并由应急管理部门报本级人民政府备案。

消防安全重点单位除应当履行本法第十六条规定的职责外,还应当履行下列消防安全职责:

(一)确定消防安全管理人,组织实施本单位的消防安全管理工作;

(二)建立消防档案,确定消防安全重点部位,设置防火标志,实行严格管理;

(三)实行每日防火巡查,并建立巡查记录;

(四)对职工进行岗前消防安全培训,定期组织消防安全培训和消防演练。

第十八条　同一建筑物由两个以上单位管理或者使用的,应当明确各方的消防安全责任,并确定责任人对共用的疏散通道、安全出口、建筑消防设施和消防车通道进行统一管理。

住宅区的物业服务企业应当对管理区域内的共用消防设施进行维护管理,提供消防安全防范服务。

第十九条　生产、储存、经营易燃易爆危险品的场所不得与居住场所设置在同一建筑物内,并应当与居住场所保持安全距离。

生产、储存、经营其他物品的场所与居住场所设置在同一建筑物内的,应当符合国家工程建设消防技术标准。

第二十条　举办大型群众性活动,承办人应当依法向公安机关申请安全许可,制定灭火和应急疏散预案并组织演练,明确消防安全责任分工,确定消防安全管理人员,保持消防设施和消防器材配置齐全、完好有效,保证疏散通道、安全出口、疏散指示标志、应急照明和消防车通道符合消防技术标准和管理规定。

第二十一条　禁止在具有火灾、爆炸危险的场所吸烟、使用明火。因施工等特殊情况需要使用明火作业的,应当按照规定事先办理审批手续,采取相应的消防安全措施;作业人员应当遵守消防安全规定。

进行电焊、气焊等具有火灾危险作业的人员和自动消防系统的操作人员,必须持证上岗,并遵守消防安全操作规程。

第二十二条 生产、储存、装卸易燃易爆危险品的工厂、仓库和专用车站、码头的设置,应当符合消防技术标准。易燃易爆气体和液体的充装站、供应站、调压站,应当设置在符合消防安全要求的位置,并符合防火防爆要求。

已经设置的生产、储存、装卸易燃易爆危险品的工厂、仓库和专用车站、码头,易燃易爆气体和液体的充装站、供应站、调压站,不再符合前款规定的,地方人民政府应当组织、协调有关部门、单位限期解决,消除安全隐患。

第二十三条 生产、储存、运输、销售、使用、销毁易燃易爆危险品,必须执行消防技术标准和管理规定。

进入生产、储存易燃易爆危险品的场所,必须执行消防安全规定。禁止非法携带易燃易爆危险品进入公共场所或者乘坐公共交通工具。

储存可燃物资仓库的管理,必须执行消防技术标准和管理规定。

第二十四条 消防产品必须符合国家标准;没有国家标准的,必须符合行业标准。禁止生产、销售或者使用不合格的消防产品以及国家明令淘汰的消防产品。

依法实行强制性产品认证的消防产品,由具有法定资质的认证机构按照国家标准、行业标准的强制性要求认证合格后,方可生产、销售、使用。实行强制性产品认证的消防产品目录,由国务院产品质量监督部门会同国务院应急管理部门制定并公布。

新研制的尚未制定国家标准、行业标准的消防产品,应当按照国务院产品质量监督部门会同国务院应急管理部门规定的办法,经技术鉴定符合消防安全要求的,方可生产、销售、使用。

依照本条规定经强制性产品认证合格或者技术鉴定合格的消防产品,国务院应急管理部门应当予以公布。

第二十五条 产品质量监督部门、工商行政管理部门、消防救援机构应当按照各自职责加强对消防产品质量的监督检查。

第二十六条 建筑构件、建筑材料和室内装修、装饰材料的防火性能必须符合国家标准;没有国家标准的,必须符合行业标准。

人员密集场所室内装修、装饰,应当按照消防技术标准的要求,使用不燃、难燃材料。

第二十七条 电器产品、燃气用具的产品标准,应当符合消防安全的要求。

电器产品、燃气用具的安装、使用及其线路、管路的设计、敷设、维护保养、检测,必须符合消防技术标准和管理规定。

第二十八条 任何单位、个人不得损坏、挪用或者擅自拆除、停用消防设施、器材,不得埋压、圈占、遮挡消火栓或者占用防火间距,不得占用、堵塞、封闭疏散通道、安全出口、消防车通道。人员密集场所的门窗不得设置影响逃生和灭火救援的障碍物。

第二十九条 负责公共消防设施维护管理的单位,应当保持消防供水、消防通信、消防车通道等公共消防设施的完好有效。在修建道路以及停电、停水、截断通信线路时有可能影响消防队灭火救援的,有关单位必须事先通知当地消防救援机构。

第三十条 地方各级人民政府应当加强对农村消防工作的领导,采取措施加强公共消防设施建设,组织建立和督促落实消防安全责任制。

第三十一条 在农业收获季节、森林和草原防火期间、重大节假日期间以及火灾多发季节,地方各级人民政府应当组织开展有针对性的消防宣传教育,采取防火措施,进行消防安全检查。

第三十二条 乡镇人民政府、城市街道办事处应当指导、支持和帮助村民委员会、居民委员会开展群众性的消防工作。村民委员会、居民委员会应当确定消防安全管理人,组织制定防火安全公约,进行防火安全检查。

第三十三条 国家鼓励、引导公众聚集场所和生产、储存、运输、销售易燃易爆危险品的企业投保火灾公众责任保险;鼓励保险公司承保火灾公众责任保险。

第三十四条 消防设施维护保养检测、消防安全评估等消防技术服务机构应当符合从业条件,执业人员应当依法获得相应的资格;依照法律、行政法规、国家标准、行业标准和执业准则,接受委托提供消防技术服务,并对服务质量负责。

第三章 消防组织

第三十五条 各级人民政府应当加强消防组织建设,根据经济社会发展的需要,建立多种形式的消防组织,加强消防技术人才培养,增强火灾预防、扑救和应急救援的能力。

第三十六条 县级以上地方人民政府应当按照国家规定建立国家综合性消防救援队、专职消防队,并按照国家标准配备消防装备,承担火灾扑救工作。

乡镇人民政府应当根据当地经济发展和消防工作的

需要,建立专职消防队、志愿消防队,承担火灾扑救工作。

第三十七条　国家综合性消防救援队、专职消防队按照国家规定承担重大灾害事故和其他以抢救人员生命为主的应急救援工作。

第三十八条　国家综合性消防救援队、专职消防队应当充分发挥火灾扑救和应急救援专业力量的骨干作用;按照国家规定,组织实施专业技能训练,配备并维护保养装备器材,提高火灾扑救和应急救援的能力。

第三十九条　下列单位应当建立单位专职消防队,承担本单位的火灾扑救工作:

(一)大型核设施单位、大型发电厂、民用机场、主要港口;

(二)生产、储存易燃易爆危险品的大型企业;

(三)储备可燃的重要物资的大型仓库、基地;

(四)第一项、第二项、第三项规定以外的火灾危险性较大、距离国家综合性消防救援队较远的其他大型企业;

(五)距离国家综合性消防救援队较远、被列为全国重点文物保护单位的古建筑群的管理单位。

第四十条　专职消防队的建立,应当符合国家有关规定,并报当地消防救援机构验收。

专职消防队的队员依法享受社会保险和福利待遇。

第四十一条　机关、团体、企业、事业等单位以及村民委员会、居民委员会根据需要,建立志愿消防队等多种形式的消防组织,开展群众性自防自救工作。

第四十二条　消防救援机构应当对专职消防队、志愿消防队等消防组织进行业务指导;根据扑救火灾的需要,可以调动指挥专职消防队参加火灾扑救工作。

第四章　灭火救援

第四十三条　县级以上地方人民政府应当组织有关部门针对本行政区域内的火灾特点制定应急预案,建立应急反应和处置机制,为火灾扑救和应急救援工作提供人员、装备等保障。

第四十四条　任何人发现火灾都应当立即报警。任何单位、个人都应当无偿为报警提供便利,不得阻拦报警。严禁谎报火警。

人员密集场所发生火灾,该场所的现场工作人员应当立即组织、引导在场人员疏散。

任何单位发生火灾,必须立即组织力量扑救。邻近单位应当给予支援。

消防队接到火警,必须立即赶赴火灾现场,救助遇险人员,排除险情,扑灭火灾。

第四十五条　消防救援机构统一组织和指挥火灾现场扑救,应当优先保障遇险人员的生命安全。

火灾现场总指挥根据扑救火灾的需要,有权决定下列事项:

(一)使用各种水源;

(二)截断电力、可燃气体和可燃液体的输送,限制用火用电;

(三)划定警戒区,实行局部交通管制;

(四)利用临近建筑物和有关设施;

(五)为了抢救人员和重要物资,防止火势蔓延,拆除或者破损毗邻火灾现场的建筑物、构筑物或者设施等;

(六)调动供水、供电、供气、通信、医疗救护、交通运输、环境保护等有关单位协助灭火救援。

根据扑救火灾的紧急需要,有关地方人民政府应当组织人员、调集所需物资支援灭火。

第四十六条　国家综合性消防救援队、专职消防队参加火灾以外的其他重大灾害事故的应急救援工作,由县级以上人民政府统一领导。

第四十七条　消防车、消防艇前往执行火灾扑救或者应急救援任务,在确保安全的前提下,不受行驶速度、行驶路线、行驶方向和指挥信号的限制,其他车辆、船舶以及行人应当让行,不得穿插超越;收费公路、桥梁免收车辆通行费。交通管理指挥人员应当保证消防车、消防艇迅速通行。

赶赴火灾现场或者应急救援现场的消防人员和调集的消防装备、物资,需要铁路、水路或者航空运输的,有关单位应当优先运输。

第四十八条　消防车、消防艇以及消防器材、装备和设施,不得用于与消防和应急救援工作无关的事项。

第四十九条　国家综合性消防救援队、专职消防队扑救火灾、应急救援,不得收取任何费用。

单位专职消防队、志愿消防队参加扑救外单位火灾所损耗的燃料、灭火剂和器材、装备等,由火灾发生地的人民政府给予补偿。

第五十条　对因参加扑救火灾或者应急救援受伤、致残或者死亡的人员,按照国家有关规定给予医疗、抚恤。

第五十一条　消防救援机构有权根据需要封闭火灾现场,负责调查火灾原因,统计火灾损失。

火灾扑灭后,发生火灾的单位和相关人员应当按照消防救援机构的要求保护现场,接受事故调查,如实提供与火灾有关的情况。

消防救援机构根据火灾现场勘验、调查情况和有关的检验、鉴定意见，及时制作火灾事故认定书，作为处理火灾事故的证据。

第五章　监督检查

第五十二条　地方各级人民政府应当落实消防工作责任制，对本级人民政府有关部门履行消防安全职责的情况进行监督检查。

县级以上地方人民政府有关部门应当根据本系统的特点，有针对性地开展消防安全检查，及时督促整改火灾隐患。

第五十三条　消防救援机构应当对机关、团体、企业、事业等单位遵守消防法律、法规的情况依法进行监督检查。公安派出所可以负责日常消防监督检查、开展消防宣传教育，具体办法由国务院公安部门规定。

消防救援机构、公安派出所的工作人员进行消防监督检查，应当出示证件。

第五十四条　消防救援机构在消防监督检查中发现火灾隐患的，应当通知有关单位或者个人立即采取措施消除隐患；不及时消除隐患可能严重威胁公共安全的，消防救援机构应当依照规定对危险部位或者场所采取临时查封措施。

第五十五条　消防救援机构在消防监督检查中发现城乡消防安全布局、公共消防设施不符合消防安全要求，或者发现本地区存在影响公共安全的重大火灾隐患的，应当由应急管理部门书面报告本级人民政府。

接到报告的人民政府应当及时核实情况，组织或者责成有关部门、单位采取措施，予以整改。

第五十六条　住房和城乡建设主管部门、消防救援机构及其工作人员应当按照法定的职权和程序进行消防设计审查、消防验收、备案抽查和消防安全检查，做到公正、严格、文明、高效。

住房和城乡建设主管部门、消防救援机构及其工作人员进行消防设计审查、消防验收、备案抽查和消防安全检查等，不得收取费用，不得利用职务谋取利益；不得利用职务为用户、建设单位指定或者变相指定消防产品的品牌、销售单位或者消防技术服务机构、消防设施施工单位。

第五十七条　住房和城乡建设主管部门、消防救援机构及其工作人员执行职务，应当自觉接受社会和公民的监督。

任何单位和个人都有权对住房和城乡建设主管部门、消防救援机构及其工作人员在执法中的违法行为进行检举、控告。收到检举、控告的机关，应当按照职责及时查处。

第六章　法律责任

第五十八条　违反本法规定，有下列行为之一的，由住房和城乡建设主管部门、消防救援机构按照各自职权责令停止施工、停止使用或者停产停业，并处三万元以上三十万元以下罚款：

（一）依法应当进行消防设计审查的建设工程，未经依法审查或者审查不合格，擅自施工的；

（二）依法应当进行消防验收的建设工程，未经消防验收或者消防验收不合格，擅自投入使用的；

（三）本法第十三条规定的其他建设工程验收后经依法抽查不合格，不停止使用的；

（四）公众聚集场所未经消防救援机构许可，擅自投入使用、营业的，或者经核查发现场所使用、营业情况与承诺内容不符的。

核查发现公众聚集场所使用、营业情况与承诺内容不符，经责令限期改正，逾期不整改或者整改后仍达不到要求的，依法撤销相应许可。

建设单位未依照本法规定在验收后报住房和城乡建设主管部门备案的，由住房和城乡建设主管部门责令改正，处五千元以下罚款。

第五十九条　违反本法规定，有下列行为之一的，由住房和城乡建设主管部门责令改正或者停止施工，并处一万元以上十万元以下罚款：

（一）建设单位要求建筑设计单位或者建筑施工企业降低消防技术标准设计、施工的；

（二）建筑设计单位不按照消防技术标准强制性要求进行消防设计的；

（三）建筑施工企业不按照消防设计文件和消防技术标准施工，降低消防施工质量的；

（四）工程监理单位与建设单位或者建筑施工企业串通，弄虚作假，降低消防施工质量的。

第六十条　单位违反本法规定，有下列行为之一的，责令改正，处五千元以上五万元以下罚款：

（一）消防设施、器材或者消防安全标志的配置、设置不符合国家标准、行业标准，或者未保持完好有效的；

（二）损坏、挪用或者擅自拆除、停用消防设施、器材的；

（三）占用、堵塞、封闭疏散通道、安全出口或者有其他妨碍安全疏散行为的；

（四）埋压、圈占、遮挡消火栓或者占用防火间距的；

（五）占用、堵塞、封闭消防车通道，妨碍消防车通行的；

（六）人员密集场所在门窗上设置影响逃生和灭火救援的障碍物的；

（七）对火灾隐患经消防救援机构通知后不及时采取措施消除的。

个人有前款第二项、第三项、第四项、第五项行为之一的，处警告或者五百元以下罚款。

有本条第一款第三项、第四项、第五项、第六项行为，经责令改正拒不改正的，强制执行，所需费用由违法行为人承担。

第六十一条　生产、储存、经营易燃易爆危险品的场所与居住场所设置在同一建筑物内，或者未与居住场所保持安全距离的，责令停产停业，并处五千元以上五万元以下罚款。

生产、储存、经营其他物品的场所与居住场所设置在同一建筑物内，不符合消防技术标准的，依照前款规定处罚。

第六十二条　有下列行为之一的，依照《中华人民共和国治安管理处罚法》的规定处罚：

（一）违反有关消防技术标准和管理规定生产、储存、运输、销售、使用、销毁易燃易爆危险品的；

（二）非法携带易燃易爆危险品进入公共场所或者乘坐公共交通工具的；

（三）谎报火警的；

（四）阻碍消防车、消防艇执行任务的；

（五）阻碍消防救援机构的工作人员依法执行职务的。

第六十三条　违反本法规定，有下列行为之一的，处警告或者五百元以下罚款；情节严重的，处五日以下拘留：

（一）违反消防安全规定进入生产、储存易燃易爆危险品场所的；

（二）违反规定使用明火作业或者在具有火灾、爆炸危险的场所吸烟、使用明火的。

第六十四条　违反本法规定，有下列行为之一，尚不构成犯罪的，处十日以上十五日以下拘留，可以并处五百元以下罚款；情节较轻的，处警告或者五百元以下罚款：

（一）指使或者强令他人违反消防安全规定，冒险作业的；

（二）过失引起火灾的；

（三）在火灾发生后阻拦报警，或者负有报告职责的

人员不及时报警的；

（四）扰乱火灾现场秩序，或者拒不执行火灾现场指挥员指挥，影响灭火救援的；

（五）故意破坏或者伪造火灾现场的；

（六）擅自拆封或者使用被消防救援机构查封的场所、部位的。

第六十五条　违反本法规定，生产、销售不合格的消防产品或者国家明令淘汰的消防产品的，由产品质量监督部门或者工商行政管理部门依照《中华人民共和国产品质量法》的规定从重处罚。

人员密集场所使用不合格的消防产品或者国家明令淘汰的消防产品的，责令限期改正；逾期不改正的，处五千元以上五万元以下罚款，并对其直接负责的主管人员和其他直接责任人员处五百元以上二千元以下罚款；情节严重的，责令停产停业。

消防救援机构对于本条第二款规定的情形，除依法对使用者予以处罚外，应当将发现不合格的消防产品和国家明令淘汰的消防产品的情况通报产品质量监督部门、工商行政管理部门。产品质量监督部门、工商行政管理部门应当对生产者、销售者依法及时查处。

第六十六条　电器产品、燃气用具的安装、使用及其线路、管路的设计、敷设、维护保养、检测不符合消防技术标准和管理规定的，责令限期改正；逾期不改正的，责令停止使用，可以并处一千元以上五千元以下罚款。

第六十七条　机关、团体、企业、事业等单位违反本法第十六条、第十七条、第十八条、第二十一条第二款规定的，责令限期改正；逾期不改正的，对其直接负责的主管人员和其他直接责任人员依法给予处分或者给予警告处罚。

第六十八条　人员密集场所发生火灾，该场所的现场工作人员不履行组织、引导在场人员疏散的义务，情节严重，尚不构成犯罪的，处五日以上十日以下拘留。

第六十九条　消防设施维护保养检测、消防安全评估等消防技术服务机构，不具备从业条件从事消防技术服务活动或者出具虚假文件的，由消防救援机构责令改正，处五万元以上十万元以下罚款，并对直接负责的主管人员和其他直接责任人员处一万元以上五万元以下罚款；不按照国家标准、行业标准开展消防技术服务活动的，责令改正，处五万元以下罚款，并对直接负责的主管人员和其他直接责任人员处一万元以下罚款；有违法所得的，并处没收违法所得；给他人造成损失的，依法承担赔偿责任；情节严重的，依法责令停止执业或者吊销相应

资格;造成重大损失的,由相关部门吊销营业执照,并对有关责任人员采取终身市场禁入措施。

前款规定的机构出具失实文件,给他人造成损失的,依法承担赔偿责任;造成重大损失的,由消防救援机构依法责令停止执业或者吊销相应资格,由相关部门吊销营业执照,并对有关责任人员采取终身市场禁入措施。

第七十条　本法规定的行政处罚,除应当由公安机关依照《中华人民共和国治安管理处罚法》的有关规定决定的外,由住房和城乡建设主管部门、消防救援机构按照各自职权决定。

被责令停止施工、停止使用、停产停业的,应当在整改后向作出决定的部门或者机构报告,经检查合格,方可恢复施工、使用、生产、经营。

当事人逾期不执行停产停业、停止使用、停止施工决定的,由作出决定的部门或者机构强制执行。

责令停产停业,对经济和社会生活影响较大的,由住房和城乡建设主管部门或者应急管理部门报请本级人民政府依法决定。

第七十一条　住房和城乡建设主管部门、消防救援机构的工作人员滥用职权、玩忽职守、徇私舞弊,有下列行为之一,尚不构成犯罪的,依法给予处分:

(一)对不符合消防安全要求的消防设计文件、建设工程、场所准予审查合格、消防验收合格、消防安全检查合格的;

(二)无故拖延消防设计审查、消防验收、消防安全检查,不在法定期限内履行职责的;

(三)发现火灾隐患不及时通知有关单位或者个人整改的;

(四)利用职务为用户、建设单位指定或者变相指定消防产品的品牌、销售单位或者消防技术服务机构、消防设施施工单位的;

(五)将消防车、消防艇以及消防器材、装备和设施用于与消防和应急救援无关的事项的;

(六)其他滥用职权、玩忽职守、徇私舞弊的行为。

产品质量监督、工商行政管理等其他有关行政主管部门的工作人员在消防工作中滥用职权、玩忽职守、徇私舞弊,尚不构成犯罪的,依法给予处分。

第七十二条　违反本法规定,构成犯罪的,依法追究刑事责任。

第七章　附　则

第七十三条　本法下列用语的含义:

(一)消防设施,是指火灾自动报警系统、自动灭火系统、消火栓系统、防烟排烟系统以及应急广播和应急照明、安全疏散设施等。

(二)消防产品,是指专门用于火灾预防、灭火救援和火灾防护、避难、逃生的产品。

(三)公众聚集场所,是指宾馆、饭店、商场、集贸市场、客运车站候车室、客运码头候船厅、民用机场航站楼、体育场馆、会堂以及公共娱乐场所等。

(四)人员密集场所,是指公众聚集场所,医院的门诊楼、病房楼,学校的教学楼、图书馆、食堂和集体宿舍,养老院、福利院,托儿所、幼儿园,公共图书馆的阅览室,公共展览馆、博物馆的展示厅,劳动密集型企业的生产加工车间和员工集体宿舍,旅游、宗教活动场所等。

第七十四条　本法自 2009 年 5 月 1 日起施行。

高层民用建筑消防安全管理规定

· 2021 年 6 月 21 日应急管理部令第 5 号公布
· 自 2021 年 8 月 1 日起施行

第一章　总　则

第一条　为了加强高层民用建筑消防安全管理,预防火灾和减少火灾危害,根据《中华人民共和国消防法》等法律、行政法规和国务院有关规定,制定本规定。

第二条　本规定适用于已经建成且依法投入使用的高层民用建筑(包括高层住宅建筑和高层公共建筑)的消防安全管理。

第三条　高层民用建筑消防安全管理贯彻预防为主、防消结合的方针,实行消防安全责任制。

建筑高度超过 100 米的高层民用建筑应当实行更加严格的消防安全管理。

第二章　消防安全职责

第四条　高层民用建筑的业主、使用人是高层民用建筑消防安全责任主体,对高层民用建筑的消防安全负责。高层民用建筑的业主、使用人是单位的,其法定代表人或者主要负责人是本单位的消防安全责任人。

高层民用建筑的业主、使用人可以委托物业服务企业或者消防技术服务机构等专业服务单位(以下统称消防服务单位)提供消防安全服务,并应当在服务合同中约定消防安全服务的具体内容。

第五条　同一高层民用建筑有两个及以上业主、使用人的,各业主、使用人对其专有部分的消防安全负责,对共有部分的消防安全共同负责。

同一高层民用建筑有两个及以上业主、使用人的,应当共同委托物业服务企业,或者明确一个业主、使用人作为统一管理人,对共有部分的消防安全实行统一管理,协调、指导业主、使用人共同做好整栋建筑的消防安全工作,并通过书面形式约定各方消防安全责任。

第六条　高层民用建筑以承包、租赁或者委托经营、管理等形式交由承包人、承租人、经营管理人使用的,当事人在订立承包、租赁、委托管理等合同时,应当明确各方消防安全责任。委托方、出租方依照法律规定,可以对承包方、承租方、受托方的消防安全工作统一协调、管理。

实行承包、租赁或者委托经营、管理时,业主应当提供符合消防安全要求的建筑物,督促使用人加强消防安全管理。

第七条　高层公共建筑的业主单位、使用单位应当履行下列消防安全职责:

(一)遵守消防法律法规,建立和落实消防安全管理制度;

(二)明确消防安全管理机构或者消防安全管理人员;

(三)组织开展防火巡查、检查,及时消除火灾隐患;

(四)确保疏散通道、安全出口、消防车通道畅通;

(五)对建筑消防设施、器材定期进行检验、维修,确保完好有效;

(六)组织消防宣传教育培训,制定灭火和应急疏散预案,定期组织消防演练;

(七)按照规定建立专职消防队、志愿消防队(微型消防站)等消防组织;

(八)法律、法规规定的其他消防安全职责。

委托物业服务企业,或者明确统一管理人实施消防安全管理的,物业服务企业或者统一管理人应当按照约定履行前款规定的消防安全职责,业主单位、使用单位应当督促并配合物业服务企业或者统一管理人做好消防安全工作。

第八条　高层公共建筑的业主、使用人、物业服务企业或者统一管理人应当明确专人担任消防安全管理人,负责整栋建筑的消防安全管理工作,并在建筑显著位置公示其姓名、联系方式和消防安全管理职责。

高层公共建筑的消防安全管理人应当履行下列消防安全管理职责:

(一)拟订年度消防工作计划,组织实施日常消防安全管理工作;

(二)组织开展防火检查、巡查和火灾隐患整改工作;

(三)组织实施对建筑共用消防设施设备的维护保养;

(四)管理专职消防队、志愿消防队(微型消防站)等消防组织;

(五)组织开展消防安全的宣传教育和培训;

(六)组织编制灭火和应急疏散综合预案并开展演练。

高层公共建筑的消防安全管理人应当具备与其职责相适应的消防安全知识和管理能力。对建筑高度超过100米的高层公共建筑,鼓励有关单位聘用相应级别的注册消防工程师或者相关工程类中级及以上专业技术职务的人员担任消防安全管理人。

第九条　高层住宅建筑的业主、使用人应当履行下列消防安全义务:

(一)遵守住宅小区防火安全公约和管理规约约定的消防安全事项;

(二)按照不动产权属证书载明的用途使用建筑;

(三)配合消防服务单位做好消防安全工作;

(四)按照法律规定承担消防服务费用以及建筑消防设施维修、更新和改造的相关费用;

(五)维护消防安全,保护消防设施,预防火灾,报告火警,成年人参加有组织的灭火工作;

(六)法律、法规规定的其他消防安全义务。

第十条　接受委托的高层住宅建筑的物业服务企业应当依法履行下列消防安全职责:

(一)落实消防安全责任,制定消防安全制度,拟订年度消防安全工作计划和组织保障方案;

(二)明确具体部门或者人员负责消防安全管理工作;

(三)对管理区域内的共用消防设施、器材和消防标志定期进行检测、维护保养,确保完好有效;

(四)组织开展防火巡查、检查,及时消除火灾隐患;

(五)保障疏散通道、安全出口、消防车通道畅通,对占用、堵塞、封闭疏散通道、安全出口、消防车通道等违规行为予以制止;制止无效的,及时报告消防救援机构等有关行政管理部门依法处理;

(六)督促业主、使用人履行消防安全义务;

(七)定期向所在住宅小区业主委员会和业主、使用人通报消防安全情况,提示消防安全风险;

(八)组织开展经常性的消防宣传教育;

(九)制定灭火和应急疏散预案,并定期组织演练;

(十)法律、法规规定和合同约定的其他消防安全职责。

第十一条　消防救援机构和其他负责消防监督检查的机构依法对高层民用建筑进行消防监督检查，督促业主、使用人、受委托的消防服务单位等落实消防安全责任；对监督检查中发现的火灾隐患，通知有关单位或者个人立即采取措施消除隐患。

消防救援机构应当加强高层民用建筑消防安全法律、法规的宣传，督促、指导有关单位做好高层民用建筑消防安全宣传教育工作。

第十二条　村民委员会、居民委员会应当依法组织制定防火安全公约，对高层民用建筑进行防火安全检查，协助人民政府和有关部门加强消防宣传教育；对老年人、未成年人、残疾人等开展有针对性的消防宣传教育，加强消防安全帮扶。

第十三条　供水、供电、供气、供热、通信、有线电视等专业运营单位依法对高层民用建筑内由其管理的设施设备消防安全负责，并定期进行检查和维护。

第三章　消防安全管理

第十四条　高层民用建筑施工期间，建设单位应当与施工单位明确施工现场的消防安全责任。施工期间应当严格落实现场防范措施，配置消防器材，指定专人监护，采取防火分隔措施，不得影响其他区域的人员安全疏散和建筑消防设施的正常使用。

高层民用建筑的业主、使用人不得擅自变更建筑使用功能、改变防火防烟分区，不得违反消防技术标准使用易燃、可燃装修装饰材料。

第十五条　高层民用建筑的业主、使用人或者物业服务企业、统一管理人应当对动用明火作业实行严格的消防安全管理，不得在具有火灾、爆炸危险的场所使用明火；因施工等特殊情况需要进行电焊、气焊等明火作业的，应当按照规定办理动火审批手续，落实现场监护人，配备消防器材，并在建筑主入口和作业现场显著位置公告。作业人员应当依法持证上岗，严格遵守消防安全规定，清除周围及下方的易燃、可燃物，采取防火隔离措施。作业完毕后，应当进行全面检查，消除遗留火种。

高层公共建筑内的商场、公共娱乐场所不得在营业期间动火施工。

高层公共建筑内应当确定禁火禁烟区域，并设置明显标志。

第十六条　高层民用建筑内电器设备的安装使用及其线路敷设、维护保养和检测应当符合消防技术标准及管理规定。

高层民用建筑业主、使用人或消防服务单位，应当安排专业机构或者电工定期对管理区域内由其管理的电器设备及线路进行检查；对不符合安全要求的，应当及时维修、更换。

第十七条　高层民用建筑内燃气用具的安装使用及其管路敷设、维护保养和检测应当符合消防技术标准及管理规定。禁止违反燃气安全使用规定，擅自安装、改装、拆除燃气设备和用具。

高层民用建筑使用燃气应当采用管道供气方式。禁止在高层民用建筑地下部分使用液化石油气。

第十八条　禁止在高层民用建筑内违反国家规定生产、储存、经营甲、乙类火灾危险性物品。

第十九条　设有建筑外墙外保温系统的高层民用建筑，其管理单位应当在主入口及周边相关显著位置，设置提示性和警示性标识，标示外墙外保温材料的燃烧性能、防火要求。对高层民用建筑外墙外保温系统破损、开裂和脱落的，应当及时修复。高层民用建筑在进行外墙外保温系统施工时，建设单位应采取必要的防火隔离以及限制住人和使用的措施，确保建筑内人员安全。

禁止使用易燃、可燃材料作为高层民用建筑外墙外保温材料。禁止在其建筑内及周边禁放区域燃放烟花爆竹；禁止在其外墙周围堆放可燃物。对于使用难燃外墙外保温材料或者采用与基层墙体、装饰层之间有空腔的建筑外墙外保温系统的高层民用建筑，禁止在其外墙动火用电。

第二十条　高层民用建筑的电缆井、管道井等竖向管井和电缆桥架应当在每层楼板处进行防火封堵，管井检查门应当采用防火门。

禁止占用电缆井、管道井，或者在电缆井、管道井等竖向管井堆放杂物。

第二十一条　高层民用建筑的户外广告牌、外装饰不得采用易燃、可燃材料，不得妨碍防烟排烟、逃生和灭火救援，不得改变或者破坏建筑立面防火结构。

禁止在高层民用建筑外窗设置影响逃生和灭火救援的障碍物。

建筑高度超过 50 米的高层民用建筑外墙上设置的装饰、广告牌应当采用不燃材料并易于破拆。

第二十二条　禁止在消防车通道、消防车登高操作场地设置构筑物、停车泊位、固定隔离桩等障碍物。

禁止在消防车通道上方、登高操作面设置妨碍消防车作业的架空管线、广告牌、装饰物等障碍物。

第二十三条　高层公共建筑内餐饮场所的经营单位应当及时对厨房灶具和排油烟罩设施进行清洗，排油烟管道每季度至少进行一次检查、清洗。

高层住宅建筑的公共排油烟管道应当定期检查,并采取防火措施。

第二十四条　除为满足高层民用建筑的使用功能所设置的自用物品暂存库房、档案室和资料室等附属库房外,禁止在高层民用建筑内设置其他库房。

高层民用建筑的附属库房应当采取相应的防火分隔措施,严格遵守有关消防安全管理规定。

第二十五条　高层民用建筑内的锅炉房、变配电室、空调机房、自备发电机房、储油间、消防水泵房、消防水箱间、防排烟风机房等设备用房应当按照消防技术标准设置,确定为消防安全重点部位,设置明显的防火标志,实行严格管理,并不得占用和堆放杂物。

第二十六条　高层民用建筑消防控制室应当由其管理单位实行24小时值班制度,每班不应少于2名值班人员。

消防控制室值班操作人员应当依法取得相应等级的消防行业特有工种职业资格证书,熟练掌握火警处置程序和要求,按照有关规定检查自动消防设施、联动控制设备运行情况,确保其处于正常工作状态。

消防控制室内应当保存高层民用建筑总平面布局图、平面布置图和消防设施系统图及控制逻辑关系说明、建筑消防设施维修保养记录和检测报告等资料。

第二十七条　高层公共建筑内有关单位、高层住宅建筑所在社区居民委员会或者物业服务企业按照规定建立的专职消防队、志愿消防队(微型消防站)等消防组织,应当配备必要的人员、场所和器材、装备,定期进行消防技能培训和演练,开展防火巡查、消防宣传,及时处置、扑救初起火灾。

第二十八条　高层民用建筑的疏散通道、安全出口应当保持畅通,禁止堆放物品、锁闭出口、设置障碍物。平时需要控制人员出入或者设有门禁系统的疏散门,应当保证发生火灾时易于开启,并在现场显著位置设置醒目的提示和使用标识。

高层民用建筑的常闭式防火门应当保持常闭,闭门器、顺序器等部件应当完好有效;常开式防火门应当保证发生火灾时自动关闭并反馈信号。

禁止圈占、遮挡消火栓,禁止在消火栓箱内堆放杂物,禁止在防火卷帘下堆放物品。

第二十九条　高层民用建筑内应当在显著位置设置标识,指示避难层(间)的位置。

禁止占用高层民用建筑避难层(间)和避难走道或者堆放杂物,禁止锁闭避难层(间)和避难走道出入口。

第三十条　高层公共建筑的业主、使用人应当按照国家标准、行业标准配备灭火器材以及自救呼吸器、逃生缓降器、逃生绳等逃生疏散设施器材。

高层住宅建筑应当在公共区域的显著位置摆放灭火器材,有条件的配置自救呼吸器、逃生绳、救援哨、疏散用手电筒等逃生疏散设施器材。

鼓励高层住宅建筑的居民家庭制定火灾疏散逃生计划,并配置必要的灭火和逃生疏散器材。

第三十一条　高层民用建筑的消防车通道、消防车登高操作场地、灭火救援窗、灭火救援破拆口、消防车取水口、室外消火栓、消防水泵接合器、常闭式防火门等应当设置明显的提示性、警示性标识。消防车通道、消防车登高操作场地、防火卷帘下方还应当在地面标识出禁止占用的区域范围。消火栓箱、灭火器箱上应当张贴使用方法的标识。

高层民用建筑的消防设施配电柜电源开关、消防设备用房内管道阀门等应当标识开、关状态;对需要保持常开或者常闭状态的阀门,应当采取铅封等限位措施。

第三十二条　不具备自主维护保养检测能力的高层民用建筑业主、使用人或者物业服务企业应当聘请具备从业条件的消防技术服务机构或者消防设施施工安装企业对建筑消防设施进行维护保养和检测;存在故障、缺损的,应当立即组织维修、更换,确保完好有效。

因维修等需要停用建筑消防设施的,高层民用建筑的管理单位应当严格履行内部审批手续,制定应急方案,落实防范措施,并在建筑入口处等显著位置公告。

第三十三条　高层公共建筑消防设施的维修、更新、改造的费用,由业主、使用人按照有关法律规定承担,共有部分按照专有部分建筑面积所占比例承担。

高层住宅建筑的消防设施日常运行、维护和维修、更新、改造费用,由业主依照法律规定承担;委托消防服务单位的,消防设施的日常运行、维护和检测费用应当纳入物业服务或者消防技术服务专项费用。共用消防设施的维修、更新、改造费用,可以依法从住宅专项维修资金列支。

第三十四条　高层民用建筑应当进行每日防火巡查,并填写巡查记录。其中,高层公共建筑内公众聚集场所在营业期间应当至少每2小时进行一次防火巡查,医院、养老院、寄宿制学校、幼儿园应当进行白天和夜间防火巡查,高层住宅建筑和高层公共建筑内的其他场所可以结合实际确定防火巡查的频次。

防火巡查应当包括下列内容：

（一）用火、用电、用气有无违章情况；

（二）安全出口、疏散通道、消防车通道畅通情况；

（三）消防设施、器材完好情况，常闭式防火门关闭情况；

（四）消防安全重点部位人员在岗在位等情况。

第三十五条　高层住宅建筑应当每月至少开展一次防火检查，高层公共建筑应当每半个月至少开展一次防火检查，并填写检查记录。

防火检查应当包括下列内容：

（一）安全出口和疏散设施情况；

（二）消防车通道、消防车登高操作场地和消防水源情况；

（三）灭火器材配置及有效情况；

（四）用火、用电、用气和危险品管理制度落实情况；

（五）消防控制室值班和消防设施运行情况；

（六）人员教育培训情况；

（七）重点部位管理情况；

（八）火灾隐患整改以及防范措施的落实等情况。

第三十六条　对防火巡查、检查发现的火灾隐患，高层民用建筑的业主、使用人、受委托的消防服务单位，应当立即采取措施予以整改。

对不能当场改正的火灾隐患，应当明确整改责任、期限，落实整改措施，整改期间应当采取临时防范措施，确保消防安全；必要时，应当暂时停止使用危险部位。

第三十七条　禁止在高层民用建筑公共门厅、疏散走道、楼梯间、安全出口停放电动自行车或者为电动自行车充电。

鼓励在高层住宅小区内设置电动自行车集中存放和充电的场所。电动自行车存放、充电场所应当独立设置，并与高层民用建筑保持安全距离；确需设置在高层民用建筑内的，应当与该建筑的其他部分进行防火分隔。

电动自行车存放、充电场所应当配备必要的消防器材，充电设施应当具备充满自动断电功能。

第三十八条　鼓励高层民用建筑推广应用物联网和智能化技术手段对电气、燃气消防安全和消防设施运行等进行监控和预警。

未设置自动消防设施的高层住宅建筑，鼓励因地制宜安装火灾报警和喷水灭火系统、火灾应急广播以及可燃气体探测、无线手动火灾报警、无线声光火灾警报等消防设施。

第三十九条　高层民用建筑的业主、使用人或者消防服务单位、统一管理人应当每年至少组织开展一次整栋建筑的消防安全评估。消防安全评估报告应当包括存在的消防安全问题、火灾隐患以及改进措施等内容。

第四十条　鼓励、引导高层公共建筑的业主、使用人投保火灾公众责任保险。

第四章　消防宣传教育和灭火疏散预案

第四十一条　高层公共建筑内的单位应当每半年至少对员工开展一次消防安全教育培训。

高层公共建筑内的单位应当对本单位员工进行上岗前消防安全培训，并对消防安全管理人员、消防控制室值班人员和操作人员、电工、保安员等重点岗位人员组织专门培训。

高层住宅建筑的物业服务企业应当每年至少对居住人员进行一次消防安全教育培训，进行一次疏散演练。

第四十二条　高层民用建筑应当在每层的显著位置张贴安全疏散示意图，公共区域电子显示屏应当播放消防安全提示和消防安全知识。

高层公共建筑除遵守本条第一款规定外，还应当在首层显著位置提示公众注意火灾危险，以及安全出口、疏散通道和灭火器材的位置。

高层住宅小区除遵守本条第一款规定外，还应当在显著位置设置消防安全宣传栏，在高层住宅建筑单元入口处提示安全用火、用电、用气，以及电动自行车存放、充电等消防安全常识。

第四十三条　高层民用建筑应当结合场所特点，分级分类编制灭火和应急疏散预案。

规模较大或者功能业态复杂，且有两个及以上业主、使用人或者多个职能部门的高层公共建筑，有关单位应当编制灭火和应急疏散总预案，各单位或者职能部门应当根据场所、功能分区、岗位实际编制专项灭火和应急疏散预案或者现场处置方案（以下统称分预案）。

灭火和应急疏散预案应当明确应急组织机构，确定承担通信联络、灭火、疏散和救护任务的人员及其职责，明确报警、联络、灭火、疏散等处置程序和措施。

第四十四条　高层民用建筑的业主、使用人、受委托的消防服务单位应当结合实际，按照灭火和应急疏散总预案和分预案分别组织实施消防演练。

高层民用建筑应当每年至少进行一次全要素综合演练，建筑高度超过100米的高层公共建筑应当每半年至少进行一次全要素综合演练。编制分预案的，有关单位和职能部门应当每季度至少进行一次综合演练或者专项灭火、疏散演练。

演练前，有关单位应当告知演练范围内的人员并进行公告；演练时，应当设置明显标识；演练结束后，应当进行总结评估，并及时对预案进行修订和完善。

第四十五条　高层公共建筑内的人员密集场所应当按照楼层、区域确定疏散引导员，负责在火灾发生时组织、引导在场人员安全疏散。

第四十六条　火灾发生时，发现火灾的人员应当立即拨打119电话报警。

火灾发生后，高层民用建筑的业主、使用人、消防服务单位应当迅速启动灭火和应急疏散预案，组织人员疏散，扑救初起火灾。

火灾扑灭后，高层民用建筑的业主、使用人、消防服务单位应当组织保护火灾现场，协助火灾调查。

第五章　法律责任

第四十七条　违反本规定，有下列行为之一的，由消防救援机构责令改正，对经营性单位和个人处2000元以上10000元以下罚款，对非经营性单位和个人处500元以上1000元以下罚款：

（一）在高层民用建筑内进行电焊、气焊等明火作业，未履行动火审批手续、进行公告，或者未落实消防现场监护措施的；

（二）高层民用建筑设置的户外广告牌、外装饰妨碍防烟排烟、逃生和灭火救援，或者改变、破坏建筑立面防火结构的；

（三）未设置外墙外保温材料提示性和警示性标识，或者未及时修复破损、开裂和脱落的外墙外保温系统的；

（四）未按照规定落实消防控制室值班制度，或者安排不具备相应条件的人员值班的；

（五）未按照规定建立专职消防队、志愿消防队等消防组织的；

（六）因维修等需要停用建筑消防设施未进行公告、未制定应急预案或者未落实防范措施的；

（七）在高层民用建筑的公共门厅、疏散走道、楼梯间、安全出口停放电动自行车或者为电动自行车充电，拒不改正的。

第四十八条　违反本规定的其他消防安全违法行为，依照《中华人民共和国消防法》第六十条、第六十一条、第六十四条、第六十五条、第六十六条、第六十七条、第六十八条、第六十九条和有关法律法规予以处罚；构成犯罪的，依法追究刑事责任。

第四十九条　消防救援机构及其工作人员在高层民用建筑消防监督检查中，滥用职权、玩忽职守、徇私舞弊

的，对直接负责的主管人员和其他直接责任人员依法给予处分；构成犯罪的，依法追究刑事责任。

第六章　附　则

第五十条　本规定下列用语的含义：

（一）高层住宅建筑，是指建筑高度大于27米的住宅建筑。

（二）高层公共建筑，是指建筑高度大于24米的非单层公共建筑，包括宿舍建筑、公寓建筑、办公建筑、科研建筑、文化建筑、商业建筑、体育建筑、医疗建筑、交通建筑、旅游建筑、通信建筑等。

（三）业主，是指高层民用建筑的所有权人，包括单位和个人。

（四）使用人，是指高层民用建筑的承租人和其他实际使用人，包括单位和个人。

第五十一条　本规定自2021年8月1日起施行。

建设工程消防设计审查验收管理暂行规定

·2020年4月1日住房和城乡建设部令第51号公布
·根据2023年8月21日住房和城乡建设部令第58号修正

第一章　总　则

第一条　为了加强建设工程消防设计审查验收管理，保证建设工程消防设计、施工质量，根据《中华人民共和国建筑法》《中华人民共和国消防法》《建设工程质量管理条例》等法律、行政法规，制定本规定。

第二条　特殊建设工程的消防设计审查、消防验收，以及其他建设工程的消防验收备案（以下简称备案）、抽查，适用本规定。

本规定所称特殊建设工程，是指本规定第十四条所列的建设工程。

本规定所称其他建设工程，是指特殊建设工程以外的其他按照国家工程建设消防技术标准需要进行消防设计的建设工程。

第三条　国务院住房和城乡建设主管部门负责指导监督全国建设工程消防设计审查验收工作。

县级以上地方人民政府住房和城乡建设主管部门（以下简称消防设计审查验收主管部门）依职责承担本行政区域内建设工程的消防设计审查、消防验收、备案和抽查工作。

跨行政区域建设工程的消防设计审查、消防验收、备案和抽查工作，由该建设工程所在行政区域消防设计审查验收主管部门共同的上一级主管部门指定负责。

第四条 消防设计审查验收主管部门应当运用互联网技术等信息化手段开展消防设计审查、消防验收、备案和抽查工作,建立健全有关单位和从业人员的信用管理制度,不断提升政务服务水平。

第五条 消防设计审查验收主管部门实施消防设计审查、消防验收、备案和抽查工作所需经费,按照《中华人民共和国行政许可法》等有关法律法规的规定执行。

第六条 消防设计审查验收主管部门应当及时将消防验收、备案和抽查情况告知消防救援机构,并与消防救援机构共享建筑平面图、消防设施平面布置图、消防设施系统图等资料。

第七条 从事建设工程消防设计审查验收的工作人员,以及建设、设计、施工、工程监理、技术服务等单位的从业人员,应当具备相应的专业技术能力,定期参加职业培训。

第二章 有关单位的消防设计、施工质量责任与义务

第八条 建设单位依法对建设工程消防设计、施工质量负首要责任。设计、施工、工程监理、技术服务等单位依法对建设工程消防设计、施工质量负主体责任。建设、设计、施工、工程监理、技术服务等单位的从业人员依法对建设工程消防设计、施工质量承担相应的个人责任。

第九条 建设单位应当履行下列消防设计、施工质量责任和义务:

(一)不得明示或者暗示设计、施工、工程监理、技术服务等单位及其从业人员违反建设工程法律法规和国家工程建设消防技术标准,降低建设工程消防设计、施工质量;

(二)依法申请建设工程消防设计审查、消防验收,办理备案并接受抽查;

(三)实行工程监理的建设工程,依法将消防施工质量委托监理;

(四)委托具有相应资质的设计、施工、工程监理单位;

(五)按照工程消防设计要求和合同约定,选用合格的消防产品和满足防火性能要求的建筑材料、建筑构配件和设备;

(六)组织有关单位进行建设工程竣工验收时,对建设工程是否符合消防要求进行查验;

(七)依法及时向档案管理机构移交建设工程消防有关档案。

第十条 设计单位应当履行下列消防设计、施工质量责任和义务:

(一)按照建设工程法律法规和国家工程建设消防技术标准进行设计,编制符合要求的消防设计文件,不得违反国家工程建设消防技术标准强制性条文;

(二)在设计文件中选用的消防产品和具有防火性能要求的建筑材料、建筑构配件和设备,应当注明规格、性能等技术指标,符合国家规定的标准;

(三)参加建设单位组织的建设工程竣工验收,对建设工程消防设计实施情况签章确认,并对建设工程消防设计质量负责。

第十一条 施工单位应当履行下列消防设计、施工质量责任和义务:

(一)按照建设工程法律法规、国家工程建设消防技术标准,以及经消防设计审查合格或者满足工程需要的消防设计文件组织施工,不得擅自改变消防设计进行施工,降低消防施工质量;

(二)按照消防设计要求、施工技术标准和合同约定检验消防产品和具有防火性能要求的建筑材料、建筑构配件和设备的质量,使用合格产品,保证消防施工质量;

(三)参加建设单位组织的建设工程竣工验收,对建设工程消防施工质量签章确认,并对建设工程消防施工质量负责。

第十二条 工程监理单位应当履行下列消防设计、施工质量责任和义务:

(一)按照建设工程法律法规、国家工程建设消防技术标准,以及经消防设计审查合格或者满足工程需要的消防设计文件实施工程监理;

(二)在消防产品和具有防火性能要求的建筑材料、建筑构配件和设备使用、安装前,核查产品质量证明文件,不得同意使用或者安装不合格的消防产品和防火性能不符合要求的建筑材料、建筑构配件和设备;

(三)参加建设单位组织的建设工程竣工验收,对建设工程消防施工质量签章确认,并对建设工程消防施工质量承担监理责任。

第十三条 提供建设工程消防设计图纸技术审查、消防设施检测或者建设工程消防验收现场评定等服务的技术服务机构,应当按照建设工程法律法规、国家工程建设消防技术标准和国家有关规定提供服务,并对出具的意见或者报告负责。

第三章 特殊建设工程的消防设计审查

第十四条 具有下列情形之一的建设工程是特殊建设工程:

（一）总建筑面积大于二万平方米的体育场馆、会堂，公共展览馆、博物馆的展示厅；

（二）总建筑面积大于一万五千平方米的民用机场航站楼、客运车站候车室、客运码头候船厅；

（三）总建筑面积大于一万平方米的宾馆、饭店、商场、市场；

（四）总建筑面积大于二千五百平方米的影剧院，公共图书馆的阅览室，营业性室内健身、休闲场馆，医院的门诊楼，大学的教学楼、图书馆、食堂，劳动密集型企业的生产加工车间，寺庙、教堂；

（五）总建筑面积大于一千平方米的托儿所、幼儿园的儿童用房，儿童游乐厅等室内儿童活动场所，养老院、福利院，医院、疗养院的病房楼，中小学校的教学楼、图书馆、食堂，学校的集体宿舍，劳动密集型企业的员工集体宿舍；

（六）总建筑面积大于五百平方米的歌舞厅、录像厅、放映厅、卡拉 OK 厅、夜总会、游艺厅、桑拿浴室、网吧、酒吧，具有娱乐功能的餐馆、茶馆、咖啡厅；

（七）国家工程建设消防技术标准规定的一类高层住宅建筑；

（八）城市轨道交通、隧道工程，大型发电、变配电工程；

（九）生产、储存、装卸易燃易爆危险物品的工厂、仓库和专用车站、码头，易燃易爆气体和液体的充装站、供应站、调压站；

（十）国家机关办公楼、电力调度楼、电信楼、邮政楼、防灾指挥调度楼、广播电视楼、档案楼；

（十一）设有本条第一项至第六项所列情形的建设工程；

（十二）本条第十项、第十一项规定以外的单体建筑面积大于四万平方米或者建筑高度超过五十米的公共建筑。

第十五条　对特殊建设工程实行消防设计审查制度。

特殊建设工程的建设单位应当向消防设计审查验收主管部门申请消防设计审查，消防设计审查验收主管部门依法对审查的结果负责。

特殊建设工程未经消防设计审查或者审查不合格的，建设单位、施工单位不得施工。

第十六条　建设单位申请消防设计审查，应当提交下列材料：

（一）消防设计审查申请表；

（二）消防设计文件；

（三）依法需要办理建设工程规划许可的，应当提交建设工程规划许可文件；

（四）依法需要批准的临时性建筑，应当提交批准文件。

第十七条　特殊建设工程具有下列情形之一的，建设单位除提交本规定第十六条所列材料外，还应当同时提交特殊消防设计技术资料：

（一）国家工程建设消防技术标准没有规定的；

（二）消防设计文件拟采用的新技术、新工艺、新材料不符合国家工程建设消防技术标准规定的；

（三）因保护利用历史建筑、历史文化街区需要，确实无法满足国家工程建设消防技术标准要求的。

前款所称特殊消防设计技术资料，应当包括特殊消防设计文件，以及两个以上有关的应用实例、产品说明等资料。

特殊消防设计涉及采用国际标准或者境外工程建设消防技术标准的，还应当提供相应的中文文本。

第十八条　特殊消防设计文件应当包括特殊消防设计必要性论证、特殊消防设计方案、火灾数值模拟分析等内容，重大工程、火灾危险等级高的应当包括实体试验验证内容。

特殊消防设计方案应当对两种以上方案进行比选，从安全性、经济性、可实施性等方面进行综合分析后形成。

火灾数值模拟分析应当科学设定火灾场景和模拟参数，实体试验应当与实际场景相符。火灾数值模拟分析结论和实体试验结论应当一致。

第十九条　消防设计审查验收主管部门收到建设单位提交的消防设计审查申请后，对申请材料齐全的，应当出具受理凭证；申请材料不齐全的，应当一次性告知需要补正的全部内容。

第二十条　对具有本规定第十七条情形之一的建设工程，消防设计审查验收主管部门应当自受理消防设计审查申请之日起五个工作日内，将申请材料报送省、自治区、直辖市人民政府住房和城乡建设主管部门组织专家评审。

第二十一条　省、自治区、直辖市人民政府住房和城乡建设主管部门应当建立由具有工程消防、建筑等专业高级技术职称人员组成的专家库，制定专家库管理制度。

第二十二条　省、自治区、直辖市人民政府住房和城乡建设主管部门应当在收到申请材料之日起十个工作日内组织召开专家评审会，对建设单位提交的特殊消防设计技术资料进行评审。

评审专家从专家库随机抽取,对于技术复杂、专业性强或者国家有特殊要求的项目,可以直接邀请相应专业的中国科学院院士、中国工程院院士、全国工程勘察设计大师以及境外具有相应资历的专家参加评审;与特殊建设工程设计单位有利害关系的专家不得参加评审。

评审专家应当符合相关专业要求,总数不得少于七人,且独立出具同意或者不同意的评审意见。特殊消防设计技术资料经四分之三以上评审专家同意即为评审通过,评审专家有不同意见的,应当注明。省、自治区、直辖市人民政府住房和城乡建设主管部门应当将专家评审意见,书面通知报请评审的消防设计审查验收主管部门。

第二十三条　消防设计审查验收主管部门应当自受理消防设计审查申请之日起十五个工作日内出具书面审查意见。依照本规定需要组织专家评审的,专家评审时间不超过二十个工作日。

第二十四条　对符合下列条件的,消防设计审查验收主管部门应当出具消防设计审查合格意见:

(一)申请材料齐全、符合法定形式;

(二)设计单位具有相应资质;

(三)消防设计文件符合国家工程建设消防技术标准(具有本规定第十七条情形之一的特殊建设工程,特殊消防设计技术资料通过专家评审)。

对不符合前款规定条件的,消防设计审查验收主管部门应当出具消防设计审查不合格意见,并说明理由。

第二十五条　实行施工图设计文件联合审查的,应当将建设工程消防设计的技术审查并入联合审查。

第二十六条　建设、设计、施工单位不得擅自修改经审查合格的消防设计文件。确需修改的,建设单位应当依照本规定重新申请消防设计审查。

第四章　特殊建设工程的消防验收

第二十七条　对特殊建设工程实行消防验收制度。

特殊建设工程竣工验收后,建设单位应当向消防设计审查验收主管部门申请消防验收;未经消防验收或者消防验收不合格的,禁止投入使用。

第二十八条　建设单位组织竣工验收时,应当对建设工程是否符合下列要求进行查验:

(一)完成工程消防设计和合同约定的消防各项内容;

(二)有完整的工程消防技术档案和施工管理资料(含涉及消防的建筑材料、建筑构配件和设备的进场试验报告);

(三)建设单位对工程涉及消防的各分部分项工程验收合格;施工、设计、工程监理、技术服务等单位确认工程消防质量符合有关标准;

(四)消防设施性能、系统功能联调联试等内容检测合格。

经查验不符合前款规定的建设工程,建设单位不得编制工程竣工验收报告。

第二十九条　建设单位申请消防验收,应当提交下列材料:

(一)消防验收申请表;

(二)工程竣工验收报告;

(三)涉及消防的建设工程竣工图纸。

消防设计审查验收主管部门收到建设单位提交的消防验收申请后,对申请材料齐全的,应当出具受理凭证;申请材料不齐全的,应当一次性告知需要补正的全部内容。

第三十条　消防设计审查验收主管部门受理消防验收申请后,应当按照国家有关规定,对特殊建设工程进行现场评定。现场评定包括对建筑物防(灭)火设施的外观进行现场抽样查看;通过专业仪器设备对涉及距离、高度、宽度、长度、面积、厚度等可测量的指标进行现场抽样测量;对消防设施的功能进行抽样测试、联调联试消防设施的系统功能等内容。

第三十一条　消防设计审查验收主管部门应当自受理消防验收申请之日起十五日内出具消防验收意见。对符合下列条件的,应当出具消防验收合格意见:

(一)申请材料齐全、符合法定形式;

(二)工程竣工验收报告内容完备;

(三)涉及消防的建设工程竣工图纸与经审查合格的消防设计文件相符;

(四)现场评定结论合格。

对不符合前款规定条件的,消防设计审查验收主管部门应当出具消防验收不合格意见,并说明理由。

第三十二条　实行规划、土地、消防、人防、档案等事项联合验收的建设工程,消防验收意见由地方人民政府指定的部门统一出具。

第五章　其他建设工程的消防 设计、备案与抽查

第三十三条　其他建设工程,建设单位申请施工许可或者申请批准开工报告时,应当提供满足施工需要的消防设计图纸及技术资料。

未提供满足施工需要的消防设计图纸及技术资料的,有关部门不得发放施工许可证或者批准开工报告。

第三十四条　对其他建设工程实行备案抽查制度,分类管理。

其他建设工程经依法抽查不合格的，应当停止使用。

第三十五条　省、自治区、直辖市人民政府住房和城乡建设主管部门应当制定其他建设工程分类管理目录清单。

其他建设工程应当依据建筑所在区域环境、建筑使用功能、建筑规模和高度、建筑耐火等级、疏散能力、消防设施设备配置水平等因素分为一般项目、重点项目等两类。

第三十六条　其他建设工程竣工验收合格之日起五个工作日内，建设单位应当报消防设计审查验收主管部门备案。

建设单位办理备案，应当提交下列材料：

（一）消防验收备案表；

（二）工程竣工验收报告；

（三）涉及消防的建设工程竣工图纸。

本规定第二十八条有关建设单位竣工验收消防查验的规定，适用于其他建设工程。

第三十七条　消防设计审查验收主管部门收到建设单位备案材料后，对备案材料齐全的，应当出具备案凭证；备案材料不齐全的，应当一次性告知需要补正的全部内容。

一般项目可以采用告知承诺制的方式申请备案，消防设计审查验收主管部门依据承诺书出具备案凭证。

第三十八条　消防设计审查验收主管部门应当对备案的其他建设工程进行抽查，加强对重点项目的抽查。

抽查工作推行"双随机、一公开"制度，随机抽取检查对象，随机选派检查人员。抽取比例由省、自治区、直辖市人民政府住房和城乡建设主管部门，结合辖区内消防设计、施工质量情况确定，并向社会公示。

第三十九条　消防设计审查验收主管部门应当自其他建设工程被确定为检查对象之日起十五个工作日内，按照建设工程消防验收有关规定完成检查，制作检查记录。检查结果应当通知建设单位，并向社会公示。

第四十条　建设单位收到检查不合格整改通知后，应当停止使用建设工程，并组织整改，整改完成后，向消防设计审查验收主管部门申请复查。

消防设计审查验收主管部门应当自收到书面申请之日起七个工作日内进行复查，并出具复查意见。复查合格后方可使用建设工程。

第六章　附　则

第四十一条　违反本规定的行为，依照《中华人民共和国建筑法》《中华人民共和国消防法》《建设工程质量管理条例》等法律法规给予处罚；构成犯罪的，依法追究刑事责任。

建设、设计、施工、工程监理、技术服务等单位及其从业人员违反有关建设工程法律法规和国家工程建设消防技术标准，除依法给予处罚或者追究刑事责任外，还应当依法承担相应的民事责任。

第四十二条　建设工程消防设计审查验收规则和执行本规定所需要的文书式样，由国务院住房和城乡建设主管部门制定。

第四十三条　新颁布的国家工程建设消防技术标准实施之前，建设工程的消防设计已经依法审查合格的，按原审查意见的标准执行。

第四十四条　住宅室内装饰装修、村民自建住宅、救灾和非人员密集场所的临时性建筑的建设活动，不适用本规定。

第四十五条　省、自治区、直辖市人民政府住房和城乡建设主管部门可以根据有关法律法规和本规定，结合本地实际情况，制定实施细则。

第四十六条　本规定自2020年6月1日起施行。

住房和城乡建设部关于印发《建设工程消防设计审查验收工作细则》和《建设工程消防设计审查、消防验收、备案和抽查文书式样》的通知

· 2020年6月16日
· 建科规〔2020〕5号

各省、自治区住房和城乡建设厅，直辖市住房和城乡建设（管）委、北京市规划和自然资源委，新疆生产建设兵团住房和城乡建设局：

为贯彻落实《建设工程消防设计审查验收管理暂行规定》（住房和城乡建设部令第51号），做好建设工程消防设计审查验收工作，我部制定了《建设工程消防设计审查验收工作细则》和《建设工程消防设计审查、消防验收、备案和抽查文书式样》。现印发你们，请认真贯彻执行。

建设工程消防设计审查验收工作细则

第一章　总　则

第一条　为规范建设工程消防设计审查验收行为，保证建设工程消防设计、施工质量，根据《中华人民共和国建筑法》《中华人民共和国消防法》《建设工程质量管理条例》等法律法规，以及《建设工程消防设计审查验收管理暂行规定》（以下简称《暂行规定》）等部门规章，制定本细则。

第二条　本细则适用于县级以上地方人民政府住房和城乡建设主管部门(以下简称消防设计审查验收主管部门)依法对特殊建设工程的消防设计审查、消防验收,以及其他建设工程的消防验收备案(以下简称备案)、抽查。

第三条　本细则是和《暂行规定》配套的具体规定,建设工程消防设计审查验收除遵守本细则外,尚应符合其他相关法律法规和部门规章的规定。

第四条　省、自治区、直辖市人民政府住房和城乡建设主管部门可以根据有关法律法规和《暂行规定》,结合本地实际情况,细化本细则。

第五条　实行施工图设计文件联合审查的,应当将建设工程消防设计的技术审查并入联合审查,意见一并出具。消防设计审查验收主管部门根据施工图审查意见中的消防设计技术审查意见,出具消防设计审查意见。

实行规划、土地、消防、人防、档案等事项联合验收的建设工程,应当将建设工程消防验收并入联合验收。

第二章　特殊建设工程的消防设计审查

第六条　消防设计审查验收主管部门收到建设单位提交的特殊建设工程消防设计审查申请后,符合下列条件的,应当予以受理;不符合其中任意一项的,消防设计审查验收主管部门应当一次性告知需要补正的全部内容:

(一)特殊建设工程消防设计审查申请表信息齐全、完整;

(二)消防设计文件内容齐全、完整(具有《暂行规定》第十七条情形之一的特殊建设工程,提交的特殊消防设计技术资料内容齐全、完整);

(三)依法需要办理建设工程规划许可的,已提交建设工程规划许可文件;

(四)依法需要批准的临时性建筑,已提交批准文件。

第七条　消防设计文件应当包括下列内容:

(一)封面:项目名称、设计单位名称、设计文件交付日期。

(二)扉页:设计单位法定代表人、技术总负责人和项目总负责人的姓名及其签字或授权盖章,设计单位资质,设计人员的姓名及其专业技术能力信息。

(三)设计文件目录。

(四)设计说明书,包括:

1.工程设计依据,包括设计所执行的主要法律法规以及其他相关文件,所采用的主要标准(包括标准的名称、编号、年号和版本号),县级以上政府有关主管部门的项目批复性文件,建设单位提供的有关使用要求或生产工艺等资料,明确火灾危险性。

2.工程建设的规模和设计范围,包括工程的设计规模及项目组成,分期建设情况,本设计承担的设计范围与分工等。

3.总指标,包括总用地面积、总建筑面积和反映建设工程功能规模的技术指标。

4.标准执行情况,包括:

(1)消防设计执行国家工程建设消防技术标准强制性条文的情况;

(2)消防设计执行国家工程建设消防技术标准中带有"严禁""必须""应""不应""不得"要求的非强制性条文的情况;

(3)消防设计中涉及国家工程建设消防技术标准没有规定内容的情况。

5.总平面,应当包括有关主管部门对工程批准的规划许可技术条件,场地所在地的名称及在城市中的位置,场地内原有建构筑物保留、拆除的情况,建构筑物满足防火间距情况,功能分区,竖向布置方式(平坡式或台阶式),人流和车流的组织、出入口、停车场(库)的布置及停车数量,消防车道及高层建筑消防车登高操作场地的布置,道路主要的设计技术条件等。

6.建筑和结构,应当包括项目设计规模等级,建构筑物面积,建构筑物层数和建构筑物高度,主要结构类型,建筑结构安全等级,建筑防火分类和耐火等级,门窗防火性能,用料说明和室内外装修,幕墙工程及特殊屋面工程的防火技术要求,建筑和结构设计防火设计说明等。

7.建筑电气,应当包括消防电源、配电线路及电器装置,消防应急照明和疏散指示系统,火灾自动报警系统,以及电气防火措施等。

8.消防给水和灭火设施,应当包括消防水源,消防水泵房、室外消防给水和室外消火栓系统、室内消火栓系统和其他灭火设施等。

9.供暖通风与空气调节,应当包括设置防排烟的区域及其方式,防排烟系统风量确定,防排烟系统及其设施配置,控制方式简述,以及暖通空调系统的防火措施,空调通风系统的防火、防爆措施等。

10.热能动力,应当包括有关锅炉房、涉及可燃气体的站房及可燃气、液体的防火、防爆措施等。

(五)设计图纸,包括:

1.总平面图,应当包括:场地道路红线、建构筑物控制线、用地红线等位置;场地四邻原有及规划道路的位置;建构筑物的位置、名称、层数、防火间距;消防车道或通道及高层建筑消防车登高操作场地的布置等。

2. 建筑和结构，应当包括：平面图，包括平面布置，房间或空间名称或编号，每层建构筑物面积、防火分区面积、防火分区分隔位置及安全出口位置示意，以及主要结构和建筑构配件等；立面图，包括立面外轮廓及主要结构和建筑构造部件的位置，建构筑物的总高度、层高和标高以及关键控制标高的标注等；剖面图，应标示内外空间比较复杂的部位（如中庭与邻近的楼层或者错层部位），并包括建筑室内地面和室外地面标高，屋面檐口、女儿墙顶等的标高，层间高度尺寸及其他必需的高度尺寸等。

3. 建筑电气，应当包括：电气火灾监控系统，消防设备电源监控系统，防火门监控系统，火灾自动报警系统，消防应急广播，以及消防应急照明和疏散指示系统等。

4. 消防给水和灭火设施，应当包括：消防给水总平面图，消防给水系统的系统图、平面布置图，消防水池和消防水泵房平面图，以及其他灭火系统的系统图及平面布置图等。

5. 供暖通风与空气调节，应当包括：防烟系统的系统图、平面布置图，排烟系统的系统图、平面布置图，供暖、通风和空气调节系统的系统图、平面图等。

6. 热能动力，应当包括：所包含的锅炉房设备平面布置图，其他动力站房平面布置图，以及各专业管道防火封堵措施等。

第八条　具有《暂行规定》第十七条情形之一的特殊建设工程，提交的特殊消防设计技术资料应当包括下列内容：

（一）特殊消防设计文件，包括：

1. 设计说明。属于《暂行规定》第十七条第一款第一项情形的，应当说明设计中涉及国家工程建设消防技术标准没有规定的内容和理由，必须采用国际标准或者境外工程建设消防技术标准进行设计的内容和理由，特殊消防设计方案说明以及对特殊消防设计方案的评估分析报告、试验验证报告或数值模拟分析验证报告等。

属于《暂行规定》第十七条第一款第二项情形的，应当说明设计不符合国家工程建设消防技术标准的内容和理由，必须采用不符合国家工程建设消防技术标准规定的新技术、新工艺、新材料的内容和理由，特殊消防设计方案说明以及对特殊消防设计方案的评估分析报告、试验验证报告或数值模拟分析验证报告等。

2. 设计图纸。涉及采用国际标准、境外工程建设消防技术标准，或者采用新技术、新工艺、新材料的消防设计图纸。

（二）属于《暂行规定》第十七条第一款第一项情形的，应提交设计采用的国际标准、境外工程建设消防技术标准的原文及中文翻译文本。

（三）属于《暂行规定》第十七条第一款第二项情形的，采用新技术、新工艺的，应提交新技术、新工艺的说明；采用新材料的，应提交产品说明，包括新材料的产品标准文本（包括性能参数等）。

（四）应用实例。属于《暂行规定》第十七条第一款第一项情形的，应提交两个以上、近年内采用国际标准或者境外工程建设消防技术标准在国内或国外类似工程应用情况的报告；属于《暂行规定》第十七条第一款第二项情形的，应提交采用新技术、新工艺、新材料在国内或国外类似工程应用情况的报告或中试（生产）试验研究情况报告等。

（五）属于《暂行规定》第十七条第一款情形的，建筑高度大于250米的建筑，除上述四项以外，还应当说明在符合国家工程建设消防技术标准的基础上，所采取的切实增强建筑火灾时自防自救能力的加强性消防设计措施。包括：建筑构件耐火性能、外部平面布局、内部平面布置、安全疏散和避难、防火构造、建筑保温和外墙装饰防火性能、自动消防设施及灭火救援设施的配置及其可靠性、消防给水、消防电源及配电、建筑电气防火等内容。

第九条　对开展特殊消防设计的特殊建设工程进行消防设计技术审查前，应按照相关规定组织特殊消防设计技术资料的专家评审，专家评审意见应作为技术审查的依据。

专家评审应当针对特殊消防设计技术资料进行讨论，评审专家应当独立出具评审意见。讨论应当包括下列内容：

（一）设计超出或者不符合国家工程建设消防技术标准的理由是否充分；

（二）设计必须采用国际标准或者境外工程建设消防技术标准，或者采用新技术、新工艺、新材料的理由是否充分，运用是否准确，是否具备应用可行性等；

（三）特殊消防设计是否不低于现行国家工程建设消防技术标准要求的同等消防安全水平，方案是否可行；

（四）属于《暂行规定》第十七条第一款情形的，建筑高度大于250米的建筑，讨论内容除上述三项以外，还应当讨论采取的加强性消防设计措施是否可行、可靠和合理。

第十条　专家评审意见应当包括下列内容：

（一）会议概况，包括会议时间、地点、组织机构，专

家组的成员构成,参加会议的建设、设计、咨询、评估等单位;

（二）项目建设与设计概况;

（三）特殊消防设计评审内容;

（四）评审专家独立出具的评审意见,评审意见应有专家签字,明确为同意或不同意,不同意的应当说明理由;

（五）专家评审结论,评审结论应明确为同意或不同意,特殊消防设计技术资料经 3/4 以上评审专家同意即为评审通过,评审结论为同意;

（六）评审结论专家签字;

（七）会议记录。

第十一条　省、自治区、直辖市人民政府住房和城乡建设主管部门应当按照规定将专家评审意见装订成册,及时报国务院住房和城乡建设主管部门备案,并同时报送其电子文本。

第十二条　消防设计审查验收主管部门可以委托具备相应能力的技术服务机构开展特殊建设工程消防设计技术审查,并形成意见或者报告,作为出具特殊建设工程消防设计审查意见的依据。

提供消防设计技术审查的技术服务机构,应当将出具的意见或者报告及时反馈消防设计审查验收主管部门。意见或者报告的结论应清晰、明确。

第十三条　消防设计技术审查符合下列条件的,结论为合格;不符合下列任意一项的,结论为不合格:

（一）消防设计文件编制符合相应建设工程设计文件编制深度规定的要求;

（二）消防设计文件内容符合国家工程建设消防技术标准强制性条文规定;

（三）消防设计文件内容符合国家工程建设消防技术标准中带有"严禁""必须""应""不应""不得"要求的非强制性条文规定;

（四）具有《暂行规定》第十七条情形之一的特殊建设工程,特殊消防设计技术资料通过专家评审。

第三章　特殊建设工程的消防验收

第十四条　消防设计审查验收主管部门开展特殊建设工程消防验收,建设、设计、施工、工程监理、技术服务机构等相关单位应当予以配合。

第十五条　消防设计审查验收主管部门收到建设单位提交的特殊建设工程消防验收申请后,符合下列条件的,应当予以受理;不符合其中任意一项的,消防设计审查验收主管部门应当一次性告知需要补正的全部内容:

（一）特殊建设工程消防验收申请表信息齐全、完整;

（二）有符合相关规定的工程竣工验收报告,且竣工验收消防查验内容完整、符合要求;

（三）涉及消防的建设工程竣工图纸与经审查合格的消防设计文件相符。

第十六条　建设单位编制工程竣工验收报告前,应开展竣工验收消防查验,查验合格后方可编制工程竣工验收报告。

第十七条　消防设计审查验收主管部门可以委托具备相应能力的技术服务机构开展特殊建设工程消防验收的消防设施检测、现场评定,并形成意见或者报告,作为出具特殊建设工程消防验收意见的依据。

提供消防设施检测、现场评定的技术服务机构,应当将出具的意见或者报告及时反馈消防设计审查验收主管部门,结论应清晰、明确。

现场评定技术服务应严格依据法律法规、国家工程建设消防技术标准和省、自治区、直辖市人民政府住房和城乡建设主管部门有关规定等开展,内容、依据、流程等应及时向社会公布公开。

第十八条　现场评定应当依据消防法律法规、国家工程建设消防技术标准和涉及消防的建设工程竣工图纸、消防设计审查意见,对建筑物防(灭)火设施的外观进行现场抽样查看;通过专业仪器设备对涉及距离、高度、宽度、长度、面积、厚度等可测量的指标进行现场抽样测量;对消防设施的功能进行抽样测试、联调联试消防设施的系统功能等。

现场评定具体项目包括:

（一）建筑类别与耐火等级;

（二）总平面布局,应当包括防火间距、消防车道、消防车登高面、消防车登高操作场地等项目;

（三）平面布置,应当包括消防控制室、消防水泵房等建设工程消防用房的布置,国家工程建设消防技术标准中有位置要求场所(如儿童活动场所、展览厅等)的设置位置等项目;

（四）建筑外墙、屋面保温和建筑外墙装饰;

（五）建筑内部装修防火,应当包括装修情况,纺织织物、木质材料、高分子合成材料、复合材料及其他材料的防火性能,用电装置发热情况和周围材料的燃烧性能和防火隔热、散热措施,对消防设施的影响,对疏散设施的影响等项目;

（六）防火分隔,应当包括防火分区、防火墙、防火门、窗,竖向管道井、其他有防火分隔要求的部位等项目;

（七）防爆，应当包括泄压设施，以及防静电、防积聚、防流散等措施；

（八）安全疏散，应当包括安全出口、疏散门、疏散走道、避难层(间)、消防应急照明和疏散指示标志等项目；

（九）消防电梯；

（十）消火栓系统，应当包括供水水源、消防水池、消防水泵、管网、室内外消火栓、系统功能等项目；

（十一）自动喷水灭火系统，应当包括供水水源、消防水池、消防水泵、报警阀组、喷头、系统功能等项目；

（十二）火灾自动报警系统，应当包括系统形式、火灾探测器的报警功能、系统功能、以及火灾报警控制器、联动设备和消防控制室图形显示装置等项目；

（十三）防烟排烟系统及通风、空调系统防火，包括系统设置、排烟风机、管道、系统功能等项目；

（十四）消防电气，应当包括消防电源、柴油发电机房、变配电房、消防配电、用电设施等项目；

（十五）建筑灭火器，应当包括种类、数量、配置、布置等项目；

（十六）泡沫灭火系统，应当包括泡沫灭火系统防护区、以及泡沫比例混合、泡沫发生装置等项目；

（十七）气体灭火系统的系统功能；

（十八）其他国家工程建设消防技术标准强制性条文规定的项目，以及带有"严禁""必须""应""不应""不得"要求的非强制性条文规定的项目。

第十九条　现场抽样查看、测量、设施及系统功能测试应符合下列要求：

（一）每一项目的抽样数量不少于 2 处，当总数不大于 2 处时，全部检查；

（二）防火间距、消防车登高操作场地、消防车道的设置及安全出口的形式和数量应全部检查。

第二十条　消防验收现场评定符合下列条件的，结论为合格；不符合下列任意一项的，结论为不合格：

（一）现场评定内容符合经消防设计审查合格的消防设计文件；

（二）现场评定内容符合国家工程建设消防技术标准强制性条文规定的要求；

（三）有距离、高度、宽度、长度、面积、厚度等要求的内容，其与设计图纸标示的数值误差满足国家工程建设消防技术标准的要求；国家工程建设消防技术标准没有数值误差要求的，误差不超过 5%，且不影响正常使用功能和消防安全；

（四）现场评定内容为消防设施性能的，满足设计文件要求并能正常实现；

（五）现场评定内容为系统功能的，系统主要功能满足设计文件要求并能正常实现。

第四章　其他建设工程的消防验收备案与抽查

第二十一条　消防设计审查验收主管部门收到建设单位备案材料后，对符合下列条件的，应当出具备案凭证；不符合其中任意一项的，消防设计审查验收主管部门应当一次性告知需要补正的全部内容：

（一）消防验收备案表信息完整；

（二）具有工程竣工验收报告；

（三）具有涉及消防的建设工程竣工图纸。

第二十二条　消防设计审查验收主管部门应当对申请备案的火灾危险等级较高的其他建设工程适当提高抽取比例，具体由省、自治区、直辖市人民政府住房和城乡建设主管部门制定。

第二十三条　消防设计审查验收主管部门对被确定为检查对象的其他建设工程，应当按照建设工程消防验收有关规定，检查建设单位提交的工程竣工验收报告的编制是否符合相关规定，竣工验收消防查验内容是否完整、符合要求。

备案抽查的现场检查应当依据涉及消防的建设工程竣工图纸和建设工程消防验收现场评定有关规定进行。

第二十四条　消防设计审查验收主管部门对整改完成并申请复查的其他建设工程，应当按照建设工程消防验收有关规定进行复查，并出具复查意见。

第五章　档案管理

第二十五条　消防设计审查验收主管部门应当严格按照国家有关档案管理的规定，做好建设工程消防设计审查、消防验收、备案和抽查的档案管理工作，建立档案信息化管理系统。

消防设计审查验收工作人员应当对所承办的消防设计审查、消防验收、备案和抽查的业务管理和业务技术资料及时收集、整理，确保案卷材料齐全完整、真实合法。

第二十六条　建设工程消防设计审查、消防验收、备案和抽查的档案内容较多时可立分册并集中存放，其中图纸可用电子档案的形式保存。建设工程消防设计审查、消防验收、备案和抽查的原始技术资料应长期保存。

（4）节　能

中华人民共和国节约能源法

· 1997 年 11 月 1 日第八届全国人民代表大会常务委员会第二十八次会议通过　2007 年 10 月 28 日第十届全国人民代表大会常务委员会第三十次会议修订
· 根据 2016 年 7 月 2 日第十二届全国人民代表大会常务委员会第二十一次会议《关于修改〈中华人民共和国节约能源法〉等六部法律的决定》第一次修正
· 根据 2018 年 10 月 26 日第十三届全国人民代表大会常务委员会第六次会议《关于修改〈中华人民共和国野生动物保护法〉等十五部法律的决定》第二次修正

第一章　总　则

第一条　为了推动全社会节约能源，提高能源利用效率，保护和改善环境，促进经济社会全面协调可持续发展，制定本法。

第二条　本法所称能源，是指煤炭、石油、天然气、生物质能和电力、热力以及其他直接或者通过加工、转换而取得有用能的各种资源。

第三条　本法所称节约能源（以下简称节能），是指加强用能管理，采取技术上可行、经济上合理以及环境和社会可以承受的措施，从能源生产到消费的各个环节，降低消耗、减少损失和污染物排放、制止浪费，有效、合理地利用能源。

第四条　节约资源是我国的基本国策。国家实施节约与开发并举、把节约放在首位的能源发展战略。

第五条　国务院和县级以上地方各级人民政府应当将节能工作纳入国民经济和社会发展规划、年度计划，并组织编制和实施节能中长期专项规划、年度节能计划。

国务院和县级以上地方各级人民政府每年向本级人民代表大会或者其常务委员会报告节能工作。

第六条　国家实行节能目标责任制和节能考核评价制度，将节能目标完成情况作为对地方人民政府及其负责人考核评价的内容。

省、自治区、直辖市人民政府每年向国务院报告节能目标责任的履行情况。

第七条　国家实行有利于节能和环境保护的产业政策，限制发展高耗能、高污染行业，发展节能环保型产业。

国务院和省、自治区、直辖市人民政府应当加强节能工作，合理调整产业结构、企业结构、产品结构和能源消费结构，推动企业降低单位产值能耗和单位产品能耗，淘汰落后的生产能力，改进能源的开发、加工、转换、输送、储存和供应，提高能源利用效率。

国家鼓励、支持开发和利用新能源、可再生能源。

第八条　国家鼓励、支持节能科学技术的研究、开发、示范和推广，促进节能技术创新与进步。

国家开展节能宣传和教育，将节能知识纳入国民教育和培训体系，普及节能科学知识，增强全民的节能意识，提倡节约型的消费方式。

第九条　任何单位和个人都应当依法履行节能义务，有权检举浪费能源的行为。

新闻媒体应当宣传节能法律、法规和政策，发挥舆论监督作用。

第十条　国务院管理节能工作的部门主管全国的节能监督管理工作。国务院有关部门在各自的职责范围内负责节能监督管理工作，并接受国务院管理节能工作的部门的指导。

县级以上地方各级人民政府管理节能工作的部门负责本行政区域内的节能监督管理工作。县级以上地方各级人民政府有关部门在各自的职责范围内负责节能监督管理工作，并接受同级管理节能工作的部门的指导。

第二章　节能管理

第十一条　国务院和县级以上地方各级人民政府应当加强对节能工作的领导，部署、协调、监督、检查、推动节能工作。

第十二条　县级以上人民政府管理节能工作的部门和有关部门应当在各自的职责范围内，加强对节能法律、法规和节能标准执行情况的监督检查，依法查处违法用能行为。

履行节能监督管理职责不得向监督管理对象收取费用。

第十三条　国务院标准化主管部门和国务院有关部门依法组织制定并适时修订有关节能的国家标准、行业标准，建立健全节能标准体系。

国务院标准化主管部门会同国务院管理节能工作的部门和国务院有关部门制定强制性的用能产品、设备能源效率标准和生产过程中耗能高的产品的单位产品能耗限额标准。

国家鼓励企业制定严于国家标准、行业标准的企业节能标准。

省、自治区、直辖市制定严于强制性国家标准、行业标准的地方节能标准，由省、自治区、直辖市人民政府报经国务院批准；本法另有规定的除外。

第十四条　建筑节能的国家标准、行业标准由国务院建设主管部门组织制定，并依照法定程序发布。

省、自治区、直辖市人民政府建设主管部门可以根据本地实际情况，制定严于国家标准或者行业标准的地方建筑节能标准，并报国务院标准化主管部门和国务院建设主管部门备案。

第十五条　国家实行固定资产投资项目节能评估和审查制度。不符合强制性节能标准的项目，建设单位不得开工建设；已经建成的，不得投入生产、使用。政府投资项目不符合强制性节能标准的，依法负责项目审批的机关不得批准建设。具体办法由国务院管理节能工作的部门会同国务院有关部门制定。

第十六条　国家对落后的耗能过高的用能产品、设备和生产工艺实行淘汰制度。淘汰的用能产品、设备、生产工艺的目录和实施办法，由国务院管理节能工作的部门会同国务院有关部门制定并公布。

生产过程中耗能高的产品的生产单位，应当执行单位产品能耗限额标准。对超过单位产品能耗限额标准用能的生产单位，由管理节能工作的部门按照国务院规定的权限责令限期治理。

对高耗能的特种设备，按照国务院的规定实行节能审查和监管。

第十七条　禁止生产、进口、销售国家明令淘汰或者不符合强制性能源效率标准的用能产品、设备；禁止使用国家明令淘汰的用能设备、生产工艺。

第十八条　国家对家用电器等使用面广、耗能量大的用能产品，实行能源效率标识管理。实行能源效率标识管理的产品目录和实施办法，由国务院管理节能工作的部门会同国务院市场监督管理部门制定并公布。

第十九条　生产者和进口商应当对列入国家能源效率标识管理产品目录的用能产品标注能源效率标识，在产品包装物上或者说明书中予以说明，并按照规定报国务院市场监督管理部门和国务院管理节能工作的部门共同授权的机构备案。

生产者和进口商应当对其标注的能源效率标识及相关信息的准确性负责。禁止销售应当标注而未标注能源效率标识的产品。

禁止伪造、冒用能源效率标识或者利用能源效率标识进行虚假宣传。

第二十条　用能产品的生产者、销售者，可以根据自愿原则，按照国家有关节能产品认证的规定，向经国务院认证认可监督管理部门认可的从事节能产品认证的机构提出节能产品认证申请；经认证合格后，取得节能产品认证证书，可以在用能产品或者其包装物上使用节能产品认证标志。

禁止使用伪造的节能产品认证标志或者冒用节能产品认证标志。

第二十一条　县级以上各级人民政府统计部门应当会同同级有关部门，建立健全能源统计制度，完善能源统计指标体系，改进和规范能源统计方法，确保能源统计数据真实、完整。

国务院统计部门会同国务院管理节能工作的部门，定期向社会公布各省、自治区、直辖市以及主要耗能行业的能源消费和节能情况等信息。

第二十二条　国家鼓励节能服务机构的发展，支持节能服务机构开展节能咨询、设计、评估、检测、审计、认证等服务。

国家支持节能服务机构开展节能知识宣传和节能技术培训，提供节能信息、节能示范和其他公益性节能服务。

第二十三条　国家鼓励行业协会在行业节能规划、节能标准的制定和实施、节能技术推广、能源消费统计、节能宣传培训和信息咨询等方面发挥作用。

第三章　合理使用与节约能源

第一节　一般规定

第二十四条　用能单位应当按照合理用能的原则，加强节能管理，制定并实施节能计划和节能技术措施，降低能源消耗。

第二十五条　用能单位应当建立节能目标责任制，对节能工作取得成绩的集体、个人给予奖励。

第二十六条　用能单位应当定期开展节能教育和岗位节能培训。

第二十七条　用能单位应当加强能源计量管理，按照规定配备和使用经依法检定合格的能源计量器具。

用能单位应当建立能源消费统计和能源利用状况分析制度，对各类能源的消费实行分类计量和统计，并确保能源消费统计数据真实、完整。

第二十八条　能源生产经营单位不得向本单位职工无偿提供能源。任何单位不得对能源消费实行包费制。

第二节　工业节能

第二十九条　国务院和省、自治区、直辖市人民政府推进能源资源优化开发利用和合理配置，推进有利于节能的行业结构调整，优化用能结构和企业布局。

第三十条 国务院管理节能工作的部门会同国务院有关部门制定电力、钢铁、有色金属、建材、石油加工、化工、煤炭等主要耗能行业的节能技术政策,推动企业节能技术改造。

第三十一条 国家鼓励工业企业采用高效、节能的电动机、锅炉、窑炉、风机、泵类等设备,采用热电联产、余热余压利用、洁净煤以及先进的用能监测和控制等技术。

第三十二条 电网企业应当按照国务院有关部门制定的节能发电调度管理的规定,安排清洁、高效和符合规定的热电联产、利用余热余压发电的机组以及其他符合资源综合利用规定的发电机组与电网并网运行,上网电价执行国家有关规定。

第三十三条 禁止新建不符合国家规定的燃煤发电机组、燃油发电机组和燃煤热电机组。

第三节 建筑节能

第三十四条 国务院建设主管部门负责全国建筑节能的监督管理工作。

县级以上地方各级人民政府建设主管部门负责本行政区域内建筑节能的监督管理工作。

县级以上地方各级人民政府建设主管部门会同同级管理节能工作的部门编制本行政区域内的建筑节能规划。建筑节能规划应当包括既有建筑节能改造计划。

第三十五条 建筑工程的建设、设计、施工和监理单位应当遵守建筑节能标准。

不符合建筑节能标准的建筑工程,建设主管部门不得批准开工建设;已经开工建设的,应当责令停止施工、限期改正;已经建成的,不得销售或者使用。

建设主管部门应当加强对在建建筑工程执行建筑节能标准情况的监督检查。

第三十六条 房地产开发企业在销售房屋时,应当向购买人明示所售房屋的节能措施、保温工程保修期等信息,在房屋买卖合同、质量保证书和使用说明书中载明,并对其真实性、准确性负责。

第三十七条 使用空调采暖、制冷的公共建筑应当实行室内温度控制制度。具体办法由国务院建设主管部门制定。

第三十八条 国家采取措施,对实行集中供热的建筑分步骤实行供热分户计量、按照用热量收费的制度。新建建筑或者对既有建筑进行节能改造,应当按照规定安装用热计量装置、室内温度调控装置和供热系统调控装置。具体办法由国务院建设主管部门会同国务院有关部门制定。

第三十九条 县级以上地方各级人民政府有关部门应当加强城市节约用电管理,严格控制公用设施和大型建筑物装饰性景观照明的能耗。

第四十条 国家鼓励在新建建筑和既有建筑节能改造中使用新型墙体材料等节能建筑材料和节能设备,安装和使用太阳能等可再生能源利用系统。

第四节 交通运输节能

第四十一条 国务院有关交通运输主管部门按照各自的职责负责全国交通运输相关领域的节能监督管理工作。

国务院有关交通运输主管部门会同国务院管理节能工作的部门分别制定相关领域的节能规划。

第四十二条 国务院及其有关部门指导、促进各种交通运输方式协调发展和有效衔接,优化交通运输结构,建设节能型综合交通运输体系。

第四十三条 县级以上地方各级人民政府应当优先发展公共交通,加大对公共交通的投入,完善公共交通服务体系,鼓励利用公共交通工具出行;鼓励使用非机动交通工具出行。

第四十四条 国务院有关交通运输主管部门应当加强交通运输组织管理,引导道路、水路、航空运输企业提高运输组织化程度和集约化水平,提高能源利用效率。

第四十五条 国家鼓励开发、生产、使用节能环保型汽车、摩托车、铁路机车车辆、船舶和其他交通运输工具,实行老旧交通运输工具的报废、更新制度。

国家鼓励开发和推广应用交通运输工具使用的清洁燃料、石油替代燃料。

第四十六条 国务院有关部门制定交通运输营运车船的燃料消耗量限值标准;不符合标准的,不得用于营运。

国务院有关交通运输主管部门应当加强对交通运输营运车船燃料消耗检测的监督管理。

第五节 公共机构节能

第四十七条 公共机构应当厉行节约,杜绝浪费,带头使用节能产品、设备,提高能源利用效率。

本法所称公共机构,是指全部或者部分使用财政性资金的国家机关、事业单位和团体组织。

第四十八条 国务院和县级以上地方各级人民政府管理机关事务工作的机构会同同级有关部门制定和组织实施本级公共机构节能规划。公共机构节能规划应当包括公共机构既有建筑节能改造计划。

第四十九条　公共机构应当制定年度节能目标和实施方案,加强能源消费计量和监测管理,向本级人民政府管理机关事务工作的机构报送上年度的能源消费状况报告。

国务院和县级以上地方各级人民政府管理机关事务工作的机构会同同级有关部门按照管理权限,制定本级公共机构的能源消耗定额,财政部门根据该定额制定能源消耗支出标准。

第五十条　公共机构应当加强本单位用能系统管理,保证用能系统的运行符合国家相关标准。

公共机构应当按照规定进行能源审计,并根据能源审计结果采取提高能源利用效率的措施。

第五十一条　公共机构采购用能产品、设备,应当优先采购列入节能产品、设备政府采购名录中的产品、设备。禁止采购国家明令淘汰的用能产品、设备。

节能产品、设备政府采购名录由省级以上人民政府的政府采购监督管理部门会同同级有关部门制定并公布。

第六节　重点用能单位节能

第五十二条　国家加强对重点用能单位的节能管理。

下列用能单位为重点用能单位:

(一)年综合能源消费总量一万吨标准煤以上的用能单位;

(二)国务院有关部门或者省、自治区、直辖市人民政府管理节能工作的部门指定的年综合能源消费总量五千吨以上不满一万吨标准煤的用能单位。

重点用能单位节能管理办法,由国务院管理节能工作的部门会同国务院有关部门制定。

第五十三条　重点用能单位应当每年向管理节能工作的部门报送上年度的能源利用状况报告。能源利用状况包括能源消费情况、能源利用效率、节能目标完成情况和节能效益分析、节能措施等内容。

第五十四条　管理节能工作的部门应当对重点用能单位报送的能源利用状况报告进行审查。对节能管理制度不健全、节能措施不落实、能源利用效率低的重点用能单位,管理节能工作的部门应当开展现场调查,组织实施用能设备能源效率检测,责令实施能源审计,并提出书面整改要求,限期整改。

第五十五条　重点用能单位应当设立能源管理岗位,在具有节能专业知识、实际经验以及中级以上技术职称的人员中聘任能源管理负责人,并报管理节能工作的

部门和有关部门备案。

能源管理负责人负责组织对本单位用能状况进行分析、评价,组织编写本单位能源利用状况报告,提出本单位节能工作的改进措施并组织实施。

能源管理负责人应当接受节能培训。

第四章　节能技术进步

第五十六条　国务院管理节能工作的部门会同国务院科技主管部门发布节能技术政策大纲,指导节能技术研究、开发和推广应用。

第五十七条　县级以上各级人民政府应当把节能技术研究开发作为政府科技投入的重点领域,支持科研单位和企业开展节能技术应用研究,制定节能标准,开发节能共性和关键技术,促进节能技术创新与成果转化。

第五十八条　国务院管理节能工作的部门会同国务院有关部门制定并公布节能技术、节能产品的推广目录,引导用能单位和个人使用先进的节能技术、节能产品。

国务院管理节能工作的部门会同国务院有关部门组织实施重大节能科研项目、节能示范项目、重点节能工程。

第五十九条　县级以上各级人民政府应当按照因地制宜、多能互补、综合利用、讲求效益的原则,加强农业和农村节能工作,增加对农业和农村节能技术、节能产品推广应用的资金投入。

农业、科技等有关主管部门应当支持、推广在农业生产、农产品加工储运等方面应用节能技术和节能产品,鼓励更新和淘汰高耗能的农业机械和渔业船舶。

国家鼓励、支持在农村大力发展沼气,推广生物质能、太阳能和风能等可再生能源利用技术,按照科学规划、有序开发的原则发展小型水力发电,推广节能型的农村住宅和炉灶等,鼓励利用非耕地种植能源植物,大力发展薪炭林等能源林。

第五章　激励措施

第六十条　中央财政和省级地方财政安排节能专项资金,支持节能技术研究开发、节能技术和产品的示范与推广、重点节能工程的实施、节能宣传培训、信息服务和表彰奖励等。

第六十一条　国家对生产、使用列入本法第五十八条规定的推广目录的需要支持的节能技术、节能产品,实行税收优惠等扶持政策。

国家通过财政补贴支持节能照明器具等节能产品的推广和使用。

第六十二条　国家实行有利于节约能源资源的税收政策,健全能源矿产资源有偿使用制度,促进能源资源的节约及其开采利用水平的提高。

第六十三条　国家运用税收等政策,鼓励先进节能技术、设备的进口,控制在生产过程中耗能高、污染重的产品的出口。

第六十四条　政府采购监督管理部门会同有关部门制定节能产品、设备政府采购名录,应当优先列入取得节能产品认证证书的产品、设备。

第六十五条　国家引导金融机构增加对节能项目的信贷支持,为符合条件的节能技术研究开发、节能产品生产以及节能技术改造等项目提供优惠贷款。

国家推动和引导社会有关方面加大对节能的资金投入,加快节能技术改造。

第六十六条　国家实行有利于节能的价格政策,引导用能单位和个人节能。

国家运用财税、价格等政策,支持推广电力需求侧管理、合同能源管理、节能自愿协议等节能办法。

国家实行峰谷分时电价、季节性电价、可中断负荷电价制度,鼓励电力用户合理调整用电负荷;对钢铁、有色金属、建材、化工和其他主要耗能行业的企业,分淘汰、限制、允许和鼓励类实行差别电价政策。

第六十七条　各级人民政府对在节能管理、节能科学技术研究和推广应用中有显著成绩以及检举严重浪费能源行为的单位和个人,给予表彰和奖励。

第六章　法律责任

第六十八条　负责审批政府投资项目的机关违反本法规定,对不符合强制性节能标准的项目予以批准建设的,对直接负责的主管人员和其他直接责任人员依法给予处分。

固定资产投资项目建设单位开工建设不符合强制性节能标准的项目或者将该项目投入生产、使用的,由管理节能工作的部门责令停止建设或者停止生产、使用,限期改造;不能改造或者逾期不改造的生产性项目,由管理节能工作的部门报请本级人民政府按照国务院规定的权限责令关闭。

第六十九条　生产、进口、销售国家明令淘汰的用能产品、设备的,使用伪造的节能产品认证标志或者冒用节能产品认证标志的,依照《中华人民共和国产品质量法》的规定处罚。

第七十条　生产、进口、销售不符合强制性能源效率标准的用能产品、设备的,由市场监督管理部门责令停止生产、进口、销售,没收违法生产、进口、销售的用能产品、设备和违法所得,并处违法所得一倍以上五倍以下罚款;情节严重的,吊销营业执照。

第七十一条　使用国家明令淘汰的用能设备或者生产工艺的,由管理节能工作的部门责令停止使用,没收国家明令淘汰的用能设备;情节严重的,可以由管理节能工作的部门提出意见,报请本级人民政府按照国务院规定的权限责令停业整顿或者关闭。

第七十二条　生产单位超过单位产品能耗限额标准用能,情节严重,经限期治理逾期不治理或者没有达到治理要求的,可以由管理节能工作的部门提出意见,报请本级人民政府按照国务院规定的权限责令停业整顿或者关闭。

第七十三条　违反本法规定,应当标注能源效率标识而未标注的,由市场监督管理部门责令改正,处三万元以上五万元以下罚款。

违反本法规定,未办理能源效率标识备案,或者使用的能源效率标识不符合规定的,由市场监督管理部门责令限期改正;逾期不改正的,处一万元以上三万元以下罚款。

伪造、冒用能源效率标识或者利用能源效率标识进行虚假宣传的,由市场监督管理部门责令改正,处五万元以上十万元以下罚款;情节严重的,吊销营业执照。

第七十四条　用能单位未按照规定配备、使用能源计量器具的,由市场监督管理部门责令限期改正;逾期不改正的,处一万元以上五万元以下罚款。

第七十五条　瞒报、伪造、篡改能源统计资料或者编造虚假能源统计数据的,依照《中华人民共和国统计法》的规定处罚。

第七十六条　从事节能咨询、设计、评估、检测、审计、认证等服务的机构提供虚假信息的,由管理节能工作的部门责令改正,没收违法所得,并处五万元以上十万元以下罚款。

第七十七条　违反本法规定,无偿向本单位职工提供能源或者对能源消费实行包费制的,由管理节能工作的部门责令限期改正;逾期不改正的,处五万元以上二十万元以下罚款。

第七十八条　电网企业未按照本法规定安排符合规定的热电联产和利用余热余压发电的机组与电网并网运行,或者未执行国家有关上网电价规定的,由国家电力监管机构责令改正;造成发电企业经济损失的,依法承担赔偿责任。

第七十九条　建设单位违反建筑节能标准的,由建设主管部门责令改正,处二十万元以上五十万元以下罚款。

设计单位、施工单位、监理单位违反建筑节能标准的,由建设主管部门责令改正,处十万元以上五十万元以下罚款;情节严重的,由颁发资质证书的部门降低资质等级或者吊销资质证书;造成损失的,依法承担赔偿责任。

第八十条　房地产开发企业违反本法规定,在销售房屋时未向购买人明示所售房屋的节能措施、保温工程保修期等信息的,由建设主管部门责令限期改正,逾期不改正的,处三万元以上五万元以下罚款;对以上信息作虚假宣传的,由建设主管部门责令改正,处五万元以上二十万元以下罚款。

第八十一条　公共机构采购用能产品、设备,未优先采购列入节能产品、设备政府采购名录中的产品、设备,或者采购国家明令淘汰的用能产品、设备的,由政府采购监督管理部门给予警告,可以并处罚款;对直接负责的主管人员和其他直接责任人员依法给予处分,并予通报。

第八十二条　重点用能单位未按照本法规定报送能源利用状况报告或者报告内容不实的,由管理节能工作的部门责令限期改正;逾期不改正的,处一万元以上五万元以下罚款。

第八十三条　重点用能单位无正当理由拒不落实本法第五十四条规定的整改要求或者整改没有达到要求的,由管理节能工作的部门处十万元以上三十万元以下罚款。

第八十四条　重点用能单位未按照本法规定设立能源管理岗位,聘任能源管理负责人,并报管理节能工作的部门和有关部门备案的,由管理节能工作的部门责令改正;拒不改正的,处一万元以上三万元以下罚款。

第八十五条　违反本法规定,构成犯罪的,依法追究刑事责任。

第八十六条　国家工作人员在节能管理工作中滥用职权、玩忽职守、徇私舞弊,构成犯罪的,依法追究刑事责任;尚不构成犯罪的,依法给予处分。

第七章　附　则

第八十七条　本法自 2008 年 4 月 1 日起施行。

民用建筑节能条例

· 2008 年 7 月 23 日国务院第 18 次常务会议通过
· 2008 年 8 月 1 日中华人民共和国国务院令第 530 号公布
· 自公布之日起施行

第一章　总　则

第一条　为了加强民用建筑节能管理,降低民用建筑使用过程中的能源消耗,提高能源利用效率,制定本条例。

第二条　本条例所称民用建筑节能,是指在保证民用建筑使用功能和室内热环境质量的前提下,降低其使用过程中能源消耗的活动。

本条例所称民用建筑,是指居住建筑、国家机关办公建筑和商业、服务业、教育、卫生等其他公共建筑。

第三条　各级人民政府应当加强对民用建筑节能工作的领导,积极培育民用建筑节能服务市场,健全民用建筑节能服务体系,推动民用建筑节能技术的开发应用,做好民用建筑节能知识的宣传教育工作。

第四条　国家鼓励和扶持在新建建筑和既有建筑节能改造中采用太阳能、地热能等可再生能源。

在具备太阳能利用条件的地区,有关地方人民政府及其部门应当采取有效措施,鼓励和扶持单位、个人安装使用太阳能热水系统、照明系统、供热系统、采暖制冷系统等太阳能利用系统。

第五条　国务院建设主管部门负责全国民用建筑节能的监督管理工作。县级以上地方人民政府建设主管部门负责本行政区域民用建筑节能的监督管理工作。

县级以上人民政府有关部门应当依照本条例的规定以及本级人民政府规定的职责分工,负责民用建筑节能的有关工作。

第六条　国务院建设主管部门应当在国家节能中长期专项规划指导下,编制全国民用建筑节能规划,并与相关规划相衔接。

县级以上地方人民政府建设主管部门应当组织编制本行政区域的民用建筑节能规划,报本级人民政府批准后实施。

第七条　国家建立健全民用建筑节能标准体系。国家民用建筑节能标准由国务院建设主管部门负责组织制定,并依照法定程序发布。

国家鼓励制定、采用优于国家民用建筑节能标准的地方民用建筑节能标准。

第八条　县级以上人民政府应当安排民用建筑节能资金,用于支持民用建筑节能的科学技术研究和标准制定、既有建筑围护结构和供热系统的节能改造、可再生能源的应用,以及民用建筑节能示范工程、节能项目的推广。

政府引导金融机构对既有建筑节能改造、可再生能源的应用,以及民用建筑节能示范工程等项目提供支持。

民用建筑节能项目依法享受税收优惠。

第九条　国家积极推进供热体制改革,完善供热价格形成机制,鼓励发展集中供热,逐步实行按照用热量收费制度。

第十条　对在民用建筑节能工作中做出显著成绩的单位和个人，按照国家有关规定给予表彰和奖励。

第二章　新建建筑节能

第十一条　国家推广使用民用建筑节能的新技术、新工艺、新材料和新设备，限制使用或者禁止使用能源消耗高的技术、工艺、材料和设备。国务院节能工作主管部门、建设主管部门应当制定、公布并及时更新推广使用、限制使用、禁止使用目录。

国家限制进口或者禁止进口能源消耗高的技术、材料和设备。

建设单位、设计单位、施工单位不得在建筑活动中使用列入禁止使用目录的技术、工艺、材料和设备。

第十二条　编制城市详细规划、镇详细规划，应当按照民用建筑节能的要求，确定建筑的布局、形状和朝向。

城乡规划主管部门依法对民用建筑进行规划审查，应当就设计方案是否符合民用建筑节能强制性标准征求同级建设主管部门的意见；建设主管部门应当自收到征求意见材料之日起 10 日内提出意见。征求意见时间不计算在规划许可的期限内。

对不符合民用建筑节能强制性标准的，不得颁发建设工程规划许可证。

第十三条　施工图设计文件审查机构应当按照民用建筑节能强制性标准对施工图设计文件进行审查；经审查不符合民用建筑节能强制性标准的，县级以上地方人民政府建设主管部门不得颁发施工许可证。

第十四条　建设单位不得明示或者暗示设计单位、施工单位违反民用建筑节能强制性标准进行设计、施工，不得明示或者暗示施工单位使用不符合施工图设计文件要求的墙体材料、保温材料、门窗、采暖制冷系统和照明设备。

按照合同约定由建设单位采购墙体材料、保温材料、门窗、采暖制冷系统和照明设备的，建设单位应当保证其符合施工图设计文件要求。

第十五条　设计单位、施工单位、工程监理单位及其注册执业人员，应当按照民用建筑节能强制性标准进行设计、施工、监理。

第十六条　施工单位应当对进入施工现场的墙体材料、保温材料、门窗、采暖制冷系统和照明设备进行查验；不符合施工图设计文件要求的，不得使用。

工程监理单位发现施工单位不按照民用建筑节能强制性标准施工的，应当要求施工单位改正；施工单位拒不改正的，工程监理单位应当及时报告建设单位，并向有关主管部门报告。

墙体、屋面的保温工程施工时，监理工程师应当按照工程监理规范的要求，采取旁站、巡视和平行检验等形式实施监理。

未经监理工程师签字，墙体材料、保温材料、门窗、采暖制冷系统和照明设备不得在建筑上使用或者安装，施工单位不得进行下一道工序的施工。

第十七条　建设单位组织竣工验收，应当对民用建筑是否符合民用建筑节能强制性标准进行查验；对不符合民用建筑节能强制性标准的，不得出具竣工验收合格报告。

第十八条　实行集中供热的建筑应当安装供热系统调控装置、用热计量装置和室内温度调控装置；公共建筑还应当安装用电分项计量装置。居住建筑安装的用热计量装置应当满足分户计量的要求。

计量装置应当依法检定合格。

第十九条　建筑的公共走廊、楼梯等部位，应当安装、使用节能灯具和电气控制装置。

第二十条　对具备可再生能源利用条件的建筑，建设单位应当选择合适的可再生能源，用于采暖、制冷、照明和热水供应等；设计单位应当按照有关可再生能源利用的标准进行设计。

建设可再生能源利用设施，应当与建筑主体工程同步设计、同步施工、同步验收。

第二十一条　国家机关办公建筑和大型公共建筑的所有权人应当对建筑的能源利用效率进行测评和标识，并按照国家有关规定将测评结果予以公示，接受社会监督。

国家机关办公建筑应当安装、使用节能设备。

本条例所称大型公共建筑，是指单体建筑面积 2 万平方米以上的公共建筑。

第二十二条　房地产开发企业销售商品房，应当向购买人明示所售商品房的能源消耗指标、节能措施和保护要求、保温工程保修期等信息，并在商品房买卖合同和住宅质量保证书、住宅使用说明书中载明。

第二十三条　在正常使用条件下，保温工程的最低保修期限为 5 年。保温工程的保修期，自竣工验收合格之日起计算。

保温工程在保修范围和保修期内发生质量问题的，施工单位应当履行保修义务，并对造成的损失依法承担赔偿责任。

第三章　既有建筑节能

第二十四条　既有建筑节能改造应当根据当地经济、社会发展水平和地理气候条件等实际情况，有计划、分步骤地实施分类改造。

本条例所称既有建筑节能改造,是指对不符合民用建筑节能强制性标准的既有建筑的围护结构、供热系统、采暖制冷系统、照明设备和热水供应设施等实施节能改造的活动。

第二十五条　县级以上地方人民政府建设主管部门应当对本行政区域内既有建筑的建设年代、结构形式、用能系统、能源消耗指标、寿命周期等组织调查统计和分析,制定既有建筑节能改造计划,明确节能改造的目标、范围和要求,报本级人民政府批准后组织实施。

中央国家机关既有建筑的节能改造,由有关管理机关事务工作的机构制定节能改造计划,并组织实施。

第二十六条　国家机关办公建筑、政府投资和以政府投资为主的公共建筑的节能改造,应当制定节能改造方案,经充分论证,并按照国家有关规定办理相关审批手续方可进行。

各级人民政府及其有关部门、单位不得违反国家有关规定和标准,以节能改造的名义对前款规定的既有建筑进行扩建、改建。

第二十七条　居住建筑和本条例第二十六条规定以外的其他公共建筑不符合民用建筑节能强制性标准的,在尊重建筑所有权人意愿的基础上,可以结合扩建、改建,逐步实施节能改造。

第二十八条　实施既有建筑节能改造,应当符合民用建筑节能强制性标准,优先采用遮阳、改善通风等低成本改造措施。

既有建筑围护结构的改造和供热系统的改造,应当同步进行。

第二十九条　对实行集中供热的建筑进行节能改造,应当安装供热系统调控装置和用热计量装置;对公共建筑进行节能改造,还应当安装室内温度调控装置和用电分项计量装置。

第三十条　国家机关办公建筑的节能改造费用,由县级以上人民政府纳入本级财政预算。

居住建筑和教育、科学、文化、卫生、体育等公益事业使用的公共建筑节能改造费用,由政府、建筑所有权人共同负担。

国家鼓励社会资金投资既有建筑节能改造。

第四章　建筑用能系统运行节能

第三十一条　建筑所有权人或者使用权人应当保证建筑用能系统的正常运行,不得人为损坏建筑围护结构和用能系统。

国家机关办公建筑和大型公共建筑的所有权人或者使用权人应当建立健全民用建筑节能管理制度和操作规程,对建筑用能系统进行监测、维护,并定期将分项用电量报县级以上地方人民政府建设主管部门。

第三十二条　县级以上地方人民政府节能工作主管部门应当会同同级建设主管部门确定本行政区域内公共建筑重点用电单位及其年度用电限额。

县级以上地方人民政府建设主管部门应当对本行政区域内国家机关办公建筑和公共建筑用电情况进行调查统计和评价分析。国家机关办公建筑和大型公共建筑采暖、制冷、照明的能源消耗情况应当依照法律、行政法规和国家其他有关规定向社会公布。

国家机关办公建筑和公共建筑的所有权人或者使用权人应当对县级以上地方人民政府建设主管部门的调查统计工作予以配合。

第三十三条　供热单位应当建立健全相关制度,加强对专业技术人员的教育和培训。

供热单位应当改进技术装备,实施计量管理,并对供热系统进行监测、维护,提高供热系统的效率,保证供热系统的运行符合民用建筑节能强制性标准。

第三十四条　县级以上地方人民政府建设主管部门应当对本行政区域内供热单位的能源消耗情况进行调查统计和分析,并制定供热单位能源消耗指标;对超过能源消耗指标的,应当要求供热单位制定相应的改进措施,并监督实施。

第五章　法律责任

第三十五条　违反本条例规定,县级以上人民政府有关部门有下列行为之一的,对负有责任的主管人员和其他直接责任人员依法给予处分;构成犯罪的,依法追究刑事责任:

(一)对设计方案不符合民用建筑节能强制性标准的民用建筑项目颁发建设工程规划许可证的;

(二)对不符合民用建筑节能强制性标准的设计方案出具合格意见的;

(三)对施工图设计文件不符合民用建筑节能强制性标准的民用建筑项目颁发施工许可证的;

(四)不依法履行监督管理职责的其他行为。

第三十六条　违反本条例规定,各级人民政府及其有关部门、单位违反国家有关规定和标准,以节能改造的名义对既有建筑进行扩建、改建的,对负有责任的主管人员和其他直接责任人员,依法给予处分。

第三十七条　违反本条例规定,建设单位有下列行

为之一的,由县级以上地方人民政府建设主管部门责令改正,处 20 万元以上 50 万元以下的罚款:

(一)明示或者暗示设计单位、施工单位违反民用建筑节能强制性标准进行设计、施工的;

(二)明示或者暗示施工单位使用不符合施工图设计文件要求的墙体材料、保温材料、门窗、采暖制冷系统和照明设备的;

(三)采购不符合施工图设计文件要求的墙体材料、保温材料、门窗、采暖制冷系统和照明设备的;

(四)使用列入禁止使用目录的技术、工艺、材料和设备的。

第三十八条　违反本条例规定,建设单位对不符合民用建筑节能强制性标准的民用建筑项目出具竣工验收合格报告的,由县级以上地方人民政府建设主管部门责令改正,处民用建筑项目合同价款 2% 以上 4% 以下的罚款;造成损失的,依法承担赔偿责任。

第三十九条　违反本条例规定,设计单位未按照民用建筑节能强制性标准进行设计,或者使用列入禁止使用目录的技术、工艺、材料和设备的,由县级以上地方人民政府建设主管部门责令改正,处 10 万元以上 30 万元以下的罚款;情节严重的,由颁发资质证书的部门责令停业整顿,降低资质等级或者吊销资质证书;造成损失的,依法承担赔偿责任。

第四十条　违反本条例规定,施工单位未按照民用建筑节能强制性标准进行施工的,由县级以上地方人民政府建设主管部门责令改正,处民用建筑项目合同价款 2% 以上 4% 以下的罚款;情节严重的,由颁发资质证书的部门责令停业整顿,降低资质等级或者吊销资质证书;造成损失的,依法承担赔偿责任。

第四十一条　违反本条例规定,施工单位有下列行为之一的,由县级以上地方人民政府建设主管部门责令改正,处 10 万元以上 20 万元以下的罚款;情节严重的,由颁发资质证书的部门责令停业整顿,降低资质等级或者吊销资质证书;造成损失的,依法承担赔偿责任:

(一)未对进入施工现场的墙体材料、保温材料、门窗、采暖制冷系统和照明设备进行查验的;

(二)使用不符合施工图设计文件要求的墙体材料、保温材料、门窗、采暖制冷系统和照明设备的;

(三)使用列入禁止使用目录的技术、工艺、材料和设备的。

第四十二条　违反本条例规定,工程监理单位有下列行为之一的,由县级以上地方人民政府建设主管部门

责令限期改正;逾期未改正的,处 10 万元以上 30 万元以下的罚款;情节严重的,由颁发资质证书的部门责令停业整顿,降低资质等级或者吊销资质证书;造成损失的,依法承担赔偿责任:

(一)未按照民用建筑节能强制性标准实施监理的;

(二)墙体、屋面的保温工程施工时,未采取旁站、巡视和平行检验等形式实施监理的。

对不符合施工图设计文件要求的墙体材料、保温材料、门窗、采暖制冷系统和照明设备,按照符合施工图设计文件要求签字的,依照《建设工程质量管理条例》第六十七条的规定处罚。

第四十三条　违反本条例规定,房地产开发企业销售商品房,未向购买人明示所售商品房的能源消耗指标、节能措施和保护要求、保温工程保修期等信息,或者向购买人明示的所售商品房能源消耗指标与实际能源消耗不符的,依法承担民事责任;由县级以上地方人民政府建设主管部门责令限期改正;逾期未改正的,处交付使用的房屋销售总额 2% 以下的罚款;情节严重的,由颁发资质证书的部门降低资质等级或者吊销资质证书。

第四十四条　违反本条例规定,注册执业人员未执行民用建筑节能强制性标准的,由县级以上人民政府建设主管部门责令停止执业 3 个月以上 1 年以下;情节严重的,由颁发资格证书的部门吊销执业资格证书,5 年内不予注册。

第六章　附　则

第四十五条　本条例自 2008 年 10 月 1 日起施行。

固定资产投资项目节能审查办法

· 2023 年 3 月 28 日国家发展和改革委员会令第 2 号公布
· 自 2023 年 6 月 1 日起施行

第一章　总　则

第一条　为完善能源消耗总量和强度调控,促进固定资产投资项目科学合理利用能源,加强用能管理,推进能源节约,防止能源浪费,提高能源利用效率,推动实现碳达峰碳中和,根据《中华人民共和国节约能源法》、《中华人民共和国行政许可法》、《民用建筑节能条例》、《公共机构节能条例》等有关法律法规,制定本办法。

第二条　本办法适用于各级人民政府投资主管部门管理的在我国境内建设的固定资产投资项目。本办法所称节能审查,是指根据节能法律法规、政策标准等,对项目能源消费、能效水平及节能措施等情况进行审查并形

成审查意见的行为。

第三条　固定资产投资项目节能审查意见是项目开工建设、竣工验收和运营管理的重要依据。政府投资项目，建设单位在报送项目可行性研究报告前，需取得节能审查机关出具的节能审查意见。企业投资项目，建设单位需在开工建设前取得节能审查机关出具的节能审查意见。未按本办法规定进行节能审查，或节能审查未通过的项目，建设单位不得开工建设，已经建成的不得投入生产、使用。

第四条　固定资产投资项目节能审查相关工作经费，按照国家有关规定纳入部门预算，并按照规定程序向同级财政部门申请。对项目进行节能审查不得收取任何费用。

第二章　管理职责

第五条　国家发展改革委负责制定节能审查的相关管理办法，组织编制技术标准、规范和指南，开展业务培训，依据各地能源消费形势、落实能源消耗总量和强度调控、控制化石能源消费、完成节能目标任务、推进碳达峰碳中和进展等情况，对各地新上重大高耗能项目的节能审查工作进行督导。

第六条　县级以上地方各级人民政府管理节能工作的部门应根据本地节能工作实际，对节能审查工作加强总体指导和统筹协调，落实能源消耗总量和强度调控，强化能耗强度降低约束性指标管理，有效增强能源消费总量管理弹性，控制化石能源消费，坚决遏制高耗能、高排放、低水平项目盲目发展。

第七条　固定资产投资项目节能审查由地方节能审查机关负责。节能审查机关应当制定并公开服务指南，列明节能审查的申报材料、受理方式、审查条件、办理流程、办理时限等，为建设单位提供指导和服务，提高工作效能和透明度。上级节能审查机关应加强对下级节能审查机关的工作指导。

第八条　节能审查机关与管理节能工作的部门为不同部门的，节能审查机关应与同级管理节能工作的部门加强工作衔接，重大高耗能项目节能审查应征求同级管理节能工作的部门意见，并及时将本部门节能审查实施情况抄送同级管理节能工作的部门。

第九条　国家发展改革委核报国务院审批以及国家发展改革委审批的政府投资项目，建设单位在报送项目可行性研究报告前，需取得省级节能审查机关出具的节能审查意见。国家发展改革委核报国务院核准以及国家发展改革委核准的企业投资项目，建设单位需在开工建设前取得省级节能审查机关出具的节能审查意见。

年综合能源消费量（建设地点、主要生产工艺和设备未改变的改建项目按照建成投产后年综合能源消费增量计算，其他项目按照建成投产后年综合能源消费量计算，电力折算系数按当量值，下同）10000 吨标准煤及以上的固定资产投资项目，其节能审查由省级节能审查机关负责。其他固定资产投资项目，其节能审查管理权限由省级节能审查机关依据实际情况自行决定。

年综合能源消费量不满 1000 吨标准煤且年电力消费量不满 500 万千瓦时的固定资产投资项目，涉及国家秘密的固定资产投资项目以及用能工艺简单、节能潜力小的行业（具体行业目录由国家发展改革委制定公布并适时更新）的固定资产投资项目，可不单独编制节能报告。项目应按照相关节能标准、规范建设，项目可行性研究报告或项目申请报告应对项目能源利用、节能措施和能效水平等进行分析。节能审查机关对项目不再单独进行节能审查，不再出具节能审查意见。

单个项目涉及两个及以上省级地区的，其节能审查工作由项目主体工程（或控制性工程）所在省（区、市）省级节能审查机关牵头商其他地区省级节能审查机关研究确定后实施。打捆项目涉及两个及以上省级地区的，其节能审查工作分别由子项目所在省（区、市）相关节能审查机关实施。

第十条　地方可结合本地实际，在各类开发区、新区和其他有条件的区域实施区域节能审查，明确区域节能目标、节能措施、能效准入、化石能源消费控制等要求。对已经实施区域节能审查范围内的项目，除应由省级节能审查机关审查的，节能审查实行告知承诺制。

区域节能审查具体实施办法由省级管理节能工作的部门依据实际情况制定。

第三章　节能审查

第十一条　需进行节能审查的固定资产投资项目，建设单位应编制节能报告。项目节能报告应包括下列内容：

（一）项目概况；

（二）分析评价依据；

（三）项目建设及运营方案节能分析和比选，包括总平面布置、生产工艺、用能工艺、用能设备和能源计量器具等方面；

（四）节能措施及其技术、经济论证；

（五）项目能效水平、能源消费情况，包括单位产品能耗、单位产品化石能源消耗、单位增加值（产值）能耗、单位增加值(产值)化石能源消耗、能源消费量、能源消费结构、化石能源消费量、可再生能源消费量和供给保障情况、原料用能消费量;有关数据与国家、地方、行业标准及国际、国内行业水平的全面比较;

(六)项目实施对所在地完成节能目标任务的影响分析。

具备碳排放统计核算条件的项目,应在节能报告中核算碳排放量、碳排放强度指标,提出降碳措施,分析项目碳排放情况对所在地完成降碳目标任务的影响。

建设单位应出具书面承诺,对节能报告的真实性、合法性和完整性负责,不得以拆分或合并项目等不正当手段逃避节能审查。

第十二条　节能报告内容齐全、符合法定形式的,节能审查机关应当予以受理。内容不齐全或不符合法定形式的,节能审查机关应当当场或者 5 日内一次告知建设单位需要补正的全部内容,逾期不告知的,自收到报告之日起即为受理。

第十三条　节能审查机关受理节能报告后,应委托具备技术能力的机构进行评审,形成评审意见,作为节能审查的重要依据。

第十四条　节能审查机关应当从以下方面对项目节能报告进行审查:

(一)项目是否符合节能有关法律法规、标准规范、政策要求;

(二)项目用能分析是否客观准确,方法是否科学,结论是否准确;

(三)项目节能措施是否合理可行;

(四)项目的能效水平、能源消费等相关数据核算是否准确,是否满足本地区节能工作管理要求。

第十五条　节能审查机关应在法律规定的时限内出具节能审查意见或明确节能审查不予通过。节能审查意见自印发之日起 2 年内有效,逾期未开工建设或建成时间超过节能报告中预计建成时间 2 年以上的项目应重新进行节能审查。

第十六条　通过节能审查的固定资产投资项目,建设地点、建设内容、建设规模、能效水平等发生重大变动的,或年实际综合能源消费量超过节能审查批复水平 10%及以上的,建设单位应向原节能审查机关提交变更申请。原节能审查机关依据实际情况,提出同意变更的意见或重新进行节能审查;项目节能审查权限发生变化的,应及时移交有权审查机关办理。

第十七条　固定资产投资项目投入生产、使用前,应对项目节能报告中的生产工艺、用能设备、节能技术采用情况以及节能审查意见落实情况进行验收,并编制节能验收报告。实行告知承诺管理的项目,应对项目承诺内容以及区域节能审查意见落实情况进行验收。分期建设、投入生产使用的项目,应分期进行节能验收。未经节能验收或验收不合格的项目,不得投入生产、使用。

节能验收主体由省级节能审查机关依据实际情况确定。

节能验收报告应在节能审查机关存档备查。

第四章　监督管理

第十八条　固定资产投资项目节能审查应纳入投资项目在线审批监管平台统一管理,实行网上受理、办理、监管和服务,实现审查过程和结果的可查询、可监督。不单独进行节能审查的固定资产投资项目应通过投资项目在线审批监管平台报送项目能源消费等情况。

第十九条　节能审查机关应会同相关行业主管部门强化节能审查事中事后监管,组织对项目节能审查意见落实、节能验收等情况进行监督检查。日常监督检查工作应按照"双随机一公开"原则开展。

第二十条　管理节能工作的部门要依法依规履行节能监督管理职责,将节能审查实施情况作为节能监察的重点内容。各级管理节能工作的部门应加强节能审查信息的统计分析,定期调度已投产项目能源消费、能效水平等情况,作为研判节能形势、开展节能工作的重要参考。

第二十一条　省级管理节能工作的部门应定期向国家发展改革委报告本地区节能审查实施情况,按要求报送项目节能审查信息和已投产项目调度数据。

第二十二条　国家发展改革委实施全国节能审查动态监管,对各地节能审查实施情况进行监督检查,对重大项目节能审查意见落实情况进行不定期抽查。检查抽查结果作为节能目标责任评价考核的重要内容。

第五章　法律责任

第二十三条　对未按本办法规定进行节能审查,或节能审查未获通过,擅自开工建设或擅自投入生产、使用的固定资产投资项目,由节能审查机关责令停止建设或停止生产、使用,限期整改,并对建设单位进行通报批评,视情节处 10 万元以下罚款。经节能审查机关认定完成整改的项目,节能审查机关可依据实际情况出具整改完成证明。不能整改或逾期不整改的生产性项目,由节能审查机关报请本级人民政府按照国务院规定的权限责令关闭,并依法追究有关责任人的责任。

第二十四条　以拆分项目、提供虚假材料等不正当手段通过节能审查的固定资产投资项目,由节能审查机关撤销项目的节能审查意见;以不正当手段逃避节能审查的固定资产投资项目,由节能审查机关按程序进行节能审查。项目已开工建设或投入生产、使用的,按本办法第二十三条有关规定进行处罚。

第二十五条　未落实节能审查意见要求的固定资产投资项目,由节能审查机关责令建设单位限期整改。不能整改或逾期不整改的,由节能审查机关按照法律法规的有关规定进行处罚。

第二十六条　未按本办法规定进行节能验收或验收不合格,擅自投入生产、使用的固定资产投资项目,以及以提供虚假材料等不正当手段通过节能验收的固定资产投资项目,由节能审查机关责令建设单位限期整改,并处3万元以上5万元以下罚款。

第二十七条　从事节能咨询、评审等节能服务的机构提供节能审查虚假信息的,由管理节能工作的部门责令改正,没收违法所得,并处5万元以上10万元以下罚款。

第二十八条　节能审查机关对建设单位、中介机构等的违法违规信息进行记录,将违法违规行为及其处理信息纳入全国信用信息共享平台和投资项目在线审批监管平台,在"信用中国"网站向社会公开。对列入严重失信主体名单的,依法依规实施联合惩戒措施。

第二十九条　负责审批政府投资项目的工作人员,对未进行节能审查或节能审查未获通过的项目,违反本办法规定予以批准的,依法给予处分。

第三十条　节能审查机关、节能评审机构工作人员以及其他参与评审的有关人员在节能评审中存在违纪违法行为,依法给予处分,构成犯罪的依法追究刑事责任。

第六章　附　则

第三十一条　省级管理节能工作的部门可根据《中华人民共和国节约能源法》等有关法律法规和本办法,制定具体实施办法。

第三十二条　本办法由国家发展改革委负责解释。

第三十三条　本办法自2023年6月1日起施行。原《固定资产投资项目节能审查办法》(国家发展和改革委员会令2016年第44号)同时废止。

民用建筑工程节能质量监督管理办法

· 2006年7月31日
· 建质〔2006〕192号

第一条　为了加强民用建筑工程节能质量的监督管理,保证民用建筑工程符合建筑节能标准,根据《建设工程质量管理条例》、《建设工程勘察设计管理条例》、《实施工程建设强制性标准监督规定》、《民用建筑节能管理规定》、《房屋建筑和市政基础设施工程施工图设计文件审查管理办法》、《建设工程质量检测管理办法》等有关法规规章,制定本办法。

第二条　凡在中华人民共和国境内从事民用建筑工程的新建、改建、扩建等有关活动及对民用建筑工程质量实施监督管理的,必须遵守本办法。

本办法所称民用建筑,是指居住建筑和公共建筑。

第三条　建设单位、设计单位、施工单位、监理单位、施工图审查机构、工程质量检测机构等单位,应当遵守国家有关建筑节能的法律法规和技术标准,履行合同约定义务,并依法对民用建筑工程节能质量负责。

各地建设主管部门及其委托的工程质量监督机构依法实施建筑节能质量监督管理。

第四条　建设单位应当履行以下质量责任和义务:

1. 组织设计方案评选时,应当将建筑节能要求作为重要内容之一。

2. 不得擅自修改设计文件。当建筑设计修改涉及建筑节能强制性标准时,必须将修改后的设计文件送原施工图审查机构重新审查。

3. 不得明示或者暗示设计单位、施工单位降低建筑节能标准。

4. 不得明示或者暗示施工单位使用不符合建筑节能性能要求的墙体材料、保温材料、门窗部品、采暖空调系统、照明设备等。按照合同约定由建设单位采购的有关建筑材料和设备,建设单位应当保证其符合建筑节能指标。

5. 不得明示或者暗示检测机构出具虚假检测报告,不得篡改或者伪造检测报告。

6. 在组织建筑工程竣工验收时,应当同时验收建筑节能实施情况,在工程竣工验收报告中,应当注明建筑节能的实施内容。

大型公共建筑工程竣工验收时,对采暖空调、通风、电气等系统,应当进行调试。

第五条　设计单位应当履行以下质量责任和义务:

1. 建立健全质量保证体系,严格执行建筑节能标准。

2. 民用建筑工程设计要按功能要求合理组合空间造型,充分考虑建筑体形、围护结构对建筑节能的影响,合理确定冷源、热源的形式和设备性能,选用成熟、可靠、先进、适用的节能技术、材料和产品。

3. 初步设计文件应设建筑节能设计专篇,施工图设计文件须包括建筑节能热工计算书,大型公共建筑工程方案设计须同时报送有关建筑节能专题报告,明确建筑节能措施及目标等内容。

第六条　施工图审查机构应当履行以下质量责任和义务:

1. 严格按照建筑节能强制性标准对送审的施工图设计文件进行审查,对不符合建筑节能强制性标准的施工图设计文件,不得出具审查合格书。

2. 向建设主管部门报送的施工图设计文件审查备案材料中应包括建筑节能强制性标准的执行情况。

3. 审查机构应将审查过程中发现的设计单位和注册人员违反建筑节能强制性标准的情况,及时上报当地建设主管部门。

第七条　施工单位应当履行以下质量责任和义务:

1. 严格按照审查合格的设计文件和建筑节能标准的要求进行施工,不得擅自修改设计文件。

2. 对进入施工现场的墙体材料、保温材料、门窗部品等进行检验。对采暖空调系统、照明设备等进行检验,保证产品说明书和产品标识上注明的性能指标符合建筑节能要求。

3. 应当编制建筑节能专项施工技术方案,并由施工单位专业技术人员及监理单位专业监理工程师进行审核,审核合格,由施工单位技术负责人及监理单位总监理工程师签字。

4. 应当加强施工过程质量控制,特别应当加强对易产生热桥和热工缺陷等重要部位的质量控制,保证符合设计要求和有关节能标准规定。

5. 对大型公共建筑工程采暖空调、通风、电气等系统的调试,应当符合设计等要求。

6. 保温工程等在保修范围和保修期限内发生质量问题的,施工单位应当履行保修义务,并对造成的损失承担赔偿责任。

第八条　监理单位应当履行以下质量责任和义务:

1. 严格按照审查合格的设计文件和建筑节能标准的要求实施监理,针对工程的特点制定符合建筑节能要求的监理规划及监理实施细则。

2. 总监理工程师应当对建筑节能专项施工技术方案审查并签字认可。专业监理工程师应当对工程使用的墙体材料、保温材料、门窗部品、采暖空调系统、照明设备,以及涉及建筑节能功能的重要部位施工质量检查验收并签字认可。

3. 对易产生热桥和热工缺陷部位的施工,以及墙体、屋面等保温工程隐蔽前的施工,专业监理工程师应当采取旁站形式实施监理。

4. 应当在《工程质量评估报告》中明确建筑节能标准的实施情况。

第九条　工程质量检测机构应当将检测过程中发现建设单位、监理单位、施工单位违反建筑节能强制性标准的情况,及时上报当地建设主管部门或者工程质量监督机构。

第十条　建设主管部门及其委托的工程质量监督机构应当加强对施工过程建筑节能标准执行情况的监督检查,发现未按施工图设计文件进行施工和违反建筑节能标准的,应当责令改正。

第十一条　建设、勘察、设计、施工、监理单位,以及施工图审查和工程质量检测机构违反建筑节能有关法律法规的,建设主管部门依法给予处罚。

第十二条　达不到节能要求的工程项目,不得参加各类评奖活动。

民用建筑节能管理规定

· 2005 年 11 月 10 日建设部令第 143 号公布
· 自 2006 年 1 月 1 日起施行

第一条　为了加强民用建筑节能管理,提高能源利用效率,改善室内热环境质量,根据《中华人民共和国节约能源法》《中华人民共和国建筑法》《建设工程质量管理条例》,制定本规定。

第二条　本规定所称民用建筑,是指居住建筑和公共建筑。

本规定所称民用建筑节能,是指民用建筑在规划、设计、建造和使用过程中,通过采用新型墙体材料,执行建筑节能标准,加强建筑物用能设备的运行管理,合理设计建筑围护结构的热工性能,提高采暖、制冷、照明、通风、给排水和通道系统的运行效率,以及利用可再生能源,在保证建筑物使用功能和室内热环境质量的前提下,降低建筑能源消耗,合理、有效地利用能源的活动。

第三条　国务院建设行政主管部门负责全国民用建

筑节能的监督管理工作。

县级以上地方人民政府建设行政主管部门负责本行政区域内民用建筑节能的监督管理工作。

第四条　国务院建设行政主管部门根据国家节能规划，制定国家建筑节能专项规划；省、自治区、直辖市以及设区城市人民政府建设行政主管部门应当根据本地节能规划，制定本地建筑节能专项规划，并组织实施。

第五条　编制城乡规划应当充分考虑能源、资源的综合利用和节约，对城镇布局、功能区设置、建筑特征、基础设施配置的影响进行研究论证。

第六条　国务院建设行政主管部门根据建筑节能发展状况和技术先进、经济合理的原则，组织制定建筑节能相关标准，建立和完善建筑节能标准体系；省、自治区、直辖市人民政府建设行政主管部门应当严格执行国家民用建筑节能有关规定，可以制定严于国家民用建筑节能标准的地方标准或者实施细则。

第七条　鼓励民用建筑节能的科学研究和技术开发，推广应用节能型的建筑、结构、材料、用能设备和附属设施及相应的施工工艺、应用技术和管理技术，促进可再生能源的开发利用。

第八条　鼓励发展下列建筑节能技术和产品：

（一）新型节能墙体和屋面的保温、隔热技术与材料；

（二）节能门窗的保温隔热和密闭技术；

（三）集中供热和热、电、冷联产联供技术；

（四）供热采暖系统温度调控和分户热量计量技术与装置；

（五）太阳能、地热等可再生能源应用技术及设备；

（六）建筑照明节能技术与产品；

（七）空调制冷节能技术与产品；

（八）其他技术成熟、效果显著的节能技术和节能管理技术。

鼓励推广应用和淘汰的建筑节能部品及技术的目录，由国务院建设行政主管部门制定；省、自治区、直辖市建设行政主管部门可以结合该目录，制定适合本区域的鼓励推广应用和淘汰的建筑节能部品及技术的目录。

第九条　国家鼓励多元化、多渠道投资既有建筑的节能改造，投资人可以按照协议分享节能改造的收益；鼓励研究制定本地区既有建筑节能改造资金筹措办法和相关激励政策。

第十条　建筑工程施工过程中，县级以上地方人民政府建设行政主管部门应当加强对建筑物的围护结构（含墙体、屋面、门窗、玻璃幕墙等）、供热采暖和制冷系统、照明和通风等电器设备是否符合节能要求的监督检查。

第十一条　新建民用建筑应当严格执行建筑节能标准要求，民用建筑工程扩建和改建时，应当对原建筑进行节能改造。

既有建筑节能改造应当考虑建筑物的寿命周期，对改造的必要性、可行性以及投入收益比进行科学论证。节能改造要符合建筑节能标准要求，确保结构安全，优化建筑物使用功能。

寒冷地区和严寒地区既有建筑节能改造应当与供热系统节能改造同步进行。

第十二条　采用集中采暖制冷方式的新建民用建筑应当安设建筑物室内温度控制和用能计量设施，逐步实行基本冷热价和计量冷热价共同构成的两部制用能价格制度。

第十三条　供热单位、公共建筑所有权人或者其委托的物业管理单位应当制定相应的节能建筑运行管理制度，明确节能建筑运行状态各项性能指标、节能工作诸环节的岗位目标责任等事项。

第十四条　公共建筑的所有权人或者委托的物业管理单位应当建立用能档案，在供热或者制冷间歇期委托相关检测机构对用能设备和系统的性能进行综合检测评价，定期进行维护、维修、保养及更新置换，保证设备和系统的正常运行。

第十五条　供热单位、房屋产权单位或者其委托的物业管理等有关单位，应当记录并按有关规定上报能源消耗资料。

鼓励新建民用建筑和既有建筑实施建筑能效测评。

第十六条　从事建筑节能及相关管理活动的单位，应当对其从业人员进行建筑节能标准与技术等专业知识的培训。

建筑节能标准和节能技术应当作为注册城市规划师、注册建筑师、勘察设计注册工程师、注册监理工程师、注册建造师等继续教育的必修内容。

第十七条　建设单位应当按照建筑节能政策要求和建筑节能标准委托工程项目的设计。

建设单位不得以任何理由要求设计单位、施工单位擅自修改经审查合格的节能设计文件，降低建筑节能标准。

第十八条　房地产开发企业应当将所售商品住房的节能措施、围护结构保温隔热性能指标等基本信息在销售现场显著位置予以公示,并在《住宅使用说明书》中予以载明。

第十九条 设计单位应当依据建筑节能标准的要求进行设计,保证建筑节能设计质量。

施工图设计文件审查机构在进行审查时,应当审查节能设计的内容,在审查报告中单列节能审查章节;不符合建筑节能强制性标准的,施工图设计文件审查结论应当定为不合格。

第二十条 施工单位应当按照审查合格的设计文件和建筑节能施工标准的要求进行施工,保证工程施工质量。

第二十一条 监理单位应当依照法律、法规以及建筑节能标准、节能设计文件、建设工程承包合同及监理合同对节能工程建设实施监理。

第二十二条 对超过能源消耗指标的供热单位、公共建筑的所有权人或者其委托的物业管理单位,责令限期达标。

第二十三条 对擅自改变建筑围护结构节能措施,并影响公共利益和他人合法权益的,责令责任人及时予以修复,并承担相应的费用。

第二十四条 建设单位在竣工验收过程中,有违反建筑节能强制性标准行为的,按照《建设工程质量管理条例》的有关规定,重新组织竣工验收。

第二十五条 建设单位未按照建筑节能强制性标准委托设计,擅自修改节能设计文件,明示或暗示设计单位、施工单位违反建筑节能设计强制性标准,降低工程建设质量的,处20万元以上50万元以下的罚款。

第二十六条 设计单位未按照建筑节能强制性标准进行设计的,应当修改设计。未进行修改的,给予警告,处10万元以上30万元以下罚款;造成损失的,依法承担赔偿责任;两年内,累计三项工程未按照建筑节能强制性标准设计的,责令停业整顿,降低资质等级或者吊销资质证书。

第二十七条 对未按照节能设计进行施工的施工单位,责令改正;整改所发生的工程费用,由施工单位负责;可以给予警告,情节严重的,处工程合同价款2%以上4%以下的罚款;两年内,累计三项工程未按照符合节能标准要求的设计进行施工的,责令停业整顿,降低资质等级或者吊销资质证书。

第二十八条 本规定的责令停业整顿、降低资质等级和吊销资质证书的行政处罚,由颁发资质证书的机关决定;其他行政处罚,由建设行政主管部门依照法定职权决定。

第二十九条 农民自建低层住宅不适用本规定。

第三十条 本规定自2006年1月1日起施行。原《民用建筑节能管理规定》(建设部令第76号)同时废止。

(5) 人 防

中华人民共和国人民防空法

1996年10月29日第八届全国人民代表大会常务委员会第二十二次会议通过
· 根据2009年8月27日第十一届全国人民代表大会常务委员会第十次会议《关于修改部分法律的决定》修正

第一章 总 则

第一条 为了有效地组织人民防空,保护人民的生命和财产安全,保障社会主义现代化建设的顺利进行,制定本法。

第二条 人民防空是国防的组成部分。国家根据国防需要,动员和组织群众采取防护措施,防范和减轻空袭危害。

人民防空实行长期准备、重点建设、平战结合的方针,贯彻与经济建设协调发展、与城市建设相结合的原则。

第三条 县级以上人民政府应当将人民防空建设纳入国民经济和社会发展计划。

第四条 人民防空经费由国家和社会共同负担。

中央负担的人民防空经费,列入中央预算;县级以上地方各级人民政府负担的人民防空经费,列入地方各级预算。

有关单位应当按照国家规定负担人民防空费用。

第五条 国家对人民防空设施建设按照有关规定给予优惠。

国家鼓励、支持企业事业组织、社会团体和个人,通过多种途径,投资进行人民防空工程建设;人民防空工程平时由投资者使用管理,收益归投资者所有。

第六条 国务院、中央军事委员会领导全国的人民防空工作。

大军区根据国务院、中央军事委员会的授权领导本区域的人民防空工作。

县级以上地方各级人民政府和同级军事机关领导本行政区域的人民防空工作。

第七条 国家人民防空主管部门管理全国的人民防空工作。

大军区人民防空主管部门管理本区域的人民防空工作。

县级以上地方各级人民政府人民防空主管部门管理本行政区域的人民防空工作。

中央国家机关人民防空主管部门管理中央国家机关的人民防空工作。

人民防空主管部门的设置、职责和任务,由国务院、中央军事委员会规定。

县级以上人民政府的计划、规划、建设等有关部门在各自的职责范围内负责有关的人民防空工作。

第八条 一切组织和个人都有得到人民防空保护的权利,都必须依法履行人民防空的义务。

第九条 国家保护人民防空设施不受侵害。禁止任何组织或者个人破坏、侵占人民防空设施。

第十条 县级以上人民政府和军事机关对在人民防空工作中做出显著成绩的组织或者个人,给予奖励。

第二章　防护重点

第十一条 城市是人民防空的重点。国家对城市实行分类防护。

城市的防护类别、防护标准,由国务院、中央军事委员会规定。

第十二条 城市人民政府应当制定防空袭方案及实施计划,必要时可以组织演习。

第十三条 城市人民政府应当制定人民防空工程建设规划,并纳入城市总体规划。

第十四条 城市的地下交通干线以及其他地下工程的建设,应当兼顾人民防空需要。

第十五条 为战时储备粮食、医药、油料和其他必需物资的工程,应当建在地下或者其他隐蔽地点。

第十六条 对重要的经济目标,有关部门必须采取有效防护措施,并制定应急抢险抢修方案。

前款所称重要的经济目标,包括重要的工矿企业、科研基地、交通枢纽、通信枢纽、桥梁、水库、仓库、电站等。

第十七条 人民防空主管部门应当依照规定对城市和经济目标的人民防空建设进行监督检查。被检查单位应当如实提供情况和必要的资料。

第三章　人民防空工程

第十八条 人民防空工程包括为保障战时人员与物资掩蔽、人民防空指挥、医疗救护等而单独修建的地下防护建筑,以及结合地面建筑修建的战时可用于防空的地下室。

第十九条 国家对人民防空工程建设,按照不同的防护要求,实行分类指导。

国家根据国防建设的需要,结合城市建设和经济发展水平,制定人民防空工程建设规划。

第二十条 建设人民防空工程,应当在保证战时使用效能的前提下,有利于平时的经济建设、群众的生产生活和工程的开发利用。

第二十一条 人民防空指挥工程、公用的人员掩蔽工程和疏散干道工程由人民防空主管部门负责组织修建;医疗救护、物资储备等专用工程由其他有关部门负责组织修建。

有关单位负责修建本单位的人员与物资掩蔽工程。

第二十二条 城市新建民用建筑,按照国家有关规定修建战时可用于防空的地下室。

第二十三条 人民防空工程建设的设计、施工、质量必须符合国家规定的防护标准和质量标准。

人民防空工程专用设备的定型、生产必须符合国家规定的标准。

第二十四条 县级以上人民政府有关部门对人民防空工程所需的建设用地应当依法予以保障;对人民防空工程连接城市的道路、供电、供热、供水、排水、通信等系统的设施建设,应当提供必要的条件。

第二十五条 人民防空主管部门对人民防空工程的维护管理进行监督检查。

公用的人民防空工程的维护管理由人民防空主管部门负责。

有关单位应当按照国家规定对已经修建或者使用的人民防空工程进行维护管理,使其保持良好使用状态。

第二十六条 国家鼓励平时利用人民防空工程为经济建设和人民生活服务。平时利用人民防空工程,不得影响其防空效能。

第二十七条 任何组织或者个人不得进行影响人民防空工程使用或者降低人民防空工程防护能力的作业,不得向人民防空工程内排入废水、废气和倾倒废弃物,不得在人民防空工程内生产、储存爆炸、剧毒、易燃、放射性和腐蚀性物品。

第二十八条 任何组织或者个人不得擅自拆除本法第二十一条规定的人民防空工程;确需拆除的,必须报经人民防空主管部门批准,并由拆除单位负责补建或者补偿。

第四章　通信和警报

第二十九条 国家保障人民防空通信、警报的畅通,以迅速准确地传递、发放防空警报信号,有效地组织、指挥人民防空。

第三十条　国家人民防空主管部门负责制定全国的人民防空通信、警报建设规划,组织全国的人民防空通信、警报网的建设和管理。

县级以上地方各级人民政府人民防空主管部门负责制定本行政区域的人民防空通信、警报建设规划,组织本行政区域人民防空通信、警报网的建设和管理。

第三十一条　邮电部门、军队通信部门和人民防空主管部门应当按照国家规定的任务和人民防空通信、警报建设规划,对人民防空通信实施保障。

第三十二条　人民防空主管部门建设通信、警报网所需的电路、频率,邮电部门、军队通信部门、无线电管理机构应当予以保障;安装人民防空通信、警报设施,有关单位或者个人应当提供方便条件,不得阻挠。

国家用于人民防空通信的专用频率和防空警报音响信号,任何组织或者个人不得占用、混同。

第三十三条　通信、广播、电视系统,战时必须优先传递、发放防空警报信号。

第三十四条　军队有关部门应当向人民防空主管部门通报空中情报,协助训练有关专业人员。

第三十五条　人民防空通信、警报设施必须保持良好使用状态。

设置在有关单位的人民防空警报设施,由其所在单位维护管理,不得擅自拆除。

县级以上地方各级人民政府根据需要可以组织试鸣防空警报;并在试鸣的五日以前发布公告。

第三十六条　人民防空通信、警报设施平时应当为抢险救灾服务。

第五章　疏　散

第三十七条　人民防空疏散由县级以上人民政府统一组织。

人民防空疏散必须根据国家发布的命令实施,任何组织不得擅自行动。

第三十八条　城市人民防空疏散计划,由县级以上人民政府根据需要组织有关部门制定。

预定的疏散地区,在本行政区域内的,由本级人民政府确定;跨越本行政区域的,由上一级人民政府确定。

第三十九条　县级以上人民政府应当组织有关部门和单位,做好城市疏散人口安置和物资储运、供应的准备工作。

第四十条　农村人口在有必要疏散时,由当地人民政府按照就近的原则组织实施。

第六章　群众防空组织

第四十一条　县级以上地方各级人民政府应当根据人民防空的需要,组织有关部门建立群众防空组织。

群众防空组织战时担负抢险抢修、医疗救护、防火灭火、防疫灭菌、消毒和消除沾染、保障通信联络、抢救人员和抢运物资、维护社会治安等任务,平时应当协助防汛、防震等部门担负抢险救灾任务。

第四十二条　群众防空组织由下列部门负责组建:

(一)城建、公用、电力等部门组建抢险抢修队;

(二)卫生、医药部门组建医疗救护队;

(三)公安部门组建消防队、治安队;

(四)卫生、化工、环保等部门组建防化防疫队;

(五)邮电部门组建通信队;

(六)交通运输部门组建运输队。

红十字会组织依法进行救护工作。

第四十三条　群众防空组织所需装备、器材和经费由人民防空主管部门和组建单位提供。

第四十四条　群众防空组织应当根据人民防空主管部门制定的训练大纲和训练计划进行专业训练。

第七章　人民防空教育

第四十五条　国家开展人民防空教育,使公民增强国防观念,掌握人民防空的基本知识和技能。

第四十六条　国家人民防空主管部门负责组织制定人民防空教育计划,规定教育内容。

在校学生的人民防空教育,由各级教育主管部门和人民防空主管部门组织实施。

国家机关、社会团体、企业事业组织人员的人民防空教育,由所在单位组织实施;其他人员的人民防空教育,由城乡基层人民政府组织实施。

第四十七条　新闻、出版、广播、电影、电视、文化等有关部门应当协助开展人民防空教育。

第八章　法律责任

第四十八条　城市新建民用建筑,违反国家有关规定不修建战时可用于防空的地下室的,由县级以上人民政府人民防空主管部门对当事人给予警告,并责令限期修建,可以并处十万元以下的罚款。

第四十九条　有下列行为之一的,由县级以上人民政府人民防空主管部门对当事人给予警告,并责令限期改正违法行为,可以对个人并处五千元以下的罚款、对单位并处一万元至五万元的罚款;造成损失的,应当依法赔偿损失:

（一）侵占人民防空工程的；

（二）不按照国家规定的防护标准和质量标准修建人民防空工程的；

（三）违反国家有关规定，改变人民防空工程主体结构、拆除人民防空工程设备设施或者采用其他方法危害人民防空工程的安全和使用效能的；

（四）拆除人民防空工程后拒不补建的；

（五）占用人民防空通信专用频率、使用与防空警报相同的音响信号或者擅自拆除人民防空通信、警报设备设施的；

（六）阻挠安装人民防空通信、警报设施，拒不改正的；

（七）向人民防空工程内排入废水、废气或者倾倒废弃物的。

第五十条　违反本法规定，故意损坏人民防空设施或者在人民防空工程内生产、储存爆炸、剧毒、易燃、放射性等危险品，尚不构成犯罪的，依照治安管理处罚法的有关规定处罚；构成犯罪的，依法追究刑事责任。

第五十一条　人民防空主管部门的工作人员玩忽职守、滥用职权、徇私舞弊或者有其他违法、失职行为构成犯罪的，依法追究刑事责任；尚不构成犯罪的，依法给予行政处分。

第九章　附　则

第五十二条　省、自治区、直辖市人民代表大会常务委员会可以根据本法制定实施办法。

第五十三条　本法自 1997 年 1 月 1 日起施行。

人防工程监理行政许可资质管理办法

·2013 年 3 月 15 日
·国人防〔2013〕227 号

第一章　总　则

第一条　为加强人防工程和其他人防防护设施监理行政许可资质（以下简称许可资质）管理，保护监理、建设和施工等单位的合法权益，保障和监督人防主管部门有效实施行政管理，维护社会公共利益和市场秩序，提高防护工程建设质量和监理服务水平，根据《中华人民共和国行政许可法》《中华人民共和国人民防空法》《中华人民共和国建筑法》《建设工程质量管理条例》等法律法规，制定本办法。

本办法所称人防工程，是指由主体工程、配套工程及地面附属设备设施用房组成，为保障人防指挥、信息、疏散、掩蔽、储备、救护等需要而单独修建的地下防护建筑，

以及结合地面建筑修建的战时可用于防空的地下室。

本办法所称其他人防防护设施，是指兼顾人防需要的地下工程和落实人防要求的城市重要基础设施、重要厂矿企业生产设施的防护部分。

第二条　中华人民共和国境内的人防工程和其他人防防护设施新建、扩建、改建、加固改造的监理许可资质管理活动，适用本办法。

第三条　人防工程和其他人防防护设施新建、扩建、改建、加固改造的监理资质实行行政许可制度，许可资质分甲级、乙级、丙级。

第二章　许可条件

第四条　从事人防工程和其他人防防护设施监理活动的企业应为非外资企业，须按规定的注册资本、专业技术人员、技术装备和监理业绩等条件申请许可资质，经审查合格并取得许可资质后，方可在许可的范围内承揽监理业务。

第五条　申请人防工程和其他人防防护设施监理甲级许可资质的监理单位应具备下列条件：

（一）同时具备房屋建筑工程甲级监理资质和人防工程监理乙级资质；

（二）具有 15 名以上人防工程注册监理工程师（其中土建专业 12 名以上，安装专业 3 名以上）；

（三）近 5 年来独立监理过 3 个以上抗力等级 5 级的人防工程。

第六条　申请人防工程和其他人防防护设施监理乙级许可资质的监理单位应具备下列条件：

（一）同时具备房屋建筑工程乙级监理资质和人防工程监理丙级资质；

（二）具有 10 名以上人防工程注册监理工程师（其中土建专业 8 名以上，安装专业 2 名以上）；

（三）近 5 年来独立监理过 3 个以上的人防工程。

第七条　申请人防工程和其他人防防护设施监理丙级许可资质的监理单位应具备下列条件：

（一）具备房屋建筑工程丙级监理资质；

（二）具有 5 名以上人防工程注册监理工程师（其中土建专业 4 名以上，安装专业 1 名以上）。

第八条　人防工程和其他人防防护设施监理许可资质单位可以承担的业务范围：

（一）甲级单位可承担全国范围内各种抗力等级的人防工程监理业务；

（二）乙级单位可承担本行政区域内抗力等级 5 级及建筑面积 2 万平方米以下的人防工程监理业务；

（三）丙级单位可承担本行政区域内抗力等级 6 级、6B 级及建筑面积 1 万平方米以下的人防工程监理业务。

第三章　申请和办理

第九条　人防工程和其他人防防护设施监理甲级许可资质由国家人防主管部门负责审批，每年 3 月、9 月集中受理。

申报人防工程和其他人防防护设施监理甲级许可资质，应当向国家人防主管部门提出申请。

国家人防主管部门自受理申请材料之日起 30 个工作日内完成审查，并在中国人民防空网予以公示，公示期为 10 个工作日。审查合格且公示无异议的由国家人防主管部门颁发资质证书。

对公示内容有异议时，由国家人防主管部门按有关规定进行处理。匿名异议不予受理。

第十条　人防工程和其他人防防护设施监理乙级、丙级许可资质由省、自治区、直辖市人防主管部门负责审批，于每年 12 月 31 日前，将许可资质审批情况报国家人防主管部门。

申报人防工程和其他人防防护设施监理乙级、丙级许可资质，应当向监理单位工商注册所在地的省、自治区、直辖市人防主管部门提出申请。

省、自治区、直辖市人防主管部门自受理申请材料之日起 30 个工作日内完成审查，并予以公示，公示期为 10 个工作日。审查合格且公示无异议的由省、自治区、直辖市主管部门颁发资质证书。

对公示内容有异议时，由省、自治区、直辖市主管部门按有关规定进行处理。匿名异议不予受理。

第十一条　《人防工程和其他人防防护设施监理许可资质证书》分为正本和副本，正本 1 份，副本 3 份，正、副本具备同等法律效力。资质证书有效期为 5 年，由国家人防主管部门统一格式、各发证主管部门编号发放。

第十二条　申请人防工程监理资质的，应当提交以下材料：

（一）人防工程监理单位资质等级申请表；

（二）工商管理部门颁发的企业营业执照；

（三）建设行政主管部门颁发的房屋建筑工程监理资质证书，人防部门颁发的人防工程监理资质证书；

（四）人防工程注册监理工程师、人防工程监理员及其他监理人员情况表；

（五）人防工程注册监理工程师证书、人防工程监理员证书和其聘用劳动合同复印件及养老保险证明；

（六）监理业绩表；

（七）监理业务手册。

第十三条　人防工程注册监理工程师，是指具有建设行政主管部门注册监理工程师资格，经国家人防主管部门组织的人防工程监理知识培训考试合格并取得相应的资格证书，从事人防工程监理的工程师。

第十四条　人防工程监理员，是指经国家人防主管部门组织的人防工程监理知识培训考试合格并取得相应的资格证书，从事人防工程监理的人员。

第四章　资质变更和延期

第十五条　监理单位在许可资质有效期内有下列情形之一的，应申请变更：

（一）变更办公地址的；

（二）变更监理单位法人代表的；

（三）变更监理单位名称的。

第十六条　颁发资质的人防主管部门收到监理单位提交的许可资质变更申请材料后，在 15 个工作日内对审核合格的办理许可资质变更手续。许可资质变更后载明变更日期，原许可资质证书作废，有效期不变。

第十七条　监理单位申请资质证书变更，应当提交以下材料：

（一）资质证书变更申请；

（二）监理单位法人、合伙单位营业执照副本复印件；

（三）资质证书正、副本原件；

（四）工商部门核准变更的有关文件；

（五）与资质变更事项有关的证明材料。

监理单位改制的，除提供前款规定材料外，还应当提供改制重组方案、上级资产管理部门或者股东大会的批准决定、监理单位职工代表大会同意改制重组的决议。

第十八条　资质有效期届满，监理单位需要延续资质证书有效期时，应当在资质证书有效期届满 3 个月内，向颁发资质的人防主管部门提出资质延续申请。对在资质有效期内遵守有关法律、法规、规章、技术标准，信用档案中无不良行为记录，且专业技术人员满足资质标准要求的监理单位，经审查合格后，有效期延续 5 年。

第十九条　监理单位合并，合并后存续或者新设立的监理单位可以承继合并前各方中较高的资质等级，但应当符合相应的资质标准条件。

监理单位分立或改制，应按其实际达到的资质标准重新办理。

第二十条　监理单位在领取新的人防工程监理许可资质证书的同时，应当将原资质证书交回原发证机关予以注销。

第五章　委托与组织实施

第二十一条　人防工程建设单位应采取公开招标的方式优选人防工程监理单位;对涉及安全、保密规定要求可不进行公开招标的人防工程建设项目,建设单位应当采用邀请招标的方式确定人防工程监理单位,并报省、自治区、直辖市人防主管部门备案。

第二十二条　具有甲级资质单位在开展业务前应到工程所在地的省、自治区、直辖市人防主管部门备案,任何单位和部门不得以任何方式设置障碍。

第二十三条　监理单位应当按照"建设工程监理合同"的约定,根据人防工程规模和复杂程度,配备相应的现场监理机构、监理人员和监理设施。

第二十四条　监理单位和现场监理机构应编制监理计划、监理实施细则;从事施工阶段监理和施工合同管理、设备采购监理与设备监造、资料管理等工作均应符合《建设工程监理规范》(GB50319)的要求。

第六章　监督与管理

第二十五条　国家人防主管部门负责监督管理全国人防工程监理工作,主要职责是:

(一)制定全国人防工程监理的政策法规;

(二)组织编制人防工程监理标准规范;

(三)负责全国人防工程和其他人防防护设施监理甲级许可资质的监督管理;

(四)组织检查人防工程监理各项政策法规执行情况;

(五)组织开展人防工程监理技术人员职业培训;

(六)建立健全许可资质档案管理制度;

(七)建立许可企业诚信评价评估办法及指标体系,并组织指导实施;

(八)建立向社会公布取得许可资质的企业情况制度。

第二十六条　省、自治区、直辖市人防主管部门按照国家人防主管部门的授权,负责本行政区域人防工程监理监督管理工作,主要职责是:

(一)贯彻执行国家有关人防工程监理的政策法规和标准规范;

(二)负责本行政区域人防工程和其他人防防护设施监理乙级和丙级许可资质的监督管理;

(三)组织开展企业日常监督检查、量化考核和资质年检,发现有违反本办法规定的企业,要依法依规处理。

第二十七条　地市级人防主管部门按照国家人防主管部门的授权,负责本行政区域人防工程监理监督管理工作,主要职责是:

(一)贯彻执行国家和省、自治区、直辖市人防主管部门有关人防工程监理的政策法规和标准规范;

(二)负责本行政区域人防工程监理的监督检查;

(三)负责向省、自治区、直辖市人防主管部门报告监督管理工作情况。

第二十八条　人防协会根据人防主管部门的授权或委托,分别履行人防工程监理监督相关职能任务,主要包括:

(一)协助开展人防工程监理专业培训;

(二)协助开展企业诚信评估工作;

(三)协助开展人防工程监理监督检查;

(四)完成人防主管部门交办的其他工作。

第二十九条　人防主管部门履行监督检查职责时,有权采取下列措施:

(一)要求被检查单位提供人防工程和其他人防防护设施监理许可资质证书、注册执业人员的注册执业证书,有关工程监理业务的文档,有关质量管理、安全生产管理、档案管理、财务管理等单位内部管理制度的文件;

(二)进入被检查单位进行检查,查阅相关资料;

(三)纠正违反有关法律法规和本办法及有关标准规范的行为;

(四)记录监督检查情况和处理结果,并向社会公布。

第三十条　人防工程监理资质实行年检制度。资质年检的主要内容:检查企业资质条件是否符合资质等级标准,检查企业市场行为是否规范,抽查企业监理过的工程有无质量问题,听取建设单位意见等。年检结论分为合格、不合格,不合格的取消其监理资质。

(一)合格

1.房屋建筑工程监理资质年检合格;

2.符合本办法第五、六、七条规定;

3.监理企业无违法违规监理行为。

(二)不合格

1.房屋建筑工程监理资质年检不合格;

2.人防工程注册监理工程师数量低于资质等级标准;

3.监理企业有违法违规监理行为。

第三十一条　省、自治区、直辖市人防主管部门在收到人防工程监理单位年检资料后,对工程监理单位资质年检作出结论,并在《人防工程监理单位资质证书》副本的年检记录栏内注记。

第三十二条　人防工程监理单位隐瞒有关情况,或者提供虚假材料申请资质的,一经发现,两年内不得再次申请许可资质。

第三十三条　人防主管部门按照权限对申请注销许可资质的监理单位,及时办理注销手续并对外公示。

第三十四条　人防主管部门应掌握监理单位信用档案信息,对监理单位受到处理、处罚等情况作为不良行为记入其信用档案,并向社会公示。

监理单位应向人防主管部门提供真实、准确、完整的单位信用档案信息,包括单位基本情况、业绩、工程质量和安全、合同违约等情况。

第七章　法律责任

第三十五条　人防主管部门及其工作人员,有下列情形之一的,依法给予行政处分;构成犯罪的,依法追究刑事责任:

(一)对不符合条件的申请人准予人防工程和其他人防防护设施监理许可资质初审通过的;

(二)对符合条件的申请不予受理或者未在法定期限内初审完毕的;

(三)利用职务上的便利,索取或者接受人防工程监理单位财物、帮助其弄虚作假或者谋取其他不正当利益的;

(四)不依法履行管理监督职责,造成严重后果的。

第三十六条　人防工程监理单位有下列情形之一,应取消其许可资质,并依法给予行政处罚;构成犯罪的,依法追究刑事责任:

(一)资质证书有效期届满未按规定申请延续的;

(二)涂改、倒卖、出租、出借或者以其他形式非法转让人防监理许可资质证书的;

(三)非法转让人防工程监理业务的;

(四)超出规定的业务范围从事人防工程监理活动的;

(五)故意损害建设单位和施工承包单位利益的;

(六)年检不合格,经整改达不到要求的;

(七)依法终止经营活动的;

(八)法律法规明确应当取消资质的其他情形。

第三十七条　省、自治区、直辖市和地级市人防主管部门依法给予监理单位行政处罚的结果,于每年 12 月 31 日前,汇总后报上一级人防主管部门。

第八章　附　则

第三十八条　军队监理单位申请人防工程和其他人防防护设施监理许可资质参照本办法执行。

第三十九条　各省、自治区、直辖市可依据本办法制定实施细则。

第四十条　本办法由国家人防办公室负责解释。

第四十一条　本办法自颁布之日起施行。《人防工程建设监理管理规定》(国人防〔2011〕118 号)即行废止。

(6)其　他

城市居民住宅安全防范设施建设管理规定

·1996 年 1 月 5 日建设部、公安部令第 49 号发布
·自 1996 年 2 月 1 日起施行

第一条　为加强城市居民住宅安全防范设施的建设和管理,提高居民住宅安全防范功能,保护居民人身财产安全,制定本规定。

第二条　在中华人民共和国境内从事城市居民住宅安全防范设施的建设和管理,应当遵守本规定。

第三条　本规定所称城市,是指国家按行政建制设立的直辖市、市、镇。

本规定所称居民住宅安全防范设施,是指附属于住宅建筑主体并具有安全防范功能的防盗门、防盗锁、防踹板、防护墙、监控和报警装置,以及居民住宅或住宅区内附设的治安值班室。

第四条　城市居民住宅安全防范设施,必须具备防撬、防踹、防攀缘、防跨越、防爬入等安全防范功能。

第五条　城市居民住宅安全防范设施的建设,应当遵循下列原则:

(一)适用、安全、经济、美观;

(二)符合消防法规、技术规范、标准的要求和城市容貌规定;

(三)符合当地居民习俗;

(四)因地制宜。

第六条　城市居民住宅安全防范设施的建设,应当纳入住宅建设的规划,并同时设计、同时施工,同时投入使用。

第七条　设计单位应当依据与住宅安全防范设施建设有关的规范、标准、规定进行设计。

第八条　建设行政主管部门组织审批的有关住宅建筑设计文件应当包括城市居民住宅安全防范设施部分。对不符合安全防范设施规范、标准、规定的设计文件,应责成原设计单位修改。

第九条　施工单位应当严格按照安全防范设计要求

进行施工,不得擅自改动。必须修改的,应当由原设计单位出具变更设计通知书及相应的图纸,并报设计审批部门重新审批后方可进行。

第十条　城市居民住宅安全防范设施所用产品、设备和材料,必须是符合有关标准规定并经鉴定合格的产品。未经鉴定和不合格的产品不得采用。

第十一条　城市居民住宅竣工后,工程质量监督部门和住宅管理单位必须按规定对安全防范设施进行验收,不合格的不得交付使用。

第十二条　城市居民住宅安全防范设施建设所需费用,由产权人或使用人承担。

第十三条　城市居民住宅安全防范设施的管理,由具体管理住宅的单位实施。

公安机关负责城市居民住宅安全防范设施管理的监督检查。

第十四条　居民住宅区的防护墙、治安值班室等公共安全防范设施应由产权人和使用人妥善使用与保护,不得破坏或挪作他用。

第十五条　公民和单位有责任保护居民住宅安全防范设施,对破坏居民住宅安全防范设施的行为有权向公安机关举报。

第十六条　违反本规定,有下列行为之一的,由城市人民政府建设行政主管部门责令增补、修改、停工、返工、恢复原状,或采取其他补救措施,并可处以罚款:

(一)未按有关规范、标准、规定进行设计的;

(二)擅自改动设计文件中安全防范设施内容的;

(三)使用未经鉴定和鉴定不合格的产品、材料、设备的;

(四)安全防范设施未经验收或验收不合格而交付使用的。

有(三)、(四)行为之一,造成经济损失的,由责任者负责赔偿损失。

第十七条　违反本规定,破坏居民住宅安全防范设施,由公安机关责令其改正、恢复原状,并可依据《治安管理处罚条例》的规定予以处罚;构成犯罪的,依法追究刑事责任。

第十八条　本规定由建设部、公安部负责解释。

第十九条　省、自治区、直辖市人民政府建设行政主管部门、公安行政主管部门,可根据本规定制定实施细则。

第二十条　本规定自1996年2月1日起施行。

信息产业部、建设部关于进一步规范住宅小区及商住楼通信管线及通信设施建设的通知

· 2007 年 1 月 15 日
· 信部联规〔2007〕24 号

为规范住宅小区和商住楼通信管线及通信设施的建设行为,减少不必要的重复建设,维护用户自由选择电信业务的权利,保障电信业务平等接入,根据《中华人民共和国城市规划法》、《中华人民共和国电信条例》及相关法律法规,特作如下规定:

一、住宅小区及商住楼内的通信设施建设应符合城乡规划要求,与电信发展规划相适应。

为保障消费者的合法权益,满足广大电信用户使用通信设施的需要,住宅小区及商住楼应同步建设建筑规划用地红线内的通信管道和楼内通信暗管、暗线,建设并预留用于安装通信线路配线设备的集中配线交接间,所需投资一并纳入相应住宅小区或商住楼的建设项目概算,并作为项目配套设施统一移交。

二、住宅小区及商住楼的通信管线等通信设施应纳入设计文件,设计审查部门在审批设计时,建设、规划主管部门在核发建设工程规划许可证、施工许可证时,应依法定职责严格把关。建设项目竣工后、接入公用电信网前,各省通信管理部门要严把接入关。建设单位应当在竣工验收 3 个月内向城乡建设档案管理部门报送有关竣工资料。

三、房地产开发企业、项目管理者不得就接入和使用住宅小区和商住楼内的通信管线等通信设施与电信运营企业签订垄断性协议,不得以任何方式限制其他电信运营企业的接入和使用,不得限制用户自由选择电信业务的权利。

四、各省、自治区、直辖市建设行政主管部门和通信管理部门要依据各自的管理职责严格落实相关责任,切实加强监督管理。在国家及行业有关住宅小区和商住楼内通信设施工程建设技术标准发布之前,各地可根据本地实际情况制定地方标准。

五、本通知自发布之日起施行。《关于在城市建设中进一步搞好通信设施及管线配套建设的联合通知》(邮部联〔1992〕488 号)同时废止。

八、工程监理

建设工程监理范围和规模标准规定

·2001 年 1 月 17 日建设部令第 86 号发布
·自发布之日起施行

第一条　为了确定必须实行监理的建设工程项目具体范围和规模标准,规范建设工程监理活动,根据《建设工程质量管理条例》,制定本规定。

第二条　下列建设工程必须实行监理:

(一) 国家重点建设工程;

(二) 大中型公用事业工程;

(三) 成片开发建设的住宅小区工程;

(四) 利用外国政府或者国际组织贷款、援助资金的工程;

(五) 国家规定必须实行监理的其他工程。

第三条　国家重点建设工程,是指依据《国家重点建设项目管理办法》所确定的对国民经济和社会发展有重大影响的骨干项目。

第四条　大中型公用事业工程,是指项目总投资额在 3000 万元以上的下列工程项目:

(一) 供水、供电、供气、供热等市政工程项目;

(二) 科技、教育、文化等项目;

(三) 体育、旅游、商业等项目;

(四) 卫生、社会福利等项目;

(五) 其他公用事业项目。

第五条　成片开发建设的住宅小区工程,建筑面积在 5 万平方米以上的住宅建设工程必须实行监理;5 万平方米以下的住宅建设工程,可以实行监理,具体范围和规模标准,由省、自治区、直辖市人民政府建设行政主管部门规定。

为了保证住宅质量,对高层住宅及地基、结构复杂的多层住宅应当实行监理。

第六条　利用外国政府或者国际组织贷款、援助资金的工程范围包括:

(一) 使用世界银行、亚洲开发银行等国际组织贷款资金的项目;

(二) 使用国外政府及其机构贷款资金的项目;

(三) 使用国际组织或者国外政府援助资金的项目。

第七条　国家规定必须实行监理的其他工程是指:

(一) 项目总投资额在 3000 万元以上关系社会公共利益、公众安全的下列基础设施项目:

(1) 煤炭、石油、化工、天然气、电力、新能源等项目;

(2) 铁路、公路、管道、水运、民航以及其他交通运输业等项目;

(3) 邮政、电信枢纽、通信、信息网络等项目;

(4) 防洪、灌溉、排涝、发电、引(供)水、滩涂治理、水资源保护、水土保持等水利建设项目;

(5) 道路、桥梁、地铁和轻轨交通、污水排放及处理、垃圾处理、地下管道、公共停车场等城市基础设施项目;

(6) 生态环境保护项目;

(7) 其他基础设施项目。

(二) 学校、影剧院、体育场馆项目。

第八条　国务院建设行政主管部门商同国务院有关部门后,可以对本规定确定的必须实行监理的建设工程具体范围和规模标准进行调整。

第九条　本规定由国务院建设行政主管部门负责解释。

第十条　本规定自发布之日起施行。

工程监理企业资质管理规定

·2007 年 6 月 26 日建设部令第 158 号发布
·根据 2015 年 5 月 4 日《住房和城乡建设部关于修改〈房地产开发企业资质管理规定〉等部门规章的决定》第一次修订
·根据 2016 年 9 月 13 日《住房城乡建设部关于修改〈勘察设计注册工程师管理规定〉等 11 个部门规章的决定》第二次修订
·根据 2018 年 12 月 22 日《住房城乡建设部关于修改〈建筑业企业资质管理规定〉等部门规章的决定》第三次修订

第一章　总　则

第一条　为了加强工程监理企业资质管理,规范建设工程监理活动,维护建筑市场秩序,根据《中华人民共和国建筑法》、《中华人民共和国行政许可法》、《建设工程质量管理条例》等法律、行政法规,制定本规定。

第二条 在中华人民共和国境内从事建设工程监理活动,申请工程监理企业资质,实施对工程监理企业资质监督管理,适用本规定。

第三条 从事建设工程监理活动的企业,应当按照本规定取得工程监理企业资质,并在工程监理企业资质证书(以下简称资质证书)许可的范围内从事工程监理活动。

第四条 国务院住房城乡建设主管部门负责全国工程监理企业资质的统一监督管理工作。国务院铁路、交通、水利、信息产业、民航等有关部门配合国务院住房城乡建设主管部门实施相关资质类别工程监理企业资质的监督管理工作。

省、自治区、直辖市人民政府住房城乡建设主管部门负责本行政区域内工程监理企业资质的统一监督管理工作。省、自治区、直辖市人民政府交通、水利、信息产业等有关部门配合同级住房城乡建设主管部门实施相关资质类别工程监理企业资质的监督管理工作。

第五条 工程监理行业组织应当加强工程监理行业自律管理。

鼓励工程监理企业加入工程监理行业组织。

第二章 资质等级和业务范围

第六条 工程监理企业资质分为综合资质、专业资质和事务所资质。其中,专业资质按照工程性质和技术特点划分为若干工程类别。

综合资质、事务所资质不分级别。专业资质分为甲级、乙级;其中,房屋建筑、水利水电、公路和市政公用专业资质可设立丙级。

第七条 工程监理企业的资质等级标准如下:

(一)综合资质标准

1. 具有独立法人资格且具有符合国家有关规定的资产;

2. 企业技术负责人应为注册监理工程师,并具有15年以上从事工程建设工作的经历或者具有工程类高级职称;

3. 具有5个以上工程类别的专业甲级工程监理资质;

4. 注册监理工程师不少于60人,注册造价工程师不少于5人,一级注册建造师、一级注册建筑师、一级注册结构工程师或者其他勘察设计注册工程师合计不少于15人次;

5. 企业具有完善的组织结构和质量管理体系,有健全的技术、档案等管理制度;

6. 企业具有必要的工程试验检测设备;

7. 申请工程监理资质之日前一年内没有本规定第十六条禁止的行为;

8. 申请工程监理资质之日前一年内没有因本企业监理责任造成重大质量事故;

9. 申请工程监理资质之日前一年内没有因本企业监理责任发生三级以上工程建设重大安全事故或者发生两起以上四级工程建设安全事故。

(二)专业资质标准

1. 甲级

(1)具有独立法人资格且具有符合国家有关规定的资产;

(2)企业技术负责人应为注册监理工程师,并具有15年以上从事工程建设工作的经历或者具有工程类高级职称;

(3)注册监理工程师、注册造价工程师、一级注册建造师、一级注册建筑师、一级注册结构工程师或者其他勘察设计注册工程师合计不少于25人次;其中,相应专业注册监理工程师不少于《专业资质注册监理工程师人数配备表》(附表1)中要求配备的人数,注册造价工程师不少于2人;

(4)企业近2年内独立监理过3个以上相应专业的二级工程项目,但是,具有甲级设计资质或一级及以上施工总承包资质的企业申请本专业工程类别甲级资质的除外;

(5)企业具有完善的组织结构和质量管理体系,有健全的技术、档案等管理制度;

(6)企业具有必要的工程试验检测设备;

(7)申请工程监理资质之日前一年内没有本规定第十六条禁止的行为;

(8)申请工程监理资质之日前一年内没有因本企业监理责任造成重大质量事故;

(9)申请工程监理资质之日前一年内没有因本企业监理责任发生三级以上工程建设重大安全事故或者发生两起以上四级工程建设安全事故。

2. 乙级

(1)具有独立法人资格且具有符合国家有关规定的资产;

(2)企业技术负责人应为注册监理工程师,并具有10年以上从事工程建设工作的经历;

(3)注册监理工程师、注册造价工程师、一级注册建造师、一级注册建筑师、一级注册结构工程师或者其他勘察设计注册工程师合计不少于 15 人次。其中,相应专业注册监理工程师不少于《专业资质注册监理工程师人数配备表》(附表 1)中要求配备的人数,注册造价工程师不少于 1 人;

(4)有较完善的组织结构和质量管理体系,有技术、档案等管理制度;

(5)有必要的工程试验检测设备;

(6)申请工程监理资质之日前一年内没有本规定第十六条禁止的行为;

(7)申请工程监理资质之日前一年内没有因本企业监理责任造成重大质量事故;

(8)申请工程监理资质之日前一年内没有因本企业监理责任发生三级以上工程建设重大安全事故或者发生两起以上四级工程建设安全事故。

3. 丙级

(1)具有独立法人资格且具有符合国家有关规定的资产;

(2)企业技术负责人应为注册监理工程师,并具有 8 年以上从事工程建设工作的经历;

(3)相应专业的注册监理工程师不少于《专业资质注册监理工程师人数配备表》(附表 1)中要求配备的人数;

(4)有必要的质量管理体系和规章制度;

(5)有必要的工程试验检测设备。

(三)事务所资质标准

1. 取得合伙企业营业执照,具有书面合作协议书;

2. 合伙人中有 3 名以上注册监理工程师,合伙人均有 5 年以上从事建设工程监理的工作经历;

3. 有固定的工作场所;

4. 有必要的质量管理体系和规章制度;

5. 有必要的工程试验检测设备。

第八条 工程监理企业资质相应许可的业务范围如下:

(一)综合资质

可以承担所有专业工程类别建设工程项目的工程监理业务。

(二)专业资质

1. 专业甲级资质:

可承担相应专业工程类别建设工程项目的工程监理业务(见附表 2)。

2. 专业乙级资质:

可承担相应专业工程类别二级以下(含二级)建设

工程项目的工程监理业务(见附表 2)。

3. 专业丙级资质:

可承担相应专业工程类别三级建设工程项目的工程监理业务(见附表 2)。

(三)事务所资质

可承担三级建设工程项目的工程监理业务(见附表 2),但是,国家规定必须实行强制监理的工程除外。

工程监理企业可以开展相应类别建设工程的项目管理、技术咨询等业务。

第三章　资质申请和审批

第九条 申请综合资质、专业甲级资质的,可以向企业工商注册所在地的省、自治区、直辖市人民政府住房城乡建设主管部门提交申请材料。

省、自治区、直辖市人民政府住房城乡建设主管部门收到申请材料后,应当在 5 日内将全部申请材料报审批部门。

国务院住房城乡建设主管部门在收到申请材料后,应当依法作出是否受理的决定,并出具凭证;申请材料不齐全或者不符合法定形式的,应当在 5 日内一次性告知申请人需要补正的全部内容。逾期不告知的,自收到申请材料之日起即为受理。

国务院住房城乡建设主管部门应当自受理之日起 20 日内作出审批决定。自作出决定之日起 10 日内公告审批结果。其中,涉及铁路、交通、水利、通信、民航等专业工程监理资质的,由国务院住房城乡建设主管部门送国务院有关部门审核。国务院有关部门应当在 15 日内审核完毕,并将审核意见报国务院住房城乡建设主管部门。

组织专家评审所需时间不计算在上述时限内,但应当明确告知申请人。

第十条 专业乙级、丙级资质和事务所资质由企业所在地省、自治区、直辖市人民政府住房城乡建设主管部门审批。

专业乙级、丙级资质和事务所资质许可、延续的实施程序由省、自治区、直辖市人民政府住房城乡建设主管部门依法确定。

省、自治区、直辖市人民政府住房城乡建设主管部门应当自作出决定之日起 10 日内,将准予资质许可的决定报国务院住房城乡建设主管部门备案。

第十一条 工程监理企业资质证书分为正本和副本,每套资质证书包括一本正本,四本副本。正、副本具有同等法律效力。

工程监理企业资质证书的有效期为5年。

工程监理企业资质证书由国务院住房城乡建设主管部门统一印制并发放。

第十二条　企业申请工程监理企业资质，在资质许可机关的网站或审批平台提出申请事项，提交专业技术人员、技术装备和已完成业绩等电子材料。

第十三条　资质有效期届满，工程监理企业需要继续从事工程监理活动的，应当在资质证书有效期届满60日前，向原资质许可机关申请办理延续手续。

对在资质有效期内遵守有关法律、法规、规章、技术标准，信用档案中无不良记录，且专业技术人员满足资质标准要求的企业，经资质许可机关同意，有效期延续5年。

第十四条　工程监理企业在资质证书有效期内名称、地址、注册资本、法定代表人等发生变更的，应当在工商行政管理部门办理变更手续后30日内办理资质证书变更手续。

涉及综合资质、专业甲级资质证书中企业名称变更的，由国务院住房城乡建设主管部门负责办理，并自受理申请之日起3日内办理变更手续。

前款规定以外的资质证书变更手续，由省、自治区、直辖市人民政府住房城乡建设主管部门负责办理。省、自治区、直辖市人民政府住房城乡建设主管部门应当自受理申请之日起3日内办理变更手续，并在办理资质证书变更手续后15日内将变更结果报国务院住房城乡建设主管部门备案。

第十五条　申请资质证书变更，应当提交以下材料：

(一)资质证书变更的申请报告；

(二)企业法人营业执照副本原件；

(三)工程监理企业资质证书正、副本原件。

工程监理企业改制的，除前款规定材料外，还应当提交企业职工代表大会或股东大会关于企业改制或股权变更的决议、企业上级主管部门关于企业申请改制的批复文件。

第十六条　工程监理企业不得有下列行为：

(一)与建设单位串通投标或者与其他工程监理企业串通投标，以行贿手段谋取中标；

(二)与建设单位或者施工单位串通弄虚作假、降低工程质量；

(三)将不合格的建设工程、建筑材料、建筑构配件和设备按照合格签字；

(四)超越本企业资质等级或以其他企业名义承揽监理业务；

(五)允许其他单位或个人以本企业的名义承揽工程；

(六)将承揽的监理业务转包；

(七)在监理过程中实施商业贿赂；

(八)涂改、伪造、出借、转让工程监理企业资质证书；

(九)其他违反法律法规的行为。

第十七条　工程监理企业合并的，合并后存续或者新设立的工程监理企业可以承继合并前各方中较高的资质等级，但应当符合相应的资质等级条件。

工程监理企业分立的，分立后企业的资质等级，根据实际达到的资质条件，按照本规定的审批程序核定。

第十八条　企业需增补工程监理企业资质证书的(含增加、更换、遗失补办)，应当持资质证书增补申请及电子文档等材料向资质许可机关申请办理。遗失资质证书的，在申请补办前应当在公众媒体刊登遗失声明。资质许可机关应当自受理申请之日起3日内予以办理。

第四章　监督管理

第十九条　县级以上人民政府住房城乡建设主管部门和其他有关部门应当依照有关法律、法规和本规定，加强对工程监理企业资质的监督管理。

第二十条　住房城乡建设主管部门履行监督检查职责时，有权采取下列措施：

(一)要求被检查单位提供工程监理企业资质证书、注册监理工程师注册执业证书，有关工程监理业务的文档，有关质量管理、安全生产管理、档案管理等企业内部管理制度的文件；

(二)进入被检查单位进行检查，查阅相关资料；

(三)纠正违反有关法律、法规和本规定及有关规范和标准的行为。

第二十一条　住房城乡建设主管部门进行监督检查时，应当有两名以上监督检查人员参加，并出示执法证件，不得妨碍被检查单位的正常经营活动，不得索取或者收受财物、谋取其他利益。

有关单位和个人对依法进行的监督检查应当协助与配合，不得拒绝或者阻挠。

监督检查机关应当将监督检查的处理结果向社会公布。

第二十二条　工程监理企业违法从事工程监理活动的，违法行为发生地的县级以上地方人民政府住房城乡建设主管部门应当依法查处，并将违法事实、处理结果或处理建议及时报告该工程监理企业资质的许可机关。

第二十三条　工程监理企业取得工程监理企业资质后不再符合相应资质条件的，资质许可机关根据利害关系人的请求或者依据职权，可以责令其限期改正；逾期不改的，可以撤回其资质。

第二十四条　有下列情形之一的，资质许可机关或者其上级机关，根据利害关系人的请求或者依据职权，可以撤销工程监理企业资质：

（一）资质许可机关工作人员滥用职权、玩忽职守作出准予工程监理企业资质许可的；

（二）超越法定职权作出准予工程监理企业资质许可的；

（三）违反资质审批程序作出准予工程监理企业资质许可的；

（四）对不符合许可条件的申请人作出准予工程监理企业资质许可的；

（五）依法可以撤销资质证书的其他情形。

以欺骗、贿赂等不正当手段取得工程监理企业资质证书的，应当予以撤销。

第二十五条　有下列情形之一的，工程监理企业应当及时向资质许可机关提出注销资质的申请，交回资质证书，国务院住房城乡建设主管部门应当办理注销手续，公告其资质证书作废：

（一）资质证书有效期届满，未依法申请延续的；

（二）工程监理企业依法终止的；

（三）工程监理企业资质依法被撤销、撤回或吊销的；

（四）法律、法规规定的应当注销资质的其他情形。

第二十六条　工程监理企业应当按照有关规定，向资质许可机关提供真实、准确、完整的工程监理企业的信用档案信息。

工程监理企业的信用档案应当包括基本情况、业绩、工程质量和安全、合同违约等情况。被投诉举报和处理、行政处罚等情况应当作为不良行为记入其信用档案。

工程监理企业的信用档案信息按照有关规定向社会公示，公众有权查阅。

第五章　法律责任

第二十七条　申请人隐瞒有关情况或者提供虚假材料申请工程监理企业资质的，资质许可机关不予受理或者不予行政许可，并给予警告，申请人在1年内不得再次申请工程监理企业资质。

第二十八条　以欺骗、贿赂等不正当手段取得工程监理企业资质证书的，由县级以上地方人民政府住房城乡建设主管部门或者有关部门给予警告，并处1万元以上2万元以下的罚款，申请人3年内不得再次申请工程监理企业资质。

第二十九条　工程监理企业有本规定第十六条第七项、第八项行为之一的，由县级以上地方人民政府住房城乡建设主管部门或者有关部门予以警告，责令其改正，并处1万元以上3万元以下的罚款；造成损失的，依法承担赔偿责任；构成犯罪的，依法追究刑事责任。

第三十条　违反本规定，工程监理企业不及时办理资质证书变更手续的，由资质许可机关责令限期办理；逾期不办理的，可处以1千元以上1万元以下的罚款。

第三十一条　工程监理企业未按照本规定要求提供工程监理企业信用档案信息的，由县级以上地方人民政府住房城乡建设主管部门予以警告，责令限期改正；逾期未改正的，可处以1千元以上1万元以下的罚款。

第三十二条　县级以上地方人民政府住房城乡建设主管部门依法给予工程监理企业行政处罚的，应当将行政处罚决定以及给予行政处罚的事实、理由和依据，报国务院住房城乡建设主管部门备案。

第三十三条　县级以上人民政府住房城乡建设主管部门及有关部门有下列情形之一的，由其上级行政主管部门或者监察机关责令改正，对直接负责的主管人员和其他直接责任人员依法给予处分；构成犯罪的，依法追究刑事责任：

（一）对不符合本规定条件的申请人准予工程监理企业资质许可的；

（二）对符合本规定条件的申请人不予工程监理企业资质许可或者不在法定期限内作出准予许可决定的；

（三）对符合法定条件的申请不予受理或者未在法定期限内初审完毕的；

（四）利用职务上的便利，收受他人财物或者其他好处的；

（五）不依法履行监督管理职责或者监督不力，造成严重后果的。

第六章　附　则

第三十四条　本规定自2007年8月1日起施行。2001年8月29日建设部颁布的《工程监理企业资质管理规定》（建设部令第102号）同时废止。

附件：1. 专业资质注册监理工程师人数配备表（略）
　　　2. 专业工程类别和等级表（略）

工程监理企业资质管理规定实施意见

· 2007 年 7 月 31 日建市〔2007〕190 号发布
· 根据 2016 年 6 月 16 日《住房城乡建设部关于建设工程企业
　资质管理资产考核有关问题的通知》修订

为规范工程监理企业资质管理，依据《工程监理企业
资质管理规定》（建设部令第 158 号，以下简称 158 号部
令）及相关法律法规，制定本实施意见。

一、资质申请条件

（一）新设立的企业申请工程监理企业资质和已具
有工程监理企业资质的企业申请综合资质、专业资质升
级、增加其他专业资质，自 2007 年 8 月 1 日起应按照 158
号部令要求提出资质申请。

（二）新设立的企业申请工程监理企业资质，应先取
得《企业法人营业执照》或《合伙企业营业执照》，办理完
相应的执业人员注册手续后，方可申请资质。

取得《企业法人营业执照》的企业，只可申请综合资
质和专业资质，取得《合伙企业营业执照》的企业，只可
申请事务所资质。

（三）新设立的企业申请工程监理企业资质和已获
得工程监理企业资质的企业申请增加其他专业资质，应
从专业乙级、丙级资质或事务所资质开始申请，不需要提
供业绩证明材料。申请房屋建筑、水利水电、公路和市政
公用工程专业资质的企业，也可以直接申请专业乙级资
质。

（四）已具有专业丙级资质企业可直接申请专业乙
级资质，不需要提供业绩证明材料。已具有专业乙级资
质申请晋升专业甲级资质的企业，应在近 2 年内独立监
理过 3 个及以上相应专业的二级工程项目。

（五）具有甲级设计资质或一级及以上施工总承包
资质的企业可以直接申请与主营业务相对应的专业工程
类别甲级工程监理企业资质。具有甲级设计资质或一级
及以上施工总承包资质的企业申请主营业务以外的专业
工程类别监理企业资质的，应从专业乙级及以下资质开
始申请。

主营业务是指企业在具有的甲级设计资质或一级及
以上施工总承包资质中主要从事的工程类别业务。

（六）工程监理企业申请专业资质升级、增加其他专
业资质的，相应专业的注册监理工程师人数应满足已有
监理资质所要求的注册监理工程师等人员标准后，方可
申请。申请综合资质的，应至少满足已有资质中的 5 个
甲级专业资质要求的注册监理工程师人员数量。

（七）工程监理企业的注册人员、工程监理业绩（包
括境外工程业绩）和技术装备等资质条件，均是以独立企
业法人为审核单位。企业（集团）的母、子公司在申请资
质时，各项指标不得重复计算。

二、申请材料

（八）申请专业甲级资质或综合资质的工程监理企
业需提交以下材料：

1.《工程监理企业资质申请表》（见附件 1）一式三份
及相应的电子文档；

2. 企业法人营业执照正、副本复印件；

3. 企业章程复印件；

4. 工程监理企业资质证书正、副本复印件；

5. 企业法定代表人、企业负责人的身份证明、工作
简历及任命（聘用）文件的复印件；

6. 企业技术负责人的身份证明、工作简历、任命（聘
用）文件、毕业证书、相关专业学历证书、职称证书和加盖
执业印章的《中华人民共和国注册监理工程师注册执业
证书》等复印件；

7.《工程监理企业资质申请表》中所列注册执业人员
的身份证明、加盖执业印章的注册执业证书复印件（无执
业印章的，须提供注册执业证书复印件）；

8. 企业近 2 年内业绩证明材料的复印件，包括：监理
合同、监理规划、工程竣工验收证明、监理工作总结和监
理业务手册；

9. 企业必要的工程试验检测设备的购置清单（按申
请表要求填写）。

（九）具有甲级设计资质或一级及以上施工总承包
资质的企业申请与主营业务对应的专业工程类别甲级监
理资质的，除应提供本实施意见第（八）条 1、2、3、5、6、7、
9 所列材料外，还需提供企业具有的甲级设计资质或一
级及以上施工总承包资质的资质证书正、副本复印件，不
需提供相应的业绩证明。

（十）申请专业乙级和丙级资质的工程监理企业，需
提供本实施意见第（八）条 1、2、3、5、6、7、9 所列材料，不
需提供相应的业绩证明。

（十一）申请事务所资质的企业，需提供以下材料：

1.《工程监理企业资质申请表》（见附件 1）一式三份
及相应的电子文档；

2. 合伙企业营业执照正、副本复印件；

3. 合伙人协议文本复印件；

4. 合伙人组成名单、身份证明、工作简历以及加盖
执业印章的《中华人民共和国注册监理工程师注册执业

证书》复印件；

5. 办公场所属于自有产权的，应提供产权证明复印件；办公场所属于租用的，应提供出租方产权证明、双方租赁合同的复印件；

6. 必要的工程试验检测设备的购置清单（按申请表要求填写）。

（十二）申请综合资质、专业资质延续的企业，需提供本实施意见第（八）条 1、2、4、7 所列材料，不需提供相应的业绩证明；申请事务所资质延续的企业，应提供本实施意见第（十一）条 1、2、4 所列材料。

（十三）具有综合资质、专业甲级资质的企业申请变更资质证书中企业名称的，由建设部负责办理。企业应向工商注册所在地的省、自治区、直辖市人民政府建设主管部门提出申请，并提交下列材料：

1.《建设工程企业资质证书变更审核表》；

2. 企业法人营业执照副本复印件；

3. 企业原有资质证书正、副本原件及复印件；

4. 企业股东大会或董事会关于变更事项的决议或文件。

上述规定以外的资质证书变更手续，由省、自治区、直辖市人民政府建设主管部门负责办理，具体办理程序由省、自治区、直辖市人民政府建设主管部门依法确定。其中具有综合资质、专业甲级资质的企业其资质证书编号发生变化的，省、自治区、直辖市人民政府建设主管部门需报建设部核准后，方可办理。

（十四）企业改制、分立、合并后设立的工程监理企业申请资质，除提供本实施意见第（八）条所要求的材料外，还应当提供如下证明材料的复印件：

1. 企业改制、分立、合并或重组的情况说明，包括新企业与原企业的产权关系、资本构成及资产负债情况，人员、内部组织机构的分立与合并、工程业绩的分割、合并等情况；

2. 上级主管部门的批复文件，职工代表大会的决议；或股东大会、董事会的决议。

（十五）具有综合资质、专业甲级资质的工程监理企业申请工商注册地跨省、自治区、直辖市变更的，企业应向新注册所在地的省、自治区、直辖市人民政府建设主管部门提出申请，并提交下列材料：

1. 工程监理企业原工商注册地省、自治区、直辖市人民政府建设主管部门同意资质变更的书面意见；

2. 变更前原工商营业执照注销证明及变更后新工商营业执照正、副本复印件；

3. 本实施意见第（八）条 1、2、3、4、5、6、7、9 所列的材料。

其中涉及到资质证书中企业名称变更的，省、自治区、直辖市人民政府建设主管部门应将受理的申请材料报建设部办理。

具有专业乙级、丙级资质和事务所资质的工程监理企业申请工商注册地跨省、自治区、直辖市变更，由各省、自治区、直辖市人民政府建设主管部门参照上述程序依法制定。

（十六）企业申请工程监理企业资质的申报材料，应符合以下要求：

1. 申报材料应包括：《工程监理企业资质申请表》及相应的附件材料；

2.《工程监理企业资质申请表》一式三份，涉及申请铁路、交通、水利、信息产业、民航等专业资质的，每增加申请一项资质，申报材料应增加二份申请表和一份附件材料；

3. 申请表与附件材料应分开装订，用 A4 纸打印或复印。附件材料应按《工程监理企业资质申请表》填写顺序编制详细目录及页码范围，以便审查查找。复印材料要求清晰、可辨；

4. 所有申报材料必须填写规范、盖章或印鉴齐全、字迹清晰；

5. 工程监理企业申报材料中如有外文，需附中文译本。

三、资质受理审查程序

（十七）工程监理企业资质申报材料应当齐全，手续完备。对于手续不全、盖章或印鉴不清的，资质管理部门将不予受理。

资质受理部门应对工程监理企业资质申报材料中的附件材料原件进行核验，确认企业附件材料中相关内容与原件相符。对申请综合资质、专业甲级资质的企业，省、自治区、直辖市人民政府建设主管部门应将其《工程监理企业资质申请表》（附件 1）及附件材料、报送文件一并报建设部。

（十八）工程监理企业应于资质证书有效期届满 60日前，向原资质许可机关提出资质延续申请。逾期不申请资质延续的，有效期届满后，其资质证书自动失效。如需开展工程监理业务，应按首次申请办理。

（十九）工程监理企业的所有申报材料一经建设主管部门受理，未经批准，不得修改。

（二十）各省、自治区、直辖市人民政府建设主管部门可根据本地的实际情况,制定事务所资质的具体实施办法。

(二十一)对企业改制、分立或合并后设立的工程监理企业,资质许可机关按下列规定进行资质核定:

1. 整体改制的企业,按资质变更程序办理;

2. 合并后存续或者新设立的工程监理企业可以承继合并前各方中较高资质等级。合并后不申请资质升级和增加其他专业资质的,按资质变更程序办理;申请资质升级或增加其他专业资质的,资质许可机关应根据其实际达到的资质条件,按照158号部令中的审批程序核定;

3. 企业分立成两个及以上工程监理企业的,应根据其实际达到的资质条件,按照158号部令的审批程序对分立后的企业分别重新核定资质等级。

(二十二)对工程监理企业的所有申请、审查等书面材料,有关建设主管部门应保存5年。

四、资质证书

(二十三)工程监理企业资质证书由建设部统一印制。专业甲级资质、乙级资质、丙级资质证书分别打印,每套资质证书包括一本正本和四本副本。

工程监理企业资质证书有效期为5年,有效期的计算时间以资质证书最后的核定日期为准。

(二十四)工程监理企业资质证书全国通用,各地、各部门不得以任何名义设立158号部令规定以外的其他准入条件,不得违法收取费用。

(二十五)工程监理企业遗失资质证书,应首先在全国性建设行业报刊或省级(含省级)综合类报刊上刊登遗失作废声明,然后再向原资质许可机关申请补办,并提供下列材料:

1. 企业补办资质证书的书面申请;

2. 刊登遗失声明的报刊原件;

3.《建设工程企业资质证书增补审核表》。

五、监督管理

(二十六)县级以上人民政府建设主管部门和有关部门应依法对本辖区内工程监理企业的资质情况实施动态监督管理。重点检查158号部令第十六条和第二十三条的有关内容,并将检查和处理结果记入企业信用档案。

具体抽查企业的数量和比例由县级以上人民政府建设主管部门或者有关部门根据实际情况研究决定。

监督检查可以采取下列形式:

1. 集中监督检查。由县级以上人民政府建设主管部门或者有关部门统一部署的监督检查;

2. 抽查和巡查。县级以上人民政府建设主管部门

或者有关部门随机进行的监督检查。

(二十七)县级以上人民政府建设主管部门和有关部门应按以下程序实施监督检查:

1. 制定监督检查方案,其中集中监督检查方案应予以公布;

2. 检查应出具相应的检查文件或证件;

3. 当地建设主管部门和有关部门应当配合上级部门的监督检查;

4. 实施检查时,应首先明确监督检查内容,被检企业应如实提供相关文件资料。对于提供虚假材料的企业,予以通报;对于不符合相应资质条件要求的监理企业,应及时上报资质许可机关,资质许可机关可以责令其限期改正,逾期不改的,撤回其相应工程监理企业资质;对于拒不提供被检资料的企业,予以通报,并责令其限期提供被检资料;

5. 检查人员应当将检查情况予以记录,并由被检企业负责人和检查人员签字确认;

6. 检查人员应当将检查情况汇总,连同有关行政处理或者行政处罚建议书面告知当地建设主管部门。

(二十八)工程监理企业违法从事工程监理活动的,违法行为发生地的县级以上地方人民政府建设主管部门应当依法查处,并将工程监理企业的违法事实、处理结果或处理建议及时报告违法行为发生地的省、自治区、直辖市人民政府建设主管部门;其中对综合资质或专业甲级资质工程监理企业的违法事实、处理结果或处理建议,须通过违法行为发生地的省、自治区、直辖市人民政府建设主管部门报建设部。

六、有关说明

(二十九)工程监理企业的注册监理工程师是指在本企业注册的取得《中华人民共和国注册监理工程师注册执业证书》的人员。注册监理工程师不得同时受聘、注册于两个及以上企业。

注册监理工程师的专业是指《中华人民共和国注册监理工程师注册执业证书》上标注的注册专业。

一人同时具有注册监理工程师、注册造价工程师、一级注册建造师、一级注册建筑师、一级注册结构工程师或者其他勘察设计注册工程师两个及以上执业资格,且在同一监理企业注册的,可以按照取得的注册执业证书个数,累计计算其人次。

申请工程监理企业资质的企业,其注册人数和注册人次应分别满足158号部令中规定的注册人数和注册人次要求。申请综合资质的企业具有一级注册建造师、一

级注册建筑师、一级注册结构工程师或者其他勘察设计注册工程师合计应不少于 15 人次,且具有一级注册建造师不少于 1 人次、具有一级注册结构工程师或其他勘察设计注册工程师或一级注册建筑师不少于 1 人次。

(三十)"企业近 2 年内独立监理过 3 个以上相应专业的二级工程项目"是指企业自申报之日起前 2 年内独立监理完成并已竣工验收合格的工程项目。企业申报材料中应提供相应的工程验收证明复印件。

(三十一)因本企业监理责任造成重大质量事故和因本企业监理责任发生安全事故的发生日期,以行政处罚决定书中认定的事故发生日为准。

(三十二)具有事务所资质的企业只可承担房屋建筑、水利水电、公路和市政公用工程专业等级三级且非强制监理的建设工程项目的监理、项目管理、技术咨询等相关服务。

七、过渡期的有关规定

(三十三)158 号部令自实施之日起设 2 年过渡期,即从 2007 年 8 月 1 日起,至 2009 年 7 月 31 日止。过渡期内,已取得工程监理企业资质的企业申请资质升级、增加其他专业资质以及申请企业分立的,按 158 号部令和本实施意见执行。对于准予资质许可的工程监理企业,核发新的工程监理企业资质证书,旧的资质证书交回原发证机关,予以作废。

(三十四)过渡期内,已取得工程监理企业资质证书的企业申请资质更名、遗失补证、两家及以上企业整体合并等不涉及申请资质升级和增加其他专业资质的,可按资质变更程序办理,并换发新的工程监理企业资质证书,新资质证书有效期至 2009 年 7 月 31 日。

(三十五)建设主管部门在 2007 年 8 月 1 日之前颁发的工程监理企业资质证书,在过渡期内有效,但企业资质条件仍应符合《工程监理企业资质管理规定》(建设部令第 102 号)的相关要求。过渡期内,各省、自治区、直辖市人民政府建设主管部门应按《工程监理企业资质管理规定》(建设部令第 102 号)要求的资质条件对本辖区内已取得工程监理企业资质的企业进行监督检查。过渡期届满后,对达不到 158 号部令要求条件的企业,要重新核定其监理企业资质等级。

对于已取得冶炼、矿山、化工石油、电力、铁路、港口与航道、航天航空和通信工程丙级资质的工程监理企业,过渡期内,企业可继续完成已承揽的工程项目。过渡期届满后,上述专业工程类别的工程监理企业丙级资质证书自行失效。

(三十六)已取得工程监理企业资质证书但未换发新的资质证书的企业,在过渡期届满 60 日前,应按 158 号部令要求向资质许可机关提交换发工程监理企业资质证书的申请材料,不需提供相应的业绩证明。对于满足相应资质标准要求的企业,资质许可机关给予换发新的工程监理企业资质证书,旧资质证书交回原发证机关,予以作废;对于不满足相应资质标准要求的企业,由资质许可机关根据其实际达到的资质条件,按照 158 号部令的审批程序和标准给予重新核定,旧资质证书交回原发证机关,予以作废。过渡期届满后,未申请换发工程监理企业资质证书的企业,其旧资质证书自行失效。

附件:1.《工程监理企业资质申请表》;(略)
    2.《工程监理企业资质申请表》填表说明。(略)

房屋建筑工程施工旁站监理管理办法(试行)

· 2002 年 7 月 17 日
· 建市〔2002〕189 号

第一条 为加强对房屋建筑工程施工旁站监理的管理,保证工程质量,依据《建设工程质量管理条例》的有关规定,制定本办法。

第二条 本办法所称房屋建筑工程施工旁站监理(以下简称旁站监理),是指监理人员在房屋建筑工程施工阶段监理中,对关键部位、关键工序的施工质量实施全过程现场跟班的监督活动。

本办法所规定的房屋建筑工程的关键部位、关键工序,在基础工程方面包括:土方回填,混凝土灌注桩浇筑,地下连续墙、土钉墙、后浇带及其他结构混凝土、防水混凝土浇筑,卷材防水层细部构造处理,钢结构安装;在主体结构工程方面包括:梁柱节点钢筋隐蔽过程,混凝土浇筑,预应力张拉,装配式结构安装,钢结构安装,网架结构安装,索膜安装。

第三条 监理企业在编制监理规划时,应当制定旁站监理方案,明确旁站监理的范围、内容、程序和旁站监理人员职责等。旁站监理方案应当送建设单位和施工企业各一份,并抄送工程所在地的建设行政主管部门或其委托的工程质量监督机构。

第四条 施工企业根据监理企业制定的旁站监理方案,在需要实施旁站监理的关键部位、关键工序进行施工前 24 小时,应当书面通知监理企业派驻工地的项目监理机构。项目监理机构应当安排旁站监理人员按照旁站监理方案实施旁站监理。

第五条 旁站监理在总监理工程师的指导下,由现场监理人员负责具体实施。

第六条 旁站监理人员的主要职责是:

(一)检查施工企业现场质检人员到岗、特殊工种人员持证上岗以及施工机械、建筑材料准备情况;

(二)在现场跟班监督关键部位、关键工序的施工执行施工方案以及工程建设强制性标准情况;

(三)核查进场建筑材料、建筑构配件、设备和商品混凝土的质量检验报告等,并可在现场监督施工企业进行检验或者委托具有资格的第三方进行复验;

(四)做好旁站监理记录和监理日记,保存旁站监理原始资料。

第七条 旁站监理人员应当认真履行职责,对需要实施旁站监理的关键部位、关键工序在施工现场跟班监督,及时发现和处理旁站监理过程中出现的质量问题,如实准确地做好旁站监理记录。凡旁站监理人员和施工企业现场质检人员未在旁站监理记录(见附件)上签字的,不得进行下一道工序施工。

第八条 旁站监理人员实施旁站监理时,发现施工企业有违反工程建设强制性标准行为的,有权责令施工企业立即整改;发现其施工活动已经或者可能危及工程质量的,应当及时向监理工程师或者总监理工程师报告,由总监理工程师下达局部暂停施工指令或者采取其他应急措施。

第九条 旁站监理记录是监理工程师或者总监理工程师依法行使有关签字权的重要依据。对于需要旁站监理的关键部位、关键工序施工,凡没有实施旁站监理或者没有旁站监理记录的,监理工程师或者总监理工程师不得在相应文件上签字。在工程竣工验收后,监理企业应当将旁站监理记录存档备查。

第十条 对于按照本办法规定的关键部位、关键工序实施旁站监理的,建设单位应当严格按照国家规定的监理取费标准执行;对于超出本办法规定的范围,建设单位要求监理企业实施旁站监理的,建设单位应当另行支付监理费用,具体费用标准由建设单位与监理企业在合同中约定。

第十一条 建设行政主管部门应当加强对旁站监理的监督检查,对于不按照本办法实施旁站监理的监理企业和有关监理人员要进行通报,责令整改,并作为不良记录载入该企业和有关人员的信用档案;情节严重的,在资质年检时应定为不合格,并按照下一个资质等级重新核定其资质等级;对于不按照本办法实施旁站监理而发生工程质量事故的,除依法对有关责任单位进行处罚外,还要依法追究监理企业和有关监理人员的相应责任。

第十二条 其他工程的施工旁站监理,可以参照本办法实施。

第十三条 本办法自 2003 年 1 月 1 日起施行。

· 文书范本

GF—2012—0202

<h2 style="text-align:center">建设工程监理合同(示范文本)①</h2>

<h3 style="text-align:center">第一部分 协议书</h3>

委托人(全称):_____

监理人(全称):_____根据《中华人民共和国合同法》、《中华人民共和国建筑法》及其他有关法律、法规,遵循平等、自愿、公平和诚信的原则,双方就下述工程委托监理与相关服务事项协商一致,订立本合同。

一、工程概况

1. 工程名称:_____;

2. 工程地点:_____;

---

① 本示范文本来源于住房和城乡建设部、国家工商行政管理总局《关于印发〈建设工程监理合同〉(示范文本)的通知》(2012 年 3 月 27 日,建市〔2012〕46 号)。

3. 工程规模：_____；

4. 工程概算投资额或建筑安装工程费：_____。

二、词语限定

协议书中相关词语的含义与通用条件中的定义与解释相同。

三、组成本合同的文件

1. 协议书；

2. 中标通知书(适用于招标工程)或委托书(适用于非招标工程)；

3. 投标文件(适用于招标工程)或监理与相关服务建议书(适用于非招标工程)；

4. 专用条件；

5. 通用条件；

6. 附录，即：

附录 A　相关服务的范围和内容

附录 B　委托人派遣的人员和提供的房屋、资料、设备

本合同签订后，双方依法签订的补充协议也是本合同文件的组成部分。

四、总监理工程师

总监理工程师姓名：_____，身份证号码：_____，注册号：_____。

五、签约酬金

签约酬金(大写)：_____(_____)。

包括：

1. 监理酬金：_____。

2. 相关服务酬金：_____。

其中：

(1)勘察阶段服务酬金：_____。

(2)设计阶段服务酬金：_____。

(3)保修阶段服务酬金：_____。

(4)其他相关服务酬金：_____。

六、期限

1. 监理期限：

自_____年____月___日始，至_____年____月___日止。

2. 相关服务期限：

(1)勘察阶段服务期限自_____年____月___日始，至_____年____月___日止。

(2)设计阶段服务期限自_____年____月___日始，至_____年____月___日止。

(3)保修阶段服务期限自_____年____月___日始，至_____年____月___日止。

(4)其他相关服务期限自_____年____月___日始，至_____年____月___日止。

七、双方承诺

1. 监理人向委托人承诺，按照本合同约定提供监理与相关服务。

2. 委托人向监理人承诺，按照本合同约定派遣相应的人员，提供房屋、资料、设备，并按本合同约定支付酬金。

八、合同订立

1. 订立时间：_____年____月___日。

2. 订立地点：_____。

3. 本合同一式 份，具有同等法律效力，双方各执___份。

委托人：　　　　(盖章)　　　　　　　监理人：　　　　　(盖章)

住所：　　　　　　　　　　　　　　　住所：

邮政编码：

法定代表人或其授权的代理人：(签字)

开户银行：

账号：

电话：

传真：

电子邮箱：

邮政编码：

法定代表人或其授权的代理人：(签字)

开户银行：

账号：

电话：

传真：

电子邮箱：

第二部分　通用条件

1. 定义与解释

1.1 定义

除根据上下文另有其意义外，组成本合同的全部文件中的下列名词和用语应具有本款所赋予的含义：

1.1.1 "工程"是指按照本合同约定实施监理与相关服务的建设工程。

1.1.2 "委托人"是指本合同中委托监理与相关服务的一方，及其合法的继承人或受让人。

1.1.3 "监理人"是指本合同中提供监理与相关服务的一方，及其合法的继承人。

1.1.4 "承包人"是指在工程范围内与委托人签订勘察、设计、施工等有关合同的当事人，及其合法的继承人。

1.1.5 "监理"是指监理人受委托人的委托，依照法律法规、工程建设标准、勘察设计文件及合同，在施工阶段对建设工程质量、进度、造价进行控制，对合同、信息进行管理，对工程建设相关方的关系进行协调，并履行建设工程安全生产管理法定职责的服务活动。

1.1.6 "相关服务"是指监理人受委托人的委托，按照本合同约定，在勘察、设计、保修等阶段提供的服务活动。

1.1.7 "正常工作"指本合同订立时通用条件和专用条件中约定的监理人的工作。

1.1.8 "附加工作"是指本合同约定的正常工作以外监理人的工作。

1.1.9 "项目监理机构"是指监理人派驻工程负责履行本合同的组织机构。

1.1.10 "总监理工程师"是指由监理人的法定代表人书面授权，全面负责履行本合同、主持项目监理机构工作的注册监理工程师。

1.1.11 "酬金"是指监理人履行本合同义务，委托人按照本合同约定给付监理人的金额。

1.1.12 "正常工作酬金"是指监理人完成正常工作，委托人应给付监理人并在协议书中载明的签约酬金额。

1.1.13 "附加工作酬金"是指监理人完成附加工作，委托人应给付监理人的金额。

1.1.14 "一方"是指委托人或监理人；"双方"是指委托人和监理人；"第三方"是指除委托人和监理人以外的有关方。

1.1.15 "书面形式"是指合同书、信件和数据电文(包括电报、电传、传真、电子数据交换和电子邮件)等可以有形地表现所载内容的形式。

1.1.16 "天"是指第一天零时至第二天零时的时间。

1.1.17 "月"是指按公历从一个月中任何一天开始的一个公历月时间。

1.1.18 "不可抗力"是指委托人和监理人在订立本合同时不可预见，在工程施工过程中不可避免发生并不能克服的自然灾害和社会性突发事件，如地震、海啸、瘟疫、水灾、骚乱、暴动、战争和专用条件约定的其他情形。

1.2 解释

1.2.1 本合同使用中文书写、解释和说明。如专用条件约定使用两种及以上语言文字时，应以中文为准。

1.2.2 组成本合同的下列文件彼此应能相互解释、互为说明。除专用条件另有约定外，本合同文件的解释顺序如下：

(1)协议书；

(2)中标通知书(适用于招标工程)或委托书(适用于非招标工程)；

(3)专用条件及附录 A、附录 B；

(4)通用条件；

(5)投标文件(适用于招标工程)或监理与相关服务建议书(适用于非招标工程)。

双方签订的补充协议与其他文件发生矛盾或歧义时，属于同一类内容的文件，应以最新签署的为准。

2. 监理人的义务

2.1 监理的范围和工作内容

2.1.1 监理范围在专用条件中约定。

2.1.2 除专用条件另有约定外，监理工作内容包括：

(1)收到工程设计文件后编制监理规划，并在第一次工地会议 7 天前报委托人。根据有关规定和监理工作需

要,编制监理实施细则;

(2)熟悉工程设计文件,并参加由委托人主持的图纸会审和设计交底会议;

(3)参加由委托人主持的第一次工地会议;主持监理例会并根据工程需要主持或参加专题会议;

(4)审查施工承包人提交的施工组织设计,重点审查其中的质量安全技术措施、专项施工方案与工程建设强制性标准的符合性;

(5)检查施工承包人工程质量、安全生产管理制度及组织机构和人员资格;

(6)检查施工承包人专职安全生产管理人员的配备情况;

(7)审查施工承包人提交的施工进度计划,核查承包人对施工进度计划的调整;

(8)检查施工承包人的试验室;

(9)审核施工分包人资质条件;

(10)查验施工承包人的施工测量放线成果;

(11)审查工程开工条件,对条件具备的签发开工令;

(12)审查施工承包人报送的工程材料、构配件、设备质量证明文件的有效性和符合性,并按规定对用于工程的材料采取平行检验或见证取样方式进行抽检;

(13)审核施工承包人提交的工程款支付申请,签发或出具工程款支付证书,并报委托人审核、批准;

(14)在巡视、旁站和检验过程中,发现工程质量、施工安全存在事故隐患的,要求施工承包人整改并报委托人;

(15)经委托人同意,签发工程暂停令和复工令;

(16)审查施工承包人提交的采用新材料、新工艺、新技术、新设备的论证材料及相关验收标准;

(17)验收隐蔽工程、分部分项工程;

(18)审查施工承包人提交的工程变更申请,协调处理施工进度调整、费用索赔、合同争议等事项;

(19)审查施工承包人提交的竣工验收申请,编写工程质量评估报告;

(20)参加工程竣工验收,签署竣工验收意见;

(21)审查施工承包人提交的竣工结算申请并报委托人;

(22)编制、整理工程监理归档文件并报委托人。

2.1.3 相关服务的范围和内容在附录 A 中约定。

2.2 监理与相关服务依据

2.2.1 监理依据包括:

(1)适用的法律、行政法规及部门规章;

(2)与工程有关的标准;

(3)工程设计及有关文件;

(4)本合同及委托人与第三方签订的与实施工程有关的其他合同。

双方根据工程的行业和地域特点,在专用条件中具体约定监理依据。

2.2.2 相关服务依据在专用条件中约定。

2.3 项目监理机构和人员

2.3.1 监理人应组建满足工作需要的项目监理机构,配备必要的检测设备。项目监理机构的主要人员应具有相应的资格条件。

2.3.2 本合同履行过程中,总监理工程师及重要岗位监理人员应保持相对稳定,以保证监理工作正常进行。

2.3.3 监理人可根据工程进展和工作需要调整项目监理机构人员。监理人更换总监理工程师时,应提前 7 天向委托人书面报告,经委托人同意后方可更换;监理人更换项目监理机构其他监理人员,应以相当资格与能力的人员替换,并通知委托人。

2.3.4 监理人应及时更换有下列情形之一的监理人员:

(1)严重过失行为的;

(2)有违法行为不能履行职责的;

(3)涉嫌犯罪的;

(4)不能胜任岗位职责的;

(5)严重违反职业道德的;

(6)专用条件约定的其他情形。

2.3.5 委托人可要求监理人更换不能胜任本职工作的项目监理机构人员。

2.4 履行职责

监理人应遵循职业道德准则和行为规范,严格按照法律法规、工程建设有关标准及本合同履行职责。

2.4.1 在监理与相关服务范围内,委托人和承包人提出的意见和要求,监理人应及时提出处置意见。当委托人与承包人之间发生合同争议时,监理人应协助委托人、承包人协商解决。

2.4.2 当委托人与承包人之间的合同争议提交仲裁机构仲裁或人民法院审理时,监理人应提供必要的证明资料。

2.4.3 监理人应在专用条件约定的授权范围内,处理委托人与承包人所签订合同的变更事宜。如果变更超过授权范围,应以书面形式报委托人批准。

在紧急情况下,为了保护财产和人身安全,监理人所发出的指令未能事先报委托人批准时,应在发出指令后的 24小时内以书面形式报委托人。

2.4.4 除专用条件另有约定外,监理人发现承包人的人员不能胜任本职工作的,有权要求承包人予以调换。

2.5 提交报告

监理人应按专用条件约定的种类、时间和份数向委托人提交监理与相关服务的报告。

2.6 文件资料

在本合同履行期内,监理人应在现场保留工作所用的图纸、报告及记录监理工作的相关文件。工程竣工后,应当按照档案管理规定将监理有关文件归档。

2.7 使用委托人的财产

监理人无偿使用附录 B 中由委托人派遣的人员和提供的房屋、资料、设备。除专用条件另有约定外,委托人提供的房屋、设备属于委托人的财产,监理人应妥善使用和保管,在本合同终止时将这些房屋、设备的清单提交委托人,并按专用条件约定的时间和方式移交。

3. 委托人的义务

3.1 告知

委托人应在委托人与承包人签订的合同中明确监理人、总监理工程师和授予项目监理机构的权限。如有变更,应及时通知承包人。

3.2 提供资料

委托人应按照附录 B 约定,无偿向监理人提供工程有关的资料。在本合同履行过程中,委托人应及时向监理人提供最新的与工程有关的资料。

3.3 提供工作条件

委托人应为监理人完成监理与相关服务提供必要的条件。

3.3.1 委托人应按照附录 B 约定,派遣相应的人员,提供房屋、设备,供监理人无偿使用。

3.3.2 委托人应负责协调工程建设中所有外部关系,为监理人履行本合同提供必要的外部条件。

3.4 委托人代表

委托人应授权一名熟悉工程情况的代表,负责与监理人联系。委托人应在双方签订本合同后 7 天内,将委托人代表的姓名和职责书面告知监理人。当委托人更换委托人代表时,应提前 7 天通知监理人。

3.5 委托人意见或要求

在本合同约定的监理与相关服务工作范围内,委托人对承包人的任何意见或要求应通知监理人,由监理人向承包人发出相应指令。

3.6 答复

委托人应在专用条件约定的时间内,对监理人以书面形式提交并要求作出决定的事宜,给予书面答复。逾期未答复的,视为委托人认可。

3.7 支付

委托人应按本合同约定,向监理人支付酬金。

4. 违约责任

4.1 监理人的违约责任

监理人未履行本合同义务的,应承担相应的责任。

4.1.1 因监理人违反本合同约定给委托人造成损失的,监理人应当赔偿委托人损失。赔偿金额的确定方法在专用条件中约定。监理人承担部分赔偿责任的,其承担赔偿金额由双方协商确定。

4.1.2 监理人向委托人的索赔不成立时,监理人应赔偿委托人由此发生的费用。

4.2 委托人的违约责任

委托人未履行本合同义务的,应承担相应的责任。

4.2.1 委托人违反本合同约定造成监理人损失的,委托人应予以赔偿。

4.2.2 委托人向监理人的索赔不成立时,应赔偿监理人由此引起的费用。

4.2.3 委托人未能按期支付酬金超过 28 天,应按专用条件约定支付逾期付款利息。

4.3 除外责任

因非监理人的原因,且监理人无过错,发生工程质量事故、安全事故、工期延误等造成的损失,监理人不承担赔偿责任。

因不可抗力导致本合同全部或部分不能履行时,双方各自承担其因此而造成的损失、损害。

5. 支付

5.1 支付货币

除专用条件另有约定外,酬金均以人民币支付。涉及外币支付的,所采用的货币种类、比例和汇率在专用条件中约定。

5.2 支付申请

监理人应在本合同约定的每次应付款时间的 7 天前,向委托人提交支付申请书。支付申请书应当说明当期应付款总额,并列出当期应支付的款项及其金额。

5.3 支付酬金

支付的酬金包括正常工作酬金、附加工作酬金、合理化建议奖励金额及费用。

5.4 有争议部分的付款

委托人对监理人提交的支付申请书有异议时,应当在收到监理人提交的支付申请书后 7 天内,以书面形式向监理人发出异议通知。无异议部分的款项应按期支付,有异议部分的款项按第 7 条约定办理。

6. 合同生效、变更、暂停、解除与终止

6.1 生效

除法律另有规定或者专用条件另有约定外,委托人和监理人的法定代表人或其授权代理人在协议书上签字并盖单位章后本合同生效。

6.2 变更

6.2.1 任何一方提出变更请求时,双方经协商一致后可进行变更。

6.2.2 除不可抗力外,因非监理人原因导致监理人履行合同期限延长、内容增加时,监理人应当将此情况与可能产生的影响及时通知委托人。增加的监理工作时间、工作内容应视为附加工作。附加工作酬金的确定方法在专用条件中约定。

6.2.3 合同生效后,如果实际情况发生变化使得监理人不能完成全部或部分工作时,监理人应立即通知委托人。除不可抗力外,其善后工作以及恢复服务的准备工作应为附加工作,附加工作酬金的确定方法在专用条件中约定。监理人用于恢复服务的准备时间不应超过 28 天。

6.2.4 合同签订后,遇有与工程相关的法律法规、标准颁布或修订的,双方应遵照执行。由此引起监理与相关服务的范围、时间、酬金变化的,双方应通过协商进行相应调整。

6.2.5 因非监理人原因造成工程概算投资额或建筑安装工程费增加时,正常工作酬金应作相应调整。调整方法在专用条件中约定。

6.2.6 因工程规模、监理范围的变化导致监理人的正常工作量减少时,正常工作酬金应作相应调整。调整方法在专用条件中约定。

6.3 暂停与解除

除双方协商一致可以解除本合同外,当一方无正当理由未履行本合同约定的义务时,另一方可以根据本合同约定暂停履行本合同直至解除本合同。

6.3.1 在本合同有效期内,由于双方无法预见和控制的原因导致本合同全部或部分无法继续履行或继续履行已无意义,经双方协商一致,可以解除本合同或监理人的部分义务。在解除之前,监理人应作出合理安排,使开支减至最小。

因解除本合同或解除监理人的部分义务导致监理人遭受的损失,除依法可以免除责任的情况外,应由委托人予以补偿,补偿金额由双方协商确定。

解除本合同的协议必须采取书面形式,协议未达成之前,本合同仍然有效。

6.3.2 在本合同有效期内,因非监理人的原因导致工程施工全部或部分暂停,委托人可通知监理人要求暂停全部或部分工作。监理人应立即安排停止工作,并将开支减至最小。除不可抗力外,由此导致监理人遭受的损失应由委托人予以补偿。

暂停部分监理与相关服务时间超过 182 天,监理人可发出解除本合同约定的该部分义务的通知;暂停全部工作时间超过 182 天,监理人可发出解除本合同的通知,本合同自通知到达委托人时解除。委托人应将监理与相关服务的酬金支付至本合同解除日,且应承担第 4.2 款约定的责任。

6.3.3 当监理人无正当理由未履行本合同约定的义务时,委托人应通知监理人限期改正。若委托人在监理人接到通知后的 7 天内未收到监理人书面形式的合理解释,则可在 7 天内发出解除本合同的通知,自通知到达监理人时本合同解除。委托人应将监理与相关服务的酬金支付至限期改正通知到达监理人之日,但监理人应承担第 4.1 款约定的责任。

6.3.4 监理人在专用条件 5.3 中约定的支付之日起 28 天后仍未收到委托人按本合同约定应付的款项,可向委托人发出催付通知。委托人接到通知 14 天后仍未支付或未提出监理人可以接受的延期支付安排,监理人可向委托人发出暂停工作的通知并可自行暂停全部或部分工作。暂停工作后 14 天内监理人仍未获得委托人应付酬金或委托人的合理答复,监理人可向委托人发出解除本合同的通知,自通知到达委托人时本合同解除。委托人应承担第 4.2.3 款约定的责任。

6.3.5 因不可抗力致使本合同部分或全部不能履行时,一方应立即通知另一方,可暂停或解除本合同。

6.3.6 本合同解除后,本合同约定的有关结算、清理、争议解决方式的条件仍然有效。

6.4 终止

以下条件全部满足时,本合同即告终止:

(1)监理人完成本合同约定的全部工作;

(2)委托人与监理人结清并支付全部酬金。

7. 争议解决

7.1 协商

双方应本着诚信原则协商解决彼此间的争议。

7.2 调解

如果双方不能在 14 天内或双方商定的其他时间内解决本合同争议,可以将其提交给专用条件约定的或事后达成协议的调解人进行调解。

7.3 仲裁或诉讼

双方均有权不经调解直接向专用条件约定的仲裁机构申请仲裁或向有管辖权的人民法院提起诉讼。

8. 其他

8.1 外出考察费用

经委托人同意,监理人员外出考察发生的费用由委托人审核后支付。

8.2 检测费用

委托人要求监理人进行的材料和设备检测所发生的费用，由委托人支付，支付时间在专用条件中约定。

8.3 咨询费用

经委托人同意，根据工程需要由监理人组织的相关咨询论证会以及聘请相关专家等发生的费用由委托人支付，支付时间在专用条件中约定。

8.4 奖励

监理人在服务过程中提出的合理化建议，使委托人获得经济效益的，双方在专用条件中约定奖励金额的确定方法。奖励金额在合理化建议被采纳后，与最近一期的正常工作酬金同期支付。

8.5 守法诚信

监理人及其工作人员不得从与实施工程有关的第三方处获得任何经济利益。

8.6 保密

双方不得泄露对方申明的保密资料，亦不得泄露与实施工程有关的第三方所提供的保密资料，保密事项在专用条件中约定。

8.7 通知

本合同涉及的通知均应当采用书面形式，并在送达对方时生效，收件人应书面签收。

8.8 著作权

监理人对其编制的文件拥有著作权。

监理人可单独或与他人联合出版有关监理与相关服务的资料。除专用条件另有约定外，如果监理人在本合同履行期间及本合同终止后两年内出版涉及本工程的有关监理与相关服务的资料，应当征得委托人的同意。

第三部分　专用条件

1. 定义与解释

1.2 解释

1.2.1 本合同文件除使用中文外，还可用＿＿＿＿＿＿＿＿＿＿＿＿＿＿＿＿＿＿＿＿＿。

1.2.2 约定本合同文件的解释顺序为：＿＿＿＿＿＿＿＿＿＿＿＿＿＿＿＿＿＿＿。

2. 监理人义务

2.1 监理的范围和内容

2.1.1 监理范围包括：＿＿＿＿＿＿＿＿＿＿＿＿＿＿＿＿＿＿＿＿＿＿＿＿＿＿＿＿
＿＿＿＿＿＿＿＿＿＿＿＿＿＿＿＿＿＿＿＿＿＿＿＿＿＿＿＿＿＿＿＿＿＿＿＿＿＿＿。

2.1.2 监理工作内容还包括：＿＿＿＿＿＿＿＿＿＿＿＿＿＿＿＿＿＿＿＿＿＿＿＿＿
＿＿＿＿＿＿＿＿＿＿＿＿＿＿＿＿＿＿＿＿＿＿＿＿＿＿＿＿＿＿＿＿＿＿＿＿＿＿＿。

2.2 监理与相关服务依据

2.2.1 监理依据包括：＿＿＿＿＿＿＿＿＿＿＿＿＿＿＿＿＿＿＿＿＿＿＿＿＿＿＿＿
＿＿＿＿＿＿＿＿＿＿＿＿＿＿＿＿＿＿＿＿＿＿＿＿＿＿＿＿＿＿＿＿＿＿＿＿＿＿＿。

2.2.2 相关服务依据包括：＿＿＿＿＿＿＿＿＿＿＿＿＿＿＿＿＿＿＿＿＿＿＿＿＿＿
＿＿＿＿＿＿＿＿＿＿＿＿＿＿＿＿＿＿＿＿＿＿＿＿＿＿＿＿＿＿＿＿＿＿＿＿＿＿＿。

2.3 项目监理机构和人员

2.3.4 更换监理人员的其他情形：＿＿＿＿＿＿＿＿＿＿＿＿＿＿＿＿＿＿＿＿＿＿＿
＿＿＿＿＿＿＿＿＿＿＿＿＿＿＿＿＿＿＿＿＿＿＿＿＿＿＿＿＿＿＿＿＿＿＿＿＿＿＿。

2.4 履行职责

2.4.3 对监理人的授权范围：＿＿＿＿＿＿＿＿＿＿＿＿＿＿＿＿＿＿＿＿＿＿＿＿＿
＿＿＿＿＿＿＿＿＿＿＿＿＿＿＿＿＿＿＿＿＿＿＿＿＿＿＿＿＿＿＿＿＿＿＿＿＿＿＿。

在涉及工程延期＿＿＿＿＿＿天内和(或)金额＿＿＿＿＿＿＿＿＿万元内的变更，监理人不需请示委托人即可向承包人发布变更通知。

2.4.4 监理人有权要求承包人调换其人员的限制条件：＿＿＿＿＿＿＿＿＿＿＿＿＿＿
＿＿＿＿＿＿＿＿＿＿＿＿＿＿＿＿＿＿＿＿＿＿＿＿＿＿＿＿＿＿＿＿＿＿＿＿＿＿＿。

2.5 提交报告

监理人应提交报告的种类(包括监理规划、监理月报及约定的专项报告)、时间和份数：_____

_____。

2.7 使用委托人的财产

附录 B 中由委托人无偿提供的房屋、设备的所有权属于：_____

_____。

监理人应在本合同终止后_____天内移交委托人无偿提供的房屋、设备,移交的时间和方式为：_____

_____。

3. 委托人义务

3.4 委托人代表

委托人代表为：_____。

3.6 答复

委托人同意在_____天内,对监理人书面提交并要求做出决定的事宜给予书面答复。

4. 违约责任

4.1 监理人的违约责任

4.1.1 监理人赔偿金额按下列方法确定：

赔偿金＝直接经济损失×正常工作酬金÷工程概算投资额(或建筑安装工程费)

4.2 委托人的违约责任

4.2.3 委托人逾期付款利息按下列方法确定：

逾期付款利息＝当期应付款总额×银行同期贷款利率×拖延支付天数

5. 支付

5.1 支付货币

币种为：_____,比例为：_____,汇率为：_____。

5.3 支付酬金

正常工作酬金的支付：

支付次数	支付时间	支付比例	支付金额(万元)
首付款	本合同签订后 7 天内		
第二次付款			
第三次付款			
……			
最后付款	监理与相关服务期届满 14 天内		

6. 合同生效、变更、暂停、解除与终止

6.1 生效

本合同生效条件：_____。

6.2 变更

6.2.2 除不可抗力外,因非监理人原因导致本合同期限延长时,附加工作酬金按下列方法确定：

附加工作酬金＝本合同期限延长时间(天)×正常工作酬金÷协议书约定的监理与相关服务期限(天)

6.2.3 附加工作酬金按下列方法确定：

附加工作酬金＝善后工作及恢复服务的准备工作时间(天)×正常工作酬金÷协议书约定的监理与相关服务期限(天)

6.2.5 正常工作酬金增加额按下列方法确定：

正常工作酬金增加额＝工程投资额或建筑安装工程费增加额×正常工作酬金÷工程概算投资额（或建筑安装工程费）

6.2.6 因工程规模、监理范围的变化导致监理人的正常工作量减少时，按减少工作量的比例从协议书约定的正常工作酬金中扣减相同比例的酬金。

7. 争议解决

7.2 调解

本合同争议进行调解时，可提交＿＿＿＿＿＿进行调解。

7.3 仲裁或诉讼

合同争议的最终解决方式为下列第＿＿＿＿种方式：

（1）提请＿＿＿＿＿＿仲裁委员会进行仲裁。

（2）向＿＿＿＿＿＿人民法院提起诉讼。

8. 其他

8.2 检测费用

委托人应在检测工作完成后＿＿＿＿天内支付检测费用。

8.3 咨询费用

委托人应在咨询工作完成后＿＿＿＿天内支付咨询费用。

8.4 奖励

合理化建议的奖励金额按下列方法确定为：

奖励金额＝工程投资节省额×奖励金额的比率；

奖励金额的比率为＿＿＿＿％。

8.6 保密

委托人申明的保密事项和期限：＿＿＿＿＿＿＿＿＿＿＿＿＿＿＿＿＿＿＿＿＿＿＿＿＿＿＿＿＿＿＿＿＿＿＿＿。

监理人申明的保密事项和期限：＿＿＿＿＿＿＿＿＿＿＿＿＿＿＿＿＿＿＿＿＿＿＿＿＿＿＿＿＿＿＿＿＿＿＿。

第三方申明的保密事项和期限：＿＿＿＿＿＿＿＿＿＿＿＿＿＿＿＿＿＿＿＿＿＿＿＿＿＿＿＿＿＿＿＿＿＿＿。

8.8 著作权

监理人在本合同履行期间及本合同终止后两年内出版涉及本工程的有关监理与相关服务的资料的限制条件：

＿＿。

9. 补充条款

＿＿

＿＿。

附录 A　相关服务的范围和内容

A-1 勘察阶段：＿＿

＿＿。

A-2 设计阶段：＿＿

＿＿。

A-3 保修阶段：＿＿

＿＿。

A-4 其他（专业技术咨询、外部协调工作等）：＿＿＿＿＿＿＿＿＿＿＿＿＿＿＿＿＿＿＿＿＿＿＿＿＿＿＿＿＿＿＿＿

＿＿。

附录 B 委托人派遣的人员和提供的房屋、资料、设备

B-1 委托人派遣的人员

名称	数量	工作要求	提供时间
1. 工程技术人员			
2. 辅助工作人员			
3. 其他人员			

B-2 委托人提供的房屋

名称	数量	面积	提供时间
1. 办公用房			
2. 生活用房			
3. 试验用房			
4. 样品用房			
用餐及其他生活条件			

B-3 委托人提供的资料

名称	份数	提供时间	备注
1. 工程立项文件			
2. 工程勘察文件			
3. 工程设计及施工图纸			
4. 工程承包合同及其他相关合同			
5. 施工许可文件			
6. 其他文件			

B-4 委托人提供的设备

名称	数量	型号与规格	提供时间
1. 通讯设备			
2. 办公设备			
3. 交通工具			
4. 检测和试验设备			

九、竣工验收

房屋建筑和市政基础设施工程竣工验收规定

· 2013 年 12 月 2 日
· 建质〔2013〕171 号

第一条　为规范房屋建筑和市政基础设施工程的竣工验收，保证工程质量，根据《中华人民共和国建筑法》和《建设工程质量管理条例》，制定本规定。

第二条　凡在中华人民共和国境内新建、扩建、改建的各类房屋建筑和市政基础设施工程的竣工验收（以下简称工程竣工验收），应当遵守本规定。

第三条　国务院住房和城乡建设主管部门负责全国工程竣工验收的监督管理。

县级以上地方人民政府建设主管部门负责本行政区域内工程竣工验收的监督管理，具体工作可以委托所属的工程质量监督机构实施。

第四条　工程竣工验收由建设单位负责组织实施。

第五条　工程符合下列要求方可进行竣工验收：

（一）完成工程设计和合同约定的各项内容。

（二）施工单位在工程完工后对工程质量进行了检查，确认工程质量符合有关法律、法规和工程建设强制性标准，符合设计文件及合同要求，并提出工程竣工报告。工程竣工报告应经项目经理和施工单位有关负责人审核签字。

（三）对于委托监理的工程项目，监理单位对工程进行了质量评估，具有完整的监理资料，并提出工程质量评估报告。工程质量评估报告应经总监理工程师和监理单位有关负责人审核签字。

（四）勘察、设计单位对勘察、设计文件及施工过程中由设计单位签署的设计变更通知书进行了检查，并提出质量检查报告。质量检查报告应经该项目勘察、设计负责人和勘察、设计单位有关负责人审核签字。

（五）有完整的技术档案和施工管理资料。

（六）有工程使用的主要建筑材料、建筑构配件和设备的进场试验报告，以及工程质量检测和功能性试验资料。

（七）建设单位已按合同约定支付工程款。

（八）有施工单位签署的工程质量保修书。

（九）对于住宅工程，进行分户验收并验收合格，建设单位按户出具《住宅工程质量分户验收表》。

（十）建设主管部门及工程质量监督机构责令整改的问题全部整改完毕。

（十一）法律、法规规定的其他条件。

第六条　工程竣工验收应当按以下程序进行：

（一）工程完工后，施工单位向建设单位提交工程竣工报告，申请工程竣工验收。实行监理的工程，工程竣工报告须经总监理工程师签署意见。

（二）建设单位收到工程竣工报告后，对符合竣工验收要求的工程，组织勘察、设计、施工、监理等单位组成验收组，制定验收方案。对于重大工程和技术复杂工程，根据需要可邀请有关专家参加验收组。

（三）建设单位应当在工程竣工验收 7 个工作日前将验收的时间、地点及验收组名单书面通知负责监督该工程的工程质量监督机构。

（四）建设单位组织工程竣工验收。

1. 建设、勘察、设计、施工、监理单位分别汇报工程合同履约情况和在工程建设各个环节执行法律、法规和工程建设强制性标准的情况；

2. 审阅建设、勘察、设计、施工、监理单位的工程档案资料；

3. 实地查验工程质量；

4. 对工程勘察、设计、施工、设备安装质量和各管理环节等方面作出全面评价，形成经验收组人员签署的工程竣工验收意见。

参与工程竣工验收的建设、勘察、设计、施工、监理等各方不能形成一致意见时，应当协商提出解决的方法，待意见一致后，重新组织工程竣工验收。

第七条　工程竣工验收合格后，建设单位应当及时提出工程竣工验收报告。工程竣工验收报告主要包括工程概况，建设单位执行基本建设程序情况，对工程勘察、设计、施工、监理等方面的评价，工程竣工验收时间、程序、内容和组织形式，工程竣工验收意见等内容。

工程竣工验收报告还应附有下列文件：

（一）施工许可证。

（二）施工图设计文件审查意见。

（三）本规定第五条（二）、（三）、（四）、（八）项规定的文件。

（四）验收组人员签署的工程竣工验收意见。

（五）法规、规章规定的其他有关文件。

第八条　负责监督该工程的工程质量监督机构应当对工程竣工验收的组织形式、验收程序、执行验收标准等情况进行现场监督，发现有违反建设工程质量管理规定行为的，责令改正，并将对工程竣工验收的监督情况作为工程质量监督报告的重要内容。

第九条　建设单位应当自工程竣工验收合格之日起15日内，依照《房屋建筑和市政基础设施工程竣工验收备案管理办法》（住房和城乡建设部令第2号）的规定，向工程所在地的县级以上地方人民政府建设主管部门备案。

第十条　抢险救灾工程、临时性房屋建筑工程和农民自建低层住宅工程，不适用本规定。

第十一条　军事建设工程的管理，按照中央军事委员会的有关规定执行。

第十二条　省、自治区、直辖市人民政府住房和城乡建设主管部门可以根据本规定制定实施细则。

第十三条　本规定由国务院住房和城乡建设主管部门负责解释。

第十四条　本规定自发布之日起施行。《房屋建筑工程和市政基础设施工程竣工验收暂行规定》（建建〔2000〕142号）同时废止。

房屋建筑和市政基础设施工程竣工验收备案管理办法

· 2000年4月4日建设部令第78号发布
· 根据2009年10月19日《住房和城乡建设部关于修改〈房屋建筑工程和市政基础设施工程竣工验收备案管理暂行办法〉的决定》修正

第一条　为了加强房屋建筑和市政基础设施工程质量的管理，根据《建设工程质量管理条例》，制定本办法。

第二条　在中华人民共和国境内新建、扩建、改建各类房屋建筑和市政基础设施工程的竣工验收备案，适用本办法。

第三条　国务院住房和城乡建设主管部门负责全国房屋建筑和市政基础设施工程（以下统称工程）的竣工验收备案管理工作。

县级以上地方人民政府建设主管部门负责本行政区域内工程的竣工验收备案管理工作。

第四条　建设单位应当自工程竣工验收合格之日起15日内，依照本办法规定，向工程所在地的县级以上地方人民政府建设主管部门（以下简称备案机关）备案。

第五条　建设单位办理工程竣工验收备案应当提交下列文件：

（一）工程竣工验收备案表；

（二）工程竣工验收报告。竣工验收报告应当包括工程报建日期，施工许可证号，施工图设计文件审查意见，勘察、设计、施工、工程监理等单位分别签署的质量合格文件及验收人员签署的竣工验收原始文件，市政基础设施的有关质量检测和功能性试验资料以及备案机关认为需要提供的有关资料；

（三）法律、行政法规规定应当由规划、环保等部门出具的认可文件或者准许使用文件；

（四）法律规定应当由公安消防部门出具的对大型的人员密集场所和其他特殊建设工程验收合格的证明文件；

（五）施工单位签署的工程质量保修书；

（六）法规、规章规定必须提供的其他文件。

住宅工程还应当提交《住宅质量保证书》和《住宅使用说明书》。

第六条　备案机关收到建设单位报送的竣工验收备案文件，验证文件齐全后，应当在工程竣工验收备案表上签署文件收讫。

工程竣工验收备案表一式两份，一份由建设单位保存，一份留备案机关存档。

第七条　工程质量监督机构应当在工程竣工验收之日起5日内，向备案机关提交工程质量监督报告。

第八条　备案机关发现建设单位在竣工验收过程中有违反国家有关建设工程质量管理规定行为的，应当在收讫竣工验收备案文件15日内，责令停止使用，重新组织竣工验收。

第九条　建设单位在工程竣工验收合格之日起15日内未办理工程竣工验收备案的，备案机关责令限期改正，处20万元以上50万元以下罚款。

第十条　建设单位将备案机关决定重新组织竣工验收的工程，在重新组织竣工验收前，擅自使用的，备案机关责令停止使用，处工程合同价款2%以上4%以下罚款。

第十一条　建设单位采用虚假证明文件办理工程竣

工验收备案的,工程竣工验收无效,备案机关责令停止使用,重新组织竣工验收,处 20 万元以上 50 万元以下罚款;构成犯罪的,依法追究刑事责任。

第十二条　备案机关决定重新组织竣工验收并责令停止使用的工程,建设单位在备案之前已投入使用或者建设单位擅自继续使用造成使用人损失的,由建设单位依法承担赔偿责任。

第十三条　竣工验收备案文件齐全,备案机关及其工作人员不办理备案手续的,由有关机关责令改正,对直接责任人员给予行政处分。

第十四条　抢险救灾工程、临时性房屋建筑工程和农民自建低层住宅工程,不适用本办法。

第十五条　军用房屋建筑工程竣工验收备案,按照中央军事委员会的有关规定执行。

第十六条　省、自治区、直辖市人民政府住房和城乡建设主管部门可以根据本办法制定实施细则。

第十七条　本办法自发布之日起施行。

国家环境保护总局关于解释《建设项目竣工环境保护验收管理办法》第十四条规定的复函

· 2005 年 11 月 21 日
· 环函〔2005〕504 号

福建省环境保护局:

你局《关于请求解释〈建设项目竣工环境保护验收管理办法〉第十四条的函》(闽环保监〔2005〕93 号)收悉。经研究,函复如下:

《建设项目竣工环境保护验收管理办法》(以下简称《办法》)第十四条规定:"环境保护行政主管部门应自收到建设项目竣工环境保护验收申请之日起 30 日内,完成验收。"本条规定是依据国务院发布的《建设项目环境保护管理条例》第二十二条的规定制定的。

本条所指"建设项目竣工环境保护验收申请",是指《办法》第十一条、第十二条规定的建设项目竣工环境保护验收申请报告(表、登记卡),及环境保护验收监测报告(表)或调查报告(表)。

根据《办法》第十五条规定,负责竣工验收的环保部门在进行建设项目竣工环境保护验收时,应组织验收组对建设项目的环境保护设施及其他环境保护措施进行现场检查和审议。验收组应当提出验收意见。负责竣工验收的环境保护部门根据《办法》第十六条的规定决定是否予以批准。根据《行政许可法》第四十五条规定,验收

组进行现场检查所需时间不包含在竣工验收审批期限(即 30 日)内,负责竣工验收的环境保护部门应依法将所需时间告知申请人。

住房和城乡建设部关于做好住宅工程质量分户验收工作的通知

· 2009 年 12 月 22 日
· 建质〔2009〕291 号

各省、自治区住房和城乡建设厅,直辖市建委及有关部门,新疆生产建设兵团建设局:

为进一步加强住宅工程质量管理,落实住宅工程参建各方主体质量责任,提高住宅工程质量水平,现就做好住宅工程质量分户验收工作通知如下:

一、高度重视分户验收工作

住宅工程质量分户验收(以下简称分户验收),是指建设单位组织施工、监理等单位,在住宅工程各检验批、分项、分部工程验收合格的基础上,在住宅工程竣工验收前,依据国家有关工程质量验收标准,对每户住宅及相关公共部位的观感质量和使用功能等进行检查验收,并出具验收合格证明的活动。

住宅工程涉及千家万户,住宅工程质量的好坏直接关系到广大人民群众的切身利益。各地住房城乡建设主管部门要进一步增强做好分户验收工作的紧迫感和使命感,把全面开展住宅工程质量分户验收工作提高到实践科学发展观、构建社会主义和谐社会的高度来认识,明确要求,制定措施,加强监管,切实把这项工作摆到重要的议事日程,抓紧抓好。

二、分户验收内容

分户验收内容主要包括:

(一)地面、墙面和顶棚质量;
(二)门窗质量;
(三)栏杆、护栏质量;
(四)防水工程质量;
(五)室内主要空间尺寸;
(六)给水排水系统安装质量;
(七)室内电气工程安装质量;
(八)建筑节能和采暖工程质量;
(九)有关合同中规定的其他内容。

三、分户验收依据

分户验收依据为国家现行有关工程建设标准,主要包括住宅建筑规范、混凝土结构工程施工质量验收、砌体

工程施工质量验收、建筑装饰装修工程施工质量验收、建筑地面工程施工质量验收、建筑给水排水及采暖工程施工质量验收、建筑电气工程施工质量验收、建筑节能工程施工质量验收、智能建筑工程质量验收、屋面工程质量验收、地下防水工程质量验收等标准规范，以及经审查合格的施工图设计文件。

四、分户验收程序

分户验收应当按照以下程序进行：

（一）根据分户验收的内容和住宅工程的具体情况确定检查部位、数量；

（二）按照国家现行有关标准规定的方法，以及分户验收的内容适时进行检查；

（三）每户住宅和规定的公共部位验收完毕，应填写《住宅工程质量分户验收表》（见附件），建设单位和施工单位项目负责人、监理单位项目总监理工程师分别签字；

（四）分户验收合格后，建设单位必须按户出具《住宅工程质量分户验收表》，并作为《住宅质量保证书》的附件，一同交给住户。

分户验收不合格，不能进行住宅工程整体竣工验收。同时，住宅工程整体竣工验收前，施工单位应制作工程标牌，将工程名称、竣工日期和建设、勘察、设计、施工、监理单位全称镶嵌在该建筑工程外墙的显著部位。

五、分户验收的组织实施

分户验收由施工单位提出申请，建设单位组织实施，施工单位项目负责人、监理单位项目总监理工程师及相关质量、技术人员参加，对所涉及的部位、数量按分户验收内容进行检查验收。已经预选物业公司的项目，物业公司应当派人参加分户验收。

建设、施工、监理等单位应严格履行分户验收职责，对分户验收的结论进行签认，不得简化分户验收程序。对于经检查不符合要求的，施工单位应及时进行返修，监理单位负责复查。返修完成后重新组织分户验收。

工程质量监督机构要加强对分户验收工作的监督检查，发现问题时监督有关方面认真整改，确保分户验收工作质量。对在分户验收中弄虚作假、降低标准或将不合格工程按合格工程验收的，依法对有关单位和责任人进行处罚，并纳入不良行为记录。

六、加强对分户验收工作的领导

各地住房城乡建设主管部门应结合本地实际，制定分户验收实施细则或管理办法，明确提高住宅工程质量的工作目标和任务，突出重点和关键环节，尤其在保障性住房中应全面推行分户验收制度，把分户验收工作落到

实处，确保住宅工程结构安全和使用功能质量，促进提高住宅工程质量总体水平。

附件：住宅工程质量分户验收表（略）

城市建设档案管理规定

· 1997 年 12 月 23 日建设部令第 61 号发布
· 根据 2001 年 7 月 4 日《建设部关于修改〈城市建设档案管理规定〉的规定》第一次修订
· 根据 2011 年 1 月 26 日《住房和城乡建设部关于废止和修改部分规章的决定》第二次修订
· 根据 2019 年 3 月 13 日《住房和城乡建设部关于修改部分部门规章的决定》第三次修订

第一条　为了加强城市建设档案（以下简称城建档案）管理，充分发挥城建档案在城市规划、建设、管理中的作用，根据《中华人民共和国档案法》、《中华人民共和国城乡规划法》、《建设工程质量管理条例》、《科学技术档案工作条例》，制定本规定。

第二条　本规定适用于城市内（包括城市各类开发区）的城建档案的管理。

本规定所称城建档案，是指在城市规划、建设及其管理活动中直接形成的对国家和社会具有保存价值的文字、图纸、图表、声像等各种载体的文件材料。

第三条　国务院建设行政主管部门负责全国城建档案管理工作，业务上受国家档案部门的监督、指导。

县级以上地方人民政府建设行政主管部门负责本行政区域内的城建档案管理工作，业务上受同级档案部门的监督、指导。

城市的建设行政主管部门应当设置城建档案工作管理机构或者配备城建档案管理人员，负责全市城建档案工作。城市的建设行政主管部门也可以委托城建档案馆负责城建档案工作的日常管理工作。

第四条　城建档案馆的建设资金按照国家或地方的有关规定，采取多种渠道解决。城建档案馆的设计应当符合档案馆建筑设计规范要求。城建档案的管理应当逐步采用新技术，实现管理现代化。

第五条　城建档案馆重点管理下列档案资料：

（一）各类城市建设工程档案：

1. 工业、民用建筑工程；

2. 市政基础设施工程；

3. 公用基础设施工程；

4. 交通基础设施工程；

5. 园林建设、风景名胜建设工程;

6. 市容环境卫生设施建设工程;

7. 城市防洪、抗震、人防工程;

8. 军事工程档案资料中,除军事禁区和军事管理区以外的穿越市区的地下管线走向和有关隐蔽工程的位置图。

(二)建设系统各专业管理部门(包括城市规划、勘测、设计、施工、监理、园林、风景名胜、环卫、市政、公用、房地产管理、人防等部门)形成的业务管理和业务技术档案。

(三)有关城市规划、建设及其管理的方针、政策、法规、计划方面的文件、科学研究成果和城市历史、自然、经济等方面的基础资料。

第六条　建设单位应当在工程竣工验收后 3 个月内,向城建档案馆报送一套符合规定的建设工程档案。凡建设工程档案不齐全的,应当限期补充。

停建、缓建工程的档案,暂由建设单位保管。

撤销单位的建设工程档案,应当向上级主管机关或者城建档案馆移交。

第七条　对改建、扩建和重要部位维修的工程,建设单位应当组织设计、施工单位据实修改、补充和完善原建设工程档案。凡结构和平面布置等改变的,应当重新编制建设工程档案,并在工程竣工后三个月内向城建档案馆报送。

第八条　列入城建档案馆档案接收范围的工程,城建档案管理机构按照建设工程竣工联合验收的规定对工程档案进行验收。

第九条建设系统各专业管理部门形成的业务管理和业务技术档案,凡具有永久保存价值的,在本单位保管使用 1 至 5 年后,按本规定全部向城建档案馆移交。有长期保存价值的档案,由城建档案馆根据城市建设的需要选择接收。

城市地下管线普查和补测补绘形成的地下管线档案应当在普查、测绘结束后 3 个月内接收进馆。地下管线专业管理单位每年应当向城建档案馆报送更改、报发、漏测部分的管线现状图和资料。

房地产权属档案的管理,由国务院建设行政主管部门另行规定。

第十条　城建档案馆对接收的档案应当及时登记、整理,编制检索工具。做好档案的保管、保护工作,对破损或者变质的档案应当及时抢救。特别重要的城建档案应当采取有效措施,确保其安全无损。

城建档案馆应当积极开发档案信息资源,并按照国家的有关规定,向社会提供服务。

第十一条　建设行政主管部门对在城建档案工作中做出显著成绩的单位和个人,应当给予表彰和奖励。

第十二条　违反本规定有下列行为之一的,由建设行政主管部门对直接负责的主管人员或者其他直接责任人员依法给予行政处分;构成犯罪的,由司法机关依法追究刑事责任:

(一)无故延期或者不按照规定归档、报送的;

(二)涂改、伪造档案的;

(三)档案工作人员玩忽职守,造成档案损失的。

第十三条　建设工程竣工验收后,建设单位未按照本规定移交建设工程档案的,依照《建设工程质量管理条例》的规定处罚。

第十四条　省、自治区、直辖市人民政府建设行政主管部门可以根据本规定制定实施细则。

第十五条　本规定由国务院建设行政主管部门负责解释。

第十六条　本规定自 1998 年 1 月 1 日起施行。以前发布的有关规定与本规定不符的,按本规定执行。

城市地下管线工程档案管理办法

· 2005 年 1 月 7 日建设部令第 136 号发布
· 根据 2011 年 1 月 26 日《住房和城乡建设部关于废止和修改部分规章的决定》第一次修订
· 根据 2019 年 3 月 13 日《住房和城乡建设部关于修改部分部门规章的决定》第二次修订

第一条　为了加强城市地下管线工程档案的管理,根据《中华人民共和国城乡规划法》《中华人民共和国档案法》《建设工程质量管理条例》等有关法律、行政法规,制定本办法。

第二条　本办法适用于城市规划区内地下管线工程档案的管理。

本办法所称城市地下管线工程,是指城市新建、扩建、改建的各类地下管线(含城市供水、排水、燃气、热力、电力、电信、工业等的地下管线)及相关的人防、地铁等工程。

第三条　国务院建设主管部门对全国城市地下管线工程档案管理工作实施指导、监督。

省、自治区人民政府建设主管部门负责本行政区域内城市地下管线工程档案的管理工作,并接受国务院建设主管部门的指导、监督。

县级以上城市人民政府建设主管部门或者规划主管部门负责本行政区域内城市地下管线工程档案的管理工作,并接受上一级建设主管部门的指导、监督。

城市地下管线工程档案的收集、保管、利用等具体工作,由城建档案馆或者城建档案室(以下简称城建档案管理机构)负责。

各级城建档案管理机构同时接受同级档案行政管理部门的业务指导、监督。

第四条　建设单位在申请领取建设工程规划许可证前,应当到城建档案管理机构查询施工地段的地下管线工程档案,取得该施工地段地下管线现状资料。

第五条　建设单位在申请领取建设工程规划许可证时,应当向规划主管部门报送地下管线现状资料。

第六条　在建设单位办理地下管线工程施工许可手续时,城建档案管理机构应当将工程竣工后需移交的工程档案内容和要求告知建设单位。

第七条　施工单位在地下管线工程施工前应当取得施工地段地下管线现状资料;施工中发现未建档的管线,应当及时通过建设单位向当地县级以上人民政府建设主管部门或者规划主管部门报告。

建设主管部门、规划主管部门接到报告后,应当查明未建档的管线性质、权属,责令地下管线产权单位测定其坐标、标高及走向,地下管线产权单位应当及时将测量的材料向城建档案管理机构报送。

第八条　地下管线工程覆土前,建设单位应当委托具有相应资质的工程测量单位,按照《城市地下管线探测技术规程》(CJJ61)进行竣工测量,形成准确的竣工测量数据文件和管线工程测量图。

第九条　城建档案管理机构应当按照建设工程竣工联合验收的规定对地下管线工程档案进行验收。

第十条　建设单位在地下管线工程竣工验收备案前,应当向城建档案管理机构移交下列档案资料:

(一)地下管线工程项目准备阶段文件、监理文件、施工文件、竣工验收文件和竣工图;

(二)地下管线竣工测量成果;

(三)其他应当归档的文件资料(电子文件、工程照片、录像等)。

城市供水、排水、燃气、热力、电力、电讯等地下管线专业管理单位(以下简称地下管线专业管理单位)应当及时向城建档案管理机构移交地下专业管线图。

第十一条　建设单位向城建档案管理机构移交的档案资料应当符合《建设工程文件归档整理规范》(GB/T50328)的要求。

第十二条　地下管线专业管理单位应当将更改、报废、漏测部分的地下管线工程档案,及时修改补充到本单位的地下管线专业图上,并将修改补充的地下管线专业图及有关资料向城建档案管理机构移交。

第十三条　工程测量单位应当及时向城建档案管理机构移交有关地下管线工程的1:500城市地形图和控制成果。

对于工程测量单位移交的城市地形图和控制成果,城建档案管理机构不得出售、转让。

第十四条　城建档案管理机构应当绘制城市地下管线综合图,建立城市地下管线信息系统,并及时接收普查和补测、补绘所形成的地下管线成果。

城建档案管理机构应当依据地下管线专业图等有关的地下管线工程档案资料和工程测量单位移交的城市地形图和控制成果,及时修改城市地下管线综合图,并输入城市地下管线信息系统。

第十五条　城建档案管理机构应当建立、健全科学的管理制度,依法做好地下管线工程档案的接收、整理、鉴定、统计、保管、利用和保密工作。

第十六条　城建档案管理机构应当建立地下管线工程档案资料的使用制度,积极开发地下管线工程档案资源,为城市规划、建设和管理提供服务。

第十七条　建设单位违反本办法规定,未移交地下管线工程档案的,由建设主管部门责令改正,处1万元以上10万元以下的罚款;对单位直接负责的主管人员和其他直接责任人员,处单位罚款数额5%以上10%以下的罚款;因建设单位未移交地下管线工程档案,造成施工单位在施工中损坏地下管线的,建设单位依法承担相应的责任。

第十八条　地下管线专业管理单位违反本办法规定,未移交地下管线工程档案的,由建设主管部门责令改正,处1万元以下的罚款;因地下管线专业管理单位未移交地下管线工程档案,造成施工单位在施工中损坏地下管线的,地下管线专业管理单位依法承担相应的责任。

第十九条　建设单位和施工单位未按照规定查询和取得施工地段的地下管线资料而擅自组织施工,损坏地下管线给他人造成损失的,依法承担赔偿责任。

第二十条　工程测量单位未按照规定提供准确的地下管线测量成果,致使施工时损坏地下管线给他人造成损失的,依法承担赔偿责任。

第二十一条　城建档案管理机构因保管不善,致使档案丢失,或者因汇总管线信息资料错误致使在施工中造成损失的,依法承担赔偿责任;对有关责任人员,依法给予行政处分。

第二十二条　本办法自2005年5月1日起施行。

十、执法监督

中华人民共和国刑法（节录）

- 1979 年 7 月 1 日第五届全国人民代表大会第二次会议通过
- 1997 年 3 月 14 日第八届全国人民代表大会第五次会议修订
- 根据 1998 年 12 月 29 日第九届全国人民代表大会常务委员会第六次会议通过的《全国人民代表大会常务委员会关于惩治骗购外汇、逃汇和非法买卖外汇犯罪的决定》、1999 年 12 月 25 日第九届全国人民代表大会常务委员会第十三次会议通过的《中华人民共和国刑法修正案》、2001 年 8 月 31 日第九届全国人民代表大会常务委员会第二十三次会议通过的《中华人民共和国刑法修正案（二）》、2001 年 12 月 29 日第九届全国人民代表大会常务委员会第二十五次会议通过的《中华人民共和国刑法修正案（三）》、2002 年 12 月 28 日第九届全国人民代表大会常务委员会第三十一次会议通过的《中华人民共和国刑法修正案（四）》、2005 年 2 月 28 日第十届全国人民代表大会常务委员会第十四次会议通过的《中华人民共和国刑法修正案（五）》、2006 年 6 月 29 日第十届全国人民代表大会常务委员会第二十二次会议通过的《中华人民共和国刑法修正案（六）》、2009 年 2 月 28 日第十一届全国人民代表大会常务委员会第七次会议通过的《中华人民共和国刑法修正案（七）》、2009 年 8 月 27 日第十一届全国人民代表大会常务委员会第十次会议通过的《全国人民代表大会常务委员会关于修改部分法律的决定》、2011 年 2 月 25 日第十一届全国人民代表大会常务委员会第十九次会议通过的《中华人民共和国刑法修正案（八）》、2015 年 8 月 29 日第十二届全国人民代表大会常务委员会第十六次会议通过的《中华人民共和国刑法修正案（九）》、2017 年 11 月 4 日第十二届全国人民代表大会常务委员会第三十次会议通过的《中华人民共和国刑法修正案（十）》、2020 年 12 月 26 日第十三届全国人民代表大会常务委员会第二十四次会议通过的《中华人民共和国刑法修正案（十一）》和 2023 年 12 月 29 日第十四届全国人民代表大会常务委员会第七次会议通过的《中华人民共和国刑法修正案（十二）》修正①

……

第一百三十四条　【重大责任事故罪】在生产、作业中违反有关安全管理的规定，因而发生重大伤亡事故或者造成其他严重后果的，处三年以下有期徒刑或者拘役；情节特别恶劣的，处三年以上七年以下有期徒刑。

【强令、组织他人违章冒险作业罪】强令他人违章冒险作业，或者明知存在重大事故隐患而不排除，仍冒险组织作业，因而发生重大伤亡事故或者造成其他严重后果的，处五年以下有期徒刑或者拘役；情节特别恶劣的，处五年以上有期徒刑。

第一百三十四条之一　【危险作业罪】在生产、作业中违反有关安全管理的规定，有下列情形之一，具有发生重大伤亡事故或者其他严重后果的现实危险的，处一年以下有期徒刑、拘役或者管制：

（一）关闭、破坏直接关系生产安全的监控、报警、防护、救生设备、设施，或者篡改、隐瞒、销毁其相关数据、信息的；

（二）因存在重大事故隐患被依法责令停产停业、停止施工、停止使用有关设备、设施、场所或者立即采取排除危险的整改措施，而拒不执行的；

（三）涉及安全生产的事项未经依法批准或者许可，擅自从事矿山开采、金属冶炼、建筑施工，以及危险物品生产、经营、储存等高度危险的生产作业活动的。

第一百三十五条　【重大劳动安全事故罪】安全生产设施或者安全生产条件不符合国家规定，因而发生重大伤亡事故或者造成其他严重后果的，对直接负责的主管人员和其他直接责任人员，处三年以下有期徒刑或者拘役；情节特别恶劣的，处三年以上七年以下有期徒刑。

第一百三十五条之一　【大型群众性活动重大安全事故罪】举办大型群众性活动违反安全管理规定，因而发生重大伤亡事故或者造成其他严重后果的，对直接负责的主管人员和其他直接责任人员，处三年以下有期徒刑或者拘役；情节特别恶劣的，处三年以上七年以下有期徒刑。

---

① 刑法、历次刑法修正案、涉及修改刑法的决定的施行日期，分别依据各法律所规定的施行日期确定。另，条文主旨根据司法解释确定罪名所加。

第一百三十六条　【危险物品肇事罪】违反爆炸性、易燃性、放射性、毒害性、腐蚀性物品的管理规定，在生产、储存、运输、使用中发生重大事故，造成严重后果的，处三年以下有期徒刑或者拘役；后果特别严重的，处三年以上七年以下有期徒刑。

第一百三十七条　【工程重大安全事故罪】建设单位、设计单位、施工单位、工程监理单位违反国家规定，降低工程质量标准，造成重大安全事故的，对直接责任人员，处五年以下有期徒刑或者拘役，并处罚金；后果特别严重的，处五年以上十年以下有期徒刑，并处罚金。

第一百三十八条　【教育设施重大安全事故罪】明知校舍或者教育教学设施有危险，而不采取措施或者不及时报告，致使发生重大伤亡事故的，对直接责任人员，处三年以下有期徒刑或者拘役；后果特别严重的，处三年以上七年以下有期徒刑。

第一百三十九条　【消防责任事故罪】违反消防管理法规，经消防监督机构通知采取改正措施而拒绝执行，造成严重后果的，对直接责任人员，处三年以下有期徒刑或者拘役；后果特别严重的，处三年以上七年以下有期徒刑。

第一百三十九条之一　【不报、谎报安全事故罪】在安全事故发生后，负有报告职责的人员不报或者谎报事故情况，贻误事故抢救，情节严重的，处三年以下有期徒刑或者拘役；情节特别严重的，处三年以上七年以下有期徒刑。

……

第一百六十三条　【非国家工作人员受贿罪】公司、企业或者其他单位的工作人员，利用职务上的便利，索取他人财物或者非法收受他人财物，为他人谋取利益，数额较大的，处三年以下有期徒刑或者拘役，并处罚金；数额巨大或者有其他严重情节的，处三年以上十年以下有期徒刑，并处罚金；数额特别巨大或者有其他特别严重情节的，处十年以上有期徒刑或者无期徒刑，并处罚金。

公司、企业或者其他单位的工作人员在经济往来中，利用职务上的便利，违反国家规定，收受各种名义的回扣、手续费，归个人所有的，依照前款的规定处罚。

国有公司、企业或者其他国有单位中从事公务的人员和国有公司、企业或者其他国有单位委派到非国有公司、企业以及其他单位从事公务的人员有前两款行为的，依照本法第三百八十五条、第三百八十六条的规定定罪处罚。

第一百六十四条　【对非国家工作人员行贿罪】为谋取不正当利益，给予公司、企业或者其他单位的工作人员以财物，数额较大的，处三年以下有期徒刑或者拘役，并处罚金；数额巨大的，处三年以上十年以下有期徒刑，并处罚金。

【对外国公职人员、国际公共组织官员行贿罪】为谋取不正当商业利益，给予外国公职人员或者国际公共组织官员以财物的，依照前款的规定处罚。

单位犯前两款罪的，对单位判处罚金，并对其直接负责的主管人员和其他直接责任人员，依照第一款的规定处罚。

行贿人在被追诉前主动交待行贿行为的，可以减轻处罚或者免除处罚。

……

第三百八十五条　【受贿罪】国家工作人员利用职务上的便利，索取他人财物的，或者非法收受他人财物，为他人谋取利益的，是受贿罪。

国家工作人员在经济往来中，违反国家规定，收受各种名义的回扣、手续费，归个人所有的，以受贿论处。

第三百八十六条　【对受贿罪的处罚】对犯受贿罪的，根据受贿所得数额及情节，依照本法第三百八十三条的规定处罚。索贿的从重处罚。

第三百八十七条　【单位受贿罪】国家机关、国有公司、企业、事业单位、人民团体，索取、非法收受他人财物，为他人谋取利益，情节严重的，对单位判处罚金，并对其直接负责的主管人员和其他直接责任人员，处三年以下有期徒刑或者拘役；情节特别严重的，处三年以上十年以下有期徒刑。

前款所列单位，在经济往来中，在帐外暗中收受各种名义的回扣、手续费的，以受贿论，依照前款的规定处罚。

第三百八十八条　【受贿罪】国家工作人员利用本人职权或者地位形成的便利条件，通过其他国家工作人员职务上的行为，为请托人谋取不正当利益，索取请托人财物或者收受请托人财物的，以受贿论处。

第三百八十八条之一　【利用影响力受贿罪】国家工作人员的近亲属或者其他与该国家工作人员关系密切的人，通过该国家工作人员职务上的行为，或者利用该国家工作人员职权或者地位形成的便利条件，通过其他国家工作人员职务上的行为，为请托人谋取不正当利益，索取请托人财物或者收受请托人财物，数额较大或者有其他较重情节的，处三年以下有期徒刑或者拘役，并处罚金；数额巨大或者有其他严重情节的，处三年以上七年以下有期徒刑，并处罚金；数额特别巨大或者有其他特别严重情节的,处七年以上有期徒刑,并处罚金或者没收财产。

离职的国家工作人员或者其近亲属以及其他与其关系密切的人,利用该离职的国家工作人员原职权或者地位形成的便利条件实施前款行为的,依照前款的规定定罪处罚。

第三百八十九条　【行贿罪】为谋取不正当利益,给予国家工作人员以财物的,是行贿罪。

在经济往来中,违反国家规定,给予国家工作人员以财物,数额较大的,或者违反国家规定,给予国家工作人员以各种名义的回扣、手续费的,以行贿论处。

因被勒索给予国家工作人员以财物,没有获得不正当利益的,不是行贿。

第三百九十条　【对行贿罪的处罚】对犯行贿罪的,处三年以下有期徒刑或者拘役,并处罚金;因行贿谋取不正当利益,情节严重的,或者使国家利益遭受重大损失的,处三年以上十年以下有期徒刑,并处罚金;情节特别严重的,或者使国家利益遭受特别重大损失的,处十年以上有期徒刑或者无期徒刑,并处罚金或者没收财产。

有下列情形之一的,从重处罚:

(一)多次行贿或者向多人行贿的;

(二)国家工作人员行贿的;

(三)在国家重点工程、重大项目中行贿的;

(四)为谋取职务、职级晋升、调整行贿的;

(五)对监察、行政执法、司法工作人员行贿的;

(六)在生态环境、财政金融、安全生产、食品药品、防灾救灾、社会保障、教育、医疗等领域行贿,实施违法犯罪活动的;

(七)将违法所得用于行贿的。

行贿人在被追诉前主动交待行贿行为的,可以从轻或者减轻处罚。其中,犯罪较轻的,对调查突破、侦破重大案件起关键作用的,或者有重大立功表现的,可以减轻或者免除处罚。

第三百九十条之一　【对有影响力的人行贿罪】为谋取不正当利益,向国家工作人员的近亲属或者其他与该国家工作人员关系密切的人,或者向离职的国家工作人员或者其近亲属以及其他与其关系密切的人行贿的,处三年以下有期徒刑或者拘役,并处罚金;情节严重的,或者使国家利益遭受重大损失的,处三年以上七年以下有期徒刑,并处罚金;情节特别严重的,或者使国家利益遭受特别重大损失的,处七年以上十年以下有期徒刑,并处罚金。

单位犯前款罪的,对单位判处罚金,并对其直接负责的主管人员和其他直接责任人员,处三年以下有期徒刑或者拘役,并处罚金。

第三百九十一条　【对单位行贿罪】为谋取不正当利益,给予国家机关、国有公司、企业、事业单位、人民团体以财物的,或者在经济往来中,违反国家规定,给予各种名义的回扣、手续费的,处三年以下有期徒刑或者拘役,并处罚金;情节严重的,处三年以上七年以下有期徒刑,并处罚金。

单位犯前款罪的,对单位判处罚金,并对其直接负责的主管人员和其他直接责任人员,依照前款的规定处罚。

第三百九十二条　【介绍贿赂罪】向国家工作人员介绍贿赂,情节严重的,处三年以下有期徒刑或者拘役,并处罚金。

介绍贿赂人在被追诉前主动交待介绍贿赂行为的,可以减轻处罚或者免除处罚。

第三百九十三条　【单位行贿罪】单位为谋取不正当利益而行贿,或者违反国家规定,给予国家工作人员以回扣、手续费,情节严重的,对单位判处罚金,并对其直接负责的主管人员和其他直接责任人员,处三年以下有期徒刑或者拘役,并处罚金;情节特别严重的,处三年以上十年以下有期徒刑,并处罚金。因行贿取得的违法所得归个人所有的,依照本法第三百八十九条、第三百九十条的规定定罪处罚。

第三百九十四条　【贪污罪】国家工作人员在国内公务活动或者对外交往中接受礼物,依照国家规定应当交公而不交公,数额较大的,依照本法第三百八十二条、第三百八十三条的规定定罪处罚。

……

城乡规划违法违纪行为处分办法

· 2012 年 12 月 3 日监察部、人力资源和社会保障部、住房和城乡建设部令第 29 号公布
· 根据 2016 年 1 月 18 日监察部、人力资源和社会保障部、住房和城乡建设部《关于修改〈城乡规划违法违纪行为处分办法〉的决定》修订

第一条　为了加强城乡规划管理,惩处城乡规划违法违纪行为,根据《中华人民共和国城乡规划法》、《中华人民共和国行政监察法》、《中华人民共和国公务员法》、《行政机关公务员处分条例》及其他有关法律、行政法规,制定本办法。

第二条 有城乡规划违法违纪行为的单位中负有责任的领导人员和直接责任人员，以及有城乡规划违法违纪行为的个人，应当承担纪律责任。属于下列人员的（以下统称有关责任人员），由任免机关或者监察机关按照管理权限依法给予处分：

（一）行政机关公务员；

（二）法律、法规授权的具有公共事务管理职能的组织中从事公务的人员；

（三）国家行政机关依法委托从事公共事务管理活动的组织中从事公务的人员；

（四）企业、人民团体中由行政机关任命的人员。

事业单位工作人员有本办法规定的城乡规划违法违纪行为的，依照《事业单位工作人员处分暂行规定》执行。

法律、行政法规、国务院决定及国务院监察机关、国务院人力资源社会保障部门制定的处分规章对城乡规划违法违纪行为的处分另有规定的，从其规定。

第三条 地方人民政府有下列行为之一的，对有关责任人员给予记过或者记大过处分；情节较重的，给予降级或者撤职处分；情节严重的，给予开除处分：

（一）依法应当编制城乡规划而未组织编制的；

（二）未按法定程序编制、审批、修改城乡规划的。

第四条 地方人民政府有下列行为之一的，对有关责任人员给予警告、记过或者记大过处分；情节较重的，给予降级或者撤职处分；情节严重的，给予开除处分：

（一）制定或者作出与城乡规划法律、法规、规章和国家有关文件相抵触的规定或者决定，造成不良后果或者经上级机关、有关部门指出仍不改正的；

（二）在城市总体规划、镇总体规划确定的建设用地范围以外设立各类开发区和城市新区的；

（三）违反风景名胜区规划，在风景名胜区内设立各类开发区的；

（四）违反规定以会议或者集体讨论决定方式要求城乡规划主管部门对不符合城乡规划的建设项目发放规划许可的。

第五条 地方人民政府及城乡规划主管部门委托不具有相应资质等级的单位编制城乡规划的，对有关责任人员给予警告或者记过处分；情节较重的，给予记大过或者降级处分；情节严重的，给予撤职处分。

第六条 地方人民政府及其有关主管部门工作人员，利用职权或者职务上的便利，为自己或者他人谋取私利，有下列行为之一的，给予记过或者记大过处分；情节

较重的，给予降级或者撤职处分；情节严重的，给予开除处分：

（一）违反法定程序干预控制性详细规划的编制和修改，或者擅自修改控制性详细规划的；

（二）违反规定调整土地用途、容积率等规划条件核发规划许可，或者擅自改变规划许可内容的；

（三）违反规定对违法建设降低标准进行处罚，或者对应当依法拆除的违法建设不予拆除的。

第七条 乡、镇人民政府或者地方人民政府承担城乡规划监督检查职能的部门及其工作人员有下列行为之一的，对有关责任人员给予记过或者记大过处分；情节较重的，给予降级或者撤职处分；情节严重的，给予开除处分：

（一）发现未依法取得规划许可或者违反规划许可的规定在规划区内进行建设的行为不予查处，或者接到举报后不依法处理的；

（二）在规划管理过程中，因严重不负责任致使国家利益遭受损失的。

第八条 地方人民政府城乡规划主管部门及其工作人员在国有建设用地使用权出让合同签订后，违反规定调整土地用途、容积率等规划条件的，对有关责任人员给予警告或者记过处分；情节较重的，给予记大过或者降级处分；情节严重的，给予撤职处分。

第九条 地方人民政府城乡规划主管部门及其工作人员有下列行为之一的，对有关责任人员给予警告处分；情节较重的，给予记过或者记大过处分；情节严重的，给予降级处分：

（一）未依法对经审定的修建性详细规划、建设工程设计方案总平面图予以公布的；

（二）未征求规划地段内利害关系人意见，同意修改修建性详细规划、建设工程设计方案总平面图的。

第十条 县级以上地方人民政府城乡规划主管部门及其工作人员或者由省、自治区、直辖市人民政府确定的镇人民政府及其工作人员有下列行为之一的，对有关责任人员给予警告或者记过处分；情节较重的，给予记大过或者降级处分；情节严重的，给予撤职处分：

（一）违反规划条件核发建设用地规划许可证、建设工程规划许可证的；

（二）超越职权或者对不符合法定条件的申请人核发选址意见书、建设用地规划许可证、建设工程规划许可证、乡村建设规划许可证的；

（三）对符合法定条件的申请人不予核发或者未在法定期限内核发选址意见书、建设用地规划许可证、建设

工程规划许可证、乡村建设规划许可证的;

(四)违反规划批准在历史文化街区、名镇、名村核心保护范围内进行新建、扩建活动或者违反规定批准对历史建筑进行迁移、拆除的;

(五)违反基础设施用地的控制界限(黄线)、各类绿地范围的控制线(绿线)、历史文化街区和历史建筑的保护范围界限(紫线)、地表水体保护和控制的地域界限(蓝线)等城乡规划强制性内容的规定核发规划许可的。

第十一条 县人民政府城乡规划主管部门未依法组织编制或者未按照县人民政府所在地镇总体规划的要求编制县人民政府所在地镇的控制性详细规划的,对有关责任人员给予记过或者记大过处分;情节较重的,给予降级或者撤职处分;情节严重的,给予开除处分。

第十二条 城市人民政府城乡规划主管部门未依法组织编制或者未按照城市总体规划的要求编制城市的控制性详细规划的,对有关责任人员给予记过或者记大过处分;情节较重的,给予降级或者撤职处分;情节严重的,给予开除处分。

第十三条 县级以上人民政府有关部门及其工作人员有下列行为之一的,对有关责任人员给予警告或者记过处分;情节较重的,给予记大过或者降级处分;情节严重的,给予撤职处分:

(一)对未依法取得选址意见书的建设项目核发建设项目批准文件的;

(二)未依法在国有土地使用权出让合同中确定规划条件或者改变国有土地使用权出让合同中依法确定的规划条件的;

(三)对未依法取得建设用地规划许可证的建设单位划拨国有土地使用权的;

(四)对未在乡、村庄规划区建设用地范围内取得乡村建设规划许可证的建设单位或者个人办理用地审批手续,造成不良影响的。

第十四条 县级以上地方人民政府及其有关主管部门违反风景名胜区规划,批准在风景名胜区的核心景区内建设宾馆、培训中心、招待所、疗养院以及别墅、住宅等与风景名胜资源保护无关的其他建筑物的,对有关责任人员给予降级或者撤职处分。

第十五条 在国家级风景名胜区内修建缆车、索道等重大建设工程,项目的选址方案未经省级人民政府住房城乡建设主管部门或者直辖市风景名胜区主管部门核准,县级以上地方人民政府有关主管部门擅自核发选址意见书的,对有关责任人员给予警告或者记过处分;情节

较重的,给予记大过或者降级处分;情节严重的,给予撤职处分。

第十六条 建设单位及其工作人员有下列行为之一的,对有关责任人员给予警告、记过或者记大过处分;情节较重的,给予降级或者撤职处分;情节严重的,给予开除处分:

(一)未依法取得建设项目规划许可,擅自开工建设的;

(二)未经城乡规划主管部门许可,擅自改变规划条件、设计方案,或者不按照规划要求配建公共设施及配套工程的;

(三)以伪造、欺骗等非法手段获取建设项目规划许可手续的;

(四)未经批准或者未按照批准内容进行临时建设,或者临时建筑物、构筑物超过批准期限不拆除的;

(五)违反历史文化名城、名镇、名村保护规划在历史文化街区、名镇、名村核心保护范围内,破坏传统格局、历史风貌,或者擅自新建、扩建、拆除建筑物、构筑物或者其他设施的;

(六)违反风景名胜区规划在风景名胜区核心景区内建设宾馆、培训中心、招待所、疗养院以及别墅、住宅等与风景名胜资源保护无关的其他建筑物的。

第十七条 受到处分的人员对处分决定不服的,可以依照《中华人民共和国行政监察法》、《中华人民共和国公务员法》、《行政机关公务员处分条例》等有关规定,申请复核或者申诉。

第十八条 任免机关、监察机关和城乡规划主管部门建立案件移送制度。

任免机关或者监察机关查处城乡规划违法违纪案件,认为应当由城乡规划主管部门给予行政处罚的,应当将有关案件材料移送城乡规划主管部门。城乡规划主管部门应当依法及时查处,并将处理结果书面告知任免机关或者监察机关。

城乡规划主管部门查处城乡规划违法案件,认为应当由任免机关或者监察机关给予处分的,应当在作出行政处罚决定或者其他处理决定后,及时将有关案件材料移送任免机关或者监察机关。任免机关或者监察机关应当依法及时查处,并将处理结果书面告知城乡规划主管部门。

第十九条 有城乡规划违法违纪行为,应当给予党纪处分的,移送党的纪律检查机关处理;涉嫌犯罪的,移送司法机关依法追究刑事责任。

第二十条　本办法由监察部、人力资源社会保障部、住房城乡建设部负责解释。

第二十一条　本办法自 2013 年 1 月 1 日起施行。

违反规定插手干预工程建设领域行为处分规定

·2010 年 7 月 8 日监察部、人力资源和社会保障部令第 22 号公布

·自公布之日起施行

第一条　为进一步促进行政机关公务员廉洁从政，规范工程建设秩序，惩处违反规定插手干预工程建设领域行为，确保工程建设项目安全、廉洁、高效运行，根据《中华人民共和国行政监察法》、《中华人民共和国公务员法》和《行政机关公务员处分条例》等有关法律、行政法规，制定本规定。

第二条　本规定适用于副科级以上行政机关公务员。

第三条　本规定所称违反规定插手干预工程建设领域行为，是指行政机关公务员违反法律、法规、规章或者行政机关的决定、命令，利用职权或者职务上的影响，向相关部门、单位或者有关人员以指定、授意、暗示等方式提出要求，影响工程建设正常开展或者干扰正常监管、执法活动的行为。

第四条　违反规定插手干预工程建设项目决策，有下列情形之一，索贿受贿、为自己或者他人谋取私利的，给予记过或者记大过处分；情节较重的，给予降级或者撤职处分；情节严重的，给予开除处分：

（一）要求有关部门允许未经审批、核准或者备案的工程建设项目进行建设的；

（二）要求建设单位对未经审批、核准或者备案的工程建设项目进行建设的；

（三）要求有关部门审批或者核准违反产业政策、发展规划、市场准入标准以及未通过节能评估和审查、环境影响评价审批等不符合有关规定的工程建设项目的；

（四）要求有关部门或者单位违反技术标准和有关规定，规划、设计项目方案的；

（五）违反规定以会议或者集体讨论决定方式安排工程建设有关事项的；

（六）有其他违反规定插手干预工程建设项目决策行为的。

第五条　违反规定插手干预工程建设项目招标投标活动，有下列情形之一，索贿受贿、为自己或者他人谋取私利的，给予记过或者记大过处分；情节较重的，给予降级或者撤职处分；情节严重的，给予开除处分：

（一）要求有关部门对依法应当招标的工程建设项目不招标，或者依法应当公开招标的工程建设项目实行邀请招标的；

（二）要求有关部门或者单位将依法必须进行招标的工程建设项目化整为零，或者假借保密工程、抢险救灾等特殊工程的名义规避招标的；

（三）为招标人指定招标代理机构并办理招标事宜的；

（四）影响工程建设项目投标人资格的确定或者评标、中标结果的；

（五）有其他违反规定插手干预工程建设项目招标投标活动行为的。

第六条　违反规定插手干预土地使用权、矿业权审批和出让，有下列情形之一，索贿受贿、为自己或者他人谋取私利的，给予记过或者记大过处分；情节较重的，给予降级或者撤职处分；情节严重的，给予开除处分：

（一）要求有关部门对应当实行招标拍卖挂牌出让的土地使用权采用划拨、协议方式供地的；

（二）要求有关部门或者单位采用合作开发、招商引资、历史遗留问题等名义或者使用先行立项、先行选址定点确定用地者等手段规避招标拍卖挂牌出让的；

（三）影响土地使用权招标拍卖挂牌出让活动中竞买人的确定或者招标拍卖挂牌出让结果的；

（四）土地使用权出让金确定后，要求有关部门违反规定批准减免、缓缴土地使用权出让金的；

（五）要求有关部门为不符合供地政策的工程建设项目批准土地，或者为不具备发放国有土地使用证书条件的工程建设项目发放国有土地使用证书的；

（六）要求有关部门违反规定审批或者出让探矿权、采矿权的；

（七）有其他违反规定插手干预土地使用权、矿业权审批和出让行为的。

第七条　违反规定插手干预城乡规划管理活动，有下列情形之一，索贿受贿、为自己或者他人谋取私利的，给予记过或者记大过处分；情节较重的，给予降级或者撤职处分；情节严重的，给予开除处分：

（一）要求有关部门违反规定改变城乡规划的；

（二）要求有关部门违反规定批准调整土地用途、容积率等规划设计条件的；

（三）有其他违反规定插手干预城乡规划管理活动

行为的。

第八条 违反规定插手干预房地产开发与经营活动,有下列情形之一,索贿受贿、为自己或者他人谋取私利的,给予记过或者记大过处分;情节较重的,给予降级或者撤职处分;情节严重的,给予开除处分:

(一)要求有关部门同意不具备房地产开发资质或者资质等级不相符的企业从事房地产开发与经营活动的;

(二)要求有关部门为不符合商品房预售条件的开发项目发放商品房预售许可证的;

(三)对未经验收或者验收不合格的房地产开发项目,要求有关部门允许其交付使用的;

(四)有其他违反规定插手干预房地产开发用地、立项、规划、建设和销售等行为的。

第九条 违反规定插手干预工程建设实施和工程质量监督管理,有下列情形之一,索贿受贿、为自己或者他人谋取私利的,给予记过或者记大过处分;情节较重的,给予降级或者撤职处分;情节严重的,给予开除处分:

(一)要求建设单位或者勘察、设计、施工等单位转包、违法分包工程建设项目,或者指定生产商、供应商、服务商的;

(二)要求试验检测单位弄虚作假的;

(三)要求项目单位违反规定压缩工期、赶进度,导致发生工程质量事故或者严重工程质量问题的;

(四)在对工程建设实施和工程质量进行监督管理过程中,对有关行政监管部门或者中介机构施加影响,导致发生工程质量事故或者严重工程质量问题的;

(五)有其他违反规定插手干预工程建设实施和工程质量监督管理行为的。

第十条 违反规定插手干预工程建设安全生产,有下列情形之一,索贿受贿、为自己或者他人谋取私利的,给予记过或者记大过处分;情节较重的,给予降级或者撤职处分;情节严重的,给予开除处分:

(一)要求有关部门为不具备安全生产条件的单位发放安全生产许可证的;

(二)对有关行政监管部门进行的工程建设安全生产监督管理活动施加影响,导致发生生产安全事故的;

(三)有其他违反规定插手干预工程建设安全生产行为的。

第十一条 违反规定插手干预工程建设环境保护工作,有下列情形之一,索贿受贿、为自己或者他人谋取私利的,给予记过或者记大过处分;情节较重的,给予降级

或者撤职处分;情节严重的,给予开除处分:

(一)要求有关部门降低建设项目环境影响评价等级、拆分审批、超越审批权限审批环境影响评价文件的;

(二)对有关行政监管部门进行的环境保护监督检查活动施加影响,导致建设项目中防治污染或者防治生态破坏的设施不能与工程建设项目主体工程同时设计、同时施工、同时投产使用的;

(三)有其他违反规定插手干预工程建设环境保护工作行为的。

第十二条 违反规定插手干预工程建设项目物资采购和资金安排使用管理,有下列情形之一,索贿受贿、为自己或者他人谋取私利的,给予记过或者记大过处分;情节较重的,给予降级或者撤职处分;情节严重的,给予开除处分:

(一)要求有关部门违反招标投标法和政府采购法的有关规定,进行物资采购的;

(二)要求有关部门对不符合预算要求、工程进度需要的工程建设项目支付资金,或者对符合预算要求、工程进度需要的工程建设项目不及时支付资金的;

(三)有其他违反规定插手干预物资采购和资金安排使用管理行为的。

第十三条 有本规定第四条至第十二条行为之一,虽未索贿受贿、为自己或者他人谋取私利,但给国家和人民利益以及公共财产造成较大损失,或者给本地区、本部门造成严重不良影响,给予记过或者记大过处分;情节较重的,给予降级或者撤职处分;情节严重的,给予开除处分。

第十四条 利用职权或者职务上的影响,干预有关部门对工程建设领域中的违法违规行为进行查处的,给予记过或者记大过处分;情节较重的,给予降级或者撤职处分;情节严重的,给予开除处分。

第十五条 受到处分的人员对处分决定不服的,依照《中华人民共和国行政监察法》、《中华人民共和国公务员法》、《行政机关公务员处分条例》等有关规定,可以申请复核或者申诉。

第十六条 有违反规定插手干预工程建设领域行为,应当给予党纪处分的,移送党的纪律检查机关处理;涉嫌犯罪的,移送司法机关依法追究刑事责任。

第十七条 下列人员有本规定第四条至第十四条行为之一的,依照本规定给予处分:

(一)法律、法规授权的具有公共事务管理职能的组织以及国家行政机关依法委托的组织中副科级或者相当

于副科级以上工作人员;

（二）企业、事业单位、社会团体中由行政机关任命的副科级或者相当于副科级以上人员。

第十八条　本规定由监察部、人力资源社会保障部负责解释。

第十九条　本规定自公布之日起施行。

住房城乡建设领域违法违规行为举报管理办法

·2014年11月19日

·建稽〔2014〕166号

第一条　为规范住房城乡建设领域违法违规行为举报管理,保障公民、法人和其他组织行使举报的权利,依法查处违法违规行为,依据住房城乡建设有关法律、法规,制定本办法。

第二条　本办法所称住房城乡建设领域违法违规行为是指违反住房保障、城乡规划、标准定额、房地产市场、建筑市场、城市建设、村镇建设、工程质量安全、建筑节能、住房公积金、历史文化名城和风景名胜区等方面法律法规的行为。

第三条　各级住房城乡建设主管部门及法律法规授权的管理机构（包括地方人民政府按照职责分工独立设置的城乡规划、房地产市场、建筑市场、城市建设、园林绿化等主管部门和住房公积金、风景名胜区等法律法规授权的管理机构,以下统称主管部门）应当设立并向社会公布违法违规行为举报信箱、网站、电话、传真等,明确专门机构（以下统称受理机构）负责举报受理工作。

第四条　向住房城乡建设部反映违法违规行为的举报,由部稽查办公室归口管理,有关司予以配合。

第五条　举报受理工作坚持属地管理、分级负责、客观公正、便民高效的原则。

第六条　举报人应提供被举报人姓名或单位名称、项目名称、具体位置、违法违规事实及相关证据等。

鼓励实名举报,以便核查有关情况。

第七条　受理机构应在收到举报后进行登记,并在7个工作日内区分下列情形予以处理:

（一）举报内容详细,线索清晰,属于受理机构法定职责或检举下一级主管部门的,由受理机构直接办理。

（二）举报内容详细,线索清晰,属于下级主管部门法定职责的,转下一级主管部门办理;受理机构可进行督办。

（三）举报内容不清,线索不明的,暂存待查。如举报人继续提供有效线索的,区分情形处理。

（四）举报涉及党员领导干部及其他行政监察对象违法违纪行为的,转送纪检监察部门调查处理。

第八条　对下列情形之一的举报,受理机构不予受理,登记后予以存档:

（一）不属于住房城乡建设主管部门职责范围的;

（二）未提供被举报人信息或无具体违法违规事实的;

（三）同一举报事项已经受理,举报人再次举报,但未提供新的违法违规事实的;

（四）已经或者依法应当通过诉讼、仲裁和行政复议等法定途径解决的;

（五）已信访终结的。

第九条　举报件应自受理之日起60个工作日内办结。

上级主管部门转办的举报件,下级主管部门应当按照转办的时限要求办结,并按期上报办理结果;情况复杂的,经上级主管部门批准,可适当延长办理时限,延长时限不得超过30个工作日。实施行政处罚的,依据相关法律法规规定执行。

第十条　上级主管部门应对下级主管部门报送的办理结果进行审核。凡有下列情形之一的,应退回重新办理:

（一）转由被举报单位办理的;

（二）对违法违规行为未作处理或处理不当、显失公正的;

（三）违反法定程序的。

第十一条　举报件涉及重大疑难问题的,各级主管部门可根据实际情况组织集体研判,供定性和处理参考。

第十二条　上级主管部门应当加强对下级主管部门受理举报工作的监督检查,必要时可进行约谈或现场督办。

第十三条　对存在违法违规行为的举报,依法作出处理决定后,方可结案。

第十四条　举报人署名或提供联系方式的,承办单位应当采取书面或口头等方式回复处理情况,并做好相关记录。

第十五条　举报件涉及两个以上行政区域,处理有争议的,由共同的上一级主管部门协调处理或直接调查处理。

第十六条　受理机构应建立举报档案管理制度。

第十七条　受理机构应定期统计分析举报办理情况。

第十八条　各级主管部门应建立违法违规行为预警预报制度。对举报受理工作的情况和典型违法违规案件以适当方式予以通报。

第十九条　负责办理举报的工作人员,严禁泄露举报人的姓名、身份、单位、地址和联系方式等情况;严禁将举报情况透露给被举报人及与举报办理无关人员;严禁私自摘抄、复制、扣压、销毁举报材料,不得故意拖延时间;凡与举报事项有利害关系的工作人员应当回避。

对于违反规定者,根据情节及其造成的后果,依法给予行政处分;构成犯罪的,依法追究刑事责任。

第二十条　任何单位和个人不得打击、报复举报人。对于违反规定者,按照有关规定处理;构成犯罪的,依法追究刑事责任。

第二十一条　举报应当实事求是。对于借举报捏造事实,诬陷他人或者以举报为名,制造事端,干扰主管部门正常工作的,应当依照法律、法规规定处理。

第二十二条　各省、自治区、直辖市主管部门可以结合本地区实际,制定实施办法。

第二十三条　本办法自2015年1月1日起施行。2002年7月11日建设部发布的《建设领域违法违规行为举报管理办法》(建法〔2002〕185号)同时废止。

建设领域违法违规行为稽查工作管理办法

·2010年1月7日
·建稽〔2010〕4号

第一条　为加强对建设领域的法律、法规和规章等执行情况的监督检查,有效查处违法违规行为,规范住房和城乡建设部稽查工作,制定本办法。

第二条　本办法所称稽查工作,是指对住房保障、城乡规划、标准定额、房地产市场、建筑市场、城市建设、村镇建设、工程质量安全、建筑节能、住房公积金、历史文化名城和风景名胜区等方面的违法违规行为进行立案、调查、取证,核实情况并提出处理建议的活动。

第三条　住房和城乡建设部稽查办公室(以下简称部稽查办)负责建设领域违法违规行为的稽查工作。

第四条　稽查工作应坚持以事实为依据,以法律为准绳、客观公正以及重大案件集体研判的原则。

第五条　部稽查办在稽查工作中,应履行下列职责:

(一)受理公民、法人或其他组织对违法违规行为的举报;

(二)按照规定权限对建设活动进行检查,依法制止违法违规行为;

(三)查清违法违规事实、分析原因、及时报告稽查情况,提出处理意见、建议;

(四)督促省级住房和城乡建设主管部门落实转发

的稽查报告提出的处理意见;

(五)及时制止稽查工作中发现的有可能危及公共安全等违法违规行为,并责成当地住房和城乡建设主管部门处理;

(六)接受省级住房和城乡建设主管部门申请,对其交送的重要违法违规线索直接进行稽查;

(七)依法或根据授权履行的其他职责。

第六条　稽查人员依法履行职责受法律保护。任何单位和个人不得阻挠和干涉。

稽查人员执行公务应遵守回避原则。

第七条　稽查工作一般应按照立案前研究分析、立案、稽查、撰写稽查报告、督办、结案和归档等程序开展。

第八条　部稽查办可通过受理公民、法人或其他组织的举报、直接检查、部有关业务司局以及相关单位移送等途径,发现违法违规线索,认为有必要查处的,报经部领导批准后,开展稽查工作。

对部领导的批办件应直接稽查,或转省级住房和城乡建设主管部门稽查,部稽查办跟踪督办。

第九条　开展稽查工作前,应分析案情,并与部有关单位沟通情况,制定工作方案,明确稽查重点、时间、地点、方式和程序等。

对于案情复杂,涉及其他相关部门的,应主动与其沟通协调。也可根据需要确定是否商请有关部门参加或邀请相关专家参与稽查工作,建立联合查处机制。

第十条　开展稽查工作应当全面调查并收集有关证据等,客观、公正地反映案件情况,分析问题,提出处理意见。

第十一条　稽查人员在稽查工作中,有权采取下列方式或措施:

(一)约谈被稽查对象,召开与稽查有关的会议,参加被稽查单位与稽查事项有关的会议;向被稽查单位及有关人员调查询问有关情况,并制作调查笔录;

(二)查阅、复制和摄录与案件有关的资料,要求被稽查单位提供与稽查有关的资料并做出说明;

(三)踏勘现场,调查、核实情况;

(四)依法责令违法当事人停止违法行为,对施工现场的建筑材料抽样检查等;

(五)依法先行登记保存证据;

(六)法律、法规和规章规定的其他措施。

第十二条　稽查人员依法履行稽查职责,有关单位和个人应当予以配合,如实反映情况,提供与稽查事项有关的文件、合同、协议、报表等资料。不得拒绝、隐匿和伪报。

第十三条　被稽查单位有下列行为之一的,稽查人

员应当及时报告,并提出处理建议:

(一)阻挠稽查人员依法履行职责的;

(二)拒绝或拖延向稽查人员提供与稽查工作有关情况和资料的;

(三)销毁、隐匿、涂改有关文件、资料或提供虚假资料的;

(四)阻碍稽查人员进入现场调查取证、封存有关证据、物件的;

(五)其他妨碍稽查人员依法履行职责的行为。

第十四条 稽查工作结束后,一般应在10个工作日内完成稽查报告(附必要的稽查取证材料)。稽查报告一般包括案件基本情况、调查核实情况(包括存在问题和发现的其他情况)、调查结论和处理建议以及其他需要说明的问题等方面内容。

第十五条 重大案件的稽查报告应集体研判。

第十六条 稽查报告以部办公厅函转发给省级住房和城乡建设主管部门。

第十七条 稽查报告转发给省级住房和城乡建设主管部门后,部稽查办应要求其做好处理意见的落实工作,按照规定的时间回复处理结果。

第十八条 部稽查办转由省级住房和城乡建设主管部门查办的案件,原则上要求在收到转办函之日起30个工作日内,回复调查处理意见。特殊情况可提前或适当延长。

第十九条 对于稽查报告中有明确处理意见的案件,应将督办情况和处理意见落实情况报部领导批准后,方可结案。

第二十条 结案后,稽查人员应将稽查的线索、立案材料、取证材料、凭证、稽查报告、督办结果等材料,根据档案管理规定,分类整理、立卷、归档和保存。

第二十一条 对被稽查对象的处罚和处分,实行分工负责制度和处罚结果报告制度。

法律、法规规定由住房和城乡建设部做出行政处罚和行政处分决定的,由住房和城乡建设部实施。

法律、法规规定由地方人民政府住房和城乡建设主管部门及其有关部门做出行政处罚和行政处分决定的,由地方人民政府住房和城乡建设主管部门及其有关部门实施,并将处理结果报告上级住房和城乡建设主管部门。

涉及国务院其他有关部门和地方人民政府职责的问题,移交国务院有关部门和地方人民政府处理。

第二十二条 稽查人员有下列行为之一的,视其情节轻重,给予批评或行政处分;构成犯罪的,移交司法机关处理:

(一)对被稽查单位的重大违法违规问题隐匿不报的;

(二)与被稽查单位串通编造虚假稽查报告的;

(三)违法干预被稽查单位日常业务活动和经营管理活动,致使其合法权益受到损害的;

(四)其他影响稽查工作和公正执法的行为。

第二十三条 稽查人员在履行职责中,有其他违反法律、法规和规章行为,应当承担纪律责任的,依照《行政机关公务员处分条例》处理。

第二十四条 省、自治区、直辖市人民政府住房和城乡建设主管部门可结合本地区实际,参照本办法制定稽查工作管理办法。

第二十五条 本办法由住房和城乡建设部负责解释。

第二十六条 本办法自发布之日起施行。本办法施行前建设部发布的有关文件与本办法规定不一致的,以本办法为准。

建筑市场举报、投诉受理工作管理办法

· 2002年3月8日
· 建办稽〔2002〕19号

为加强对建筑市场的监督管理,规范对举报、投诉的受理工作,制定本办法。

一、受理举报、投诉的范围

有关建筑市场、工程质量和施工安全的各种举报、投诉。

二、受理举报、投诉的程序

(一)稽查办负责对各种渠道来的投诉、举报统一登记,内容包括:举报、投诉人姓名(要求对姓名保密者除外)、地址、联系电话,举报、投诉的时间,举报、投诉的主要问题。

(二)各司局收到的举报、投诉,由司局领导签署是否需要稽查的意见,送稽查办。对于来访举报、投诉的,由各接待单位负责登记,其举报、投诉材料按上述要求处理后送稽查办。

(三)稽查办综合组对各类举报、投诉按其内容提出具体的办理建议。稽查办主管领导对办理建议分别作出以下决定:

1. 转地方建设行政主管部门处理;

2. 由稽查办组织力量进行稽查;

3. 由稽查办与有关司局共同组织力量进行稽查;

4. 对于匿名举报,可视情况作出是否进行稽查的决定。

(四)转地方建设行政主管部门处理的举报、投诉,应提出时限要求,稽查办应至少每半个月对处理的进展情况跟踪催办一次。

(五)凡署名举报、投诉的稽查事项,应在处理完毕后 7 日内向署名举报、投诉人反馈处理结果。举报、投诉人为地方政府的,由稽查办草拟反馈意见,以部办公厅名义反馈;举报、投诉人为单位和个人的,由稽查办统一归口反馈。

(六)由稽查办负责稽查的事项调查核实后,与有关司局共同研究处理意见,并由稽查办写出调查报告,报部领导。

三、受理举报、投诉的要求

(一)时限期要求。

1. 稽查办应自接到举报、投诉后 5 日内完成登记手续,并提出办理建议。

2. 对举报、投诉事项的调查核实工作一般于 20 日内完成,并提出处理建议。

(二)纪律要求。

1. 受理举报、投诉的工作人员与某件举报、投诉事项有利害关系的,办理该举报、投诉事项时应当回避。

2. 受理举报、投诉的工作人员必须严格遵守保密纪律,不得私自摘抄、复制、扣压、销毁举报、投诉材料,不得泄露举报、投诉人的姓名、单位、地址等情况。

3. 举报、投诉人的人身权利、民主权利和其他合法权益受法律保护,任何单位和个人不得以任何借口打击、报复举报、投诉人。

四、建立举报、投诉档案

(一)对每一件举报、投诉,应从接收、调查、取证到处理结果,有完整的档案资料。

(二)档案资料包括:举报、投诉材料(或举报、投诉记录)、领导批示、重要的核查取证材料、调查报告、签报材料以及地方建设行政主管部门上报的有关文字材料等处理结论及意见。

五、定期对举报、投诉情况汇总分析

稽查办每季度要向各有关司局通报举报、投诉情况;每年要对各种举报、投诉情况进行汇总分析,写出年度综合报告,报部领导,同时抄送有关司局。

住房和城乡建设行政处罚程序规定

· 2022 年 3 月 10 日住房和城乡建设部令第 55 号公布
· 自 2022 年 5 月 1 日起施行

第一章　总　则

第一条　为保障和监督住房和城乡建设行政执法机关有效实施行政处罚,保护公民、法人或者其他组织的合法权益,促进住房和城乡建设行政执法工作规范化,根据《中华人民共和国行政处罚法》等法律法规,结合住房和城乡建设工作实际,制定本规定。

第二条　住房和城乡建设行政执法机关(以下简称执法机关)对违反相关法律、法规、规章的公民、法人或者其他组织依法实施行政处罚,适用本规定。

第三条　本规定适用的行政处罚种类包括:

(一)警告、通报批评;

(二)罚款、没收违法所得、没收非法财物;

(三)暂扣许可证件、降低资质等级、吊销许可证件;

(四)限制开展生产经营活动、责令停业整顿、责令停止执业、限制从业;

(五)法律、行政法规规定的其他行政处罚。

第四条　执法机关实施行政处罚,应当遵循公正、公开的原则,坚持处罚与教育相结合,做到认定事实清楚、证据合法充分、适用依据准确、程序合法、处罚适当。

第二章　行政处罚的管辖

第五条　行政处罚由违法行为发生地的执法机关管辖。法律、行政法规、部门规章另有规定的,从其规定。

行政处罚由县级以上地方人民政府执法机关管辖。法律、行政法规另有规定的,从其规定。

第六条　执法机关发现案件不属于本机关管辖的,应当将案件移送有管辖权的行政机关。

行政处罚过程中发生的管辖权争议,应当自发生争议之日起七日内协商解决,并制作保存协商记录;协商不成的,报请共同的上一级行政机关指定管辖。上一级执法机关应当自收到报请材料之日起七日内指定案件的管辖机关。

第七条　执法机关发现违法行为涉嫌犯罪的,应当依法将案件移送司法机关。

第三章　行政处罚的决定

第一节　基本规定

第八条　执法机关应当将本机关负责实施的行政处罚事项、立案依据、实施程序和救济渠道等信息予以公示。

第九条　执法机关应当依法以文字、音像等形式,对行政处罚的启动、调查取证、审核、决定、送达、执行等进行全过程记录,归档保存。

住房和城乡建设行政处罚文书示范文本,由国务院住房和城乡建设主管部门制定。省、自治区、直辖市人民政府执法机关可以参照制定适用于本行政区域的行政处罚文书示范文本。

第十条　执法机关作出具有一定社会影响的行政处罚决定,应当自作出决定之日起七日内依法公开。公开的行政处罚决定信息不得泄露国家秘密。涉及商业秘密和个人隐私的,应当依照有关法律法规规定处理。

公开的行政处罚决定被依法变更、撤销、确认违法或者确认无效的,执法机关应当在三日内撤回行政处罚决定信息并公开说明理由;相关行政处罚决定信息已推送至其他行政机关或者有关信用信息平台的,应当依照有关规定及时处理。

第十一条　行政处罚应当由两名以上具有行政执法资格的执法人员实施,法律另有规定的除外。执法人员应当依照有关规定参加执法培训和考核,取得执法证件。

执法人员在案件调查取证、听取陈述申辩、参加听证、送达执法文书等直接面对当事人或者有关人员的活动中,应当主动出示执法证件。配备统一执法制式服装或者执法标志标识的,应当按照规定着装或者佩戴执法标志标识。

第二节　简易程序

第十二条　违法事实确凿并有法定依据,对公民处以二百元以下、对法人或者其他组织处以三千元以下罚款或者警告的行政处罚的,可以当场作出行政处罚决定。法律另有规定的,从其规定。

第十三条　当场作出行政处罚决定的,执法人员应当向当事人出示执法证件,填写预定格式、编有号码的行政处罚决定书,并当场交付当事人。当事人拒绝签收的,应当在行政处罚决定书上注明。

当事人提出陈述、申辩的,执法人员应当听取当事人的意见,并复核事实、理由和证据。

第十四条　当场作出的行政处罚决定书应当载明当事人的违法行为,行政处罚的种类和依据、罚款数额、时间、地点,申请行政复议、提起行政诉讼的途径和期限以及执法机关名称,并由执法人员签名或者盖章。

执法人员当场作出的行政处罚决定,应当在三日内报所属执法机关备案。

第三节　普通程序

第十五条　执法机关对依据监督检查职权或者通过投诉、举报等途径发现的违法行为线索,应当在十五日内予以核查,情况复杂确实无法按期完成的,经本机关负责人批准,可以延长十日。

经核查,符合下列条件的,应当予以立案:

(一)有初步证据证明存在违法行为;

(二)违法行为属于本机关管辖;

(三)违法行为未超过行政处罚时效。

立案应当填写立案审批表,附上相关材料,报本机关负责人批准。

立案前核查或者监督检查过程中依法取得的证据材料,可以作为案件的证据使用。

第十六条　执法人员询问当事人及有关人员,应当个别进行并制作笔录,笔录经被询问人核对、修改差错、补充遗漏后,由被询问人逐页签名或者盖章。

第十七条　执法人员收集、调取的书证、物证应当是原件、原物。调取原件、原物有困难的,可以提取复制件、影印件或者抄录件,也可以拍摄或者制作足以反映原件、原物外形或者内容的照片、录像。复制件、影印件、抄录件和照片、录像应当标明经核对与原件或者原物一致,并由证据提供人、执法人员签名或者盖章。

提取物证应当有当事人在场,对所提取的物证应当开具物品清单,由执法人员和当事人签名或者盖章,各执一份。无法找到当事人,或者当事人在场确有困难、拒绝到场、拒绝签字的,执法人员可以邀请有关基层组织的代表或者无利害关系的其他人到场见证,也可以用录像等方式进行记录,依照有关规定提取物证。

对违法嫌疑物品或者场所进行检查时,应当通知当事人在场,并制作现场笔录,载明时间、地点、事件等内容,由执法人员、当事人签名或者盖章。无法找到当事人,或者当事人在场确有困难、拒绝到场、拒绝签字的,应当用录像等方式记录检查过程并在现场笔录中注明。

第十八条　为了查明案情,需要进行检测、检验、鉴定的,执法机关应当依法委托具备相应条件的机构进行。检测、检验、鉴定结果应当告知当事人。

执法机关因实施行政处罚的需要,可以向有关机关出具协助函,请求有关机关协助进行调查取证等。

第十九条　执法机关查处违法行为过程中,在证据可能灭失或者以后难以取得的情况下,经本机关负责人批准,可以对证据先行登记保存。

先行登记保存证据,应当当场清点,开具清单,标注物品的名称、数量、规格、型号、保存地点等信息,清单由执法人员和当事人签名或者盖章,各执一份。当事人拒绝签字的,执法人员在执法文书中注明,并通过录像等方式保留相应证据。先行登记保存期间,当事人或者有关人员不得销毁或者转移证据。

对于先行登记保存的证据,应当在七日内作出以下处理决定:

(一)根据情况及时采取记录、复制、拍照、录像等证据保全措施;

(二)需要检测、检验、鉴定的,送交检测、检验、鉴定;

(三)依据有关法律、法规规定应当采取查封、扣押等行政强制措施的,决定采取行政强制措施;

(四)违法事实成立,依法应当予以没收的,依照法定程序处理;

(五)违法事实不成立,或者违法事实成立但依法不应当予以查封、扣押或者没收的,决定解除先行登记保存措施。

逾期未作出处理决定的,先行登记保存措施自动解除。

第二十条　案件调查终结,执法人员应当制作书面案件调查终结报告。

案件调查终结报告的内容包括:当事人的基本情况、案件来源及调查经过、调查认定的事实及主要证据、行政处罚意见及依据、裁量基准的运用及理由等。

对涉及生产安全事故的案件,执法人员应当依据经批复的事故调查报告认定有关情况。

第二十一条　行政处罚决定作出前,执法机关应当制作行政处罚意见告知文书,告知当事人拟作出的行政处罚内容及事实、理由、依据以及当事人依法享有的陈述权、申辩权。拟作出的行政处罚属于听证范围的,还应当告知当事人有要求听证的权利。

第二十二条　执法机关必须充分听取当事人的意见,对当事人提出的事实、理由和证据进行复核,并制作书面复核意见。当事人提出的事实、理由或者证据成立的,执法机关应当予以采纳,不得因当事人陈述、申辩而给予更重的处罚。

当事人自行政处罚意见告知文书送达之日起五日内,未行使陈述权、申辩权,视为放弃此权利。

第二十三条　在作出《中华人民共和国行政处罚法》第五十八条规定情形的行政处罚决定前,执法人员应当将案件调查终结报告连同案件材料,提交执法机关负责法制审核工作的机构,由法制审核人员进行重大执法决定法制审核。未经法制审核或者审核未通过的,不得作出决定。

第二十四条　执法机关负责法制审核工作的机构接到审核材料后,应当登记并审核以下内容:

(一)行政处罚主体是否合法,行政执法人员是否具备执法资格;

(二)行政处罚程序是否合法;

(三)当事人基本情况、案件事实是否清楚,证据是否合法充分;

(四)适用法律、法规、规章是否准确,裁量基准运用是否适当;

(五)是否超越执法机关法定权限;

(六)行政处罚文书是否完备、规范;

(七)违法行为是否涉嫌犯罪、需要移送司法机关;

(八)法律、法规规定应当审核的其他内容。

第二十五条　执法机关负责法制审核工作的机构应当自收到审核材料之日起十日内完成审核,并提出以下书面意见:

(一)对事实清楚、证据合法充分、适用依据准确、处罚适当、程序合法的案件,同意处罚意见;

(二)对事实不清、证据不足的案件,建议补充调查;

(三)对适用依据不准确、处罚不当、程序不合法的案件,建议改正;

(四)对超出法定权限的案件,建议按有关规定移送。

对执法机关负责法制审核工作的机构提出的意见,执法人员应当进行研究,作出相应处理后再次报送法制审核。

第二十六条　执法机关负责人应当对案件调查结果进行审查,根据不同情况,分别作出如下决定:

(一)确有应受行政处罚的违法行为的,根据情节轻重及具体情况,作出行政处罚决定;

(二)违法行为轻微,依法可以不予行政处罚的,不予行政处罚;

(三)违法事实不能成立的,不予行政处罚;

(四)违法行为涉嫌犯罪的,移送司法机关。

对情节复杂或者重大违法行为给予行政处罚,执法机关负责人应当集体讨论决定。

第二十七条　执法机关对当事人作出行政处罚,应当制作行政处罚决定书。行政处罚决定书应当载明下列事项:

(一)当事人的姓名或者名称、地址;

(二)违反法律、法规、规章的事实和证据;

（三）行政处罚的种类和依据；

（四）行政处罚的履行方式和期限；

（五）申请行政复议、提起行政诉讼的途径和期限；

（六）作出行政处罚决定的执法机关名称和作出决定的日期。

行政处罚决定书必须盖有作出行政处罚决定的执法机关的印章。

第二十八条　行政处罚决定生效后，任何人不得擅自变更或者撤销。作出行政处罚决定的执法机关发现确需变更或者撤销的，应当依法办理。

行政处罚决定存在未载明决定作出日期等遗漏，对公民、法人或者其他组织的合法权益没有实际影响等情形的，应当予以补正。

行政处罚决定存在文字表述错误或者计算错误等情形，应当予以更正。

执法机关作出补正或者更正的，应当制作补正或者更正文书。

第二十九条　执法机关应当自立案之日起九十日内作出行政处罚决定。因案情复杂或者其他原因，不能在规定期限内作出行政处罚决定的，经本机关负责人批准，可以延长三十日。案情特别复杂或者有其他特殊情况，经延期仍不能作出行政处罚决定的，应当由本机关负责人集体讨论决定是否再次延期，决定再次延期的，再次延长的期限不得超过六十日。

案件处理过程中，听证、检测、检验、鉴定等时间不计入前款规定的期限。

第三十条　案件处理过程中，有下列情形之一，经执法机关负责人批准，中止案件调查：

（一）行政处罚决定须以相关案件的裁判结果或者其他行政决定为依据，而相关案件尚未审结或者其他行政决定尚未作出的；

（二）涉及法律适用等问题，需要报请有权机关作出解释或者确认的；

（三）因不可抗力致使案件暂时无法调查的；

（四）因当事人下落不明致使案件暂时无法调查的；

（五）其他应当中止调查的情形。

中止调查情形消失，执法机关应当及时恢复调查程序。中止调查的时间不计入案件办理期限。

第三十一条　行政处罚案件有下列情形之一，执法人员应当在十五日内填写结案审批表，经本机关负责人批准后，予以结案：

（一）行政处罚决定执行完毕的；

（二）依法终结执行的；

（三）因不能认定违法事实或者违法行为已过行政处罚时效等情形，案件终止调查的；

（四）依法作出不予行政处罚决定的；

（五）其他应予结案的情形。

第四节　听证程序

第三十二条　执法机关在作出较大数额罚款、没收较大数额违法所得、没收较大价值非法财物、降低资质等级、吊销许可证件、责令停业整顿、责令停止执业、限制从业等较重行政处罚决定之前，应当告知当事人有要求听证的权利。

第三十三条　当事人要求听证的，应当自行政处罚意见告知文书送达之日起五日内以书面或者口头方式向执法机关提出。

第三十四条　执法机关应当在举行听证的七日前，通知当事人及有关人员听证的时间、地点。

听证由执法机关指定的非本案调查人员主持，并按以下程序进行：

（一）听证主持人宣布听证纪律和流程，并告知当事人申请回避的权利；

（二）调查人员提出当事人违法的事实、证据和行政处罚建议，并向当事人出示证据；

（三）当事人进行申辩，并对证据的真实性、合法性和关联性进行质证；

（四）调查人员和当事人分别进行总结陈述。

听证应当制作笔录，全面、准确记录调查人员和当事人陈述内容、出示证据和质证等情况。笔录应当由当事人或者其代理人核对无误后签字或者盖章。当事人或者其代理人拒绝签字或者盖章的，由听证主持人在笔录中注明。执法机关应当根据听证笔录，依法作出决定。

第四章　送达与执行

第三十五条　执法机关应当依照《中华人民共和国行政处罚法》《中华人民共和国民事诉讼法》的有关规定送达行政处罚意见告知文书和行政处罚决定书。

执法机关送达行政处罚意见告知文书或者行政处罚决定书，应当直接送交受送达人，由受送达人在送达回证上签名或者盖章，并注明签收日期。签收日期为送达日期。

受送达人拒绝接收行政处罚意见告知文书或者行政处罚决定书的，送达人可以邀请有关基层组织或者所在单位的代表到场见证，在送达回证上注明拒收事由和日期，由送达人、见证人签名或者盖章，把行政处罚意见告知文书或者行政处罚决定书留在受送达人的住所；也可以将行政处罚意见告知文书或者行政处罚决定书留在受送达人的住所，并采取拍照、录像等方式记录送达过程，即视为送达。

第三十六条 行政处罚意见告知文书或者行政处罚决定书直接送达有困难的，按照下列方式送达：

（一）委托当地执法机关代为送达的，依照本规定第三十五条执行；

（二）邮寄送达的，交由邮政企业邮寄。挂号回执上注明的收件日期或者通过中国邮政网站等查询到的收件日期为送达日期。

受送达人下落不明，或者采用本章其他方式无法送达的，执法机关可以通过本机关或者本级人民政府网站公告送达，也可以根据需要在当地主要新闻媒体公告或者在受送达人住所地、经营场所公告送达。

第三十七条 当事人同意以电子方式送达的，应当签订确认书，准确提供用于接收行政处罚意见告知文书、行政处罚决定书和有关文书的传真号码、电子邮箱地址或者即时通讯账号，并提供特定系统发生故障时的备用联系方式。联系方式发生变更的，当事人应当在五日内书面告知执法机关。

当事人同意并签订确认书的，执法机关可以采取相应电子方式送达，并通过拍照、截屏、录音、录像等方式予以记录，传真、电子邮件、即时通讯信息等到达受送达人特定系统的日期为送达日期。

第三十八条 当事人不履行行政处罚决定，执法机关可以依法强制执行或者申请人民法院强制执行。

第三十九条 当事人不服执法机关作出的行政处罚决定，可以依法申请行政复议，也可以依法直接向人民法院提起行政诉讼。

行政复议和行政诉讼期间，行政处罚不停止执行，法律另有规定的除外。

第五章 监督管理

第四十条 结案后，执法人员应当将案件材料依照档案管理的有关规定立卷归档。案卷归档应当一案一卷、材料齐全、规范有序。

案卷材料按照下列类别归档，每一类别按照归档材料形成的时间先后顺序排列：

（一）案源材料、立案审批表；

（二）案件调查终结报告、行政处罚意见告知文书、行政处罚决定书等行政处罚文书及送达回证；

（三）证据材料；

（四）当事人陈述、申辩材料；

（五）听证笔录；

（六）书面复核意见、法制审核意见、集体讨论记录；

（七）执行情况记录、财物处理单据；

（八）其他有关材料。

执法机关应当依照有关规定对本机关和下级执法机关的行政处罚案卷进行评查。

第四十一条 执法机关及其执法人员应当在法定职权范围内依照法定程序从事行政处罚活动。行政处罚没有依据或者实施主体不具有行政主体资格的，行政处罚无效。违反法定程序构成重大且明显违法的，行政处罚无效。

第四十二条 执法机关从事行政处罚活动，应当自觉接受上级执法机关或者有关机关的监督管理。上级执法机关或者有关机关发现下级执法机关违法违规实施行政处罚的，应当依法责令改正，对直接负责的主管人员和有关执法人员给予处分。

第四十三条 对于阻碍执法人员依法行使职权，打击报复执法人员的单位或者个人，由执法机关或者有关机关视情节轻重，依法追究其责任。

第四十四条 执法机关应当对本行政区域内行政处罚案件进行统计。省、自治区、直辖市人民政府执法机关应当在每年3月底前，向国务院住房和城乡建设主管部门报送上一年度行政处罚案件统计数据。

第六章 附 则

第四十五条 本规定中有关期间以日计算的，期间开始的日不计算在内。期间不包括行政处罚文书送达在途时间。期间届满的最后一日为法定节假日的，以法定节假日后的第一日为期间届满的日期。

本规定中"三日""五日""七日""十日""十五日"的规定，是指工作日，不含法定节假日。

第四十六条 本规定自 2022 年 5 月 1 日起施行。1999 年 2 月 3 日原建设部公布的《建设行政处罚程序暂行规定》同时废止。

住房和城乡建设部关于规范城乡规划行政处罚裁量权的指导意见

· 2012 年 6 月 25 日

· 建法〔2012〕99 号

第一条 为了规范城乡规划行政处罚裁量权，维护城乡规划的严肃性和权威性，促进依法行政，根据《中华人民共和国城乡规划法》、《中华人民共和国行政处罚法》和《中华人民共和国行政强制法》，制定本意见。

第二条　本意见所称城乡规划行政处罚裁量权，是指城乡规划主管部门或者其他依法实施城乡规划行政处罚的部门（以下简称处罚机关），依据《中华人民共和国城乡规划法》第六十四条规定，对违法建设行为实施行政处罚时享有的自主决定权。

本意见所称违法建设行为，是指未取得建设工程规划许可证或者未按照建设工程规划许可证的规定进行建设的行为。

第三条　对违法建设行为实施行政处罚时，应当区分尚可采取改正措施消除对规划实施影响的情形和无法采取改正措施消除对规划实施影响的情形。

第四条　违法建设行为有下列情形之一的，属于尚可采取改正措施消除对规划实施影响的情形：

（一）取得建设工程规划许可证，但未按建设工程规划许可证的规定进行建设，在限期内采取局部拆除等整改措施，能够使建设工程符合建设工程规划许可证要求的。

（二）未取得建设工程规划许可证即开工建设，但已取得城乡规划主管部门的建设工程设计方案审查文件，且建设内容符合或采取局部拆除等整改措施后能够符合审查文件要求的。

第五条　对尚可采取改正措施消除对规划实施影响的情形，按以下规定处理：

（一）以书面形式责令停止建设；不停止建设的，依法查封施工现场；

（二）以书面形式责令限期改正；对尚未取得建设工程规划许可证即开工建设的，同时责令其及时取得建设工程规划许可证；

（三）对按期改正违法建设部分的，处建设工程造价5%的罚款；对逾期不改正的，依法采取强制拆除等措施，并处建设工程造价10%的罚款。

违法行为轻微并及时自行纠正，没有造成危害后果的，不予行政处罚。

第六条　处罚机关按照第五条规定处以罚款，应当在违法建设行为改正后实施，不得仅处罚款而不监督改正。

第七条　第四条规定以外的违法建设行为，均为无法采取改正措施消除对规划实施影响的情形。

第八条　对无法采取改正措施消除对规划实施影响的情形，按以下规定处理：

（一）以书面形式责令停止建设；不停止建设的，依法查封施工现场；

（二）对存在违反城乡规划事实的建筑物、构筑物单体，依法下发限期拆除决定书；

（三）对按期拆除的，不予罚款；对逾期不拆除的，依法强制拆除，并处建设工程造价10%的罚款；

（四）对不能拆除的，没收实物或者违法收入，可以并处建设工程造价10%以下的罚款。

第九条　第八条所称不能拆除的情形，是指拆除违法建设可能影响相邻建筑安全、损害无过错利害关系人合法权益或者对公共利益造成重大损害的情形。

第十条　第八条所称没收实物，是指没收新建、扩建、改建的存在违反城乡规划事实的建筑物、构筑物单体。

第十一条　第八条所称违法收入，按照新建、扩建、改建的存在违反城乡规划事实的建筑物、构筑物单体出售所得价款计算；出售所得价款明显低于同类房地产市场价格的，处罚机关应当委托有资质的房地产评估机构评估确定。

第十二条　对违法建设行为处以罚款，应当以新建、扩建、改建的存在违反城乡规划事实的建筑物、构筑物单体造价作为罚款基数。

已经完成竣工结算的违法建设，应当以竣工结算价作为罚款基数；尚未完成竣工结算的违法建设，可以根据工程已完工部分的施工合同价确定罚款基数；未依法签订施工合同或者当事人提供的施工合同价明显低于市场价格的，处罚机关应当委托有资质的造价咨询机构评估确定。

第十三条　处罚机关按照第八条规定处以罚款，应当在依法强制拆除或者没收实物或者没收违法收入后实施，不得仅处罚款而不强制拆除或者没收。

第十四条　对违法建设行为进行行政处罚，应当在违反城乡规划事实存续期间和违法行为得到纠正之日起两年内实施。

第十五条　本意见自 2012 年 9 月 1 日起施行。

规范住房和城乡建设部工程
建设行政处罚裁量权实施办法

· 2019 年 9 月 23 日

· 建法规〔2019〕7 号

第一条　为规范住房和城乡建设部工程建设行政处罚行为，促进依法行政，保护公民、法人和其他组织的合法权益,根据《中华人民共和国行政处罚法》《中华人民共和国建筑法》等法律法规,以及《法治政府建设实施纲要(2015—2020年)》,制定本办法。

第二条　本办法所称工程建设行政处罚裁量权,是指住房和城乡建设部在工程建设领域行使法定的行政处罚权时,在法律法规规定的行政处罚种类和幅度范围内享有的自主决定权。

本办法所称规范工程建设行政处罚裁量权,是指住房和城乡建设部在法定的工程建设行政处罚权限范围内,通过制定《住房和城乡建设部工程建设行政处罚裁量基准》(以下简称《裁量基准》),视违法行为的情节轻重程度、后果影响大小,合理划分不同档次违法情形,明确行政处罚的具体标准。

第三条　工程建设法律法规未规定实施行政处罚可以选择处罚种类和幅度的,住房和城乡建设部应当严格依据法律法规的规定作出行政处罚。

第四条　住房和城乡建设部行使工程建设行政处罚裁量权,应当坚持合法合理、过罚相当、程序正当、行政效率、教育处罚相结合的原则。

第五条　依法应当由住房和城乡建设部实施的工程建设行政处罚,包括下列内容:

(一)对住房和城乡建设部核准资质的工程勘察设计企业、建筑施工企业、工程监理企业处以停业整顿、降低资质等级、吊销资质证书的行政处罚。

(二)对住房和城乡建设部核发注册执业证书的工程建设类注册执业人员,处以停止执业、吊销执业资格证书的行政处罚。

(三)其他应当由住房和城乡建设部实施的行政处罚。

第六条　地方各级住房和城乡建设主管部门发现需要由住房和城乡建设部实施行政处罚的工程建设违法行为,应当依据法律法规、本办法和《裁量基准》提出行政处罚建议,并及时将行政处罚建议和相关证据材料逐级上报住房和城乡建设部。

住房和城乡建设部收到省级住房和城乡建设主管部门的行政处罚建议,或者直接发现应当由住房和城乡建设部实施行政处罚的工程建设违法行为,应当依据法律法规、本办法和《裁量基准》确定的行政处罚种类和幅度实施行政处罚。

第七条　住房和城乡建设部依照法律法规、本办法和《裁量基准》实施行政处罚,不影响地方住房和城乡建设主管部门依法实施罚款等其他种类的行政处罚。依法应当由住房和城乡建设部作出行政处罚,并需要处以罚款的,由地方住房和城乡建设主管部门作出罚款的行政处罚。

第八条　工程建设违法行为导致建设工程质量、安全事故,须由住房和城乡建设部实施行政处罚的,事故发生地住房和城乡建设主管部门应当在事故调查报告被批准后7个工作日内向上一级住房和城乡建设主管部门提出行政处罚建议,并移送案件证据材料;省级住房和城乡建设主管部门收到下一级住房和城乡建设主管部门上报的处罚建议后,应当在7个工作日内向住房和城乡建设部提出行政处罚建议,并移送案件证据材料。

第九条　住房和城乡建设部收到省级住房和城乡建设主管部门的行政处罚建议和证据材料后,认为证据不够充分的,可以要求地方住房和城乡建设主管部门补充调查,也可以直接调查取证。

住房和城乡建设部收到省级住房和城乡建设主管部门的行政处罚建议后,应当及时将处理结果告知该省级住房和城乡建设主管部门。

第十条　住房和城乡建设部实施行政处罚,应当按照《住房城乡建设部关于印发集中行使部机关行政处罚权工作规程的通知》(建督〔2017〕96号)履行行政处罚程序。

行政处罚决定依法作出后,应当于7个工作日内在住房和城乡建设部门户网站办事大厅栏目公示,并记入全国建筑市场监管公共服务平台。

第十一条　行政处罚决定书中应当明确履行停业整顿处罚的起止日期,起算日期应当考虑必要的文书制作、送达、合理范围知悉等因素,但不得超过处罚决定作出后7个工作日。

发生安全事故的建筑施工企业已经受到暂扣安全生产许可证处罚的,对其实施责令停业整顿处罚时,应当在折抵暂扣安全生产许可证的期限后,确定停业整顿的履行期限。

第十二条　停业整顿期间,企业在全国范围内不得以承接发生违法行为的工程项目时所用资质类别承接新的工程项目;对于设计、监理综合类资质企业,在全国范围内不得以承接发生违法行为的工程项目时所用工程类别承接新的工程项目。

降低资质等级、吊销资质证书处罚的范围是企业承接发生违法行为的工程项目时所用资质类别。

责令停止执业、吊销执业资格证书处罚的范围是相应执业资格注册的全部专业。

第十三条　当事人有下列情形之一的,应当根据法律法规和《裁量基准》从轻或者减轻处罚:

(一)主动消除或者减轻违法行为危害后果的;

(二)受他人胁迫有违法行为的;

(三)配合行政机关查处违法行为有立功表现的;

(四)其他依法从轻或者减轻行政处罚的。

第十四条　当事人有下列情形之一的,应当依法在《裁量基准》相应档次内从重处罚。情节特别严重的,可以按高一档次处罚。

(一)工程勘察设计企业、建筑施工企业、工程监理企业在发生建设工程质量、安全事故后2年内再次发生建设工程质量、安全事故且负有事故责任的;

(二)工程勘察设计企业、建筑施工企业、工程监理企业对建设工程质量、安全事故负有责任且存在超越资质、转包(转让业务)、违法分包、挂靠、租借资质等行为的;

(三)注册执业人员对建设工程质量、安全事故负有责任且存在注册单位与实际工作单位不一致,或者买卖租借执业资格证书等"挂证"行为的;

(四)工程勘察设计企业、建筑施工企业、工程监理企业和注册执业人员多次实施违法行为,或在有关主管部门责令改正后,拒不改正,继续实施违法行为的。

第十五条　住房和城乡建设部成立规范工程建设行政处罚裁量权专家委员会,对重大的工程建设行政处罚提供咨询意见。

住房和城乡建设部适时对本办法和《裁量基准》的实施情况,以及规范工程建设行政处罚裁量权工作情况进行评估。

第十六条　地方住房和城乡建设主管部门根据权限实施责令停业整顿、降低资质等级、吊销资质证书以及停止执业、吊销执业资格证书等处罚,应当参照本办法和《裁量基准》制定相应基准。

第十七条　在依法查处工程建设违法行为中发现涉嫌犯罪的,应当及时移送有关国家机关依法处理。

第十八条　本办法自2019年11月1日起施行。《规范住房城乡建设部工程建设行政处罚裁量权实施办法(试行)》和《住房城乡建设部工程建设行政处罚裁量基准(试行)》(建法〔2011〕6号)同时废止。《住房城乡建设质量安全事故和其他重大突发事件督办处理办法》(建法〔2015〕37号)与本办法和《裁量基准》规定不一致的,以本办法和《裁量基准》为准。

十一、人大代表建议答复

对十四届全国人大一次会议第 6091 号建议的答复

——关于推广新型钢结构住宅、拓宽钢铁行业
应用场景、进一步促进建筑行业和
钢铁产业深度融合的建议

·2023 年 7 月 10 日

您提出的关于推广新型钢结构住宅、拓宽钢铁行业应用场景、进一步促进建筑行业和钢铁产业深度融合的建议收悉，现答复如下：

钢结构建筑具有抗震性能好、环境效益优、材料可循环、装配化程度高等优势。积极推广钢结构建筑，有利于提高建筑抗震防灾能力、提升建筑品质、减少环境污染和生态破坏、促进建筑业绿色低碳发展，具有重要生态、经济和社会意义。您提出的问题和建议对我们开展相关工作具有很好的借鉴意义。

一、关于加强政策支持力度

《中华人民共和国国民经济和社会发展第十四个五年规划和 2035 年远景目标纲要》和《国务院关于印发2030 年前碳达峰行动方案的通知》都明确提出"推广钢结构住宅"，为发展钢结构住宅指明了方向。2020 年 8 月，我部会同教育部等 8 部门印发《关于加快新型建筑工业化发展的若干意见》，提出"鼓励医院、学校等公共建筑优先采用钢结构，积极推进钢结构住宅和农房建设"。2022 年 1 月，工业和信息化部、国家发展改革委、生态环境部印发《关于促进钢铁工业高质量发展的指导意见》（工信部联原〔2022〕6 号），提出"推动绿色消费，开展钢结构住宅试点和农房建设试点，优化钢结构建筑标准体系"。2022 年 6 月，我部会同国家发展改革委出台《城乡建设领域碳达峰实施方案》，提出"大力发展装配式建筑，推广钢结构住宅"。

同时，我部积极推动浙江省、山东省、四川省、湖南省、江西省、河南省、青海省等试点地区结合本地实际，出台政策，充分调动市场积极性。如山东省、江西省、四川

省将钢结构住宅发展情况纳入地方考核，定期调度通报；浙江省、山东省、湖南省给予钢结构住宅不超过 3% 的容积率奖励，并允许适度提前预售；河南省、山东省提出在重污染天气应急响应期间，在建钢结构建筑项目的非土石方作业可不停工。

下一步，我部将会同有关部门持续跟踪评估政策落实情况和工作成效，推动相关政策措施落到实处。

二、关于加快完善标准体系

近年来，我部坚持以标准化为主线引导钢结构建筑上下游产业链协同发展。2020 年以来，组织编制发布了《装配式住宅设计选型标准》《钢结构住宅主要构件尺寸指南》等标准，推动钢构件常用截面形式、尺寸和长度协调统一，解决型钢构件尺寸多、摊销大、价格高、节点复杂的突出问题，提高热轧型钢的应用比例。同时，我部支持中国钢铁工业协会、中国房地产业协会、中国钢结构协会、中国建筑金属结构协会、中国建筑节能协会联合发起成立了钢结构建筑工业制造工作委员会，推动钢铁生产、房地产开发、建筑设计、部品部件生产、施工、监理等企业的协同创新，促进建筑行业和钢铁产业的深度融合。工业和信息化部推动成立中国钢结构协会钢材标准化技术委员会，通过完善标准规范引领钢结构用钢材产品质量水平的整体提升。

下一步，我部将会同工业和信息化部等部门持续完善钢结构建筑标准体系，发布《建筑用热轧 H 型钢和剖分 T 型钢》等标准，推广应用《装配式住宅设计选型标准》《钢结构住宅主要构件尺寸指南》等标准，鼓励相关协会和组织制定钢结构建筑用钢材产品团体标准，为推广钢结构建筑提供标准支撑。

三、关于加强关键技术研发

"十三五"期间，我部会同科技部在国家重点研发计划"绿色建筑及建筑工业化"重点专项中部署"高性能钢结构体系及示范应用""钢结构建筑产业化关键技术及示范""基于 BIM 的预制装配建筑体系应用技术"等项目研究，推动研发了 10 种高性能钢结构体系和钢结构建筑设计建造一体化智能平台。2021 年以来，我部会同科技部在"十四五"国家重点研发计划"城镇可持续发展关键

技术与装备"重点专项中设置了"智能建造"研究方向，并在 2022 年申报指南中部署了"高效能标准化钢结构体系与应用关键技术"项目，针对我国钢材供给结构不合理、钢结构体系标准化程度低、钢结构产业链效能低等问题，研发具有高抗震性能、高舒适度的新型高效能标准化钢结构体系以及热轧型材智能生产线。教育部依托同济大学、兰州理工大学布局建设了"建筑钢结构"等多个教育部工程研究中心，加强钢结构住宅领域的技术攻关。

下一步，我部将会同有关部门，坚持市场主导的原则，指导各地因地制宜推广钢结构建筑。同时，发挥行业协会作用，加强与钢铁行业的交流合作，完善防火、防腐、防渗、防裂等性能与技术措施，进一步提高钢结构建筑的工程质量。

感谢您对住房和城乡建设事业的关心和支持！

对十四届全国人大一次会议第 7672 号建议的答复

——关于推动建筑业企业发展的建议

· 2023 年 7 月 10 日

您提出的关于推动建筑业企业发展的建议收悉，现答复如下：

建筑业是国民经济的支柱产业，是重要的实体经济，为经济社会发展提供了重要支撑，为推进新型城镇化建设、保障和改善人民生活作出了重要贡献。推动建筑业高质量发展，有利于促投资、稳增长、保就业。我们赞同您提出的推进工程总承包、加大金融支持力度、推动建筑业企业发展的建议。

一、关于积极推进工程总承包

工程总承包是国际通行的建设项目组织实施方式。近年来，我部会同有关部门制定《房屋建筑和市政基础设施项目工程总承包管理办法》（建市规〔2019〕12 号），完善工程总承包承发包、项目实施等管理制度，修订《建设项目工程总承包合同（示范文本）》（建市〔2020〕96 号），指导市场主体合理约定权利、义务，积极推进工程总承包发展。

1. 明确工程总承包发包条件。规定采用工程总承包方式的政府投资项目，原则上应当在初步设计审批完成后进行工程总承包项目发包，为建设单位合理选择工程总承包模式提供政策依据。

2. 推荐总价合同。规定企业投资项目采用工程总承包方式的，宜实行总价合同，除合同约定可以调整的情形

外，合同总价一般不予调整。合同范本也采用总价合同方式。通过总价合同发挥工程总承包企业的技术和管理优势，促进企业做优做强，推动产业转型升级。

3. 落实工程总承包单位责任。要求工程总承包单位应同时具有设计资质和施工资质，并对其承包的全部建设工程质量负责，有转包、违法分包等违法违规行为或者造成工程质量安全事故的，依法追究工程总承包单位的责任。

下一步，我部将继续指导地方住房城乡建设主管部门积极推行工程总承包，完善相关配套政策，落实工程总承包单位责任，提升工程总承包服务能力，促进设计、采购和施工等环节深度融合，推动工程总承包持续健康发展，提升建筑企业的竞争力。

二、关于加大金融支持力度

中国人民银行、原中国银保监会采取多种措施，引导更多资金支持绿色建筑、装配式建筑等新型建筑工业化发展，鼓励银行等金融机构支持建筑企业发展。财政部支持金融机构在风险可控、商业可持续的前提下，加大对建筑企业的金融服务力度。

1. 保持建筑企业融资连续稳定。2022 年 4 月，中国人民银行会同国家外汇管理局印发《关于做好疫情防控和经济社会发展金融服务的通知》（银发〔2022〕92 号），针对房地产市场下行压力对建筑行业带来的冲击，要求金融机构在风险可控的基础上，适度加大流动性贷款等支持力度，满足建筑企业合理融资需求，不盲目抽贷、断贷、压贷，保持建筑企业融资连续稳定。2022 年 11 月，中国人民银行会同原中国银保监会印发《关于做好当前金融支持房地产市场平稳健康发展工作的通知》（银发〔2022〕254 号），鼓励金融机构在风险可控、商业可持续基础上，优化建筑企业信贷服务，提供必要的贷款支持，保持建筑企业融资连续稳定。

2. 加大对绿色建筑的金融支持力度。2021 年 4 月，中国人民银行会同国家发展改革委、中国证监会印发《绿色债券支持项目目录（2021 年版）》，将绿色建筑材料制造、建筑节能及绿色化改造、绿色建筑和装配式建筑等纳入绿色债券支持范围，进一步拓展相关企业融资渠道。截至 2023 年一季度末，我国绿色贷款余额 24.99 万亿元，同比增长 38.3%；绿色债券累计发行 2.76 万亿元，存量 1.63 万亿元。

3. 开发适应建筑业特点的金融产品。原中国银保监会积极引导金融机构围绕更好履行社会责任、维护房地产行业及建筑业信贷市场秩序、防控信贷领域风险等目

标,在风险可控、商业可持续的前提下,加强银政企对接,开发适应建筑业特点的金融产品,为建筑企业提供针对性金融服务,重点支持装配式建筑、智能建造等领域,稳妥有序支持建筑业发展。

下一步,中国人民银行、金融监管总局将引导银行等金融机构规范开发金融产品、丰富服务模式,加强环境和社会风险管理,按照风险可控、商业可持续原则,加大对绿色建筑、装配式建筑等新型建筑工业化的金融支持力度,助力建筑业高质量发展,为实现碳达峰碳中和目标提供更加有力的金融支持。

感谢您对住房和城乡建设事业的关心和支持!

对十三届全国人大五次会议第 6169 号建议的答复

——关于美丽乡村推广应用超低能耗建筑的建议

· 2022 年 8 月 18 日

您提出的关于美丽乡村推广应用超低能耗建筑的建议收悉,现答复如下:

一、近年来开展的主要工作

(一)积极发展超低能耗建筑

一是引导建设超低能耗农房。2022 年 3 月,我部印发《"十四五"建筑节能与绿色建筑发展规划》(建标〔2022〕24 号),提出"十四五"期间,推动农房和农村公共建筑执行有关标准,推广适宜节能技术,建成一批超低能耗农房试点示范项目,提升农村建筑能源利用效率,改善室内热舒适环境。

二是积极推进现代宜居农房建设。2019 年,我部印发《关于开展农村住房建设试点工作的通知》(建办村〔2019〕11 号),引导具备条件的地区和农户积极采用装配式建筑、被动式阳光房等建筑应用技术。2021 年,我部会同农业农村部、国家乡村振兴局印发《关于加快农房和村庄建设现代化的指导意见》(建村〔2021〕47 号),提出推动农村用能革新,推广应用太阳能光热、光伏等技术和产品,推动村民日常照明、炊事、采暖制冷等用能绿色低碳转型。近年来,各地认真贯彻落实有关文件要求,积极开展试点示范工作。如,北京、河北、山东等地开展了超低能耗农房试点示范;浙江、安徽、陕西、四川、西藏等地开展了装配式钢结构农房试点示范,积极提升建筑能效水平。

三是完善技术标准规范。近年来,我部先后批准发布了《近零能耗建筑技术标准》(GB/T51350)、《近零能

耗建筑检测评价标准》(T/CECS740)、《超低能耗农宅技术规程》(T/CECS739)等国家和团体标准,印发了《严寒和寒冷地区农村住房节能技术导则(试行)》《农村地区被动式太阳能暖房图集(试行)》《户式空气源热泵供暖应用技术导则(试行)》等技术指导文件,为农村地区发展超低能耗建筑提供了技术支撑。

(二)大力推进超低能耗建筑相关产业发展

一是积极支持超低能耗建筑相关产业发展。将超低能耗建筑相关部品、部件列为产业结构调整指导目录鼓励类,明确将超低能耗建筑建设等内容列为节能环保产业的重要内容。

二是建立绿色建材产品认证制度。我部配合工业和信息化部、市场监管总局印发《绿色建材产品认证实施方案》(市监认证〔2019〕61 号)、《关于加快推进绿色建材产品认证及生产应用的通知》(市监认〔2020〕89 号),不断丰富绿色建材产品品种,增加绿色建材供给。截至 2022 年 5 月,已合计发放 4460 张评价认证证书,绿色建材种类涵盖了 51 类主要建材产品领域。

三是加快绿色建材在农村地区的推广应用。配合工业和信息化部等部门印发《关于开展 2022 年绿色建材下乡活动的通知》(工信厅联原〔2022〕7 号),在全国选择 5 个左右试点地区开展绿色建材下乡活动,推动绿色建材产品下乡,促进农房建筑材料升级换代,助力美丽乡村建设。配合财政部、工业和信息化部印发《关于组织申报政府采购支持绿色建材促进建筑品质提升试点城市的通知》(财办库〔2022〕97 号),推进城乡建设绿色发展。

四是打造特色产业园区。指导各地因地制宜建设以绿色建材为特色的产业园区,积极提升绿色建材供给能力,为发展超低能耗建筑提供有力支撑。

(三)落实绿色金融政策支持超低能耗建筑发展

2020 年,我部会同国家发展改革委等部门印发《绿色建筑创建行动方案》,明确各地要积极完善绿色金融支持绿色建筑的政策环境,推动绿色金融支持绿色建筑发展。2022 年 3 月,我部印发《"十四五"建筑节能与绿色建筑发展规划》(建标〔2022〕24 号),明确各级住房和城乡建设部门要加强与发展改革、财政、税务等部门沟通,争取落实财政资金、价格、税收等方面支持政策,对超低能耗建筑、绿色农房等给予政策扶持。会同有关部门推动绿色金融与绿色建筑协同发展,创新信贷等绿色金融产品,强化绿色保险支持。积极运用中央预算内资金支持近零能耗建筑、近零碳排放等低碳零碳负碳示范项目建设。

财政部在绿色环保领域积极引入 PPP 模式，引导社会资本参与绿色低碳项目投资建设运营。加大绿色金融国际合作，积极开展与世界银行、亚洲开发银行、亚洲基础设施投资银行、全球环境基金等合作，推动绿色产业发展。银保监会鼓励银行机构加大对超低能耗建筑、装配式建筑等的信贷支持力度。

人民银行将建筑节能与绿色建筑有关内容纳入银行绿色贷款专项统计制度，积极推动超低能耗建筑性能保险等绿色保险应用试点，打造"保险+服务+科技+信贷"，为绿色建筑项目提供事前信用增进、事中风控服务、事后损失补偿服务；积极支持建筑企业发行公司信用类债券支持绿色建筑建设。

二、下一步工作打算

我部将会同有关部门继续推动超低能耗建筑发展，助力美丽乡村建设。一是因地制宜开展农村超低能耗建筑试点示范，推动农村建筑能效提升。二是会同有关部门深入开展绿色建材下乡活动，推动绿色建材在农村地区超低能耗建筑中的推广应用。三是持续开展绿色建材认证，与相关部门密切合作，丰富绿色建材产品品种。进一步健全完善绿色建材相关标准体系，推动制修订强制性国家标准、推荐性行业标准和团体标准，为加快发展超低能耗建筑提供技术支撑。四是推动绿色金融发展，持续提升银行业保险业在建筑行业的绿色金融服务质效，加强对美丽乡村超低能耗建筑等绿色建筑方面的支持力度。

感谢您对住房和城乡建设工作的关心和支持！

对十三届全国人大五次会议第 8096 号建议的答复
——关于促进新农村美丽圩镇建设的建议

· 2022 年 6 月 23 日

你们提出的关于促进新农村美丽圩镇建设的建议收悉，现答复如下。

小城镇连接着城市和农村，推进小城镇建设是促进城乡融合发展的主要工作，是落实新型城镇化战略和乡村振兴战略的重要内容。我部会同国家发展改革委、财政部、生态环境部、农业农村部、国家乡村振兴局认真贯彻落实党中央、国务院决策部署，落实相应配套支持政策，积极推进小城镇建设。一是支持基础设施建设。2022 年 2 月，财政部、农业农村部、国家乡村振兴局等 6 部门联合印发《关于加强中央财政衔接推进乡村振兴补

助资金使用管理的指导意见》，明确提出支持必要的基础设施补短板，扎实稳妥推进乡村建设，允许适当安排资金改善影响群众基本生活条件的村（农场、林场）内道路、桥梁、排水等小型公益性基础设施。圩镇基础设施建设相关内容在中央财政衔接推进乡村振兴补助资金支持范围内。二是支持人居环境整治。2021 年中央财政安排48 亿元、2022 年先期下达 34 亿元资金支持农村人居环境整治；中央预算内投资安排 30 亿元支持中西部地区农村生活垃圾处理基础设施建设。圩镇人居环境整治建设资金补助在支持范围内。

关于你们提出的"在城镇老旧小区建设中，在政策上资金上向圩镇倾斜"的建议，根据国务院办公厅印发的《关于全面推进城镇老旧小区改造工作的指导意见》（国办发〔2020〕23 号）规定，城镇老旧小区改造对象范围是城市或县城（城关镇）2000 年底前建成的老旧小区，圩镇未纳入改造范围。我部与财政部、国家发展改革委等有关部门将认真研究解决，一是在安排乡村振兴战略、推动城乡融合发展建设中央资金时，对圩镇老旧小区改造予以统筹考虑；二是落实地方政府责任，加大资金投入，支持圩镇老旧小区改造，改善圩镇基础设施条件，推进美丽圩镇建设。

感谢你们对住房和城乡建设事业的关心和支持！

对十三届全国人大四次会议第 4474 号建议的答复
——关于制定民用建筑碳达峰方案，推进建筑领域碳减排行动的建议

· 2021 年 7 月 9 日

您提出的关于制定民用建筑碳达峰方案，推进建筑领域碳减排行动的建议收悉，现答复如下：

一、关于将低碳发展要求及发展目标全面融入发展规划

按照党中央、国务院关于碳达峰、碳中和重大决策部署，我部深入开展城乡建设领域碳达峰、碳中和实施路径和相关政策研究，同时将相关内容纳入建筑节能与绿色建筑"十四五"规划的指标和任务中，加强顶层设计。

二、关于制定建筑碳达峰政策机制，出台相应的政策法规，激发市场活力

我部积极配合财政部等部门开展北方地区清洁取暖试点城市工作。2017 年，我部与财政部等部门印发《关于开展中央财政支持北方地区冬季清洁取暖试点工作的

通知》（财建〔2017〕238号），2017—2019年共支持三批43个试点城市，推进北方地区农村居住建筑节能改造工作。2021年，联合财政部等部门印发《关于组织申报北方地区冬季清洁取暖项目的通知》，进一步扩大北方地区冬季清洁取暖支持范围。在相关政策的引导下，北方地区加快推进清洁取暖改造工作，有力带动电网、燃气管网等上下游产业，以及清洁设备制造业发展，激活了市场活力。

财政部对高校、科研院所等研发机构出台科研激励制度。配合科技部通过中央财政科技计划（专项、基金等），对相关科研项目进行支持；通过基本运行经费、基本科研业务费、国家重点实验室专项经费等加大对相关领域中央级科研院所、国家重点实验室支持力度；采用"先实施、后拨款"的资助模式，引导企业加大相关领域科技投入，创新支持方式。

三、关于完善建筑碳减排相对应的技术体系

我部高度重视建筑绿色低碳发展。2019年，修订发布《绿色建筑评价标准》，创新重构绿色建筑评价标准体系；发布《近零能耗建筑技术标准》，提出符合我国国情的超低、近零和零能耗建筑技术体系，明确设计、施工、验收、运行和评价技术要点，推动低碳建筑发展。2020年，印发《农村地区被动式太阳能暖房图集（试行）》和《户式空气源热泵供暖应用技术导则（试行）》，指导农村地区太阳能应用和空气源热泵供暖技术推广。通过国家重点研发计划、科技计划等推动建筑碳减排关键技术研究，不断提升建筑节能减碳科技创新水平。颁布节能省地型建筑、可再生能源建筑应用、既有建筑节能改造等技术公告及推广、限制、禁止技术目录，引领建筑节能减碳行业技术进步。

工业和信息化部强化绿色建材、装饰装修材料等领域标准引领，对标国际先进水平，发挥强制性标准在能耗限额、污染物排放、质量提升、安全保障等方面的重要作用。2020年共立项建材行业标准计划89项，发布或报批行业标准137项，立项国家标准69项，发布国家标准67项，满足建筑工程、装饰装修对建筑材料的绿色、安全、环保、节能需求。

国家发展改革委积极推动建筑领域节能低碳技术应用，促进可再生能源与建筑节能减排融合发展，推动建筑领域终端用能绿色低碳转型。

四、关于开展低碳技术和产品认证

工业和信息化部为促进绿色建材在建筑行业中的应用，积极推动绿色建材市场体系建设工作。联合市场监管总局、我部等部门印发《绿色建材产品认证实施方案》（市监认证〔2019〕61号）、《关于加快推进绿色建材产品认证及生产应用的通知》（市监认证〔2020〕89号），从国家层面推动绿色建材产品认证制度，丰富绿色建材产品种类。

五、关于积极发展绿色金融工具

我部积极推动绿色金融支持绿色建筑发展，创新绿色建筑推动模式。2020年，会同国家发展改革委等7部委印发《绿色建筑创建行动方案》，提出各地住房和城乡建设部门要加强与财政部门沟通，争取资金支持，积极完善绿色金融支持绿色建筑的政策环境。会同人民银行、银保监会印发《关于支持浙江省湖州市推动绿色建筑和绿色金融协同发展的批复》（建办标函〔2020〕115号），推动湖州市探索绿色金融支持绿色建筑发展。

银保监会持续完善银行业绿色金融政策。发布《绿色信贷指引》等一系列政策文件，构建绿色信贷政策体系，持续开展绿色信贷统计和考核评价，推动应对气候变化投融资工作，推进银行保险机构大力发展绿色金融，创新绿色金融产品与服务，推动环境污染责任保险等绿色保险发展，积极参与绿色金融领域国际交流与合作，支持绿色产业发展，促进经济社会发展全面绿色转型。

人民银行牵头绿色金融工作，构建绿色金融体系。制定了绿色贷款专项统计制度，印发《关于建立绿色贷款转型统计制度的通知》（银发〔2018〕10号）、《关于修订绿色贷款专项统计制度的通知》（银发〔2019〕326号）和《绿色债券支持项目目录（2021年版）》（银发〔2021〕96号），将建筑节能与绿色建筑纳入绿色贷款和绿色债券支持范围，引导资金流向相关领域。截至2021年3月底，我国绿色贷款余额13.03万亿元，绿色债券余额8657亿元，支持建筑领域碳达峰和碳减排。

六、关于进行能力建设，开展碳中和培训和科普宣传

教育部高度重视环境保护教育，将节能减排教育纳入环境保护教育中，提升大中小学生节能减排意识和能力。将节能减排内容有机融入道德与法制（思想政治）、科学和综合实践活动等课程，修订义务教育学科课程标准，强化中小学节能减排相关课程教育；引导高校根据经济社会发展需要和办学能力，加大建筑领域碳减排相关专业设置；发布《教育部关于一流本科课程建设的实施意见》（教高〔2019〕8号），加快推动建筑领域碳减排课程建设；成立新一届土木类和能源动力类专业教学指导委员会，启动一流专业建设"双万计划"，组织企业实施产学合作协同育人项目，优化相关本科专业结构，推动高校人才培养。

七、关于科学合理制定最优的碳中和方案

国家发展改革委正在推动碳达峰、碳中和政策体系研究，起草碳达峰、碳中和顶层设计文件，编制碳达峰行动方案，推动制定行业分领域碳达峰实施方案。

按照党中央、国务院关于碳达峰、碳中和重大决策部署，我部正在研究起草"城乡建设领域碳达峰实施方案"。通过优化建筑用能结构和方式，大力发展可再生能源，积极采用太阳能、生物质能、空气能等清洁能源解决农房采暖、炊事、生活热水等用能需求。实施建筑电气化工程，在建筑采暖、生活用水、炊事等用能领域推广高效电气化应用技术与设备，减少建筑使用一次能源产生的碳排放等方面提出重点任务。

八、关于建立碳中和信息化管理平台

工业和信息化部支持河北、河南、四川等地发展绿色建材产业，搭建绿色建材测试评价平台，创建绿色建材新型工业化示范基地。关于建立碳中和信息化管理平台的建议，将会同有关部门，加强相关政策研究。

下一步，我部将加强与相关部门沟通联系，继续研究制定建筑碳达峰政策机制，完善建筑领域标准规范，开展低碳技术和产品认证，积极发展绿色金融工作，加强能力建设，助力城乡建设领域实现碳达峰、碳中和任务目标。

感谢您对住房和城乡建设领域事业的关心和支持！

对十三届全国人大四次会议第2353号建议的答复
——关于央企结算工程款和农民工工资支付问题的建议

· 2021年6月24日

您提出的关于央企结算工程款和农民工工资支付问题的建议收悉，现答复如下：

目前在工程建设领域确实存在工程资金落实不到位、价款结算不及时的问题。为进一步规范工程价款结算，我部主要开展了以下工作：

一、配合财政部着手修订《建设工程价款结算暂行办法》，并于2020年11月印发《关于征求完善建设工程价款结算有关办法意见的函》，面向全国征求意见。一是拟提高政府机关、事业单位、国有企业建设工程进度款支付比例下限；二是拟在工程建设领域推行过程结算，发承包双方通过合同约定，分阶段进行价款结算，经双方确认的过程结算文件作为竣工结算文件的组成部分，竣工后原则上不再重复审核。

二、2020年7月印发《工程造价改革工作方案》，加强工程施工合同履约和价款支付监管，引导发承包双方严格按照合同约定开展工程款支付和结算，全面推行施工过程价款结算和支付，进一步规范建筑市场秩序，防止工程建设领域腐败和农民工工资拖欠。目前，改革工作已在试点地区开展。

下一步，我部将继续配合财政部做好《建设工程价款结算暂行办法》（财建〔2004〕369号）修订工作，总结和推广试点地区工程造价市场化改革经验，进一步规范双方价款结算行为，减轻施工企业资金压力。

感谢您对住房和城乡建设事业的关心和支持！

对十三届全国人大三次会议第6604号建议的答复
——关于保函替代保证金的建议

· 2020年9月1日

您提出的关于保函替代保证金的建议收悉，现答复如下：

我部赞同您提出的推行保函替代保证金的建议。2016年6月，国务院办公厅印发《关于清理规范工程建设领域保证金的通知》（国办发〔2016〕49号，以下简称《通知》），明确保留投标保证金、履约保证金、工程质量保证金、农民工工资保证金，要求转变保证金缴纳方式，推行银行保函制度，建筑企业可以银行保函方式缴纳。2019年6月，我部会同发展改革委、财政部、人力资源社会保障部、人民银行、银保监会联合印发《关于加快推进房屋建筑和市政基础设施工程实行工程担保制度的指导意见》（建市〔2019〕68号，以下简称《意见》），明确提出"严格落实国务院清理规范工程建设领域保证金的工作要求，对于投标保证金、履约保证金、工程质量保证金、农民工工资保证金，建筑业企业可以保函的方式缴纳"。2019年底，国务院公布《保障农民工工资支付条例》（以下简称《条例》），其中明确工资保证金可以用金融机构保函替代。

关于您提出的《通知》中"可以银行保函方式缴纳"表述不具有强制性，改为"原则上应使用保函缴纳"的建议，《通知》中的表述是指投标人既可以现金形式缴纳保证金，也可以银行保函方式缴纳保证金，相关政策在制定时充分考虑了银行对中小企业授信难等因素，将选择权交给了建筑业企业，无论是现金保证金，还是银行保函，招标人（业主）均不得拒收。

为落实《通知》要求，发展改革委正会同我部等有关

部门加快推进招标投标法修订工作,我部将积极配合有关部门推动招标投标法的修订工作,同时会同有关部门督促指导地方落实《通知》《意见》《条例》,及时跟踪实施情况,完善相关配套政策措施,进一步推动工程建设领域保函替代保证金。

感谢您对住房和城乡建设事业的关心和支持!

对十三届全国人大三次会议第 7540 号建议的答复

——关于对建筑法转分包条款修改的建议

· 2020 年 8 月 19 日

您提出的关于对建筑法转分包条款修改的建议收悉,现答复如下:

我部赞同您提出的修改《中华人民共和国建筑法》的建议。《中华人民共和国建筑法》自 1998 年 3 月 1 日起实施以来,对维护建筑市场秩序、保证建筑工程质量安全、促进建筑业健康发展发挥了极为重要的作用,但也出现一些新问题、新情况,如建筑市场主体责任不落实、诚信体系建设滞后、施工组织形式不能适应建筑业多元化发展的需要等,亟需修订。

我部十分重视《中华人民共和国建筑法》的修订工作,相关部门和单位正在积极开展修订工作。

一、关于建筑类集团企业母公司承揽项目交由子公司实施的问题

由母公司承揽项目交由子公司实施的问题,在建筑市场中具有一定的代表性。我部曾就其施工合法性问题于 2017 年请示全国人大常委会法制工作委员会。全国人大常委会法制工作委员会《对建筑施工企业母公司承接工程后交由子公司实施是否属于转包以及行政处罚两年追溯期认定法律适用问题的意见》(法工办发〔2017〕223 号)明确:"建筑法第二十八条规定,禁止承包单位将其承包的全部建筑工程转包给他人,禁止承包单位将其承包的全部建筑工程肢解以后以分包的名义分别转包给他人。合同法第二百七十二条规定,发包人不得将应当由一个承包人完成的建设工程肢解成若干部分发包给几个承包人。承包人不得将其承包的全部建设工程转包给第三人或者将其承包的全部建设工程肢解以后以分包的名义分别转包给第三人。禁止分包单位将其承包的工程再分包。建设工程主体结构的施工必须由承包人自行完成。招标投标法第四十八条规定,中标人不得向他人转让中标项目,也不得将中标项目肢解后分别向他人转让。上述法律对建设工程转包的规定是明确的,这一问题属于法律执行问题,应当根据实际情况依法认定、处理。"

二、关于建筑工程主体结构施工的问题

《中华人民共和国建筑法》第二十九条第一款"施工总承包的建筑工程主体结构的施工必须由总承包单位自行完成"的条款,其立法目的是为了防止承包单位借分包的名义转包工程。为适应当前建筑施工组织形式多元化发展的需要,需进一步研究调整建筑工程施工组织模式,充分调动市场主体的积极性和创造力,不断优化社会分工,提高施工组织效率,提高发展质量。

下一步,我部将在研究修订建筑法的过程中,广泛听取地方主管部门、市场各方主体、专家学者的意见,对有关问题进行深入研究。

感谢您对住房和城乡建设事业的关心和支持!

图书在版编目（CIP）数据

中华人民共和国工程建设法律法规全书：含规章及
文书范本：2024 年版 / 中国法制出版社编 . —北京：
中国法制出版社，2024.3
　（法律法规全书系列）
　ISBN 978-7-5216-4140-0

　Ⅰ.①中… Ⅱ.①中… Ⅲ.①建筑法-汇编-中国
Ⅳ.①D922.297.9

　中国国家版本馆 CIP 数据核字（2024）第 032092 号

策划编辑：袁笋冰　　　　　　　责任编辑：朱丹颖　　　　　　　　封面设计：李　宁

中华人民共和国工程建设法律法规全书：含规章及文书范本：2024 年版
ZHONGHUA RENMIN GONGHEGUO GONGCHENG JIANSHE FALÜ FAGUI QUANSHU：HAN GUIZHANG JI
WENSHU FANBEN：2024 NIAN BAN

经销/新华书店
印刷/三河市紫恒印装有限公司
开本/787 毫米×960 毫米　16 开　　　　　　　　　印张/ 50　字数/ 1370 千
版次/2024 年 3 月第 1 版　　　　　　　　　　　　2024 年 3 月第 1 次印刷

中国法制出版社出版
书号 ISBN 978-7-5216-4140-0　　　　　　　　　　　　　　　定价：108.00 元

北京市西城区西便门西里甲 16 号西便门办公区
邮政编码：100053　　　　　　　　　　　　　　　　　传真：010-63141600
网址：http://www.zgfzs.com　　　　　　　　　　　编辑部电话：010-63141667
市场营销部电话：010-63141612　　　　　　　　　印务部电话：010-63141606

（如有印装质量问题，请与本社印务部联系。）